1979

《中国考古学年鉴》编辑委员会

中国社会科学年鉴

中国考古学

年鉴

2015

YEARBOOK OF ARCHAEOLOGY IN CHINA

中国考古学会 编

中国社会科学出版社

图书在版编目（CIP）数据

中国考古学年鉴.2015／中国考古学会编.—北京：中国社会科学出版社，
2016.10

ISBN 978 - 7 - 5161 - 9159 - 0

I.①中… Ⅱ.①中… Ⅲ.①考古学—中国—2015—年鉴 Ⅳ.①K87 - 54

中国版本图书馆 CIP 数据核字（2016）第 261159 号

出 版 人	赵剑英
责任编辑	孙铁楠　巴　哲
责任校对	林福国
责任印制	张雪娇

出　　版	中国社会科学出版社
社　　址	北京鼓楼西大街甲 158 号
邮　　编	100720
网　　址	http://www.csspw.cn
发 行 部	010 - 84083685
门 市 部	010 - 84029450
经　　销	新华书店及其他书店

印刷装订	三河市东方印刷有限公司
版　　次	2016 年 10 月第 1 版
印　　次	2016 年 10 月第 1 次印刷

开　　本	787 × 1092　1/16
印　　张	43.75
插　　页	10
字　　数	1149 千字
定　　价	298.00 元

广东郁南磨刀山遗址与南江旧石器地点群——磨刀山遗址第1地点探方近景

广东郁南磨刀山遗址与南江旧石器地点群——南江旧石器地点群晚期石器

河南郑州东赵遗址——考古工地远眺

河南郑州东赵遗址——新砦时期 H367

河南郑州东赵遗址——新砦时期玉钺

河南郑州东赵遗址——二里头时期陶豆

河南郑州东赵遗址——二里岗时期 H501

河南郑州东赵遗址——二里头时期 H393

河南郑州东赵遗址——二里头时期玉柄形器

湖北枣阳郭家庙曾国墓地——曹门湾墓区发掘全景

湖北枣阳郭家庙曾国墓地——M10 鼎铭文

湖北枣阳郭家庙曾国墓地——M13 鼎铭文

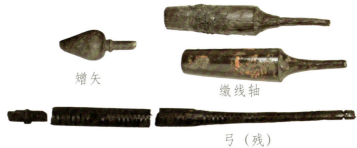

矰矢　　　　　缴线轴

弓（残）

湖北枣阳郭家庙曾国墓地——弋射用具

湖北枣阳郭家庙曾国墓地——M10 曾子鼎

湖北枣阳郭家庙曾国墓地——M13 鼎

云南祥云大波那墓地——19号墓葬棺椁

云南祥云大波那墓地——铜钺

云南祥云大波那墓地——锡器

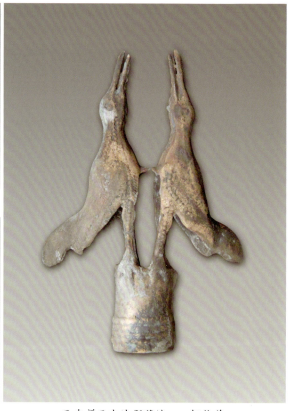

云南祥云大波那墓地——铜仗首

浙江上虞禁山早期越窑遗址——禁山窑址全景

浙江上虞禁山早期越窑遗址——鸡首壶

浙江上虞禁山早期越窑遗址——龙窑炉　　浙江上虞禁山早期越窑遗址——从东汉到西晋的堆积层

西藏阿里故如甲木墓地和曲踏墓地——曲踏墓地2014M4墓室

西藏阿里故如甲木墓地和曲踏墓地——曲踏墓地2014M3右室

西藏阿里故如甲木墓地和曲踏墓地
——曲踏墓地2014M2出土木器

西藏阿里故如甲木墓地和曲踏墓地
——曲踏墓地Ⅱ区墓葬出土遗物

内蒙古正镶白旗伊和淖尔墓群——M4、M5、M6

内蒙古正镶白旗伊和淖尔墓群——M6 出土金蹀躞带

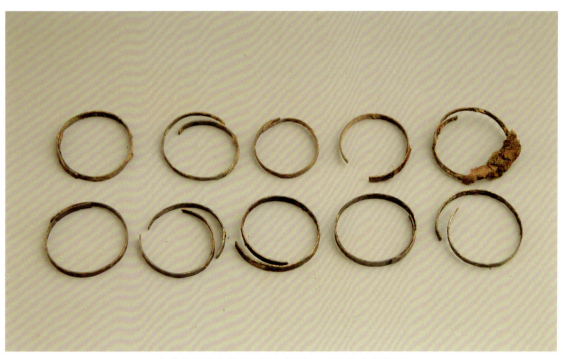

内蒙古正镶白旗伊和淖尔墓群——M6 出土金指环

内蒙古正镶白旗伊和淖尔墓群——M6 出土金项饰

河南隋代回洛仓与黎阳仓粮食仓储遗址——黎阳仓 C6 仓窖

河南隋代回洛仓与黎阳仓粮食仓储遗址
——回洛仓 C143 窖清理出的草杆遗迹

河南隋代回洛仓与黎阳仓粮食仓储遗址
——回洛仓 C3 仓窖壁蓆痕

北京延庆大庄科辽代矿冶遗址群——发掘区全景

北京延庆大庄科辽代矿冶遗址群——炼铁炉

北京延庆大庄科辽代矿冶遗址群——居住遗址

贵州遵义新蒲播州杨氏土司墓地——杨铿墓全景

贵州遵义新蒲播州杨氏土司墓地——杨烈墓航拍

贵州遵义新蒲播州杨氏土司墓地——杨价墓室出土象纽银执壶 1

贵州遵义新蒲播州杨氏土司墓地
——杨价夫人墓室出土螭首金杯

贵州遵义新蒲播州杨氏土司墓地
——杨价墓室出土金台盏一副

目　录

第一篇　考古学研究

第二篇　考古文物新发现

第三篇　学术会议

第四篇 对外学术交流

第五篇 考古教学

第六篇　逝世考古学家

第七篇　考古学文献资料目录

第八篇　大事记

第一篇

考古学研究

旧石器时代考古与古人类学研究

杜水生

2014 年是一个值得纪念的年份。85 年前，北京周口店第一地点直立人头盖骨化石的发现，震惊了当时的国际学术界；60 年前中国学者在山西丁村遗址第一次独立开展了旧石器考古工作；本年度也是西南地区重要的旧石器文化遗址贵州黔西观音洞遗址发现 50 周年。这些重要的发现和研究奠定了中国旧石器考古学研究的基础，抚今追昔，更加怀念先辈学者的不朽业绩。中国古脊椎动物学会和第四纪研究会旧石器—古人类分会在贵州黔西；中国科学院古脊椎动物与古人类研究所和山西博物院、山西省考古研究所在北京和襄汾丁村分别举办了大型学术会议作为纪念；由于中国考古学会实行改革，年末，中国考古学会旧石器考古分会在石家庄举行了成立大会。本年度的研究亮点有：国际第四纪杂志（*Quaternary International*）为中国旧石器考古发表了专刊；吴秀杰等在美国科学院院刊（*PNAS*）上发表文章，认为许家窑人可能和尼安德特人有一定的亲缘关系；广东磨刀山遗址获得当年十大考古发现之一。

一 考古发现

东北地区

东北地区在吉林大学陈全家的带领下，先后报道了黑龙江的秦家东山旧石器地点、沈阳康平王立岗窝堡东山旧石器地点、沈阳法库威虎山旧石器地点和吉林石人沟旧石器遗址四个旧石器遗存。

秦家东山旧石器地点位于黑龙江省海林市秦家村东 850 米的三级阶地上，发现的 60 件石制品中包括石核、石片、石叶和工具等，石制品原料有角岩和黑曜岩等，石器工业中出现了典型的勒瓦娄瓦技术和石叶技术，陈全家等《秦家东山旧石器地点发现的石器研究》（《北方文物》2 期）认为遗址的年代为旧石器晚期到新石器早期。法库威虎山旧石器地点仅获得 18 件石制品，原料以燧石为主，类型包括石核、石片、断块和工具，工业类型属于小石器工业，工具多为刮削器，根据遗址所在的地貌部位，付永平等《法库威虎山旧石器地点发现的石器研究》（《文博》6 期）认为不晚于旧石器时代晚期。王立岗窝堡东山旧石器地点新发现旧石器地点 14 处，石制品 1029 件，旧石器形体较大，原料有玛瑙、石英和石英岩，工具组合中以各类刮削器占主要地位；石制品出自表土层下的黄色亚黏土中，陈全家《沈阳康平王立岗窝堡东山旧石器地点发现的石器研究》（《草原文物》2 期）认为属于旧石器晚期。石人沟旧石器遗址最早发现于 2004～2005 年，本次报道的材料发现于 2007 年，共发现黑曜岩石制品 51 件，包括石核、石片、石叶细石叶、断块以及二、三类工具，三类工具中包括刮削器、奖状器，陈全家等《石人沟旧石器遗址 2007

年发现的石器研究》（《华夏考古》4 期）根据石制品性质推定为旧石器晚期。

齐齐哈尔市梅里斯黑岗子遗址是一处旧石器晚期之末的旧石器地点，年代为距今 1.2 万至 1 万年，石制品主要以玛瑙和燧石为原料，也有少量的石英和沉积岩，石制品主要为石叶和细石叶文化，石核有锥状石核、楔状石核等，石器中有圆头刮削器和雕刻器。与石叶细石叶共生的还有石片石器，但加工粗糙一些。原作者多文忠《齐齐哈尔市梅里斯黑岗子旧石器时代晚期遗址》（《理论观察》1 期）认为文化性质和昂昂溪大兴屯遗址相似。齐齐哈尔大兴晚期旧石器地点发现于 20 世纪 80 年代，朱洪文《齐齐哈尔大兴晚期旧石器地点探析》（《黑龙江史志》1 期）对上述材料进行了简单研究，确定年代为距今 11800±150 年，发现有骨器 1 件、石制品 128 件、动物化石 9 种，属于细石器文化。

东北地区是末次冰盛期前后现代人扩张的重要通道。遗憾的是由于地层学和年代学研究相对滞后，石叶遗存、细石叶遗存和石片石器的关系还没有一个很明确的认识，加大调查力度选择保存较好、遗物丰富的遗存仔细发掘，应该是今后工作中努力的方向。

华北地区

本年度华北地区和西北地区的工作较少，主要有泥河湾盆地的东谷坨遗址、宁夏水洞沟第 7 地点、内蒙古大窑 27 号洞、山东青岛大珠山遗址以及河北平度市南村镇柏家寨发现的旧石器晚期遗址。

卫奇先生《东古坨遗址石制品再研究》（《人类学学报》3 期）研究了 1981 年发掘的东谷坨遗址下更新统地层中出土的 1432 件和后来发现的 244 件石制品，认为东古坨人选择台面的打击点和充分利用台面具有成熟的逻辑思维结构。石制品岩性主要为燧石，保存相当新鲜。石制品以小型和宽薄型为主。石器中有加工精致的尖状器和各种样式的边刃器。东谷坨石制品与北京周口店"中国猿人"在本质上没有差异，它们应该属于中国旧石器早期的同一"文化"或"工业"系统。李珺等《东古坨遗址石制品研究》（《文物春秋》6 期）研究了东谷坨遗址已经发表的资料，认为东古坨遗址的石器制作水平代表了泥河湾盆地早期文化中的最高水平，并在旧石器中晚期都有传承，构成了华北旧石器文化的最主要的特色。

陈宇鹏《青岛首个有地层依据的旧石器遗址》（《中国文物报》3 月 28 日第 8 版）报道了山东青岛新发现的旧石器晚期大珠山遗址，遗址的年代为距今 4 万年左右。30 平方米的发掘面积内共出土了 1400 余件标本，其中石制品 500 多件，动物化石 900 余件，植物标本 20 多件，还有大量的碎骨化石。动物种属包括象、犀牛、野马、梅花鹿、马鹿、普氏羚羊、野牛、野猪、鸵鸟及小型鸟类、啮齿类动物等约 18 个，其中草食性动物占有绝对的优势，且多为体型较大者；从动物地理角度来看，该遗址出土的哺乳动物化石属于一个非常典型的北方区动物群。大量草食性动物化石与石器的共存，显示与古人类的狩猎活动有关。石制品属于北方石片石器传统。

内蒙古大窑 27 号洞是一处旧石器时代晚期遗址，或可延续到新石器时期，1986 年试掘面积 1 平方米，出土石制品 520 件，其中存在预制的细石核（汪英华《内蒙大窑遗址 27 号洞石制品研究》（《人类学学报》1 期）。

李占杨《灵井许昌人第 5 层细石核工艺》（《人类学学报》3 期）报道了河南灵井许昌人遗址第五层也出土同样的大量的细石器遗存。细石器层位出土于一套橘黄色粉细砂层，其上覆地层为红褐色土层和黏土层，为新石器文化层，下伏地层为盖板层。含细石器的文化层厚度为 55 厘米。细石核类型丰富，有角锥形、扁平形、半锥形/锥形、半圆柱形

/圆柱形、楔形和船底型。同时还发现早期陶片、小鸟雕像、钻孔的鸵鸟蛋蛋壳饰品以及赤铁矿和大量奇蹄类动物遗骨，碳十四年龄为 13402 ±406abp.。

经过多年的研究，王益人《丁村旧石器时代遗址群——丁村遗址群1976～1980年发掘报告》（科学出版社）出版了丁村遗址1976～1980发掘的考古材料，在这部专著中，作者不仅全面系统地介绍了这一阶段调查发掘的地质地貌、动物化石、人类化石、文化遗物；而且借鉴国内外旧石器时代考古研究最新研究方法，对石制品分类系统以及不同类型石制品的内涵做了详尽的论述。在此基础上重新界定了丁村文化，并对丁村石器工业与丁村文化之间的关系进行了详细阐述，具有重要参考价值。

西北地区

裴树文 *The earliest late paleolithic in north China：formation processes at Shuidonggou Locality7*（*Quaternary International*，347）《宁夏水洞沟遗址第7地点发掘报告》（《国际第四纪》1期）研究了水洞沟第7地点2003～2005年发掘获得的石制品，认为该地点位于遗址的核心区。当时共揭露了25平方米，35个水平层。遗址位于边沟河左岸第二级基座阶地，文化遗物赋存于一套灰白—灰黄—灰绿色粉砂及黏土质粉砂中，石制品属于简单的石核—石片工业，光释光测定的年代为27～25kabp。在遗址的底部有几件石制品具有勒瓦娄瓦技术风格。除了石制品外还发现两件由鸵鸟蛋皮加工的环状饰品。动物化石包括兔（Lepus sp.），狐（Vulpes sp.），狼（Canis sp.），鹿（Cervidae），水牛（Bubalus sp.），普氏羚羊（Gazella przewalskyi），马（Equus sp.），蒙古野驴（Equus hemionus）和鸵鸟（Struthio sp.）。

李峰《张家川发现旧石器晚期遗址和用火遗迹》（《中国文物报》10月10日第8版）在甘肃省张家川自治县发现了一处旧石器晚期遗址，石峡口遗址的绝对年代为距今2.8万年，共出土野外编号标本5000余件，其中石制品4500余件，动物化石500余件，以及较多的碎骨和石质碎屑等。发掘中还发现疑似用火迹象4处，较为连续的分布在发掘区的西南部，其周围分布有大量的烧骨及石制品。

华中地区

华中地区的旧石器考古主要集中在汉水流域，其中汉中盆地发现了何家梁和窑厂湾两处旷野类型地点，丹江口库区贾湾1号地点，湖北余嘴2号旧石器地点，湖北郧县黄家窝遗址，湖北建始岩风洞遗址。另外陕西蓝田地区发现的黄土旧石器虽然在地理位置属于华北地区，但文化特征和华中地区更为相似，也放在这一部分叙述。

上述发现的旧石器工业均属于南方砾石工业系统，但借助于黄土和新的测年技术，在文化分布的时间和空间上更加明晰。王社江在蓝田新发现了一批旧石器地点《陕西蓝田新发现的旧石器地点及其年代》（《科学通报》59卷14期），加工石制品的原料以来自河流沉积物中的石英岩、石英石英砂岩和火山岩为主；石制品既包括直接由砾石和大石片加工的重型工具如砍砸器、重型刮削器、手斧、手镐、薄刃斧和石球，同时也包含一些小型石片和由小型石片加工的刮削器和尖状器等，在时代上延续到了距今3万至7万年。

陈胜前等《湖北鱼嘴2号旧石器地点发掘简报》（《人类学学报》1期）在湖北郧县发掘的余嘴遗址，发掘面积500平方米，出土石制品334件，石器组合以手镐和薄刃斧为主，大型石器与小型石英石器兼备；石制品沿着一条砾石带分布。从地貌位置来看属于二级阶地后缘，原作者采用旧石器时代早晚二分法，认为属于旧石器时代早期较晚阶段。北京联合大学应用文理学院《湖北郧县黄家窝旧石器时代石制品初步研究》（《中原文物》5

期）记述了湖北郧县黄家窝旧石器遗址发现的 576 件石制品，石制品类型主要是砍砸器、手镐和手斧。遗址位于汉江右岸 2 级阶地，估计年代为晚更新世或旧石器时代晚期。而丹江口库区贾湾 1 号地点的石制品与前几个地点明显不同，牛东伟《丹江口库区贾湾 1 号地点发现的石制品》（《人类学学报》2 期）在贾湾 1 号地点发掘了 1000 平方米，获得石制品 750 件，石制品以中小型的石片石器为主，主要为中小型刮削器，而不见重型工具，属于石核—石片传统，从地貌部位来看为晚更新世早期。

汉中盆地近年来考古发掘取得了突破，新的发现和年代测定认为，至少在 60 万年之前，汉中盆地就已经有人类活动。王社江等《汉水上游汉中盆地新发现的旧石器地点及其年代》（《人类学学报》2 期）报道了何家梁和窑厂湾两处旧石器地点，其中窑厂湾地点位于汉水上游 3 级阶地，年代为距今 60 万年；何家梁地点位于 2 级阶地，年代为距今 7 万至 8 万年。目前在何家梁地点采集到石制品 229 件，窑厂湾地点采集 23 件标本，虽然两个地点年代差异很大，但石制品特点比较一致，即石制品原料为石英岩、石英砂岩、硅质灰岩和火山岩等，石制品类型包括石核、石片、断块和工具，工具类型为砾石工业中的砍砸器、手斧、手镐、石球和重型刮削器等。

另外北京联合大学应用文理学院、中国科学院古脊椎动物与古人类研究所的《湖北建始县岩风洞遗址发掘简报》（《江汉考古》5 期）指出，在湖北建始岩风洞遗址不仅发现大量的化石，也发现了一些石制品，年代可能晚于建始人遗址，属于旧石器时代晚期。

华南地区

高岭坡遗址是百色遗址群中比较重要的遗址之一。高立红《百色盆地高岭坡遗址的石制品》（《人类学学报》2 期）通过对 1986～1995 年 5 次试掘和发掘的 834 件石制品分析，认为高岭坡存在两种不同的石器工业，一类为重型工具包括砍砸器、手镐和手斧；另一类为轻型工具包括刮削器、凹缺器、鸟喙状器和石锥。从可拼合的石片以及大量细小的断片和断块来看，该遗址可能为一处石器制造场。谢光茂《广西百色盆地发现旧石器至新石器时代文化遗存》（《中国文物报》7 月 18 日第 8 版）报道了 2014 年的发掘成果，首先，在原来网纹红土上发现一层均质红土，年代可能属于更新世晚期；其次，在文化上发现了三叠层，即网纹红土中的砾石工业，均质红土中的小石器工业和上部的新石器文化层。这些发现为研究旧石器时代文化演变和新旧石器过渡等问题提供了重要资料。以前发现的两种类型石器工业是否也像 2014 年的发现一样，存在早晚关系，是今后研究中应该注意的问题。

王頠《广西布兵盆地河流阶地上新发现的史前石器遗址》（《人类学学报》3 期）报道了 2000 年以来在布兵盆地进行的第四纪石器调查报告，广西布兵盆地位于百色盆地东南部，在盆地第二级到第四级阶地上发现多处旧石器遗址，其中第四级阶地多用较大的河流砾石为原料加工而成，石制品也比较粗大，有手镐发现，并伴有玻璃陨石，石制品原料以石英岩、石英砂岩和石英为主。第三级阶地以石英岩和砂岩砾石围原料加工而成，石制品大小中等，较四级阶地小一些，也没有玻璃陨石共生；第三级阶地上曾发现一件手斧，对于研究百色盆地手斧的演化具有重要意义。第二级阶地主要为石片石器。第一级阶地的文化遗物为新石器时代。

李政《广东首次发现旧石器时代早期遗址》（《中国文物报》6 月 13 日第 1 版）报道了新发现的广东磨刀山旧石器早期遗址，文化遗物埋藏在网纹红土中，石制品属于砾石工业，出土了数量众多的手斧、手镐、砍砸器等，和邻近广西百色盆地的旧石器文化较为相似。

从华南和华中地区的发现来看，中国南方地区旧石器晚期广泛出现了石片文化，和旧石器早中期文化砾石工业的文化面貌明显不同，深入探讨石片石器出现的环境和人群流动背景，对于研究现代人起源或人类应对环境的适应策略具有重要意义。

古人类学

杜抱朴、赵凌霞等《山西襄汾石沟砂场发现人类枕骨化石》（《人类学学报》4 期）报道了山西襄汾县南贾镇上鲁村存石沟发现一件人类枕骨化石，化石出土于汾河三级阶地的砂层中，地质时代属于中更新世晚期。化石具有印加骨，是中国古人类高频出现的一个特征，而枕骨中没有发现枕骨圆枕，而具有最上项线，显示出枕骨形态的进步性，推测其可能属于早期现代人。吴新智《丁村人类化石的意义》（《人类学学报》10 月 17 日第 6 版）认为丁村出土的牙齿化石形态与现代人十分接近，似乎与地层的古老程度不协调，并推测丁村也许和广西崇左、非洲的克拉西斯河口一样，是现代型人类在中国的发源地之一。希望将来能在丁村及邻近地区找到更多的化石证据。

宫希成等《安徽东至华龙洞出土的人类化石》（《人类学学报》4 期）研究了 2006 年在安徽省东至县华龙洞发现了 1 枚人类下颌第二臼齿和 2 件可以拼接在一起的额骨碎片化石。根据华龙洞动物群组成及地层情况，初步确定华龙洞化石层的时代为更新世中期。华龙洞人额骨和下颌臼齿都呈现出一系列常见于东亚直立人的特征，可能代表着生活在更新世中期的直立人。

二　考古研究

旧石器晚期文化与现代人起源研究

旧石器晚期文化和现代人起源研究是目前国际学术界特别关注的重大科学问题。近些年来，中国学者在这方面的发现和研究也改变了以往对中国旧石器晚期文化的认识。在 2014 年 *Quaternary International* 中的一组论文代表了中国学者近几年在这一领域的探索。

彭菲等 *Blade production of Shuidonggou Locality1（Northwest China）：A technological pespective*（*Quaternational International*，347）对水洞沟第一地点的研究显示，这个遗址的年代大约距今 4 万至 2.5 万年，其中包含两种不同的操作链，一种为宽脸石核主要生产典型的石叶、长石片和细石叶，这种石核常常从相对的方向进行剥片；另一种为窄脸石核和柱状石核，主要生产石叶和细石叶。通过与阿尔泰和蒙古地区的比较研究，作者认为水洞沟第一地点代表旧石器晚期最初阶段（IUP）的石器技术，当然也不排除其中包含旧石器晚期早段（EUP）的技术特征。而高星等 *The discovery of late palelithic boiling stones at SDG12, north China*（*Quaternary International*，347）在水洞沟 12 地点发现用加热石块来加热液体是在中国境内第一次报道现代人的这种行为特征。李峰等 *"Modern behavior" of ancient populations at Shuidonggou Locality2 and their implication*（*Quaternary International*，347）（《水洞沟遗址第二地点古人类"行为现代性"及演化意义》）（《国际第四纪》4 期）第 2 地点大规模的用火遗迹和用鸵鸟蛋皮加工的艺术品是现代人特有的行为特征，而其石器技术却为传统的石核—石片技术，则说明现代人的行为特征也会随着环境等因素出现变异，所以不能完全照搬西方的模式衡量中国古人类的行为特征。

近十多年来北京大学的王幼平等 *New evidence and perspective on the Upper Paleolithic of Central plain in China*（*Quatenary International*，347）（《MIS3 阶段嵩山东麓旧石器发现与问题》）（《人类学学报》第 3 期）在郑州地区的旧石器考古工作取得了多项重大突破，在距今 5 万至 2 万年期间数以百计的旧石器遗址或地点成群地聚集分布在古代河流两岸，说明这一时期是古人类发展的繁盛期。其中在 MIS3 阶段早期以老奶奶庙为代表的旧石器文化与技术特点仍与本地区更早阶段的旧石器文化面貌一脉相承，无论石器技术、类型学特点还是骨质材料的使用习惯，都很清楚地展现与中国传统石片石器工业存在明显的相关关系，看不出外来的文化因素。而在距今两万多年前的西施遗址中，出现了大量的石叶技术，显示了外来的技术特征，但明显比旧大陆西侧的同类技术要晚一些。

洛阳北窑遗址是一处黄土旧石器遗址，杜水生等 *Lossic Paleolith discovery at beiyao site, Luoyang and its implication for understanding the modern human origin in north China*（*Quaternary International* 349）根据新的发掘材料不仅重新厘定了洛阳北窑遗址的年代，而且在 1998 年发掘的层位上部发现了一个新的文化层，显示洛阳北窑遗址是一个从距今 20 多万年延续到 1 万年的黄土旧石器遗址，包含 S_2、S_1、L_{1s} 三个文化层。根据石制品数量与环境的耦合关系、石制品的技术演变、石料的选择，作者认为大约在 3.5 万年前后，人类行为发生了变化。此前人类活动受制于环境，暖期的活动频率比冷期强。此后冷期活动强度明显增强，而且人类的活动范围明显增大，这种现象可能与现代人的出现有关。作者认为应把中国古人类的活动置于季风背景下考虑，并根据最近几年的发现提出现代中国人可能首先出现在中国南方，然后在 MIS3 阶段时开始向北方扩散。

日本学者加藤真二 *Human dispersal and interaction during the spread of microblade industry in East Asia*（*Quaternary International*，347）对中日 2.7 万年以来的石叶细石叶技术的出现与现代人的迁徙行为进行了研究，认为 2.7 万至 1.7 万年期间，由于环境变冷，携带石叶技术的现代人从西伯利亚来到东北地区，在这里和原先存在的以石片石器为代表原地居民在华北和东北交界的地方进行技术交流，产生了华北地区 1.6 万至 1 万年期间以锥型石核为代表的细石器文化，这种文化最终也传播到了日本西南部。并认为石叶技术在东北地区的出现是由于存在人群迁徙，而石叶技术在华北地区的出现可能仅仅是观念的传播，并不存在人群的迁徙。

高星《更新世东亚人群连续演化的考古证据及相关问题论述》（《人类学学报》3 期）发表长文，从考古文化的角度论证了中国乃至东亚地区人类演化的连续性，认为中国旧石器文化不存在 10 万至 4 万年的材料空白，说明人类演化链条没有中断过，古气候研究也表明不支持末次冰期导致人类绝灭的结论；具有阿舍利风格的石器组合和石叶技术虽然在中国旧石器文化中曾经存在过，但从未占据主流，相反，该地区主流文化一直维持在奥杜威技术范围内。这些都是对中国古人类"连续进化附带杂交理论"的有力支撑。

上述研究虽然在年代学、技术类型学、环境背景上还存在可商榷之处，但毫无疑问中国旧石器晚期文化的研究已经明显进入了一个新的阶段，尤其在中国北方地区，文化分期分区工作已存在一些共识，各个阶段的文化内涵更加丰富，文化之间的传承演变以及背后的人群迁徙行为也逐渐进入学者的研究视野，随着这些研究的开展，将会逐渐实现旧新石器时代在认识上的对接，现代人行为的出现过程也会变得更加清晰。

新旧石器过渡

王幼平《新密李家沟遗址的研究进展及相关问题》（《中原文物》1 期）报道了新密

李家沟遗址研究的最新进展。遗址的地层从上到下可分7层：最上面是褐色砂质黏土扰土层；第2层为棕褐色的含碳酸钙胶结物层，含少量裴李岗陶片；第3层为灰白色砂砾层含零星陶片、石制品，也是裴李岗文化层；第4层为棕黄色砂质黏土，含少量石制品，亦属于裴李岗文化层；第5层上部为灰黑色砂质黏土向下渐变为棕黄色含与北区5、6层相同的夹砂压印纹陶片和少量石制品，是典型的李家沟文化层；第6层为褐色砂砾层，含大量料礓石，含船型、柱状等类型的细石核和细石叶，亦见局部磨光的石锛与素面夹砂陶片，是细石器文化层；第7层为次生马兰黄土，含石英燧石原料为主体的小型石片石器。比较细石器文化层和李家沟文化层的各种遗物发现，从细石器文化层到李家沟文化层，大型哺乳动物骨骼在减少，而小型哺乳动物骨骼在增加，在李家沟文化层中还发现了兔类遗存；石器组合和工具类型总体上来看变化不大，不同的是在李家沟文化层发现了石磨盘以及大量并不用于加工可能是用于建筑的石材，原作者认为可能与定居有关。

福建漳平奇和洞也是一处新旧石器过渡时期的文化遗存（福建博物院等编著《漳平奇和洞遗址图鉴》（科学出版社）；范雪春《福建漳平奇和洞遗址地层、动物群及埋藏学研究》（《东南文化》2期）。奇和洞所在的地貌位置相当于附近河流的二级阶地；遗址的地层堆积可以划分为9层，根据文化遗物可分为3期。第一期相当于6、7层（年代为距今17～13kabp），遗迹有人工石铺地面、火塘和水沟，遗物有石制品、煤矸石、人类牙齿及少量的哺乳动物化石，该期具有新旧石器过渡阶段的文化特征。第2期包括4、5层（年代距今12～10kabp），遗迹有火塘、灰坑，遗物有人类牙齿、打磨结合石制品、煤矸石、骨制品、陶器和动物骨骼，体现了福建最早的新石器时代文化面貌。第3期包括3A、3B、3C三个小层，3C层为早段（年代10～9kabp），3A、3B层为晚段（年代为9～7kabp），有房址、灶等遗迹，遗物有人类牙齿、石制品、煤矸石、骨制品、陶器及大量动物化石，反映新石器时代早期文化面貌。

中国的阿舍利文化

1944年，美国学者提出"莫维斯线"理论，从那时起东亚是否存在手斧等代表阿舍利文化特色的大型工具，就成为学界持续不衰的话题，近几年来，越来越多的学者认为中国个别地区例如洛南地区确实具有阿舍利文化中的手斧，但有些地区的手斧还存在一定争议。

李浩等 Rethinking the "Acheulean" in East Asia: Evidence from recent investigation in the Danjiangkou Reservoir region, Central China（Quaternary International, 347）（《丹江口库区的薄刃斧》）（《国际第四纪》2期）在研究了丹江口库区手斧和薄刃斧的标本后认为，丹江口的手斧和薄刃斧和西方的同类标本在一系列测量指标上十分接近，可以作为东亚地区存在阿舍利文化的证据。制作者一般就近选择原料，素材中既有砾石、自然破碎的砾石也有大石片，他们或者选择形状接近手斧或薄刃斧的砾石直接进行制作或者为生产手斧和薄刃斧打制适合的大石片，在制作过程中主要关注石器刃部，这和西方的手斧有一定的不同，这种不同主要受原料、生态环境、遗址性质和人群规模的影响。

王社江等《秦岭南麓汉水上游旧石器考古研究的现状与契机》（《人类学学报》3期）在全面梳理了秦岭南麓的汉水上游地区自20世纪七八十年代以来发现的旧石器遗址和地点后认为，汉水上游是我国发现手斧、薄刃斧和手镐等阿舍利类型石器较早和较多的地区，从目前资料来看，该石器工业技术可能是沿着中国东西向构造的二级台阶，自南向北传播而来。

古人类学研究

大荔人是中国重要的人类化石之一，本年度吴新智先生的《大荔人颅骨在人类进化中的位置》（《人类学学报》4 期）对大荔人化石重新进行了比较分析，认为大荔人表现为中更新世晚期人类共有特征和早期现代人部分特征的镶嵌体，并且兼具东亚的直立人和旧大陆西部中更新世人的特征，既不属于直立人也不属于海德堡人。据此分析，一百多万年前，当直立人进入东亚后分化为两支，一种发展成为以北京人与和县直立人为代表，另一种原本就和旧大陆西侧的人类接近或者吸收来自旧大陆西部的基因形成以大荔人颅骨为代表的类型。大荔人为代表的人类进化世系可能在中国早期现代人形成过程中具有比中国的直立人、非洲的中更新世人更大的关系。

刘武团队对许家窑人进行了重新研究，获得了一些新的认识。邢松等 Hominin teeth from the early late pleistocene site of Xujiayao，North China（American journal of physical anthropology，156）研究了许家窑人牙齿，发现许家窑人的牙齿和早期、晚期的现代人明显不同，虽然年代很晚，但却保持了早中更新世古人类的特征；此外还具有一些特征在尼安德特人中出现率明显高于其他人类化石。吴秀杰等 Temporal labyrinths of eastern Eurasian pleistocene humans（Pnas，29）的研究显示许家窑人内耳迷路和尼安德特人几乎相同，虽然他的外表特征并不具有尼安德特人的特征。这些混合特征或许说明许家窑人的分类地位需要重新认识；该作者 The Xujiayao 14 mandibular ramus and Pleistocene Homo mandibular variation（Comptes Rendus Palevol，13）对许家窑 14 号下颌骨的研究似乎进一步佐证了这个现象，有的性状如下颌切迹和下颌孔在现代人中广泛存在，有的性状如翼内肌结节和下颌升支和现代人的明显不同，还有的性状磨牙后间隙和下颌角外翻等则是尼安德特人特有的特征。

而邢松 Middle Pleistocene Hominin teeth from Longtan cave，Hexian，Chian（Plos One，12）对和县直立人牙齿的测量和形态学研究显示，和县直立人保持了早更新世古人类甚至匠人的一些特征，比同时代的周口店人明显原始，而与早更新世印度尼西亚桑吉兰出土的人类化石有更多的共同点。但是在中门齿和上前臼齿唇/颊侧具有明显的垂直沟槽、上下臼齿的齿冠轮廓和齿根数量、形态、分叉等方面和匠人明显不同；也不具备尼安德特人的任何特征。因此欧亚大陆的人类演化图景可能非常复杂，同一时期存在不同演化路径的可能。

孙成凯等 Interproximal grooves on the middle Pleistocene hominin teeth from Yiyuan，Shandong province：new evidence for toothpiking behavior from eastern China（Quaternary International，354）对山东沂源出土的直立人化石的电子显微镜下的观察，其牙冠和牙根具有不同程度的磨损，这可能是最早用牙齿携带食物或其他物品的证据。

此外，邢松等《现代人形成与分化的形态证据——亚洲与非洲现代人上颌第一臼齿齿尖相对面积的对比分析》（《人类学学报》4 期）过对采自亚洲和非洲 208 枚上颌第一臼齿齿尖相对面积的研究，发现上颌第一臼齿四个主要齿尖相对面积在亚洲和非洲现代人群之间都存在明显差异。亚洲和非洲现代人群在齿尖相对面积的分化至少可以追溯到全新世早期，更加精确的分化时间需要结合更新世晚期甚至中期化石人类数据去获得。

近些年来，随着多学科参与尤其是基因技术的发展，极大地改变了古人类学的一些传统认识，也促进了学科内部向精细化发展，揭示了一些新的现象。这些现象说明现代中国人的形成过程可能比以往的认识要复杂一些。

多学科综合研究与新技术的运用

乌拉木伦遗址是近年新发现的一个旧石器遗址，位于内蒙古西南部，碳十四和光释光测年显示遗址的年代为 7 万至 3 万年，陈虹 *A preliminary study on human behavior and lithic function at the Wulamulun site, Inner Monglia, China*（*Quaternary International*，347）对 2010 年出土的 140 件标本进行微痕分析后，发现其中部分石制品存在明显的装柄现象，说明那时已经有复合工具。石制品的主要功能与加工肉类资源有关。董为 *Late pleistocene mammalian fauna from Wulanmulan paleolithic site, Nei Mongol, China*（*Quaternary International*，347）动物考古显示乌拉木伦生活的古环境是一个草原和森林镶嵌生长的环境，冬季气温极为干冷而夏季温暖一些，动物群和楼房子、萨拉乌苏动物群相似而和小孤山等东部的动物群相差较大。而李小强《内蒙鄂尔多斯乌兰木伦遗址 MIS3 阶段的植被与环境》（《人类学学报》1 期）对乌拉木伦遗址的孢粉分析显示遗存埋藏的碳十四测年在 41.4 ~ 33.1 cal ka BP 之间，属 MIS 3 阶段中期。花粉和木炭化石记录显示，早期为灌丛—草原，晚期为典型草原植被，气候温凉偏干，较现今相对温暖湿润，胡颓子属和霸王属等小乔木和灌木作为先民使用的薪材。MIS 3 阶段相对暖湿气候有利于人类的繁衍、扩散和交流，可能是我国北方地区旧石器时代晚期出现大量人类活动的重要原因。

年小美 *Chronological studies of Shuidonggou（SDG）locality 1 and their significance for archaeology*（*Quaternary International*，374）用光释光法对水洞沟第一地点的年代进行了重新测定，认为勒瓦娄瓦技术所代表的年代为距今 4.3 万年，这说明勒瓦娄瓦技术在水洞沟地区的出现时间几乎和阿尔泰地区同时。周振宇 *Heat treated stone artifacts at Shuidonggou, Northwest China and their archaeological implications*（*Quaternary Internatioanl*，347）对水洞沟 12 地点的石制品原料分析后认为距今 2 万年前存在对石料加工以改善石料性质，增强利用率的现象。

张双全《旧石器遗址动物骨骼表面非人工痕迹研究及其考古学意义》（《第四纪研究》1 期）介绍了旧石器遗址动物骨骼表面非人工痕迹的辨识，这些痕迹包括食肉类齿痕、啮齿类啮咬痕迹、水流磨蚀痕迹、踩踏痕迹、生物/化学腐蚀痕迹、风化痕迹。张乐《旧石器时代古人类敲骨吸髓行为的确认——以马鞍山遗址为例》（《第四纪研究》1 期）从长骨断口的形态、管状骨剖面的周长以及骨骼表面的敲砸痕和敲砸疤三个方面研究了贵州桐梓马鞍山遗址古人类的敲骨吸髓行为，并对以往遗址中所谓的打制骨器提出了新的看法。栗静舒《垩质年轮法在旧石器时代动物考古学中的应用》（《人类学学报》2 期）介绍了通过对动物牙齿垩质年轮的研究确定动物死亡季节，并进而推断遗址利用季节的理论、方法及案例介绍。曲彤丽、陈宥成《骨质修理器——石器修理新视角》（《南方文物》1 期）介绍了骨质修理工具的定义、实验考古以及在遗址中的识别方法。

总的来看，从 2014 年的考古发现和研究来看，新世纪的中国旧石器考古学经过 10 多年的积累后，无论考古发掘技术还是对考古材料的研究都在向精细化发展，学者的研究视野更加国际化，水洞沟遗址、乌拉木伦遗址、郑州地区、汉水流域、黄土地区的洛阳北窑和蓝田地区的一系列发现丰富了我们对中国的阿舍利文化以及旧石器晚期文化和现代人行为的认识；而古人类学的研究显示，中国古人类在最初就存在不同演化轨道，在演化过程中还可能和不同人群（包括尼安德特人）发生基因交流；上述成果极大地丰富了我们的认识，期待在来年能有更大的突破。

新石器时代考古

李新伟

一　重要发现

2014 年新石器时代考古的重要发现，表现出以下几个特征。

一是华南和西南地区的发现继续引人注目。

中国社会科学院考古研究所和海南省文物考古研究所、陵水县博物馆在陵水桥山遗址的发掘持续多年，已经识别出两类文化遗存，分别以"第 3 层层面"遗物和第 3 层内遗物为代表。2014 年发掘进一步验证了此文化序列。联合考古队复查了附近的已经被破坏殆尽的莲子湾遗址，遗物颇为丰富。陶器有圜底罐、圈足盘、圈足碗、圈足杯等，与桥山遗址第 3 层年代和文化性质相当。发掘者邀请有关专家现场讨论认为，桥山第 3 层层面遗存与桥山第 3 层——莲子湾遗存有年代上的差别，分属不同的考古学文化，年代不晚于新石器时代晚期。两类遗存与华南沿海地区和洞庭湖流域考古学文化存在若干相似文化因素，但差异也非常明显。国家博物馆对处于海南内陆的东方市荣村遗址进行试掘，也发现大量新石器时代陶片，文化性质待认定。

广西文物保护与考古研究所对广西隆安县大龙潭遗址进行抢救性考古发掘中，在 60 平方米的范围内发现密集倒立的大石铲 70 多个，发掘共获得完整石铲近百个，较大的石铲碎片数百片。为配合广西郁江老口水利枢纽工程建设，该所对扶绥县城西北约 3000 米的左江北岸的敢造贝丘遗址进行发掘。发现的墓葬大部分为侧身屈肢葬式，偶见仰身屈肢葬式，有的屈肢程度甚大，应该是捆绑造成的；每一具骸骨旁边都放置一两块石头，有些骸骨上面也压着石块。这些现象与邕宁顶蛳山遗址墓葬特征相似。尤为重要的是，在遗址中发现了大石铲，为大石铲的时代和功能的讨论提供了难得的考古学文化背景。约 3000 米外的江西岸贝丘遗址除发现大量动物骨骼，还发现了一处集中堆放的鹿、麂、猪、猴等动物的颌骨，推测是重要的仪式活动遗存。这些发现为认识广西史前社会的仪式活动和社会复杂化程度提供了新鲜资料。

中国社会科学院考古研究所与贵州省文物考古所合作进行的平坝牛坡洞遗址的发掘继续进行，贵州省文物考古所在北盘江流域关岭县大盘江村一级台地上的陋阪龙遗址进行发掘，出土数百件陶片，发掘者推测其时代距今约 7000 年前。

云南省文物考古研究所对宾川县白羊村遗址的发掘共清理遗迹 1200 余个，发现大量遗物。目前洱海区域有较为准确年代的只有剑川海门口、大理银梭岛、永平新光和元谋大墩子等几处遗址。发掘者综合这些资料，将白羊村遗存分为三期：第一期年代约为距今 4200 ~ 4000 年；第二期与新光遗址和银梭岛遗址二期相似，年代大致在距今 4000 ~ 3800

年左右；第三期与海门口遗址一期相似，年代为距今 3700 年左右，为云南地区史前文化序列的建立提供了可靠的标尺。

因为学术界的重视和政治经济形势的发展，华南和西南地区史前考古日渐兴旺。这无疑会对在更宏大的、开放的和国际化的地理与文化背景下思考中国文明的形成产生重要影响。

二是研究较薄弱地区开展了新的工作。

史前考古研究实力突出的浙江省文物考古研究所的发现颇引人注目。该所在钱塘江上游金衢盆地的龙游县荷花山遗址发现丰富的遗迹和遗物，属上山文化中期。这是继上山和小黄山之后，在钱塘江地区发掘的第三处新石器时代早期遗址，对讨论浙江南部地区文化源流演变，特别是上山文化和跨湖桥文化的关系有重要价值。

在浙北山地，该所发掘了安吉县安乐遗址，揭露面积 2000 平方米，清理新石器时代墓葬 31 座以及其他遗迹。墓葬随葬品 1~5 件不等。玉器主要为玦、璜，材质有石英和透闪石软玉两种。墓葬相对年代约为崧泽文化时期。发掘者注意到，浙北山地的新石器时代遗存基本为自马家浜文化晚期至崧泽文化，与此相对的是，湖州东部和杭州、嘉兴平原地区的新石器时代遗址多属崧泽文化晚期至良渚文化，因此提出，这样此起彼伏的情况，说明在崧泽文化晚期阶段，存在着由西部山地向东部平原地区的大规模人群迁移，而良渚遗址群恰好是这一地域分界的过渡地带，具有相当的地理和资源优势，这或许是良渚遗址群选址以及中心聚落崛起、良渚古国建立的重要原因。良渚遗址群之勃然兴起，确实是一个需要在广大的时空背景下探讨的问题：强大的凌家滩遗存和以东山村为代表的太湖东部强势崧泽文化的影响都应在视野之内，浙北山地遗存的重要性也是不言而喻。

在西北地区，中国社会科学院考古研究所与甘肃省文物考古研究所开始了临洮马家窑遗址的全面钻探和发掘工作。这是在安特生发现该遗址 90 多年后进行的第一次系统考古工作。钻探表明，遗址范围应不小于 30 万平方米，是马家窑文化马家窑期的大型聚落。发掘对遗址东南的台地堆积进行了清理，面积约 200 平方米，发现房址 5 座，对遗址的房屋结构和布局，台地部分的堆积内容有了明确了解，收获大量遗物，为认识洮河流域庙底沟时期遗存向马家窑文化的转变提供了丰富资料。

重庆市文化遗产研究院对位于巫山县曲尺乡大水田遗址进行发掘，主要发现为大溪文化二期、三期遗存，清理 200 余座墓葬，出土文物 1700 余件（套）。包括制作精美的石钺、类型丰富的动物石雕、石环和玉饰等。玉璜表现出的与长江下游的联系尤其令人关注。

三是一些重要遗址的连续工作有了新进展。

2008 年至 2013 年安徽省文物考古研究所对凌家滩及其周边地区开展连续区域系统考古调查（《东南文化》5 期），2011 年至 2013 年对凌家滩遗址本体进行勘探，证实周边分布着规模不等的至少 10 处以上的中小型聚落，凌家滩规模巨大、功能齐全，是大型中心聚落。钻探发现内有一条长达 2000 米、最宽约 30 米、深约 2~6 米的壕沟，2014 年对其进行发掘，为了解聚落演变提供了资料。同时对距凌家滩遗址约 2700 米的韦岗遗址进行发掘，发现底部有柱洞和陶片、石块铺垫的沟状堆积，出土大量遗物。这些系统的田野调查工作是促进凌家滩遗存研究的关键。

陕西省考古研究院在近年来成为学术界关注热点的神木石峁城址持续进行发掘。在与皇城台隔沟相望的韩家圪旦清理房址 19 座、墓葬 24 座。房址为窑洞式，为前后两间的双联结构，出土可能与加工玉器有关的遗物，并在一个灰坑里面发现十余片用于占卜的动物肩胛骨，上面灼烧的痕迹非常明显。此居址晚期变成一片墓地，虽被严重盗掘，但仍出土了玉鸟、玉管等小件玉饰以及保存完好的殉人。在一座墓中还发现 20 多片鸵鸟蛋壳。

成都平原的宝墩遗址也有重要发现。成都博物院在田角林地点发现长 27.65 米、宽 12.25 米的大型建筑遗迹，柱坑大多呈方形，内填五花土，夹杂有大量红烧土颗粒以及少许宝墩时期陶器残片与鹅卵石。在成都温江区红桥村抢救性发掘中，发现宝墩文化三期夯筑"护岸堤"，长约 147 米，大体呈西北——东南走向，剖面呈梯形，底宽 14 米，顶宽 12 米，高约 1.3 米。在近水的一侧，用大量卵石堆筑作为护坡。在护岸堤东侧发现一处宝墩文化的聚落，清理出灰坑 200 多个。这是继良渚遗址群发现水利设施后的又一重要发现，充分展现了以宝墩城址为核心的聚落群的社会发展程度。此外，2010 年与宝墩相关发掘简报也已经出版（《成都考古发现 2012》，科学出版社）。

二 主要研究成果

各地文化序列

虽然整个中国史前考古学文化的时空框架已经大体建立，但除了海岱等少数地区外，各区系的文化序列均有缺环和演变脉络不明晰的情况。对时空框架的补充和细化、各文化间的交融演变仍然是我们面临的重大问题，也是历年研讨之热点。综合研究越深入，对这一最基本问题的探讨就越显迫切。

仰韶文化各个时期的时空流变均存在认识上的空白。仰韶文化不同于其他史前文化之处在其地域之广大和时间之绵长，其源流演变之复杂由此而生。在拖延 3 年之后终于出版的《仰韶和她的时代——纪念仰韶文化发现 90 周年国际学术研讨会论文集》（以下简称"仰韶和她的时代"）中，张居中发表《再论仰韶时代文化》对此进行了新的讨论。在同一论文集中，戴向明发表《陕晋豫地区仰韶早期文化的有关问题》，张天恩发表《渭河流域仰韶早期文化的观察》，分地区讨论了仰韶文化的形成问题。魏兴涛的《豫西晋南和关中地区仰韶文化初期遗存研究》（《考古学报》4 期）以典型器物小口尖底瓶的类型学研究为核心，对各相关地区的"仰韶初期"遗存进行了梳理，同意以"零口类型"和"枣园类型"命名关中和豫西晋南的该时期遗存，强调裴李岗文化对仰韶文化形成的主导作用。各具特色的前仰韶诸文化如何演变成"大一统"的仰韶文化，确实令学者费解，问题的解决除了依赖类型学，也需要更多关于相关理论的探讨。

邵晶在上述论文集中发表的《西坡墓地出土陶器年代的类型学观察》则涉及仰韶文化中期庙底沟类型和晚期西王村类型的过渡问题，提出西坡墓葬应该归入仰韶文化晚期。实际上，西坡墓葬正处于过渡期，釜灶组合更具有庙底沟风格，其文化归属尚需进一步讨论。

邸楠等以陕西蓝田新街遗址资料为核心讨论了关中仰韶文化晚期遗存的分期及相关问题（《考古与文物》4 期），指出关中东、西部已显露发展的不平衡性，东部受大河村和屈家岭文化扩张的影响。仰韶文化晚期是动荡整合的重要时期，对这一时期的讨论确实需要全面考虑文化交流互动问题。关于后仰韶时期，张鹏程（《考古与文物》1 期）则通过对陕西浦城马坡 H1 遗存的分析讨论了关中地区庙底沟二期文化和后续的客省庄二期和杏花村四期遗存之来源。

文化接触地带的文化序列建构更见复杂。何强和赵宾福对雕龙碑遗址第三期遗存的讨论（《江汉考古》6 期）充分反映了这一问题。论文提出雕龙碑遗址第三期遗存是一种新的考古学文化，可命名为"雕龙碑三期文化"，是在油子岭文化的基础上接受了仰韶文化的影响而产生的，后被屈家岭文化所取代，年代约为公元前 3100 年至前 2700 年，只有400 年。文化演变替代之迅速和复杂由此可见一斑，为文化归属的进一步讨论留下了很大的空间。

以辽西为核心的文化区仍然是研究的热点，发表有多篇论文。索秀芬和李少兵（《考古学报》3 期）以《燕山南北地区新石器时代考古学文化序列和格局》为题，对相关考古学文化进行了全面梳理。与此前的类似综述相比，补充了新的资料，力图熔燕山以南的转年、上宅、镇江营一期和雪山，以及辽西的西梁和富河等"非主流"遗存为一炉，再次提醒学界该区域文化演变的复杂性。赵宾福等则专门讨论了小河西文化（《中国国家博物馆馆刊》1 期），认为其年代在公元前 6200 年以前，是兴隆洼文化的前身，可分为白音长汗类型和查海类型。这一个案研究提示我们，辽西及相关地区时空框架的精细化需要对各考古学文化进行更细致和可靠的分期研究。

乔梁对环太湖区域的热点广富林文化进行了再讨论（《文物》1 期），基本认同陈杰以前对广富林遗存的分组，认同河南龙山文化的深刻影响和与良渚文化的显著差别。陈杰对禹会村遗存的讨论也涉及到龙山文化之南下（《中国社会科学院古代文明研究中心通讯》26 期），这两项研究均表明时空框架之建立和细化对理解文化互动和社会变迁大背景的重要意义。

聚落考古，地理信息系统

在区域聚落考古研究方面，郭明建的《良渚文化宏观聚落研究》（《考古学报》1 期）借鉴西方聚落考古理论模式，对良渚地区、浙北嘉兴地区、太湖东部苏沪地区和太湖北部地区良渚聚落的等级分化情况进行了分析，是从宏观聚落形态的角度认识良渚社会的有益尝试。滕铭予和万雄飞报道了辽宁阜新地区区域性考古调查阶段性成果（《北方文物》3 期）。魏坚《庙子沟遗址聚落形态与废弃原因再探讨》（《佟柱臣先生纪念文集》，科学出版社）、夏立栋《白音长汗遗址二期乙类聚落形态研究》和郭志委《宝鸡北首岭聚落形态初步考察》（《纪念仰韶文化发现 90 周年国际学术研讨会论文集》，文物出版社）则是精细的聚落内部形态研究。

地理信息系统是聚落空间分析的利器。毕硕本等《基于对象时空模型的郑洛地区史前聚落遗址群时空演变分析》（《地理与地理信息科学》2 期）和石涛《地理信息系统基础上的早期道路模拟研究——以垣曲盆地为例》（《考古与文物》4 期）虽然均需要更密切地和聚落分布之外的考古资料结合，但颇具启发意义。

理论方法的讨论

赵辉等《田野考古的"系络图"与记录系统》（《江汉考古》2 期）提倡以西方考古田野中已经成为规范的"系络图"（matrix）描述地层单位关系。我们的考古报告中一般以文字描述和地层图表达层位关系，间或有以线段和箭头表示叠压、打破的示意图，更规范、全面的地层单位表示方法确实应该推广。其实，西方的"系络图"背后是灵活、细密的 context 发掘方法和编号系统——凡是发掘者认为有意义的现象（一片红烧土、一堆陶片，一个遗物丰富的平面等）均可单独编号，不必拘泥地层、灰坑、墓葬和房址等概念。这一方法在中国田野考古中的适用性还需继续实践和探讨。

王巍《考古学文化及其相关问题探讨》(《考古》12 期)对考古学文化概念使用中的常见误区进行了剖析，应是作者近年参与夏商周断代工程和中国文明探源等研究，对考古学文化和类型概念的使用进行深入反思的结果。于海广对考古研究中的分类、类型和形制进行了讨论（《海岱考古》七辑）。秦臻则对数学模型方法在考古学中的应用进行了梳理（《华夏考古》1 期）。

伦福儒的经典之作《考古学：理论、方法与实践》中译本第二版出版，主持译事的陈淳发表两篇文章评述推介（《南方文物》2 期，《中国文物报》9 月 12 日 6 版），引发学界对相关理论问题的思考。陈胜前撰写两篇文章（《考古》10 期，《东南文化》4 期）力荐宾福德的"中程理论"，以之为"透物见人"的必备法宝。除了这样的理论探讨，"中程理论"之建立，考古资料与古人行为和思想方式的联系更需要实践，比如宾福德自己长期考察纽那纽特人，精细设计、努力践行的民族考古，比如动手动脚的实验考古。

考古学史

考古学史的回眸一望，探微索隐常会给当前的研究带来启示。长期专注中国考古学史研究的查晓英以《李济考古学方法论中的史学特征》（《考古学报》2 期）为题，对李济的主要学术思想进行剖析，但主要讨论的是李济"历史的"和"人类学的"细密类型学研究。中国考古学的所谓"史学特征"或"历史倾向"一般指的是中国考古学家"证经补史"的情结。李济自其 1926 年在晋南的调查和西阴村的发掘开始，就表现出以考古学资料论证古史记载的倾向。但其类型学研究反倒是力求"客观"和"科学"地分析考古资料的努力。文章虽然有文不对题之嫌，但其对类型学研究的反思颇具现实意义。刘斌和张小虎对安特生后期学术活动的梳理（《纪念仰韶文化发现 90 周年国际学术研讨会论文集》，文物出版社）使我们可以更全面认识安特生学术思想的轨迹。付永旭对"灰坑"的绵密考证（《华夏考古》2 期）可以引发如何建立严谨又实用的基础概念体系的深入反思。

社会复杂化和中华文明探源

中国史前社会复杂化进程和中华文明探源始终是中国史前考古学的最重要使命。

对中华文明整体进程和发展模式的宏观思考仍然以中原的地位问题最引人注目。新近出版的《佟柱臣先生纪念文集》（以下简称《文集》）中有多篇论文均以此为中心。韩建业《龙山时代早期中国的文化格局》（文集，科学出版社）强调中原地区的核心地位，"重瓣花朵"格局或"早期中国"在龙山早期的最终奠定；王震中《中原地区和黄河文明在华夏历史文明中的地位与作用》（《孙作云百年诞辰纪念文集》，河南大学出版社）也是重提中原地区的特殊作用；许宏（文集，科学出版社）则对此"新中原中心论"的产生过程进行了梳理，提出二里头"广域王权国家"崛起后，中原中心才最终形成；张忠培《渭河流域在中国文明形成与发展中的地位》（《中国国家博物馆馆刊》11 期）则提示我们问题的复杂性。这些讨论均涉及中华文明探源中的"中华"的问题：即应该以什么样的模式构建中国史前社会发展框架，以什么样的考古学证据定义和描述"最初的中国"。李新伟《中国相互作用圈和"最初的中国"》（《光明日报》2 月 19 日第 14 版）对这一问题进行了讨论，提出张光直描述的"中国相互作用圈"是以考古资料讨论"最初的中国"的最佳模式，公元前 3300 年前后中国相互作用圈的形成标志着"最初的中国"的形成。但此"最初的中国"并无核心，也难以用"重瓣花朵"描述，由目前的考古资料看，"以中原为中心的历史趋势的形成"是个漫长的过程，"重瓣花朵格局"的确立可能是三代时期完成的。

以什么样的态度和方法对待丰富的古史传说是中国文明起源研究中讨论最热烈的主题之一。戴向明《古史传说与中国文明起源的探索》（文集，科学出版社）认为可以将三皇五帝大体纳入到以考古学为基础构建的史前史框架中。田建文（文集，科学出版社）更是力图证明陶寺即尧都平阳。许永杰和李伊萍提出史前考古与古史传说的结合包括四个方面（《庆祝张忠培先生八十岁论文集》，科学出版社），考古学文化谱系与帝王世系或古部族的对应；考古学文化的迁徙和古代部族迁徙；考古学文化格局的变化与古代部族战争；以考古发现确认传说时代的发明创造，并指出这几方面的结合面临年代和材料两个瓶颈，解决的办法是运用谱系研究的方法，建立完善的史前考古学文化谱系，然后与史学家考明的帝系或族系结合。考古学文化谱系的完善固然是考古资料与古史记载整合的基础，但同样重要的是对史前社会复杂化进程的研究。考古学对史前社会组织结构、社会上层领导策略和意识形态的发展等方面的新知会为古史记载的解读开辟崭新的天地。谢维扬《国家起源研究中历史性事实对考古学证据意义形成的影响》（《东南文化》5 期）内容与题目一如作者以往的风格，略显晦涩但颇具启发性。文中并未定义何为"历史性事实"，所举的例子包括文献中对夏代官制的记载，关于夏商周三代王朝政治更替过程中后代统治者对前代国家合法性的承认的记载等。作者认为，在考古资料中寻找这些与国家政体的存在密切相关的"历史性事实"的证据可以为国家起源研究开辟新的天地。但什么样的考古资料才能认定这些"历史性事实"的存在是相当棘手的问题。

从不同角度对中国史前社会复杂化和文明化进程的描述与讨论是史前研究的热点。

墓葬是反映社会等级分化的重要资料。王明辉对比了渔猎经济仍然占重要地位的贾湖墓地和农业发达以后的西坡墓地的人骨病理情况（《第四纪研究》1 期），指出农业经济对古代人群的健康有 定的负面影响，但提供了更稳定的食物供应，养活了更多的人口，并延长了平均寿命，促进了社会复杂化的发展。张雪莲、李新伟以碳氮稳定同位素的检测为主线，讨论了食物和社会等级及社会组织的关系，是加强科技手段与考古材料结合的有益尝试（《中原文物》4 期）。孙瀚龙对大汶口墓地随葬品反映的社会等级进行了较系统的讨论（《纪念仰韶文化发现 90 周年国际学术研讨会论文集》，文物出版社）。张弛（《考古》8 期）根据对石家河遗址邓家湾和肖家屋脊屈家岭文化晚期和石家河文化早期墓葬中高领罐这一特殊随葬品的摆放位置和埋葬顺序的细密分析，提出高领罐可能储藏谷物，是财富的象征，对财富占有的宣示成为显示威望的重要手段，与该地区不同族群间相互竞争日趋激烈从而不断出现新的社会联合体的社会发展进程互为表里。可见除了数量的统计，随葬品位置和下葬顺序也是应该特别关注的重要信息。

韩建业（《纪念仰韶文化发现 90 周年国际学术研讨会论文集》，文物出版社）对西坡墓地分区情况进行分析，进一步阐明了其反映的社会复杂化的"中原模式"，即"生死有度，重贵轻富，井然有礼，朴实执中"，并与以大汶口和崧泽墓地为代表的"视死如生，淫祀鬼神，富贵并重，奢侈浪费"的"东方模式"进行了对比。近年来中华文明起源研究中一个值得注意的现象是对中国史前各主要文化区不同发展道路的辨析日益受到重视。各地区的发展模式各具特色，恐怕比目前归纳出的两模式说或三模式说还要丰富。这正充分说明"满天星斗""相互作用"的发展态势，与庙底沟主导，或"重瓣花朵"模式并不吻合，值得学界进一步探讨。

乔玉《兴隆洼文化房屋内遗存所反映的性别问题》（《北方文物》4 期）对兴隆洼遗

址房屋内与性别相关物进行了周密分析，证明男性相关物和女性相关物在各房屋内共存，房屋内既有公共活动空间，也有男性和女性各自的工作空间，很可能居住着一个由夫妻和子女组成的核心家庭。这是依据聚落资料探讨社会组织的有益尝试。

何驽《长江流域文明起源商品经济模式新探》（《东南文化》1 期）提出双墩遗址的陶"投掷器""尖状器"及刻划符号，薛家岗遗址有凹点的陶球都可能与产品登记有关，并结合对有可能批量生产的器物的分析，提出长江流域的文明化进程中，商品经济扮演了重要角色。文章立论新颖而大胆。虽然一些推测仍然需要更多的资料和更严密的论证来支持，但习惯了"中华文明以农为本"这一固有范式的中华文明探源研究，确实需要认真思考在中国史前社会演进中某种程度和某种形式的"商品经济"存在的可能性。翟少冬《山西襄汾大崮堆山遗址石料资源利用模式初探》（《考古》3 期）通过对陶寺、丁村曲舌头和南石—方城等遗址石制品岩性的分析，提出陶寺对大崮堆山石料严密控制的推论。可见对基本原料的统一控制而非商品化是中国早期国家的重要特征。

吴文祥等讨论了距今 4500～4000 年期间的气候变化对龙山社会变化产生的影响（《第四纪研究》1 期），提出在人口增长和气候变化双重作用下，造成资源紧张，引发冲突和战争，促成社会演进。文明起源的各种动因被国内外学者讨论几至穷尽，已经没有提出新说的空间，我们需要的不仅是大时空的泛论，更需要高分辨率的个案剖析。

国外考古

最后应该提到两篇国外考古的文章。一篇是陈洪波、张利敏的《论华南与东南亚地区的新石器时代文化》（《广西博物馆文集》9 辑），另一篇是吕红亮的《跨喜马拉雅视角下的西藏西部新石器时代》（《考古》12 期）。更广泛的国际视野正是发展中的中国史前考古研究应该努力的一个方向。

夏商周时期考古

张国硕　缪小荣　汤浩昊

2014 年度，夏商周三代考古取得一系列重大收获，新发现河南郑州东赵城址、湖北枣阳郭家庙曾国墓地、陕西清涧辛庄商代建筑遗址等重要遗存，围绕城市考古与都城考古、方国与封国文明、宗教礼制、考古学文化演进与交流、手工业生产、专题考古等方面，展开广泛深入研讨。据不完全统计，共发表相关简报及论文近 500 篇，出版发掘报告及著作 110 余部，召开学术会议 10 余次。

一　夏商周考古综合研究

本年度公布了较多的夏商周考古新发现材料。河南郑州东赵遗址发现新砦期小城、二里头时期中城、东周时期大城等 3 期城址和商代早期大型建筑基址，对夏商时期年代谱系、区域聚落研究提供了新的材料及视角（《中国文物报》12 月 19 日）。山东成武县发现的 8 处古遗址，年代包括龙山时代、岳石文化、商周和汉代等时期（《华夏考古》3 期）。安徽当涂县姑溪河流域区域调查，共发现自马家浜文化时期到东周各时期遗址 80 余处，并探索出一套适合江南丘陵水网地带的调查方法，初步建立了姑溪河流域先秦考古学文化年代序列（《东南文化》5 期）。成都平原鸭子河流域考古调查，共发现商周时期遗址 17 处，为了解商周时期的遗存分布、文化面貌及聚落形态等提供了重要资料（《四川文物》5 期）。屏山斑竹林遗址发现的商周时期遗存，由 3 座窑址组成的小型窑场形制和结构清晰，在川南地区尚属首次，为研究金沙江下游地区商周时期的陶器制作技术和烧造工艺提供了重要材料（《四川文物》3 期）。福建晋江庵山遗址发现灰坑、房基、土墩等遗迹以及陶器、石器、青铜器、贝等遗物，年代相当于中原地区的商代中晚期至西周时期，具有明显的海洋性文化特征（《文物》2 期）。福州市新店罗汉山商周遗址，共发现 10 座商周时期竖穴土坑墓，出土一批文化遗物，文化性质属于黄土仑文化的一个类型，年代延续至东周时期（《福建文博》4 期）。新疆巴里坤红山口遗址的发掘，发现有年代相当于西周至西汉的文化遗存（《文物》7 期）。

学界对有关三代城址的相关问题进行了较为详细的论述。张国硕对早期城市城郭之制进行深入研究，认为龙山文化时代是城郭之制的孕育、形成时期，夏代为城郭之制的初步发展阶段，商代以后城郭之制得到推广，郑州商城、偃师商城、洹北商城等都城，以及垣曲商城、盘龙城、牛城、三星堆等方国城址大多推行城郭之制，所谓"夏商无城郭说"或"夏代无城郭说"等观点是与考古实际不相符的（《中原文物》6 期）。张国硕《中原先秦城市防御文化研究》（社会科学文献出版社），在深入探讨先秦中原地区城市的发现、属性以及发展阶段的基础上，对这一时期城市的防御设施种类及建造技术、防御体系的构建与演变、防御文化模式、中原与周边城市防御文化比较、中原城市防御文化资源的开发利用等课题，进行全面系统的分析和研究。冉宏林、雷雨通过对成都平原几座先秦时期城址的对比研究，认为在相当于中原二里头文化时期当地城址发展稳定下来，城址面积急剧扩大，城圈形制由单重城墙或夹着一条壕沟的双重城墙演变为间距较大的双重城墙，城墙结构不再单一，空间布局也变得较为明晰（《四川文物》3 期）。牛世山对周代的城市规划进行研究，认为《考工记·匠人营国》蕴含特定的城市规划模式，具有明确的初始总体规划，城市布局严谨规整，建置主次有序。这种城市规划思想，是西周、春秋时期等级社会的反映（《中原文物》6 期）。

宗教信仰与礼制方面，徐良高以神人像类文物所反映的长江流域早期宗教信仰传统为例，对三代时期的文化大传统与小传统进行探析，认为夏、商、周三代的政权更迭不是一种文化替代另一种文化，而是不同区域文化在认同、接受大文化传统的过程中壮大自己、夺取主导地位的同时，又以自己的文化不断补充、修正和发展着文化大传统（《考古》9 期）。刘一婷认为商周时期用于祭祀的动物牺牲在种类上和方式上延续和转变并存；随着时代的推移，祭祀用牲有不断规范化的倾向，这反映了祭祀活动的演变是一个由社会习俗逐渐向礼制规范演变的过程，逐渐地形成一套礼制制度（《南方文物》1 期）。

在礼制研究上，王丽芬对先秦乐器的演进及发展过程进行研究，认为夏、商、周三代的乐器经历了从小到大、从少到多、从简单到复杂、从低级到高级的不断发展的历史过程。这些乐器既是音乐演奏的工具，同时也是凝聚了礼乐精神的礼乐制度的物质代表（《四川文物》3 期）。岳连建通过对虢、应、晋、芮等两周时期诸侯国墓地出土资料的梳理，从青铜礼器、乐器、玉器以及舆服、棺椁、墓葬形制等方面对墓葬所反映出的周代礼乐制度进行分析和探讨（《中原文物》1 期）。张闻捷通过对汉淮地区春秋早中期诸国铜器墓葬的考察，认为春秋早中期汉水北部地区诸国以尊崇周制为主，而淮水流域则以坚持传统礼制为核心（《中国国家博物馆馆刊》11 期）。

考古学文化发展与交流方面，韩建业认为约公元前 1800 年以后，二里头文化和二里冈文化向外强势影响，中国大部分地区形成了以中原为核心的文化共同体，其空间结构自内而外至少可以分为四个层次；中原腹地进入王国阶段，文化上的早期中国在空间范围和统一性方面得到显著发展（《中原文化研究》6 期）。徐昭峰对郑州地区的筒腹鬲进行研究，认为筒腹鬲最早出现在夏代晚期，在商代数量有所增多；郑州地区发现的夏家店下层文化筒腹鬲是伴随着先商文化在太行山东麓的南进而出现的；商文化中包括筒腹鬲、彩绘纹样和占卜技术等均受到了夏家店下层文化的强烈影响（《中国国家博物馆馆刊》3 期）。付琳在全面搜集、梳理现有甗形器资料的基础上，首先通过陶器类型学研究，建立了甗形器的发展谱系，将其划分为三期，各期年代分别相当于中原地区的早商时期、晚商时期至西周初期和西周至春秋早期；又进一步讨论甗形器的起源与产生机制，指出甗形器最早起源于早商时期的赣北—鄱阳湖地区及其邻近地带；最后考察甗形器分布范围的扩张与收缩变化，总结各型甗形器的流行地域及传布，指出甗形器在传布过程中可能已经越海到达台湾岛南部地区（《中国国家博物馆馆刊》3 期）。张寅在总结众多关于铲足鬲研究成果的基础上，系统地梳理出目前所出铲足鬲的年代和分布地区，提出甘肃东部地区应是铲足鬲的原生地，并结合新出东周西戎考古遗存，指出铲足鬲来源于西周至春秋早期分布于甘肃东部的寺洼文化（《文博》2 期）。罗运兵等对鄂东地区大路铺文化土著因素的形成与传播进行分析，认为它们的形成更多地接受了南方湘赣地区史前至夏商时期文化传统的影响，同时也融合了鄂东地区的本土传统，这些土著因素的对外传播多以单一因素的点状分布呈现，年代多集中在西周中晚期至春秋早期，其文化辐射影响力整体并不突出（《江汉考古》6 期）。杨占风通过分析绳纹的演变，将成都平原先秦文化分为 6 个发展时段，并认为以本土文化的发展为主流，同时不断吸收外来的文化因素，成都平原先秦文化可划分为宝墩文化、三星堆文化、十二桥文化、新一村文化等 4 支考古学文化（《四川文物》4 期）。

生产及建筑技术方面，陈春君、刘俊男对长江中下游地区早期烧砖的演进进行研究，认为在距今约 5000～2600 年前，烧砖的形状趋于规整，烧制工艺趋于成熟；距今约 2600 年左右，烧砖形状及工艺完全成熟（《中原文物》2 期）。李婉琪、索秀芬系统分析河套地区青铜时代的陶窑，认为陶器生产有分散的家庭生产和集中的窑场生产两种形式；陶窑多数为室外窑，少数为室内窑；根据陶窑火焰形状，可将河套地区青铜时代陶窑划分为三个发展阶段（《草原文物》2 期）。郭明对商周时期大型院落式建筑进行比较研究，分为"堂庑一体式"、"堂厢分离式"和"二进式"3 类，认为"堂庑一体式"是商代大型院落建筑的典型形制，"堂厢分离式"是周代流行的典型院落形制，二者在主体殿堂的形制等方面有明显的差异（《考古与文物》5 期）。

系统综合研究方面，李伯谦的《感悟考古》（上海古籍出版社），内容分 10 个部分，主要涉及考古工作者应具有科学的挑战精神、文化因素分析、文化变迁、文化互动、文化与族属、精神领域考古等方面，其中诸多内容与三代考古有关。刘绪《夏商周考古探研》（科学出版社），对夏文化、商文化、两周文化及其他与夏商周考古有关的问题进行探讨。杨华《三峡夏商时期考古文化》（科学出版社），从多角度对三峡地区夏商时期的历史进行分析和研究，认为巴人起源于鄂西、三峡地区；还对三峡地区夏商时期长江洪水遗迹、远古时期长江河床的演变及河道走向进行探索。霍巍对西藏发现的早期金属器和早期金属时代及相关问题进行研究（《考古学报》3 期）。

二　夏代考古研究

相关考古发掘报告的出版、二里头文化及夏代都城研究是本年度夏代考古研究的重点。

考古材料方面，五卷本田野考古报告《二里头（1999 - 2006）》（文物出版社），是本年度夏代考古研究最为重要的成果。该报告对 1999 年至 2006 年二里头遗址的田野考古成果进行全面的展示，详细公布了遗址东部区域、围垣作坊区和宫殿区遗存的发掘情况，并对碳十四测年、环境气候、人骨、经济与生业形态等问题进行探讨。郑州市文物考古研究院公布了荥阳娘娘寨遗址二里头文化遗存的相关材料，对夏文化研究以及探讨该遗址与荥阳大师姑二里头文化城址的关系有重大意义（《中原文物》1 期）。张小虎简单介绍河南尉氏新庄二里头遗址的发掘情况，认为该遗址属于二里头文化中的二里头类型，其时代大致相当于二里头文化的二、三期（《中国文物报》12 月 19 日）。郭智勇公布了山西岚县荆峪堡遗址二里头时代遗存材料，认为该遗址夏时期文化遗存在器物群、陶色、纹饰、形制特征方面，与偃师二里头文化遗存有极大的相似性，但同时有其自身的特色，应属于二里头文化的地方类型（《中国国家博物馆馆刊》5 期）。甘肃张掖市西城驿遗址的发掘，基本明确了四坝文化的来源，初步认为西城驿遗址是一处从事旱作农业为主、兼有饲养、并进行冶金等手工业生产的史前聚落址，发现的大麦、小麦、权杖头和土坯建筑很可能受到西方的影响（《考古》7期）。此外，云南洱海地区新发现有年代大体同夏代相当的文化遗存（《中国文物报》9月12日）。

在二里头文化研究上，钱益汇等研究认为二里头遗址最主要的石料种类为砂岩，其次为安山岩、灰岩、片岩等，不同时期的石料种类和利用率差异很大；二里头先民最方便快捷的资源获取模式是就近取材，那些被二里头聚落控制的不同等级聚落，如稍柴、灰嘴遗址等有可能承担石材输送和石器初步加工生产的任务（《考古》7期）。鲍颖建将荥阳娘娘寨遗址二里头文化遗存分为一、二、三期，年代相当于二里头文化的二、三、四期；认为大师姑城址是夏王朝东境顾国都城，娘娘寨遗址为顾国都城附近一处较重要的聚落遗址（《中原文物》1期）。石涛通过地理信息系统软件对垣曲盆地不同时期的道路系统进行模拟，在对各个时期道路系统计算的基础上，认为从仰韶中期到二里头晚期垣曲盆地遗址的发展与区域内交通的关系越来越小，社会复杂化和政治影响力的加强可能是这种变化的主要原因（《考古与文物》4期）。李永强对陕西东部二里头时期遗存进行分区研究，将该地区划分为东龙山和南沙村两个文化小区（《文博》3期）。段天璟《二里头文化时期的中国》（社会科学文献出版社），通过对二里头文化的分期及年代、二里头文化时期其他周邻文化的分析研究，认为二里头文化时期考古学文化的发展具有不均衡性和滞后性，揭示了以二里头文化为中心的文化传播过程和趋势，以及更外围各考古学文化之间的互动。

对于夏代都城的研究，主要集中在对夏都老丘的考证方面。张国硕通过梳理文献材料，并结合夏王朝的主要活动区域以及属于夏文化的二里头文化分布范围情况，认为夏都老丘的地望应限定在今河南省开封地区境内；虎丘岗遗址位置与文献记载较为接近，遗址本身地势较高，范围较大，文化堆积厚，年代早，其为老丘故地的可能性较大；偃师二里头遗址为夏王朝中晚期的主都，而老丘则为夏王朝一段时期内的辅都（《中国国家博物馆馆刊》9期）。刘春迎结合文献材料，通过对开封地区发现的二里头文化遗存进行分析，认为开封县杜良乡"国都里"村应是夏都老丘所在地（《中原文物》3期）。此外，袁广阔、朱光华探讨了二里头时期都城选址理念、宫殿建制、城郭制度等问题（《江汉考古》6期）。

夏家店下层文化仍是北方地区夏代考古研究的重点。郭治中、郭丽认为像三座店这类具备墙、壕、马面的夏家店下层文化古城，其主要功能不是军事防御，这类城址的功能和性质当从别处求解；夏家店下层文化的石城存在大、小两城双生双伴的现象（《草原文物》1期）。肖晓鸣、汤卓炜对赤峰上机房营子遗址的人地关系进行研究，认为这一时期人类在生业模式的选择上主要受到自然环境的影响；该遗址在其不同文化阶段，人地关系表现为由"和谐—不和谐—和谐—不和谐"的转变，最终由于脆弱的生态环境无法恢复而变得荒凉（《草原文物》1期）。

三　商代考古研究

本年度商代考古研究主要围绕郑州商城、偃师商城、洹北商城、小屯殷墟以及盘龙城、小双桥、三星堆、孟庄等遗址展开研讨。

郑州商城与偃师商城是商代前期文化研究的核心。本年度考古工作者围绕这两大核心及附近重要遗址展开大量研究工作。郑杰祥新作《郑州商城与早商文明》（科学出版社）

根据现有考古与古文字资料，对郑州商城商代王都亳邑的性质做了进一步的论述，认为以郑州商城为中心的二里冈文化，其文化是以商族文化为主体，融合当时各族文化特别是夏文化的精华，不断创新发展，从而形成初步繁荣的早商文明，推动着我国早期文明进入一个新的历史阶段。李维明针对近年有些学者"过去三十年围绕'早商文化研究与夏文化探索'经历的曲折道路，已使人们的认识在转了一圈之后又回到了原点，'郑亳说'崩盘"的断言反驳："这样的断言因不符合证明规则，有违学术史而落空。"（《南方文物》4期）偃师商城的始建年代作为夏、商分界的界标，也是中国最早规划布局严谨、城墙与护城河互为表里的都城遗址，学术界多年来对其持续讨论。关于偃师商城的研讨，《夏商都邑与文化（一）》（科学出版社）收录论文40篇，内容涉及学术史、夏商文化分界、早期青铜器以及青铜文化间的交流互动等，代表了该领域研究的最新水平。谷飞就刘绪向偃师商城"西亳说"提出的八个问题，结合考古发掘资料和以往研究成果，分考古学和文献学两个方面进行针对性回答，强调偃师商城遗址为商汤所建之早商都城，偃师商城的始建年代为夏、商交替的唯一界标（《华夏考古》3期）。乔梁对偃师博物馆收藏的一件绿松石动物饰件进行研究，认为该饰件并非外域传入，统称之为瑞兽可能更接近实际（《华夏考古》4期）。杜金鹏等《前世今生——偃师商城遗址考古与保护》（科学出版社），以图册的形式全面介绍偃师商城的发现与发掘过程、主要研究成果、重大历史内涵、遗址多重价值及其保护和展示的理念等。

作为商代后期的都城，洹北商城和小屯殷墟也是学界研究的热点。中国社会科学院考古研究所编著的《安阳大司空2004年发掘报告》（文物出版社），系统报道了一大批殷墟文化珍贵资料，为研究大司空遗址的形成过程、空间布局、邑聚结构、建筑方式、墓葬制度及商代的各种社会关系等提供科学依据。史宝琳对采集自洹北商城一号、二号大型建筑和小屯西地一座商代大墓盗坑中的商文化建筑材料进行统计、观察和分析，揭示夯土、土坯与草拌泥三种材料在商文化建筑中的使用与废弃状况（《华夏考古》1期）。唐际根、汤毓赟对殷墟人祭坑与甲骨文中羌祭卜辞的相关性再次进行探究，认为殷墟人祭坑中的人骨个体数与甲骨文中羌祭卜辞中的用羌数量确有显著相关性（《中原文物》3期）。何毓灵探讨殷墟王陵早期被盗的年代，认为殷墟王陵的被盗可溯至西周早期早段，与周公东征平定"三监之乱"有关（《考古》6期）。李维明参照前人研究成果，对殷墟西北岗商代大墓分期、等级、分区等问题做出推断，认为将西北岗大墓与商王对应的探讨有重要意义，但目前还不能视为定论（《四川文物》5期）。

中原地区是商王朝的中心区域，除了商都考古，本年度河南其他地方的商代考古也取得较多成果。焦作聂村遗址抢救性发掘，共清理古墓葬48座（商代墓葬40座）、灰坑19个、水井2眼，出土陶器、铜器、贝币（贝壳）等各类文物100多件（《中国文物报》8月29日）。辉县市张雷遗址发掘，发现商代早期房基1处、灰坑18个，出土陶、石、骨、蚌等各类器物240余件，为豫北地区商代早期文化研究提供了重要的实物资料（《中原文物》5期）。早年，河南柘城孟庄遗址出土了较为丰富的商代遗存，许多遗迹和遗物在一般的居住遗址中很难见到。赵俊杰通过分析这些文化遗存的内涵，结合孟庄遗址的延续时间和地理位置，认为孟庄遗址应是商王朝东征时建立的临时军事重镇，是商王的重要驻跸地，在商王仲丁和河亶甲东征时发挥了重要作用（《中原文物》2期）。孙明结合考古发现对商代晚期的偶像破坏行为及影响进行讨论，认为商代晚期武乙、帝辛的偶像破坏行为意在打压推崇偶像崇拜的宗教集团的势力，但他们的破坏行动从一开始就充满了各种不和谐因素，失败的偶像破坏行为也加速了商王朝的覆灭（《殷都学刊》3 期）。

关于盘龙城的研讨，冯天瑜、刘英姿主编《商代盘龙城学术研讨会论文集》（科学出版社），为盘龙城遗址的保护和利用及建造商代盘龙城国家考古公园提供有益的参考。"盘龙城与长江文明国际学术研讨会"在武汉黄陂盘龙城经济开发区召开，学者们就盘龙城遗址的发现与研究、盘龙城与中原等不同地区文化关联、其他地区夏商考古研究以及器物制作工艺等问题进行充分讨论（《江汉考古》6 期）。徐少华通过比较研究，从文化序列、文化面貌、城址与宫殿遗址、出土文物等方面论述盘龙城遗址在整个早商文化研究中的重要价值（《江汉考古》3 期）。

三星堆城址北城墙、仓包包城墙、青关山大型建筑基址群以及多条古水道与壕沟的发现，对于了解三星堆城址的布局，研究三星堆古城的水系，具有十分重大的意义（《中国文物报》3 月 14 日）。霍巍从三星堆遗址的发现、发掘历程以及重要考古发现来论述三星堆考古的重要意义，认为远在青铜时代，欧亚文明与中国内陆文明之间很可能已经有了交流与联系（《历史教学》9 期）。

豆海锋对长江中游地区殷商时期考古学文化的演进过程进行分析，认为可分为三个阶段：早商一至二期时商文化在长江中游直接分布或间接影响着各区域文化的发展；早商三期至殷墟一期是商文化趋于消退、土著文化逐渐兴起的文化整合阶段；殷墟二期至周初长江中游区域文化得以迅速发展，并产生了具有地域特征的青铜文明（《考古》2 期）。豆海锋又通过对赣江流域商时期诸遗存文化性质的辨析，将具有地域特色的石灰山文化与赣江中游地区的吴城文化相区分；在分析石灰山文化的分期、年代及文化因素的基础上，认为早商偏早阶段商文化部分因素已分布于赣江流域；赣江流域商时期文化的形成与发展与中原地区的文化联系十分密切，该地区所含丰富铜矿资源是商人南下的重要动因（《考古与文物》6 期）。

在北方地区，考古工作也取得一些成果。甘肃省临潭磨沟墓地第三次发掘，共发掘寺洼文化墓葬 21 座，为研究寺洼文化以及黄河上游史前文化的演进提供实物资料（《文物》6 期）。李树义对辽宁沈阳地区发现的 6 处共 23 座新乐上层文化的墓葬进行梳理，通过对墓葬分期和与周邻文化墓葬的比较，认为新乐上层文化与高台山文化不宜合为一种考古学文化（《草原文物》1 期）。杨建华、邵会秋通过研究认为，早商时期是中原与北方文化的结合期；晚商时期北方青铜器开始兴起，并传播到蒙古和米努辛斯克等地。该文认为这为后来草原文化的兴起奠定了基础（《考古与文物》3 期）。

晋陕地区商代考古研究也取得一定进展。陕西考古部门在清涧县李家塔镇辛庄村东的梁峁上，发现一组由主体建筑和两级回廊组成的大型建筑遗迹，总面积约 4200 平方米，是目前发现除殷墟之外规模最大的商代晚期建筑遗迹，其奇特的形制结构在已发现的夏商周三代遗址中均未发现，对研究晋陕高原商代晚期青铜文化、方国乃至商代的政治地理架构具有重要意义（《中国文物报》12 月 19 日）。常怀颖分析山西保德林遮峪铜器墓的年代，认为林遮峪墓葬大都属于殷墟时期；黄河中游南流段两岸所见的晚商时期铜器群应归属于同一个文化系统，它们与李家崖文化有关（《考古》9 期）。罗汝鹏依据近年来对大周原地区商周时期陶器分期编年的新认识，重新讨论凤翔县南指挥西村商周墓葬的时代与墓葬内涵的差别，进而探索西村墓地的形成过程，并观察"新族群"融合的历史经过，透过小型聚落的族群重组以研究周人分封制度的发展（《考古与文物》2 期）。

四　西周考古研究

本年度西周考古发现研究主要集中于周王朝的中心区域（今陕西、河南等地）以及齐、晋、楚、曾、秦等主要诸侯国。

陕西地区涉及西周考古的材料主要有：丰镐遗址内马王镇冯村北考古发掘，根据地层和出土遗物推断制骨作坊的时代为西周晚期偏早，为研究丰镐遗址手工业作坊布局与聚落布局等提供重要资料（《考古》11 期）。凤翔发掘出的 10 座西周墓葬应为一处典型的西周平民墓地，为研究该地区周人墓葬分布、埋葬习俗以及先周至西周文化的源流，尤其对于探索周、秦文化关系，提供了重要的实物资料（《文博》2 期）。周原遗址贺家村发现的西周时期车马坑，南北长 4.3 米，东西宽 3.2 米，深 1.0 米，内埋一车，判断年代为西周中晚期（《中国文物报》9 月 2 日）。

在西周考古研究方面，周宏伟对西周时期符合当时都城标准的周、宗周、成周、镐京、郑等五地进行分析，认为它们各自在不同阶段都有着不同的功能（《中国历史地理论丛》1 期）。曹汉刚通过考察文献资料与青铜器铭文，认为并不存在"生称王号"的情况；利簋铭文中的"珷"和"玟"，应分别指武王和成王；利簋的"辛未"纪日并非武王甲子牧野之战后的第七日，而应属成王纪时；利的身份应是右史而非有司；利簋铭文记录成王对利进行赏赐之事，利簋铸造的时间更有可能在成王亲政以后（《中原文物》3 期）。林森推测沣西张家坡北区墓地是井叔家族所居住的丰邑中某个"里"的聚葬地，属于地域性墓地；考古发现的商周时期的墓地并不一定都是家族墓地，这些墓地中所埋葬人群的社会关系有可能是地缘性的（《中国国家博物馆馆刊》7 期）。庞小霞对西周井氏所居之地和商周时期的郑地地望进行考证，认为井（邢）伯居于陕西凤翔的观点证据不足，井（邢）叔一支位于今张家坡墓地附近，另一支居邑在西周"郑"地；对于郑地的地望，铜器铭文表明在今陕西凤翔一带，传世文献记载其位于陕西华县、后迁往河南新郑（《考古与文物》3 期）。

宝鸡石鼓山墓地的发掘，是近年商周考古的重大收获，引起学界的广泛关注。张天恩认为石鼓山青铜器属于商代刘家文化的户氏家族应无疑问，其文化属性则可能分别来自殷墟商文化系统、以先周为代表的关中当地文化系统、墓主及其家族为使用而有目的铸作的时尚器用等三类（《宝鸡社会科学》3 期）。曹斌认为石鼓山 M3 的时代可进入康王初期，葬制、葬俗、器物"西土"风格浓郁，墓葬体现出高领袋足鬲族群在商末周初主要向周人故土发展、联裆鬲集团主要向关东发展的现象；孝民屯南地铸铜作坊的时代下限可进入西周，其在周初为西土集团高等级贵族服务；石鼓山 M3 还展现了西土集团列簋制度的雏形（《古代文明研究通讯》9 月）。辛怡华、王颢认为石鼓山 M3 出土的"中臣尊鼎"铭内的"帝后"就是姜太公之女、武王之后邑姜，墓主与邑姜是一个家族，即墓主户氏家族属于姜姓（《文博》2 期）。

西周东都洛邑地区也是学者关注的重点。中国社会科学院考古研究所对洛阳汉魏故城北魏宫城阊阖门附近的部分墓葬进行发掘，其中的 M175 为竖穴土坑墓，葬具一棺一椁，出有铜器、陶器、石器、蚌器等遗物 56 件（组），时代为西周晚期（《考古》3 期）。刘余力通过考察洛阳所发现的西周墓葬、铸铜遗址、青铜器等遗迹遗物，分析成周的官僚机构设置、周王在成周的活动及居留情况，认为西周时期成周的地位并非一成不变，西周初年是成周都城地位的确立期，西周早中期是成周的兴盛期，西周晚期成周开始衰落（《江汉考古》4期）。刘余力还结合考古材料、金文资料及古文献记载，论述西周成周营建的具体过程（《中国国家博物馆馆刊》7期）。

殷墟地区的西周考古工作也取得重要收获。殷墟孝民屯考古队何毓灵等7人公布了安阳殷墟孝民屯遗址发现的西周墓材料，认为该批墓葬陶器组合及特征具有明显的周式风格，也深受殷墟文化的影响；这批墓葬位于殷墟晚期最大的铸铜遗址内，丰富了殷墟西周早期的考古材料（《考古》5期）。李宏飞在提出安阳地区商、周分界判断标准的基础上，将安阳地区西周时期陶器分为早、中、晚三期，初步建立起安阳地区西周时期陶器分期年代框架（《南方文物》3期）。

河南地区其他西周考古发现与研究主要有：荥阳市官庄遗址发现西周时期的大型环壕、灰坑、墓葬、房址、灰沟等遗迹，出土较为丰富的陶器等遗物，为研究西周时期郑州地区的文化面貌和性质提供了重要材料（《考古》8期）。三门峡李家窑遗址发现的两座墓葬，有可能属于早于虢国焦人的西周墓葬（《文物》3期）。张娟、刘社刚就虢国墓地M2006出土的单叔盨与丰伯簋进行探究，认为单叔盨是单叔为其女孟姞嫁到虢国所做的媵器；丰伯可能来自姞姓丰国，丰伯簋极有可能是丰伯为媵单国之长女孟姞所做之器（《中原文物》5期）。

本年度山东地区西周考古研究继续关注高青陈庄、滕州前掌大等重要遗址。王戎探讨了陈庄西周遗址与齐国西周史的几个问题，认为陈庄遗址形制特殊的祭坛应为"天坛"，而近似方形只有一个南门的夯土围墙应是拱卫天坛的"坛墙"；M18出土丰器的器主为乙公得，"齐公"铭文所指即齐太公；M35出土70字长铭铜簋应定名申簋，器主为齐献公山；周王伐齐的战争起因与齐哀公祭天有关；因为齐国早期的国君墓葬在营丘，"五氏返葬于周"的说法不成立（《管子学刊》3期）。付琳通过对前掌大墓地墓葬间层位关系的分析以及对墓葬中所出陶器和铜器的类型学研究，将该墓地分为三期，并进一步论证墓地的主体年代为西周早期（《华夏考古》1期）。王文轩根据前掌大墓地中大量墓葬随葬兵器，特别是女性墓葬中随葬兵器的现象，对商周之际女性从军现象进行推测，认为商周之际兵戎四起的东夷地区是否存在女性从军作战的现象值得关注（《殷都学刊》4期）。

关于晋国考古研究，吴毅强、张卉针对学者对唐叔虞身份的怀疑，指出晋公盨铭文反映不出唐叔虞是武王之弟或成王之兄，唐叔虞为成王之弟的说法不容置疑（《考古与文物》6期）。田伟认为古曲沃位于今天的闻喜县，上郭村遗址是其中心所在；西周中期时，古曲沃附近已经有人类活动，或与郑玄所谓晋侯徙都曲沃有关（《中国国家博物馆馆刊》11期）。耿超对晋侯墓地的性别进行考察，认为晋侯墓地真实反映了夫妇二位一体的性别观念，而晋侯与夫人墓中随葬品等方面的差异则体现了贵族阶层夫妇间的性别等差（《中原文物》3期）。路国权通过对戎生编钟铭文中人物世系与年代的梳理，认为"皇祖宪公"可能是文献所记载的献侯稣，戎生家族是从晋献侯一系分立出去的晋国宗室（《考古与文物》2期）。

霸国作为西周的封国，在史料中缺乏记载，随着山西翼城大河口墓地霸国墓葬的发现，这个失落之国为世人所认知。山西省考古研究所等单位通过对霸国墓葬出土文物的研究，从葬俗、婚嫁、宴饮等角度，全面介绍霸国历史，展示出西周时的礼仪制度（《呦呦鹿鸣——燕国公主眼里的霸国》，科学出版社）。

关于吴国，张小帆通过对长江下游西周至春秋时期吴国墓葬的等级规模和出土青铜器的比较研究，认为安徽繁昌县汤家山西周墓与江苏丹徒烟墩山、荞麦山西周墓和北山顶、青龙山春秋墓属同一等级的墓葬，皆为吴王之墓。他根据汤家山西周墓主身份和墓地位置，推测《左传》记载的"鸠兹"应为西周晚期的吴国都城（《南方文物》1 期）。张敏从地理位置、矿产资源的角度出发，结合文献记载和考古发现，认为鸠兹应为西周晚期至春秋早期的吴国都城，并论述西周春秋时期吴国都城的性质（《东南文化》5 期）。

关于楚文化相关问题研究，高崇文通过对文献、铭文的梳理及相互印证，论述西周时期周、楚关系前后变化的史事及原因，同时探讨楚人迁徙的路径（《文物》3 期）。王宏围绕早期楚文化问题进行论述，从楚国的历史发展明确了早期楚文化的概念，从楚国早期活动中心"丹阳"地望的考证与考古学的探索相结合提出了探索早期楚文化的思路。他还以传世文献与出土文献相结合论述楚族渊源问题（《华夏考古》3 期）。赵燕姣对先秦息国进行考证，认为其在殷商时即已立国，族姓不明；殷周鼎革后，姬息取而代之，且东徙其国；进入春秋后，为楚文王所灭（《中原文物》3 期）。

湖北曾国考古研究取得重大进展。新发现的枣阳郭家庙墓地，南北长 1500 米，东西宽 800 米，面积达 120 万平方米，发掘清理出西周晚期至春秋早期墓葬 29 座、车坑 1 个、马坑 2 个、车马坑 1 个，共出土铜、陶、漆木、骨、皮革、玉石等各类质地文物千余件，其中青铜器 800 余件（套），有鼎、盘等 4 件铭文青铜器，见"曾子寿""曾子□（泽）"等字样，判断墓地应为西周晚期至春秋早期曾国"公墓"（《中国文物信息网》2015 年 2 月 13 日）。随州叶家山曾国墓地共发掘墓葬 140 座，年代为西周前期，自发现以来一直备受关注，学界对此问题多次召开研讨会，对相关问题进行激烈讨论，涉及墓地年代、墓地布局、族属问题、随葬品研究等（《江汉考古》1 期）。冯时结合古文字资料、文献史料和考古材料，探讨叶家山西周早期曾国墓地的三个问题：一是考证第二代曾侯的名字，并据此重建西周早期三代曾侯的世系；二是重新释读犁子鼎铭文，其器主名夨，实即第一代曾侯之字，犁子则为在丧之称，身为邦伯，故犁子夨与曾侯谏乃系一人；三是揭示肆壶与田壶之别，于古器物学研究提出反思（《江汉考古》2 期）。方勤利用考古材料，分析探讨曾侯编年序列、曾国都城的变迁、叶家山曾侯的族属等问题，对曾国历史进行较全面的考古学观察（《江汉考古》4 期）。何晓琳通过对陶器形制的分析，推定叶家山大部分墓葬的年代在西周早期，但 M46 和 M55 可能晚到中期偏早；认为叶家山墓地日用陶器体现强烈的周文化因素，也包含了本地因素和部分商文化因素（《江汉考古》2 期）。叶家山墓地的族属问题有较多的争议，黄凤春、胡刚认为叶家山所发现的西周早期曾国应为姬姓（《江汉考古》2 期）；并在重新考释铭文的基础上，认为铭文"南公"应是南公适，曾国应是南宫适的封国，始封于西周的成王或康王之世，与东周曾国应为一源（《江汉考古》5 期）。王恩田从腰坑、墓向和头向、族徽与日名等三个方面就某些学者提出的叶家山墓地"殷遗民说"提出商榷，并从文化因素等方面主张曾为姬姓周人（《江汉考古》3 期）。张懋镕、王静通过对叶家山曾国墓地出土的族徽、日名铜器的分析，认为西周早期的曾国是姬姓诸侯国；并认为周人不用族徽、日名说如同周人不用腰坑、殉人、殉犬一样，可以成为区分殷商遗民墓葬与姬周贵族墓葬的标准（《四川文物》4 期）。白军鹏对叶家山西周墓地出土数字卦鼎及相关问题进行探究（《考古》12 期）。

早期秦文化研究也受到学者的关注。近年西汉水上游早期秦文化项目的开展，发掘一批西周晚期到春秋早期的秦墓，王志友在这些材料的基础上，通过历年西汉水上游以及宝鸡地区汧河、渭河流域春秋早期及以前的秦墓资料，对早期秦墓进行分类，并对各类墓葬所代表的人群进行分析（《敦煌学辑刊》3 期）。陈洪等分析马家窑、齐家、辛店、寺洼文化与秦人屈肢葬在时间、谱系上的承继关系，认为辛店、寺洼文化屈肢葬的共同源头应是马家窑文化半山—马厂期的屈肢葬；早期秦文化在葬式、出土陶器等方面兼具辛店、寺洼文化要素，辛店、寺洼文化的屈肢葬可能是秦人屈肢葬的源头（《文博》1 期）。

一些学者讨论了北方地区的夏家店上层文化。梁会丽通过对吉林双辽后太平墓葬随葬品的对比分析，从中辨析出来自夏家店上层文化的因素，进而对北方草原文化在东北地区的传播状况及深远影响进行探讨（《草原文物》1 期）。洪猛、王聪对冀北地区的夏家店上层文化遗存进行梳理和年代分析，认为可将其称为"东南沟遗存"；该遗存可分为西周中期、西周晚期至春秋早期、春秋中期 3 个发展阶段；在内、外因的共同作用下，夏家店上层文化在冀北地区呈现出由渗透进入到鼎盛扩张、最后全面衰退的发展态势（《考古与文物》3 期）。

五　东周考古研究

本年度的东周时代考古研究，学界就东周王城、诸侯国考古以及北方地区考古等问题，展开充分的研讨。

东周王城考古方面，洛阳汉魏故城北魏宫城阊阖门遗址附近发掘 3 座战国早、中期的墓葬，东西并列，有可能属于同一家族墓。墓葬均为土坑竖穴式，葬具皆为一椁一棺。随葬品多为陶器，还有少量铜兵器、石器、蚌器。这批墓葬的发掘，对于了解汉魏故城所在区域东周时期的城市变迁具有重要的学术价值（《考古》9 期）。东周王城城内发掘一座战国中晚期墓葬（洛阳西工 C1M1112），随葬青铜构件 33 件，出土时多数表面残存有织物，个别残存有朽木痕迹，推测为机械构件。这些青铜构件形制奇特，多数铸造精良，为洛阳东周考古所仅见，全国范围内也属罕见，为研究东周时期科学技术的发展提供了不可多得的实物资料（《中国国家博物馆馆刊》11 期）。徐昭峰认为东周王城是传统的内城外郭的都邑形态，宫城位于其西南部，是外有城壕、内有墙垣的独立城圈，并有一个动态的发展过程，春秋时期规模最大，战国早中期一分为二成为略小的宫城和仓城东西并立（《考古与文物》1 期）。关于东周王城的城市用水系统，徐昭峰认为郭城外和宫城外都有环绕一周的由河道与人工壕沟构成的城壕，王城城内应有完善的给排水系统，这对于正确认识东周王城的布局形态具有重要意义《中原文物》1 期）。

关于郑韩故城区域考古，新郑铁岭墓地发掘区发掘一座战国墓 M308，出土一大批青铜器、陶器、玉器和骨器（《中原文物》2 期）。后端湾郑国贵族墓地发掘一座春秋时期"中"字形国君级大墓，在北墓道 2 号车上发现龙形象牙车踵 1 件，体形硕大，曲颈前端设有穿木孔，踵身中后部设有捆绳凹槽，是春秋时期不可多得的象牙精品（《文物》11 期）。马俊才对郑韩故城出土的春秋时期象牙车踵进行研究，认为其运用了圆雕、浮雕、平雕等雕刻技法和抛光、染色、填漆、镶嵌等装饰技法，是春秋时期罕见的牙雕精品（《文物》11 期）。

有关单位对山西涑水上游的部分地区进行考古调查，重点是对周代遗址的勘察。通过调查，对这一区域的周代遗址有了更为深入的认识，并获取一些考古遗物，为研究这一区域的周代历史提供了实物资料（《中国国家博物馆馆刊》11 期）。隰县瓦窑坡墓地发现 17 座春秋墓葬，出土一批重要的青铜器。这一发现填补了山西地区春秋中期高等级铜器墓葬的空白，发现的青铜器对于认识当时青铜器的生产和流通以及铜器风格从西周向春秋的演变都有重要意义（《中国国家博物馆馆刊》10 期）。常一民对春秋时期的晋阳城布局加以推测，认为外围是护城河；护城河之内是大城，即郭城；郭城之内有宫城，总体偏向郭城西部（《文物世界》5 期）。

齐国考古成果丰硕。山东青州西辛战国墓是迄今山东地区发掘同类墓葬中规模最大的一座。墓圹呈阶梯状内收，石椁以巨石垒砌，在石椁之外二层台上分布 5 座陪葬坑。随葬器物有陶、铜、玉、骨、金、银、漆木器等。从墓葬规模及所处地望分析，墓主的身份可能是齐国的贵族或与齐王室成员有关。墓室的填土方格网状夯筑方式、巨大石椁和以铁汁灌缝等现象，都是同期墓葬中极为罕见的（《文物》9 期）。李零对西辛战国墓裂瓣纹银豆进行研究，并讨论我国出土的类似器物，认为类似银器的主题纹饰为外来风格，可以看作是东西方文化交流的重要见证（《文物》9 期）。

枣庄市博物馆等单位对枣庄徐楼村的两座东周墓进行抢救性发掘。两座墓形制相同，均为长方形竖穴土坑墓，墓底四周设熟土二层台。葬具为一椁一棺，并有放置随葬器物的器物箱，出土大量铜、陶、玉、骨、石器等。根据出土器物及铜器铭文判断，两座墓应为春秋晚期的滕公与其夫人的异穴合葬墓（《文物》1 期）。

关于秦国考古研究，焦南峰通过对西陲、衙、平阳、雍、栎阳、咸阳、芷阳、杜东、韩森寨、骊山等十个秦陵区进行研究，认为秦陵在陵园、墓葬、封土、礼制建筑、陪葬墓、陪葬坑、门阙等形制要素方面的渐变，最终造就了从"集中公墓"到"独立陵园"的制度巨变，并由此奠定了中国古代帝王陵墓制度的基础（《文物》6 期）。陈洪对春秋早期至秦末秦墓出土陶器展开类型学、年代学讨论，将秦墓出土陶器分为 6 期 12 段，并认为秦墓陶器的发展演变反映了秦人社会的巨大变革（《考古与文物》6 期）。程平山重新探讨秦子器的主人，认为秦子器的时代为春秋早中期，其主人应是秦德公太子宣公，大堡子山秦公墓祭祀坑出土的秦子器及传世的秦子器制作年代应为秦德公元年、二年（《文物》10 期）。杨曙明认为秦邑与汧渭之会就在同一地点，其地望应在今陕西凤翔县长青镇孙家南头村一带（《中国文物报》3 月 28 日）。

马家塬墓地位于甘肃省张家川回族自治县，已发掘墓葬 32 座、祭祀坑 2 座，出土大量随葬品，包括金银器、铜器、铁器、铅锡器、陶器、骨器及玻璃、玛瑙、料珠等 8 类，年代应当在战国晚期，族属应该是当时生活在这一带的西戎诸族中的一支（《马家塬战国墓地出土文物》，文物出版社）。张寅在对东周时期关中地区西戎遗存系统梳理的基础上，分析关中地区西戎遗存的年代，认为其来源于甘肃东部地区，是东周西戎考古学文化的一个次生类型，应与迁徙到关中居住的西戎移民有关（《考古与文物》2 期）。

关于四川考古，炉霍县斯木乡瓦尔壁 M1 为竖穴墓道洞室墓，大量殉牲，年代当在春秋战国时期，为研究西南地区与北方游牧民族的关系提供了重要资料（《四川文物》5 期）。青川县都家坪墓群发掘，清理墓葬 72 座，其中 M50 出土包括秦武王二年"更修为田律"木牍等器物共 24 件（《四川文物》3 期）。

江苏苏州鸡笼山石室土墩墓群是一处东周时期的墓地，其中 D1 是土墩墓群中最大的一座。它的发掘，揭露出大型石室土墩墓的建造过程，丰富了对石室土墩墓的认识（《东南文化》4 期）。

本年度东周曾国考古继续得到学界关注。公布的考古发掘材料有二：一是 2009 年发掘的湖北随州文峰塔墓地两座春秋墓葬的材料，其中 M1 出土带有"曾侯與"铭文的编钟、铜鬲，可确定该墓为春秋"曾侯與"墓；M2 为积石墓，规模比 M1 稍大，被盗严重（《江汉考古》4 期）。二是 2012—2013 年随州东城区义地岗墓地东南部的文峰塔发掘材料，有东周墓葬 54 座、车马坑 3 个，出土铜礼器、兵器、车马器等，部分铜器有"曾"、"子"、"曾孙"、"曾大司马"和"随"字铭文（《考古》7 期）。在研究方面，随州文峰塔墓地曾侯與墓引起学界的高度关注，为促进其资料的整理与研究，召开了"随州文峰塔曾侯與墓"专家座谈会，对曾侯與墓青铜器、铭文、曾国族姓、曾随关系等问题进行深入探讨（《江汉考古》4 期）。徐少华认为随州文峰塔一号墓编钟铭文的内容十分重要，该墓墓主即器铭所见的曾侯與，其时代为公元前 480 年左右的春秋末年；钟铭有关曾侯复楚的记叙，与文献所载公元前 506 年吴师入郢、楚昭王奔随的史实相印证，对解析学术界长期关注的曾、随之谜具有特别意义（《江汉考古》4 期）。项章对随州博物馆藏曾侯郇鼎进行探讨，认为这件曾侯郇鼎与其他 18 件器物都属于春秋早期的曾国国君——曾侯郇，它们的出现为探讨曾侯世系提供了重要线索，也为探讨春秋早期曾国都城地望及其变迁提供了新的物证（《文物》8 期）。

　　楚国考古发掘研究成果较为丰富。在考古材料方面，湖北荆州纪南城烽火台遗址及其西侧城垣试掘，基本弄清了城垣与夯土台基的始建年代、两者的关系，为"纪南城国家考古遗址公园"建设提供真实准确的信息资料（《江汉考古》2 期）。纪南城遗址松柏区 30 号台基发掘获取一批东周和北宋时期遗存。其中东周遗存主体以 Y1、Y2 两座窑址为核心，包括配套的水井、取土坑、房基，其下打破 20 世纪 70 年代发掘的 F2 同期夯土堆积，其上叠压 F1 同期夯土及废弃堆积（《江汉考古》5 期）。河南淅川新四队墓群发掘 48 座墓葬，其中 M16、M24 保存较好，均为长方形竖穴墓，葬具为一棺一椁，出土陶器、铜器、铁器等随葬品 38 件。推测 M24 年代为战国晚期，M16 年代可至秦代（《中原文物》1 期）。湖南沅陵窑头古城及其墓葬的考古工作，再一次证明楚国对湘西边陲的开发是始于战国早期，而大规模地建城和实施行政管理则是在战国中期；战国晚期的考古遗存中出现一些秦文化的因素，为正确认识战国秦、楚之际历史变迁提供重要的考古学证据（《沅陵窑头发掘报告：战国至汉代城址及墓葬》，文物出版社）。

　　在楚文化研究上，李天虹对荆门严仓 1 号墓墓主、墓葬年代进行考释，认为其是一座战国楚墓；根据以往发现的同类性质楚简，可以确定悼慣就是严仓 1 号墓墓主（《历史研究》1 期）。田剑波对宜城跑马堤墓地三座战国中期的墓葬所出仿铜陶礼器的制作工艺进行考察和分析，认为陶礼器简化工艺、降低制作难度的理念与青铜器是一致的；同时还就制作工艺所反映的楚墓等级问题进行讨论，认为制作工艺的规范性也是楚墓等级差异的表征之一（《江汉考古》3 期）。

　　冯峰通过考察郑庄公之孙铜器，认为襄阳团山 M1 出土的郑庄公之孙所做铜鼎和铜尊缶，是做器者为其父母剌叔、剌夫人所做之葬器；并认为团山 M1 墓主是剌叔和剌夫人的合葬墓（《江汉考古》3 期）。又通过考察，认为鲍子鼎的做器者可能是鲍庄子、鲍文子中的一位，而非春秋末期之鲍牧，"子思"也无法证明是国参；鲍子镈铭文中的"鯥"并非做器者之名，而是表达"长久"之意的副词；其与鲍子鼎的年代接近，或为一人所铸（《中国国家博物馆馆刊》7 期）。

　　本年度，楚长城研究有重大突破。李一丕对河南楚长城分布及防御体系进行研究，调查伏牛山主峰尧山至桐柏山主峰太白顶的楚长城分布情况，认为楚长城保卫的是整个南阳盆地，其整体的绵延趋势及走向应与南阳盆地盆沿大的地理走势及转拐是一致的（《中原文物》5期）。李一丕还认为，河南境内已确定的楚长城分布线路主要在南阳盆地北沿和东沿，北起伏牛山主峰尧山，南达桐柏山主峰太白顶；楚长城是由人工墙体、关隘、兵营遗址、烽燧、城址、山险等多种元素构成的有机统一的体系，并由外而内形成了严密的军事防御体系（《文博》5期）。衡云花认为河南楚长城是以人工修筑的墙体连接山险、关堡为主体工程，加以烽火台"兵营"城址等重要组成部分，与古道路、古河流等共同组成一个庞大的战略性军事防御体系（《中原文物》4期）。

辽宁地区东周考古成果主要是建昌县东大杖子墓地发掘材料的公布和西丰县东沟石棺墓的研究。有关部门曾对东大杖子墓地进行数次抢救性发掘，共发掘墓葬12座，包括8座封土封石墓和4座竖穴土坑墓，年代为战国早期或略晚（《考古》12期）。东大杖子墓地考古发掘的13座墓葬，有封土封石墓10座，竖穴土坑墓3座，随葬品共238件（套），年代为战国中期前后（《考古》12期）。东大杖子墓地M40，墓葬为竖穴土坑木椁墓，平面呈"甲"字形，两椁一棺，墓葬年代为战国中晚期（《考古》12期）。东大杖子墓地M47，墓葬为竖穴土坑木椁墓，两椁一棺，年代为战国晚期（《考古》12期）。赵少军从埋葬环境、墓葬形制、遗物研究与墓葬分期、葬式葬俗、墓葬族属、遗址与墓葬的不对称现象等几个方面，对东沟石棺墓进行比较研究（《东北史地》4期）。

赵俊杰、金旭东通过陶器的对比与文化因素的分析，考察吉林九台市关马山M1的时代与文化性质，认为时代为战国晚期至西汉初期，是战国晚期宝山文化先民北上的重要节点（《考古》3期）。

黑龙江省木兰县石头河遗址地表散布的陶片较多，均为夹砂陶，可辨器形有罐、壶、碗、杯、钵等。采集的桥形板状器耳是吉林地区西团山文化中最具特色的器耳，反映出该遗址和西团山文化基本相同的年代关系。推断遗址的年代应大体在两周时期（《北方文物》4期）。

滕铭予、张亮分析了冀北山地玉皇庙文化中出现的中原式青铜器，观察到其与中原地区文化互动所展现出的阶段性变化，认为其与文献记载中戎狄与中原诸国间的势力消长大体相当（《考古学报》4期）。

考古工作者对内蒙古自治区的长城资源进行调查，明确了通辽市、赤峰市境内迄今发现的四道长城的时代序列，将中部的战国燕北长城、北部的秦汉长城、新发现的库伦旗西汉长城和南部的东汉长城，分别从分布、走向、保存现状等方面进行研究，并形成了对东南部战国秦汉长城的新认识（《内蒙古自治区长城资源调查报告——东南部战国秦汉长城卷》，文物出版社）。王晓琨对河套地区157座战国至秦汉时期的大小城址进行系统整理和分类，对这些城址的历史背景、墓葬材料、长城、出土封泥官印、壁画等进行综合考察（《战国至秦汉时期河套地区古代城址研究》，社会科学文献出版社）。孙金松、党郁对内蒙古岱海地区发现的东周墓地进行分期研究，对各墓地的年代、文化因素和文化源流进行较为深入的分析（《草原文物》2期）。

六　专题研究

本年度的夏商周考古研究，除了对考古学文化进行传统的分析研究之外，还对这个时期的青铜器、原始瓷器、玉器、漆器、盐业等进行专题研究。

（一）青铜器

青铜器研究主要涉及综合研究、类型学研究、铸造工艺探索、音乐考古等方面。

在综合研究上，张懋镕《古文字与青铜器论集（第四辑）》（科学出版社）出版。书中既有关于新出青铜器意义价值的探讨，也有对某一类、某一地区、某一国族、某一时段的青铜器作综合研究的文章，并对青铜器进行了形制、纹饰、铭文、铸造工艺等多方面研究。石岩结合传世文献记载的"八矢"，探讨了先秦时期中原地区的青铜镞（《中原文物》3 期）。杨琳结合文献记载与出土青铜器，探讨先秦时期兵器殳的演变（《南方文物》4期）。陆锡兴在前人研究的基础上，对考古发现先秦时期的兵器"戟"进行讨论（《南方文物》4 期）。刘昱午根据目前我国已发现的 5 件铜禁，结合有关文献记载，对铜禁的起源、定名、用途、使用年代、使用者身份等问题进行初步探讨（《中原文物》3 期）。张昌平对早期镈钟的相关问题进行探究（《南方文物》1 期）；又将玫茵堂收藏的二里头文化青铜器置于二里头文化青铜器的考古发现与研究的大背景中进行了研究（《南方文物》3 期）。王煜讨论了殷墟妇好墓出土的 4 面铜镜，认为两种铜镜以天象图式表达着古代的盖天观念，并确立了中国铜镜圆以象天的传统（《中原文物》2 期）。何毓灵对殷墟刘家庄发现的青铜器窖藏进行分析，认为青铜器窖藏的出现与周人灭商有关（《南方文物》1期）。张朝智通过分析认为新干农具并非实用工具，而是礼器；并认为青铜农具并没有在吴城地区大量使用（《农业考古》1 期）。岳连建、王安坤对铜盨的原型与功能、形制的演变轨迹，以及铜盨的得名与礼仪性质等方面进行探讨，认为铜盨主要是由西周早期的小型圆角方鼎衍生而来，并吸收了铜簋的诸多因素；铜盨滥觞于西周早期，诞生于西周中期前段，定型于西周晚期晚段；春秋早期铜盨走向衰落，在春秋中期铜盨被淘汰（《考古与文物》2 期）。张爱冰探索了曲柄盉的年代及其相关问题，认为曲柄盉的盛行和弃用与群舒文化的发展相始终，其时代从商末周初一直延续到春秋中期；曲柄盉对于研究群舒文化有重要意义（《文物》3 期）。徐燕认为峡江地区的青铜器遗存可分为夏商西周时期和东周时期前后两个发展阶段；巫山以东出土的青铜器年代上限普遍早于巫山以西地区，遗址和青铜器数量远多于西区，这种不平衡或与两区铜矿资源的分布和储量差异有关（《中国国家博物馆馆刊》3 期）。

在类型学研究上，马今洪从类型学、铜器铸造等角度对上海博物馆藏二里头文化束腰爵进行了研究（《中国国家博物馆馆刊》3 期）。蔡杰对二里头文化铜铃进行类型学研究，分析铜铃的铸铜技术，探讨铜铃在二里头文化时期的发展及演变轨迹（《中原文物》4期）。王宏对西周时期柱足簋的型式、分布地域、在铜礼器中的地位及产生的社会原因进行研究，认为周人统治下的殷遗民是柱足簋的使用主体，其在铜礼器中的地位较低（《文物》2 期）。陈新冬从器型、纹饰及铭文三个方面对"宁作父乙卣"的年代、纹饰作了辨析，并对器铭的独特性加以研究讨论（《文博》1 期）。苏辉对莒县西大庄西周墓青铜容器的王世进行判定，认为应属周厉王时期；并讨论了夬形卷体龙纹的相关问题（《南方文物》4 期）。曹斌在检讨西周铜器断代的传统方法后，提出运用考古类型学建立年代框架再结合传统方法断代和陶范断代法两种方法（《中原文物》4 期）。张昌平、李雪婷认为叶家山墓地曾侯铭文青铜器表现出复杂性，同一曾侯所做之器出现在不同的墓葬中，同一墓葬也出土不同称谓的曾侯青铜器，同时曾侯所做的成组青铜器与最终随葬的青铜器组合也有较大区别（《江汉考古》1 期）。陈小三结合学者对新发现的一组带有"南宫"铭文青铜器的探讨，认为曲村墓地出土的南宫鼎在器形上受到了望城高砂脊这类遗存的影响，其产地应该是在长江流域；南宫鼎是分封于长江流域的南宫家族后裔，受到当地土著文化的影响所制作的器物（《江汉考古》6 期）。张松莉、周理远从目前发现的禁类器物的形制、纹饰、铭文、断代、同出器物、禁上器物入手，认为河南淅川下寺楚墓云纹铜禁的起源、发展的脉络或可归入陕西宝鸡—河南淅川—湖北随州—湖北江陵这条传播线路（《中原文物》3 期）。刘长在考古类型学、年代学的基础上，从分布地域、起源、功能以及象征意义等方面对战国时期鸟柱盘与筒形器进行研究（《华夏考古》2 期）。王炜辨析三星堆出土的人身形铜牌饰，认为其为东周时期四川地区"联鞘剑"的祖型；同时又论述了巴蜀地区柳叶形剑及剑鞘的起源问题（《文物》4 期）。

在冶铸技术方面，陈建立《中国古代金属冶铸文明新探》（科学出版社），利用现代科技条件系统分析中国古代金属冶铸技术的发生与发展，揭示了青铜冶炼等技术的传播、交流与发展及其对中国古代文明发展的影响与意义。万俐对先秦时期透空蟠龙纹青铜器铸造技术的发展与传播进行分析，认为其发展经历了摸索、形成、成熟和高级 4 个阶段，其传播的路径大约由韩国至楚国，再传播到其他地方（《文物保护与考古科学》1 期）。刘煜对二里头到晚商时期各类青铜器使用泥芯撑技术的概况进行梳理，认为商代青铜器圈足部位的镂孔与泥芯撑技术有关（《南方文物》3 期）。岳洪彬、岳占伟通过系统分析商代的青铜器实物和铸范，发现在商代部分器类的铸造也存在"一模多器"的现象（《南方文物》3 期）。田建华、金正耀探讨南京博物院所藏侯家庄 1004 号大墓出土青铜胄的相关问题，并分析该铜胄的金属材质及其可能的矿料产地（《东南文化》3 期）。张昌平通过对随州文峰塔 M1（曾侯與墓）出土鼎、编钟等青铜礼乐器残片或残部的观察，发现在升鼎口沿内设盲芯，以避免口沿较器壁厚大而形成的冷却不均匀问题，升鼎底角设垫片，鼎足先铸而非焊接；又根据 2 号青铜钟旋部上面发现的炭块，认为采用了内燃式的熔铜方法（《江汉考古》4 期）。李健通过对东周青铜剑的观察，发现存世东周青铜剑中存在一些经过改制加工的个体，故认识到东周时期存在对残损铜剑进行改制加工、再次利用的现象（《文物春秋》3 期）。丁忠明对山东新泰出土同心圆剑首连接技术进行研究，讨论了古代同心圆剑首连接技术的多样性、灵活性（《文物保护与考古科学》3 期）。

关于青铜音乐考古方面，霍锟以鹿邑"长子口"墓出土音乐文物为例，对商末周初中国古代音乐的乐器类型、乐队组合方式等方面的沿革情况进行探究，认为从出土器物类型、组合方式及墓葬特点来看，与商代晚期和西周初期的器物均有相近，而编铙则具有明显的商代器物特征（《中原文物》6 期）。常怀颖根据出土文物讨论商周之际的铙钟随葬，认为在商周之际，编列小铙与编列甬钟一废一兴，虽有短暂重合，但总体趋势却是前后相继，甬钟替代了小铙；小铙的器主以殷商贵族及殷遗民为多；周初姬姓贵族使用甬钟晚于非姬姓贵族。他还对晚商编列小铙与最早的编列甬钟的数量、编列方式、在墓中的摆放位置、甬钟起源及铙、甬钟与其他乐器的配合等问题进行了研究（《江汉考古》1 期）。张小帆辨析古代南方青铜句鑃、青铜钲和青铜铎等乐器的形态特征，认为湖北襄阳沈岗春秋墓出土的青铜"句鑃"应名"铎"（《东南文化》3 期）。王华璇对建瓯黄科山出土的青铜甬钟相关问题进行了研究（《福建文博》4 期）。

（二）原始瓷器

研究范围包括原始瓷器的界定、考古类型学研究以及原始瓷器所反映出的地区间文化交流和先秦时期的礼制。

王昌遂等认为"原始瓷器"并非科学的定义，重新定义青瓷的科学标准：即瓷胎的原料为瓷石或瓷土、瓷胎表面必须有高温釉层、烧成温度在1150℃以上。根据新的标准，认为所谓的"原始瓷器"就是青瓷；并通过考古资料和科学分析，认为我国青瓷的起源时间最晚可提前到夏代（《考古》9期）。黎海超在系统收集材料的基础上，将印纹硬陶和原始瓷器分开进行类型学分析，并从时间和空间两个角度进行研究，认为黄河流域商时期印纹硬陶和原始瓷器是性质不同的两类器物，早中商时期商文化的高等级墓葬注重原始瓷器，晚商时期更为注重印纹硬陶；印纹硬陶和原始瓷器的器形及性质在中、晚商之际都发生重大变化（《考古与文物》3期）。罗汝鹏利用文化因素分析方法，对夏商时期的"象鼻盉"及原始瓷大口折肩尊进行研究，通过寻找二者在创烧与文化交流背景下的相同点，进而分析中原地区、长江中游地区以及东南地区在这一时期的一种文化交流模式——贡赋（《南方文物》1期）。安静平对江淮群舒故地出土周代原始瓷进行研究，认为在西周、春秋时期新出原始瓷是江淮青铜文化遗存的重要组成部分；通过比较发现江淮之间的原始瓷在出土数量和器物的精美程度上都不如吴越地区，在原始瓷方面吴越文化对江淮地区的影响较多（《东南文化》3期）。陈元甫认为浙江地区战国原始瓷生产高度发展的主要原因是越民族坚守用仿铜原始瓷礼器替代青铜礼器随葬的传统，以及在推崇、模仿中原礼乐制度的同时发展、健全越国礼制；该地区盛行的厚葬之风也推动了原始瓷的发展（《东南文化》6期）。

（三）玉器

玉器研究涉及玉器的性质与断代、分期等内容。

朱乃诚对故宫博物院收藏的大型玉雕人兽像进行研究，认为在牛河梁遗址群中及红山文化玉器群中皆无此类玉器，其应是距今4000—3400年间夏家店下层文化的作品（《文物》7期）。刘万军对浚县辛村卫国墓出土的38件（组）玉器进行分析对比，认为其中绝大多数为商代遗物，且多为玉佩，说明卫国贵族坚持"君子无故玉不离身"的传统；并认为这些玉器与武王伐商缴获大量商玉并赐给各级贵族有关（《文博》5期）。朱歌敏在前人研究的基础上，收集宝鸡地区秦墓出土的玉器资料，将其分为春秋早中期、春秋晚期、战国中期、战国晚期四个大期（《文博》3期）。此外，徐汝聪对楚地出土的"韘"进行研究，其中包含诸多玉质韘，并就其独特性进行论述（《江汉考古》5期）。陆建芳主编的《中国玉器通史》（海天出版社），其中的夏商卷、周代卷、战国卷对三代玉器研究具有重要意义。

（四）漆器

漆器研究主要包括对出土漆器的形制与制作工艺、文化内涵以及秦与巴蜀出土漆器的比较研究等方面。

洪石对滕州前掌大墓地出土"嵌蚌漆牌饰"进行辨析，依其残存部分、出土状态、出土位置及共出遗物等进行分析，并与相关资料进行比较研究，认为所谓的"嵌蚌漆牌饰"可能并非牌饰，而是鼍鼓的残余（《考古》10期）。朱学文对釦器法在战国秦汉漆器制作中的应用及釦器法出现的时间、釦器漆器的类型、釦器漆器的材质、釦器漆器制作工艺的发展演变等问进行讨论（《文物》7期）。朱学文还通过对秦纪年漆器铭文中有关制地、职名等问题的分析，探讨战国晚期至秦代漆器手工业的性质及督造、监造、制造等管理流程的发展演变（《考古与文物》2期）。钱红从胎体设计、制作工艺、髹漆工艺、镶嵌工艺等方面对九连墩1号墓出土的漆奁进行研究，认为该漆奁无论是胎体设计工艺、与金工结合的工艺、精良的漆灰髹制工艺、镶嵌竹篾的装饰工艺等各方面，均体现了楚国漆器制作水平的高度发达（《江汉考古》4期）。朱学文通过对秦与巴蜀漆器的比较研究及巴蜀地区出土秦漆器的特征分析、原因探究，认为秦灭巴蜀之前，秦与巴蜀漆器分别在受周与楚漆器的影响下形成了具有明显地域特色的漆器艺术风格；秦据有巴蜀之后，该地漆器手工业通过共融提升、创新发展，逐渐由分散走向整合（《文博》3期）。

（五）盐业考古

主要是对商周时期山东北部、黄河三角洲地区盐业作坊的选址、盐业生产区的构成、盐业生产的组织形式等问题进行研究。

付永敢探讨山东北部晚商西周煮盐作坊的选址与生产组织，推断此时期的盐业生产属于小规模私营行为的组合体，这使得煮盐作坊的选址严重受限于自然资源（《考古》4期）。王爱民探讨商代黄河三角洲地区盐业生产的控制，认为商王朝在两个小区建立了许多军事据点，形成由军事控制中心、盐工生活及盔形器生产区、盐业生产遗址组成的盐业生产区；商王朝派驻"亚醜"等族进入渤海湾地区，利用归附的"戎""纪"等土著，对黄河三角洲地区的盐业开发权进行控制（《华夏考古》2期）。

七　学术评价

本年度夏商周三代考古研究参与学者众多，成果丰硕。郑州东赵遗址发现的新砦期、二里头时期、东周时期三座城址，对于解决新砦期文化面貌、性质及归属问题，探索早期夏文化和夏代城市课题，具有十分重要的学术价值和意义；同时也为研究郑州地区两周文化提供了重要材料。《二里头（1999—2006）》大型田野发掘报告可谓夏商聚落考古与多学科相结合进行考古研究的典范，为探讨二里头遗址的性质、年代及相关问题提供了极其重要的新资料。对夏都老丘的考证，为寻找老丘的具体位置提供了重要线索。清涧辛庄商代建筑遗址的发掘，是陕晋高原地区夏商时代考古的一次重大突破。对安阳小屯地区西周文化遗存的辨识、分期，是殷墟地区考古和西周考古的重要突破。周原贺家村西周时期车马坑的发现，丰富了人们对周原遗址的认识。枣阳郭家庙曾国墓地的发现，填补了西周早期叶家山曾侯墓地与春秋中晚期文峰塔曾侯墓地之间的缺环，对曾国历史的研究及其考古学文化序列的建立至关重要。学界对两周时期曾国系列遗存的研究以及曾、随关系的推断（曾国即文献所载"随国"），大大推动了两周诸侯国考古的向前发展。楚长城调查发掘材料的公布以及对楚长城研究的新认识，使得河南境内楚长城研究进入一个新的高度。此外，青铜器、原始瓷器、玉器以及盐业等专题研究，对全面了解三代历史文化面貌多有裨益。李伯谦的《感悟考古》当为本年度的扛鼎之作，对学界尤其是青年考古工作者学习、认识、研究夏商周三代考古，有着重要的指导意义。

秦汉时期考古

刘振东

2014 年度秦汉时期考古发现与研究取得了新进展，在遗址、墓葬、边疆地区考古以及专题研究等方面均有所体现。

首先罗列几部综合性论著：孙机的《中国古代物质文化》（中华书局）、苏秉琦的《战国秦汉考古》（上海古籍出版社）、韩国河等的《中国古代物质文化史——秦汉》（开明出版社）和袁仲一的《秦兵马俑的考古发现与研究》（文物出版社）等。《汉代西域考古与汉文化》（科学出版社）收录论文 44 篇，研究内容涉及汉代西域历史与考古（古国、古城、烽燧、水利、墓葬、丝织品、服装、面食），东北、岭南和西南边疆地区考古以及汉代都城与陵墓制度等。

下面分秦代考古和汉代考古两大部分加以总结。

一 秦代考古

（一）遗址

1. 秦阿房宫

秦阿房宫遗址的考古工作开展了若干年，取得很大收获。《阿房宫考古发现与研究》（文物出版社）收入发掘简报和研究论文数十篇，对阿房宫遗址的考古工作进行了阶段性总结。

2. 宝鸡南湾遗址

在陕西宝鸡市东北桥镇南湾村附近的千河南岸调查发现了一处夯土建筑基址，采集到大量砖、板瓦、筒瓦、瓦当、排水管等建筑材料，据此判断遗址年代上限约当战国中期，下限可至秦汉。此遗址东北方有秦都雍城，东南方 6.5 千米处有秦汉"蕲年宫"遗址，北方不远处有千阳县尚家岭秦汉建筑遗址，由此推测这处建筑可能与上述建筑有所关联（《文博》5 期）。

（二）墓葬

1. 秦始皇帝陵

秦始皇帝陵是秦代考古的主要对象之一，已开展考古工作五十余年。近年继续进行大规模勘探，新发现墙垣、道路、门阙、陵寝建筑、外藏坑、陪葬墓和陶窑等，并局部试掘了陵寝建筑遗址，全面发掘了一个外藏坑（K9901）和 10 座小型陪葬墓，对兵马俑一号坑作了第三次发掘，取得了一些新认识（《秦始皇帝陵博物院 2014 年总肆辑》相关简报、综述和论文，陕西人民出版社；《考古》7 期）。张卫星提出秦始皇帝两重陵园墙外存在所谓"傊地"的概念，其中置有墓葬、外藏坑、池沼、建筑、道路等（《考古与文物》4期）。申茂盛根据考古新资料，认为秦始皇帝陵园的方向不是"坐西向东"，应是"坐南向北"（《四川文物》5期）。对论争已久的秦陵朝向问题，焦南峰等在探讨秦人的十个陵区时论及秦始皇帝陵（《文物》6期）。

2. 其他墓葬

在陕西扶风县法门镇庄白村清理 1 座秦墓，为竖穴墓道土洞墓，用一棺一椁（《周原汉唐墓》，科学出版社）。

在四川成都新都区龙安镇清镇村发现一座秦墓，墓葬形制为长方形竖穴土坑，出土铁器、铜器、陶器等 40 余件和半两钱 66 枚（《文物》10 期）。

在湖北丹江口市均县镇金陂墓地清理秦墓 2 座（《湖北南水北调工程考古报告集》第三卷，科学出版社）。

二　汉代考古

（一）遗址

1. 汉长安城

近年主要围绕未央宫遗址开展大规模的勘探和发掘，在以往考古工作的基础上，重新确定了宫城的范围、宫内路网、建筑遗址分布以及空间区划，探明南宫墙并非直线，有曲折现象，确认西宫门和南宫门的位置以及沧池的形制（平面曲尺形，以砖筑砌岸壁）等，部分考古成果发表于《迈向世遗——西汉帝都未央宫遗址申遗之路》（文物出版社）。张建锋对汉长安城的排水管道进行了综合考察（《中原文物》5 期）。

在汉长安城之北发现数座渭河古桥，近年对其中的厨城门一号桥进行了较大面积清理，基本揭示出桥的结构和宽度，为探讨汉代渭河的位置及其与长安城的关系提供了重要资料（《考古》7 期）。

上林苑是依附于汉长安城的广袤苑囿，近年围绕其中的昆明池遗址开展了较多考古工作。《昆明池研究》（陕西科学技术出版社）总结了昆明池遗址的考古发现和研究现状。

2. 地方城址

（1）华阴故城

游福祥等通过实地调查并参考文献记载，认为以往考证华阴市五方乡杨家城遗址为汉代华阴故城的看法有误，华阴故城应在瓦渣梁遗址，而杨家城遗址系汉武帝为求仙而建的集灵宫，另有华山北麓的黄埔峪遗址，应是战国秦汉时期华山祠所在。

瓦渣梁遗址是一座古城址，早年做过发掘的西汉京师仓即位于其西北角，当时认为此城是京师仓的仓城，由于出土有"宁秦"戳印砖，所以又认为仓城的前身是秦的宁秦县城。新的认识是，西汉初年改宁秦之名为华阴，说明华阴与宁秦县城同在一处，京师仓则是建于华阴县城的西北一隅（《中国国家博物馆馆刊》8 期）。

（2）临淄齐故城

位于山东临淄的齐故城是一座自两周沿用至秦汉的著名城址，为了加强城市布局研究，近年对大城中部偏东的一处秦汉铸镜作坊遗址进行了发掘，揭露出房址、水井和灰坑等遗迹，出土大量建筑材料以及与铸造有关的炉壁、鼓风管、耐火砖、铜渣、铁渣和铸范等遗物，对研究秦汉铸造技术、制镜业状况以及城市布局的演变等均有重要价值（《考古》6 期）。

（3）苏北城址

与深埋地下的墓葬不同，城址，尤其是暴露在地表上的遗址极易受到破坏，因此，当务之急是开展必要的考古调查、勘探和测绘工作，为以后开展更加深入的考古工作打下基础。对江苏徐州、连云港地区汉代城址的调查就是这样一项有意义的工作（《东南文化》5 期）。城址概况见下表。

名称	地点	平面形制	规模（单位：米）	时代、性质
徐州彭城	老城区	发现东墙，呈西北—东南走向。	东墙暴露长约 190	西汉
徐州石户城	铜山区柳泉镇石户城村	不规则长方形，外有护城河。	北墙 611，东墙 479，西墙 719	西汉
徐州新沂司吾城	马陵山镇新宅村	长方形，外有护城河。	北墙 280，东墙 265，南墙 334，西墙残 305	西汉
徐州沛县湖陵城	龙固镇三里庙村	北城呈不规则方形（发现 1 北门、1 东门），外有护城河；南城近方形。	北城北墙 720，东墙 805，南墙 920，西墙 900；南城北墙 900，东墙 1100，南墙 1020，西墙 1120	北城战国晚期至西汉南城战国时期
连云港东海县曲阳城	曲阳乡城南村	南墙曲折，呈刀把形（发现 1 东门、2 南门、1 西门），外有护城河。	北墙 215，东墙 193，南墙 318，西墙 273	汉代厚丘县城
连云港东海县代相城	双店镇代相村	长方形（发现 1 南门），外有护城河。	北墙残 293，东墙 260，南墙残 77，西墙毁无	汉代厚丘县下辖的亭或里
连云港东海县罗庄城	横沟乡罗庄村	近方形（发现东西南北各 1 门），外有护城河。	北墙残 459，东墙 459，南墙 430，西墙 476	西汉利城县城
连云港东海县城后城	白塔镇城后村	方形，设南北 2 座城门，外有护城河。	南、北墙 115，东墙 119，西墙 118	汉代平曲县（侯国）下辖的里或邮

续表

名称	地点	平面形制	规模（单位：米）	时代、性质
连云港赣榆县古城	班庄镇古城村	近方形（发现 1 东门），外有护城河。	东墙 530，南墙 560	汉代 计斤县下辖的乡或亭
连云港赣榆县土城	塔山镇土城村	近方形（发现 1 南门），外有护城河。	东墙 710，南墙 720	汉代 计斤县或赣榆县下辖的里或邮
连云港赣榆县盐仓城	海头镇盐仓城村	近方形（发现 1 南门），外有护城河。	东墙 800，南墙 750	汉代 赣榆县城
连云港灌云县龙苴城	龙苴镇北	外城近方形（发现 1 南门），外有护城河；内城近方形（发现 1 南门），外有护城河。	外城北墙残 260，东墙 440，南墙 380，西墙残 320；内城边长 100	汉代

（4）汉函谷关

汉代函谷关是扼守出入关中东西交通线上的一处著名关隘，位于河南省新安县。大规模的考古勘探和发掘工作初步搞清了遗址的内涵、沿革以及汉代关城的基本形制。关城建于西汉中期，东汉时期有所增建，曹魏时期废弃。西汉时期的关城平面呈东西长方形，通关古道从关城中部穿过，东汉时期在关城之南增筑了一个新的空间。考古工作揭示出函谷关是一个建筑群，由关城、墙障和自然河流共同组成了一个规模庞大的防御体系（《考古》11 期）。

（5）渠县郭家台城址

位于四川渠县土溪镇城坝村一带，平面呈曲尺形，长 240 米，宽 220 米，外围可能有壕沟。近年对保存较好的东城墙进行了试掘，了解到城墙分为两期。此城可能是汉代巴郡宕渠县城的旧址（《城坝遗址出土文物》，上海古籍出版社）。

王先福等对设置于湖北襄阳地区的汉代南阳郡 9 个属县进行了考证，认为酂侯国（县）治所可能是位于老河口市东南的柴店岗遗址，春（章）陵侯国治所是位于枣阳市吴店镇春陵村的"春陵城"，筑阳县（侯国）治所可能是位于谷城县城关镇肖家营村的"张飞城"，阴县治所可能是位于谷城县冷集镇尖角村的酂阳城遗址，山都县（侯国）治所可能是位于樊城区太平店镇乔岗村的乔岗遗址，蔡阳县（侯国）治所是位于枣阳市琚湾镇古城村的翟家古城遗址，邓县治所是位于高新区团山镇邓城村的邓城遗址，朝阳县（侯国）治所是位于襄州区石桥镇黑龙村的朝阳城遗址，襄乡县治所是位于枣阳市北城街道东园村的古城址（《江汉考古》3 期）。

陈博对汉代北部区域城市的规模、形制特征、分布特征以及城市与自然环境的关系等问题进行了探讨（《边疆考古研究》第 16 辑，科学出版社）。

王晓琨系统收集了河套地区秦汉城址的考古资料，依规模和形状对之做出分类，并总结了该地区城址的特征（《战国至秦汉时期河套地区古代城址研究》，社会科学文献出版社）。

3. 窑址

在北京门头沟区潭柘寺镇东北清理 2 座汉代窑址，形制较为特殊（《京沪高铁北京段与北京新少年宫考古发掘报告集》，上海古籍出版社）。

在河北石家庄市元氏县殷村镇南程村发掘 2 座东汉窑址，其产品为条砖，陶窑设于墓地附近，可能专门用于烧制墓砖（《常山郡元氏故城南程墓地》，科学出版社）。

鲍颖建介绍了在河南中牟县张庄镇宋庄村发掘的一处东汉制陶作坊遗址，包括 2 座窑址、1 座房址和灰坑等，窑址由前室、火门、火膛、窑室和烟道五部分组成，房址为半地穴式，房内正方形，边长 5.1 米，四周夯土墙内侧贴砌砖墙，南墙上设门道，呈台阶状（《中国国家博物馆馆刊》8 期）。

在湖北丹江口市浪河镇小店子村发掘 1 座汉代窑址（《湖北南水北调工程考古报告集》第三卷，科学出版社）。

在浙江龙游县龙游镇横路祝村的白羊坡上清理一座东汉窑址（Y1），为斜坡式龙窑，由火门、火膛、窑床和烟道组成，出土遗物以硬陶为主，偶见釉陶，亦有垫座、垫饼和支柱等窑具（《东南文化》3 期）。

李清临研究了秦汉时期的砖瓦窑，将之分为单窑、双窑和串窑三类，并依窑的平面形状分为 6 型（《考古与文物》2 期）。

4. 长城

《内蒙古自治区长城资源调查报告（东南部战国秦汉长城卷）》（文物出版社）介绍了通辽市、赤峰市境内中部的战国燕北长城、北部的秦汉长城、新发现的库伦旗西汉长城、南部的东汉长城以及相关的壕堑、烽燧、障城等。李树林等对燕、秦汉辽东长城的构筑类型、构筑形式以及障塞设置的组合模式等作了全面概述（《边疆考古研究》第 16 辑，科学出版社）。

5. 其他

在河北保定市徐水县遂城镇大王店乡东黑山村发掘西汉早期房址 6 座（有长方形、方形和圆形三种）、井 3 眼，西汉中、晚期房址 10 座、井 1 眼，东汉时期房址 5 座、井 1 眼，房址有半地穴和浅地穴两类，内设火炕，为研究汉代建筑类型和地方特色提供了重要资料（《徐水东黑山遗址发掘报告》，科学出版社）。

在江苏东海县体育场游泳馆建筑工地清理 1 眼汉代水井，井下部置一陶井圈，其上用弧形砖逐层错缝平铺而成，残存 7 层，每层用砖 9 块。井口直径 0.87 米，井残深 1.47 米（《华夏考古》1 期）。

在湖北丹江口市浪河镇小店子村发掘 2 眼汉井（《湖北南水北调工程考古报告集》第三卷，科学出版社）。

在湖南益阳市铁铺岭兔子山遗址发掘出一些建筑遗址和古井 16 眼，其中 11 眼井内出土战国晚期至孙吴时期作为官府档案的简牍 1.3 万余枚，说明此遗址应是秦汉时期益阳县官署所在地（《2013 中国重要考古发现》，文物出版社）。在长沙市开福区清理汉井 2 眼（《湖南省博物馆馆刊》第十辑，岳麓书社）。

位于浙江宁波市江北区慈城镇王家坝村一带的句章故城，被认为是汉晋时期的句章县治，对之进行的考古调查、勘探和试掘，有助于确认城址的具体方位，了解其空间布局和兴废年代（《句章故城考古调查与勘探报告》，科学出版社）。

（二）陵墓

1. 皇帝陵

（1）西汉皇帝陵

西汉帝陵的考古调查、勘探工作近年来一直在进行，《文物》6 期发表了平帝康陵的最新考古成果，内容包括康陵大陵园、平帝陵园、王皇后陵园、围沟以及陵园道路系统、陵寝建筑遗址等。康陵大陵园平面长方形，围墙夯筑，墙外有围沟环绕，南墙上设门；平帝陵园位于大陵园中部偏西南处，平面近方形，围墙夯筑，四面墙上均设门，封土呈带二层台的覆斗形，陵墓为四条墓道的"亞"字形，陵园内有建筑遗址，陵园之南另设一道南垣墙，二墙之间有一座建筑遗址；王皇后陵园分内外两重，均夯筑而成，四面墙上均设门（外陵园西墙上有二门），封土呈覆斗形，陵墓为四条墓道的"亞"字形，内陵园分布有建筑遗址和外藏坑。另外，在平帝陵园和王皇后陵园之外还有一条围沟环绕。主持调查、勘探工作的马永嬴对康陵布局特点作了探讨，认为陵园方向从西汉早中期的坐西朝东转变为坐北面南；康陵可能是分三个时期修建而成，是在西汉末年至新莽时期特殊历史背景下形成的一个特例。

焦南峰、马永嬴研究了西汉帝陵制度中的"夫人"葬制，认为像武帝茂陵、元帝渭陵、哀帝义陵陵园内帝、后陵墓以外排列整齐有序的墓葬（茂陵 9 座、渭陵 32 座、义陵 7 座），可能属于皇帝的"夫人"墓（《考古》1 期、5 期）。丁岩论述了西汉帝陵选址与血统传承之间的关系（《汉代西域考古与汉文化》）。

（2）东汉皇帝陵

近年对东汉帝陵进行了大规模考古勘探，并配合基本建设开展了部分发掘工作，在作为地面设施的封土、陵寝建筑、陪葬墓以及作为地下部分的墓葬形制、随葬制度等方面获得不少新认识。东汉帝陵封土底径多在百米以上，如邙山大汉冢 156 米、二汉冢 150 米、三汉冢 84 米、刘家井大冢 130 米、朱仓 M722 大冢 136 米、朱仓 M707 大冢 86 米；陵园用垣墙或行马围合，封土位于陵园西部，陵寝建筑（寝殿、园寺吏舍等）位于陵园东部；墓葬形制均为一条南向墓道的带回廊的砖石室墓；使用梓宫和金缕玉衣。除了帝陵，在邙山陵区还发掘了两座东汉陪葬墓园遗址，即朱仓 M708 和 M709（《洛阳朱仓东汉陵园遗址》，中州古籍出版社）。

随着东汉帝陵考古资料日渐丰富，相关的研究也活跃起来。张鸿亮等利用文献资料探讨了东汉帝陵的陪葬墓茔域问题，并结合考古实践，认为在帝陵西部或北部分布的一些零星小冢可能属于陪葬帝陵的后妃墓。此外，在东汉南、北两个帝陵区，陪葬墓的分布均以东北部最为密集，形成集中式陪葬一个陵区的特征，这些陪葬墓的墓主身份有皇族、外戚和高官等（《华夏考古》3 期）。丁岩探讨了商周至汉魏时期帝陵的朝向问题，指出秦、西汉帝陵由商周时期朝南变为朝东，东汉回复到朝南，曹魏又变为朝东，陵墓朝向的变化，秦和曹魏或源于"家族传承"，两汉或与"例随前朝"有关（《华夏考古》1 期）。

2. 诸侯王墓

（1）西汉诸侯王墓

江苏盱眙大云山西汉江都王墓是近年的一项重要考古发现，在陵园内除了 3 座主墓，还有 13 座陪葬墓。陪葬墓位于陵园北部，分南北二区，南区有 2 座（M9、M10），规模较大，北区现存 9 座（M3—M6、M11—M15），均为竖穴岩坑墓，分为南北纵向三列。《考古》3 期公布了北区 9 座墓葬的资料。这些墓葬的坟丘均不存，但 M12 和 M13 尚存坟丘底部的垫石，平面呈方形，边长分别为 13.5 米和 15.8 米。墓葬应属西汉江都国时期，是经过精心规划布置的江都王的陪葬墓，墓主均为江都王的嫔妃。这批墓葬与主墓的位置关系明确，时代清楚，是研究西汉诸侯王埋葬制度的重要资料。

河北石家庄鹿泉市城关镇北新城村附近原有两座高大的汉墓封土南北并列（南为 M1，北为 M2），后被平毁，又遭附近砖厂取土破坏。M1 系东西两条墓道的"中"字形竖穴土坑石椁墓，椁用石板砌壁，以木封顶，东西 14.6 米～15.3 米，南北 11.7 米～11.9 米，有两道东西向石隔墙将墓室分为南、北、中三室，中室与南、北二室和东西墓道设门相通，随葬品有铁器、陶器等 400 余件，另有"五铢"铜钱千余枚。从墓葬地望、形制、规模以及出土玉衣片等情况分析，墓主应为西汉后期某代真定王或王后，M1 与 M2 应属并穴合葬（《河北省考古文集（五）》，科学出版社）。

许鑫城探讨了西汉诸侯王墓墓道和墓圹周围所见柱洞遗迹，认为这些柱洞可能与修墓时临时搭建的简易保护设施或某种葬礼有关（《四川文物》4 期）。

（2）东汉诸侯王墓

安徽寿县寿春镇原有一座东汉大墓，地表坟丘残高 1 米～2 米，不幸在基建中被毁，致使墓葬形制不明，随葬品流失殆尽。后来追缴回来部分遗物，有金器（镶玉带扣、鱼形挂饰）、玉石器（心形玉佩、"长宜子孙"璜形玉佩、玉衣片以及青金石瑞兽、绿松石瑞兽、绿松石珠、水晶饰件）、铜器（"元和二年"铭鎏金银铜舟、鎏金银铜盆、鎏金银铜熏炉残盖、残镜）、铁器（镜）和漆器鎏金银铜扣件等，另有五铢钱 160 枚。许建强等据出土遗物和文献记载，推测墓主可能是阜陵质王刘延，葬于和帝永元元年（公元 89 年）（《东南文化》3 期）。东汉有数代阜陵王封居今寿县境内，当地文物部门应对这些王陵进行必要的考古调查。

3. 西汉列侯墓

王树金通过考察马王堆汉墓的丧葬制度，进而认为汉代丧制多传承自周代礼制，但在某些细节上又与之有所不同（《江汉考古》1 期）。

4. 汉代土墩墓

近年在浙江、安徽、湖南和山东等地发现、发掘了一批类似商周时期土墩墓的汉代墓葬，《考古》1 期组织专稿，以"汉代土墩墓"为题分别对浙江安吉县上马山第 49 号墩、安徽广德县南塘土墩、湖南常德市南坪土墩和山东日照市海曲 2 号墩作了报道。这四处土墩既有共性，如墓葬均是先筑土台，再在土台上下挖墓坑，前三处都有一墩一墓和一墩多墓两种类型，单座墓葬的形制和随葬品与同地区其他类型汉墓基本相同；同时它们之间也存在一些差异，如安徽广德县南塘土墩和湖南常德市南坪土墩规划修建有兆域沟或排水设施，山东日照市海曲 2 号墩的 30 余座墓葬开口不在同一个层位，土墩系不断堆积而成。关于此类汉墓如何称呼，学界存在较多争论，我们认为它们与商周土墩墓有着本质的区别，不宜称之为"汉代土墩墓"，下面简论之。

江苏扬州曹庄隋炀帝夫妇墓是 2013 年度隋唐考古的重要发现，《2013 中国重要考古发现》以"江苏扬州曹庄隋唐墓葬"为题进行了较为详细的报道，其中有一段介绍墓葬建造方法的文字如下："M1、M2 上的土墩近方形，东西长 49 米、南北宽 48 米。土墩打破生土后，铺垫一层 10 厘米～30 厘米纯净细腻灰白土垫土，形成较为平坦的底面，在垫土层之上夯筑土墩……M1在土墩的中心挖浅穴、修砖室，在修砖室的同时堆筑夯土，并预留墓道，下葬封门后，再在墓道内填土，最后封土形成土墩……M1位于土墩中心，M2偏于土墩东南隅，其墓圹打破土墩，是在挖开土墩之后营建的，说明M2晚于M1。"

从这段文字的整体意思看，第一，两墓是先夯筑土墩，再下挖墓坑；第二，是一边修建砖室一边继续夯筑土墩，最后形成覆盖墓室的完整土墩，也就是说墓室应位于土墩之内；第三，此墓虽然没有明确被称为"土墩墓"，但行文中使用了"土墩"一词，容易让人产生是"土墩墓"的误解。

"墩"意为土堆，"土墩墓"本来可能是指地表留有土堆的墓葬。自从"土墩墓"一词被使用以来，经过数十年的传承，已基本形成为一个专有名词。一说起"土墩墓"，就会让人想起那是（1）商周时期；（2）主要分布在今长江下游的江南一带（如苏南、皖南、上海、浙江、赣东北、闽西北等地）丘陵地区的山坡或山顶上；（3）常采用地面埋葬（有的垒砌石床、石椁、石室，或建造墓坑）、多人聚葬、不用棺椁；（4）覆土成墩、不加夯筑；（5）主要随葬几何印纹陶器和原始瓷器的一种独特的埋葬方式。"土墩墓"具有特定的时空范围和鲜明的特色，被认为属于吴越文化的范畴。

近年来，主要在浙江北部发现了一些貌似"土墩墓"的汉代墓葬，发掘者曾称之为"汉代土墩墓"。鉴于此类墓葬在江苏、安徽、湖南和山东等地也有所发现，2012年11月上旬在浙江安吉举办了"秦汉土墩墓国际学术研讨会"，与会代表就此类墓葬的命名问题展开了讨论。会后编辑出版了《秦汉土墩墓考古发现与研究——秦汉土墩墓国际学术研讨会论文集》（文物出版社，2013年），与会代表大多发表了论文，进一步申述了各自的看法。

关于此类墓葬能不能称为"土墩墓"，研究者持截然相反的意见。有的认为可以叫作"汉代土墩墓"，有的认为不宜与"土墩墓"联系在一起。笔者是赞同后一种意见的。

在此笔者只想举出一例加以说明。多年主持此类墓葬发掘的胡继根先生，起初将之命名为"汉代土墩墓"，并在论文集《汉代城市和聚落考古与汉文化》（科学出版社，2012年）上发表了题为"试论汉代土墩墓"的论文。但在之后为迎接"秦汉土墩墓国际学术研讨会"而编辑的《起于累土——土台·土墩·土冢》（浙江古籍出版社，2012年）一书的"综述"中，他反思了自己以前的认识："随着发掘的进展和研究的深入，对原有的定名有了新的思考和认识，认为所堆筑的土墩应该是墓葬的载体而不是具体的墓葬，是一种特殊的墓地而不是新的墓型，'汉代土墩墓'的命名不仅易与先秦土墩墓混淆，亦未能准确地反映其特殊性和真实性。为此，我们将其暂定为'汉代墩式土冢'，以供进一步的探讨和研究。"随后，他又在《秦汉土墩墓考古发现与研究》中发表了"浙江'汉代土墩墓'的发掘与认识"一文，虽然此文继续使用"汉代土墩墓"一词，但是加了引号，并在文末重申了不宜使用"汉代土墩墓"的理由：一是"易与先秦时期的土墩墓发生歧义"，二是"先秦土墩墓和'汉代土墩墓'具有本质的区别"，三是"土墩用途具有一定的差异"，于是，他又提议"可能以'坟丘墓'命名更为合适一些"。综上可知，胡继根先生对这类墓葬的认识是经历了一个过程的。

不主张将此类墓葬称为"土墩墓"的研究者，给出了一些各不相同的命名，除了上述"墩式土冢""坟丘墓"外，还有"土墩遗存""土冢遗存""墩式封土墓"等，多涉"土墩"一词或"墩"字，似乎不愿彻底斩断与"土墩墓"的关联。笔者认为，既然"土墩墓"的概念已约定成俗，秦汉及其以后的墓葬就不要使用"土墩"或"墩"字来命名。

众所周知，江南土墩墓的主要特征是平地埋葬、不用棺椁、多人聚葬、土墩低缓，它与北方深挖墓坑、棺椁发达、单人埋葬、高大坟丘的墓葬传统不同。如果将北方的这种墓制称为坟丘墓，那么南方的土墩墓虽然地面上也有土丘，也应属于坟丘墓的一种，但还是沿用土墩墓的叫法为好。

鉴于浙江北部等地的这类汉墓大多是先筑土台，再挖坑埋葬，最后覆土成丘，并且流行多人聚葬，笔者虽然不反对称其为"台坑墓"，但认为还可将其命名为"台式群集墓"。

5. 画像石墓

在河南南阳市建设东路发掘 1 座新莽至东汉初期的砖室墓，出土四块画像石，为二门柱、一门楣和一门槛，有人物、斗兽等画像，随葬品有铜钱、陶器等（《中原文物》6 期）。

王子今依据汉代画像资料，探讨了作为百戏内容的"舞轮"（《中国国家博物馆馆刊》8 期）和"猿骑"表演（《文物》5 期）。姜生等对汉画像石所见子路与西王母的组合模式做了考证（《考古》2 期）。

6. 其他墓葬

一般汉代墓葬发现较多，分布在辽宁、内蒙古、北京、甘肃、陕西、河北、河南、山东、四川、重庆、贵州、江苏、江西、浙江、湖北、湖南、广西等地。

在辽宁抚顺市李石镇刘尔屯村发掘 21 座西汉至曹魏时期墓葬，有砖椁墓 10 座、砖室墓 5 座、瓦棺墓 4 座和瓮棺墓 2 座（《考古》4 期）；在辽阳曙光镇发掘 2 座西汉砖室墓（M20、M21），M20 出土铜泥筩、铜祖等物（《文物》11 期）。

在内蒙古鄂尔多斯市杭锦旗锡尼镇顶盖敖包村清理 7 座西汉墓，其中 M1 存有坟丘，直径 20 米，残高 2.4 米（《草原文物》1 期）。

在北京市东城区向新西里小区以西的新少年宫发掘 5 座汉代砖室墓；在大兴区亦庄镇清理 4 座东汉墓（《京沪高铁北京段与北京新少年宫考古发掘报告集》，上海古籍出版社）。

在甘肃张掖市民乐县永固镇八卦营村发掘两汉墓葬 70 余座，有竖穴土坑墓（有的带斜坡墓道）和竖穴或斜坡墓道土洞墓，葬具有双棺一椁、一棺一椁、单棺和无棺数种，其中 40 座汉墓中含有四坝文化或辛店文化因素，有的墓中还发现殉人现象。这批墓葬对研究汉代河西地区的丧葬习俗和民族关系有着重要价值，木棺中呈长方梯形者尤应予以注意（《民乐八卦营——汉代墓群考古发掘报告》，科学出版社）。

在陕西扶风县法门镇庄白村纸白组发掘西汉墓 21 座，均为竖穴墓道土洞墓，葬具有一棺一椁、单棺和瓮棺三种，另外还清理了 4 座东汉墓，分斜坡墓道土洞和砖室两种形制，葬具有一棺一椁、单棺二种；在法门镇马家村清理 1 座西汉墓，为斜坡墓道土洞墓，墓室内有二棺并列；在法门镇官务村等地清理 2 座东汉墓（《周原汉唐墓》，科学出版社）；在西安市未央区大白杨村发掘 14 座西汉墓（《考古》10 期）。

在河北藁城市台西村清理西汉小型墓 67 座，分为竖穴土坑、瓮棺、砖室（砖棺）和瓦棺数种，均无木质葬具，随葬品也很少，应属贫民墓葬，对于了解汉代这一地区的社会状况有一定价值；在衡水市安平县后大寨村清理 1 座东汉砖室墓（《河北省考古文集（五）》，科学出版社）；在保定市徐水县遂城镇大王店乡东黑山村发掘西汉墓葬 8 座、东汉墓葬 10 座，分为竖穴土坑墓、瓮棺（瓦棺）墓、竖穴墓道洞室墓和砖室墓，这些墓葬应与不远处的汉代城址有关（《徐水东黑山遗址发掘报告》，科学出版社）；在石家庄市元氏县殷村镇发掘东汉砖室墓 27 座；在鹿泉市寺家庄镇西龙贵村清理 9 座东汉砖室墓，两处墓葬均遭严重破坏（《石家庄元氏、鹿泉墓葬发掘报告》，科学出版社）；在殷村镇南程村一带发现多处汉代墓地，应属北部不远处常山郡元氏故城的平民葬地，《常山郡元氏故城南程墓地》（科学出版社）公布了其中 192 座墓葬资料，其中有竖穴土坑墓 164 座（有的带斜坡墓道）、洞室墓 6 座（分竖穴墓道和斜坡墓道）、砖室墓 22 座，时代自西汉中期至东汉中晚期，该墓地与对应的城址关系较为清楚，对研究汉代地方城市与墓地的方位、距离以及当地的经济状况和埋葬习俗均有积极意义。

在河南焦作市马村区九里山乡山后村发掘东汉墓 7 座，出土陶器一批（《华夏考古》1 期）；在焦作市中站区府城村街道店后村清理 1 座东汉砖室墓，出土陶器和铜钱，其中彩绘五层陶仓楼保存完好（《华夏考古》2 期）；在辉县市高庄乡庞村和百泉镇张雷村、赵雷村发掘西汉墓 45 座、东汉墓 26 座，西汉多为竖穴墓，东汉多为竖穴墓道洞室墓（《辉县汉墓》一，科学出版社）；在南阳市淅川县盛湾镇马川村发掘西汉至新莽时期积石积炭墓 21 座（《考古学报》2 期）；在淅川县香花镇杨河村发掘两汉墓葬 93 座，有竖穴土坑墓和砖室（砖棺）墓（《考古学报》3 期）；在淅川县仓房镇党子口村赵杰娃山头清理一批汉墓，其中 M42 为西汉晚期至东汉早期砖室墓，出土铁器、铜器、陶器和石器等，用于构筑墓室、铺装地面的长方形空心砖、方砖、长方砖以及"山"字形砖、八角形陶立柱上装饰有各种画像，如阙、门吏、铺首衔环、二龙穿璧、车马出行、生产、耕作（牛耕）、牧羊、狩猎和几何纹样等（《华夏考古》2 期）；又在同村磨子岭清理一批汉墓，其中有 2 座西汉竖穴岩坑墓（M11、M23），出土铁器、铜器和陶器（《中国国家博物馆馆刊》12 期）；在平顶山市黑庙墓地三区发掘 54 座汉墓（《平顶山黑庙墓地》，科学出版社）。

在山东青州市谭坊镇东刘镇村发掘 60 余座西汉小型墓，分为竖穴土坑墓、砖椁墓和瓮棺墓等类型；在章丘市曹范镇于家埠发掘 15 座小型汉墓，分为竖穴土坑墓、砖椁墓和砖室墓，时代属于西汉晚期至东汉晚期（《海岱考古》第七辑，科学出版社）。

在四川广汉市北外乡龙岗村发掘 27 座西汉竖穴土坑墓和 14 座两汉砖室（砖棺）墓，其中土坑墓数量较多，可作为成都平原汉墓分期研究的重要资料（《广汉二龙岗》，文物出版社）；在成都天回镇老官山西汉墓出土了大量简牍（内容多为医书）和保存完好的人体经穴漆木俑，这些资料对于研究中国古代医学史有重要意义，此外还出土了 4 部织机模型，是研究西汉时期纺织技术的珍贵实物（《考古》7 期）；在三台县发掘清理了百顷镇芙蓉山崖墓群中的 6 座，老马乡松林湾崖墓群中的 15 座和兰家梁子崖墓群中的 9 座，墓葬形制有单室、单室带侧室和前后双室三种，三处崖墓的时代主要为东汉中晚期，少数为六朝时期（《四川文物》2 期）；乐山市市中区岷江岸边的柿子湾分布着百余座崖墓，前后做过多次考古调查，近年又对其中的部分墓葬进行了重点调查和测绘，其中 M6 全长约 33 米，由墓道、墓门、享堂和二组前后双墓室组成，在墓门、享堂四壁等处雕刻画像，内容主要有建筑、人物和瑞兽等（《四川文物》4 期）。

墓阙是墓葬地面设施的重要组成部分，在四川省保存较多。通过对渠县 6 处墓阙（沈府君阙存双阙，其余只存单阙）的调查、勘探，获得了一些规律性认识，即阙前有活动面，阙与相距较远的单座砖室墓或一个砖室墓群相对应，其间连以神道——一般位于双阙中间，呈凹槽状，随地势上升。如位于水口乡汉亭村的沈府君阙，双阙坐北向南，间距20 米，阙前活动面约有 50 平方米，神道基本位于两阙中央，宽 7 米 ~8 米，呈凹槽状，深约 0.2 米~0.5 米，自北向南呈缓坡状上升，对应双阙的墓葬位于其东北方，直线距离约有 156 米，坟丘仍存。其他 5 处墓阙分别是：位于汉碑乡团林村的蒲家湾无名阙、位于土溪乡汉阙村 4 组的冯焕阙和赵家村东无名阙、赵家村西无名阙、位于青神乡平碾村 5 组的王家坪无名阙（《四川文物》4 期）。

在重庆市大渡口区跳蹬镇石盘村清理一座东汉中晚期砖室墓，出土陶棺一具（《四川文物》6 期）；在江津区白沙镇红花店子村烟墩岗清理 1 座东汉砖室墓，墓砖模制有纹饰，墓内存一画像石棺，由盖、身以子母口扣合而成，棺盖长 2.17 米、宽 0.69 米、高 0.22 米，顶呈弧形，中间饰一大朵柿蒂纹，两端刻成瓦楞状，棺身长 2.09 米、宽 0.76 米、高 0.74 米，前挡饰伏羲女娲，后挡饰双阙，右侧饰车马出行，左侧饰一大门半开的楼阁，出土遗物有铁器、铜器（包括钱币）、陶器、石器等（《四川文物》4 期）；在忠县发掘西汉墓 12 座，东汉墓 2 座（《考古》6 期）；在忠县忠州镇郑公村清理 1 座西汉竖穴土坑木椁墓（崖脚）和 1 座东汉砖室墓（石匣子），二墓出土遗物较丰，后者包括 1 件镇墓兽、1 件摇钱树和 29 件人物俑（《南方民族考古》第十辑，科学出版社）；在璧山县丁家镇铜瓦村棺山坡崖墓群发掘 6 座东汉崖墓，报道了其中 3 座墓的资料，其中二墓使用石棺（《考古》9 期）；在涪陵点易发掘一批墓葬，其中有 2 座西汉竖穴土坑墓（M3、M4），M3 出土的镜架和镜饰较为罕见（《文物》10 期）；在潼南县上和镇后沟村下庙儿遗址发掘西汉晚期至东汉早期墓葬 11 座，分土坑墓和砖室墓两种（《四川文物》3 期）；在万州区武陵镇下中村发掘大丘坪墓群，有西汉墓 5 座，新莽至东汉早期墓 20 座，东汉中晚期墓 12 座，其中西汉至东汉早期均为竖穴土坑墓，东汉中晚期皆为砖室墓，均用木质葬具，这批汉墓数量较多，延续时间较长，对研究汉代这一地区的文化面貌有较重要的价值（《万州大丘坪墓群》，科学出版社）。

在贵州天柱县远口镇坡脚村发掘西汉墓葬 2 座，均为竖穴土坑墓（《四川文物》6 期）。《贵州田野考古报告集（1993—2013）》（科学出版社）主要收录已发表的发掘资料，同时也公布了一些未曾报道的资料，如兴仁县雨樟镇长箐村属于交乐墓地的 20 号东汉砖室墓、务川县都濡镇喻家村的 1 座西汉竖穴土坑墓、2 座东汉砖室墓以及赤水市文华街道万友号村的 3 座东汉崖墓等。

在江苏徐州市鼓楼区刘楼村的后山发掘出 1 座新莽墓压在 1 座西汉早期墓之上（《文物》9 期）；在盱眙穆店乡仁昌村发掘了 11 座西汉墓，均为竖穴土坑木椁墓，出土铁器、铜器（包括镜、钱币）、釉陶器、陶器、漆木器、琉璃器等（《东南文化》4 期）；在南京六合区雄州街道六合四中和江宁区江宁街道分别发掘 1 座汉代竖穴土坑墓，均用木质葬具，在江宁区湖熟街道曹家边村发掘 3 座东汉墓，均为带斜坡墓道的竖穴土坑木椁墓，在江宁区淳化街道前郑家边村清理 2 座东汉砖室墓（《南京文物考古新发现》第三辑，文物出版社）。

在江西南昌市湾里区清理 2 座东汉砖室墓，出土铁器、铜钱、原始瓷器、陶器、石黛板等（《南方文物》4 期）。

在浙江奉化市西坞街道南岙村清理一座东汉砖室墓，出土铁器、铜镜、铜钱、釉陶器、陶器、蓝琉璃耳珰等（《南方文物》1 期）；在宁波市北仑区大碶街道璎珞村清理一座东汉木顶砖椁墓（M2），出土铁器、银戒指、铜镜、铜钱、硬陶器、釉陶器、陶器、蓝琉璃耳珰和串珠等（《南方文物》3 期）。

在湖北巴东县溪丘湾镇平阳坝村清理 2 座汉墓，1 座为竖穴土坑墓，1 座为砖室墓

（《巴东谭家岭与宋家榜》，科学出版社）；在荆州市荆州区纪南镇高台村清理 46 号西汉竖穴土坑墓，葬具为一棺一椁，随葬品有陶器、漆木器等，其中的 9 块木牍较为重要，从文字内容看，应属当时乡、里的收费账簿（《江汉考古》5 期）；在丹江口市六里坪镇嵩口村彭家院遗址清理一座东汉砖室墓；在浪河镇小店子村发掘 5 座西汉墓；在土台乡石门沟村发掘西汉墓 1 座、东汉墓 2 座；又在均县镇金陵墓地清理西汉墓 2 座；在十堰市郧县五峰乡西峰村发掘 24 座汉墓，均为洞室墓；在郧县安阳镇余嘴村发掘 9 座汉墓（《湖北南水北调工程考古报告集》第三卷，科学出版社）；在丹江口市土台乡戈余沟村玉皇庙遗址发掘 20 座西汉墓和 2 座东汉墓，西汉墓均为长方形竖穴土坑墓，一座（M6）带斜坡墓道，葬具分单棺和一棺一椁两种，东汉墓均为砖室墓；在丹江口市均县镇金陵墓地清理西汉墓 2 座，均为砖室墓；在十堰市郧县杨溪铺镇刘湾村清理汉墓 2 座；在郧县柳陂镇辽瓦村龚家村遗址清理东汉墓 7 座，均为砖室墓；在郧县杨溪铺镇杨溪村清理 1 座西汉砖室墓；在郧县茶店镇长岭沟村曾家窝墓地清理东汉砖室墓 1 座（《湖北南水北调工程考古报告集》第四卷，科学出版社）；在荆州市荆州区郢城镇郢北村魏家草场遗址清理 1 座汉代砖室墓；在荆州区纪南镇高台村张家台遗址清理 2 座汉代砖室墓（《湖北南水北调工程考古报告集》第五卷，科学出版社）。

在湖南临武县花塘乡白家塘村和武水镇双塘村各清理 1 座东汉砖室墓，前者出土铜器、银手镯、银指环和陶器，后者出土铁器和陶器（《草原文物》2 期）；在郴州市东风路与燕泉路之间发掘 2 座西汉竖穴土坑墓，M1 出土铁器、铜器（包括镜、钱币）、陶器等，M2 出土铜器、铅器、陶器、滑石器等（《江汉考古》3 期）。

在广西兴安县界首镇清理 1 座东汉砖室墓（《考古》8 期）；在贵港市港北区贵城镇三合村清理东汉墓 5 座，其中 M14 出土一枚方形瓦形钮铜印，印文"咸骦丞印"，咸骦为九真郡辖县，说明墓主为县丞级别，为研究这一等级的墓葬制度提供了新资料（《考古学报》1 期）。

张玲探讨了长江下游地区西汉至新莽时期中小型墓葬，重点是作了分期和文化因素分析（《长江下游地区西汉至新莽中小型墓葬研究》，河南大学出版社）。

7. 丧葬观念

罗二虎对东汉墓中所见"仙人半开门"图像做了解析，认为此半开之门即为仙境之门（《考古》9 期）。

四川巫山汉墓曾出土一批棺饰鎏金铜牌，上面多饰双阙图案，有榜题"天门"者，针对有研究者认为此"天门"即进入天堂或天界、仙界之门的说法，孙机认为其完全不能成立，并认为所谓"天门"并非登天之门，而是象征阴宅之门。此说甚确。孙机还认为汉代王侯陵墓中所见之"玉衣"，本名"玉匣（柙）"，实为一重内棺。此说值得重视（《陕西历史博物馆馆刊》第 21 辑，三秦出版社）。

（三）边疆地区

1. 东北地区

张伟等概述了黑龙江省的汉代考古学文化，分为三区，共有 10 支，分别为松嫩平原区的汉书文化、泡子沿类型、庆华遗存、于家屯文化、红马山文化，三江平原区的滚兔岭文化、蜿蜒河类型，东部山地地区的东康类型、东兴文化、团结文化，并对考古学文化的确立、命名、年代以及族属等问题做了论述（《北方文物》4 期）。

2. 西北地区

近年在新疆巴里坤石人子沟遗址开展了较多考古工作，2009 年发掘了几座居址和墓葬，其中 2 号居址的资料得以公布。F2 为一半地穴式石围居址，平面近方形，南墙长 9.6 米，西墙长 9 米，北墙长 8.5 米，东墙长 7.7 米。居址中部及四壁内侧发现 14 个柱洞，残存有木柱。出土了陶器、骨器和石器，其中骨甲较为重要。据研究，F2 始建于战国晚期至西汉早期，废弃于西汉中、晚期，至迟不晚于东汉中期，推测可能是用于军事瞭望的哨所（《考古与文物》5 期）。

3. 西南地区

在云南会泽县水城村发掘两汉墓葬 24 座，均为竖穴土坑墓，多数有二层台，其中 3 座带斜坡墓道，葬具大多为一棺一椁，有的无椁，木棺髹黑漆或红漆，有的饰以鎏金铜泡钉，有 2 座为同穴合葬墓，随葬品以陶器为主，另有铜器、铁器、银器、玉石器和漆木器等，还见殉牲现象，被葬者被认为是当地土著人，这批墓葬资料反映出土著文化与汉文化逐渐碰撞、融合的历史进程（《会泽水城古墓群发掘报告》，科学出版社）。

在西藏阿里噶尔县门土乡故如甲木寺附近发掘 4 座约当东汉时期的竖穴土坑石椁墓，墓室四壁垒以石块，顶棚圆木，再覆以石块，均为二次葬，出土金（面具）、银、铜、铁、陶、石、骨、木和草编器具以及料珠、丝织品等，另见殉牲现象，分析认为其属于以象泉河上游为中心分布的象雄文化（《考古学报》4 期）。

叶成勇的《金沙江中游石构墓葬研究》（中央民族大学出版社）将金沙江中游石构墓葬分为滇西北区、滇北区、川西南区三个区域进行分期研究，并探讨了各区随葬品和葬制的演变特征。

张合荣的《夜郎文明的考古学观察——滇东黔西先秦至两汉时期遗存研究》（科学出版社）对夜郎的地理位置、夜郎文明的形成、周边族群文明对夜郎文明的影响以及夜郎文明的发展去向等问题做了综合性的考古学观察。

李映福等收集了云、贵两省（云南高原、滇西地区和贵州高原）出土的战国秦汉铁器资料，将之分为战国中晚期至西汉早期、西汉中晚期和东汉时期三个阶段，分析了铁器在地域分布、数量，以及器类、器形上的变化，从中透视出与北方地区、中原地区和巴蜀地区在铁器及制作技术上的交流与传播状况（《江汉考古》6 期）。

（四）专题

1. 文字

石刻资料方面有马衡的《汉石经集存》（上海书店出版社），简帛资料方面有《长沙马王堆汉墓简帛集成》（中华书局）和《北京大学藏秦代简牍书迹选粹》（人民美术出版社）等，研究文章散见于《出土文献》第五辑（中西书局）、《出土文献研究》第十三辑（中西书局）、《出土文献综合研究集刊》第一辑（巴蜀书社）、《简帛》第九辑（上海古籍出版社）、《简帛研究》2013 和 2014（广西师范大学出版社）以及各类期刊，另有研究专著，如陈松长等的《岳麓书院藏秦简的整理与研究》（中西书局）、吴朝阳的《张家山汉简〈算数书〉校证及相关问题》（江苏人民出版社）、谢桂华的《汉晋简牍论丛》（广西师范大学出版社）等。

2. 手工业与科技史

手工业生产和商业活动都与度量衡制密切相关，白云翔总结了汉代尺度考古发现与研究的现状，根据近 20 多年来新发现的尺度资料，对以前西汉、新莽一尺当今 23.1 厘米、东汉一尺当今 23.5 厘米的认识做出修正，提出日常生活中西汉、新莽一尺一般是 23 厘米、东汉一尺可暂定为 23.4 厘米的观点，并进而提出考古学研究中的科学"尺度观"，即对于汉代尺度，一般可用其标准量值，但又不宜完全拘泥于标准量值（《东南文化》2 期）。

麻赛萍分析了汉代灯具的实用功能，将其分为洗浴、谒宴、夜读和夜行用灯四类，又根据使用方式分为座灯、立灯（高柄座灯）、行灯和吊灯四种，根据形态分为豆形、浅盘形、耳杯形、卮形、多枝形、釭形和动物形七种，并梳理了灯具实用功能、使用方式与形态之间的相互关系；余伟等则将江苏地区出土的汉代铜灯分为豆形灯、变体豆形灯、行灯、多枝灯、辘轳灯和釭灯七类（《东南文化》6 期）。历来在灯具分类上存在较多分歧，依灯具形状分出大类，便于理解、记忆和使用，应是灯具分类的目的所在。

杨金东汇集了考古发现的汉代铜熏炉资料，将之分为盖豆形、博山形、鼎形、行炉形、鸟形和特殊形，并归纳、整理出各种熏炉的年代（《华夏考古》2 期）。

徐承泰对秦汉半两钱以尺寸指代重量现象的思想根源进行了论证（《江汉考古》5 期）。黄娟认为西汉三株钱应开始铸造于武帝建元元年（《考古与文物》3 期）。

铜镜研究一直受到学者重视，陈长虹对"三段式神仙镜"上的"九子母"图像进行了考证（《四川文物》4 期）；《汉镜文化研究》（北京大学出版社）汇集论文 54 篇，从不同视角对汉镜（包括三国、西晋镜）展开研究，将汉镜研究推向一个新的高度。

白云翔系统收集了作为汉代著名工官之一的蜀郡工官，即带"蜀郡西工造"铭的器物资料，包括漆器、铜器和铁器，并对蜀郡工官的兴衰、各种器物的生产、管理与流通等做了深入研究（《四川文物》6 期）。

李亚利等主要依据汉代画像砖石和壁画图像资料，结合考古发现及文献记载，对汉代桥梁的类型和结构做了研究，将汉代桥梁分为梁桥、拱桥、组合桥（廊桥、悬臂带拱桥）、浮桥和索桥等类型（《南方文物》2 期）。此外，科技史方面的研究还有关于汉代犁耕驾牛方式和用具（刘兴林）（《考古与文物》1 期）、甘肃敦煌悬泉置纸（龚德才等）（《文物》9 期）、新疆民丰东汉古纸（李晓岑等）（《文物》7 期）和西汉太一九宫式盘占法（孙基然）（《考古》4 期）等。

三国至明清时期考古

朱岩石　汪　盈

　　2014 年出版与报道发表的三国至明清时期考古资料与研究著述依然丰富，并且呈现出宋辽金及其以后考古发掘工作逐渐增长的趋势。同时，长期坚持的大遗址保护与发掘考古工作显出成效，相关的田野发掘报告书陆续出版，为考古学研究增添了重要的资料。据不完全统计，这一时期的考古发掘报告、专著等书籍出版了近 100 部，发表考古发掘简报、研究论文等文章 350 余篇。

一　城址考古发现与研究

　　都市遗址的考古工作是田野考古工作中的重中之重，本年度发表的《河南洛阳市汉魏故城发现北魏宫城四号建筑遗址》（《考古》8 期），是近十年汉魏洛阳城宫城中心区持续工作的又一重要成果。四号建筑遗址位于北魏宫城中部偏西北处，北距河南孟津县平乐镇金村约 1 千米，南距宫城正门阊阖门遗址约 460 米。2011 年 7 月～2013 年 7 月，中国社会科学院考古研究所洛阳汉魏故城队对北魏宫城四号建筑遗址进行了大面积勘察发掘，明确了宫城四号建筑遗址是位于宫城中部主要建筑轴线上最为显赫的大型宫殿建筑，可以确认其就是北魏宫城的中心正殿"太极殿"。该建筑由居中的主体建筑殿基和东、西两侧的附属殿基构成。出土的大量高等级建筑构件也表明其具有较高的地位和建筑等级，结合相关文献记载可知，其两侧建筑基址应为"太极东堂"和"太极西堂"。晋阳古城是北朝至唐代重要的都市，该城始建于春秋中晚期，历经汉晋、南北朝、隋唐、五代，毁于宋。遗址位于太原市西南晋源区晋源镇，面积 20 余平方千米。2002 年以来，太原市文物考古研究所开始对遗址进行考古调查与发掘，本年度发表了两篇田野考古工作成果。《晋阳古城遗址 2002—2010 年考古工作简报》（《文物世界》5 期）刊布了经过十年考古工作，对城址整体布局的基础认识。主要收获包括探明西城城垣四至及城墙保存情况、发现城墙始建于春秋战国的遗迹、两次较大规模营建及宋初火烧晋阳城的遗迹现象，了解到宫城、衙署及重要建筑等遗址均分布在地势较高的西城西北部，初步建立地层序列等。《晋阳古城遗址考古新发现（2011～2014）》（《文物世界》5 期）发表了 2011 年以来，山西省文物局成立的晋阳古城考古工作队三年多的主要收获，主要包括：其一，通过对城墙、大殿台、小殿台、一号建筑遗址、晋源苗圃遗址等遗迹的试掘，更深入地了解到其形制结构、性质功能和年代沿革，特别是经城墙解剖，了解到城墙有汉晋、北朝、隋唐、唐末五代等四期夯土。其二，对古城东部文化层进行考古勘探，掌握整体地层情况及埋藏深度、确认了东城墙和护城河的位置等。其三，在田野勘探、发掘基础上，通过出土遗物的整理，初步建立了标准地层剖面和遗物的年代参照序列。

隋唐洛阳城遗址是中国历史时期最重要的都城遗址之一，自 20 世纪 50 年代起中国科学院考古研究所、北京大学历史系、河南省博物馆等机构先后进行考古调查、勘探和发掘。20 世纪 70 年代以后，田野发掘考古工作以中国社会科学院考古研究所洛阳唐城队为主。《隋唐洛阳城：1959～2001 年考古发掘报告（全四册）》（中国田野考古报告集，考古学专刊，丁种第八十八号，文物出版社）的出版，是中国社会科学院考古研究所洛阳唐城队对该城址 40 余年田野考古工作成果的总结。该报告是隋唐洛阳城遗址综合性田野考古报告，是研究隋唐时期的都城制度、建筑艺术和都市生活等方面研究的重要资料。报告以郭城、皇城、东城和宫城为主体框架，内容涵盖城址的城墙、城门、街道、里坊、宫殿、园林、水系等。既有郭城、皇城、东城和宫城的城门遗址，又包括宫城正殿明堂、九州池、上阳宫、白居易宅院等一批重要遗址。同时，发表的大量出土遗物包含了建筑构件、日常生活用品等，极大地丰富了中国古代都城考古学、历史学、建筑学等多学科领域研究的实物资料。40 余年的考古发掘，考古队对隋唐洛阳城的形制布局、历史沿革、建筑特点及文化内涵有了更系统、丰富、翔实的解读。此外，《西安市唐长安城大明宫兴安门遗址》（《考古》11 期）发掘简报，是 2009 年 4 月中国社会科学院考古研究所西安唐城工作队发掘兴安门遗址的田野考古成果。门址分早、晚两期，早期门址有三个门道，晚期门址有两个门道，应属隋唐长安城外郭城门址之一。晚期门址由东西墩台、门道、隔墙以及东西两侧的城墙和马道等组成。出土遗物有建筑材料和日用品等。兴安门早、晚期的变迁反应了"城门"到"宫门"的变化。扬州蜀岗古代城址位于今江苏省扬州市市区北部的蜀岗南缘，城圈夯土墙体保存现状较好，环绕城址外围的现代河塘与城壕关系密切。据文献记载可以追溯到公元前 486 年吴王夫差沟通江淮而修邗沟、筑邗城之时。2013 年 4～7 月，为了配合城壕城墙保护规划方案的编制、城壕整治等工作，由中国社会科学院考古研究所、南京博物院、扬州市文物考古研究所联合组成的扬州唐城考古工作队在位于北城墙东段的两个豁口处及其外侧现代河塘的北侧、城圈东北外拐角及其外侧现代河塘的北侧和东侧开展了考古发掘工作，发掘面积共计约 1100 平方米。《扬州蜀岗古代城址北城墙东段发掘简报》（《中国国家博物馆馆刊》12 期）发表了清理出的汉至宋代的城墙夯土、城壕岸线等遗迹。发掘的夯土墙体始筑年代不早于汉代，在南宋修筑宝祐城之前的六朝、唐、宋时期都曾有过修缮。此外，《江苏扬州市宋宝祐城西城门外挡水坝遗迹的发掘》（《考古》10 期），发表了扬州唐城考古工作队在扬州宋宝祐城西城门西侧清理的挡水坝遗迹，该挡水坝始建于南宋晚期，是南宋扬州宝祐城西城门外兼具挡水和城防功能的水利城防设施。

吉林省文物考古研究所、吉林大学边疆考古研究中心、珲春市文物管理所对渤海国东京故址八连城遗址，于 2004 年至 2009 年进行了考古调查、发掘工作。《八连城：2004—2009 年度渤海国东京故址田野考古报告》（文物出版社）一书，整理发表了这 6 年的田野考古工作。报告叙述了城址调查发掘获知的城址形制和出土遗物等，对城市规划布局、出土建筑构件类型及制作工艺、城址年代、宫殿建筑功能以及在渤海王城中所处位置等，均有较翔实的论述。八连城遗址考古工作包括遗址地形测绘；八连城内城主要宫殿建筑址、内城南门址、外城南门址、内城南墙、外城南墙等遗迹的考古发掘等。八连城始建于渤海时期公元 8 世纪后半期，废弃年代约在公元 928 年。为内外两重城设计，宫殿建筑集中分布在内城北部，采取中轴对称的院落式布局。两座位于内城北部中轴线规模最大的宫殿建筑，中间设廊，组成工字殿建筑形制，分别承担"前朝"和"后寝"功能。该报告对渤海国城址研究具有重要的学术意义。

辽金元时期在中国北方建立了一些都城，2014 年发表成果的考古工作包括了辽上京城遗址、金上京城遗址、元上都城遗址等。《2013 年辽上京皇城遗址考古发掘取得重要收获》（《中国文物报》2014 年 2 月 14 日 8 版），报道了 2013 年 7~10 月，中国社会科学院考古研究所内蒙古二队和内蒙古文物考古研究所联合组成的辽上京考古队，对辽上京皇城一号街道及临街建筑遗迹进行的考古发掘。根据层位关系，结合遗迹和遗物的整体变化，可以判断一号街道和临街建筑遗址的五个阶段属于辽金元时期。其遗存始建于辽代，在金代进行多次改建，至元代废弃。通过本次发掘，初步了解了一号街道与临街建筑遗迹的局部面貌及其相互关系，体现出上京城在辽金两代城市布局上的变化。初步掌握了辽上京皇城南部文化层的堆积情况。为认识辽上京城的平面布局和历史沿革积累了重要的基础材料，同时对于以后的考古钻探发掘也具有重要借鉴意义。《考古发掘确定金上京城址建筑与使用年代》（《中国文物报》2014 年 5 月 9 日 8 版）报道了 2013 年 7~9 月，黑龙江省文物考古研究所对金上京遗址城墙遗迹的考古发掘工作。通过田野考古工作，首次从考古层位学上确认了城址的营建使用情况，根据城墙的地层堆积和包含遗物特征，确认城址的始建年代为金代，后期至少有过一次以上的修筑。《内蒙古锡林郭勒元上都城址阙式宫殿基址发掘简报》（《文物》4 期）刊布了内蒙古师范大学、内蒙古文物考古研究所和内蒙古文物保护中心联合组成的元上都考古队，2009 年对元上都城内一处大型阙式宫殿基址进行的考古发掘成果。元上都位于内蒙古锡林郭勒盟正蓝旗上都河镇东北 23 千米处的金莲川草原上，占地面积 48.4 万平方米。通过清理西阙台基址东侧、西慢道、东阙台基址顶部台面，了解到该宫殿建筑的建造年代应为 1256~1258 年，为忽必烈即汗位之前的早期建筑之一。该阙式建筑既有中原传统建筑风格，也体现了浓郁的地域特色和民族特征，是中原文化与草原文化相融合的实例，是研究元代早期建筑的实物资料。

此外，一般古代城市遗址发掘的资料还有《句章故城考古调查与勘探报告》（宁波文物考古研究丛书，乙种第四号，科学出版社）、《蒲州故城遗址 2013 年度 TG 126204 发掘报告》（《文物世界》2 期）、《蒲州故城遗址 TG148202 发掘简报》（《中国国家博物馆馆刊》10 期）等。宁波市文物考古研究所编辑出版的《句章故城考古调查与勘探报告》，刊布了 2003~2012 年对句章故城进行的考古调查、勘探和试掘。该发掘丰富了宁波地区城址考古的基本材料，在一定程度上发挥了考古证史和补史的作用，为句章故城的深入研究提供了重要资料。蒲州故城遗址位于山西省永济市西 15 千米的蒲州镇境内。发掘的 TG148202 中，出土了丰富的陶瓷器、模具、建筑构件、人物造像、石棋子、骨簪、骨骰子、铜钱币等，这些遗物主要属于唐、五代及宋、金时期。此外《浙江宁波海曙长春塘遗址发掘简报》（《南方文物》3 期）等也是值得关注的考古资料。2011 年 1~4 月，宁波市文物考古研究所发掘的宁波市海曙区南塘河历史街区内的长春塘遗址，其开始建造年代不早于北宋时期，该资料为研究宋代以来宁波地区的水利工程设施、古代宁波的水陆交通状况及城市演变等，提供了重要实物例证。

《永顺老司城（全三册）》（科学出版社）的出版成为 2014 年土司城址考古成果的一个亮点。永顺老司城是彭氏土司数百年的司治所在。自 1995 年以来，湖南省文物考古研究所会同湘西自治州文物局、永顺县文物局已经先后三次对老司城以及外围相关遗存进行了考古调查和发掘，初步查清了城区内城墙、城门、宫殿区、衙署区、街巷、土司墓区的大致格局及周围相关遗址的分布情况。本报告是历次考古发掘、调查成果的汇总。通过对老司城及其周边地区的考古发掘和人类学调查，借助丰富的地方史志、族谱、传说和前人的研究成果，全方位解读老司城，概述了彭氏土司生成、强盛以及消失的历史过程和遗址背后丰富的社会生活内容。在叙述中，力图将土司制度的宏观论述，回归到地域文化和族群关系的细节层面，使人们对西南土司制度的内涵有一个具象的体察，并由此上升到统一多民族国家形成的深刻思考。贵州遵义海龙囤遗址是一处南宋至明代集关堡山城与土司衙署于一身的土司城堡，《2013 年海龙囤遗址"新王宫"与整体格局的新认识》（《中国文物报》2014 年 4 月 25 日 8 版）一文，报道了 2013 年度海龙囤遗址第二次考古发掘的学术成果，通过考古工作基本厘清了"新王宫"中轴线，通过对全囤城墙、关隘的调查、试掘和测绘，对不同时期海龙囤的格局变化有了新认识，并对囤上道路交通系统进行了初步梳理。

《考古发掘确定山西绛州衙署遗址年代和布局》（《中国文物报》2014 年 5 月 9 日 8 版）报道了 2013 年 3 月至 12 月，山西省考古研究所对位于山西省运城市新绛县的绛州衙署遗址进行了主动性考古发掘。绛州衙署位于古绛州城西的一处高崖之上，整体建筑面南背北，现仅存一座具有元代风格的州署大堂和明清时期修建的二堂建筑。本次考古发掘的范围主要位于现存州署大堂的前面区域，发掘面积为 3700 平方米。通过本年度考古发掘，对该区域内的建筑布局及遗址的文化面貌和特征有了初步的认识。根据遗址内的残存遗迹，结合其功用性认识，可将本次的考古发掘区域划为大堂院落、西侧的附属院落和大堂院落前区域三部分。遗址年代自唐开始，历经宋、元和明清时期，对于我们认识各个时期的官式建筑的结构布局和发展演变，提供了重要的参考价值和研究价值。

在综合研究方面，主要是对于都市性质、平面格局和出土建筑构建等方面的考古学研究。如对于十六国都城有《关于统万城东城的几个问题》（《考古与文物》5 期）一文。统万城遗址位于陕西省榆林市靖边县红墩界镇白城则村北，地处陕蒙交界地带，是十六国时期末代匈奴大单于赫连勃勃所建的大夏国国都。2012 年，陕西省考古研究院对东城中部偏北现地面隆起的部分进行了考古钻探，发现一组大型夯土建筑基址。邢福来通过对考古发掘资料和文献记载的梳理，认为统万城东城的建造年代约为唐末五代时期，它的建成当与活动于夏州一带的党项人势力壮大有关。由节度使拓跋思恭及继任者统领的势力，经唐末、五代历 11 任 150 年的发展，至宋初分裂，其中一支建立了与北宋、辽鼎立的西夏政权。而作为大夏国都的统万城，初建时的规模可能只有西城和部分外郭城。《西古城性质研究——以考古资料获取的城址形制和功能为切入点》（《北方文物》4 期）一文，根据历年获取的考古调查和发掘资料，阐述了西古城形制和功能。李强、白淼等认为，西古城的修筑年代应早于渤海上京，其性质分为两个时段，在唐天宝年间是渤海文王的早期王城（宫城），唐天宝年后至渤海灭亡期间，将其功能定位在渤海诸王的陪都，或更符合实际情况。西古城为单城形制，所谓内城城墙，应是宫殿群的院墙；内城南城墙中央内凹，并非是渤海特有的城址形制，而是日后续建大型宫殿的预留之地。迄今，西古城城内未见署衙、商业、居住等遗址，而仅是文王时期王城（宫城）格局，因此并不具备城市功能，不是渤海的都城或州城。《北魏平城时期的板瓦和筒瓦》（《华夏考古》4 期）、《北魏洛阳城的瓦当及其他瓦件研究》（《华夏考古》3 期）等 2 篇论文，均是对于南北朝都城出土陶瓦的专门研究。后文是钱国祥、郭晓涛对北魏洛阳城出土的建筑构件的研究。以出土瓦当为主要对象，同时兼顾其他相关建筑瓦件，以考古发掘的建筑遗址分类进行研究，以期能够把握北魏洛阳城建筑瓦件的特点和异同，为城址的整体研究奠定必要的基础。兽面纹瓦当是北魏洛阳城极为重要的一种瓦当类型，目前仅见于北魏洛阳宫城和内城中最为重要的皇家建筑。在一定程度上代表了北魏皇家建筑的最高等级。莲花纹瓦当是北魏洛阳城出土最多、分布最广、图案类型最为丰富、形制变化最为明显的瓦当类型。说明这类瓦当是北魏时期最为盛行的建筑瓦当。根据对早晚不同时期建筑遗址出土瓦当的归类分析，北魏莲花纹瓦当总的演进变化特征是：整个莲花图案由较宽的复瓣宝装莲花向越来越窄的单瓣莲花演变，其莲花形象则由较为形象逐渐向抽象化发展。永宁寺出土的莲花化生瓦当和忍冬纹瓦当均是特殊图案的瓦当，是具有特殊意义的瓦当类型，其题材明显来源于佛教，蕴藏着重要的思想意识和寓意。将建筑瓦当和瓦件放在一起共同观察，同时结合使用这些瓦件的建筑的性质、规模和建造时间等进行综合的考古学研究，可以进一步丰富都城考古的研究内容和文化内涵。《四川出土六朝瓦当初步研究》（《考古》3 期）一文中认为，四川地区六朝瓦当可分蜀汉、西晋和东晋、南朝两个时段。前者有云纹、斜线纹瓦当，虽与曹魏、孙吴瓦当有一定共性，但差异更加明显，故以地方文化因素为主。后者有莲花纹和兽面纹瓦当，多有强烈的六朝文化特征。因四川地处以建康为中心的六朝文化圈的边缘，这两类瓦当仍有较鲜明的地域特色，并且兽面纹瓦当还受到北朝文化的影响。

二 墓葬考古发现与研究

（一）魏晋南北朝时期

魏晋时期的墓葬以当时都城洛阳附近的资料最丰富。如《河南孟津县刘家井村西晋墓的发掘》（《考古》10 期），报道了 2011 年 1~4 月，原洛阳市文物工作队为配合项目建设，在洛阳市孟津县平乐镇刘家井村发现的 7 座西晋墓葬资料。其中钻探编号为MJZM1 的墓葬虽被多次盗扰，但规模较大，形制保存较好，在其他地区还不多见。该墓为长斜坡墓道土洞墓，墓道长且宽，出土的青瓷器、陶器等造型精美，规格较高。推断它的墓主或为地位较高的官僚贵族。随葬品从器形到组合沿袭了东汉晚期的风格，推测墓葬时代为西晋早中期。这一墓葬区的发掘为研究洛阳地区西晋大型墓葬的分布提供了宝贵资料。《洛阳道北二路西晋墓发掘简报》（《文物》8 期），发表了 2010 年 4 月洛阳市文物考古研究院对洛阳市西工区道北二路发现的一座西晋墓。根据出土器物判断，该墓的年代当为西晋中晚期。该墓由墓道、甬道及墓室组成，墓室呈方形，四角有角柱，砖砌成穹隆顶，这些特点与以往洛阳发掘的西晋墓形制一致。但是墓室分前室、侧室、后室，且三室均为方形，除前室北壁有一假耳室外，这种形制在以往发掘的西晋墓中较为罕见。另外，该墓出土的陶敦在洛阳地区西晋墓中也不多见。这为研究洛阳地区西晋时期的墓葬提供了新的材料。《洛阳市洛南新区西晋墓（C7M3742）发掘简报》（《华夏考古》3 期）发表了2008 年洛阳市文物工作队在洛阳市洛南新区发掘的 1 座西晋时期墓葬。该墓为斜坡式长墓道的单室砖券墓，出土有陶器、石器等。其墓葬形制和随葬品具有西晋中晚期特征，为西晋中晚期墓葬的系统研究、也为进一步研究西晋时期的丧葬制度提供了更为丰富的实物资料。此外河西地区的魏晋墓资料有《甘肃嘉峪关市文殊镇汉魏墓的发掘》（《考古》9期），这是嘉峪关市文殊镇团结村的 1 座墓葬。嘉峪关长城博物馆清理了该墓，该墓为三室券顶砖室，综合墓葬结构与出土器物来看，时代大致为东汉晚期至魏晋时期。随葬器物种类较丰富、制作较精美，如四阿顶铜仓、铜獬豸等。砖雕俑制作粗糙、造型简单。总体来看，这座墓葬保存较为完整，对研究河西地区汉魏时期的墓葬建筑结构和丧葬习俗等具有重要的参考价值。

　　北朝墓葬资料中《北周史君墓》（文物出版社）是一部重要的发掘报告。该墓位于西安市未央区大明宫乡井上村东，2003 年西安市文物保护考古所对墓葬进行了发掘。报告对墓葬形制、墓内葬具、石刻彩绘图像进行了详细描述，对图像题材及出土遗物等进行了研究。汉长安城是当时东西方文化的交汇点，北周时期来自北方草原和西域的商胡、歌舞乐人、使臣、僧侣等大量涌入，促进了民族的融合和文化的多样性，文献中记载的众多寺院和考古发现的入华西域人墓葬便是例证。近年在汉长安城附近相继发现了安伽、史君、康业、李诞等西域贵族的墓葬，尤其是史君墓，其丰富的图像和文字资料，反映了当时人们的审美观、丧葬习俗以及宗教信仰等，对研究中国美术史和中西文化交流等有十分重要的意义。此外还有《山西大同县湖东北魏墓（M11）发掘简报》（《文物》1 期），大同市东南约 20 千米处有一北魏墓地，2004 年山西省考古研究所与大同市考古研究所进行抢救发掘，其中位于墓地西南部的 M11 出土遗物较为丰富。该墓为斜坡墓道土洞墓，出土有陶器、铁器。从墓葬形制和出土遗物特征来看，同时参照大同地区其他北魏墓材料，暂将M11 的年代上限定在北魏定都平城（398 年）中后期，下限为迁都洛阳（494 年）前后。山西大同北魏平城时期的另一重要墓葬资料，见于发表的《山西大同沙岭新村北魏墓地发掘简报》（《文物》4 期）2006 年 10 月，大同市考古研究所对山西省大同市沙岭 26 座墓葬进行了抢救性发掘。该墓地中长斜坡墓道土洞墓和砖室墓基本各占一半，与大同地区其他墓地比较有棺床的墓葬多达 13 座。墓葬经过规划和设计，应该属于多个家族且为普通百姓的墓葬区。根据墓葬结构、仿木建筑特征及出土器物特征推断，该墓地的年代应是北魏迁洛后期。墓地近半墓葬筑有棺床，而棺床上未见棺木，墓主人直接安放在棺床上，说明北魏后期丧葬制度发生了改变，特别是北魏迁都洛阳后，大同地区普通百姓的墓葬用棺床作为葬具者逐渐增多。此外在山西忻州发现一座重要的北朝壁画墓（见《山西忻州九原岗北朝壁画墓发掘取得重要成果》，《中国文物报》2014 年 1 月 10 日 01 版），该壁画墓位于忻州市忻府区兰村乡下社村东北约 600 米，是忻州市市级文物保护单位九原岗墓群中被盗较为严重的一座。2013 年 6 月下旬，经国家文物局批准，由山西省考古研究所与忻州市文物管理处联合组成考古队对其进行了抢救性发掘。该墓为带斜坡墓道的单室砖墓，由封土、斜坡墓道、甬道和墓室四部分组成。壁画主要分布于墓道东、西、北三壁，甬道及墓室仅残存较少。共清理壁画 200 余平方米，出土了大量陶俑残片及数十件铁质棺钉，另外还出土有少量的陶器、瓷器残片。墓志早年被盗，结合墓葬规模、壁画中的人物形象和表现手法，初步推断其年代应为北朝晚期，墓主人应该位高权重，是高氏集团的核心人物。从壁画内容及规模来看，该墓无论是对空幻世界的想象还是对现实生活的描绘都比同时期其他壁画墓的内容更加丰富，狩猎场面也更加逼真。墓道北壁壁画中的木结构建筑在同时期墓葬中是首次发现，第一次用绘画的形式展现了北朝建筑的风采。该墓葬的发掘不仅可以填补忻州地区没有北朝墓葬的空白，而且可以使山西北部区域北朝墓葬的分布情况更加清晰，对研究北朝社会生活、绘画艺术以及我国古代建筑史都具有非常重要的意义。

　　南方六朝时期墓葬亦有一些较重要的资料刊布。《福建政和石屯六朝墓发掘简报》（《文物》2 期），发表了位于福建省政和县石屯镇长城村、蝴蝶街村和松源村的六朝时期墓葬。2009 年 10 月、2010 年 7～11 月，福建博物院考古研究所进行了考古勘探和发掘，共清理六朝墓葬 62 座。古墓位于七星溪南北两岸背靠高山的低缓山丘上，其中有纪年墓

20 座、非纪年墓 42 座。根据墓葬形制、墓砖纹饰和出土器物的不同以及纪年铭文，时代跨度为西晋到南朝中晚期。本次发掘的墓葬均为集中数座至数十座埋葬，显示其应为聚族而葬的家族墓地。其墓葬形制和排葬方式显示出尊者居右的家族埋葬等级制度。《福建南安市皇冠山六朝墓群的发掘》（《考古》5 期）报道了 2006 年 8 ~ 12 月及 2007 年 12 月，福建博物院、泉州市博物馆、南安市博物馆对皇冠山墓群的两次抢救性发掘。34 座墓葬均为单室券顶砖室墓，从纪年砖、墓葬形制、出土物来看，应为东晋南朝墓葬。从出土的"阮咸"模印花纹砖来看，"阮咸"乐在上层社会的文化艺术生活中有重要位置。皇冠山墓葬分布集中，布局合理，墓向基本一致，墓间距最小的仅不到 2 米，且墓葬之间没有叠压和打破关系，是聚族而葬的反映。此外，《南京雨花台石子岗南朝砖印壁画墓（M5）发掘简报》（《文物》5 期）也值得关注，这是南京市博物馆在南京市雨花台区石子岗 2010 年勘探发掘的一批墓葬。其中五号墓（M5）位于石子岗雨花软件园 A1 地块东面北侧的一座山坡的西麓，西临宁丹大道，西北距安德门约 1500 米。该墓为拼镶砖印壁画墓，壁画内容主要是竹林七贤与荣启期、龙、虎、狮子、天人等图案。出土器物 60 件，有青瓷器、陶器、铜器、玉石器等。该墓为平面呈"凸"字形的砖室券顶墓，结合用砖和出土器物，应为南朝中晚期。从壁画砖来看，墓主应是南朝中晚期宗室中级别较高的人物。壁画没能完整拼镶，可能与墓主下葬时间仓促或其他变故有关。

　　在对于汉晋南北朝时期墓葬考古学综合研究方面，《中国古代墓葬出土的镇墓神像——以命名、分类及其体系问题为中心》（《考古与文物》1 期）一文值得关注。镇墓神像的随葬始于春秋战国，历经汉、三国、魏晋南北朝、隋唐各代的不断发展和演变，形成富有时代和地域特色的各式镇墓神像。张成在对全国各地出土的历代镇墓神像资料全面把握的基础上，从镇墓兽、镇墓俑、镇墓神的概念进行辨析，然后进行分型，并据此总结各时期造型变化的规律。他尝试提出了新的命名与分类方案，进而从宏观角度对其形成、发展与变迁加以概括，最后就其体系问题提出，镇墓神像可分为"楚系""汉系""胡汉系"。此外，北朝墓葬研究论文有《北魏平城时代平城墓葬的文化转型》（《考古学报》1 期）、《论北朝时期无棺葬》（《考古与文物》5 期）、《北朝胡俑类型研究》（《文物春秋》1 期）等成果发表。倪润安以大同北魏平城附近出土的宋绍祖墓、沙岭北魏壁画墓、尉迟定州墓和梁拔胡墓为主，在《北魏平城时代平城墓葬的文化转型》一文中，从墓葬形制、出土器物、墓葬图像进行分析，初步探讨和把握了"平城时代"墓葬演变的大势与文化转型过程，提出可以将平城时代分为前后两期的观点。刘振东在《论北朝时期无棺葬》一文中对北朝时期无棺葬这一特殊葬式进行了分类研究；其共同特征是将尸体安放在尸床上，不用棺木装殓，葬式为仰身直肢，或者二次葬。该文研究的无棺葬是对基于丧葬习俗而不用棺木装殓遗体的墓葬，分析资料均为中型以上墓葬。作者认为，使用者的族属与中亚民族有关，体现了中西文化的交融。此外，关于南朝墓葬文化研究方面有《南朝石兽与东汉石兽比较研究》（《四川文物》1 期）一文，菊地雅彦通过全面的类型学的比较研究，认为南朝石兽与东汉石兽之间具有承继关系。南朝石兽呈现出非常清楚的分组现象，南朝石兽至少有两种不同的造型系统。对南朝石兽的类型学分析，是进一步研究南朝石兽复杂内涵及其渊源等问题不应忽视的重要基础工作。

（二）隋唐五代时期

　　这一时期帝陵考古资料刊布了《五代吴越国康陵》（文物出版社）和《江苏扬州市曹

庄隋炀帝墓》（《考古》7 期）。其中，隋炀帝与萧后的最后埋葬地的确定，是一项重要发现。南京博物院、扬州市文物考古研究所、苏州市考古研究所组成联合考古队，2013 年 3 月，在扬州市曹庄村清理两座隋唐时期砖室墓，其中的 M1 出土了隋炀帝墓志。该墓还出土了十三环蹀躞金玉带、鎏金铜铺首、玉璋、铜编钟、铜编磬、凤冠、大量陶俑等高等级随葬品。隋炀帝墓特殊的墓葬形制以及一批具有时代特征、地域特征的随葬品，对于研究隋末唐初的墓葬形制、丧葬习俗、南北文化交流等提供了珍贵的资料。五代吴越国钱氏家族墓多数埋葬于今杭州市及临安市。自 20 世纪 50 年代以来，杭州市文物考古所与临安市文物馆先后在上述两地发掘、清理了 9 座钱氏家族墓，康陵即吴越国第二世国王钱元瓘夫人马氏之墓。出版的《五代吴越国康陵》考古发掘报告，报告包括了绪论、墓葬结构、出土文物、采集遗物、讨论和认识等章节，记述了康陵发现与发掘过程，研究了钱氏家族墓的分期、王室丧葬礼仪制度、天文星象图、秘色瓷、玉器等问题。康陵墓室分为前、中、后三室，在后室墓壁发现有精美壁画、十二辰壁龛，顶部发现了完整的天文星象图，殊为难得。墓葬中随葬了数量可观、质量上乘的秘色瓷，是研究五代时期瓷器的珍贵资料。墓中出土的大量玉器，用料考究，做工精细，对研究吴越地区五代用玉制度具有重要的学术意义。

唐代墓葬考古的资料中既有专刊发掘报告，也有发掘简报。重要资料叙述于后。《唐史道洛墓（原州联合考古队发掘调查报告之一）》（文物出版社）是宁夏文物考古研究所与日本共立女子大学等组成的原州联合考古队编写的发掘报告，该墓位于固原县南郊小马庄村。墓葬为带天井式洞室墓，出土了陶器、陶俑、瓷器、金属器、玻璃器等，其中出土的大型彩绘武士俑与镇幕兽在宁夏地区首次发现，是唐墓出土陶俑中的精品。在墓葬的发掘方法上也进行了有益尝试。根据墓志记载，墓主为唐高宗显庆三年（658 年）合葬的左亲卫史道洛及夫人康氏。史道洛墓为唐代粟特人史氏家族墓之一，该墓考古资料为研究固原史氏墓地的研究提供了新视角，对考察隋唐时期丝绸之路上的东西文化交流及中国各地域独特的文化因素具有重要意义。《周原汉唐墓》（科学出版社）一书，介绍了由陕西省考古研究院与宝鸡市周原博物馆在 2005 年发掘的纸白墓地、七里桥墓地及历年在周原遗址范围内抢救性清理的秦汉、隋唐时期的墓葬资料。报告按照秦、西汉、东汉、隋唐时代差异系统介绍了墓葬位置、数量、墓向、形制、葬具、葬式及出土器物等信息，在此基础之上探讨了墓葬年代及分期。周原秦汉、隋唐时期墓葬的发掘与研究不仅对探讨秦汉时期京畿周围地区普通民众丧葬习俗及社会生活状况提供了重要实物资料，而且还有助于了解周原地区商周以后的聚落形态演化。对于深入探讨商周之后的墓葬形制与制度具有重要价值。《洛阳红山唐墓》（中州古籍出版社）一书，发表了洛阳市第二文物工作队在洛阳市红山乡于 2009~2011 年发掘的 5 座唐代墓葬。其中显庆元年（656 年）洛州刺史贾敦颐墓、咸亨元年（670 年）潭娥县丞张文俱墓，填补了洛阳地区唐墓资料中无初唐纪年墓的缺环，是东都洛阳唐墓分期研究的重要资料。随葬器物中的陶瓷器、陶俑等为研究当时物质文化、丧葬礼仪、生活习俗等，提供了较丰富的实物资料。较重要的考古发掘简报资料如，《西安马家沟唐太州司马阎识微夫妇墓发掘简报》（《文物》10 期）。阎识微夫妇墓位于西安市灞桥区纺织城马家沟村，2002 年 4~5 月由西安市文物保护考古研究院抢救发掘（编号 M1）。该墓为长斜坡墓道多天井单室土洞墓，随葬大量三彩俑、三彩动物、单彩动物、铜器、金银器等，还出土了两合墓志。据墓志可知，此墓为唐太州司马阎识微及夫人裴氏的合葬墓。该墓资料为研究盛唐时期阎氏家族兴衰转变提供了新资料，也为唐代三彩器的研究提供了丰富的实物资料。山西省考古研究所和汾阳市博物馆于 2007 年 4 月，在汾阳市胜利西街发掘了唐代曹怡墓，资料见于《山西汾阳唐曹怡墓发掘简报》（《文物》11 期），该墓为一座砖室墓（编号 M3），出土了瓷器、陶器、陶俑及墓志。墓葬中出土的青瓷梅瓶和青瓷龙柄鸡首壶形体硕大、釉色光亮。墓志志文显示，曹怡及其祖上均为介州萨宝府的中低级武官。曹怡为西域"昭武九姓"中曹国人后裔，这是山西汾阳首次发现的唐代粟特人遗存，该墓的发现为研究隋唐时期汾州、介州地区粟特人及唐代山西地区中西文化交流史提供了珍贵资料。2004 年 3 月，吐鲁番地区文物局组织考古队，对阿斯塔那的 9 座墓葬进行抢救性发掘，资料见于《新疆吐鲁番阿斯塔那墓地西区 2004 年发掘简报》（《文物》7 期）。墓葬形制均为斜坡墓道洞室墓，有单人葬、夫妻合葬和多人葬。葬具均为芦苇编制的草席，这是吐鲁番麴氏高昌至唐西州时期墓葬的主要葬具。单人墓中出现稻草人现象，其用途象征配偶陪葬。其中，M396 出土 1 枚波斯库思老二世（590～628年）萨珊银币，其形状、图案与交河沟西、木纳尔、巴达木等墓地出土的波斯萨珊银币相同。墓葬中出土了数量较多的文书，有些纪年明确，如"载初元年""开元七年""永昌元年"等。从墓葬形制、出土遗物及出土文书分析，这批墓葬年代应在唐西州时期（640～795 年）。内蒙古呼和浩特市清水河县窑沟乡塔尔梁村发现塔尔梁墓地后，内蒙古文物考古研究所抢救发掘了 2 座五代砖室壁画墓（编号 M1、M2），资料见于《内蒙古清水河塔尔梁五代壁画墓发掘简报》（《文物》4 期）。塔尔梁墓地 M1、M2 的墓葬形制、埋葬习俗、砖雕及壁画内容皆较为一致。根据墓葬形制、出土器物、壁画内容等分析，年代大体相当于五代末期或宋代初期。壁画内容反映了中原汉族和北方游牧民族的相互影响。此外，北京市文物研究所清理发掘的唐幽州卢龙节度使刘济墓也是较重要的唐墓资料。在《北京房山唐幽州卢龙节度使刘济墓发掘成果学术意义重大》（《中国文物报》2014 年 2月 14 日 05 版）一文中，对 2012 年至 2013 年清理的刘济墓进行了介绍。该墓纪年明确、规模宏大、结构复杂，由墓道、墓门、前庭、前甬道、耳室、壁龛、主室、侧室、后甬道及后室等多部分组成；且在墓葬形制上承袭中原地区唐墓特征，整体结构仍保存完整，为研究北京地区晚唐时期藩镇制度、墓葬形制等提供了非常有价值的实物材料，是北京地区第一个格局得以完整保存的唐代节度使墓葬。

在综合研究方面有《试论隋代的壁画墓与画像砖墓》（《考古》1 期）、《"冢上作屋"的考古学诠释——渤海墓上建筑研究》（《考古》6 期）、《西安地区唐代双室墓葬研究》（《中原文物》6 期）等论文。赵超在《试论隋代的壁画墓与画像砖墓》一文中，对隋代壁画墓以及画像砖墓资料进行了比较研究，归纳出隋代壁画墓所表现的隋代墓葬等级制度及隋代礼仪。这有助于深入了解南北朝壁画墓的发展与唐代壁画墓体系的形成，也有助于全面系统地认识中国古代壁画墓的历史演变过程。壁画墓是表现封建社会中上层社会墓葬等级制度的重要考古资料，隋代南北方墓葬建筑仍然存在不同的地域特征，这一时期的壁画墓存在明显的等级差别，可视为北朝壁画墓主要内容表现与布局的延续。在《"冢上作屋"的考古学诠释——渤海墓上建筑研究》一文中王志刚指出，迄今发现的渤海墓上建筑年代最早可至渤海早期，经历了从简易的木结构建筑到使用瓦件盖顶，再逐步发展到具有础石、墙体、地面、踏步等设施完善的享堂类建筑的发展过程，其发展和演变主要是渤海民族固有的"冢上作屋"文化传统的传承和演进；中晚期墓上建塔则反映中原佛教文化传入对渤海墓葬的影响。

（三）宋辽金元明时期

2014 年度发布宋辽金元明时期的墓葬资料丰富。考古发掘报告如《上海唐宋元墓》（科学出版社）该书集合了历年来上海地区发掘的唐宋元墓的相关资料、基本信息，分别收录了宋代及元代的纪年墓、无纪年墓发掘资料，对研究上海地区唐宋元墓葬形制、墓葬制度等具有一定的学术价值。《石家庄元氏、鹿泉墓葬发掘报告》（科学出版社）南水北调线路从两县境内穿过，通过常山郡故城遗址边缘地带，文物保护工作涉及元氏县 9 处文物遗存，鹿泉 1 处文物遗存。山西大学历史文化学院、宁夏文物考古研究所和大连市文物考古研究所等单位分别对元氏县殷村墓地、南吴会墓地和鹿泉市西龙贵墓地进行了考古发掘。发现宋金时期墓葬 18 座（另有东汉时期墓葬 36 座），获得一批较为重要的遗物，出土了一批有价值的陶器、铜器、铁器等文物。宋金时期墓葬反映了当时平民阶层的生活状况。《四川彭州市北宋徐氏墓发掘简报》（《考古》4 期）报道了成都文物考古研究所、彭州市文物保护管理所 2012 年在彭州市紫光兴城建筑工地发掘的砖室墓 M1。该墓为竖穴砖室墓，保存较好，防盗方式独特。从出土的买地券可以确定，此墓下葬年代为元祐二年（1087）。该墓出土的三彩俑釉色艳丽，造型精美。它的发掘，对于研究北宋墓葬形制、葬仪及服饰制度等具有一定价值。水晶山一号墓位于杭州市拱墅区半山镇石塘行政村刘文村东南约 1500 米的水晶山北麓半山腰处，《杭州市半山镇水晶山一号宋墓》（《考古》9 期）刊布了 2007 年 10 月杭州市文物考古所的抢救发掘成果。该墓为石椁式双室合葬墓，结合出土器物，年代应是南宋初期，大致不会晚于绍兴（1131～1162 年）末年，是研究杭州地区宋墓结构以及相关的社会生活、民间信仰的实物资料。《江西吉安南宋纪年墓》（《南方文物》4 期）是江西省吉安市西坑村委会里塘山自然村将军山墓葬发掘资料。这是同茔合穴的两座墓葬，出土少量瓷器残片标本。两墓皆属土坑竖穴砖石混筑墓葬。应为南宋早期张宁夫妻合葬墓，M2 的地券主人张宁，M1 可能为张宁妻妾。这样高规格的宋代墓葬在江西省内很少见。墓葬出土的吉州窑、景德镇窑、龙泉窑在南宋早期的瓷器标本，也为研究窑业技术及交流提供了新的标准器。辽金元时期的墓葬资料有《河北宣化辽金壁画墓发掘简报》（《文物》3 期）、《北京石景山区刘娘府元墓发掘简报》（《考古》9 期）、《西安南郊皇子坡村元代墓葬发掘简报》（《考古与文物》3 期）等。《河北宣化辽金壁画墓发掘简报》发表了河北省张家口市宣化区宣化发现的辽金壁画墓，该墓距宣化下八里辽代壁画墓群约 1000 米。该墓墓室用石板围合而成，平面呈长方形，东壁、南壁及北壁上绘有壁画，壁画题材有备茶等内容。此外，《桂林靖江昭和王陵考古发掘清理报告》（科学出版社）、《江苏南京白马村明代仇成墓发掘简报》（《文物》9 期）、《南京江宁将军山明代沐斌夫人梅氏墓发掘简报》（《文物》5 期）也是明代墓葬考古较重要的资料。

在宋辽金元明墓葬研究方面，如霍巍《四川泸县宋墓研究两题》（《江汉考古》5 期）一文，通过考古资料与文献资料的比较研究，对四川泸县宋墓中所谓"背火箭武士""蒙古装女武士"图像提出了不同意见，认为这两说均无法成立。实际上，这两种图像在过去的宋代考古发现和文献中都有反映，可以正确解释其含义。《长城以北地区金墓初探》（《北方文物》3 期）一文，在金墓分期和分区的基础上，董新林根据墓碑、墓志等碑铭资料，结合丧葬习俗的不同特点等，初步将长城以北地区的金墓分为女真人墓葬、汉族人与契丹族人墓葬以及族属待定三类。在《生与死：小议蒙元时期墓室营造中的阴阳互动》

（《四川文物》3 期）一文认为蒙元时期中原北方地区的墓葬中，福寿堂款的书写和预营坟室的修墓题记时有出现；同时"东仓西库"和"香花供养"的壁面装饰题材也层出不穷。这些题记和图像一并反映出宋元以来"神灵安、子孙盛"的墓葬文化传统，共同构建了一个祈愿"富贵长命""福寿永延"的墓室环境。袁泉认为，这种通过营坟治葬活动来表达对逝去祖先的祭奉行为，实际上反映出祖先与子孙、死者与生者以墓葬为媒介所进行的"互酬性"沟通：孝子贤孙预营寿坟来祈愿墓主富贵寿考，又借由为死去祖先营造永久供奉的乐安之堂，冀求祖先对家族在世子孙"福寿延长"的庇佑。此外还有《论南方宋墓的共性特征及其成因》（《考古与文物》1 期）、《明凤阳皇陵神道石刻研究》（《文物》5 期）等论文可鉴参考。

三　手工业遗迹遗物考古发现与研究

在发表的手工业遗迹考古资料方面，以陶瓷窑址为丰富，如《武义陈大塘坑婺州窑址》（文物出版社）一书，刊布了浙江金华武义陈大塘坑婺州窑址发掘资料。该窑址由浙江省文物考古研究所组织发掘。报告详述了位于山岳两侧的山冈上，经发掘的 5 处窑址，包括了东侧窑址 3 处，北部窑址 1 处，面积约 1000 平方米。在蜈蚣形山和乌石岗脚窑址分别揭露出北宋和元代的龙窑各一座，在蜈蚣形山北宋龙窑南侧，还发现了一座馒头窑，在龙窑和馒头窑之间，又发现了成行排列的大量匣钵（装烧瓷坯的窑具），这反映了古代瓷器烧成工艺流程中不同类型窑炉的分工协作：其中，龙窑用于瓷器的焙烧，馒头窑用于烧成匣钵等窑具，这在迄今为止的瓷窑遗址考古中，是十分罕见的发现。本次发掘出土的完整或基本完整的瓷器共有 1000 余件，此外，还有大量的瓷器碎片。瓷器既有自己的地域特色，又融入了"外来"瓷业文化的特点。本次发掘对于陶瓷器烧成工艺研究有着重要的意义，同时提供了关于研究烧造过程中分工协作的重要考古资料，具有重要价值。《浙江宁波北仑大碶璎珞东汉墓葬与五代窑址发掘简报》（《南方文物》3 期）是宁波市文物考古研究所联合北仑区博物馆的一项（2013 年）发掘成果。在宁波市北仑区大碶街道璎珞村旁四眼坑山下发现了一批古代墓葬和窑址，其中抢救发掘的五代窑址 3 座（编号 Y1 – Y3）、灰坑一个（编号 H1）。窑址形制基本相同，平面近圆形，由操作坑、火门、窑室和烟道组成。应为砖瓦窑，废弃年代在吴越国早、中期，使用年代可上溯至晚唐时期。《河北曲阳县涧磁岭定窑遗址 A 区发掘简报》（《考古》2 期）是 2010 年河北省文物研究所、北京大学考古文博学院组成的联合考古队在定窑遗址发掘的报道。该发掘共发现窑炉和作坊各 2 座、灰坑 6 个，出土青黄釉瓷、细白瓷和黑釉瓷等。涧磁岭是定窑五代、北宋至金代的中心窑场，其中 A 区自唐末五代开始烧造，一直延续到金末，出土的"尚食局""东宫"款瓷器，揭示了宋金时期定窑除生产贡御瓷器外，还生产日用瓷器和粗瓷器等情况。广西永福县窑田岭窑是宋代民窑，由多个窑场组成，《广西永福县窑田岭Ⅲ区宋代窑址 2010 年发掘简报》（《考古》2 期）报道了 2010 年 1 ~ 11 月，广西文物保护与考古研究所、桂林市文物工作队、永福县博物馆联合对窑田岭和塔脚窑场进行的发掘。其中在Ⅲ区发掘出 2 座龙窑、1 处作坊遗迹以及大量的灰坑和柱洞。作坊遗迹由储泥坑、大型泥池、排水沟组成。产品主要为碗、碟、盏、盘，多青釉，装饰以印花为主，也有少量刻画、贴花、绘彩等。根据产品特征和地层叠压关系，判断窑址年代为北宋中晚期至北宋晚期。《福建闽侯县碗窑山宋代窑址的发掘》（《考古》2 期）是福建博物院文物考古研究所在闽侯碗窑山发掘宋代龙窑的简报，2010 年 7～11 月，在闽侯碗窑山发掘了龙窑，其中 Y1 主体坡度最大达 35 度，Y2 部分窑墙及窑顶的倒塌堆积保存基本完整，这一发现为复原该龙窑的窑室结构以及研究龙窑的构筑工艺提供了难得的实物资料，该窑址主要的产品为黑釉瓷器和青白釉瓷器。《寿州窑》（文物出版社）一书亦可供参考。寿州窑遗址是 20 世纪 60 年代初发现的，当时认为寿州窑的烧造年代应该上到隋代，当时烧青瓷；还有少量器物甚至具有南朝特征，不排除寿州窑在南朝已开始生产青瓷器的可能；时代下限是唐代。同时，由于受到文献的影响，使得许多人们至今仍停留在寿州窑仅是唐代烧黄釉瓷的狭窄层面上。该书的一些新材料和观点对于全面、深入研究寿州窑有益。《成都金沙遗址雍锦湾地点出土唐宋瓷器》（《四川文物》6 期）集中报道了成都金沙遗址雍锦湾地点考古发掘区中保存较好唐宋遗存出土的瓷器遗物，尤以 G037、G048 所出土瓷器及其残片丰富而典型。G037 出土瓷器的窑口主要是以邛窑为代表的本地青瓷窑，其年代在晚唐至北宋早期。G048 出土瓷器以琉璃厂窑产品为主，兼有磁峰窑、金凤窑的产品，其年代在北宋中期至南宋。这些瓷器品种差异显著，时代特征鲜明，是研究成都地区唐宋瓷器和城郊经济文化面貌的重要实物资料。

冶铁遗迹、盐业遗迹的发现丰富了手工业遗址的内容，如《河北邯郸武安市经济村炼铁遗址考察》（《华夏考古》4 期）、《重庆彭水县中井坝盐业遗址发掘简报》（《南方文物》1 期）等资料。

在综合研究方面成果丰富，如《说陶论瓷：权奎山陶瓷考古论文集》（文物出版社）一书，是北京大学权奎山先生毕生从事隋唐考古、陶瓷考古成果的汇集。权奎山先生长期研究中国古代陶瓷器及窑业考古学研究，先后承担了中国北方古代瓷器烧成技术的考古学研究、多种核技术对比分析古陶瓷产地和年代特征的方法研究、洪州窑遗址考古发掘报告等多项科研项目，取得了一系列成果。该书收集了权奎山先生生前陶瓷考古研究文章近四十篇，其中几篇为尚未发表手稿。这些研究不仅仅限于瓷窑和陶瓷器本身，还涉及生产中心区域变动、窑场布局、工艺技术、生产模式与管理制度等深层次学术问题。基本反映了权奎山先生陶瓷考古研究的学术水平，是中国古代陶瓷器及制瓷手工业的研究的重要学术成果。他将古代陶瓷研究纳入陶瓷考古学研究范畴，并与古陶瓷科学技术研究相结合，探索一条新的研究之路。此外，六朝至唐宋时期墓葬中随葬的五谷仓、粮罂，考古学上根据形制有诸多异名，如谷仓罐、魂瓶、堆塑瓶、五联罐、塔式罐、多管瓶、多角坛、盘口瓶、塔式罐等。王铭在《唐宋时期的明器五谷仓和粮罂》（《考古》5 期）一文中结合文献和考古材料，为唐宋时期五谷仓进行定名，阐述其在丧葬礼仪中为亡魂提供食物、饮水的功能和鲜明的信仰意义。定窑是宋代五大名窑之一，是北方地区制作白瓷的重要窑口。《定窑涧磁岭窑区发展阶段初探》（《考古》3 期）、《定窑遗址考古出土制釉原料的探析》（《中国国家博物馆馆刊》9 期）两篇论文，对基于定窑 2009—2010 年的考古发掘，展开了更新层面的学术研讨。例如在发掘中除了出土大量各时期的瓷器和窑具以外，还在作坊区、灰坑等处出土了一系列制瓷原料。康葆强等人利用 X 射线荧光波谱法、X 射线衍射法、Rietveld 全谱拟合物相定量法分析了与制釉相关原料的元素组成及物相，并采用高温加热实验观察烧后样品的颜色和耐热性能。分析结果表明定窑考古出土的制釉原料有三种：硅质原料、钙质原料和高岭土原料，并根据化学成分得到了定瓷釉的理论配比。定窑配釉也使用了"釉灰加釉石"的方式，与文献记载的南宋景德镇和明代龙泉地区相近。定窑的此种配釉工艺可能在北宋晚期就已存在，从而把"釉灰加釉石"的配釉工艺提前到北宋晚期。在利用自然科学研究古代陶瓷器方面，《利用激光拉曼对宋代官窑青瓷样品釉烧温度的研究》（《南方文物》4 期）有新的尝试，赵兰等人利用激光拉曼光谱仪和能量色散 X - 射线荧光光谱仪对 21 件取自故宫博物院院藏宋代官窑完整器及 42 件取自杭州老虎洞官窑窑址的青瓷样品表面釉层进行了测量与分析。通过对成分具有两类典型官窑瓷器釉料特征且在不同烧成温度下烧制的模拟釉块进行拉曼分析，对宋官窑青瓷样品的釉烧温度进行了讨论。此外，《河南禹州唐郭超岸墓出土瓷器》（《文物》5 期）、《澳门出土明代青花瓷器研究（澳门研究丛书）》（社会科学文献出版社）等著述值得关注。

四　宗教遗迹遗物考古发现与研究

在宗教遗迹和遗物考古工作中，尤以佛教考古工作为多。2003～2004 年，山东省文物考古研究所、苏黎世大学东亚美术系、伦敦大学学院考古学院及山东临朐山旺古生物化石博物馆联合对临朐白龙寺遗址进行了发掘《山东临朐白龙寺遗址发掘简报》（《文物》1 期）发表了相关学术成果。通过发掘，清理出佛寺建筑基址 1 处、陶窑 2 座，并发现大量造像残件、陶片、瓷片及建筑构件等。该佛寺遗址建造年代为北魏末年或东魏时期，沿用至北宋中晚期，而兴盛的佛事活动主要为北朝时期。遗址内发现的石造像半成品，这里应该存在有佛造像加工作坊。青海化隆旦斗岩窟位于青海省化隆县金源乡境内的旦斗寺峡谷，共有 4 窟，建造年代为十六国北朝至唐代，《青海化隆旦斗岩窟壁画初步调查》（《考古与文物》2 期）报道了 2010 年在旦斗寺附近数处岩窟壁画进行的调查。旦斗岩窟壁画是迄今发现的青海规模较大，历史较久的古代佛教美术遗存，为研究佛教的传播和历史演进提供了珍贵的实物资料，同时对研究青海东部政权更替和民族关系具有重要的参考价值。分布于祁连山北麓肃南县境内的马蹄寺石窟群，其开凿时代为北凉至明代，《祁连山北麓马蹄寺石窟群浮雕舍利塔考古调查简报》（《华夏考古》4 期）一文发表了张掖市文物保护研究所对石窟群进行了考古调查成果。共发现西夏至清的浮雕舍利塔 462 座；新发现塔龛区 2 处，塔龛 100 余座。通过考古调查发现的浮雕舍利塔展现了该地区 13、14 世纪藏传佛教文化的风格和艺术魅力，其周边的浮雕舍利塔也极具地方特色，对于研究张掖一带佛教传承、发展具有一定学术价值。《重庆地区唐代佛教摩崖龛像调查》（《考古学报》1 期）一文，报告了在重庆市全市范围内进行了唐代佛教摩崖龛像的专题调查的成果，主要包括潼南、合川、铜梁等区县现存的唐代摩崖龛像群。龛像群以中、晚唐的像龛为主，盛唐像龛很少，且大多集中在潼南县境内。该调查成果，为研究重庆地区唐代佛教造像提供了重要的实物资料。在西藏佛教考古方面有一组资料发布，这包括《西藏工布江达县色沃岩画调查简报》（《考古与文物》6 期）、《西藏察雅县丹玛札摩崖造像考古调查简报》（《考古与文物》6 期）、《西藏工布江达县洛哇傍卡摩崖造像考古调查简报》（《考古与文物》6 期）、《西藏日土县丁穹拉康石窟群考古调查简报》（《考古与文物》6 期）、《西藏加查县达拉岗布寺曲康萨玛大殿遗址发掘简报》（《考古》8 期）等。其中《西藏工布江达县色沃岩画调查简报》是 2013 年 11 月，西藏自治区文物保护研究对工布江达县尼洋河边发现了色沃岩画的调查资料的发表。该岩画共三组 17 幅，是迄今为止林芝地区发现的第二处岩画点。综合题材内容、表现手法和风格特征，再参考以往调查资料分析，初步推测色沃岩画应为佛教传入以前或佛教广泛传播以前，即吐蕃之前或吐蕃前期的遗存。该处岩画点以密点敲凿为主要制作方法，以剪影图像为主要表现手法，画面布局合理，动物简朴写实，为藏东南地区的岩画研究增加了新资料。《西藏察雅县丹玛札摩崖造像考古调查简报》是西藏自治区文物保护研究所和陕西省考古研究院，2009 年 6 ~ 7 月联合对丹玛扎摩崖造像进行全面考古调查的资料发布。丹玛扎摩崖造像位于西藏自治区昌都地区察雅县，以高浮雕与浅浮雕为主、阴线刻为辅雕刻而成，造像题材为毗卢遮那与八大菩萨、二飞天，皆上身披帛带、下身着裙、跣足，造像组合和背光、莲座、狮子等造像特征具有明显的本土化特征和来自敦煌和中原地区唐代造像因素的影响。伴存有 3 组古藏文题记和 1 组汉文题记，古藏文题记中的"赞普赤德松赞""猴年夏"可与汉文题记中的"甲申年"相互佐证，表明造像雕刻年代为公元 804 年。2009 年 7 月，西藏自治区文物保护研究所对林芝地区工布江达县洛哇傍卡摩崖造像进行了较为详细的调查。《西藏工布江达县洛哇傍卡摩崖造像考古调查简报》发表了地处"唐蕃古道"与"茶马古道"交通要道之上的这处造像及藏文题记共存的摩崖石刻作品。其主要内容有佛像、佛塔及藏文题记。通过造像、佛塔及古藏文题记特征的比对，初步认为其年代为公元 9 ~ 11 世纪。洛哇傍卡摩崖造像、佛塔以及与佛教"戒律"相关的古藏文题记共存的现象，是目前所知的西藏境内摩崖造像中罕见的实例。

丁穹拉康石窟群地处西藏最西北部的阿里地区日土县境内，2013 年 8 月，陕西省考古研究院援藏项目考古队在日土县文物局配合下对其进行了全面考古调查，《西藏日土县丁穹拉康石窟群考古调查简报》发表了发现的 4 座石窟。1 号窟为礼拜窟，2 ~ 4 号窟为禅修窟，组合完整。1 号窟壁画内容丰富，主要包括三组曼荼罗、一组地方护法神、两位护法金刚和尸林修行、地狱变、供养人物等。该石窟群时代为 10 ~ 12 世纪，是西藏西部后弘初期最重要的石窟群之一。其所处地区北接新疆，西连克什米尔，为研究西藏石窟艺术的起源及其传播等问题提供了线索。2010 年 9 ~ 11 月，西藏自治区文物保护研究所、山南地区文物局组成联合考古队对加查县达拉岗布寺曲康萨玛大殿进行了发掘，《西藏加查县达拉岗布寺曲康萨玛大殿遗址发掘简报》发表了发掘面积约 1500 平方米出土的遗迹和遗物。根据遗迹现象，曲康萨玛大殿在早晚两个时期的平面局部上有较大不同。早期建筑应为面阔六柱、进深七柱的大开间，时代约在 12 世纪下半叶至 14 世纪。晚期建筑为天井四周布置佛殿的形式，并有所增建，初步推断时代约在 17 至 20 世纪上半叶。此次发掘出土遗物最早可溯至 8 ~ 9 世纪，最晚到近现代，包括铜合金造像、佛教法器、佛塔等共1629 件（组）。特别是丰富的造像，为研究藏传佛教造像艺术的发展变化与风格特征，以及了解达拉岗布寺的历史地位及佛教文化交流等提供了重要资料。

在佛教考古研究方面，出版的著作例如《佛教考古：从印度到中国（全二册）》（上海古籍出版社）一书，李崇峰以天竺佛教史迹开端，自西而东分别研究了丝绸之路上的天竺、新疆、北方、南方佛教史迹中的有关佛教考古的问题，以佛教石窟寺壁画、塑像等具体考古发现，结合佛典展开研究，考察佛典和石窟之间的内在联系。该书通过上述研究，讨论了中印佛教交流、中印佛教石窟中各因素发展、演变和流传过程，该成果对研究佛教在中国的转播与演变、丝绸之路的文化传播具有重要学术价值。甘肃地区现存的古塔数量众多，种类极其丰富，发展历史长达 1600 余年，体现了甘肃地区的文化，《甘肃古塔研究》（科学出版社）一书，大量收集甘肃地区古代资料，在其基础上对古塔的发展脉络进行了梳理及比对研究。书中探讨了甘肃古塔的现存状况、发展脉络及功用价值，同时按照时代早晚收录了 165 处古塔、塔基的基本资料。这些资料对于甘肃古塔的发展、演变有较为清晰的呈现。在附录部分收录的 80 处较有代表性藏传佛教寺院及佛塔的资料，在着眼与甘肃地区的同时，也注意到附近地区以及藏传佛教对甘肃地区的影响。该书是研究甘肃地区古塔发展脉络、古塔形制的重要资料，对深入研究中国古代佛塔具有一定学术作用。榆林窟壁画艺术是敦煌石窟艺术的重要组成部分，它在佛教思想、壁画内容、表现形式等方面，均与莫高窟一致，甚至一些壁画的作者也是与莫高窟共有的。出版《榆林窟》（江苏美术出版社）一书，着眼于榆林窟与莫高窟的区别，通过对大量榆林窟与莫高窟的壁画艺术进行比对，认为榆林窟艺术并非莫高窟的翻版，而是具有许多自己的特色：如在洞窟形制上，有完整的前室和长甬道，主室壁上画出十二根排柱支撑窟顶宝帐的窟室样式，都是莫高窟所没有的。壁画中西夏和元代的密教曼荼罗和水月观音图，显密结合加以汉密、藏密结合的画法，尤其大量的民族人物画像、画工画师画像，以及汉藏婚礼图等，都补充了敦煌文化艺术。对榆林窟的壁画艺术及整个敦煌石窟艺术的研究有着重要意义。

关于南北朝时期的文章有《山西沁县南泉北魏佛教摩崖石刻考》（《文物》1 期），2009 年 7 月在山西沁县南泉乡发现了一处北魏时期的佛教摩崖石刻，共有两铺礼佛图，雕刻在长 2 米、高 0.6 米的崖面上，造像保存基本完好。李裕群对其进行考证，认为礼佛图构图独特，人物形象生动，是十分珍贵的佛教摩崖雕刻。对于研究北魏民间造像的特点、佛教的流传以及古代交通路线等均具有重要意义。《从北吴庄佛像埋藏坑论邺城造像的发展阶段与"邺城模式"》（《考古》5 期）一文，基于 2012 年中国社会科学院考古研究所与河北省文物研究所邺城考古队在发掘的邺城北吴庄佛教造像埋藏坑考古资料，研究了邺城地区北朝佛教造像的分期以及题材和样式，提出了邺城佛教造像中具有龙树背屏造型特征的白石造像为"邺城模式"造像的观点。位于河北省邯郸市的响堂山石窟是由东魏、北齐皇室供养、开凿的大型石窟，在北朝晚期石窟寺发展史上占有重要的地位。在《响堂山石窟北朝晚期中心柱窟的"西方"因素》（《故宫博物院院刊》2 期）一文中，唐仲明从响堂山中心柱窟的形制入手，在类型分析的基础上，综合比对新疆、河西以迄中原地区的中心柱石窟，认为，响堂山中心柱石窟后甬道低矮的形制只能在新疆克孜尔石窟找到源头，而这一形制已不是河西至中原地区中心柱窟的主流形制，表现出明显的"西方"因素。结合文献材料，得出结论，响堂山中心柱窟这一形制的出现，当与东魏、北齐皇室崇尚胡风有一定的关系。在《响堂山石窟的佛衣类型》（《华夏考古》1 期）一文中陈悦新认为，响堂山石窟的佛衣以通肩式和中衣搭肘式两种为主，可分为两期，一期以通肩式佛衣为主，大体为东魏至北齐文宣帝时期，约 534 ~ 559 年；二期以中衣搭肘式佛衣为主，约 562 ~ 577 年。其中，中衣搭肘式佛衣的 II 式，可能与昭玄统法上的僧服改制有关。《梁大同三年佛立像衣带纹样的初步研究——兼谈蜀锦中的西域因素》（《考古》11 期）一文对南朝佛像中的纹样进行了较深入的研究。成都万佛寺遗址出土梁大同三年（公元 537 年）佛立像衣带上雕有联珠团窠圈、对鸟、天人、天莲花等纹饰。师若予从传世及出土的中古蜀锦及相关史料推断，此佛像衣带表现的是联珠团窠圈纹蜀锦，这类蜀锦的出现可能与南北朝晚期益州与西域的交通，以及来往于其间的粟特商人有关。对于成都地区出土多批南朝佛教石刻造像，陈悦新在《成都地区南朝石刻造像佛衣的类型》（《文物》3 期）一文中运用考古类型学方法分析排比佛衣样式，将成都地区南朝石刻造像佛衣分为 4 种类型，并根据佛衣特点结合造像题材内容，分为 4 期。她认为，成都地区南朝佛衣类型除也可能与长安地区有关外，似主要与都城建康关系紧密，特别是梁武帝崇佛所兴的样式应对其有影响。

山西省襄汾县在进行文物普查时先后在县境内的善惠寺、连果寺等寺院中发现了分属北魏、北齐、隋、唐各时期的二十多通造像碑，在《山西襄汾北魏、隋、唐造像碑》（《文物》11 期）一文中，李学文就其中四通纪年造像碑进行了介绍。这些雕刻及其上的题刻为研究这一时期北方佛像的时代特征、地区特点，及当时当地的佛教信仰情况提供了弥足珍贵的实物资料。在对出土的单体石佛造像研究方面，《西安地区单体石立佛的佛衣类型及其时代》（《考古与文物》2 期）一文中，陈悦新据实地调查及已刊布资料，对西安地区保存较好的 39 件单体石立佛的佛衣，进行考古类型学分析，根据造像纪年并结合其他地区年代较清楚的造像资料，提出了西安地区单体石立佛造像分为三期的观点：第一期主要在北周时期（557～581 年），第二期主要在隋代（581～618 年），第三期大致在贞观时期（627～649 年）至开元（713～741 年）初。2009 年 11 月～2012 年 2 月，四川省文物考古研究院等单位对夹江千佛岩展开了考古调查测绘工作，在《四川夹江千佛岩摩崖造像初步研究》（《考古与文物》3 期）一文中，对现存 165 龛摩崖造像，进行了分区与分期研究。六个造像区初步分为五期：盛唐、中唐、晚唐、五代至宋初、明代。中晚唐至五代造像以中型龛为主；明代造像绝大部分为微型龛。中晚唐到五代龛窟龛楣以带三角斜撑为主；明代龛窟龛楣均无三角斜撑。特殊造像题材有三佛并坐、四佛并坐、净土变、阿弥陀佛与观音地藏并列、观音地藏并列、双观音、地藏独尊、毗沙门天王、千手观音、三圣僧、塔等。各区的造像中均存在后代加装和改刻现象。《大随求陀罗尼经咒考古二题》（《四川文物》5 期）一文中，郭晓涛认为，成都出土的"龙池坊"梵文印本中的文字应系印度古文字中的悉昙体；经咒的墨书题记释读有误，"近"应为"匠"字。西安出土的汉译经咒写本，出自唐代北印度高僧宝思惟译的《佛说随求即得大自在陀罗尼神咒经》，西安经咒写本中出现的"庄严"极有可能系写经人的名字。蜀中和长安是唐代密宗流行的重要地区，盛唐以后，玄宗、僖宗因乱入蜀在客观上促进了两地之间佛教的交流。两份经咒一梵一汉、一南一北，相映生辉，为理解唐代中后期持明密宗在两地的流布情况提供了重要的研究资料。

五　中外交流遗迹遗物及水下考古发现与研究

近年反映中外古代文化交流的沉船遗迹，随着水下考古工作的展开不断涌现出新的成果。自 20 世纪 80 年代末以来，在福建沿海发现水下文化遗存 30 余处，主要位于福州、莆田、漳州等海域。《福建平潭大练岛元代沉船遗址》（科学出版社）考古发掘报告就是对福建省平潭县海坛海峡的北端大练岛元代沉船遗址发掘的成果发布。由中国国家博物馆水下考古研究中心、福建博物院文物考古研究所、福州市文物考古工作队联合组成的水下考古队进行的抢救性水下考古发掘，发现了平潭大练岛元代沉船残存的部分船体，采集出水残留的沉船遗物。在该报告书中介绍了大练岛及其周边海域的自然地理环境、大练岛元代沉船遗址、水下考古工作概况及出水遗物，将沉船遗址与附近自然地理结合，已呈现其具体情景。并且在考古类型学的基础上分析大量出水遗物，将大练岛元代沉船遗址出水遗物与龙泉窑考古发掘出土及海外沉船出水的同类器物做了比较，对大练沉船的性质、年代、航线等相关问题进行了分析。这是中国水下考古、海上丝绸之路、古代造船史、海外交通史、贸易陶瓷史以及元代龙泉窑瓷器等研究方面的重要的资料，对于中国水下考古事业的进步有着重要意义。《福建沿海水下考古调查》（《文物》2 期）一文，对 2008 年以来发现的一些重要水下文化遗存进行了介绍，并分析了其内涵和分布规律等。这些水下文化遗存基本位于当今航线附近，对于研究我国古代海上丝绸之路的航线具有重要意义。出水瓷器中除了福建窑址的产品，还有景德镇窑、龙泉窑等的产品，对于研究我国古代外销瓷器的运输路线和目的地具有重要的学术价值。此外，中国水下考古队为了研究中国古代陶瓷贸易，还对肯尼亚的马林迪奥美尼角沉船遗址进行了水下考古发掘，《肯尼亚马林迪奥美尼角沉船遗址2013年度水下考古发掘简报》（《中国国家博物馆馆刊》9期）报道了2013年11月至2014年1月，由中国国家博物馆和肯尼亚国家博物馆组成的中肯联合水下考古工作队的发掘成果。该发掘主要完成了遗址东北部A区船体以上堆积和遗址东部、南部二条探沟的发掘和清理，发掘面积共计150平方米，确认了遗址的分布范围、层位堆积、船体结构、船载文物和文化内涵等基本情况。通过发掘揭露出较为清晰的船体结构，船壳外板单层、厚实，肋骨密集、粗壮，舱底垫板单层、轻薄，船体外包铅皮，以铅条填缝，造船工艺特点鲜明；出水有象牙、铜锭、铜范、水银、硫化汞、绿釉陶器、有孔石器等重要遗物，通过对比研究，奥美尼角沉船为16～17世纪葡萄牙船。奥美尼角沉船遗址是肯尼亚和东非的一次重大考古新发现，为探讨肯尼亚乃至东非沿海贸易提供了珍贵的资料，也为海上贸易与交流史研究提供了新的实物资料。

对于贸易陶瓷的研究方面，《肯尼亚蒙巴萨塔纳号沉船出水的中国瓷器》（《故宫博物院院刊》2期）一文中秦大树等人全面报告了蒙巴萨沉船出水的238件（片）中国瓷器，对不同窑口和器类进行了统计，探讨了顺治、康熙时期的"一叶盘"和广东产粗胎罐两类器物。研究表明，这些中国瓷器主要是景德镇窑、福建南部和广东的产品，分为精细和粗率两类产品，可能分属于船上不同等级的军人。但整体上比荷兰东印度公司的沉船中出水的瓷器质量要低。可见，葡萄牙人在丢失了印度洋航线的贸易主导权后，依然在进行着小规模的瓷器贸易。他们应该是从景德镇不同于荷兰东印度公司的作坊中订货，而且是水平较低的景德镇民窑瓷器和更加粗陋福建地区民窑瓷器，因此产品的质量和风格都有一些差别。此外，明州是我国古代重要的对外贸易港口之一。近些年来，宁波的城市考古工作取得了丰硕的成果，这些新材料不断更新着我们对明州城市发展和东南地区沿海对外贸易的认识，也为我们进一步了解早期明州城市的发展和相关的对外陶瓷贸易状况提供了新机遇。《晚唐至宋初明州城市的发展与对外陶瓷贸易刍议》（《故宫博物院院刊》6期）一文中，丁雨结合文献与考古资料的综合分析，比较晚唐至宋初明州及其周边城市的状况，认为明州在晚唐五代时期贸易地位平平，主要依附大集散地发展；同时，通过对海外出水的海量越窑瓷器的分析，重构和反思对外陶瓷贸易与明州城市发展的关系。李鑫的《唐宋时期明州港对外陶瓷贸易发展及贸易模式新观察——爪哇海域沉船资料的新启示》（《故宫博物院院刊》2期）一文，通过对爪哇海域黑石号、印坦号、井里汶号三艘唐至北宋时期的沉船资料的分析，结合宁波考古发现和文献记载，以及明州港与东南亚、东亚诸国的贸易材料，对唐宋明州港对外陶瓷贸易的发展及贸易模式有所了解：8世纪晚期开始，明州作为越窑的启运港，是扬州港对外贸易的附属港口；9世纪晚期，明州作为越窑产品的主要外销港口，直接面向日本、朝鲜半岛和东南亚诸国。明州港和东南亚的贸易模式是与室利佛逝巨港间的转口贸易，其主要商品即越窑瓷器。这种贸易方式保持着一种连续和稳定的状态。而发现于西亚、中东的越窑产品，主要是从巨港运出而非明州港。而在跨越印度洋贸易的过程中，伊斯兰商人作为一股重要力量，不但参与海上贸易过程，还可能通过订货的方式影响到包括长沙窑、越窑等瓷窑产品生产的面貌。

除了陶瓷考古研究领域对于中外文化交流的研讨，其他方面的论还有《珠宝艺术与中外文化交流》（《考古与文物》1 期）、《北朝时期的方形帐篷与族群互动》（《中原文物》4 期）、《蒙元时代胡人形象俑研究》（《文物》10 期）等论文值得关注。由于缺乏宝石资源，中国传统文化通常用软玉替代宝石作为装饰，在《珠宝艺术与中外文化交流》一文中林梅村认为，西方宝石在中国流行实乃中外文化交流的产物。通过研究，得出结论如下：第一，由于缺乏宝石资源，中国传统文化通常把等各种软玉当作宝石，唐代又将缅甸翡翠引入中国；第二，随着佛教的传入，印度宝石开始对中国文化产生重要影响；第三，蒙元帝国开启了中外文化交流的又一个黄金时代；第四，明代朝贡贸易将中外文化交流推向又一个巅峰。湖北钟祥明代梁庄王墓出土了数以千计的金银珠宝，不仅有世界四大名宝（金绿宝石、祖母绿、蓝宝石、红宝石），而且包括波斯出产的尼沙普尔绿松石。据研究，这些宝石实乃郑和下西洋在锡兰、印度、波斯采买的"诸番宝货"，当即朱瞻垍出生、封王或大婚时永乐帝赏赐之物。元代胡人就是色目人，笼统指来自西域中亚、波斯、阿拉伯以及欧洲的族群人种，葛承雍在《蒙元时代胡人形象俑研究》论文中试从文物补史、图像证史层面上入手，对元代胡人形象陶俑进行仔细分析。他认为，元墓中出现胡人形象的陶俑是现实主义的写照。它说明元代贵族和投降蒙元的高级汉官要彰显自己权贵者的身份，墓中胡人陶俑与其他造型的俑一样，都有相应的摆放位置，置于车前出行或仪仗排场之中，而且造型不是简单重复或随意制作，具有特殊时代的视觉文化意义。说明西域色目人被华化的表征，也证明胡人对中原地区的社会生活产生过不小的精神影响。此外在《北朝时期的方形帐篷与族群互动》一文中，程嘉芬提出了考古材料中所见的方形帐篷形象，可以为了解北朝时期中国北方地区的族群互动提供新的视角。

甲骨文、金文研究综述

徐义华

2014 年度甲骨文、金文研究成果丰硕，出版专著十余部，发表相关论文 300 余篇，进步显著。

一 甲骨文研究

1. 资料的公布和整理

本年度甲骨资料整理有所收获，宋镇豪等编著的《殷墟甲骨拾遗》（中国社会科学出版社）收录了流散于安阳民间的殷墟甲骨 696 片，提供甲骨彩色照片、甲骨拓本与摹本以及释文，是近年来甲骨整理的重要著作。濮茅左《殷商甲骨文》（中西书局）收录了 70 余片重要甲骨，提供了彩色照片、拓片和释文，按甲骨时代分期编排，同时附有代表性的甲骨形制图版。宋镇豪《记王襄〈题甲骨拓本八叶〉》介绍了中国社会科学院历史所藏《题甲骨拓本八叶》并刊布了拓本八片，加以释文，后附有王襄的题识。

甲骨缀合作为甲骨资料整理的一个领域，成果显著。何会《〈北京大学珍藏甲骨文字〉新缀六则》（《考古与文物》2 期）缀合甲骨 6 版 12 片，内容涉及军事、祭祀、历法等方面。何会《殷墟 YH127 坑甲骨卜辞缀合拾遗二例》（《甲骨文与殷商史》新 4 辑）缀合甲骨 2 版 6 片，并讨论了兆在缀合中的作用。莫伯峰《〈甲骨文合集〉缀合整理三则》（《中国典籍与文化》1 期）缀合甲骨 3 版 7 片，并对其中的内容做了整理研究。李爱辉《甲骨缀合拾遗六则》（《中国文字研究》19 辑）缀合甲骨 6 版 15 片，并对卜辞内容、甲骨形态等进行了梳理。宋雅萍《自组背甲卜辞新缀十二例》（《甲骨文与殷商史》新 4 辑）缀合甲骨 12 版 32 片，并做了释文和相关说明。李延彦《左背甲新缀三例》（《甲骨文与殷商史》新 4 辑）缀合背甲 3 版 7 片，提供了特殊的研究资料。另外，中国社会科学院历史研究所先秦史研究室网站发表甲骨缀合数百组，依然保持了发表甲骨缀合成果最及时、最多网站的位置。甲骨缀合取得的成绩与缀合方法的前进是分不开的，李爱辉《坑位在甲骨缀合中的应用——〈小屯南地甲骨〉新缀六例》在缀合 6 版 13 片的同时，讨论了坑位信息在缀合中的意义。

莫伯峰《〈甲骨文合集〉前六册中误置的历组卜辞》（《甲骨文与殷商史》新 4 辑）根据分类方式把《甲骨文合集》前六册中的历组和其他非属一期的卜辞选取出来，综合列出表格并将各家分类加以对比参照。

2. 综合性研究

本年度综合性研究成果较少。黄天树《黄天树甲骨金文论集》（学苑出版社）收集了黄天树在甲骨、金文、汉字造字与构型理论等方面的论文以及书序等近50篇，是作者多年来研究成果的汇集。

刘风华《殷墟村南系列甲骨卜辞整理与研究》（上海古籍出版社）从两个方面对殷墟村南系甲骨进行了综合研究，一是根据前人对村南系列甲骨卜辞已有的分组情况对各组类卜辞的特征和内容进行考察；二是对其中的祭祀、战争、田猎、卜旬、同文卜辞、缀合、常用语词和各组特征字体等问题作专项探讨，并在文末附录各组别卜辞常用字形表。本书是目前对村南系列甲骨卜辞最为全面的整理和研究。

3. 文字考释

文字考释是古文字研究的基础工作，本年度文字考释收获颇丰。

周忠兵《释甲骨文中的"焦"》（《文史》3辑）考释了甲骨文中的"🔥"，认为当释作"焦"，可读为"糀"，指某种早熟的谷物。蒋玉斌《释甲骨文中的"独"字初文》（《古文字研究》30辑）考释了甲骨文中的"🐕"字，认为是取"老而无子"的年老孤独之人的形象而造"獨（独）"字。何景成《试释甲骨文字"寤"》（《文史》1辑）综合考察了甲骨文中"🔥"字的字形与辞例，释此字为"寤"，读为"牾"，训为"逆"，意为不顺。单育辰《释迍》（《中国文字学报》5辑）考释了甲骨文"🔥"字，隶为"迍"，从"屯"得声，意为"屯留"之屯，后世又写作"顿"。刘桓《释甲骨文"葛"并补释"仆、蹈"的一种用法》（《古文字研究》30辑）释甲骨文中的"🔥""🔥"为葛，用作地名，其地在今邯郸一带。周忠兵《释甲骨文中的"斝"》（《古文字研究》30辑）对甲骨文中的"斝"字进行了考释，认为斝主要用于裸礼，为盛酒器，而非饮酒器。连劭名《商代的师》（《考古》1期）认为甲骨文中的"师"为城、都邑义。

黄天树《说"昔"》（《古文字研究》30辑）认为甲骨文中的"昔"字，跟"今"相对，凡是"今日"之前皆可称昔。赵鹏《甲骨刻辞"又"及相关之字补说》（《古文字研究》30辑）认为甲骨文中的"又"字有两种用法和意思，一是为"友"，指僚友；一是作"右"，表示祭品的摆放位置。孙亚冰《读〈村中南〉札记二则》（《古文字研究》30辑）考释了《村中南》甲骨中的"🔥"字，并对一版卜辞进行了校勘。张惟捷《读契札记五则》考释了甲骨文中的殉、欧等字，并对两版甲骨进行了释读。

刘钊《甲骨文"害"字及从"害"诸字考释》（《甲骨文与殷商史》新4辑）梳理了甲骨文中与"害"相关的字形与含义，并总结了其演化发展过程。张新俊《释殷墟甲骨文中的"溏"及相关之字》（《中国文字研究》20辑）对甲骨文中旧释作"溏"的文字进行了重新梳理，将其分为从"止"与不从"止"两类，从"止"者多用作地名，不从"止"者读作"及"，意为"赶在"。赵鹏《谈谈甲骨文中的"左"、"中"、"右"》（《甲骨文与殷商史》新4辑）总结了甲骨文中的"左""中""右"在方位、祭祀位置、行辈、军阵、官僚机构等方面的用例，讨论了"左""中""右"在用名制度、亲属制度、祭祀制度、占卜制度、官制以及军制方面的用法和含义。

刘力国《甲骨文"来"字构形及其相关》（《牡丹江师范学院学报》1期）认为甲骨文中"来"为麦子之形，"来"字上的横画是指示性符号，标明麦穗，强调区别于其他事物的根本性特征。

陈婷珠、李新城《〈甲骨文字形表〉异体字初步研究》考察了《甲骨文字形表》中的异体字，通过取消、增补和订正的形式对异体字进行了总结和分析。

4. 文例与骨例

孙亚冰《殷墟花园庄东地甲骨文例研究》（上海古籍出版社）对花东甲骨文例做专题研究，系统归纳了花东甲骨文例的特点。

章秀霞《花东卜辞背兆类行款走向在卜甲上的分布特点》（《华夏考古》1 期）对得于卜兆兆枝异侧的北兆卜辞的行款进行了研究，总结了其规律。刘影《边面对应关系的两种特例》介绍了两版特殊的刻辞，按照一般认识"边面对应"是村北系卜辞的独有文例，"边面连读"是村中南系卜辞的独有文例，而这两版则违反了这一原则，成为镌刻的特殊例子。

赵鹏《从弘、商谈商代时代相近的同名》（《南方文物》4 期）分析了甲骨文中弖、子弖、伯弖、妇弖以及良、子良等同名情况，认为甲骨文中命名情况复杂，确定甲骨文中的人名及其身份宜持审慎的态度。

5. 殷商史研究

冯卓慧《商周民事经济法律制度研究——卜辞、金文、先秦文献所见》（商务印书馆）利用传世文献、出土文献、古文字资料梳理了商朝和西周两个朝代的民事、经济法律制度。商朝部分包括婚姻家庭法、继承法、物权法、债法等内容；西周部分包括物权法、债法、婚姻法、家庭与继承法、经济管理法规、民事诉讼法等内容。追溯了中国民法的起源。

杨升南《商代甲骨文所见夏代诸侯》（《四川文物》3 期）分析了甲骨文中杞、曾、六、戈、雇五个诸侯国，认为他们是夏代侯国在商代的续封，这些继续存在于商代的夏代诸侯证明夏朝确实是我国历史上的一个王朝。蔡哲茂《武丁王位继承之谜》（《甲骨文与殷商史》新 4 辑）利用卜辞资料探讨了商代的王位继承制度，认为武丁为了证明继承王位的合理性，创立了重直系轻旁系的祭祀制度，确立了父子相继的模式。卜辞中羌甲、南庚有时候作为直系先王祭祀，很可能与其后裔支持取得王位有关。李发《殷卜辞所见"夷方"与帝辛时期的夷商战争》（《历史研究》5 期）全面分析了甲骨文中的夷方及其族群构成，整理了帝辛十祀的征伐夷方战争并进行了排谱，对战争的历程、路线等进行了研究。罗琨《卜辞十祀征夷方方位的探讨》认为商末征夷方主要针对淮夷，征伐夷方的战场在淮水流域。沈建华《清华简〈说命〉"失仲"与卜辞中的"失"族》（《甲骨文与殷商史》新 4 辑）认为甲骨文中的失族在晋南一带，武丁早期臣服于商王朝，成为王室的卜祝，周代时迁到洛阳一带。这与清华简《说命》中的"失仲"可以相印证。唐际根、汤毓赟《再论殷墟人祭坑与甲骨文中羌祭卜辞的相关性》（《中原文物》3 期）通过对殷墟王陵区人祭坑的重新发掘和统计，并将统计结果与甲骨文中用羌祭祀的记录相比较，认为殷墟人祭坑中的人牲数量与甲骨文中用羌数量有明确的相关性。

曹定云《殷墟卜辞"毓"字补论》（《甲骨文与殷商史》新 4 辑）梳理了甲骨文中的毓字，认为"毓某某"是表示庙号相同的先祖中离时王最近的那一位。刘源《殷墟卜辞"爵子卒"解释》（《古文字研究》30 辑）认为卜辞中的"爵子"中的爵是祭名，是行爵祭为子被禳，而不是授爵于子。孙亚冰《从甲骨文看商代的世官制度——兼释甲骨文"工"字》（《甲骨文与殷商史》新 4 辑）通过梳理甲骨文中"某某尸又父工""令某某司父工"等资料，推论商代存在世官制度，继承者在继承父职要得到王的册命。叶正渤

《〈殷墟书契后编〉所见象刑字浅析》对《后编》中与商代刑罚有关的字进行了梳理并讨论了相关刑罚方式。王子扬《〈村中南〉319 号中甲卜辞的释读》分析了 319 号中甲卜辞的祖先与祭祀用牲情况，探讨了合祭情况下的庙主地位差异。

杨效雷、张金平《"易卦卜甲"解读》（《中原文物》4 期）重新释读了 1980 年发现的殷墟易卦卜甲，认为卜甲上所画四卦的方位关系与文王八卦相吻合，卜甲卦与古代筮法以及《周易》爻词也有关联之处。孙敬明、赵克增《陈庄筮甲》（《中原文物》3 期）综合分析商周时期数字卦资料，认为陈庄出土刻辞甲骨应为筮甲，陈庄筮甲有强烈的周文化特征，与周人关系密切，由此推论陈庄遗址铜器铭文所提到的齐师很可能是周人派驻在当地的军队。

赵林《说商代的鬼》（《甲骨文与殷商史》新 4 辑）分析了甲骨文"鬼"字形，认为是头部骷髅化的人体形象，商人通过立示将祖先转化为祭祀的神主，鬼因其产生的地位和身份不同拥有不同能力，可以保佑或作害于生人，生人也可以通过占卜、祭祀、祈祷、做梦等方式与鬼沟通，同时发展出了各种防备鬼害的方法。郭静云《试释"虎卣"——兼论老虎为殷王室保护神的作用》（《甲骨文与殷商史》新 4 辑）认为商人把虎作为军力的象征，同时也是殷商王室的保护神。朱彦民《从甲骨文"舞"字看"葛天氏之乐"》（《殷都学刊》1 期）分析了文献中的"葛天氏之乐"和甲骨文中的舞蹈资料，认为舞蹈艺术起源于葛天氏时代，甲骨文中的舞蹈主要出现在祈雨场合，这应该是卜辞的特殊方式所导致。

王子扬《武丁时代的流星雨记录》（《文物》8 期）认为《甲骨缀合三集》608 版卜辞中"晶（星）率西"是武丁时期的流星雨记录。

6. 商代历法研究

陆星原《卜辞月相与商代王年》（上海社会科学院出版社）利用甲骨文、金文和文献资料考察商代历法，提出了自己的见解。

武家璧、夏晓燕《"观籍"卜辞与武丁元年》（《中原文物》4 期）认为甲骨文中的"观籍"即观象授时和籍田礼，由此结合文献中籍田礼举行时的天象，推论甲骨文中的籍田礼发生在武丁元年即公元前 1250 年。

邓飞《殷商甲骨卜辞"今来"补论》（《考古与文物》1 期）认为"今来"与"干支"连用，兼指本旬和未来一旬，具体则指干支所表示的十日内不在本旬内的那一天。"今来"修饰"岁"，"秋"则侧重"今"义，指即将来到的今岁、今秋。邓飞、文旭《商代甲骨卜辞中的"今来"再论》（《中国语言》2 期）也对甲骨文中"今来"的时间所指进行了探讨。

7. 语法研究

喻遂生《甲骨文"往"语法研究》（《历史语言学》7 辑）综合分析了甲骨文中"往"字的用例，认为"往"在甲骨文中是及物动词，后来带宾语的情况减少，但并未断绝。纠正了以往学者认为"往"是南北朝以后才成为及物动词的观点。王晖《论甲骨文中特殊动词的释读法问题》（《甲骨文与殷商史》新 4 辑）认为甲骨文中有的文字单字表达一个动宾词组的意思，可以称为"字符—词组文字"，并分析相关具体例证。

张玉金《甲骨文中当事介词"于"的界说》探讨了甲骨文中"于"作为当事介词的

情况，总结为四种：为给予的动词介引给予对象的介词；为索取义动词介引索取对象的介词；为告知义的动词介引告知对象的介词，为用牲动词介引针对对象的介词。

黄天树《谈谈甲骨文中的程度副词》（《甲骨文与殷商史》新4辑）讨论了大、皇、深、弘、良、多、小、少等程度副词，纠正了以往认为甲骨文少程度副词的观点。

8. 学术史

夏含夷《契于甲骨——西方汉学家商周甲骨文研究概要》（《甲骨文与殷商史》新4辑）综述了一百年来西方甲骨学的发展状况，介绍了研究甲骨汉学家的成就贡献并为其做小传，文后附有按年编次的研究目录，是关于西方甲骨学发展的总结性介绍。郅晓娜《金璋的甲骨文研究》（《甲骨文与殷商史》新4辑）介绍了英国汉学家金璋的治学历程，评述了其在甲骨收藏和传播、甲骨文字考释、商代史研究以及向西方推广甲骨文的成就，并制作了金璋的年表和著作目录。

翟跃群《试论"岩间大龟"自出土到入藏旅顺博物馆的来龙去脉》（《甲骨文与殷商史》新4辑）考证了"岩间大龟"的出土时间、地点以及后来的买卖流传情况。宋镇豪《旅顺博物馆所藏甲骨整理经过及其学术价值》（《光明日报》10月29日）介绍了中国社会科学院历史所与旅顺博物馆合作整理旅顺博物馆馆藏甲骨的过程，并简要述证了此批甲骨在新文字、新资料等方面的价值和意义。

二　金文研究

1. 资料整理和工具书的编纂

青铜器发现较多，陕西省考古院等编纂的《周野鹿鸣：宝鸡石鼓山西周贵族墓出土青铜器》收录了陕西宝鸡石鼓山发现的青铜器，并对重要墓葬进行了介绍。宁乡县文物局等编著的《宁乡青铜器》收集80余件青铜器，为宁乡青铜器研究提供了重要资料。陆勤毅等编《安徽江淮地区商周青铜器》收录安徽省各文物单位收藏的江淮地区夏商至战国青铜器190件。

严志斌《〈商周青铜器铭文暨图像集成〉可疑铭文刍议》（《古文字研究》30辑）对六件有疑问的铜器及其铭文进行了探讨。崎川隆《妇闦卣铭文拓本的重新整理》（《古文字研究》30辑）整理了《殷周金文集成》所收录以及日本奈良博物馆收藏妇闦卣的拓本，并对其文字和器物特点进行了总结。

在金文资料整理方面，张桂光等《商周金文辞类纂》（中华书局）将商周金文按六千余不重复字形，以单字为纲，对金文资料进行了按字汇编，涉及一万六千余件铜器，资料丰富，检索方便，为研究提供了便利。

2. 综合性研究

严志斌《商代青铜器铭文分期断代研究》（社会科学文献出版社）收集了迄今所见商代有铭青铜器，对商代有铭铜器的分期断代、器形纹饰、铭文等进行了综合研究，是目前关于商代有铭铜器最全面的综合性研究。张懋镕《张懋镕古文字与青铜器论集（第四辑）》（科学出版社）共收入论文28篇，主要对新出青铜器进行研究外，还注重青铜器研究理论与方法的考察，力图总结青铜器演变的规律和原因。

牛清波、王保成、陈世庆《晋侯苏钟铭文集释》(《中国文字学报》5 辑)汇集了晋侯苏钟的已有研究成果，并以此为基础对铭文进行了探讨。李发《晋姜鼎集释》(《出土文献综合研究集刊》1 辑)对晋姜鼎已有研究成果进行了总汇和分析。

3. 文字考释

沈培《试论西周金文否定词"某"的性质》(《历史语言学研究》7 辑)通过对气盂等铜器铭文进行比较，认为其中的"某"是否定词，当读为"毋"。

赵诚《两周金文中的"弘"和"引"》(《古文字研究》30 辑)比较了金文中的"弘"字和"引"字，认为引字象人引弓之形，义为延续、继续；弘字形为在弓背加一斜画，义为大。刘传宾《说"金"字的一种特殊字形》(《国家博物馆馆刊》9 期)综合分析金文、简帛资料，认为"❀"是"金"字的象形，本是两金属块形象。谭步云《释会盟》汇总了盟的各种异体，人们为了区分动词"盟"与名词"盟"而新造一字，春秋时期的"会盟"义同"合匜"，指有盖之匜。单育辰《焂卣补释》(《古文字研究》30 辑)对焂卣铭文中的疑难字进行了考释。

单育辰《近出金文词语考释两则》(《考古与文物》5 期)对《史惠鼎》和《 钟》中的两处语句进行了考释，读《史惠鼎》中的"褐化諰蘥"为"遏过去怒"，是遏止过错，除去怨怒之意，读《 钟》中的"执"为杰，是杰出人才之意。张羽《变释 字》(《中原文物》1 期)认为卫盂、甬盂中的"❀"字读为贲，原为车上的皮革类饰物，用以表明车主的等级。有时 也用来指蔽膝。唐钰明《铜器铭文释读八则》(《古文字研究》30 辑)对金文中的金、公、扬、福等八个字进行了考释。石小力《利用楚简考释金文字词两则》(《古文字研究》30 辑)认为班簋铭文中的"❀"字，意为兴；吴王钟铭文中的"❀"字当释为"燮"。

周忠兵《莒太史申鼎铭之"樊仲"考》(《吉林大学社会科学学报》1 期)结合清华简、上博简资料对莒太史申鼎铭文中的"❀"字进行了重新释读，认为"❀"当是从邑樊(或燔)声，读为"樊"。铭文中的"樊仲"即周宣王之臣仲山甫，其后裔申任莒国太史铸此鼎。孟逢生《姑冯句鑃所谓"冯"字试释》(《古文字研究》30 辑)从字形、音韵等方面考释了姑冯句鑃中的"冯"字，推论"姑冯昏同"即传世文献中的冯同。徐在国《曾公子弃疾铭文补释》(《中国文字学报》5 辑)考释了湖北随州义地岗六号墓出土的有铭铜器，认为原释为"去"的字应释为"弃"，是"曾公子弃疾"。张新俊《洛阳出土金文释读二则》认为"嫡之造戈"中的"嫡"字应释"醜"，❀鼎中的"❀"释作"晕"，读作"营"，是成王营建成周的记录。

禤建聪《洹子孟姜壶"人民聚邑馑寏"考》(《中国国家博物馆馆刊》11 期)释洹子孟姜壶中的"❀"字为"聚"，义为村落，铭文"人民聚邑馑寏"中"馑"指饮食不足，"寏"指日用贫乏，整句强调民生艰难。郭永秉《作册封鬲铭文拾遗》(《中国文字学报》5 辑)认为作册封鬲铭文中原释为"厥"的字应该释为"人"，原释为"享"的字应该释为"亨"，原隶为"王弗叚忘，享厥子孙，多休"就更正为"王弗叚忘，亨人子孙，多休"，"亨人"指通达温良之人，句意是说王不忘贤人之后，多予赏赐。

侯乃峰《由鲁国厚氏诸器谈金文"厚柲"之义》(《殷都学刊》3 期)探讨了鲁国厚氏器中有"鞏""厚"声韵相近的线索，推论西周青铜器铭文中的"厚柲"或读为"鞏柲"，意为用苇缠束的戈柲。邓佩玲《铜器自名前修饰语"❀"字试释——兼谈"延钟、反钟"等辞》（《古文字研究》30 辑）认为"鬻"普遍即"鬻"，读为"延"，有铺陈、陈列之意，延钟即编钟。程鹏万《番中（仲）戈铭"白皇"研究》（《古文字研究》30 辑）认为"白皇"即"白銑"，指制造兵器的金属原料。

4. 热点问题
（1）绛县横水铜器

董珊《山西绛县横水 M2 出土肃卣铭文初探》（《文物》1 期）释读了绛县横水二号墓出土的肃卣，认为铭文记载了伯氏赏赐其弟鬲仆六家，命鬲从庶人中自选，遭到邑人的极力反对。大宗倗伯将此事上报周王，周王派人以周王之命再次赏赐，最后在成周交给鬲仆六家。李学勤《绛县横水二号墓卣铭释读》（《晋阳学刊》4 期）也对绛县横水二号墓出土鬲卣进行了释读，认为铭文记载的是鄘伯赏赐其弟鬲，命他从庶人中选取六家做仆，遭到所选六家的反抗未果，周王派人传达命令支持鄘伯的赏赐行为，最终得到落实。

（2）湖北随州曾国铜器

李学勤《曾侯腆（與）编钟铭文前半释读》（《江汉考古》4 期）考释了曾侯腆钟前半部分铭文中的关键字，认为铭文中历日为建子之周历，相当于会前 497 年，正月甲午朔。铭文记载了南宫括辅佐文王、武王有功，受封在汭土，掌控江汉地区。李天虹《曾侯腆（與）编钟铭文补说》（《江汉考古》4 期）认为曾侯腆是曾侯乙的祖父，同时考释了文中的"誠"字，读为"就"，意为归附，表达曾国在周王室衰微之后归附于楚国。曹锦炎《曾侯残钟铭文考释》（《江汉考古》4 期）介绍了私人收藏的曾侯钟残片及其铭文，铭文表述曾侯善武尊盟的品质以及征服中国，与楚国结好的功绩。冯时《叶家山曾国墓地札记三题》（《江汉考古》2 期）建立了曾侯一至三代世系，即谏（字天）、伯生（字犺父，庙号父乙）、狐；叶家山 M2 出土的黎子鼎器主即第一代曾侯天，之所以称子是因为该器铸于服丧期间；肆器是沃尸所用，其形制较固定，田器是游猎所用，更注重实用功能。徐少华《曾侯昃戈的年代及相关曾侯世系》认为襄阳梁家老坟十一号墓出土的曾侯昃戈的时代为春秋晚期，从曾侯昃至曾侯乙是先后相继的四代，次序为曾侯昃、曾侯選、曾侯邨、曾侯乙。

黄凤春《说西周金文中的"南公"——兼论随州叶家山西周曾国墓的族属》（《江汉考古》2 期）认为南公是武王之弟聃季载，原居周宫中的南宫，后来分封在南土，故称南宫，省称为南。叶家山 M11 出土的狐簋表明狐与大盂鼎之盂都南公之后，狐应为盂之子侄辈，叶家山曾国是姬姓之国。

5. 诸器研究

李学勤《西周早期頌方彝考释》（《中国文字学报》5 辑）考释了頌方彝铭文，认为记录的是頌与商贾交易成功而做器，同时比较了其他有关商贾记录的西周青铜器铭文，认为西周铭文中商贾并不少见。龚军《九年卫鼎新析》（《华夏考古》2 期）分析九年卫鼎中的相关词语和具体内容，认为西周存在贵族之间的土地交易，这种交易得到周王默许甚至得到法律的保护。黄锡全《新见小臣唐簋简析》（《古文字研究》30 辑）释读小臣唐簋铭文内容为小臣唐参加周王举行的射礼，表现出色，勇武威猛，受王赏赐，做器纪念。

何毓灵《日本收藏的三件"先"族青铜器》（《中原文物》2 期）认为日本收藏的三件青铜器爵、觚、卣上的铭文应为"先"而非"长"，三件器物均为殷墟二期晚段器，很可能是山西浮山桥北被盗的 M1 出土后流失到日本的。白海燕、白军鹏《论长子沫臣簋的国别》（《国家博物馆馆刊》3 期）对长子沫臣簠的铭文内容、文字特点等进行了分析，认为长子沫臣簠是楚器，长子沫臣的祖先很可能是鹿邑大清宫长子口墓之后，后来因为政治形势而迁徙至黄陂，后被楚所灭，楚分封其同姓宗室于长旧地并沿用其国名。冯时《蔡侯盘铭文札记》（《古文字研究》30 辑）对蔡侯盘铭文进行了考释。董珊《试说山东滕州庄里西村所出编镈铭文》（《古文字研究》30 辑）认为编镈的主人为滕国之君，铭文内容为滕公追述其祖先功绩，表示自己不敢怠慢对先人的祭祀，并祈求吉祥美好，子孙永保。

张俊成《公典盘补释》（《考古与文物》3 期）分析了"郘子姜首"中的国、称、名关系，认为"郘"是国名，"子"系美称，"姜"是姓，"首"是私名，此器是齐国公典嫁其女到到郘国所做之媵器。乐游《配儿钩鑃铭文考》（《国家博物馆馆刊》5 期）认为配儿钩鑃之残字为"元"，元子、人名后缀"儿"以及某某"是娱"文例等常见于徐国青铜器铭文中，另外配儿钩鑃中残存的"余"字笔画当是"郤"，为徐国国名用字。由是推论该器是徐国灭亡后依附于吴国的徐国遗族之器。徐在国《芳子缯壶铭文考释》（《中国文字研究》19 辑）对湖北谷城被盗缴回的壶铭进行考释，认为盖铭中的"郎"和器铭中的"仿"都应该读为"芳"，是文献中常见的楚国芳氏。冯峰《鲍子鼎与鲍子镈》（《国家博物馆馆刊》9 期）认为鲍子鼎和鲍子镈的做器时间为春秋中期后段或春秋晚期初，其器主是同一人，不是以往学者认为的鲍牧，而应该是鲍庄子或鲍文子；鲍子镈中的"枨"是意为"长久"的副词，而非人名。黄锦前《有儿簠释读及相关问题》（《国家博物馆馆刊》5 期）认为河南上蔡郭庄王金鼎 1 号春秋楚墓出土有儿簠不是春秋早期器物，而属春秋晚期前段器，器铭中的"洹"宜读宣，是指陈宣公，而非陈桓公。

黄国辉《〈首阳吉金〉"鸢簋"新探》（《北京师范大学学报》3 期）对鸢簋铭文进行了释读，认为铭文中"诸子"是指滕公的子辈，"具服"是指承担某种职事，"凡朕臣兴畮"意为滕公之臣皆有所赐，其中"臣"的范围不仅包括下属也包括诸子在内。吴镇烽《戚簋铭文释读》（《文博》6 期）考释了戚簋铭文，铭文内容为单伯为右、微史册命对戚的任命与赏赐，戚官职为"霍使"，可能是古代驿传系统中的特殊职官。

王泽文《吴王光鉴"既字白期"诸说辨析》（《南方文物》4 期）在前辈学者研究的基础上进一步考定"既字白期"为文献中所载的"告期"，是婚礼礼仪中的一个重要仪节。袁俊杰《令鼎铭文通释补证》（《华夏考古》3 期）对令鼎铭文进行了通读和考释，对于某些关键字词以及相关礼制作了新的论证。陈家宁、关一男《略论齐国金文中所见礼制》利用齐国金文资料讨论了吉礼、凶礼、军礼、嘉礼和宾礼。

黄杰《疑尊、疑卣及"栗成左"戈铭文补释》（《国家博物馆馆刊》5 期）认为疑尊、疑卣铭"中羍父"应该释为"中义子父"，记事与鄂侯卜建都城有关；"成左"戈应释为"栗成左"，"栗成"即"栗城"，在今河南夏邑县。曹汉刚《多友鼎相关问题考证》（《国家博物馆馆刊》3 期）认为金文中的"广伐"与战争的规模或范围无关，而是专用的贬义词，指敌方的侵犯；多友鼎的器主不是郑恒公友，只是武公的部将，金文中人名与文献中人名关联应谨慎。铭文中记载周王赏赐武公和武公赏赐多友，反映了周代严格的等级制度。多友鼎所提地名应该在陕西豳地周围。李春桃《庚壶铭文拾遗》（《中国文字研究》19 辑）讨论了铭文中遟地的地望，并对有关句子进行了新句读点断解读。李春桃《自钟铭文补释——兼说捈器》（《古文字研究》30 辑）认为自钟铭文中原释"后"的字应释为"退"，读为"坠"，告诫后世不可坠失其器。古代器为政权象征，战争中胜方多会掳掠失败方的重器，称为掳器。秦晓华《梁十九年亡智鼎补释》（《古文字研究》30辑）对鼎铭中的"求"和"身于兹巽"进行释读，认为"求"即请，"身于兹巽"的意思是参加人才选拔。

曹汉刚《得簋为成王世作器考证》（《中原文物》3期）认为周代不存在生王称谥的现象，利簋中"珷王"应分读为"珷、王"，分别指武王和成王，同时武王克商后形势紧张，不可能对利进行封赏。所以，利簋应该是成王亲政后铸造的器物。赵燕姣《小议录伯戎簋、录诸器及伯戎诸器之关系》（《华夏考古》1期）认为金文中录一为国族名一为私名，录伯戎或即伯雍父，录隶属于伯戎，二人是上下级关系，一同参加了征伐淮夷的战争。谢明文《臣谏簋铭文补释》（《国家博物馆馆刊》3期）重新考释了臣谏簋中的几个关键字，对铭文进行了新的解读。魏宜辉《金文新释（四题）》对禹鼎、王孙遗者钟、中山王方壶、中山王鼎等进行了考释和解读。

吴良宝《莆子戈与郆戈考》（《中国文字学报》5辑）认为新见莆子戈是韩国兵器，莆子在今山西隰县，该戈铭文表明莆子曾为韩国所占据。郆戈是战国中期兵器，郆即文献中的梧地，属于魏国，郆戈的铸造时间是魏惠王二十年。禤建聪《释洛阳新出我自铸铜铍的"少卒"》（《古文字研究》30辑）认为铍铭中的"少身"当是"少卒"，是协同主力的偏师。王长丰《蔡公□宴戈考》（《中原文物》2期）综合分析了蔡公□并梳理了蔡国的相关史实，认为此戈当为蔡"公子"或"公孙"宴之器。张德良《邹县所出"取子"铍剩义》（《齐鲁学刊》4期）对邹县新出土的取子铍铭文、花纹、形制进行研究，认为取子铍为春秋早期器物，器主为邾国的一名高级贵族。刘余力《赵焦㺇戈铭考略》（《中原文物》2期）对新发现的一件戈铭文进行考释和分析，认为器主为春秋中晚期晋赵氏家族中的人物，名焦㺇，一次铸三百兵器，应该是高级贵族，为研究春秋赵氏提供了宝贵资料。王长丰、李勇、许玲《安徽六安出土蔡公孙霍戈考》考释六安新出土铜戈铭文为"蔡公孙鳠之用戈"，蔡公孙鳠即文献中的蔡公孙霍。吴良宝《二十三年单父铍考》（《古文字研究》30辑）认为单父铍是战国中期宋国兵器，其形制、铭文表明宋国铸造制度受到魏国的影响。汤志彪《先秦兵器铭文考释四则》（《古文字研究》30辑）考释了四件兵器上的"捀""序"等字和"舒州""封埒"等名词。

李家浩《"越王者旨於賜"新考》（《历史语言学研究》1期）认为越国铜器铭文中的"者（诸）旨於賜"即句践之子鼫与，"者旨於賜"中的"者""於"是附加语，本名应该是"旨賜"，文献中越王之子名为"适郢""鹿郢""鼫与""与夷"都是省去附加语之后的"旨賜"的对音。吴越人名多附加语，这一原则可以用于吴越历史的研究当中。

陈英杰《青铜盘自名考释三则》（《中国文字研究》19辑）对伯硕㚻盘、苏公盘、家父盘的自名进行了讨论，伯硕㚻表明青铜盘有食器功能；苏公盘自名之"鈑"即"鎜（盘）"字的异体；家父盘与韦父盉构成盘盉组合，功能是水器。器型可以为铭文的释读提供参考和背景语境。何景成、王彦飞《自名为"舟"的青铜器解说》（《古文字研究》30辑）探讨了自名"舟"的铜器，认为舟是一种盘形器，与尊配套，起承载尊的作用，是裸享礼中常用的酒器。

刘余力《仓端王义鼎铭文考释》（《文物》8期）介绍了洛阳新发现的铭文为"仓端王义。敬一斗。工宜"的战国鼎，认为"端"字为讳秦始皇名"政"所改，仓端即仓正，为官名。

6. 商周史研究

王晖《论西周鬲攸比鼎铭与周代官员遴选奖惩制度》(《陕西师范大学学报》4 期)对鬲攸比鼎铭中的"射分田邑"进行了重点解读,认为是周王在大射礼后进行奖惩而改封土地的记录,并利用金文资料对西周的大射礼和相关赏赐情况进行了研究。王晖《季姬尊铭与西周民兵基层组织初探》(《人文杂志》9 期)通过解读季姬尊、曶鼎等铭文以及文献资料,认为西周时国中以 25 家为基层单位,实行兵农合一制度,其长官称"师夫",平时是掌管生产的农夫之长,狩猎、演习或战争时则是军事长官。王晖《西周"大学"、"辟雍"考辨》(《宝鸡文理学院学报》5 期)利用金文结合文献考证了西周时期的"大学",认为"大学"又称"辟雍""大池""璧池",以其形如玉璧,外围为圆形人工池称"灵沼",中心为"灵台"(又称"台榭"),灵沼西侧有"灵囿",灵囿有飞禽走兽,是射礼时的靶子,也用作祭祀的祭品。

陈鹏宇《西周厉王时期战争铭文的对比研究》(《国家博物馆馆刊》7 期)汇集了厉王时期的 12 篇战争铭文,进行了铭文之间的对比,总结了格式和内容上的相似之处;对比了铭文与传世文献,认为在用词和礼制上两者可相互参证。最后综合探讨了厉王时期的战争和社会形势。龚军《翼城大河口墓地出土鸟形盉铭文与西周法律》(《国家博物馆馆刊》5 期)梳理了翼城大河口墓地出土鸟形盉铭文的文义,同时考察了西周时期的"誓"在诉讼中的作用、并讨论了西周的鞭刑、流放之刑等刑罚。

罗卫东《金文所见"邶"、"鼄"等字及相关问题探讨》(《民俗典籍文字研究》2 期)分析了金文中"邶"、"鼄"、"郳"等字的不同构形及其使用国族,结合《左传》《史记》等文献典籍探讨了邾国历史的源流,力图寻绎邾国及其分族的文字特点。赵燕姣《古息国变迁考》(《中原文物》3 期)认为商代即有息国在淮水南岸,是商王朝南征的重要据点。周代继商建姬姓息国,后来东迁,称新息,是周王朝的重要屏障。春秋以后,息为楚所灭并设息县。

张懋镕《周人不用族徽、日名说的考古学意义——从随州叶家山西周曾国墓地谈起》(《四川文物》4 期)综述了周人不用族徽、日名说在考古和研究上的作用,同时分析了叶家山铜器中的日名现象和曾国历史,认为虽然周人偶尔会用日名,但使用面很窄,使用日名的地域也都很偏远,多在殷文化氛围深厚地区,这些并不能从总体上影响周人不用族徽、日名的判断标准。彭裕商《"王若曰"新考》(《四川大学学报》6 期)梳理了金文、简牍与文献中的资料,认为"王若曰"主要用于表达王命,强调庄严性,甲骨文中"王若曰"仅一见且不清晰确定,"王若曰"可能是周人的用语。商艳涛《"王若曰"所领起的铭文性质补说——兼说先秦时期的誓师活动》认为金文中"王若曰"所引起的铭文内容属战前誓师的文辞。

路国权《甲骨文、金文新释两则》(《考古与文物》2 期)认为周原甲骨 H11:11 中的人物"更"就是武庚,卜辞时代为武王克商之年;戎生编钟中的"皇祖宪公"即晋献侯稣,戎生家庭是晋侯分立出的晋国宗室小宗。

7. 西周历法

朱凤瀚《关于西周金文历日的新资料》(《故宫博物院院刊》6 期)对新公布的盠簋、斳簋、虎簋、吴盉等数件青铜器铭文中的历日资料进行研究,对西文历谱尤其是穆王至孝王时期的年代进行了调整，文章同时讨论了金文历谱的研究方法问题。

叶正渤《西周若干可靠的历日支点》（《殷都学刊》1 期）认为西周金文月相词语纪时指向太阴月中明确而固定的某一日，可以作为历日研究的支点。厉王时期的晋侯苏钟、宣王时期的兮甲盘与虢季子白盘等铭文中的历日都是重要的历日支点。西周共和期间并没有改元，依然使用厉王纪年，所以厉王元年也是一个重要支点。

8. 玺印研究

本年度玺印研究有数篇文章发表，并有所突破。

吴振武《关于战国"某某金玺"的一个解释》（《简帛》6 辑）认为战国时常见的"某某金玺"玺印是用来在金或其包装上戳打印记，用以标明金的来源或用途。刘传宾《天津市博物馆藏"长平君相室钵"考论》（《科学发展·协同创新·共筑梦想——天津市社会科学界第十届学术年会优秀论文集》，天津出版社）对天津博物馆藏战国"长平君相室钵"玺进行研究，认为玺为长平君家相官印，同时通过文字比较，认为这方玺很可能属燕国遗物。萧毅、王一名《楚官玺札记二则》（《武汉大学学报》2 期）分析了两方战国楚玺，并根据楚文字构型规律对其进行了复原。

禤建聪《"亡戚危志"玺考释》对《珍秦斋藏印》第 141 号铜玺铭文进行了考释，认为应读为"亡戚危志"，意为心无忧惧，志向高远。

9. 学术史研究

张懋镕《李学勤先生在青铜器研究领域的地位与贡献》（《民族艺术》5 期）总结了李学勤在青铜器研究方面的成就和贡献，对其广阔的研究领域，精深的研究水准，创新性的研究成果及其引导学术发展潮流和对古史观念的改变。张懋镕《我是怎样走上青铜器研究之路的》（《大众考古》10 期）回忆了作者求学和研究青铜器的历程。

陈英杰《容庚先生的鸟书研究》（《甲骨文与殷商史》新 4 辑）介绍了容庚在鸟书研究方面的开创性贡献。刘正《拨开迷雾初见曙光——陈梦家〈西周铜器断代〉在古文字学和西周史研究的卓越贡献》（《南方文物》1 期）总结了陈梦家在西周历法和铜器断代以及在金文辞例、商周人物和史事、商周地理、疑难字考释等方面取得的成绩和贡献。

第二篇

考古文物新发现

2014 年全国十大考古新发现名单

一　广东郁南磨刀山遗址与南江旧石器地点群

二　河南郑州东赵遗址

三　湖北枣阳郭家庙曾国墓地

四　云南祥云大波那墓地

五　浙江上虞禁山早期越窑遗址

六　西藏阿里故如甲木墓地和曲踏墓地

七　内蒙古正镶白旗伊和淖尔墓群

八　河南隋代回洛仓与黎阳仓粮食仓储遗址

九　北京延庆大庄科辽代矿冶遗址群

十　贵州遵义新蒲播州杨氏土司墓地

北 京 市

【延庆县大庄科辽代矿冶遗址群】

发掘时间：2014 年 4 ～ 11 月

工作单位：北京市文物研究所、北京科技
　　　　　大学冶金与材料史研究所、北
　　　　　京大学考古文博学院、延庆县
　　　　　文化委员会

　　大庄科矿冶遗址群位于北京市延庆县大庄科乡，南距北京市区 70 千米，地处延庆县东南部深山区，燕山山脉腹地。

　　延庆大庄科矿冶遗址群主要由矿山、冶炼、居住及作坊遗址等构成，分布区域主要位于水泉沟、铁炉村、汉家川、慈母川等地。考古调查、勘探及发掘取得了重要成果，发现了从采矿到冶炼的遗迹，并且找到了冶铁工匠工作、生活、居住的地方，遗址类型比较系统、丰富。

　　通过考古调查及勘探工作，发现矿山五处，分别为榆木沟矿山、东三岔矿山、香屯矿山、东王庄矿山、慈母川矿山。发现冶炼遗址四处，分别为水泉沟冶炼遗址、汉家川冶炼遗址、铁炉村冶炼遗址、慈母川冶炼遗址。发现居住及作坊遗址三处，分别为水泉沟居住及作坊遗址、铁炉村居住及作坊遗址、汉家川居住及作坊遗址。这其中，水泉沟的生产链条较为齐备，在遗址群中居于核心的位置。

　　遗址群所在的大庄科乡矿产资源十分丰富。现已探明的有铁、锌、石英石、白云石、钼、金、铜和大量的花岗岩。现已开采的品种有铁、锌、石英石、花岗岩等。

矿冶遗址群开采铁矿石的矿洞及部分露天采矿遗迹分布在山脚及半山坡范围内。矿山周边地形切割较为严重，地表径流排水较好，水流通畅，乡域水资源丰富。丰富的水资源不仅为矿石的运输提供便利，同时对于冶炼过程中的用水以及矿冶管理机构、冶炼工匠的饮用水源提供了便利。

以发掘清理的水泉沟冶铁炉 Y3 为例来说明冶铁炉的基本结构。冶铁炉为竖炉，开口高于地面，中部外弧，横截面近圆形。冶铁炉主要由炉腹、炉腰、炉门、出铁口、出渣口、鼓风口、前后工作面等组成。

通过考古调查、勘探已发现生活及作坊遗址 3 处。目前已发掘清理水泉沟生活及作坊遗址 1 处，位于冶铁炉遗址东北侧。

出土器物主要有矿石、铁块、炉渣、铁箭镞、铁刀、石碾盘、石碾子等。建筑材料主要有石块、灰陶板瓦、兽面纹瓦当、长条形沟纹砖等。生活用品主要有瓷碗、酱釉罐、陶罐、砚台、铜钱、纺轮等。

房屋破坏较为严重，只残存着用石块砌成的部分房基以及部分柱础石等。房屋均为地面起墙的建筑，房址平面形状一般呈方形或长方形。

作坊遗址区发现车辙和道路遗迹。路面上共清理出 10 条车辙。道路呈南北走向，向南可抵达水泉沟冶炼炉遗址，向北可抵达汉家川冶炼区。

炒钢炉 6 座，炒钢炉呈椭圆形。炉底留有一层铁渣，底部垫有石块，石块呈红色。

中国古代生铁冶炼及生铁制钢技术是世界公认的重大发明创造，中国在西周晚期开始进入早期铁器时代之初或许已经冶炼和使用生铁，并于战国至秦汉时期形成了以生铁冶炼为基础的一整套钢铁冶金技术体系，奠定了中华闻名发展壮大的物质基础。但无论在生铁冶炼炉型结构、炒钢制品的判定等技术方面，还是在冶铁作坊的聚落形态、生产组织管理等方面的研究仍有较多空白。北京延庆大庄科辽宋时期冶铁遗址群的调查和发掘，发现了迄今保存最为完好的冶铁竖炉和一系列采矿、铸造和炒钢遗存，以及冶铁工匠的生活设施和遗物，获取了整个冶铁制钢工艺流程和生产组织管理方面的信息。本项工作使用多种测绘技术对遗址进行空间信息采集。针对冶金遗址发掘、保护和展示问题，制定了详细的发掘、采样、实验室检测分析、文物保护和展示方案并有效实施；根据炉型结构和炉壁、炉渣等冶炼遗物检测分析结果，开展了生铁冶炼计算机仿真研究和冶铁实验考古操作，真正做到了多学科交叉融合。

大庄科遗址群是目前中国发现的保存状态最完好的冶铁遗址，也是目前国内发现的辽代矿冶遗存中保存冶铁炉最多，且炉体保存相对完好的冶铁场所，其炉内结构完好，鼓风口清晰可见。发掘所揭示的炉型结构为正确认识中国古代冶铁高炉的炉型结构演变提供了弥足珍贵的资料。炼炉遗址群的发现为炼炉结构的复原和演变研究提供了最新最完整的实物证据。遗址群中的水泉沟遗址是一处集冶铁和制钢工艺于一身的完整的钢铁生产遗址，除发现四个生铁冶炼炉之外，还在生铁冶炼炉边发现炒炼炉多处，表明该遗址实现了生铁冶炼和炒钢工艺的联合运行。大庄科遗址群地近中原，其冶铁技术应与同时期中原冶铁技术有密切的联系。对遗址群的深入研究，对揭示中原同时期的冶铁技术及冶铁技术向东北亚地区的传播都有重要价值。大庄科矿冶遗址群发掘为开展辽代冶铁技术研究乃至中国古代冶金史研究提供了极为宝贵的考古材料，是中国钢铁冶金考古一个新的里程碑。

（刘乃涛）

【海淀区玉渊潭农工商总公司明清墓葬】

发掘时间：2014年

工作单位：北京市文物研究所

该墓葬位于海淀区玉渊潭农工商总公司五路商务楼项目占地范围内。发掘面积249平方米。共清理明代墓葬1座、清代墓葬6座、清代窑址1座，明代墓葬为砖石结构的"中"字形竖穴多室墓，由墓道、墓门及封门砖、前室、后室组成。出土的随葬品有白瓷罐、瓷碗、玉带、玉饰、铜钱、铁环、石供桌、石地界等。该墓从墓葬形制及随葬器物来看，墓葬规模相对较大，规格较高，从所出土文字资料来看，墓主人应为明代有着较高地位的谷氏家族的墓葬，为考证明代谷氏家族历史提供了资料。

（尚　珩）

【大兴区清代德寿寺遗址】

发掘时间：2014年5~10月

工作单位：北京市文物研究所、大兴区文
　　　　　化委员会

德寿寺遗址位于北京市大兴区旧宫镇东南，距北京市区12千米。南苑德寿寺是清代皇家一座重要的寺宇。德寿寺坐北朝南，地表仅存两通石碑，两碑形制相同，螭首龟趺，通高7.5米，碑身面宽1.8米，厚0.93米，龟座长3.3米，高2.05米。碑首四龙盘顶，碑四边浮雕龙云宝珠，雕工十分精细。碑正面镌刻的是乾隆皇帝御笔的《重修德寿寺碑记》，碑背面和两侧镌刻的是乾隆皇帝的6首诗篇。

发掘清理出的遗迹主要有山门、钟鼓楼、佛殿、大佛殿、御座房等寺庙建筑基址。出土遗物主要为琉璃建筑构件、石柱础等。

遗址地层堆积分为三层。第①层：表土层。其中的水泥地平为现代建筑的居住面，打破了德寿寺建筑基础。第②层：厚0.8米，德寿寺遗址三合土基础，夯质较好。第③层：厚0.2米，德寿寺遗址的素夯土基础。③层以下为生土。

德寿寺为三进院落，遗址南北长152米，东西宽56米。遗迹可分为中路建筑及东西两侧建筑，中路建筑主要包括影壁、山门、佛殿、大佛殿、御座房五部分，自南向北沿中轴线分布。东路建筑主要包括八字墙、旗杆、燎炉、钟楼、佛殿东配殿、碑亭、大佛殿东配殿、顺山房、御座房东配殿、转角房、东值房。西路建筑主要包括八字墙、旗杆、燎炉、鼓楼、佛殿西配殿、碑亭、大佛殿西配殿、顺山房、御座房西配殿、转角房、静室、西值房。

南苑是清入关后所建的第一座大型皇家苑囿，也是紫禁城外的第一个政治中心。顺治九年，顺治帝在南苑接见了第一位进京的西藏黄教领袖五世达赖。顺治十五年，顺治帝下令在旧衙门行宫旁兴建德寿寺。乾隆四十五年，乾隆帝又在南苑德寿寺内接见西藏黄教领袖六世班禅。五世达赖和六世班禅是清代最早赴内地的藏族首领，在南苑的这两次谒见，对增进清代西藏政府与中央朝廷关系起到了十分重要的作用，德寿寺是清代西藏政府与中央朝廷关系的历史见证。乾隆二十年德寿寺毁于大火。乾隆二十一年，乾隆帝下令重加修茸。乾隆四十五年在德寿寺内加建御座房三楹。德寿寺宏伟富丽，为南苑众多寺庙之冠。

本次发掘基本掌握了德寿寺遗址的布局，进一步丰富北京地区佛教考古资料，为北京地区佛教考古、研究清代西藏与清王朝关系均具有重要的意义。

（刘乃涛）

【大兴区清代团河行宫遗址】

调查时间：2014年6~10月

工作单位：北京市文物研究所、大兴区文
　　　　　化委员会

团河行宫遗址位于北京市大兴区，东距黄村2500米。团河行宫为清王朝在南海子修建的四座行宫（新衙门行宫、旧衙门行宫、南红门行宫、团河行宫）中规模最宏伟的一座，建筑规模居南苑行宫之首。团河行宫是乾隆皇帝兴建的最后一座行宫，它集中了行宫建筑的特点，是研究清代行宫文化的重要载体，具有很高的史料价值。

通过考古调查，共发现遗迹7处，分别为团泊进水暗渠、团泊部分原堤岸、小船坞、团泊出水口、钓鱼台、群玉山房、行宫西侧部分围墙。

团泊进水暗渠位于团泊西北角，南北向，长66米。水闸位于暗渠北部，闸口用条石砌成，水闸两侧凿有闸门槽，闸门已毁。河水经水闸通过暗渠流入团泊。暗渠为砖石结构，底部用青砖铺成，两侧用青砖筑成，暗渠上部用长条石盖住，条石上部用三合土密封。

团泊部分原堤岸位于团泊北部，呈弧形，长约70米，距现湖岸3.0米~3.3米，土层内含有红褐色，黄褐色，灰褐色混合而成近似胶泥土及青淤泥块等。

小船坞位于团泊西南，地表建筑均遭损毁，仅残留地下部分，船坞沿湖岸而建，平面呈长方形，长18米，宽2.8米，整体用条石错缝平铺砌成。条石与条石之间设计有加固设施，船坞东口用条石砌成外八字形，以便于船只进出，底部用石板铺成，靠水部分条石下发现在土中向下钉有木桩，用于稳定基石。

团泊出水口位于团泊东南部，平面呈八字形，长24米，现遗存地下部分较为完整，地面建筑均毁，仅残存夯土层地面，夯面平整、坚硬、光滑。出水闸口位于出水口南部，用条石砌成，闸门已朽。

钓鱼台位于团泊东南，平面呈凸字形，南北长18米，东西宽9米，坐东朝西，地面建筑均遭损坏，仅残存房基内三合土夯面，夯土面平整、坚硬、光滑。西部邻湖处用五层条石砌成，高2.4米。

群玉山房位于团泊北岸，依湖而建，房基东西长8.3米，南北宽5.7米，南部邻湖处，用六层条石砌成，高2.8米，地面建筑均遭损坏无存，仅残存房基内三合土夯面，夯面平整、坚硬、光滑，经剖面观察，夯土面可分为三层，每层厚0.12米~0.13米。

行宫西侧部分围墙位于团泊正西，南北向，长170米。围墙基槽宽2.8米~3米，围墙三合土地基距现地表1.1米，现残留围墙用青砖砌成。墙体两侧用砖砌成，墙基两侧均有围墙护坡。

调查发现的遗物主要有筒瓦、瓦当、滴水、青砖等。

（刘乃涛）

【圆明园汇芳书院遗址】

调查时间：2014年8月

工作单位：北京市文物研究所、北京市海
　　　　　淀区圆明园管理处

汇芳书院为圆明园四十景之一，坐落于圆明园西北部，其东邻多稼如云，西邻鸿慈永祜，南为濂溪乐处，北倚圆明园内墙。景区主体部分东西长160米，南北宽100米，总占地面积约1.6万平方米，原建筑面积约3600平方米。

汇芳书院景区原为一处书院式风景园林，东、西、南三面皆临水池。西北为进水口，西南为山体，呈重山环绕状，其间有一亭，名为云巘。湖东岸为假山，是与多稼如云之屏障。假山间有溪水将内外水系相沟通。

本次考古调查工作是结合考古勘探和探沟进行的，发现有殿、轩、楼、廊、亭、码头等各类建筑遗迹28处，绝大部分遗迹发现于表土层下，距地表深5厘米~10厘米，保存状况一般，部分遭严重破坏。遗址由五座院落组成，其中中轴线上自南而北共三座，另两座院落位于第二进院落东西两侧。

第一进院落平面呈长方形，东西略长，

由汇芳书院殿、抒藻轩、西配殿及回廊组成。汇芳书院殿位于最南部，坐北朝南。抒藻轩位于北部，坐北朝南，北侧有抱厦。西配殿位于院落西侧。

出抒藻轩为第二进院落，平面呈南北向长方形。该院正殿为涵远斋，东、西两侧为院墙，院墙上各辟一门分别与东、西两侧跨院相通。已基本探明的有涵远斋及东西墙，东、西门因被破坏严重未能发现。

第三进为库房院，大部分叠压于现代路下，仅发现部分院落内遗迹。

出第二进院西门，为西跨院，通过勘探基本明确院落的布局情况，发现翠照轩及码头遗迹。翠照轩位于院落西部居中位置，坐西朝东，面阔三间，四周带廊。码头位于翠照轩西侧，其西侧临湖。

出第二进院东门，为东跨院，发现倬云楼、眉月轩、随安室和挹秀亭等遗迹。

倬云楼位于院落西侧，平面呈倒丁字形，由南北楼组成，南楼东西向，坐北朝南，西侧与汇芳书院殿相接，东南和东北分别与随安室和眉月轩相连。北楼南北向，北端与眉月轩以回廊相接。眉月轩位于院落东部，东侧临湖，平面呈弧形。随安室和挹秀亭位于倬云楼东南，彼此间以廊相连。

由于晚期被破坏严重或为现代设施占压，汇芳书院部分遗迹未发现，如库房院、第二进院落东西门址等。

据文献记载，汇芳书院建成于乾隆七年（1742），乾隆九年（1744）御制"汇芳书院"诗句云："书院新开号汇芳。"本次考古调查工作确定了汇芳书院景区的具体位置，明确了各建筑遗址的形制和保存状况，为下一步的考古工作和遗址保护提供了依据。

（曹孟昕）

天 津 市

【宁河县田庄坨战国遗址】

【宁河县田庄坨战国遗址】

发掘时间：2014年3~5月

工作单位：天津市文物管理中心、宁河县
　　　　　图书馆

　　田庄坨遗址位于宁河县板桥镇田庄坨
村的南部，遗址距县城芦台镇北20千米，
板桥乡田庄坨村西南200米处，遗址中心
地理坐标为北纬39°28′35.7″，东经117°
46′44.5″。

　　唐廊高速公路一期从该遗址区南部边
缘经过，我中心对工程占压范围进行考古
发掘工作，共布5×5米探方142个，发掘
面积共计3500平方米，共发掘清理灰坑
16个（其中汉代至战国时期15个、辽金
时期1个）、汉墓3座、辽金井1眼。

　　该遗址文化层较薄，多为二层，第①
层为耕土层，厚0米~0.16米；第②层为
黑褐土层，土质较松，深0.16米~0.36
米，厚0.3米~0.36米，包含有灰陶片、
红陶片、夹蚌红陶片，年代为战国时期。

　　3座汉墓中出土器物有罐、瓮、钵、
弹丸、网坠、纺轮、铜镜、铜剑、骨笄、
五铢、半两、燕刀币等。

（张俊生　姜佰国）

【蓟县小毛庄东汉列侯家族墓】

发掘时间：2014年3~9月

工作单位：天津市文物管理中心、蓟县文
　　　　　物保管所

　　蓟县小毛庄汉墓群位于蓟县城关镇小
毛庄村周边地区，该汉墓群曾在1991年、

2002年、2004年、2010年进行过四次发
掘。本年度为配合蓟县峰景苑住宅项目建
设，我中心对其进行了第五次发掘。

　　此次发掘地点位于蓟县城东小毛庄村
南100米，共清理出28座古墓，包括明清
墓葬15座、东汉墓葬7座、西汉墓葬5
座、战国时期墓葬1座。其中7座东汉时
期墓葬规模较大、形制不一、排列整齐、
年代集中、出土器物也较丰富，为本次考
古发掘的重要成果。

　　东汉时期墓葬墓号分别为M1、M2、
M3、M4、M5、M6、M21，其中M2、M6
为砖石结构墓葬，墓门雕刻有画像石，其
余墓葬为砖砌多室墓。

　　M2位于发掘区的东南部，东西宽
12.2米，南北总长（含墓道）28.8米，
由主室、前室、侧室、回廊、甬道及墓道
组成，为竖穴土坑的砖石结构，回廊包围
主室、前室、侧室。M2盗扰严重，在墓
道、回廊及前室发现有三个盗洞，随葬品
主要发现于侧室与主室，主要有灰陶罐、
盘、灶、瓮、五铢、鎏金铜器扣、鎏金铜
盖弓帽、玉衣片等。

　　M6为不规则形砖石多室墓，南北长
22米，东西宽14.52米，由墓道、封门、
门庭、西耳室、东侧一室、墓门、前室、
东侧二室、西侧室、后室组成。M6的东
一侧室把耳室改为甬道、后室与东二侧室
加长甬道、后室与东二侧室甬道与甬道之
间加以简单砖墙连接以及前室东南及北部
垒砌砖墙加以分割空间等做法，都可以证
明该墓葬从初建到后续使用过程中经过了

多次改建。在其墓门中立石上刻有"仪稚文""刘淑度""上尙""田仲""李□□"等文字，应该是修造墓葬工匠的名字。

其他五座东汉墓（M1、M3、M4、M5、M21）一般为前、后室或前、中、后室带耳室的砖结构墓葬，长度均在12米以上。

这七座东汉墓葬出土了陶、铜、漆、石、玉等质地文物标本200余件，出土文物制作较为精良，从M2带回廊的"甲"字形墓葬形制、墓室中出土的鎏金铜缕玉衣片以及墓门上画像石的雕刻技法，可推断该墓葬为东汉早期列侯等级的墓葬，为目前天津地区发现规格等级最高的墓葬。M1、M2、M3、M4、M5、M6、M21七座东汉墓葬排列有序，延续年代由东汉早期至东汉中期，推断应为一处规模较大的列侯级别家族墓地，这对于研究东汉墓葬形制的演变、家族观念的变化以及社会意识形态的变迁具有重要价值。

（梅鹏云 姜佰国）

【静海县明清文庙遗址】

发掘时间：2014年10～11月

工作单位：天津市文物管理中心、静海县文化遗产保护中心

静海文庙遗址位于静海县东方红路南侧，群卫路北侧，西邻工农大街，中心位置坐标：北纬38°93′242″，东经116°92′004″。

本次考古发掘共布设探方35个，总发掘面积为960平方米。共清理房址2处（编号F1、F2），院落遗址1处（编号Y1），甬路遗址4处（编号L1～L4）。F1位于发掘区的西南部，面阔三间，进深一间，东西长10.35米，南北长6.85米。F2位于发掘区西北部，坐北朝南，由踏步、门、墙基础、砖礓墩组成。东西长12.9米，南北长11.25米，面阔三间，进深一间。踏步和门位于南墙正中。东、西及北

墙基础为同一时期建成，南墙基础为二次修建。Y1位于F2南侧，南北长18米，东西宽13米，由南院门、东院门基础、院墙基础组成。L1位于F2南门的南侧，呈南北向，南北残长约1米，东西残宽3.5米。L2位于L1的东侧，呈东西向，东西残长4.4米，南北残宽0.2米～1.4米。L3位于F2东侧，呈南北向，南北残长7.7米，东西宽1.75米～2.3米。南部与L4相接，西部与F2东墙及Y1东墙相接。L4位于Y1东门东侧，呈东西向，东西残长约4米，南北残宽0.6米～3.3米，甬路中部及东部被破坏。

文献记载静海文庙，当地俗称圣人殿，位于老县衙东南。明洪武初年建，坐北朝南，占地10亩。包括泮池、棂星门、大成殿、宦祠、忠义祠、崇圣祠等。该庙于1853年（清咸丰三年）被焚，1872年（同治十一年）修复，民国初年曾辟为小学校，建国初期被拆除。

通过本次发掘，结合文献记载及对当地群众的口述调查，推测该建筑基础应为静海文庙的相关附属建筑。

（戴滨 姜佰国 相军）

【天津大沽口Ⅱ号沉船重点调查】

调查时间：2014年8～9月

工作单位：天津市文物管理中心、国家文物局水下文化遗产保护中心

本年度我中心联合国家文物局水下文化遗产保护中心、国家海洋博物馆共同组织、调集了广东、海南、浙江、山东、湖北以及北京、天津、青岛等省、市8家单位的12名水下考古队员组建水下考古调查队，对天津大沽口Ⅱ号沉船实施了重点调查。

此次调查采用了物探扫测和人工潜水探摸相结合的方法，首先利用旁侧声纳、多波束声呐、磁力探测仪以及水下三维全景成像声呐系统全方位采集沉船的整体轮

廓数据及掌握其大体结构，再派遣水下考古队员下水进行局部测绘以及水下影像资料采集。通过此次调查基本弄清了沉船结构以及细部尺寸。该船残存全长50米，最宽7.5米，在中部断裂，分成南北两部分，北侧应为船头，北部残存钢梁不少于18根，钢梁结构为角钢，水平，不见拱起，宽7厘米、高14.5厘米、厚0.5厘米，上部宽面密布铆钉孔，应为连接上甲板的遗存。钢梁与船舷应为焊接，船体外壳已经脱落，仅保留肋骨框架，肋骨为宽10厘米、厚0.5厘米的钢板。沉船中部分布两个方形舱口，舱口为长2米的正方形。两舱口之间为船体最高处，为矩形凸起，位于船体正中。沉船北侧发现一条钢链横贯船体甲板，单个钢链长20厘米、直径3.7厘米。

经过相关专家分析，该沉船的长宽比、型深与货船相似，推测可能为干散货商船，其年代应该为民国早期，有关该沉船的数据信息和相关资料正在进一步搜集整理之中。

（甘才超　梁国庆　张　瑞）

河 北 省

调查时间：2014 年 6～11 月
工作单位：河北省文物研究所

  泥河湾盆地东缘的大田洼台地及周围地区早更新世古人类文化遗存丰富、文化序列完整，是研究古人类起源、演化的理想区域，有望找到更丰富的古人类遗存或者遗骸。本年度我所继续实施河北省重要科技项目"泥河湾人类起源、地质及环境背景研究"，在该区域开展旧石器专题调查。

  调查在大田洼台地北缘的马梁—后沟一带发现 8 个地点，包含 6 个文化层位的旧石器时代遗存。新发现的地点集中分布于马梁西缘剖面以及后沟东侧的剖面上，其中马梁层（79 万年）与后沟层（约 40 万年）之间有三个文化层位，马梁层之下有两个文化层位，马梁层位有三个地点。依据该区域已有的古地磁测年结果，新发现的地点属于中更新世，自中更新世早期延续至晚期，这进一步丰富了盆地内的古人类文化遗存，完善了该区域中更新世以来的文化序列，为研究古人类在盆地内的演化提供了新的线索。

（刘连强　王法岗　成胜泉）

【阳原县马圈沟旧石器时代遗址】
发掘时间：2014 年 7～12 月
工作单位：河北省文物研究所

  遗址位于阳原县大田洼乡岑家湾村西南，泥河湾盆地东端大田洼台地的北缘地带，1992 年发现，1992～2005 年曾多次发掘。本年度发掘面积 64 平方米，新确认 MJG Ⅰa、MJG Ⅰb、MJG Ⅶ三个文化层，出土石制品、骨制品、化石、石块 200 余件。

  MJG Ⅶ位于 MJG Ⅵ下部，厚 0.73 米，为一种灰褐色粉砂，发掘出土石制品 2 件、化石 1 件。MJG Ⅰa、MJG Ⅰb 位于 MJG Ⅰ与半山遗址文化层之间，前者厚 1.2 米，为一种褐色黏土质粉砂，发掘出土石制品、化石、石块 14 件；后者厚 0.7 米，为一种灰绿色砂质粉砂，发掘出土石制品、骨制品、化石、石块 155 件。

  马圈沟遗址目前已发现 9 个文化层，最早的有可能接近或达到距今 200 万年。马圈沟遗址时代早、堆积厚、层次多、文化遗存丰富，其对研究东亚早期人类及其文化的起源、特征、迁徙、环境适应等方面都有十分重要的意义和价值。

（刘连强　王法岗　成胜泉）

【阳原县马梁南旧石器地点】
发掘时间：2014 年 9 月
工作单位：河北省文物研究所

  地点位于张家口市阳原县大田洼乡东谷坨村西北约 500 米处，本年度我所在盆地内开展旧石器专题调查时于马梁西南端的剖面上发现石制品 2 件，随后进行了试掘，试掘面积 12 平方米，发现石制品 44 件，包括石核、石片、断片、断块等。

  该地点向北距马梁遗址约 50 米，与马梁遗址处于同一剖面，依发掘剖面判断，文化遗物出自马梁文化层上部约 1 米处的黄褐色—蓝灰色砂砾石层中，依中国科学院地球物理研究所在该剖面上的古地磁测定结果，该层为 Brunhes 正极性带与 Matuyama 负极性带的界限，时代为 78 万年。该地点的发现，在研究盆地内中更新世古人类演化过程上增加了重要的一环，充实了该区域古人类连续演化的文化序列。

（王法岗　成胜泉）

【容城县东牛东庄新石器时代与汉代遗址】

发掘时间：2014 年 4 ~ 7 月

工作单位：河北省文物研究所、容城县文物保护管理所

遗址位于保定市容城县容城镇东牛东庄东北 200 米处，东北距午方村 200 米；此次揭露遗址面积 1850 平方米，出土遗物以陶器为大宗，种类有：陶盆、罐、钵、壶、支脚、纺轮、环、釜、豆、瓮及石铲、石斧、石璧、石箭镞、刮削器、骨角等，共发现 56 个灰坑、8 座房址、5 条沟等重要文化遗迹，其文化内涵为新石器时代、汉代文化遗存。

新石器时代文化遗存共发现 39 个灰坑，5 座房址，3 条沟。灰坑平面多为近圆形、椭圆形、长方形等，多直壁、斜直壁，平底。房址门道方向为南向或东向，房址平面多为近似椭圆形，弧边长方形等。出土遗物以陶器为主，陶质以夹砂红陶为主，夹云母褐陶、泥质红陶比例较高；流行素面陶，纹饰有刮条纹、划纹、指甲纹等，有少量磨光陶；彩陶较少，纹样有横带纹、垂带纹、弧边三角纹等；陶器中平底器占绝大多数。器物群为：饰刮条纹饰筒腹罐（夹砂红陶）、敞口带双錾耳斜腹盆（夹砂红陶）、敛口鼓腹钵（泥质红陶）、侈口折沿平底罐（䉤云母褐陶）、器座（夹砂红褐陶）、高领侈口双系罐（夹砂褐陶）、小口瓮（夹砂褐陶）等。同时发现石斧、石锛、石箭镞、石环、石切割器等。

汉代文化遗存发现 17 个灰坑，3 座房址，2 条沟。出土遗物为侈沿釜、厚方唇瓮、卷沿罐、侈口盆、板瓦、筒瓦、石斧等。此次发现房址门道多被破坏，平面为马蹄形、椭圆形等。

东牛东庄遗址新石器时代文化遗存与昌平雪山一期、房山镇江营三期、容城上坡二期、易县北福地三期等类型文化面貌基本一致，这些文化遗存具有自身独特的文化特色：陶器中夹砂陶明显多于泥质陶，以红色、褐色为主，夹云母褐陶、䉤谷壳褐陶有一定比例，流行素面陶，彩陶图案有横条纹、垂带纹、吊环纹、弧线三角形纹等。陶容器绝大多数为平底，极少带圈足，不见三足器，其相对年代为仰韶文化晚期。东牛东庄遗址 5 座半地穴房址是冀中地区仰韶文化晚期首次发现的古人类生活居址，南北排列成 3 排，与其周围灰坑形成一个相对独立古人类生活聚落，是研究冀中地区史前时代房屋筑造技术、房屋结构的演变以及聚落周围生态环境的重要实物资料，同时为研究冀中地区古白洋淀区域环境的演变以及古人类生活方式与生态环境的互动关系提供了重要科学依据。

（张晓峥）

【隆尧县乡观龙山时期至明清遗址】

发掘时间：2014 年 3 ~ 8 月

工作单位：河北省文物研究所、邢台市文物管理处、隆尧县文保所

乡观遗址位于邢台市隆尧县固城镇乡观村北 50 米。为配合南水北调配套水厂输水管道建设，我所组成乡观考古队对管道占地范围内的遗存进行了抢救性考古发掘。从西到东分为 3 个发掘区，发掘面积 1800 平方米。共出土墓葬 22 个、灰坑 81 个、灰沟 3 条、房址 1 座。

1. Ⅰ区发掘面积 1025 平方米。地层可分为 3 层。发掘灰坑 67 个、灰沟 3 条、房

址 1 座。灰坑有圆形、椭圆形等，直壁平底多见。房址为半地穴式，不见灶址，可能为临时性房子。道路 1 条，开口于①层下，东北—西南向，可能为清代至近代。墓葬 18 座，分为竖穴土坑墓和带墓道土坑墓。出土随葬品有陶器 30 余件、带钩 4 件、骨簪 1 件、铜币 10 余件、串饰 2 件。Ⅰ区遗存年代有龙山、先商、晚商、战国、汉代、明清等 6 个时代。

2. Ⅱ区发掘面积 525 平方米，地层可分为 4 层。共发掘灰坑 11 个，墓葬 2 座。灰坑有圆形、椭圆形、不规则形等。墓葬为土坑墓，均被盗扰，未见人骨、葬具、随葬品，从填土中的瓷片可判定年代约在宋金及清代。Ⅱ区遗存年代可分为汉魏、宋金、明清。

3. Ⅲ区发掘面积 110 平方米，地层可分为 4 层，厚度及包含物与Ⅱ区基本相同。共发掘灰坑 3 个。灰坑面积较大，填土以草木灰为主，出土大量砖块、陶片等，年代为汉魏时期。

4. 在Ⅲ区以东清理施工方挖掘管道沟时破坏的砖室墓 2 座，清理面积 140 平方米。其中 M1 为平面十字形的多室墓，在主室东、北、西三面各有 1 船形墓室，长宽仅可容尸身，各摆放一具人骨。主室内有 2 具人骨。早年被盗，仅出土铜环 3 个。M2 为船形墓，早年被盗，仅存墓底，墓门朝南，偏向西侧，未见人骨及葬具，填土中出土有陶盆残片。两座墓葬年代可能为金元时期。

乡观遗址是近年来在太行山东麓发掘面积较大的一处遗址。该遗址跨越年代长，遗存类型丰富。遗址的发掘为完善邢台北部考古学文化序列提供了新资料。特别是汉魏时期遗存，为当地以往少见，可能为十六国时期，为研究冀中北朝时期考古学文化提供了不可多得的材料。

（韩金秋）

【临城县西古鲁营村商代至战汉时期遗址】

发掘时间：2014 年 4～7 月
工作单位：河北省文物研究所、临城县文物管理所

西古鲁营遗址位于临城县东镇镇西古鲁营村西 870 米处，地处太行山东麓海河流域的冀中平原，遗址坐标北纬 37°25′39.2″，东经 114°34′39.4″，海拔 62.3 米，遗址分布面积 1 万平方米。西古鲁营村东、南以及西部高铁线路范围内进行过多次考古发掘。

此次发掘面积 2000 平方米，遗址地层堆积较为简单，可分为 3 层，文化堆积厚 0.3 米～0.5 米，呈南厚北薄的状态，共清理灰坑 42 个，墓葬 5 座，灰沟 6 条，可复原陶器 27 件，石器 5 件，骨角器 9 件，时代分属商代、西周、东周、战汉四个时期。

第一期：商代晚期，主要发现为灰坑，出土遗物主要为陶、石器、骨器等。陶器可分为夹砂、泥质两种；泥质陶多为灰陶，纹饰多为绳纹、素面、磨光素面等；器型主要有鬲、盆、瓮；石器主要以石铲为主；骨器多为骨笄；文化面貌相当于东先贤四期即殷墟三期文化。

第二期：西周晚期，主要发现为墓葬 1 座，出土随葬品为灰陶罐、豆、瓮等，均带有器盖，纹饰以中绳纹为主；文化面貌相当于南小汪三期文化。

第三期：东周晚期，遗存主要为墓葬 1 座，出土随葬品多为彩绘陶器，器型为带盖豆、壶、罐、鼎等。

第四期：战国秦汉时期，主要发现为灰坑、灰沟等。出土遗物多为陶器，陶器主要为泥质陶和夹砂陶；陶色以灰色为主，少数器物为红褐色；纹饰有粗绳纹、弦纹等，器物类型主要为罐、瓮、甑、盆、瓦等。

（任雪岩 郭少青）

【任丘市后赵各庄战汉时期城址】

发掘时间：2014 年 8 ～ 12 月

工作单位：河北省文物研究所、沧州市文
物局、任丘市文物保护管理所

城址位于任丘市青塔乡后赵各庄村西北 1100 米处，是一座战国至西汉时期的城址。该城址据任丘县志记载为西汉宣帝地节二年（公元前 68 年），河间献王之子刘瞳被封为高郭节侯的国都所在。城址中心地理坐标北纬 38°46′05.0″，东经 116°03′28.9″，海拔 25 米。城址由于历年平整土地，地表上城垣无存，仅余地下墙基。

此次工作是继 2008 年以后的第二次发掘，发掘面积 2262.5 平方米，勘探面积 10.6 万平方米。共清理发现夯土墙基、夯土台基、灰坑、墓葬、水井、道路等各种遗迹 70 多处，发掘出土陶、石、铜、骨蚌等各类成型器物近 200（套）件，陶器标本 1000 余（片）件。

城址由外城、内城、中心夯土建筑基址共同组成。外城平面略呈方形，东西长 534 米（北墙）—546（南墙）米、南北宽 428 米（东墙）—424（西墙）米，周长 1932 米。夯土墙基宽 21 米 ～ 24 米，墙基外侧取土形成城壕，城壕绕城一周，城壕宽 45 米 ～ 50 米，深 3 米 ～ 5 米。在外城南墙基偏东处有长约 41 米的缺口，缺口下有路土，疑似外城南门。外城墙基分为二期，第一期墙基宽 4 米 ～ 5 米，夯层清晰，夯土纯净坚硬，夯窝密集，筑于春秋晚期地层之上，被黄色淤沙层和二期墙基叠压，并被战国晚期瓮棺葬打破；第二期墙基耕土层下开口，夯土中夹杂战国晚期陶片，致密度较第一期稍差，其内侧直接叠压于第一期墙基之上，外侧叠压第一期墙基倒塌堆积和黄色淤沙层，应属于第一期墙基被水冲毁后一次大规模的修筑扩建。内城位于城址中部，呈梯形，东西长 162 米（北墙）—175（南墙）米、南北宽 103 米（东墙）—129（西墙）米，周长 569 米，夯土墙基宽 16 米 ～ 25 米，墙基外侧有城壕一周，城壕宽 25 米 ～ 30 米，深 3.5 米 ～ 5 米。内城墙基分为二期，第一期墙基修筑于战国晚期地层之上，夯平地表起建。第二期墙基叠压于第一期墙基外侧冲积层之上，夯窝散乱，夯层不明显，含西汉时期陶片，属于第一期墙基局部修补。在内城中央有一处台地，略呈长方形，高出周围地表约 1 米，俗称"钓鱼台"。台地上现存一处南北长 55 米、东西宽 23 米的建筑夯土基址，夯土位于地表下 0.8 米，厚约 1 米。台地上遗物丰富，遗物年代为战国晚期至西汉时期。

此次发掘出土的部分战国时期的陶器如釜、罐、豆、板瓦、筒瓦、瓦当等均具有浓厚的燕文化色彩。从目前所获考古资料初步判断，城址外城的营建年代不早于春秋晚期，内城的营建年代约相当于外城第一次扩建时期，或为西汉早期，西汉使用期间城址有过修补，延续使用至西汉末。该城址的发掘对于战国时期燕赵边界的认定以及战汉时期地方城市制度的形态与演变研究具有重要意义。

（陈 伟 李 蕾）

【尚义县早期长城资源调查】

调查时间：2014 年 11 月 3 ～ 18 日

工作单位：河北省文物研究所

尚义县早期长城资源调查始于 11 月初，至 11 月中旬因天气原因中止，共计调查早期长城约 15 千米。本年度的调查自内蒙古兴和县与河北省尚义县交界处开始，赵北长城自西向东伸入尚义县下马圈乡境内，命名为上白窑长城 1 段。在上白窑村北，为上白窑长城 2 段，这段长城西南有列燧分布，与内蒙古境内的东汉列燧相连。从列燧与长城的走向分析，自上白窑长城 2 段起，东汉长城利用了赵北长城。上白窑长城以东有下白窑长城、常胜湾长城、王花窑长城 1 段、王花窑长城 2 段、王花窑长城 3 段、洞上长城 1 段（进入小蒜沟乡境内）、洞上长城 2 段、北槽碾长城、乌良台长城 1 段、乌良台长城 2 段、乌良台长城 3 段。

自常胜湾长城开始，长城越过银子河，到河南岸，墙体均修筑于南岸，彼此均不相连，断断续续大体可成一线。均沿山体顶部边缘修筑，多修筑于有峡谷一侧，一般到山顶即消失，可能是依靠银子河和河南岸高峻的山体，依险制塞，防御的重点为南北向可通行的峡谷，起到"当路塞"的作用。乌良台长城 3 段修筑于乌良台村南的一个山体顶部，环绕山体一周，形成石城。可能是一座用于防御银子河、瑟尔基河和其他峡谷来犯之敌的要塞。发现烽火台 10 多座，均修筑于长城墙体内侧，可彼此相望。烽火台周边地表均发现有陶片，以战汉时代为主。在乌良台村南山顶发现障城一座，为石块垒砌的长方形石城址。在王花窑村东发现战汉时期遗址一处。长城及其附属设置均就地取材、因地制宜修筑，有土筑、石块干插、土石混筑 3 种建筑方法。因自然及人为因素破坏，保存程度以较差和差为主，占 90% 以上。

虽然本年度的尚义早期长城资源调查仅仅是尚义早期长城的一小段，但首次在河北境内发现证据确实的赵北长城，又初步明确了赵北长城与汉代长城的关系，新发现了长城附近的障城和遗址，均填补了张家口早期长城的空白，对判定张家口地区其他早期长城的年代及走向、探究战汉长城之间的关系起到了重要作用。

（韩金秋）

【唐县黄家庄汉代与元明时期遗址】
发掘时间：2014 年 10 ~ 12 月
工作单位：河北省文物研究所、唐县文物
　　　　　保护管理所

遗址位于保定市唐县仁厚镇黄家庄村南 150 米处，北距唐望公路 800 米，位于太行山中部东麓地区山前低矮山地向平原过渡的冲积平原，地势平整，地表为农田。此次揭露遗址面积 1500 平方米，出土遗物以陶器为大宗，种类有：陶盆、陶罐、陶瓮、陶釜、陶豆、筒瓦、板瓦等，共发现 16 个灰坑、2 座陶窑址、1 条古路等重要文化遗迹，其文化内涵包括汉代、元明时期文化遗存。

汉代文化遗存包括 15 个灰坑、第③文化层、Y1、Y2 及古路 1 条。出土遗物多为筒瓦、板瓦、瓦脊等建筑构件残件，同时还有陶罐、陶瓮、陶盆、陶釜等，陶质以泥质灰陶为主，还有夹砂灰陶、泥质红陶；纹饰有绳纹、网格纹、布纹、凹弦纹等。灰坑平面多为近圆形、椭圆形、长方形等，多直壁、斜直壁，平底。2 座陶窑址，分别由操作坑、火膛、窑室三部分组成，均为长方形窑室带 3 条烟道，两座陶窑共用 1 个长方形操作坑。古路，南北向呈长条形，由基槽、路面、车辙 3 部分组成，东西宽 16 米左右，路面中部略高，两侧略低，上留有 12 条南北向车辙痕迹，车辙剖面呈 U 形，上口略宽，向下逐步收窄，内填土为深黄褐色砂质土，较松软，含少量泥质灰陶渣及烧土粒等。元明时期文化遗存包括 2 个灰坑及第②文化层，出土遗物较少，为酱釉、仿钧窑、青花瓷片。

此次发现的陶窑是研究两汉时期陶窑形制演变、建窑技术水平的重要实物资料，古路的发现，对于廓清黄家庄古人类聚落的文化性质提供了重要线索，同时为探索当时古路构筑方式、筑路流程提供了新的材料，这也是保南地区汉代考古首次发现的古路，是研究汉代保南地区交通史的重要实物资料。

（张晓峥）

【临漳县邺城遗址邺北城北城墙中段遗存】

发掘时间：2014 年 9 ~ 12 月

工作单位：中国社会科学院考古研究所、河北省文物研究所、邺城考古队

邺城遗址位于临漳县西南约 20 千米处，是曹魏至北齐时期六朝故都。为配合邺城遗址保护规划的实施，邺城考古队对邺北城北城墙中段进行了勘探和试掘，试掘面积 48 平方米。

经勘探和试掘发现，夯土城墙位于习文乡显王村西北，西北距邺城博物馆约 600 米。城墙呈东西走向，夯土南北最宽处约 17.7 米。据解剖城墙夯土可分为五大块，根据叠压顺序依次编号为夯 1 ~ 夯 5。夯 1 夯层厚 8 厘米 ~ 13 厘米，包含大量砖瓦残片；夯 2 夯层厚 7 厘米 ~ 12 厘米，出土少量陶片和瓦片；夯 3 可分为墙体和基础两部分，墙体夯层较均匀，厚 12 厘米 ~ 19 厘米，基础夯层倾斜不规则，厚 60 厘米 ~ 72 厘米，出土少量陶片和瓦片等；夯 4 夯层厚 7 厘米 ~ 14 厘米，出土极少量陶片和瓦片；夯 5 夯层厚 6 厘米 ~ 20 厘米，亦可分为墙体和基础两部分，基础深约 50 厘米，几乎无出土物。这五大块夯土叠压打破关系较为复杂，特别是在最早期夯土夯 5 底部发现了一座被打破的墓葬 M2，在最晚期夯土夯 1 与最早期夯土夯 5 之间发现间歇文化层和灰坑等，并且这些遗迹单位中均出土了较为丰富的遗物，为我们判断夯土年代属性和相互关系提供了重要依据。

通过本年度工作，我们初步了解了邺北城北城墙广德门区域遗迹分布和保存状况，为邺城遗址保护规划三台至博物馆片区分项目的具体实施提供了准确坐标和科学依据；对城墙夯土的解剖，也为我们丰富对邺北城时代属性的认识提供了重要资料。

（何利群　沈丽华）

【临漳县邺城遗址核桃园西南地五号建筑基址】

发掘时间：2014 年 3 ~ 5 月

发掘单位：中国社会科学院考古研究所、河北省文物研究所、邺城考古队

邺城遗址位于临漳县西南约 20 千米处，是曹魏至北齐时期六朝故都。自 2001 年开始，邺城考古队一直致力于东魏北齐邺城外郭城的探寻工作，先后勘探发掘了赵彭城北朝佛寺和北吴庄佛教造像埋藏坑等。2012 ~ 2013 年邺城考古队逐步将工作重心转移到赵彭城佛寺东侧约 600 米处的核桃园西南地区块，并率先对一号建筑基址进行了发掘，根据考古发现初步确认其为一处北齐佛寺塔基遗存。为探寻核桃园北齐佛寺的平面布局问题，本年度，邺城考古队对勘探新发现的五号建筑遗迹进行了全面揭露，发掘面积 610 平方米。

五号建筑遗迹位于一号建筑北侧约 40 米处。经发掘发现，该建筑遗迹组成较为复杂，包含早、晚两期建筑遗存。晚期建筑遗存由中央夯土台基和两翼连廊组成，中央夯土台基平面呈长方形，东西面阔 23.75 米，南北进深 14.3 米，台体部分破坏较严重，两翼连廊位于台基东西两侧偏北处，南北进深约 6 米 ~ 6.15 米。在台基周边还发现了砖铺散水残迹，其中台基东西两侧保存较好，宽约 1.5 米；台基北侧和连廊北侧散水连为一体，其中台基北侧散水宽 1.8 米，连廊北侧散水宽 1.15 米；连廊南侧虽未发现散水痕迹，但有大片塌落的白灰墙皮，由此推测两翼连廊应为单廊形式。早期建筑遗存仅存地下基础部分，由东西向延伸的 1 条条形夯土和位于其南侧的 3 排 3 列共 9 个磉墩组成，磉墩分布较为规律，相互之间东西间距约 3 米、南北间距约 2 米，可以中部一列磉墩为轴线，与条夯组成一面阔 2 间、进深 3 间的建筑。

通过解剖我们可确认晚期建筑直接叠压早期建筑，并利用了早期建筑的条形夯土基础，早、晚两期建筑轴线方向基本一致，均为北偏东 7 度，晚期建筑中轴线相对早期建筑整体向东平移约 1 米，早期建筑位于晚期建筑南半部中部，规模明显小于晚期建筑。

五号建筑基址发掘出土遗物较为丰富，主要以具有典型东魏北齐特征的陶质建筑砖瓦为主，包括板瓦、筒瓦、莲花瓦当、当沟、兽面瓦和鸱尾等，此外还有少量青石残块和铜钱等。其中较为特殊的是，与一号基址相比，五号基址出土带有戳记的瓦片数量明显偏多，戳记内容一般为工匠姓名等。此外，在夯土和废弃堆积内发现了数件琉璃瓦残块，这是在邺城遗址首次发现的该类遗物。

核桃园五号建筑基址是继一号建筑基址以后的又一次重要发现，在五号建筑基址南端我们发现了与一号建筑基址相连接的卵石铺砌甬道，为确认五号建筑基址年代及与一号建筑基址关系提供了重要依据。五号建筑基础结构由条形夯和磉墩组成，这样的建筑形式在赵彭城佛寺等处亦有发现，为我们了解东魏北齐时期建筑基础营造方式提供了新的材料。通过解剖确认早晚两期建筑遗存，也促使我们充分认识到核桃园西南地区块遗迹分布的复杂性。

（沈丽华　何利群）

【隆尧县唐祖陵遗址】

发掘时间：2013 年 8 ~ 10 月；2014 年 3 ~
　　　　　4 月

工作单位：河北省文物研究所、隆尧县文
　　　　　保所

隆尧唐祖陵包括唐高祖李渊四代祖宣皇帝李熙的"建初陵"和三代祖李天赐的"启运陵"，二陵共茔。唐祖陵坐落于邢台市隆尧县城正南 6 千米魏庄镇王尹村北

200 米处。为深入了解陵园的平面布局及陵园内单体建筑的体量、结构、筑法，考古队对陵前双阙及石像生进行了发掘，发掘面积共 400 平方米。

双阙位于整体陵区的中部，建于⑦层上，距地表 6 米，东西对称，间距 23.6 米。双阙形制相同，皆为东西横长的三出形夯土台，阙体分地下的基础部分及地上夯台，地上部分阙体外包砖，四周环绕砖砌散水。以东阙为例，地上部分现存最高 0.52 米，东西长 15.5 米，东端宽 2.8 米，西端宽 4.2 米，南北两侧自西向东两次直角内收，收分宽度 0.30 米 ~ 0.60 米；地下基础部分较地上部分阔宽约 1 米，深 0.4 米，夯土层明显，结构致密。外包砖仅余残迹，环绕的砖砌散水宽 1.0 米，个别铺砖仍保留。

石像生位于陵园南部宽 40 米、长 100 米的神道两侧，由南向北依次为望柱 1 对、翼马 1 对、鞍马及仗马人 2 对、文武侍臣 3 对、石狮 1 对。原有 20 件，现存 16 件。望柱坐落于⑦层上，与双阙位于同一层面。其余石像生位于④层上，高于望柱及双阙地面 1.5 米，为后代人为二次抬高所致。

发掘出土大量建筑材料及少量生活用品。建筑材料包括条砖、方砖、板瓦、筒瓦、莲花瓦当、鸱尾等。其中以砖、瓦数量最多。砖大部分为长方形条砖，条砖大小、薄厚略有区别，背面为绳纹、素面两种。板瓦、筒瓦、瓦当类遗物完整的极少。板瓦和筒瓦部分外表经过磨光处理。板瓦瓦沿处有单、双水波纹两种。筒瓦长短不一，宽度不同，瓦舌有长短两类。瓦当以莲花纹为主。

通过发掘，明确了双阙形制、石像生内容及序列，对陵前双阙级别及其陵园存续时段跨度有所认识，丰富了隆尧唐祖陵的内涵。

（郭济桥　李　楠）

【正定县郭家庄唐五代及宋金墓地】

发掘时间：2014年6月~2015年1月

工作单位：河北省文物研究所、石家庄市
　　　　　文物研究所

为配合正定新区建设，我所联合石家庄市文物研究所，在2012年考古勘探、发掘基础上，再次对正定新区郭家庄墓地进行了考古发掘。共发掘墓葬85座，虽然墓葬均被严重盗掘，但仍旧出土了一批精美的文物，有瓷器、三彩器、陶器、铜器、铁器等，器型有碗、盘、盏、尊、罐、镜、带扣、铜币等，可复原器物150余件。

本次发掘的墓葬分布较为密集，其形制有"甲"字形竖穴砖室墓、短墓道圆形砖室墓、长方形竖穴砖室墓、土坑墓等，葬式为仰身直肢、侧身屈肢。结合遗物特征和墓葬形制来看，时代主要为唐代、五代、宋金时期，其中以晚唐、五代为主流。M49出土的墓志，不仅记载了墓主人的生平、家庭、社会地位，更有"大和三年"的明确纪年，对于该墓地的时代断定提供了明确依据。

从个别残存墓室情况看，该墓地尤以仿木结构的圆形砖雕墓最具特色，仿木结构砖雕墓葬，兴起于隋唐末期，流行于宋金元时期，新中国成立以后在河北、河南、山西有较多发现。该墓地的发掘对于研究正定地区唐、五代墓葬葬制、葬俗及当时社会政治经济形态提供了重要考古资料，具有重要研究价值。

（赵战护）

【内丘县邢窑遗址】

发掘时间：2014年9月~2015年1月

工作单位：河北省文物研究所、邢台市文
　　　　　物管理处、内丘县文物旅游局

本年度发掘地点两处，一处位于内丘县城翰林苑小区北邻，北纬37°17′36.95″，东经114°30′46.68″，海拔81米。发掘5×

5米探方4个，发现灰坑37个，井3眼，墓葬2座。另一处位于2012年发掘（服务楼区）区西邻，发现灰坑23个，沟2条，井6眼，墓葬6座。两处共出土隋至清代遗物超过3万件（片），完整和可复原器物400多件，有砖、瓦、陶、素烧、三彩、瓷、铜、铁、骨以及窑具等。

地层堆积，服务楼发掘点较简单，与2012年发掘相同，第一层表土下即唐代堆积。翰林苑发掘地点较为复杂，大致为一层表土，二层清代至民国，三层明至清代，四层金代，五层宋金，六层五代至宋。由于上层有一些金代以后的砖建筑基础，地层堆积以及各种遗迹备显复杂与凌乱。

灰坑有圆形、长方形、方形、不规则形几种，大小、深浅不一。发掘的2条灰沟与2012年已发掘的灰沟相通。井皆圆形，废弃年代主要是金代以后至清代。墓葬年代主要为清代。

遗物丰富，各时期地层和遗迹中皆以唐代瓷器和窑具为主，瓷器主要是碗钵类，其他有盘、瓶、罐、盆等。窑具有较多的三角支钉和组合类匣钵残片，另有少量筒形匣钵、蘑菇形窑柱、喇叭形窑柱等，伴出有砖、瓦、陶盆、陶罐和个别三彩片等。唐代以外，主要有宋金遗物的出土，多数出自翰林苑发掘探方的四、五层以及相关遗迹，以白瓷碗残片为主，残片胎釉白度不高，碗为圈足，多敞口，碗壁有出筋现象，内底常见有涩圈或4~5个支钉痕，足上也常见有沙堆支烧痕迹。该时段遗物中，首次出土了宋代白瓷深剔刻莲瓣的碗，做工规整，造型大方，胎釉细白，花纹剔刻到位，堪称白瓷中上品。另外宋金三彩残片也是首次出土。

此次发掘的主要收获首先是部分完成了2012年申报的发掘面积，丰富了唐代遗迹遗物外，主要是宋金时期遗迹遗物的发掘，为邢窑的报告整理填补了一定的空缺。二是完成文化扶贫任务，为内丘县文物部门培训了一批能够进行田野考古基本操作和相关整理的专业人员。

存在问题，目前为止真正的邢窑制瓷作坊还没有发现，已发现的窑炉有的没有清理完全。另外邢窑五代、宋、金、元等时段的考古资料还是相当缺乏，面貌不十分清晰。

（王会民）

【泊头市十里高宋元遗址】

发掘时间：2014 年 3 ~ 11 月

工作单位：河北省文物研究所

十里高遗址位于沧州市泊头市 3.5 千米的十里高村北 150 米，东距京杭大运河 1.5 千米。发掘区分为Ⅰ、Ⅱ两个亚区，共计完成发掘面积 2000 平方米，清理各类遗迹 200 余处（座），出土可复原器物 184 件。出土遗物要有建筑构件、生活用具两大类。建筑构件中以板瓦、条砖为主，少量瓦当、筒瓦、当沟瓦、条子瓦及其他砖雕构件。瓦当皆为兽面纹瓦当。

生活用品主要有陶器和瓷器。陶器中以泥质灰陶为主，少量泥质红陶。器型有盆、罐、碗等。陶器器型多高大。瓷器有白釉、酱釉、黑釉、青白釉、双色釉、青釉和棕黄釉等。装饰手法有刻花、印花、白底黑花、点彩等。器型多样，以碗、盘为大宗，部分碗和盘为花口器。在碗的底部往往有朱书或者墨书的题记，内容多为姓氏，有刘、陈、王、李、黄、赵、訾等，或有的表示一、二、三等记数标识。另外白瓷或者素胎人物雕塑，内容有素胎卧睡童子、红绿彩立童子、白瓷侍女、白瓷匍匐女童以及素胎宗教造像。其他遗物有骨簪、磨石、石围棋子、滑石雕塑、铜镜、铜饰、铜钱等。铜钱数量、种类均很多，除了少量开元通宝外，其余皆为北宋钱，时代最早的是宋太宗的淳化元宝，最晚的是宋徽宗的崇宁重宝，基本涵盖了这一历史时期发行的大部分钱币。出土的遗物内容丰富，从各个不同方面反映了当时人们的生活状况。

十里高遗址为一处宋元时期的村落居址，东临京杭大运河故道，发现大量生活用具和建筑材料，以丰富的陶瓷制器尤为突出。瓷器釉色丰富、器型多样，不乏精品瓷器，涵盖磁州窑、定窑、严和店窑等窑系，反映了宋元时期瓷器在人们生活应用中的广泛和重要。十里高遗址的科学发掘为研究当时人们生活方式、生产水平、瓷器交通贸易路线均有重要意义。

（魏曙光）

山 西 省

【襄汾县丁村遗址群老虎坡遗址】

发掘时间：2014 年 10 ~ 12 月

工作单位：山西省考古研究所、丁村民俗
博物馆、襄汾县博物馆

　　遗址位于襄汾县城南解村与上庄之间
大运路 915.6 千米处，北纬 35°51′37.4″，
东经 111°26′31.1″。其一侧为大运路（108
国道），另一侧是发源于塔尔山的汾河二
级支流上庄沟。本次发掘是丁村遗址群发
现 60 年来第一次在土状堆积中发掘。2013
年山西省考古研究所和丁村民俗博物馆在
大运路旁的老虎坡和红土寨村附近的古土
壤条带中发现了含有人类打制的石制品。
本年度的发掘在黄土顶部第一条古土壤
（S1）条带中上部发现石制品 200 余件，
对于研究丁村一带古人类的活动范围、生
存环境、文化特点以及遗址的形成过程，
具有十分重要的意义。

（王益人）

【襄汾县石沟旧石器时代遗址】

发掘时间：2013 年 10 ~ 11 月、2014 年 4 ~ 7
月

工作单位：山西省考古研究所、丁村民俗
博物馆、襄汾县博物馆

　　遗址位于襄汾县南贾镇石沟村南的汾
河Ⅲ级阶地上，面积约 1 平方千米。这里
系临汾盆地南端柴庄隆起出口处，地壳变
化较为剧烈；导致石沟村附近第四纪地貌
十分复杂。由于已经超出原来划定的丁村
遗址群保护范围，从 20 世纪 70 年代末石
沟村就开始在这里采砂，Ⅲ级阶地被采砂
场挖得支离破碎。2013 年丁村民俗博物馆
周易在采砂场丢弃的化石碎片中发现两块
人类枕骨化石碎片；2013 年 10 ~ 11 月对
石沟遗址第 1 地点（北纬 35°46′57.6″，东
经 111°25′18.3″）进行抢救性发掘。该地
点顶部地层为夹有泥球的洪积物砾石层，
厚约 1 米，面积仅剩不到 2 平方米；之下
为一套具有交错层理的砂层，砂层中间夹
有两个厚度 10 厘米 ~ 15 厘米的砾石层；
出土的近 200 件石制品和动物化石主要出
现在这两个砾石层中。其中动物化石以古
棱齿象为主，计有：髋骨、肋骨、较完整
的下颌、残破的上颌和长度超过 2 米的门
齿。此外还获得部分石核、石片和石器。

　　石沟第 2 地点位于石沟村采砂场南部
（北纬 35°46′50.6″，东经 111°25′24.6″），
2013 年 11 月和 2014 年 4 ~ 7 月两次进行发
掘，发掘面积 120 多平方米，获得石制品
及动物化石碎片 1600 余件。石沟第 2 地点
的文化遗物集中分布在上部的砾石条带
（第④层）中，之下的粗砂层底部（第⑤
层）也有少量石制品和动物骨片，再下就
是厚度达 10 余米的巨厚砾石层（第⑥
层）。由于此砾石层厚度巨大，局部开挖
一个 3×5 米的小探方；其中也有少量石制
品和化石碎片，未见底。

　　本年度发掘中，在石沟第 2 地点砂层、
砾石层中有分布不均的炭屑密集分布区；
该石器地点虽然属于河流相地层，但其中
许多砂砾层中多层出现众多炭屑密集分布
区，说明附近有人类用火的可能。此外在

探方的西南角，发现一条长 1.5 米左右的垂直裂缝。裂缝两侧地层具水平层理，十分完整，没有错动现象，其"裂缝"上宽下窄，贯穿砾石层（第④层）和粗砂层（第⑤层）。疑似地震或其他外力引起的滑坡"裂缝"。根据山西省考古研究所 2011 年编制的《丁村遗址群国家考古遗址公园建设考古工作计划》以保护、展示和科学研究为目的的田野发掘理念，考古队特别注重地质现象和遗迹现象的搬迁与保护，选择将两个"炭屑密集分布区"和"疑似地震裂缝"进行"整体套箱搬迁"，为未来的"丁村遗址群考古遗址公园"或"丁村遗址博物馆"展示提供了第一手资料。

（王益人）

【沁水县下川旧石器时代遗址】

发掘时间：2014 年 6 月 9 日 ~ 10 月 18 日
工作单位：山西省考古研究所、北京师范
大学历史学院

下川遗址是一处重要的旧石器晚期遗址。自发现之日起，就一直为学术界所瞩目，在过去的四十年里，曾经有过两次非常重要的调查和发掘，奠定了下川遗址在中国史前考古中的历史地位。

第一次是由山西省考古研究所王建、王向前、陈哲英先生在 20 世纪 70 年代初进行的大规模考古调查，确定了下川文化的范围，而且根据调查采集的材料对中国细石器文化的类型学做出了奠基性研究，为贾兰坡先生提出"细石器文化起源于华北"的学说提供了有力的支撑；第二次由中国社会科学院考古研究所石兴邦先生主持，在 20 世纪 70 年代末对下川遗址的若干地点进行了大规模的考古发掘，从前期发表的资料来看，由于发现了大量的石磨盘，学术界普遍把下川遗址和粟作农业起源联系起来。由于细石器文化起源和农业起源都是史前时期人类文化发展的重要节点，下川文化的重要性也就不言而喻。

本年度在国家自然科学基金的资助下，国家文物局批准组成联合发掘队，对下川遗址进行重新发掘。本年度共发掘 4 个探方，发掘面积 77 平方米。其中富益河圪梁地点发掘了 3 个探方，T1 面积 40 平方米，T2 和 T3 各 6 平方米，T4 位于牛路地点，发掘面积 25 平方米。发掘方法采用学术界普遍采用的水平层法，每个水平层 5 厘米，并进行浮选和筛选。

在地层年代学方面，对四个探方剖面的磁化率数据进行了严格测试和对比，弄清了富益河圪梁地点和牛路地点的地层分布和保存情况，同时在每个探方采集 2 ~ 4 个木炭样品，共测定了 13 个碳十四数据。这些数据表明，下川遗址的年代最早可以达到 4 万年，目前发掘的最晚年代为 2.2 万年。在此基础上，对每个水平层的石制品进行了分类统计，大约在 2.6 万 ~ 2.8 万年前后，下川先民的石器制作技术发生了重大转变，此前虽然也存在远距离输送优质黑色燧石原料的现象，但石器制作技术仍然是简单的石核—石片技术，其中半椭圆形的单面砍砸器很有特色。此后出现了石叶—细石叶技术，主要石制品有石叶、鸡冠状石叶、细石叶、锥型石核、琢背小刀、圆头刮削器、楔形析器。另外需要着重说明的是，通常所说的石磨盘主要分布在 2.6 万 ~ 2.8 万年前的地层中，与石叶和细石叶文化关系不大。

下川遗址石叶技术的发现为我们探索现代人在中国的出现、交流和迁徙提供了重要资料。

遗迹方面，在富益河圪梁发现了火塘、石磨盘和赤铁矿共存的现象，已发现的 6 处火塘和大量的用火遗迹中，有一个火塘保存相当完整，该火塘顶部完全由砾石封住，揭开中间部位的砾石之后，发现在火塘中心有大量木炭（而周围的砾石下面则没有木炭），木炭清除完后，有一小浅坑，坑底的土壤已被烧红。其他火塘周围也由拳头大的砾石围成石圈，石圈外围还有几块扁平砾石，这些扁平砾石就是通常所说的石磨盘。在发掘过程中，常常发现赤铁矿，这些赤铁矿粉末虽然细小，但颜色鲜红，极易识别，其中最大的一块直径大于一厘米。这些发现使我们认识到，下川遗址的石磨盘可能与加工赤铁矿有关。

赤铁矿粉在史前时期是重要的宗教丧葬用品。晋城地区素为"煤铁之乡"，其中的铁矿主要是"山西式铁矿"，成分主要为赤铁矿。如果再联系下川遗址富益河圪梁地点密集分布的火塘和石磨盘，在某一个时段，这个遗址的功能是否与专门加工赤铁矿粉有关，是一个值得进一步探索的课题。

总之，下川遗址是一个内涵十分丰富的旧石器晚期文化遗址，它可能囊括了距今4万年到1万年前旧石器晚期文化发展的全过程，完整地揭示其内涵将为认识现代人在中国的出现、迁徙、文化交流、行为方式以及新旧石器过渡等重大学术问题增添新的内容。

（杜水生）

【兴县碧村遗址考古调查】
调查时间：2014年10~11月
工作单位：山西省考古研究所

碧村遗址位于吕梁市兴县高家村镇碧村村北，地处黄河与蔚汾河交汇处，东距兴县县城约20千米，西与黄河西岸的陕西神木石峁遗址相隔约51千米。

本年度，根据山西省文物局关于加强兴县碧村遗址保护工作的意见，我所对该遗址进行了详细调查，通过本次工作，初步确认碧村遗址面积约50万平方米，主要包括城墙圪垛、小玉梁、寨梁等三个台地，地表遗物包含仰韶、龙山、汉代等多个时期。仰韶时期遗物分布面积较小，仅限于城墙圪垛西侧蔚汾河岸边，采集遗物有敛口钵等，纹饰有线纹、窄带、鱼纹；碧村

遗址龙山时代遗物较丰富，在整个遗址均有发现，典型陶器有鬲、斝、罐等，流行粗深的绳纹和篮纹。此外，该遗址地表发现多处石构山墙，最长约180米，应为城墙的一部分；还有一些破坏严重的土坑墓，据村民介绍当地还曾出土璧、环等玉器，这些现象与著名的神木石峁城址如出一辙，也拉近了北方石峁文明与中原陶寺文明的空间距离，将为我们深化对中华文明起源的认识提供新的窗口。

同时，为进一步摸清碧村遗址周边的聚落分布，我们对蔚汾河下游地区遗址进行了系统调查，在兴县距离碧村遗址30千米的范围内，发现三处存在石城的龙山时代遗址，分别为黄河岸边的田家塄遗址、蔚汾河北岸的古城岭遗址和四方城遗址。这些石城与碧村遗址所用的石材与砌筑方式一致，遗址本身均以龙山时代遗存为主，空间分布也相对集中，这类现象在山西境内尚属首次发现，也为探讨以碧村遗址为代表的这类石城的年代与区域社会结构奠定了基础。

（张光辉　海金乐）

【右玉县沧头河流域区域考古调查】
调查时间：2014年7~10月
工作单位：山西省考古研究所、右玉县博
　　　　　物馆

为了理清山西北部与内蒙古中南部古代文化之间的关系，填补我省北部考古的空白。2013年山西省考古研究所申请了"山西省文物局专项补助经费项目"，拟对右玉县沧头河流域开展拉网式考古专项调查。

项目调查面积约80平方千米；涉及右玉县3个乡镇30个自然村。调查区域内共发现遗址64处，其中大川村附近11处（含复查1处），马营河北岸53处（含复查9处）；采集点138个，采集各时期标本1484片，小件60件。考古调查发现，战

汉、辽金时期遗址内涵非常丰富，包含城址、房址、灰坑、墓葬等遗迹现象。遗址分布存在一定规律性，仰韶时期遗址大多分布于河流、季节性河流两岸高台地带，高程在1400米左右，与夏商时期的遗址相隔不远；战国至汉魏时期的遗址与辽金元时期遗址基本上重叠，多在马营河北岸二级阶地之上，遗址被河流侵蚀得比较严重。区域内史书上多有记载的北魏"金陵"，经过复查发现了马头山墓群共三座墓葬，均已被盗。墓葬的形制、封土的营建工艺及附近发现的遗物，均比较罕见；综合分析不应该是帝陵，应该是陪葬墓。

经过初步整理分析，这一区域内从仰韶中期至明代还存有缺环，主要缺环是庙底沟二期（以斝为主的遗存）、龙山早中期、商代、西周、春秋等五个时期。从沧头河流域区域考古调查成果来看，基本上达到预期的目的。虽然区域内个别缺环通过区域外的遗址可以弥补，但是犹显不足。期待今后更多调查发现给予弥补。

（王　俊）

【临汾盆地新石器时代遗址调查】

调查时间：2013年11月22日~2014年12月21日

工作单位：山西省考古研究所、霍州市文物管理局、洪洞县旅游管理服务中心、汾西县文物旅游局、乡宁县文物旅游服务中心

为了深入了解陶寺类遗存的形成机制、分布地域、传播范围、消亡时间等问题，课题组对临汾盆地北部的霍州市、洪洞县和西北部汾西县，及西部的乡宁县四个县市范围内，迄今发现的所有新石器时代遗址进行了为期两年的调查，共调查遗址173处，其中霍州58处、洪洞68处、汾西28处、乡宁19处，取得了理想的收获。

霍州市境内主要有韩壁遗址、大张遗址、下乐坪遗址、上下乐坪遗址、歇马滩遗址、石鼻遗址、李曹遗址、前河遗址、南垣遗址等，在韩壁遗址发现的肥足鬲口沿残片是此类陶鬲分布最北的一个地点。

洪洞县境内主要有万安遗址、侯村遗址、耿壁西遗址、宫官遗址、胡坦遗址、北玉遗址、侯家堡遗址、跃上遗址、伏珠遗址等，这些遗址分布面积较大，遗物丰富，特别是万安遗址、侯村遗址、耿壁西遗址、宫官遗址出土的双鋬鬲、肥足鬲、单把鬲等器物具有鲜明的地域特色，为课题组设定的预期成果提供了十分翔实的资料。

汾西县境内主要有石窑堰遗址、北街遗址、前沟遗址、阳高遗址等。其中，石窑堰遗址、北街遗址和前沟遗址内采集遗物较丰富，特别是汾西阳高遗址中发现一龙山文化的瓮棺葬，采集到陶瓮一件、篮纹折肩罐一件和一具骨架，遗址区地面还采集到一件较完整的夹砂灰陶绳纹单把盉，弥足珍贵，以前这种陶盉在山西的完整器只在忻州游邀遗址出土过，而在陕西北部、内蒙古中南部相关遗址中却大量存在，考古学文化特征相当明显。

乡宁县东部光华镇豁都峪东岸峪口村调查发现了枣园文化时期遗存，第三次文物普查过程中在村北的柏树沟古土壤中，除陶片、骨片外，还发现有石器、石片等遗存。2014年12月17日调查中，发现了盘状石核、石叶和碎陶片，相邻的吉县柿子滩细石器文化遗存已经进入一万年，寻找到既有细石器也有陶器的遗存，对于研究山西新石器时代文化的产生，具有决定性的意义。

（田建文）

【原平市辛章新石器时代遗址】

发掘时间：2014年4~6月

工作单位：山西大学历史文化学院考古系

忻州原平市辛章遗址分布于原平市中阳乡辛章村东、村北的广阔区域，地处滹

沱河东岸的台地之上。为配合我系研究生及本科生的教学工作，对辛章遗址进行了第二次发掘。

为了准备本年度的发掘，2013 年 10 月，我们曾组织人员对遗址的中北部进行了钻探，根据钻探成果，结合实地调查情况，我们将发掘区选在辛章村村东的一处台地之上，这一片台地，南、北两侧均为深沟。台地上部为阶梯状的梯田。本年共布 5×5 米探方 6 个（T0202、0302、0203、0303、0204、0304），实际发掘面积共计 145 平方米。发现文化遗存丰富，遗迹有墓葬 7 座（M1－7），房址 1 座（F1），陶窑 1 座（Y1），石灰窑 3 座（Y2－4），灰坑 12 个（H2－13），灰沟 1 条（G1），出土陶器 204 件，石器 50 余件，骨、角器多件。

本年度发掘所获的遗存，文化性质单纯，陶器组合为正装錾手鬲、斝、盉、甗、盆等，与忻州游邀遗址的早、中遗存文化面貌相同。为研究晋北地区龙山晚期各类遗存编年及分布提供了新的材料。3 座层位关系明确的龙山晚期石灰窑的发现，为了解这一时期的建筑材料提供了难得的材料。

（赵　杰　陈小三　侯亮亮）

【曲沃县曲村北西周墓葬遗存】

发掘时间：2014 年 7～8 月

工作单位：山西省考古研究所、曲沃县文物局

2014 年夏，曲沃县曲村镇发现盗墓情况，由于当地派出所警察及时介入，盗掘者未能进一步行动，仅地表暴露一盗洞。考虑到墓室可能已被破坏，经山西省文物局批准，联合对被盗墓葬进行了抢救性考古发掘。发掘地点位于曲村镇以北，曲村——天马遗址邦墓区范围内，其南即是 80 年代发掘区域。因发掘需要，开挖 10 米×6 米探方一个（2014 曲北 T1），西距道路 127 米，南距曲村镇民房 100 米，共有文化层二层，第①层为耕土层，第②层为战汉文化层。先后共抢救发掘墓葬两座，墓葬皆开口于②层下，都为南北向土坑竖穴墓，东西并列分布，经钻探得知 M1 的东面还陪葬有车马坑。

东墓编号为 2014 曲北 M1，盗洞即位于其墓口东侧 0.9 米处，所幸最终发掘结果表明未被盗扰。墓葬口小底大，方向 350°墓口被现代坑打破，南北长 3.2 米，北宽 2.14 米、南宽 1.9 米；墓底南北长 3.5 米；东西宽 2.5 米。墓底距第②层 6.1 米～6.05 米。填土均经过夯打处理，较硬。葬具为一棺一椁。墓主人头向北，成年男性，仰身直肢葬。西南角二层台上有殉狗 1 只。随葬品中，二层台的东北角有陶鬲 1 件。在棺椁之间东、北、西三侧，随葬有两件铜鼎、铜盆，其中一件铜鼎有铭文。另外还有大量车马器、兵器工具、铜饰片，有銮铃、车軎、马镳、马衔、凿、锛、斧、戈、矛等共 400 余件，其中包括大量各种形制铜泡及马甲胄残片。棺内墓主人头顶有铜环 1 件，头下有玉饰 1 件，口中含有碎玉片。

西墓编号 2014 曲北 M2，口小底大，方向 12°墓口南北长 2.7 米，北宽 2 米；墓底南北长 3.5 米；东西宽 2.5 米。墓底距第②层 7 米～7.1 米。填土均经过夯打处理，较硬。该墓前些年已被盗，目前可见三处盗洞，盗洞中出有残陶豆 1 件。墓室北半部已经被破坏，从残存的南部遗迹来看，葬具为一棺一椁。墓主人骨架仅残存腰部以下部分，头向北，应为女性，仰身直肢葬。北半部随葬品几乎全被盗走，仅留有西侧二层台上一件陶鬲。剩余随葬品分布在南侧棺椁之间，器物不多，容器皆为陶器，大口尊、盉、三足瓮各一件，还有两件陶器因仅存痕迹无法提取。另有海贝、毛蚶、玉圭及一件铜车軎。

通过墓葬所出陶鬲及铜鼎形制判断，

两墓时代约为西周中期偏晚。M1属于西周时期中型墓，又随葬2鼎及车马坑，说明墓主人为贵族，男性，随葬大量兵器工具、车马器，尤其是出土青铜戈4件、矛1件，而与戈、矛放置在一起的是青铜的斧、锛、凿，这些显非普通的生产工具，应该也是作为青铜兵器，具有权威的象征，车马器中还有马甲等。综上，推测M1墓主人生前可能是军队中级别不低的军官。此次发掘结果丰富了天马—曲村遗址西周中期的墓葬材料。

（吉琨璋　祁　冰）

【翼城县大河口西周墓地】

发掘时间：2014年7~12月

工作单位：山西省考古研究所、临汾市文物局、翼城县文物旅游局

　　大河口西周墓地位于翼城县城以东6千米处大河口村北的高台地上，墓地北望为二峰山，西邻浍河主干道，南邻浍河支流，两河交汇的三角洲正是墓地所在的高台地。墓地面积4万余平方米，分布着1500余座墓葬和数以百计的灰坑。2007~2011年第一期发掘面积15000余平方米，发掘西周墓葬近600座，出土各类器物15000余件（组），先后获得"全国十大考古发现"和"田野考古一等奖"。通过出土青铜器上的铭文，确认该墓地为不见史籍记载的霸国墓地。

　　本年度为保护墓地文物和获取更多的考古研究资料，进行第二期考古发掘。此次发掘共布方50个，分为七、八两区，发掘面积5000平方米，发现小型墓葬238座，灰坑45个，房址1座。已清理完成房址1座、灰坑32个、墓葬153座。

　　房址位于八区西南部，为半地穴式建筑，房址主体呈长方形，门道位于东侧，有阶梯从地面通往房内，在房址东南角有一炉灶，房址底部平坦，无硬面，推测使用时间应当不长。从房址中出土陶片来看

该房址时代应为东周时期。

　　在已清理的32个灰坑中大部分呈袋状。坑壁规整，坑底平整，填土松软，有的包含少量陶片，陶片多属东周时期遗物。坑的深浅不一，大小不等，部分打破墓葬。具体用途有待进一步研究。

　　本次发掘的墓葬分布无明显规律性，全部为竖穴土坑墓，墓口形状为圆角长方形，口大底小。墓葬之间无打破关系，一部分墓葬填土经过夯打，大部分墓葬填土没有夯打。深度多在3米以下，个别墓葬深度达到了5米。墓主人头向西129座，头向东24座。大多数为单棺，个别为一棺一椁（或双棺）。部分墓葬中发现有木质葬具痕迹，一般可以辨别形制和结构。绝大多数为熟土二层台，个别为生土二层台。葬式以仰身直肢葬为主，存在少量侧身直肢葬，没有发现俯身葬和屈肢葬。少数人骨上发现有衣物或编织物殓尸的痕迹。部分墓葬有腰坑和垫木，有的腰坑内发现有动物遗骨，个别能辨明为狗骨。随葬器物以陶鬲和陶罐为主，有的墓葬出土铜戈、铜泡、蚌饰、海贝等，个别墓葬出土青铜容器和漆器，陶器多置于二层台之上，出土器物463件（组）。

　　大河口墓地是一处西周时期非姬姓封国霸国墓地，本次发掘以一期发掘为基础，为进一步研究霸国历史文化增添了实物资料。

（谢尧亭）

【长子县西南呈西周墓地】

发掘时间：2014年9月~2015年1月

工作单位：山西省考古研究所、长子县文物旅游发展中心

　　西南呈西周墓地位于长子县东南，行政隶属于长子县南漳镇西南呈村，东距"二广"高速长治县出口5千米，西北距长子县城10千米。墓地东部为漳河支流陶清河。墓地坐落在西南呈村西南部的台地

上，现呈日学校内。2012~2014 年，为配合西南呈中心幼儿园建设，对建设区域内探明的 75 座墓葬进行了抢救性发掘，到 2015 年初共发掘 15 座，其中小型墓葬 14 座，大型墓葬 1 座。

M1~M14 呈条带状横列于墓地中部，此 14 座墓葬均为小型的土坑竖穴墓，绝大多数保存完好，仅 M3 被扰动。小型墓底部据现地表较浅，最深者 M3 不足 4.3 米。墓葬均有熟土二层台，没有腰坑。墓室填土均为五花土，未有明显夯打痕迹。葬具均为一棺一椁，腐朽严重，仅见痕迹。葬式除 M9 为侧身居肢葬外，其余 12 座未扰动墓葬均为仰身直肢葬。头向除 M6 为南向（200°）外，其余 12 座未扰动墓葬均为北向。墓向多在 15°~30°之间。随葬品简单，以陶鬲、陶罐、贝币为主，亦有玉石器、骨器等出土。个别随葬铜鼎、铜戈、铜车马器及铜箭镞。

除 14 座小型墓葬外，还发掘了一座甲字型大墓，编号为 M15。墓葬早年被盗，墓室中随葬品被劫掠殆尽。该墓葬是一座带斜坡墓道的"甲"字型大墓。墓向 20 度。墓室长 4.55 米~4.7 米、宽 6.2 米~6.4 米，墓室底部距现地表 11 米，斜坡墓道长 23.2 米、宽 3.8 米~4.25 米。因墓葬早年被盗，墓主人除头骨外，其他骨骼不见。头骨位于棺内靠墓道位置。棺内西南角有殉狗一只，侧身屈肢，尸骨腐朽严重。墓道中随葬车辆 14 辆，墓室上盗坑发现石磬碎块、红色漆皮、绳纹陶片及零星的车马器。墓室近墓道处发现车轮、殉狗、墓道垮塌下的部分车辆、纺织品和拆卸后的车毂零件等，这些均在与椁室齐平的生土二层台上。椁底部发现有零星的棺椁饰件、车马饰件、石磬残块、玉石碎片等。根据墓葬形制和出土器物推断该墓地的时代为西周中期至西周晚期。

长子县西南呈西周墓葬与已经发掘的晋国墓葬的埋葬习俗有很多相似之处。如墓葬的方向均为南北向；夫妇墓葬成对排列；较高级别的墓葬设有墓道；且随葬编钟和编磬；在底部或二层台上殉狗。另外出土陶器的组合形式、陶鬲的形制纹饰以及被盗后墓葬中残存的青铜器形制、纹饰与曲村中小型墓葬基本相同。由此我们判断长子县西南呈西周墓葬属于晋文化墓葬。

(韩炳华)

【襄汾县陶寺北两周墓葬】
发掘时间：2014 年 9~12 月
工作单位：山西省考古研究所、临汾市文物局、襄汾县文物旅游局

陶寺村隶属陶寺乡，西距襄汾县城 7 千米。陶寺北墓地位于陶寺村北，王云村南，东边是塔儿山。因墓地多次被盗，省市文物部门组成联合考古队对墓地进行钻探，初步探明墓地总面积在 24 万平方米左右，墓葬 1200 余座，从西周晚期延续到战国时期。墓区随地势大体沿西北—东南方向排列，东西长约 600 米，南北宽约 400 米。东部以北河沟为界，东南可达陶云线柏油路。

为了进一步了解墓葬的性质、时代等信息，为日后的发掘、保护提供依据，对墓葬进行了抢救性发掘。

共发掘大小墓葬 7 座，均为长方形竖穴土坑，除 M2 头南向外，均北向，方向在 5°~355°之间。墓口略大于或小于墓底。墓口长多 2 米左右。M2、M4、M6、M1~M5、M7 均为仰身直肢，双手交握于腹部；M6 仰身，下肢弯曲。M3 被盗扰，仅有椁板残迹；M1、M7 为一椁二棺；M6 一棺；M2、M4 无葬具。除 M2 外，墓内填土均经过夯打，夯层厚度不等。M3、M4 无二层台；M2 单侧（西侧）生土二层台；M1 二层台下部生土，上部为熟土。M5、M6、M7 均为熟土二层台。M1、M3 有腰坑，M1 腰坑内殉葬一条狗，M3 内空无一物。除 M2 外（M3 被盗扰，情况不

明），均有口琀，多为碎玉器，仅 M4 为碎蚌片。M2、M4 无随葬品；M1 随葬小玉石器 6 件，陶鬲 1 件；M3 盗洞内出陶鬲 1 件、铜铃 1 件，铜鱼碎片、陶珠、陶贝币；M5 随葬铜戈 1 件，马衔 1 付，陶鬲 1 件；M6 随葬陶鬲 1 件，小玉器 1 件。M7 随葬青铜器有鼎 3、簋 4、壶 2、盘 1、匜 1；玉器有缀玉覆面一套，项饰一副，玉握 1、玉鍼 1、玉戈 1、玉璧 1 等；陶鬲 1。棺椁之间的东西两侧散布大量铜鱼饰、蚌币、陶珠、薄铜皮饰品，应是荒帷上的饰件。

从发掘情况看，墓口长度 3 米以上的墓葬在墓口北部或东西两侧有动物殉葬，一般为羊和狗。墓口周边的动物殉葬没有祭坑，从地层堆积情况看，是把动物直接放在地面上，盖土掩埋。M7 北部距墓口 0.2 米处有长 12 米，宽 6 米的玉石器掩埋层，多为碎石圭，也有少量玉圭、玉璧、玉环、玉玦等。石圭是有意打碎的，玉器中完整器较多，有的玉环断裂成几块，还能拼对完整，应该也是有意破坏的。这些玉石器不在同一平面上，高低不平，同样没有祭坑，也是盖土掩埋。这种墓祭方式独具特色，在其他地区同期墓葬中并不多见。祭祀层现存厚度约 0.2 米 ~ 0.3 米，初始的掩埋层可能比目前发现的要厚。

墓葬形制、棺椁数量、随葬品多少等体现出来的等级制度及与之相应的祭祀形式在这个墓地都有所体现，这些不可多得的实物资料拓展了两周之际墓祭制度的研究空间。

（王京燕）

【侯马市虒祁东周至汉代遗址】

发掘时间：2014 年 9 ~ 12 月

发掘单位：山西省考古研究所

虒祁遗址位于侯马市高村乡虒祁村西北约 1.5 千米，北距台神古城 2 千米，地处浍河北岸，地势平坦，水源充足，环境和地理位置十分优越。自 1996 年 8 月至

2012 年 8 月先后对该遗址进行了八次大规模的考古发掘，清理古墓葬 2000 余座，祭祀坑 3000 余个，陶窑数座及夯土墙基，出土铜、铁、陶、玉石、骨器万余件。时代从春秋晚期至汉代，为研究晋都新田废弃前后的文化提供了极为珍贵的资料。

本年度为配合侯马冶炼厂新月小区建设，对基建范围内的祭祀坑和墓葬进行抢救性考古发掘，系虒祁遗址第九次大规模发掘。根据基建占地范围，本次发掘采用 10×10 米探方大面积揭露，分为 I、II 两区。本年度主要在 II 区工作，II 区揭露面积 8400 平方米，发现祭祀坑 406 个，墓葬 12 座，清理完成 II 区祭祀坑 377 个，汉代墓葬 4 座，宋代墓葬 4 座。

祭祀坑散布于 II 区的北部、中北部、中东部、南部。其中，中东部祭祀坑十分密集且排列有序，共 160 个，叠压打破关系较多，其余部分较稀疏。祭祀坑皆为长方形竖穴土坑，方向多为正北或稍偏东西。也有个别东西向的祭祀坑位于 II 区的最北部或最南部，且坑内无祭牲，无随葬品。一般口底同大或口大底小，深度在 0.1 米 ~ 4.4 米之间。四壁粗糙，垂直或略向内收，个别有工具加工痕迹。坑底多数不平整，有生土二层台，位于坑内北部或南部。在发掘的祭祀坑中尚未发现有壁龛者。坑内填土为黄褐色或红褐色花土，较疏松，未经夯打。经现场动物骨骼鉴定，祭牲有羊（131 例），牛（22 例），无祭牲（224 例），祭牲中没有发现马。坑内祭牲葬式有仰卧、侧卧、蹲卧，从目前数据看，侧卧较多。尚未发现俯卧现象，一般作四蹄捆绑状，疑为活祭。在已发掘的祭祀坑中多发现玉石器，个别有陶器，未发现铜器。陶器皆为填土中所出，有陶豆、陶片若干。出土玉器 140 件。其中玉龙 9 件，玉环 6 件，玉璧 3 件，玉琥 1 件，其余为制作玉器废料的玉片、玉块 127 件。

西汉墓葬 6 座，位于 II 区北部，长方

形竖穴土坑式墓道土洞或砖室墓，一座被盗。皆东西向，墓葬形制由墓道、墓门、墓室组成。墓道皆位于墓室东部，为长方形土坑竖穴，墓门或土坯或砖封门，墓室皆长方形，或土洞或砖室。单人或双人葬，下铺草木灰，单棺或双棺，仰身直肢，头向东。随葬器物以陶器为主，有罐、鼎、錡、壶、灶、井等。

东汉墓葬2座，位于Ⅱ区北部。长斜坡墓道砖室墓，皆被盗。皆南北向，墓葬形制由墓道、前室、甬道、后室组成。墓道呈长斜坡状，位于墓室北部。墓室分为前、后室，前室方形，后室长方形，二者之间由甬道相接，墓室顶已坍塌，四壁用双层青砖错缝平砌。因早年被盗，葬具不详，墓主人骨仅存部分肢骨，头向、面向、葬式不详。残存器物以釉陶器为主，有罐、盘、盆、壶、灶、井、耳杯、勺等。

宋墓4座，位于Ⅱ区南部。皆长方形竖穴土坑式土洞墓，平面呈"刀"形，南北向。墓道位于墓室南部，长方形土坑竖穴。墓室平面呈梯形或平行四边形，皆拱形顶。葬具不详，墓室人骨只有少量残存，在墓室上部发现有竖穴土坑直通墓室，随葬器物少见，故推测4座墓被迁葬。

（王金平　杨及耘）

【孝义市张家庄东周至明清墓地】

发掘时间：2014年10～12月

工作单位：山西省考古研究所、吕梁市文物考古调查勘探队

该工地位于孝义市张家庄东南，地势较为平坦。发掘面积765平方米，发掘墓葬28座，其中东周时期长方形土坑竖穴墓13座、汉代土洞墓3座、宋金单室砖墓1座、明代砖室墓1座、明清土洞墓10座。出土各类器物37件：瓷器23件、陶器7件、铜器6件、骨器1件。

东周时期土坑竖穴墓13座，编号M1、M2、M4、M5、M7、M8、M9、M10、M11、M15、M20、M24、M25。南北向，平面呈长方形，口略大于底，墓壁平整但不光滑。葬具为一棺一椁，皆已腐朽。单人葬，人骨保存较差。随葬品多为1件铜带钩，部分墓葬还随葬1陶壶。

汉代土洞墓编号为M3、M26、M28，形制相同，南北向，带长斜坡墓道。人骨腐朽严重。随葬品皆为陶罐2件。

宋金单室砖墓编号M6，由墓道、墓门、甬道、墓室组成。穹隆顶，墓室平面呈八角形，条砖错缝铺地。清理人骨2具，迁葬。出土绿釉陶枕1件、铜簪1件、陶塔1件、陶罐6件、各色鹅卵石4块、白釉瓷碗1件、黑釉灯盏1件。

明代砖室墓为M23，券顶，南北向。由墓道、甬道、墓门、墓室组成。石质墓门，粗糙，无纹饰，上有铁环。墓室平面长方形，条砖错缝铺地。未发现葬具及人骨。出土白釉瓷碗5件、黑釉瓷罐2件，及部分腐朽严重的锡器。

明清土洞墓10座，编号M12、M13、M14、M15、M16、M17、M20、M21、M22、M27。形制大致相同，由墓道、墓门、墓室组成。墓道位于墓室东部，平面呈梯形。墓门由条砖"之"字形立砌封门。共出土符瓦3块，白釉瓷碗3件，黑釉陶罐3件。符瓦朱书，字迹漫漶不可辨。

此次发掘的墓葬时代跨度大，为研究当地丧葬习俗的发展演变提供了重要的实物资料。

（王普军）

【武乡县凹里村战国墓】

发掘时间：2014年6月

工作单位：山西省考古研究所、武乡县文物管理中心

武乡县涌泉乡凹里村发现盗墓情况，经过进行抢救性发掘，共清理战国墓5座。

墓葬形制均为长方形竖穴土坑墓，规格为长4米，宽3米和长3米、宽2米两

种，深约 2 米。盗洞均位于墓葬中部，已到达墓葬底部，墓葬严重扰乱，墓底仅存少许木椁痕迹和底板灰迹。墓葬填土经过简单夯打，土质较硬，土色混杂。M1、M2 为夫妻并穴合葬墓。

这 5 座墓共出土器物 59 件，另从盗墓分子手中缴获残铜剑、铜带钩各 1 件。M2 出土器物较丰富。M3、M4、M5 出土器物数量、组合均相近。

从器物组合看，5 座墓葬出土器物组合均为鼎、豆、壶、盘、匜。其中 M2 为 4 鼎、4 壶、4 浅盘豆、2 盖豆、2 小陶壶，盘、匜、鸟柱盘、筒形器、鸭形尊各 1 件，共计 21 件。M3 基本组合为 2 鼎、2 壶、2 盖豆、罐、盘、匜各 1 件，总计 9 件。M4 基本组合为 2 鼎、2 壶、2 盖豆、盘 1、匜 1，总计 8 件。M5 的基本组合为 2 鼎、2 壶、2 盖豆、盘 1，总计 7 件。

从器物形制看，5 座墓葬出土陶鼎均为带盖鼎，但是盖的形制差别较大。此外，M3、M4 出土陶鼎均无双耳，盖面无捉手、无钮，与其余三座墓差别最明显。这种差别或许是由墓葬主人属于不同族群所导致的。M5 出土陶鼎与 M1、M2 差别也较大，主要表现在鼎盖和三足，但与 M3、M4 则相近。M1、M2 出土陶壶形制相近，并且腹部均有 3 道凸棱纹，M3、M4、M5 出土陶壶形制相近。其余器物无论是陶盖豆，还是陶盘、陶匜，5 座墓葬均相近。根据陶鼎、陶壶的差别，可以把 5 座墓葬分为文化性质不同的两组：M1、M2 为一组；M3、M4、M5 为一组。

从时代看，5 座墓葬出土的器物，无论是组合、还是具体器物的形制，均与长治地区长子孟家庄、屯留余吾墓地，以及山西其他地区发现的战国早期偏晚阶段的墓葬出土器物相同或相近，由此推定这 5 座战国墓具体时代为战国早期偏晚。

（赵　辉　刘　岩）

【晋中市榆次区猫儿岭战国至汉代墓地】

发掘时间：2014 年 4～8 月

工作单位：山西省考古研究所

墓地位于榆次区新华街桃园北路羊毫街小学新址占地区域，地势东高西低。发掘区位于猫儿岭墓群保护区内南部。发掘面积 1650 平方米，发掘古墓葬 34 座，窑址 1 座。出土各类随葬品 216 件。墓葬的年代包括战国、汉代、宋金、明清。其中战国墓 13 座，汉墓 19 座，宋金墓 1 座，明清墓 1 座。窑址为明清时期的砖瓦窑。

战国墓共 13 座，均为长方形土坑竖穴墓，分为口大底小和直壁两种。葬具多为一棺一椁，填土鲜见夯筑，方向多为南北向，只有 M35 一座为东西向，且墓坑较浅。墓葬骨骼保存较差，多数腐朽成灰状。部分墓葬有熟土二层台，随葬品以陶器为主，器物组合以鼎、豆、壶、盘、匜、甑为主。部分墓葬中出土有铜带钩，皆残损。

汉代墓共 19 座，其中 16 座长方形土坑竖穴墓，2 座土洞墓，1 座砖构多室墓。汉代出土器物以陶罐、陶壶为主，少数墓葬出土彩绘陶器，部分墓葬未见随葬品。墓葬方向以南北向为主，东西向次之。土坑竖穴墓的葬具多为一棺一椁，土洞墓的葬具为单棺。砖室墓被严重盗扰，只在回填土中发现汉代"五铢"铜钱一枚。

宋金墓 1 座为带长斜坡墓道土洞墓，用土坯封门，随葬瓷碗、瓷盏等日用器。

此次发掘的墓葬无论形制还是随葬品与该区域历年发掘的情况基本相同，充实了猫儿岭墓群总体研究的实物资料。

（王普军）

【晋阳古城遗址】

发掘时间：2014 年 3～10 月

发掘单位：山西省考古研究所、太原市文物考古研究所、晋源区文物旅游局

晋阳古城遗址位于太原市晋源区晋源

镇，占地面积近 20 平方千米，属于全国重点文物保护单位。2010 年国家文物局批准晋阳古城国家考古遗址公园立项。本年度在以往工作的基础上继续开展一号建筑基址、晋源苗圃探沟、小殿台及"故唐城"（北城墙）的考古发掘。

一号建筑基址位于遗址西南部康培苗圃内，在明确整个建筑的平面布局后，选中轴线所在位置对建筑活动面和基础进行"十"字形探沟解剖，发掘面积 1000 平方米。时代为晚唐至宋代。建筑正殿面阔五间，进深两间，东西厢房各三间，与正殿、中殿形成一天井。中殿位于东西厢房南，面阔五间，进深三间。遗物以废弃的建筑垃圾为主，包括碎砖块、石块、石柱础、筒瓦、板瓦以及数量较多的瓦当，还出土了数量较多的瓷片、陶片。一号建筑紧邻晋阳古城的西城墙，整体规模较小，主要建筑的墙皮均涂红彩，出土器物中包含经幢构件等与佛教相关的遗物，推断为一座寺庙。

晋源苗圃探沟试掘区位于遗址中部晋源苗圃内，在去年的基础上继续发掘 1800 平方米。新发现内城城墙四段，道路多条。此外，建筑遗迹发现较多，唐代建筑遗迹与北朝时期的建筑遗迹一般互相叠压，宋元及以后时期的建筑遗迹较为简单，没有规制，分布零散。出土大量北朝、唐、五代时期的文化遗物。其中，在晋源苗圃花窖内发现的二号建筑基址，方向 20°，南北长 110 米，东西宽 44 米，面积 4840 平方米。基址地面为素土与灰土交替夯筑而成，其上铺设方砖地面；每隔 4 米左右设柱，柱础下的磉墩均匀分布。该建筑基址建造在晚唐地层之上，夯土中的包含物没有晚于五代的陶片或瓷片，其上地层为该建筑基址的废弃堆积，时代全为五代。初步判断应该是一座大型的宫殿前建筑或祭祀坛之类建筑。

小殿台位于遗址中部古城营村西，在去年的基础上选取 T0905、T0906 两个探方继续发掘。于④层下发现排列整齐的柱础三个，两条堆满了北朝至唐代建筑构件的灰沟及一口不早于汉晋时期的井。于⑥层下发现 8 座未成年人墓葬。此外，还发掘战国时期长方形竖穴土坑墓 1 座。小殿台的发掘更加明确了该位置的地层叠压情况以及前期考古发掘建筑遗迹的时代与性质。

"故唐城"（北城墙）位于遗址西北角。去年在此布方发掘 1000 平方米，于地表 3 米下见夯土。今年继续布设探沟两条，发掘面积 420 平方米。清理出的夯土墙宽 18 米～22 米、高 1 米～2 米，夯层厚约 0.15 米～0.2 米之间，未见夯窝。夯土墙之下筑有基槽，高 0.6 米～0.7 米，宽度不明。从出土遗物分析，结合去年的发掘情况，北城墙西北角的时代和性质基本确定，始建于汉，可能沿用至西晋，晚不会到十六国时期。该段夯土建筑为城墙一角的可能性较大，但不能完全确定就是外城的城墙。其分布范围和具体的年代还需要进一步考古发掘。

（石　力）

【忻州九原岗北朝壁画墓】

发掘时间：2014 年

工作单位：山西省考古研究所、忻州市文物管理所

九原岗北朝壁画墓位于忻州市忻府区兰村乡下社村东北约 600 米处。2013 年春，发现该墓被盗，遂组织进行抢救性发掘。

我们采用边发掘边保护的方法做抢救性发掘。2013 年，我们清理留存壁画约 240 平方米，出土数十件随葬品，同时对壁画做了现场加固。2014 年，又对大墓前两个小墓做了发掘，对大墓做了解剖，对周围做了钻探，有幸找到墓园围墙，认定了墓园大致范围。完成全部数字化扫描和壁画保护。

该墓为带斜坡墓道的单室砖墓，坐北朝南。由封土、斜坡墓道、甬道和墓室四部分组成。总长40余米。墓道、甬道和墓室都有壁画。

封土现存平面为不规则圆形，直径16米~26米，高约4米。墓道位于墓室南部，墓道平面呈长方形，长31米，墓道上宽下窄。墓道的做法很特殊，是先挖好很宽的墓道，然后在墓道两侧各砌起一道有三级台阶的土坯墙，把墙面分成上下四部分。再在土坯墙内侧一面涂抹一层掺有麦秸的黄泥，黄泥表面，再加抹一层厚度约0.5厘米的白灰，形成地杖层，最后再绘画。值得注意的是，墓道地杖层卷向地面。这种做法目前仅见于北齐皇帝高洋墓。甬道位于墓道与墓室之间，墓门上方还砌一道墓门墙，这样高大的门墙也是仅见于高洋墓。

墓室平面为弧边方形，穹隆顶，四壁厚0.45米。四壁墙壁原均有壁画，现大部被破坏殆尽，仅顶部星象图保存较好。

本次考古收获之一是壁画，该墓壁画分布于墓道东、西、北三壁和墓室，墓道壁画自上而下分为四层，左右两侧题材一致。第一层壁画是活动于流云中的奇禽神兽、驭龙飞行、骑鹤仙人、雷公风伯等；第二层壁画是至今我国发现最大的马匹交易图和围猎图，围猎场面宏大，无数猎人在山林中任马奔驰，放鹰驱狗，追逐围猎；第三、第四层壁画是出行图，兵士身材高大、穿着虎豹皮服，佩刀挎弓、民族不一，夹杂着几个胡人武士，是北朝民族汇聚、部队勇猛善战的缩影。

墓葬时代据壁画中人物形象和俑与残存器物比较，初步推断其年代为东魏至北齐早期。因墓志被盗，墓主人是谁？身份有待研究。结合墓葬形制规模推测，级别低于河北磁县北齐文宣帝高洋墓，高于河北磁县东魏茹茹公主墓、太原北齐东安王娄睿墓、武安王徐显秀墓和顺阳王库狄迴

洛墓，墓主人应该位高权重，是高氏集团的一位重要人物。

该墓是忻州市发现的首座北朝晚期墓葬，填补了忻州无北朝墓葬的空白。据史书记载，北朝后期，秀荣一带，地方军事力量非常活跃，比如尔朱荣与刘贵，但是一直没有相关的考古发现。目前该墓地的发现，将扭转这种情况，可以与史载互相补充。

该墓的建造有独特之处，一是墓道两侧砌筑土坯墙的做法，没有见过前例，反映出古代营造墓葬技术的地方性或多样性。二是在甬道上方修筑门墙，绘画门楼的做法颇为醒目，揭示了北朝中后期墓葬装饰演变的特点。此外，首次发现北朝墓园围墙，有助于了解北朝大墓的布局。

墓葬壁画内涵丰富，许多内容其他同时期墓葬不见，显然是研究北朝文化和军事演变轨迹的珍贵考古资料。北壁建筑图首次再现了一座北朝华丽门楼，上面新出现许多现代学者不清楚的建筑构件，是研究该阶段木构建筑最珍贵的资料。

北朝存在邺城、长安、晋阳等几大政治文化中心，忻州大型壁画墓的发现，可证当时墓室壁画在不同地区有不同源流和地区特色，引起研究者对并州文化圈的重视。

（张庆捷）

【永济市蒲州故城遗址】

发掘时间：2014年3~8月

工作单位：山西省考古研究所、永济市蒲州故城文物保护管理处

为配合大遗址保护项目，对蒲州故城遗址进行第三次主动性发掘。本年度的发掘工作分四个地点进行，发掘面积1365平方米。

东城墙北地点：通过对东城墙北段的解剖，得知该段城墙的宽度约19.05米，高度约6.4米。城墙夯土自西向东分六列

夯筑，第一至三列夯土为城墙的主体部分，年代为宋金时期；第四至六列夯土是晚期在主体部分上的补筑，年代为明清时期。

第一列夯土底部挖有深约70厘米的倒梯形基槽，先在基槽内夯筑，夯至与地面齐平时再加宽。第一至三列夯土夯层表面分布有密集的小夯窝，圆形寰底，夯窝直径5厘米~8厘米，深0.5厘米~2厘米，分布无规律，多存在打破关系，其夯筑方法为单夯与集束棍夯相结合。第四、五列夯土表面夯窝直径约10厘米~15厘米，深0.5厘米~2厘米，圆形寰底；第六列夯土表面夯窝直径约2厘米~30厘米，深0.5厘米~1厘米，圆形平底；夯窝均成排分布，其夯筑方法为用石质或铁质夯具单个夯筑。

另外，发现的北朝时期的灰坑位于东城墙第一列夯土底部，打破生土，坑内出土遗物多为建筑构件，以绳纹瓦为主，还有1件卷云纹瓦当、1件"常乐万岁"瓦当和2枚完整的北周"布泉"。出土的北周"布泉"是蒲州故城遗址迄今发现最早的有明确纪年的遗物。

东城墙南地点：在城外区域布设两条东西向探沟，北侧的探沟内③层下遍布夯土，夯土土质、土色、包含物及夯筑工艺与2013年在IT003267③层下发现的夯土遗迹相同，均为东西向，其性质应为宋金时期东城门瓮城墙体。南侧的探沟内文化层较薄，多为淤积的沙土，推测其性质为东城城外的护城河遗迹。

通过对现有城墙的局部解剖，弄清了东城墙的建筑年代为宋金时期。虽未发现唐代的城墙，但发现的北朝时期的灰坑说明蒲州故城遗址存在更早期的遗存，对探讨蒲州故城的建城史有重要意义。

（贾 尧 王晓毅）

【五台县唐宋佛光寺遗址】

发掘时间：2014年7~11月

工作单位：山西省考古研究所

为了解佛光寺周边区域文化遗存的分布范围、时代和性质，我们对佛光寺北围墙外北部"各寮院"遗址区及北围墙外台地进行了调查、勘探，并在勘探的基础上进行了小规模的试掘。

各寮院区域现为地势东高西低的10个台地，勘探面积约10000平方米。共发现砖瓦窑10座，灰坑2个。试掘采用探方发掘法，发掘面积180平方米，揭露唐代砖瓦窑1座，编号为Y10；金元时期的砖瓦窑2座，编号为Y5、Y6。

三座窑均坐东朝西，顶部不存，在生土上掏挖窑室、火膛，以砖坯垒砌排烟孔和烟室。个别窑室内有一圈砖坯垒砌加固的窑壁。火膛中为黑灰色木灰。

Y10窑室平面为马蹄形，由窑门、窑室（火膛、窑床）、排烟孔、烟室等组成，窑室长3.6米、宽0.76米~2.78米、深1.76米~1.88米，烟室平面为横长条形，长约2.24米、宽约0.44米。

Y5、Y6窑室平面均为圆形，保存较差。由操作间、窑门、窑室（火膛、窑床）等组成，排烟孔和烟室仅存少许遗迹。

砖瓦窑内出土的遗物主要是窑址废弃后回填的碎砖块、瓦块等，另有少量的陶片、瓷片。部分瓷片上有墨书的"佛""光寺""上院"等文字。

北围墙外平台，勘探面积5200平方米，以砖瓦等建筑废弃后形成的堆积为主。试掘布设探沟两条。TG1内发现一座建筑基址，编号为F1。从揭露部分看，房内部分为夯土，东部边缘包青砖，外部铺设宽约1.2米的散水，散水外即为生土。由于揭露面积有限，建筑的完整结构和布局不清楚。结合出土遗物判断F1不晚于金元时期。

通过本年度的调查、勘探和试掘，初步认识到各寮院所在区域为唐代至金元时期专门为佛光寺烧造砖瓦等建筑构件的窑场。北围墙外发现的F1，与围墙内现存的金代建筑文殊殿时代相近，为探讨金元时期佛光寺的建筑布局提供了新的资料。

（刘　岩　赵　辉）

【新绛县绛州州署遗址】

发掘时间：2013年3月～2014年12月

工作单位：山西省考古研究所

通过对史籍资料的考证，考古发掘的范围主要划定在两处区域，Ⅰ区是位于现存大堂建筑前（南面）的一片区域，发掘面积为4800平方米，考古发掘基本结束；Ⅱ区是位于现存二堂后边（北面）的另一片区域，发掘面积为1500平方米，考古发掘工作仍继续进行。

根据考古发掘的成果，对Ⅰ区发掘范围内的建筑布局有了一个较清晰的认识。其建筑布局为中轴线对称，轴线与现存大堂建筑的轴线相比略偏西。在轴线上分布着堂前院落和院落前（南面）区域，在堂前院落的两侧则为各文化面貌时期的绛州州署附属院落建筑群。

堂前院落由两条较长的南北向东西院墙和一条东西向的南院墙组成，形成了一个略呈斗状的平面布局，面积在2000平方米左右。在院落内的轴线上自北而南分别清理出三座由小而大的砖包月台、一条砖砌甬道、一座方形砖砌建筑的基址和一面遭破坏的砖砌坡道。三座月台中最小的月台系宋代遗迹，保存较差；中间一座月台为元代遗迹，夯层明显，其中在两个近角处的夯层内都掺杂有瓦片，推测其上可能存在带屋顶的建筑物；最外层的月台为明清遗迹，明清月台的南端与甬道相接，应系同时修建。甬道贯穿院落中间，将院落分为东西两部分，其曾多次重修和改建。方形建筑基址推测为元代遗迹，全部被包

裹在甬道之内，其在近四角均青砖立摆，似为立柱而作。再往南为一面坡道，全部用立砖铺砌，推测其年代同属元代。院落内其他建筑也呈对称分布，两条与东、西院墙并行的甬路及院落地面全部用青砖铺砌，其时代与甬道同时。院落内地层堆积较为简单，出土遗物多为明清时期的瓷片，应系清代晚期短时间堆积而成，其废弃年代约在清光绪年后。

两侧的附属院落地层堆积可分为四层。第①层为明清时期文化层，第②层为元代文化层，第③层为金代文化层，第④层为宋代文化层。该区域内的遗迹保存较差，两侧均以房址、道路、地面居多，另有少量的窖穴、灰坑等。多数的房址由于破坏较甚，面积、体例、结构等都不甚明了，唯在大堂院落东侧区域的④层清理出分布非常整齐的础石，础石形状多数呈矩形，东西呈三排，南北较清楚可见六行，间距相同，排列齐整，明显应系宋代房屋的柱础石遗存。该区域内发现的遗物包括瓷器、陶器、建筑构件及金属货币等，尤其是铁质钱币的出土颇丰，经初步统计目前发现的数量已在12000枚以上。在其中的一个灰坑中发现了少量的铜质和成堆的铁质钱币，目前共发现六个不同时期的北宋年号，其所属时间段集中分布在北宋中晚期，尤以宋徽宗时期的"政和通宝"数量最多。

Ⅱ区的地层堆积和Ⅰ区基本相同，其建筑分布也以轴线为准呈对称分布，在现存二堂的北侧，中轴线上清理出一座明清时期的房屋基址，基址以青砖砌筑，面阔三间，柱础位置保存较清楚，在两次间内还清理出两座位置对称的灶台，该灶台的形制为炉口居中，前端为长方形的出灰口，另一端为长约两米的烟道，推测其应为当时房屋的取暖设施，类似现在的地暖。此类灶台在Ⅰ区不见，而在Ⅱ区发现十余处之多，这应该是与其建筑使用分区和功能有直接的关系。Ⅱ区发现的遗物也多与生

活有关，包括瓷器、陶器、钱币、砚台及装饰小件等杂物。另在该区域实验方的④层，清理出一块镌刻大唐乾封年号的造像残碑，石碑正面上部为人物和动物造像，下部为碑文镌刻。由于该碑曾被后人再用，碑文已缺失三行，但仍可看出系供养人阎氏为其亡夫所立。在石碑的背面线刻分坐于两个蒲榻之上的人物形象。

绛州州署根据文献记载，自初唐开始在此设立绛州总管府，后历代州署皆在原址沿袭使用，文化面貌可谓丰富。通过两个年度对绛州州署遗址的考古发掘，对于该遗址的建筑布局和文化面貌有了更深入的认识。作为保存较完整的一处古代官式建筑，它的结构布局在各时期基本上都沿袭了古代传统建筑群中"前堂后室"的建筑形式，遗址的规划因使用性质的不同区分明显，具有非常典型的代表性。

（杨及耘　王金平）

【襄垣县西故县村金代墓葬】
发掘时间：2014 年 4 ~ 5 月
工作单位：山西省考古研究所、襄垣县文博馆

襄垣县下良镇西故县村管道作业过程中发现古墓一座。墓葬位于现今地表以下1.2 米，墓顶东北角被破坏。

墓葬为仿木构砖雕多室砖墓，墓向180°，编号 2014XXM1，由墓门、一"院"和五"室"组成。中央院落平面呈长方形，南北长 2.3 米，东西宽 2 米，通高3.8 米。底部一周有莲瓣须弥座，立面有砖雕开光花卉。座上南部接墓门、其余三面共设 5 个墓室。四壁设角柱，上承砖雕斗拱，四铺作出耍头。柱头铺作及柱间铺作栌斗下方均为砖雕力士，普拍枋间为砖雕壸门形开光，内为人物故事。斗拱上承檐椽滴水。斗拱施红、黄两色彩绘，拱眼壁有花卉纹样。彩绘多已漫漶不清。四角攒尖顶。院落北壁正中接一东西向长方形

墓室，墓室长 1.8 米，宽 1.1 米；东西两壁中部各设两个南北向长方形墓室，南北长 1.8 米，宽 1.1 米。墓室门为券门，门上设门簪，未见门板及封门类设施，墓室均为券顶。南壁墓门两侧壁面隐刻灯台及马羊形象。

5 个墓室内共埋葬墓主人 13 人，分别是北室 2、东北室 3、东南室 2、西北室 4、西南室 2 人。其中有两具系火葬。无棺，个别墓室底部有木板灰烬，似为尸床遗迹。

随葬品有瓷枕、瓷钵、瓷罐、铜镜、铜勺、铜钗、铜钱、串珠等，共计 26 件（套）。从墓葬结构形制及出土器物判断，该墓为金代墓葬。

（刘　岩　刘跃中）

【左权县粟城村金代砖雕壁画墓】
发掘时间：2014 年 6 月
工作单位：山西省考古研究所、晋中市考古所、左权县文物局

该墓位于粟城村西北山底缓坡地上，村民修建新坟时发现，墓顶遭到破坏。

墓葬为仿木构砖雕壁画双室砖墓。由墓门甬道、前室、过洞甬道和后室组成，墓道未发掘。墓门甬道为拱形，宽 0.6 米，深 0.7 米，高 1.24 米，外部以大石板封堵；前室平面呈方形，2.20 米见方，高3.56 米，四角攒尖顶；过洞甬道宽 0.58米，深 0.36 米、高 0.96 米；后室平面为长方形，东西长 2.25 米、南北宽 1.58 米、高 1.9 米，底部设有棺床，宽 1.16 米，顶部四面斜收，成五条脊线。

墓葬早年被盗，墓葬南壁西南角被破坏，以大石块封堵。墓内无遗物。前室四壁有砖雕仿木构结构：北壁过洞两侧为砖雕直棂窗，东壁中部为妇人启门，西壁中部为板门，均涂朱。普拍枋上设转角斗拱和补间斗拱，均为五铺作，令拱上承替木、橑檐枋，其上为檐椽、飞子、勾头滴水。仿木构构件上满是彩绘装饰纹样。

墓室四壁满绘壁画，北壁过洞上方绘有"亡父万年之堂"牌匾，西壁板门北侧绘有墓主人飨宴图，旁有"八翁之位"榜题。其余壁面绘"二十四孝"图，且均有内容题记。前室墓顶四面各绘盆花。

后室棺床东西两侧壁面上各绘三个围屏，围屏中为湖石花卉，围屏外各站立四位妇人，或袖手而立，或手持团扇，或手持铜镜；北壁绘衣架，两侧各有一名侍女；南壁甬道两侧各绘一名侍者，叉手而立；墓顶绘四枝花卉。从墓葬形制、壁画内容、人物服饰等判断，该墓为金代墓葬。

（刘　岩　崔晓东　姜　杉）

【忻州市九原岗墓地明代墓葬】

发掘时间：2014 年 5~8 月

工作单位：山西省考古研究所、忻州市文物管理处

九原岗墓地位于忻州市兰村乡下社村东北约 600 米处，是忻州市市级文物保护单位。2014 年 5 月下旬开始，在北朝壁画墓南侧发掘了两座明代墓葬（M2、M3）。

M2 为长方形斜坡墓道，"弓"形券顶，用青石、砖垒砌而成，被盗，坐北朝南。由墓道、过洞、甬道、墓室及墓室东、西、北壁中间三个壁龛组成，墓道位于墓室南端，长 18.8 米，宽 1.9 米~1.6 米，深 7.66 米，南北总长 26.9 米。

M2 是一座夫妇合葬墓。甬道东西两壁及墓室周壁和顶部均绘有壁画，30 余平方米。墓室东壁和西壁建筑均为三开间，有莲花柱础石 8 个，东壁人物南部有一个炼丹炉，南北两侧为周墙，北壁为三开间，有莲花柱础石 4 个，人物 2 个，南壁东西两侧各站立 1 个人，手持法器（类似瓜棱锤），顶部有云气图案；墓室顶部绘有龙的图形；甬道东西两壁为山水图形。出土有墓志铭、诏书碑、瓷罐、瓷瓶、带饰件等 50 件。

M3 是一座单人葬，为男性，长方形

斜坡墓道"弓"形券顶，用青石、砖垒砌而成，坐北朝南。由墓道、过洞、甬道、墓室及墓室东、西、北壁中间三个壁龛组成；墓底距地表深 7.62 米，墓道位于墓室南端，立面倒"梯"形，口小底大，长 15.2 米，宽 1.4 米~1.8 米，深 7.25 米，南北总长 22.7 米。出土有墓志、瓷罐、瓷瓶、瓷缸、银簪、带饰件等 19 件。较有价值者，为青金石腰带饰片。

M2 墓主人为明代王府辅国将军，M2 和 M3 两墓主人为父子关系，东 M2 是父母合葬墓，西 M3 是其子。

（张庆捷）

【永济市蒲州故城明代鼓楼】

发掘时间：2014 年 7 月

工作单位：山西省考古研究所、永济市蒲州故城文物保护管理处

为配合蒲州故城遗址公园建设，在蒲州故城东城（明代城墙部分）进行了考古发掘，主要是西城鼓楼与西城东北角楼。

西城鼓楼：始建于明代，鼓楼台基顶部基址呈正方"回"字形结构，进深五间，面阔五间带回廊。现仅保存部分北、西侧墙体、回廊柱础和铺地砖。在鼓楼东、西两侧发现清至民国时期的路面、散水以及房址。

西城东北角楼：建于明代，被破坏严重。平面呈长方"回"字形结构，现仅存夯土台基、东回廊墙体以及东、北回廊铺地砖。

通过对西城鼓楼和东北角楼两处基址的清理，弄清了两处基址形制和结构，为以后的文物保护工作及遗址公园建设提供了考古依据。

（张朝阳　贾　尧）

【翼城县幺里金元至明清墓葬】

发掘时间：2014 年 10~11 月

发掘单位：山西省考古研究所

幺里墓葬位于翼城县南梁镇幺里村东，

为配合禹门口提水东扩工程发掘墓葬 5 座（编号 M1—M5），其中砖室墓 3 座，土洞墓 2 座。墓葬年代为金元到明清时期。

M1 为砖室墓，长方形竖穴墓道位于墓室南侧，南北向。墓室砖砌，平面为横长方形，直壁，顶部为八角叠涩攒尖顶。墓室底北部为棺床，棺床南侧正中单砖砌筑方框，为墓室地面。墓门位于墓室南侧，条砖砌筑，拱形券顶。墓门用条砖封堵。棺床南北并列放置三具人骨，头均向东，北侧墓主人为二次葬，骨架保存较差。出土器物有瓦符 1、铁灯 1、黑釉瓷罐 3、陶钵 5 件。铜钱 7 枚。卵石 8 块。买地券 1 件，面上朱文，年款为"明正德十六年四月初四日"。根据买地券上的年款确定 M1 为明正德年间。

M2 为砖室墓，梯形竖穴墓道位于墓室南侧偏西，南北向，南窄北宽。甬道和墓室采用条砖砌筑，墓室平面近方形，直壁，壁面砌有门窗装饰，墓顶八面叠涩收起，顶部藻井为素砖鱼尾饰。南壁墓门东侧有一小壁龛。墓门位于墓室南侧，条砖砌筑，拱形券顶。墓门用条砖封堵。棺床上有东西向并列三具人骨，头均向北，骨架散乱，推测为二次葬，骨架保存较差。出土器物有：瓷灯盏 1 件，位于壁龛内。陶罐 2 件，位于墓室北壁下。根据墓葬形制和出土器物推测 M2 年代为金元时期。该墓整体搬迁回室内。

M3 为土洞墓，梯形竖穴墓道位于墓室南侧，南北向，南窄北宽。墓室平面为北宽南窄的梯形。直壁，顶部发掘时坍塌。墓室底部铺砖，上置棺具。墓门位于墓室南侧，条砖砌筑，拱形券顶。二重墓门，采用整块石板和板瓦封堵。墓室内东西向并列三具人骨，头均向北，西侧人骨葬具保存较好。东侧墓主人推测为二次葬，骨架保存较差。出土器物有：瓷碗 1、瓷罐 1、铜扣 2、铜簪 1、琉璃扣 2、瓦符 1 件，铜钱 10 余枚。根据墓葬形制和随葬器物推

断 M3 为明代时期。

M4 为土洞墓，梯形竖穴墓道位于墓室南侧，南北向，南窄北宽。墓室平面为长方形。直壁，顶部发掘时坍塌，底面平整。墓门位于墓室南侧，未发现封门。墓室内无人骨，推测人骨迁走。出土器物有陶钵 2 件，位于墓室入口处。根据墓葬形制和出土陶钵推测 M4 年代为明清时期。

M5 为砖室墓，被盗扰。长方形竖穴墓道位于墓室南侧，南北向。甬道和墓室采用条砖砌筑，墓室平面横向长方形，直壁，顶部为八面叠涩收起，墓室北部多半为棺床。墓门位于墓室南侧，条砖砌筑，拱形券顶。墓门采用条砖封堵。棺床上有南北并列放置二具人骨，头均向东，骨架保存较差。出土器物有：陶钵 5、瓷碗 1、铁器 3、铁灯 1 件。根据墓葬形制和出土陶钵推测 M5 年代为明清时期。

（王金平　陈海波）

【长治市郊区小罗村明代墓葬】
发掘时间：2014 年 1 月
工作单位：山西省考古研究所、长治市文物旅游局、长治市郊区文物旅游发展中心

长治市高速公路东口连接线建设工程在施工中发现了一座明代墓葬。遂对该墓葬进行抢救性发掘。

该墓位于长治市郊区小罗村西北约 800 米的一处地势呈北高南低的台地上。发现时，墓道已被机械施工部分破坏，墓室尚保存完整。墓葬形制为土洞墓，墓道朝南，葬具二棺，均已朽塌，为一夫妇合葬墓。出土了 130 余件带有浓郁地方特色的琉璃随葬品，品种有琉璃俑、琉璃马、琉璃房子、琉璃轿子、琉璃椅子、琉璃箱子、琉璃荷叶盖罐、琉璃碾子、琉璃磨子、琉璃井台、琉璃灶台等生产和生活用具。

本次发掘出土这批随葬器物，对进一步研究明代时期晋东南地区的历史文化、

社会经济等提供了新的颇有价值的实物资料。

（杨林中）

【壶关县北庄村明代墓葬】

发掘时间： 2014 年 6～7 月

工作单位： 山西省考古研究所、长治市文物旅游局、壶关县文体广电新闻出版局

　　壶关县西外环路建设工程在施工中发现了一座明代墓葬，遂对该墓葬进行了抢救性发掘。

　　该墓葬位于壶关县龙泉镇北庄村西约100 米的农田地里。墓葬为砖室拱券结构，墓道向西。墓室内东西长 5.6 米，南北宽4.4 米。墓顶三券，墓门三券三覆。此墓早年曾遭盗，葬具及骨架与淤泥混杂，凌乱不堪。发掘出土可修复琉璃器 70 余件，品种有琉璃房子、琉璃荷叶盖罐、琉璃俑、琉璃马等。在墓室正东壁龛内出土"代保神"碑一通，记载了墓主后人选坟地、买坟地、修建坟地等相关事宜。在墓道与墓门结合部出土墓志一合。据墓志记载：墓主人为刘小泉，是当时潞安望族，生于嘉靖三十九年（1560），卒于天启四年（1624），天启七年（1627）葬于此地。生前为礼部儒官，该墓为刘小泉与夫人杨氏、潘氏的合葬墓。

　　本次发掘，为研究壶关县明代时期的风俗文化、社会民情提供了重要的实物资料。

（杨林中）

【晋中市榆次区小南庄清代墓地】

发掘时间： 2014 年 11 月

工作单位： 山西省考古研究所、晋中市考古研究所

　　墓地位于榆次区乌金山镇小南庄村南约 400 米处，鸣谦大道与定阳路十字路口东南角，地势平坦。发掘面积 200 平方米，发掘墓葬 10 座，编号 2014YKM1—M10，时代为清代，全为土洞墓，墓道均在洞室南侧。墓道平面分为梯形和长方形两种。墓室顶均坍塌，墓室底形状有梯形、长方形、不规则四边形、扇形等。葬具有单棺、两棺和三棺。葬式多为仰身直肢，少数为迁葬，头向均朝北。共出土铜钱、铜饰、铁钱、铁饰、瓷罐、小瓷壶、符瓦、符砖、买地券、扣子等铜、铁、陶、瓷器约 300余件，其中以铜钱、铁钱最多，约 200 余件，容器主要为黑釉瓷罐，共 15 件。

　　以 M5 为例，墓向 185°，墓道位于墓室南部，平面长方形，墓道近墓室部分为台阶式，其余部分为斜坡。墓室顶部塌毁，底部平面为梯形。土坯封门。葬具为双棺，棺内各置人骨一具，为夫妇合葬墓。出土器物有买地券、符瓦、符砖、瓷罐、瓷壶、扣子、铜钱等。其中符瓦多达 6 块。所出铜钱可辨者有道光通宝、乾隆通宝、熙宁元宝、咸平元宝、万历通宝、元祐通宝、嘉庆通宝等。

　　此次发掘，为研究晋中地区清代丧葬习俗提供了新的实物资料。

（王普军）

内蒙古自治区

【通辽市哈民新石器时代遗址】

发掘时间：2014 年 7～10 月

工作单位：内蒙古自治区文物考古研究所、
科尔沁左翼中旗文物管理所

哈民遗址位于内蒙古通辽市科左中旗舍伯吐镇东南 20 千米，南距通辽市 50 千米。遗址南望西辽河，北靠新开河，是大兴安岭东南边缘，松辽平原的西端，科尔沁草原的腹地。

本年度对哈民遗址北区和南区分别进行抢救性发掘，其中北区揭露面积为 1000 平方米，南区揭露面积 400 平方米，两处共计清理房址 13 座，墓葬 1 座、灰坑 4 个，共出土遗物有陶、石、玉、骨、角、蚌器等共计 150 余件。

北区发掘位于原发掘区正东，整个遗址的中部偏南。共清理房址 10 座，布局成排、规整统一，房址平面呈"凸"字形，为圆角长方形或圆角方形，结构半地穴式，门道朝东南，门道多呈长方形。房址出土陶、石、骨、蚌器及动物骨骼等。

北区发现 1 座墓葬，编号 M14，平面长方形土坑竖穴墓，为三人葬，骨骸保存差，可见三头骨和部分肢骨，葬式为侧身屈肢，头向西南。墓内仅见几枚蚌壳，无其他随葬品。灰坑大都位于房址附近，灰坑平面呈圆形、椭圆形，多为平底和圜底，灰坑内出土遗物较少，仅见陶片、动物骨骼和蚌壳等。

南区发掘位置在该遗址北边缘处，总计发掘清理房址 3 座，保存较差。平面呈"凸"字形，居室呈圆角长方形或圆角方形，结构为半地穴式，门道朝东南，门道多呈长方形。房内出土遗物较少，仅见少量陶器、石器和蚌器。

本年度出土遗物陶器仍以细砂质陶为主，少量的泥质陶。器型有斜直壁筒形罐、小口双耳溜肩壶、敞口弧壁浅腹钵、敞口斜壁平底盆、少见纺轮、斜口器等。还有一些用途不明的器物。陶器纹饰以"麻点纹"和素面为主，极少刻花纹和彩陶片；石器制法以琢制和磨制为主。器类有磨盘、磨棒、饼、斧、锛、耜、砍砸器、环状器、镞、叶等。玉器出土仅一件三联璧；骨器大多以大型动物肢骨、角等劈削、磨刻加工而成。蚌壳经钻孔、磨刻形成的刀、饰件等。

本次发掘又获取了一批新资料，这将为我们确定哈民文化具体内涵及文化属性增添新的内容。哈民遗址房屋结构、墓葬形制具有明显的北方草原地域文化特点。陶器组合富有鲜明的自身特征，以麻点纹为代表的陶器群有别于辽西地区已发现并命名的其他考古学文化。其石器工具组合也与周邻已知考古学文化具有一定的区别。目前哈民遗存仅见于西辽河以北、以东广袤的科尔沁草原上，年代距今约 5100～5500 年。哈民遗址的发掘为重新认识并复原史前聚落的真实面貌及其复杂的人地关系等提供了科学翔实的资料。

（吉 平 长 海）

【托克托县海生不浪新石器时代遗址】

发掘时间：2014 年 8 月 23 日～11 月 7 日

工作单位：内蒙古文物考古研究所、中山大学人类学系、托克托县博物馆

海生不浪遗址位于托克托县双河镇海生不浪村北 500 米的沙丘上，地理坐标北纬 40°10′32″，东经 111°16′01″，海拔 1030 米。遗址坐落于黄河以北 1800 米的三级台地，高于河床 70 余米，遗址东西宽约 340 米，南北长 340 米，总面积约 9 万平方米，沿沙丘的东南西三面斜坡及坡顶不均匀分布。遗址东西两侧为巨大的冲沟和沙丘，构成了天然的界限，整个遗址环境优越，地势高敞。此次发掘区域位于 1992 年发掘区的北部，发掘探方 17 个，实际发掘总面积 520 平方米（含扩方），共清理新石器时代晚期海生不浪文化和青铜时代朱开沟文化的灰坑 47 个，房址 13 座，灰沟 2 条，收集记录各类小件标本 1000 余件。

遗址主要包含两个时期的遗存，仰韶文化晚期海生不浪文化灰坑 22 个，其形制有圆角长方形、圆形、椭圆形、不规则形等，以 H45 为代表的一类较大的圆角长方形坑比较有特点。海生不浪类型房址共 9 座，均为浅地穴式或半地穴式，由于水土流失破坏严重，仅保留房址底部地面、灶坑、柱洞和墙基。其构筑方式为在坡面上切挖出平整的地基再建筑房屋。此类型房址平面呈现圆角长方形，间宽大于进深，坐北朝南，居住面皆用白碱土铺垫。根据房址内灶的数量，可划分出无灶、单灶、双灶三种类型。

此次还发掘青铜时代朱开沟文化灰坑 25 个和地穴式房址一座（F13）。F13 位于 T0605 内，平面近圆角长方形，间宽大于进深，斜坡式门道位于房址南侧中央，房址整体呈袋状，南北两壁略直，东西两壁斜收较甚，在房址东北角发现浅坑式壁灶一处。房址内填土中出土有鬲足和鬲的腹片各一。

遗址出土大量陶器残片，夹砂陶多为灰陶，亦有褐陶、红胎灰皮陶及少量红陶；纹饰多为杂乱绳纹，亦有少量篮纹，个别为网格纹，颈部（尤其是折沿罐）大多盘筑一道链条形的附加堆纹；器型以折沿罐居多，其次为直口缸、敛口瓮、筒形罐，另有极少量鬲、甗。泥质陶以灰陶为大宗，另有红陶、黄陶、褐陶及少量橙黄陶，多为素面，纹饰以篮纹为主，少量为绳纹、弦纹和锥刺纹，其中可辨识器型的有喇叭口尖底瓶、敛口钵、折口钵、折腹钵及小口双耳罐。该遗址还发现了少量彩陶片，以红陶黑彩、红黑复合彩为主，纹饰母题包括鱼鳞纹、条带纹、网格纹、锯齿纹等。此外，该遗址还发现有各类骨器、蚌器、石器、陶器工具和饰品，其中以形制多样的各类环饰品为大宗，另发现有石钻头、磨棒、圆饼形器等生产工具。

在对遗址周边进行调查工作的过程中，在海生不浪遗址北部 500 米，新发现了同时期海生不浪文化遗址一处。

（谭玉华）

【和林格尔县盛乐古城遗址】

发掘时间：2014 年 4～12 月

工作单位：内蒙古自治区文物考古研究所、和林格尔县文物管理所

盛乐古城位于内蒙古自治区呼和浩特市和林格尔县上土城子村北 1 千米处。

本年度发掘墓葬 95 座，其中战国 67 座，汉代 2 座，唐代 26 座，出土各类遗物百余件。

战国墓葬均为方形竖穴土坑墓，分口大底小的斗状和口底同大直壁两类，部分墓葬带有头龛和头箱。部分有棺椁葬具，葬式均为单人葬，人骨保存较好，为仰身直肢和仰身屈肢两种。随葬品有陶罐、钵、盖壶、铜带钩、铜镜、铜镞、铁带钩、贝壳、玉环等。其中钵盖罐现象较为常见，

主要有以下例墓葬为典型。

汉代墓葬皆为土坑竖穴，带土洞式甬道，斜坡式墓道和土坑竖穴带甬道，斜坡式墓道两种。均为单人仰身直肢葬。随葬有漆耳杯、盘、陶壶和其他饰件等，以M2558为典型。

唐代墓葬为土洞墓，带斜披式墓道，分为直洞式和偏洞式两种。均为单人葬，葬式以仰身直肢为主。随葬有塔形器，双耳陶罐、罐、白瓷碗、酱釉瓷碗、瓷钵、白瓷香炉、瓷盏、双系瓷罐、铜镜、铜带挎、铜钗、铜镊、铜钱、铁剪、铁刀、骨梳、贝壳等。

和林格尔盛乐古城在历史上为古"襄"地，早期属于猃狁活动地区，战国时期为赵国云中郡管辖，汉代为定襄郡成乐县，北魏为盛乐都城所在，隋唐时期为单于大都护府管辖，文化积淀深厚。此次墓葬的发掘，以春秋战国墓葬为多，唐代墓葬位次，说明和林格尔盛乐古城地区至少在汉代以前就有了较为发达的历史文化。本次考古发掘发现不同历史时期的墓葬，出土了大量的文物，这将进一步为研究和林格尔盛乐古城的历史沿革、丧葬制度、文化分期等提供丰富的实物资料。

（陈永志　朱家龙）

【杭锦旗霍洛柴登古城遗址】

发掘时间：2014年8～10月

工作单位：内蒙古自治区文物考古研究所、杭锦旗文物管理所

霍洛柴登古城位于鄂尔多斯市杭锦旗锡尼镇浩饶柴达木嘎查北约1.5千米，东南距旗政府所在地锡尼镇20千米。古城址平面呈长方形，城内地表遍布陶片及砖瓦等，古城时代经考证为西汉武帝至王莽时期。

本年度对古城外西南侧的窑址区进行了清理发掘，发现烧制陶器窑址5座。此次发掘的5座烧制陶器窑址均位于古城外西南侧，这一带红土深厚，且临近水源，应是古城附属的窑址区。清理的5座窑址平面形状、结构基本相同，窑室平面近长方形，窑床及窑室壁均有一层青褐色烧结面。窑床外有火膛和烟囱，部分窑址保存较好。出土器物有大量陶片、板瓦、长方形菱格纹砖及少量铁器、数枚"货泉"等。陶器器形有罐、壶、盆、甑、碗、鏊等，其中部分陶器已烧变形。另外陶窑内出土马与猪陶俑各一件，造型生动。

从发掘出土的陶器等实物情况看，与霍洛柴登古城内出土的陶器等形制相同，霍洛柴登古城及周边发现的陶器、陶俑等一部分应是本地铸造，以就地解决当时生活等方面的需要。此次杭锦旗霍洛柴登古城发现的制陶窑址及出土器物，对于研究该地区两汉时期的历史、制陶技术等领域都有重要的意义。

（连吉林　岳够明）

【正镶白旗伊和淖尔北魏墓群】

发掘时间：2014年8～12月

工作单位：内蒙古自治区文物考古研究所、锡林郭勒盟文物局、锡林郭勒盟文物管理站、正镶白旗文物管理所

伊和淖尔墓地位于正镶白旗伊和淖尔苏木宝日陶勒盖嘎查东北5千米处，西北1千米为哈达其格恩淖尔，东北4.5千米为伊和淖尔。墓地地处浑善达克沙地南缘的一处丘陵谷地中，墓地环境为典型的草原地貌。本年度发掘3座墓（编号M4—M6）。

M4竖穴土坑墓。墓坑开口于地表向下0.7米处，平面呈长方形，口大底小。坑底中央放置一具朽烂变形的长方形木棺，棺内放置一具人骨，仰身直肢，头向西北，面向上，骨质非常疏松。墓坑南部的填土顶部出土了1件铜铃，墓主头骨西北侧出土了2件陶壶，头骨西南侧出土了1件齿

贝，右臂西南侧出土了 1 件铁刀。

M5 墓葬结构为带有斜坡形墓道的土洞墓。墓道平面呈梯形，西南端略窄于东北端，墓道底部为斜坡形。甬道为直壁拱顶。甬道入口及墓道中段分别有一个长方形的盗洞，其中甬道入口处盗洞的填土中出土了一些盗扰出来的遗物，有金指环、鎏金指环、铜泡钉、水波纹陶片，有缝合痕迹的皮制品、棺木碎屑、铁钉等。盗洞底部堆放着扰动出来的木棺板。墓室已坍塌，墓室中央的坍塌土中残存棺木的印痕，印痕局部残存彩绘图案。棺内遗物已被盗扰一空。墓室西南角出土了一件陶壶和少量动物骨骼，墓室西北角和东北角分别放置了一具有焚烧痕迹的动物骨骼，西北角动物骨骼下面出土了许多破碎的漆器，东北角动物骨骼周围出土了一些铁帐钩。

M6 墓葬结构为带有斜坡形墓道的土洞墓。墓道平面呈长方形，墓道底部为斜坡形，墓道两侧有台阶形踏道，墓道底部的坡面上有许多台阶形浅窝。墓室入口处用木板竖直封堵，墓室已坍塌，顶部有一个圆形的盗洞。墓室平面呈长方形，直壁拱顶。木棺放置在靠近墓室东壁的位置。木棺中央放置一具人骨，仰身直肢，头向东北，面向上。墓主头骨东北侧放置漆碗和筒形漆器，头部两侧分别出土了一枚金耳环，胸前放置一个金项圈，腰部佩有金腰带，手指上戴有金指环，右臂外侧出土了一些木箭杆，双足间出土了一件骨弓弭，足端上方摆放一件陶壶，陶壶下方放置一条穿在皮制品上的挂链。墓主胸部左侧放置了一具动物骨骼（主要为腰椎骨）。

M4 出土的篦线纹陶壶无论造型还是纹饰均具有明显的辽代风格。M5、M6 为北魏平城时期的墓葬。伊和淖尔墓群规格较高，它地处锡林郭勒草原腹地，位于北魏六镇和北魏长城之北，地理位置较为独特。伊和淖尔墓群的发掘，为研究北魏时期的边疆历史提供了极为珍贵的材料。

（宋国栋　李春雷　曹　鹏）

【巴林左旗辽上京宫城遗址】

发掘时间：2014 年 7 ~ 10 月

工作单位：中国社会科学院考古研究所内蒙古第二工作队、内蒙古自治区文物考古研究所

辽上京遗址位于巴林左旗林东镇东南。城址由北部的皇城和南部的汉城两部分组成，平面略呈"日"字形，总面积约 5 平方千米。皇城城墙保存较好，平面呈不规则方形，宫城位于皇城的中部。尽管皇城地表遗存丰富，皇城中部的宫城殿址也依稀可辨，但是宫城的准确范围一直不清楚。本年度开展的考古钻探，重点围绕宫城内的主要遗迹进行复查和确认，同时又发现了一些相关的新线索。以此为依据，我们先后对宫城北墙、南墙、西墙上的六处城墙遗址以及西门遗址，布设探沟、探方进行考古发掘。主要工作如下。

一、宫城城墙遗址

从现地表遗存来看，辽上京宫城城墙保存状况较差。除北墙还有局部隆起，大部分已掩埋于地下，无法分辨。通过对辽上京宫城北墙、南墙和西墙的考古发掘与解剖，可知残存宫城城墙由夯土夯筑而成，夯土可分为地上墙身和地下基槽两部分。地上的墙身部分残存高度约 0.3 米 ~ 2.0 米不等。目前发现的宫城北墙和西墙的底面宽度均 2.6 米 ~ 2.9 米左右，主体为黄色夯土。南墙的底面宽度约 6.6 米 ~ 6.8 米，主体为灰褐色夯土。地下的基槽部分深度约 0.25 米 ~ 0.45 米，南墙局部基槽深度达 0.92 米。墙基两侧筑有夯土护坡等附属设施，墙外可能设有壕沟。通过发掘和解剖，我们在宫墙夯土侧壁上发现等距分布的立柱痕迹、在夯土底部发现等距分布的小柱坑，这些可能与夯土宫墙的营建相关，是较为重要的考古新发现。根据遗

迹和出土遗物推定，宫城城墙建于辽代，局部有夯土增补修筑；毁弃于金代，局部城墙上已建有金代房址。

二、宫城西门遗址

宫城西门位于宫城西墙中部，与皇城西门相对。通过钻探发现两门之间有道路相通。宫城西门遗址由两侧的墩台和中间的门道两部分组成。夯土墩台保存较差，中间设单门道，宽度约6.4米。门道内尚存将军石、地伏石、路面、柱洞等建筑基础遗迹。根据遗迹和遗物推断，该门址在辽代至少经过两次较大的营建。城门毁弃后，此处仍有东西向道路遗迹，并先后建有依宫墙残迹而建的房址、跨宫墙残迹而过的院墙等晚期遗迹。

三、辽代宫城的范围

通过今年的重点勘探工作，我们找到了辽上京宫城四面城墙的新线索，并进一步通过考古发掘对北墙、西墙和南墙进行了确认。辽上京宫城位于皇城中部偏东，平面呈长方形，东西宽约740米，南北长约770米。除北墙之外，东、南、西三面墙体的位置、长度都在今年的考古工作中得到了更正或首次确认。

四、晚期"西大院"北墙遗迹

在辽代宫城西部，尚存一座大型院落遗迹，沿用以往资料称"西大院"遗址。"西大院"四面墙体地表遗迹明显，略呈长方形，东西宽约240米～270米，南北长约360米～390米。其北墙东部，恰从辽代宫城西墙的西门处穿过。通过本次发掘和解剖可知，西大院北墙完全叠压在辽代宫城城墙废弃后的堆积上，分层堆土而建。残高0.8米～1米，底面宽度约为5.3米～5.5米。墙体堆土层厚约0.3米～0.5米，土质疏松且包含大量遗物。墙外有壕沟。根据遗迹遗物判断，西大院墙体始建年代不早于金代晚期。

本次发掘出土的遗物主要包括琉璃瓦、瓦当、筒瓦、板瓦残块、陶质脊兽等建筑构件，以及陶瓷器、铜钱、铜印和铜镜等铜器、铁器、龙纹骨制品等骨器、带字石刻残块等，为遗迹断代等提供了重要依据，也为建立辽上京城出土遗物的年代序列积累了基础材料。

通过对辽上京宫城遗址的考古发掘，我们获得了以下几点主要认识。一、通过对宫城北墙、西墙、南墙的局部发掘和解剖，我们初步掌握了辽上京宫城城墙的营建做法、形制结构及其年代。二、通过对宫城西门遗址的揭露，我们首次了解到辽上京宫城西门的位置、形制结构及其沿革。三、通过考古钻探和发掘，我们首次确认了辽上京宫城的四至范围，更正了以往资料对宫城范围的模糊认识，为研究辽上京城址布局提供了新的实物材料。四、通过对"西大院"墙体的解剖，我们确认了西大院墙体的结构及其年代。辽代宫城城墙的毁弃及在同址上"西大院"的兴建，说明辽上京到金代在城市布局上已经发生了较大变化。本次发掘是辽上京考古的重要成果，丰富了辽代都城考古的基础材料，也进一步推进了对辽上京城址布局和沿革的研究，具有十分重要的学术价值。

（汪　盈　董新林）

【卓资县庙坡底元代遗址】

发掘时间：2014年6～7月

工作单位：内蒙古自治区文物考古研究所、卓资县文物管理所

庙坡底遗址在第三次全国文物普查中首次发现。遗址位于乌兰察布市卓资县旗下营镇庙坡底村北1千米处的山间梯田上，遗址东侧为蜿蜒曲折的大黑河支流柳沟河，西侧为一条干涸的小冲沟。

本次发掘面积为600平方米，共计清理灰坑28个、石墙1处、碎瓦堆积1处、动物骨骼堆积5处，采集了各类遗物标本100多件。

灰坑位于发掘区西部，全部开口于耕

土层下，平面形状均为圆形，直壁，平底。灰坑多数为空坑，出土遗物甚少，遗物以陶瓷碎片和动物骨骼为主，其中 H4 出土了一件穿珠铜耳坠，H7 中出土的几粒炭化谷物。碎瓦片堆积位于发掘区东北部，瓦片较为破碎，以板瓦为主，筒瓦数量较少，瓦当的图案为兽面纹。碎瓦堆积层之下没有发现建筑基础痕迹，可能是建筑废墟被扰动后形成的次生堆积。石墙位于碎瓦堆积东侧，以大小不等的石块垒砌而成，呈东北—西南向延伸。动物骨骼堆积主要由家畜的骨骼和石块、陶片混合堆积而成。

出土遗物主要有陶器、瓷器、铜器、铁器、石器、建筑构件等。陶器皆为泥质灰陶，器形主要有盆、罐、甑等。瓷器的种类有黑釉瓷、白釉瓷、白釉黑花瓷、钧釉瓷、红绿彩瓷、三彩瓷等，器形有碗、盏、罐、瓶等，部分瓷器的底部露胎处书有墨书款识。石器主要为石杵、石臼、石狮等。钱币有"元祐通宝""崇宁通宝""皇宋元宝""开元通宝"等。

此次发掘，进一步弄清楚了遗址的分布范围和文化面貌。遗址中出土的瓷器在元代遗址中较为常见，穿珠铜耳坠具有典型的元代风格。庙坡底遗址的规模较小，其地理位置处于元代木怜道驿路的沿线上，很可能是元代丰州附近的一座兼具驿站功能的集镇遗址。

（宋国栋 曹 鹏 李春雷）

辽宁省

【沈阳农业大学后山旧石器时代遗址】

发掘时间：2014 年 5～8 月

工作单位：沈阳市文物考古研究所　吉林大学边疆考古研究中心

遗址位于沈阳市沈河区东陵路 120 号的沈阳农业大学后山果园和百草园处的三级阶地上。遗址南侧为浑河故道。

2014 年发掘区位于 2013 年发掘区南侧，发掘面积 100 平方米。通过发掘，发现了 6 个连续分布的旧石器文化层，并通过光释光测年、沉积学检测分析，确定其年代距今约 2 万～11 万年；揭示出 8 处坑状遗迹（编号 YJ1—YJ8），形制与 2013 年发现的坑状遗迹基本相同，其年代经光释光测年测定距今 7 万～7.3 万年；出土了刮削器、尖刃器、石核、石片、断块等打制石器 230 余件，石器原料包括石英岩、脉石英、硅质泥岩、板岩、角岩等。

本次发现的坑状遗迹，开口于第 4 层下，打破第 5 层，形制特殊，且在平面分布上具有一定规律。经国内旧石器考古界权威专家认定，该遗址发现的坑状遗迹很有可能为人工遗迹。对其性质和功能等方面的判定，还有待于正在进行的遗迹土壤微形态和沉积学方面的相关分析检测结果。

本次发现的多层位旧石器文化层及坑状遗迹，证实了该遗址属于原地连续埋藏的旧石器时代遗址。这一发现，将沈阳地区有人类活动的历史从新乐文化的 7200 年，提前至距今 11 万年左右，填补了沈阳地区以往没有确切层位旧石器考古发现的空白，对于认识中更新世至晚更新世时期沈阳乃至东北亚地区古人类迁徙、融合，旧石器文化的交流与演变，现代人起源与发展等重大学术课题有着十分重要的意义。

（付永平　陈全家　方　启）

【沈阳市新乐新石器时代遗址】

发掘时间：2014 年 7～10 月

工作单位：沈阳市文物考古研究所

新乐遗址位于沈阳市皇姑区新乐街道龙山路北的黄土台地上，南临浑河故道，是一处新石器时代的聚落遗址。为了更好地完成新乐遗址发掘报告的编写工作，在新乐遗址考古发掘预留区内进行了 200 平方米的考古发掘。此次发掘共发现了新乐下层文化时期的 3 座房址、1 个灰坑和新乐上层文化时期的 1 座房址、4 个灰坑和 1 条灰沟。

3 座新乐下层文化的房址均为半地穴式小型房址，面积在 10 平方米左右，未发现门道。F1 东部被一条宽约 30 厘米的现代电缆沟打破，推测其形状为圆角长方形，东西残长 3.3 米、南北残长 3 米～3.6 米、存深 0.5 米。房址中部偏南有一处灶址。房址现存 5 个柱洞。F1 的堆积为浅灰褐色黏土，出土了数量较多的夹砂陶片、石器、煤精制品等。F3 平面为近圆角梯形，东西长 3.1、南北长 2.6 米～3.4 米、存深 0.3 米～0.4 米。在 F3 的中部偏西南发现一处灶址。房址现存 6 个柱洞。F3 的堆积为浅灰褐色黏土，出土了数量较多的石器，少量的夹砂陶片和煤精制品。

本次发掘发现的新乐上层文化遗存有1座房址、4个灰坑和1条灰沟G1。F4为一个近椭圆形的半地穴式房址，南北长3.6米、东西残长1.7米、存深0.5米。门道位于F4的北部，长约0.36米，残宽0.4米，房址的半地穴穴壁处现存2个柱洞。房址堆积为灰褐色黏土，出土了大量的夹砂陶片、少量的石器等。G1是呈东北—西南走向的一条灰沟，上口宽3.5米、下口宽0.6米、存深1.3米。沟内堆积为灰褐色黏土，出土了大量的夹砂陶片、少量的石器等。

此次发掘补充了新乐遗址新石器时期聚落布局的材料，并丰富了新乐遗址新乐上层文化时期的文化内涵。

（李树义　赵晓刚）

【朝阳市半拉山红山文化积石冢墓地】

发掘时间：2014年9～11月

工作单位：辽宁省文物考古研究所

墓地位于朝阳市龙城区召都巴镇尹杖子村大杖子组东北约600米处半拉山的顶部。南距朝阳市约13千米，北距召都巴镇约1千米。地理坐标：北纬41°40′21″，东经120°23′13″，海拔280米。

该墓地是在2009年第三次全国文物普查时新发现的，由于盗墓分子多次对该墓地进行盗掘破坏，申请对半拉山墓地进行抢救性发掘工作。经发掘初步确认了积石冢的平面形状和结构特征等，未向下清理墓葬。

积石冢平面略呈长方形，南北长约33米，东西宽约22米，面积约726平方米，冢最高约1.5米，方向176°。

冢为平地起建，由纯净的黄色黏土堆积而成。中部最高，四周稍低。由于地势原因，黄土堆积由西向东逐渐增厚，由中心向南北两侧增厚。冢西南角黄土堆积较薄，似缺失一角。

冢界墙：冢边缘用大小不一的石块垒砌护坡墙体，防止水土流失对积石冢的破坏。冢的北、东、南三面均见护坡墙体，唯独西面未见墙体。东面石墙保存最为完好，也最高，呈斜坡状，高约1.5米。

冢上封石情况：冢的北部有大量的封石，筒形器残片均位于封石下方；冢的中部不见大面积封石，只有局部零散的封石，封石周围分布着大量筒形器残片；冢的南部又分为两种情况，东南部黄土堆积较厚，局部有封石，西南部未见封石。

墓葬形制：根据被盗墓葬可知，为石板砌筑的石棺墓。未进行清理，具体详情不知。

遗物：主要来自地表采集、表土层和盗洞扰土中。可分为陶器、石器、玉器三大类。陶器数量最多，陶质以泥质红陶为主，少量夹砂红褐陶和夹砂黑褐陶。器形有筒形器、扁钵式筒形器、"塔"形器、罐、陶人头像等。石器以打制为主，器形有石斧、石锄、饰件和人头像等。玉器出土2件。均残。1件为玉璧，1件为玉环。

根据半拉山积石冢出土的筒形器残片等遗物特征，参照牛河梁等遗址的陶器文化分期，可以确定其年代应为红山文化晚期。

（樊圣英　熊增珑）

【阜蒙县高林台汉代遗址】

发掘时间：2014年10～12月

工作单位：辽宁省文物考古研究所、阜新市文管办

遗址位于阜新市阜新蒙古族自治县阜新镇西扣莫村高林台屯西约30米，高林台河西岸。遗址北侧约20米为高林台汉代城址，城址现存一段长约30米的城墙。本年度发掘布5×5米探方24个，面积600平方米，已发掘完毕探方13个，面积325平方米；另外在城址东侧靠近河床处清理断面约5米。

遗址地层堆积最厚的位置可分为十层，①～④层为淤沙和扰土层，⑤～⑩层为文

化层，其中⑤、⑥层出土遗物较多。发现灰坑5个、灰沟1条，出土遗物有陶器、石器、铁器、铜器等。灰坑坑口形状多为圆形，直壁、平底，坑内出土遗物较少。陶器多为夹砂灰陶和泥质灰陶，素面为主，器形可辨有钵、碗、甑、板瓦、筒瓦等；石器见有斧、镞；铁器有铲、犁、镞等；铜器主要为镞，其次为货币，见有刀币、布币、铜钱等。

城址断面的清理，可将城内堆积分为五层：①、②层为扰土层，出土少量夹砂灰陶片和瓦片；③层及以下为文化层，出土较多遗物。从断面看，城内遗迹主要开口于③、④层下，个别遗迹内包含大量的动物骨骼和人工遗物。动物骨骼见有大型哺乳动物的四肢骨和完整的头骨；人工遗物以板瓦和筒瓦居多。

此次发掘位置虽在高林台城址外侧，但遗址的内涵应与城内基本相同。以往对高林台城址的认识均是调查材料，通过本次工作，为研究城址的年代提供了科学的发掘材料。

（褚金刚）

【辽阳市苗圃汉晋时期墓地】

发掘时间：2014年5～9月

发掘单位：辽宁省文物考古研究所、辽阳市文化局

墓地位于辽阳市老城区（战国时期燕国、秦汉、魏晋之辽东郡郡府——襄平县，高句丽之辽东城）东南约2千米的太子河西岸台地上，东距太子河约1500米，原林业科学研究院苗圃院内。此次共发掘墓葬92座（包含有壁画墓3座、纪年墓1座），有土坑墓48座、石室墓43座、砖石混筑墓1座。

墓地所有墓葬均开口于②层下，平均距离地表1.5米，未发现封土痕迹。土坑竖穴墓，棺与椁均腐朽不存，仅残存部分痕迹。根据残存的棺椁痕迹将其又再细分，

单人葬分为一棺无椁、一棺一椁两类，双人葬分为异棺同椁、异棺异椁、异棺无椁三类。随葬品均位于棺外头部一侧。

石室墓，根据墓室结构可分为单室墓、双室墓和多室墓。绝大多数被盗掘，多数未见葬具，少数有木棺或棺床，人骨保存较差，随葬品散乱于墓室各处。

砖石混筑墓，结构简单，墓底及四壁由绳纹砖砌筑，石板封顶，无葬具。

壁画均位于石室墓内的耳室，用颜料直接绘制于石板上，保存较差，有人物、马、牛车等图案。纪年墓的墓室石板上刻画有"以太安三年春三月十八日造讫师王休盛""闻此""郭师""张乐安曾得""建安三年""茂安"等，还刻画有简单线条构成的图案。

出土随葬品400余件，大多数为陶器，有壶、罐、长颈瓶、盘、灶、井、仓、奁、盒等种类；还出土有少量铜镜、铜印、石镇纸、铜钱等。

初步将墓葬分为五期（随着研究的深入，可进一步细分），各时期及其对应时代如下：

一期，墓葬均为土坑竖穴墓，随葬的器物组合为两件尖唇绳纹罐。经过与其他材料对比，该期墓葬属于西汉早期偏晚。

二期，墓葬均为土坑竖穴墓，随葬的器物组合为圈足壶、鼎。经过与其他材料对比，该期墓葬属于西汉晚期。

三期，墓葬多为单室石墓，随葬的器物组合为罐、长颈瓶、盘、灶等，还出土铜钱"大泉五十""货泉"，四神规矩铜镜。此时期墓葬结构简单，随葬陶器较多。经过与其他材料进行对比，该期墓葬属于新莽至东汉早期。

四期，墓葬多为单室石墓，随葬的器物组合为罐、长颈瓶、案、耳杯、灶、套盒、井等，还出土有柿蒂凤纹铜镜、"长生宜子"连弧纹铜镜。此时期墓葬结构简单，随葬陶器较多。经过与其他材料对比，

该期墓葬属于东汉中晚期。

五期，墓葬均为多室石墓，随葬的器物组合为钵、高领罐等。墓葬结构复杂，随葬陶器数量锐减，部分墓葬耳室绘有壁画。经过与其他材料对比，该期墓葬属于魏晋时期。

墓地出现的石刻文字，有明确的纪年，可为今后辽阳地区的魏晋墓葬分期断代提供可靠依据。大面积的墓葬发掘，对于研究辽阳地区两汉魏晋时期居民的族属、社会经济、生产生活方式、葬式葬俗都有重大意义。

（李海波）

【建昌县杜梨树汉代遗址】

发掘时间：2014 年 5 ~ 9 月

工作单位：辽宁省文物考古研究所

杜梨树遗址位于建昌县东大杖子自然村居民区东南部，此地为大凌河上游西北台地。遗址为一东西近 40 米，南北约 30 米，高约 2 米 ~ 2.5 米的土台。作为国家社科基金重大项目东大杖子考古发掘的组成部分，由多家单位组成联合考古队，对东大杖子村杜梨树遗址进行了主动发掘。

本次发掘区域位于遗址的中央，面积220 余平方米。发掘区内北部二层下有一列完整的瓦列，其下为垫土和生土，应为一建筑遗迹。南部为一粮仓遗迹，南部与北部无叠压打破关系。南部①②③层为近现代扰动层；④⑤⑥层为北朝时期堆积，地层内和灰坑（H3）内出土了莲瓣纹瓦当范，水波纹大罐等遗物；第⑦层为粮仓倒塌堆积，倒塌堆积也分为三层，倒塌堆积第一层为大量烧土块、板瓦和筒瓦碎片，应为粮仓上层建筑或者周围建筑倒塌后堆积而成，本层出土板瓦标本有多种形制，倒塌堆积第二层主要为红烧土块，第三层出土大量炭化粮食，以及若干枚货泉；第三层下为粮仓遗迹底面，底面距现地面2.65 米，呈长方形，已发掘区长 13 米，

宽 11.4 米，底面平整，直接在生土上挖掘而出，四周有木质护壁结构，粮仓底面上有十余条宽 0.25 米 ~ 0.32 米的地槽，每条地槽内均有木炭遗迹，应为粮仓的地梁，粮仓中部有四个石柱础，础径 0.65 米 ~0.75 米，东西间距 4 米 ~ 4.2 米，南北间距 6.9 米 ~ 7.1 米。杜梨树粮仓遗迹为一处半地穴式方形粮仓建筑，从出土遗物推断应废弃于两汉之际，废弃的原因是火灾，杜梨树粮仓遗址是东北地区已发现的同时期最大的粮仓遗迹，并且很有可能是一个建筑群的一部分，同一地点在北朝时期被再次使用。但是现代的大规模建筑取土等行为已经将遗址的很大一部分破坏，已经无法探知其原貌。

（高振海）

【辽中县偏堡子村汉魏墓群】

发掘时间：2014 年 10 ~ 11 月

发掘单位：沈阳市文物考古研究所

本年度，我所在配合辽中县茨榆坨镇偏堡子村地下自来水管线工程施工过程中，抢救性清理了 2 座汉魏时期砖室墓，编号分别为 2014LCPM1 和 2014LCPM2（以下简称 M1 和 M2）。

M1 位于偏堡子村东北部，村东公路北端，墓向 230°。该墓为长方形单室砖墓，墓圹长 3.8 米、宽 3.8 米。墓室长约3.0 米、宽 2.0 米、深 0.7 米，中部被自来水沟打破。墓砖外表为灰色，大部分外皮已脱落，内部为砖红色，火候较低，一面饰有粗绳纹，其余为素面。墓底砖采用两横两竖铺法，墓壁由内外两层砖组成，墓壁采取横竖交替砌法，由于上部均被破坏，暂看不出排列规律。该墓早期被严重破坏并被盗掘，未发现任何随葬品。

M2 位于 M1 南约 400 米路东侧，墓向215°。墓圹和墓室东部被自来水沟破坏。墓圹长 4.5 米、残宽 2.5 米，墓室长约 4.2米、深 1.25 米，墓室北部有头厢。墓室东

壁被自来水沟破坏，其余三侧墓壁为内外双层砖壁，南壁保持相对较好，底部砌平砖，上部砖为"之"字形砌筑。墓底铺双层砖，上层为"人"字形铺法，下层横竖交替铺设。墓砖为青灰色，火候较高，尺寸较 M1 小。墓室内底部发现少量骨殖和 1 颗牙齿。随葬品发现较少，仅在墓室北部近头厢处发现 2 个残破的陶罐。

本次发掘为辽中地区近年来首次对汉魏时期墓葬开展的考古发掘工作。通过发掘，了解了辽中地区汉魏时期墓葬的形制与结构，为研究偏堡子汉魏墓群的分布与时代，以及该墓群与偏堡子城址的关系等问题提供了翔实的资料。

（林　栋　付永平）

【辽阳市江官屯窑址】

发掘时间：2014 年 4～11 月

工作单位：辽宁省文物考古研究所

江官屯窑址群位于辽阳市文圣区小屯镇江官屯村。其分布范围南到山脚，北到 5 千米外的下缸窑村，西到英守村，东到太子河边，面积达到 10 余平方千米。其在 20 世纪 30～40 年代考古调查时被发现，此后的踏勘则在太子河南岸被洪水冲击过的河岸上发现大量的瓷片，坡地被洪水冲出的断崖上可见较厚的瓷片堆积。江官屯窑也被作为辽代的重要窑业遗存受到较为广泛的关注。2013 年 5 月，被国务院核定公布为第七批全国重点文物保护单位。但由于未曾进行过正式的考古发掘，对于江官屯窑的内涵仍所知甚少。太子河河道的不断南移，也对窑址群造成了较为严重的破坏。

为了解江官屯窑的内涵，为未来大遗址保护工作提供技术和理论支持，2013 年度发掘江官屯窑址第一地点一区，本年度对位于太子河南岸的台地上、保存相对较好一处窑址（江官屯窑址一号地点）进行了发掘，发掘面积 400 余平方米。共发掘瓷窑址 1 座，灰坑 70 余个、房址 2 座、作坊址 3 座，发掘出土百万计的瓷片，遴选出 3000 余件窑具、日常生活用具、生产工具、玩具、建筑构件等文物标本。

目前发现的这座窑址已遭到了不同程度的破坏，窑顶及窑墙上部基本不存，窑炉底部保存相对完好，形制大体与去年相似，皆为马蹄形窑炉。主要由窑门、火膛、窑床、烟囱、窑外护壁、窑门外地面等几部分构成，部分窑址发现了较为清晰的通风道。窑炉内火膛后壁分为直壁和弧壁两种，相对应的烟囱为圆弧形和方形。从窑床特征来看则又可以分为以耐火砂和以耐火砖铺垫两种方式。Y11 的护壁为方形，窑门封堵痕迹明显，窑门地面规矩。

作坊有加工原料的碾槽、附带碾轮、装卸、烘干装置、晾晒作坊等。

作坊 1 为原型碾槽的中心部分，碾槽已经和主体分离，但是碾槽和碾轮在别处发现。

作坊 2 为晾晒场所，上面有棚，四面透风。

作坊 3 为装卸、烘干场所。在它同层位附近的灰坑发现拉坯轮盘，在里面房间发现大片的炕洞装置，应是烘干设施。

出土窑具包括匣钵，窑柱、垫饼、支钉、砂垫、泥条等支垫具以及试火器；制坯工具有铁质刮削器、骨质划花工具、石质拍打成型、加工原料工具等。日常生活用具则多见碗、盘、盏、罐、碟、壶、瓶、盆、缸、瓮等，除了传统上认为属于江官屯窑烧制的粗白瓷外，还发现了大量的胎质洁白细腻的具有定窑风格的瓷片标本；玩具造型相对较小，皆为捏塑，有人物、马、羊、狗、狮子等多种造型；建筑构件则可见板瓦和瓦当琉璃构件两种。

从 Y10 和 Y1 出土的盘、碗、罐等器物均具有辽代晚期典型特点，而 Y7 出土的"天王"瓷片是金末叛将蒲鲜万奴自命的名号，二区 H37 出土的四系瓶等器物为典型元代器物，可以确定 Y7 的损毁时代与金末元初的战乱有关。由此可以推断该窑址第一地点的时代为辽代晚期至金末元初。

该窑场的生产时间问题。从现有资料看其生产历史始于辽，延至金，但停烧的下限是否再往后，待更多的发掘工作来验证。在燕州城明代建筑中发现了明代粗瓷盘、碟，在本溪窑街发现明清时期的瓷碗、盘等都是江官窑的粗瓷风格，可以推断在明清时期，江官屯窑风格的瓷器还在烧造，只是规模小、质量差。发掘者从地层资料出发认为该窑场是在多次被水毁后重建生产，且最后也废弃于水灾。

江官屯窑址的发掘具有重要意义：

第一，从产品釉色类别看，除高温的白瓷外还有低温铅釉器物，后者以建材为主，也就是我们常说的琉璃建材。仅从江官屯窑烧造琉璃建材看，就可以判断该窑场在辽代当和官府有关。同时，在白瓷、柿红釉瓷、黑瓷中都有一部分精品，说明该窑场的产品不全是粗瓷，这是以往所不知道的新发现。据此关于辽金瓷器史或东北地区的瓷器生产史要改写。

第二，从窑炉看，已发现的十余座窑炉均为葫芦窑（马蹄窑），属北方传统。但Y8窑床采用炕道铺底的做法，与确保最下层装烧瓷器的温度有益，这种做法在明代武当山琉璃窑场Y2也有发现。说明在辽金时期，江官屯窑场早已掌握该技术，这也是中国最早掌握这种技术的窑口。这种技术是否和烧造琉璃有关，也需更多的发掘工作证实。Y10的通风设置、火膛收缩成方形的砌法，均说明砌窑技术的进步。

第三，在生产技术上，从调查发现的两个石碾看，作为粉碎工具，和以往在磁州窑、耀州窑发现的标本相同。而从高温瓷器产品看，除了定窑、磁州窑的渊源外，还可看到建窑的因素。说明辽地瓷器生产的多源性和对宋文化汲取的特点。

总之，江官屯窑址一号地点是辽宁省文物考古研究所对东北地区瓷窑址的首次发掘，也是东北地区大型手工工场的首次发掘。目前的发现仅是江官屯"十里窑场"的一角。但是，从这一点却可以窥见当年窑火不熄的盛况。从这次发掘所发现的大量遗迹、遗物来看，丰富了中国陶瓷史辽金阶段的内涵，从某种意义可以说改写了中国陶瓷史的相关部分。

（梁振晶 肖新琦）

【康平县大付家窝堡辽墓】
发掘时间：2014年4月
发掘单位：沈阳市文物考古研究所

该墓编号为2014KDM1。墓葬为砖筑单室墓，由墓道、过洞、墓门、甬道和墓室等部分组成。墓道未发掘完整，开口宽1.2米，底宽约1米，揭露长度2.3米，墓道底部有几级台阶。过洞呈拱形，洞门宽0.85米、高1.3米、进深1米。墓门呈拱形，宽0.6米、高0.9米。甬道为砖砌，拱券顶，进深0.75米，被盗洞打破。墓室平面呈方形，边长2米。墓顶呈穹隆状，顶部用一块大石块（已碎为三块）封堵。墓室内高1.5米。墓室内紧靠西壁见有砖铺棺床，仅一行砖，由青砖横铺而成，棺床已被破坏。墓室内被盗扰严重，墓主人的骨殖及残砖块散落四处。随葬品发现较少，仅在墓室扰土中采集到了铁镞、铁刀、白瓷碗残片和铁棺钉等遗物。根据墓葬形制和出土遗物情况，初步判断该墓年代为辽早期。

据知情者介绍，该墓周边以前还曾发现过石筑墓葬，推测该区域内应分布有一处辽代墓群。在发掘期间，我们曾对墓群附近的朝阳堡辽金遗址进行了调查。遗址位于墓群东约300米的高台地上。因此，我们推测该墓群与朝阳堡遗址有着密切的关系。

（赵晓刚 林 栋）

【阜新市八家子村金元时期遗址】

发掘时间：2014 年 10 ~ 11 月

工作单位：辽宁省文物考古研究所

遗址位于阜新市细河区八家子村北约 200 米的一处坡地上。整个遗址区北部略高，南部稍低，中西部有一条基本呈南北方向的冲积沟。发掘面积近 1200 平方米，揭露出房址 5 座，灰坑 12 个，出土瓷器、陶器、铁器等近 150 件。

地层堆积可分两层。第一层：耕土层。五个灰坑开口于本层下，为现代坑。第二层：金元文化层。五座房址和七个灰坑开口于此层下。房址均呈长方形，面积大小不一，室内有灶和炕等遗迹。其中 F5 室内炕保存较为完整，与灶呈直角分布，西部残缺，东部保存较好处炕面上铺砌有青砖和石板。其与灶相接处炕面坍塌，可以清楚地观察到，在炕的前端烟由灶出去后统一进入炕内，再分别进入三条烟道。烟道为由地面向下挖掘的沟槽，由东向西逐步抬升，直至残缺处，宽约 15 厘米，深约 10 厘米。烟道两侧砌筑低矮的炕墙，高约 15 厘米，炕墙上铺青砖和石板形成炕面。灰坑开口多为椭圆形，直壁或弧壁，平底或圜底。遗物多数出于文化层第二层中，少数出于遗迹单位中。陶器主要为生活类用器，可辨器形有罐、盆、盘等，以泥质灰陶为主，少有泥质黄褐陶。素面居多，少量器表磨光，纹饰有弦纹、附加堆纹、戳刺麻点纹等，均为轮制。瓷器较为丰富，多为残片，无完整器，基本为生活实用器，器形主要为碗、碟、缸三种，釉色主要有白釉、酱釉、黑釉，少见茶叶末釉，施釉多不及底，甚至是半釉，器底外侧露胎，内侧留有明显的垫渣痕或为涩圈，有些白釉瓷器上有简单的黑花纹饰。碗类器物底部多有乳凸。

从出土遗物分析，该遗址属于单一文化堆积，年代应在金元时期。该遗址的发掘为研究阜新地区金元时期文化面貌提供

了新材料。

（苏军强）

【丹东市江沿台堡明代城址】

发掘时间：2014 年 3 ~ 9 月

工作单位：辽宁省文物考古研究所、丹东市博物馆

城址位于丹东市振安区楼房乡东城村二组，城址南邻黑沟、趟子沟，北城墙外侧为东西向的楼房镇至九连城镇公路，北距叆河约 250 米，南距九连城城址约 10.1 千米。为配合三湾水库的修建，全城布 10 × 10 米探方，发掘面积约 18800 平方米。

该城址平面呈长方形，东西长约 300 米，南北宽约 135 米，面积 4 万余平方米。全城开有一门。南门位于南墙中部，由东西墩台、门道及东西两侧城墙组成。门道面阔 4.2 米、进深 9.4 米。城门外设有瓮城。瓮城平面形状近似圆角方形，瓮城城墙的砌筑方式与城墙相同，也为夯土外包石结构。角台共四座，平面形状近似方形，底部毛石垒砌，顶部为青砖错缝垒砌，白灰勾缝，东、北、西三侧墙体上仍存有多个砌墙时搭建支架的圆形柱洞。马面共三座，平面均呈长方形，底部由石块垒砌，顶部至垛口则为青砖包砌。马道共三条，均较为短小，坡度较陡，顶部为较为平整的石砌台阶。

城内发现有衙署 1 处、关帝庙 1 处、小型房址 28 座、灰坑 8 个、窖穴 1 处、道路 1 条、水井 1 眼。

衙署主体由石块垒砌而成，平面形状近似长方形，四周环绕有院墙，内部较为复杂。门址位于南侧偏西处，两侧铺有大石板。院内西侧南北向并排置有三个灶址，应为厨房。东部为一独立单元，三间，发现有烟道及灶址，应为居住区。

关帝庙位于城内北部，北靠城墙，坐北朝南，平面呈梯形，墙体均由石块垒砌而成，缝隙处填充青砖块。室内分为东、

西向 2 间，其中一间置有灶及南北向烟道。

28 座小型房址排列规整，均呈南北向成排分布，已发掘区域共发现有 10 排房址。房址平面形状均呈长方形，墙体由石块或青砖垒砌而成，多间为主，每间单独设有灶、烟道及烟囱。为了便于存储，个别房址内还设有存储坑或存储缸。其中 F5 为单间建筑，规模不大，室内发现有石臼及石碓，当为粮食加工场所。

水井 1 眼，位于城内中部，井壁由石块垒砌而成，深达 10 余米，长年有水，一直沿用至今。

江沿台堡城址内出土有大量的建筑构件和生活用品。

建筑构件以布纹板瓦数量最为大宗，此外，还出土有花纹砖、素面砖、连珠纹压带条、鸱吻、莲花纹滴水及瓦当等。

生活用品主要为瓷器，另有少量的陶器、铁器、铜器、骨器及石器等。瓷器多为白瓷及青花瓷，酱釉瓷次之，茶叶末釉瓷、绿釉瓷数量较少，器形主要有缸、罐、碗、盘、碟、杯、盏。陶器数量不多，多为纺轮、网坠等小型器物，而罐、盆、甑、器盖等数量不多。铁器种类极为丰富，以镢及钉最为大宗，此外还见有锹、剪、刀、权、带扣、马掌钉、甲片、蒺藜、弹丸、铃等。铜器除铜钱外，以簪最为常见。石器主要为磨石及砚台。

江沿台堡城址的发掘，对于研究辽东镇长城沿线其他堡城的布局、城防体系等提供了可以借鉴的材料，对于进一步探讨辽东地区明代小型堡城的营建特色、防御层次的调整以及明朝中晚期的东北边疆政策都有推动作用。

（徐　政）

吉 林 省

【大安市后套木嘎新石器时代及辽金遗址】

发掘时间：2014年7月4日～11月3日

工作单位：吉林大学边疆考古研究中心、
吉林省文物考古研究所

后套木嘎遗址位于大安市红岗子乡永合村西北的漫岗中段。2011～2013年曾对该遗址进行发掘。本年度继续在后套木嘎遗址A区第Ⅰ象限进行发掘，共布5×5平方米探方56个。另在遗址B区布20×2平方米探沟一条，总计发掘面积约1520平方米、勘探面积约12万平方米。

总计发掘灰坑137个，灰沟11条，房址12座，其中一些灰坑和灰沟中有明显的祭祀现象。出土完整和可复原陶器20余件。还有数量较多的细石器、骨器，以及少量玉器等。搜集到大量的蚌壳、鱼骨、兽骨，为研究各时期的经济形态及环境提供了重要的资料。

2012年发掘结束后，我们曾根据初步的整理将前两年度发掘所获遗存划分为七个时期，包括4种新石器时代遗存、2种青铜时代遗存和1种铁器时代遗存（辽金时期）。

本年度的发掘所获遗存分属于三个时期。分别相当于上述7期中的第三期、第四期及第七期。未见其他四期遗存的单位。

第三期遗存，遗迹均开口于第2层下，打破生土层。陶器以夹蚌的黄褐陶或灰褐陶为主，质地较松软，易碎。

第四期遗存，是本次发掘的主要收获。

开口于表土层下，打破第2层或生土。灰坑与灰沟中常见连续堆积的野生动物骨骼。陶器主要为沙质或夹蚌的红褐陶和灰褐陶，胎较薄，火候较高。泥圈套接法成形。器表多素面，极少量饰麻点纹或之字纹。器形见有双耳罐、筒形罐等。该期遗存与近年发掘的白城双塔二期遗存属于同一种考古学文化，与内蒙古科左中旗哈民忙哈遗存也基本相似。结合碳十四测定数据，可将此期遗存年代推定在距今5500～5000年前后，与辽西地区红山文化晚期的年代大体相当。

第七期遗存属辽金时期，仅见灰沟一条。结合钻探可知，此沟与2013年发掘区东北部的一条灰沟是相连的。未出土完整器物，仅见少量兽骨和极少量泥质灰陶陶片。

后套木嘎遗址的发掘，对于构建和完善嫩江流域汉以前考古学文化的编年序列，开展区域内汉以前考古学文化的谱系、生业、人群及环境的综合研究，乃至探索松嫩平原西部极易遭受自然和人为破坏的沙坨型遗址的保护问题具有十分重要的理论和现实意义。

【吉林市龙潭山城】

发掘时间：2014年6～12月

工作单位：吉林省文物考古研究所

龙潭山城位于吉林市龙潭区东南部的龙潭山上。经国家文物局批准，本年度对城内中部的大型台地进行了发掘，发掘面积1400平方米。共清理房址3座，台基式建筑 5 座。

房址 3 座，编号为 F1～F3，均发现于①a 层下，部分出露于地表，保存状况较差。残存有石砌火炕烟道、烟囱底座和墙基。F1 的烟道中出土有"大定通宝"。

台基建筑 5 座，编号为 TJ1～TJ5。

TJ1～TJ3 位于台地中部，TJ4 略偏北，平面均为长方形，发现于①b 层下。构筑方式：首先用黄色亚黏土夯筑圆形墩台，作为立柱或安放碴石的基础；其次于墩台围成的区域内用黄褐色风华岩碎块、灰绿色粗砂、黄色亚黏土自下而上构筑台基；再于其上构筑房屋建筑。在倒塌堆积中出土了大量灰色、红褐色布纹板瓦和少量筒瓦残块以及脊兽残件。

TJ5 平面为长方形，发现于②层下。以黄土筑成，厚约 20 厘米。其上现存一处八角形建筑的残迹，保留有碴石（均为暗碴）和土筑墙基。中心部位碴石平面较大；距其中心 2.2 米、分八方各有一处碴石，围成正八边形；再同向外推 1.5 米为第二圈碴石，碴石之间以土墙连接，北侧有缺口，应为出入通道。

出土遗物依材质可分为陶器、瓷器、铁器、铜器、石器。陶器据其功用可分为建筑构件和日用器皿，建筑构件主要有板瓦、筒瓦、脊兽残块等，均出土于 TJ1～TJ4 周边。日用陶器有罐、甑等。瓷器按釉色分为白色、青色、黑色、酱色等。白瓷、青瓷多装饰有剔花，主题为花草纹，器型有碗、盏；黑釉瓷出土较少，为碗、盘残片；酱釉瓷器均较为厚重，应为瓷瓮。铁器以铁钉、铁镞、铁钉、铁镰、铁锅为主。铜器绝大多数为铜钱，以北宋时期及金代年号钱为主。石器为柱础和石臼。

根据地层堆积状况，遗迹的形制、相互关系和出土器物的特征判断，TJ5 建筑年代不晚于渤海时期；TJ1～TJ4 的建筑年代约当金代早期至中期，应为一组有严格规划的院落式建筑；F1～F3 的年代为金代晚期，应为临时性简易居址。该处台地形成年代应早于渤海时期，在金代曾经大范围的修整、扩大。

（徐 坤）

【图们市水南关遗址】
发掘时间：2014 年 6～11 月
工作单位：吉林省文物考古研究所、延边州文物保护中心

遗址位于图们市长安镇磨盘村水南屯东南约 3 千米的，地理坐标为北纬 42°55′35.97″，东经 129°40′48.91″，海拔 527 米。北南关四周是起伏的山脉，其南 200 米为延吉市河龙村通往图们市马牌村的公路，南侧山脚下有延吉高尔夫球场和海兰江水库，西南 3 千米海兰江与布尔哈通河交汇后向东北流去。水南关是延边边墙的重要附属设施，2010 年首次发现。此次发掘在关内外共布 5×5 米探方 9 个，加上后期扩方面积，实际发掘面积约 585 平方米。

水南关内地层堆积可分为早、中、晚三个时期。第 1 层为表土层；第 2 层为关墙体坍塌堆积；第 3 层为墙体的木质附属设施燃烧倒塌形成的红烧土堆积；第 4 层为人工铺垫的黄沙土，包含少量陶片，即北南关在使用时期的活动面；第 5 层为红烧土层，含少量陶片；第 6 层为黄沙土层，是水南关修筑前人为铺垫的活动面；第 7 层为红烧土层，包含木炭、草拌泥块和少量陶片；7 层以下为生土。第 2～4 层为晚期地层堆积，第 5～6 层为中期地层堆积，第 7 层为早期地层堆积。水南关外地层堆积情况 1～4 层与关内相同，4 层下未进行清理。

通过发掘清理，对水南关的形制、结构及修筑方式有了如下认识：水南关平面近平行四边形，方向 140°，西北、东南两角为锐角，东北、西南两角为钝角。墙体为毛石块垒砌，周长 74.7 米，现存高 0.85 米～1.95 米。门址位于南墙中部偏东

处，宽 2.9 米，残存有炭化的地栿痕迹。墙体两侧均有柱槽，宽 0.15 米~0.25 米、深 0.1 米~0.15 米，垂直于地面。墙体内壁共有柱槽 55 个，外壁共有柱槽 56 个。部分柱槽底部保存有炭化木柱。柱槽在墙体的四个内角分布较密集，四个外角柱槽分布相对较分散，其余部分的柱槽均为近等距分布，间隔距离约 1.6 米。除四角外，关墙两侧的柱槽大致相对应分布。经解剖，每个柱槽下方都有一直径约 0.7 米、深约 1 米的圆形柱洞。墙边黄土活动面之上发现有数量较多的炭化木棍。根据上述迹象推断，水南关关墙的修筑方式应为首先挖坑立柱，其次依据木柱的排列堆筑关墙，然后在墙体内外的木柱上横向捆绑木棍，最后在关内外铺垫一层黄土。

在关内发现了与关同时期的两座房址 F1 和 F2。F1 为石砌穴壁的长方形半地穴房屋，F2 为带有取暖设施的长方形地上房屋。两座房址内出土有重唇深腹罐、器底带有文字符号的陶瓷等可复原器物，具有明显的渤海特征。结合门址出土木炭的碳－14 检测结果，可以断定水南关为渤海时期修筑。此外，在关内外还发现了早于关时期的四座形制各异的房址。

此次发掘是对延边边墙附属设施的首次发掘，发掘成果为延边边墙的断代提供了重要、坚实依据。

（李　强　满世金）

【白城市城四家子辽金城址】
发掘时间：2014 年 5~11 月
工作单位：吉林省文物考古研究所

城四家子城址位于白城市洮北区德顺蒙古族自治乡古城村。2013 年进行了首次主动性考古发掘。本年度开展进一步的考古工作，发掘面积 900 平方米。

此次工作内容主要有两部分：一是在去年的发掘区内解决去年因时间紧迫未能完成的工作；二是在去年的发掘区周边布

方发掘，了解遗迹周边附属设施的情况和性质，深入去年的发掘认识。

通过对去年发掘的台基的局部解剖，认清了台基各个部位的营建时序。发现了多个不同时期的活动面，以及保存较好的道路遗迹。新发现辽金时期房址 3 座，户外灶址 4 处，柱洞 16 个，灰坑 30 个，沟 5 条，排水涵洞 8 处，以及晚期墓葬 6 座。出土遗物中，砖瓦等建筑构件与去年形制相同，另有较多泥塑残块，有的带有彩绘，包括佛像残块若干。此外，出土较多陶瓷器，对研究辽金时期陶器器形演变提供了可靠的实物资料。

该发掘区遗存可分为三期：第一期为辽晚期，即建筑始建时期，该时期此建筑应当用作佛教寺院；第二期为辽金之交，寺院荒废，主体建筑已倒塌，在其南北两端兴建了用于居住的房屋；第三期为金代，荒废的建筑台基以及第二期房址被垫平夯实，在其上重修新的建筑，此建筑从规格和出土瓦件看级别亦较高，应是城内一处重要的官方设施。在发掘区内发现的最早的遗迹为辽代晚期所建，整个城址范围内目前尚未发现早于辽代的遗存，且暂未发现明确早于该发掘区建筑的辽代遗存。

从建筑台基经历多次改建以及形成的多个活动面来看，此建筑沿用时间较长，使用亦较为频繁，其在城内所处的位置也可反映出该建筑在当时的城四家子古城中有着重要的地位和作用。

（梁会丽　全仁学　孟庆旭　李睿哲）

【桦甸市辽代苏密城城址】
发掘时间：2014 年 6~11 月
工作单位：吉林省文物考古研究所

苏密城城址由内外双重城垣组成，平面呈"回"字形。外城周长 2600 米，西墙和南墙中部可见瓮城。城垣土筑，除外城东北角因辉发河水冲毁缺失，内城西墙北半部辟为村路外，基本保存完好。2013 年，我所对城址开展了主动性考古发掘。今年我所继续对该城址进行了主动性考古发掘。

本年度发掘区位于外城南部，紧邻内城南墙中部的区域。最重要的收获是确认了一处现存有礎堆和夯土台基的渤海时期寺庙建筑。此外，通过发掘进一步明确了内城南墙护城壕的层位和结构；新发现了一道东西走向的墙基址；并清理了25个灰坑遗迹。

建筑址以黄黏土和黑黄花土夯筑，受气候所限本年度未能将建筑完整揭露。现清理部分南北长约33米，东西宽约20米，南北走向，方向约北偏西10°。由于晚期破坏，台基表面的础石全部被移走，部分与台基瓦砾堆积混杂散置于台基东侧，仅于台基东部保存两排南北走向的礎堆，礎堆直径1米~1.5米，中心间距约3.3米。现存礎堆8个，但礎堆北侧仍有长约6米的区段为夯土台基，只不过因为被大量晚期灰坑打破，礎堆布局已无法认定。从台基北部被H3打破的剖面观察，台基地表部分下应存在深度超过0.5米，深及河沙层的地下基槽。

台基东侧发现大量的渤海时期灰陶瓦、瓦当、兽头、鸱尾等建筑构件与十数块础石共出，并混出300余件陶塑佛像残块。此层建筑堆积中曾发现3件兽头眼部共出和兽头下颌、角、舌残件共置一处的现象，应经过严重的晚期扰动，并非原生的建筑倒塌堆积。

本年度发掘的另一项收获是在建筑夯土台基南约2米处，发现一道方向与台基接近，宽1米~1.5米，东北走向的河卵石带。经勘探和试掘，此条河卵石带一直断续向东西延伸，东、西大致可至外城东、西墙。此条河卵石带构筑于灰黑色土之上，未与建筑相连，是否为同时期遗存尚需发掘证实。

两个年度的工作，可以确认城内曾存在渤海时期寺庙建筑，但外城城垣的年代尚无充分考古学依据。内城南城垣内出土遗物与其南侧渤海时期佛寺建筑瓦砾堆积中遗物相同，应是构筑内城南墙时取土混入的早期遗物。结合2013年在内城墙上发现的两处瓦砾堆积极可能为辽代瓦件，目前对内城城垣的年代认定，我们倾向于辽代。

（王志刚　顾聆博　张　哲）

【磐石市八面佛辽金时期遗址】

发掘时间： 2014年5~8月

工作单位： 吉林省文物考古研究所、磐石市文物管理所

八面佛遗址位于磐石市烟筒山镇振兴村东约1000米的八面佛山上，南距饮马河支流筒子沟河约150米。本遗址在全国第二次文物普查期间发现。遗址遭受多种破坏，本年度决定对该遗址进行抢救性考古发掘。

发掘共布10×10平方米探方12个，并于遗址东侧山坡布设1.5×8平方米探沟两条，实际发掘面积1050平方米。共揭露遗迹31个，其中包括建筑台基2处、房址2处（其中F2位于建筑台基TJ2上）、灰坑17个、露炊遗迹10处。

根据遗迹层位关系、出土遗物初步判断，该遗址中至少含有早、晚两组遗存：第一组遗存为生土起建的建筑台基TJ1、TJ2（包括建于TJ2东部的房址F2），以及散落在TJ1南部地表的石幢，出土遗物主要为带有辽金时期特征的砖瓦残片、建筑构件，推测第一组遗存应为辽金时期遗存，可能为寺庙址。第二组遗存包括房址F1、灰坑、露炊遗迹，出土遗物主要为砖瓦残片，应系台基建筑倒塌堆积被扰动形成，另出土有少量铁器，包括铁斧、铁锯等，均为辽金时期遗物，由此推测第二组遗存亦为辽金时期遗存，可能为普通民众从事生产、生活活动的聚落址。

（解　峰）

【乾安县辽金春捺钵遗址群】

发掘时间：2013～2014年

工作单位：吉林大学边疆考古研究中心、
　　　　　吉林省文物与考古研究所

春捺钵遗址群是2009年三普调查时发现的，2013年国家文物局公布春捺钵遗址群为第七批全国重点文物保护单位。为配合遗址群保护规划制定，对春捺钵遗址群后鸣字区遗址进行了地面调查、航空调查、钻探、发掘等考古工作，取得重要收获。

春捺钵遗址群位于乾安县的花敖泡东南岸和查干湖西南岸，由四片区即后鸣字区、腾字区、藏字区、地字区组成。4片遗址都位于湖泊的边缘，以断续分布的土包台为主要遗迹，每个遗址大约有数百座。后鸣字区春捺钵遗址有九百余座包台。包台一般长10米～50米，宽10米～20米，高1米～3米。土包台东西绵延3千米，总面积大约4.7平方千米。2013年调查把后鸣字区分为东、中、西、南四区。在中区北部发现了长方形小城址，有南、东、西三门，城内有瓦顶建筑址、圆圈遗迹，在中区中部的土包台边缘发现多个野炊灶。在西区发现了铁匠炉遗迹。发现了契丹篦纹陶片、绿釉划花瓷片、骨刀、镞形铁器、铜带扣、铜牌饰、北宋铜钱等遗物。

本年度对后鸣字区遗址进行了航空调查，拍摄了土台分布照片，小城照片新发现道路一条，圆圈遗迹2个。勘探10万平方米，新勘探出的遗迹有井1眼，灰坑2个，路3条，灶3个，城门1座。布方540平方米，实际发掘479平方米。揭露夯土层一个，烧灰面1个，房屋建筑1座，出土了观音菩萨头像、瓦当、滴水、凤鸟、鸱吻、陶盆、定窑瓷片、提梁铁锅、车辖、北宋铜钱等重要文物标本百余件。通过地面调查、航空调查、钻探、发掘、土壤检测分析等初步的系列考古工作，可以确定不是定居村落，也不是大型盐场，最初人们生活在地面，由于湿地—沼泽的环境影响，才修筑矮的土包台便于驻扎帐篷，逐次加高，形成现在的高大土包台，土包台的形成是年复一年逐层堆积修建而成。选址靠近水面，规模超大，布局不规矩，但有一定次序可循，应该是辽金春捺钵遗址，也是我国目前发现最大的季节性营地遗址。小城布局奇特，城内圆圈遗迹位于主要位置，圆圈遗迹是在搭建圆形毡帐时夯打的基础，因为土壤经夯打后紧实不易长草，形成了圆圈遗迹。瓦顶建筑位于西侧，规模超小的建筑（边长8米）却有华贵奇异的瓦顶装饰，显示该建筑具有特殊性。其瓦当做成花形，花蕊涂抹，滴水的宽阔面上印着兽面瓦当纹，这些都是罕见的发现。

辽朝皇帝四时各有行在之所，谓之捺钵。辽帝捺钵时，百官随行，边游猎捕鱼练兵，边议事处理政务，辽朝四时捺钵之制，既是契丹皇帝的一种生活方式，又是一种特殊的政治制度。金朝建立后女真皇帝也效仿辽帝进行春水秋山。考古工作揭开春捺钵遗址神秘面纱，改变了以往史学界认为四时捺钵不会遗留下营地遗迹的传统认识，丰富了辽金春捺钵的内容，对确定春捺钵的具体区域奠定了可靠坐标点。

（冯恩学）

【图们市磨盘村金代山城】

发掘时间：2014年6～11月

工作单位：吉林省文物考古研究所、延边
　　　　　州文物保护中心

城址位于图们市与延吉市交界处，属图们市行政管辖的长安镇磨盘村南面的城子山上。其西距延吉市10千米，东距图们市20千米，地理坐标为北纬42°54′，东经129°35′～129°37′。城子山是一相对独立的山体，它由五座连绵起伏呈环形的山峰构成。山南面有经延吉市区流淌而来的布尔哈通河，河水于山的东北角汇入海兰江，奔腾向西。该山城为金代末期"东夏国"的"南京"治所。本年度对磨盘村山城的北门址、2 号宫殿址、1 号角楼进行了发掘清理，并对东、西门址南侧的墙体进行了解剖，发掘总面积 800 平方米。另在城内进行了近 4 万平方米的钻探工作。

北门址由城门、城墙、瓮门、瓮墙构成，平面呈弓箭形。城门西城墙以人工修整的石块垒砌，墙体包括墙基部分，现存高度达 5.5 米。城门门道长 6 米，宽 2.3 米。瓮墙墙体呈东西向且较直，分两次修筑，第一次修筑夯土墙，第二次在夯土墙外侧修筑石墙。瓮门门道长 3.8 米，宽 2.85 米。城门及瓮门的门道两侧均发现了罕见的木质地栿，地栿保存完好，榫卯清晰。在门道内侧东部发现一小型房址 F2，房址为地上建筑，房内发现有灶膛及烟道。

2 号宫殿址位于城中心宫殿区内，修筑于缓坡地上，修筑时对坡地进行了平整。依据础石的排列和殿址四周滴水痕推测，宫殿建筑长 28.6 米，宽 10 米。现存础石 47 块，坐南朝北，共五排，础石全部经过人工大致修整，每块础石略呈四边形，边长 0.4 米 ~ 0.6 米不等。此类排列紧密的础石遗迹，与以往东北东部发现的"二十四块石"极为相似，为国内其他地区所未见。

1 号角楼平面呈方形，边长为 9 米 ~ 10.5 米，石墙残高 2.8 米 ~ 3.9 米。角楼上原有亭阁类建筑。

山城墙体为石筑，直接修砌于山体基岩之上，采用阶梯状逐级砌筑，墙面石块经人工打凿，错缝摆砌，向上逐层内收，十分规整，墙基下两层石块间敷黏膏泥，墙宽 3.4 米，现存高约 3.8 米。

钻探结果显示，以 2 号宫殿址为中心，南北各有一处殿址，东、西两侧各分布三处殿址。另在 2 号宫殿址南北中轴线的北部钻探有疑似廊道的建筑基址 2 处。

本年度不仅出土了数量众多的铁镞、铁刀、礌石等兵器，铁镐、铁斧、铁锤等生产工具，而且出土了一定数量的陶盆、陶碗、陶碟等生活器皿，数十枚元祐通宝、大定通宝等宋金钱币，以及大量的砖瓦建筑构件，出土的一件人物石刻尤为珍贵。

对磨盘村山城的考古发掘是我国首次对"东夏国"这一仅存 19 年的地方政权进行的主动发掘，通过发掘初步厘清了北门址的形制和结构，掌握了城墙、角楼的构筑方式，究明了宫殿址的建筑格局，并出土了大量东夏国时期遗物。它不仅验证了《元史》东夏国"南京"，"城坚立铁"的准确性，而且为鲜见于文献记载的金东夏国研究增添了极为重要的实物资料。

（李　强）

黑 龙 江 省

【海林市秦家东山旧石器遗址】

发掘时间：2014 年 10 ~ 11 月

发掘单位：黑龙江省文物考古研究所

秦家东山遗址位于海林市秦家村东约850 米处，北距新兴村约 500 米，南距泡子村约 1000 米，北距海浪河大桥约 1500米，地理坐标为北纬 44°31′57.2″，东经129°23′23.19″。李有骞先生于 2007 年 7 月发现该遗址，2008 年 5 月吉林大学边疆考古研究中心与黑龙江省文物考古研究所对其进行了复查，两次共采集到石制品 60 余件。本年度为配合海林至牡丹江公路工程建设，黑龙江省文物考古研究所在遗址东北角进行考古发掘工作。总发掘面积约200 平方米。

遗址地层堆积自上而下可分 3 层：①层耕土层，黑色，含大量植物根系，厚约20 厘米；②层黄褐色砂质黏土层，含少量角砾，厚 10 厘米 ~ 70 厘米，该层见大量石制品；③层浅黄色砂质黏土，含大量角砾，厚 40 厘米，以下为花岗岩基岩。此次发掘获得的石制品以黑曜岩和玄武岩为主要原料，还有少量的燧石、砂岩、石英和安山岩等。石制品类型有石片石核、石叶石核、细石核和相应的石片、石叶和细石叶，说明存在典型的石叶和细石叶技术。工具有石锤、刮削器、端刮器、雕刻器、尖状器等，主要为片状毛坯。此外，还有占石制品绝大多数的断块。遗迹主要为一座半地穴式房址，内出土大量石制品和素面夹砂陶片。根据地层和遗物特征判断，

年代为旧石器时代末期或向新石器时代过渡阶段。

（李有骞）

【大兴安岭地区呼中北山洞旧石器至鲜卑文化时期遗存】

发掘时间：2014 年 8 ~ 11 月

工作单位：黑龙江省文物考古研究所

自 2012 年 10 月至今，我所岩画考古队开始在大兴安岭地区进行彩绘岩画考古调查。岩画考古队利用各个季节的不同气候条件，克服沼泽、河流拦阻和山高林密的不利条件，先后多次进入林区开展考古调查工作。东起呼玛沿江乡狐仙洞，西至漠河洛古河仙人洞岩画地点；北起黑龙江边的绥安站小黑石砬子"凤凰"纹样岩画，南至八十八岭岩画，在此约 16.7 万平方千米范围内，先后发现 33 处岩画地点，计约 1600 余彩绘画幅。

呼中北山洞遗址位于呼中区碧水镇以北，呼玛河左岸石峰之上。岩峰高耸凸立，洞口南向靠近峰顶，山崖十分陡峭，呼玛河五条支流在此汇聚，东南隔河与碧水镇遥遥相望。

在洞口上侧岩壁上，新发现一抹古人类岩画红褐色彩绘遗痕。

"北山洞"洞口晚期文化层形成后需爬行而入，洞里向上呈陡坡。远古时期，人在洞里铺垫成下、中、上三层台。各台由山下七千米外的河谷搬运黄黏土垫层，并有在其上面烧火加热的"土炕"遗迹。

探沟由上至下共揭露出鲜卑、东汉时

期至旧石器时期文化层 8 层。经过筛罗严格甄选，清理出土陶片、铁镞、铁针、玻璃珠、玛瑙珠、白玉石管、玉刃、玛瑙叶、白玛瑙箭镞、水晶料、石叶，还有不同形制的磨制、压制、打制的大量石器；尤其在自然形成的角砾层下的第八层，属于旧石器时期文化层内出土了十分罕见的旧石器时期玉器，明显可见玉器两侧有经过长期使用形成的"包浆"和怀藏、使用盘磨形成的手握遗痕。还出土了大型打制石矛、石斧和石铲。甚至在山北坡上，还发现石器时代打制的"石戈"。

在洞内新石器时期形成的黄黏土垫层底部，出土有玉刃、石叶等器物，其形成年代距今约 7000 年。经北京大学科技考古实验室 C^{14} 测定，距今为 7045 年。在黄黏土垫层之下，又清理出灰土石片层，底部出土有玉刃，根据地层关系、器物类型特征等，初步认为这层距今约为 10000 年前后。此下为角砾层，一般推断相对较松散的角砾层应该在距今约 25000 年至 10000 年间形成。在这层角砾岩曾掩埋的"山基岩壁"上，发现红褐色彩绘遗迹。经北京大学科技考古专家崔剑锋现场测定，属于远古人类调和铁、锰等原料制作的彩绘颜料。在洞口角砾岩层下，我们清理出旧石器时期文化层，出土有玉刮削器、石斧、石铲、石矛等。那么，在明确的地层关系中，这是已知国际学术界仅见叠压在新石器时期文化层下揭露出的彩绘岩画。同时，角砾层叠压于洞内山基岩壁彩绘遗迹，并叠压在旧石器时期文化层之上。是故，初步认为此彩绘遗迹属于旧石器时期岩画。

在洞内用手可以摸到洞内向上攀爬岩石棱角磨出的遗痕。而且，在上台依靠北岩壁发现自然形成的一个石椅。该石椅坐北朝南，靠背呈珪形，两侧石扶手经过多代首领扶靠、摩挲形成了圆角和包浆遗迹。在"北山洞"这是经考古首次发现"坐北朝南"的石椅。

"北山洞"内相沿有序、自鲜卑文化至旧石器文化紧密叠压的八个文化层，出土了丰富的遗物，为研究大兴安岭地区历史文化提供了实物资料。

（赵评春）

【齐齐哈尔市洪河新石器时代及青铜时代遗址】

发掘时间：2014 年 7～10 月

工作单位：黑龙江省文物考古研究所

洪河遗址位于齐齐哈尔市富拉尔基区杜尔门沁达斡尔族乡洪河村南 1000 米的嫩江右岸。为配合课题研究，本年度对该遗址进行了第二次正式的考古发掘。共开 10×10 米探方 7 个，加扩方总计发掘面积为 850 平方米。清理新石器及青铜时代灰坑 36 个、灰沟 1 条；清理新石器时代房址 4 座，墓葬 1 座。出土不同时期、不同质地遗物 400 余件。

经过此次发掘，进一步掌握了洪河遗址地层堆积的情况。该遗址地层堆积较厚，平均在 3.6 米左右。文化层可分为 9 层，第①～④层为辽金以后的层位，第⑤～⑦层为青铜时代层位，第⑧～⑨层为新石器时代层位。新石器时代房址全为圆角长方形半地穴式建筑，附带有斜坡阶梯状门道，面积在 48 平方米～73 平方米之间。内有凹坑式圆角长方形灶址 2 个，其上设有保留火种功能的圆形凹窝。室内附设有规格不等的窖穴多个。柱洞成排分布，数量不等，一般直径为 20 厘米、深 15 厘米～50 厘米。居住面不见人为特意加工痕迹，直接以生土为地面，在其上基本不保留遗物，房址中所出遗物大多来自废弃堆积之中。墓葬仅见一座，形制为土坑竖穴的侧身屈肢单人葬，随葬品有带流陶器。灰坑规格小而且浅，平面为圆形或椭圆形，直壁，平底。

出土遗物中完整及可复原的陶器有 20 余件，器型有罐、钵、碗、杯等。纹饰以素面为主，另见少量的指甲纹、附加堆纹、麻点纹、刻划纹等。石器以燧石和玛瑙为主要原料，包括石核、石片、刮削器、尖状器、石镞、石钻等，不见石叶类工具。其他器类还有骨锥、骨簪、骨针等。此次发掘获得的新石器时代遗存为建立嫩江流域新石器时代的文化序列和为进一步探究昂昂溪文化更深层次的相关问题提供了重要资料，也为研究东北地区渔猎型定居聚落的新石器时代生业方式提供了重要依据。

属于青铜时代的地层及遗迹中出土的陶片可辨器形主要是鬲和罐，从复原的陶鬲、馒头形陶支座、压印篦点纹陶壶等器物来看，与以嫩江下游为中心区域的白金宝文化有着近乎一致的相似性，这类遗存的发现对研究白金宝文化的传播与交流、内涵与外延等诸多方面问题均有重要作用。

（田　禾　张　伟　刘　伟）

【牡丹江市红星辽金时期遗址】

发掘时间：2014 年 10 ~ 11 月

工作单位：黑龙江省文物考古研究所

红星遗址位于牡丹江市西安区海南朝鲜族乡海南村西约 1000 米、牡伊公路南侧，地势东北高、西南低，中间略凸，遗址周围为水田。工地基点地理坐标为北纬 44°32.44′，东经 129°27.79′，海拔 243 米。

此次发掘共布 5×5 米探方 10 个，发掘面积 500 平方米。

发掘区地层关系如下，第 1 层为耕土层，土色黑褐、土质松软，深度 0.1 ~ 0.35 米；第 2 层为文化层，开口于 1 层下，土色黄褐，土质北部较紧密、南部较黏，深度 0.5 米 ~ 0.25 米；第 3 层为瓦砾堆积，开口于 2 层下，主要分布在 T51、T23、T24、T33、T34 探方中，深度为 0.1 米 ~ 0.4 米，

发现的遗迹有鹅卵石构筑的基础两条、深 0.9 米，用鹅卵石和黄土分层夯筑。东西向基础残长 14 米；南北向基础残长 9.5 米，其外侧有长 6.5 米的包壁，单层砖砌筑。这两条基础可能为一大型建筑残留。

东西向基础南 4.6 米处，有边长 1.7 米方形卵石柱础堆积四处一组，其间相距 1.8 米、2.9 米、2.5 米，其中东南角的方础南侧有瓦砾堆积。该组遗迹可能为上述建筑的门址。

通过对东西向基础的解剖，探明其做法为先挖一上口宽 1.3 米、下口宽 1.2 米、深 0.9 米的沟槽，在沟槽底部铺放一层厚约 5 厘米 ~10 厘米大小的鹅卵石，然后在石块上铺垫一层黑褐色土，夯实后再铺放一层鹅卵石，重复操作该过程，最后形成一个鹅卵石块共 6 层、垫土共 5 层、深 0.9 米的鹅卵石堆积。

遗物主要有红色瓦片、灰色瓦片、灰色方砖、花纹瓦残片、红烧土块、白灰块、木炭、铁钉等。

根据红星遗址遗迹和遗物初步判定，该遗迹为辽金时期的大型建筑基址，对了解牡丹江地区的历史考古，具有重要意义。

（赵哲夫　楚福印）

【哈尔滨市阿城金上京南城南墙西门址】

发掘时间：2014 年 6 ~ 10 月

工作单位：黑龙江省文物考古研究所

金上京城由毗连的南、北二城组成，平面略呈曲尺形。通过勘察，确认上京城外城有 6 座城门，多已遭损毁，仅南城南墙西门址保存尚好，且有完整的瓮城。

本年度我所重点对金上京城南城南墙西门址进行了考古发掘，发掘面积 1100 余平方米。金上京南城南墙西门址由城门和瓮城组成。该门址和上京城皇城午门址在一条中轴线上，位置重要。城门址由单门道、路面和东西两侧的夯土城墙（墩台）组成。

门道方向北偏东 5°。门道呈长方形，其两侧中部尚存有门砧石，门砧石由花岗

岩制成，呈长方形，南北纵向置放，其上部中间有一东西向凹槽。中间有石门限。西侧门砧石北部存留有石地栿，石地栿上有少量的木痕。

从门砧石的间距，推测门道宽约 6.5 米左右，南北进深约 20 米。两侧门砧石外侧各有四根等距分布的大圆木柱，木柱已被烧焦，仅留底部炭木痕迹，每侧木柱的间距约 3 米左右。每根木柱底部有平整的柱础石，这些柱子为支撑城门顶部的中心柱。

门道内路面以花岗岩石板铺砌，现大部已损毁，仅局部两处有存留。石板大小不一，依次错位相接排列，表面有明显修整的凿痕，石板的长、宽约 0.55 米 ~ 0.95 米，厚度约 0.13 米 ~ 0.15 米。

门道的基础部分为基槽内筑夯土，每层夯土上面有明显的夯窝，每层夯土底部均有一层夯打密实的夹土灰陶碎砖块和瓦块。基础部分总厚度为 1.5 米左右。

城门墩台南北两面均有青砖砌筑包墙。

瓮城平面大致呈"马蹄形"，东西内径长约 50 米，南北内径宽约 20 米。东南侧有一出口，为瓮城门。瓮城内和城门处发现多层路面，系不同阶段修补遗留。

瓮城门位于瓮城城墙的东部，方向为东偏南 36°。南北墩台均遭损毁，两侧各有一柱础石，但其所处位置高度不一，系不同时期所置。

在瓮城内东北角发现房址一座，编号 2014F1。房址依城墙而建，为半地穴式建筑，平面近似正方形。推测 F1 为瓮城卫戍之居所。

瓮城墙的主墙为平地起建，顶部窄底部宽，残存高度 3.6 米，顶部宽度 0.6 米 ~ 1.8 米左右，底部宽度 5.1 米左右。瓮城墙存在一次修筑，后期两次补筑的情况。第一次补筑城墙是在主墙外侧，包筑黄黑花土，第二次补筑城墙是在第一次补筑的城墙外侧再次包筑形成。

此次发掘，出土器物标本 500 余件，种类多样，有陶、瓷、石、骨、铁、铜器等，包括生产、生活用具和兵器等。以陶建筑构件和铁兵器等为主。

根据出土器物和发掘建筑的特征综合分析，此次揭露的南城南墙西门址系金代中期前后营建修筑。

本次考古发掘，是第一次对金代都城门址进行的科学发掘，了解了金代都城门址的基本形制结构，具有重要学术意义。

（赵永军 刘 阳）

【黑河市瑷珲新城清代遗址】
调查时间：2014 年 7 ~ 10 月
工作单位：黑龙江省文物考古研究所

瑷珲新城遗址位于黑河市爱辉镇，北距黑河市约 35 千米，东濒黑龙江，与俄罗斯隔江相望，地理坐标为北纬 49°58′31″，东经 127°29′5″，海拔约 129 米。

瑷珲城始建于 1684 年（康熙二十三年），为黑龙江将军衙门所在，位于现俄罗斯境内维笑勒伊村附近。1685 年，清政府决定将黑龙江将军衙门迁至下游 12 里的江西，并在被沙俄侵略者哈巴罗夫焚毁的达斡尔族屯寨——托尔加城的废墟上，重新修筑城寨，仍称为瑷珲城，也叫黑龙江城，历史上为区别于江东老城，称之为"瑷珲新城"。瑷珲新城在抗俄斗争中具有重要的战略地位，是雅克萨战争的前线基地和指挥部。

1900 年（清光绪二十六年），沙俄入侵我国东北，占领瑷珲，瑷珲新城被俄军纵火烧毁，只余内城东南处的魁星阁，史称"庚子俄乱"或"庚子俄难"。1907 年（清光绪三十三年），俄军撤出瑷珲，瑷珲人民重返家园，瑷珲新城在原址偏西重建，并向西拓展。

为配合《瑷珲新城遗址保护规划》的编制，对瑷珲新城遗址进行了考古工作。鉴于具体需要，采用了考古调查、考古钻探和考古试掘相结合的方式。

依据对瑷珲新城历史沿革、城市布局的了解及在当地搜集到的关于遗址、遗迹的线索，在瑷珲镇及其周边区域约 3 平方千米的地域内，对瑷珲新城 1685～1900 年的内城城墙、外城城墙、黑龙江将军衙署（1690 年后为副都统衙署）、1907 年复建的城墙、瑷珲副都统衙署、瑷珲新城周边的寺庙及水师营、北大营等遗址、遗迹进行了钻探寻找和认定。找到了瑷珲新城 1685～1900 年的内城城墙，确定了其位置、范围和衙署的位置及其内的 4 处建筑基址，并在城北寺庙区内确定了一处建筑基址。进一步认定了 1907 年复建的城墙、瑷珲副都统衙署、水师营、北大营遗址的存在及其保存现状。

1685～1900 年瑷珲新城的遗迹在地表已不可见，通过调查、钻探和试掘，发现了内城，并确定了其规模。

内城基本呈长方形，南北长约 410 米、东西长约 385 米，环城有护城壕。城墙宽约 4.1 米，为两侧挖沟植木桩（其中外侧为并排的两排木桩），然后在木桩间填土构筑。护城壕截面呈斜壁寰底，宽约 5.7 米～6 米、深约 1.5 米。

此次工作未发现与文献记载的 1685～1900 年外城相关的遗迹。

1907 年复建的瑷珲新城的城墙和护城壕地表尚可见到遗迹，但由于城墙的护城壕目前仍为排水设施，经常沟通疏浚，其土堆于城墙，故目前所见城墙已非其本来面目。

此城基本为长方形城，理论周长约 3588 米。西墙保存较完整，长约 948 米，其余各墙只有部分残存，城墙地表部分基本可见护城壕存在。城墙为地面起建，未做专门的基础，城墙转角处未发现特殊的建筑结构。

此次工作，发现和确认了一批具有重要历史纪念意义的遗址、遗迹，对关于瑷珲古城建设布局的记载和口耳相传的各种传说做出了进一步的证实和厘清。同时，出土了较为丰富的物品，有砖、瓦、铁钉等建筑构件，料珠、陶珠、铁花饰等饰件，瓷质可复原的杯、盘、碗、香插，料质的烟嘴、铁刀等生活用品，陶质塑像残块等宗教文物，铅质、铁质弹丸，铜质弹壳，铁质的俄式军刺等军事用品以及数量较多的清代铜钱，完整或可修复文物数量达 350 余件，为认识清代东北重镇瑷珲的建设、发展、遭遇战火、收复重建的历史发展脉络提供了重要的实物资料。

（刘晓东）

【侵华日军第七三一部队细菌实验室及特设监狱遗址】

发掘时间：2014 年 5～11 月

工作单位：黑龙江省文物考古研究所、侵华日军第七三一部队罪证陈列馆

遗址位于哈尔滨市平房区新疆大街 47 号，侵华日军第七三一部队旧址院内，本部大楼北侧。该遗址为日伪时期的建筑基址。为配合将侵华日军第七三一部队旧址申报世界文化遗产，对该遗址进行全面发掘，发掘面积 17000 平方米。

细菌实验室及特设监狱建筑基础深度达 2.8 米～3.2 米。

通过本次考古发掘，确定了细菌实验室及特设监狱的平面布局。细菌实验室由南侧第三栋、西侧第四栋、北侧第五栋、东侧第六栋合围所组成，地下通道与位于第三栋中间的附属建筑、第五栋中间的附属建筑有机相连。第三栋和第五栋东西长 151.4 米、南北宽 13.5 米，中间通道、两侧房间，锥形基础和条形基础合理的分布在建筑基址中。第四栋和第六栋南北长 74.3 米、东西宽 10.3 米，内侧通道、外侧房间，条形基础遍布其中，无锥形基础。地下通道之上为细菌实验室的中心走廊，

中心走廊将细菌实验室内部庭院分割成东西两个部分，特设监狱则位于两个庭院中央。东侧特设监狱为第七栋、西侧特设监狱为第八栋，它们均为东西长 46.35 米、南北宽 14.50 米，中间通道、两侧房间，在第七栋西北角和第八栋东北角各设一处设备间。

确认出当时地面以及细菌实验室一层地面，当时细菌实验室地面较室外庭院地面高出 23 厘米。建筑基础均穿越了当地冻土层。发现多处爆破点以及 4 处焚烧坑，掌握了日军败退前销毁细菌战罪证的确凿证据。

对细菌实验室及特设监狱的上水、下水系统以及机电等设施布局有较为清晰的了解，对细菌实验室及特设监狱的建筑结构与施工工艺有较为深刻的认识。出土一批建筑构件、机械设备、金属管材、工具、玻璃器皿、陶瓷制品以及橡胶制品等遗物 1000 余件。

通过本年度的工作，为侵华日军第七三一部队的历史研究和当时相关的建筑研究提供了翔实的资料。对侵华日军第七三一部队旧址申报世界文化遗产工作，提供了翔实的考古依据。

（魏明江）

上海市

【青浦区崧泽新石器时代遗址】

发掘时间：2014 年 10 ~ 12 月

工作单位：上海博物馆考古研究部、河南大学考古系

崧泽遗址位于青浦区赵巷镇崧泽村，于 1958 年发现，并以该遗址命名了"崧泽文化"，是全国重点文物保护单位，被评为中国二十世纪一百项考古大发现之一。

本年度为配合淮南—南京—上海 1000 千伏特高压交流输变电工程，上海博物馆考古部与河南大学考古系合作，对工程所涉崧泽遗址区域进行考古发掘。本次发掘共布设 36 个探方，实际发掘面积 860 平方米，发现了崧泽、良渚、东周、唐宋、明清等各个时期的遗迹，出土了玉器、石器、陶器、铜器、瓷器等各个时期的可复原器物 200 余件。

整个发掘区呈南高北低的坡状堆积，南部为小高地，北部为湖相堆积。崧泽、良渚时期的先民主要在湖岸的台地活动，遗迹也主要分布在该区域。至东周时期，由于自然与人为的因素，先民的活动范围逐渐向北扩展，原来的水域渐趋消失。至唐宋时期，该区域地势已较为平坦。

遗迹主要为沿着岸线分布的东周时期的灰坑、水井等，其他各个时期的遗迹相对较少。在发掘区的东南区域发现了较厚的良渚时期人工堆积的小台地，已发掘面积约有 150 平方米，为黄褐色锈斑土与草木灰相间堆积而成。共有三层草木灰，每层厚约 0.1 米，其中包含较多的陶片，多为陶鼎或甗的残片及足等。

崧泽遗址此前共进行了 6 次考古发掘及数次调查钻探，发现有良渚文化的遗物，但却没有发现有良渚文化的地层与遗迹。本次考古新发现了良渚时期的地层及遗物，丰富了我们对崧泽遗址的认识，是本次考古的收获之一。

（王建文）

【松江区广富林新石器时代遗址】

发掘时间：2014 年 3 ~ 8 月

工作单位：上海博物馆考古研究部等

本次发掘区地处广富林遗址的东南边缘区域及北部边缘区域，实际发掘面积为 12600 平方米。共发现不同时期的灰坑 392 个、灰沟 31 条、水井 63 眼、墓葬 126 座、特殊遗迹 3 处，出土文物约 10000 件。

本次发掘发现了一处崧泽—良渚文化墓地，面积约 200 平方米的范围内有 103 座墓葬。大多为单人土坑竖穴墓，有两座多人二次合葬墓，该葬式在广富林遗址为首次发现。M425，位于墓地南部，被现代沟破坏，残长 1.05 米，宽 0.8 米，多人二次合葬墓，墓中骨骼以股骨、胫骨为主，股骨摆放较为整齐，从骨骼判断，应属 4 个以上的个体，随葬鼎、罐、豆等 8 件陶器。

本次发掘再次发现了钱山漾文化遗存，部分灰坑出土了较完整的器物，为研究该时期遗存提供了重要的资料。H5478 位于ⅡT1925 的西部，平面呈椭圆形，南北长 1.75 米、东西宽 1 米、深 0.3 米，坑壁光

滑，圜底。填土为青灰色，土质较硬，内含大量的红烧土块、炭灰、草木灰等。出土有石刀、石锛、石镞、陶纺轮、陶罐、陶豆、大鱼鳍形足鼎、磨石、陶器盖、陶盘等。

此次发掘还发现了广富林文化的墓葬。M451，土坑竖穴墓，位于Ⅳ T2735 北部，长 2.1 米、宽 0.5 米，仰身直肢，墓向 135°，墓主为男性，随葬 1 件陶罐，3 件三棱形石镞，1 件石钻，1 件纺轮。该墓葬是继 2008 年发现的 9 座、2010 年发现的 1 座广富林文化墓葬之后的又一发现，再次证明了广富林文化墓葬的头向没有统一性，分布较为分散的特点。

周代遗存在广富林遗址中一直占有相当大的比重，此次发掘发现了大量周代遗存。TJ66，位于 2014 年发掘区南部，南北约 22 米，东西约 11 米，堆积厚 5 厘米 ~ 20 厘米，为印纹硬陶、原始瓷片堆积，其间夹杂大量红烧土块、草木灰及石块。其中以原始瓷盅的数量最多，其他的器类有鼎、罐、鬲、钵等，另有削、镦等青铜工具。由于陶瓷片复原率很低，多为碎片，应是周人堆放生活垃圾的遗存。

此次发掘再次确认了广富林遗址丰富的埋藏，展现了上海从新石器时代直至宋元明清源远流长的历史，为了解广富林遗址的聚落布局、环境的变迁、人们的行为模式，以及探讨相互之间的关系提供了丰富的材料。

（黄　翔）

江 苏 省

【泗洪县韩井顺山集文化遗址】

发掘时间：2014 年 4～5 月

工作单位：中国国家博物馆、南京博物院、
泗洪县博物馆

遗址位于泗洪县梅花镇韩井村，属于顺山集文化时期遗址，距离顺山集遗址东北大约 5 千米。通过 2013 年的调查和钻探，了解遗址面积约有 7 万平方米。曹梅公路东西向贯穿遗址，把遗址分为南、北两个部分。本年度春季发掘的区域位于遗址的北部，布设正南北向 5×10 米探方 6 个，实际发掘面积 290 平方米。发现遗迹：沟 15 条，灰坑 41 个。发现遗物有陶、石、骨、角器等。

G14 为重要发现，东西向分布，宽约 10 米，深约 0.9 米，开口于④层下，打破第⑥、⑦层。沟内填土可分六层，三个布满碎陶片和兽骨的活动面分别叠压在 G14③、G14④之下和 G14②之下。G14③为一条宽约一米，与沟边大体平行的红烧土堆积，红烧土颗粒分选较好，似人工堆垫。G14 打破的⑥层下开口的一些灰坑和其他遗迹单位包含的陶片都较为单纯，为顺山集文化时期的遗物。初步判断，G14 应是顺山集文化二期时的壕沟，在顺山集文化三期时逐渐填平，继而废弃。活动面的形成，表明此沟被填满过程中出现了几次间歇。G14 在未发掘区域的走向，以及是否为环壕，尚需进行钻探判断。发掘过程中，对所有遗迹单位都采集了浮选土样。对部分包含物丰富的堆积单位进行了现场水选，

发现大量鱼、鳖等小动物骨骼，为了解顺山集文化二、三期的生态环境、取食状况提供了丰富的材料。

此次发掘，丰富了顺山集遗址第三期遗存的文化内涵，对于解决顺山集文化的去向，了解第三期遗存与长江中下游考古学文化，如跨湖桥文化和皂市下层文化之间的关系，甚至是马家浜文化的起源都有重要学术意义。

（庄丽娜）

【句容市城上村新石器时代至商周时期遗址】

发掘时间：2014 年 8～12 月

工作单位：南京博物院、句容市博物馆

城上村遗址位于句容市华阳镇北部新城城上村，位于句蜀路以西、省道 S122 以北，秦淮河上游支流肖杆河于其西侧穿过。2008 年第三次全国文物普查新发现该遗址，是第七批全国重点文物保护单位。南京博物院考古研究所于 2009 年 6 月进行了第一次考古钻探与试掘，确认其为一处新石器晚期至商周时期遗址。本年度对遗址进行了第二次考古钻探与发掘，钻探范围达到 25 万平方米、发掘面积 99.5 平方米，经过全面钻探并结合局部的发掘清理，对遗址的分布范围、聚落布局及文化内涵有了新的认识。

经钻探确认遗址分为南北两区，两区间隔最近处不足 20 米，遗址总面积 19.3 万平方米。北区为早前所确认的长方形高土台，面积约 8.1 万平方米。土台平面形

状近南北向长方形，北侧隆起呈高台地，文化堆积厚度达4米以上。土台往南则渐低缓，文化堆积普遍在2米以上。遗址南区范围为本次考古钻探新发现，呈略高于四周的缓坡状，平面呈不规则椭圆形，面积达11.2万平方米。

北区涵盖崧泽、良渚、商及西周诸时期遗存，南区则以西周时期遗存为主，并见唐宋时期文化堆积。

钻探发现遗址南北两区均有环壕。北区环壕紧贴土台环绕一周，平面形状与遗址土台相似，呈南北向长方形，其中北侧环壕现见于地表，环壕周长近1000米，环壕内侧遗址面积约5.8万平方米。南区环壕平面形状近似椭圆形，均不见于地表，环壕周长约850米，环壕内侧面积约5万平方米。解剖清理确认南北两区环壕均开挖并使用于西周时期，时间上存在重合。

崧泽文化遗存主要发现墓葬2座，良渚及早商文化遗存见于地层及少量灰坑，总体面貌不甚清晰。北区西周时期文化遗存最为丰富，局部堆积厚达4米以上，发现墓葬5座及灰坑近30个，墓葬中成人墓1座、婴幼儿墓4座，均为竖穴土坑，未见随葬品。西周时期文化遗存陶器以鬲、甗、罐、盆、簋及豆等为基本器物组合，石器见有钺、锛、半月形穿孔石刀等，以夹砂红、褐陶为主，并见一定数量的印纹硬陶及少量的原始瓷。

城上村遗址地处宁镇地区东部，其保存完好、文化堆积丰富、时代跨度长，为研究新石器晚期崧泽、良渚文化与宁镇地区本土文化的融合与交流找到了新的线索；为进一步厘清湖熟文化的来源及其自身文化内涵提供了新材料。此外，西周时期同一遗址中同时并存两处环壕聚落为本地区首见，有助于更深入地认识该区域商周时期社会组织结构、聚落布局及其变迁。

（甘恢院）

【沂沭泗河下游新沂两镇考古调查】

调查时间：2014年10～12月

工作单位：徐州博物馆

顺山集文化为学术界认可，推动了学界对淮河流域以及黄淮流域古代文化面貌的探求，苏北地区古文化面貌已经成为江苏考古的重要课题，南京博物院与国家博物馆合作从2013年开始对泗洪地区进行区域系统调查。沂沭泗下游地区作为黄淮流域的重要组成部分，对其开展大规模的考古调查工作是极为必要的，徐州博物馆考古所自2014年陆续开展苏北新沂、邳州、徐州的区域系统考古调查，首先在沭河下游的新沂东部地区开始，首期调查完成阿湖镇、双塘镇全境及高流镇的一部。此次调查共发现文物点42处，远超三普文物点数量。现将发现的文物点介绍如下：

一、阿湖镇遗存（共19处）

1. 遗址8处：洪墩遗址（西周—战国）、陈圩遗址（汉至南北朝）、条河遗址（汉至南北朝）、北古村遗址（魏晋至六朝）、双沟遗址（西周—汉代）、雷庄遗址（汉）、鸣九遗址（唐至宋代）、小白马遗址（明清），其中洪墩、北古村、双沟、鸣九等遗址保存状况好，文化堆积丰富。

2. 墓葬11处：前沟墓群（汉）、后沟墓群（明）、后古木墓群（宋至明）、中沟汉墓（汉）、条河东南墓群（汉）、条河南土墩（汉）、鸣九墓群（东汉）、刘墩（或为汉）、新庄墓地（汉）、古村墓群（汉）、卓圩墓群（汉），其中前沟墓群、鸣九墓群保存良好。

二、双塘镇遗存（共17处）

1. 遗址9处：蒲沟遗址（东周）、西钓台遗址（西周至战国）、东钓台遗址（西周至汉）、东九里墩遗址（唐至宋）、西九里墩遗址（宋至明清）、北大园遗址（明清）、沙沟遗址（汉至宋）、前井庙台子遗址（明清）、后古木北遗址（汉），其中西钓台遗址、北大园遗址、前井庙台子遗址、后古木北遗址保存很好，堆积丰富。

2. 墓群 8 处：多见土墩形墓地，有乱墩墓群、九里墩土墩、后马场土墩、高塘墓群、小刘庄土墩、后井墓群、徐庄墓群、袁湖土墩，初步认为时代皆为汉代。

三、高流镇遗存（6 处）

1. 遗址 2 处：老宅子遗址（明清）、夏小庄遗址（明清）。

2. 墓葬 4 处：分别为夏庄土墩、贺庄土墩、夏小庄土墩、佃户庄土墩，初步判断皆为汉代遗存，保存状况良好。

（田二卫 原丰）

【苏州市木渎春秋古城】

发掘时间：2014 年

工作单位：中国社会科学院考古研究所、苏州市考古研究所、南京大学历史系

本年度，联合考古队在春季大规模钻探的基础上，对古城内重要遗存分布区合丰地点展开大规模发掘工作。合丰地点位于木渎古城西南部。在该地点南侧发现有城内重要的核心性城址——合丰小城，其中着重在合丰小城及周边的 D152、D154 和 D173 等多处地点展开工作。

D152 是合丰小城城墙的东北角。在土墩下方最早的一层堆积为黑褐色含白色小石子的堆积，推断为合丰小城的城墙堆积。该层堆积整体呈西北—东南走向，宽约 20 米，堆积厚度在 1 米以上。该层堆积被两座春秋时期墓葬打破，表明城墙的时代不晚于春秋时期，对于确定城址的下限具有决定性意义。在城墙北侧确定了城壕，宽约 5.9 米~8.3 米，深约 0.8 米。城壕最终填平的时代约在战国时期。

在城墙废弃后，此地经过覆土加宽变为墓地，先后发现汉代墓葬 39 座。墓葬的时代从西汉延续到东汉时期。墓葬有成对并穴合葬。墓葬方向有南北向和东西向等，多为东西向墓葬打破南北向墓葬，或是反映了时代的差别。墓内陶器基本组合为"壶、罐"，多成对放置，并有在棺内单独随葬小陶壶的独特现象。此外发现一座汉代砖室墓。这些发现为城址延续使用，及最终废弃时代的确认提供了资料。

D154 是合丰小城东城墙之所在。城墙整体呈西北—东南走向，一直向南延伸，长约 200 米，城墙宽度在 20 米以上。在城墙外侧（东侧）有城壕与之平行分布。城壕宽度约在 6 米左右。

在城墙堆积上发现墓葬 34 座，时代包括明清时期、唐宋时期、汉代、战国早期等多个时期。特别是 M52、M68、M70 等三座战国墓葬直接打破城墙的主体堆积，为确定城址的修建时代和使用下限提供了新的证据。

D173 位于合丰小城城外东南侧。在此处发现有汉代墓葬及堆积，表明在城外也有同时期堆积存在。

通过 2014 年的工作，再次确认合丰小城城墙的具体走向，确认合丰小城东侧的布局、时代及废弃情况。合丰地点以合丰小城为核心分布着大量的古代遗存。合丰小城的始建年代不晚于春秋时期，与木渎古城的时代大体同时。合丰小城的城墙呈长条状，宽约 17 米~20 米、城墙外侧有宽约 7 米的城壕与城墙平行分布。根据发掘，城壕的最终填平时代不晚于战国时期。城墙的废弃亦在春秋时期，变为墓地，发现多座春秋、战国、汉代至明清时期墓葬，这些反映了合丰地点使用功能的变化，为探索此区域内政治格局的演变提供了新的线索。

（唐锦琼 李前桥 赵东升 牛煜龙）

【扬州市蜀岗古城址战国至南宋木构等遗存】

发掘时间：2013 年 3 ~ 12 月、2014 年 3 月 ~
　　　　　2015 年 1 月
工作单位：中国社会科学院考古研究所、
　　　　　南京博物院、扬州市文物考古
　　　　　研究所

发掘地点位于扬州市蜀岗—瘦西湖风景名胜区管理委员会瘦西湖街道办事处方庄以北、西河湾以东。发掘面积 1100 平方米。

2013 年 3 ~ 12 月，发掘找到了不早于汉代及汉代至宋代等多个时期的夯土及其倒塌堆积，与以前在附近（YZG5）发掘所获情况相符合。此处最早的夯土墙体是整个墙体的主体，用灰黑色土夯筑而成，其时代早于汉代。发掘结果表明，在现代水沟的东西两侧存在着分别向东、向西叠压的夯土墙体，同时发现其下有淤积土的存在，推测此处原来可能有与古代河道相连的豁口，即此处可能有水门。所见的夯土墙体，可能就是水门两侧残存的墙体。同时，此处是认识扬州蜀岗古代城址历代沿革的一处标本地，其他地点的时代确认可以以此为参照。

本年度的工作，在 2013 年的基础上，清理出了不晚于汉代的木构水涵洞、不早于汉代至晚唐杨吴时期的陆城门东边壁和水窦、南宋时期的水关和陆城门迹象以及相关的夯土遗存，出土了战国时期的铁刀和陶器残片、汉剪轮"半两"铜钱、汉至唐代的砖瓦以及陶瓷片等遗物。

发掘区东部最早的遗存为不晚于汉代的木构水涵洞及其两侧的夯土墙体，其上叠压着不早于汉代的墙体补筑夯土和填垫夯土、残存的陆城门东边壁砌砖，再上残存有六朝时期的陆城门东边壁砌砖及其东侧的墙体补筑夯土、出城道路及其下的填垫夯土，然后是隋唐时期的两期陆城门东边壁砌砖、晚唐杨吴时期的墙体补筑夯土，

最上面是残存的南宋时期的两列柱坑以及填埋柱坑的夯土等遗迹。发掘区西部北侧残存有与晚唐杨吴时期墙体补筑夯土同期的水窦遗迹，其始建年代或与不早于汉代的陆城门同期。简言之，遗址内涵可分为不晚于汉代、不早于汉代、六朝、隋唐、南宋等五个时期共八期遗存。

《史记·六国表》中，有楚怀王熊槐十年（公元前 319 年）"城广陵"的记载；《水经注》中就"自广陵城东南筑邗城"的注释说明，楚广陵城是就邗城故址增修而成，增筑部分当在邗城的西北。第一期遗存的木构水涵洞和夯土墙体，或与战国楚广陵城的修筑相关。汉广陵城是在楚广陵城的基础上修缮扩建而成的，吴王濞时已有汉广陵城。第二期遗存，或即汉代填埋战国水涵洞并在其上修建的陆城门。发掘区位于城址内水系的北口，因此该门址西部的水窦很可能早在汉代就已与陆城门并存。中国古代城址中的水工设施多位于陆城门的西侧或北侧，与水属阴有关，这是汉代即已成型的堪舆思想在建筑上的形象表现。第三期遗存的陆门边壁砌砖，是扬州蜀岗古代城址首次发现的六朝时期门址。《隋书》和《北史》、《资治通鉴》中记载宇文化及兵变弑炀帝事时提及芳林门，从其文脉来看，隋江都宫城正北门玄武门附近有"芳林门"，芳林门侧有水窦。从本次发掘的门址的位置和水陆结构的形制来看，第四或第五期遗存当与隋江都宫城的芳林门相关。南宋夯土墙体叠压南宋柱坑的迹象，说明南宋时期至少有两次修缮。《嘉靖淮扬志》"宋三城图"中宋宝祐城仅有一座北门，若该图确与贾似道筑宝祐城所上之图相关，则第七期遗存当为南宋时期修筑，而第八期遗存很可能就是贾似道时期所为。

扬州蜀岗古城址的木构及其他遗存从战国至南宋延续了近 1700 年，遗址的年代序列完整，是扬州蜀岗古代城址发展的缩

影，是新时期认识蜀岗古代城址的基点，也是研究中国古代建筑技术的重要资料，体现了在雨水较多的南方地区因地制宜的筑城技术。不晚于汉代的木构遗存，全国罕见，保存完好，用材体量巨大，制作考究。木构遗存之上不晚于汉晋南朝的遗存，为探寻楚汉六朝广陵城城址提供了依据。隋唐时期的遗存，则可能是史籍中记载宇文化及兵变弑炀帝事提及的芳林门，为江都宫城的探寻提供了新线索。各时期的水道资料是了解城市布局的重要线索，更是探寻邗城和大运河关系的关键点。

（汪　勃　王　睿　王小迎）

【徐州市土龙山—小洪山两汉墓地】

发掘时间：2014 年 4 ~ 7 月

工作单位：徐州博物馆

墓地位于贾汪区泉河村、鹿楼村以北的土龙山及小洪山的缓坡上，毗邻阚山电厂铁路专线。年初徐工集团在此进行工程施工，经对建设范围内调查发现有大量两汉墓葬分布，并进行了局部发掘。建设区域内自西向东分别由土龙山墓地、石猴林墓地及小洪山墓地三处墓地组成，共发现墓葬 60 余座。

土龙山墓地位于泉河村北侧、施工区西端，共发现墓葬 16 座，除一座为东汉时期砖室墓外，其余 15 座均为西汉时期竖穴石坑墓。所见墓葬均遭盗扰，多数墓葬墓口裸露于地表，仅有 4 座墓葬地表仍残存有封土，其中 TM10（当地俗称"姑姑墓"）封土最大，直径约 29 米，残高约 2.5 米。墓坑均为长方形，多呈南北向，墓口多以石块垒砌规整，墓圹长 2.5 米 ~ 3 米、宽 1.5 米 ~ 2 米。从墓葬整体分布来看，应为家族墓埋葬区。

石猴林墓地位于土龙山及小洪山之间的平缓地带，墓地占地近 2000 平方米，共发现东汉砖石混砌墓、砖室墓近 20 座。墓葬区外围存有墓垣遗迹，现仅存底层石板

（块），其中南侧保存相对较好，东、西两侧墓垣因被破坏而不连贯，但断续可连。墓垣南北长 48 米、东西宽 39 米。南、东、西三侧墓垣形制相同，以长条石板垒砌，石板长 1.2 米、宽 0.55 米、厚 0.15 米 ~ 0.2 米，北侧墓垣因破坏基本无存。墓葬规模普遍较小，砖石混砌墓长 2 米 ~ 2.5 米、宽 1.5 米 ~ 2 米，砖室墓长 2 米 ~ 2.4 米、宽 1 米 ~ 1.2 米，这批墓葬排列有序、分布密集，部分墓葬之间相距仅 0.3 米，且时代相近，为典型的家族墓地埋葬区。

小洪山墓地位于小洪山的峰顶及南侧缓坡上，目前共发现石坑竖穴墓、砖石混砌墓、砖室墓等各类墓葬 30 余座。西汉竖穴石坑墓以东西向为主，均为小型墓，墓圹长 2.2 米 ~ 2.8 米、宽 1.2 米 ~ 1.8 米，墓坑填土多以红褐色黏土夯填，部分墓葬两两成组分布，应为夫妻异穴合葬墓。东汉砖石混砌器墓多呈南北向，带斜坡墓道，墓室规模相对较大，个别墓葬为前后双室墓或三室墓，此类墓葬墓主身份较高。

对土龙山、石猴林、小洪山三处墓地的调查及局部的发掘工作仍处于初步阶段。所见墓葬形制多样，有竖穴石坑墓、砖石混砌墓、砖室墓、画像石墓等，时代纵跨整个两汉时期，墓葬规模普遍较小，呈多组群分布，为多个平民家族墓埋葬区，个别两室或多室墓，其墓主身份相对较高，应为小型地主或低级官吏等。这批墓葬的集中发现，对研究本地区汉代的葬俗、夫妻合葬墓的演化、家族墓地的发展及宗族制度等提供了重要参考。

（刘　超）

【宿迁市三台山森林公园汉代墓地】

发掘时间：2014 年 9 ~ 12 月

工作单位：南京大学历史系、宿迁市博物馆

宿迁三台山森林公园墓地位于宿迁市市区以北约 10 千米处的湖滨新区晓店镇青

墩村宋庄，西距镇政府约1000米，北距全国重点文物保护单位——青墩遗址约500米。该墓地高出周边约5米，南北长约300米，东西宽约100米。

共清理墓葬56座、窑址1座，墓葬均为汉墓。该批墓葬开口均位于第一层耕土层下，墓葬开口距地表均较浅，但墓葬埋藏得较深，最深的距现地表约8米。墓葬均为竖穴土坑小型墓，无墓道。发掘的墓坑中大部分骨架保存较差，仅少量墓葬残存部分肢骨，墓主人具体葬式不明。墓坑中的葬具保存较差，大部分已腐烂，仅少量墓坑内残存棺木板，陶质随葬品多放于墓主身体一侧，少数墓坑内的随葬品放于头、脚处；小型玉器、铜镜等大部分放置于头部。虽然在发掘的过程中发现形制较大的墓葬早期都遭到不同程度的盗扰，但本次抢救发掘仍出土了陶器、釉陶器、铜器、铁器、玉器、玛瑙器等文物共200余件，陶器有壶、鼎、盒、俑等；铁器有剑、匕首等；青铜器有铜镜、钱币、带钩、盆等；玉器有玉蝉、玉塞、玉璜等；玛瑙器有串饰。

此次对三台山森林公园古墓葬的考古发掘，基本摸清了三台山森林公园北侧宋庄地区地下古墓葬的分布情况，抢救保护了一批珍贵文物。此次出土的墓葬及随葬的陶器、玉器、铜器等，从一定层面上反映出两汉时期宿迁地区的丧葬习俗及物质文化面貌，对研究江苏淮河以北地区两汉时期的葬俗及当时的居民生活状态有一定的意义。

（贺云翱）

【新沂市高庄汉墓群】
发掘时间：2014年4~7月
工作单位：徐州博物馆、新沂市博物馆

高庄墓群位于新沂市阿湖镇林头村高庄自然村东部，考古勘探表明，整个墓地面积约10000平方米，此次发掘共清理各类墓葬68座，时代从西汉中晚期一直延续至东汉时期，包括竖穴土坑墓60座、砖室墓5座、石椁墓3座。出土各类文物约250余件（组），包括陶器、釉陶器、铜器、铁器、骨器、石器、蚌器、玉器、漆器等。

竖穴土坑墓数量最多，墓坑均开口于耕土层下，平面形状较为规整，多为长方形或圆角长方形，坑内填土为灰白色或灰褐色，容易分辨，土质坚硬，一些墓葬填土经过夯筑。坑口长度多在2.4米左右，宽度多在1米左右，墓葬深多在1米左右。墓底平整，一些墓葬底部一侧或一端设置一小壁龛，主要用于摆放随葬品。有单人墓和合葬墓两类，头向以东向居多，少数向北，个别向西。葬具多长方形木质棺，已腐朽，可见有清晰的棺木痕迹。人骨保存差，一些墓葬可见有人骨腐朽痕迹，均为仰身直肢葬。随葬品一般1~6件，最多者M48随葬器物有23件，陶器多置于棺外墓主人头部或脚部，棺内多随葬铜钱、铜镜、带钩等物。

从墓葬形制和出土遗物（墓葬出土铜钱有昭宣时期的"五铢"钱、王莽时期的"货泉""大泉五十"等，铜镜有昭明镜、博局镜）看，高庄墓群的土坑墓、石椁墓年代处在西汉中晚期至王莽时期，砖室墓时代多为东汉时期。从分布情况看，砖室墓多集中埋葬于北发掘区，而竖穴土坑墓多集中在南发掘区。68座墓葬出土遗物以陶质疏松的泥质陶罐为大宗，多数墓葬随葬品数量较少，判断高庄墓群为一处西汉中晚期至东汉时期的平民家族墓地。

对竖穴土坑墓的分布情况进行研究发现，M1等22座墓葬集中分布在一起，M19等37座墓葬集中分布在一起，M33等6座墓葬集中分布在一起。根据之前的调查所获，高庄墓群地表以往有多个土墩，这三处相对集中的墓葬应分属于三个墩子，可分别编号为Ⅰ、Ⅱ、Ⅲ号墩。在Ⅱ号墩墓葬清理前刮平面时发现，墓葬均营造在一层灰黑土之上，灰黑土厚约 0.5 米左右，较为纯净，应为墓地营建之前堆筑的土台。近年来学术界提出秦汉土墩墓的概念，高庄墓群的发掘为秦汉土墩墓的分布和墓葬特征提供了新的资料。

（缪　华　程东辉）

【盱眙县唐至清代泗州城遗址】

发掘时间：2014 年 3 ~ 12 月

工作单位：南京博物院

　　泗州城遗址位于盱眙县境内淮河北岸的淮河镇沿河村，中心地理坐标北纬 33°01′53″，东经 118°28′40″，海拔 13 米，遗址总面积 249 万平方米。泗州之名始于北周大象二年（580），州治位于宿预（今宿迁市宿城区），唐开元二十三年（735）改设泗州于临淮，泗州城遗址即为其州治所在，历经唐、宋、元、明，清康熙十九年（1680）大水，洪泽湖水位高涨，泗州自此没于水下，后经历年泥沙淤积覆盖，遂成今日所见泗州城遗址。遗址的考古发掘工作被列为南水北调东线工程二期文物保护控制性项目，启动于 2010 年 11 月初。

　　本年度泗州城遗址发掘工作主要位于遗址西南部的汴河故道南段区域，连同 2013 年揭露未清理完部分，共计发掘面积 6800 平方米，清理明清时期房屋建筑近 80 座、道路 5 条，并揭露出元、明、清时期的汴河东侧河岸及石护坡。

　　汴河南段区域发掘显示，明清时期房屋及道路沿河道 G1 而建，G1 西侧经大面积揭露，房屋、院落大体沿东西大街 L7、南北向砖石混铺道路 L8 分布，最上层为清早期遗存，其下叠压打破明代遗存。清早期建筑遗存平面多不规整、建筑取材随意，建筑方法多为先挖基槽，再填以乱砖石砌墙，房屋室内多见数层垫土，少有砖或石板铺面，大多为土质地面。局部解剖显示

明代房屋建筑多较为规整，一般以砖砌墙，建筑用料及技术更为考究。

　　东西大街 L7 为泗州城中轴线性质的主干道，先前发掘的灵瑞塔、普照禅寺、观音寺等宗教性建筑及文献中记载的主要衙署、宗祠等多位于其两侧。L8 为与 L7 垂直交汇的南北向砖石混铺道路，位于 G1 西侧，揭露部分长 115 米、宽 2 米 ~ 3.2 米，其两侧应为沿街商铺与民居，路面经不同时期整修。

　　为了解泗州城与汴河（通济渠）的关系，对汴河南段进行了局部解剖清理。汴河南北贯穿泗州城，为唐宋时期黄金水道，明之前，泗州以汴河为界分东西两城，随着京杭大运河开通及历次黄河夺淮的影响，元以后汴河泗州城段逐渐淤塞，至明末清初时成为只具备排水功能的窄长水渠。鉴于大量的地下水及随时可能存在的塌方，发掘过程中采取收台及留存斜坡壁面的方法，逐层往下清理，目前已清理出元、明及清时期的东侧河岸及石护坡，中心区域清理深度已达 7 米，仍未及底，出土大量陶瓷器及其他材质生活实用器物。

（林留根　甘恢元　闫　龙　张　蕾）

【扬州市蜀岗古城西城门外主城壕遗存】

发掘时间：2013 年 9 ~ 10 月，2014 年

工作单位：中国社会科学院考古研究所、
　　　　　　南京博物院、扬州市文物考古
　　　　　　研究所

　　发掘地点位于扬州市邗江区平山乡，在扬州蜀岗古代城址西城门外（西）北侧的主城壕上布设 3 条探沟进行发掘，发掘面积共约 560 平方米，2014 年完成整理。清理出南宋晚期及其以前的主城壕、唐宋时期的西主城墙夯土西边缘等遗迹，出土有唐宋时期的砖瓦、陶瓷器等遗物；发掘出的局部城墙夯土，应即唐宋时期西城墙底部夯土的西边缘。发掘结果表明，主城壕最初宽约 17.75 米、深近 3 米、岸线海

拔约 13.50 米～13.68 米，其时代当不晚于北宋；后来在上述主城壕西侧 5.25 米向西又开挖出宽约 21.50 米的城壕，两条城壕曾一度共存或在其间南北向生土条带以北连为一体；再后来由于淤积使得水位抬高至不低于 13.68 米，形成了宽逾44.5 米的主城壕；主城壕东岸距离唐宋时期主城墙西边缘约近 30 米。本次发掘，基本明确了西城门外主城壕的宽度、深度及其在唐宋时期的沿革，获知了唐宋时期西主城墙与主城壕之间的距离，进一步完善了扬州蜀岗古代城址在主要历史时期的水位线资料。

（王小迎　汪　勃　王　睿）

【扬州市宋宝祐城西城门外挡水坝遗存】

发掘时间：2013 年 9～10 月

工作单位：中国社会科学院考古研究所、
　　　　　南京博物院、扬州市文物考古
　　　　　研究所

发掘地点位于扬州市邗江区平山乡，为了解宋明宝祐城西城门外（西）侧过城壕处的面貌，在西华门外现代道路过城壕处布设探沟发掘，发掘面积约 550 平方米，编号为 2013YSA1601TG1F（以下简称为TG1F）。清理出了宋元时期的挡水坝遗迹，出土了宋至明代的砖瓦、陶瓷器、钱币、漆木器等遗物。发掘结果表明，扬州蜀岗古代城址的西城壕在正对西城门处向东收窄，南宋晚期在宝祐城西城门外的城壕中修建了挡水坝，该挡水坝在元明时期有过修缮。

挡水坝遗迹由挡水墙、边壁及其摆手构成。西边壁可以分为早晚两期，早期修砌规整，用白石灰膏作黏合剂，其用砖规格、修砌方法与扬州南宋时期的相同，而砖上铭文内容有属于南宋晚期的；西边壁晚期的修补不甚规整，黏合剂多为黄沙，为元明时期的修缮。挡水墙位于挡水坝中部，砖石结构，东西向，方向为东偏北 3

度。横架在东西两边壁之间及其上，南北两侧有挡水坡面。自下而上由基础部分（地钉、衬底条石或砌砖）、砖砌坡面挡水墙、顶部条石等几部分构成。挡水墙两边壁及其摆手的平面形状似"〕〔"形。边壁及其摆手的面砖多为整砖，填砖多为残砖。有的面砖上模印有"大使府造""武锋军""宁淮军""扬州""镇江都统司前□""涟水军"等铭文砖，砖的尺寸均为南宋时期扬州城用砖。

西边壁北摆手呈东南—西北方向，复原线与西边壁的夹角为 118°。由衬底条石或基础砌砖、砖墙构成。在西边壁南摆手以西、西边壁北摆手外护岸木桩北侧、J1西边壁底部地钉西侧，各有柱洞若干，推测这些柱洞当与早于南宋晚期挡水坝遗迹较早期的过城壕设施相关。

遗址内出土了一件写有"判府□□□□丘右司□内造""戊寅正月分"文字的三棱状漆木器；挡水墙北坡和西侧边壁之间出土了一批较为完整的瓷器，主要有龙泉窑的香炉和碗、吉州窑黑釉碗等，其中宋代龙泉窑鬲式炉、元代龙泉窑双鱼洗造型优美，釉色莹润；出土的铜钱有"景德元宝""嘉祐元宝""熙宁元宝""熙宁重宝""元丰通宝""元祐通宝""大观通宝""圣宋元宝""建炎通宝""祥符元宝"等。

发掘结果表明，扬州蜀岗古代城址正对西城门的主城壕向东收窄，南宋晚期在宝祐城西城门外的城壕中修建了挡水坝。该挡水坝两边壁的形制和构造，与扬州唐宋城东门瓮城台地和东台地之间的构造较为近似。挡水坝始建时的用砖规格、砌砖方法、黏合剂等，均与扬州城遗址南宋时期包砖墙的典型特点一致。至于该挡水坝具体是贾似道时期还是李庭芝时期所修筑，还有待研究明确。

（王　睿　汪　勃　王小迎）

【太仓市万丰村半泾河元代古船】

发掘时间：2014 年 8 ~ 12 月

工作单位：南京博物院、太仓市博物馆

半泾河古船位于江苏省太仓市城厢镇半泾河万丰村段，南距太仓城区约 10 千米，东距现浏河入江口约 20 千米。本年度对之进行了抢救性考古发掘，发掘面积 400 平方米。

古船船体实测残长 17.4 米、宽 4.8 米。平面略呈柳叶形，前端横剖面 V 形，后端横剖面 U 形，共 11 个隔舱、双桅。属江浙近海货船。

发掘现场的文保工作由南京博物院文物保护研究所承担，由于船体长期埋藏于河道之中，木质疏松，破损严重，采用整体支撑加固的方法对船体局部整形后，于 12 月初将古船整体搬迁至万丰村海丰农场进行后期文物保护。

根据河道走向及弯直度，半泾河应为人工开凿的河道，有待环境考古检测进一步确认。河道淤泥中主要出土宋代龙泉窑青瓷片和吉州窑黑瓷片，据此初步推测半泾河的起始年代应不晚于宋代，后历经多次浚废。依据船型、结合历史文献，推测古船废弃年代应不晚于元代，是一条内陆、近海两用的中小型船舶。

元初，太仓还是一处不满百户的村落。至元十九年（1282），因内河漕运淤塞，元世祖命疏导娄江，以刘家港为入燕海漕运的起点及基地，至明永乐十三年（1415），运河全线通航，海漕运止，其间历时 133 年。元代海外贸易兴起后，刘家港成为长江三角洲最大的对外贸易港口，有"六国码头"之称；也是明代郑和下西洋的始发港口。万丰村半泾河古船的发现，成为太仓这段历史的重要见证，同时也为中国船舶史提供了新的材料。

（杭　涛）

【泰州市泰兴黄桥明代墓地】

发掘时间：2013 年 12 月 ~ 2014 年 5 月

工作单位：南京博物院、泰州市博物馆、
　　　　　泰兴市博物馆

黄桥明代墓地位于泰州泰兴黄桥镇。2013 年 11 月，泰州泰兴黄桥镇清华园房地产工地建设时发现。墓地总面积 1100 平方米。共清理明代墓葬 13 座（组），其中浇浆墓 3 座、砖室墓 17 座。出土鎏金耳坠、银戒指、铜簪、铜耳勺、釉陶罐、釉陶壶、陶罐、铜钱等随葬品 50 多件，另有衣物 10 余件、蜡尸 1 具。

本次发掘共发现浇浆墓 3 座，建造方法和方式各异。由于野外工作的局限，现场清理较困难，并缺少对墓葬中可能出现的衣物、尸体等文物的保护处理条件，故对其中保存较好的 M2、M7 进行了整体提取，运送至南京博物院江南工作站进行了室内考古发掘与清理。

M2 清理过程中，于木棺顶部发现有丝质类文物，可能为铭旌，在木棺与木椁之间发现有正面绘制纹饰的两木质画霎，棺内仅存骨骼，并出土衣物多件，在每层衣物之间夹有纸质冥钱。M7 出土盖被 1 件，枕头 1 件，出土完整的老年男性蜡质尸体 1 具，保存情况较好。尸体外着包括帽子、衣服、云头鞋、布袜、裙子等多件衣物，腰部出土木梳 2 把、牙齿 1 包。尸体下出土草席 1 张、垫褥 1 件，在席和垫褥之间出土有摆放整齐的铜钱。

黄桥明代墓地具有明显的家族墓地形制，在墓葬排列规律上遵循传统的昭穆制度，呈"品"字形分布。从出土墓志铭来看，该墓地应该属于泰兴何氏的家族墓地，时代为明代中晚期。通过发掘明确了明代浇浆墓的建造方法与方式。发现明代砖室墓，先筑砖室不封顶，放入木棺后再修券顶的埋葬方式。发掘中，还发现多座墓葬砖室内填塞有大量的土。经过清理后发现，其券顶为破坏部分的填土形状与砖室券顶相同，可见其墓室里原来是填满土，再砌筑券顶。填土的原因主要是为了方便砌筑券顶。

（马永强）

【徐州市回龙窝明代城墙遗址】

发掘时间：2013年12月~2014年3月
工作单位：徐州博物馆

徐州回龙窝位于徐州市云龙区彭城路中段（原南门桥东北角），建国路以北（原奎河），清理东西向的城墙一段，长约45米，马面遗迹一处，并随工清理清代琉璃坑一处（位于城墙外侧，出土物主要有琉璃簪子、烟嘴、钱币、粉彩瓷盒盖、青花瓷碗等），并对城墙的相关遗迹进行了整理：

城墙呈东西走向，距离现地表约50厘米（表层为现代垃圾和建筑基础），由于晚期的破坏，城墙顶面不规整，部分墙体的城砖不全，清理的城墙东西长49.5米、宽2米~2.6米、最高处2.6米（向下由于浸满水以及淤泥，未清理），由顶至底，呈梯形逐级内收。

城墙的墙体分为三部分，包括外包墙、内部填充砖和城墙内的填土部分；外包墙用大型整砖顺置平铺，平面为两顺一丁或者两丁一顺方法铺砌，顶面微内斜，约3°。青砖砖缝之间用石灰填充，较为坚硬，通过清理，砌筑的方式是大面积倾倒石灰填充下层的砖面，长约2米，然后再平铺青砖。外包墙内部用碎砖填充，包括小型砖和城墙碎砖，该部分砖之间未见石灰等填充物。在该层填充砖的北部为回填土部分，由于叠压在现代建筑之下，具体情况不明。马面遗迹位于城墙西端，呈内宽外窄的梯形，内侧东西宽约13米、外侧宽约11米，由外包墙、长方形块石和内部夯土三部分组成，外包墙的砌筑情况与城墙一致。马面的北侧为城墙的部分外包墙（仅残留一排青砖），东部与城墙衔接；东侧外包墙与马面之间有不规则的接缝。在马面南半部分，顶部用长方形石板东西平铺（基础部分仍然为青砖）。

在马面遗迹的西北部，马面内的填土经过夯筑，清理的夯层计有三层，夯窝呈圆形。

根据《铜山县志》等地方志记载，明洪武年间在被元代摧毁的老城之上筑徐州城，天启四年黄河决口，大水三年不退，整个徐州城被淹没在淤土之下。明崇祯年间又在原址上重建，遂形成徐州城的叠城奇观。根据历年的发掘资料，明洪武城城墙的顶部就在现在的地表附近，故目前发现的城墙即为明洪武城。原高出地表的崇祯城已于民国年间被破坏。

由于西部城墙与马面的接缝处被叠压在城墙之下，具体结合方式不清，仅从东部接缝处判断，该马面为城墙砌筑之后，起取城墙的外包砖，然后向南砌筑马面设施。

（郑洪全）

浙 江 省

【长兴县紫金山旧石器时代遗址】

发掘时间：2013 年 11 月 ~ 2014 年 6 月

工作单位：浙江省文物考古研究所、长兴
县博物馆

紫金山遗址隶属于长兴县白岘乡五通
山行政村西岗自然村，处在煤山盆地与天
目山山脉过渡地带紫金山的山冈上。2011
年 3 月配合杭长高速公路延伸段考古调查
时发现。为配合杭长高速公路延伸段建设，
发掘了该遗址。本次发掘共布探方约 650
米，出土石标本 1000 余件，其中石制品约
500 件。

紫金山遗址表土下即为文化层，厚约
70 厘米，石制品主要出土于 T1 和 T3 中，
其余探方较少。T1 中的石制品较为集中，
可能存在着一个制作石器的场所，该区域
发现大量的石制品以及可用于打制石器的
原料。石制品原料绝大部分为燧石，少量
的石英砂岩和砂岩。石制品包括石核、石
片、刮削器、砍砸器、手镐、尖状器、断
块等。采用锤击法生产石片和修理工具，
修理工具的方式主要有单向、交互、复向
等。石核有单台面石核、双台面石核和多
台面石核等 3 种，刮削器分为直刃、凹刃、
凸刃 3 种。经北京大学城市与环境学院光
释光测定，紫金山遗址的年代距今约 16
万年。

紫金山遗址年代处在旧石器时代中期
的早段，完善了浙江旧石器时代的年代框
架，对于研究浙江旧石器时代中期阶段的
文化面貌和人地关系具有相当重要的价值，
同时对研究现代人的起源、演进、迁徙具
有重要意义。

（徐新民）

【义乌市桥头新石器时代遗址】

发掘时间：2014 年 9 ~ 12 月

工作单位：浙江省文物考古研究所

桥头遗址属于配合基本建设发掘，
2013 年初进行过试掘，从试掘的情况看，
该遗址文化堆积情况很理想，陶片保存情
况较好，遗迹单位也较为丰富和集中。本
年度的工作便是在试掘的基础上进行正式
发掘，发掘面积 520 平方米。根据目前的
发掘情况，已经清理出晚期灰坑 22 个，
墓葬 23 座（其中 1 座为瓮棺葬），上山
文化时期的灰坑 34 个（其中 1 条为灰
沟），石块和石器堆积 1 处。最重要的是
发现了一处上山文化晚期的台地型聚落
遗址，这对于研究上山文化时期古人类
的生活居住模式具有非常重要的学术价
值。目前发掘仍在进行中，通过对遗址
西边自然断面的清理以及在遗址周边的
钻探调查，对台地的分布范围、堆积性
状已经有了比较明确的判断，同时对土
台边缘地带进行了有针对性的解剖，对
于该遗址的形成过程也有了一定的认识。
相信随着发掘过程的深入，对台地居住
面的遗迹单元进行整体考察和研究，对
出土物进行分期研究，都能帮助我们进
一步了解该遗址在不同时期的使用情况
和具体性质。

（蒋乐平）

【宁波市鱼山新石器时代至唐宋遗址】

发掘时间：2013 年 12 月~2014 年 4 月

工作单位：宁波市文物考古研究所

　　鱼山遗址位于宁波市镇海区九龙湖镇河头村鱼山南麓，东距海岸线直线距离约 7.3 千米，分布面积约 16500 平方米。为配合御水龙都二期项目建设，对该遗址进行抢救性发掘，I 期发掘面积 1500 平方米。

　　发掘区域属于遗址边缘区，地层深度约 2 米~2.5 米，可以划分为九层，年代分别相当于河姆渡文化早期、晚期、商周和唐宋时期，中间还夹杂四层自然层。遗迹单位共计 44 处，其中河姆渡文化晚期灰坑 1 个；商周时期灰沟 4 条和灰坑 36 个；唐宋时期水井 1 眼和水塘 2 处。出土遗物标本共计 200 余件，按质地可分为陶、瓷、铜、石、骨和木器等。其中以陶器数量最多，有夹炭陶、夹砂陶、泥质软陶和印纹硬陶，器形主要有釜、鼎、豆、瓮、坛、碗、罐、盆、钵和器座等，纹饰主要有绳纹、弦纹、云雷纹、席纹、方格纹、叶脉纹、折线纹和米筛纹等；瓷器数量次之，有原始瓷和青瓷，器形主要有豆、碗、钵、盂、盘、盒和器盖等，多数饰有弦纹、水波纹、篦点纹和"S"形泥条贴塑。其余质地遗物数量极少，器形有铜镞、铜斧、石斧、石锛、骨锥、骨管、木锥和木凿等。

　　鱼山遗址的发掘，为研究宁绍地区先秦时期的考古学文化变迁提供了重要资料。作为历年来发现的距离海岸线最近且年代最早的河姆渡文化遗址，也为研究当时的人地关系提供了重要资料。

（王结华　雷　少）

【杭州市余杭区张家墩新石器时代遗址】

发掘时间：2014 年 2~10 月

工作单位：浙江省文物考古研究所

　　为配合良渚文化村"秋荷坊"房产项目，本年度继续对张家墩遗址进行抢救性考古发掘，揭露面积 3200 平方米。共清理

马家浜文化建筑遗迹 10 处、灰坑 9 个、灰沟 3 条，崧泽文化墓葬 2 座，良渚文化墓葬 5 座、灰坑 21 个。另清理战国墓葬 1 座、唐代窑址 1 座，唐宋时期水井 1 眼。

　　张家墩遗址发现于 2007 年，主要为马家浜和良渚文化堆积。遗址呈扇形分布于张家墩东坡和南坡，弧形的边缘有人工开挖的壕沟。马家浜文化遗存主要为一处较大规模的村落遗迹，共发现 300 多个柱坑，有的尚存柱痕，有的铺垫石块。多数柱坑呈圆形或长方形排列，可归纳为 10 个建筑单元。居址面积 8~32 平方米，另有一处长方形多间的大房子，总面积达 150 平方米。壕沟内侧设有木栅栏，大房子正南面发现有穿越壕沟的通道柱痕。这种壕沟边设栅栏、大小房子体现不同血缘关系的史前村落遗址，在以往长江下游的考古发掘中极少发现。

　　清理的 7 座崧泽、良渚文化墓葬规格较普通，分布很稀疏，可能是墓地中保存下来的一小部分。墓葬皆竖穴土坑，头向多数朝北，墓坑长 200 厘米~260 厘米、宽 60 厘米~90 厘米，保存深度 6 厘米~25 厘米。葬具及人骨架均已朽烂。随葬品 1~7 件，所见陶器器形有鼎、豆、罐、盆、纺轮，石器为钺、锛，玉器仅见锥形饰、管、珠。

　　近年的考古发掘表明，良渚遗址群南侧大雄山丘陵的南麓存在一个史前文化带，它是良渚遗址群崛起的重要源头。张家墩遗址的发掘证明，自马家浜文化时期开始，古代先民就已在大雄山丘陵一带栖居，并得以传承、壮大，最终为良渚遗址群的兴起奠定了基础。

（赵　晔）

【海宁市酒地上新石器时代遗址】

发掘时间：2014 年 2~7 月

工作单位：浙江省文物考古研究所

　　本年度海宁双喜村酒地上遗址的发掘

是上一年度工作的继续，发掘范围与上年度基本相同，面积为1800平方米。本年度清理崧泽文化与良渚文化墓葬32座，灰坑5个，水井8眼，房址与建筑遗迹4处。其中发掘的4座建筑遗迹中以F2最为重要，其平面为圆形，直径3.3米，现存高度约20厘米，堆筑方法为在人工铺垫的土层上于凸起的圆形台体的周围贴垒碎石块，石圈外地面上分布一层灰褐色土并叠压石圈，初步判断为房址。

酒地上遗存的主体年代为崧泽文化晚期至良渚文化早期，为探讨崧泽文化向良渚文化的转变及这一时期的聚落形态研究提供了重要资料。

（仲召兵）

【海宁市姚家浜新石器时代遗址】

发掘时间：2014年7～10月

工作单位：浙江省文物考古研究所、海宁市博物馆

姚家浜遗址位于海宁市海昌街道勤民村市林自然村（组）南部和西部，是一处台地型遗址。遗址发现于1997年，文化堆积厚度在1.6米左右，分布范围近2万平方米。因杭平申航道改造工程的建设，联合考古队对施工所涉及的遗址范围进行了考古发掘，共布探方12个，发掘面积800平方米，发现良渚文化时期的台地2处、墓葬3座、灰坑5个、灰沟1条、烧土堆积1处、石块堆积1处，商周时期的灰坑5个，唐宋时期的灰沟1条。此外还发现有少量崧泽文化晚期和马桥文化的遗物。

海宁姚家浜遗址的发掘获取了一批良渚文化晚期的新资料，为浙北地区的聚落考古研究提供了新的线索。因遗址发掘面积有限，发掘区位于遗址的边缘地带，所以中心区的情况我们还不是很清楚，需要后续工作的进一步跟进。

（闫凯凯）

【湖州市庙头角新石器时代遗址】

发掘时间：2014年8～11月

工作单位：浙江省文物考古研究所、湖州市文物保护管理所

庙头角遗址位于湖州市南浔区千金镇东驿达村庙头角自然村西部。因太嘉河改造治理工程中的河道拓宽会影响到遗址局部，特由我所等单位联合对该遗址进行抢救性发掘。

遗址发掘区位于村西部南北向的排塘港东侧，大致处在遗址的西侧边缘地带。我们以庙头角水闸西侧横向河道为界，将发掘区分为南、北两大片，北区发掘面积800多平方米，南区近600平方米，总面积近1500平方米。

北区文化层厚度在50厘米～150厘米，分4层，第④层为良渚文化时期，少量零散遗物能够早到崧泽文化时期，发现有墓葬、水井、灰坑、灰沟等遗迹，出土较多陶器、石器和少量玉器、骨器等遗物；第③层为商周时期，发现有水井、灰坑等遗迹，出土较多印纹硬陶、原始瓷、夹砂陶等陶瓷器和大量碎片，还有不少石器和少量青铜器；第②层年代为汉六朝及唐宋时期，发现有水井、灰坑和少量砖室墓等遗迹，其中一座砖圈叠筑的汉代水井，保存较好，尤显难得，另有大量陶瓷器残片；第①层年代属于宋代以后至近现代，有较多的近现代瓷片和砖瓦碎块。南区文化堆积以汉六朝时期堆积为主，仅在最北边一个探方内发现有少量史前和商周时期堆积。

此次发掘共出土登记文物200多件，其中有一些文物因比较少见而具有很大的研究价值，如一座良渚文化墓葬中出土一件保存较好的随葬品——骨匕，从出土位置和器形特征来看，与河姆渡文化中比较多见的同类器物有很明显的传承关系，应为长江下游地区史前文化中的一种重要餐具；在商周时期文化层出土一件大致完整

的泥质灰陶鬲，这种陶器在同时期的黄河流域地区是最主要的炊器，但在长江下游以南地区非常少见，其背后应具有特殊的历史意义。另外，自史前至历史时期的一些不同水井和灰沟中，由于埋藏较深，此次发掘中出土了不少难得保存至今的有机质文物，有竹编竹根、稻谷壳、葫芦、桃核、甜瓜子、苇叶及猪骨、鱼骨等动植物遗存，能直观地反映当时南方地区先民的部分日常生活内容。

庙头角遗址的发掘，虽没有出土特别丰富的文化遗存，但仍可以看出，湖州东南部一带的杭嘉湖平原腹地，至少从5000多年前就开始进入了稳定、持续的社会文化发展阶段，并构成了中国东南文化圈的重要组成部分。

（孙国平）

【杭州市余杭区良渚文化古城遗址】

发掘时间：2013年、2014年

工作单位：浙江省文物考古研究所、良渚管委会

为配合良渚古城申遗，同时依据大遗址考古要求及中华文明探源工程第四阶段工作计划，良渚古城本年度发掘主要是为配合规划展示，对莫角山遗址进行了较大规模的勘探和发掘。同时对塘山遗址河中村段进行勘探，并对城外西北部的水利系统进行了系统调查。由于2013年部分工作未在上年年鉴中汇报，在此一并总结。

2013年下半年以来，莫角山顶的平台上共勘探和试掘了沙土夯筑面、地面建筑遗迹、石头墙基遗迹以及红烧土堆积、炭化稻谷堆积等遗迹。在莫角山上确认了两处沙土夯筑面，其中一处呈不规则形，面积约7万平方米，质地坚硬，由黏土和沙土相间夯筑而成，夯筑厚度一般约30厘米~60厘米，最厚处可达130厘米。

与此同时2013年的工作基本确认了环绕大莫角山的石头围墙，同时还发现多处石头墙基、石头路面、石础等遗迹。其中环绕大莫角山的石头围墙遗迹东西至少长238米，南北宽约114米，墙基宽35厘米~65厘米，保存最高处为40厘米左右。大莫角山围墙以东还发现与围墙相连的多条石头遗迹，结构较复杂，分别勘探出南北向和东西向的石头遗迹各3条，分布在东西93米、南北60米、面积达5580平方米的范围内，石头遗迹纵横交错，组成多个框状结构，一处保存较完整的框状结构长约25米、宽约23米，面积达570余平方米，推测这些石头遗迹应为当时一处大型建筑的墙基遗迹。

大莫角山位于莫角山土台的东北部，是莫角山上三个土台中面积最大的一个，应为最重要的宫殿基址。2013年底以来我们在大莫角山顶共发掘1500平方米，揭露出一座面积约281.4平方米的土台式房屋建筑基址，相对高度60厘米，房基顶面仅发现有少量柱洞，其中在顶面正中间分布有南北向的一排7个柱洞，说明房基上的房子至少存在两个分间。

关于塘山以北河中村段的勘探，本年度已基本完成约70万平方米的勘探工作。经勘探发现，塘山以北大遮山脉山前地带基本未发现良渚文化时期的遗址，仅发现少量历史时期的墓葬、窑址等遗迹，可见，该处在良渚文化阶段并不是居住区。此次勘探的主要收获是对塘山的双层结构、堆筑过程等有了初步的了解。

2009年以来，我们陆续在良渚古城西北部调查发现多条水坝遗址，包括岗公岭、周家畈、鲤鱼山等，这些水坝遗址与塘山一道构成规模庞大的水利系统。可分为南北两组坝群，分别为由岗公岭、老虎岭、周家畈、秋坞、石坞、蜜蜂垄组成的北边的高水坝群，塘山、狮子山、鲤鱼山、官山、梧桐弄等组成的南边的低水坝群，构

成前后两道防护体系。整个水利系统在良渚古城北部和西北部形成面积约 13 平方公里的储水面。本年度我们进行了进一步调查并采样测年，共取得 6 条水坝的测年数据，显示这些水坝年代为距今 5000～4800 年。值得一提的是，经浙江省文物局及杭州良渚遗址管理区管委会商讨，决定将之纳入良渚遗址的保护区内，这一手段无疑将对水坝遗址的保护产生非常重大的作用。

（刘　斌　王宁远　陈明辉）

【杭州市余杭区玉架山良渚文化遗址】

发掘时间：2014 年 2～12 月

工作单位：浙江省文物考古研究所

遗址位于杭州市余杭区东部，总面积近 15 万平方米，西距良渚遗址群约 20 千米。2008 年 10 月下旬开始发掘，发现了由六个相邻的环壕组成的良渚文化的完整聚落。

本年度发掘始于 2 月，目前仍进行中。发掘目的主要有两点：其一，深入、全面地了解环壕 I，为深入学术研究做好基础资料；二、为拟实施的保护规划（遗址公园）提供复原依据。发掘区域位于环壕 I 的东南—南部一带，发掘面积 2300 平方米，其中新开挖面积 1000 平方米，原未完成的探方继续发掘 1300 平方米，布方皆 10×10 平方米。主要收获为清理良渚文化墓葬 22 座、灰坑 2 个、灰沟 1 条，出土各类遗物约 200 件。

环壕 III 的东部也有相似的灰沟遗迹存在。环壕之间相连的通道以及通往环壕内部的"河岔"（灰沟）遗迹，或许都是为了运输。

至今，玉架山遗址共清理墓葬 446 座、房址 11 个、灰坑 24 座，出土各类遗物近 5000 件。

（楼　航）

【临安市西坞山新石器时代至明清遗址】

发掘时间：2013 年 10 月 15 日～2014 年 1 月 14 日

工作单位：杭州市文物考古研究所　临安市文物馆

西坞山遗址位于临安市锦城街道横街村西北部的将军山支脉西坞山西南坡。为配合临安市望京山庄项目建设，对西坞山遗址进行了考古发掘，发掘面积 1150 平方米，深度 0.2 米～2 米，遗址时代跨越良渚、商周、六朝、宋元和明清等五个时期，共发现遗迹现象 9 处，出土遗物近万件。

西坞山遗址的文化堆积可分为七层，从上至下依次为：第①层为近现代耕土扰乱层；第②层、第③层均出土有大量青花瓷器及其残片，年代应为明清时期；第④层黄褐色沙质土，为宋元时期堆积；第⑤层暗红褐色沙质土，为六朝时期堆积；第⑥层浅灰黄色沙质土，为商周时期堆积，出土物中网坠和磨制的石镞占绝大多数，非常有特色；第⑦层浅灰褐色沙质土，为新石器时代堆积。

西坞山遗址遗迹现象较丰富，有灰坑、窑场等共 9 处。其中灰坑 8 个，多为圆形或椭圆形，部分呈不规则形。南朝时期的烧砖窑场 1 处，编号 YC1，由四座形制相同的马蹄窑组成。窑室四壁及底部用陶泥涂抹，已烧坚硬，其外为长期烧烤而形成的红烧土；窑室前部为平面呈梨形的火膛，靠近窑室处有分火柱。火门正立面两壁较直，上部为拱顶。火门外即为工作面，为一个平面呈近圆形的大坑，深约 1 米，在西北部留有上下工作面的缓坡。四座窑分别位于工作面的西南部和东北部，朝向共用一个工作面。在窑室、火膛及工作面底部均发现有大量的印有莲纹、"廿（中）"字纹的青砖块。

遗址出土遗物丰富，共发现石镞、网坠、斧、锛、凿、刀、钺、戈、璧、石片、石核、砺石等精美文物 749 件，陶、瓷器残片与石质品近万件。

西坞山遗址时代跨度大，遗迹较多，遗物丰富，是临安有史以来发现的规模最大、时代跨度最长、出土遗物最丰富的一处古文化遗址，对研究临安地区的历史、发掘临安的历史文化内涵具有非常重要的意义。其中南朝时期的烧砖窑场，保存较好，在整个浙江地区并不多见。

（周学斌）

【杭州市拱墅区八卦墩新石器时代至汉六朝时期墓地】

发掘时间：2014 年 5 月 1 日 ~ 2014 年 10 月 31 日

工作单位：杭州市文物考古研究所

八卦墩遗址位于杭州市拱墅区半山街道石塘社区沈家浜自然村，东、南依半山，西临沿山港。为配合半山街道工业园区建设而发掘，发掘面积约 1800 平方米。共发现良渚文化时期至汉六朝时期的墓葬、灰坑、房址、沟、水井等各类遗迹 64 处，出土陶、瓷、石、玉、铜、铁类器物数百件（套）。

良渚文化遗存主要有墓葬 9 座、灰坑 6 个、房址 1 座、沟 1 条。墓葬皆为长方形竖穴土坑墓，墓向南北向，墓坑长 220 厘米 ~ 268 厘米、宽 67 厘米 ~ 100 厘米。随葬品有陶鼎、陶豆、陶罐、陶双鼻壶、陶圈足盘、陶杯、陶纺轮、玉镯、玉锥形器、玉管、玉珠、石钺、石锛等 100 余件（组）。地层中发现一批陶、玉、石等遗物，其中陶器有 T 形鼎足、豆、双鼻壶、假腹杯等，玉器有锥形器、珠，石器有石钺、石锛、石刀、石犁、石镰、耘田器、网坠、石镞等。

战国时期遗迹主要有墓葬 2 座、灰坑 33 个、房址 1 座、水井 1 口、沟 3 条。墓葬为长方形竖穴土坑墓，墓向东西向，墓坑长 160 厘米 ~ 180 厘米、宽 70 厘米 ~ 80 厘米。随葬品有印纹硬陶罐、原始瓷碗、原始瓷杯等。灰坑平面多呈椭圆形，出土较多印纹硬陶片、原始瓷片等。

汉六朝时期遗迹主要为墓葬，即长方形竖穴土坑墓 2 座、砖室墓 5 座。长方形竖穴土坑墓的墓向均为 280°，墓坑长 330 厘米 ~ 380 厘米、宽 120 厘米 ~ 250 厘米。随葬品有陶壶、陶瓿、陶罐、陶罍、陶灶、陶井、铁剑、铁刀、铜镜、铜钱、料饰等。砖室墓分长方形和凸字形两种。长方形砖室墓的墓向 270° ~ 287°，墓室长 300 厘米 ~ 400 厘米、宽 140 厘米 ~ 190 厘米。随葬品仅残存 1 件石器、1 件残料饰。M2 为凸字形砖室墓，由封门、甬道、墓室组成，墓向 275°，墓室长 406 厘米、宽 180 厘米、残高 80 厘米，墓壁为三顺一丁砌筑，墓底砖人字形平铺。随葬品仅残存 1 件铜带钩。

八卦墩遗址考古发掘，发现一批良渚文化时期墓葬，其中 M10 等级相对较高，随葬了玉镯、玉锥形器等玉器。本次发现让我们对半山地区古代文明遗迹分布有了新认识，为研究良渚文化提供了新的考古学资料，进一步增进了人们对半山地区史前文化的认识。战国至汉代墓葬中出土了印纹硬陶、原始瓷、铜镜、铜带钩等文物，再次证明半山地区是春秋战国、汉六朝时期人们在此生活的重要场所。

（杨 曦）

【安吉县黄泥岗东周至六朝墓群】

发掘时间：2014 年 1 ~ 10 月

工作单位：浙江省文物考古研究所、安吉县博物馆

黄泥岗位于安吉县递铺镇的西北，三官行政村的中部，北靠马鞍山，东与中南百草园相邻。是一山前岗地，在起伏的岗地间，分布着大量的土墩遗存。从 2014 年初到目前为止，已发掘土墩遗存 13 座，发掘面积近 4000 平方米，清理春秋战国至明清时期的墓葬 75 座，窑炉遗迹 14 座，出土随葬器物近 500 件。

发现 3 座春秋战国时期的墓葬，主要为长方形土坑墓，均在土墩的最底部，被后期墓葬和窑炉所打破，墓坑深度较浅。其上是否有封土，已不明。出土随葬器物主要是印纹硬陶罐，原始瓷碗、小盅，及少量的泥质陶、夹砂陶器。

东汉时期的墓葬，共发现 65 座，均为长方形土坑墓。有带墓道的，该类墓大多形制较大，土坑较深，平面呈凸字形。不带墓道的，相对前类形制较小，坑壁较浅。随葬器物主要是釉陶壶、瓿、硬陶罍、罐、泥质陶罐、灶井等，及铁剑、刀、铁釜等，青铜器皿较少，只见盆等，因锈蚀严重，大多不能复原。铜钱基本每个墓都有出土，大都锈蚀严重，粘连在一起，字形不清，少量可能是五铢。铜镜一共出土七枚，仅一枚保存较好，其余大多锈蚀严重。棺椁之类的葬具和人骨都没有保存。从保存的葬具痕迹看，土坑规模较大的，带有墓道的，大多有木椁。椁里面有一棺的，也有二棺的。

砖室墓共清理 7 座。埋葬年代有东汉六朝的以及明清时期的。因盗掘严重，只残存少量随葬器物，有的甚至连墓底砖都被挖的所剩无几。

窑炉遗迹，一般开口于地表下，往往打破下面的春秋战国或两汉时期的墓葬，有的自身又被明清时期墓葬打破。窑炉的平面形状呈马蹄形，窑内可分火膛和窑室两部分。火膛口较小，大体呈长方形。由于窑的上部全部不存，其顶部情况不明。从现存情况看，似不存在窑门，可能直接从窑顶部出入。在窑内堆积中包含有大量的碎砖，在少量窑床上还保留有排列整齐的青砖。因此，基本可断定其是烧制青砖的窑炉。其烧制年代，从青砖的形制看，与汉六朝时期的砖室墓中使用的青砖基本一致，应是东汉六朝时期或略晚。

本次发掘，对于浙江北部秦汉时期墓葬的结构和形制提供了较丰富的资料，对于研究浙江地区历史时期的丧葬习俗具有十分重要的意义。

（孟国平）

【德清县胡堂庙战国至清代遗址】

发掘时间：2014 年 6 月 11 日 ~9 月 3 日

工作单位：浙江省文物考古研究所、德清县博物馆

胡堂庙区域位于德清县开发区龙山村西北低丘缓坡上，原调查登记为一处原始青瓷窑址，为配合龙山村安置房工程建设，对胡堂庙区域的文化遗存进行了抢救性考古发掘。

本次发掘沿山布 1.5 米宽探沟 11 条，布 10×10 米探方 4 个，共发现先秦时期遗迹 2 处、汉至清代砖室墓 20 座、宋代建筑遗迹 1 处，发掘面积约 1000 平方米。

2 处先秦遗迹，其中一处发现 2 个直径为 1.2 米的红烧土遗迹和 1 条不规则灰沟，出土泥质灰陶豆把、鼎足和夹砂红陶高领罐残片若干，判断为马桥文化时期堆积。另一处为直径 3 米左右的原始青瓷堆积坑，出土原始青瓷甬钟柄（长甬）、勾鑃钲部、三足鉴残片，镇、瓿及铺兽形耳残片若干，原始瓷镇有褐色填彩痕迹，甬钟柄、勾鑃局部纹饰精美。尤其是铺兽形耳线条粗犷、棱角分明，与绍兴梅山出土的战国瓿一致，故此原始瓷堆积时代为战国。

此次共清理汉至明清墓葬 20 座，包括汉六朝墓葬 8 座、唐代墓葬 10 座，明清墓葬各 1 座。均为砖室墓，墓向主要为东西向。平面形制有长方形、凸字形、刀形、船形等四种。其中 4 座墓葬残留券顶（汉六朝 3 座，唐代 1 座），其余墓葬券顶无存。有 3 座墓葬发现有排水沟。明清为 2 组双穴合葬墓，其中一座打破唐墓。墓葬共出土泥质陶灶、铜镜、铁剑、青釉盘口壶、灯盏、黑釉盘口壶、青花碗等 30 余件随葬品，还有"开元通宝""顺治通宝"

钱币若干，其中"顺治通宝"钱币和明代"志"字款方形寿字青花碗同时出现，为我们提供了断代依据。

宋代建筑遗迹位于发掘区西南 T1 探方内，揭露南北向砖地栿一条，方向 10°，长 5 米，宽 0.075 米~0.10 米。经解剖，砖地栿南北两头即为生土，共有 12 层砖错缝顺砌，高为 0.55 米，其正面朝西，在 2.30 米处有方形柱础 1 个。距砖地栿西 1.20 米处有一粗砂质水缸，口径 1 米，底径 0.45 米，经解剖有韩瓶残片和砖、瓦残片出土，底部还有灰白色淤泥存在。在砖地栿北段东侧发现柱洞 2 个，各相距 2.1 米，南段东面亦然。由此判断，此建筑为南北向，现存迹象为进深 5 米，面阔两间 4.2 米，按照宋元时期小规格建筑常取的平面形式，东面还应有一间，但经扩方发掘，未找见砖地栿和柱洞痕迹，可能已遭破坏。建筑西北部有唐代墓葬 M11，根据砖地栿的现存高度，可判断建筑叠压在唐墓之上。另据道光《武康县志》卷十一："古月庵，在县东北二十里方港村，旧名胡堂庙。"此条记载未说明其时代，虽然当地百姓称为胡堂庙，但此建筑遗迹是否为古月庵，仍待继续考证。

发掘结果表明，胡堂庙区域遗存丰富，遗迹单元较为复杂，为深入研究德清地区社会发展、丧葬习俗提供了新的考古学资料。

【绍兴市将台山汉六朝墓地】
发掘时间：2014 年 2~5 月
工作单位：浙江省文物考古研究所、绍兴市柯桥区文物保护管理所

将台山墓地位于绍兴市柯桥区（原绍兴县）平水镇四丰村裘家岭自然村西南，将台山的西北坡。西北面与石旗峰隔坳相望，西南面紧邻 2012 年发掘的小家山墓地。配合城市基本建设，特联合组建考古队对将台山墓地进行抢救性考古发掘，共

清理墓葬 36 座，其中汉代土坑墓 4 座，汉六朝砖室墓 31 座，唐墓 1 座。

汉代土坑木椁墓 4 座，保存较好，出土随葬器物较多，有釉陶、硬陶、泥质陶、铜器、铁器和石器等，器类有鼎、壶、瓿、罍、罐、陶灶、铜镜、铜钱、铜带钩、铁釜、铁矛、铁削、铁剑、黛板等。4 座墓葬成排分布，墓向基本一致。西汉中期以来，流行家族葬，据已知确切为家族墓葬的考古资料，两汉时期家族墓的墓葬排列方式大部分为成排分布。这 4 座墓葬可能属同一家族。

汉六朝砖室墓 31 座，分为砖椁墓、券顶砖室墓。券顶砖室墓有长方形、刀形和凸字形三类。保存状况极差，均被严重盗扰，基本被盗一空。劫后遗存硬陶瓿式罐、青瓷盘口壶、青瓷耳杯、青瓷三足砚、青瓷碗等。

唐墓 1 座，为长方形券顶砖室墓，被严重毁坏，只出土有"开元通宝"铜钱。

本次发掘的 36 座墓葬中，有 4 座土坑木椁墓成排分布，方向基本一致。31 座券顶砖室墓中有 17 座集中位于一处，分为三排，排列有序，互无打破。这两处集中分布的墓葬可能分别属于同一家族。

近年来，浙北地区的湖州杨家埠、安吉上马山、长兴夏家庙也发现了大量的家族墓地，这些家族墓葬大部分埋在人工营建的土台或先秦土墩里。而绍兴平水将台山墓地的家族茔地则位于自然山坡。这些发现为浙江两汉时期的葬俗、分区研究提供了新资料。

（黄昊德）

【绍兴市禁山东汉至西晋窑址】
发掘时间：2014 年 5~10 月
工作单位：浙江省文物考古研究所等

禁山早期越窑遗址位于绍兴市上虞区上浦镇大善村，这里是曹娥江中下游地区，不仅是成熟青瓷的起源地，同时也是汉六

朝成熟青瓷的生产中心。

本项目是"瓷之源"课题的重要组成部分，探索成熟青瓷的起源；同时推动整个窑址群的保护、考古遗址公园的建设与浙江青瓷申报世界文化遗产工作。相关工作包括区域内窑址的系统调查与重点窑址的有计划发掘两部分。

调查新发现窑址 60 多处，时代基本集中在东汉时期，这样本区域内调查确认窑址近 200 处，其中东汉时期窑址近 90 处、三国西晋时期窑址 60 余处。为建立成熟青瓷起源过程提供了丰富的资料。

本年度发掘面积 800 平方米，揭露了包括窑炉、灰坑、灰沟等在内的丰富遗迹现象，并出土了大量高质量成熟青瓷器。

禁山窑址位于一处南北向狭窄山谷中：窑场入口处开阔而平坦，是遗迹最丰富的区域，为作坊区；烧成区位于两侧山坡上，共修建龙窑炉 3 条；窑炉群之间山谷的最深处，是废品与窑业废渣的倾倒处。窑场的整体布局科学合理。

3 条窑炉均为龙窑，保存较为完整，由火膛、窑床、排烟室三部分组成，并且在窑床的坡度、长度、装烧的窑具等方面，有一个不断成熟完善的过程，代表了从东汉到三国、西晋时期窑业技术不断提高的发展过程。

出土的产品标本均为成熟青瓷器，种类丰富，包括樽、簋、洗、盆、灯、罐等近 30 种器型，胎釉质量高，装饰华丽，制作与装烧工艺成熟而高超，代表了成熟青瓷发展的第一个高峰。

禁山窑址发掘的重要意义：

1. 汉代新瓷器类型的发现。上虞地区是成熟青瓷的起源地，而成熟青瓷的出现又以小仙坛窑址的产品为标志。禁山窑址产品与小仙坛窑址存在着较大的区别，是一个全新的成熟青瓷类型。

2. 再现东汉—西晋时期完整的窑炉发展过程。禁山 3 条龙窑保存较为完整，并且在长度、坡度、装烧工具、产品等方面存在着一定的区别，代表了东汉至三国西晋不同时期的装烧工艺完整发展过程。在同一窑址内发现不同时期的窑炉遗迹，这在早期越窑青瓷的发展史上，尚属于首次。

3. 较完整半地穴式窑炉的发现。禁山 Y2 不仅是目前已知的早期龙窑炉中保存较深、同时也是保存结构较完整的一条，从其保存深度来看，该窑炉应该是主体大部分构建于地下的半地穴式三段式龙窑，对于龙窑早期发展阶段的认识具有重要的意义。

4. 单体间隔具的发明与改进。单体间隔具是以禁山为代表窑场的重大发明，并在实际使用中不断改进。它的使用极大地提高了装烧量，且对于釉面大为减小，为器物内底大量装饰的出现提供了可能。

5. 高质量青瓷的发现。禁山窑址发掘出土的大量形式丰富的青瓷产品：胎体细腻致密；青绿色釉莹润饱满；器形规整；造型复杂多样；装饰华丽繁缛；装烧工艺成熟。许多高质量的大型器物主要出土于南京一带的大型墓葬与城址中，是为南京地区的社会上层专门烧造。

总之，禁山窑址除发现成序列的窑炉群外，在发掘区内还发现了丰富的遗迹现象，对于探索当时整个窑场的布局，具有重要的意义。禁山窑址堆积丰厚，持续时间长，从地层叠压上解决了东汉、三国、西晋三个时间段的前后发展过程，为认识青瓷在东汉起源后向三国西晋第一个高峰的发展这一前后重大转折过程，提供了考古学上可靠的依据。

【永嘉县珠岙六朝及明清墓葬】

发掘时间：2014 年 10 月 29 日 ~ 12 月 25 日

工作单位：浙江省文物考古研究所

珠岙古墓葬群位于永嘉县瓯北小微企业园区内，分布范围较广，数量也比较大。为配合小微企业园区的开发建设进程，我所组织专门人员，对该区块进行了大面积的考古勘探与发掘工作。

此次工作共发掘清理古墓葬 13 座。由于这些墓葬早年均已遭到不同程度的破坏，墓葬本体上半部多数已经损毁，保存下的随葬器物比较少。

在全部 13 座墓葬中，有土坑墓 1 座，砖室墓 12 座。时代最早的一座（编号 M3），据形制判断应为六朝早期墓葬。其余为明清墓葬，其中最典型的是双砖室合葬墓，共 7 座；另有单砖室墓 2 座，异穴合葬墓 2 座，土坑合葬墓 1 座，出土了极为少量的明、清瓷器与铜钱。

在明清双室墓中，M8 出土墓志一合，正方形，志盖及志均为砖制。据志文可知，墓主卒、葬年皆为明弘治己酉（弘治二年，公元 1489 年）。另于墓室隔墙北端正下方出土青瓷碗、陶罐及铜钱各 1 件。其余几座双室合葬墓，出土的器物均位于隔墙中部正下方，已有清代铜钱，可见此类型墓葬一直延续到清代，仅在部分细节上发生了变化。

综合此次发掘的墓葬来看，这一地区最迟至明代，由于人口的急速膨胀，山间坡地已经远远不能满足建筑墓葬的需要，墓葬所处的水平高度日趋下移，最低处几乎与道路或生活面持平。

【临安市西坞山六朝宋元及明清墓群】
发掘时间：2014 年 4 月 1 日~6 月 15 日
工作单位：杭州市文物考古研究所、临安市文物馆

西坞山遗址位于临安市锦城街道横街村西北部的将军山支脉西坞山西南坡。为配合临安市望京山庄项目建设，对 2013 年发现的西坞山墓群进行了考古发掘，共清理古墓葬 43 座，出土随葬品 107 件。墓葬多依山势而枕高面低，时代上可分为六朝、宋元和明清三个时期。

六朝时期的墓葬共 5 座，编号分别为 M10、M28、M36、M41 和 M43，均为砖砌墓。M28 为一座带有排水沟的长方形单室券顶墓，墓室内壁饰有重线方框纹、梳篦纹及叶脉纹，出土有褐釉瓷罐、青瓷钵、罐、卜字形铁戟、棺钉等随葬品 11 件。

宋元时期墓葬 5 座，编号分别为 M2、M25、M27、M31 和 M42。M25 为一座砖、瓦混砌的双室墓，其形制较为特殊之处在于墓室两外侧壁用板瓦叠砌而成，出土有青瓷罐、碗、青白瓷碗等随葬品。M27 为一座石板盖顶的土坑单室墓，随葬褐釉瓷罐、黑釉瓷盏、青瓷碗各 1 件。M31，即洪起畏夫妇合葬墓，本书有载，此不赘述（见 167 页）。M42 为一座砖石混砌的双室墓，由砖砌墓室、墓前的排水道、砾石垒砌的环道和环墇四部分组成，破坏严重，仅出土"政和通宝"铜钱 1 枚。

明清时期墓葬最多，共 33 座，以砖石混砌单室墓最多，其次为砖石混砌双室墓，个别砖石混砌三室墓、砖砌券顶单室墓、石板砌筑单室墓、土坑石板墓、砖砌双室墓，另有 6 座小型迁葬墓。其中 M7 规模较大，为一座砖石混砌的双室墓，前有砾石垒砌的屏风，后部有砾石垒砌的多半圆形围护墙，早期应被盗过，左、右墓室各出土酱釉瓷罐 1 件。

此次发现的古墓葬意义重要，"刀"字形的三国时期砖室墓与该墓出土的 1 件"卜"字形铁戟在临安属首次发现；宋元时期的砖石混砌墓葬很有特色，尤其是南宋洪起畏夫妇合葬墓，构筑精致，规模宏大，墓志记载内容丰富，对研究南宋晚期的历史具有重要的作用。

（周学斌）

【庆元县黄坛唐代窑址】
发掘时间：2014 年 10~11 月
工作单位：浙江省文物考古研究所、庆元县文物管理委员会

为配合龙庆元高速公路连接线项目建

设，两家单位联合对唐代黄坛窑址进行了抢救性考古发掘。布设探方（探沟）4 个（T1、T2、T3、T4），布方面积为 215 平方米，实际发掘面积为 195 平方米。

该窑址保存情况较差，窑业堆积仅存一隅，东西长约 6 米，南北宽约 5 米，主要分布在 T1 中，在 T4 中也有少量分布。

本次发掘清理出唐代遗迹 2 处，即残窑底 1 座和灰坑 1 个。此外，清理明清时期墓葬 1 座。

本次发掘获得了较为完整的唐代窑业堆积，出土大量瓷片和窑具标本。黄坛窑址早在 20 世纪 50 年代就已经被学界发现。在以往的调查研究中，仅采集到碗及束腰形窑具。通过这次发掘，我们发现该窑址产品较为丰富，瓷器产品种类有碗、盘、盏、灯盏、钵、盘口壶、罐、多角罐、器盖、高足杯、执壶、碾轮、砚台、擂钵、盏托等，其中以碗类产品为主。窑具有垫柱、匣钵和火照三种。

通过本次发掘，我们对黄坛窑址的产品种类及生产情况有了较为清晰的认识。匣钵的少量出土，突破了原有的对黄坛窑址生产技术的认识。多角罐产品的发现，为该类产品的产地指明了方向。窑址出土的大量标本，为深入研究该窑址并与同时期周边地区窑址（如丽水吕步坑窑址、松阳水井岭头窑址、建阳将口窑址、景德镇南窑及蓝田窑址等）的比较研究提供了丰富的资料。

（谢西营）

【建德市严州古城墙遗址】
发掘时间：2014 年 7 月 5 日 ~ 2015 年 1 月 28 日
工作单位：杭州市文物考古研究所　建德市文物保护管理所

严州城位于建德市梅城镇。今之梅城在历史上的建德县、睦州府、严州府、建德路、建德府中均有重要地位，长期为县治及府城所在地。为配合新安江梅城段防洪大坝建设实施发掘。

调查的重点是查明外城城墙遗迹的分布与保存状况。据文献记载，严州城经历了三次大的筑城活动：第一次是在唐中和四年（884）（刁衎《大厅记》）；第二次是在北宋宣和三年（1121）（淳熙《严州图经》卷一《城社》）；第三次为元末明初李文忠所筑（民国《建德县志》卷三《城池》）。李文忠重筑之严州城，除沿用东侧近碧洞的一段城墙外，西北、正北都向内作了收缩，向南则移近新安江。此后至民国前，一直沿袭李文忠时的格局，未做大的更改。除东北角城墙沿山势略呈弧形内凹外，城址平面大致呈圆角方形，南北约 1200 米、东西约 1340 米，面积约 1.2 平方千米。

明清严州城外城城墙在现地表尚可见的遗迹主要有西墙西湖东侧段、南墙城南西路 22 号前至小南门段、南墙城南东路 47 号前至梅城污水处理厂段和东墙沿建安山山脊段。其中，南墙城南西路 22 号前至小南门间的一段残长约 170 米，保存较好。城门中旱门原应有六座，分别为大南门、小南门、大西门、小西门、东门和北门。水门发现三座，分别为西湖水门、东湖水门和水斗门（北水门）。从西湖北侧有一路水道沿城向北，过小西门后折东，沿北墙继续延伸，至北门外西侧折北，有称"护城河"。

发掘以揭露城南西路 22 号前至小南门段城墙为主。城墙主体部分成蜿蜒曲折之形，其南侧墙面地面以上残高 6.6 米左右。城墙两壁包砌砖石，内芯以掺有细小石块及瓦砾的灰黄色土夯筑而成，局部填有较多碎砖块。城墙南立面主要用条石错缝平砌而成，且从下向上逐步收分。北立面分为上下两部分，上半部墙面残高约 0.4 米 ~3.1 米，主要用条石平砌，下半部为夯土台，揭露宽约 2.5 米 ~4.1 米。南北两侧墙面还分布有许多小孔。城墙残存顶部揭露宽约 3.5 米，未见砖铺地面和城垛等遗迹，应已破坏。另外，在城墙南侧发现道路及房屋遗迹。

严州是唐代以来江南重要州府之一，唐、宋、明各代建城的历史沿革有序，明清城址格局清晰，具有重要史料价值，体现了典型的南方山水城市特色，是我国城市发展史上的重要实物见证之一。

（王征宇　尧志刚　沈国良）

【杭州市上城区五代吴越捍海塘遗址】

发掘时间：2014 年 6 月 5 日 ~ 11 月 15 日

工作单位：杭州市文物考古研究所

遗址位于上城区江城路以东的原江城文化宫，配合杭州市上城区危旧房改善项目，对涉及区域进行了考古发掘，揭露面积约 450 平方米，发掘深度约 7 米。

吴越捍海塘遗址的层位关系以 T3 ~ T4 北壁为例，①层是表土层，局部破坏了南宋至明清层，相当部分直接叠压在海塘本体上；②~④层是明清至元代层；⑤层为南宋层；⑥层为北宋中晚期层；⑦~⑧层为北宋早期增高的海塘，系沙土质塘体，厚约 2.3 米，较纯净，包含的瓷片很少；⑨层是五代吴越国修缮海塘增高部分；⑩层是五代吴越国钱镠修筑的海塘本体及文化堆积，出土了晚唐时期越窑瓷器；⑩层以下是钱塘江潮水冲积的原生粉砂土。

发掘表明，吴越捍海塘遗址南北走向，距离始建于五代的南宋临安城东城墙约 70 米。海塘遗址横截面呈梯形，自东向西分布着迎水面、顶面和背水面三部分，发掘部分总宽度约 34 米。塘面最高处距离现代地表 2 米，已知塘体高度约 5 米，基础部分因地下水位较高，未进行全面发掘。捍海塘背水面和顶面因地制宜采用纯净的粉砂土分层堆筑而成。整个迎水面呈斜坡状，近塘顶处坡度约 28° 左右，自西向东往钱塘江方向逐渐平缓。

经过揭露，捍海塘迎水面遗迹相对复杂，可以分为东西两部分。捍海塘迎水面东部塘体用人工分层堆筑，土层间铺以竹编、芦苇，并用直径 4 厘米的木橛固定。塘体中还竖立有两排直径 20 厘米左右的木桩，木桩用长麻绳缠绕相连。捍海塘迎水面西部是以经过粗加工的木料为框架，土、石为填充材料，以竹篱、竹编、竹索、麻绳等辅助材料加固组合而成，功能是加固粉土构成的海塘塘体。木框架内自西向东分布着八排木柱，上下间距 1.2 米的两层横木东西向贯穿木柱所在位置，用竹索捆缚加固后形成"井"字形框架结构。框架结构最东侧木柱较为密集，基础部分用竹索捆缚南北向木料，局部利用横木东端榫卯结构予以加固。木框架东西两侧用竹篱对塘体土层进行加固和分隔。在木框架内，又有一道竹篱将木框架分隔成东、西两区。西区宽约 1.2 米，在两道竹篱和木桩间填置砂土。东区除了东西两侧放置竹篱外，还在木桩间用竹编进行分隔，形成东西宽约 3 米、南北长约 2.7 米的大竹框，竹框内填置大石块和泥土。在木框架结构上部用竹笼装载小石块作为海塘表面护塘石，最后在塘面分层铺垫稻草、芦苇和泥土，钉以木橛竹梢进行加固，使之不发生位移。

五代吴越国捍海塘遗址是我国迄今为止发现并保存的最早海塘实物。捍海塘遗址发掘除了出土大量唐五代瓷器残片外，还陆续发掘出芒鞋、竹编、芦苇编织物、漆器残件、加固塘体的麻绳以及动物骨骼、植物种子等有机质文物。此次发掘首次较为科学完整直观地揭示了吴越捍海塘遗址的主体结构形制、修建工序、工程做法，尤其是首次发现了海塘铺垫柴草加固等海塘塪工做法。据文献记载，该做法在北宋大中祥符年间才在海塘工程上使用，这一发现使得柴塘技术在捍海塘上的运用时间提前了一百多年，对研究唐五代土木工程技术和海塘修筑技术具有重要价值。

通过地层关系的分析，海塘修筑使用及废弃的相对年代也得到确认。五代吴越海塘最早建于五代后梁开平四年（910），从五代到北宋初年经过三次不同规模的修缮增筑，到北宋中期吴越捍海塘所处位置已成为陆地，海塘完全废弃并逐渐湮没，至南宋以后完全成为杭州城市的一部分。据史料记载，由于传统的版筑土塘无法抵挡钱塘江大潮的冲击，后梁开平四年钱镠就是通过此次"造竹络，积巨石，植以大木"兴建捍海塘，确保了五代杭州城墙的扩建，奠定了杭州在五代乃至南宋临安城时期的城市格局。此次发掘正是从时空关系上揭示了吴越捍海塘与五代杭州东城墙之间的相对位置关系，对于研究五代至南宋杭州城市格局有着重要的历史地理坐标意义。

发掘期间及结束后，杭州市文物考古研究所还与浙江大学文化遗产研究院合作，利用三维影像扫描、地球物理探测、有机质文物保护等手段，开展捍海塘遗址资料提取、海塘遗存保存分布情况调查及有机质文物保护等工作，为海塘遗址的后续保护、研究与展示提供了技术支撑。

（郎旭峰）

【长兴县云峰宋代及明代墓葬】

发掘时间：2014 年 5～12 月

发掘单位：浙江省文物考古研究所

为配合杭长高速公路延伸段（泗安至宜兴）的建设，本年度对云峰村一处古墓地进行了配合性的发掘。云峰村古墓位于长兴县泗安镇云峰村。目前尚未发掘完毕，已发掘面积 1200 平方米。发现北宋晚期墓葬一座，南宋中期大型墓葬一座及其墓园，明代晚期墓葬一座。

北宋晚期墓葬为长方形券顶双砖室墓，墓前有小型墓园已残损。出土墓志铭石碑两块，青白瓷释迦牟尼佛像 1 件，青白瓷

莲花座 1 件，镇墓铁牛 2 件。按墓志铭记载，此墓为北宋周子美墓。

明代晚期墓葬为长方形券顶砖室合葬墓。外围有砖石砌的环塘石壁。出土残破青花瓷碗 4 件。

云峰古墓的主体为南宋中期墓葬和墓园。占地面积约有 2000 余平方米，目前已发掘和正在发掘的面积有 1000 平方米左右。墓葬为方形石板椁砖室双穴合葬墓。墓葬已被多次盗扰，出土墓志石碑 1 件，镇墓铁牛 4 件，铜钱若干，以及从扰土中清理出的随葬品石砚 1 件，漆木器铜包边残件 1 件，目前通过拼对的白瓷器有 9 件，其中有印花碗、刻花碗、盘、杯、盏等。按墓志记载，该墓为韩枞和其妻东平郡主（永王之女）的合葬墓。韩枞为韩世忠之孙，韩彦直之仲子，官至中奉大夫、赐三品服，后易西班授成州团练使左武威大将军，带御器械兼权枢密副都承旨；爵至敷政县开国伯，食邑七百户、赐紫金鱼袋。

墓园系统，目前正在发掘的有拜台和墓祠。拜台由人工堆筑的土台以条石和青砖包边建成，主体南北长 31.5 米，东西宽 30.5 米，高约 6 米，分二阶。其上以砖铺地，占地面积 600 多平方米。残留遗迹有砖铺漫地、阙楼、围墙、散水、排水沟。墓祠主体建筑已毁，残留墓祠前后的天井和围墙，目前发掘正在进行。墓园中发现有石像生，发掘出土大量南宋时期的砖模建筑构件，主要有各种型式的砖、瓦、瓦当、斗、拱、昂、格子门、阑干、狻猊、走兽、龙头板瓦等。墓祠以南还有神道，尚未开展发掘工作。

韩枞和东平郡主合葬墓墓园的发掘，为研究浙江北部南宋墓葬形制提供了十分重要的材料，也为研究南宋时期古代建筑及建筑构件提供了十分重要的实物资料。

（徐 军）

【宁波市月湖西区宋代至明清遗存】

发掘时间：2014年4～10月。

工作单位：宁波市文物考古研究所

发掘范围北起三板桥街，南至马衙街。东起偃月街，西至长春路，占地面积20公顷，本次发掘在选定的四个考古地块开展发掘工作，发掘面积约1300平方米。地层主要分为三层：表土层、灰褐色层、灰红色瓦砾间隔土。

文化内涵主要是宋代到明清时期的遗迹遗物，并有东汉时期墓葬一座。共清理清代房址2座、水井4口、汉代墓葬1座、清代墓葬17座。出土器物主要以明清时期瓷器为主，并有少量的宋元时期瓷器。

城区内首次发现东汉土坑墓和一处南宋时期的大型建筑基址。墓葬编号NCM1，其上被宋代遗址叠压破坏，侧面被一条冲积沟打破，显露部分随葬器物。M1无棺椁，底部铺木板，随葬器物放于木板之上，器物有罍、瓿、壶、罐、钵的组合，另有"大泉五十"铜钱。

南宋建筑基址露头于明代层下，共揭露27个承重柱基，东西长33米，南北宽22米，由北至南分为六列，一至三列各有7个，其中第三列由前二列的第3个对应排列，缺少一个编号3～5柱基，而往东却超出了前二列的3个柱基。其南的四列3个、五列2个、六列2个柱基，各柱基间距210厘米～480厘米不等，唯有中间的六列12个柱基处在一条等距离的直线上，从已揭露的迹象很难用传统的建筑柱网格局来推断建筑的面宽与进深。但也不排除有不同方向的或是多座建筑柱基采用整体的基础做法混淆了判别。值得研究的是每个柱基的基础做得十分讲究，先在平面上挖边长130厘米～150厘米左右的方形基槽，深约30厘米，在槽内打下5～13根不同的木桩，木桩长2米左右，桩顶砌毛块石，片石填缝，石上筑一层泥土一层瓦砾的间隔夯层，泥土层厚13厘米～15厘米、瓦砾层厚8厘米～10厘米。泥土瓦砾夯层覆盖21个柱基，连成整体基址，然后再在柱基上放不规整的石板或垒一层毛块石，是为发现基址的顶部。瓦砾层中的瓷片和泥土与瓦砾分层夯层的筑基规制类似宋《营造法式》的筑基之制，与南宋绍兴十四年（1144）重建的宁波天封塔塔基做法类似，为研究宁波城市发展史过程中不同的建筑类型遗址增添了实物例证。

（李永宁　丁友甫）

【庆元县南宋胡纮墓】

发掘时间：2014年3～4月

工作单位：浙江省文物考古研究所

2014年3月，庆元县松源镇会溪村和山小学南侧工地施工中发现古墓葬两座，其中一座古墓葬已完全被破坏（编号M1），现场一片狼藉，采集到墓志一方，从铭文来看，确定为南宋时期的胡纮墓。鉴于该墓葬的重要性，同时对另外一座已露出墓室的墓葬（编号M2）也进行了抢救性清理。

M2与M1结构相同，为砖石混合结构：长方形砖砌墓室，墓室上方盖长方形条石10块，墓室后壁有9个壁龛，放置墓志与部分随葬品。

墓室内棺木放置在近墓门处，棺与后壁之间有较大的空间以放置随葬品。棺木已朽，仅存部分棺盖与棺底，人骨完全无存。

随葬品放置于后壁龛内、墓室内棺与后壁之间以及棺内。有瓷器、铜镜、水晶、金银器、铜钱等。后壁龛内放置墓志与龙泉窑象形纽盖罐多件。墓室后部的棺与后壁之间发现有花口盘、花口盏以及铜镜一面。龙泉窑象形纽盖罐等器物均当是从壁龛上掉落下来。后壁龛内及棺与后壁之间的器物均较大。

棺内器物均较小，包括金银铜器、铜钱、水晶与影青瓷器。其中金银发钗6件，影青瓷器 3 件，铜镜、水晶环、银盒、铜花钱、金箔、金耳环各 1 件（对），均出土于头部附近，铜钱与金花钱出土于臀部附近，而一件金坠饰则出土于近脚处。

瓷器以龙泉窑为主，出土于后壁壁龛内与后室中。影青瓷器均出土于棺内头部，器型较小，有盖罐、盒、碟各 1 件。无论是龙泉窑青瓷还是影青瓷器，质量均极高。

两个墓葬规模较大，其中 M2 墓室未被盗掘，保存完好，随葬品丰富，包括金、银、铜、瓷、水晶等器物，许多器物不仅质量高且极为少见，这在浙江的考古史上属一次较重要的发现，对于研究南宋中期的墓葬结构、随葬品的组合以及南宋浙江礼制的变化等具有重要的意义。

墓葬中出土一批高质量的瓷器，其中龙泉窑瓷器数量多，质量精，是不可多得的龙泉窑精品，尤其重要的是墓葬纪年的存在，可明确器物的年代，是龙泉窑断代的重要标准器物。龙泉窑生产规模相当庞大，但纪年器物发现极少，许多器物的断代仍旧相当模糊。这些龙泉窑纪年瓷器的出土，对于确定窑址及各博物馆藏的同一类型器物的年代具有重要意义。

鉴于胡纮在庆元县独特的重要意义，墓葬在发掘后将进行现场原址保护。

（郑建明）

【临安南宋洪起畏夫妇合葬墓】

发掘时间：2014 年 4 月 1 日 ~6 月 15 日

工作单位：杭州市文物考古研究所、临安
市文物馆

洪起畏夫妇合葬墓位于横街村郎碧东部约 300 米的将军山西南麓。背靠将军山，面向南苕溪，坐东北向西南，方向 210°，墓体规模宏大，纵长 60 米，横宽约 52 米，占地面积约 3000 平方米；结构复杂，由抱手、封土、墓前建筑、墓室、排水道等五个部分组成，其间紧密相连接，浑然一体。

抱手位于封土两侧，分左、右两部

分，左抱手呈曲尺形，前低后高，主要为人工夯筑加高而成；右抱手利用纵向的长条形小山脉略加修整而成。封土位于墓葬中后部，后部枕靠山坡较高处，左、右两侧与左、右抱手紧密相连，将墓室完全覆盖于下。封土平面呈纵长的椭圆形，规模宏大，纵长约 40 米，横宽约 30 米。除后部依山势而显得较高，达 13 米外，整个封土基本上是中间高凸，周围缓慢向外侧下倾。墓前建筑位于封土前部、抱手之内，由通道、地坪及拜坛、水渠三部分组成，均为砾石铺砌，纵长 14.1 米、横宽 26.1 米。通道平面呈曲尺形，横宽 13.8 米，纵长 13.9 米。地坪位于墓前建筑的左侧，略向前部倾斜，平面呈近长方形，纵长 6.3 米、横宽 9.1 米 ~9.8 米。拜坛位于地坪的中后部，平面呈近长方形，纵长 5.3 米，横宽约 6.5 米。水渠环绕于墓前建筑的边缘，先在地面下挖沟渠，然后用小砾石平铺内底，再用直径稍大砾石叠层砌筑两侧壁。

墓室由砾石垣墙、耳室和主室三部分组成。砾石垣墙用砾石垒砌，后部与墓室封门相连为一体，中部纵向垒砌一道垣墙，形成左、右两个以墓室封门为后墙的较为封闭的空间，整个平面呈曲尺形，残宽 8 米、纵长 3.25 米。两个空间内各放置石质墓志 1 方。耳室位于石质封门前部两侧，分为左、右两个耳室，朝向相对，平面均为近方形，砖砌单券顶，形制基本相同，尺寸相近。左耳室坐东南向西北，长 1.5 米、宽 1.3 米、高 0.98 米；右耳室长 1.34 米、宽 1.34 米 ~1.38 米、高 0.8 米 ~0.83 米。主室由主封门和砖室两部分组成。主封门紧贴砖室前部，用条石和青砖砌筑而成，独立于砖室之外，横宽 5.08 米、进深 0.3 米 ~1.32 米、高 2.2 米。砖室为双室并列的拱券顶，由主券顶和左、右室三部分组成，整个平面呈横长方形，纵长 4.4 米、横宽 4.56 米、通高 2.38 米。左、右室均被严重盗扰，其中左室底部有四条前后向的石灰条带均匀分布。主室扰土中发现太平通宝、皇宋通宝、熙宁元宝等北宋时期铸造的铜钱16枚。排水道为砖砌，位于主室、墓前建筑及左抱手横向部分的底部，并向前曲折延伸至左抱手之外，整个平面后部呈矩形，前部呈"Z"字形。

洪起畏夫妇合葬墓规模宏大，形制独特，砾石铺砌的地坪和拜坛及其两侧的排水渠、"Z"字形的排水道、两墓室券顶之上再覆一个大券顶的营造结构、墓室底铺四条顺向的石灰条，在目前所发现的宋元墓葬中极为罕见，对江浙地区宋元墓葬的研究提供了一份不可多得的实物资料。另外，墓志的志文内容丰富，不仅记述了洪起畏夫妇的生平，还涉及南宋时期一些重要人物和事件，可有效佐证、弥补史料记载之不足。

（周学斌）

【宁波市慈溪潮塘江元代沉船】

发掘时间：2014年6～7月

工作单位：宁波市文物考古研究所

潮塘江元代沉船位于宁波慈溪市宗汉街道新华村，紧靠潮塘江与五灶江交汇的东北岸地。船体残长19.5米，宽5米，型深约2米，整船全长初步推测介于23米～28米。沉船除首尾已残外，保存较好，主要构件有龙骨、桅座、隔舱壁板、抱梁肋骨、扶墙材、加强筋、纵梁、船底板、甲板、护舷木等。其中，船底龙骨分为中龙骨、尾龙骨两段，两段龙骨连接处有补强材；船体内发现有首桅座和主桅座，使二道风帆，不排除有尾风帆；船体残存10道隔舱壁板，推测船体应有14个舱。大部分隔舱壁板两侧设有抱梁肋骨、扶墙材、加强筋；船体中下部纵向有两条平行的纵梁，俗称"龙筋"，贯穿船身各个舱壁；船底板保存较好，其中右舷最多可见有17列底板；船的右舷保存有双层甲板，从第4道

舱壁板起至第13道舱壁板止，全长13.6米，最宽1.5米；甲板之后是船尾，保留一根竖向方柱，可能有高于甲板的船屋；船体右舷发现有上下两条护舷木。此外，在散乱的构件中发现了断为两段的舵承座，其体量硕大，转舵孔径有26厘米；另在第11舱的淤泥中出土了一叶小舵，残长1.7米，舵叶宽50厘米，暂难断定是否本船使用之舵，也不排除船根据吃水的深浅使用大小不同舵的可能性。沉船中发现的遗物主要有龙泉窑青瓷碗、高足杯、酱釉瓷瓶、罐和陶缸残件，应为船员生活用品；另外还出土了一枚北宋徽宗崇宁年间（1102～1106）铸造的"崇宁重宝"铜钱，与油灰一起粘在船板上，可能是船主用于避邪的压胜钱。

潮塘江沉船为一艘可航行于内河和近海的尖头方尾货船，具有既可航行于南方，也可航行于北方的浙船特征。船的时代，根据其出土遗物、船体结构以及慈溪海塘筑造历史等综合分析，可确定为元代晚期，至迟不晚于明代初年。

潮塘江元代沉船的发现，填补了宁波地区古船时代序列上的元代缺环，对深入研究中国古代造船工艺、交通贸易以及杭州湾地区的开发等课题都具有重要的意义。

（许　超）

【宁波象山"小白礁Ⅰ号"清代沉船遗址】

发掘时间：2014年5～7月

工作单位：宁波市文物考古研究所、国家文物局水下文化遗产保护中心

遗址位于宁波市象山县石浦镇东南约26海里的北渔山岛海域小白礁畔水下24米，是一艘下沉于清代道光年间（1821～1850）的木质商船。该船首次发现于2008年；2009年进行过重点调查和试掘；2012年经国家文物局批准进行了船载文物发掘；本年完成船体发掘和现场保护工作。

沉船遗址紧邻渔山列岛小白礁岩体北

侧，所在海床表面南高北低，遗址依海床地势大体呈南北走向，南北长约 23 米，东西宽约 11.2 米。遗址主体堆积为一艘木质沉船残骸和瓷器、石板等各类船载遗物。船体南端有部分船材裸露在海床表面。石板有五列，位于遗址中心偏南，南北向互相倾斜叠靠，上部凸露在海床表面 5 厘米～10 厘米不等，东西两列长约 8.5 米，中间三列长约 5 米，石板仅一层，其下即为船体残骸。以船体残骸为界，其下为古船沉没前的海床表面堆积；其上为船沉后逐渐淤积覆盖的遗址堆积，主要为海蛎壳夹泥沙，厚约 0 厘米～60 厘米不等，近底部泥沙渐多。

"小白礁 I 号"出水船体构件共 244 件，主要包括龙骨、肋骨、隔舱板、舱底垫板、桅座、船壳板等，造船用材主要产自东南亚一带。从这些"重见天日"的船体结构上看，"小白礁 I 号"沉船船体残长约 20.35 米，残宽约 7.85 米；主龙骨与艏龙骨直角企口搭接，而与艉龙骨搭接部位有凹凸定位榫口和方形定位木榫，未见补强材与铁包箍，结构独特；肋骨残存 30 余道，密集分布且间距均为 50 厘米～65 厘米，而隔舱板仅残存 3 道，明显兼具西方肋骨法和中国舱壁法造船传统；发现桅座 1 个，其上开有两个榫槽，槽内有两个

圆形小木桩孔槽用以定位，槽形特殊，与中国传统海船不同；船壳板缝之间使用中国造船传统的捻缝技术；造船所用铁钉为中国传统造船常用的铲钉，但铲钉所钉的方向并无规律，且船壳外板、龙骨与肋骨除采用铁钉连接外，还使用了定位小圆木榫，也非中国古船传统造法；双层结构的船壳板内夹植物纤维状防水层，这在国内尚属首次发现。总之，"小白礁 I 号"既具有典型的中国古代造船工艺特征，也兼具一些国外的造船传统技艺，可以说是中外造船技术相互交流融合的重要实物例证，也是古代海上丝绸之路的有力见证，具有十分重要的历史、科学和研究价值。

2014 年新出水船载文物 145 件，其中青花瓷碗 78 件、豆 12 件、盘 4 件、勺 3 件、杯 3 件；五彩瓷碗 4 件、器盖 17 件、罐 1 件；青白瓷瓶 1 件；酱釉陶罐 4 件、壶 2 件、器盖 1 件；木砚台 1 只；毛笔 1 支；铜质砝码 1 件；铜钉 4 只；乾隆通宝、道光通宝铜钱 4 枚；金属垫片 2 枚；测深铅锤 1 只；锡盒 1 件。另出水有宁波鄞州特产石板材 306 块。含往年出水的青花瓷、五彩瓷、紫砂壶、玉石印章、西班牙银币以及日本、越南年号钱币等，"小白礁 I 号"出水文物（含石板材）共计 1050 余件。

安 徽 省

【东至县华龙洞旧石器时代遗址】

发掘时间：2014 年 10 月 9 日～11 月 20 日

工作单位：安徽省文物考古研究所、中国科学院古脊椎动物与古人类研究所

华龙洞遗址位于东至县尧渡镇汪村庞汪组，地理坐标北纬 30°06′32.8″，东经 116°56′52.5″，海拔 44.4 米。2006 年由安徽省文物考古研究所主持，对遗址进行了第一次考古发掘，出土了珍贵的古人类化石、石器、骨器和哺乳动物化石，其中发现的古人类化石经鉴定，为生活在中更新世的直立人个体，对研究东亚人类的进化具有重要价值。为了对华龙洞遗址的地质构造、地层堆积有更深入的了解，寻找更丰富的古人类化石，对华龙洞遗址进行了第二次主动性考古发掘。

本次发掘在第一次发掘探方的一侧布设 3×5 米的探沟，逐层下挖，发掘深度约为 2 米。遗址地层分为四层，第①层为近现代耕土层，厚约 40 厘米～50 厘米，无化石出土；第②层为棕红色粉土层，厚约 50 厘米～60 厘米，出土大量动物化石；第③层为黄色砂土夹角砾层，厚约 20 厘米～25 厘米，仅出土少量动物化石；第④层仍为棕红色粉土层，但夹杂较多胶结物，厚约 70 厘米～100 厘米，人牙化石、石制品和大量动物化石出土此层。采用干筛和水洗的方法，尽可能从堆积物中获得考古遗存，并对洞顶钙板采样进行铀系法测年。本次发掘取得重要收获，发现了 2 颗古人类牙齿和疑似古人类头骨碎片若干；石制品 3 件；疑似与古人活动有关的切割和砍砸痕迹骨片若干和大量残碎的哺乳动物化石。石制品经初步鉴定，为锤击石片、刮削器和断块。哺乳动物化石经现场初步判断，累计 15 种，种属有谷氏大额牛、东方剑齿象、巴氏大熊猫等，绝大多数属绝灭种。综合所有发现，认为华龙洞遗址为一处古老洞穴坍塌形成，时代为中更新世。

（董　哲）

【含山县凌家滩新石器时代遗址】

发掘时间：2014 年 3～7 月

工作单位：安徽省文物考古研究所

本年度围绕凌家滩国家考古遗址公园建设，以及"中华文明探源工程（四）"的子课题"含山凌家滩遗址及所在裕溪河流域聚落形态研究"，对凌家滩遗址的内壕沟进行了发掘，目的是了解内壕沟的年代和性质、结构。在壕沟西段、北段共布探沟 3 条，面积 271.5 平方米。

西段地处平地，壕沟宽 24 米～30 米，沟口距地表深约 0.5 米，沟底距地表最深 2.5 米，新石器时代沟壁较为平缓，沟底较水平，沟内侧红烧土块和碎陶片十分丰富，兽骨数量也较多，但近底部遗物数量极少。

北段壕沟宽度约 24 米左右，沟口距地表 0.5 米～1 米，沟最深处距地表 4.4 米以上，沟底坡度明显，并呈现继续向两侧延伸、加深的趋势。该处壕沟有断缺，中间有 15 米左右的空白地带，应为当时的一

处出入口。

经过发掘，确认壕沟开挖年代与凌家滩墓地年代接近，至汉代被重新利用。

【固镇县南城孜新石器时代遗址】

发掘时间：2014 年 9 月 ~2015 年 1 月

工作单位：安徽省文物考古研究所、武汉大学历史学院考古学系

遗址位于固镇县湖沟镇马楼村西南部，北依 013 县道，南临澥河；遗址现辟为农田，地表较平坦，肉眼可辨几个谷堆略凸出于地表。遗址现存面积约 25 万平方米。中心地理坐标为北纬 33°16′40″，东经 117°9′46″，海拔 22.3 米。

本年度发掘区位于遗址的东北部，布设 5×5 米探方 24 个，布方面积 600 平方米，发掘至生土的面积约 250 平方米。共清理灰坑 5 个、灰沟 2 条、墓葬 6 座、瓮棺 2 具、房址柱洞若干。出土遗物以陶片为主，可复原陶器 80 余件，其他石、骨、角、蚌等质地的小件器物 160 余件。

本次发掘所获考古遗存大体可分三个时期：第一期，大汶口文化时期，主要包括壕沟 1 段、平行垫土类遗迹 1 段、灰坑 5 个、灰白土居住面、柱洞 40 个、土坑竖穴墓 1 座、瓮棺 2 具；第二期，战国晚期，墓葬 1 座；第三期，汉代，墓葬 4 座。

第一期遗存即大汶口文化遗存是本次发掘的主要收获。

本次发掘主要为解决遗址东北部的壕沟与其南侧平行垫土层之间的关系，因而发掘区向北横跨壕沟，向南横剖平行垫土层。本次发掘横剖的壕沟（G7）开口于耕土层下，沟内堆积呈斜向分布，出土陶片异常丰富，可辨器形有鼎、背壶、鬶、罐、器盖等；沟底铺设料姜石层，其中出土玉坠饰 2 件。壕沟南侧为平行垫土层，其倒数第二层的灰白土上开口柱洞近 40 个，推测灰白土为居住面。清理大汶口文化土坑竖穴墓 1 座，M12，中型墓，单人侧身直肢葬，出土器物 18 件（石钺 1、鬶 1、背壶 2、壶 1、盘 1、豆 8、杯 3、觚形杯 1）。清理大汶口文化瓮棺 2 具，W1 为两鼎相对，内含人骨细小易碎，应为新生婴儿；W2 为四鼎，内含人骨身长约 1.3 米，应为儿童。

第二期遗存，战国晚期墓葬 1 座，M9，土坑竖穴墓，仅残余墓底，可辨"井"字形棺痕，棺内骨骼朽甚，据棺痕判断墓主身高不足 1.4 米，出土陶器 6 件（鼎 2、豆 2、壶 2）。

第三期遗存，汉代墓葬 4 座。其中 M7 为土坑竖穴墓，据骨骼痕迹判断墓主身高约 1.7 米，头端二层台上摆放陶器 10 件（鼎 1、豆 1、壶 2、双耳罐 1、勺 1、杯 2、陶俑头 2）。M10 与 M11 均为土坑竖穴墓，棺痕、人骨皆不存，M10 出土陶器 4 件（鼎 1、豆 1、方壶 1、圆壶 1）；M11 出土陶器 4 件（鼎 1、豆 1、方壶 1、盒 1）。

本次发掘确认了壕沟南侧的平行垫土层应为台基垫土，否定了之前所认定的属于城墙的设想。清理的几座墓葬分属三个时期，丰富了我们对遗址内涵的认识，尤其是 2 座大汶口文化中型墓（仅清理 M12）的发现，使得我们对该遗址的等级有了进一步的认识，而从目前考古资料来看在皖北地区大汶口文化同类遗址中尚未发现如此规模的墓葬。南城孜遗址地处南北方过渡地带的淮河流域，出土遗存对于探讨淮河流域的文明化进程具有重要的学术意义。

（胡保华）

【蚌埠市钓鱼台新石器及商周遗址】

发掘时间：2014 年 6 ~12 月

工作单位：安徽省文物考古研究所、蚌埠市文物管理处

钓鱼台遗址位于蚌埠市禹会区钓鱼台街道及蚌山区施徐村交接地带，张公山公园东侧约 600 米，钓鱼台小学北侧约 100

米，西侧紧邻席家沟。遗址由大小不同的四个高墩组成，分别被称为大陈迹、二陈迹、三陈迹和四陈迹。其中大陈迹保存最为完整。

为配合荣盛集团地产开发，对三陈迹和四陈迹展开抢救性考古发掘，同时在大陈迹和二陈迹上布探沟了解遗址的地层堆积情况，为遗址的保护规划提供材料。

发掘实际布 5×5 米探方 22 个，5×15 米和 5×20 米探沟各一条，发掘面积共计 725 平方米。发掘结果显示，钓鱼台遗址堆积主要分新石器时代晚期、早商、西周三个大的时期。遗址新石器时代晚期的堆积非常单薄，揭露的遗迹有灰坑和柱洞，出土物有鼎足、盘、罐、碗、钵、纺轮等；早商堆积也很单薄，揭露的遗迹有灰坑，出土物有陶爵、斝、罐、鬲等；西周堆积最为丰富，揭露的遗迹有房屋、烧土墙、灰坑、灰沟、柱洞等，出土物有铜镞、陶拍、陶纺轮、陶鬲、豆、罐、圈足盘等。

（张义中）

【寿县丁家孤堆龙山文化商代及西周遗址】

发掘时间：2014 年 6~11 月

工作单位：安徽省文物考古研究所

丁家孤堆遗址作为济祁高速寿县段最重要的遗址点，我所对其进行了大规模抢救性考古发掘。遗址位于堰口镇青莲寺村丁家孤堆村民组北部，距离著名的青莲寺遗址仅有约 5 千米。该遗址呈不规则圆形台地状，是江淮地区商周时期典型的"堌堆型"遗址，台地现高于周围地表约 4 米，台地现存面积约 7000 平方米。高速公路路基从台地的中西部南北穿过，本次发掘拟定发掘面积 1000 平方米，共布 5×5 米探方 40 个。

通过考古钻探可知，发掘区内文化层堆积厚度均在 2.5 米左右，同时现存台地外围发现有一条环形沟类遗迹，由于未能

开探沟试掘，其具体年代不详，但根据邻近地区的相关考古材料，尤其是霍邱堰台所提供的环壕式周代聚落结构，故推测其时代可能为西周时期。从本次发掘区内所揭示的情况来看，该遗址主要包含有三个时期的遗存，其中又以西周时期和龙山时代晚期遗存为主，另发现有少量的商代遗存。

根据发掘材料，丁家孤堆遗址西周时期的聚落主体即居住址主要位于发掘区的东北部，若从全局来看则位于遗址整个台地的北部区域，商代遗存主要发现于发掘区的东南部，且数量较少，龙山时代晚期遗存（可能包含有部分二里头文化时期的"斗鸡台文化"遗存）分布较广泛，基本覆盖整个发掘区。

西周时期遗存主要的遗迹有灰坑、房址和陶灶等，其中尤以发现的多种类型的房址最为重要。通过发掘可知，西周时期房址主要有以下几种类型，一是比较常见的基槽柱洞式方形房址，以 F4、F6 为代表；二是土坯墙体基槽式方形房址，以 F5、F10 为代表；三是大型连排柱洞或柱墩式建筑类遗迹或房址，以 F8、F9 为代表；四是柱洞式圆形房址，不见基槽，以 F14 为代表。

遗址所发现的商代遗存较少，未发现典型的遗迹现象，只有零星的商代遗物或少量地层堆积的发现，可辨识典型器类为尖锥状鬲足和假腹豆等。

丁家孤堆遗址所发现的龙山时代晚期遗存主要以陶器为主，另有石器、骨角器和少量玉器等。该时期遗存中遗迹除灰坑外，只有零星柱洞式房址发现，但发现了较多类似冲沟的遗迹现象。以发掘区南部的探方为例，该区域的龙山晚期地层堆积有明显的东南—西北向冲沟式倾斜堆积，且发现遗迹较少，地层中遗物也不丰富，据此推测本次发掘的区域可能属龙山时期遗址的外围区，这些冲沟很可能具备当时

聚落的环壕性质。长久以来，学界对于江淮地区相当于中原地区二里头时期的"斗鸡台文化"的研究，多是将相当部分的龙山时代晚期遗存归入其文化内涵之中，致使"斗鸡台文化"内涵的外延有所扩大。一方面，该地区由于龙山时代遗存的积累较少，有关这一时期的文化面貌、性质和源流等问题均有待新资料的发现来解决，另一方面如何廓清斗鸡台文化的文化内涵和性质也需要建立在对该地区龙山时代晚期遗存的深入研究基础上。丁家孤堆遗址所出土陶器中的侧装扁三角形足鼎、正装宽扁凿形足鼎、折沿篮纹或绳纹的深腹罐、冲天流的红陶鬶和高柄杯等器类对于辨析其文化面貌和发展源流等问题有促进作用。

（蔡波涛）

【寿县斗鸡台龙山晚期至商周时期遗址】

发掘时间：2014 年 10 月~2015 年 2 月

工作单位：安徽省文物考古研究所、安徽大学历史系考古专业

为配合安徽大学历史系寿县考古实习基地的建设和 2012 级考古专业本科班的田野考古教学实习任务，联合考古队对寿县斗鸡台遗址进行了主动性考古发掘工作。斗鸡台遗址位于寿县双桥镇邸家小郢村民组西侧，南距寿正公路约 200 米。根据前期调查和钻探情况，考古队将发掘点定于遗址东南部，按照国家文物局批准的 400 平方米发掘面积，结合实习学生的实际情况，本次发掘共布正南北向 5×5 米探方 16 个。

本年度发掘收获颇丰，共计清理西周至龙山时代晚期房址 32 座，灰沟 4 条、墓葬 18 座、灰坑 78 个、灶类遗迹 5 处，另有数量较多的柱洞遗迹。出土丰富的陶器、石器、骨器和少量青铜器。本次发掘的重要发现主要有以下几点：（一）西周时期聚落的布局形式与该地区业已发掘的西周遗址类似，即遗址形态为台地型，房址等居址类遗迹均主要分布于台地的周围，而台地中部为较纯且厚的地层堆积。（二）西周时期的房址发现较多，但多不完整，平面多为方形，结构一般为基槽、柱洞式，也有部分房址仅有柱洞而无基槽；与房址的分布相似，西周时期墓葬也主要发现于台地外围的探方内。所发掘的墓葬均为小型竖穴土坑墓；葬制均为单人墓；葬式以仰身直肢为主，另有少量俯身葬；从墓主年龄来看，又以未成年人墓居多，成人墓较少；墓内均未发现随葬品。（三）发现了几处重要的西周时期的祭祀遗迹现象，如 T0202 南部的蚌壳堆塑动物状遗迹和 T0402 内由多个动物坑围绕未成年人墓组成的祭祀类遗迹等。（四）典型商代垫土层、灰坑和房址遗迹的发现，以 H47 和 H53 为代表的商代灰坑，年代与二里岗上层相当，以 F15 和 F20 为代表的房址均为方形分间式，其中 F20 还保留有红烧土烧结面的室内活动面遗迹。（五）发现了以 H75 为代表，可能是相当于二里头时期的"斗鸡台文化"的典型遗迹，该坑出土的陶器中有泥质黑陶磨光高领罐、侧装扁三角形足、花边口沿深腹罐和大口尊等器形，唯独没有发现鬲足，且其层位上早于商代地层。该坑内出土了较多骨器，此外还发现有两件牛肩胛骨，其中一件保存较好，其上有灼烧的痕迹，未发现钻痕和钻孔，可知其为卜骨。另外还发现有龟甲的残片，推测该坑应为占卜祭祀类遗迹。（六）F22 和 F30 代表了该遗址龙山时代晚期的房址的两种形式。F22 位于 T0502 的西南部，仅露出一段东南—西北向的墙体和基槽，其余部分深入南壁和西壁，其中伸入南壁处可看出向西南方向有转折的情况。该房址的建造也是铺垫一层垫土，再挖基槽，而基槽底部并不连通，基槽内填土分层版筑而成，墙基以上为墙体，从剖面观察墙基要宽于墙体，墙体也应为版筑而成；F30 位于 T0708 北部，为一排东南—西北向的柱坑，部分柱坑内圆形柱洞痕迹明显，

推测该房址的建造方式应为先挖柱坑，后立柱，再填土以固定木柱。

斗鸡台遗址本年度的发掘在圆满完成配合高校考古专业田野考古教学实习任务的同时，为学界进一步探讨斗鸡台文化及其相关问题提供了新的重要材料。

（蔡波涛）

【阜南县台家寺商代遗址】

发掘时间：2014 年 7 月 ~ 2015 年 1 月

发掘单位：安徽省文物考古研究所、武汉大学历史学院考古系

台家寺遗址位于阜阳市阜南县朱寨镇三河村白庄南部 1000 米，遗址南部紧邻润河。遗址地形现为高墩状，平面形状呈不规则椭圆形，墩台外围被润河及其小支流围绕，河流包围范围内面积近 1 万平方米，文化层厚度约 2 米 ~3 米左右。

本年度共发现房屋 10 座，灰坑 205 个。遗迹年代涵盖龙山时期、商代、西周至春秋。其中龙山文化遗迹仅有少量地层、1 个灰坑和 2 个小型房屋，西周至春秋时期遗迹仅有灰坑，且只分布于遗址中部较高处。发掘区主体为商时期堆积，包含大量灰坑、多处小型房屋，以及重要的大型建筑遗迹 F2。

台家寺遗址商时期堆积涵盖年代为二里岗上层一期、白家庄期至花园庄期。灰坑多为近圆形圜底，窖穴为方形直壁平底。小型房屋一般有较薄垫土，施夯，另有基槽、柱洞。从陶器器类和各类陶器形态上看，都较为接近郑州、安阳一带同时期的商文化，同时含少量本地因素，这与过去在淮河流域发掘的商文化遗址如绣鞋墩、三江坝、古堆桥的发现相同。

F2 大型建筑为东西长 40 米、南北宽 10 米的大型垫土建筑，总面积约 400 平方米，今年发掘了其西部约 200 平方米。位于遗址最高处北侧，方向为 10°。为多层垫土构筑，地基部分垫土 4 层，均为灰色、黄灰色土，台基部分现存最高 40 厘米，为较纯的黄色垫土。F2 拥有南北两排带石柱础的方形柱坑，柱坑边长约 100 厘米，规模较大。

（何晓琳）

【铜陵市古代矿冶遗址调查】

调查时间：2014 年 1 ~ 6 月

工作单位：中国国家博物馆、安徽省文物
　　　　　考古研究所、铜陵市博物馆、
　　　　　首都师范大学

铜陵矿集区是长江中下游成矿带的重要组成部分，铜陵市是我国现代重要的铜产业基地，也是古代矿冶遗址分布密集的地区。本年度的调查范围包括铜陵市市区及铜陵县的大部区域，共调查遗址 18 处，其中新发现的矿冶遗址有：狮子山铜矿遗址、朝山采矿遗址、笔架山铜矿遗址、乌木山冶铜遗址、小燕墩遗址、观音山冶铜遗址等。新发现了大量采矿井巷及陶、瓷器残片和石器等遗迹遗物。

朝山采矿遗址比较特殊，该遗址位于铜陵市狮子山区朝山村，与木鱼山冶铜遗址隔河相望。在山前开阔地带约 1 平方千米范围内自 2012 年 11 月起，陆续出现一百余处地表塌陷和孔洞，致使当地养鱼和水稻种植业无法进行，并被地质环境部门鉴定为岩溶地质灾害。2014 年 1 月，经考古调查确认，该区域的地表塌陷，均为地下人工井巷遗迹中的积水突然消失所造成的，并非自然灾害。少数塌坑露出长方形竖井井口，边长多为 1.7 × 1.4 米，可见深度 3 米 ~5 米不等，井壁有清晰的工具开掘痕迹及脚窝，形制规整，但实际深度及下部走向不明。根据塌陷形状及规模推断，除竖井之外还可能包括平巷及采空区遗迹。个别井壁下部亦发现形似坑木的遗构，经碳素测年，年代相当于商周之际或西周早期。朝山采矿遗址距狮子山铜矿遗址直线距离约

1.5 千米，朝山村周边及木鱼山遗址有大量铜炼渣遗存，但该区域经地勘部门钻探证实地下无铜矿床。朝山村及其北侧的包村同属狮子山矿田，分别拥有两个独立的小型金矿床。朝山金矿位于这些井巷遗迹的西侧，目前还处于生产状态中。因此，此次发现的井巷遗迹或许与古代采金相关。

（李　刚）

【固镇县谷阳城遗址战国至魏晋城址】

发掘时间：2014 年 9 月～2015 年 1 月

工作单位：南京大学历史学系考古学专业

　　谷阳城遗址位于蚌埠市固镇县城南千米，北距浍河南堤约 400 米，东北距京沪铁路线约 50 米，西有澥浍新河，南有解放渠。隶属固镇县连城镇谷阳村。现存谷阳城遗址平面为近似方形，面积约 140 万平方米，海拔 17.4 米～23.4 米。地表有城垣、城壕等遗迹，城内海拔 20.1 米～20.6 米。为配合南京大学考古专业田野考古实习基地的建设，对该遗址进行了第四次发掘。

　　发掘位置位于 2011 年发掘区的正北 50 米，发掘面积 545 平方米。发掘目的是为了获得关于谷阳城衙署所在地的更为详细的信息，围绕着建筑台基进行布方，发现了台基、柱坑、基槽、灰坑、灰沟、道路、陶片堆积等丰富的战国晚期楚文化因素遗存和汉代文化遗存，进一步确定谷阳城的始建年代和使用年代，明确了谷阳城作为地方行政机构主要存在和使用于战国晚期、西汉和魏晋时期。

　　发现陶器、铜器、铁器、玉器、小件青铜器等各类遗物 470 余件。带有刻画文字或符号的陶器、戳有印章的陶器、石祖、玉佩和大量作为建筑构件的小圆陶饼、带夯窝的红烧土块等是本年度发现的重要遗物。

（赵东升　张敬雷）

【淮南市胡台孜战国墓】

发掘单位：安徽省文物考古研究所

发掘时间：2014 年 7～10 月

　　胡台孜战国墓位于淮南市毛集实验区史集行政村胡台孜自然村东约 50 米，东南距寿县 12 千米，因济祁高速经过，对其进行了抢救性考古发掘。该墓地表已无封土，原始墓口平面也已遭到破坏，为带有东向斜坡墓道的“甲”字形竖穴土坑墓，方向约 102°。墓道长 5.9 米，宽 2.6 米～2.86 米，坡度 22°。墓道两侧各放置有三根矛和两面盾牌，对称摆放。墓室近正方形，东西长 9.95 米，南北宽 9.1 米，墓底距地表深度为 5.65 米。墓壁存有一级台阶，台阶以下斜壁内收，棺椁放置在墓室内偏南处。为一椁重棺，因被盗已遭到破坏。木椁长 3.7 米，宽 2.4 米，椁上覆盖有竹席。椁内设一主椁室，内置重棺，主椁室南侧和西侧设有边厢和脚（头）厢，两厢通连无隔断。外棺粗糙厚重，内棺精致狭小，外棺及内棺的内侧髹朱漆，内棺外侧髹黑漆。内、外棺均被盗墓者损坏严重。棺椁内随葬品已被盗掘一空，仅出土了较多陶礼器残片。从墓葬的规格看，该墓可能为楚国晚期的大夫级贵族墓，墓道内随葬矛、盾的习俗在寿县一带楚国晚期贵族墓中比较流行，具有显著的区域特色。

（王　志）

【凤台县岭头村战国汉代及宋明墓群】

发掘时间：2014 年 6～8 月

工作单位：安徽省文物考古研究所

　　岭头村位于凤台县钱庙乡岭头村，这里地处西淝河支流水系港河的南侧。在岭头村包括东小庄和其东侧约 500 米的范围内，分布着多个孤堆。因济祁高速经过而进行抢救性考古发掘。岭头村墓群共分为四区发掘，清理墓葬 57 座、窑址 3 座和灰坑 1 个。

　　墓葬包括战国、汉墓、宋墓和明墓。

形制有砖室墓和竖穴土坑墓两种，分别占墓葬总数的71.9%和28.1%。绝大多数为单人葬，极少为双人合葬墓。砖室墓多遭盗掘，人骨几无保存。土坑墓中除仰身直肢外，另有两例侧身屈肢。战国墓2座，均为竖穴土坑墓，窄长方形，墓内只有一具单棺，其中一墓于棺下还有近圆形腰坑。两墓分别出土陶壶、盆、鬲、豆、罐、盂。汉墓明确的有12座。有刀形、"凸"字形、"工"字形和双人合葬墓，皆为砖室墓，墓室砌法有错缝平砌、"两顺一丁"、"六顺一丁"等。汉墓几乎都被盗一空，多数仅残存少量壁砖和铺地砖。宋墓明确的有26座，均为砖室墓，形制主要有三种：一种是长方形砖室墓，一种是"凸"字形，另一种是墓室两端窄中间宽的船形墓。也基本被盗一空，多数仅残留少量铜钱。明墓12座，均为竖穴土坑墓，有双人合葬墓和单人墓两种类型。

凤台县钱庙乡岭头村墓葬群年代跨度大，墓葬形制丰富，为本地区战国—明代丧葬礼俗的研究提供了重要的资料。

（王　志）

【六安市经济技术开发区战国至两汉时期墓葬】

发掘时间：2014年3～12月

工作单位：安徽省文物考古研究所

为配合基本建设，先后对六安市经济技术开发区文一云河湾房地产（跨年度）、远大雍景台房地产和宝利嘉二期（跨年度）三个项目进行考古发掘，共发掘战国至两汉时期墓葬约640座。其中有封土的土墩汉墓18座，多位于隆起的岗地上，包括一墩一墓和一墩多墓两种。采用二分法或四分法对封土进行解剖，了解封土的形成过程，判断同一封土下各墓葬下葬的相对早晚关系。单体墓葬绝大多数为土坑竖穴木椁墓，少数为砖室墓，一些土坑墓填土使用青膏泥。木质葬具多已腐朽，少量

墓葬保存较完整，一些棺木残存漆皮，可能存在髹漆现象。根据残存葬具或板灰痕迹推断，葬具使用情况多为单棺、一棺一椁和一椁双棺墓。部分单棺墓设头龛或壁龛。墓葬平面形状多为长方形，一些墓葬带有斜坡状或台阶状的墓道。随葬品以陶质明器为主，类型有鼎、豆、壶、钫、罐、匜、杯、猪圈、灶、井、仓等，釉陶器较少，类型有壶、罐和瓿等；出土铜器主要有日用品如镜、熏炉、毛刷和剑、戈、镞、矛、短剑等兵器，容器较少，有鼎、钫、豆等，另有一些五铢钱出土；玉石器较少，可见的有琉璃璧、蜻蜓眼、玉剑具（首、璏、摽）、玉玲、玉塞和石黛板、石料璧等。个别墓葬（宝利嘉M788）出土一些漆木器，类型有耳杯、奁、盒、匜、案、盘等，另有大量木俑出土。根据葬具使用情况和随葬品的种类与数量，推测墓主身份主要以平民为主，少量可能为士级阶层，墓葬具有典型楚墓风格特征。

（董　哲）

【天长市翟庄与大董庄汉代墓地】

发掘时间：2013年11月～2014年1月

工作单位：安徽省文物考古研究所

为配合宿扬高速公路建设，于天长市石梁镇翟庄和郑集镇大董庄分别清理墓葬各10座，出土遗物200余件。

翟庄清理的10座墓葬中有2座为战国墓、8座西汉墓。战国墓皆为竖穴土坑墓，葬具为一棺一椁，棺椁和人骨全朽，但棺椁痕迹尚存。两墓均随葬有十余件陶器，陶质随葬品置于椁内棺外一侧，陶器组合有鼎、豆、罐、钫、杯等，其中一墓还出土有琉璃璧和琉璃珠等。8座西汉墓也均是竖穴土坑墓，分一棺一椁墓和一椁双棺墓两类。棺内一般放置有铜镜、铁剑、口玲、耳塞、鼻塞、带钩等遗物，棺外椁内多放置陶器，陶器主要为釉陶，以鼎、盒、壶、瓿为基本组合。

大董庄清理的 10 座墓葬里有 8 座为西汉墓、1 座东汉墓和 1 座西晋墓。西汉墓均为竖穴土坑，有一棺一椁墓和一椁双棺墓。一棺一椁墓中的一种木椁较宽，棺置于椁内一侧，另一侧置放陶质随葬品；一种木椁狭窄，仅容一棺，在棺外一端置放陶质随葬品。宽椁墓内随葬品相对丰富，棺内随葬铜镜、铁剑、口琀、耳塞、鼻塞、铜钱等，棺外主要随葬鼎、盒、壶、瓿等陶器，窄椁墓随葬品相对较少。一椁双棺墓在椁的一端分隔出一个器物厢，专门置放陶质随葬品。主椁室内并列放置两具木棺，棺内随葬有铜镜、铁剑、铁削、铜钱等，陶器以釉陶为主，组合主要有鼎、盒、壶、瓿、罐。东汉墓为带墓道的竖穴土坑墓，平面呈刀形。墓内放一椁双棺，双棺并列置于椁内北侧，陶质随葬品置放于椁内南端。棺内随葬品有铜镜、铁剑、带钩、铜钱等，棺外随葬品有铜簋、陶壶、罐、瓮、瓿、釜、灶等。西晋墓 1 座，为砖室墓，由墓道、墓门、甬道、墓室构成，呈刀形。墓道斜坡状，甬道底面略低于墓室，墓室以三顺一丁法砌筑而成。墓室内双棺并列置于一端，棺内出土有铜镜、琉璃珠、钱币、滑石猪形手握等，甬道与棺之间的空间内放置陶瓷器，有瓷碗、鸡首壶、盘口壶、瓷钵等。

翟庄和大董庄分别位于天长市区的西侧和西南，与埋藏在低洼水田内的三角圩、纪庄墓葬群不同，翟庄和大董庄墓群都是埋藏在岗地之上，地势较高，墓内的棺椁和漆木器均未能保存，但墓葬的形制和随葬品组合基本一致，具有扬州一带的普遍特点。

（王　志）

【涡阳县大葛楼东汉墓葬】

发掘时间：2014 年 2～6 月

工作单位：安徽省文物考古研究所、涡阳
　　　　　县文物管理所

大葛楼墓群位于涡阳县西阳镇葛楼行政村大葛楼自然村东约 150 米，北距省道（S307）约 150 米。墓群所在地为一处平面大致呈椭圆形的土丘，东西较宽，约 150 米，南北略窄，约 100 米，高出四周地面约 1 米，地表植有松柏，周围有现代坟。

为配合济南—祁门高速公路的建设，受安徽省文物局委托，安徽省文物考古研究所于 2014 年 2 月底组织人员对工程可能涉及的墓群范围进行了考古勘探和抢救性发掘，历时 3 个多月，实际清理古墓葬 6 座，发现各类文物 105 余件（套）。

此次发掘的 6 座墓葬东西并列，规模和形制相当，皆由双甬道、横前室、双中室和横后室组成，顶部皆遭破坏，现以 M1 为例介绍。

M1 方向 10°。开口于耕土层下，距地表深约 0.28 米。平面呈凸字形，通长 10.4 米、残高 1.8 米，由墓门、双甬道、横前室、双中室、横后室组成。

墓门　位于甬道北侧，已遭破坏，门楣、门扉、门框皆缺失，门槛石尚存，四个榫窝清晰可见，推测东西甬道分别对应一组对开门。

甬道　位于墓门南侧，东、西各一，平面呈长方形，结构相同，大小一致，内空长 2.44 米、宽 0.94 米。两甬道以隔墙分开，隔墙长 2.36 米、宽 0.64 米、残高 0.6 米。四壁以三顺一丁的方式向上垒砌，铺地砖呈“人”字形。甬道与前室连接处竖有立柱。

前室　位于甬道南侧，平面呈长方形，东西横置，内空长 4 米、宽 1.5 米、残高 1.6 米。四壁以三顺一丁的方式向上垒砌，铺地砖呈“人”字形。前室与中室以墓门相隔，墓门不存，但门槛和立柱尚存。

中室　并列于前室南侧，东、西各一，平面呈长方形，结构相同，大小一致，内空长 3.6 米、宽 1.6 米、残高 1.3 米。两中室以隔墙分开，从残存迹象推断隔墙分南、北两段，北段长约 1.8 米、南段长约

1.5 米、宽约 0.6 米，中间缺口于东、西两中室之间构成通道，道长 0.66 米。四壁以三顺一丁的方式向上垒砌，铺地砖呈"人"字形。

后室　位于中室南侧，平面呈长方形，东西横置，内空长 3.8 米、宽 0.9 米、残高 0.24 米。四壁及铺地砖皆遭盗掘，从残存迹象推断后室与东、西中室各设置一通道。

墓葬早期遭盗扰严重，葬具和人骨皆朽不辨。随葬品有铜泡钉、铜钱、陶盘、陶磨、陶房、陶戏楼、陶耳杯、陶罐、陶狗等，散落于前、中、后室。

墓葬用砖以青灰色为主，规格一致，均长 0.3 米、宽 0.15 米、厚 0.06 米，砖体侧面饰有菱形纹。

通过对墓葬形制和出土遗物的分析，我们推断这批墓葬的年代为东汉中晚期。

大葛楼墓群清理的 6 座墓葬，虽遭早期破坏，但规模较大，排列有序，年代相当，应为东汉时期家族墓地，为研究当时的丧葬习俗积累了资料。

（张义中）

【南陵县铁拐宋墓】

发掘时间：2014 年 6～9 月

工作单位：安徽省文物考古研究所

发掘区位于南陵县弋江镇奚滩村铁拐组桦树园西约 300 米处的耕地之中，南侧 30 米有一条溪流自西北至东南汇入青弋江。地表未见封土，但较四周地势稍高，推测原应有封土。两座墓葬均为竖穴土坑灌浆木椁墓，相距约 1 米。墓葬因工程建设已遭破坏，但据残存情况判断，开口距地表之下约 0.5 米～0.8 米，墓圹大小和灌浆层平面基本吻合，未见墓道。

其中 M1 保存较好，一椁一棺，棺椁基本完整，头向 165°。棺上盖有荒帷及送葬幡，幡上有"安康郡太□□氏之枢"字样。棺椁均有随葬器物。椁头摆放有一个三层木架格，随葬器物分层码放：上层主要是锡类碗、碟、盘和果实等，中层主要是轿子、木俑、伞等，底层主要为房屋院落和木俑。架格与棺头之间放置有床架、床、榻、足承、桌、椅、衣架等；棺尾纵向支起的隔板之上也摆放较多器物：包裹（衣服、鞋子）、针线、剪刀、木尺、梳妆盘、木梳、铜镜、粉盒等；另有酱釉梅瓶放在棺头左内侧和银质碗、碟、温壶，计 10 只，呈半圆状包围在墓主头顶两侧。M2 为异穴合葬，均为一椁一棺、头向 150°，二者以熟土墙间隔，相距约 0.5 米。棺椁上半部已不存，出土少量瓷器和一枚铜镜。据出土资料初步分析，两座墓葬均为宋墓。

虽然此次发掘的两座宋墓规模不大，但遗物较为丰富、制作精美、类型多样：（1）金属类，有金银器、锡器、铁器、铜器等；（2）陶瓷类，有梅瓶、茶盏、碗、执壶等；（3）竹木类，有房屋模型、家具、木尺和木俑等；（4）纺织类有棉织物、丝织物等，以及其他类文物 200 余件（套）。并从发掘区附近采集到墓志铭（碑）四块。如此众多的纺织物、完整的木俑及房屋家具组合等在安徽尚是首次发现，填补了安徽宋元考古工作中的空白，为研究宋代社会结构、经济发展以及埋葬制度、民间风俗等提供了重要的实物资料。

【繁昌县柯家冲及骆冲宋元窑址】

发掘时间：2013 年 11 月～2014 年 11 月，

工作单位：安徽省文物考古研究所、繁昌县文物局

为配合繁昌窑遗址文化公园建设，联合对繁昌窑遗址开始主动性考古发掘，主要发掘了柯家冲窑址和骆冲窑址两个地点，发现有丰富的遗迹和遗物，在我国南方青白瓷窑址考古方面取得了重要收获。

柯家冲窑址位于繁昌县城南郊，发掘了龙窑一座、作坊基址一处，对瓷片废品堆积作了解剖性发掘。龙窑保存基本完整，

由操作间、火膛、窑室、窑门、排烟室等组成。窑身呈东西向，斜长38.75米、水平长36.6米，宽2米~3米。发现4处窑门，南北各两处，错位分布。窑床自东向西逐渐抬升，坡度为5°~23.5°，愈接近龙窑中后部，坡度逐渐变大。经局部解剖，窑床有两层，各层均由红褐土烧结层和黄褐砂土垫层组成，系重复使用痕迹。窑墙也发现了修补痕迹，宽0.3米~0.5米，窑身中后部发现了双层窑墙，显系维修使用留下来的。窑尾排烟室保存较好，从挡火墙和烟火弄各有两套来看，排烟室也经过了前后两次维修使用。龙窑北侧还发现了排水沟，北侧和南侧发现有对称分布的柱洞，可能是窑棚留下的遗迹。窑内出土瓷器有碗、盏、盏托、碟、温碗、执壶、炉、盂、粉盒、器盖、瓷塑小动物、瓜子等。碗、盏、碟、温碗占绝大多数；其余器类均有发现，但不占主流。碗有叠唇碗、侈口碗两类；盏种类很多，有叠唇盏、尖唇盏、花口盏、脐圈盏、凸脐盏等；碟有圈足碟、平底碟、卧足碟等。釉色均为青白釉，少部分偏黄或偏绿，亦有生烧的。纹饰很少，仅少量菊花纹或浮雕莲瓣纹。窑具发现了匣钵、垫饼、垫圈、支钉和支垫窑具等，匣钵最多，垫饼其次，垫圈和支钉较少。制瓷工具有荡箍、轴顶碗、轴顶板和整形工具。作坊区位于窑炉东部平坦区域，发现了澄泥池、储泥池和排水沟。

骆冲窑址位于繁昌县城西郊，发掘龙窑一座，房址1处，瓷片废品堆积亦进行了解剖发掘。除火膛外，龙窑基本保存完整，呈南北向，斜长26.4米，宽2.25米~2.6米，发现4处窑门，错位分布。窑床自南向北逐渐抬升，坡度为14°~19°。窑室内发现了4道隔墙，复原高约0.24米~0.4米，将窑室分为5段。窑身西侧发现了龙窑生产过程中使用的路面，与龙窑走向基本平行，路面坚硬，分布有细碎的瓷片、匣钵片，局部用残窑砖铺垫。出土瓷器有

青白瓷碗、盏、盘、碟、壶、炉、枕和瓷塑动物、武士俑等，纹饰很少见，偶有莲瓣纹、压印竖条纹、柳条纹等。从器形来看，器类比柯家冲窑址丰富，侈口碗、卧足盘、莲花枕、武士俑等在柯家冲窑址少见或不见。窑具有匣钵、匣钵座、支钉、垫圈、垫饼和圆筒状束腰支座等，以匣钵最多，支钉和垫圈均比较多，垫圈其次，垫饼最少。匣钵上刻画"一至十、千"等数字和"上、大、小、兴、权、仁、任、夏、江、字、方、女、本、丁、于、之、许、全、元元、口章"等。房址为青砖房基，位于遗址坡脚位置，平面为长方形，南北长5.2米，东西宽约3.5米，北部有砌砖排水沟，居住面打破瓷窑废品堆积的局部。出土有大量素面板瓦、筒瓦、牡丹纹瓦当、花卉纹雕花砖和青白瓷片等。

综上所述，繁昌窑窑址考古发掘发现了丰富的遗迹和遗物，取得了如下初步认识：

1. 骆冲窑址专烧青白瓷，创烧于五代，主要烧造时代为北宋早期，为我国青白瓷起源研究提供了重要资料。窑址出土的刻"淳化"年号的匣钵为判断窑址时代提供了可靠依据；窑内发现的束腰形圆筒状支座、碗形匣钵和匣钵座都是流行于唐末、五代时期的典型窑具；支钉大量发现，且内外均带支钉的瓷器器底又表明骆冲窑址采用了流行于五代时期的支钉叠烧工艺。龙窑西侧发现窑业生产中使用的路面，在南方青白瓷窑址考古中十分罕见，是全面揭示和展示窑业生产工艺与过程的珍贵遗迹。

2. 骆冲窑址一号龙窑内设4道隔墙，分割窑室为5段，是目前发现我国古代分室龙窑的最早形式之一，也是研究分室龙窑的起源和发展的重要资料。骆冲窑址龙窑窑墙砖烧结严重，产品胎质细腻，釉色纯正，说明隔墙设施的启用是为了提高瓷器烧造质量采取的措施，处于我国分室龙

窑的起源阶段。

3. 柯家冲窑址和骆冲窑址的青白瓷产品既有不少共性，又有各自鲜明的个性，为研究繁昌窑青白瓷特点、烧造工艺、不同的市场定位等提供了重要资料。比较而言，骆冲窑址产品胎质更为细腻，釉色多偏白，胎釉结合紧密，开片现象少，大部分产品施釉至圈足，少数产品达到满釉。因此，骆冲窑产品更加精致、美观，除生活实用器外，还生产较为丰富的陈设品，其市场定位与柯冲窑址有所不同，主要面向上层社会。柯冲窑址的产品则主要面向中下层民众。

4. 柯家冲窑址作坊内发现有淘洗池、沉垫池、储泥池、排水沟等多种遗迹，是研究龙窑作坊布局的重要资料；骆冲窑址发现了高等级的房址，则可能是设官监烧的遗迹。

（罗 虎 徐 繁 汪发志 崔 炜）

【泗县盛世豪庭项目明清墓葬】

发掘时间：2014 年 4~5 月

工作单位：安徽省文物考古研究所

盛世豪庭项目位于泗县新城区，为配合该地块的开发建设，我所对该遗址进行了抢救性考古发掘。本次发掘共计发掘面积约 400 平方米，共清理宋元至明清时期墓葬 32 座，灰沟 2 条，汉代灰坑 4 个，出土了相当数量的瓷器、陶器和铜钱等遗物。

明清墓依形制和结构不同，可分为竖穴土坑墓与砖石墓两类；依葬式不同，可分为一次葬和二次葬两种；依葬制不同，又可划分为单人葬、双人葬和多人合葬墓。

土坑墓葬制以单人葬为主，另有部分双人葬和多人葬；葬式以一次葬为主，另有少量二次葬。多数墓葬有葬具，且部分墓葬葬具保存较好，结合墓内出土棺钉判断，一般为单棺，合葬墓则为一人一棺；大多数墓葬人骨保存较好，以仰身直肢为主，二次葬除外；单人葬一般随葬一件瓷壶或韩瓶配以数枚铜钱，合葬墓则还出土有铜镜。本次发掘一个比较重要的成果即是发现了一座四人合葬墓，该墓编号 M21，土坑竖穴，开口距地表约 35 厘米，墓圹南北长 2.8 米、东西宽 1.9 米、深 0.46 米。墓内南北并排放置人骨 4 具，由南向北依次编号为 1、2、3、4 号，头向一致向东，其中，最南侧 1 号人骨头向墓壁上放置一块方形墓志砖，墓志砖中部贴置一枚铜镜，另在该具人骨的右胸腔处也放置一枚铜镜，4 号人骨的近腹部也随葬一枚铜镜。根据西北大学陈靓副教授对该墓人骨进行的体质人类学鉴定，得知这 4 具人骨均为二次迁葬，其中 1 号人骨为男性，年龄约为 40 岁左右，2 号人骨为女性，年龄约 25 岁左右，3 号人骨为女性，年龄在 20~25 岁之间，4 号人骨亦为女性，年龄约 35 岁左右。根据这些信息似可推知随葬有铜镜的 1、4 号人骨应为夫妻关系，而 2、3 号人骨应为 1 号人骨的妾。

砖石墓的结构为由形制较小的青砖平砌成墓室，上部以石板覆盖。该类墓葬均为二次葬，在墓葬形制上可分为单室墓和双室墓两种，从墓内出土棺钉的情况可知其均有木质葬具，多为一棺，不见椁的痕迹，此外还有部分没有葬具的小型单室墓。除了部分小型墓葬为单人葬外，其余砖石墓均为合葬墓。随葬品以瓷器和钱币为主，器类主要为韩瓶，钱币均为明清时期。本次发掘的 M24、M28、M29、M30、M31 和 M32 这 6 座墓葬，位于发掘区的西南部，布局紧凑，排列整齐，墓葬形制、结构相近，从随葬品来看其年代相当，推测可能是一处家族墓地。

这批墓葬形制多样，墓葬结构所体现出的葬制葬俗的差别，为我们探讨泗州地区明清时期的社会组织状况、风俗民情等提供了新的材料。明清时期的考古工作长久以来限于材料不足而迟迟不能深入开展，本次发掘的多人合葬墓与家族墓地所揭示的文化内涵，对明清时期的考古学研究具有重要促进作用。

（蔡波涛）

【黄山市太平湖古城遗址水下考古调查】

调查时间：2014 年 2 ~ 3 月

工作单位：中国国家博物馆、安徽省文物
　　　　　考古研究所

遗址位于黄山市黄山区。本年度的工作重点是对皖南太平湖水域广阳城旧址及龙门镇旧址展开水下物理扫测，通过使用物探设备对部分重点水域进行物探扫测，以获取水下文化遗存的地理、水文、分布范围等信息，为下一步水下考古调查、发掘和研究做准备，并及时完成对遗址保存现状的调查和水资源环境的评估工作，这也标志着安徽内陆水域的水下考古调查进入水下探测、探摸确认阶段。根据陆上调查工作实际情况，从太平湖水域发现的 10 处水下文化遗存疑点中重点选取了 2 处作为此次水下考古调查对象，分别是广阳城旧址、龙门镇旧址。通过物探扫测调查，初步掌握了这 2 处遗址在水下的分布范围及保存状况、相关水域的水文及地质资料等。此次调查，依据对太平湖水质及水下环境的测评、并利用小型 ROV 取得了部分影像资料，为下一步制订保护工作方案提供了科学的依据；基本了解了广阳城旧址和龙门镇遗址的街市布局与保存现状，为皖南古村镇保护与研究提供了新的材料。

（邓启江）

福 建 省

【武夷山市葫芦山新石器至商周遗址】

发掘时间：2014 年 9 ~ 12 月

工作单位：福建博物院文物考古研究所、
　　　　　厦门大学人文学院历史系、福
　　　　　建闽越王城博物馆、武夷山市
　　　　　博物馆

　　遗址位于武夷山市兴田镇西郊村东南约 1 千米处的葫芦山上。1990 ~ 1993 年，福建省博物馆曾对葫芦山顶部及南坡山腰进行过发掘，确定其是一处新石器时代晚期至周代的遗址。由于此前的发掘面积有限，遗址文化面貌不甚清楚，为配合厦门大学历史系考古专业本科生及部分研究生田野考古实习，再次对遗址南坡进行主动性发掘，本年度发掘面积 365 平方米，共清理陶窑 2 座，建筑台基 1 座，灰沟 2 条，灰坑及柱洞数十处，出土石器、玉器、陶器、原始瓷器等各类遗物标本千余件。

　　本次发掘初步划分出上、下两层文化遗存。上层文化出土遗物包含大量几何形印纹硬陶及少量泥质陶、夹砂陶，另见有部分原始瓷片和扰乱上来的黑衣陶片，器形以罐、钵、尊、瓿、豆等为主。下层文化出土大量黑衣陶、少量泥质陶和夹砂陶，器形以高领罐、盆、尊、鼎等为主，另出土部分穿孔石刀、石锛、箭镞、砺石等石器。该层下发现较多灰坑，并见建筑台基 1 座，依坡状地势而建，似经夯打，其上残存柱洞数处，或为简易的棚状建筑残存。在台基北部边缘外侧发现陶窑 2 座，其中 1 座保存较好，平面略呈葫芦形，由窑室、火道、火膛和灰烬坑组成。通长 2.27 米，窑室底部直径 1.07 米 ~ 1.3 米，残高 0.21 米 ~ 0.4 米，窑顶已被破坏，残存部分窑壁。火膛和火道保存较好，未见出烟口，推测其为升焰窑，出烟口当位于窑室顶部。窑室内倒塌堆积包含大量红烧土块、炭粒、石块、夹砂陶鼎足及陶片。

　　通过对出土遗物的初步整理，推断上文化层年代约当中原地区的商周时期，下文化层年代约处于新石器时代晚期至夏代。此次发掘为研究闽北地区新石器时代至青铜时代的考古学文化提供了难得的实物资料。

　　　　　　　　　（付　琳　王新天　黄运明）

【将乐县岩仔洞新石器时代遗址】

发掘时间：2014 年 8 ~ 12 月

工作单位：中国社会科学院考古研究所、
　　　　　福建博物院、将乐县博物馆

　　岩仔洞遗址位于三明市将乐县城东南面约 8000 米。该遗址发现于 1988 年。经过数次小规模试掘，发现较为丰富的新石器时代遗存。因之前数次试掘面积较小，文化层揭露不完整，遗址整体文化面貌不清。本年度，组成联合考古队，对岩仔洞遗址进行正式考古发掘，实际发掘面积 200 平方米。共发现墓葬 2 座，灰沟 1 条，房址 2 座，灰坑、柱洞十余个，以及陶、石、骨器千余件，取得了重要的学术成果。

　　岩仔洞遗址所在的岩仔山为山间盆地中的一座石灰岩小孤丘，相对高度 35 米，海拔 250 米。该山四周分布着众多高低不同、大小不一的石灰岩溶洞,其西、北、东三面有小溪经过。本次发掘重点区域为岩仔洞主洞及岩仔山山顶区域。此次发掘收获主要位于山顶发掘区。文化堆积多处于石灰岩岩隙中,发掘深度不等。尽管发掘面积较小,但遗迹、遗物均较为丰富。遗址墓葬均位于岩隙中,推测埋葬时未挖掘墓坑,将遗骸置于岩石缝隙中,直接填埋。房址为山顶发掘区的重要发现,2座房址均倚靠岩体,依地势构建。

山顶发掘区出土了大量的文化遗物。石器主要为磨制石器和零星打制石器。磨制石器有斧、锛、箭镞、网坠、锤和石饼等。陶器有釜、罐、鼎、豆、钵、纺轮、网坠等。陶质以夹砂陶为主,泥质陶占有一定比例。纹饰非常丰富,有绳纹、条纹、篮纹、曲折纹、叶脉纹、圆圈纹及附加堆纹等。

通过对遗址各层位出土遗物初步观察,山顶发掘区存在早晚两期文化堆积,这些发现表明,新石器时代史前人类在此长期、大规模的聚居生活。此次考古发掘,对完善闽西北地区新石器时代考古学文化序列具有重要意义。

(周振宇 王晓阳 危长福)

【德化县辽田尖山周代原始青瓷窑址】
发掘时间:2014年10月下旬~11月中旬
工作单位:福建博物院文物考古研究所、泉州市博物馆、德化陶瓷博物馆

德化县辽田尖山原始青瓷窑址位于德化县与永春县交界处的辽田尖山。

2007年初发现,本年度我所和相关单位联合对其进行考古发掘,发掘面积约51平方米。共揭露四座存在相互叠压打破关系的龙窑,对其中一号窑炉进行了全面揭露,其他三座仅揭露局部。

一号窑炉位于发掘区的北侧,窑头朝向东南,方向125°。南侧窑壁被二号窑炉

破坏。窑炉残存斜长3.92米,水平残长3.58米,窑头与窑尾高差1.46米。窑炉可分为火膛和窑室。火膛较宽,由于破坏严重,仅存少量后壁和底部烧结面。窑室较窄,前部内宽1.24米,中部内宽1.16米,尾部内宽1.11米。出土遗物除少部分为陶器外,绝大部分为原始青瓷。原始青瓷装饰技法主要有刻画、拍印、戳印、堆贴等。纹样有弦纹、网格纹、绳纹、戳点纹、鼓钉纹、几何纹、云雷纹、水波纹等。根据出土器物特征,初步判断年代为西周中晚期至春秋战国时期。

辽田尖山原始青瓷窑址的发掘具有重要的意义,填补了福建南部地区原始青瓷烧造历史的空白,对探讨我国原始青瓷的分布与起源有着重要意义。

(羊泽林 张红兴)

【武夷山市竹林坑西周原始青瓷窑址】
发掘时间:2014年11月中旬~12月中旬
工作单位:福建博物院文物考古研究所、武夷山市博物馆、福建闽越王城博物馆

竹林坑西周原始青瓷窑址于2009年进行第三次全国文物普查时发现,后被列为全国100处第三次文物普查重要新发现之一。由于窑址面临被土地承包者修建住宅和开垦茶园破坏的危险,2011年11~12月,福建博物院文物考古研究所与武夷山市博物馆、福建闽越王城博物馆等单位联合对该窑址进行了抢救性考古发掘,发掘面积130平方米,共揭露三处窑炉遗迹,其中一号窑址为我国少见的保存较好的西周原始青瓷龙窑遗迹,于2013年公布为第八批省级文物保护单位。

由于2011年度发掘仅对部分窑炉遗迹进行抢救性发掘,未对相关作坊遗迹进行清理。为全面了解竹林坑一号窑址窑业技术遗存状况,本年度几家单位联合对窑址作坊区域进行考古发掘。此次发掘面积55

平方米，揭露一处作坊遗迹以及一处窑炉遗迹的局部，并出土一批原始青瓷和少量陶器标本。其中原始青瓷以豆、罐、甗等为主，纹饰以刻画弦纹，拍印席纹、方格纹等纹饰为主。除了对作坊遗迹进行发掘以外，还在竹林坑窑址周边开展系统调查，亦发现四处与竹林坑一号窑址内涵相近的原始青瓷窑址以及三处西周时期的遗址，其中一处为面积2000平方米以上的大型西周墓葬遗址。

从竹林坑及其周边相关遗址调查情况来看，这里在西周时期制瓷手工业曾经非常繁荣，并且留下了丰富的物质遗存。陶瓷手工业生产区、生活区、墓葬区等不同功能分区遗址的发现，为我们研究竹林坑一带西周时期的聚落形态提供了丰富的材料。

（羊泽林）

【南平市邹坍后门山宋代窑址】

发掘时间：2014年5～10月。

工作单位：福建博物院文物考古研究所

后门山窑址位于南平市延平区王台镇吴坍村邹坍自然村后门山西坡。地理坐标北纬26°40′29.87″，东经117°58′02.00″。窑址总面积约2000平方米。窑址是延（平）顺（昌）高速公路施工发现。发掘总面积950平方米。

共发掘5条斜坡式龙窑和4个灰坑，其中Y2、Y3、Y4和Y5从上到下叠压打破。Y3、Y4和Y5是局部解剖，具体情况不明。Y1窑向275°，水平长（残）14.84米、斜长（残）15.35米、宽1.5米～1.66米、残高0米～0.48米，斜度31.2°。Y2窑向275°，水平长（残）28米、斜长（残）28.7米、宽2.1米～2.6米、残高0米～0.45米，斜度24°。窑炉以条砖砌筑。窑墙砌筑方式有两个以往所不见的特点：第一，生土基槽直接当窑壁。生土挖出基槽后，窑墙不是贴着基槽两边砌筑，而是在基槽外的地面顺着基槽砌筑，基槽的两个边壁则直接当窑壁；第二，窑墙单层斗砖立砌。一般龙窑窑墙的砖块是平铺，而本窑使用单层斗砖立砌，即砖的短边立砌。4个灰坑均为废品坑。

出土物绝大多数是酱釉陶器，少量瓷器。陶器以各种规格的罐、执壶和器盖居多，还有瓶、杯、灯盏、灯座、枕、鼎和釜等。窑具主要是垫柱和垫筒。部分垫筒外壁或内外壁涂泥，这种做法是福建宋元陶瓷考古第一次发现。制瓷工具有轴顶碗和拍锤等；窑址地层中出土的瓷器，以青白瓷为主，少量黑釉盏和青瓷。器类有碗、碟、杯、盏和执壶等，部分生烧，一些器底墨书。瓷器纹饰多为篦划纹。这些瓷器属于窑业人员日用品，非窑炉产品。

从窑炉结构和陶瓷器总体特征分析，窑址年代为北宋中晚期到南宋早期。

后门山窑址是闽北地区宋代中期烧造陶器的专业窑场。它的发掘丰富了福建宋元陶瓷考古的内涵。窑址出土瓷器，是窑场手工业者的生活用品，为探究陶瓷工业的社会关系提供了第一手材料。

（华锋林）

【漳州海域水下文化遗产重点调查】

调查时间：2014年9月上旬～10月中旬

工作单位：福建博物院文物考古研究所、国家文物局水下文化遗产保护中心、漳州市文管新局

漳州海岸线长，海域面积大，水下文化遗存十分丰富。近些年来，随着不法分子盗捞手段和设备的不断提高，水下文化遗存的保护面临日益严峻的形势。同时漳州文物部门开展了系统陆地调查工作，搜集到大量水下文化遗存线索。为进一步摸清漳州海域水下文化遗产家底，制定切实可行的保护方案，本年度福建博物院文物考古研究所与漳州市文管新局合作，在国家文物局水下文化遗产保护中心的指导下，以福建水下考古队员为主，借调部分江西、辽宁、江苏、北京等省的水下考古专业人员，在漳州半洋礁、将军屿、沙洲岛海域进行重点调查。

此次调查主要在以往搜集线索的基础上，通过筛选，划定调查区域和范围，再用先进的水下探测设备进行全方位扫测，通过探测和信息分析确定疑似文物点的位置和范围。然后派遣专业水下考古队员对目标区域进行水下探摸确认，最后对其进行详细调查和测绘，确定文物点分布的中心区域、范围和水下文物的保存现状。经调查，在半洋礁、沙洲岛海域确认二处元代沉船遗址，分别为龙海半洋礁二号元代沉船与漳浦圣杯屿元代沉船。这二处沉船遗址均保存部分沉船船体残骸，并采集出水一批龙泉窑青瓷标本，器形以青瓷盘、碗、碟、杯、洗等为主。另外还通过多波束声呐、侧扫声呐、浅地层剖面仪等发现10余处水下文物遗存可疑点。

通过此次调查，基本摸清了半洋礁二号元代沉船、圣杯屿元代沉船遗址性质、内涵、保存状况等，为研究龙泉窑瓷器的外销和我国造船史、海外交通史提供了第一手材料。也进一步了解了漳州海域水下文化遗存分布状况，圆满完成预定的调查目标和任务。

（羊泽林）

【平潭及长乐海域水下考古调查】
调查时间：2014年3月下旬~7月上旬
工作单位：福建博物院文物考古研究所、中国国家博物馆水下考古研究中心、福州市文物考古工作队

2013年8月，有渔民在乌猪岛海域生产作业时，捞上来部分元代龙泉窑青瓷，随后，部分不法分子雇佣潜水员或用拖网等一些自制的盗捞工具在该海域进行疯狂的盗捞活动。为摸清乌猪岛海域水下文化遗存情况，制定保护方案，联合组建考古

队对平潭海峡、长乐乌猪岛海域开展水下文化遗产抢救性调查工作。共确认平潭老牛礁一号明代沉船、老牛礁二号清代沉船、鼓屿门清代水下文化遗存、长乐东洛岛宋至清代水下文化遗存，除鼓屿门清代水下文化遗存只发现部分遗物，其他三处水下遗址均保存有不同程度的船体残骸。这些沉船遗址采集的陶瓷器标本主要有福建窑址生产的黑釉瓷、青白瓷、青瓷、青花瓷以及景德镇窑的青花瓷、龙泉窑的青瓷等。在日本、东南亚等地的许多遗址和沉船均发现类似的陶瓷器。此外在长乐乌猪岛沉船遗址还发现较多碇石，分析其可能为过往商船避风的锚地。此次物探调查面积350万平方米，发现水下疑点15处，已确认水下文化遗存2处，分别为东洛岛沉船遗址、鼓屿门水下文物点。东洛岛沉船遗址发现有碇石、青釉、青白釉、黑釉、青花瓷器和陶器等，年代由南宋至清代。鼓屿门水下文物点遗物散落面积较大，以青花瓷器为主。

通过此次抢救性水下考古调查，不仅填补了长乐海域水下文化遗存空白，还丰富了平潭海域的水下文化遗存内涵，为研究我国古代陶瓷贸易史、航海史提供了翔实的第一手材料。

（羊泽林　邓启江）

【南平市石岭子明代窑址】
发掘时间：2014年9~10月
工作单位：福建博物院文物考古研究所

石岭子窑址位于南平市延平区峡阳镇西北，窑址所在位置为低缓山丘的北侧中西坡。因延（平）顺（昌）高速公路建设，对该窑址进行抢救性考古发掘。实际发掘面积约300平方米，揭露出两座长条形龙窑。

Y1和Y2保存程度较差，其中Y1仅残存窑尾部分窑床，窑门、护窑墙等设施均未发现。Y2残存窑床仅1.13米，余均

残毁无存。在窑炉内堆积和窑外的灰坑中，出土大量施酱褐釉的陶器，产品种类有擂钵、壶、罐、盆、筷筒等，以及鱼形装饰物，其中以擂钵、壶为大宗；窑具有大小、高低不同的筒形和锯齿形支座，以及陶垫等。时代为明代中晚期。

石岭子窑址的主要产品擂钵、壶、罐与邻近的将乐明代窑址出土的擂钵、壶、罐类产品相近或相同，为研究明代闽西、闽北地区手工业生产状况，以及擂茶文化的范围和发展提供了重要资料。

（陈明忠）

【福州市窑址调查】

调查时间：2014 年 10～11 月

工作单位：中国国家博物馆、福州市文物
　　　　　考古工作队

调查主要在福州地区开展，涉及东南沿海地区唐宋以来的外销瓷窑址、古代航道航路、古码头、造船技术、沿海海防设施等多个方面，为全面、系统探索及研究古代东南沿海地区海洋文化及海上丝绸之路积累材料。第一阶段的野外调查工作着重于古代外销瓷窑址调查，以及与窑址相关的古代航路及贸易路线的采访调查。本次调查区域集中在福州市连江县境内，在既有的考古资料基础之上，重点对唐宋以来的浦口窑、官坂窑、己古窑、魁岐窑等外销瓷烧制窑址进行调查。目前，浦口窑已经调查完毕，在连江县浦口镇范围内，共发现浦口窑烧制地点 23 处，其中有残存的龙窑 2 处，采集了大量的青白瓷碗、碟、钵、罐、执壶以及黑釉碗等产品。另外，组织当地老人进行了采访调查，对本地一些古航路等进行了初步了解。

（孟原召）

江 西 省

【乐安县月形山新石器时代遗址】
发掘时间：2014年2～5月
工作单位：江西省文物考古研究所、乐安
县博物馆

月形山遗址位于乐安县万崇镇坪背村委会下胡家小组西侧的一处台地上，当地村民称之为月形山。月形山遗址西边约150米处有一条小河朝北流入恩江汇入赣江。月形山台地向西凸出成半月形，其北、西、南三面为平地，东面紧邻台地上的胡家村庄。文化遗存堆积主要集中于中部低凹的地方，东西两侧文化堆积较薄。月形山遗址南距双牛山遗址约200米相望。

为配合南昌至宁都高速公路工程建设，对此遗址进行了考古发掘。此次发掘在月形山遗址上高速公路走向红线范围内，根据地形布5×5米探方40个，发掘面积1000平方米。揭露遗迹有壕沟一条、灰坑3个，还有柱洞等遗迹。出土一批重要石器、陶器标本等遗物。

遗迹都位于台地中部。其中壕沟呈南北走向。壕沟南北揭露长20米、宽3米、深1.5米。口大底小，斜壁平底。壕沟内堆积有五层。包含物有石器与陶器。陶器多为夹砂红褐陶，少量泥质灰陶，器形可见多为鼎足与器物口沿。

遗址出土石器种类有石镞、石刀、石矛、石杵、石凿、石斧、石锛、刮削器、砺石、坯料等。总体看石器特点是磨制较粗，体大身长、粗壮浑厚，别具一格。出土陶器多为残片，少量可复原器。以夹砂陶为主，次为泥质陶。红褐陶为主，次为灰陶，少量黑陶与白陶。器形可辨有鬶口沿、鬶鋬、鬶足、鼎口沿、各式鼎足、鬲足、豆、平底圈足器、圜凹底圈足器、凹底器、瓢腰、双领器、高领罐、矮领罐、壶、直口罐、纺轮、陶垫等。纹饰有绳纹、网结纹、菱形纹、方格纹、长方格纹、弦纹、刻划纹等。

月形山遗址出土陶器中三足器特别发达，式样繁多，鼎足就有侧偏、丁字、扁平、卷边、扁管、羊角、扁凿、圆锥、凹面等十余种，且在器脚的外侧面，特别盛行刻画的装饰工艺。有的刻画成叶脉纹、对称斜线纹、戳点纹等。这些特征与赣中樟树筑卫城下层文化、赣北修水山背下层文化多相似。其中还出土与樟树筑卫城下层文化相同的最富特色的带"丁"字形的典型鼎足。月形山遗址出土陶鬶特征为扁弧口、宽鋬、空心乳状袋足，与筑卫城遗址下层文化、山背遗址下层文化出土陶鬶特征相似。

整体看来，月形山遗址出土陶器、石器特征与赣北修水山背下层文化、赣中樟树筑卫城下层文化有许多相似共性特征，应同属于新石器晚期文化。

另外在遗址北面约500米处揭露东汉墓葬1座。墓葬属土坑竖穴砖室券顶墓，坐北朝南。墓葬平面呈凸字形。墓葬分墓室和甬道两部分。墓葬整体南北长为7.4米，宽2.5米。墓室分为前室和后室两部分。甬道整体长为1.45米，宽为1.5米。

墓葬由模印花纹砖与素面砖修砌而成，纹饰有几何纹、动物纹、人面纹等，构图简单。墓砖上刻画简体纪数文字，如"十""二十""三十""四十""五十""六十""七十""九十""百""卌""廿"等字。这些文字都是制砖工人在砖坯未干时刻划出的，用于计数。这种现象东汉中后期才经常出现。由于被盗，出土器物皆为破碎的陶片，可辨器形有大罐、小罐、壶、瓮、盆、钵等。

该墓葬未出明确纪年物，但据墓葬结构特点与出土器物判断其应为东汉中晚期墓葬。

（李育远）

【乐安县罗陂松山新石器时代至商周遗址】

发掘时间：2014 年 2～4 月
工作单位：江西省文物考古研究所、乐安县博物馆

罗陂松山遗址位于乐安县罗陂乡罗陂村委会屏山小组东南边，由两个山包组成，分别为上松山，下松山。遗址处于丘陵河谷地带，其西面地势平坦，有一条小河从南向北注入恩江最后汇入赣江，其北面、东面与南面为连绵的丘陵。遗存堆积都在山顶与缓坡地带上，属典型的丘陵类型遗址。

为配合南昌至宁都高速公路工程，对涉及范围进行了抢救性考古发掘。由于地形条件的限制，在红线范围内的两个山包上进行分区布方发掘。上松山布 5×5 米探方 16 个，发掘面积 240 平方米。下松山布 5×5 米探方 32 个，发掘面积 800 平方米。南北两区地层较薄，文化堆积单纯，出土遗物相似。揭露遗迹较少，仅在南松山发现汉代灰坑与墓葬。

汉代遗存为 3 个灰坑与 5 座墓葬，皆开口于第①层表土层下。3 个灰坑皆为不规则的椭圆形，斜壁平底。H1 与 H2 有遗物出土，为大罐、小罐、双领罐、釜、纺轮等。5 座墓葬皆位于同一探方内，土坑竖穴，东西向。大小相似，长 70 厘米～80 厘米、宽 40 厘米～50 厘米、深 20 厘米。坑内为黑色灰烬填土，无遗物出土。其性质是二次葬还是与祭祀有关，还有待商榷。

新石器晚期至商周时期遗存皆为遗物，多出土于第②、③层，无明显的地层分别。遗物有少量石器，多为陶片。出土石器有砺石、石矛、石凿、石刀、石锛、石镞、石斧、坯料等。磨制光滑，但多残损。出土陶片以夹砂红褐陶、夹砂灰陶为主，约占 85%，泥质灰陶与泥质红褐陶较少，占15%。器形有鼎足、鬲足、纺轮、罐口沿、圈足器、平底器、折肩器等。纹饰有网结纹、弦纹、绳纹、方格纹、篮纹、云雷纹、附加堆纹与戳点纹、曲折纹、方框交叉纹、重回字与交叉对角纹、叶脉纹、回字纹、凹窝纹加凹弦纹、刻划纹加网结纹、竹节纹等。

松山遗址出土遗物，多为新石器晚期遗物，如出土陶器中三足器特别发达，式样繁多，与北面相距 10 公里的万崇月形山遗址出土的种类繁多的鼎足相似，有丁字、扁平、卷边、扁管、羊角、扁凿、圆锥、凹面等十余种，且在器脚的外侧面，特别盛行刻画的装饰工艺。少量商代遗物，如商代常见的云雷纹、叶脉纹、回字纹与网结纹等陶片，还有折肩器、平底器等与樟树吴城商代文化相似。

从出土遗物看，该遗址时间跨度较长，从新石器晚期开始一直延续到商代，直至汉代，都有人类在此生产活动。该遗址的发掘极大地丰富了赣江流域的古文化面貌，对于研究江西新石器晚期至商周时期的聚落形态增添了新的重要资料。

（李育远）

【江西抚河流域先秦时期考古调查】

调查时间：2014 年 12 月 ~ 2015 年 2 月

工作单位：江西省文物考古研究所、西北
大学文化遗产学院

此次考古工作是国家文物局重点项目
"江西抚河流域先秦遗址考古调查与发掘"
的年度项目（2014 年）。调查主要以抚河
上游的乐安、崇仁、宜黄三县为对象，以
三县境内属于抚河支流为重点调查范围，
对沿河山地进行"拉网式"普查。将实地
踏查与钻探相结合，探索符合地域特色的
调查方法。

通过两个月的工作，调查先秦时期遗
址近 50 处，其中新发现遗址 34 处，获得
了十分丰富的考古遗存。通过初步观察，
调查所见遗址多分布于沿河山地，部分遗
址为山包状形态，亦发现多个遗址相距较
近、年代相同的遗址群。诸遗址除采集到
石器、陶器及瓷器之外，亦发现已暴露的
遗迹，如灰坑，墓葬，窑址、石器加工作
坊等。调查所获遗址年代可分为新石器时
代晚期、夏商、西周、春秋及战国等多个
阶段。

通过本年的考古工作，极大丰富了区
域内先秦时期遗址数量，为深入了解抚河
流域诸遗址分布特征、聚落形态提供了重
要资料，为抚河流域先秦时期考古学文化
序列、社会结构演进等课题的深入研究提
供了难得的实物资料。

（豆海锋　习通源　冉万里）

【九江县荞麦岭夏商遗址】

发掘时间：2014 年 3 ~ 10 月

工作单位：江西省文物考古研究所、九江
市文物局、九江县陶渊明纪念
馆

遗址位于九江市九江县马回岭镇富民
村荞麦岭村民小组后山，本年度发掘区位
于 2013 年发掘区南侧，发掘面积 800 平方
米。地层堆积与 2013 年发掘情况基本
一致。

从发掘情况看，遗址北区主要为手工
业作坊区，遗址中部为祭祀区，遗址南部
主要为生活区。遗址北区分布了大量水井、
灰坑等与冶炼相关的遗存，还发现了炼炉
残块、坩埚、铜矿石、铜锭等冶炼遗物。
遗址中部发现了 3 座祭祀台，均为高出周
围地面的圆台，夯土而成，祭祀台四周均
有一圈烧土分布，烧土外侧为深沟，祭祀
台上分布了数量不等的大型柱洞，祭祀台
边均有祭祀用深坑。遗址南部主要为灰坑
及半地穴式房址，出土遗物主要以生活用
器为主，遗址南部的商代地层下叠压着夏
时期遗存，出土遗物主要为二里头文化因
素器物。

经过初步修复，目前发掘出土的陶器
可见器形有鼎、鬲、甗、鬶、爵、瓿、罍、
尊、簋、瓠、圜底罐、汲水罐、豆、盘、
大口缸、器盖等。

（饶华松　严振洪）

【瑞昌市铜岭铜矿遗址】

发掘时间：2014 年 6 月 ~ 2015 年 2 月

工作单位：江西省文物考古研究所、瑞昌
市铜岭铜矿遗址管理处

瑞昌市铜岭铜矿遗址位于瑞昌市夏畈
镇，是我国商周时期一处集采矿、选矿、
冶炼于一体的大型矿山遗址，被列为第五
批全国重点文物保护单位。因大遗址保护
和遗址公园建设需要，本年度在遗址范围
内及其周边开展第二期的调查、勘探和试
掘工作。新发现重要文物点 2 处，一般文
物点 6 处，并在新发现的合连山北坡商代
遗址和余家山冶炼区展开试掘工作，现将
发掘情况简介如下：

合连山北坡商代遗址位于合连山北部
紧挨铜岭下村庄的缓坡上，距离采矿区直
线距离约 600 米。遗址分布范围较大，但
因历年来的开垦耕作以及建房影响，文化
堆积分布零散。我们在遗址南部位于保护

区范围之外的地点进行试掘，发掘面积约200平方米。此次发掘共清理灰坑7个，柱洞13个，出土大量陶片和铜矿石碎块，少量炉壁残片、炼渣以及石器等。陶片数量很多，但较碎，可复原器少，主要为鬲。器形以鬲和折肩罐为主，另有少量假腹豆、深腹盆、大口尊、直口钵和甗腰等。以夹砂灰陶为主，夹砂红陶次之，另有一部分印纹硬陶片和原始瓷片。纹饰以中绳纹为主，附加堆纹次之，另有少量方格纹、圆圈纹和连续涡纹，云雷纹、篮纹、席纹、曲折纹、凸方块纹等。

余家山冶炼区距离铜岭古采矿区直线距离仅有150米左右，由于紧靠矿山，铜岭钢铁厂对这里的扰乱也比较严重。我们在余家山南坡尾砂库加固工程即将影响的地点进行发掘。采取探方发掘法，发掘面积约400平方米。此次发掘共清理灰坑1个、排水沟2条、冶炼活动面1处、冶炼残炉2座。发掘出土有大量陶器、少量原始瓷器和1块铜器残片，另外出土大量的炼渣、炼炉残块、石炉壁以及石英等矿石标本。陶器可辨器形有鬲、罐、盆、细柄豆、甗形器、匜和器盖等，原始瓷器有杯和钵等。陶片纹饰有粗绳纹、米字纹、蕉叶纹和细方格纹等。另外，在发掘区北部地势较高处发现有生活堆积，出土大量的陶片和少量的炼渣，可以推断当时冶炼工人的生活区就紧挨冶炼场所布局。

通过2014年度对铜岭遗址及其周边地区的调查、勘探和试掘，并结合以往的考古工作，基本弄清了铜岭遗址的分布范围和遗址性质，也增加了对铜岭遗址时代、功能布局的认识。2014年度的收获主要有以下几个方面：

1. 根据合连山北坡商代遗址出土陶器判断，其时代介于吴城一期二段与二期之间。年代上限早至商代中期，这与铜岭铜矿遗址的始采时间一致。文化堆积中的炉壁残片、炼渣等遗物表明铜岭遗址从采矿

伊始就是一处采冶相结合的铜矿遗址，而商代中期冶炼遗物的发现也为我们寻找商代中期的冶炼遗迹提供了线索。

2. 合连山北坡遗址出土的陶器标本有助于我们分析铜岭遗址的文化属性和来源。尤其是遗址出土的鬲、豆等日常用具与檀树咀遗址出土的商代同类器形一致，明确了两个遗址的关系。

3. 根据余家山冶炼区出土的陶器等标本判断，其时代约在春秋晚期至战国早期，遗址出土的大量炼渣、炉壁残块以及石英等筑炉材料有助于分析了解当时的冶炼技术。

（徐长青　崔　涛）

【乐安县邹家松山商周遗址】

发掘时间：2013年12月~2014年2月

工作单位：江西省文物考古研究所、乐安县博物馆

松山商周遗址位于乐安县山砀镇龙义村委会邹家村小组西侧约150米处山坡上，当地人称为松山。其东面为村级水泥公路，西面临"友谊水库"。松山是南北走向的连绵的小山岭，坡度较大。由于长年的风化与雨水冲刷，文化堆积呈现山顶薄，山下厚的特点，文化堆积单纯，文化遗物多裸露地表。

为配合南昌至宁都高速公路工程建设，对涉及遗存进行了抢救性考古发掘。限于地形条件，在发掘红线范围内总计布5×5米探方40个，发掘面积1000平方米。

遗存出土文化遗物主要为陶片，少量磨制石器。石器有石斧、石锛、石镞、砺石、坯料等，磨制较为精细。陶器以夹砂灰陶为主，其次为泥质灰硬陶，还有少量泥质红陶与夹砂红陶。器形有折肩器、圈凹底器、把手器、高领罐、矮领罐、豆、鼎足、钵等。陶片纹饰有粗云雷纹、细云雷纹、篮纹、绳纹、条纹、网结纹、棱形纹、方格纹、方框凸点纹、棱形凸点纹、

乳钉纹、弦纹等。拍印纹饰多规整，清晰，少错乱。出现了少量的组合纹饰。

总体看，松山遗址器物风格特征与樟树吴城商代文化相似，如多折肩器与圜凹底器，纹饰也多相似。纹饰开始出现粗大云雷纹，方框凸点纹等，向西周纹饰风格转变。因此山砀邹家松山遗址应为受樟树吴城文化影响的一处商代晚期遗址。该遗址的发掘为我们研究该地抚河流域的先秦聚落形态、分布范围、流源走向等补充了新的资料。

（李育远）

【赣州市七里村晚唐至明代窑址】

发掘时间：2014 年 3 ~ 7 月

工作单位：江西省文物考古研究所　赣州市博物馆

七里村窑址位于赣州市章贡区水东镇七里村，窑址分布在贡江与赣雩公路之间的沿江地带，现有窑包堆积 16 处，遗址总面积 2 平方公里。七里村窑自晚唐创烧以来，宋元曾鼎盛一时，到明中期停烧。所烧产品主要有晚唐五代时期的青瓷与白瓷，宋元时期的青白瓷与酱釉瓷以及黑釉瓷，乳丁柳斗罐等产品曾经漂洋过海外销到韩国与日本等国，是江西宋元四大名窑之一。1959 年列为第二批江西省文物保护单位，2013 年 3 月又被国务院公布为第七批全国重点文物保护单位。

为配合国保单位保护规划的编制，找到七里村窑的代表性产品，弄清七里村窑的制瓷年代与各时代产品风格，并对其遗产价值进行科学评估，对七里村窑址的周屋坞与赖屋岭两座窑包山进行了主动性考古发掘。在周屋坞窑包山布置了一条 10 × 20 米的探沟和一个 5 × 5 米的探方，发掘面积为 225 平方米；在赖屋岭窑包山发掘了一个 5 × 5 米探方与 5 × 30 米、3 × 17 米的两条探沟，发掘面积 226 平方米。

在周屋坞窑包山的西部发掘了一座龙窑（编号为 14GQZY1），坐北朝南，这条龙窑开口于②层下，但这里的②层堆积属于南宋时期的堆积，主要包含物为酱釉瓷及破碎的匣钵等窑业垃圾。最下面一层窑床是建在主要包含物为高圈足青白瓷碗为主的北宋中晚期窑业垃圾层之上，因此，这条龙窑的时代上限为北宋中晚期，下限为南宋中期。该龙窑目前只残存窑后段，前段被村民建房时毁灭，左壁残长 19.56 米，右壁残长 20.85 米。斜坡坡度为 11°，比较平缓。需要特别说明的是，这是一条特大型龙窑，虽然发掘部分属于窑尾，但最宽处仍然达到了 4.27 米。更为特别的是，这条龙窑保存的窑壁最高处达到了 3.60 米，并从高到低依次保存有 a、b、c、d、e、f、g、h 共 8 个层次的窑壁和挡火墙及烟室。

在赖屋岭窑包山发掘了 2 座龙窑。都是坐北朝南，几乎平行，相隔 14 米。其中 14GQLY1 开口于③层下，为斜坡长条形龙窑，位于窑包山的最高处，目前已揭露的长度为 27 米，窑头部分保存较好，窑门、火膛都清晰可见，窑尾在早年被村民建房时破坏。龙窑尾部断面宽 3.32 米，窑壁高 0.70 米；中部最宽处达 3.90 米，窑壁最高有 1.05 米。这是一座因窑顶塌陷而废弃的龙窑，可以看到塌陷下来的窑顶楔形砖以及窑床上排列整齐的匣体柱遗迹。我们可以看到，中部较宽处每行放置了 16 列匣钵，装烧的主要是一种素面的青白瓷碗，在窑尾则混合装烧青白瓷与酱釉瓷碗，产品的时代特征为南宋。另外一条龙窑 14GQLY2 开口于④层下，也是斜坡长条形龙窑，位于 14GQLY1 的东侧，属于窑包山地势较低矮的地段。目前只揭露窑尾的一部分，明显看出有一次加高改建的痕迹。窑壁除了用砖，还使用了喇叭形支座等窑工具来砌筑。窑床上的残留瓷器主要是带泥团支钉支烧痕的青瓷，所以推断这是一座五代时期烧造青瓷的龙窑。

出土遗物以瓷器和匣钵、垫饼等装烧工具为主，属于窑业垃圾。瓷器主要有五代时期的青瓷、北宋早期的乳白瓷、北宋至南宋时期的青白瓷与酱釉瓷、南宋至元代的黑釉瓷等五个品种，不见有明代的窑业垃圾。

此次发掘揭露的周屋坞宋代龙窑，砖砌窑壁最高处达到了 3.6 米，这是目前全国所见窑壁保存较高的宋代龙窑；另外，其窑室的窑尾部分最大内空仍然达到了 4.27 米，是目前全国所见窑室最大的宋代龙窑；而且还保留了完整的窑尾烟室，所以又是目前全国所见保存最全、最丰富窑炉建造技术信息的宋代龙窑，超出了以前我们对宋元龙窑的常规性认识。

（肖发标）

【吉安县吉州窑址】
发掘时间：2014 年 2 月～2015 年 1 月
工作单位：江西省文物考古研究所、吉安县博物馆、吉安市博物馆、中国人民大学历史学院考古系、南开大学历史学院考古与博物馆学系

为深化、拓展吉州窑的相关研究，对吉州窑茅庵岭、东昌路窑址进行了考古发掘，共布 10×10 米探方 15 个，探方方向正南北，揭露面积 1350 平方米，清理了 10 座明清时期墓葬、9 个明代灰坑、14 条明代挡土墙基、5 处元明时期房屋基址、2 条路面、1 个储泥池以及 2 座龙窑等 43 个不同时期的遗迹，出土一批宋元明时期的青白釉、白釉、黑釉、绿釉、彩绘瓷、枢府瓷器以及青花瓷器标本，考古发掘取得了较大收获。

1. 龙窑 2 座，所揭示的茅庵岭龙窑，上下 2 座龙窑互相叠压，结构清晰完整，由窑前工作室、火膛、窑床、窑墙、窑门、窑尾等几部分组成。窑前工作室保留较好，构筑精细，大部分采用窑砖叠砌，深达

3.8 米，为国内窑址龙窑遗存所罕见。窑炉保留多处窑门，火膛的落灰槽保留完好。窑前工作室南面、东西两侧留存有当年的活动地面，可能是作坊遗迹，尤为难得的是，一条用砖和匣钵砌成的漂亮道路与窑炉、建筑地面连成一体，可能是连通制作区、烧造区与储存消费区的重要纽带。这些遗迹的发现为研究吉州窑的生产流程，提供了重要资料，具有重要价值。

窑炉具有窑床较大、宽阔，火膛狭小，坡度斜陡等特点，窑炉长达 60 多米，窑床宽达 1.8～5.15 米，是目前国内发现窑床较宽、保存较好的龙窑窑炉遗迹，可见吉州窑当年的烧造量巨大，显示了吉州窑窑工高超的窑炉砌造技术和控制火候的烧造技术。

根据地层叠压和出土遗物推断：元代的上层龙窑（F30）窑床上保留原始状态的成摞漏斗状或圆筒状匣钵，或仰放，或覆置，应是主要烧造匣钵的窑炉，推测有可能作坊中已经出现专门的匣工，说明当时的窑业内部分工非常细，专业化生产的程度很高，为研究当时的社会经济结构提供了崭新资料。

2. 道路 2 条，其中一条编号为 F68，揭露长 14.5 米，路面呈龟背状，中间高，两侧低，由上下 2 个路面组成，下层路面位于西部，全部采用扁平青灰砖竖砌，两侧青砖沟边与路面平行，中间青砖与路面横向竖砌，一侧（北侧）保留有砖砌散水沟，沟呈弧状。上层路面位于东侧，西部叠压在下层路面东段上，两者相交 0.5 米，残长 6.1 米，宽 1.1 米，两侧使用青灰砖沟边，与路面平行竖向砌筑，中间使用加工过的残匣钵片竖向砌筑。下层路面与 F72 的地面连成一片，应是一体的，地面建筑构筑精细，铺有一层红褐色垫土层，厚约 12 厘米。

3. 出土大量的瓷器标本，从用途上分为产品、窑具和工具，从质地分为陶器、

瓷器等，其中瓷器的数量占绝大多数。瓷器种类繁多，纹饰丰富多彩，造型端庄，分为：青白釉、白釉、黑釉、彩绘、绿釉、瓷塑等，折射看出吉州窑内涵的丰富和特色，充分说明该窑富于浓厚的地方风格与民族艺术特色。

（张文江）

【星子县明代壁画墓】

发掘时间：2013 年 7 月 ~2014 年 5 月

工作单位：江西省文物考古研究所、星子县博物馆

2013 年 3 月 27 日在庐山秀峰景区大门东南约 200 米处修建停车场时，发现一座壁画墓。随后对墓葬进行抢救性发掘，取得重要成果。

墓葬位于庐山南麓，九江市星子县白鹿镇秀峰村开先陈村民小组北约 50 米处，西北距庐山秀峰景区大门约 200 米，南面为环庐山南路公路。墓地名叫塔园，为长方形台地。在发掘过程中，发现三座墓并排连在一起，坐北朝南，三座墓都是麻石堆砌而成，穹隆顶，圆形墓室，长方形阶梯墓道。M3 和 M1 构造几乎相同。

M2 墓道六步台阶，麻条石平铺而成，两排麻石封门，取掉三层封门石后，发现石灰椁，石灰椁为中空六边形委角，六边各模印有花纹。石灰椁墓道口处清理出 9 件器物，两件青花碗，三件青花盘，两件青瓷觚，一件陶炉，一件铜器（腐蚀严重）。周壁涂抹石灰层，石灰层上绘有壁画，五分之四保存相当完整，周壁见有完整的瓶花图，莲花图案，色彩鲜艳，图案精美，线条流畅。

M3 墓道九步台阶，青石平铺而成，一排青砖封门，墓室正中有八块麻石拼接而成须弥座中空圆形棺床，棺床上垫一层厚约五厘米长方形石灰，石灰上保存完整骨骸，骨骸面向墓道，仰身直肢，棺台四周清理出较多棺钉，不见棺木。头骨东北侧棺床上清理出 2 件白釉墩式碗覆扣在一起。墓室周壁全部涂有石灰层，并绘有壁画，脱落严重，周壁保存有四个瓶花图，穹隆顶残存少量莲花图案。

三座墓并排相连，形制结构基本一致，墓室内壁画图案风格一致，绘画手法基本相似，形制结构独特，在南方地区少见，M2 的壁画保存较完整，色彩鲜艳，线条流畅，图案精美，江西少见。

星子塔园明代高僧墓葬的发掘，极大丰富了庐山地区及江西地区佛教文化的内涵，其独特的墓室结构、葬式及其保存基本完好的墓室壁画，江南少有。出土的器物完整精美。为研究江西乃至整个江南地区的佛教文化及其僧人的丧葬制度，提供了珍贵的实物资料。

（胡 胜 王上海）

【景德镇市珠山区明清御窑遗址】

发掘时间：2014 年 10 月 ~2015 年 1 月

工作单位：景德镇市陶瓷考古研究所、江西省文物考古研究所、北京大学、故宫博物院

遗址位于御窑场国家遗址公园内，龙珠阁南侧，西侧与东司岭仅一墙之隔。布方面积为 400 平方米，布 5 × 5 米探方 16 个，实际发掘面积为 363 平方米。此次发掘取得了一些重要的考古成果。

揭露的遗迹主要有房基 11 座，墙基 10 道，灰坑 30 个，水沟 2 条，天井 1 眼，路面 1 条，辘轳坑 3 个，澄泥池 2 个，缸 2 个。

出土遗物较为丰富，种类有瓷器、彩绘颜料、窑具、制瓷工具、瓷砖、建筑构件等。瓷器品种按时代划分主要有：元代青花瓷，枢府（卵白釉）瓷，青白粗瓷，器型有高足杯、碗、盘、小杯等；明代青花、斗彩、五彩、红釉、霁蓝、白釉、酱釉、紫金釉、孔雀绿釉、青釉、釉里红、矾红、青花矾红、黄地绿彩、蓝地白花、

珐华器等，器形有碗、盘、罐、杯、研钵、研杵、豆、花盆、笔洗、香炉、渣斗等；清代瓷器青花、粉彩、珐琅彩、郎红、霁蓝、新彩、紫金釉等，器形有碗、盘、杯、大罐、缸、香炉、笔洗、笔架、试料、粉盒、器座等。另外还出土一些民国时期江西瓷业公司及新中国成立以后的瓷器等。

颜料主要有铜绿、矾红，还有制瓷的瓷土、瓷泥、工具等。窑具主要有匣钵、套钵、垫饼、垫圈、火照等。其他还有少量的永乐瓷砖、草叶纹雕花青砖、刻龙纹砖（半成品）、青砖、瓦片、窑砖、柱础石等建筑构件。

各个时代的遗迹中最重要的一处是一座明中晚期作坊遗迹，根据遗迹与相关遗物推断，该作坊遗迹很可能是明正德—嘉、万时期的釉上彩作坊遗址，这类遗址在御窑场历次发掘未见，目前已揭露出遗址面积为 200 多平方米，而且有向四周扩展的迹象。釉上彩作坊遗址相对完整，对研究明代御窑场整个作坊群分布、规模、制瓷工艺、作坊内部分工具有重要价值。

此次发掘出土的遗物非常丰富，有元代民窑、明清官窑、民国与近现代的陶瓷产品标本，种类丰富多样，年代序列较为完整，为研究景德镇陶瓷史与陶瓷断代提供了科学的权威断代资料。

此次发掘的遗迹与遗物对于研究御窑场的建置年代和历史沿革，御窑场作坊的建筑构造、布局，作坊内制瓷过程的分工，晚明到清初的官搭民烧制度等提供了科学的实物资料。

尤为罕见的是此次发掘的明代正德年间的部分釉上彩颜料、配制釉上彩的原料，以及大量较为完整的正德官窑釉上彩半成品，对研究明代官窑釉上彩制作工艺提供了十分珍贵的实物资料。

（江建新）

【鹰潭龙虎山大上清宫遗址】

发掘时间：2014 年 6 ~ 12 月

工作单位：江西省文物考古研究所、鹰潭市博物馆

龙虎山大上清宫遗址位于上清镇东陲，距嗣汉天师府约一千米。遗址于 2013 年 6 月龙虎山大上清宫二期工程施工过程中被发现。

目前发掘位置为遗址的玉皇殿区域，占地面积约 10000 平方米，占整个大上清宫遗址的三分之一左右。在遗址东部布 10×10 米探方 25 个，揭露面积 2500 平方米。已揭露出来的建筑基址有龙虎门、玉皇殿、三官殿、周廊、厢房等，除北部的玉皇殿遗迹损坏较大，仅保存有北墙的局部外，其余皆保存较好。遗址出土了大量宋、元、明、清时期的陶瓷器碎片及各类建筑构件，其中不少是十分精致的琉璃瓦。出土遗址建制与文献记载大体吻合。

龙虎山大上清宫初为天师张道陵的草堂，宋徽宗以前的旧址不可考。宋徽宗崇宁四年迁于上清镇东锺重建（即今址）。之后南宋及元明清均有多次重建和修复。"文化大革命"中，上清宫残存建筑全遭毁坏，现存有元代所铸大钟及部分碑刻藏于天师府内。

通过发掘可以完整还原不同历史时期对大上清宫的修建和扩建情况，对研究不同历史时期道教的兴衰提供了珍贵的资料。对探讨龙虎山在道教史中的重要地位将发挥重要作用。

通过发掘揭示出龙虎山大上清宫的建筑规制，探清了大上清宫的古代建筑布局及所使用的建材，为龙虎山大上清宫的重建提供了科学依据。

（胡　胜　徐长青）

【南昌市生米镇龙岗西周遗址】

发掘时间：2014 年 7 ~ 10 月

工作单位：江西省文物考古研究所、南昌
市博物馆

该遗址是江西修建南昌南外环高速公
路时发现的，位于南昌市红谷滩新区生米
镇五里岗自然村北面赣江西岸二级台地上。
遗址分为 A、B 两个发掘区，A 发掘区位
于公路东侧，B 发掘区位于公路西侧，共
布探方 94 个，发掘面积 2350 平方米，揭
露了西周陶窑一座以及灰坑 9 个。

陶窑位于遗址东部，整体正东西分布，
结构保存完整，由烟道、窑室、投柴孔、
灰道等组成。陶窑平面近椭圆形，长约
3.4 米，西头较宽，最宽处约 1.7 米，向
东逐渐收缩变窄。窑底西高东低，在窑室
西部有一直径约 20 厘米的烟道从底部与窑
室相连，整个烟道与窑室大部都有黑色烧
结面；投柴孔位于窑室北侧中部，灰道位
于东部末端；窑室外侧东北面有工作面 1
处，面积约 1 平方米；窑内包含物主要有
倒塌的窑壁、陶片、炭粒和原始瓷等遗物。

出土遗物主要有陶器、石器、原始瓷
和制陶工具。制陶工具主要为蘑菇状陶垫；
陶器器形有大口尊、小口尊、长颈罐、短
颈罐、陶钵、鬲、器盖等；石器有石斧、
有段石锛、双孔石刀、磨石、磨棒等；玉
器有玉锛、玉片。陶器纹饰以拍印绳纹居
多，另有刻划纹、弦纹、网格纹、云雷纹、
曲折纹、叶脉纹等；刻划纹主要为直线刻
划纹，多见于大口尊口沿部分，叶脉纹多
见于器盖；在大口尊与小口尊口沿内侧常

有刻画符号，形态各异，与具体器型结合
可能代表某种特殊含义。陶片多为印纹硬
陶，少量烧制较差的红陶与黄陶，部分大
口尊表面还有原始瓷釉的痕迹。

龙岗遗址的陶窑与原始瓷的发现对于
研究窑址形态的演变与制陶、制瓷技术的
发展与过渡具有较大价值；典型器物如大
口尊、小口尊、陶钵和典型纹饰体现的文
化因素与中原地区周文化具有较多一致性，
而大口尊、小口尊上特殊的刻画符号及器
物尖锐的折肩特征等又具有一定的地方特
色。该遗址的发现对江西西周时期考古学
研究提供了重要的新资料。

（严振洪　余志忠　缪　然　彭伟楸）

【丰城市洋坑岭唐代墓葬】

发掘时间：2014 年 4 ~ 6 月

工作单位：江西省文物考古研究所、丰城
市博物馆

墓葬是修建南昌至宁都高速公路时发
现的，位于丰城市洛市镇洋坑岭村西北面
山坡桃林处，墓葬群所在地现为果园，破
坏比较严重，在发掘区域内发现有大量的
唐代墓砖，清理出唐代墓葬 2 座，均为砖
室墓，墓砖纹饰主要有菱形纹、半圆几何
纹、花草纹等，同时在一些墓砖上有"仪
凤三年""长安三年""桂安"等铭文；同
时清理出少量青瓷器、陶器、铁器等遗物。
江西唐代墓葬发现较少，洋坑岭唐代墓葬
的发掘为系统研究江西唐墓增添了宝贵的
资料。

（严振洪　余安安　缪　然）

山 东 省

【泰安市大汶口新石器时代遗址】

发掘时间：2014 年 5 ~ 7 月

工作单位：山东省文物考古研究所

遗址位于泰安市岱岳区与宁阳县交界处，2010 年被列入大遗址保护规划和遗址公园立项名单，我所已于 2012 ~ 2013 年分两阶段对遗址进行了考古发掘。本次发掘仍选择防洪堤以北的房址分布区，位于之前发掘区的南部，东西长 20 米、南北宽 15 米，面积约 300 平方米。发掘已经普遍清理到第 4 层表面，共揭露房址烧土堆积 3 处，发现保存较好的房址 1 处，不完整房址 1 处，清理大汶口文化及龙山文化灰坑 6 个。

本次发现的保存较好的大汶口文化房址按照工作顺序编号 F8，房址上有非常规整、平面呈正方形的烧土垫层，垫层中发现夹砂红陶罐形鼎和泥质红陶壶各 1 件，石磨盘残块 1 件。发现柱洞 12 个，直径 18 厘米 ~ 30 厘米，室内未发现灶坑，也未见与门道有关的迹象。

几处房址的发现进一步证明了聚落内房址成列分布的规律，另外在发掘区南部发现了一处约 10 米见方的空地，推测为一处公共活动场地。

本次发现大汶口文化灰坑及龙山文化灰坑各 3 个，灰坑中未见完整器物，但出土了比较丰富的陶片及残石器。

汶河北岸保护碑以东以北经探明为一处重要的大汶口文化居住遗址。房址面积较大，规模相当，在分布上表现出一定的规律性，对于研究大汶口文化居址形态、社会生活等各个方面具有重要价值。本次发掘使我们进一步掌握了房址形制及分布规律，丰富了我们对这一重要居址区的认识。

（孙 波 高明奎 吕 凯）

【烟台市午台新石器时代遗址】

发掘时间：2011 ~ 2013 年

工作单位：烟台市博物馆

午台遗址位于烟台市莱山区初家街道办事处午台村村东南，地理位置北纬约 37°23′，东经约 121°29′。遗址坐落在丘陵边缘，一块滨海小平原的顶端，面积约 9 万平方米。该遗址文化堆积较厚，保存基本完好，是烟台市现存状况较好的大汶口晚期到龙山时代遗址，为山东省省级重点文物保护单位。由于轸大路拓宽工程占用午台遗址南部边缘，2011 ~ 2013 年我馆对其进行 2 次发掘，发掘面积 1000 平方米，取得了重要的考古收获。

发掘区虽地处遗址边缘，但文化堆积较厚，发现的遗迹数量也很多，主要为柱洞等建筑遗迹以及灰坑和墓葬。此次发掘的建筑遗迹十分丰富，发现了大量各种形制的柱洞，有柱坑式的，有基坑式的。柱洞的构建也是多种多样的，很多带有柱础，有的深达 1 米，有的也十分粗大。这些柱洞由于受晚期堆积扰乱比较严重，目前只能以柱洞分布的密度分为 7 ~ 8 个组群，其中 F1 半地穴建筑，相对比较完整，面积约 16 平方米，有厚 10 厘米左右的灰土面。

墓葬共清理 45 座,均为土坑竖穴墓,多为单人葬,少数为合葬墓,长 200 厘米左右、宽 40 厘米~80 厘米、深 30 厘米~60 厘米,有熟土二层台,单棺,头向为东南向,多为仰身屈肢葬,个别为直肢葬,人骨多保存较好,多有随葬品,主要是明器,以鼎、罐、壶、豆和杯为基本组合,个别墓随葬品达九件之多,随葬品多放置于墓室二层台或墓主人腰部、脚部等处。另有 3 座灰坑葬。

灰坑是本次发掘清理最多的遗迹,共 136 个,多为圆形和椭圆形,也有少量长方形和不规则形,多为弧壁,圜底或平底。坑内填土多含红烧土块和草木灰,出土有陶片、石器、骨器、木炭及动物骨骼等,早期坑还堆有大量海贝及鱼骨等。

该遗址遗物丰富,主要包括陶器、石器和骨器。陶器包括大汶口文化和龙山文化两个阶段的器物。大汶口文化主要是鼎、罐、壶、杯等,数量较少,以夹砂灰陶和红褐陶为主。龙山文化的陶器较多,多为黑陶,有一部分灰陶、红陶、白陶等,主要有鼎、罐、鬶、盘、盆、杯、壶、豆、器盖等;石器主要是石斧、石铲、石锛、石刀、石镞等;骨器有骨锥、骨针、骨镞和骨环等。另外还出土了猪骨、牛骨、马骨、鹿骨、鱼骨以及各种海贝残骸。

此次考古工作是近年来烟台市规模最大、发现最为丰富的考古发掘,为胶东地区史前文化研究及聚落考古提供了新的实物资料。对人骨及动植物标本的检测将最大限度地复原当时人的体质特征与自然环境,有助于重新探讨胶东史前人地关系及生业模式。

(孙兆锋)

【烟台市大仲家大汶口文化遗址】

发掘时间:2012 年 4~5 月、7~10 月
工作单位:烟台市博物馆

遗址位于烟台经济技术开发区大季家镇仲家村东 500 米的高台地上,北距黄海约 3000 米。遗址现存南北长 565 米,东西宽 448 米,面积 226240 平方米。该遗址文化堆积较厚,保存基本完好,是烟台市现存状况较好的贝丘遗址,为山东省省级重点文物保护单位。因烟台市重点工程万华工业园区建设占用大仲家遗址东北和西北建设控制地带边缘,对该区域进行抢救性考古发掘,发掘面积 1000 平方米。

由于地处遗址边缘,文化堆积较薄,发现的遗迹数量不是很多,类型也比较单一,主要为柱洞等建筑遗迹和灰坑,另外还发现一座墓葬。柱洞形制多样,有柱坑式、基坑式的,均为圆形、弧壁、圜底,内壁未加工,无柱础。由于受晚期堆积扰乱比较严重,无法连成一处较为完整的房址。另外发现有硬面,并在红烧土堆积中还发现有建筑构件。灰坑是本次发掘清理最多的遗迹,共 77 个,均为圆形或椭圆形,弧壁或斜壁,圜底或平底,填土多数为灰褐土,内多含红烧土颗粒和草木灰、碎骨。本次发掘只发现 1 座墓葬,为灰坑葬,墓内出有 4 个头骨以及少量肢骨,所有骨骼均埋藏在坑中间,而不是坑底,无任何随葬品,可能为二次葬。

本次发掘所得遗物较少,类型也较单一,均为陶器和石器。陶质以夹砂及夹滑石为主;陶色以黄褐、红褐、红陶为主;基本为素面,只有少量带有附加堆纹、凸棱纹、锥刺纹、圆涡纹等;器型主要为鼎、双耳罐、壶、觚形杯、鬶等,另外还有纺轮、网坠及陶环等。石器由本地石材磨制而成,加工较为粗糙,主要为石磨盘及石磨棒、石斧、石锛、石铲、石环。

大仲家遗址为大汶口时期聚落遗址,属于典型的贝丘遗址,该遗址的发掘对研究胶东地区大汶口时期聚落形态及贝丘遗址的生业模式及人地关系等都具有十分重要的意义。

(孙兆锋)

【烟台市臧家大汶口文化遗址】

发掘时间：2014 年 7~8 月

工作单位：烟台市博物馆

臧家遗址位于福山城区西北 9000 米处，西靠臧家村，地理坐标为北纬 37°31′40.4″，东经 121°12′9.5″，海拔 16 米。遗址略呈方形分布，范围约 5.3 万余平方米，抢救性发掘面积 325 平方米，共布 5×5 米探方 13 个。地层堆积可分三层：第①层，耕土层，厚约 30 厘米。第②层，现代垫土层，厚约 55 厘米。第③层，大汶口文化层，厚约 20 厘米。土质较软，黄土中夹黑土，包含红烧土颗粒、黑炭粒等，有大汶口文化特征的红陶钮形耳等陶片。第③层以下为生土层。

遗迹现象较少，有灰坑 3 个、灰沟 1 条，均开口于②层下。灰坑形状有圆形、不规则椭圆形、不规则形，坑壁均无明显加工痕迹，H1 和 H3 为大汶口文化时期，H2 为晚期建筑垃圾坑。灰沟平面呈南北向弯曲状长条形，底较平，沟的底部南北两端较浅，沟壁不见特别加工的痕迹，推测用途可能为排水沟，年代为大汶口文化时期。

遗物根据质地，可分为石器、陶器等，均残。石器器形主要是石斧等；陶器主要是夹砂红陶、灰陶，可辨器形有蘑菇钮把手、鼎足、盆形鼎口沿等。从目前发掘和整理情况来看，臧家遗址时代应为大汶口文化时期，为研究胶东新时期文化提供了新资料。

（赵　娟）

【曹县梁堌堆新石器时代至宋元遗址】

发掘时间：2014 年 5~6 月

工作单位：山东省文物考古研究所、菏泽
　　　　　市历史考古研究所、曹县文物
　　　　　管理所

梁堌堆遗址位于曹县侯集镇梁堌堆村北部。1977 年被山东省革命委员会公布为省级重点文物保护单位。本次勘探采用科学严谨测量记录方法。即传统勘探方法与科学测量记录方式相结合。对每一个探孔采用 RTK 科学测量记录仪，卫星精确定位每个探孔的分布。对每个文化遗存进行高程、经纬度的三维坐标定位，并置入北京 54 坐标系中，自动生成数据库，完成勘探图纸的绘制。

勘探并结合梁堌堆断崖剖面分析，基本上可以把该遗址分成两个大的时间段。一是唐宋时期及其后代晚期遗存，主要分布在堌堆外围。被厚约 5 米多黄河淤积层覆盖。遗迹主要有路、墙围子等，面积约 38 万平方米。二是新石器至商周时期的堌堆遗址，分布于两大区域，最大部分是现存梁堌堆及其周边；另一部分位于原梁堌堆遗址北，早年平毁的一个小堌堆，暂定为北堌堆。北堌堆中东大部分被民居占压。南北宽约 67 米、东西长 69 米。面积约 3965 平方米；梁堌堆遗址比原有堌堆遗址面积略大。东西 162 米、南北 144 米，面积 19640 平方米。堌堆遗址文化堆积厚约 7.5 米。文化内涵非常丰富。采集有龙山文化的泥质红褐陶鬶、磨光陶罐，夹砂褐陶鼎以及部分石器；岳石文化的磨光泥质陶豆、罐、尊、器盖，夹砂灰褐陶甗、大口罐；商代夹砂褐陶鬲等；周代夹砂陶鬲、泥质陶盆、绳纹陶罐；东周时期的泥质陶豆、盆、绳纹罐、板瓦、筒瓦，夹砂灰陶鬲；汉代泥质灰陶绳纹罐、壶、盒、板瓦、筒瓦、盆；唐宋以后的绳纹、布纹板瓦、筒瓦以及其他滴水等建筑构件。

堌堆遗址遗迹主要有：大量的夯土遗迹、窑址、建筑基址等。夯土遗迹：梁堌堆上夯土遗迹基本遍布整个堌堆，从夯窝以及夯土内包含陶片来判断时代，这些夯土堆积基本都属于战国至汉代。一部分夯土分布在堌堆周边，可能是东周至汉代时期为保护堌堆，外围利用黄土堆积进行夯筑并加固处理；另一部分夯土堆积位于梁埂堆中部。为唐宋以来的庙宇建筑基址。其他夯土遗迹多为墓葬填土,墓葬类型包括土坑竖穴木椁墓、土坑竖穴石椁墓、土坑竖穴砖室墓等。

梁埂堆遗址可分为几个大的时期。新石器时代的龙山至岳石文化;岳石至商周时期,这两个时期为古代聚落遗址;两汉时期该埂堆主要性质演变成一个较密集的墓葬区;唐至宋元时期以后,埂堆上基本成为庙宇祭祀区,居住区下移至埂堆周边。

结合曹县县志等历史文献资料,梁埂堆遗址性质,有专家视为《左传》中的春秋时期之楚丘;为《水经注》中的景山。不管何种观点,梁埂堆遗址都具有极其重要的意义。

(崔圣宽　孙　铭　董文斌)

【菏泽市定陶十里铺北先秦时期埂堆遗址】

发掘时间:2014 年 7~12 月

工作单位:山东省文物考古研究所、菏泽市历史文化与考古研究所、定陶县文物局

遗址位于定陶县仿山镇十里铺村北约80 米处,东南距县城约 5 千米,菏商公路及菏曹运河斜穿占压遗址的东北角。因2013 年冬季菏曹运河湿地景观带工程建设而发现。经调查与勘探,该遗址由北部的埂堆遗存及南部、东南部的三块高台地构成,南北长约 350 米、东西宽约 300 米,总面积 9 万多平方米。埂堆遗存大体呈圆丘状,直径约 180 米~190 米,总面积约 3 万平方米,东部为被河道与公路占压破坏,现存约 2.7 万平方米。埂堆顶部普遍覆盖0.7 米~2.1 米厚的洪水淤积层,文化层堆积平均厚达 2 米,最厚处达 3 米多,主要为先秦时期文化遗存。埂堆的边缘及外围分布厚达 3 米~6 米不等的淤积层。埂堆南侧及东南侧有三块沙丘高台地,发现较多汉代小型墓葬。在沿河工程施工范围内,

我们选择埂堆东南部边缘,布 5×10 米探方 33 个,又在埂堆北部边缘开 4×30 米探沟 1 条、南部台地上开 2×9.5 米、2×29米探沟各 1 条,揭露面积近 1900 平方米,取得重要收获。

探方发掘区发现了丰富的龙山文化、岳石文化、商代晚期及东周时期遗迹,另有少量大汶口文化及唐代遗存。大汶口遗迹仅有 1 座窖穴,属中期偏晚阶段,出土鼎、彩陶罐等遗物。龙山文化遗存主要有房基、墓葬、灰坑(窖穴)等。房基为半地穴式建筑,平面呈圆角方形,有斜坡台阶式门道,门向东。灰坑 120 余个,平面呈圆形、椭圆形、长方形等,其中部分为规整的圆形窖穴,加工较好,个别坑的底部横插多根木棍,或起支撑作用,或在坑底铺一层木炭灰防潮,有的坑壁抹泥,修整光滑。墓葬为小型土坑竖穴墓,人骨保存较好,有木棺痕迹,未见随葬品。可辨陶器有大量中口罐、瓮、盆、鼎、鬶、甗、器盖、杯等。岳石文化遗存以 100 余个灰坑为主,有舟形、圆形、椭圆形、长方形和不规则形五种,其中以圆形、椭圆形为主,多直壁平底,部分可能为窖穴。遗物以陶器残片为主,部分陶片上有彩绘及朱砂等,可辨器形有罐、甗、豆、盆、鼎等。商代遗迹以大量规整的圆形窖穴为主,共200 多个,部分坑底放置完整的牛、猪或人骨架,可能为古人某种信仰或宗教仪式活动的遗留,另有少量墓葬、灰沟、陶窑、柱洞等。墓葬均为小型土坑墓,骨骼保存完好,仰身直肢为主,均无随葬品。陶窑1 座,由工作间、火膛、窑床组成,保存较好。残房基 1 座,长方形地面式建筑,夯筑土墙,大部分遭破坏,另发现零散分布的圆形柱础。遗物以陶器为主,可辨有鬲、甗、盆、豆、罐、盔形器、网坠等,另有少量石斧、蚌镰、蚌铲、骨锥、卜甲等。东周遗迹以近 70 个灰坑为主,有圆形、椭圆形、不规则形等,还有少量长方

形土坑竖穴小型墓葬及沟、灶等。遗物主要为陶器，可见罐、釜、豆、盆、缸等。唐代遗迹较少，有几个规整的圆形、直壁、平底坑及1座残房基，出土白瓷、青瓷碗及红陶罐、盆、青砖等遗物。

在堌堆的北部边缘开南北向探沟1条，发现沿边缘有多次堆筑、夯筑堆积，但遭晚期遗迹破坏严重，夯土不连续分布，仍可辨出水平状夯筑墙体及斜坡式护坡堆积，初步推测绕堌堆边缘可能有一周岳石文化墙体。墙体主体下部堆筑，上部及内、外护坡夯筑，夯层厚约5厘米~10厘米，局部可辨认出小棍夯窝，残存墙体宽约10米，高约2.3米~2.5米。另在堌堆南侧的三块高台地上发现多段夯土遗迹，解剖了靠近运河河道的一段，该段残长60米~70米，东北—西南向，宽10米~15米，距地表约1.8米~2.5米，残高约2.5米~2.7米，被汉代墓葬打破，夯土中所含陶片时代不早于春秋晚期。据东西向横剖面揭示，夯土遗迹结构特殊，由2~3个隆起的"丘状"夯土堆构成，堆积顺序皆从西侧开始，即先在西侧夯筑一个"丘状土堆"，然后向东补筑增加1~2个土堆，土堆边缘常以一层厚约3厘米~5厘米的圆弧状青灰黏土层包裹，也成为"丘状土堆"间的分界，"土丘"上部再用水平状夯土垫平低洼处并加高，使2~3个"土丘"连成一体。堌堆边缘与南部高台地上的夯土遗迹土质、夯筑技术及年代有别，二者的年代、性质有待进一步工作解决。

十里铺北遗址是鲁西南地区现存较完整、保存较好、所含信息量较大的堌堆遗存，是我们研究苏鲁豫皖交界区该类遗存的典型代表。该遗址的大规模发掘对于研究夷夏、夷商文化关系及探讨鲁西南地区在中华古代文明进程中的地位、作用具有重大价值。

（高明奎　孙　明　张克思　王　龙　杨小博　王世宾）

【济南市历城区唐冶龙山文化及商周遗址】

发掘时间：2014年8~12月

工作单位：山东省文物考古研究所、济南市考古研究所

遗址位于济南市历城区唐冶新区唐冶村塔山之南，遗址北临世纪大道，东至土河，南抵文苑街，西达刘公河，总面积近6万平方米。2006年济南市考古研究所调查发现并进行了较大规模的发掘，发现大量西周至宋元时期的遗迹遗物。

本次发掘面积为750平方米，发现灰坑、灰沟、墓葬等遗迹单位共计194个，主要涵盖龙山时代、晚商、西周三个时期。出土大量的陶、石、骨、蚌、铜器。

通过此次工作，基本了解遗址西南部的整体堆积情况及文化内涵。发现较多独具地方特色的文化现象，其中西周时期祭祀坑H70中的完整牛马同坑的现象极为罕见；分布于遗址北部的墓葬多为狭窄墓圹的土坑竖穴墓，宽度仅可容纳人骨架，极少有葬具和随葬品，此种形制其他地区亦不多见；首次在济南地区发现具有胶东地区特点的夹砂红褐陶系。此外还发现有环绕遗址四周的壕沟以及分布在遗址内东西达48米，南北22米的大型椭圆形灰坑等重要现象。大量的夹砂红褐陶系的发现以及与灰陶系共存且占据一定优势的现象除了增加济南地区商周时期文化内涵以外，对于研究商末和周初东西两大区域的夷人关系以及夷商、夷周关系提供了一批重要且丰富的材料；较为完整的且有分区格局的环壕式小型聚落，对于聚落考古、生业方式、社会关系等研究都有重要意义。

（董文斌　孙启瑞）

【鲁东南沿海地区聚落考古延伸调查】

调查时间：2014年10~11月

工作单位：山东大学考古系、美国菲尔德自然历史博物馆

本年度，联合考古队继续在青岛市胶

南地区开展区域系统调查，并取得了丰硕的成果。

本次调查在去年调查的基础上继续向北推进，主要在齐长城一线以北，G22青兰高速公路以南，沿胶河流域进行，调查区域涉及黄岛区王台镇、六汪镇、宝山镇、胶河经济开发区等。本次调查共发现并系统记录了龙山、周、汉时期遗址90余处，以龙山早中期、汉代遗址为主，也发现了一些岳石、西周、东周时期遗址。

本次调查比较重要的新发现主要是几处较大龙山早中期遗址，典型遗址有柏乡、向阳和大张八等。其中，柏乡遗址面积超过100万平方米，是此次所发现的面积最大的一处龙山文化遗址，该遗址发现了大量典型的龙山文化早中期的鼎足、甗足和鼎、罐、匜的口沿等。同时也发现了5件石器，包括一件残缺的石钺。该遗址还采集到大量的汉代陶片和少量的西周、东周时期的陶片。因而该遗址延续时间很长，文化内涵十分丰富。向阳遗址位于向阳村东南的一处台地上，在高台的剖面上发现了大量陶片，推测可能为人工堆筑。采集陶片中不仅包括大量龙山文化典型器物，还发现了岳石文化的陶片，这一发现对岳石文化的研究具有重要意义。

本次调查另一重要发现来自于王家庄遗址。王家庄遗址位于王家庄东北靠近329省道西侧的树林中，在地表采集到豆盘等西周、东周陶片。在一处剖面上发现了大量的夹砂褐陶，包括鬲、罐、碗、簋的口沿和鬲足等，从其风格看应属于珍珠门文化的会泉庄类型。此前在鲁东南地区尚未有较好的珍珠门文化的考古材料，而王家庄遗址的发现则填补了这一空白。

本次调查还在六汪镇前立柱、后立柱村附近发现了汉墓群。汉墓群至少包括了六座带有较高封土的汉墓，所有汉墓都有墓砖出土，有几块保存较好的还保留"大吉"铭文。但所有汉墓都发现盗洞，破坏较为严重。

在本次调查所涉及的调查区域中，南部靠近齐长城一线的遗址数量较少而北部的胶河流域遗址数量较多。这种聚落分布模式与齐长城在周代作为边界，是危险的缓冲地带紧密相关的。

本次参加调查的人员有美国芝加哥费尔德自然历史博物馆加里·费曼（Gary Feinman）教授和琳达·尼古拉斯（Linda Nicholas）研究员，中方成员有方辉教授、山东大学博物馆王焕和在校研究生姜亚飞、杨薇、王亚、马方青、程玉柱、陈红梅，以及青岛黄岛区博物馆的郝智国等。

（姜亚飞）

【邹平县丁公龙山时期至商代遗址】

发掘时间：2014年9~11月
工作单位：山东大学考古学与博物馆系

丁公遗址位于邹平县苑城社区丁公村东，西南距邹平县城约13千米，处于鲁北平原南部的山前平原上，其西0.8公里有孝妇河自南向北流入小清河。遗址总面积约16万平方米，文化层一般厚约2米~4米。遗址的地势总体呈现的是中心高，四周低。相对海拔高差约240厘米。

本年度是我系对其进行的第七次考古发掘，工作的目标是采集植物标本和环境信息，为开展相关课题的研究，特别是生业经济、资源与环境考古研究提供了资料。

本次发掘面积共48平方米，揭露了龙山文化、岳石文化、商代灰坑113处，龙山时期墓葬2座，房址11座，商代灶址1个。出土陶、石、骨、蚌各类器物140余件。

主要收获之一植物考古以及古环境样本采集。包括植物考古采样以及环境考古采样，从采样执行者来看包括探方发掘者采样和实验室人员采样，其中植物考古采样共计440余份，古环境考古采样共计190余份。

对堆积分层较好的灰坑 H2531 调整采样方案，除了分层采集浮选土样以及植硅体样本外，还对该灰坑的剖面进行了系统的地质采样，以期对该灰坑的堆积形成过程，使用季节，功能性质等信息进行深入研究。

本次发掘挖开了原 1996 年的探沟 T14、T15，在其东侧剖面进行了系统的地质学采样，目的是为了对丁公遗址的古环境进行探索。

之二是龙山早期城址东部壕沟的解剖。本次发掘的 TG59，位于丁公遗址的东部，龙山城址内城城墙外侧，与以往发掘的 T2303 衔接。解剖了东部壕沟的东半部，其宽约 8 米，距地表深 6 米，堆积可分为 13 层，基本弄清了内城东墙外侧壕沟的宽度以及堆积情况。

此外，利用 RTK 对丁公遗址进行了测绘，将历年发掘区域在测绘图上显示，提高了资料的有效性。

2014 年的发掘工作基本达到预期的成果和收获，同时也提出了一些新的问题，也为今后该遗址的发掘工作做出了重要提示。

（姜仕炜）

【嘉祥县付庄岳石文化及商代遗址】
发掘时间：2014 年 7 ~ 9 月
工作单位：山东省文物考古研究所

为配合济南徐州高速公路济宁至鱼台（鲁苏界）段建设，我所发掘了嘉祥付庄遗址，发掘面积 500 平方米。

遗址位于嘉祥县疃里镇付家村东北约 300 米处，东南部紧邻赵王河。地表略呈堌堆状，中部稍高，四周较低。根据考古勘探及发掘情况可知，遗址延续时间长，文化堆积较为丰富，主要为岳石时期、商代、西汉、宋金时期，另发现有大汶口时期极少量陶片。平面近似圆形，南北长 200 米，东西宽 260 米，面积 52000 万平方米。文化堆积埋藏较深，开口在元末明初时黄河泛滥淤土之下，距地表 0.5 米 ~ 2.3 米，堆积厚 0.4 米 ~ 2 米。

此次总计发掘灰坑 107 个，墓葬 39 座，房址 7 座，井 1 眼，沟 8 条，灶址 10 个，窑址 3 座。其中岳石文化灰坑 10 个，沟 3 条，房址 4 座。灰坑平面基本呈圆形；房址仅余柱洞。商代灰坑 21 个，平面形状多为圆形或不规则形。出土陶鬲、簋、假腹豆等遗物。时代为二里岗上层至殷墟一期。汉代遗存有灰坑、房址、沟、井、路和墓葬。灰坑数量较少，平面呈圆形、长方形和不规则性。沟有 3 条，其中 G5 为东西向大沟，具有水渠功能。出土大量绳纹板瓦、筒瓦。汉墓 37 座，为竖穴土坑墓和竖穴土坑石椁墓、竖穴土坑石底板墓三种。分单人和双人合葬两种，大部分为小型墓葬。在宋金时期被盗扰严重。部分石椁墓有腰坑。随葬器物组合为陶壶、罐。宋金遗存丰富，堆积较厚。灰坑 68 个，窑址 3 座，其中 1 座大型窑址，保存较好。另有 10 个灶址，3 座房址，2 座儿童石室墓。灶分布密集，为野外灶，推测与行军有关。

付庄遗址为一处堌堆遗址，延续时间长，早期岳石和商代遗存较为丰富，对研究鲁西南地区夷商关系提供了新的考古资料。汉代和宋代考古材料丰富，包含居址、寺庙、窑、灶等文化因素，证实当时是该地区文明繁荣的时期之一。

【章丘市城子崖遗址岳石文化遗存】
发掘时间：2014 年 10 ~ 12 月
工作单位：山东省文物考古研究所

为配合中华文明探源工程课题研究需要，本年度对位于 20 世纪 30 年代发掘的探沟 TG1—TG4 东侧位置，一处岳石文化夯土台状遗迹进行了整体发掘揭露，发掘区南北长 40 米，东西宽 20 米，发掘总面积 800 平方米。

本次发掘共揭露岳石文化夯土台状遗迹 1 处，东周时期道路 3 条，龙山文化、岳石文化、东周时期灰坑 223 个，墓葬 5 座，井 2 口。出土龙山文化、岳石文化及东周时期的陶、石、骨、蚌、铜各类器物 200 余件。

岳石文化夯土台状遗迹是本次发掘最为重要的发现，该夯土台状遗迹基本遍布整个发掘区，平面近似南北向长方形，通过原探沟来看，其南北长 50 余米，东西宽 25 米以上。台面目前南端略高于北端，呈缓坡状，台面较为平整，台面上除发现一个可能与其有关的柱洞外少有同时期遗迹分布，东侧及东北部边缘被东周遗迹破坏严重，其他位置保存相对较好。通过纵中探沟剖面可知该台状遗迹可能存在基坑，内部堆积大致可分上下两部分，上部为黄褐色夯土层，质地坚实，现存 5~6 层，厚约 50 厘米左右；下部为数层黑褐色垫土层，中部最厚，边缘较薄，亦为人工堆筑而成。垫土层面上存在长期活动形成的层理状结构踩踏面，推测两层堆积间应存在一个较长的时间间隙。通过发掘揭露，基本上排除了该夯土台状遗迹为大型建筑的可能，另因其位于遗址中轴线南端（城墙南门内侧），推测可能为一处小广场性质的活动区域。另外，于台状遗迹东南部发现一处岳石文化大灰坑也较为重要。该灰坑打破夯土台状遗迹，平面呈圆形，近平底，直径约 5 米，在坑内堆积形成过程中沿坑边放置有 2 具人骨，均为俯身葬，其中一具为未成年儿童，另一具成年男性人骨头部旁随葬一陶罐，人骨底部发现有明显席类编织物痕迹，证明其应为特意埋葬。

通过本次发掘，我们对城墙南门内侧区域的夯土台状遗迹的性质及与岳石文化城墙的关系有了较为清晰的了解，基本可以确定其为城墙建筑完成后于城内南端垫筑的一个类似广场性质的活动区域。另葬人灰坑的发现，为我们研究岳石文化葬俗及认识其墓葬特点提供了极为重要的实物材料和线索。

（朱　超　孙　波）

【济南市历城区大辛庄商代遗址】
发掘时间：2014 年 3~7 月
工作单位：山东大学历史文化学院、山东省文物考古研究所、济南市考古研究所

为配合大遗址保护及 2011 级考古专业教学实习，对大辛庄遗址进行联合考古发掘。

大辛庄遗址位于济南市历城区王舍人街道办事处大辛庄村东南，是一处以商文化为主要堆积的考古遗址，另有少量史前和历史时期的文化遗存。1984 年、2003 年、2010 年，山东大学历史文化学院等单位先后对该遗址进行过三次较大规模的发掘。

此次发掘区位于遗址西部，蝎子沟以东，分两批布设 4×4 米探方 43 个，发掘面积近 700 平方米。发现的主要遗迹包括灰坑 211 个、灰沟 7 条、建筑遗迹 6 处、灶址 2 处、墓葬 21 座、水井 6 眼、陶窑 1 座。其中，灰坑以商代为主，少量灰坑为平面圆形或长方形，多数灰坑平面形状不规则，规模较大，打破关系复杂；建筑遗迹破坏较甚，保存状况不佳，平面形状不明，部分建筑遗迹内发现人骨架，可能与奠基等祭祀行为有关；墓葬分属商代、战国至汉代、隋唐、宋代等不同时期，规模不大，随葬品较少。

出土遗物以商代为主，多集中于商代中期至殷墟早期阶段，另有少量遗物分属殷墟晚期、东周至汉代、隋唐、宋代。商代遗物以陶片为主，石器（镰、磨石等）、骨器（簪、锥、镞等）、卜用骨甲（包括完整的卜用牛头骨）的数量也较多，另有少量原始瓷和印纹硬陶残片、蚌器（刀）、铜器（镞、刀等）、玉器（环）和陶范残

块。此外，发掘过程中还采集了大量的浮选土样、植硅石样品等自然标本及碳十四测年标本。

此次发掘具有多方面的学术价值，包括进一步完善大辛庄遗址的文化编年，深入探讨大辛庄遗址的文化内涵和聚落形态，大量动植物等自然标本的获得为探讨商代的生业经济和人地关系积累了更加丰富的资料，陶范等铸铜遗物的发现为研究大辛庄遗址出土青铜器的产地乃至商代青铜工业的性质提供了非常宝贵的线索。

（方　辉　郎剑锋　陈章龙）

【枣庄市西周偪阳故城遗址】

发掘时间：2014 年 1～2 月

工作单位：山东省文物考古研究所

偪阳故城遗址隶属于枣庄市台儿庄区张山子镇侯塘村。1977 年，被山东省政府公布为第一批省级重点文物保护单位，2006 年，被国务院批准为第六批全国重点文物保护单位。

城址呈东西窄，南北长的长方形，城墙周长约 3386.419 米，是周代小诸侯国妘姓偪阳君封地。根据城址的勘探和现存情况，保存较好的城墙总计长度约 521 米，消失墙体约 668 米，保存较差墙体长度约 2197 米。

勘探发现城门 6 座，南、北城墙各有一座，东、西城墙各有 2 座。墙体外侧发现灰沟 2 条，其中 G2 打破 G1。两条灰沟呈平行状围绕墙体四周，但在城址西南部均中断，现西南角地表裸露较多基岩。G2 至墙体东南角部与 G1 合并，东墙外侧仅存 G2，至东北角处与北墙外 G2 相接。

故城内发现道路 6 段，其中南北向 3 段，东西向 3 段。编号为 L1～L5。其中 L1 和 L2 均呈东西向，通过两段路的走向，发现基本一致，从探测这两段路的深度、宽度及其延伸的趋势分析，应属于同一条路，也是城内所见唯一一条能东、西连接东北

门和西北门的横向道路。L5 呈南北向，往南通南门，西侧被生产路和路沟破坏，向北延伸 107.3 米消失，是城内南部发现的唯一一条南北路。

城内北部偏东处发现大范围夯土迹象，南北长约 124.6 米，东西宽约 39.9 米。夯土呈灰褐色，距地表深约 1.3 米，厚 0.4 米～0.5 米；包含较多黄斑土块，夹杂极少灰色绳纹陶片。在夯土范围东侧，发现一处长方形垫土堆积，东西约 81 米，南北约 48.6 米，土色呈浅灰色，质较致密，经过人工加工而成，包含少量水锈斑点，垫土面夹杂一层陶瓦片。

城中西南隅有一小山，俗称"米山"，米山东南部缓坡曾发现多处墓葬，分布范围南北约 220.8 米，东西约 99.72 米。1992 年，枣庄市博物馆在此处发掘墓葬 4 座，出土器物 51 件，墓葬呈土坑竖穴式，一般埋葬较浅。

经过近 30 天的勘探工作，我们对城墙的保存现状及实际长度，进行了详细的探查和测绘，并对城内功能布局进行了初步的探查，获得了一批重要的资料，对下一步大遗址保护规划的编制和地方史的研究，提供了翔实的资料。

（王泽冰）

【滨州市秦皇台东周至汉代遗址】

发掘时间：2014 年 4～7 月

工作单位：山东省文物考古研究所、滨州市文物局

遗址位于滨州市秦皇台乡西石村西南约 500 米处。遗址呈不规则椭圆形，南北长约 700 米、东西宽约 260 米，总面积约为 14 万平方米，工程占压面积约 4000 平方米。遗址北部有一椭圆形夯土高台，底部周长 188 米，面积 2826 平方米，残高约 19 米，夯层厚约 0.15 米。夯土层内夹有红烧土块、陶器残片。高台周围地表散布有东周至汉代的盆形器、罐、盆、板瓦、

筒瓦、瓦当等陶器残片。

本次发掘区位于遗址北部边缘地区、秦皇台北 30 米处，发掘面积 2250 平方米。共清理汉代砖椁墓 12 座、瓦棺墓 1 座及东周时期夯土遗存；大汶口时期土坑墓 1 座，灰坑 2 个；宋元时期圆形穹隆顶砖室墓 1 座。

汉代砖椁墓多以单砖砌垒，墓底铺砖，椁室上均覆盖一层厚约 30 厘米的碎陶片；墓内填土多经夯打，死者均为仰身直肢。出土遗物以建筑构件为主，多为汉代筒瓦、板瓦、瓦当及花纹砖等。夯土遗存遍布整个发掘区域，经勘探，此遗存只存在于秦皇台北部及西部北段，其他地方未发现；夯土遗存夯层厚度、夯窝大小及土质土色等都与秦皇台类似，时代应为同一时期。后期在遗址北部区域进行过勘探，发现其北部区域为一条宽约 150 余米、深约 6 米左右的大沟，判断其应为修筑秦皇台取土所在。经调查得知，当地村民在秦皇台南部挖水塘时曾发现过周代陶窑及盔形器等。

【广饶县十村东周遗址及宋至清时期墓葬】

发掘时间：2014 年 6 ~ 9 月

工作单位：山东省文物考古研究所、东营市历史博物馆

遗址位于广饶县广饶街道办事处十村南。本次发掘分北、中、南三部分区域进行，发掘面积 1000 余平方米，清理东周时期灰坑 58 个、水井 3 眼、瓮棺葬 1 座，宋至清墓葬 19 座，不明时代墓葬 2 座。除清代墓葬分布比较分散外，北、中部主要为东周遗存，南部主要为宋代墓葬。

发掘区内出土遗物包括陶、瓷、石、铜、骨等，小件标本共 440 余件。物类丰富，种类繁多。其中，东周时期主要有陶鬲、盆、豆、罐、盂、钵、骨锥、笄等，青铜兵器仅发现一件铜镞。另外，遗址出土较多锯等蚌器。北宋至清代墓葬出土遗

物多为瓷器和铜钱，瓷器主要有罐、瓶、碟、杯、盅等。

通过对比，东周时期遗存与齐国故城极为相似。另外，发掘清理出较多宋代墓葬，大多是两人或三人合葬的土坑竖穴墓，发掘资料不仅显示出墓葬主人是分几次先后埋葬的，而且墓葬排列井然有序，这对宋代墓葬布局的研究有重要意义。其中，M10 与 M11 是两座大型宋墓，为当地提供了新的墓葬类型。出土成组的随葬品和棺下垫青砖或土坯的做法，反映了当地特有的埋葬习俗，这种习俗一直延续至清代。

(郝导华)

【淄博市隽山战国墓】

发掘时间：2014 年 8 月 14 日 ~ 9 月 24 日

工作单位：山东省文物考古研究所、淄博市文物局

2014 年春，淄博市文物局对淄博市高新区广益达研磨科技有限公司建筑工地进行考古勘探，发现一座中型墓葬。该墓位于淄博高新区四宝山街道办事处隽山村西、工业路以东、民祥路以北，东距隽山约 200 米，南邻山东广银新材料公司，北邻山东中凯高温材料公司。

隽山墓为土坑墓，平面呈甲字形。有墓室、墓道两部分组成，墓道向南，墓室位于墓道北部。方向 210°。墓室平面呈长方形，口大底小。墓口南北长 9.1 米，东西宽 7.75 米，口至二层台深 3.86 米 ~ 4.15 米；墓底南北长 7.98 米，东西宽 6.74 米。墓道长 13 米，墓道中部略有束腰，墓道口略呈喇叭状，中部口宽 4.7 米，底宽 3.8 米，坡长 15.67 米。墓室底部有生土二层台，大约宽 1.79 米 ~ 2.7 米。二层台高低不平。中部为椁室，平面呈长方形，椁室南北长 3.55 米，东西宽 2.8 米，深 1.93 米。椁室四周分布六个殉坑。

随葬品数量较多，种类较为丰富，有陶礼器、陶俑、漆木器、铜器、水晶玛瑙

饰品、滑石、骨器等。多位于二层台及殉葬坑内，椁室内随葬品几乎被盗掘一空。

墓室顶部随葬 3 辆马车，自南向北纵向排列，车辕向南，其中有一辆货车位于墓道内，墓室内 2 辆均为小车。马车的随葬方式较为特殊，车舆与车轮拆开放置，车舆置于墓室中部，而车轮则分布于墓室两边；仅有 3 辆马车而车轮数量有 8 个，似有备用车轮；车舆与车轮放置后随即进行夯打，保存较差；墓室外并未发现有马坑。

淄博高新区隽山墓所在东距临淄齐国故城约 25 千米，根据文献记载这一带属于齐国的袁娄邑，之前对这一带战国时期齐国墓葬情况尚不了解。隽山墓属于带有墓道的"甲"字形中型墓葬，具有典型性。从墓葬的形制、结构及随葬陶器和铜器来看，年代当在战国早期，与临淄地区发现的战国早期墓葬类同。该墓仅在墓室葬车，车舆与车轮拆开放置，且墓室外并无马坑，东周时期则仅在山东地区有类似情况，如长岛王沟 M10、仙人台 M5 等。隽山墓的发掘为齐国墓葬的研究提供了新的材料，后续对地处临淄城西域隽山墓葬制葬俗的研究，对齐国中小贵族墓的研究具有一定借鉴意义。

(赵益超)

【龙口市西三甲战国及汉晋时期墓群】
发掘时间：2013 年 5~6 月
工作单位：烟台市博物馆

为配合烟台龙口市港城大道西延工程建设，我馆对在龙港新区西三甲村附近发现的一大型墓葬群进行了抢救性清理，发掘面积 1200 平方米，共清理墓葬 91 座。

本次发掘所清理的 91 座墓葬根据形制可分三类：土坑墓、砖室墓及瓮棺墓。土坑墓共 83 座，多为 3 米长、2 米宽的长方形，均带有熟土二层台，部分带有壁龛或腰坑，葬制多为单棺，少数为一棺一椁，

并在 2 座墓中发现了荒帷。砖室墓共 7 座，均为带墓道的"甲"字形墓，分一室和两室两种，墓葬规模较大，破坏严重。瓮棺墓只有 1 座（M1）。根据考古发现，这批墓葬可分三个时期：战国墓、西汉墓、东汉至魏晋墓。

出土随葬品比较丰富，并且各时代器物特征鲜明。战国墓随葬品最为丰富，主要包括陶器、铜器、玉石器和骨器等，以陶器最多。陶器的基本组合为鼎、罐、豆、壶，规格较高的墓还有仿铜器的匜、钘、薰等陶礼器，多为彩绘陶，彩绘花纹以回纹、三角纹、波浪纹为主。另外还有陶犁、陶臿等。铜器有剑、矛、戈等；玉石器有璧、璜、珠、柄等，主要是荒帷上的坠饰；另外还有骨梳等少量骨器。西汉墓出土遗物主要是陶器、铜器和铁器，陶器主要是罐、壶、奁，铜器有铜镜、带钩、铜印章和铜钱等，铁器为铁剑、铁削。部分陶罐中残留有动物骨骼和鱼骨。东汉魏晋砖室墓由于破坏严重，只在填土和墓底发现残存的遗物，主要是白陶和釉陶器，器型有壶、耳杯、盘、勺等，另外还发现一定数量的铜钱。

西三甲墓地所在区域位于龙口市滨海冲积平原，是胶东地区少有的沃野平畴，非常适合人类聚居和开展农耕作业，同时这里又是汉㠉（jiǎn）县所在地，聚落群较大，周围十余个村都有战国和汉代文物发现。本次发掘的墓地位于这个聚落区的北部，这些成组的墓葬和随葬品组合，反映了当地战国至汉代历史文化内涵及其演变关系，将对胶东地区周、汉时期的聚落形态及其演变都具有重要的学术意义。

(孙兆锋)

【枣庄市安岭汉代墓地】
发掘时间：2014 年 10~11 月
工作单位：山东省文物考古研究所

墓地位于枣庄市山亭区店子镇南部的

安岭村村南，岩马水库北岸。本次共发掘墓葬22座，包括已经暴露出的和通过钻探发现的。墓地分为南北两个墓葬密集区，两区之间间隔数十米。墓葬大多经过盗掘破坏，年代为西汉晚期至东汉早期。

墓葬形制有单石椁墓、双石椁墓及三石椁墓，还有带前堂和墓道的双椁、三椁石室墓；墓向基本一致，为北偏东10°左右；墓道皆向北。双椁、三椁墓椁室之间皆共用一块立板。石室墓前堂皆平顶，顶部抬高，底部与椁室平齐或下凹，前堂通往椁室和墓道处皆设门楣与石门。多数墓葬石料加工粗糙，盖板都只有一层，侧板上缘不见放置盖板的凹槽；墓底有的用石块拼嵌，少数不铺底板。石刻画像少见，仅见于少数墓葬门楣、前堂侧板及门板等位置，题材也为简单的菱形或穿璧组合。

墓葬多经过破坏盗掘，随葬品较少且规格不高，主要有灰陶罐、绿釉陶壶、铜镜、铜钱、铁削、铁戟及环首刀等。

本次发掘丰富了鲁南地区汉代墓葬的材料。

（吕　凯　李光雨）

【嘉祥县旷山汉墓】

发掘时间：2014年8～11月

工作单位：山东省文物考古研究所、济宁市文物考古研究室、嘉祥县旅游文物局

旷山汉墓位于嘉祥县瞳里镇旷山村东北约500米，瞳里引河南约260米处。现地表存有约3米高的封土，其平面略呈椭圆形，南北长径约18米、东西短径约16米。经考古勘探，墓葬上部封土多遭破坏，顶部较厚，周缘较薄，下部封土经过夯打、土质较硬，深度不一。济宁至鱼台高速公路主干道正好从墓葬西部穿过。

考古发掘显示，墓葬为一带斜坡墓道的大型画像石石室墓。由墓道、前后墓室、盛放器物的南北耳室、西耳室以及回廊构成。其坐西朝东，方向为97°，由东向西依次为墓道、前室、后室，前室南北两侧各有东西并列的两小耳室，以及后室西侧的小耳室。墓葬长约14.4米，宽约7.6米。墓道平面约为方形，自东向西斜下倾，坡度约为30°。墓室均为石砌，四壁由石壁板围成，下有地栿和铺地石，平顶。前室为横长方形，中部有立柱石，墙壁板和立柱上有横额及过梁石；后室近方形，其北、西、南三侧有回廊，后室地面略高于回廊及前室；三个耳室近方形，底部与后室相平，有门洞与前室或回廊相通，皆平顶。墓葬多次被盗，破坏严重，仅出土部分陶器和少量铜器、铁器、漆器残件等。

因墓葬近年遭盗墓分子用炸药损毁，仅残留部分画像石。多镌刻于墓门、横额、过梁、石柱、地栿立面及部分壁板石上。画像内容比较丰富，有门吏、铺首衔环、伏羲女娲、鱼纹、奔马、人物拜谒、车骑出行及由斜线纹、菱形纹、垂帐纹组成的装饰纹样等。从墓葬形制、画像石内容和雕刻风格、出土随葬品等综合判断，该墓年代约为东汉中晚期。

历经近四个月的发掘，我们基本厘清了墓葬范围、封土构筑方式、墓葬结构等基本信息。该墓虽多次被盗，但仍出土陶器、铜器、铁器、石器、漆器等质地文物数十件之多。此外，还有丰富的画像石图案，尤其在西耳室北侧壁板石上发现"君更衣"题记，为近年汉墓考古发掘中所仅见。初步研究表明，此墓时代约在东汉中晚期。检核史料以及以往发掘材料，旷山汉墓位于东汉任城国亢父县境内，可以推测墓主人应与东汉任城国有关。总之，墓葬的发掘对于深入探讨任城国历史以及研究济宁地区画像石内容、雕刻技法等方面均具有重要意义。

（王子孟　胡广跃　张绪华）

【嘉祥县竹园汉墓】

发掘时间：2014 年 11 ~ 12 月

工作单位：山东省文物考古研究所

　　竹园汉墓位于嘉祥县嘉祥镇竹园村旧址，北依卧牛山。因旧城改造施工暴露而进行抢救性发掘。

　　该墓为中型画像石椁墓，保存较差。由封土、墓道、墓室组成。封土早年基本破坏，残存较薄，面积不详。未见夯打痕迹。工程施工又破坏了墓道及墓室盖板。墓圹呈"凸"字形，残长（含墓道）14.3米、前宽 13.1 米、后宽 9.2 米。墓向280°，墓道朝西，为长条形斜坡状。残长4.6 米、宽约 3.7 米 ~ 4.2 米。两次开挖而成，南侧墓道打破北侧墓道。墓室为前中后室，总长 7.7 米、宽 7 米 ~ 10.8 米。后室由两主室及两侧室组成。前中室左右各两个耳室。两主室和耳室之间有方形过堂。墓门南北两处，均为两扇开门，宽约 1.6米。门上下有门轴。南侧墓门外有两块立板防护石门。

　　墓葬被盗扰严重，仅在南椁室底部发现木棺板残痕。未见人骨。随葬遗物极少。在北椁室出土有陶猪圈顶部，墓道出土一件陶壶，口部残。墓室填土及盗洞内出土有唐代瓷碗、豆、碟 11 件，陶观音菩萨像 10 件。另出土大量汉代和唐代砖、瓦。

　　前中室过梁石和地栿石饰画像一周。纹饰较为简单，由水波纹、双菱纹、垂幔纹组成，南椁室过梁石上有穿璧纹。墓室内部除有画像的石壁外均涂抹有白灰，厚约 0.5 厘米。白灰上部刻有图案。以卷云纹为主，残破严重。

　　根据墓葬形制、画像石及出土遗物，判断墓葬时代应为东汉晚期。墓葬规模较大，制作规整，石板材质较好，加工严密合缝。墓室内涂抹白灰并刻画图案为山东东汉墓葬装饰首见。

【莘县孟洼汉代遗址】

勘探时间：2014 年 5 ~ 6 月

工作单位：山东省文物考古研究所

　　孟洼遗址（含汉墓群）为省级文物保护单位，为聊城市莘县朝城镇西侧的一片大洼地，其中旧有俗称太守坟的臧洪墓和今称大堌堆的西孟庄封土大墓。本次勘探确认遗址总面积达 400 万平方米，发现有灰坑、窑址、墓葬及汉唐时城址一座；城址夯土城墙宽达 76 米；南、北城墙长约2000 米；东、西城墙呈偏东南—西北向，长约 1700 米；南城墙和东城墙地表残存约1 米；城墙外侧发现壕沟遗迹存在。臧洪墓毁于 20 世纪，旧址据调查位于探明城址的东部，今洼地中最高处，地表已无踪迹，发现有墙基、灰坑、灰沟。西孟庄封土大墓位于城址的西南部，距南城墙约 140 米；封土东、西宽 66 米，南、北长 70 米，占地面积 4620 平方米，现最高处距今看护房屋地表约 8 米；封土每隔 30 ~ 40 厘米有不明显加工夯筑现象，其中可见汉代砖瓦、陶片等遗物；东侧封土外耕土层下发现青砖垒砌平地起建的甬道，呈正东方向，顶部呈拱形，宽约 1.6 米，长约 3.2 米。墓室并非位于封土中心，整体位置偏东。本次勘探发现的城址设计规模宏大，延续时间长，价值重大，对于文献记载的汉代东郡驻地东武阳故城、西孟庄封土大墓的时代、墓主及朝城县治的变迁等考证、研究提供了重要线索。

（吴志刚）

【莱州市西山张家村宋代壁画墓】

发掘时间：2014 年 4 月

工作单位：烟台市博物馆、莱州市博物馆

　　西山张家村壁画墓位于莱州市永安路街道办事处西山张家村南约 500 米的一处高台地上，东距 206 国道约 500 米，编号M2。该墓为仿木结构砖室墓，坐北朝南，方向 190°。由墓道、墓门、封门、甬道和墓室组成，墓室顶部已被破坏，仅清理封门砖、甬道及墓室部分。

该墓甬道高 1.96 米、进深 0.7 米、宽 0.66 米。墓室平面呈圆形，直径 2.56 米、残高 2.35 米。靠北壁处用砖砌筑棺床，高 0.3 米、南北宽 1.55 米，棺床南沿呈须弥座造型，由 3 层装饰砖雕组成。墓室上下可分 3 层，最下层为墓室直壁部分，高 1.6 米，有砖砌门窗、桌椅等浮雕壁画，壁画间有四根倚柱连接；中间层为砖雕彩绘斗拱、阑额部分；最上层为墓室顶部，砖砌呈穹隆顶式，无彩绘。墓内破坏严重，棺床西北侧有两具人骨架，仅一头骨保存较好，其余部分腐朽严重，葬具与尸骨情况不明，随葬一双系灰陶罐。

壁画主要绘制在墓室的直壁立面，采用先涂刷白灰后彩画的绘制方法，桌椅、门窗等用砖砌筑，一般高出墓壁；壁画使用的颜色有褐、红、黑、黄、白等。壁画画面可分两层，上层为仿木建筑结构彩画的建筑图案，主要为斗拱、普拍枋与几何装饰图案，布局对称；下层主要为生活场景，包括灯檠、桌子图及门窗图等，分布于墓室四壁，画面一般南北长 1.6 米～1.8 米，高 0.94 米。东壁为灯檠、桌子图，北为砖砌一浮雕桌侧面，南为砖砌一灯檠，灯檠通体以墨色为主，整个造型犹如一棵优美弯曲的小树；西壁为桌椅图，正中砖砌浮雕一桌两椅，桌面上放置一执壶、一罐。右侧椅后置一曲棍型器物，通体涂红色，高 0.69 米，上部呈长板状，颈部弯曲与一细长杆连接，杆粗 0.015 米，此物造型与古代"捶丸"运动中使用的球杆极为相似；北壁为门窗图，正中为一假门，门两侧砌筑立颊、槫柱，绘黄色门扇，门额浮雕彩绘圆形花瓣门簪一对。大门两侧各砖砌浮雕窗一个；南壁也是门窗图。与北壁不同的是：门为甬道内的券门，在券门的东西两侧，分别砖砌浮雕窗，略呈正方形。

根据出土的器物及墓葬特征，结合附近以前发掘的 M1 的墓葬特征，M2 时代应为宋代。该墓棺床采用先塑造再翻模贴塑烧造的工艺手法，在以往的墓葬中不多见，尤其是壁画中的"捶丸杆"，在胶东地区乃首次发现，为进一步探究中国古代体育发展史及现代棍球类体育的起源提供了新的实物佐证。

（赵　娟）

【聊城市周家店船闸】
发掘时间：2013 年 7 月～2014 年 5 月，
工作单位：山东大学文化遗产研究院、聊城市文物局、聊城市东昌府区文物管理所

周家店船闸，又名周店闸，位于山东省聊城市东昌府区凤凰办事处周店村西，2006 年被批准为全国文物保护单位，是京杭大运河山东段一处保存最为完整的复式船闸。为更好地保护历史文化遗产并配合遗址公园的建设，对周家店船闸进行了调查、清理和发掘。

周家店船闸在发掘之前，地面上尚可见闸体遗迹，暴露地表最高处约 2.2 米，堆积主要为河道及闸口内堆积，较为简单，清理后的周家店船闸分布在南北长约 100 米，东西宽约 80 米的范围内，包括北闸、南闸、月河涵洞、南北闸之间的运河河道、月河河道等结构。

北闸平面形状呈"工"字形，由闸口（金门）、南北雁翅、东西金刚墙、底板及启闭闸门用的铸铁绞磨组成。南闸结构与北闸相似，另在南闸南侧东西分别建有迎水雁翅。月河涵洞为东西向横跨月河河道的桥梁式涵洞，由南、北两道石墙以及底部的四个涵洞组成。

在清理出来的南闸闸体上，我们可以发现两种规格及凿刻技术均不同的条石。下层的条石规格较大，表面凹凸不平，类似满布石面上的"麻点"。上层的条石，

规格较小，表面较为平整。根据它们不同的特征及叠压情况，结合文献可知，下层条石当为元代船闸始建时所用，上层为民国二十五年重修时所用。同时，北闸以及月河涵洞所有条石均与南闸上层所用条石一致。因此，周家店船闸在元代时当与南旺分水枢纽工程遗址的许建口闸、聊城土桥闸的形制大体相似，即迎水与分水呈喇叭形向外延伸的单闸；明清两朝均在此基础上进行了修缮，整体形制历元明清三朝大致未变。至民国二十五年大修时，加高南闸并增建北闸及月河涵洞，增加铁质绞盘等启闭设施，建成为复闸。

本次清理出土的瓷器，主要为青花瓷，还有部分青瓷、白釉瓷、蓝釉瓷等，年代多数为民国时期，另外有少量元明清时期瓷片。器形主要有碗、盘、杯、瓶等。

（唐仲明）

河 南 省

【许昌市灵井旧石器时代遗址】
发掘时间：2014 年 4 月
工作单位：河南省文物考古研究院

　　本年度许昌灵井遗址又有重要发现，新出土了 27 块古人类头骨化石断块。化石断块有完整的枕骨、部分顶骨、眉脊、面骨和颅底骨等。其中，面骨和颅底骨属首次发现。骨骼多数可拼接复原。这批新发现的古人类头骨化石，分布在 9 号探方西部约 3 平方米的范围内，和原发现的头骨化石相距较近，属同一地层，地层年代经测定距今 10 万年左右。9 号探方以曾出土著名的"许昌人"头骨化石而闻名。

　　2007 年年底，9 号探方出土了 16 块古人类头骨断块、大量的人工石器和哺乳动物化石。因古人类头骨化石处在现代人起源敏感时段的距今 10 万年左右，从而引起学术界的高度关注。之后，该头骨被命名为"许昌人"，并被评为当年全国十大考古新发现之一。次年，发掘者在 9 号探方东部的地层中，又找到 12 块属同一个体的头骨断块。两次出土的头骨断块，已成功复原一颗基本完好的古人类头骨化石标本。

　　但在以后的几年中，9 号探方内积水较多，不利于继续发掘，考古发掘工作只能转向较高的位置进行，如近年发掘的第 10、11 和 12 三个探方，虽然在石器类型上有所增加，动物化石也出现了一些新种类，但新的人骨化石却一直未再出现。

　　今年出土的古人类化石，是遗址中第三次古人类头骨化石的集中出现，根据化石断块在人体解剖部位上重复出现的情况，推定化石来自另外一个个体。4 月 2 日，经中国科学院古脊椎动物与古人类研究所吴秀杰研究员和赵忠义高级工程师现场观察，确认是一新的古人类头骨。新发现的头骨可称为"许昌人 2 号头骨"，以区别于 2007、2008 年度发现的"许昌人 1 号头骨"。

　　2 号头骨也和 1 号头骨一样重要，它不仅为遗址增加了新的人科成员，而且在研究中二者可以互相印证和参照，最大限度地修正以往已取得的认识。比如 1 号头骨的脑量非常大，现可通过 2 号头骨脑量的测量对比，便可清楚知道，此现象是个例还是群体中的普遍现象。更为珍贵的是，在头骨内壁发现有成组的石片划痕，可能是古人食脑或其他行为最直接的证据。

　　今年是许昌灵井遗址的第 10 个考古发掘年份，已发掘面积近 450 平方米，完成发掘的面积仅为 120 平方米，而整个遗址面积在 3 万平方米以上。"许昌人 2 号头骨"是 9 号探方出土的第二颗古人类头骨，在同一探方出土两颗 10 万年前的古人类头骨，实属罕见。目前正在发掘 9 号探方以西且与之相邻的 13 号和 14 号探方，因为这两个探方仍在被推断的埋藏人类化石的范围内，我们期待新的古人类化石的再次出现。

　　许昌灵井遗址已公布为第七批全国重点文物保护单位。截至目前，该遗址已出土数以万计的石器和哺乳动物化石。遗址性质（第 11 层）为古人类在泉水边屠宰动物、制作石器或其他工具的工作营地。

就地层而言，以第 11 层和第 5 层收获最大。第 11 层现已发现 1、2 号两颗许昌人头骨化石、众多石器和哺乳动物化石，时代距今 10 万年左右。头骨的发现，对于研究东亚古人类演化和中国现代人起源具有重要意义；第 5 层出土了大量的细石器、微型鸟雕和早期陶片，时代距今 1.35 万年。早期陶片的发现，对于研究中国北方陶器的起源、新旧石器时代过渡也是十分重要的。

（李占扬）

【登封市方家沟旧石器时代遗址】

发掘时间：2014 年 9 ~ 11 月

工作单位：郑州市文物考古研究院

方家沟旧石器时代遗址位于登封市卢店镇方家沟村南，颍河支流五渡河东支沟的南岸阶地。我院与北京大学考古文博学院联合对该遗址进行了考古发掘，发掘面积约 50 平方米，发现了丰富的石制品和动物化石，采集了测年、浮选、残留物、微形态和环境样品。文化层主要埋藏在马兰黄土之下、古土壤之上的河漫滩相堆积中，集中在厚约 1.1 米的范围内，根据区域地层对比和石器工业特征初步判断年代应与新郑赵庄遗址相当，均为距今 35000 年前后。遗物空间分布上很有特点，主要是在一个东西向横贯发掘区、残宽约 2 米的不规则沟内，存在数个由密集的石制品、少量象骨和人工搬运的大砾石构成的遗迹现象，而且成小范围堆状聚集。出土石制品标本 1283 件，包括石核、石片、碎屑及各类工具等，原料绝大多数是石英，也有少量石英砂岩。动物化石标本 122 件，可鉴定种类有象、鹿、马等，还有鸵鸟蛋皮等。多数象骨风化较严重。

【巩义市双槐树新石器时代遗址】

发掘时间：2013 年 11 月 ~ 2014 年 12 月

工作单位：郑州市文物考古研究院

双槐树遗址位于巩义市河洛镇双槐树村南黄河南岸二级台地上，东西长 1500 米，南北宽 600 米，面积 90 万平方米。2013 年 11 月发掘工作开始，发掘面积 2600 平方米，从调查、勘探、发掘情况看，以仰韶文化以及仰韶文化向河南龙山文化过渡期为主，重点进行的工作是对聚落中心居住区、内外环壕、手工业作坊、墓葬进行考古发掘，发现各类遗迹 135 处，有房基、墓葬、灰坑、陶窑、兽坑等，出土有陶器、骨器、玉器、石器等。

房基 5 座，分为地面建筑、半地穴建筑两种。有长方形和方形，以连间为主，有三间相连、也有四间相连，排房特点明显，方向均为南偏东，墙体均破坏，只残留成排的柱洞。

灰坑 95 个，分圆形、不规则形、椭圆形三种。

墓葬 20 座，其中小儿瓮棺葬 12 座，多以小口尖底瓶为葬具。也有大口釜或大口罐作为葬具。小儿瓮棺葬多葬于房基周围，成人葬为竖穴土坑式，葬式均为仰身直肢葬。随葬品较少，只出土陶纺轮 1 件。

聚落防御措施，使用双环壕防御，内外壕相距约 30 米，西、东、南三面较完整，西北部内外壕刻意围成一块近正方形区域，面积 5 万平方米，此处发现墓葬 50 余座，陶窑 8 座。内环壕宽 23 米，深 9.5 米，开口距地表 1.65 米 ~ 1.8 米，呈 "大漏斗" 状，共分 32 层。外环壕宽 17.2 米，深 9.8 米，开口距地表 1.4 米 ~ 1.75 米，呈 "大漏斗" 状，共分 32 层。

出土有陶盆、罐、鼎、豆、钵、瓶、碗等。以灰陶为主，红陶次之，少量黑陶。彩陶有红衣黑彩、白衣褐彩、白衣红彩。纹饰有网格纹、花卉纹、三角纹、直线纹、太阳纹等。石器有铲、斧、凿、刀、钺、纺轮、弹丸。骨器有簪、镞、锥。玉器有玉璜等。

（汪　旭）

【登封市八方西仰韶文化遗址】

发掘时间：2014年4月1日~6月30日

工作单位：郑州市文物考古研究院

八方西遗址，位于郑州登封市告成镇八方村西北部。该地区位于嵩山和箕山之间，颍河横贯腹地，属浅山丘陵地带，地形地貌复杂多样，有石质型丘陵和黄土覆盖型丘陵等。

此次是配合焦作至桐柏高速公路汝州至登封段项目工程建设而进行的考古发掘。共清理探方23个，发掘面积2300平方米，清理遗迹单位共96处，其中仰韶时期灰坑95个、唐宋时期沟1条。均开口于地层堆积层①层或②层下，多直接打破生土层，遗迹间有少量存有相互叠压打破关系现象。仰韶时期灰坑分布于整个发掘区，分布稍显密集，少量存有叠压打破关系，深浅不等，排列无序。灰坑形状可分为圆形、椭圆形与不规则形等，其中圆形数量最多，这批灰坑形制结构基本一致，但坑体大小不一，深度多较浅，多呈口小底大，袋装、平底，少数为直壁平底，或口大底小斜壁圜底等，坑体均比较规整。坑内填土多呈灰黑色、黄褐灰土或黄色土，夹杂少量炭粒、红烧土颗粒，并含有较多陶器残片、石器、玉器等，器型主要有陶罐、陶鼎、陶甑、陶簋、陶环等，同时也出土有部分兽骨。唐宋时期的沟呈不规则长方形，填土为黄色，含有料姜石等，出土有兽骨、瓦片等。

出土遗物均以陶器残片为主，共清理出土陶器残片等40余袋。另有石器、骨器、玉器、绿松石饰及动物骨骼等。陶器主要器型有罐、鼎、甑、簋、珠、纺轮、环、坠等，多泥质灰陶，另有红陶和大量彩陶，纹饰有绳纹、弦纹、素面、彩陶等。石器主要有凿、环、铲、斧等。玉器主要为玉环等，也发现有绿松石饰件。骨器主要有镞等。另有少量动物骨骼及鹿骨等。

通过发掘，清理出一批仰韶时期的灰坑，出土有部分重要的文物标本，确认了遗址的文化性质与时代，为郑州地区仰韶时期文化研究提供了一批新的实物资料。

（张永清）

【荥阳市汪沟仰韶文化遗址】

发掘时间：2013年11月~2014年4月

工作单位：郑州市文物考古研究院

汪沟遗址位于荥阳市城区北2千米之城关乡汪沟南约500米的岗地上。东、南频临索河支流故道，西距原荥广公路100米。遗址南北长955米，东西宽881米，面积约84万平方米。

发现各类遗迹249处。其中仰韶时期灰坑201个，房基26座，道路4条，灶1个，窑址1座，古河道1条，墓葬13座，夯土分布区1处，灰沟3条。

灰坑形状有圆形、椭圆形、不规则形。

房基26座。分布于整个遗址区的近中心区，形状分为长方形和正方形，其中F7长21米、宽14米，F10长38米、宽18米，特征主要为红烧土分布，堆积较厚，规模较大。

道路4条。位于遗址区的南半部，L1为南北走向。长28米，宽2.0米，厚0.1米。L2为东西方走向。长60米，宽2.5米，厚0.1米。L3为南北走向。长5.0米，宽1.5米，厚0.1米。L4为南北方向。长96米，宽4.0米，厚0.1米。堆积层明显，较薄，土质较硬。

古河道2条。编号内侧为G3-1，外侧为G3-2。位于遗址中心区的西部，南北两端伸入现索河支流故道。G3-1、G3-2与东部索河故道环成一周，总编号为G3。G3位于G2的外围，绕遗址的外围边缘布局，形状近似椭圆形。环壕的形成应利用了天然自然河道，环壕以外未发现有同时期的遗迹遗物。环壕内的填土均为淤积形成，较纯净。

墓葬13座。位于遗址中心的西部和西

南部。墓葬的形制结构除 M1 为甲字形，由墓道和墓室两部分组成外，余下均为竖穴土坑墓，形制较小，深度较浅，无包含物。

夯土分布区 1 处。位于遗址中心区的南部，其北部与 G1 的南沟边缘相连接，南部与 G2 的北沟边缘相接，形状近呈椭圆形，东西长 177 米，宽 112 米，深 0.8 米～2.1 米，夯层厚 0.06 米，夯层堆积层次较明显，土质较硬。夯土堆积层自西向东渐厚，西部较薄且其下即至生土，中部以东其下应叠压有墓葬或灰坑等现象，分布面积较大，其成因可能与祭祀活动或广场相关。

灰沟 3 条。G1、G2 实为绕遗址中心区近外围分布的环壕，自内向外编号为 G1、G2。G1 位置是环绕遗址的近中心区，平面形状近呈抹角长方形，东西方向长，东西长约 234 米，南北宽约 74 米，南沟和北沟宽约 31 米，东、西沟较窄，宽 4 米～10 米，深 3 米～4 米不等。G2 位于 G1 的外围，平面形状近呈圆形，为环状沟壕。南北长 362 米，东西宽 341 米，沟体宽 20 米～28 米不等，深 5 米～6 米。

G2 环壕本体的东、西、北三面均发现有一呈"凹"字形的出入口，宽度 8 米～12 米，平面形状呈"凹"字型，口部向外，且个别出入口发现有路土，迹象说明其应为出入口。

本次勘探与发掘弄清了汪沟遗址的整体布局，三条环壕绕遗址布局，加之大量灰坑、房基、陶窑、墓葬、道路、夯土分布区的发现，证明汪沟遗址在同类型遗址中具有重要地位，为中原地区仰韶时期的聚落形态研究提供了新的重要资料。

（魏青利　丁兰坡）

【郑州市南曹乡尚岗杨仰韶文化遗址】
发掘时间：2014 年 4 月 18 日～5 月 27 日
工作单位：郑州市文物考古研究院
为配合郑州市至航空港高速公路扩建

工程，我院对沿线涉及的尚岗杨遗址实施调查、勘探、考古发掘工作。

尚岗杨遗址位于郑州市东南南曹乡尚岗杨村西土岗上，范围大约 15 万平方米。遗址中心区文化层堆积深厚，普遍在 2 米～3 米，局部达 4 米左右；陶片、红烧土等遗物丰富。在中心区周边也散布着零星的灰坑等遗迹。

在遗址中心区外围，发现两条壕沟，环形分布在遗址周围，较为规则。两条壕沟的北部和西南部截止机场高速公路，根据壕沟的走向以及和七里河的相对位置关系，推断尚岗杨遗址当时的内外壕沟应与古七里河河道相通，也即尚岗杨聚落的西部以古七里河为天然屏障。内壕平均宽度约为 2.5 米～3.0 米，平均深度约为 1.7 米～2.5 米，壕内南北长约 300 米。外壕位于内壕的外围，距内壕约 50 米～60 米，外壕平均宽度约为 4.0 米～4.5 米，平均深度约为 2.5 米～4.0 米，壕内南北长约 400 米。

该遗址遗迹丰富，清理有房基、灰坑、墓葬等。房基为"木骨整塑"，墙壁与地坪经大火烧烤呈砖红色，十分坚固。灰坑形状多为桶状和袋状，墓葬均为竖穴土坑墓。

环壕内西北方位为墓葬区，东北区域为生活区。墓葬区发掘仰韶墓葬 36 座。发掘灰坑 133 个，房基 5 处，瓮棺葬 2 座，灶 2 个。灰坑多为大型袋状窖藏坑，填灰土和烧土块或深灰色草木灰，直径有 2 米～3 米，深度多 2 米～3 米。房基被破坏较为严重，形制结构基本清楚，较大型，连间结构，残存红烧土墙和柱洞较为清楚。瓮棺位于生活区北部，紧邻房基。

尚岗杨遗址出土大量仰韶中晚期人类生产、生活用具，有泥质灰陶、夹砂灰陶、泥质红陶、夹砂红陶、磨光黑陶等；器形有陶罐、鼎、钵、瓮、壶、瓶、杯、碗、盆、缸、器座、纺轮、环等。陶器表面多素面，磨光或施一层陶衣。部分罐、钵、盆、瓮的腹部饰旋纹、鸡冠纹；小口尖底瓶饰线纹；缸的外壁饰粗线纹，口部饰附加堆纹；部分盆、钵、碗、罐上腹部饰白衣，并绘黑、褐或红彩圆点、弧线三角纹、花卉纹、同心圆纹、水波纹、网格纹、平行线纹等。

另出土有少量的骨器和石器。骨器有骨笄、骨锥；石器有石铲、石凿、石斧、石纺轮等。

（高赞岭）

【郑州市金博大城工程仰韶商代遗址及唐宋墓葬】

发掘时间：2014 年 9 ～ 11 月

工作单位：郑州市文物考古研究院

金博大城改扩建地块项目工程位于郑州市二七区民主路东侧，西太康路南侧，二七路西侧。共发掘面积 4500 平方米，清理探方 45 个，灰坑 175 个，墓葬 10 座，陶窑 2 座，灰沟 3 条。

仰韶灰坑 2 个，仰韶灰沟 1 条。

商代灰坑 152 个。形状分为长方形、圆形、椭圆形及不规则形，长方形灰坑比较规整，较深，发掘深度一般在 4 米左右，有的两壁上带有脚窝，用途应为窖穴；圆形和椭圆形灰坑，形制均较规整，个别内葬有动物骨骼，推测为祭祀坑；不规则形灰坑用途应为当时取土坑或倾倒垃圾的垃圾坑。商代灰沟 2 条。平面均呈"V"字形，内填灰褐色土，包含大量红烧颗粒和草木灰，沟壁经过明显加工，根据位置与结构推测为商城内侧生活排水沟。

另发掘汉代灰坑 7 个、唐宋时期灰坑 13 个。

汉代墓葬 1 座。平面形状呈"甲"字形，砖室墓，形制较大，由墓道、墓室两部分相连组成。墓道形制为长方形斜坡状，墓室形状呈长方形，整体因盗扰破坏严重，仅剩墓室的下半部砖砌墙体或少量铺地砖，

出土有陶罐、铜钱等随葬物品。

唐代墓葬 1 座。平面形状呈"甲"字形，方向坐南朝北，由墓道、封门、墓室三部分相连组成，墓道平面呈长方形，封门位于墓道北侧，墓室底平面呈长方形，砖铺地，平底，北部设棺床，已被盗扰，内填土为黄褐花土和淤土，出土有陶罐等随葬物品。

宋代墓葬 1 座。长方形土洞墓，形制较小，方向坐南朝北，由墓道、墓室两部分相连组成，墓道形状一座为长方形，斜平底，墓室为土洞室，形状呈长方形，平底，已被盗扰，内填土为黄褐花土和淤土。

商代出土遗物主要为二里岗期的陶器、石器、骨器等。陶器以泥质灰陶和夹砂灰陶为主，少量褐陶，器形主要有鬲、大口尊、深腹罐、捏口罐、斝、缸、爵、簋、尊、甗、盆、瓮、豆等，纹饰以绳纹为主，部分饰弦纹、附加堆纹，少量素面。石器以石镰、石铚为主，另有少量石铲、石斧、石刀等，均为磨光素面。骨器类别有卜骨、骨簪、骨镞等，均为磨光素面。另出土有较完整牛骨 3 具。

商代考古遗存的发现及清理是本次发掘的主要收获。这批灰坑出土物丰富，遗物中有与二里岗下层 H9 中相似的细绳纹卷沿鬲，有二里岗上层二期典型的折沿方唇同心圆鬲，还有商代晚期殷墟三期典型的平口厚唇中绳纹鬲，商代遗存的年代从早商到晚商，为郑州地区商文化研究增添了新的资料。

（魏青利　丁兰坡）

【温县南韩仰韶文化遗址】

发掘时间：2014 年 9 ～ 12 月

工作单位：河南省文物考古研究院

南韩遗址位于焦作市温县黄庄镇南韩村东 300 米处。遗址周围地势平坦，蚰蜒河从遗址北部 600 米处穿过。遗址区地表文物遗存较少，遗址北部 500 米为林村二

里头文化遗址。遗址东西长 300 米，南北宽 250 米，面积 7.5 万平方米。南韩遗址为本次博洛煤层气管道工程建设文物保护巡护工作中新发现的遗址。管道工程穿越南韩遗址 150 米左右，文化层距地表 40 厘米~150 厘米，平均厚 50 厘米~60 厘米。

本次发掘区域位于南韩遗址西南部，属遗址 II 区、V 区。在管道线路中心线两侧各 5 米的范围内布探沟 4 条，方向北偏东 8°，总长度 115 米，发掘面积 527.5 平方米。

共发现灰坑 39 个，墓葬 2 座，灰沟 1 条，收集陶片 50 袋左右，土样若干。出有陶器、石器（石铲）、纺轮等遗物，绝大多数遗存属仰韶晚期。陶片以泥质红陶、褐陶为主，少量的夹砂陶。器表流行素面，附加堆纹、弦纹、绳纹的数量较少。彩陶不发达，多黑彩，少部分为红彩，以网格纹、平行线纹、斜线纹为主。可辨器形有深腹绳纹罐、罐形鼎、彩陶罐、敛口钵、花边捉手器盖、小口高领瓮等。从器物形制上看，南韩遗址出土遗存属仰韶晚期，与晋南豫西地区仰韶晚期遗存以及豫北大司空文化的特征都有密切联系。遗址又发现较多的折腹鼎残片，在文化面貌上又有郑州地区秦王寨文化的特征。说明仰韶晚期，该地区的文化面貌受到邻近地区诸多考古学文化的影响。

南韩遗址所在的焦济平原地区，仰韶早期的聚落发现很少，分布非常稀疏。至仰韶晚期，受生产力发展和气候条件的变化，焦济平原的聚落数量呈井喷式增长，中小型聚落的数量出现了明显的增加，并有自身较为鲜明的特征。沁河以南、黄河以北是焦济平原地区仰韶晚期遗存的主要分布区，南韩遗址正是这一文化分布区内的一处中型聚落。本次南韩遗址环境考古学的初步研究表明，南韩遗址坐落在湖泊相沉积的红色黏土层上。形成这一黏土沉积的湖泊是由太行山南端山前冲积扇扇前洼地积水而成，而与黄河的影响不大。

（武志江）

【孟津县班沟新石器时代遗址】

发掘时间：2014 年 7 月~2015 年 3 月
工作单位：洛阳市文物考古研究院

班沟遗址位于洛阳市孟津县小浪底镇班沟村东南，地处瀍河南岸二级台地上。全国第三次文物普查时，被确定为裴李岗时期古文化遗址。遗址平面形状近似梯形，东西最长约 280 米，最窄处约 70 米，南北宽 200 米，总面积近 4 万平方米。从发掘情况来看，遗址内文化层堆积深厚，最深处距地表约 3 米~6.5 米。遗址延续时间很长，至少包含有仰韶、王湾三期、周代以及汉代四个时期的文化遗存，其中以王湾三期文化与东周文化遗存最为丰富。截至 2014 年底，已发现各种遗迹现象 93 个，其中灰坑 79 个，墓葬 7 座，灰坑葬 2 座，灶 3 个，沟 2 条。收集各类小件 91 件。出土文化遗物主要为陶器、石器、骨器、蚌器以及铜器等。陶器主要有鼎、罐、瓮、钵、豆、鬲、碗、杯、盆、器盖、纺轮、球等；石器有斧、刀、凿、环、镞等；骨蚌器有簪、针、蚌刀等；铜器有镞、带钩等。

仰韶文化遗存，共发现灰坑 9 个。出土遗物主要为陶器和石器。陶器多是夹砂陶，以褐陶为主，红陶次之，少量灰陶。纹饰见有附加堆纹、白衣黑彩、白衣红彩等，部分素面纹。器形主要有红陶钵、彩陶罐、大口罐、高领罐、罐形鼎、尖底瓶等。

龙山文化遗存，未见遗迹现象。遗物主要有石器、骨器、陶器及蚌器等。泥质陶略多于夹砂陶，陶色以灰陶最多。纹饰多见篮纹、方格纹，部分磨光，也有少量弦纹、附加堆纹、压印纹等。器类有鼎、罐、豆、盆、鼎、瓮、碗、杯、甑等。

周代文化遗存，现已发掘灰坑 68 个，

墓葬7座，灰坑葬2座，灶3个，沟1条。见有细绳纹鬲、豆、鼎、罐、盆等器物残片。7座墓葬，均为长方形竖穴土坑墓，个别墓葬带脚窝，多为屈肢葬。

汉代遗存较少，发现有极少量陶瓷、豆等器物残片以及陶制小动物和板瓦等。

班沟遗址是洛阳市文物考古研究院近十年来首次主动进行发掘的新石器时代遗址，目前遗址的田野考古发掘尚未结束。通过初步整理发现，遗址内的仰韶文化遗存与王湾二期、妯娌二期、寨根遗址仰韶文化二期年代相当，为仰韶文化晚期遗存。龙山文化遗存的年代与王湾三期、妯娌三期、寨根遗址龙山文化相当，为王湾三期文化遗存。这些都为研究洛阳地区新石器时代文化的发展序列以及不同文化的分布、分期与年代提供了重要的实物资料，也对探索当时的地理状况、气候环境等问题提供了考古学依据。

（任　广　王富国　张龙丹　郭家昊）

【濮阳市戚城龙山时代城址】

发掘时间：2014年3～10月

工作单位：河南省文物考古研究院、首都
　　　　　师范大学历史学院、濮阳文化
　　　　　局、濮阳戚城文物景区管理处

为了推进对戚城龙山时代城址的深入研究，戚城遗址联合考古发掘队，对戚城龙山时代城址南城墙中断缺口处、西北拐角处进行发掘，对2008年发掘的东城墙南段探沟即TG1四壁进行了外扩。同时，对城内布局及城外壕沟等情况进行了专门勘探。本年度共计发掘面积664平方米（含扩方），勘探50000平方米，使我们对戚城龙山城址形状、时代、结构、筑法、建造程等的认识更加明确。同时，勘探发现的新情况又为戚城龙山时代城址下一步的考古工作提供了新的重要线索。

戚城龙山时代城址平面呈圆角近方形，方向20°，东西长约420米，南北宽约400米，面积（含城垣）近17万平方米。城墙结构分主墙体和内护坡两部分。先修建主墙体，再建内护坡。城墙墙体由红褐色黏土和含沙量稍大的黄沙土间次叠压倾斜状堆积修筑而成。其中，红褐色黏土黏性较大，夯筑后，结构致密坚硬；黄沙土则沙性较大，夯筑后，相对疏松。两种土层有规律地间次叠压堆积，既可以节省建筑材料，同时又说明了戚城龙山时代城墙在修建过程中是经过精心设计的。戚城龙山时代城墙在修筑方法上采用了版筑、夯筑和堆筑等筑法。关键部位采用版筑，普遍采用夯筑，局部采用堆筑。

2014年度在戚城南城墙中段缺口处，揭露龙山时代城墙及晚期城墙汉代、宋代附修部分。同时，在缺口处发现汉代至宋代的道路7条、汉代砖砌排水渠1条。上述道路路土堆积较厚者可达60厘米左右，道路上车辙纵横交错。经过反复碾压形成的车辙较宽、较深，土质非常坚硬。这说明其中的一些道路还可能是比较重要的大道或干道。多条道路集束式地从城墙缺口处南北穿越，亦有排水渠穿行此间，说明这里自古至今都是戚城南出口的通道所在。

2014年度，通过勘探，在戚城城内发现有呈"工"字形分布的道路及疑似为高级建筑的夯土基址。夯土基址面积2000余平方米。城外勘探发现有不同时期的护城壕沟。

戚城龙山时代城址是濮阳地区首座经过考古发掘证实了的龙山时代城址，时代上与上古时代舜帝的时代一致。依据文献记载，濮阳一带属于舜帝的活动范围。如舜帝"贩于顿丘，债于传虚""就时于负夏"。"顿丘""传虚""负夏"均属古濮阳一带的地名。濮阳一带流传着众多与舜帝相关的民间传说，至今还保存有舜帝后裔祭祖的习俗。推进戚城龙山时代城址的深入研究无疑可以推动与舜帝相关的文化研究。同时，这也体现了戚城龙山时代城址在探讨文明起源中具有十分重要的地位。

（李一丕）

【舞钢市大杜庄龙山文化遗址】

发掘时间：2014 年 6~9 月

工作单位：河南省文物考古研究院、平顶
山市文物局

遗址位于舞钢市产业集聚区大杜庄村
南部，地处山前缓坡地。该遗址由当地文
物部门人员在舞钢市昱鑫重工建设过程中
首次发现。遗址所在地俗称"石头岗"，
西有"石头沟"。遗址原地势略高，后因
烧砖取土被破坏。

结合调查、勘探和发掘的情况看，该
遗址面积约 8 万平方米，文化面貌相对比
较单纯，主要为龙山时期土湾三期文化煤
山类型。此次共发掘面积 2000 平方米，发
现有灰坑、瓮棺、陶窑、灰沟、房基（柱
洞）等不同类型的遗迹 102 处，出土石
镞、石斧、石凿、穿孔石刀、陶纺轮、陶
瓶、陶甗形器、陶碗等各种小件 106 件。
H1 出土 1 组 5 件黑陶甗形器，制作精致。

在遗址南部发现一个龙山时期基本围
合的壕沟聚落，面积 1 万余平方米。壕沟
宽 12 米~13 米，残存深度 1.5 米~2.2
米，沟内填土呈淤积状堆积，分层明显。
此外，在壕沟的东、西部各有一条河沟将
其打破。东部河道南宽 20 多米，向北逐渐
变宽。河道上部为淤积泥土，下部有大量
的河卵石，应为山洪冲刷形成。西部河道
宽 20~30 米，填土堆积细腻，罕见杂物，
推测为自然或人工防御性河流。根据沟之
间的打破关系，我们或许可将该遗址龙山
时期的聚落以围沟存在和损毁的时间为界，
大致分为两个不同的时期。早期，古代人
类活动主要以南部小型环壕聚落区域为主；
晚期，围沟因为山洪或河流的冲刷遭到毁
坏，前期构筑的防御体系不复存在，人们
因势利导，利用东西部新的河道重新构筑
起更大范围的防御空间，活动范围也向北
扩展。

舞钢市大杜庄遗址的发掘取得了重要
的成果。其较为单纯的王湾三期文化煤山
类型的聚落，为该类型单个聚落考古研究
提供了非常难得的材料，尤其是对该遗址
古代人类动态发展过程的研究，具有重要
的意义。此外，遗址内部及附近在龙山时
期有较多的河流及低洼地，居住在此的人
们既利用水作为防御，为生活带来便利和
保障，同时也因为水而受到侵害。如何辩
证的去分析龙山晚期该地区的人地关系，
大杜庄遗址也为我们提供了很好的实例。

（曹艳朋 楚小龙）

【淮阳平粮台龙山文化遗址】

发掘时间：2014 年 11~12 月

工作单位：河南省文物考古研究院

淮阳平粮台遗址考古勘探与发掘是国
家重点文物保护专项补助资金支持的项目。
本年度对遗址进行了 2×2 平方千米的航
测，生成了遗址测绘画线图 DLG、正射影
像图 DOM、数字地表模型图 DSM 和数字
高程模型图 DEM。

勘探和发掘主要集中在遗址的南部。
此次勘探和分析方法的设计与以往有所不
同，首先将探孔按 10×10 米、5×5 米、2
×2 米和 1×1 米的不同密度设定为第一至
第四级。普通勘探采取第一级和第二级探
孔密度，重点勘探采取第三级和第四级密
度。所有待勘探探孔事先按照遗址测绘成
果虚拟显示在测绘图上，每个探孔都有唯
一的坐标作为探孔编号，工作时按照已知
探孔的坐标实地放样，根据探孔放样的位
置进行勘探，及时将探孔情况汇总，并导
入 ArcGIS 软件中进行分析，以便直观、准
确地把握勘探情况，有效指导下一步的工
作。经勘探，在城内西南部发现有夯土台
基和生土台高地，另探明城址南门进出的
道路长度 100 余米。

此外，考古发掘在城址南门外揭露面

积 300 平方米，暂未发掘完毕。目前已确认龙山时期出城的道路遗迹和陶排水管道向城外排水的沟渠，为进一步探索城址的布局提供了良好的开端。考古发掘采取基于网络协同环境的记录和管理系统，资料记录的严谨和规范性有较大提高，同时可以实现多人、异地协同记录和管理，为考古发掘工作提供了极大的便利。

（曹艳朋）

【郑州高新区东赵龙山晚期至西周遗址】

发掘时间：2012 年 10 月~2014 年 12 月

工作单位：北京大学考古文博学院、郑州市文物考古研究院

东赵遗址位于郑州市高新区沟赵乡赵村（东赵）南、中原区须水镇董岗村西北，两家单位联合对东赵遗址进行了连续性考古发掘与勘探。

经过近三年的考古工作，东赵遗址累计发掘面积近 6000 平方米，勘探面积达70 万平方米。取得了一系列重大考古收获。

一、东赵遗址发现大、中、小三座城址

1. 东赵小城

东赵小城位于东赵遗址的东北部，城址方向为北偏东 5°。经过勘探可知东赵小城平面基本为方形，长 150 米，面积 2.2万平方米。因受土地平整影响，小城城墙仅存基槽部分，墙体破坏殆尽，城壕尚大多存在。小城东北角被现代取土全部破坏，我们在小城东、北以及南墙都进行了解剖。经过解剖可知墙基宽 4 米左右，保留最深处近 1.5 米；基槽内夯土土质较为紧密，土色均为浅黄色，夯层较为清晰，层厚为5 厘米~8 厘米，但夯窝较为模糊。城壕宽5 米~6 米，深 3 米~5 米，壕沟底部均为淤土堆积。三处解剖沟显示，城墙基槽均被二里头一期沟打破，因此，我们判断小城于二里头一期时废弃。同时，在小城东

墙基槽内发现的陶器均为龙山晚期，而在南墙与北墙基槽内包含有较多的新砦期陶片，与小城同期的壕沟内出土陶片均为新砦期，因此我们判定小城始建年代为新砦期。

2. 东赵中城

东赵中城基本位于东赵遗址中部，城址方向为北偏东 10°。中城基本成梯形，南城墙东西长 256 米，北城墙长 150 米，南北长 350 米，面积 7.2 万平方米。东赵遗址地貌为南高北低，根据解剖可知中城当时是依地势而建，城墙基槽呈现南浅北深状况。解剖可知中城墙基被二里头四期沟打破，城址当在二里头四期时废弃；中城东、南、北墙基基槽内包含的陶片年代均为二里头二期，同时，城址使用时期的壕沟底部出土陶片亦呈二里头二期的特征。此外，中城城垣内外分布有大量二里头二期晚段、三期早段的遗存，综上我们判定中城始建于二里头二期，兴盛于二里头二期晚三期早，废弃于二里头四期。

3. 东赵大城

东赵大城破坏较严重，其北城垣保留较少，结合勘探确定大城整体形状呈横长方形，城址方向为北偏东 15°，东西长约1000 米，南北宽 600 米，面积 60 万平方米。大城年代为东周战国时期。

二、二里头时期城址（中城）内发现几处特殊遗存

1. 圆形地穴式遗存

在中城中部偏东区域，发现了较为集中的二里头时期的灰坑，这批灰坑形制均为圆形，直径介于 2~3.5 米之间，填土多为质地紧密的红黏土，坑底基本处于同一水平面上。坑壁、底较为规整，且均为袋状，年代为二里头二期晚段，处于中城繁盛阶段，经过解剖在部分坑内发现完整的猪骨架、石铲、未成年人骨架、龟壳等。该类遗存如此集中存在，是该时期第一次发现，具有重要意义。

2. 发现集中出土卜骨的祭祀坑

H342，平面近圆形，打破小城北城墙基槽，坑内出土近 20 块卜骨，卜骨系牛肩胛骨，灼痕明显，性质应为祭祀坑，年代为二里头二期，这是目前发现的二里头时期单个遗迹出土卜骨最多的单位，具有重要意义。

3. 首见二里头时期城墙内奠基遗存

在中城南墙基槽内发现一孩童骨骸，似与祭祀活动相关，这类现象在同时期其他遗址中未见。

三、发现商代大型建筑基址

商代大型建筑基址位于中城东南角，经勘探与发掘确认该建筑基址为回廊式建筑，东西长 75 米，南北长约 40 米，围成面积 3000 平方米。H99 和 H100 打破建筑基址，H99 和 H100 均为二里岗下层晚段，建筑基址包含物时代为二里岗下层早段，其下叠压二里头晚期文化层，因此，该建筑年代上限为二里岗下层早段，下限为二里岗下层晚段。

四、发现丰富的夏商时期文化遗存

东赵遗址目前清理的灰坑近 500 个，勘探水井近 100 眼，清理 12 眼，其他有墓葬、陶窑、水池等。灰坑形制多样，有圆形、长方形、不规则形等，灰坑性质主要有生活垃圾坑、祭祀坑、窖穴等，年代跨新砦、二里头、二里岗、西周几个时期。

东赵遗址出土大量文化遗物，以陶器为主，有相当数量的石器，发现少量骨、蚌器。陶器以灰陶为主，有夹砂、泥质之分，器类多样，主要有深腹罐、花边罐、捏口罐、盆、甑、矮领瓮、小口高领罐、附加堆纹缸、瓿、鬲、大口尊、豆、斝、碗等。石器以生产工具为主，主要有铲、斧、刀、镰等；骨器有骨匕、骨簪等；蚌器有刀、镰等。发现有商周时期的贝币。因发掘面积有限，目前尚未发现铜、玉器。

东赵遗址文化内涵十分丰富，遗存年代跨龙山文化晚期、新砦期、二里头文化

一至四期、早商二里岗期、两周时期，年代序列完整，其中以二里头、二里岗时期文化遗存最为丰富；受发掘面积及后期破坏影响，龙山文化、新砦期、两周文化遗存较少。

【温县林村二里头文化遗址】
发掘时间：2014 年 8～11 月
工作单位：河南省文物考古研究院

遗址位于焦作市温县黄庄镇林村南450 米处。遗址周围地势平坦，蚰蜒河从遗址北部边缘穿过。遗址东西长 360 米，南北宽 230 米，面积约 6 万平方米。遗址南部为南韩村仰韶文化遗址，两者相距500 米左右。

为配合博洛煤层气管道工程建设，对林村遗址进行了考古发掘。施工方对遗址造成了严重破坏，我们在管道线路中心线两侧各 5 米的范围内布探沟 6 条，方向北偏东 8°，总长度 135 米，发掘面积 337.5平方米。共发现灰坑 25 个，水井 1 眼，收集陶片 60 袋左右。灰坑平面形状有圆形、椭圆形、圆角长方形等，出土遗存多为陶片，年代较为一致。陶片以夹砂灰陶为主，泥质陶的数量也很多。器表多施中粗绳纹，附加堆纹与弦纹也有一定数量。可辨器形有深腹罐、圆腹罐、折沿深腹甑、捏口罐、平折沿带錾深腹盆、大口尊、小口瓮、侈口绳纹鬲、折沿浅腹粗柄豆等。在文化面貌上，林村遗址出土遗存属二里头文化，年代为二里头二期至三期。

本次林村遗址考古发掘，大部分遗存属二里头三期，但有诸多单位发现的大口尊等器物可将该遗址二里头文化的年代提升至二里头二期，较以往有很大的进步。这对于研究夏王朝对焦济平原地区的经营以及夏商族群的关系意义重大，是研究温县地区二里头时期夏王朝与先商商族群文化特征的重要材料。

（武志江）

【焦作市府城遗址】

发掘时间：2014 年 2~10 月

工作单位：河南省文物考古研究院

我院在地市相关部门的配合下，本年度，开展了"焦作府城遗址考古调查与发掘"项目，该项目得到2013 年度国家重点文物保护专项资金支持。

主要收获有三：首先，低空摄影测量技术在考古中的探索与运用。我院与北京科技公司合作，利用我院多旋翼飞行器，对府城遗址进行了低空摄影测量，将航拍飞行器所拍摄的影像进行专业技术处理，快速高效获取遗址丰富的数字化地形成果，达到了预想效果。

府城遗址的勘探实践表明，在工作效率、自动化以及成果丰富程度方面，低空摄影测量技术与传统测绘相比具有较大的优势。尤其对于现场地形复杂，对测绘精度要求较高的重要遗址大比例尺测绘方面，低空摄影测量技术在田野考古工作中的优势更为明显。

其次，考古勘探，与焦作市文物勘探队、洛阳市勘探公司合作，根据府城遗址的地貌特点，分区域进行勘探技术路线设计。依据当地实际情况，分不同时段对遗址进行钻探，第一阶段主要是遗址北部高台地（保存较好）的普探，第二阶段是针对城墙、城门以及道路等遗迹的重点勘探，第三阶段是对遗址南部（以往因取土遭破坏）的普探。

勘探过程中，积极利用低空摄影、RTK 等新技术、新设备，并结合正在参与的"田野考古钻探记录规范"项目的相关要求，对勘探记录方法、记录流程等内容进行了有益探索。

最后，考古发掘，结合勘探的初步成果，在府城遗址西北部揭露 162 平方米。共揭露出二里头、二里岗、西周、汉代等时期遗存 140 处，其中，灰坑 125 个，墓葬 6 座，水井 7 眼，灰沟 1 条，房基 1 座。据初步统计，发掘出土陶片 312 袋，陶、铜、石、骨、蚌等不同质地文物近 200 件。

西周遗存主要有墓葬、灰坑和水井。墓葬集中分布，都是竖穴土坑墓，一般是一棺，随葬品多为豆、罐组合，不见鬲，器物具有西周晚期特征。灰坑、水井在发掘区内分布没有规律。

二里岗时期遗存分布于整个发掘区，只是被晚期遗存破坏较多。遗存类型主要是灰坑，个别灰坑如 H83 等，形制规整，坑壁经过加工，可能与半地穴式房基有关。

二里头遗存主要有灰坑、墓葬、水井。墓葬虽被晚期迹象打破，仍出土有豆、盆、罐等具有显著特征的器物。水井如 J6，上部塌陷呈圆形，下部开口呈方形，出土物较为丰富。灰坑如 H105 等，规模较大，填土层层堆积现象明显。

"焦作府城遗址考古调查与发掘"是府城遗址时隔多年后的又一次主动性科研项目，获取了遗址内涵的丰富信息，对遗址的深入研究与保护利用起到了推动作用。

（杨树刚）

【偃师市商城宫城遗址】

发掘时间：2011~2014 年

工作单位：中国社会科学院考古研究所

自 2011 年秋季开始至 2014 年秋季，利用创新工程项目资金，偃师商城考古队针对在宫城遗址的资料整理过程中遇到的问题，对偃师商城宫城遗址内的第一、第三、第七和第五号宫殿进行了复查，简述如下：

1. 一号宫殿（D1）

经解剖确认，一号宫殿存在着三次建筑过程，西庑西半部分最早（为西缘单立柱，东缘木骨墙的建筑形式，曾作为九号宫殿东庑单独使用过）；然后是西庑东半部分和与其同时修筑的北、东、南三面廊庑；最后是北、东、南三面廊庑外侧的夯土墙及其下面的基础部分。台基上平面显示的北、东、南庑遗迹现象是内缘单立柱，最外缘为一道夯土墙（晚期遗迹）和紧贴夯土墙内侧的早期木骨墙（两排小柱洞成对分布，为墙内立柱，柱坑开口于下层夯土）。

一号宫殿庭院东西长 27.5 米、南北宽14.7 米。地面基本保存完好，从解剖沟 13 中段可以清晰地看到庭院内的堆积和路土情况。路土显然是经过长期使用后留下的，色杂，由黑、黄、白、灰多种颜色构成。

在一号宫殿范围内有五条排水道，编号为 P1～P5。我们在复查过程中搞清了各水道的起始、走向和相互关系等问题。

另外在一号宫殿庭院东部发现窖穴一座，在一号宫殿北庑中部北侧东西向夯土墙（位于 D1 北庑北侧，二者相距约 4 米。从总平面图上分析，此夯土墙应为祭祀 B 区南院之南墙的一部分）以北发现水井一口。

2. 七号宫殿（D7）

通过对正殿南北两侧台阶的清理和解剖，结合其他解剖沟反映的情况，我们认定了第七号宫殿早期正殿与第七号宫殿晚期正殿存在着宽度不同的事实。七号早期宽，七号晚期窄，后者是在前者的基础上经过对南北两边缘部分进行切削、分别缩窄约 0.5 米后再继续用的。七号宫殿时期正殿南侧只有 5 个台阶存在。

七号宫殿南庑和西庑在修建三号宫殿时被平毁，基槽上方的台基部分仅保存约10 厘米的高度。采用内缘单立柱，外缘双小柱木骨墙的结构方式（柱槽开在下层夯土之上），对内开放，对外封闭。南庑中部的门塾采用单门道的形式，门塾北缘与南庑北缘齐平，南缘向外凸出，门道中部两侧有一对与安门有关的四柱洞（有础石）门柱遗迹。

七号宫殿庭院东西长 68 米、南北宽27 米，面积约 1800 平方米。

3. 三号宫殿（D3）

三号宫殿东西总长度为 104 米。修筑三号宫殿时利用了七号宫殿的晚期正殿作为其正殿，宽度未变。原七号宫殿的 5 个台阶继续使用，但在三号宫殿的使用后期，在上述五个台阶的西侧和东侧又各增加了一个台阶，因此其正殿南侧的台阶就由 5 个变为了 7 个。为方便进出后院（二号宫殿之南院），在正殿的西北角也增加了一个台阶。

三号宫殿存在着早晚两道西庑，东侧的属于三号宫殿晚期，西侧的属于三号宫殿早期。三号宫殿东庑的北半段利用了七号宫殿之东庑，然后向南接出至南庑。早期西庑和南庑、东庑南半部分采用的是外缘木骨墙（长条形柱坑内多数立三柱），内缘单立柱的形式。晚期西庑则采用外缘夯土墙，内缘单立柱的形式。

在三号宫殿的早晚两道西庑上各有一条东西向排水道，在南门塾两侧的南庑上也发现有两条南北向石砌水道遗迹，从院内向外排水。

三号南门塾经解剖存在着早晚两期建筑遗迹。早期门塾较宽，东西长度约 38 米，南北宽约 14 米，南北两侧均超出南庑的南北边缘。门塾之上发现三条南北向门道，宽约 3.2 米，每条门道的中部都设有四个与安门有关的门柱基坑，其中，中央门道尚保留有两层路土。晚期门塾东西长约 20 米，南北宽度与早期门塾一致。在晚期门塾中部，早期门塾的中央门道被保留，但经过翻修。而在晚期门塾东西两侧南庑上的门道则是新修筑的，其南端均发现有南北向的成对分布的四柱洞（有础石）门柱遗迹。

如上所述，三号宫殿的南门塾无论早晚，采用的都是三门道的建筑形式。早期门道均在门塾之上，而晚期门道则是门塾中央一条，门塾两侧各一条的建筑形制。晚期形制与第五号宫殿南门塾基本一致。

在三号宫殿南门塾南侧发现有石板铺成的散水遗迹（为晚期遗迹），其下发现有水沟（为早期遗迹）。

三号宫殿早期庭院东西长 91.5 米，面积约 5200 平方米。晚期庭院东西长 82 米，面积约 4600 平方米。

4. 五号宫殿（D5）

我们复查的是其西北角、西南角、东北角和南门塾四个部分。

2011 年 11 月我们清理了五号宫殿西北角，确认西北庑长度为 24.5 米。经复查解剖沟确认西北庑的北缘和西庑西缘没有墙基槽存在，南庑、东庑也是如此。

此次复查的五号宫殿西南角将上述 20 世纪 80 年代因故未进行清理的南庑西端和西庑南端进行了清理，在南庑近西端处新发现一条南北向贯穿南庑基址的石砌水道。利用这次机会，我们还对第五号宫殿西庑与第三号宫殿东庑之间的道路构成情况进行了解剖观察，从地层关系上再次证实了二者为同期建筑遗迹。

我们将五号宫殿东北角完全揭露出来，通过平面遗迹观察和立体解剖，搞清了五号宫殿东北庑与宫城东围墙、五号宫殿东庑之新建部分与宫城东围墙之间的关系。五号宫殿东北庑利用了六号宫殿东院北墙作为其基础的一部分，向东与宫城东围墙相连接（在六号宫殿的东侧存在着一个由其北墙、宫城东墙和宫城南墙构成的东院）。五号宫殿的东庑北半段则是由宫城东围墙和其西侧新筑的部分共同构成的。即以宫城东围墙为依托，用宫城东围墙来作为其外墙，在其西侧新建了廊庑部分。解剖表明，修建五号东庑时并未破坏宫城东围墙的结构，围墙西侧的新筑部分之基槽只是打破了围墙的基槽和其西侧的同时期路土（浅黄色），宫城东围墙上未见后期翻建迹象。

五号宫殿南门塾。五号宫殿南门塾是1988 年发掘的，当时发现两个门道，分别位于门塾的东西两侧。而门塾部分因毁坏严重，相关遗迹现象不详。为此我们进行了多方查证。最终在门塾中部发现了四个门柱基坑，由此判断在他们的中间应当有一条南北向门道存在（中门道，宽约 3.1 米，与三号宫殿南门道相仿），如此，我们认为在五号宫殿南门塾和其东西两侧南庑上共存着三条门道。

五号宫殿由正殿，正殿东西两侧的西北庑、东北庑和东庑、西庑、南庑以及它们围起来的庭院共同构成，东西总长达102 米。其中正殿东西长 53 米，南北宽 14 米，表面四周有大型立柱分布，台基南侧分布有四个台阶。西北庑、东北庑、西庑、南庑和东庑的宫城墙东南拐角以南部分为外缘木骨墙（长条形柱坑，坑内一般立双柱），内缘单立柱的对外封闭，对内开放的建筑格局。而东庑的北半段（宫城墙东南拐角以北部分）则是由宫城东墙和其西侧新筑部分共同构成的。

（谷　飞　曹慧奇）

【郑州机场二期扩建工程商代遗址】
发掘时间：2014 年 4～5 月
工作单位：郑州市文物考古研究院

郑州机场二期扩建空管工程——空管综合小区工程位于郑州航空港区滨河大道南侧、枣左路东侧，发掘区坐落在一片高台地之上，地表耕土层之下就是遗迹。

发掘清理探方 27 个，灰坑 102 个，墓葬17 座，沟 1 条，总共揭露各类遗迹 120 处。

灰坑 102 个，其中仰韶灰坑 1 个，圆形，直壁，平底，较为规整。商代灰坑 62 个，多为圆形，直壁，平底。少量为不规则形和椭圆形。壁大多近直，少量底不平。灰坑多为圆形窖穴，少量为取土坑。汉代灰坑 8 个，多为圆形和椭圆形，壁近直，底近平，多为窖穴。其中 H21 形制较为规整，以砖瓦砌成圆壁，应为废弃的粮仓。宋代灰坑 30 个，有圆形、椭圆形和长条形。直壁，多为窖穴，少量取土坑。时代不明 1 个。

沟一条，商代，长条形，南北向，出土有大量商代早期陶片。

墓葬 17 座。其中商代墓葬 4 座。全部为竖穴土坑，直壁平底。其中 M8 陪葬品较丰富，形制规整，陪葬有铜爵、陶鬲、陶罐、陶缸、陶豆、陶斝等，应是商代中期的一座贵族墓葬；汉代墓葬 1 座，台阶墓道双室墓。含有少量砖块；唐代墓葬 7 座，多为竖穴砖室墓。墓葬形制较小，砖室仅容一棺。其中 M5 陪葬器物较为丰富，有"真子飞霜"铜镜、铜耳勺、铜刀、铜钱等，铜镜品相较好，图案内容丰富。铜钱为唐代安史之乱时期史思明建立的政权铸造的钱币——"顺天元宝""得一元宝"，为该时期的重要的断代标尺；宋代墓葬 5 座，一座台阶墓道土坑墓，4 座竖穴砖室墓。这批墓葬的发现，为研究郑州南部的商代人类活动和唐代安史之乱在郑州地区的影响提供了实物资料。

（任广玲）

【郑州市小双桥商代遗址】
发掘时间：2014 年 10 ~ 12 月
工作单位：河南省文物考古研究院、北京大学考古文博学院

为确认郑州小双桥遗址的准确范围、确定遗址各个区域的文化堆积及特点，联合考古队对小双桥遗址再次进行大面积的勘探和小规模的发掘工作。

以往关于小双桥遗址的范围曾有 15 万平方米、144 万平方米、600 万平方米等不同数据。本年度钻探工作的主要目的是确认遗址文化遗存分布范围。钻探表明，小双桥村东及岳岗村东是小双桥遗址与古荥泽之间的边界，遗址南界不超过连霍高速，西界在前庄王村东的生产路附近，西北至少到达四环路与引黄入郑灌渠交汇处，北部不超过索须河故道及四环路，南北长约 2000 米，东西宽约 1500 米，面积约 300 万平方米。在商文化遗存分布范围及外缘，未发现与防御有关的设施。小双桥遗址文化遗存分布范围的进一步确定有助于下一步考古工作的顺利开展以及相关研究的深入进行。另外，在商文化遗存分布范围内，为追索一些重要文化遗迹，也进行了一些钻探工作。

小双桥遗址已经过多次大规模的发掘，但发掘多集中在遗址的中心区域进行。遗址中心区域外其他地点文化遗存的分布情况不明。为了解遗址范围内其他地点的文化遗存分布状况，我们选取于庄村西地及双冢东南两个地点进行发掘。在于庄村西地发掘面积 150 平方米，发掘灰坑 27 个，房址 1 座，墓葬 2 座，道路 1 条，窑址 1 座。在双冢东南地发掘面积 400 平方米，发掘灰坑 35 个，水井 1 眼，墓葬 1 座，道路 4 条，沟 3 条。文化遗存年代历商代、战国—西汉、唐宋等时期。

发掘所见商代文化遗存以白家庄期为主，但在于庄村西地，出土较多二里岗期文化遗物，为以往在遗址中心区域发掘所不见；在双冢南地的发掘中，见到晚于白家庄期的陶鬲等文化遗物。同时，在双冢东南地，还出土有浓郁岳石文化特征的陶器及石质生产工具。这些发现，表明了小双桥遗址中心区域与其他地点文化遗存特征的差异。

双冢东南出土 1 件陶豆的豆盘内刻有"天"字族徽。此件陶豆系真腹豆，为白家庄期典型形制。豆盘内的"天"字系陶器烧成之后用锐器刻画而成。根据甲骨文和金文材料，"天"族是商代的大族，与商王室关系密切。小双桥遗址曾发现朱书文字"天"，书于大型陶缸 99ZX Ⅳ H101：1 的口沿外侧。此次陶文"天"的发现，再次印证"天"族的历史至少可追溯至商代白家庄期。由于陶文"天"的字形和写法与甲骨文相同，亦表明商代白家庄期已出现成熟的文字。

（李素婷）

【荥阳市车庄周代遗址】

发掘时间：2014年10月~2015年2月

工作单位：郑州大学历史学院考古系、郑州市文物考古研究院

车庄遗址位于荥阳市广武镇西北的车庄村西，南临枯河，北靠邙山，处于邙山南麓的丘陵地带。现存遗址平面形状为长椭圆形，重点区域东西长1100米，南北宽500米，面积约为55万平方米。该遗址包含有仰韶、龙山、西周、唐宋等多个时期的遗存，而以西周时期遗存为主。

为探明车庄遗址的布局、性质，并配合郑州大学2012级考古专业本科生实习，开展本次田野工作。发掘区位于遗址西部，共布10×10米探方10个，揭露面积1000平方米。

本年度共清理灰坑近400个、墓葬9座、道路1条，多属西周时期。灰坑平面形状有圆、椭圆、不规则形，坑壁则有直壁、斜壁、袋状之分。有的灰坑出有马、猪、狗的完整骨架，或与祭祀有关。出土遗物以陶器为大宗，器形可见鬲、簋、罐、盂、盆、甗、瓮等，还有陶纺轮、陶拍等工具。陶色以灰陶为主，有一定数量的褐陶与红陶。泥质陶较多，也有夹砂陶。器表装饰主要为绳纹，还有弦纹、附加堆纹等，也有部分素面陶器。此外，还出有较多的石、骨、角、蚌器，其中骨器多为骨簪，蚌器多为蚌镰。

墓葬除2座为宋代外，其余7座属西周早中期。西周墓为长方形竖穴土坑墓，墓主均仰身直肢，头多向南，个别墓葬中有腰坑、殉狗。随葬品多为陶器，常见鬲、簋、罐或簋、罐组合，有的只有罐。个别随葬有骨簪或海贝。另在发掘区中部发现一条长21.5米，宽2.3米左右的西北—东南向的道路，年代亦属西周时期。

（赵海洲　闫琪鹏）

【洛阳市中州路东周墓葬】

发掘时间：2014年8~11月

工作单位：洛阳市文物考古研究院

墓葬位于洛阳市中州路与解放路交叉口西南角，为大型长方形竖穴积炭墓。方向280°。南壁被晚期墓葬打破。该墓口部长9.4米，宽7.1米，底部长5.5米、宽3.7米，距地表深10.5米。墓壁坡度较大且内收有台阶，但四壁台阶数量及宽度并不完全相同。在距墓底深约2米处，有生土二层台，其上残存有很薄的一层木质朽痕。距墓底约深2.1米处，在墓室的东壁及北壁挖有3个洞室。东壁偏北一个，北壁两侧各一个。因三个洞室均有封门，因此将它们称为壁室。三个壁室大小略异，但构造均相同。以位于北壁东侧壁室为例：壁室宽1.6米、高1.1米，进深2.3米。为防止坍塌，在壁室两壁挖槽，内立木柱进行支撑；底部挖槽，内放置木板与两侧木柱对应。顶部对应铺有棚板。壁室口用数块木板进行封堵，门板外侧用横木加固。内随葬有铜鼎、铜方壶、铜鉴、铜镜、铜盆、铜灯及较多的漆器。漆器多已残朽，大部分胎质较薄，有的漆器口部或底部镶有铜箍、银饰、铜质扣环等。另在墓室南壁西侧边缘发现一壁龛，距墓底约0.6米，壁龛进深0.5米，宽0.7米，高1.1米。未发现有器物，用途不清楚。

该墓葬具为一椁一棺。椁顶残存木痕较为完整，从残存朽痕看，椁盖板由20块南北向板东西平铺，中部凹陷。椁长4.7米，宽2.9米，棺长2.3米，宽1米。棺内骨架一具，头骨以下骨骼保存较好。葬式为仰身直肢，头朝西，头骨被现代水泥柱破坏，面向不明，双手置于身体两侧。在墓室西壁距墓底约0.55米处有一宽0.75米，高1.2米的盗洞，是从墓室西部外侧横穿进入墓室。因此棺椁之间未发现任何器物，仅在棺内骨架手腕位置发现两件残玉环。

该座墓葬所带的壁室，与东周墓葬中的壁龛和秦汉墓葬中耳室均有相似之处，这种墓葬形制在洛阳地区是首次发现。三个壁室分布并无规律，应该具有一定的防盗功能。墓葬壁室内随葬的铜鼎、方壶、灯、盆以及漆器等器物也都符合战国晚期器物的特征。因此，我们认为该墓时代应该不早于战国晚期。该座墓葬的发掘，为研究东周时期墓葬提供了新的实物资料，对研究战国晚期到秦汉时期墓葬形制及随葬器物特征的发展演变有着重要意义。

（薛 方）

【伊川徐阳春秋墓地及宜阳县南留古城遗址】

发掘时间：2013 年 9 月 ~ 2014 年 6 月

工作单位：洛阳市文物考古研究院

伊川徐阳春秋墓地和宜阳南留古城分别位于伊川县鸣皋镇徐阳村南和宜阳县柏杨镇南留村东顺阳河沿岸台地上。徐阳春秋墓地调查面积 6 万平方米，发现长方形竖穴墓葬 200 余座，车马坑 5 座。2013 ~ 2014 年报请国家文物局批准，抢救性发掘墓葬两座，其中一座墓葬开口长 7.55 米，宽 5.95 米，深 2.8 米。经过清理，实为春秋中晚期陪葬车马坑。车马坑底部共有车 6 辆，马 13 匹，狗 1 只，东西两排，南北并列，面向东方。车马坑东北角还发现牛头 8 个，羊头 21 个，牛羊蹄若干。

在抢救性发掘墓葬期间，我们重点对墓地以西约 2 公里的宜阳县柏杨镇南留古城进行了考古调查与发掘。据《宜阳县文物志》记载，该城址在 20 世纪 80 年代发现。城址位于宜阳县白杨镇南留村东、伊川县鸣皋镇徐阳村西，顺阳河两大支流夹河台地上，西、北、南依低山丘陵，东部为开阔谷地，南、北为顺阳河两大支流。遗址平面大致呈方形，南北长约 900 米，东西宽约 850 米，东、西城墙保存较好，南、北城墙部分已被取土和河水冲毁。通过考古调查与发掘，我们认为该城址的时间跨度约在春秋晚期到秦汉时期，与徐阳墓地在时空上具有共存关系。

徐阳墓地春秋车马坑内发现的牛、羊头蹄陪葬现象，与春秋时期西方戎族陪葬牛羊头蹄习俗相似，此类陪葬方式在中原地区尚未见诸报道。据文献记载中，顺阳河流域属于陆浑故地之内。按照周代礼仪，陆浑戎虽是一个弱小的方国，但也是一个小诸侯国。车马坑中马匹和车辆的摆放形式以及牛羊头蹄葬等习俗都具有西部少数民族风格，而与洛阳东周车马坑存在较大的差异。因而我们推测车马坑应为陆浑戎族墓的陪葬。据《水经注》等文献记载，南留古城为西汉时期陆浑县城所在地，也可能是陆浑戎国都城所在地，而徐阳村南台地极有可能是陆浑戎国的墓地所在。此次考古发现对研究历史上赫赫有名的陆浑戎的迁徙、立国和灭亡的历史都具有重要意义。

（吴业恒）

【郑州市航空港区老张庄春秋遗址】

发掘时间：2014 年 8 ~ 10 月

工作单位：河南省文物考古研究院

遗址位于郑州市航空港区（原中牟县九龙镇）老张庄村北，东邻郑州机场高速和京港澳高速公路，西邻潮河，南距南水北调干渠 100 米。地处郑州南部沙岗地，受现代人类活动破坏，现地势略高于周围。1994 年调查发现，遗址面积约 6 万平方米，本次抢救性发掘 360 平方米。

遗址地层堆积较为简单，耕土层下即为古代遗迹。此次共清理遗迹 51 处，包括灰坑 46 个，墓葬 5 座。其中春秋时期灰坑 46 个，墓葬 1 座，出土遗物主要有鬲、盂、豆、罐等各类陶器，纹饰以绳纹和素面为主，少量弦纹。唐代墓葬 1 座，出土少量瓷器；清代墓葬 3 座。

春秋时期 M4 为平面呈北宽南窄的梯

形竖穴土坑墓，南壁为斜壁，其余各壁为直壁，平底。墓口长 3.35 米，宽 0.75 米~0.98 米，墓底长 2.25 米，宽 0.75 米~0.98 米，底部距口部 1 米，墓口距地表 0.15 米。墓北部有生土二层台，长 1 米，宽 0.98 米，高 0.15 米。出土人骨 1 具，为单人仰身屈肢葬，头向北，面向西。出土随葬品 4 件，皆放于墓北部生土二层台上，呈东西向一字排列，由西向东分别为陶豆 2 件，陶盂 1 件，陶鬲 1 件。

老张庄遗址的发掘表明，此处为春秋时期普通聚落遗址，为研究郑韩故城之外春秋时期普通聚落形态提供了参考资料。

（周　通）

【宜阳县战国宜阳故城遗址调查】

调查时间：2014 年 11 ~ 12 月

工作单位：洛阳市文物考古研究院

韩都宜阳故城位于今洛阳市宜阳县县城以西 25 公里的韩城镇东侧，其址北依秦岭，南当熊耳，西望崤山，东近洛阳，是战国时期韩国的都城，是三家分晋后韩国争霸中原的重要据点，在韩国的发展史上具有重要意义。城址平面形制略呈长方形，南北长 1510 ~ 2150 米，东西宽 1630 ~ 1843 米，分大城和小城两部分，总面积约 310 万平方米。小城位于全城的西北角，北部向外凸出，坐落在山坡上，南部与大城相连。城垣全系夯筑而成，东北两面保存较好，在东、北两面城墙外均有明显的护城壕。目前城门的数量及分布尚不清楚，仅在大城东、北两面各找到一座城门。北墙外侧发现有 5 个马面遗迹。在小城北墙和大城东墙的转弯处以及大城北墙上一定距离的地方，发现有大量建筑堆积，可能为敌楼建筑。

本次调查主要工作区域位于遗址区西北角小城内。发现夯土、墓葬、灰坑、烧窑、道路、沟等遗迹现象。通过考古调查与勘测发现小城内遗迹以新石器时代灰坑和战国秦汉时期墓葬为主，未见任何宫殿建筑等遗迹。此次调查排除了以往认为小城为宫城的认识，推测小城应为陵城。

（陈南南）

【郑州高新区贾庄战国及唐宋墓葬】

发掘时间：2014 年 3 ~ 4 月

工作单位：郑州市文物考古研究院

贾庄墓葬群位于郑州高新技术产业开发区冬青西街南侧、紫竹路西侧。共发掘各类遗迹 24 处，其中战国墓葬 1 座，汉代陶窑 1 座，唐代墓葬 13 座，宋代墓葬 8 座、灰坑 1 个。

战国墓葬为长方形竖穴土坑墓，随葬有鼎、壶、盒等战国时期流行的陶器组合。汉代陶窑平面形状呈长方形，由工作间、火膛、窑室、烟道等组成。

唐墓平面形状均呈甲字形，分为土洞墓、砖室墓两种，墓道多位于墓室的南部，方向多为 185°。唐代墓葬的随葬品更为丰富，器类有陶、瓷、铜等。陶器主要有罐等，另出土有一批憨态可掬、形象逼真的骆驼、马、羊、鼠、鸡等陶俑，其中马的颈部被故意锯断；另还有珍贵的三彩骆驼等。瓷器主要为注、碗等，或通体施釉，或施釉不及底，主要为青灰、绿、白釉等，尤其是绿釉瓷注、青灰釉瓷碗堪称文物精品。铜器有开元通宝铜钱以及铜饰件等，铁器发现有剪刀一把。此外，唐墓中还出土有墓志两方，一为墨书，一为石刻，均由墓志和墓志盖两部分组成，均具有较高的研究价值。墨书墓志为"唐故赵君墓志"，保存状况不佳，字体多漫漶不清。石刻墓志为"唐故尼上人墓志"，刻于"大和四年十月十四日"。志文共 22 行，满行 22 字。楷书，略有行意，文辞不华，字体拙劣，然志文中撰述唐代尼人卒后葬于俗家先茔的事迹则异于平常。宋代墓葬大都为日字形土洞墓，个别为刀把形土洞墓、丁字形土洞墓。

此次发掘的唐代墓葬甚为重要，尤其是出土有墓志的两座唐墓更为我们研究唐代的历史、埋葬制度等提供了难得的实物资料，具有重要的研究意义。

（鲍颖建）

【郑州高新区郭村战国汉代及唐宋墓葬】

发掘时间：2014 年 7～12 月

工作单位：郑州市文物考古研究院

郭村墓葬群位于郑州高新技术开发区长椿路西侧、北四环南侧。发掘多个时期的墓葬共计 251 座，其中战国墓葬 2 座，汉代墓葬 246 座，唐代墓葬 2 座，宋代墓葬 1 座。

战国墓葬形制有长方形竖穴土坑、甲字形空心砖室，主要随葬有釜、罐、盒、碗等战国时期流行的陶器组合。

汉代墓葬多为空心砖室墓，较少土洞墓；砖室墓平面形制以甲字形、凸字形为主，刀把形较少；土洞墓平面形制有日字形、刀把形等。汉代墓葬的随葬品更为丰富，包括有玉、铜、铁、陶器等。玉器有玉环、玉璜；铜器有铜镜、釜、钫壶、提梁壶、铜钱；铁器有刀、剑；陶器有罐、壶、釜、灶、奁、仓、盒等。唐代墓葬出土有瓷三彩壶。特别值得一提的是汉代墓出土的铜钫壶、提梁壶以及通体施黄釉、腹部饰虎头铺首的陶壶，品质较高。

唐代墓葬皆为甲字形砖室墓，宋代墓葬则均为丁字形土洞墓。唐代墓葬出土的三彩壶通体施三彩釉，堪称文物精品。

此次发掘的汉代墓葬尤为重要，尤其是出土有铜钫壶、提梁壶、铜印章的汉墓，为研究汉代的历史、埋葬制度等提供了难得的实物资料，具有重要意义。

（鲍颖建）

【长葛市打绳赵战国至汉代墓群】

发掘时间：2014 年 4～12 月

工作单位：河南省文物考古研究院、许昌市文物工作队、长葛市文物管理所

打绳赵墓群位于长葛市老城镇打绳赵村，京港澳高速公路从墓群中部穿过。墓群总面积 1000 多亩。长葛市黄河工业园项目占用打绳赵汉墓群保护区面积 218 亩。

我院组成联合考古队对遗址进行了抢救性考古发掘。发掘面积 8000 余平方米。

本次共发掘清理各时期墓葬 204 座，灰坑 50 个，水井 3 眼，沟 3 条，路 1 条；出土陶器、瓷器、石器、铜器、铁器等各类器物近 200 件。遗存年代包含战国、汉代、晋、唐代、宋金、明清等时期。发掘表明，不同时期遗存的分布范围不一致，战国时期遗存的分布范围最广，在整个发掘区内都有发现，汉代遗存主要位于发掘区东段，其他各时期遗存发现较少，在发掘区内零星分布。

（一）战国遗存

发掘清理的战国遗存有墓葬 133 座，灰坑 35 个，沟 1 条，路 1 条。以沟（G3）为界，墓葬均位于沟（G3）以东，其他同时期遗迹均位于沟（G3）以西。

墓葬主要位于发掘区东部，保存较好。分布较有规律，同时期墓葬无打破、叠压关系，多为南北向，头向北，少数墓葬东西向，头向东。墓葬均开口于耕土层下，深度 5 米左右，墓葬形制均为长方形竖穴土坑，个别墓葬带有头坎。随葬品放置较有规律，带钩出土于墓主腰间，有头坎的墓葬，陶器放置于头坎内，无头坎的墓葬，随葬品放置于棺椁之间。随葬陶器组合为鼎、豆、壶或鼎、豆、壶、盘、匜。

（二）汉代遗存

发掘清理的汉代遗存有墓葬 60 座，灰坑 14 个。墓葬和战国墓葬位于同一区域内，部分墓葬打破战国墓葬；灰坑位于墓

葬区以西。

汉代墓葬保存较差，多被盗扰。多数墓葬由墓道、甬道、墓室等几部分组成，少数为土坑竖穴式。墓室均为空心砖砌筑，空心砖多有图案。图案内容有百乳纹、方边圆饼形纹、常青树、柿蒂纹、鸟纹、兽纹、铺首衔环、执钺门吏、双重门楼系犬图、骑马射鸟图、西王母戏凤玉兔捣药图、方相士、双鹳食鱼图等。出土的随葬品有陶罐、陶壶、陶瓮、铜镜、铜带钩、铜釜、石笔舔等。

（三）其他时期遗存

其他时期遗存数量较少，主要有晋墓1座，出土有青瓷盘口壶等。

唐代墓葬2座，盗扰严重。2座墓葬东西并列，墓道朝南，应是夫妻并穴墓。出土有文吏俑、骆驼俑等。从随葬品风格来看，墓葬时代当为唐代早期。从填土中出土的瓷片来看，其被盗掘的年代当在宋金时期。

宋墓2座，应为壁画墓，盗扰严重，墓室填土中出土大量带有白底红彩的图案。

金元时期遗迹主要有灰坑1个，沟2条，水井3眼。

明清墓葬2座。

黄河工业园项目的考古发掘所发现的战国遗存，为我们了解当时的丧葬习俗提供了一批新资料。汉代墓葬虽然盗扰严重，但出土的一批画像砖，做工精细，造型别致，这在中原地区的画像砖和画像石墓中尚不多见。空心砖上的画像和纹饰，表现了浓厚的地域性特征，从形制特点到画像题材及其艺术成就，都反映了汉代工匠高超的创造才能。对于研究汉代建筑艺术等，有着十分重要的价值。

（梁法伟）

【洛阳运河一号、 二号古沉船遗存与汉唐漕运水系调查】

发掘时间：2013年9月~2014年12月

工作单位：洛阳文物考古研究院

沉船位于洛阳偃师市首阳山镇义井村西南、洛河北岸滩地上，因中州渠南岸垮塌，渠水南流冲出一艘古代沉船，我院随即对其进行了抢救性发掘。共发掘出古代沉船两艘，因其地点处于汉唐漕运故道中，故分别命名为洛阳运河一号、二号古沉船，并已将其成功搬迁至回洛仓遗址公园。沉船西距隋唐洛阳城12.6千米左右，距东汉洛阳城郭城东墙300米左右，地理坐标为北纬34°42′33.8″，东经112°38′30.7″，海拔114.83米。

经发掘，两艘古沉船均出土于第④层黄色淤沙层中，距地表深约5.7米~6.3米。其中，洛阳运河一号古沉船形制比较完整，船身呈东西向，头西尾东。船体中部较宽，为3.48米，首尾较窄，宽度分别为1.2米、1.48米。船体东西长20.14米，残存最高处1.42米左右，船身最大高度1.08米。船底平整，板材厚0.05米。船尾底部为船舵结构的活动空间，船舵已缺失，但舵钳保存完好。壳板上为大撇，纵贯船的首尾两端。船体前半部设舷墙板。船体共有13个船舱。根据形制和C^{14}初步测定，沉船时代应为清代。其船体木料种属较杂，有柏木、松木和榆木等，属典型的民间就地取材。从船身结构看，其具有一定的拖运功能，动力应为风力和人力共用，且具有客货两用的功能。

运河二号古沉船出土于一号沉船东南，侧翻放置，残存有前半部7个船舱，在船的东、北部散落有船体的木质构件。船体现存残长约10.65米，残高1米左右，结构与一号船基本相同。船体北侧用铁链链接有四抓铁锚。在船体东北2米~3米外出土有粗瓷坛、瓷罐、锡壶、铁油灯、木钻、木锛、斧等遗物。二号船亦应是由民间制造的、用于运送粮食等物品的船只，推测其被洪水冲压而侧翻。其时代亦应为清代。

洛阳运河一号、二号古沉船是洛阳地区迄今为止首次发现的古代沉船，是内陆黄河漕运水系中不可多得的实物资料。它充分证明了洛阳盆地内内陆人工漕运渠道的存在和具体位置，同时为古代船体结构、建造工艺，木料的选择，以及内陆运河船体与海洋船体结构对比，乃至大运河洛阳段的研究，都提供了翔实的资料。

我们以沉船发掘为契机，对洛阳盆地内市区以东的古洛水、汉魏时期的谷水、阳渠部分地段、隋唐时期的漕渠等进行了考古调查与勘探，取得了许多全新的认识：

1. 调查确认了自伊滨区佃庄镇西石桥村向东，至西大郊北侧段的古洛河走向和位置。特别是在汉魏洛阳城南侧、西大郊北侧调查出的古洛河河床，北距汉魏洛阳城南宣阳门约1300～1750米，合汉魏时期3.13里～4.24里。这与《洛阳伽蓝记》卷三所载"宣阳门外四里至洛水"相吻合。

2. 汉魏洛阳城城南阳渠及东出的谷水主道（即现在的洛河龙虎滩南至岳滩东，过巩川入黄河段）应为汉魏时期的漕运通道。证据有三：A. 调查首次发现了东汉堰洛通漕遗址，将洛水北引入城南阳渠，即现在洛河内，位置在今河头村东侧，而河头村正处在汉魏运河的西端南侧，在此处还钻探发现了津阳门大街、宣阳门大街和疑似烧窑区遗址；B. 今龙虎滩南侧东至古城村段河道东西基本为直线，在和村南侧发现了《水经注》所载"谷水又东，左边为池"的水池遗址，由古城村向东河道向东南有一个较大的转曲为阮曲，由阮曲向东入黄河段河道有九个较大的转弯，应为九曲渎名字的成因；C. 由汉魏洛阳城东南角现洛河河道东至偃师13千米的范围内，其河床水位落差仅为0.6米。

3. 董村附近调查出的一段谷水渠道，向东北的走向与考古所汉魏队调查的谷水西端基本可以衔接起来，而在唐寺圳村西探出的谷水故道也呈东北—西南向。结合

以往资料，《水经注》所载的"千金碣"应在洛阳一中附近，其距离也与文献所载相合。

4. 建春门南至洛河北堤一段城下漕渠宽59米～61.2米、深2.3米～5.2米、长1500米的范围内落差仅4厘米，可以确定为汉魏时期漕运的主要通道。从以上可以看出城南阳渠汇集了谷水，又堰洛引入洛水，使水量加大，且地势东西落差较小，两岸土层深厚，是张纯堰洛通漕成功的主要因素。

5. 在白马寺陈屯和枣园村南发现一段较为完整的人工河道。其上口宽180米、水面距地表深13米、水面宽78米。其下游河道内发现了一件铅锭，上有印文"潼关义兴记"等，重24公斤。从印记看，其时代上限为晚唐，下限至元代。铅锭的出土说明此河道为唐宋时期的运河。隋大业元年三月，通济渠的开凿与东都城的建设同时开工，在东城南引谷洛水东入阳渠，至黄河，在汉魏洛阳"东通河、济，南引江、淮，方贡委输，所由而至"这一漕运通道的基础上进行疏通和扩充，最终建成了隋唐大运河。

6. 建春门东出的洛阳沟遗址最早开口在早期人类活动的红褐色黏土上，开凿沟时故意把土堆放在地势较低的南岸，有防范洪水南溢的意图，且堆土上形成商代中晚期文化层堆积，此沟一直沿用至汉魏时期。此沟的开凿与夏商都城可能有一定关系，但作为汉魏时期漕运渠道的可能性较小。

此次洛阳运河一号、二号古沉船的发现，和汉唐漕运水系的调查，为深入研究古代洛阳地区自东汉至唐宋时期都邑水系的变迁，研究大运河起始段汉唐时期的漕运河道沿袭关系等，都提供了重要的实物资料。

（赵晓军　吕劲松　张如意）

【郑州市邙山区陵墓群考古调查与勘测】

发掘时间：2014 年 7 ~ 12 月

工作单位：洛阳市文物考古研究院

2014 年，按照"邙山陵墓群考古调查与勘测"项目第二阶段——帝陵的重点调查和勘探工作总体安排，我院对二汉冢、三汉冢及刘家井三座东汉帝陵陵园遗址进行了调查钻探，钻探面积 627 亩，取得了一定收获。同时，对新庄村东南的 875 号封土墓冢的墓葬形制进行了重点钻探。

二汉冢西南约 500 米处现存三座小型封土墓冢，其性质应为二汉冢东汉帝陵的陪葬墓，此次钻探工作主要位于三座小冢南部。其中，在中部小冢西南发现曲尺形沟槽一处，沟口深 1.3 米、口底深 1.9 米、宽 1.2 米，沟内填土为暗红色淤土。

刘家井东汉帝陵陵园遗址的钻探工作中，在大冢南部发现两排东西向夯土墩，北侧发现 12 个，南侧 15 个，间距约 12.5 米，夯土墩长 2.8 米、宽 2.5 米。在墓冢封土中心西侧 460 米处，发现一条南北向壕沟，长 700 米、宽 3 米、口深 0.5 米 ~ 0.8 米、口底深 1.3 米 ~ 2.7 米，填土为暗红色淤土。

875 号封土墓冢原始封土南侧及东侧略呈直线，西侧、北侧被断崖破坏。现存封土南北长 29 米、东西长 37 米。墓室平面略呈"甲"字形竖穴土坑。墓道位于封土东侧，长 29 米、宽 4.1 米、口深 0.7米 ~ 1.2 米，口底深 1.3 米 ~ 8 米。

（严　辉　李继鹏）

【商水县盛晶药业有限公司仓库工地汉代墓葬】

发掘时间：2014 年 10 ~ 11 月

工作单位：周口市文物考古管理所

为配合河南盛晶药业有限公司仓库工地建设，我所派人对工程范围内经考古勘探所发现的古墓葬进行了抢救性考古发掘。

本工程位于周口市商水县西南角，南距城巴公路约 250 米，西邻娄庄，北侧为规划的行政路，东南角为董欢村，董欢村东的坑塘内曾出土过大量的古墓葬。

该墓葬群为半地穴式砖室墓，墓道朝北，共有 7 座，其中单室墓 1 座，多室墓 6 座。6 座被严重盗扰，仅 1 座保存较好。长度一般在 4 米左右，宽约 1.2 米，深 0.8 米 ~ 1.0 米不等。单室墓以 M7 为例，南北向砖室墓，墓室用红砖错缝平铺砌筑而成，顶已不全，从残存的情况来看应为拱形顶，全长 2.75 米，宽 0.85 米，开口于第六层，开口距地表 1.2 米，底距地表 1.9 米，内葬一人，仰身直肢，头向北，为男性，葬具为棺。出土有灰陶罐、灰陶甑、陶井券、陶井、布泉、货泉、铁剑等。多室墓以 M4 为例，南北向砖室墓，分东西两室，中间有通道相连，墓室用砖错缝平铺砌筑而成，仅西室有顶，拱形顶，全长 4.3 米，宽 2.4 米，开口于第六层，开口距地表 11.1 米，底距地表 2.0 米，在西室的甬道口处出土有陶罐、陶磨、陶灶、陶井、陶猪圈、陶案足、五铢、货泉、银白色箔片等。经过十多天的清理，共出土了五铢、货泉、货布等钱币以及陶井、陶灶、陶釜、陶磨、陶猪圈、陶瓮、陶罐等陶器 30 余件文物。其中，陶瓮体积较大，高度达 50 厘米，最宽处直径约 30 厘米，造型古朴端庄，应该是当时人们用来储存粮食和水的容器。最为重要的是出土了三枚"货布"。货布是新莽时期的铲币，造型古朴，文字精美，铸造规整，呈长条形，首部有圆孔，两足为方方，"货""布"两字分列左右，字体为悬针篆，由于年代久远，周身布满绿色铜锈。是不可多得的货币珍品，在我市属首次出土。特别指出出土的"银白箔片"，薄如蚕翼，透光度非常高，厚度不到 1 丝（注：1 毫米等于 100 丝）。具体成分构成还待检测，在周口也是首次出土。

出土的三枚"货布"对研究我国的钱

币发展史及汉代的经济发展情况提供了实物资料，具有较高的研究价值。"银白箔片"在周口市属首次发现，极为罕见。对汉代的冶金技术、手工业发展状况等研究具有很高的价值。

（焦华中）

【孟津县新庄汉代烧窑遗址】

发掘时间：2014年7～12月

工作单位：洛阳市文物考古研究院

窑址位于洛阳市孟津县平乐镇新庄村东北，东距238省道约1000米。遗址地处邙山陵墓群中区——东汉陵区，南距刘家井东汉帝陵约2500米，距大汉冢东汉帝陵约3500米。

2012年下半年，洛阳市文物考古研究院继续开展"邙山陵墓群考古调查与勘测"项目第二阶段——帝陵的重点调查钻探工作过程中发现，钻探烧窑127座。

遗址北、东、西三面均为断崖，西南部现存一处废弃南北向灌溉水渠，水渠西有一条田间生产路，生产路由水渠北部绕行，自西向东穿过整个遗址区，烧窑就分布在小路两侧。

本年度我院组织人员开始对烧窑遗址进行试掘，发掘区域位于烧窑遗址的西北部，发掘面积600平方米，发现烧窑5座以及沟、灰坑、井等遗迹。

通过发掘，每座烧窑的结构基本相同，均由通道、操作坑、窑室三部分组成。以Y4为例，窑室平面呈方形，长4.2米、宽2.7米、深3.3米，砖券。窑室西部为操作间，略呈方形，长1.6米、宽0.8米。操作间西部与通道相连，通道长6.1米、宽0.9米～1.6米。

出土遗物主要是砖、瓦、五边形水管等建筑材料，另外还出土了少量日用陶器和制陶工具。其中砖可以分为几何纹大方砖、扇形砖、空心砖、小砖等，部分砖上带有戳印文字；瓦分为瓦当、筒瓦、板瓦；

水管均为残件；日用陶器器型包括瓮、缸、盆、甑、罐、盘等，在Y4通道出土一件带纪年陶臼，上书"建武二十四年七月五日作"；制陶工具有陶拍、支钉等。

同时，我们对烧窑遗址的范围做了进一步的调查钻探。在遗址东北部断崖边以及遗址南部断崖南面台地又发现了烧窑3座。

烧窑遗址地处邙山东汉陵区，规模宏大，保存较好，是已知的洛阳地区规模最大的汉代烧窑遗址；遗址出土的砖瓦体量较大，种类丰富，制作精良，与朱仓东汉陵园遗址出土的建筑构件基本可以对应；遗址的发现，是除陵墓、陵园之外，邙山东汉陵区内发现的一处非常重要的手工业遗存，丰富了东汉帝陵的文化内涵，为探索帝陵及陵园遗址建设等一系列问题提供了有益的方向。

（李继鹏）

【洛阳市白草坡村东汉帝陵考古调查】

调查时间：2014年7～12月

工作单位：洛阳市文物考古研究院

洛南东汉帝陵位于洛阳伊滨区、偃师市境内。此次调查墓冢编号1030#，位于伊滨区庞村镇白草坡村和军屯村，墓冢封土已被夷平，封土直径约125米，墓道宽10米。在2006～2008年配合郑州—西安高速铁路建设过程中，曾对陵园进行过初步的调查和发掘，发掘面积3800平方米，发现了夯土垣墙以及成组的房屋、庭院和粮窖，房屋建筑基址四周有排水设施。

为解决洛南东汉陵区帝陵陵园的布局，并为帝陵归属寻找线索，以便于今后更好地开展相关的研究及保护工作，我院对1030#墓冢及其陵园进行全面的考古调查与勘探，勘探总面积14.4万平方米，取得了重要的收获。

经过勘探，在封土的北侧和东侧发现了环陵道路，路面用石片铺垫，口部距地表深 0.9 米～1.1 米，路土厚度 0.1 米～0.3 米。在封土东侧发现一处大型夯土台基，平面近方形，边长约 80 米。在封土东北侧，发现两组建筑基址群，两组建筑基址南北排列，周围有夯土垣墙环绕，垣墙内侧有排水渠。另外，在封土北侧，发现排列规律的灶共计 50 余个，口部距地表深约 1.2 米～1.3 米，初步推测与建造陵园有关。目前考古勘探工作仍在进行中。

通过此次考古工作发现白草坡 1030# 墓冢的陵园建筑规模宏大，结构复杂，与邙山地区的帝陵陵园存在一致性，并且保存状况较好。此次考古工作为东汉帝陵陵寝制度研究提供了新的资料。

（王咸秋）

【尉氏县后刘汉唐墓地】

发掘时间：2013 年 12 月～2014 年 1 月
工作单位：河南省文物考古研究院

墓地位于开封市尉氏县大营镇后刘村北。为了配合商登高速公路开封段建设，我院勘探和发掘了开封市尉氏县后刘墓地，其中钻探面积约 1 万平方米，发掘面积 700 多平方米，发现并清理汉唐时期墓葬 13 座，包括 11 座汉代墓葬和 2 座唐代墓葬。

除了 M5 外，汉代墓葬多为小型砖室墓。其中，单室墓数量最多，多室墓数量较少；从平面形状来看，其中以刀把形墓葬数量最多，还有个别甲字形墓葬和曲尺形墓葬。

这些墓葬普遍遭到严重破坏，大多仅存墓底部分，墓葬顶部结构不清楚。只有少量墓葬有随葬品，随葬品数量很少，多出土在填土中，仅残存少量陶器和零星玉器、铁器及小铜器。这里以 M6、M5、M7 为例介绍基本情况。

M6 是一座较为典型的刀把形单室砖室墓，由墓道、甬道、墓室三部分组成，墓道、甬道偏于墓室右侧。墓葬破坏严重，顶部均毁。墓道平面呈近半椭圆形，底为缓坡式。甬道平面近长方形，南壁残存四至五层墙砖，底部无砖。墓室平面近弧方形，直壁，平底。砖室墙壁保存较好，结构为 14 层平砖错缝平砌，以上为 2 层横砖侧立斜摆，墓底残存少量铺地砖。未发现人骨、葬具痕迹。随葬品全为陶器，器型有壶、罐、器盖、耳杯、奁、案、俑等。

M5 规模较大，是甲字形多室砖室墓，由墓道、甬道、主室、后室、回廊五部分组成。墓葬破坏严重，墓壁上部与墓顶均毁。墓道平面呈弧形。砖室结构复杂，由主室、后室和回廊三部分组成。主室位于墓室中西部，平面近长方形，保存有较高的壁砖。后室位于主室东部，壁砖最高达 42 层，以上还残留有局部穹隆顶，室底残留有少量铺地砖。回廊环绕主室、后室一周，局部保存有少量墙砖。残存少量人骨，出土有陶器、玉器、小铜器及骨器等物。在一陶瓮肩部上发现有"巨王千万"的陶文。

M7 是一座曲尺形多室砖室墓，由墓道、甬道、主室、过道、侧室组成。破坏严重，墓壁上部与墓顶均毁。墓道平面呈长方形，直壁，底部西端为斜坡状，东端平底。甬道略窄于墓道，两壁保存有 5～6 层墙砖。甬道与墓道连接处有平面呈扇形的封门砖，保存有 6 层。主室近方形，东壁近弧形，直壁，墙砖保存较差。过道、侧室均位于主室北端。过道较短，偏于侧室左侧。侧室平面近长方形，北壁略弧，保持有墙砖 7～14 层。发现零星人骨。未发现随葬品。

2 座唐宋时期的墓葬，皆为小型砖室墓，1 座为圆形，另一座为圆角方形，皆遭到严重破坏，仅存底部一小部分，未见有人骨及随葬品。从墓葬结构形制来看，时代应属于唐宋时期。

（张小虎）

【周口市共合家具有限公司建设项目汉代墓葬】

发掘时间：2014年1～6月

工作单位：周口市文物考古管理所

为配合河南共合家具有限公司的厂房建设，我所对工程范围内经考古勘探所发现的古墓葬分两批进行了抢救性考古发掘。

本工程位于周口市商水新工业园区内，北隔纬五路同符桥村相对，东距阳城大约200米，南距沈庄约500米。

本次共发掘清理灰坑1座，古墓葬18座，其中汉墓17座，唐墓1座，主要为半地穴式砖室墓，分单室墓和多室墓两种，单室墓为3座，多室墓15座。墓群分布规模较大，整个墓葬群由东向西依次排列，均呈南北向，错落整齐。这些墓葬均有墓道、封门、通道、甬道和主室构成，汉墓墓道均朝北，墓室平均长5米左右，宽2.5米左右。其中最大规模的墓为M3，其南北总6.3米、东西宽5.6米，由东西墓道，墓道在北封门，东西甬道，前室，东西耳室，东西主室构成，西墓室内有白灰铺的棺床，墓葬被严重盗扰仅东耳室内出土有铅锡合金当卢、车辖、盖弓帽、马镖、铜五铢等。出土文物最多的墓葬为M19南部被厂区围墙所占压，无法清理，北部清理出墓道，封门、甬首、西耳室、通道，东西主室一部分，墓葬残长3.2米，宽3.3米，开口距地表0.8米，底距地表1.7米，深0.9米，顶为拱形顶，出土文物主要有陶盘、耳杯、陶案、陶猪圈、陶猪、陶灯、陶灶、陶釜、陶瓶、陶井、陶钵、五铢、蓝紫色水晶耳珰等。唯一的唐代墓葬M17为南北砖室墓，墓葬由墓道、封门、甬道、主室构成，南北长4.1、宽1.6、深1.2米，封门呈拱形顶，封门两侧为挡土墙，且西侧挡土墙打破M19，墓室顶为涩砌顶，平面呈梯形状。内葬二人，头向南，仰身直肢，主要出土文物花鸟菱花镜、黄釉四系瓷壶、青铜钵等。另在对

这批墓葬上方土的清理中出土了宋白釉瓷碗，白釉黑花瓷碗、半兽面纹瓦当、陶瓮、陶盆等文物。本次清理发掘共出土文物67件。

水晶耳珰比之前出土的饰品更加精致，造型为管状喇叭口串饰，色泽亮丽呈紫蓝色，非常通透。陶案由四个兽足支撑，陶案正中间是有一条鱼的纹饰，活灵活现。纹饰线条流畅，造型古朴端庄，主要功能类似现在的小餐桌。据出土器物及墓葬形制特征可定汉墓的年代为东汉时期。

墓葬的发现不仅揭示了东汉和唐代的丧葬风俗，而且透过出土文物，可了解当时社会物质、文化生活的多个方面，对研究当地历史提供了重要的实物资料。

（焦华中）

【新郑市坡赵汉墓】

发掘时间：2014年5～7月

工作单位：河南省文物考古研究院

墓葬位于新郑市龙王乡坡赵村东南，属于新郑市市级文物保护单位龙王墓群的组成部分。配合商登高速公路郑州段建设，我院发掘了新郑市龙王乡坡赵村汉墓，发掘面积约500平方米，共发掘中型汉墓1座（M1），水井1眼，灰坑1个，以及围沟一段。

钻探与发掘表明，M1开口于耕土层下，方向110°，为一座带长条形墓道的多室砖室墓，由封土、墓道、甬道、封门和砖室等部分组成。

封土已经被彻底平毁。墓道向东，略偏于墓室右侧，平面呈长条状，东窄西宽，底部为斜坡式。长约12.56米，宽约1.54米～2.53米，深约0.2米～3.1米。墓道与甬道连接处有呈弧形的封门砖。甬道较短，平面呈横长方形。甬道长约1.47米，宽约2.35米。甬道与墓室之间有石质封门，目前仅残存石门楣。石门楣结构显示，石门的开启方式是向外开启。门楣中部有

被一棵树分割的相对而视的龙虎浮雕图案。墓室土圹平面近横"凸"字形，由于后期破坏，口部不甚规则。东西长约 10.6 米 ~ 11.58 米，南北宽约 7.85 米 ~ 10.7 米，深约 3.4 米 ~ 3.7 米。整个墓室由 7 间砖室组成，北部和中部各有三个室，南部一个室。大多数砖室保存较差，仅存底部的墙砖和少量券砖，从保存较好的北前室来看，墓室顶部应为四角攒尖顶，砖缝之间填充砸碎的陶瓮残片。各个砖室地面铺砖大多无存。

M1 应该存在多次葬行为，在墓道与墓门的结合处确认至少有两次打开的迹象。由于被严重破坏，M1 人骨的数量、葬式已不可知，仅残存少量被火烧过的人骨残片。

虽然被严重盗扰，M1 仍出土了种类较多的随葬品，有陶器、瓷器、铜器、铁器、玉石器、铅器等几类。陶器有小陶瓮、小陶罐，陶井、陶案、陶耳杯等。瓷器为青瓷四系壶，其残片散见于各个砖室中。数量较多的是铜质随葬品，尤以铜钱和装饰件多见。铜钱多为五铢钱，可见有延环五铢和剪轮五铢；装饰品有铜铃、铜帽、铜扣件等。铁器有铁镜、铁锸等，大多锈蚀严重。玉石器有水晶饰品残片、黛板、石砚等，还出土了数量较多的小石卵，其形状、色泽、大小皆大体一致。

M1 填土中还出土了数量较多的板瓦、筒瓦以及云纹瓦当等建筑材料，推测当时可能存在墓上建筑。

在 M1 东面约 40 米处还发现 1 眼汉代水井，可能属于墓葬修建过程中的产物。

从墓葬形制结构、随葬品等来看，M1 时代大致应在东汉晚期到三国时期。

（张小虎）

【洛阳汉魏故城宫城八号建筑遗址】

发掘时间：2014 年 3 ~ 12 月
工作单位：中国社会科学院考古研究所洛阳汉魏城队

2013 年度，我队对汉魏洛阳故城宫城太极殿遗址进行了大规模发掘，初步确定太极殿主殿以及东、西堂三殿并列的建筑格局，对研究中国古代都城宫城制度有着重要的推动作用。作为宫城正殿的太极殿建筑，应该是一个能够体现最高权力的大型建筑群，其建筑的空间格局应该是我们需要探寻的课题。本年度，根据以往考古勘探资料，同时结合在宫城南区的考古发掘结果，我们对推测的太极殿宫院西南角位置确定了发掘地点，编号为八号建筑遗址，在此布设 10×10 米探方 12 个，发掘面积 1200 平方米。

八号建筑遗址位于宫城三号门址的正西，宫城西墙以东。在发掘区内，共发现夯土墙 7 条、排水沟遗迹 3 处、铺砖地面 4 处，还有不同时期的夯土等遗迹。经过分析研究，这些不同时期的遗迹包括有北朝晚期的夯土、北魏太极殿宫院南侧的廊庑、西南角的院落、夯土墙、门址、排水沟、铺砖地面、柱础等遗迹。

北朝晚期夯土（夯 5），主要分布在发掘区的东北角。夯 5 的基槽开口在 3 层下，上部被灰坑（H1）打破。据解剖，夯 5 基槽打破了北魏宫城太极殿南侧的廊庑建筑夯土台基。该夯土特征与三号门址北侧的晚期夯土特征完全一致，应该是三号门址北侧晚期夯土向西的延伸。根据解剖可知，夯土的夯层较厚，内含大量白灰残渣以及北魏时期的磨光瓦片等，显示其夯筑年代应该不早于北魏时期。结合文献记载分析，应该与北周晚期重修洛阳宫有关。

太极殿宫院南侧的廊庑建筑，位于太极殿正前方三号宫门的东西两侧。此处发现的廊庑建筑遗迹即是三号宫门西侧廊庑向西的延伸。该廊庑遗迹坐落在一道东西向的夯土基址上，北半部被北朝晚期夯土打破，南北残宽约 10.5 米，残高 0.5 米 ~ 0.6 米。廊庑的台基表面已被破坏，仅残存有 1 条东西向的夯土墙基槽（编号夯墙

1）以及南侧的一排磉墩夯土基槽，磉墩与夯墙1间距4.9米～5米。夯墙1和磉墩皆仅存基槽部分，均为红褐色土夯筑而成，质地细密。夯墙1宽约1.2米～1.3米，东段基槽保存较薄，残厚0.1米，西段残厚约0.3米。磉墩S1口部近方形，约1.3米～1.4米见方。据解剖，现存南侧廊庑建筑遗迹的时代为北魏时期，但其是在魏晋时期始建的夯土基础上修建沿用的。

在太极殿宫院西南角还发现一组完整的院落。该院落位于太极殿宫院南侧的廊庑建筑最西端，四面有夯土院墙围合。院墙均为较为纯净的红褐色土夯筑而成，夯层厚度6厘米～8厘米，墙垣残存高度约为0.25米～0.5米。东墙东距太极殿宫院南侧廊房最西端约4米，南北残长9米，宽约1.5米～1.9米；北墙除最东端被北朝晚期夯土打破，保存基本完整，残长33.2米，西段还发现一座门址，门址宽约3.5米；西墙目前发掘长度为8米，宽度为1.5米～1.6米；南墙发掘长度为20.4米，宽度1.5米～1.6米。据四面院墙复原，该院落除东北角被北周晚期夯土打破，保存基本完整，整个院落东西长约36.3米、南北宽约17.1米，围合后院落空间面积约为620平方米。该院落内残存有北朝晚期的地面，距今地表深约0.6米～0.7米。据解剖，在此地面下2.2米处，还发现有不晚于北魏时期的铺砖地面，具体性质和详细情况尚有待进一步的发掘清理后确认。

在该院落东墙和太极殿宫院南侧廊房之间，还发现一条南北向砖砌暗渠，现仅存基槽及少量砌砖和盖顶的石板。水渠北端被北周晚期夯土打破，南端向西转折，经东墙南段缺口进入院落内。南北向水渠残长12.8米，基槽宽1.8米～1.9米；东西向水渠残长约12米，基槽宽约1.7米；深约1.4米。另在院落南墙以南，还发现一些廊房的地面铺砖和础石的遗迹。上述遗迹的时代，均为北魏时期。

另在发掘区最西端，还分别发现了魏晋、北魏和北周时期的宫城西墙。北魏至北周时期的宫墙东距前述院落西墙约4.1米，其地上部分为北周时期夯筑，宽约1.8米～2.1米；地下部分为北魏时期夯筑，宽约5米。魏晋时期宫墙位于北魏宫墙内侧（东侧），其地上部分即前述院落的西墙，残高0.5米，宽约1.5米，不晚于北魏时期；地下部分即魏晋时期修筑的宫城西墙，厚约3.7米，宽5米～6米。

通过对该遗址的发掘，我们对太极殿宫院西南角的建筑遗迹残存状况和基本布局形制有了初步认识，获得了一些建造、重修和沿用时代的重要信息。这对于我们整体认识太极殿宫院的形制布局、建造与沿用时代，均具有重要的意义。

（郭晓涛　钱国祥　刘　涛）

【洛阳汉魏故城宫城太极东堂遗址】

发掘时间：2013年11月～2014年12月

工作单位：中国社会科学院考古研究所洛阳汉魏城队

"太极东堂"遗址位于孟津县平乐镇金村南约1公里处，汉魏洛阳故城宫城中部太极殿东侧，南距宫城正门阊阖门遗址约600米，系北魏宫城太极殿大型宫殿建筑群的重要组成部分。

2012年，在对北魏宫城四号建筑遗址（"太极殿"遗址）的发掘过程中，已经发现了"太极东堂"夯土台基的西边缘。在"太极殿"遗址发掘获得重大收获的前提和基础上，本年度按照宫城发掘研究的既有计划，我队对"太极东堂"遗址进行了全面发掘，总共发掘面积2700平方米，发掘基本揭露了"太极东堂"遗址的全貌。

发掘表明，"太极东堂"遗址也是一座大型夯土台基建筑，其台基西边距太极殿台基东侧边缘约14米，两座夯土台基基本位于同一条东西轴线上，但"太极东堂"的台基规模明显小于太极殿中心正殿。

"太极东堂"夯土台基平面呈长方形，东西宽约48米，南北进深约21米，台基顶面的建筑格局因晚期毁坏已荡然无存，夯土台基的残存高度0.6米~0.8米。台基由较为纯净的红褐色土夯筑而成。台基外立面局部残存有白灰墙皮，墙皮多已剥落，保存较差。在夯土台基南侧，设置有两条南北向的慢道，目前仅清理了东侧一条。该慢道东距夯土台基东南角约7.7米，东西宽3.5米，南北长约12米。慢道主体部分夯土筑成，两侧砌筑包砖，砌砖多已无存，但包砖沟槽残存。

在"太极东堂"夯土台基的北侧，为一东西条状的院落，院落内残存有1条东西向的铺砖道路和部分连廊遗迹。道路宽约3.4米，路面铺砖残损严重，局部以垫土补平，系利用早期铺砖道路修补沿用。道路西端有一门址，与太极殿主殿东北部的宫院连通，道路向东延伸出发掘区。路面下为一砖砌水渠，内宽约0.5米，与道路走向一致；渠内局部可见毁弃的石板，应该是水渠上顶的盖板，由此可知该水渠是路面之下的暗沟。

在道路北侧，为一大型廊房建筑，廊房由中间的东西向夯土隔墙以及南北两侧的两排檐柱组成。夯土隔墙宽约1米，墙内也有柱础，将廊房隔成南北两道连廊。南侧连廊即东堂北侧廊房，目前共发现东西12间，单间廊房进深长3.1米，开间宽3.9米；北侧连廊则是另外两组宫院的南廊。在廊房建筑的东段，也有一南北向的门址，门道东西宽约3.7米，显然是东堂北侧院落与连廊以北的宫院沟通的通道。

东堂北侧连廊以北的宫院较为复杂，目前发现的东、西两组宫院皆为其南半部。其中西侧的院落1建筑规格较高，北侧正房为三开间，南面为石板铺砌地面的天井

庭院，庭院的东、西、南三面均为廊房。东侧宫院较大，目前仅见南侧和西侧的廊房建筑。这些宫院建筑格局复杂，构成既独立分割、又密切联系的建筑宫院组群。

结合考古勘探，在"太极殿"主殿西侧相同间距，也发现一座建筑规模、形制结构与"太极东堂"完全相同的殿基，显然是文献记载的太极殿西侧的配殿——"太极西堂"的殿基。

通过发掘，基本明确了该殿基的平面建筑形制、性质和时代。"太极东堂"作为宫城正殿"太极殿"主殿东侧的一座配殿，其建筑形制和结构与太极殿基本一致，夯土殿基为东西长方形，殿基南侧布置两条南北向登殿慢道。"太极东堂"和"太极殿"、"太极西堂"三殿东西并列在同一条建筑轴线上，显然是整个太极殿大型宫殿建筑群的重要组成部分。

对"太极东堂"台基的解剖表明，其夯土结构复杂，但与"太极殿"主殿台基的解剖结果基本一致，也经过多次修筑与增修沿用。即始建不晚于魏晋时期，北魏时期重修沿用，北朝晚期仍有修补改建。表明"太极东堂"殿基与"太极殿"中心主体殿基，作为同一组重要的宫殿建筑群，自魏晋时期始建，一直到北魏和北朝晚期，其建筑的总体格局均有所承袭。

汉魏洛阳城的"太极殿"，其始建年代可上溯至曹魏初年，历经西晋、北魏和北周的修补、沿用，是中国历史上第一座"建中立极"的大型宫室，在中国古代都城发展史上具有重要的里程碑意义。考察发现的太极殿宫殿建筑群，主要由居中的主殿和两侧的太极东、西堂组成，三座主体建筑占地面积达8000平方米，外围则辅以回廊、院墙、宫门等附属建筑，这些建筑共同构成一组规划有序、布局严谨、气势恢宏的大型建筑群，是汉魏洛阳城乃至中国古代建筑体量最大的建筑群之一。

通过对太极殿和太极东堂的发掘，使

得我们得以清晰地了解公元 2～6 世纪中国最高政治权力的建筑空间形态，对于汉魏洛阳城遗址乃至中国古代都城制度的复原研究具有重要的意义。而由此开启的太极殿制度，更成为古代中国最核心的政治制度，为后世都城所沿袭，并远播东亚的日、韩等国家。

（刘　涛　郭晓涛　钱国祥）

【洛阳汉魏故城宫城太极殿遗址】

发掘时间：2013 年 11 月～2014 年 9 月
工作单位：中国社会科学院考古研究所洛
　　　　　阳汉魏城队

继 2013 年度对汉魏洛阳城北魏宫城四号建筑遗址勘察及大面积发掘之后，我队基本确定该遗址是北魏宫城内的正殿——太极殿遗址。对遗址的整体面貌和形制布局有了较全面的认识和把握，但作为宫城内建筑体量最大的中心建筑，其整个宫院的形制布局、始建年代、后期沿用与形制变化等问题还有待进一步的勘察发掘与研究来解决。

在历史文献中，太极殿始创建于曹魏明帝青龙三年；至北魏孝文帝迁都洛阳营建新都，重新营建了宫城正殿太极殿。这两个时期修建的太极殿是否为同一座宫殿，在学术界长久以来即存在争议。而目前在确认的北魏宫城太极殿进一步勘察发掘，则可以为解决上述问题提供重要线索或答案。

为此，2014 年度我队决定对该遗址进行解剖发掘，以廓清其时代演进序列以及和文献的对应关系。在尽最大可能保护遗址本体的前提下，我们在太极殿遗址主体台基及周边遗迹上共布设解剖探沟 14 条，其中夯土台基上 4 条，周边遗迹 10 条。

在太极殿夯土台基上南北向纵贯解剖探沟显示，该殿基至少由 7 块不同时期夯筑的夯土构成，之间存在打破与叠压关系，清晰地揭示了太极殿为多个时期修缮和改建的现象。结合台基上其余 3 处解剖探沟分析，太极殿主体殿基的夯土大致可以分为三期。

第一期夯土位于殿基的内侧，规模最大，构成该殿基的主体。该夯土的基槽打破汉代文化层以及生土，夯层南北连贯成一体，中间无分筑迹象，为整体一次性规划夯筑而成，基槽夯土最大厚度达 6 米左右。夯土灰褐色，质地较为纯净；夯窝为圆形平底，直径约 6 厘米；夯层厚约 8 厘米。该夯土底部铺垫有一层破碎瓦片，瓦片基本以素面筒瓦和篮纹板瓦为主，有少量外圈为三角纹带的云纹瓦当，皆是具有魏晋时期典型特征的建筑瓦件。结合相关地层叠压关系及遗物，该期夯土建造时代当为曹魏时期。

第二期夯土发现在第一期夯土南北两侧，一共有 4 块，均是在第一期夯筑的夯土台基外侧的增修和补筑。上述夯土均打破和叠压着第一期夯土，其中南侧补筑了 1 块，北侧补筑了 3 块，补筑规模都不大，宽度约 2.5 米～3 米，厚约 1.5 米～2.5 米。夯土均为红褐色，质地比较纯净，夯窝为椭圆形圜底，夯层厚 15 厘米～18 厘米。上述各块夯土的颜色、质地、夯窝和夯层厚度均较为一致，且均发现有夹棍现象，显然是同一时期增修补筑的痕迹。第二期夯土的时代明显晚于第一期夯土，结合相关地层关系夯筑时代应为北魏时期。

第三期夯土是在夯土台基周边的增修夯筑，均补筑在第二期夯土的外侧。其中在台基北侧凸出部分补筑 1 块，宽约 1.5 米，厚约 2.2 米；台基南侧和东侧补筑的为同一块夯土，南侧补筑较宽，宽 9 米～17 米，厚约 6.9 米；东侧略窄，宽约 2.8 米～3 米，厚约 0.5 米～2 米。夯土均为黄褐色，夹杂大量白灰粒，质地较硬，夯窝为一端平头的椭圆形圜底，夯层厚 13 厘米～15 厘米。鉴于该期夯土中包含有北魏时期典型的磨光瓦片，结合台基周边的地层叠压关系和相关记载，推测其确切建筑时代当为北朝晚期的北周宣帝时期。

另对太极殿台基南侧的东面慢道解剖，发现其慢道夯土也存在早、晚两期遗迹。早期慢道仅存地下基槽部分，基槽长宽各约12米，深约2.3米，其夯土和台基的第一期夯土连成一体，为同一时期夯筑的同一块夯土，夯土灰褐色，夯窝圆形圜底。晚期慢道系在早期慢道的基槽夯土之上挖槽重新夯筑而成，系用红褐色土夯筑而成，两侧边壁抹墁有白灰墙皮，其地上部分多已被台基第三期夯土和北朝晚期房基打破叠压而破坏，但基槽夯土保存基本完整，南北长约11米，东西宽约5.2米，深1.3米~1.4米。晚期慢道夯土虽然被台基外侧的第三期夯土挖槽而隔断，但其夯土当和台基内侧的第二期夯土为同时夯筑。据此，结合慢道南端发现的相对应的三个时期路面和地层堆积判断，早期慢道为曹魏时期建造，晚期慢道则是北魏时期建造。

此外在台基北侧解剖，也发现有三个时期的建筑遗迹以及之间的叠压打破关系。其中台基北侧发现有第三期（北周时期）的台基包砖、白灰墙皮、散水铺砖及勒石等遗迹；在第三期地面之下，发现了第二期（北魏时期）的台基白灰墙皮、散水勒石沟槽和地面等遗迹；在第二期地面之下，还发现了早期（曹魏时期）的铺砖、勒石和地面等遗迹。早期铺砖均为规格较大的青灰色长方砖，制作规整，砌筑磨光对缝，其中一种规格为48×24×10厘米，系洛阳地区东汉至魏晋时期城址和墓葬中的常用大砖。

通过对太极殿主体殿基及周边附属遗迹的解剖发掘，我们从有限的考古发掘中获得了一些非常重要的信息，这对于认识太极殿的最早建筑时代与沿用有着重要的意义。正是基于以上考古发掘的认识，使我们印证了汉魏洛阳城北魏宫城的太极殿，始建于曹魏时期，北魏时期重修沿用，北

周时期改建未成等历史记载。

（钱国祥　刘　涛　郭晓涛）

【隋代回洛仓与黎阳仓大型粮食仓储遗址】

发掘时间：2011~2014年
单位工作：洛阳文物考古研究院、河南省文物考古研究院

为配合中国大运河"申遗"，自2011年以来，河南文物考古工作者首次对隋代黎阳仓遗址和回洛仓遗址进行了较为全面的考古调查、勘探与发掘，取得了极为丰富的考古成果。基本上掌握了两处仓城遗址的范围、道路、仓窖、管理区等总体布局以及与漕运相关的情况，清理出的主要遗迹有仓城城墙、护城壕沟、夯土基址、仓窖遗迹、道路、漕渠和大型建筑基址等。

隋代黎阳仓遗址位于河南省浚县城关镇东关村，大伾山北麓，东邻黄河故道，东北距黎阳城遗址约1千米，西距卫河（永济渠）约1.5千米。黎阳仓城依山而建，平面近长方形，东西宽260米，南北残长300米，周长约1100米。仓城城墙为夯土筑成。经过发掘的仓城东城墙呈东北—西南走向，残宽5.5米。护城壕位于东墙东侧。在仓城北中部发现一处漕运沟渠遗迹，南北向，口宽约8米，渠的南端发现有砖砌残墙遗存。在渠西北侧，勘探出一东西长40米，南北宽25米的夯土台基。从仓城的总体布局推断，仓城的西北部应为粮仓漕运和管理机构所在位置。目前已探明储粮仓窖84个，口大底小，皆为圆形；口径大小不一，小的8米左右，大的14米左右，大多在10米左右；窖底距现地表最浅3.8米左右，最深约7米。总体上看仓窖排列基本整齐有序，仓窖南北向大致有七排，东西向排列，除东北部外，每排10个左右，排与排间距10米左右；窖与窖间距最近3.5米，最远的10米。目前完成发掘面积3000平方米，已发掘清理

的 3 座隋代仓窖（编号为 C6、C16、C18），窖口周围清理出 12 个圆形或长方形柱础遗迹。经过对窖内近底部残存的粮食遗存初步检测分析，其为带硬壳的粟、黍等谷物。隋代黎阳仓废弃于唐初。目前对黎阳仓遗址的考古工作仍在进行之中。

另外，在遗址中部区域的考古发掘中，发现叠压在废弃的隋代仓窖遗存之上的是一处具有大面积夯土基础的建筑遗存，目前已清理出东西并列的两座大型建筑基址。从出土的建筑遗迹遗物特征判断，这里可能是五代和北宋时期的著名官仓——黎阳仓所在地点。

隋代回洛仓遗址位于隋唐洛阳城外的东北部洛阳市瀍河区瀍河乡小李村、马坡村西一带，地处邙山南麓的缓坡带。遗址南距隋唐洛阳城外郭城北城墙 1200 米，西距瀍河 200 米，向南与隋唐大运河通济渠相连。2004 年曾对回洛仓遗址进行过小规模的考古钻探和发掘，在清理的三个仓窖之中的 C56 内出土有一块阴刻有"大业元年"四字的砖块。2012 年初以来，经过钻探调查和考古发掘确认，回洛仓城平面呈长方形，东西长 1140 米，南北宽 355 米。仓城墙宽 3 米。分为中部的管理区、东西两侧的仓窖区、道路和漕渠几部分。仓窖成组分布，整齐排列，间距 8 米～10 米。在已经完成考古钻探的约 8 万平方米范围内，已确定的仓窖数量达到 220 座，推测整个仓城仓窖的数量在 700 座左右，远超文献记载中的数量。目前完成发掘面积 4800 平方米，已发掘清理出完整的仓窖 4 座（C3、C46、C47、C140）、仓城内主要道路 2 条，仓城外北部道路 4 条。仓窖的形制结构相同，均呈口大底小的圆缸形。其形制为在窖口外先挖一圆形基槽宽约 3 米，深 1.3 米～1.7 米，夯土填筑，目的是防止窖口塌落和渗水。因窖口塌落严重，圆形基槽开口直径残宽 13 米～17 米，推测窖口直径约 10 米，底径 7 米，窖深 7 米

～9 米。窖壁和窖底均经过修整和夯打，窖壁上涂抹有一层厚约 20 厘米～25 厘米的青膏泥，青膏泥壁面呈红褐色，表面坚硬，系经较长时间的火烤后形成。仓窖底堆积分为自下而上的青膏泥、木板、苇蓆三层，其中木板采用环窖心的同心圆形方法铺设，板宽约 20 米～23 米、厚 3 厘米。在仓窖近底部，清理出有较多应属于仓窖地上建筑盖顶的炭化草秆及草叶，部分草秆还基本保持塌落前的"人"字形屋顶形状，厚 20 厘米～23 厘米；在"人"字形草顶的顶端内侧清理出腐朽的圆形木棍，直径 7 厘米。根据对仓窖底部采集的土样进行浮选和植硅石检测，确定 143 号仓窖存储的粮食品种为单一的"黍"。仓城内清理出东西、南北方向道路各一条，东西方向道路宽 28 米，南北方向道路宽 40 米。仓城外北部清理出东西、南北方向道路各一条，东西向道路宽 5.7 米，南北向道路宽 26 米。通往回洛仓管理区的漕渠遗迹宽 20 米～25 米，渠深 6.5 米，渠壁斜直，人为开凿痕迹明显，在渠口东岸发现有明显的踩踏面。隋代回洛仓废弃不晚于初唐。

作为代表隋代不同类型的大型国有粮仓——回洛仓遗址和黎阳仓遗址的同时发掘，以超前丰富的考古新资料全面揭示了我国古代地下储粮技术完备时期的特大型官仓的概貌和储粮技术水平以及储粮的种类。两处仓储遗址的发掘相互补充地提供了隋代地下储粮技术的各个环节新的考古资料，对于研究和复原隋代大型粮食仓储全过程具有前所未有的重要价值。回洛仓遗址的发掘展示了隋代都城具有战略储备和最终消费功能的大型官仓的储粮规模和仓窖形制特征等，例如，这里的仓窖大而深，容量大，数量更多；黎阳仓则显示出依托大运河而具有中转性质的大型官仓的性质特征，如这里的仓窖口大而较浅，便于粮食的储备和转运等。两处仓储遗址的考古发现也为中国大运河成功"申遗"提

供了隋代运河开凿和利用的珍贵实物证据。目前，两处仓储遗址考古公园的建设也在同时进行之中。

（王　炬　刘海旺）

【隋唐洛阳城瑶光殿遗址】

发掘时间：2014 年 6 ~ 12 月

工作单位：洛阳市文物考古研究院、中国社会科学院考古研究所洛阳唐城工作队

为了配合九洲池遗址公园的规划与建设，重新对九洲池南的大殿遗址进行了全面发掘。此次发掘共布 10 × 10 平方米探方 25 个，发掘总面积共 2500 平方米。该遗址位于洛阳市西工区唐宫西路与定鼎路交叉路口西北角原洛阳玻璃厂院内，是隋唐洛阳城宫城遗址的核心部分，东南距天堂遗址约 600 米，其北即为九洲池遗址。

此次共发掘一组三座大殿，分东、中、西三殿。这三座大殿保存状况较好，大殿中间为夯土台基，一周保存有柱础坑，再外部分散水保存较好。三座大殿以中间的大殿为中轴，左右对称：东、西大殿大小一致，其南部和中部大殿基本位于同一直线上，北部边界则比中部大殿向北凸出较多。三座大殿中间有水道相隔。经对水道的解剖，水应从北向南流，水道宽 6 米。三座大殿被现代沟渠破坏较为严重。

其中，东殿东西长 19 米，南北宽 14 米。中殿东西长 28 米，南北宽 18 米，四周边界保存较好。西殿东西长 21 米，南北宽 16 米。殿南端紧贴建筑边缘保留有南北宽约 1.5 米、东西长约 20 米的散水。

在清理西殿西侧外围时，发现了几组砖砌桑墩，平面均呈正方形，砖型较整齐，砖长 0.32 米、宽 0.18 米，此处应还有其他建筑基址。

此次发掘出土遗物数量较多，但大多为板瓦和瓦当残片。

九洲池遗址发掘的大殿应为文献所记载的瑶光殿。此次发掘为深入研究九洲池遗址和隋唐洛阳城的形制布局以及隋唐洛阳城大遗址保护工作提供了重要的实物资料。

（赵晓军　潘付生）

【隋唐洛阳城宫城西墙和马面遗址】

发掘时间：2014 年 1 ~ 5 月

工作单位：洛阳市文物考古研究院

遗址位于洛阳市西工区唐宫路北、光华路东，地理坐标为北纬 34°41′02.92″，东经 112°26′31.88″，海拔 152 米，属于洛阳隋唐城宫城区范围之内。发掘清理出大量城墙夯土。夯土东西总宽 22.5 米，南北出探方，开口①层下。通过对夯土区域做东西横向解剖发掘可知，夯土总厚度为 3.75 米，底深 4.9 米，底部有基槽，基槽下为生土。

依据夯层厚度及土质、土色、包含物等推断，夯土至少可分三期，Ⅰ期夯土位于最下方，属基槽部分，夯层厚 0.1 米 ~ 0.2 米，土色为红褐色，土质坚硬，夹杂有少量卵石。Ⅱ期夯土叠压于Ⅰ期夯土之上，夯层厚 0.08 米 ~ 0.1 米，土色为浅红褐色，土质坚硬，夯土较纯净，包含极少量碎陶片。Ⅲ期夯土位于Ⅱ期夯土两侧，周围有现代坑破坏，形状不规则，最厚处约 1.45 米，夯层厚 0.1 米 ~ 0.18 米，土色为浅灰色，土质较硬，夯土中夹杂有碎瓦片。

所发现的夯土为宫城西墙的一部分。其中向西凸出部分系属宫城西墙马面，马面夯土系与城墙Ⅱ期夯土同时夯筑而成，其平面形状呈梯形，与城墙相连形成倒"凸"形，且北、西、南有包砖，东侧与城墙连成一体，南北长 10.5 米 ~ 11 米、东西宽 5.85 米。

在距此马面南 500 余米处亦发现了另一保存状况略差的马面遗迹，其形制与此相同。

（屈昆杰）

【偃师市牙庄村唐墓】

发掘时间：2014 年 10 ~ 12 月

工作单位：洛阳市文物考古研究院、偃师
市文物旅游局

本年度，我院对位于偃师市山化镇牙庄村西南一座被盗唐代墓葬进行了抢救性考古发掘，共清理出一小一大两座较大型的唐代墓葬，分别编为 M1、M2。两墓均坐北朝南，方向 190°。

M1 由墓道、下棺道、甬道和墓室等四部分组成。墓道位于最南端，长方形竖井阶梯式，南北长 4.24 米、宽 0.45 米，开口于①层下，内设阶梯式台阶 18 级。下棺道南北长 2.36 米、东西宽 1.05 米 ~ 1.06 米，为长方形竖穴土圹式，底深 7.6 米 ~ 7.92 米，底部略呈缓坡状，在两壁设有脚窝。甬道底部南北长 2.68 米 ~ 2.88 米、东西宽 0.98 米 ~ 1.05 米。墓门宽 0.90 米 ~ 0.96 米、顶高 1.5 米，形状略为屋坡式，在墓门的上部左、右两侧及甬道内侧近墓门处涂有薄薄的白灰。甬道内放置墓志一合。东、西两壁下部设置小壁龛四个。墓室内西侧设有棺床。棺床中部放置一具呈南北向的棺木，棺木南北长 2.0 米、东西宽 0.44 米 ~ 0.68 米，内铺白青灰一层，上有骨架，头北足南面朝西，呈侧身屈肢状，初步判断该墓应为迁葬墓。该墓共出土随葬品 200 余件。墓志盖为篆体字，上书"大唐故郑夫人墓志铭"，正文为楷体，记述了郑氏一生的主要事迹，但无纪年。还出土有银盘、银勺、铜筷、铜镜、铜铺首、铜铃、铜钱、铁剪、铁泡钉、玉猪、水晶串饰，以及大量的陶俑、陶鸡、鸭、猪、牛、骆驼等动物俑。

M2 为"长刀把"形洞室墓，由墓道、天井、过洞、甬道和墓室等五部分组成。墓道位于最南端，长条竖井斜坡式，南北长 11.86 米、宽 1.48 米，开口于①层下，南端设置台阶三级。天井共有 6 个，平面近圆形。过洞 7 个，底部平面均为长方形，弧形顶。壁龛 4 个，分别位于北部两个过洞东、西两壁下部的中间部位。甬道位于最北侧过洞北侧，底部呈长方形，南北长 3.36 米。墓室位于最北端，南北长 3.50 米、东西宽 3.40 米左右，顶部坍塌，高度不详，从底平面形状推断其结构为穹隆顶式土洞墓。墓室西部设置有棺床，南北长 3.34 米 ~ 3.52 米、东西宽 2.60 米 ~ 2.74 米，用长条形青灰砖平铺。该墓经早晚两次盗掘，墓室内棺床铺砖翻动严重，北侧两座壁龛亦被盗空，仅出土有 68 件随葬品，主要为陶俑、骑马俑，以及陶狗、鸡、马、牛、骆驼等动物俑。

根据发掘情况，这两座唐墓应为夫妇合葬墓，这为研究唐代墓葬形制，以及当时的丧葬习俗，研究唐代的历史以及社会生活等都提供了珍贵的实物资料。

（赵晓军 张如意）

【洛阳市洛龙区通衢路唐宋墓群】

发掘时间：2014 年 8 ~ 10 月

工作单位：洛阳市文物考古研究院

墓葬群位于洛阳市洛龙区通衢路与龙门大道交叉口西北，北距隋唐洛阳城 3.6 千米，地理坐标为北纬 34°36′00.79″，东经 112°27′54.48″，海拔 149 米。共清理古墓葬 62 座，其中晋墓 1 座，唐墓 60 座，宋墓 1 座。墓葬均为竖穴墓道洞室墓。

晋墓编号 C7M6086，开口②层下，为单室砖室墓，自南向北依次由墓道、墓门、甬道和墓室构成，方向 185°。墓道位于最南端，长 11.2 米、宽 1.4 米。墓门位于墓道北，连接墓道与甬道，砖砌，因盗扰仅剩 3 层叠砌。甬道位于墓门北，北接墓室，顶部已坍塌。墓室位于甬道以北，平面呈方形，长 4.7 米、宽 4.8 米，顶部已坍塌。该墓墓门和墓室内各有一直径不小于 1 米的盗洞，墓内随葬品均被盗，仅见少量陶器残片。

唐墓分大型墓、中型墓和小型墓。

大型墓：共 1 座。编号 C7M6083，开口②层下，为单室土洞墓。自南向北依次由墓道、过洞、天井、甬道、墓门和墓室构成。方向 185°。墓道位于最南端，为长斜坡竖穴式，长 6.9 米、宽 1 米，坡度 30°；北接过洞，过洞长 2.2 米、宽 1 米、高 1.7 米；天井位于过洞以北，平面呈长方形，长 3.2 米、宽 1 米；甬道位于天井以北，北接墓门，长 2 米、宽 1 米~1.2 米、高 1.5 米，墓门连接甬道与墓室，宽 1.2 米、高 1.5 米；墓室位于最北端，平面呈方形，长 4.25 米、宽 4.3 米，顶部已坍塌，该墓因盗扰，未见随葬品。

中型墓：共 3 座。以 C7M6100 为例。开口②层下，为单室土洞墓。自南向北依次由墓道、墓门、墓室构成。方向 180°。墓道位于最南端，为长斜坡竖穴式，长 4.4 米、宽 0.9 米、坡度 30°。墓门位于墓道北端，连接墓室，墓室位于最北端，平面近方形，长 3.4 米、宽 3.2 米，顶部已坍塌。因被盗扰，出土少量随葬品，有陶俑、陶猪、陶鸡、陶羊以及一些碎陶片等。

小型墓共 56 座。均为单室土洞墓，平面多呈刀形，自南向北由墓道和墓室构成，个别有封门砖。墓道长 3 米~7 米、宽 0.8 米~1 米，墓室长 2 米~3 米、宽 1.7 米~3 米，墓室底距地表 3.2 米~7 米。均被盗扰。出土少量随葬品，常见陶俑、陶罐、铜钱等。

宋墓编号 C7M6105，开口②层下，为单室土洞墓。自南向北由墓道和墓室构成。墓道长 1.8 米、宽 0.8 米。墓室平面呈长方形，长 2 米、宽 1.1 米，墓室底距地表 5.3 米。被盗扰，仅出土四系半釉瓷罐一件。

（屈昆杰）

【宝丰县清凉寺汝窑遗址】

发掘时间：2014 年 4~10 月
工作单位：河南省文物考古研究院、宝丰县文物局

为解决 2012 年配合汝窑遗址博物馆展厅地基清理时出现的墙体是否是汝窑烧造区边界问题和前几次出土的和汝瓷有所区别的青釉瓷时代问题，本年度对中心烧造区西南，现清凉寺大殿以西 800 平方米范围内进行了考古发掘，完成发掘面积 500 平方米，发现窑炉 4 座、作坊 2 座、澄泥池 2 个、墙基 1 处、沟 1 条、井 1 眼以及灰坑 26 个。

窑炉 4 座，其中 1 座北宋晚期素烧窑，3 座为元明时期烧造民用瓷器的窑炉。素烧窑炉和元明时期民用瓷器窑炉均是该窑址首次发现，其中素烧窑炉应该是河南地区首次发现。出土遗物有瓷器、陶器、铁器、钱币等。完整及可修复器物 157 件，陶瓷器标本 400 余袋。还出土一种青釉瓷器（第一阶段也出土有少量此类青釉瓷片），不仅发现数量较大，并且堆积集中，从器型来看，此类瓷器明显继承了汝瓷的器类，有熏炉、瓶、盘、碗等，其中尤以盘类居多，且形体较大，最大瓷盘的口径可达 28 厘米，在汝瓷器物群中尚不多见，此类器形约占出土遗物总量的 95%。这类瓷器釉色类汝瓷，也为天青、青绿、卵青和月白，但釉色光亮，玻璃质感强，但玉质感不及汝釉。胎质细腻坚实，多数胎色灰白，少有香灰胎。这类瓷器集中发现于④层下的灰坑和第④层堆积当中，第⑤层则仅发现少量典型的汝瓷，而不见此类瓷器，从地层关系来看，这种瓷器的烧造年代应该晚于汝瓷，为了和汝瓷区分，我们暂时将此种瓷器定名为"类汝瓷"。

此次考古发掘的收获主要表现在两个方面，一是素烧窑炉的发现和"类汝瓷"器物的出土，初步整理后认为，遗迹遗物的年代相同，皆应是汝窑废弃后的产物，年代大约在宋末或金代早中期，对研究素烧器的来源和汝窑、北宋官窑、南宋官窑、张公巷窑提供了重要的实物资料；二是元明时期窑炉及瓷器的发现，丰富了该遗址的烧造内涵，弥补了其烧造历史段的空白，

对研究中原地区陶瓷烧造史具有重要意义。

（赵　宏）

【郑州航空港区台湾科技园宋代壁画墓】

发掘时间：2013 年 12 月 ~ 2014 年 6 月
26 日

工作单位：郑州市文物考古研究院

我院为配合郑州航空港区台湾科技产业园项目工程进行发掘。墓葬形制较完整，为仿木结构砖雕壁画墓，由墓道和墓室两部分组成，墓道与墓室之间有砖砌封门，墓室内置棺床，棺床上放置男、女骨架各1具。随葬品有瓷瓶1件，瓷盏1件，铜钱2枚。墓室内壁画因环境潮湿局部脱落，砖雕内容十分丰富，图案有桌椅，炭炉、执壶、剪刀、熨斗等日常用具，与以往出土壁画墓画面内容不同的是，该墓东壁靠南壁处雕刻彩绘弓箭1副。该墓的发现对研究北宋时期的政治、军事以及生活习俗和丧葬文化等具有重要的价值。

为了完整保护该墓，郑州市文物考古研究院决定对其实施整体搬迁。本次搬迁是郑州市文物考古研究院第一次独立完成的壁画墓科技保护和整体搬迁的工程。

（高赞岭）

【洛阳市金元明清故城遗址】

发掘时间：2014 年 9 月 ~2015 年 2 月

发掘单位：洛阳市文物考古研究院

为配合升龙公司老城区旧城改造（东、西南隅）一期项目，本次发掘的洛阳金元明清故城遗址位于洛阳市老城区东南隅，发掘面积4000平方米，地层堆积分近现代垫土层、明清层、宋金层、唐代层。遗迹主要有金元明清洛阳城南城墙及城墙东南城角的马面、明清至宋金时期的四眼井、唐代新潭等相关遗迹。

金元明清洛阳城南城墙为砂土夯筑，无包砖。夯土底部距现地表深4.4米，残存厚6.5米，城墙底宽18.5米。夯层厚10厘米~12厘米，夯窝直径2厘米~4厘米、深0.5厘米~1厘米。为木棍束夯，夯土较纯净，无包含物。四眼井位于老城区府文庙东侧80米，"妥灵宫"前。因井口凿有四眼的石板盖其上而得名四眼井。四眼井开口于明代层下，距现地表深1.5米。石质井台直径5.8米，井口直径2.4米。清理井深6米。井内壁均为青砖围砌，可明显的分为上下两层。上层为明代砌砖，距井口深2.8米，砖长45厘米、宽24厘米、厚12厘米，用立砖与平砖交替围砌。下层井壁略大于明代井壁，直径2.55米~2.6米，砖长28厘米、宽14厘米、厚6厘米，用平砖围砌。上下两层砖的开口层位分别与唐宋、明代地层相对应。推测该井的使用年代应早在宋元之前。唐代新潭遗迹，以柳林街为中心，东西两侧直径约300米的区域内，发现了大面积宋金以前的新潭淤土层堆积。在脏灰淤土层下清理出宋代梅瓶1件，说明该淤土在宋代还有积水存在。另外还清理出大量明清至唐代遗物，主要有明清时期的青花瓷、黑、白釉瓷碗、盘等碎片，大量的砖瓦等遗物；宋元时期的黑、白釉瓷碗、盘等碎片及数量较多的砖瓦等遗物；唐代的白釉瓷碗等碎片及数量较多的砖瓦等遗物。

通过发掘和研究金元明清洛阳城的遗迹，丰富了洛阳城市发展的历史和文化内涵，为解决唐宋以后洛阳城址建造等一系列问题提供了新的实物资料。

（王　炬　吕劲松　赵晓军）

湖 北 省

【荆州市鸡鸣城新石器时代遗址】
发掘时间：2014 年 11～12 月
工作单位：荆州博物馆

　　鸡鸣城新石器时代遗址位于荆州市公安县狮子口镇龙船嘴村四组，地理坐标为北纬 29°55′41.6″，东经 111°59′03.8″，南距洈水河约 1000 米，东北距公安县城约 30 千米，于 2006 年 5 月由国务院公布为第六批全国重点文物保护单位。

　　调查显示鸡鸣城遗址呈不规则椭圆形，东南和西南角有明显转折。遗址南北间距约 500 米、东西间距约 400 米，面积约 21 万平方米（城内面积约 15 万平方米）。城垣周长约 1100 米，顶部宽约 15 米，底部宽约 30 米，平均高出周围平地 2 米～3 米（西北垣高出 3 米～5 米），城垣外护城河明显。

　　勘探掌握了遗址地层及文化堆积状况，探明耕土层之下约 20 厘米即普遍为新石器时代文化层堆积，以城内沈家大山（堆积厚 1.2 米～2.6 米）向四周渐薄（最薄 0.7 米），护城河宽约 50 米～65 米。

　　鸡鸣城遗址整体保存状况较好，本次对城垣损毁严重地段进行铲刮及试掘表明，垣体主要由黑褐色生土及较纯净的黄土堆砌而成，土源应来自挖掘护城河，从城垣叠压灰土层出土陶片可推断遗址上限为屈家岭文化时期，与长江中游史前时代其他古城址一样，修建城址既可防水患，亦可防御外部落。

　　　　　　　　　　　　　（刘建业）

【枣阳市郭家庙东周曾国墓地】
发掘时间：2014 年 11 月～2015 年 1 月
工作单位：湖北省文物考古研究所、荆州
　　　　　文保中心

　　郭家庙墓地位于枣阳市吴店镇东赵湖村，地处汉水支流滚河北岸、随枣走廊的入口处，为湖北省重点文物保护单位，其中心位置为北纬 31°58′20″，东经 112°50′53″，海拔 110 米，墓地分布在两个相对独立的山冈上，北岗为郭家庙墓区，南岗为曹门湾墓区，总面积达 120 万平方米以上。郭家庙墓区于 2002 年进行了发掘，共清理曾伯陭墓等墓葬 20 余座。

　　本年度联合对曹门湾墓区进行了发掘。此次共清理西周晚期至春秋早期墓葬 29 座、车坑 1 个、马坑 2 个、车马坑 1 个，共出土铜、漆木、玉石、金、银、锡、陶、骨、皮革等各类质地文物 1003 件（套），包括青铜器 744 余件（套）、玉器 93 件、陶器 44 件、漆木器 88 件，其中鼎、盘等有"曾子"铭文。该墓区为一处曾国公墓地，以位于岗地最高处的国君墓 M1 和陪葬的大型车坑、马坑为中心，其余中、小型墓葬有序分布于 M1 的西侧、南侧。1982 年在 M1 南面的耕土层曾经采集一铜戈，铭文为"曾侯羊白秉戈"。

　　M1 为带斜坡单墓道岩坑墓，东西向，一椁二棺。墓室长 11 米、宽 8.5 米、深 8 米。墓道与墓室同宽，长 10 米，自东向西逐渐倾斜，临近墓室处渐收为一平台，形制特别。该墓早期被盗扰，但椁室保存较好，未发现分室现象。器物摆放有一定规律：椁室内西北部为车马器，北部为礼乐器，南部为兵器，东部仅存豆、盒等漆木器及金玉器，疑原有大型青铜礼器被盗，出土文物总数达700余件（套）。出土的音乐文物最具特色，主要有钟、磬、鼓、瑟及钟架、磬架、建鼓架。钟、磬架横梁均为两端圆雕龙首，通体浮雕彩绘变形龙纹；钟、磬架立柱（即虡）均为圆、浮雕相结合的龙凤合体的羽人形象；钟、磬、建鼓架的底座（即跗）为通体彩绘垂鳞纹圆雕凤鸟造型。瑟尾彩绘浮雕龙纹，3个枘孔、17个弦孔清晰可见，为瑟的早期形态，并发现瑟柱6个。建鼓贯柱（即楹）高3.31米，彩绘蟠虺纹。瑟、建鼓以及钟、磬架是迄今发现最早的实物。墓内出土弓、𰉜矢、绕线轴的组合，是迄今所见最早的成套弋射用具。墓内出有一枚墨色块状物，经检测含炭12%～15%，可书写，也为考古所见最早的人工书写颜料，可能为墨的早期形态。发现的大量金属饰件，如金银合金虎形饰（含金量约87%）、铜虎形饰等，采用了锤锻、模锻、冲孔等工艺，为目前我国考古发现的最早采用这些工艺的实证。铜虎形饰采用了鎏金工艺，是我国最早的鎏金实物，银鱼是中原及其周边地区发现的最早银制品。

M1陪葬的大型车坑、马坑，为目前发现的曾国最大车坑、马坑。车坑长32.7米、宽4米，葬车28辆。车辆呈东西纵列式摆放，车舆、毂、辐、轮、辕、衡等结构清楚，共出土軎、毂饰、辕首饰、辕末饰、銮铃等车器约122件（套）。首次在车坑边沿发现柱洞，其中北沿14个、南沿2个，推测车坑填埋前其上建有类似为车棚的建筑，起保护车的作用，可能与"诸侯五日而殡、五月而葬"的礼制有关；马坑长9米、宽8米、深2米，葬马49匹以上，所有马头排列多见两个一组。

清理中型墓共22座，可分两类，一类稍大，如M5、M9、M30，墓口长约5米～7米、宽约4米～5米，葬具为一椁二棺，附葬有车马坑；一类长4米～5米、宽约3米，形制为一椁一棺。其中M10、M13各出铜鼎1件，鼎内壁分别有"曾子□（泽）""曾子寿"字样铭文，M22出土鼎1、盘1、匜1、簠2，鼎内壁有"□（尼）君鲜"字样铭文，盘内底有"旁伯"字样铭文。小型墓6座，为一椁一棺或单棺，多带侧壁龛，龛中放置一组陶器，器类有鬲、豆、罐、壶等。

发掘期间还调查了周台遗址、忠义寨城址，发现二者包含有西周晚期至春秋早期的文化遗存，同时根据郭家庙墓地与它们的位置关系推测这两处遗址可能为这一时期的曾国都城。

郭家庙墓地为春秋早期曾国国君墓地，与叶家山西周早期曾侯墓地、文峰塔曾国墓地、擂鼓墩曾国墓群共同构建了曾国考古学的年代序列，为研究曾国历史与周代封国制度提供了重要的资料。

（方 勤 胡 刚）

【铜绿山四方塘东周矿冶遗址】
发掘时间：2014年9月～2015年1月
工作单位：湖北省文物考古研究所、大冶市铜绿山古铜矿遗址管委会

四方塘遗址位于大冶市金湖街办事处泉塘村大岩阴山北麓，中心点北纬30°05′11.3″，东经114°56′2″，海拔31.15米。遗址地处南北走向的山冈底部缓坡上，东、南、西三面均为山冈环抱，北边为斜坡。遗址南北长约80米、东西宽约90米，面积7000平方米。2013年的发掘表明，此地自清代康乾至现代一直在耕种，其间改田活动频繁，对早期遗迹破坏较大，地层关系也较为复杂。大体的分布规律是地层依据地势自西南向东北低坡方向逐渐加厚，发掘区东端部分探方地层堆积较薄。耕土层下暴露炼渣堆积。东边为一条宽近8米、

南北走向的冲沟，堆积厚达 2 米。文化层达 10 层。地层堆积自下而上可分为东周、宋、明、清及现代文化层。

本年度发掘面积 800 平方米，发掘分为北区和南区，北区位于 2013 年发掘区北部，发掘面积 300 平方米，新发现一大片炼渣堆积，这与 2013 年发现的炼渣堆积隔一条东西向的古代冲沟几乎连为一体。发现汉代灰坑 1 个。出土有孔雀石、自然铜、炼渣等矿冶活动遗物，还发现有西汉铜镜残片、陶罐、陶盆、陶豆等生活遗物。在遗址东南部的一片梯田上（对面梁），发掘面积 500 平方米，现已揭露墓葬 45 座，分布十分密集，保存较为完整。其中，东周时期的竖穴岩坑墓 39 座，明清至民国墓葬 6 座。墓葬多数处于耕土层下，有 10 座墓葬分布在上下田坎之间，因以往改田遭到破坏。墓葬中，以长条形小墓为主，一般墓口长 1.8 米~2.9 米，宽 1.2 米~0.7 米；中型墓发现 3 座，长 3.8 米~4.0、宽 2.3 米~3 米。早期墓向多为东西向或东偏南，晚期墓为西南至东北向或南北向。现已清理完 4 座早期墓（M1、M2、M22、M23），葬具和人骨保存不好，痕迹难辨。M1 为中型墓，长 3.8 米、宽 2.3 米，墓坑加工较规整，墓壁上见有工具痕迹，底部四周有熟土二层台，从葬具痕迹观察，可能为一椁一棺；该墓出土有 4 件 "U" 形青铜小抓钉、3 件玉佩饰、1 件陶鬲，墓主身份可能为高层管理者。M2 为小型土坑竖穴墓，发现有熟土二层台，应有一棺，随葬有 4 件陶器，初步分析墓主身份可能为采冶技术人员。从 4 座墓出土的随葬器物观察，存在两种葬俗：一是将陶器有意打碎，下葬时将部分残陶器放置在填土中，另一半未放入墓葬中；另一种葬俗是将打碎的陶器放置于壁龛中。墓葬出土的陶鬲、陶盂（盆）、陶豆等遗物既有楚文化因素，又有浓厚的古扬越风格，其时代为春秋中期，这与铜绿山Ⅶ号矿体 1、2、5 号古采

矿点的部分井巷年代相当。目前，整个墓葬清理工作正在抓紧进行。

通过钻探和初步发掘，这一墓地具有几个特点：一是墓葬区保存好，范围大，墓葬排列密集，墓葬出现四种方向，且有打破关系，时代早晚明确。二是出土陶器丰富，具有组合明显的特征；三是出土了精致的玉器。结合以往发现的采冶遗存，初步显示出这一墓地的重要性及所具有的重要学术价值。

其一，四方塘遗址墓葬区的发现，是鄂东南及铜绿山古矿冶遗址发现 41 年以来矿冶考古中的一次重要发现，也是长江中下游地区乃至中国矿冶考古工作中少见的重要发现。

其二，墓葬区地处采冶区附近，分布于相对独立的丘岗上，墓葬大小不一，具有明显的等级现象，这对于全面研究铜绿山矿冶遗址的功能布局、东周铜绿山矿冶遗址的国别和墓主人族属、矿冶管理和组织分工等方面均提供了极其珍贵的资料。

其三，墓葬中发现陶器组合为鬲、盂、豆。其中，古扬越风格的刻槽足鬲和鄂西楚国文化因素的陶盂同时共存，这必将成为学术界探讨本地区扬越与楚的关系、葬俗、本地区先秦考古年代学构建的资料实物库。

其四，墓葬群位于铜绿山国家考古遗址公园建设的核心区，墓坑均开凿于风化岩层中，便于现场保护，增添了铜绿山古矿冶遗址的展示内容及 "申遗" 工作的新实例。

（陈树祥　席奇峰）

【南漳县川庙山东周至汉代墓地】
发掘时间：2014 年 6~8 月
工作单位：湖北省文物考古研究所、南漳
　　　　　县博物馆

川庙山墓地位于南漳县武安镇赵家营

村兴发社区西南边山梁上，地理坐标为北纬31°40′27″，东经112°02′53″，海拔约80米；属荆山东部边缘低矮垄岗与冲积平原结合区，北部为东西流向的蛮河，东边为南北流向的黑河，两河在墓地东边约1800米处汇合，形成一片平坦开阔肥沃的冲积平原，向东与宜城小河所处的汉水冲积平原相连接。

此次共发掘24座土坑墓和1座砖室墓，其中东周墓23座，皆为长方形土坑竖穴墓，其中带墓道的"甲"字形墓2座、二层台墓3座；墓壁陡直规整，部分墓壁经过拍打平整；随葬器物组合有鬲、盂、罐、豆或以四者之二组合15座，鼎、敦、壶、豆组合1座，2铜鼎、2铜缶、2铜盏、1铜盘、1铜匜、2陶簠、2陶罐、1陶豆组合1座，其他组合5座。汉墓2座，一为长方形土坑竖穴墓，保存不好，打破春秋铜器墓，出土1对耳罐和1铁刀；另一为花纹砖室墓，已被盗，仅剩墓底。

总共出土文物92件（套），其中有10件青铜器、3件（套）首饰、2件石器，其余皆为陶器。随葬陶器器型较小，陶质较差，火候低，红陶大多酥粉，多为明器，且不太整齐，各具特色；其中陶鬲大多为小口联裆截锥足楚式鬲、盂多为凹圜底；较有特点的随葬陶器为方豆（簠）、方壶、小口鬲组合以及细方格纹硬陶罐、陶缶、盂组合。青铜器体量适中，制作精美，其中青铜鼎盖顶为喇叭形抓手、方耳、中腹、近竖直短蹄足，春秋中晚期风格。

东周墓都分布在同一山梁上的三个小山头最高处，汉墓多分布在较低的位置且大多带封土堆。这批墓葬总体上属于楚墓的范畴，但也有一些自己的特点，三个山头上的东周墓可能为三个不同的小家族墓地，其时代跨度为春秋中晚期至两汉时期，附近尚未发现相关遗址。川庙山墓地的发掘在南漳地区尚属首次，为研究当地的古代丧葬习俗和楚文化相关学术问题具有非常重要的意义。

（陆成秋　王红玲）

【襄阳市卸甲山春秋至汉代墓地】

发掘时间：2014年5～6月
工作单位：湖北省文物考古研究所

卸甲山墓地位于襄阳市襄城区欧庙镇卸甲山村，坐落在汉江支流渭水河上游东岸的一处土岗上。其北靠岘首山，可直抵逶迤的汉江西岸；以南的沿渭水两岸分布着大量东周至汉代的遗址及墓地。

2014年2月，当地村民取土时挖出了七件春秋时期青铜器，引起了省文物局领导的高度重视。为保护墓地文物免受进一步破坏，我所组织考古工作队在这里开展了抢救性发掘工作，一共清理墓葬12座，出土青铜器、玉器、陶器、漆木器达66件。

战国中期竖穴土坑墓葬一座，为一棺一椁，填土极为讲究，上层填以褐黄色五花土混合白色高岭土，深达220厘米，土质异常坚硬、板结；中层填褐黄色五花土，土质坚硬，夹杂大量灰色绳纹陶片和一件石斧，接近椁盖之上有一层薄薄细砂，厚4厘米。椁室呈"亚"字形，椁两边挡板伸出，残高40厘米，残长340厘米、宽164厘米。棺靠椁室南边放置，长188厘米、宽58厘米。人骨架已腐朽，葬式不详。椁室底部有枕木槽，宽24厘米、深20厘米。随葬品一共24件，放在椁室和棺内。椁室东部随葬陶礼器，组合关系为四鼎、两壶、一敦、一缶，其中缶的旁边有一件铜勺，可能是组合形式。椁室西部随葬一盘、一匜、一罍共三件水器。棺内葬以青铜兵器、车马器和玉石器，兵器有戈三、镞三。车马器有马衔二、带辖车軎二套，由此可知，车马器可能是从一辆马车上拆下来的。玉器有玉璧、琮和环。漆盾靠南椁边放置，长约80厘米、宽约40厘米，外层为棕色漆皮，上面有红色和黑色彩绘图案，里层为竹质，多达五六层。

战国末期至秦代竖穴土坑墓葬两座，为一棺一椁，随以偶数的陶礼器，组合为鼎、壶、盒、豆、杯，陶器外表均施有朱彩。西汉墓葬九座，为单棺墓或一棺一椁，随葬品以一至三件双耳罐为主，还见有盆、钵、灶、釜等陶器。

通过此次发掘获知，卸甲山墓地的年代跨度较长，从春秋中期延续至汉代，其中战国末期至西汉初期是该墓地兴盛时期。此外，M3 出土的一件有铭文的八字形连环，可释读为"舊□（企）"，"舊"与"臼"古音相通，字形相近，因此，这种套在马口中的八字形连环在战国时期可能叫作"舊□（企）"，而不是马衔。

（胡　刚）

【宜城市汤家岗东周两汉及明清时期墓群】

发掘时间：2014 年 8 ~ 10 月

工作单位：湖北省文物考古研究所、宜城市博物馆

墓群位于宜城市鄢城办事处周岗村 8 组（汤家岗自然村）东部一低岗之上，海拔 62.8 米 ~ 64.2 米之间，占地面积 4000 余平方米。

汤家岗墓群可分为南、北两片相对独立的墓地。南区墓葬 18 座，北区墓葬 51 座，合计 69 座。时代上可大致分为东周、西汉、东汉、明代四个时期。

东周时期 50 座，均为竖穴长方形土坑墓，不见墓道，墓坑普遍偏深，棺椁痕迹明显，小部分墓葬的棺椁木保存完好。据棺椁数量，可将这批墓分为单棺、单棺单椁两类。单棺类墓圹偏小，随葬品 5 件左右，多设头龛，基本组合多为盂、罐、豆，不见鬲类，年代偏早。单棺单椁类墓圹偏大，随葬品 10 件左右，多置于椁室内一长侧，基本组合为鼎、壶、豆、罐、盒等，少见敦，另有少量铜器、玉器、漆木器等，

年代较之单棺类偏晚。

西汉时期 7 座，均为竖穴长方形土坑墓，墓坑普遍偏浅，墓圹上部多被破坏，未见墓道。大多数棺椁痕迹不明显，可辨识者均为一棺一椁。随葬品基本组合为鼎、壶、罐、灶、仓、井，不见盒类，部分墓葬出土残留有漆木器痕迹，年代集中于西汉中、晚期。

东汉时期 7 座，破坏严重，形制不全，多数仅存墓底少量铺地砖，随葬品或无或组合不完整，出土有罐、灶、井、陶塑动物、"五铢"钱、铜镜等少量的随葬品。

明代 5 座，4 座小型砖室墓，1 座土坑墓，砖室墓多遭破坏，形制不全。少数墓葬中出土有瓷碗、釉陶罐等。

汤家岗墓群紧邻楚皇城遗址，是宜城平原楚文化遗存的富集区。该墓群以东周小型墓葬为主，数量较多、年代跨度较大、内涵较丰富，填补了宜城平原小型墓葬发掘不足的空白，对于探讨楚文化葬制葬俗、茔域布局、等级分层及其变化发展历程都具有重要作用。

（向其芳　赵　军）

【大冶市鄂王城址及周边遗址墓葬群调查勘探】

调查时间：2013 年 12 月 ~ 2014 年 11 月

工作单位：湖北省文物考古研究所、大冶市文物局、大冶市鄂王城保护工作站

为了大冶市编制全国重点文物保护单位鄂王城址及周边遗产的保护规划提供科学依据，制订中长期考古工作计划，鄂王城址考古队对鄂王城址及周边遗址古墓群进行了考古调查和勘探工作，取得显著成果。

鄂王城遗址位于大冶金牛镇鄂王城村胡彦贵湾，城址处于高出周围地表约 8 ~ 15 米的岗地上，城址大体呈长方形，东西长约 420 米，南北宽约 360 米，面积约

15 万至 16 万平方米。地理坐标为：北纬29°59′20.1″，东经 114°32′58.4″，海拔40 米。调查发现，城址东垣、南垣、北垣及城内东部遭到不同程度的破坏。城址周围城垣清晰可辨，依地势而建，西垣系利用自然岗地略加修整而成。城垣周围环绕一周护城河，在城址西南角被现代修筑的水渠堤坝隔断。城址东垣北段及西垣南段各有一缺口，疑为城门所在。城址东南角有一处低洼的冲沟，可能为城内通向高港河的古人工水道，水道进出城址处疑有水门。由于城内大部分为居民区，这给摸清城内功能布局带来困难。在城址西南角一大片高地上，暴露出较多的绳纹板瓦，推测为城内高等级建筑所在。城内西南角一处水沟断面上，可见堆积分成 4 层，4层以下还有文化层。其中，1 层为表土层，2 ~ 4 层为文化层，遗物主要为板瓦残片及少量碎小陶片。从城址内发现的文化遗物，以及城址周围不同时期的墓葬中出土的遗物，结合相关史料的记载，发现城址大体在战国时期筑就，延至汉、六朝、隋、唐。

在鄂王城址周边分布有 7 处遗址，新发现 3 处遗址，其中瓷窑址 2 处：董家地、徐桥村黄西溪高梁贯窑址，采集了一批陶瓷片，时代为唐宋。两处窑址均位于鄂王城附近，对于研究本地区唐宋时期陶瓷业提供了非常重要的资料。在城址东北的香炉山遗址新发现一批重要遗物。在遗址上采集有石家河文化早期的蛋壳彩等陶片、商周陶片和石器及冶炼遗物。经对 20 个炉渣样品进行扫描电镜检测，发现了炼制锑青铜、锡铅青铜、生铁的炉渣。

鄂王城周边墓葬群主要分布在城址西部、西北部、西南部的山丘岗地上，海拔38 米 ~ 58 米。墓葬群整体南北长、东西短，由南至北延绵起伏着老虎凼、徐家山、众山、山角山、石头咀胡等岗岭，距鄂王城 270 米 ~ 1500 米。按自然小地名共划分

为 21 个墓葬区，面积约 8 平方千米。调查勘探确定 235 座有封土堆的墓葬。墓葬分布在各墓葬区的岗坡地上，分布错落有致，依山势排列，或沿岗岭呈"一"字、"品"字形排列，或沿坡地呈"扇"形分布。鄂王城墓葬主要以封土堆土坑竖穴墓为主，共计 185 座，另有砖室墓 49 座。其封土堆底径在 20 米以上的有 41 座，高 1.5 米 ~3.5 米；底径在 14 米 ~18 米的 113 座，高0.7 米 ~ 1.5 米；底径 7 米 ~ 12 米的 35座，高 0.5 米 ~1 米；其余墓葬封土堆因农田改造破坏殆尽。墓葬方向均呈东北至西南向。墓葬封土堆积大多为红褐色土，含沙，较疏松，呈颗粒状。填土大多为褐红黄色花土，夹黄色花斑土，湿润，略显黏性。通过调查勘探以及盗墓、改田所暴露的遗物判断，墓葬时代大致分为战国晚期、汉代、六朝三个时期。其中战国晚期均为土坑竖穴墓，数量 185 座；汉代砖室墓 43 座；六朝砖室墓 6 座。

调查的意义主要有以下几个方面：其一，通过调查勘探工作，核实了鄂王城城址面积，初步摸清了城址规模和布局、文化内涵、时代特征。其二，调查并发现了城址周边分布的一批重要遗址，弄清了遗址与鄂王城的关系。其中香炉山遗址采集的锑青铜、锡铅铜渣等冶炼遗物十分丰富，预示着大冶地区可能存在着相当规模的早期青铜和冶铁产业，这是继安徽省铜陵市师姑墩遗址出土冶铜遗物之后在鄂东南的又一次发现，对于探讨鄂东南地区及长江中下游流域早期冶金技术与文明的演进关系具有重要意义。其三，第一次真正摸清了鄂王城周边墓葬区的分布范围、封土堆墓葬数量和规格、性质和时代，保存状况及与城址的关系。以上资料，为下一步科学编制遗产的整体保护规划和制订考古工作计划奠定了坚实的基础。

（陈树祥　席奇峰）

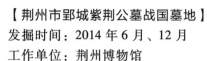

【荆州市郢城紫荆公墓战国墓地】

发掘时间：2014年6月、12月

工作单位：荆州博物馆

墓地位于荆州市荆州区川店镇紫荆村四组北部，属于纪山山脉边缘地带，墓葬主要分布于岗脊（呈北高南低的长条形龟背状）及东侧缓坡之上，墓葬间距大致相同，且排列有序，为一处家族墓地。

此次发掘为配合"荆州区郢城镇紫荆公墓"建设项目，共发掘13座战国墓，均为竖穴土坑式，其中7座为带一条斜坡墓道的"甲"字形墓，6座为长方形墓。墓口距地表深0.4米~0.9米，墓底距地表深3.5米~5.6米。墓坑大多凿穿了风化岩层，坑壁不规整，填土致密且包含较多碎岩块。葬具和人骨保存差，仅存痕迹，可辨9座为仰身直肢葬，2座为侧身直肢葬。出土遗物81件套（116件），以陶器为主，有鼎、簋、敦、壶、豆、鐎壶、罍、长颈壶等，铜器有剑、戈、匕首、削刀、带钩、镜等，铁器有带钩、削刀，另有漆奁残片及少量鹿角、动物遗骸等。

本次发掘墓葬的形制、出土遗物与楚纪南城周边的雨台山等楚墓相似，但墓向除一座（M5）为南向外，余均为西向（未发掘者也探明多为西向），这种由大多数西向墓葬组成的墓地在本地区其他同时期墓地中极为罕见，侧身直肢葬俗、随葬铜兵器等也较罕见，推测墓主可能为外来民族，在迁居到楚国核心区域后，逐步接受楚文化因素的同时，还保留了一些自身的文化因素。

（郑忠华　彭　军）

【荆州市七星堰战国至清代墓地】

发掘时间：2014年7月~11月

工作单位：荆州博物馆

墓地位于荆州市荆州区纪南镇三红村三、四组，为配合"卓尔·荆州国际城"工程2号地建设，勘探25万平方米，发掘

战国、唐、宋、明、清古墓葬计113座（战国墓43座、汉墓2座、宋墓22座、明墓31座、清墓15座），出土文物362件/套。

战国墓形制可分为带墓道的"甲"字形墓（墓道多朝南、东，数量较少）、长方形竖穴土坑墓，后者分为带龛（规模小，墓坑长1.5米~2米、宽0.8米~1米，随葬器物置于头龛或壁龛中）、无龛（墓坑长2.7米~3.4米、宽1.5米~2米）；出土陶器有鼎、敦、壶、豆等，铜器有鼎、敦、壶、盘、匜、匕、辅首、剑、镞、戈、矛、环权等，玉器有璧、佩、带钩、印章等，另有少量玛瑙环及漆木器残片；葬具及人骨腐朽无存。

墓葬年代为战国中晚期，墓地属"士"级人员墓地（带墓道者身份略高），除出土较多楚国兵器外，还出土了柳叶形铜剑、矛等巴蜀式兵器及越式铜鼎，加之墓道过长、墓坑过深等特征，为研究楚文化与巴蜀文化、越文化间的交融提供了新资料。

本次发掘宋墓出土铜镜、钱、瓷碗、陶罐等，明墓出土陶罐、墓志、地券等，清墓则仅出土陶算，在一定程度上反映了丧葬观念的变化。

（贾汉清　刘建业）

【荆州市周家小湾战国至清代墓地】

发掘时间：2014年4~8月

工作单位：荆州博物馆

墓地位于荆州市荆州区纪南镇三红村六、七组，地理坐标为北纬30°22′26.9″~30°35′92.1″，东经112°06′95.1″~112°07′84.2″，海拔31米~40米。

为配合"华中农高区淡水渔业"工程建设，发掘约6000平方米，发掘古墓葬153座（战国墓1座、东汉墓1座、东晋墓2座、南朝墓16座、唐墓16座、宋墓22座、明墓91座、清墓4座）、战国灰坑

11个、宋元灰沟4条，出土较多瓷器、陶器及少量铜、铁、金、银器等。

东晋、南朝墓葬均为长方形，形制分单室、前后室、前中后三室，均设有排水系统，排水沟挖掘随意性明显、实用性不强、均向附近低洼地铺设，家族墓葬中的小墓排水沟在大墓排水沟中段汇集；东汉至唐代砖室墓葬保存较差，墓砖所剩无几，填土中夹杂五代时期瓷片，并多被宋墓打破，说明墓地在宋代以前已被严重毁坏，在一定程度上与史载五代时期高季兴动用十几万军民取荆州城附近古冢砖石修筑荆州城墙契合；宋元灰沟中出土了大量瓷片，为研究荆州宋元明时期瓷器提供了新资料。

（张正发）

【荆州市夏家台战国至唐宋墓地】
发掘时间：2014年8月~2015年2月
工作单位：荆州博物馆

墓地位于荆州市荆州区郢城镇荆北村、郢南村，北距郢城遗址约1000米，西南距荆州古城约1500米，地理坐标为北纬30°36′54″，东经112°22′34.6″，海拔33米。

为配合"荆州中学新校区"建设发掘古墓葬461座：战国墓355座，均为长方形竖穴土坑墓（有35座设斜坡墓道），葬具为一椁重棺、一椁单棺、单棺，出土文物2538件/套，陶器有鼎、敦、壶、方壶、簠、罐、罍、镶壶、豆、鬲等，铜器有鼎、敦、壶、盘、匜、剑、戈、矛、镞、马衔、车軎等，漆木竹器有耳杯、俎、俑、镇墓兽、柲、虎座、卧鹿、鼓、梳、笾、弓、盾、竹简等，另有皮铠甲、丝织品、腌鱼及植物果核等。西汉墓50座，为长方形竖穴土坑墓（有5座设斜坡墓道），出土陶鼎、罐、盆、盂、壶、仓、灶、井、铜钱、铁权、剑等文物328件。东汉墓9座，为长方形竖穴土坑砖室墓，出土陶鼎、壶、罐、仓、灶、井、铜镜、钱等文物27件。西晋墓4座，为长方形竖穴土坑墓，出土

青瓷四系罐、虎子、滑石猪等文物16件。唐墓4座，为长方形竖穴土坑砖室墓，出土陶罐、俑、塑形动物、瓷碗、铜钱等文物49件；宋墓39座（长方形竖穴土坑墓19座、砖室墓20座），出土陶罐、釉陶盏、瓷碗、铜镜、钱等文物70件。

本次在秦汉江陵县郢城遗址近郊首次大规模发现并发掘了大量战国墓葬，将大力促进郢城遗址周边遗存分布、建造年代、功能性质等研究，特别是M106出土了100余枚竹简及M258出土了保存完整的皮铠甲、腌鱼等，为研究荆州战国时期社会、经济、军事、葬俗等提供了珍贵的资料。

（田　勇）

【荆州市高家草场战国及清代墓地】
发掘时间：2014年6~8月
工作单位：荆州博物馆

墓地位于荆州市荆州区纪南镇官坪村七组，为配合"天佳饲料新厂"建设工程发掘约600平方米，发掘战国墓葬15座、灰坑1个、清代墓葬6座。

战国墓均为竖穴土坑墓（有1座带有斜坡墓道），葬具为一椁一棺、单棺，人骨保存较好，出土陶鼎、壶、罐、盂、豆、器盖、铜铃、勺、铍、剑、戈、壶盖、镜、漆木耳杯、圆盘、方盒、圆盒、梳等文物51件/套（52件），清墓出土陶算、墓志等3件。

本次发掘战国墓葬形制多样，建墓时遗留的塌方及处理等信息较罕见，为研究墓葬的建造方式、构造特点、工具使用、工艺水平等提供了新的资料。出土的文物具有较强的时代性，某些文物（如彩绘铜镜、漆方盒、带漆木杆铜铍等）保存较好、形制特殊、纹饰精美、工艺考究，具有较高的文物保护和科学研究价值。

另外，本次发掘揭示的某些特殊遗迹，则提供了葬俗研究的新资料。如，紧邻M9（建造时已塌方后修整成鼓形）的H1，其

开口层位与墓葬开口层位同，填土遗物时代特征与墓葬随葬器物同，但遗物皆残碎，填土杂有大量草木灰、炭屑，极似经过火烧，这种在墓葬近旁的遗存很罕见，推测因墓葬在建造过程中塌方（可能多次塌方），人们为祈求平安或顺利完工而进行了某种类似"燎祭"的祭祀活动。

（孙　凡）

【荆州市王氏堰西汉至清代墓地】

发掘时间：2014年9月~2015年1月

工作单位：荆州博物馆

　　墓地位于荆州市荆州区郢城镇荆北村、郢南村，北距郢城遗址约800米，西南距荆州古城约1700米，为配合"荆州市中心医院荆北新院"建设工程发掘古墓葬272座（土坑墓243座、砖室墓29座），西汉墓41座、东汉墓9座、六朝墓20座、唐墓2座、宋墓79座、明墓97座、清墓24座，出土文物735件（陶器452件、铜器120件、瓷器100件、铁器16件、石器14件、木器3件、硬陶器3件、银器7件、水晶器2件、玛瑙器2件、釉陶器11件、琉璃器1件、蚌器1件、玉器3件）。

　　西汉墓除常见的土坑墓外，还有土坑和墓砖相结合的墓葬，反映了西汉晚期墓葬形制正处于土坑墓向砖室墓过渡阶段。葬具有一椁一棺、一椁双棺、单棺，葬式有单人葬、夫妻同穴合葬。出土文物数量多（约占出土文物总数的52%）、种类丰、组合全，有陶鼎、罐、盂、壶、罍、豆、盒、仓、灶、井、铜鼎、蒜头壶、錾、博山炉、玉璧、水晶环等，陶灶上放置铜錾、保存完好的青瓷罐及釉陶壶等极为罕见，在一定程度上反映了阶级与贫富差距；其他时代墓葬特征明显、形制多样、遗物典型，为研究当地社会生产生活、墓葬分期、葬制葬俗等增加了新的资料。

（李志芳）

【荆州市延庆寺西汉至明代墓地】

发掘时间：2014年6~7月

工作单位：荆州博物馆

　　墓地位于荆州市荆州区郢城镇荆北北村六组，东北距郢城遗址约1800米，西南距荆州古城约1200米，地理坐标为北纬30°36′25″，东经112°21′58″，海拔31米。

　　为配合"红星美凯龙家居城"工程建设发掘古墓葬45座：西汉墓4座，除M20为砖木混合结构外，余为长方形竖穴土坑墓；东汉墓1座，为长方形土坑砖室墓；唐墓6座，均为长方形竖穴土坑砖室墓，绝大多数仅存墓底；宋墓27座（土坑墓15座、砖室墓12座）；明墓7座（均为长方形竖穴土坑墓，葬具均为单棺，棺内底部垫有草木灰）。

　　出土陶罐、壶、仓、灶、釜、井等76件，瓷碗、盏、粉盒等19件，铜镜、丝、钱等29件，铁块6件共文物130件/套（522件）及较多西汉时期的菱形纹、半月纹砖及东汉时期的亚腰纹、米字纹、菱形纹砖。

　　延庆寺墓地发掘的西汉砖木混合结构墓葬为研究两汉时期木椁墓与砖室墓的演变提供了实物资料，西汉墓砖纹饰单一而东汉墓砖纹饰繁缛，可能反映了墓砖烧造由专门向市场化的转变，宋墓出土的较多铜钱则在一定程度上反映了当地社会经济发展的状况。

（田　勇）

【随州市周家寨小区西汉墓地】

发掘时间：2014年4~12月

工作单位：湖北省文物考古研究所

　　周家寨小区墓地位于随州市曾都区周家寨村八组、九组及孔家坡社区一组，地理坐标为北纬31.74°，东经113.38°，海拔78.45米。墓地西南距市中心约2.5公里，向南3.5千米为涢水，西约1.5千米有厥水向南注入涢水。墓地分布在一不规则岗地上。

布方面积2100平方米。发掘清理25座墓葬，1个灰坑，1座窑址。墓葬主要为西汉时期，另有少量的东汉和唐宋时期的墓葬。西汉时期大部分为土坑竖穴墓，少量墓葬带有长斜坡墓道，东汉墓葬砖石墓居多，唐宋墓有一座砖石残墓，窑址年代较晚，为明清至民国时代。

出土器物约206件。西汉时期的遗物包括陶器、青铜器、铁器、漆木器等，陶器的器类主要为鼎、盒、壶、釜、盂、甄、盘、灶、盘等，青铜器主要为盂、铿、剑、戈鐏、铜镜、勺等，铁器有剑和釜等，漆木器有扁壶、耳杯、笾、梳、奁、木俑、璧、木马、俎、剑、饼、薪、简和笥等。东汉时期墓葬仅有残片，破坏严重，以灶居多。北宋墓葬出土一件完整的盘口壶和一件残破的锡镜。另墓葬填土及器物内填土经过浮选，提取了大量的植物种子与果实，可辨的主要有板栗、枣等。

其中M8出土的遗物尤为丰富和重要，在南边厢东侧出土了大量的竹简，经初步清理，其中完整简牍大致有360枚，共登记565枚（包括残简），另有三枚签牌，从目前已释读的少量竹简来看，其主要内容为《日书》，与已发掘的孔家坡竹简《日书》内容相近。同时出土一方木牍，内容为《告地书》，其中关于"桃侯国"的记载进一步确认汉初随州境内曾置有桃侯国的事实，而根据木牍纪年推算，墓葬下葬年代不会晚于汉武帝元光元年（公元前134年）。

周家寨小区墓地和孔家坡墓群发掘所获得的实物资料具有十分重要的学术价值。第一，出土了大量西汉的竹简，主要内容为《日书》《历书》，其中涉及有星宿、占卜、历法等方面的内容，内容翔实，结构清晰，对于研究我国古代天文历法具有十分重要的意义，同时对于研究西汉时期丧葬、农业生产甚至社会制度等，也是弥足珍贵的文献资料。第二，出土的《告地书》有"桃侯国"记载，这是出土文献中首次出现关于"桃侯国"的记载，本次考古发掘可以为桃侯国历史的研究，提供大量的实物及文献史料，对于研究西汉封国制度具有十分重要的意义。第三，周家寨小区墓地出土了数量可观、品种丰富的植物种子及果实，尤其是M8经过浮选，提取了诸如板栗、枣等植物种子与果实，经过二千多年还保存较好，是弥足珍贵的古代植物标本，对于研究西汉时期的饮食结构或者说农业结构甚至于我国农业发展史都具有十分重要的作用。第四，周家寨小区墓地和孔家坡汉墓群出土的西汉器物群，是今随州地区汉代的标型器群。陶器虽然陶质较差，但一般器体较大，有很多上施彩绘，制作较为精细，大量保存较好的漆木器，工艺考究，纹饰优美，展现出西汉时期较为高超的漆木器制作水平，也反映了西汉时期手工业的发达，对于提取西汉时期（今随州地区）甚至于我国的经济信息，研究当时的经济结构具有十分重要的意义。

（罗运兵 史德勇）

【荆州市荆州区吴家山东汉至清代墓地】
发掘时间：2014年7~12月
工作单位：荆州博物馆

墓地位于荆州市荆州区五台村一组，北距楚纪南城遗址约2800米，东距郢城遗址约900米，南距荆州古城约2200米。

为配合"荆州区城北片区改造建设一期工程"建设发掘吴家山墓地，共发掘墓葬74座。其中，东汉墓3座，均为砖室墓；六朝砖室墓2座，宋代土坑墓1座；剩余68座为明清时期墓葬。共出土随葬器物132件（套），有陶罐、缸、钵、灶、屋、铜镜、钱、瓷碗、金饰件、滑石猪等。

此次发掘的宋至明清墓葬在荆州较为

普遍，而东汉及六朝砖室墓尽管被严重扰乱，但规模较大、形制多样、较为罕见。发掘收获对郢城遗址周边台地性质有了较深入的了解，大致认为在东汉至六朝时期，为规避江汉平原地势平坦、地下水位较高、不利于埋葬大型砖室墓，因而筑台埋葬并形成台地。

（李　亮）

【鄂州市西山青龙咀六朝至明代墓地】

发掘时间：2014 年 5 ~ 7 月

工作单位：湖北省文物考古研究所

该墓地位于鄂州市鄂城区西山街道所属的西山东麓，背靠西山，东距鄂州城区的六朝武昌城约 1500 米，北边 700 米为长江河道，向南 200 米为武昌大道，地理坐标为北纬 32°24′27″，东经 114°52′13″，海拔 35 米。

墓地据勘探情况正向布 10×10 米探方 36 个，分南北两区，无文化层分布，共揭露面积 3600 平方米，发掘墓葬 83 座，其中六朝墓葬 53 座，隋唐墓 1 座，五代南唐墓葬 1 座，宋元墓葬 12 座，明代墓葬 1 座，15 座墓葬因无出土遗物年代不明，共出土六朝至明代遗物 270 余件（套）。

青龙咀墓地六朝墓葬均为砖室墓，形制有凸字形墓、刀形墓、长方形墓和方形墓四种，葬具及人骨无保存，部分墓葬可见棺钉，出土遗物有仓、灶、井、猪圈、磨、镇墓兽、鸡、鸭、猪、犬等陶模型明器组合；盘口壶、鸡首壶、四系罐、唾盂、碗、盏等青瓷器组合；部分硬陶器如双系罐、盘口壶；少量青铜器如鐎斗，以及部分铜镜、钱币；少量金银饰品如指环、钗、手环等。

隋唐墓葬为小型长方形砖室墓，无葬具及人骨保存，出土遗物均为青瓷器，器形有盘口壶、盏、托盘、三足炉等；五代及宋、元、明代墓葬均为小型长方形竖穴土坑墓，直壁平底，葬具及人骨无存，多

数保存有棺钉，出土遗物有罐、瓶、碗、盘、盏、执壶等瓷器，铜镜、钱币、石砚以及部分铁器如剪刀等，其中宋墓中出土的青白瓷碗、盘、韩瓶、钱币、铜镜等器物时代特征明显，青白瓷器可辨认有景德镇湖田窑、湖泗窑产品，瓶、罐类器物主要为褐釉瓷，瓷胎粗糙，脱釉严重，来源不可辩；明墓中出有青花高足杯。

此次发掘的青龙咀墓地年代跨度长、墓葬及出土遗物种类较丰富，为我们建立鄂州地区墓葬考古学文化序列、研究该地区历史文化及其变迁提供了难得的第一手资料。

（田桂萍　宋　博）

【荆州八岭山冯家冢墓地隋唐墓】

发掘时间：2014 年 8 ~ 11 月

工作单位：荆州博物馆

冯家冢墓地位于荆州市荆州区八岭山镇八岭山林场五组，中心地理坐标为北纬 30°26′53″，东经 112°05′03″，海拔 58.9 米 ~ 93.6 米。其主体为一处战国时期楚国高等级贵族墓地，此外还分布有十余座隋唐、明清时期的中小型墓葬。继 2011 ~ 2013 年发掘冯家冢墓地战国时期的 7 座殉葬墓和 9 座祭祀坑之后，本年度对位于墓地东部及南部的 9 座隋唐砖室墓进行了考古发掘。

本次发掘的砖室墓沿岗地东坡由北向南排列，方向大多为西北至东南向，形制可分为凸字形单室、刀把形单室、长方形单室、长方形并列双室，部分带有短斜坡墓道和砖构排水沟。墓葬顶部均被破坏，可辨有券顶和叠涩顶两种，墓壁砌法以三顺一丁为主，铺地砖多为人字纹。个别墓葬中使用了模印花纹砖，纹饰有卷草、莲花、人物等。随葬品因早期被盗扰而仅存青瓷盘口壶、盏、碟、罐、五足炉、辟雍砚等 12 件、灰陶罐 2 件、滑石器 2 件，墓葬时代可分为隋代、唐代早期。

根据考古勘探资料，这些隋唐墓的墓

室主体部分穿插于密集的战国殉葬墓之间，而无一例叠压打破关系。结合地层堆积情况分析，推测在隋唐时期，战国殉葬墓的封土很可能尚存于地表，而其被平毁或与宋元时期有人在此烧窑取土有关。

（张万高　赵晓斌）

湖 南 省

【澧县城头山新石器时代遗址】
发掘时间：2014 年 3 ~ 6 月
工作单位：湖南省文物考古研究所

城头山遗址位于常德市澧县县城西北约 10 千米处。1991 ~ 2002 年，由湖南省考古研究所主持，曾先后 11 次对其考古发掘，前后揭露面积约 6000 平方米，发现有汤家岗文化的水稻田、大溪文化的祭坛、大溪文化至屈家岭文化时期先后四次修建的城墙与环壕或护城河等重要遗迹。2011 年以来，为配合城头山国家考古遗址公园建设，我所再次连续多年对城头山遗址进行考古工作。本年度城头山遗址考古工作有两部分，一是对遗址西南部屈家岭文化时期护城河外庙坟上地点的发掘，二是对遗址南部地表现存护城河的发掘。

庙坟上地点位于城头山遗址西南部，遗址地表现存屈家岭文化时期护城河之外，是一个比周围地面高出 1.5 米 ~ 1.8 米的凸台。该凸台现状南北长 62 米，东西宽 57 米，形状不规则，总面积约 3200 平方米。2013 年 12 月对其进行过考古勘探与发掘，确认该凸台之主体是一座新石器时代人工堆筑而成的大型遗迹。本年度在现存凸台中部原发掘区南部另布设 5 × 5 米探方 5 个，另在台地北、东和南部边缘布设探沟 4 条，实际总发掘面积 203 平方米。主要收获有二，一是在人工堆筑台基面上另发现石家河文化时期的 4 个灰坑和 7 个柱洞，从而确认了该台基废弃年代的

下限，二是通过各探沟的发掘探明了该台基现存的边界范围，并揭示出该台基边缘区域的纯净原生黄土层与砾石层相间杂的堆筑特征。

对屈家岭文化时期城墙豁口的一段护城河进行的发掘揭示出，其主要为屈家岭文化晚期和石家河文化时期遗存，局部见有少量屈家岭文化早期和大溪文化时期遗存。最重要的收获是揭示出一处石家河文化时期人工堆筑的土台。

该土台北部，即近城墙豁口处宽 14 米，南北长超过 30 米。边界大部延伸至发掘区以外，整体形状不明。土台堆积厚度不一，北部厚处超过 1 米，南部薄处不足 0.2 米。构成土台的堆积较斑杂，主要有黄褐色黏土堆积，杂密集铁锰结核的褐色与灰色淤泥等，包含物仅见零星陶片。土台表面亦凹凸不平，整体自北向南倾斜，北部土台表面见有柱洞类遗迹。该土台开口于石家河文化时期淤泥之下，南端被一历史时期河沟打破。土台之下主要叠压着屈家岭文化晚期的淤泥类堆积，即城头山四期护城河废弃堆积，南端叠压在一石家河文化时期河沟之上。

该土台应是石家河文化时期，城头山遗址外围护城河淤积废弃后，当时先民向南部城外扩展自己生活空间和清淤活动的产物。

（赵亚锋）

【宁乡县花草坪新石器时代遗址】

发掘时间：2014年12月~2015年2月

工作单位：湖南省文物考古研究所、宁乡
县文物局、湖南大学、山东大
学

花草坪遗址位于长沙市宁乡县老粮仓镇唐市村，东北距宁乡县约50千米，距长沙市约80千米。遗址坐落在楚江北岸一级台地上，地势平坦，地表现为水稻田和菜地，小部分压在民居下。

此次勘探面积约6万平方米，实际发掘面积208平方米。通过勘探，遗址大致呈长方形，东北角被一鱼塘破坏，东西长约300米，南北宽约150米，总面积约45000平方米。

花草坪遗址文化堆积可分为六层。第4层为汉宋时期的堆积。第5、6层为新石器时代堆积。共清理灰坑61个，柱洞139个，房址2座，墓葬2座，作坊遗迹1个。

灰坑可分三种：垃圾坑、窖藏坑和红烧土坑。

房址2座，均只残留柱洞，未发现明显的活动面和灶坑。柱洞分布密集，无明显分布规律，除直壁平底外，还有一种斜壁圜底的，表明当时的房子应是简易的窝棚建筑。

墓葬2座，以M1为例，开口第6层下，打破生土，平面长方形，直壁平底，长80厘米~82厘米，宽47厘米~51厘米，深51厘米。随葬品位于填土中部，较少，有1件陶鼎，仅半边；1件大口缸，仅口沿上半部，另有3个鼎足。从墓葬的形制结构和随葬品判断，应为二次葬。

作坊遗迹可能与制陶过程中的淘洗陶土有关。

花草坪遗址出土文化遗物以陶器为主，少量石器和玉器。

陶器多为陶片标本，以夹砂红褐陶数量最多，其次为泥质红褐陶，少量泥质磨光黑陶。器形简单，鼎的数量最多，另有

大口缸、豆、盘、罐、釜、杯等，以三足器为主，圈足器、尖底器次之，极少量平底器。纹饰不发达，鼎足多装饰按窝，其他仅见少量绳纹、刻划纹、附加堆纹等。

石器均为磨制，器形有石斧、石锛、石凿等。

玉器仅发现1件玉环，已残。

从总的文化特征来看，花草坪遗址的文化内涵既有汉东皖南地区的文化因素如鼎、豆，也有洞庭湖区的文化因素如釜、罐，还有本地区独有的文化因素如磨光黑陶罐，但总体来看以鼎、豆为主，与堆子岭文化特征基本一致，但不见堆子岭文化的器耳，纹饰也不如堆子岭文化发达，可定为堆子岭文化的一个地方类型。

（王良智）

【宁乡县桐子山商代遗址】

发掘时间：2014年11~12月

工作单位：湖南省文物考古研究所、宁乡
县文物局

遗址位于宁乡县老粮仓镇仙洪坝村，东北距宁乡县城约70千米，东距老粮仓镇约6000米。地理坐标为北纬28°04′26.0″，东经112°09′58.5″。本次发掘是为了配合益阳至娄底高速公路建设，共布5×5米探方8个，发掘面积200平方米。

本次发掘最为重要的发现在⑥层，为商代文化层。在该层平面出露有多处遗迹现象，包括墓葬、灰坑、器物坑、灶（火塘）、柱洞等，其中H1、M4、柱洞并口于⑤层下，打破⑥层，时代偏晚；其他遗迹则基本与⑥层同时。通过对⑥层出土器物的初步观察，发现陶器以泥质陶为主，器型较规整，多红胎黑衣陶，次为灰陶和磨光红陶，以及少量夹炭陶和黑陶。主要器类有直柄豆、小壶、折沿釜、器盖、碗、钵、盆（篡）、高领折肩罐等。石器仅出一件磨制穿孔石锛，制作精美。

本次出土的陶器以红胎黑衣陶为大宗，

这一特征与石门皂市商代遗存非常接近，皂市的泥质红胎黑皮陶约占35%。泥质红陶为表面磨光，颜色鲜艳，与安化城埠坪遗址红陶特征相同，高领折肩罐的形态则与桃江麦子园遗址商文化地层 A 型陶罐比较接近，因此估计桐子山商代遗存时间约在二里岗上层。

宁乡桐子山遗址商文化特征与桃江麦子园遗址、桃江许家州遗址、安化城埠坪遗址有诸多共同之处，各遗址间应有千丝万缕的联系，或揭示出二里岗上层至殷墟时期湘中地区具有相同或相近的文化面貌。

（袁　伟）

【湘乡市三眼井战国遗址】

发掘时间：2014 年 9 月

工作单位：湖南省文物考古研究所

三眼井遗址位于湘江支流涟水北岸，属湘乡市昆仑桥办事处南正街社区，建筑施工时发现。彼时遗址已是长宽 31×47 米，深 6 米的深坑，文化堆积全毁，坑壁已用钢筋混凝土加固，无法观察、分析地层堆积。

坑底有古井和现代井的残留 16 处，其中 1 处为医院取水开凿，3 处因破坏严重而无从断定年代，5 处为战国晚期，7 处是南宋遗存。

J1 于 9 月底因盗掘出土竹简。J1 口径 1.9 米、残深 1.73 米，井内填充物为淤泥夹杂筒瓦、板瓦、陶器残片、竹木质物品等，陶器具有明确的战国晚期楚国文化特点。竹简数量约 700 枚，单支长度 23 厘米，文字为战国楚文字。

遗址所在地当是楚国晚期湘乡地域的城邑所在。据已清洗可辨识的三五支残简，其上有"兀（其）六月""・九十二"等，简牍应为政府公文遗留。发现表明湘乡地域设县始自楚国晚期，约公元前 250 年，而不是《汉书・王子侯表》中记载的汉哀帝建平四年（公元前 3 年）封长沙王之子刘昌为湘乡侯。

南宋的井中出土陶瓷器，瓷器多为湘乡本境棋梓桥窑产品，少数杯、盏、碗来自其他区域，有临安官窑产品影青瓷。部分器具上留有文字，如"熊""夏置""□熙八年"等。

（张春龙）

【中方县荆坪战国至西汉墓葬】

发掘时间：2014 年 10 月～2015 年 2 月

工作单位：湖南省文物考古研究所

遗址位于怀化市中方县中方镇荆坪村、岩头园村、茶园坡村、顺福村一带。2013 年，为配合怀化市工业中专新校址的建设，我所曾对工程征地范围内的竹子园墓群进行了考古发掘，共发掘战国至西汉早期的墓葬 11 座。本年度，为配合职教城内紫荆西路及公共广场的建设，共发掘战国至西汉时期的古墓葬 87 座，出土铜器、陶器、玉器等各类文物三百余件。

这批墓葬中绝大多数应为战国墓，秦至汉初的墓葬只占极少数。墓室均为土坑或岩坑竖穴结构，按其平面形状，可分为凸字形宽坑墓、长方形宽坑墓及窄坑墓三大类。凸字形宽坑墓即带有斜坡墓道的宽坑墓，一般无壁龛，墓室宽度大多在 2.6 米～3.2 米之间，葬具多为一棺一椁，墓底一般设有两条枕木沟。长方形宽坑墓的墓室宽度大多在 1.6 米～2.5 米之间，少量设有头龛，仅 1 座设有生土二层台，葬具大多为单棺，墓底设两条枕木沟。窄坑墓的墓室宽度在 1 米左右，大多数都设有头龛，头龛的位置有高有低，形状也有半圆形、方形等之分，此类墓葬墓底均无枕木沟，少量墓葬的墓底铺有炭灰。

从随葬品来看，以鼎、敦、壶等仿铜陶礼器或盂、罐、豆等日用陶器为组合的墓葬数量最多，部分墓葬配有剑、戈、矛等青铜兵器，少量墓葬还随葬铜鼎等容器，其年代应在战国中晚期。以鼎、盒、壶或鼎、敦、钫、豆为组合的墓葬均仅发现 1 座，其年代或许在秦代至汉初。除上述这批墓葬之外，另有少量战国墓葬均出有青铜兵器，另随葬少量陶器或不随葬陶器，且兵器的形制与一般的楚式兵器明显不同，其文化性质还有待于具体的分析。若按照随葬兵器的差异，这类墓葬又大体可分为三小类。一类为随葬宽格扁茎短剑的墓葬，共发现 2 座。第二类为随葬无格扁茎铜剑的墓葬，共发现 3 座。第三类为随葬虎纹铜戈等巴蜀式青铜兵器的墓葬，仅发现 1 座。

据《汉书·地理志》中载西汉武陵郡所辖十三县中有"无阳"的县名，大体在潕水沿线一带。里耶秦简中亦有"无阳"县名记载，暗示汉代无阳县城的设置极有可能是承袭于秦代。此外，楚简文字也记有"鄢易"的地名，有学者释为"鄢阳"，也与"无阳"相通。由此看来，"无阳"县名应由楚、秦、汉三代因袭而来。中方荆坪一带楚汉墓葬十分密集，其中不乏一些等级较高的墓葬（在本次发掘区内，有一座残存的封土直径在 20 米左右的墓葬），表明这一地区应当还存在与墓地的规模和等级相称的遗址，这就为我们探索楚汉时期无阳县邑的地望问题提供了新的线索。

（盛　伟）

【东安县灌坝东晋墓群】

发掘时间：2014 年 1～5 月、11～12 月
工作单位：湖南省文物考古研究所、永州
　　　　　市文物处、东安县文管所

灌坝墓群位于东安县芦洪市镇灌坝村北，东北距芦洪市镇约 8 千米。墓葬散布于连绵的丘陵山地上，被杂草、灌木、松木等覆盖。本年度为配合永州市东安电厂建设，我所先后两次对该墓群进行抢救性考古发掘，清理了一批砖室墓，出土随葬品有滑石器、陶器、瓷器、铁器、铜器、银器和古钱币等。

此次发掘的墓葬保存状况较差，多数已被盗，均无封土堆，少部分保留券顶，有的仅残存墓底。墓内填土为棕色砂质黏土夹杂浅灰色斑块。棺木和人骨已腐朽无存，随葬品多寡不一。

根据墓葬平面形状可分为三型。

A 型。平面长方形。共 19 座。部分有墓道和排水沟。券顶多已被毁，残留墓壁和墓底。墓壁为单砖或双砖纵向叠砌，墓底砌法多样，有横铺、纵铺、斜铺、纵横平铺、人字形铺设等多种。代表性墓葬有 M04、M21。

B 型。平面凸字形。共 4 座。由甬道和墓室组成。均遭破坏，保存不完整。

C 型。平面亞字形。仅发现 1 座。

墓葬随葬品种类较多，有青瓷器、陶器、铁器、滑石器、铜器、银器和古钱币等，以青瓷器数量最多。

青瓷器烧制火候高，器身内外均施釉，但多已脱落。器型有鸡首壶、四系罐、四系坛、四系壶、痰盂、熏炉、碗、钵、器盖等。

陶器烧制火候不高，易碎，多为红陶，器型有陶罐、陶砚台两种，陶罐器身装饰方格纹。

铁器以剪刀数量最多，另见有 1 件铁剑，2 把铁削。锈蚀严重。

石器有石镇纸和石砚。

铜器仅见 1 件铜镜，锈蚀严重，残损。

古钱币均为五铢钱，锈蚀严重，字迹模糊。

这批墓葬多成组分布，两个或三个一组，墓向基本一致，应是以家庭为单位分区埋葬的。

M6、M10 和 M15 发现纪年砖，年号有"永和五年"、"泰和四年"、"宁康三年"和"太元四年"四种。其中"永和五年"和"泰和四年"同出于 M10，"宁康三年"和"太元四年"同出于 M15。

从墓葬形制和随葬品特征判断,这批墓葬应是同一时期的以家庭为单位的家族墓,纪年砖提供了准确的年代信息,灌坝墓群年代应为东晋时期。

(王良智)

【双峰县花塘南朝墓】

发掘时间:2014年9月

工作单位:湖南省文物考古研究所

为配合娄衡(娄底至衡阳)高速公路建设,我所在双峰县花塘墓群清理了三座砖室墓。

花塘墓葬位于双峰县印塘乡四湾村东南,墓葬周围原有现代民居,现均已拆迁。《中国文物地图集·湖南分册》记载有该墓群:"分布面积约1000平方米,封土堆一般高约2米,底径5米,墓砖饰几何纹。"今地表已看不见封土堆,仅残留少量墓砖。

考古发掘工作进场时,墓葬遭到较严重毁坏,仅残留东北一角。我们采用探沟发掘法清理红线内剩余区域,共发现三座并排的砖室墓。三座墓葬均遭破坏,未发现随葬品,形制结构基本一致,以M2为例。

M2,凸字形砖室墓,顶部残,残高1.44米,方向5°。由甬道、墓室两部分组成。甬道长方形,长0.95米,宽0.65米,甬道两侧使用番莲纹墓砖装饰。墓室凸字形,长2.78米,宽1.14米,两侧竖砌墓砖也装饰番莲纹。墓室中部砌有棺床,棺床长2.28米,宽1.14米,高0.24米。由两层砖砌成,下部一层砖竖排,中间留有缝隙作为排水道,上部一层砖纵横平铺。墓室底砖为人字形铺设。

墓砖纹饰较清楚,有番莲纹、钱币纹、稻穗纹、几何形纹饰等。番莲纹装饰于墓砖正面,浅浮雕两支番莲,均有8个花瓣,外围表现出有莲子,两支番莲局部有差别。其他纹饰装饰于墓砖侧面。另在M1中还发现有一种墓砖侧面书有"目"字。墓砖规格基本一致,长0.36米,宽0.18米,厚0.05米。

整体来看,此次发掘的三座墓葬无论形制结构、墓向还是墓砖的规格、纹饰都非常近似,应是同一时期的家族墓,墓主是同一家族的成员。从墓葬形制和墓砖纹饰看,与湖南邵阳、湖北谷城等地的南朝墓基本一致,因此推断这三座墓葬的年代应为南朝时期。

(王良智)

【益阳市羊舞岭宋元窑址】

发掘时间:2013年8月~2014年7月

工作单位:湖南省文物考古研究所、益阳市文物管理处

为配合319国道益阳南线高速公路建设,对窑址进行抢救性考古发掘。羊舞岭窑址位于益阳市赫山区龙光桥镇早禾村、石笋村和沧水铺镇交界处的山丘和坡地上,窑址附近有古河道与洞庭湖水系的烂泥湖相连,目前已发现有高岭窑址、杨泗庙窑址、瓦渣仑窑址等,是一处南宋至明清时期的窑址群。发掘分I、II两个区域,总发掘面积约2200平方米,清理出五座南宋晚期至元代龙窑及其作坊遗迹。

I区清理了一座南宋晚期至元代早期龙窑Y4。受红线范围限制,仅清理Y4的窑头部分,Y4为长斜坡龙窑,全长约40米,清理部分长6米,分为窑前工作面、火膛、窑门、窑床几部分。Y4废弃堆积以芒口青白瓷为大宗,另有少量涩圈青瓷器。从地层堆积、器物特征、装烧方法等方面来看,Y4的始烧年代应为南宋晚期,终烧年代为元代早期。

I区更为重要的收获是揭露出了南宋晚期至元代中晚期的制瓷作坊遗迹,包括沉淀池、储泥池、淘洗池、排水沟、灰坑等。南宋后期作坊遗迹发现于发掘区东部元代作坊遗迹之下,分布有F5(晾晒场)、

F4（堆料间）、F6（制坯间）、F7（储釉间）等，大体呈西北东南向。

F5位于工棚遗迹最南端，同时也是这一组遗迹地势最高的地方，F5内有厚厚的垫层，表面有一层厚炭屑堆积。平面呈横长方形，西侧、北侧墙体保存较好，西侧墙体由窑砖砌筑，北侧墙体由垫钵覆扣多层垒砌。

F5北邻F4和F6。F6平面呈纵长方形。房屋西、南、北三面墙体均以残垫钵覆扣多层垒砌。东面墙体因发掘面积限制不详。房屋内底部为支圈垫层，在房屋东北角发现一处陶车遗迹（K1）及相关的制坯泥料堆积，从而证明F6主要是作为制坯的房间。K1平面呈大圆套小圆，小圆即是陶车木轴放置的地方，其内填土呈灰褐色，土质疏松。而大圆内填土呈红褐色，土质致密，经过人为夯打。在轱辘坑之南分布有带状的红褐色料泥，应是制坯时临时存放于此备用的。

F4南与F5相邻，东与F6共用一道墙体，南侧、西侧均以残垫钵覆扣多层砌筑，北侧与F7相接未发现墙体，仅于房屋四角发现不规则柱础石。房屋内仅于西南角发现一堆呈块状的黄褐色料土，推测F4是作为堆料间来使用的。

F7位于工棚遗迹最北端，其西侧靠近水沟G6，平面近方形，未发现墙体，仅与房屋四角关键部位发现不规则柱础石。房屋内西侧分布有两处储釉坑（H20、H22）。坑壁经过人为修整，坑壁局部有残垫钵，其中H22坑底发现有凿空的树木，两处坑内堆积均为较为纯净的釉料泥，上部呈黄褐色，靠近底部呈青色。从这两处储釉坑来看，F7是作为存贮釉料的房间。

元代中晚期作坊遗迹主要位于发掘区西部，已发现有淘洗池、排水沟、储泥池、陈腐池等相关遗迹。遗迹地势西高东低，西南有进水口与淘洗池（C16～C18）相接，淘洗池东端通过G12与淘洗池C12相接，C12东北角有一出水口，但进一步的走向已难以看出。

Ⅱ区清理了一处南宋至元代的龙窑，为上下叠压的四座龙窑，由上及下依次为Y29、Y52、Y53、Y54。

Y29为长斜坡平底龙窑，长48米，宽2.2米～2.8米。尤为特殊的是龙窑窑尾位于山腰，排烟室后壁利用自然山体略加开凿而成，排烟室北接一排水沟，窑炉南侧在基岩上凿成另一条排水沟，从而解决了山顶雨水对龙窑的影响。

Y52、Y53、Y54亦为长斜坡龙窑，均叠压于Y29之下，走向与Y29一致，其中Y52位置与Y29完全重合。Y53北侧窑壁外有一条与窑壁平行的排水暗沟。Y54窑床中部有两条西北东南向的排水暗沟。

这几座龙窑的产品以青白瓷为主，少量青瓷。产品分为芒口器和涩圈器两种，芒口器占大宗，种类有深腹碗、印花斗笠碗、平底印花碟、高足杯、印花圈足盘等生活用具，以及笔架、象棋等文娱用具，胎质细腻，胎体轻薄，青白釉，许多器物釉色泛青绿。涩圈器很少，种类有敞口圈足碗、侈口饼足碗、折沿盏、折沿炉等。窑具种类有垫钵、垫柱、支圈、火照等。

龙窑出土的产品具有南宋末年至元代早中期的特征。通过以往的调查，我们得知元代中期前后，羊舞岭窑开始大量仿烧龙泉窑厚胎涩圈器，青白瓷数量减少。这类仿龙泉窑青瓷器胎体厚重，虽多有刻画花，但制作粗糙。此次发掘的Y4、Y52、Y53、Y54产品都仍以芒口青白瓷为主，涩圈器仅局限于少量器物，且胎体轻薄，很少发现仿龙泉窑厚胎青釉器。而且从这两处窑址作坊区出土的"咸淳三年…"铭青釉盏托、"大德八年五月"铭轴顶板盏等纪年器物来看，这几座龙窑应始烧于南宋末年，终烧年代在元代早中期。

这两处烧制青白瓷的龙窑均以支圈覆烧法为主，在产品形态以及窑业技术方面都与江西景德镇青白瓷窑业技术高度一致，结合作坊元代地层出土的"饶州"刻铭垫钵，进一步证明羊舞岭窑的窑业技术直接源于江西景德镇窑。揭露出的南宋晚期、元代早期、元代中晚期三个不同时期的作坊遗迹，较为全面地展现了羊舞岭窑不同发展阶段的制瓷工艺流程、产品结构及技术体系的阶段性变化。这些发现为我们进一步勾勒出了湖南青白瓷的大致烧制时间，这对于今后研究江西景德镇窑青白瓷窑业技术的传入时间、路线等问题具有重要意义。

（杨宁波）

【娄底市娄星区明代壁画墓】

发掘时间：2014 年 10 月 18 日 ~ 11 月 11 日

工作单位：湖南省文物考古研究所

　　2014 年 10 月 8 日，在娄底市娄星区万宝镇群益村一处市政工程的施工中，发现了一座以石灰浇浆砌筑的古墓，前期市级文物部门技术力量有限，壁画保护难以完成，我所后期介入对之进行抢救性发掘及保护工作。

　　墓为石灰浇浆的三合土砌筑，券顶，分前、后室，前室较短，砖、石封门。墓通长 4.6 米，通宽 2.4 米，通高 2.3 米，壁厚约 40 厘米。后室墓底砌有棺床，棺床与墓壁之间有封闭性的排水沟槽。后室的两侧壁、后挡壁及圈顶共四个面绘有壁画。壁画以红、黑、灰等颜料彩绘，两侧壁所绘为葬仪图。其中左侧壁为墓主人端坐轿上，四人抬轿；前面行走着鼓乐手，一人手撑华盖；再前有一人牵马；最前方画一亭台，象征将墓主人送往天堂。右侧也是葬仪图，与左侧所别者为墓主人骑马，无亭台，余大致同左侧。券顶中间画一个大圆圈，大圆圈内九个小圆圈，象征十个太阳，故应为"十日图"。九个小太阳内都画有赤乌，大、小太阳之间均有放射状线相连。后壁所绘为墓主图像，墓主人端坐中间，两旁各站立两个侍童。棺椁及墓主骨骼已朽。墓室后端底部沟槽内出土釉陶罐两件。

　　清理工作结束后，我们聘请陕西省文物考古研究院的壁画保护专家现场指导，将承载壁画的墓壁切割、打包，运至铜官窑基地进行室内保护处理。

（谭远辉）

广 东 省

【郁南县磨刀山遗址与南江旧石器地点群】
发掘时间：2014 年 4～8 月
工作单位：广东省文物考古研究所、北京
　　　　　大学考古文博学院、云浮市博
　　　　　物馆、郁南县博物馆、罗定市
　　　　　博物馆

　　磨刀山遗址位于云浮市郁南县河口镇和都村，磨刀山地处南江盆地东北部，为南江西岸第四级阶地。本年度对郁南磨刀山遗址第1地点进行抢救发掘，发掘面积200平方米。发掘取得突破性收获，在原生网纹红土堆积中发现上、下两个包含石制品的旧石器时代早期文化层，揭露出较大面积的古人类活动区域。

　　本次发掘出土近400件石制品，其中大部分发现于下文化层。石制品原料岩性以砂岩、石英与石英岩为主。石制品类别包括石料、石核、石片、断块、碎屑、石锤、石器、残石器及使用砾石等，其中又以石料、断块、碎屑、石核与使用砾石的数量为多。石器加工技术以单面硬锤修理为主，仅少量手斧使用两面加工技术。石器的修理较为简单粗糙，刃部普遍不规整。石器类型有砍砸器、手镐、手斧与刮削器等，其中又以砍砸器数量为多。此外，多见直接使用砾石做工具的现象。

　　根据区域地质研究成果，南江干流西江的第四级阶地沉积物年代为 Q_{1-2} 或 Q_1，绝对年代在距今 800～600ka。磨刀山遗址的文化面貌与石器技术和邻近的广西、湖南等地旧石器早期文化具有相同的时代特征。磨刀山遗址第1地点上、下文化层的整体年代可至中更新世偏早阶段，属于旧石器时代早期。

　　磨刀山遗址位于北回归线以南，地理位置处于华南与东南亚的南亚热带至热带气候区的过渡地带，其低效的石器生产程序、粗率的石器加工工艺及相对单一的石器组合正是适应湿热环境的体现，应当与有机质的工具如竹木器的广泛使用密切相关。磨刀山遗址的石器技术具有中国南方砾石石器工业的一般特征，但与长江流域湖南、安徽等地的旧石器时代早期文化有明显差异，而与广西百色盆地以及东南亚地区的旧石器早期文化具有更多的同质性，表现出更偏向于热带气候环境的古人类适应模式。

　　自2012年底开始，广东省文物考古研究所等单位在粤西南江流域开展旧石器考古专项调查，目前已发现66处旧石器地点（遗址），采集到数以百计的打制石器。地点群主要集中发现于南江盆地东北部四级阶地至二级阶地，大部分地点密集分布在20平方千米范围内。2014年又对部分地点等进行勘探、试掘，初步确认不同阶地石制品的出土层位。

　　南江盆地旧石器地点的区域分布密集程度在华南与东南亚地区较为罕见，表明更新世古人类在南江流域不仅活动频繁且延续时间长。南江旧石器地点群内不同地点石制品数量的多寡与不同地点功能的差异，展现出区域内由中心营地与临时活动地点组成的更新世古人类栖居形态。

南江旧石器地点群的整体年代由中更新世延续至晚更新世,可分为三期。第一期的年代在中更新世偏早阶段,第三期应至晚更新世较晚阶段,而第二期则在两者之间。南江旧石器地点群构成了从旧石器时代早期至晚期相对完整的文化发展序列,不同阶段在原料利用、石器技术及工具组合等方面的差异,反映出南亚热带—热带过渡地区更新世气候环境变迁之下古人类适应模式的演进。

郁南磨刀山遗址与南江旧石器地点群的考古新发现具有非常重要的学术意义:(一)磨刀山遗址第1地点是广东目前发现年代最早的文化遗存,填补了本地区旧石器早期文化的空白,是广东史前考古的重大突破。(二)磨刀山遗址所反映的岭南地区早期古人类独特的石器生产活动和适应策略,展现了岭南—东南亚地区与华南北部早期旧石器文化、古人类行为的联系和区别。(三)南江旧石器地点群的考古发现,对研究岭南—东南亚地区更新世古人类的栖居形态与适应策略以及区域旧石器文化发展脉络具有重要意义。(四)为深入研究东亚—东南亚旧石器文化的关系、区域人类起源与演化历史、东西方文化交流等国际热点课题提供了十分重要的新契机。

(刘锁强)

【和平县枫树墩新石器时代至东周遗址】

发掘时间:2014年9~12月

工作单位:广东省文物考古研究所、中山
　　　　　大学人类学系、和平县博物馆

枫树墩遗址位于河源市和平县大坝镇上正村,东北距河源市区约105千米,地处东江上游的九连山东麓。枫树墩是鹅塘河东岸的一处丘陵,东北面还有一条小河流过,西坡较陡,本年度的发掘区在东部缓坡上,中心坐标为北纬24°31′,东经114°55′,海拔183米。1991年和平县博物馆调查时首次发现该遗址,2009年第三次

全国文物普查时对其进行复查。此次发掘共布设四排5×5米的探方20个,布方面积共500平方米,实际发掘面积为321平方米。

本次发掘主要发现了新石器晚期至商代早期的灰坑40个、柱洞29个、灰沟2条,战国时期的灰坑1个、柱洞1个、墓葬6座,战国末期至西汉早期的墓葬1座,以及宋元、晚清民国时期的遗迹和遗物。新石器晚期至商代早期的地层和遗迹单位中,拍印条纹、曲折纹、梯格纹、叶脉纹并饰一到两条附加堆纹的矮圈足罐与拍印细方格纹的高领折肩凹圜底罐广泛共存。这可能为解决广东地区的考古学文化如何从新石器晚期向商代早期过渡提供新的线索。

战国时期的六座墓葬均为有腰坑的长方形竖穴土坑墓,墓向一致,成组分布,墓地应是经过统一的规划,墓底均铺有一层膏泥,正中设有腰坑,随葬品多置于其中。M7的墓底还有两道横枕木沟,并发现有成条的黑彩红地漆皮,疑为棺椁痕迹。随葬品以成组的原始瓷器为主,此外还有玉刀、陶罐、陶钵、陶瓿、陶提筒等。原始瓷的形制与战国时期江西、浙江等地发现的同类器物极为相似。战国末至西汉早期的墓葬为带墓道的长方形竖穴土坑墓,墓底铺小石、膏泥,并有两道可能是用于枕棺的石坎。正对墓道的一端有两个头坑或柱洞。该墓严重被扰,出土物较残碎。此次枫树墩遗址的发现对粤北地区先秦考古学文化研究具有重要的意义,为研究东江流域这一时期的人类历史提供了新材料,并为先秦时期岭南地区与长江中下游地区的考古学文化交流提供了新线索。

(周繁文)

【揭阳市牛屎山东周遗址】

发掘时间:2014年6~9月

工作单位:广东省文物考古研究所

牛屎山遗址位于揭阳市榕城区仙桥街

道办事处。2013 年 9～10 月，广东省文物考古研究所对揭阳至惠来高速公路项目沿线用地进行文物考古调查与勘探时发现。此次发掘面积为 1000 平方米。

发掘结果表明，牛屎山遗址保存较厚的先秦时期文化堆积，清理出 10 个灰坑及 1 座土坑竖穴墓，灰坑多为自然形成。遗址出土大量陶片，以泥质灰陶及夹砂灰陶为主，泥质灰陶陶质硬，烧造火候较高，均为轮制。纹饰以方格纹、夔纹为主，少量菱格纹、复线菱格纹、勾连雷纹等，可辨器形有敞口罐、折肩罐等。少量素面泥质陶外壁施陶衣，器形以陶钵为主。夹砂陶多为素面，可辨器形有器座、鼎足等。出土少量原始瓷，器形多为碗，碗底较厚，饼足、内底部多有螺旋纹。遗址出土小件近 150 件。以石器为主，主要器形有石锛、石环、砺石、石刀、石环芯、凹石、石镞等。少量青铜器，类型可分为削刀、刮刀、箭镞等，均为地层出土，多数已残，保存状况较差。

遗址性质初步判断为早期聚落居住遗址。初步判断牛屎山遗址年代应为春秋晚期至战国早期。遗址的发掘为研究揭阳地区春秋战国时期社会状况、建立粤东先秦文化序列提供重要材料。

遗址同时发掘清理三座南宋砖石合构墓及一座宋代土坑竖穴墓。墓葬遭到不同程度的破坏，保存状况较差，但是墓葬形制各有特色，年代相异，为研究宋代社会经济发展、丧葬习俗变化提供了重要材料。

（王　欢）

【广州市铁路疗养院建设工地汉唐墓葬】
发掘时间：2014 年 3～5 月
工作单位：广州市文物考古研究院

工地在广州市越秀区恒福路 155 号，地处广州历史城区北郊的横枝岗，属地下古墓葬重点埋藏地带。此次配合工程建设进行的考古勘探发掘，清理古墓葬 20 座，

其中西汉墓 7 座、东汉墓 1 座、三国时期墓 1 座、南朝墓 1 座、唐代墓 8 座、南汉墓 1 座及明代墓 1 座。出土陶、瓷、铜、铁等不同质地的文物 302 件（套）。

西汉时期 7 座墓，只有 M8 是单室结构的墓，其年代为西汉早期；其他的均为双层分室结构，虽然上层结构都朽毁，但从器物的分部和木质遗留下来的朽痕能推测出椁室内侧的长、宽及下层的三个器物室。其年代为西汉中、后期。

M15、M16 是两座西汉后期的同坟异穴墓，其墓室规模较大、出土随葬品丰富、保存完整，为广州地区同坟异穴墓增添了新的资料。

8 座唐墓均是长方形竖穴砖室墓，墓葬结构的时代特征明显，既有唐代时期流行的墓室结构又有其结构独特的一面，有些唐代墓室结构继承了南朝墓的一些砌筑方法。M19 出土一件白瓷碗，十分精美，为广州地区考古少见。

（韩维龙　马建国　朱汝田）

【广州市越秀中路南汉至宋代河岸建筑遗存】
发掘时间：2013 年 11 月～2014 年 6 月
工作单位：广州市文物考古研究院

工地在越秀中路以东、中山三路以南，地处明清广州城东城墙以外。此次发掘是为配合广州市深层隧道排水系统工程进行的抢救性考古勘探发掘。发掘面积约 400 平方米，清理南汉至宋代大型桩板结构的护坡遗存，以及宋代用蚝壳与石板垒砌的散水遗迹。

南汉—宋代桩板护坡遗存分布在工地北部。出露于地表以下 3 米，揭出长 6 米、保存深 1.5 米。护坡由直径 0.4 米～0.5 米，长 6.7 米的圆木与长 2.7 米、宽 0.5 米、厚 0.08 米的木板构成。桩板以北，为桩板侧立时由别处搬来的红黏土和红砂岩填筑形成的陆地，填土中并放等距离横木，

部分横木与立桩存在卯合关系，显为稳固桩板而铺设。桩板以南，则是水域环境下沉积的灰黑色淤泥。由桩板构成的陆地和水域环境，显示护坡遗存无疑是大东门瓮城东南部的水岸设施。

宋代水沟遗存分布在桩板护坡遗存以南约 10 余米，同在宋代西城西墙的东侧。由蚝壳垒砌成的遗迹有 6 条，其中 3 条由蚝壳与石板或条石构成的散水沟，彼此之间存在通连。其中南北的蚝沟 1 条，东西向蚝沟 2 条，经观察，这类由蚝壳石板或条石构成的蚝沟遗迹，无疑是宋代西城西墙外侧的散水遗存。

从考古发掘情况判断，此次发现的桩板构成的护坡遗存及蚝壳石板或条石构成的散水遗迹是城墙外侧重要的附属设施，对研究广州古城发展及历史地理环境变迁具有重要意义。

（韩维龙　张金国）

【增城市新屋岭南朝砖室墓】
发掘时间：2014 年 8 月
工作单位：广州市文物考古研究院

配合广州教育城建设工程，我院在增城朱村街凤岗村新屋岭南坡勘探发掘南朝砖室墓 1 座（编号 M1）。

M1 为土圹竖穴砖室墓，开口①层（耕土层）下，向下打破生土。平面形状呈凸字形，由墓圹、墓道、墓室组成。墓圹长 4.5 米，宽 1.7 米~1.75 米。墓道位于墓坑的南部，呈长方形，南窄北宽。上口长 3.8 米，宽 1 米~1.3 米，底宽 1 米~1.1 米，由南向北呈斜坡状，坡长 4.1 米，深 0 米~1.75 米。墓室长 4.4 米，宽 1.5 米，高 1.55 米~1.65 米。墓室与墓道相连处有封门，以青砖筑砌。封门采用整砖错缝平铺与侧立横砌呈人字形铺相结合，顶部呈尖拱形，余部用砖封严。墓室底部前端有一砖台，略呈方形，随葬器物大都置于此台上。墓室北壁有一砖砌后龛，高

0.3 米、宽 0.25 米、长 0.52 米。与墓壁融接，合为一体，构成砖室壁龛，龛底部中间形成长、宽、高均为 0.1 米的小槽，应是有意为之。墓室、墓壁均铺砖，券顶。

墓室券顶中部有盗洞，墓内残存随葬器物 8 件，包括 7 件青釉器，有杯、唾壶、四系罐，另有 1 件酱釉四系罐。

（张　希）

【高州市上村岭唐代遗址】
发掘时间：2013 年 12 月~2014 年 1 月
工作单位：广东省文物考古研究所

遗址位于高州市曹江镇谭村上村岭。本次发掘是为配合"包（头）茂（名）高速公路"广东茂名段项目建设而进行的抢救性考古发掘，发掘面积 2000 平方米。共发现遗迹 24 个，其中灰坑 17 个，灶（火塘）1 个，瓮棺墓葬 6 座。灰坑多数为口小底大、剖面为袋状的袋状坑，坑口为圆形或椭圆形，弧壁、平底。保存较好的袋状坑坑口直径 0.80 米左右，坑壁最大径 1 米~2.50 米，坑深多为 1 米~3.50 米。瓮棺墓均为土坑墓，葬具由 2~3 个口口相对或口底相套的陶瓮（罐或釜）组成，器壁一侧朝下横置于土坑中，瓮棺内均未发现遗骨痕迹。地层及部分遗迹出土大量陶器残片，少量石器及砺石。陶器包括夹砂陶和泥质陶，泥质陶片居多。可辨器形包括夹砂陶内耳釜、夹砂陶钵（器盖）、泥质陶罐、瓮、壶、钵、器盖、纺轮等。陶器纹饰多见水波纹、弦纹及少量戳印纹。石器包括石锛、石斧、滑石器、穿孔滑石珠等，此外还有砺石。上村岭遗址发掘面积较大，遗迹数量众多，类型丰富，出土遗物也丰富，初步判断为居住聚落遗址。根据主体地层及遗迹出土文物判断，其时代应为唐代中晚期。袋状灰坑及瓮棺墓葬均为具有粤西地方特色的遗存，对于研究粤西地区唐代社会经济状况及复原隋唐时期粤西地区俚人的物质文明史及丧葬习俗都

具有非常重要的价值。

（石俊会）

【信宜市白坟岭唐代遗址】

发掘时间：2013 年 11 月 ~ 2014 年 1 月

工作单位：广东省文物考古研究所

　　遗址位于信宜市水口镇简坡村村委会达仁村南侧白坟岭（也称白坟坡）山脊。本次发掘是为配合"包（头）茂（名）高速公路"广东茂名段项目建设而进行的抢救性考古发掘，发掘面积 1500 平方米。共发现遗迹 25 处，其中灰坑 19 个，灰沟 2 条，墓葬 2 座，路面 1 条，窑 1 座。灰坑多数为口小底大、剖面为袋状的袋状坑，坑口为圆形或椭圆形，弧壁、平底。保存较好的袋状坑坑口直径 0.80 米左右，坑壁最大直径 1 米 ~ 2.50 米，坑深多为 1 米 ~ 3.50 米，袋状坑之间有相互打破的现象。地层及灰坑出土大量陶器残片，另有少量青瓷碗残片、石砚台、石锛、砺石、滑石器残片及铁刀、铜钱等。陶瓷器可复原数量多达数十件，主要包括陶纺轮、三足陶灯、内耳夹砂陶釜、宽沿大口陶尊形器、带錾陶盘或陶钵、陶罐、陶提梁壶及尚难定名的陶器等。陶器纹饰多见水波纹、弦纹戳印纹。水口白坟岭遗址的主体地层年代依据该层出土的青釉瓷碗残片初步判断为唐代中晚期。

　　水口白坟岭遗址发现的遗迹以袋状坑为主，出土遗物以陶器为主，大部分出土器物都具有明显的粤西地区地方特色，而且尚有石器遗存共存，对于研究粤西地区唐代社会经济状况及复原隋唐时期粤西地区俚人的物质文明史都具有非常重要的价值。

（石俊会）

【高州市岭坪唐代遗址】

发掘时间：2014 年 1 月

工作单位：广东省文物考古研究所

　　遗址位于高州市东岸镇旺坑村岭坪及与其山脊相连的蜘蛛岭。本次发掘是为配合"包（头）茂（名）高速公路"广东茂名段项目建设而进行的抢救性考古发掘，发掘面积 1300 平方米。共发现遗迹 39 处，其中灰坑 28 个，灰沟 8 条，窑 1 座，灶 1 个。另有疑似房屋地面 1 处。灰坑多数为口小底大、剖面为袋状的袋状坑，坑口为圆形或椭圆形，弧壁、平底。保存较好的袋状坑坑口直径 0.80 米左右，坑壁最大径 1 米 ~ 2.50 米，坑深多为 1 米 ~ 3.50 米。地层及部分遗迹出土大量陶器残片，少量青瓷器残片、石器及砺石。陶器包括夹砂陶和泥质陶，泥质陶片居多。可辨器形有夹砂陶内耳釜、夹砂陶钵（器盖）、泥质陶罐、瓮、钵、器盖、纺轮等。陶器纹饰多见水波纹、弦纹、篦点纹。青瓷器仅见碗一类，青釉层不均匀，剥落严重。石器包括石锛、石斧、滑石珠等，此外还有砺石。岭坪遗址发掘面积不大，但遗迹数量众多，类型丰富，出土遗物也丰富，初步判断为居住聚落遗址。根据主体地层及遗迹出土文物判断，其时代应为唐代中晚期。地层中包含少量南朝至隋代遗物，而且还有石器，估计该地有更早期人类活动过。

（石俊会）

【广州市北京路明清建筑台基及清代古船】

发掘时间：2014 年 3 ~ 10 月

工作单位：广州市文物考古研究院

　　配合工程建设，我院进行了考古勘探发掘。工地位于广州古城区以南、珠江以北，俗称"南关"，属广州古城至珠江北岸地下文物埋藏区。

　　发掘区内主要是明清时期的文化层堆积，再往下是珠江河道淤积。发掘区北部清理多组红砂岩建筑台基，直接砌筑在河道淤积堆积上。根据发掘情况推测，从明代晚期开始，人们开始在河道淤积区用红砂岩条石砌成台基，再在上面建筑房屋。台基与台基之间有小河涌或水渠，可通水行船。大约在清代晚期至民国初期，全部成为陆地。

发掘清理清代至民国时期的陶瓷器、铜钱等遗物，最重要的是在发掘区南区清理3艘木船。木船位于工地东南部，分别编1、2、3号，出露于第4层面，被第3层堆积叠压。北段稍上翘，船尾最深处距现地表3.5米。1号船最小，压在2号船中部上方，船尾已残破，残长2.5米~3.75米、宽1米~1.65米，平首。2号船最大，残长19.2米、中间宽约3米，船后部两侧船板向两侧裂开，宽3.5米。两端略有残缺，尖首。3号船在2号船西，残长15.2米、中部宽2.6米，尖首，尾部残缺，结构不明。初步考察，这三艘木船的木料均以杉木为主，船舱壁板、隔板等少量构件为其他杂木。船板间以榫头和铁钉相接。2、3号船都有一个显著的特点，即船舱内间隔很密，以舱壁板和肋板相结合的形式，其中2号船以肋板居多，3号船以舱壁板多见。

从出土物及地层关系判断，这三艘木船废弃年代在清嘉庆、道光年间，属清代晚期，其制造和使用的时间则可能早至清代中期。三艘木船应当是使用后废弃在此。1、2号船结构特殊，船头尖细，舱壁肋骨混合使用，具有清代船舶的特点。其长宽比例超过6，属长狭型船，为快速船。发掘表明，工地所在区域至迟在清代晚期仍然属江边滩涂地带，此后随着城市扩展，珠江岸线不断南移至今天的码头所在。这是广州历史城区首次出土的古船，为广东的造船工艺研究提供了重要实物资料。

（易西兵）

【广州市第一人民医院建设工地宋明时期
　城墙遗址】
发掘时间：2014年6~11月
工作单位：广州市文物考古研究院
　　广州市第一人民医院位于广州市越秀

区盘福路1号，南隔彭家巷与全国重点文物保护单位光孝寺相邻，西邻人民北路。磐松楼2号楼工程所在属于广州市第一批地下文物埋藏区——广州古城至珠江北岸地下文物埋藏区。我院配合工程建设进行考古勘探发掘，总发掘面积500平方米。

清理宋、明时期城墙遗迹。明代城墙遗存位于发掘区北部，清出外侧包边砖墙和城墙内填土。城墙大致为东西向，包边砖墙墙体顶面宽1.5米，自顶至墙基底部4.05米，至活动面约3.6米。

宋代城墙在明代城墙南侧，位于发掘区中部，清出的城墙底部宽约11.5米，内（南）侧包边砖墙残高2.8米、宽约1.2米，许多砖面或侧边有"番"或"番禺"铭文。城墙内侧有黄砂岩条石砌筑的散水，还有路面及护边墙等遗迹，至少有4期活动面（路面）。宋代城墙外侧包砖被明城墙内填土叠压，残存4层包砖。宋城墙包边砖墙底部南北宽12.6米。

发掘出土的遗物不多，主要有宋代建筑构件、青瓷和青白瓷碗，明代青花瓷器和瓦当等，完整器少。

根据文献记载，北宋神宗熙宁四年（1071）筑西城，明洪武十三年（1380），永嘉侯朱亮祖合宋广州三城为一并向北扩至越秀山。此次考古清理出的宋代城墙，大致为东西向，应当是宋代广州城西城的北部城墙一段，从而确立了宋代广州城西城的北界。这是第一次考古发现宋代广州城西城城墙，也是广州考古发现保存最好的宋代城墙。明代城墙在宋代城墙基础上扩建，也是大致东西向，其外壁与全国重点文物保护单位——越秀山明代城墙结构及砌筑方法一致。这次发现的宋、明时期城墙遗址是广州古城考古的重大发现，与文献记载完全吻合，意义重要。

（易西兵）

海 南 省

【东方市荣村新石器时代及汉代遗址】

发掘时间：2014 年 1 月

工作单位：中国国家博物馆、海南省文物
　　　　　局、海南省文物考古研究所

　　遗址位于东方市荣村。为探索海南地
区古代海岛聚落形态与海洋文化特征，开
展以海岛沿岸古代遗址为中心的考古学研
究，对荣村遗址展开了拉网式调查和钻
探，确定遗址的面积为 28 万平方米。根
据钻探情况，我们选择了遗址的西北和西
南两个堆积较厚，且包含物丰富的两个位
置进行了发掘，发掘面积 89 平方米。清
理了瓮棺葬 2 座，柱洞 400 余个，灰坑
52 个。出土陶、石、骨类器若干。经过
初步的整理，我们认为荣村遗址的主体堆
积年代应在东汉末期到南朝时期，为一处
面积较大的聚落遗址，众多杂乱分布的柱
洞，显示出特殊地理环境下的居住模式，
可能为杆栏式建筑，且经常加固和维修。
在此类堆积的下面，还发现了新石器时期
的堆积，但是包含物极少，仅获一些陶
片。荣村遗址地理位置优越，位于昌化江
到北部湾的入海口处，对荣村遗址的发
掘，不仅填补海南史前文化序列，为研究
"南岛语族"的文化提供材料，对汉代以
后中央对海南的经略以及海南本土文化研
究，及海上丝绸之路研究都具有重要的
意义。

（邓启江）

【陵水县汉代瓮棺葬】

发掘时间：2014 年 4 月

工作单位：海南省文物考古研究所、陵水
　　　　　县博物馆

　　本年度，陵水县黎安镇黎丰村在安置
房施工过程中，因平整海边沙地，揭露出
2 座瓮棺葬。我所遂对其进行抢救性清理。

　　M2 位于黎丰村村委会办公楼东南约
400 米，距地表约 1.5 米深，地理坐标为
北纬 18°26′30.1″，东经 110°04′01.8″。瓮
棺因受压迫而残损程度较大，可辨瓮为 2
个，均为几何印纹硬陶，施水波纹和交叉
细绳纹，带横耳，两者是否口部相对或相
套在一起已不可辨认。同时发现有少量夹
砂红陶残片，质地较粗，素面，是否为瓮
棺有待进一步考察。清理出一批青铜器，
均为饰品类：青铜环状器 3 件，2 件完整，
1 件残断，规格一致，外径 6 厘米，宽 2
厘米，厚约 0.2 厘米，装饰精美纹饰。青
铜手镯 2 件，1 件完整，1 件残断，直径 6
厘米，素面。青铜耳环 1 件，直径约 3 厘
米，已受压为椭圆形，有断口，素面。

　　M1 北距 M2 约 200 米，距地表约 2 米
深，地理坐标为北纬 18°26′26.4″，东经
110°04′00.4″。现场发现 2 个相对而套的印
纹硬陶瓮，瓮身为交叉的细绳纹，带有横
耳，已受上层沙土压迫变形而残破。外面
1 个较完整，口径约 45 厘米，器身长约 70
厘米。瓮棺内、外未见随葬器物。

　　此次清理的 2 座瓮棺葬，以前在海南
沿海的陵水、三亚、东方等县市多有发现，
且数量较多，和华南地区同类墓葬规格、

特征相似，陶瓷（釜或罐）类器也多为圜底、素面或带绳纹的典型汉代器形。但此次发现的形制精美的青铜装饰品在此类墓葬中却较为少见，具有一定的研究价值。

（何国俊　王育龙）

【海南东海岸水下文化遗存调查】

调查时间：2014 年 9 月

工作单位：中国国家博物馆、海南省文物局

　　调查范围包括琼海市青葛海域和文昌市铜鼓岭南部海域，对南海水上丝绸之路内外沟航路（海南岛东海岸段）水下文化遗存进行了联合调查，范围涉及以物理探测及人工潜水探摸的方式，发现并确认了沉船遗址两处，遗物一处，初步掌握了遗存的保存现状。为了更详尽了解这些水下文化遗存的成因及时代，2015 年计划对其进行重点调查，以期在原有发现上有所突破，为南海水上丝绸之路水下文化遗产的调查及保护提供更为翔实的资料。

（邓启江）

【西沙群岛水下文物执法巡查】

巡查时间：2014 年 4 ～ 5 月

工作单位：中国国家博物馆、海南省文物局

　　在 2009 ～ 2010 年西沙群岛水下文物普查工作的基础上，继 2011、2012、2013 年开展西沙群岛水下文化遗产保护巡查之后，本年度继续对西沙群岛进行水下文物巡查。通过对永乐环礁海域水下文化遗存综合考虑和筛选，巡查队分别对颇具代表性的银屿 3 处、石屿 4 处、金银岛 3 处水下文化遗存进行现状巡查。这些水下文化遗存地点均遭遇较为严重的盗掘，大多被翻动扰乱，几无原生堆积，有的遗址甚至破坏殆尽，仅残存有少量瓷片等遗物，散落于珊瑚、砗磲贝、珊瑚砂之间，这些主要应是 2010 ～ 2012 年间盗捞所致，保护工作严峻。但今年所见并无新的破坏现象，也没有近期盗捞痕迹，基本保留了前几年破坏后的状况，而且部分珊瑚开始重新生长。由此可知，水下文物执法巡查工作初见成效。在对西沙群岛海域有计划地物探调查中，本年度以华光礁和永乐环礁中的珊瑚岛、银屿海域为工作重点，采用了多波束、旁侧声呐、浅地层声呐设备，对 20 米 ～ 60 米水深海域进行了较为全面的扫测，大致掌握了这几处海域的地形地貌等情况，发现了一些水下疑点，这将有助于我们对水下文化遗存信息的分析与判断。今年工作中，还对珊瑚岛一号沉船遗址做了重点调查。该遗址位于珊瑚岛礁盘东北角，以石质建筑构件为主要堆积，还有青花和白釉瓷器，其年代为清代中晚期。石质建筑构件分布于多条海沟中，南北沿沟分布约 60 余米，东西约 50 余米。瓷片堆积主要分布于礁盘内侧，石构件间有零星散落。为进一步推进对该遗址的保护，2014 年度对该遗址进行了较为系统的重点调查，并基本完成了水下遗物分布示意图的草测。在此工作期间，还尝试浮台搭设、水下珊瑚清理、布方等方面的试验，以便为日后水下考古发掘做较为充分的准备。

（邓启江）

广 西 壮 族 自 治 区

【田东县高岭坡旧石器时代遗址】

发掘时间：2013 年 8 月 ~ 2014 年 4 月

工作单位：广西文物保护与考古研究所

  高岭坡遗址位于田东县林逢镇檀河村六组西南约 700 米处的高岭坡，处在百色盆地东南部右江左岸的第四级阶地上，地理坐标为北纬 23°33′60″，东经 107°11′57″，属于全国重点文物保护单位。20 世纪 80 年代初发现，面积约 15 万平方米。1988 ~ 1995 年先后进行过 4 次试掘和一次正式发掘。为了解决百色盆地旧石器的年代序列和文化分期等重大学术问题，经国家文物局批准，我所会同田东县博物馆对该遗址再次进行考古发掘，揭露面积为 200 平方米，从地表一直挖到砾石层，深度达 7 米多。地层堆积可分为 20 层，其中第 1、第 2 层属于近现代文化层；第 3 层为新石器时代文化层；第 4 层以下的属旧石器时代。

  新石器时代的地层发现了大量柱洞，出土约 70 件石制品，种类包括研磨器、石锤、砺石、石核、石片、砾石和断块等。

  旧石器时代的地层堆积中存在多个文化层。发现两处遗迹，出土石制品约 800 件。此外还出土了少量玻璃陨石。

  在地层的第 4 层，发现了一处小型石器制造场和一处用火遗迹。石器制造场面积约 50 平方米，里面分布大量的石制品，包括石核、石片、石器、砾石（备料）、断块、碎片等，其中断块和碎片数量最多。该层出土的石器尺寸小，以石片石器为主。用火遗迹平面近圆形，直径约 80 厘米，内有炭碎和红烧土。

  石制品出自地层的第 4 ~ 7 层、第 12、第 14 层以及第 19、第 20 层。其中第 4 层石制品数量最多，约 600 件，包括刮削器、石核、石片、砾石和断块等，石制品尺寸小，以石片石器为主；第 5、第 6 层出土的石制品也比较丰富，达到 100 多件，石制品种类有石核、石片、断块、砍砸器、手镐、砾石等，石器均为砾石石器，器型粗大，器表风化不明显；第 7 层及其以下地层出土的石制品种类和第 5、第 6 层的大体相同，但石制品表面泛白并带有网纹红土印痕，风化比较明显，石器的大小和形制也有所变化。

  玻璃陨石 3 件，出自第 11 层。其中一件为球形，另外两件为很小的碎片，均无人工加工痕迹。

  根据地层关系及出土遗物的特征，遗址发现的旧石器时代文化遗存大致可分为三期。

  第一期：包括第 7 层以下出土的石制品，石制品所在的层位均为网纹红土层，其时代为旧石器时代早期；第二期：包括第 5、第 6 层出土的石制品，这些石制品出自带有红黄色斑点状的红土堆积中，可能为旧石器时代中期；第三期：即第 4 层发现的文化遗存，包括石器制造场和用火遗迹，时代为旧石器时代晚期，绝对年代为距今 11000 年。

  本次发掘从遗址的地表一直下挖到砾石层，深达七八米，揭露出一个完整清晰的地层堆积剖面，是百色盆地旧石器发现

40 多年来从未有过的。第 4 层出土的石制品尺寸明显小于第 5 层以下的，工具中以石片石器为主，其文化面貌和以往在百色盆地发现的早期砾石石器工业有所不同，表明这套石制品组合可能属于另外一种石器工业，暗示着岭南地区旧石器时代晚期石器工业面貌曾发生转变。而多个旧石器时代地层中出土了不同时期的遗物，为解决百色盆地旧石器的年代系列和文化分期问题将带来突破。

（谢光茂　陈晓颖）

【桂林市甑皮岩洞穴遗址水下考古调查】

调查时间：2014 年 2 月

工作单位：中国国家博物馆、桂林甑皮岩
　　　　　遗址博物馆、广西文物保护与
　　　　　考古研究所

　　遗址位于桂林甑皮岩，是华南乃至东南亚地区新石器时代洞穴遗址的典型代表，也是第二批国家考古遗址公园之一。该遗址底下与周边分布着复杂地下河水系，遗址主体旁边的洞穴被水淹没。为进一步探明遗址与地下河水系的关系及文化遗存在水下的保存状况，调查过程中，使用水下机器人（ROV）、彩色图像声呐（CIS - 2000）等设备，对水洞洞体与水下洞穴发育情况有了较为详细的了解。在洞穴内进行潜水探摸和勘察中，水下考古队员使用干式潜服、双瓶 32% 高氧设备，直接对水下状况进行观看、判断和解读，并利用照相、摄像进行影像采集，并得到了 IANTD 团队的技术支持。本次甑皮岩水洞水下考古调查，共计潜水 36 人次、时长 27 小时 12 分钟。水洞内水温较低，水流缓慢，能见度较差，洞内管道发育明显且多细小，工作难度较大。在水洞西侧距当时水面 2.7 米深度处（海拔 149.15 米），发现从遗址方向水面延伸下去的钙华板边沿；在钙华板下发现有一层细腻纯净的淤泥，通过钻探知其上层 40 厘米内为黄色胶泥，

40～80 厘米为灰褐色胶泥；在钙华板边沿的断面上发现胶结的螺壳、兽骨等文化遗物；钙华板边沿淤泥上发现有石器半成品 2 个，其中 1 个胶结有钙化物。这便明确证明了甑皮岩遗址的堆积由其主体洞穴延伸至旁边的洞穴水下。

（邓启江）

【扶绥县江西岸新石器时代及宋元遗址】

发掘时间：2014 年 4～8 月

工作单位：广西文物保护与考古研究所

　　遗址位于崇左市扶绥县新宁镇城厢居委会江西岸屯东南 700 米左江拐弯处的北岸，隔江东岸为县城。遗址东、南、西三面为左江环绕，形成舌形台地。遗址于 1963 年被发现，1964 年和 1973 年做过两次试掘，揭露面积 40 平方米，发现了一批新石器时代遗物。

　　因广西郁江老口航运枢纽工程建设，对遗址进行了抢救性考古发掘，揭露面积 2000 平方米，分为 I、II 两个区进行，发现了新石器时代、宋元时期和近现代三个时期的文化遗存。

　　文化堆积划分 8 层，主体为新石器时代文化堆积。初步分为中期、晚期两期遗存。晚期遗存出土砾石、红烧土、炭粒、石研磨器、石斧形器等遗物。中期遗存出土大量的螺壳、蚌壳、动物骨、砾石、简单打制的石核、石片以及穿孔石器、研磨器、石斧、石锛、砺石、陶片、炭粒、烧土颗粒、骨凿、骨锥、骨钩、骨针、蚌铲等遗物；陶片多为绳纹夹砂陶，羼砂贝，饰绳纹，以外红内黑陶和灰黑陶居多，多属圜底器型，前段多敞口折颈器，后段多直口弧腹器；初步辨识的动物遗骸有水牛、犀牛、象、鹿、麂、野猪、猴、龟、鱼等，多散布于地层堆积中，然而有一处是有意而为的兽骨堆积，主要选取鹿、麂、猪、猴的头骨进行集中堆放，分布范围约长 4 米、宽 2 米。

从历年及本次发掘资料来看，江西岸遗址是左江流域年代较早的新石器时代遗存，遗址断续经历了新石器时代中期、新石器时代晚期和宋元时期三个文化时期，层位清晰，遗物丰富，特征明显，为探究左江流域新石器时代贝丘遗址的文化内涵、年代、性质、源流、族属等学术问题增添了重要的实物资料。

（蒙长旺）

【南宁市凌屋新石器时代贝丘遗址】

发掘时间：2013 年 12 月～2014 年 12 月

工作单位：广西文物保护与考古研究所

遗址位于南宁市青秀区长塘镇五合村凌屋坡西南约 50 米的邕江北岸台地上，1987 年 7 月邕宁县文物调查时发现。遗址长约 100 米，宽约 30 米，分布面积 3000 平方米。2001 年，中国社会科学院考古研究所与南宁市博物馆联合进行过试掘。试掘表明，遗址文化层厚约 1.5 米，含密集的螺壳及石器、陶片、蚌器、兽骨等。

因邕宁水利枢纽工程建设，我所本年度对遗址进行抢救性考古发掘，发掘面积共 2000 平方米。

发现的最重要的遗迹是 303 座墓葬。葬式可分屈肢葬和肢解葬两种。屈肢葬计有仰身屈肢葬、侧身屈肢葬、俯身屈肢葬、蹲踞葬等墓葬形式，没有发现直肢葬。肢解葬为国内外所罕见，约占全部墓葬比例的三分之一。肢解葬中，有的自颈部、腰部及膝部被斩为 4 段，头颅置于墓坑左侧，上躯干倒扣在墓坑中间，双上肢分别割下置于躯干下侧；左右胫骨、腓骨及脚掌部分置于墓坑右侧。有的将头颅割下，置于胸腔内，肋骨未经移动，完整地包裹着头颅；双上肢自肩胛骨处割下，分别置于墓坑两端；还从腰部把盆骨割下，倒扣在身体右侧，双下肢自股骨头处肢解，屈置于墓坑东侧。

遗址还出土大量地层关系明确的蚌器、

骨器、石器、陶片、兽骨等遗物。陶片都夹粗砂，并羼和蚌壳粉末，胎质疏松，很容易破碎，因而找不到完整的陶器。陶片的颜色主要是灰褐色，也有黑色和外红内黑和外灰内红的。外表满布细的、粗的绳纹。其烧成温度只有 800℃。推测当时的陶器是采用露天平地焙烧方法烧制的，所以火候不高，由于受火面不同，器表才有各种不同的颜色。陶器多为手制，器类较单纯，以敞口、束颈、深腹、圜底的陶罐和敛口深腹圜底的陶釜为主，并有少量高领罐。骨器都是用动物肢骨劈开后磨制而成的，有骨锥、骨针、骨铲、骨镞等。骨锥多数器身仍保留有骨管的凹槽。另有少量已经切割但未加工成器的骨料。蚌器数量较多，主要是蚌刀和网坠。网坠是用较小的丽蚌壳的一边，从中敲击出单孔而成，没有另外加工的痕迹。蚌刀分穿孔和不穿孔两种。其中穿孔蚌刀像鱼头，它们是用较大的三角帆蚌壳制成的，其制法是先将蚌壳的背部和后端切割掉，留下前端主齿齿窝以下至腹缘部分，修磨成三角形，利用前闭肌痕前端凸出部分作柄，在与柄相对的一边磨出单刃口，并钻出圆孔。一般一器一孔，少数穿二孔。其齿窝处打出内凹或尖凸的弧状，有如张开或闭合的鱼嘴，穿孔恰似鱼眼，整个器物外形轮廓酷似一只鱼头，因而称之为"鱼头形蚌刀"。

遗址属于顶蛳山文化，此次发掘，获得一批重要的墓葬资料及大量地层关系明确的遗物。对顶蛳山文化的研究具有十分重要的意义。

（覃　芳）

【扶绥县敢造新石器时代遗址】

发掘时间：2014 年 4～9 月

工作单位：广西文物保护与考古研究所

遗址位于扶绥县城西北约 3 千米的左江北岸台地上，地势平缓。遗址发现于 1963 年，1973 年曾做过小范围试掘工作，共发现 14 座墓葬，出土一批文化遗物。因郁江老口水利枢纽工程建设，对遗址进行抢救性考古发掘，发掘面积 1025 平方米。

根据地层堆积形态和遗迹、遗物的特征，大致可分为五期。

第一期堆积主要是介壳堆积，主体为大量的小螺壳伴有个体较大的蚌壳。遗迹有墓葬、灰坑和柱洞三种，其中墓葬共发现 5 座，除 1 座葬式不明外，其余均为侧身屈肢葬。遗物主要有陶器、石器、骨器和蚌器四种，其中陶器以夹砂红褐陶为主，有部分灰褐陶，纹饰以粗绳纹为主，偶见刻划纹，器形均为圜底器。石器主要是石斧、石锛和断块，主要以灰岩为原料，大部分仅磨制了刃部。骨器数量较多，主要有骨锥、鱼钩与骨镞。蚌器主要有蚌铲和鱼头型蚌刀，与邕宁顶蛳山出土的蚌器极为相似。整体来看，本期与邕宁顶蛳山第三期堆积的文化面貌相似，其年代距今约7000 年。

第二期亦为介壳堆积，堆积中只有个体较小的贝壳，不见蚌壳。遗迹有墓葬、灰坑、柱洞三种，墓葬发现 24 座，其中16 座为侧身屈肢葬，4 座为仰身屈肢葬，其余葬式不明。墓葬中有 1 座幼儿墓，骨架保存完整。遗物有陶器、石器、骨器三种，不见蚌器。陶器均为陶片，多为夹砂红褐陶或灰褐陶，不见泥质陶，纹饰以中绳纹、细绳纹为主，部分口沿及器身均饰中绳纹，可辨器形多为圜底罐，有敛口、平沿或斜沿几种；石器数量较少，主要是石斧、石锛、研磨器和砍砸器；骨器数量多，发现了较多的鱼钩、骨锥、骨镞和一些利用碎骨破裂面加工而成的骨器。此外本期还发现较多水生动物和哺乳动物骨骼。本期在文化面貌上与左江冲塘—何村类型相似，推测年代距今约 5000 年。

第三期堆积主要为不含螺壳的黑褐色黏土层。遗迹有墓葬、灰坑、柱洞三种，墓葬共 31 座，这些墓葬主要分布于发掘区的中东部，填土中含有少量的介壳，有 23 座为侧身屈肢葬，2 座为仰身屈肢葬，其余葬式不明。其中遗物主要为陶器、石器及少量骨器，其中陶器均为陶片，多为夹砂红褐陶，纹饰以中绳纹、细绳纹为主。石器主要是斧、锛及研磨器，数量较多。出土有少量的骨器，但发现有大量的水生动物及哺乳动物骨骼，种类有水牛、犀牛、象、鹿、麂、野猪、龟、鱼等。根据遗迹及出土器物的特征推测本期年代距今约4500～5000 年左右。

第四期地层堆积内不含贝壳，也未出土动物骨骼，遗迹不见墓葬，仅有灰坑和柱洞。遗物主要为陶器和石制品，其中陶器均为陶片，数量较多，多为夹粗砂灰褐陶，纹饰以中绳纹为主，可见少量细绳纹；石器发现较多，共达 8000 余件，包括砍砸器、刮削器、石核、石片等打制石器，还出土有大量石锤、石砧、砺石、石器加工工具及原料、断块等，此外还发现大量斧、锛、凿、研磨器及其毛坯和半成品等。在一些磨制石器周边还发现了较多加工过程中产生的碎片。根据遗迹及器物的特征推测敢造遗址第四期距今约 4000 年。

第五期未发现地层堆积，仅见遗迹及遗物，发现灰坑内有大石铲，其中在一个灰坑内还发现大石铲与陶器共出。本期的文化面貌与隆安介榜、大龙潭等遗址相似，距今年代约 3000 年。

此次敢造遗址的发掘，首次在广西揭露出贝丘遗存、石器加工场遗存、大石铲遗存之间的相互叠压关系，为研究广西新石器时代同类遗存的年代早晚提供了地层学方面的证据，意义重大。

（陈晓颖　何安益）

【隆安县大龙潭新石器时代遗址】
发掘时间：2014 年 3～9 月
工作单位：广西文物保护与考古研究所
　　遗址位于隆安县乔建镇博浪村博浪屯

东北约 1500 米的大龙潭附近，周边为石灰岩峰丛地貌，多低矮平缓的坡岗，间有较为开阔的平地。右江自北向南从遗址东面流过，遗址就位于右江西岸的台地上，高出水面约 20 米。遗址于 20 世纪 70 年代文物普查时发现，通过试掘，证实是一处范围较大、遗物较为丰富的新石器时代晚期遗址。1979 年广西壮族自治区文物工作队组织了一次正式发掘，发掘面积 820 平方米，出土石铲等遗物 230 余件；因广西郁江老口航运枢纽工程建设，对遗址进行抢救性考古发掘。

本次发掘分两个发掘区进行，发掘面积 5000 平方米。遗址地层堆积较为单一，共有 4 层堆积，堆积总厚度多在 0.7 米左右，除耕土层外，其余②③④层均为新石器时代堆积，各层出土遗物差别不大，均为新石器时代晚期。

遗迹主要集中发现于第Ⅰ发掘区，类别有灰坑、石铲埋藏坑、大型石铲祭祀遗存三种。其中灰坑共发现 9 个，均为新石器晚期，除其中一个发现 3 片陶片外，大多不见遗物出土；石铲祭祀坑共 15 个，形状有椭圆形、不规则形、长方形和圆形几种；坑一般较小较浅，坑内大部分有意识安放完整的石铲，石铲数量 1~30 余件不等，有平叠放置、侧竖放置、刃部朝上直立放置及不规律散乱放置几种。大部分石铲均置于坑底，也有部分坑底和坑壁均放置有石铲的。坑内填土多较纯净，除放置完整的石铲外并无其他遗物，个别坑内除有意识的安放完整石铲外还填充大量的石铲残片，最多的一个坑内填充石铲残片达 856 件，还有的祭祀坑虽未放置完整的石铲，但用大片的石铲残片有意识的对坑壁进行镶砌。石铲祭祀遗存共发现 1 处，分布范围约 80 平方米。石铲多暴露于耕土层下，埋于第②层内，共发现石铲 113 件。除少量石铲为侧竖放置外，绝大部分石铲采用刃部朝天直立放置，铲面大多朝向东

北，且略向东北倾斜，具有相对明显的指向。

遗物以石铲为主，共出土标本 300 余件，另外还发现少量砺石、砍砸器、石斧、石锛等生活用具及零星陶片。石铲以页岩为主，体型大小不一，大者长 43 厘米，重 6.5 公斤，小者长仅 3.6 厘米，重 24 克。石铲加工程度亦各异，有的制作精美，有的仅做初步打磨，但无论哪一种石铲，均未开刃，表明其不是作为实用工具使用的。

以大龙潭遗址为代表的桂南大石铲遗存是广西史前考古研究领域最具地域特色的一种原始文化。本次发掘作为大龙潭遗址的第三次发掘，发现的大量石铲埋藏坑及石铲祭祀场不仅为此类遗址的研究补充了新的资料，而且丰富了对其文化内涵的认识，对于进一步深化大石铲的研究提供了丰富的资料。

（谢广维　黄登奎）

【龙州县汉代庭城遗址】

发掘时间：2014 年 10 月~2015 年 2 月
工作单位：广西文物保护与考古研究所

遗址位于崇左市龙州县上金乡联江村舍巴屯东北约 500 米的台地上，面积约 3000 平方米，三面临水，群山环绕。该遗址发现于 2009 年，2013 年对其进行了小规模试掘。本次考古发掘是在 2013 年试掘工作的基础上进行的，发掘面积近 400 平方米。根据地层堆积情况，可将地层由早及晚分为四个时期，即新石器时代晚期、汉代、唐代、近现代。

新石器时代晚期的遗物有夹砂陶片、石斧、石锛、圆形器及带有切割痕的石块等。石斧和石锛均为通体磨光，使用痕迹明显。圆形器通体磨光，中间有一未穿透的孔，应为一石璧半成品。

汉代的遗迹有弧状瓦片堆积、斜插瓦片带、柱洞、石块堆积、坑等；遗物有瓦片、网坠、纺轮、铺首、瓦当、砺石、石

凿、箭镞等。弧状瓦片堆积呈圆弧状，分布于遗址的边缘，其内侧区域分布有较多的遗迹、遗物，为庭城遗址的主体部分；其外侧区域除几处柱洞和石块堆积外，全为生土。斜插瓦片带共有两条，一条呈"西北—东南"方向分布，一条呈"西南—东北"方向分布，两条基本垂直并相交。柱洞可分为两类，一类为无柱础石或石块堆积的柱洞、一类为有柱础石或石块堆积的柱洞。两类柱洞从面积来看，前者较小，后者较大。柱洞填土中有碎瓦片、红烧土颗粒、石块等。遗物中，瓦片最多，均残，分为板瓦和筒瓦，外饰绳纹，内饰麻点纹或素面。其中，有几块瓦片带有戳记。铺首为陶制，兽面，长5厘米，宽4厘米。瓦当仅存四分之一，纹饰为卷云纹。箭镞为铁铤铜镞。

唐代的遗迹有灰坑、沟等；遗物有网坠、瓦片、陶片、瓷片等。灰坑仅1个，包含物有瓦片、红烧土颗粒、石块等。沟呈弧形，较浅。近现代的遗物有瓦片、瓷片、砖块等。

从遗址所处地理位置和考古发掘的情况来看，该遗址是一座带有军事性质的汉代城址。本次考古发掘工作中新发现的弧状瓦片堆积、斜插瓦片带、带柱础石或石块堆积的柱洞、坑等遗迹，对揭示庭城遗址的布局结构具有关键作用。

（杨清平　李光亮）

【平南六浊岭汉至六朝冶铁遗址】

发掘时间：2014年11～12月

工作单位：广西文物保护与考古研究所、
　　　　　中山大学、北京科技大学

为探究广西古代冶炼的工艺、规模、年代、性质、族属、源流等问题，我所和两家单位联合对六浊岭遗址进行了考古调查与试掘。遗址位于贵港市平南县六陈镇大妙村寺一屯北面六浊岭的斜坡上，高程约185米，周围山谷交错绵延。遗址为一处汉至六朝时期规模较大的冶铁遗存，地表露出部分炼炉，采集到铁渣、炉壁、模范、陶瓷片等遗物。

本次试掘面积110平方米，清理出炼炉群两处，共13座、灰坑10个及柱洞等遗迹，出土铁矿石、铁渣、炉壁、模范、鼓风管、炭粒、陶瓷片等遗物，另发现两处明显的炉群，露出地表的炼炉有7座，周围散布铁渣、炉渣等废弃物。遗址文化堆积厚10厘米～75厘米，多部分为两层，局部分为四层。炼炉与灰坑、柱洞属同一时期文化遗存，初步判断应属汉至六朝时期。炼炉分布有分片成群的特点，炉口皆朝向坡下，有部分新炉是就着废弃的旧炉垒筑而成的。炼炉平面呈圆形，有碗式和筒式两种，口径在62厘米～95厘米之间，残存深度10厘米～80厘米，皆有炉门，鼓风管直筒状，直径约9厘米，鼓风口可能与炉门共用，炉壁用白膏泥塑造烘烤而成，部分炉内壁仍附着铁渣等遗物，故从结构及遗物判断应属块炼铁炉。炼炉群周围分布灰坑、柱洞等遗迹。

本次考古工作为研究广西汉至六朝时期的冶铁技术提供了宝贵资料。

（蒙长旺）

【桂林市明代靖江王陵遗址】

工作时间：2014年1～12月

发掘单位：广西文物保护与考古研究所、
　　　　　桂林市靖江王陵文物管理处

为配合桂林市靖江王陵考古遗址公园建设需要，对靖江王陵进行考古发掘清理工作，本年度共计发掘清理5处王陵陵园遗址，分别为第二任悼僖王陵内陵及奉祠、第四任怀顺王陵、第七任安肃王陵、第十一任宪定王陵、第十二任荣穆王陵，发掘清理面积约50000平方米，清理工作历时12个月。

悼僖王王陵清理外陵墙的东北、东南、西南3个转角，明确了陵园的面积约为

363.4 亩，纠正了原来 315 亩的说法。特别重要的是发现了奉祠遗址，分布于悼僖王陵陵园内的南面偏西方向，平面大致呈"凸"字形，南北长 49 米，东西长 46 米，面积 2254 平方米，建筑遗址坐东朝西，为三进院落，大致以大门、中门正门、后殿正门为中轴线左右对称各分布有 3 间厢房，左侧第 2、第 3 间厢房北侧还分布有 3 间小房，第三进收分为后部大殿。在厢房外侧建有地下排水沟，后部大殿外侧没有排水沟，大殿两侧通过自然地形将水汇聚到厢房外侧的排水沟排出，而各个厢房之间都有南北向的排水沟通往这两条东西向的主排水沟。

怀顺王陵经过清理发现，外陵墙呈五边形，其中南、西外陵墙共用悼僖王陵的外陵墙，北外陵墙则从亭子处建筑，而东北、东南外陵墙则分别连接到奉祠遗址。外陵墙南长 138.5 米，西长 146.7 米，北长 113.65 米（含亭子），东长 173.7 米（含奉祠）。内陵墙大致呈长方形，东、西内陵墙长都是 41.4 米，北长 83.5 米，南长 79.5 米。怀顺王陵陵园的西侧外墙内发现墁砖道路一条，宽 3.2 米合明尺一丈，路面中间铺砖两侧有竖砖铺砌的路沿。该道路目前发现南侧与第四任怀顺王陵的神道相接，我们推测该道路应该往南后折向东通往奉祠遗址，只是怀顺王陵的建设已将这部分道路破坏。道路往北跨过一条长年流水的小水沟后一直延伸约 100 米处与一亭相接，当时应该建有一桥跨过水沟，目前未见桥的遗迹，但是桥下的料石基础砌筑得很厚实。亭为长方形，长 5.8 米、宽 4.4 米，亭内地面墁砖，尚存一道南北向的门栏石和门枢石。怀顺王陵的北外围墙就是在此与亭相接形成闭合，具有明显的后期加筑特征。

安肃王陵由于陵园内被后期耕作破坏太严重，目前只在陵园内的西北角发现建筑条石基础一排，判断此处原来应该有配殿或厢房等建筑。安肃王陵的内外陵墙上使用的屋脊式墙帽皆为素瓦件。

宪定王陵园内建筑已基本毁坏，从陵门至宝顶的中轴线上的各类建筑及石刻遗存，依次为陵门、神道、神道两侧石像生、碑亭 2 间、中门、侍女、内侍、享殿、宝顶。内陵墙左右两侧对称分别建有厢房 1 间。该地宫已于 1972 年被发掘。整个陵园地势东高西低，因而在陵门及门前广场前垫有土层找平地面，陵门内靠近外陵墙的也是填垫两层土层。由于地势陡峭，中门、享殿都是天然石料夹杂泥土夯筑的土台，殿内柱础下面有磉墩。在内陵墙左右两侧与外陵墙之间依据地势建有挡水墙及排水孔，将水汇聚向西排出，由于陵园地表破坏较为严重，未发现有排水孔，只是在西南侧的外陵墙内转角处发现两个蓄水坑，推测陵园内的水分别汇聚于外陵墙左右两处内转角后向外排出。

荣穆王陵陵园内建筑已基本毁坏，从陵门至宝顶中轴线上的各类建筑及石刻遗存，由于陵园地表破坏较为严重，目前只是在西北侧的外陵墙转角处发现外排孔 1 个。荣穆王陵有以下六个独特之处，为靖江十一陵仅见：一是平面呈"日"字形，没有内陵墙一周；二是陵门、碑亭为砖雕门楼，所用构件繁缛精美；三是整个陵寝建筑皆使用素烧瓦件，不见琉璃构件，除陵门、中门、碑亭等使用当勾、滴水外，厢房、享殿皆只使用小青瓦并未使用当勾、滴水等瓦件，而且只在台基中部设一出垂带踏跺式台阶；四是整个陵园石像生使用一种当地称之为"槟榔石"的沉积岩雕制，槟榔石纹路明显，石质较软，容易侵蚀，因而石像生损毁较多，但是保存下来的又呈现另外一种风味的美；五是该陵为靖江十一陵中地势高差最大最陡峭的，因而在宝顶前砌筑有三道挡土墙；六是该陵的陵门中间王道入口处铺砌石板路面，而出口处则为"人"字纹墁砖路面，两侧陪径则为"一"字墁砖路面，王道与陪径的等级区别明显。中门的三个门道中央和以往的墁砖地面不同，中间处为1块大御路石铺砌。

本年度的考古发掘清理，有以下几个方面的重要发现：一是首次发现悼僖王陵的奉祠遗址；二是首次发现悼僖王陵陵园内的道路网及亭等重要遗迹；三是发现了怀顺王陵独特的后期构筑的五边形外围墙；四是发现了荣穆王陵独特的布局、构筑方式及建筑材料。

（韦　革）

【北海市白龙城明清遗址】

发掘时间：2014年1～11月

工作单位：广西文物保护与考古研究所、
　　　　　北海市文物局

本年度，我所和北海市文物局对"海上丝绸之路"文化遗产点——北海白龙城遗址进行了考古调查、勘探、试掘、三维复原等工作。

白龙城又名珍珠城，遗址位于北海市铁山港区营盘镇白龙村，处于北部湾南岸，是明清时期集珍珠监采、海盐生产、海防军事于一体的一座海滨名城。白龙城建于明代洪武初年，清代康熙十二年（1673）重修，城内设有采珠太监公馆、珠场司巡检署、盐场大使衙门、宁海寺等官署礼仪建筑。大部分城墙和城门一直保持到20世纪30年代，至抗日战争时期才被拆毁，剩下的一道南城墙和一座南城门到1958年才被拆除。1983年广西博物馆和合浦县博物馆对白龙城遗址进行实地调查，测知此城平面略呈长方形，南北约长320.5米、东西宽233米、周长1107米、面积74676.5平方米，城墙基础宽约6米，城墙内外均以条石为脚、双隅青砖为墙皮，中心为一层黄土一层贝壳交替夯打构筑而成。现白龙城仅存部分残垣夯土和相关碑刻，官署礼仪建筑已无存，原址难辨，城内多是后期新建的杂乱无章、参差不齐的民居。

根据文化堆积情况判断，白龙城延续的时间大致自明代至近现代，与志书记载基本相符。西门两侧铺砌的条石基础分别宽约1.6米，门洞宽3.5米，门置于门洞中间，双扇启闭，两端门轴处有略凸出的隔护墙，地面原铺有石板，石板被牛马车碾坏后，路面下陷并留下了车辙痕迹，车辙宽1.7米。城墙基础宽约7米，内外墙皮的下层均采用花岗岩条石铺砌，各宽约1.2米，上层为双隅砖墙，用青灰色条砖和白灰浆包砌。北城壕宽约15米，中间深4米。南城壕不甚规整，南门外未见壕沟迹象，两侧壕沟往东、往西渐宽，最宽处约15米，最深处约5.5米，壕沟废弃后填积贝壳和生活建筑废弃物。东、西城墙外未见明显的壕沟迹象。城内及城外南部百米范围内堆积有厚度不均的珍珠贝壳，分布面积约五万平方米，最厚处达五米。

因城内民宅密集，难以开展大规模的考古工作，故城内官署礼仪建筑的具体位置和基础结构未详。

（蒙长旺）

重庆市

【巫山县大水田新石器时代至宋代遗址】
发掘时间：2014年3~9月
发掘单位：重庆市文化遗产研究院、巫山
　　　　　县博物馆

　　遗址位于巫山县曲尺乡伍柏村3社，
地处三峡库区消落区长江左岸的缓坡台地
上，在著名的大溪遗址和人民医院遗址之
间，遗址北面距林家湾遗址约2000米，
南面距冬瓜包遗址约200米，东面紧邻长
江，西面为缓坡台地。遗址中心地理坐标
为北纬31°02′21.6″，东经109°45′14.7″，
海拔162米~169米，现存面积约12000
平方米。

　　为配合三峡水库消落区地下文物保护
工作，3月至9月，我院和巫山县博物馆
联合对大水田遗址开展了考古发掘工作，
发掘面积共计1300平方米，发现大溪文
化、商周、战国中晚期至西汉早期、六朝、
宋代遗迹470余处，其中墓葬258座、灰
坑211个、房址1座、沟3条，出土陶、
瓷、石、玉、铜、铁、骨质类器物小件
1800余件（套）。发掘过程中，引入了环
境考古、动物考古、植物考古和聚落考古
的理论方法，采用了筛选、浮选、全息三
维扫描、电子全站仪测绘、系留气球拍摄、
人骨现场鉴定等技术手段全面系统收集和
记录考古遗存信息。

　　大溪文化遗存是本次考古发掘的主要
成果，从时代上看，基本涵盖了大溪文化
一期至四期，大溪文化一期遗存发现得较
少，主要为大溪文化二期、三期遗存，大

溪文化四期遗存也有少量发现；从遗存类
型上分析，遗迹有墓葬212座、房址1座、
灰坑208个、沟3条等，出土遗物非常丰
富，基本包含了大溪文化代表性器类，其
中以陶带流鼎、陶单耳杯、陶小型支座、
陶铃、陶器座、穿孔石铲、石矛、石环形
饰、石动物形饰、石车轮形饰、石人形饰、
石人面形饰、骨矛和带规律刻划痕的骨镞
为以往大溪文化遗存中不见或少见。此外，
在三峡地区大溪文化首次发现了一些特殊
葬式、葬俗如：人骨叠葬、黑陶钵覆面葬、
瓮棺葬等埋葬现象，以及足骨跪距面、贫
血等体质人类学样本。大溪遗存的揭示对
于探索遗址性质及变迁、墓葬习俗及发展
演变、生业模式、原始艺术发展水平等方
面具有重要意义。

　　战国中晚期至西汉早期墓葬共发现37
座，均为长方形竖穴土坑墓，均为仰身直
肢葬，多为单人葬，仅1座为双人合葬，
另有3座墓葬发现殉人现象。出土随葬品
有陶器、铜器、料器等，陶器有鼎、敦、
壶、罐、豆等，铜器有剑、矛、带钩、棺
饰等。这批墓葬的发现为探讨巴文化和楚
文化在这一地区的文化交融、土著文化向
汉文化的转化在丧葬习俗的反映提供了重
要的实物资料。

　　六朝墓葬共发现8座，均为竖穴土圹
砖石混筑墓，呈东西向排列，依据墓葬形
制与结构，可以分为两组，其中1座墓葬
发现宋代借室埋葬现象。

（代玉彪　白九江）

【涪陵区焦岩商周至明清时期遗址】

发掘时间：2014 年 7 ~ 10 月

工作单位：重庆市文化遗产研究院、涪陵区博物馆

遗址位于涪陵区南沱镇焦岩村一社，地处长江南岸一级台地上，所在区域地势南高北低，地貌为平台、缓坡、小山丘相间。遗址中心地理坐标北纬 29°53′03.2″，东经 107°27′43.8″，海拔 160 米。本项目系三峡消落区的年度项目，本年度，我院与涪陵区博物馆对该遗址进行了抢救性发掘工作，发掘面积 830 平方米，发现了商周、汉至六朝、宋、明、清等多个时期的遗存，其中以汉至六朝时期遗存为主体。

商周、宋代、明、清时期发现的遗存相对较少，商周时期遗存较为零星，可见有石斧及花边口沿罐、陶豆、尖底器、大口尊等。宋代石室墓 2 座，出土黑釉瓷碗等少量随葬品。明清墓葬 4 座、窑址 1 座，墓葬均为小型土坑墓，出土陶罐、青花瓷片等遗物；窑址平面呈圆形，由火门、火膛、窑室、烟道几部分组成，窑室内出土较多板瓦残片。

汉至六朝时期遗存是本次发掘的主要收获。共清理墓葬 7 座，均为中小型砖室墓，墓葬形制有刀形和长方形两种，出土器物有釜、耳杯、镜、剑、叠铸钱范等铜铁器，钱树座、人物俑、动物俑、建筑模型等陶器，盘口罐、四系罐、碗等青瓷器约 260 件，为峡江地区汉至六朝时期墓葬研究提供了最新实物资料。

（马晓娇　周　虹）

【潼南县航电枢纽工程征地区商周至明清遗存】

发掘时间：2014 年 10 月 ~ 2015 年 1 月

工作单位：重庆市文化遗产研究院、潼南县文物保护管理所

潼南航电枢纽工程位于涪江潼南段，征地区北起涪江三块石水闸拦河陂，南至梓潼街道青岩村 4 社（对岸为桂林街道莲花村一社），库区河段 20.29 公里。为配合工程建设，我院对征地区内的 6 处地下文物进行了文物保护工作，发掘面积共计 1550 平方米。曾家坝遗址发掘面积 800 平方米，清理灰坑 17 个、灰沟 25 条、窑址 1 座，出土遗物可见有尖底器、小平底罐、圜底罐等，纹饰见绳纹、方格纹，还包括陶网坠、瓷片等商周至明清遗物。燕儿坡崖墓、青杠坡崖墓、火烧湾明墓群、曾家作坊明清墓群等 4 处文物点，发掘面积共计 500 平方米，清理六朝崖墓 3 座、明代墓葬 15 座。墓葬均遭受不同程度的扰乱，崖墓存在二次利用情况。明代墓葬以火烧湾明墓群为代表，墓葬呈 3 排分布，部分墓葬间存在打破关系，墓葬包含 2 ~ 8 个墓室不等。金洞子河边窑址发掘面积 250 平方米，发掘清理明清龙窑 1 座，结构基本完整，长 32 米、宽 2 米。出土器物有罐、壶、盆、灯、擂钵、瓶等，窑具有匣钵、支垫、垫柱、拍子等。

这批资料对于涪江流域古代文化的研究具有重要意义。曾家坝商周遗存有助于认识涪江下游晚期巴蜀文化面貌，火烧湾墓群体现了明代宗族制度在墓葬制度中的反映，金洞子河边窑址发现的龙窑保存基本完整，在该区域属少有的发现，是研究明清窑业生产非常重要的材料。

（陈　东　冯　硕）

【云阳县富衣井战国及西汉墓群】

发掘时间：2014 年 5 ~ 7 月

工作单位：重庆市文化遗产研究院、湖北省长阳博物馆、云阳县文物管理所

墓群位于云阳县双江镇建民村二社，地处长江北岸，是一处略呈西北至东南向的山坡。地理坐标北纬 30°56′20.8″，东经 108°47′22″，海拔 165 米 ~ 175 米，埋藏面积 6000 平方米。本年度发掘面积共计 500

平方米，清理长方形中小型土坑墓 3 座，其中战国墓 1 座（M1），西汉墓 2 座（M2、M3）。该墓群被盗严重，随葬品不甚丰富，共出土文物标本 70 件，钱币 20 枚。随葬品有陶器、铜器等，以陶器为主，均为一些生活实用器，有瓮、罐、钵、甑、盆、锺、锺盖、博山炉盖、仓、魁、勺、卮、鼎、豆、壶、盒、案等；铜器有錾、盆、球、冠饰、泡钉等。

富衣井墓群墓葬排列有序，土坑墓墓向一致，应为一处公共墓地。该墓地延续时间长，时代主要为战国至西汉。战国墓（M1）明显带有浓郁的楚文化风格，对研究峡江地区战国楚墓埋葬特点具有十分重要的意义。西汉墓出土物丰富，器物组合特征明显，尤以 M3 最为突出，表明 M3 墓主社会地位较高，承续了楚墓的埋葬习俗。这些墓葬的发掘有助于研究峡江地区战国乃至西汉时期墓葬的埋葬特点以及楚文化对该区域丧葬习俗的影响和演变。

（邵星积　龚玉龙）

【云阳县张家嘴战国及东晋墓群】

发掘时间：2014 年 5 ～ 6 月

工作单位：重庆市文化遗产研究院、湖北省长阳博物馆、云阳县文物管理所

张家嘴墓群位于云阳县青龙街道复兴村 6 组，地处长江北岸的二级台地上。地理坐标北纬 30°56′，东经 108°41′，海拔 155 米 ～ 175 米。本年度发掘面积共计 500 平方米，清理墓葬 5 座，其中土坑墓 3 座（M1、M3、M4），墓葬规模均为小型，形制为长方形，时代为战国；砖室墓 2 座（M2、M5），墓葬规模为小型，形制均为刀把形，时代为东晋时期。5 座墓葬被盗严重，随葬品不甚丰富，共出土文物标本 34 件，钱币 5 枚，墓砖标本 6 块等。随葬品有陶器、铜器、铁器等，以陶器、瓷器为主，均为一些生活实用器，陶器有豆、

罐；瓷器有钵、碗、盏等；铜器有簪；铁器有剑等。

张家嘴墓群面积较大，分布范围较广，总面积约 26000 平方米，已发掘的墓葬排列有序，分布有一定规律，故该墓群应为一处公共墓地。该墓地延续时间长，时代主要为战国至东晋，战国墓（M1、M3、M4）明显带有浓郁的楚文化风格，东晋砖室墓（M2、M5）出土物器物组合特征明显。这些墓葬的发掘对研究峡江地区战国楚墓埋葬特点及东晋墓葬埋葬特点具有重要的意义。

（邵星积　刘继东）

【万州区万顺汉至六朝时期墓群】

发掘时间：2014 年 7 ～ 8 月

工作单位：重庆市文化遗产研究院

墓群位于万州区新乡镇万顺村 5 组，中心地理坐标北纬 30°29′45.1″，东经 108°15′36.7″，海拔 160 米 ～ 170 米。地处长江南岸的山前台地上，台地呈长条形，长约 100 米，宽约 50 米，面积约 5000 平方米。墓葬环布于台地前缘，部分因江水冲刷、盗掘而暴露在外。

本次抢救性发掘 800 平方米，清理墓葬 10 座，出土各类遗物 59 件。其中竖穴土坑墓 4 座，未发现葬具与人骨，1 座发现有三道枕木槽。2 座保存较好，出土了铁锄、铁釜、陶矮柄豆、陶高柄豆、陶盆、陶壶等随葬品，时代为西汉早期。土圹砖室墓 6 座，其中 2 座较残，其余 4 座平面形状分“凸”字形和刀把形 2 种。顶部皆被毁，3 座墓葬保留了券顶的发券结构与形态，推测为以榫卯砖侧（立）砖丁砌构筑的并列券顶。未发现葬具，2 座墓葬发现有人骨。墓葬遭到盗掘扰乱严重，除其中 1 座墓葬随葬品还保留原始状态外，其余遗物皆发现于墓室回填土中，种类有青瓷盘口壶、青瓷唾壶、青瓷罐、青瓷碗、青瓷盏、陶釜、陶双耳罐、铁削、铁棺钉

等，时代为六朝时期。

本次发掘最重要的收获是西汉早期陶矮柄豆上刻画文字的发现，为这一时期的陶工制度提供了重要的实物材料。

（汪 伟）

【永川区汉东城汉至明清遗址】

工作时间：2014年2月、10~12月

工作单位：重庆市文化遗产研究院、永川区文物管理所

遗址位于永川区朱沱镇汉东村6社，地处长江左岸二级台地。该遗址中心地理坐标为北纬29°00′27.6″，东经105°50′57.1″，海拔223米。遗址现存面积约10万平方米，遗存保存较好的区域面积为64500平方米，核心区面积约2万平方米。遗址南北向地势平整，东西向地势为西高东低的坡状；南北两端被大、小正沟（现为小溪沟）切割，东邻长江，西倚对面山。

本次工作主要包括了考古调查、勘探及试掘工作，调查面积为12平方千米，新发现2处宋代墓地；勘探面积20万平方米，在遗址范围内新发现2处汉代墓地、道路2条、房址1座、排水沟2条；试掘面积为525平方米，解剖东侧城墙3段、北侧城墙2段、道路2条、墓葬1座、灰坑6个，出土器物小件200余件，主要为唐宋时期，也有少量汉代及明代遗存。

通过本次考古工作，发现了唐宋时期的城墙、高规格石板道路、窑口众多的精品瓷器、设计合理的给排水系统，结合文献的相关记载，确定汉东城遗址应为唐、五代及北宋早期万寿县（武德三年为万春县）县治所在地，北宋乾德五年后汉东镇、汉东水驿所在地；基本弄清了城墙的时代、功能及走向，发现了城堤一体的城墙体系，将防洪堤与防御性城防设施巧妙地结合在一起，同时，利用地形特点灵活多样构筑城墙体，节省了人力物力，也提

高了城墙的利用效率，是因地制宜、巧妙设计的典范；初步探明了遗址唐宋时期的布局与结构，整体形状呈不甚规整的梯形，高等级建筑位于遗址北侧，市场位于遗址南端，与前朝后市的格局相符；街道布局为一横四纵的布局，表明其交通网络更依赖长江水路交通，与北方城址规划严整的路网格局存在差异；城墙构筑也采用了在临江缓坡和两翼陡坎用条石叠砌，形成外看城墙巍峨挺拔，内看无墙一马平川城堤一体的建筑特点。

（代玉彪 邹后曦）

【开县花石盘汉代墓群】

发掘时间：2014年5~7月

工作单位：重庆市文化遗产研究院、开县文物管理所

花石盘墓群位于开县赵家镇和平村二社，地处浦里河北岸台地，所在区域地势较为平缓，北依丘陵、东邻冲沟、西为农田、南与浦里河相邻，中心地理坐标北纬31°3′20.16″，东经108°23′1.74″，海拔171米。作为三峡消落区地下文物保护项目，我院对该墓群实施了抢救性发掘，共清理汉代墓葬9座。因后期改土破坏，所有墓葬封土均已不存，墓口距地表较浅。土坑墓共7座，其中，M1—3、5为近方形土坑墓，边长4米~4.5米，可见有生土二层台；M4与M6为带斜坡墓道的土坑墓，平面呈"刀"形；M7被M6打破几乎无存，形制不详。砖室墓2座，以M9保存情况最好，墓室平面呈"刀"形，墓顶以榫卯砖横向起券，墓壁以长方砖错缝平砌，墓底无砖。以上墓葬虽均遭不同程度地盗掘，但仍有丰富的随葬品出土，陶器有罐、锺、甑、钵、博山炉、盆、井、耳杯、灯、仓、魁、盂等共306件，铜器有釜、洗、钫、簋、釜、盒、带钩、饰件等28件，铁釜2件，石凿1件。M7和M8被破坏严重且无随葬品出土，故时代不详；M1—6的时代

应在西汉中晚期至东汉早期，M9 为东汉晚期。花石盘墓群墓葬分布密集、排列有序，应是一处规模较小的汉代家族墓地，对研究这一时期峡江地区的丧葬制度与文化面貌具有重要参考价值。

（范　鹏　杨爱民）

【丰都县赤溪汉至六朝及唐宋时期遗址】

发掘时间：2014 年 5～8 月

工作单位：重庆市文化遗产研究院

遗址位于丰都县名山街道农花村十一组，地处长江北岸的二级台地上。发掘面积共计 1700 平方米，清理汉至唐宋时期的各类遗迹 52 处，出土各类文物标本 300 余件。

主要文化遗存可分为汉至六朝、唐、宋三个大的时期，其中汉至六朝时期遗存主要为砖室墓，随葬品主有陶罐、釜、甑、钵、耳杯、案、俑、摇钱树座等；瓷四系罐、壶、钵等；铜钱币、耳杯、摇钱树残片、釜等；铁釜、削刀；银戒指、簪以及玻璃珠饰等。另外在赤溪遗址发掘区的北部还发现大面积的汉代瓦片堆积，包含有大量的纹板瓦、筒瓦及瓦当残片。唐代遗存主要为墓葬，可分为土坑墓和瓮棺葬两种，土坑墓均为小型的竖穴土坑墓，随葬品有瓷双唇罐、四系罐、砚台；铜带銙、开元通宝等。瓮棺葬葬具为大口小底的瓷四系瓮。宋代遗存主要有房址、灰坑、灰沟、柱洞等，出土遗物有瓷盏、碗、罐等；陶罐、筒瓦、板瓦、瓦当、象棋以及铜钱币、石磨盘等。

该遗址是一处遗存类型丰富、发展脉络清晰的聚落遗址，展示了汉至六朝、唐、宋三个时期当地聚落发展和演变的特点，为研究峡江地区聚落考古提供了重要的参考资料。尤其是以往峡江地区发现的唐墓较少，本次集中出土的一批唐墓为研究峡江地区唐墓的类型、特点和物质文化面貌提供了新的材料。

（牛英彬）

【荣昌县磁窑里宋代遗址】

发掘时间：2014 年 11 月～2015 年 1 月

工作单位：重庆市文化遗产研究院

遗址位于荣昌县安富镇通安村。地处鸦屿山南侧与窑山坡、吴家山、峨眉山至洗布潭一线之间长约 4 千米的狭长地带。有数条小河发源于鸦屿山南麓，向南流经遗址分布区域，于安富镇南汇合为沙河，南流汇入濑溪河。

经调查，在遗址分布区域复核后发现宋代瓷窑窑场 6 处，分别是窑山坡西南侧的窑山坡窑址、罗汉坟山南侧的罗汉坟窑址、吴家山西侧的桂花屋基窑址与松树林窑址、峨眉山东侧的堰口屋基窑址、洗布潭西部的石角咀窑址。窑山坡窑址产品以白釉瓷为主，器类以碗为主，见碟、盘、匜、盆等。多为灰白胎，胎质较细；釉色略泛黄或泛青，黑釉瓷极其少见。石角嘴窑址产品以白釉瓷为主，兼烧少量黑釉瓷器。器类以碗为主，见盘、碟、盆等。罗汉坟、桂花屋基、松树林、堰口屋基等 4 处窑址产品以白釉瓷为主，极少见黑釉瓷器。发现与可能与窑场生产相关的瓷土采集点 3 处、露天煤场 3 处、宋代墓葬 5 处。

遗址区发掘面积 400 平方米。清理窑炉 1 座，为馒头窑。方向 165°，用砂岩石块砌筑，保存较好，仅顶部坍塌。窑炉由操作间、窑门、火膛、窑床和烟囱五部分组成，南北长 590 米、东西宽 260 米、壁厚 20 厘米～25 厘米，窑炉外侧红烧土厚 10 厘米左右。操作间西部有堆煤场区域留存。该窑炉为自然废弃，窑内堆积为大量红烧土及石块，仅窑床面及火膛底部出土 10 余件瓷器，基本为黑釉瓷，窑床有较多 "M" 形匣钵散落。地层堆积中出土大量黑釉瓷碗、盏、杯、罐、碟形灯、盘、瓶等，白瓷及青白瓷数量极少，器类仅见碗。窑具中垫饼、垫圈、匣钵数量较大，匣钵仅见 "M" 形匣钵。

本次考古工作进一步充实了渝西地区

陶瓷考古的实物资料，对探寻该地区宋代窑业遗存与涂山窑、邛窑、金凤窑、彭州窑等窑址之间的关系有着重要的参考价值。

（朱寒冰　林必忠）

【奉节县白帝城宋至明清时期遗址】

发掘时间：2014年4~8月

工作单位：重庆市文化遗产研究院、中山大学、白帝城文管所

遗址发掘区位于奉节县白帝镇白帝村3社、5社，中心地理坐标为北纬31°03′06.8″，东经109°34′01.6″，海拔270.23米。此次发掘区域包括头溪沟和马道子两个地点，两个地点相邻，共计发掘2050平方米。

头溪沟地点完成发掘面积950平方米，主要遗迹有城墙1段、城壕1段，出土有陶罐、钵、碗、瓷杯、铁钉、铁镞等遗物，时代分属宋和明清两个时期。该地点清理出的城墙为下关城北城墙东段，东端与白帝城的东城墙相接，西端向西延伸，在城墙的北侧发现有护坡遗迹。城壕位于下关城北城墙北部，即下关城北城墙与子阳城南城墙之间，宽10米~18米、深2.8米。

马道子地点完成发掘面积1100平方米，主要发现城墙2段、城壕1段、夯土基址1座、护墙1段，出土宋和明清时期遗物100余件。该地点清理的2段城墙分别为白帝城的东城墙部分和子阳城的南城墙残迹，并确认其走向。清理的城壕与头溪沟清理的城壕相连，为同一条城壕。

通过以上两处地点的考古工作，探明了白帝城东城墙、下关城北城墙、子阳城南城墙等重要遗迹的走向和具体位置，以及三者之间的相对位置关系。确认了连接子阳城和下关城之间城壕的存在及其位置。整体而言，此次对白帝城遗址两个地点的发掘为深入了解白帝城提供了重要的考古资料，进一步厘清了南宋白帝城的整体结构，即由连环城、城中城、城外城、

一字城、烽燧等组成，建造与使用年代为1242~1278年。

（杨鹏强　王　宏）

【渝广高速沿线宋明清古墓群】

发掘时间：2014年2~5月

工作单位：重庆市文化遗产研究院、北碚区文物管理所、合川区文物管理所

为配合重庆渝北至四川广安高速公路建设（简称渝广高速），对征地区域发现的一批宋明清时期古墓葬进行了考古发掘和资料留取，发掘面积共2150平方米。清理宋代石室墓16座、明代石室墓19座、明代砖石混筑墓1座，出土陶、瓷、铜、铁器等器物共226件（套），清代墓葬留取资料共计6座。

发现的宋代墓葬雕刻精美，高浮雕，内容有人物、马、花卉、四神、家具、仿木结构建筑等，出土有白瓷斗笠碗、酱釉灯盏、黑釉注壶、青釉瓶、青釉盏、灰陶灯、铁矛等遗物。

明代墓葬大多为比较常见的石室墓，以平顶为主，少量为券顶，由条石砌筑墓壁，平铺石板作为棺床。墓葬最多的为十室墓，另有八室墓、五室墓、四室墓、三室墓、双室墓和单室墓。出土有酱釉灯盏、瓷碗、双系罐、双系壶、塔式罐、铜簪等遗物。其中，北碚区黑房子墓群M5为砖石混筑墓，长方形双室，长3.3米、宽2.8米、残高0.21米~0.66米，墓向335°。墓底以石板及长方形素面砖铺就，墓壁用长方形榫卯画像砖顺丁砌筑，残存1~3层，画像图案有银锭、马、鹿、莲花、卷草等。墓内填土还出土有楔形花纹砖，应为券顶砖。墓内东西两室各见人骨1具，头向南，下枕板瓦，仰身直肢。初步判断应为夫妻合葬墓。清代墓葬为常见的石围土冢墓，由条石砌成。

（肖碧瑞）

【荣昌县荣隆工业园宋明清时期墓群】

发掘时间：2014 年 8~10 月

工作单位：重庆市文化遗产研究院、荣昌
县文物管理所

重庆荣隆台湾工业园位于重庆市荣昌县荣隆镇，本年度，对工程征地范围内涉及的马家坟墓群、书房岭墓地、古家坟墓地、财神菩萨坡墓群等 5 处文物点进行了抢救性考古发掘，共清理墓葬 16 座。墓葬类型丰富，时代为宋至明清时期，出土遗物以瓷器为主。以马家坟墓群为例，墓群位于荣昌县荣隆镇沙坝子村三社，地表遍布近代坟、小竹林等，共发掘墓葬 10 座，墓葬类型可分为石室墓、砖室墓、土坑墓三种，时代为宋至明清，出土器物有尊式壶、塔式罐、斗笠碗、浅腹盏等。自明初及明末两次大规模的移民潮，大量的人口迁入重庆地区，外来文化与重庆本土文化的冲突、交流与融合形成了独特的移民文化，这一过程在丧葬习俗上得到了充分的体现。通过本次工作，进一步丰富了荣昌地区宋、明、清时期的墓葬材料，对研究区域内宋代及明、清时期的墓葬形制、丧葬习俗、社会经济状况等提供了重要参考。

（黄　伟　李大地）

【渝中区太平门宋至明清时期遗址】

发掘时间：2014 年 10 月 ~2015 年 1 月

工作单位：重庆市文化遗产研究院、渝中
区文管所

太平门遗址位于渝中区望龙门街道，地处渝中半岛长江左岸，北部紧邻老鼓楼衙署遗址。本年度我院对该遗址开展了主动性考古发掘，已实施考古发掘 800 平方米。

目前已揭露宋至清代遗迹 13 处，包括城门 1 座、城墙 1 段、道路 2 条、蓄水池 1 座、井 1 口、排水沟 6 条及护坡墙 1 段。城门保存状况较好，为条石砌筑，拱形门洞，内高 5.1 米、宽 4.4 米。城墙呈东北—西南走向，两侧包石，中部以黏土、细砂土及石块层层夯筑而成。发掘结果显示，城门西部城墙系在宋元时期堆积上挖出基槽砌筑而成，并且西部明清时期城墙路面下亦叠压有高约 1.8 米的宋元时期堆积，初步推测可能为宋元时期城墙内部堆积。结合文献记载及发掘情况分析，该遗址可能保留有部分宋代城墙旧址，城门及城墙主体部分应为明初重庆卫指挥使戴鼎"因旧址砌石城"所建，清代沿用并有多次修葺的迹象。

据文献记载，重庆城在明清时期共有17 座城门，因城市建设的快速发展，保存至今的仅余通远门、东水门和人和门 3 座。本次工作新发现的太平门遗址，是重庆市区首座经过考古发掘的城门及城墙遗址，结构完整、布局清晰，以实物为载体再现了明清时期的重庆城，特别是疑似宋代城墙旧址的发现，是重庆城市发展史上的突破性发现，对研究宋至明清时期重庆城的营造、布局、范围以及历史沿革等具有非常重要的意义。

（孙治刚　邹后曦）

四川省

【大邑县盐店宝墩文化古城遗址】
发掘时间：2013年4月~2014年3月
工作单位：成都文物考古研究所、大邑县
　　　　　文物保护管理所

　　古城位于成都市大邑县晋原镇马王村。2003年因修建成温邛高速公路曾对该城址进行过调查和试掘。2013年4月，因修建成蒲铁路，同时也为了对该城址的范围、城内地层堆积情况和时代等有一个清晰的认识，又对该遗址进行了钻探和试掘。

　　本次发掘分为城墙解剖和城内发掘两个部分。面积总计约230平方米，包括7条探沟和3个探方。城墙堆积地层保存最好的地方可以分为四层。第①层，近现代层，第②层，明清地层，第③和第④层为唐宋地层。④层下叠压遗迹即为宝墩时期城墙。城墙可分为两个平行夯层。

　　城内钻探和发掘表明，盐店古城保存情况极差，仅在城中心地带发现有宝墩时期陶片，其他大部分地点耕土层下即为生土。本次发掘遗迹数量不多，共发现灰坑5个，灰沟1条。出土遗物有陶器和石器两类。陶器以泥质灰白陶占大多数，少量泥质灰黄陶和夹砂灰褐陶，极少量泥质青灰陶等。陶器纹饰有附加堆纹、指甲纹、戳印纹、细线纹、水波纹、锥刺纹、镂孔等；器形有绳纹花边口沿罐、喇叭口高领罐、敞口圈足尊、宽沿尊、盘口尊、腰沿器、器底、器耳、圈足等。石器从石质上看，均为砾岩。器类有石斧、石锛、石凿等。

　　本次发掘首先对古城的时代有了新的认识。从其出土陶器质地、器形特征、纹饰、石器等方面我们认为古城时代应为宝墩文化一期晚段时期。其次，对古城城墙分布和走向有了清晰的认识。古城应沿着古河道边的高台地修筑。整个古城地貌比周围平地高出2米~3米，城址南北最长480米，东西最宽330米，面积约17.4万平方米。城址堆积方式为斜坡堆筑，中间夯筑较好，两侧用较多砂石，鹅卵石和黏土混合修筑而成。城墙建筑方法与都江堰芒城极为类似，城墙的功用推测应主要与防洪有关，兼具防御功能。此外，西城墙有内外两重城墙，其他三面则仅存有单城墙。壕沟也仅存在于西城墙内外两重城墙间。壕沟底部为唐宋时期淤土堆积，说明该壕沟的废弃是因为唐宋时期的洪水泛滥所致。

　　本次试掘只是对盐店古城有了一个初步认识，而对该城址其他诸如地貌环境、生业形态、聚落分布等均不明确。这一方面是由于该城址所做工作较少，更为重要的一点是该城址破坏极为严重，许多工作不能很好的开展。

（杨　洋）

【崇州市紫竹宝墩文化古城遗址】
发掘时间：2014年12月~2015年1月
工作单位：成都文物考古研究所、崇州市
　　　　　文物管理所

　　遗址位于崇州市燎原乡紫竹村紫竹庵。1997年成都文物考古研究所、崇州市文物管理所调查发现。2000年3月，成都文物考古研究所及中国社会科学院考古研究所联合进行了调查和试掘。2001年7月，紫竹古城遗址被国务院公布为第五批全国重点文物保护单位。为深入推进成都平原大遗址保护工作，并配合紫竹古城遗址保护规划方案的编写，再次对遗址进行了考古调查、勘探与试掘。

重点钻探工作面积为30万平方米，钻探探孔间距为20米。通过钻探，我们对城内的堆积有了较为全面的了解。在此基础上，我们在城内的西部和北部共布5×5米探方6个，进行了试掘。城内堆积一般可分四层，第①层为现代耕土层，第②层为明清文化层，第③层为唐宋文化层，第④层为宝墩文化层。但个别探方仅可见直接打破生土的宝墩文化灰坑，推测晚期生产生活活动已将宝墩文化地层破坏殆尽。另外，我们还发现开口于三层下打破宝墩文化地层的汉代灰坑一个，该灰坑直径近4米，深约1.3米，故可知遗址的宝墩文化地层在汉代也受到过较大的破坏。

试掘获得宝墩文化灰坑4个，石器10余件，陶器标本数十件。石器器形有斧、锛、凹刃凿形器等，均为磨制石器；陶器器形有绳纹花边罐、喇叭口高领罐、敞口圈足尊、敛口罐、壶等，纹饰以绳纹、水波纹、刻划纹、附加堆纹、镂孔等为常见。通过出土陶器与其他宝墩文化遗址的对比，我们确认本次试掘的宝墩文化遗存的年代为宝墩文化一期。

通过本次调查勘探及试掘，我们弄清了城内堆积的分布和保存状况，城址使用年代等问题，同时测绘了城址的平面图，为遗址保护规划方案的编写及成都平原早期城址研究提供了新的资料。

（刘祥宇 周志清 陈 剑 白铁勇）

【大邑县高山宝墩文化古城遗址】

发掘时间：2014年

工作单位：成都文物考古研究所、大邑县文物管理所

遗址位于大邑县高山乡古城村古城埂，现属于大邑县三岔镇赵庵村，系2003年在对盐店古城遗址进行环境调查时发现。2012～2014年先后在高山古城遗址各遗址点进行了小规模试掘，其中2014年在遗址中部偏西南的地点、西南城墙转角处等地点选点进行了解剖性试掘，共发现墓葬11座，人祭坑1个、奠基坑1个、灰坑30个、水井1眼、灰沟2条。遗址中部偏南地带清理的墓葬及人祭坑为宝墩文化时期墓地，葬式包括仰身直肢葬、侧身屈肢葬等，成人墓及儿童墓均有，以儿童墓葬居多，多数人骨架保存状况较好，均未发现随葬品和葬具。在城墙西南的转角处外墙附近还发现了一座使用儿童进行奠基活动的人牲坑。试掘出土石器、陶器数量较为丰富。其中石器分为打制和磨制两类，磨制石器的器形包括斧、锛、凿、刀等，以穿孔石刀、有肩石斧、打制的燧石器（包括石核、石片及燧石原料等）较有特色。陶器以泥质陶居多，烧制火候较高，器形包括花边口罐、壶、尊、豆、盆、钵等，纹饰较为丰富且精美，发现了一些属于宝墩文化的新器形，如宽大耳器、直口壶形器等。从所出土陶器的风格初步判定，高山古城遗址的年代处于宝墩文化的偏早阶段，还发现了一些略早于目前宝墩文化第一期遗存的线索。

本次试掘与勘探工作还开展了多项科技考古，如植物考古、环境考古、遥感测绘、陶器石器成分测试分析等多项科技考古工作。此外，还在高山古城遗址的西部及东部的台地上新发现祝坟园、高山城东、成功村等三处新石器时代及商周时期遗址，这些不同时期遗址点的发现，对于高山古城遗址聚落结构体系与形态以及聚落的历

时性演变等有着重要的意义。这些考古信息在已发现的 8 座成都平原史前城址中是极其少见的，它为推进成都平原史前聚落考古提供了一个范例以及进一步的思考。该遗址周边不同时期聚落的发现，也有助于分析成都平原文化演进与环境变迁的互动关系。高山古城遗址内发现的宝墩文化墓地是目前成都平原已发现的年代最早和完整的史前墓地，其分布范围大，延续时间长，分布密集，人骨架保存较好，而且葬式多样，这在以往的成都平原新石器时代考古实践中是极为少见的。为探讨宝墩文化及成都平原的史前埋葬制度和社会习俗提供了难得的实物资料，同时对开展体质人类学测量研究和 DNA 测试分析提供了理想的考古资料，有助于认识成都平原史前先民的体质结构特征。高山古城遗址区域系统考古调查与新发现是成都平原新石器时代考古的最新成果，它是中华文明探源工程子项目的重要组成内容，对于认识宝墩文化的内涵、外缘以及渊源也将有极大的促进作用。

（周志清　陈　剑　刘祥宇　白铁勇）

【郫县仪隆村新石器及商周遗址】

发掘时间：2013 年 10 ~ 11 月、2014 年 4 ~ 5 月

工作单位：成都文物考古研究所、郫县望丛祠博物馆

遗址位于成都市郫县红光镇仪隆村一组。北半部压在"水岸康城"小区和"思源学校"之下，南半部分地处红光路北一段、红佳路、幸福路北一段、思源路之间，近幸福路北一段和思源路一侧，西邻沱江河。海拔约 536 米，面积约 4.2 万平方米。

为了配合"公园 1 号"房地产项目建设，郫县望丛祠博物馆对项目施工区域进行文物勘探时发现该遗址。成都文物考古研究所与郫县望丛祠博物馆联合先后两次对遗址进行了试掘。第一次试掘布 5×5 米

探方 2 个，10×10 米探方 4 个，编号依次为 2013CPHY Ⅰ T1 – 2013CPHY Ⅰ T6，发掘面积 450 平方米。第二次试掘布 10×10 米探方 3 个，6×10 米探方 1 个，编号依次为 2014CPHY Ⅱ T1 – 2014CPHY Ⅱ T4，发掘面积 360 平方米。

通过试掘，基本弄清了该遗址的文化面貌，其先秦时期遗存包含了宝墩文化和十二桥文化两种遗存。宝墩文化的地层及遗迹几乎被十二桥文化和汉代的人类活动破坏殆尽，只在遗址的南部残存部分地层及 1 个灰坑。陶器以夹砂陶为主，泥质陶较少。夹砂陶大多数通体装饰绳纹，施纹粗且深。泥质陶一般为素面。出土的器形有绳纹花边口沿罐、盘口圈足尊、宽沿平行尊。器形的整体风格与附近的三观村遗址及郫县古城早段的同类器形相似，处于宝墩文化三期早段。

十二桥文化遗存的地层及遗迹集中在遗址的北部，其余部分被汉代的人类活动破坏。清理的遗迹包含 19 个灰坑、1 条灰沟以及较多柱洞。灰坑以不规则形为主，灰沟较直，柱洞无规律可循。出土的陶器以夹砂陶为主，泥质陶较少。陶色以褐陶居多，次为灰陶，还有少量黑皮陶、灰白陶、橙黄陶等。大多数为素面陶，施纹者不多。纹饰以绳纹为主，还有少量凹弦纹及镂孔等。绳纹只装饰在罐的口沿或肩部，一般成组分布。以小平底罐、绳纹束颈罐、绳纹敛口罐、素面束颈罐、素面敛口罐、高领罐、盆、豆为主要器物组合，还见有一定数量的尖底器，未见簋。其器形及器物组合与附近的菠萝村遗址晚段遗存相近，略早于三观村遗址的同类遗存。

（杨占风）

【松潘县东裕村新石器时代遗址】

调查时间：2014 年 9 月

工作单位：成都文物考古研究所

2000 年 7 月，成都文物考古研究所、

阿坝藏族羌族自治州文物管理所、松潘县文物管理所为配合《中国文物地图集·四川分册》的编写工作，联合进行了岷江上游地区考古调查，期间发现了东裕村遗址。2014年9月，成都文物考古研究所业务人员再次进行了实地调查。东裕村遗址位于岷江东岸二级台地上，高出河谷约100米，东面靠山，西面临岷江，东西宽约150米、南北长约200米，地理坐标为北纬32°64′501″，东经103°58′879″，海拔约2950米。遗址的文化层堆积厚约1米～2米，夹有大量红烧土、炭屑、陶片等，其上有厚达1米的覆盖层。遗址中心地势较高，有一处高约2米、长15米、宽约10米的人工垒筑土台。在西南部的断面还发现多道石砌墙体，宽度50厘米～60厘米，残高80厘米～100厘米。年代晚于其下的文化层堆积。采集遗物包括陶片、红烧土块、石片、兽骨等，其中陶片的陶质陶色包括夹砂褐陶、泥质褐陶、夹砂灰黑陶等；纹饰包括细绳纹、线纹等，多数陶片内壁有刷划痕迹；以平底器为主，可辨器形有罐等。采集陶片的特征不同于岷江上游地区的茂县营盘山、汶川县姜维城遗址等包含仰韶文化、马家窑文化彩陶的文化遗存，但与岷江上游地区的石棺葬文化陶器风格也有较大差异，初步判断遗址的年代可能早至新石器时代。具体情况尚有待进一步的勘探发掘工作来明晰。

（陈　剑）

【松潘县川主寺石嘴新石器时代遗址】

调查时间：2014年9月

工作单位：成都文物考古研究所

2000年7月，成都文物考古研究所、阿坝藏族羌族自治州文物管理所、松潘县文物管理所为配合《中国文物地图集·四川分册》的编写工作，联合进行了岷江上游地区考古调查，期间发现并确认了川主寺石嘴遗址。2014年9月，成都文物考古研究所业务人员再次进行了实地复查。遗址位于岷江西岸二级台地的近山脚地带，地理坐标为北纬32°77′859″，东经103°61′795″，海拔约3050米。遗址东西宽约50米，南北长约500米，面积约25000平方米。遗址在修建公路及房屋时被严重破坏，上部有较厚的晚期泥石层堆积，文化层堆积厚达1米～3米，可分为三层（分别为淡红色土、灰色土、黑色土层），包含有大量红烧土、炭屑、陶片、骨渣、植物化石等物。在调查过程采集到少量陶片，均为夹粗砂陶，陶色有红褐、黑褐等品种，陶质甚差，烧制温度不高，部分陶片外表可见红色陶衣。采集遗物还有打制石器及兽骨等。川主寺石嘴遗址还曾出土了2件弯月形穿孔石刀（现收藏于红军长征纪念总碑碑园管理处）。其中标本2000SSCS采：(1)，已断成两截，但可以粘接修复，刀背略有残缺，刀身中间近背部有双向二穿孔，直刃，两端较窄，长约20厘米，宽度5厘米～7厘米。标本2000SSCS采：(2)，残缺较甚，虽经粘接，一端仍缺失，刀身中间近背部亦有双向二穿孔，仍为直刃，两端略宽，残长18厘米，宽度5厘米～7厘米。岷江上游其他地区如茂县营盘山、汶川县姜维城等多数新石器时代遗址，均未发现此类弯月形直刃穿孔石刀，而是以长方形石刀为主。凉山州安宁河流域及云南地区新石器时代遗址出土数量较多的弯月形穿孔石刀。长方形石刀属于仰韶文化及马家窑文化的典型器物，是黄河上游新石器时代文化南向交流、传播的实物例证。川主寺石嘴遗址出土的弯月形直刃穿孔石刀的年代应略晚于茂县营盘山、汶川县姜维城等遗址。再根据川主寺石嘴遗址采集的陶器特征初步判断，该遗址的年代下限应不晚于距今4500年。

（陈　剑）

【茂县下关子新石器时代及汉代遗址】

发掘时间：2014年10月～2015年2月

工作单位：四川省文物考古研究院、阿坝州文物管理所、茂县羌族博物馆

　　遗址位于茂县光明镇中心村3组和马蹄村4组，地处涪江支流土门河左岸的冲积阶地上，中间的土地岭为岷江与涪江流域的分水岭。为配合兰州至成都铁路建设，对遗址进行了考古发掘，发掘5500平方米，共清理新石器、汉代墓葬66座，灰坑25个、房址1座。出土铜、铁、陶、石、骨、琉璃、绿松石、海贝、料珠等各类器物近500余件（套），"半两""五铢""货泉"等铜钱1000余枚，还出土了大量的人骨和兽骨，采集、浮选出炭化植物种子和碳十四测年标本等。

　　新石器时代遗存主要分布在下关子台地的东端，发现的遗迹有灰坑、墓葬、房址等。灰坑可能与窑址作坊有关，加工非常规整，有长方形、圆形、椭圆形等，灰坑内填大量的红烧土、黑灰土、炭屑等，红烧土有平整的烧结面。墓葬为1座灰坑葬，是一个成年人和一个婴幼儿的合葬墓，成年人和婴幼儿面对面，都是侧身屈肢葬，应为非正常死亡的埋葬形式。

　　出土物主要有陶器、石器、骨器、兽骨、皮革等。陶器的烧制火候非常高，多泥质灰陶、红陶，部分为夹砂灰陶。红陶纹饰以凸棱上饰绳纹的复合纹最为盛行，其他有附加堆纹、戳印纹、口部饰齿状纹、绳纹等。另有部分磨光陶，器形以喇叭口罐、高领罐、侈口罐等罐类居多，少量钵、碗、纺轮等。大部分为平底器，少量假圈足。石器以磨制石器为主，器形有穿孔石刀、凿、斧等。骨器则多磨制针、笄、锥、环等，此外还有成卷的经过烧灼的皮革；出土的动物骨骼初步判定有猪、羊、豪猪等，另有少量的鸟类骨骼。

　　遗址地处岷江上游与涪江流域的交接处，其新石器时代遗存承接岷江上游新石器文化发展而来，对研究岷江上游新石器时代晚期文化的发展与向外传播有着非常重要的意义。

　　汉代遗存主要是墓葬，此次发掘的石室墓系岷江上游及周边地区首次发现，规模较石棺葬大，构筑方式与石棺葬也有所不同，大部分有墓道，随葬器物有釜、鍪、瓮、弩机、铁剑等，汉文化因素非常浓厚，而当地石棺葬的因素较少，墓主人疑是汉朝中央政府派驻当地的行政或军事管理者。

　　遗址发现的汉代石棺葬遗存数量最多，大多分布于台地北部临近马蹄溪边缘一带，虽绝大部分遭到严重的盗掘，但仍出土了一定数量的随葬品。铜器有釜、鍪、钺、耳杯、带钩、铜泡、铜管饰等，铜钱有"半两""五铢""货泉""大泉五十"等；铁器有剑、刀、斧、削、凿、臿、带钩等；陶器有罐、单耳罐、双耳罐、瓮、釜等，此外还出土了一定数量的琉璃瑱、料珠、管珠、海贝、绿松石等饰品以及人骨等。

　　下关子遗址的石构墓葬时代从西汉早期一直延续到东汉晚期甚至蜀汉时期，尽管绝大多数遭到非常严重的盗掘，但因有清晰的地层叠压关系和出土有钱币等时代特征明确的随葬品，对于重新审视和建立整个岷江流域及周边石构墓葬的年代和发展演变序列具有相当重要的意义。

（辛中华）

【汶川—马乐康高速公路新石器时代至秦汉遗址考古调查】

调查时间：2014年4～5月

工作单位：四川省文物考古研究院、阿坝藏族羌族自治州文物管理所、马尔康县文管所、理县文管所、汶川县文管所

　　为配合汶川—马尔康高速公路建设，四川省文物考古研究院等单位对公路沿线

进行了文物考古调查、勘探工作。本次调查涉及里程 173 千米，跨阿坝藏族羌族自治州的汶川县、理县和马尔康县，共发现 15 处文物点，其中地下文物点 7 处，分别为理县孔translate坪遗址、理县关口遗址、理县长河坝遗址、马尔康县王家寨遗址、马尔康县木尔溪遗址、马尔康县壤多遗址和马尔康马让遗址，年代自新石器时代至秦汉时期，总分布面积约 8 万平方米。

以上各遗址均分布在杂谷脑河和梭磨河岸边二级阶地上，地势平缓。其中马尔康县木尔溪遗址堆积较为丰富，分布面积约 20000 平方米，文化层厚 0.3 米 ~ 1 米，年代为秦汉时期。采集有陶器、骨角器及石器。其余各遗址堆积较差，采集陶片多为夹砂陶，以红褐陶为主，少量黄褐、灰褐、灰黑陶。可辨器形有陶罐、陶纺轮、带流罐等。年代为新石器时代至秦汉。

岷江上游自古作为重要的文化走廊，被认为是蜀文化的来源地，对于考古学文化研究来说地理位置极为重要。本次调查 7 处地下文物点的发现对于研究岷江上游新石器时期文化及石棺葬文化发展、演变具有较重要的价值。

（金国林）

【广汉三星堆商代遗址】
发掘时间：2014 年 10 月 ~ 2015 年 1 月
工作单位：四川省文物考古研究院、三星堆博物馆

为实施《三星堆遗址 2011 ~ 2015 年度考古工作规划》，2104 年我院对三星堆遗址青关山城墙、李家院子城墙、马屁股城墙拐角等遗存进行了考古发掘，发掘面积 1400 平方米。

对青关山二级土台 F2 以北区域在 2013 年度开挖探方的基础上继续向下发掘，结合勘探情况判断，该处原有一宽约 20 米、底部与一级土台地表齐平的大沟状凹地，将现在的青关山二级土台一分为二，

以南为当时的青关山二级土台，F1 和 F2 位于其上，以北则为一处西北—东南走向、长约 140 米、顶宽 10 米 ~ 15 米的夯土埂，大约春秋时期才开始将这个大凹地逐渐填平，南土台与北土埂相连成为一体，演变成了现在的模样。结合三星堆城址布局分析，北土埂与 2013 年度发掘确认的真武宫城墙（外廓城北城墙中段）位于一条直线上，很有可能为北城墙的组成部分（暂命名为"青关山城墙"）。现正垂直于北土埂进行试掘，试掘情况初步印证了其"城墙"的属性，其分块斜向堆筑方法与真武宫城墙和月亮湾城墙比较一致，而与我们所了解的南土台的水平夯筑方法区别较大。

李家院子城墙位于仓包包台地西缘地表下，呈东北—西南走向，与仓包包城墙垂直相交，现存长度约 150 米，宽约 20 米 ~ 25 米，经试掘，初步证实为三星堆时期的人工堆筑城墙，并发现有城墙修筑时的"V"字形施工通道，城墙内侧有补筑现象。

马屁股城墙拐角位于仓包包台地东北角及东侧地表下，似由"东城墙北端"和"北城墙东端"残留构成，南接东城墙北段地下延伸部分，西延约 20 米可直线对接真武宫城墙，但遭晚期破坏较严重，期待进行中的发掘给予最终确认。

青关山城墙、李家院子城墙、马屁股城墙拐角等遗存的发掘，进一步深化了对三星堆城址青关山台地、仓包包台地、外廓城北城墙和东城墙北段的认识，一旦得到发掘结果的最终确认，不仅能解决困扰学界多年的北城墙问题，基本合围出比较完整的三星堆外廓城，并有可能在外廓城的东北部闭合出一座小城（暂命名"仓包包小城"），从而极大的促进对三星堆城址布局的认识。

（雷 雨）

【郫县双喜村商周遗址】

发掘时间：2014 年 3 月

工作单位：成都文物考古研究所、郫县望丛祠博物馆

遗址位于成都市郫县郫筒镇双喜村 4 组，地处"中信大道"和"蜀信东路"交汇口、"成都工业学院"对面。现存面积约 1.6 万平方米，大部分已经遭到破坏。

郫县望丛祠博物馆在配合"天立·香堤华府"房地产项目建设进行文物勘探时发现。成都文物考古研究所联合郫县望丛祠博物馆先后对项目一期地块和项目二期地块进行了选点发掘。第一发掘点布 10 × 10 米探方两个，编号分别为 2014CPPS Ⅰ T1 和 2014CPPS Ⅰ T2，发掘面积 200 平方米。第二发掘点布 10 × 10 米探方两个，编号分别为 2014CPPS Ⅱ T3 和 2014CPPS Ⅱ T4，Ⅱ T3 向西和向北进行了扩方，发掘面积 226.5 平方米。

对双喜村遗址两个地点的试掘，共计清理了 5 个灰坑、1 条沟和 1 座窑址，未发现房址和墓葬等其他遗迹现象。灰坑平面大多呈圆形，坑壁及坑底十分规整，经过人工精细处理。灰沟内发现大量倾倒的陶片，地层及灰坑里都有大量的木炭及红烧土，表明这里很可能是一处集中的制陶区域，但遗憾的是由于工程建设原因，没有对该区域进一步清理确认。

两个发掘点出土的陶片都十分丰富，陶质、陶色、器物组合及纹饰特征十分相似，文化性质相同，年代相当。陶器都是夹砂陶占据主导，泥质陶较少。陶色以褐陶、灰褐陶、黑褐陶为主，还有少量灰陶、橙黄陶及灰白陶等。绝大多数为素面，只有个别器物装饰凹弦纹、重菱纹、菱格纹及镂孔，但数量极少。器形以敛口罐、矮领罐、簋、尖底杯最多，其次为束颈罐、瓮、器座形器，还见有尖底盏、尖底罐、敛口小罐、广肩罐、高领罐、高领小罐、大口罐、杯、器盖和器座等。从器物组合

及形态判断，属于十二桥文化晚期。

（杨占风）

【金阳县木纳沟青铜时代墓地】

发掘时间：2014 年 3 月

工作单位：成都文物考古研究所、凉山州博物馆、金阳县文物管理所

墓地位于金阳县马依足乡木纳沟村东北 500 米的山坡上，山坡东北高，西南低。墓地地处金阳河二级台地之上，南北长 550 米，东西宽 200 米，面积约 10000 平方米。1987 年第二次全国文物普查时发现，地理位置为北纬 27°42′00″，东经 103°15′59.00″，海拔 1546 米。

墓地调查采集青铜器 3 件，铁器 1 件，人骨 1 段。结合第二次文物普查和第三次文物普查征集的另外 5 件青铜器，该墓地截止如今共计出土了 8 件青铜器，这些青铜器以兵器多见，另有少量工具，兵器有蛇首剑、琵琶形剑鞘、戈，以剑和戈最多见；工具仅见覃首刀；铁器仅见 1 件铁臿，均为地面采集。由于长年耕作、水土流失以及盗掘，墓地已经被毁。该墓地出土的青铜器具有鲜明的区域和时代及族群特点，可能代表一种地方青铜文化，它可能是夜郎系文化北传的结果，对于我们认识该地区青铜文化有着重要的意义。它的发现有助于我们了解川、滇、黔三地古代文化交流，并提供了重要实物证据，进一步揭示三地早在战国时期古代族群与文化就已经有着频繁的交流。汉代铁臿的发现，昭示着该地区可能在南丝绸之路上占有特殊位置。

木纳沟青铜器的来源成分较为复杂，具有明显的多元化特征，文化的复合型色彩浓厚，既有滇、夜郎、笮文化系统的特点，也有自身的特质。它的发现为我们认识大、小凉山腹地的青铜文化特质和古夜郎文化的扩散，提供了重要的考古资料。

（周志清 补 琦 祝克鸿 刘灵鹤）

【广元市土基坝和摆宴坝西周至汉代遗址调查】

调查时间：2014 年 7～8 月

工作单位：四川省文物考古研究院、广元市博物馆、昭化区文物管理所

调查勘探共发现各类遗迹现象 43 处，其中墓葬 27 座，建筑基址 7 处，古关隘 1 座，城址 1 处，陶窑 3 座，灰坑 4 个，其中土基坝遗址和摆宴坝城址是本次尤为重要的考古新发现。

摆宴坝城址位于广元昭化区摆宴村二组，遗址总面积 40 万平方米。城址处于遗址的中南部，平面呈长方形，面积约 5 万平方米，勘探已发现部分南城墙、东城墙和西城墙，北城墙已毁。其中南城墙保存较好，长 120 余米，宽约 6 米～8 米，高约 1 米。从采集的陶片判断城址的年代应为西周时期。该城址的发现是四川地区首次发现的西周城址，这对于全面认识周、蜀、巴之间的关系提供了重要资料。

土基坝遗址位于广元市昭化区石盘村，处于嘉陵江与白龙江交汇的土基坝上，面积约 80 万平方米，主要包括战国晚期、西汉、东汉等时代的遗存，其中以上坪古关隘和跑马梁墓群尤为重要。勘探表明在上坪区域东部分布着两道夯土墙，两墙相距 27 米～34 米，西段夯土墙长 66、宽 6 米，东段夯土墙长 42 米、宽 6 米～8 米、高 1.0 米～1.5 米。从采集陶片推断，其年代应在春秋战国至东汉。从上坪所处地理环境、面积和两道夯土墙推断可能为关隘遗存，与早期的"葭萌关"有关。上坪关隘的发现，不仅对进一步了解早期"葭萌关"提供了重要线索，而且对于了解早期蜀道的走向和蜀道的申遗提供了重要的资料。

跑马梁墓地处于土基坝遗址北部的坡地上，面积约 3.5 万平方米，勘探共发现墓葬 17 座，其中土坑墓 12 座，砖室墓 4 座。年代涵盖战国晚期至两汉。秦灭巴蜀以后，秦对巴蜀地区进行大规模的移民，昭化就是移民的重镇之一。而跑马梁墓地的发现，对全面认识秦灭巴蜀及其秦移民提供了重要资料。

（陈卫东）

【西昌市沙坪站春秋战国遗址】

发掘时间：2014 年 10 月

工作单位：成都文物考古研究所、凉山彝族自治州博物馆、西昌市文物管理所

遗址隶属凉山彝族自治州西昌市佑君镇站沟村六组，位于安宁河西岸二级阶地，东距安宁河约 5 千米，西接二半山，遗址南北两侧为冲沟。2013 年凉山彝族自治州博物馆对沙坪站遗址进行调查试掘，发现若干柱洞遗迹。为了解沙坪站遗址内涵、年代及保存状况，2014 年 10 月中下旬，对该遗址进行考古钻探及发掘。经系统钻探，遗址面积近 8 万平方米，中、东部文化堆积保存较好。此次发掘面积 500 平方米，出土大量陶器、石器、动物骨骼，以及房址、灰坑、灰沟等遗迹。

房址多为近方形或规则多边形，半地穴式建筑，踩踏生土地面，在房址中部往往发现用火痕迹（灰烬及火烤红色地面等），疑为残存灶址。目前大多仅存地穴部分及少量柱洞，部分有门道。灰坑平面大多为规整圆形，直壁平底，坑边有明显加工痕迹。

根据层位关系、出土陶器组合及特征，沙坪站遗址可分早、晚两期。早期出土陶器以夹砂灰褐陶为主，泥质黑陶次之，纹饰有叶脉纹、乳钉纹、戳印纹、刻划纹、弦纹、镂孔等，器形有折沿罐、卷沿罐、圈足杯、带流壶、钵、纺轮、网坠等，其中以饰乳钉的夹砂卷沿罐、施纹繁缛精美的泥质黑陶杯等最具特征，石器种类为刀、锛、斧、杵等。早期遗存陶器与西昌市麻柳村 H1、坝河堡子大石墓、喜德县四合大

石墓等出土陶器组合及特征相近，施乳钉纹卷沿罐风格及特征与高坡遗存同类器具有明显演变关系，早期遗存年代推测大体为春秋战国时期。晚期遗存主要为 H2、H3，出土陶器单一，主要为垂腹罐，夹砂褐陶，颈部施抹绳纹，其下通体施交错绳纹，仰折沿，垂腹，底部为圜平底，同类遗存可见西昌北山、云南大理大丰乐等火葬墓等，时代大体为宋元时期。

沙坪站遗址规模巨大，达 8 万平方米，保存较好，尤其早期遗存的发现是安宁河流域先秦考古的又一重要发现，是与偏早阶段大石墓遗存年代相当的不多见的居址性质聚落遗存，具有重要学术意义。

（左志强　姜铭　补琦　刘灵鹤　唐淼）

【广元市大坪子战国至东汉墓地】

发掘时间：2013 年 12 月～2014 年 7 月

工作单位：四川省文物考古研究院、昭化区文物管理所

墓地位于广元市昭化区昭化镇城关村一组，地处嘉陵江与白龙江交汇处西岸二级阶地及缓坡之上，东距嘉陵江约 500 米。墓地于 2013 年 12 月初在修建昭化宏阁大酒店的过程中被发现，我院随即进行了抢救性发掘，共清理墓葬 79 座，其中战国至东汉墓葬 76 座，明清墓葬 3 座，总出土随葬器物 1300 余件（组）。

战国至东汉墓葬中有竖穴土坑墓 60 座、砖室墓 16 座，多为一棺一椁。根据各墓葬现存形制和随葬器物等综合分析，60 座竖穴土坑墓可初步划分为早晚两期，早期为战国中晚期至西汉初期，晚期为西汉中晚期。

战国中晚期至西汉初期土坑墓主要分布于墓地发掘区北部，墓坑方向多为东北—西南向（头向西南），以长方形为主，但有部分墓葬开口平面呈不规则椭圆形。墓圹直壁平底，多有熟土二层台。多数椁室较小，棺椁同向，棺位于椁内中部，棺椁之间空隙较小。随葬器物较少，其摆放位置多处于棺内中部或椁内棺外头部外侧，多为陶器，主要以釜、罐为主，仅在少数棺内出土有带钩、印章、铜铃等。葬式较复杂，有仰身直肢葬、仰身屈肢葬、侧身屈肢葬、二次葬等。

西汉中晚期墓葬主要分布于发掘区中部，部分位于发掘区北部，墓坑方向以东北—西南为主（头向西南），亦有少数墓坑方向为南北向（头向北）。长方形为主，但有部分墓葬开口平面已近正方形。墓圹直壁平底，多有熟土或生土二层台。多数椁室较大，椁内棺外间隙较大，划分有头箱、边箱等空间。随葬器物较多，多置放于头箱和边箱之内，陶器数量多在 10 件以上，主要有鼎、罐、壶、仓等，多为灰色泥质素陶，少量陶器器表饰有绳纹或红色陶衣；随葬铜、铁器数量不等，铁器均锈蚀严重，能辨出器型者有三足釜架、釜等，铜器保存较好，多者随葬铜器 10 件以上，少者未随葬或随葬铜器不超过 5 件，铜器种类有鼎、钫、壶、釜、鍪、刁斗、甑、卮、杆、洗、铃、带钩、铺首、车马器（盖弓帽、衔镳、軎）、棺饰（璧、四叶蒂形器、泡钉）等，其中以鼎、钫、壶组合或刁斗、釜、甑组合最为常见。墓葬出土有数量不等的钱币，以五铢钱为主，另有少量半两钱。后期土坑墓葬均为仰身直肢葬，个别墓葬疑似存在殉葬现象。

砖室墓以东汉中晚期墓葬为主，主要位于墓地发掘区中部和南部，多数砖室墓仅残存长方形墓室局部或底部，部分墓葬可辨出前、中、后室，少数墓葬残存斜坡式墓道。墓砖一侧多饰有模印几何纹，少量用于平砌墓室后壁的墓砖侧面饰有模印画像图案，其画像内容有车马、战马、五铢钱、仙人等。在砖室墓中总共出土了 200 余件各类器物，陶器有罐、瓶、炉、仓、灶、房屋模型、各式人物俑、各种动

物俑等，铜器有刀、盘、壶、案、带钩、耳杯、摇钱树、钱币、泡钉等。

大坪子墓地范围大、使用时间长、墓葬分布密集，部分墓葬规格较高、随葬品丰富、保存较好，不同时期、不同规模的墓葬形制及其随葬品组合关系演变轨迹较清晰，战国中晚期及西汉早期墓葬随葬品以秦文化典型器物为主，墓主应为北方入川移民。这批墓葬的发现与发掘，为川北乃至四川地区战国秦汉墓葬及相关社会历史研究，为探索秦灭巴蜀之后秦移民入川及秦文化传播的时间、路线、方式，以及秦文化与巴蜀文化的交汇、融合等提供了新的重要资料。

（万　靖）

【彭山县石龙汉代崖墓群】

发掘时间：2014 年 11 ~ 12 月

工作单位：四川省文物考古研究院、彭山县文管所

崖墓群位于眉山市彭山县江口镇石龙村 3 组，地处府江东岸的山坡上，南邻高家沟，东接李家沟。墓群分布在东西长约 200 米的山坡上。为配合岷东大道眉山—彭山段公路建设，对工程范围内的崖墓进行了考古发掘，共发掘汉代崖墓 23 座。

墓葬形制有单室、单侧室、双侧室和多室墓，以单室墓为主，室内多设有棺室和壁龛。墓道有长斜坡和竖井两种，墓道侧壁开凿排水暗槽，槽内用陶制排水管拼接。墓葬多为平顶，个别为弧顶，底部多为内高外低，以利于排水。个别墓室内开凿有排水沟，连接甬道处的排水洞和墓道的排水管槽，构成一个完善的排水系统。

墓葬封门发现有砖封和石封两种，砖封为单、双层花纹砖平铺封门，石封为石条竖砌封门，花纹砖可分大砖、小砖和楔形砖三种形制，有几何、铜钱、车骑、人物劳作图、飞天瑞兽等多种纹样。墓内发现雕刻有斗拱和文字，斗拱为半斗，题刻

文字为"□建在左，□乐在右"等。

墓葬被盗扰严重，出土陶器残片较多，完整器较少。出土各类铜、铁、陶、石器小件 73 件，有罐、盆、钵、碗、耳杯、案等模型陶器及鸡、狗、猪、鸭等动物俑和拱立、执箕、抚琴等人物俑，以及各类仓、楼等模型建筑明器。

（郑万泉）

【乐山市白岩山汉代崖墓群考古调查】

调查时间：2014 年 1 ~ 3 月

工作单位：四川省文物考古研究院、乐山市文物局

白岩山崖墓群位于乐山市市中区通江镇，现为四川省省级文物保护单位。墓群建于东汉时期，依红砂石岩凿穴，坐西朝东，分布于竹公溪的西岸。因城市规划的需要，受乐山城市建设投资有限公司的委托，我院于 2014 年 1 月至 3 月对白岩山崖墓群进行了详细的考古调查工作。

此次调查共分 7 个区域，调查崖墓共计 181 座，其中核心区域为白岩山东麓区域，此区域可见墓葬 108 座。墓地建于东汉中晚期，多数墓葬时代属于东汉晚期，少量墓葬时代为魏晋时期。墓葬可见有单室、双室和多室墓，最大墓室为前堂五后室墓。多数墓葬结构由墓道、墓门、甬道、墓室组成，常见凿有建筑图案瓦当、斗拱、藻井和动物浮雕图，部分还有门阙图案。墓室内发现有陶罐、钵、人物俑、布纹瓦等遗物。同时在部分崖墓墓室内发现有摩崖碑刻群，包含宋、元、明、清各时期碑刻，以北宋和南宋时期的碑刻为主。对研究乐山的地理、经济、名人文化等有重要价值。M99 享堂发现有明代摩崖造像 30 尊，均为高浮雕造像，对研究乐山明代佛教文化的发展具有明显价值。

白岩山崖墓群墓葬数量众多、分布密集、墓葬形制多样，对于研究川南地区乃至中国东汉崖墓的发展、变化具有重要

价值。

墓室内雕刻包含有东汉时期建筑、动物、风俗、宗教信仰等各方面主题的内容，为汉代社会经济、生活及葬俗等方面的研究提供了重要的实物资料。

汉代的崖墓墓室内发现有数量众多的晚期摩崖碑刻群，是该墓群的一个重要特点。从该碑内容分析，题名历北宋、南宋、元、明、清和近代，时间跨度800多年。这种在前人实物史料的基础上留下大量文字史料的综合性文化遗迹，具有非常重要的研究及旅游经济价值。

通过调查，对181座墓葬进行了登记，并对发现的遗存进行了详细的文字、照相、绘图、拓片等资料提取工作，为墓地的保护和利用建立了基础资料库。

（刘化石）

【西昌市东坪汉代铜矿冶炼遗址】
调查时间：2014年~2015年3月
工作单位：成都文物考古研究所、凉山彝
　　　　　族自治州博物馆、西昌市文物
　　　　　管理所

东坪遗址位于四川省凉山州西昌市西南约25千米黄联关东坪村。遗址地处安宁河东岸二级台地之上，西距安宁河约1千米。现存面积约17万平方米。该遗址1988年、2004年先后进行过两次发掘，发现了大量的冶铸遗迹和遗物，时代推测为汉代。本次调查旨在获取冶炼遗物，以获取相关的冶炼和铸造信息。

通过地面调查，除了大量分布的铜渣外，还伴随有大量的陶片，这些陶片器形丰富，主要是罐、钵、碗、瓮、瓦等，由此可知当时在冶炼遗址周边当生活着大量居民。本次调查收获之一，是发现一个同1976年窖藏出土类似的"货泉"铜范；另外一个重要发现是在遗址的西北部一个鱼塘底部发现8个冶炼生铁的圆形炉基，在其周边还可见大量生铁遗物，这说明该遗

址除了冶铸铜，生铁冶炼也是其一项重要内容。对于该遗址的时代，以往的认识笼统认为属于汉代，但从本次采集的遗物观察，其时代下限可能延续到蜀汉时期。

本次东坪遗址调查除了发现大量铜矿冶铸信息外，还发现冶炼生铁的证据，这为凉山地区冶铸铁器的历史提供了重要的考古学实物证据。对该地点的古铜矿冶炼渣、碳十四标本、炉壁等相关冶炼遗物信息进行了全面提取，对凉山境内的古代冶铸遗址特点和工艺传统等相关信息提供了重要的考古材料。

（周志清　杨颖东　姜先杰　冯　强）

【成都市东华门汉至明代遗址】
发掘时间：2013年10月~2014年7月
工作单位：成都文物考古研究所

遗址位于成都市青羊区东华门街18号、成都体育中心南侧，西邻人民中路，东邻东华门街。为配合"成都体育中心整体提升改造项目"的建设，经报国家文物局批准，对该遗址进行了考古发掘，发掘总面积近5000平方米，发现汉、六朝、隋唐五代、宋元、明各时期文化遗存。

汉代遗存主要分布于发掘区东南部，可分为西汉、东汉、蜀汉各时期遗存，遗迹有灰坑、水井等，出土物以陶器为主，另有少量青瓷器和钱币。

六朝遗存主要分布于发掘区东南部，遗迹有排水沟、灰坑和水池等，出土物以陶器和瓷器为主。

唐五代遗存主要分布于发掘区南区的中部和西部，有院落基址、排水沟、道路和水井等，按层位关系可分早、晚两期，早期遗迹年代约在隋代至唐代早期，包括院落基址、排水沟、道路和水池，以F7、G15、G16、L4、C1等为代表。道路L4保存完好，为砖石混筑，路面用卵石拼花，方向北偏东25°，揭露部分长43米、宽1.5米。C1主要分布于发掘区西部和西北

部，属于坑状堆积，为人工回填的杂土，包含较多的建筑瓦砾和陶器、瓷器等生活遗物，靠近底部为黏性很重的黑色淤泥层，以下为砂石层，堆积最深处距现地表可达6 米 ~ 7 米。根据 C1 的分布范围、堆积情况，结合文献记载和历代学者对摩诃池位置的考证，我们初步认为该遗迹可能为开挖于隋代的摩诃池之局部。晚期遗迹年代约在唐代中期至五代，包括庭院基址和排水沟等建筑，以 F3、F5、F6、G10、G11、G14 等为代表。其中 F3 为保存最好的一处院落基址，位于发掘区南区中部，方向北偏东约 30°，主体平面略呈正方形，南北长 18 米，东西长 17 米，占地面积约306 平方米，由小十字路、露天活动区、排水沟、踏道、井台等设施组成。出土物以瓷器和陶器为主，另有大量的建筑材料。

宋元时期主要遗迹有道路、房屋、水井、灰坑等。其中道路 L2 修建于北宋，沿用至南宋末，与唐代道路 L4 相似，残长46 米，宽 1.3 米，路面也用卵石拼花，较为精致。出土物以瓷器为主，陶器次之，窑口组合有琉璃厂窑、邛窑、磁峰窑、玉堂窑、金凤窑、龙泉窑、湖田窑、钧窑等。

明代遗存主要分布于发掘北区，包括人工河道、房屋建筑、道路和水井等，重要遗迹是一条砖石砌筑的河道（G4），平面呈"L"形，南段东西向揭露长度约 70 米、宽 6 米 ~16.5 米、残深 4 米；东段南北向揭露长度约 45 米、宽 13 米、残深1.5 米。从发掘情况看，这条人工河道位于蜀王府宫城内的东南角，约修建于明代早期，至明末清初废弃回填，废弃原因可能与明代以后在蜀王府基址上改建的贡院有关。

东华门古遗址是继江南馆街唐宋遗址之后成都城市考古工作中的又一次重大发现，其发掘价值与意义主要有以下几点：

一、此次发掘出土了大量汉六朝遗存，在当前成都中心城区汉代尤其是六朝时期遗存总体发现偏少的背景下，这批考古材料对于建立汉六朝时期四川地区的考古学文化序列，研究汉六朝时期成都的城市史和政治经济状况都具有十分重要的参考价值。

长期以来，尽管唐宋诗词和地方志文献中屡见有摩诃池的相关记载，但对于其具体方位或语焉不详，或存在争论异议。经确认，隋唐五代遗存中的水池遗迹（C1）应是文献记载的摩诃池东部一角。摩诃池为隋代蜀王杨秀展筑子城南、西二隅取土之处，池之得名，据唐代卢求《成都记》："隋蜀王秀取土筑广子城，因为池。有胡僧见之曰：'摩诃宫毗罗。'盖摩诃为大宫，毗罗为龙，谓此池广大有龙，因名摩诃池。"至唐代中叶，此池已为泛舟游览胜地，杜甫、高骈等人的诗文中多有描绘。五代前蜀立国于成都，改摩诃池为龙跃池，后又名宣华苑，大兴土木，环池修建宫殿，一度成为皇家园林。明代修建蜀王府时，填摩诃池之大部为基址，池之范围大为缩减。

此次对摩诃池堆积的发掘，确定了其东部边缘的走向和范围，弄清了隋代开凿以及唐代、宋代和明代三次回填的具体情况，资料翔实可信，与文献记载能够相互印证，有助于今后进一步确立摩诃池作为成都城市考古重要坐标的地位。

隋唐五代遗存以庭院基址、排水沟和小型道路组成的建筑群为主体，为近年来首次发现保存较完好的该时期建筑遗址，这片建筑群西面毗邻摩诃池，修筑工艺精致考究，大量的砖和瓦当上可以见到精美的模印卷草、花卉、菱形、莲花、兽面等图案，加之沿用时间长，充分说明该地点从隋末唐初至五代末年，一直作为成都城内一个重要的建筑区域，可能属于等级较高的官府或衙署建筑。

以往成都地区出土的唐代遗迹以墓葬和小型生活聚落为主，大型的地面建筑发现很少，这些考古材料有助于唐代成都城市史和建筑技术史的研究。

二、明代人工河道的规模宏大，工艺精良，属于蜀王府宫城内建造的第一批设施，集中体现了明太祖在修建蜀王府时诏谕"非壮丽无以示威仪"的精神。它的发现，对于研究明蜀王府的内部格局有重要意义，同时对明代建筑技术的研究也提供了科学的实物依据。

（易　立　张雪芬　江　滔）

【长宁县缪家林东汉崖墓】

发掘时间：2014 年 7 ~ 8 月

工作单位：四川省文物考古研究院、宜宾市博物院、长宁县文管所

墓地位于宜宾市长宁县古河镇和乐村 2 组，小地名缪家林。南距全国重点文物保护单位——长宁七个洞崖墓群约 5 千米。此次发掘共清理东汉晚期崖墓 5 座，出土的 9 具画像石棺尤为重要。

5 座崖墓呈东南北向排列，坐东朝西，朝向清江河。均为单室墓，墓室长约 6 米 ~ 8 米、宽约 2.1 米 ~ 2.2 米、墓室高度约 2 米。M1 破坏严重，M2 ~ M5 皆发现有画像石棺。M2 出土 5 具，M5 出土 2 具，其余 2 座墓各出土 1 具。其中 4 具棺身、棺盖保存完整，2 具保存较为完整（缺一面或棺盖等），其余 3 具保存较差。

9 具石棺有 2 具体积较大，棺身长 2.18 米、宽 0.73 米、外高 0.78 米、棺盖高 0.26 米。7 具体积较小，其棺身普遍长 2 米、宽 0.6 米、外高 0.6 米。画像题材布置较有规律，前档为双阙，后档为伏羲女娲，一侧档多为西王母、拜谒等内容，另一侧档多为百戏杂耍、仙人六博、升鼎等题材。棺盖流行变形柿蒂纹。M2 的 5 具石棺有 3 具在前档双阙图上刻有"姜"字，说明 M2 为姜氏家族的合葬墓。

出土随葬品 37 件（含石棺），有陶俑、陶鸡、陶狗、罐等常见器物，并发现一些铜钱，保存较差，可辨者为五铢钱。

本次发掘出土的画像石棺数量多而集中，9 具画像石棺题材特点突出，雕刻技法高超，画面配置规律，显示出较一致的面貌。其与川南地区的泸州、合江等地画像石棺题材有较大相似性，但有的图案是首次或极少在四川地区发现，显示出一定的区域特色。

（刘　睿）

【成都市下同仁路南朝至唐代佛教造像坑】

发掘时间：2014 年 9 ~ 11 月

工作单位：成都文物考古研究所

该遗址位于成都市青羊区下同仁路 126 号，原为成都市水表厂厂区。遗址区东部的地表现保存有一段城墙，为唐代晚期以来修筑的罗城西墙。为配合成都文旅集团的用地需要，对下同仁路古遗址进行了考古勘探和发掘工作，发掘共计揭露面积约 500 平方米，清理出灰坑 8 个和水井 2 眼，出土瓷器、陶器、建筑材料和钱币等一批重要的生活遗物，尤其出土了一批南朝至唐代佛教造像。

整个发掘区分为 I、II 两个区，第 I 区位于城墙和护城河外侧，保存较差；第 II 区位于城墙内侧，保存状况较好，地层比较简单，可分为 4 层：第 1 ~ 2 层为清代至近现代堆积，第 3 层为五代末北宋初堆积，第 4 层为汉代堆积。出土遗迹以编号 H3 和 H6 两个灰坑最为重要，坑内埋藏大量石刻佛像。其中 H3 内发现的石刻佛像约有百余件，有单体佛、菩萨、天王像，也有背屏式组合造像，其中一件背屏式造像有南朝"梁天监十五年"发愿文题记，另有一件单体倚坐式托塔天王像在国内极为少见，这些造像均为红砂石质地，个别造像外有贴金，雕刻精美，弥足珍贵。从初步判断结果看，这批造像的时代集中在南北朝至唐之间，且多数造像属于南朝时期，从坑内伴存出土的

瓷器判断，H3 的埋藏时代在五代至北宋初。H6 内出土了 30 余件石刻残件，其中罗汉头像较多，时代多属唐代。

南北朝时期佛教艺术发展达到第一个高峰期，与北朝造像的丰富遗存相比，南朝造像实物资料极为稀少，从文献可知，南朝当时属于佛教文化中心，对北朝佛教艺术曾产生过很大影响。目前已知的南朝造像多集中在四川地区，尤其是成都，然而现在能看到的总数也不过七八十件，且很多造像的出土缺少科学考古发掘依据。此次 H3 内发现了数十件南朝造像，有明确的出土地点和层位关系，为学术界进一步认识南朝造像艺术提供了新资料。

（易 立 张雪芬 江 滔）

【成都市正科甲巷唐宋遗址】
发掘时间：2014 年 6 ~ 10 月
工作单位：成都文物考古研究所

遗址位于成都市锦江区正科甲巷 3 号，现为成都市第一人民医院旧址。为配合建设单位用地需要，对该遗址进行了考古发掘，共计揭露面积约 800 平方米，清理出房址 11 座、排水渠（沟）12 条、道路 2 条、灰坑 17 个、灶 3 个、水井 2 眼，出土瓷器、陶器、金属器、玉器、钱币等一批重要的生活遗物。

遗址地层可分为 6 层，第 3 ~ 4 层为两宋时期堆积，第 5 层为唐末五代堆积，第 6 层为唐代堆积，第 6 层以下为生土。遗迹单位中以编号 G8 的排水渠保存最完好、建筑规模最大，为土圹砖砌的券拱式暗沟。叠压于第 5 层下，西北—东南走向，方向 118°。揭露长度 19.2 米，土圹部分口宽 2.76 米、底宽 2.02 米、残深 1.92 米，渠体部分口宽 1.64 米、底宽 1.14 米。渠底部无铺砖面，为青灰色夯土硬面。渠内填土大致可分作 5 层：第 1 层为黄褐色土，包含大量瓦砾和瓷片；第 2 层为灰褐色土，堆积较紧密，包含大量瓦砾和瓷片；第 3

层为深褐色土，堆积较松散，包含大量瓦砾和瓷片；第 4 层为灰褐色土，堆积较松散，包含红砂石块、瓦砾、卵石和瓷片；第 5 层为较纯净的青灰色淤泥，出土物很少。从发掘情况看，G8 的砖壁在修筑时预留有多个出水口与其他小型暗沟相通，可知其应属于当时城市地下排水系统的干渠部分。根据层位关系和出土遗物判断，G8 的修筑年代约在唐末五代，沿用时间较长，至南宋末元初废弃。遗址出土物以瓷器为主，基本都属于生活日用器具，可辨碗、盘、盏、罐、壶、瓶、炉、盆、盒等，窑口组合有邛窑、琉璃厂窑、金凤窑、磁峰窑、湖田窑、龙泉窑、耀州窑、钧窑等。

正科甲巷遗址的年代主要集中于唐末五代至宋元之交，所体现的文化面貌与其东南方向的江南馆街遗址相近，且两个地点发现的部分遗迹单位之间也存在联系，对于研究唐宋时期成都的城市格局和社会生活具有重要的参考价值。

（易 立 张雪芬 江 滔）

【西昌市土城唐宋遗址】
调查时间：2014 年 10 月
工作单位：成都文物考古研究所、凉山彝族自治州博物馆、西昌市文物管理所

遗址位于西昌佑君镇境内安宁河西岸的二级台地上，北邻省道 307，东为陡峭坡坎。土城遗址有保存较为完好的城墙遗迹，以往城内遗存年代判定为南诏时期。2014 年对该遗址进行系统钻探调查，调查发现遗址平面呈长方形，东西长 140 米，南北残长 112 米，面积 1.6 万平方米，西、南、北城墙保存较好，宽 2 米 ~ 4 米，高 1.6 米 ~ 3.7 米，城墙用黄土、黑土相间夯筑，夯层约 8 厘米 ~ 15 厘米，城墙外侧壕沟宽约 7 米 ~ 10 米。城内地势西高东低，西侧高地为唐宋时期遗存，多瓦砾，疑与

建筑基址相关，中部灰黑土文化堆积较丰富，采集遗物多为夹砂红褐、灰黑陶，纹饰有叶脉纹、弦纹、乳丁纹等，器型有罐、杯等，遗物特征与麻柳村 H1 等相近。

土城遗址的调查发现为我们认识安宁河流域大石墓早期遗存的分布、性质等问题提供了有益线索，有利于日后探索大石墓早期遗存的聚落形态、人地关系等问题。

（左志强 孙 策 姜先杰 冯 强）

【崇州市山泉村和泉水村宋墓】

发掘时间：2014 年 6～10 月

工作单位：成都文物考古研究所、崇州市文物管理所

为配合成温邛快速通道崇州段的建设，对崇州市集贤乡山泉村和大划镇德寿村的 5 座宋墓进行了抢救性发掘。5 座宋墓均为砖室墓，墓室平面有长方形、梯形两类，其中长方形又有单室、双室两种。墓葬多数被盗扰，仅有 DM3 保存完好。墓葬时代为北宋晚期至南宋。

DM3 梯形竖穴单室砖室墓，墓向 130°，由封土、墓圹、墓室等几部分组成。墓圹平面呈梯形，长 3.4 米，宽 1.4 米～1.78 米，开口距现地表深约 0.2 米。墓底铺砖，铺地砖上砌筑直墙，两侧壁有多个壁龛。直墙上起券。券顶前后部留有两道缝隙，缝隙上铺多层平砖。墓葬上覆以封土，封土由砂石组成，可能是为了防盗。砖与砖之间主要用灰色土和白灰黏合。墓内器物未被扰动，主要放置于墓室前部，有 2 买地券、1 陶盆、1 瓷壶（瓶）、1 香炉、1 瓷盏等；墓室中部人骨腹部发现 1 铜镜；墓室内散落大量铁钱，似有规律。墓室中部有一方形腰坑，腰坑内正中为 1 瓷双耳罐，周边摆放 5 件提梁罐。墓内葬具已完全腐朽，根据残存的大量铁棺钉，推测为木棺。人骨保存较为完整。据买地券文字可知，该墓下葬时代约南宋绍兴年间。

大部分墓葬被盗，出土器物不多。此次发现的 DM3 未被盗扰，有明确纪年，对于了解南宋墓葬随葬品分布规律有重要价值。

（索德浩）

【广元市马家坝宋代砖室墓】

发掘时间：2014 年 10～12 月

工作单位：四川省文物考古研究院、广元市博物馆

墓地位于广元市利州区古渠社区（原万源村）马家坝，为配合广元利州区万元一号安置房建设进行了抢救性考古发掘，共清理宋代砖室墓 4 座。其中 M3 破坏极为严重，只留有数块铺地砖。

M1 为单室墓，长 2.7 米、宽 0.9 米，墓顶被毁。M2、M4 为双室券顶夫妻合葬砖室墓，墓室规格较一致，长约 4 米、宽 2.4 米、高约 2 米。结构方面，两墓皆由墓道、“Y”形排水沟、封门墙、甬道、墓室、后龛组成。但也有一定区别，M2 双室紧贴，但各有独立的墓壁。M4 双室共用一道隔墙，且后部贯通。3 座墓室底部皆有两层腰坑结构。

M2、M4 墓壁皆嵌有雕砖。包括有武士（墓门处）、马、鹿（甬道）、孝行故事、侍女（两壁上部、后龛两侧）、装饰花纹、童子戏莲纹（两壁下部、后壁下层）等内容，数量近 100 件，制作精美。该类雕砖流行于北方中原地区，在四川地区属首次大量、完整地出土。

随葬器物有罐、盏、人物俑（M4）、铜镜等常见器物，其中 M2 左室未经盗扰，骨架及随葬品整体保存完整。

川北地区在宋代以石室墓为主，砖室墓较为少见。同时出土的精美雕砖，对我们研究该地区宋代社会文化面貌、与中原地区的文化交流等问题提供了重要资料。

（刘 睿）

【眉山市东坡区棺山北宋墓】

发掘时间：2014 年 5 ~ 6 月

工作单位：四川省文物考古研究院

墓地位于眉山市东坡区象耳镇红旗村 6 组，小地名为棺山。眉山市金象化工产业园区内施工时发现该墓地。此次发掘墓葬 1 座，与 2013 年发掘的宋墓相邻，位于其西北部方向，相距约 200 米。

墓葬为双室砖室墓，由墓道、封门墙、甬道、前室、中室、后室等组成，总长 12.2 米、宽 7.8 米，墓向 245°。墓圹为近方形，长 7.7 米、宽 7.8 米。墓圹中间有一道土墙，宽 0.4 米，土墙两侧为两座墓室，均为长方形砖室。两个墓室结构基本相同，中间有拱门相通。现以北室为例加以介绍，北墓室为斜坡与阶梯混合墓道，平面呈长方梯形，北部被 H1 打破，墓道长 4.5 米、宽 2.3 米、最深 2.2 米，阶梯共 5 阶。墓顶被破坏，墓室平面呈近长方形。室内长 7.34 米、宽 1.56 米 ~ 2.36 米，距地表 2.2 米。甬道长 0.58 米 ~ 0.84 米、宽 1.56 米 ~ 1.96 米，前室长 1.72 米、宽 1.56 米 ~ 2.36 米，高于甬道 0.35 米。甬道、前室左右各一对对称方形肋柱，柱间有带券壁龛，北壁龛已残，壁龛顶部有对称砖仿木构件斗拱。甬道与前室立面上有砖砌似花瓣形装饰。中室长 3.7 米、宽 2.36 米，高于前室 0.28 米。有对称六边形肋柱共 5 对，肋柱间与砖墙形成小壁龛共 4 对，北墙第二组与第三组肋柱间为北墓室带券耳室。耳室已残，纵联式双层券。对称南面为券顶过道，与南墓室相连。中室有砖砌棺台，已残，无腰坑。后室长 1.4 米、宽 1.56 米，高于中室 0.77 米。左右有对称叠涩顶壁龛，已残。中室与后室立面上亦有砖砌似花瓣形装饰。北墓室用青砖铺地，现已残。

本次发掘出土随葬品数量多，种类丰富，有瓷器、铜器、铁器，共计 34 件。瓷器 22 件（组），有瓷碗、瓷罐、瓷碟、瓷盘等；铜器 9 件（组），有铜镜和铜钱；铁器 3 件，腐蚀严重，可辨器形有铁钉。

根据墓葬形制及随葬品特征，初步判断墓葬年代为北宋中晚期。

（连　锐）

【眉山市东坡区七个包北宋墓地】

发掘时间：2014 年 2 ~ 3 月

工作单位：四川省文物考古研究院

墓地位于眉山市东坡区象耳镇红旗村 6 组，小地名为七个包。眉山市金象化工产业园区施工时发现墓葬，共有 3 座。七个包墓葬与 2013 年发掘的眉山棺山宋墓相邻，位于其西北部方向，相距约 800 米。

M1、M2 为两座并排的墓葬，均为带墓道的单室砖室墓，墓向 166°，由墓道、墓室、肋柱、壁龛、后龛构成。

M1 为斜坡墓道，墓道长 1.95 米、宽 0.8 米 ~ 1 米。墓圹平面呈梯形，南宽北窄，长 3.45 米、宽 1.4 米 ~ 1.5 米。墓室顶部坍塌，墓室平面呈梯形，南宽北窄，内长 3.24 米、宽 0.84 米 ~ 0.98 米。墓室东西两壁有 6 组对称肋柱，肋柱间形成 5 组对称的壁龛，墓底用青砖铺地。M2 位于 M1 的西部，为阶梯墓道，墓道共 5 阶，长 1.8 米、宽 0.9 米 ~ 1 米。墓葬南部残存部分券顶，墓底距墓顶 1.45 米。墓圹平面呈梯形，南宽北窄，长 3.2 米、宽 1.5 米 ~ 1.7 米。墓室平面呈梯形，南宽北窄，内长 2.7 米、宽 0.76 米 ~ 0.94 米。墓室东西两壁有 5 组对称肋柱，肋柱间形成 4 组对称壁龛，墓底用青砖铺地。M3 位于 M1、M2 的北部，相距约 80 米，墓向 150°，由墓道、封门墙、甬道、墓室、侧龛、壁龛、后龛等组成。墓道为斜坡墓道，残长 2.8 米、宽 1.7 米。封门墙位于甬道前方，用素面青砖砌成，残存 14 层，残高 1.04 米。甬道位于墓室前方，平面呈"凸"字形，长 1 米 ~ 1.4 米、宽 0.6 米。墓室平面呈梯形，南北长 3.8 米、东西宽

2.4 米。设置一棺台，平面呈梯形，北窄南宽，南北长 3.08 米，东西宽 0.84 米~1 米，厚 0.2 米。室内左右两侧由五组对称肋柱构成，由南至北方向，肋柱间分别形成壁龛、侧龛、壁龛、后龛。

本次发掘出土随葬品数量多，种类丰富，有陶器、瓷器、铁器，共计 48 件。陶器有陶俑、陶罐、陶构件等；瓷器有瓷碗、瓷盘、瓷杯等；铁器腐蚀严重，可辨器形有铁钉和铁环。根据墓葬形制及随葬品特征，初步判断墓葬年代为北宋中晚期。

（连　锐）

【广元市水柜村南宋王光祖墓】

发掘时间：2013 年 12 月~2014 年 1 月

工作单位：四川省文物考古研究院

墓葬位于广元市利州区东坝街道办事处水柜村三组。广元市水柜路北沿线建设工程施工时发现，我院随即对其进行了抢救性考古发掘。

该墓葬为一座夫妻合葬双室石室墓，墓葬坐北朝南，墓向 7°。全长约 4.8 米，由墓圹、墓道、墓门、墓室四部分构成。墓室分左右两墓室，两墓室均由前室和后龛组成，其中前室为券顶，后龛为平顶。墓室底部前倾，前部有积水槽与墓道底部排水沟相连。

墓葬前期被多次盗掘，随葬品多不存，仅出土一面完整的素面铜镜和少量残损严重的瓷器。墓葬侧壁及后龛雕刻了大量精美的石刻，包括孝子故事、花卉、武士、侍者等内容。

该墓葬左墓室墓门前立有墓志，显示该墓葬为南宋抗金武将王光祖及其妻的合葬墓。墓志高 1.26 米、宽 0.84 米、厚 0.14 米，共 1084 字，记载了墓主王光祖生平、其家族成员及赞颂之词。

该墓葬出土的墓志对研究王氏家族及南宋前期军事史有重要的意义，墓内大量精美的石刻也为艺术史研究提供了重要的

材料。

（李　飞）

【遂宁市机场建设工程项目明代石室墓】

发掘时间：2014 年 9~10 月

工作单位：四川省文物考古研究院、遂宁市安居区文物管理所

遂宁机场建设工程项目位于遂宁市安居区会龙镇石岩村，在项目征地范围内存在 3 处明代石室墓群，对其进行了抢救性发掘，共清理 26 座明代石室墓。

本次清理的 26 座明代石室墓分属 3 个墓群，即蒋家院子墓群（17 座）、王家湾墓群（2 座）、祠堂湾墓群（7 座），以多室墓为主，墓室数量多介于 3 至 5 个，但亦有部分墓葬为单室墓或双室墓，多为平顶，亦有少量墓室为券顶。多数墓室后壁有火焰纹顶浅龛，个别墓室侧壁或后龛饰有浅浮雕花卉或房屋等图案。在清理的 3 处墓群中，王家湾墓群、祠堂湾墓群均已在早年或近期的生产或建设工作中受扰，保存较差，未见任何随葬品。蒋家院子墓群受扰较少，多数墓葬墓室结构保存较好，但可能由于墓主身份是一般普通平民，故仅在 M17 中发现随葬陶器 5 件（包括罐、碗、盏等），而其他墓葬中均未见随葬品。由于各墓墓室中均未见人骨，故其葬式亦均不详。

（万　靖）

【巴中市钟家湾明墓】

发掘时间：2014 年 5~6 月

工作单位：四川省文物考古研究院、巴州区文管所

钟家湾明墓位于巴州区金子村 6 社，巴州生态农业科技示范园区建设施工时发现，随即进行了抢救性发掘，清理明墓 2 座，皆为石室单室墓。

墓葬坐东朝西，墓向一致，两墓相距 2 米，各有独立的墓圹。M1 和 M2 结构较

一致，通长 4 米、墓道宽 2.36 米、墓室宽 1.38 米。墓道长 1.2 米，两侧为 3 块石板垒砌，中间为向内朝下的 3 层石台阶。墓门为单层素面石板，不可转动。墓室长 2.3 米、内宽 0.92 米 ~ 0.96 米、高 2.28 米。墓室左右壁、后壁皆有龛。龛内刻有桌椅、鱼、团花等纹样。墓底皆为整石铺建，M1 墓底有 3 块垫棺石。M1 墓顶阴刻八瓣莲花，中部莲蓬凸起，周边饰有联珠纹。M2 顶部前半被毁，其左右对称线上有一凸起石条，似表现的是屋脊。未见人骨和葬具痕迹，共出土文物 12 件套，大部分较为完整。包括陶瓷器、铜器、铁器、石构件等。瓷器有青釉盏、双耳罐、碗等，另出有较多铁钉及铜币钉（棺钉）。根据出土器物及墓葬形制，M1、M2 应为明代夫妻合葬墓。

（刘　睿）

【成贵铁路明墓群】

发掘时间：2014 年 10 月 ~ 2015 年 1 月

工作单位：四川省文物考古研究院、宜宾市博物院

成贵铁路为国家重点建设项目，跨越四川、云南、贵州境内。2014 年对铁路沿线涉及的长宁县生基山墓地、土地山墓地、豆地咀墓地、公沟石室墓、回龙湾石室墓地，高县生基咀墓地、大地头石室墓等 7 处明代石室墓（地）进行了考古发掘，共清理墓葬 30 座。

这批明墓均为石室墓，墓葬形制基本相同，长方形墓室，有单室、双室、三室几种形制，多室墓相邻墓室有长方形窗洞相通。墓顶有平顶、叠涩顶、拱顶，部分墓葬有侧龛、后龛，有的后龛有靠椅、供台、插花瓶等雕刻。部分墓葬墓地用石板铺设棺台，葬具及人骨不存。

这批墓葬均遭后期不同程度盗扰，保存较差，仅部分墓葬残存少量随葬品，包括瓷器、陶器、铁器、铜器、石器等。

本次发掘的墓葬为研究四川地区明代石室墓的墓葬形制、丧葬习俗以及这一地区明代的经济、文化等提供了重要的资料。

（连　锐　金国林）

【会理县三元村明清铜矿冶炼遗址】

发掘时间：2014 年 10 月 10 ~ 13 日

工作单位：成都文物考古研究所、凉山州博物馆、会理县文物管理所

该遗址位于会理县黎溪镇河口乡三元村，在一个小山坳的坡面台地之上，地形属丘陵地带。因长年耕作破坏，炼炉已不复存在，仅残存一冶炼渣堆积塄坎，呈弧形。经测量，弧对应直径长度 43 米，斜坡高 4.3 米 ~ 9 米。以此为中心，方圆 1000 米地面内皆散布有大量冶炼渣存在和炉壁遗存。由此推测，该铜矿冶炼规模较大。通过走访得知，其附近山上有铜矿和矿洞，目前矿洞被封堵，无法进一步了解其概况。本次调查采集了大量的古铜矿冶炼渣、碳十四标本、炉壁等相关冶炼遗物若干，对凉山境内的古代冶铸遗址分布特点和冶铸工艺传统等相关信息提供了重要的考古材料。

该冶炼遗址点地面散布有少量陶片和瓷片，对于推测该冶炼遗址的时代提供了相关信息，推测该遗址的时代约在明清时期。通过现场地面踏查与走访，初步了解该遗址点的保存现状、分布面积以及文化内涵等信息，为今后的考古发掘与研究提供了基础数据。

（周志清　杨颖东　梁建荣）

贵 州 省

【望谟县龙新洞旧石器时代至新石器时代遗址】

调查时间：2014 年 4 月

工作单位：贵州省文物考古研究所

遗址位于望谟县大观乡 S312 公路大观道班前方约 100 米，地理坐标北纬 25°09′16.92″，东经 106° 12′ 23.16″，海拔约 630 米。

洞口东南向，洞口高出 S312 约 5 米，洞高约 15 米，宽约 30 米，深约 20 米，面积约 300 平方米。洞门口有一土梁式堆积，洞前坡地上挖出夹砂陶片 10 余处，石制品 1 件。

陶器均碎片，陶质松软，皆夹砂陶，陶色以褐陶为主，有花边口沿和绳纹等，器形难辨。

该洞前方为一西北东南走向的小山谷，现为大观乡政府所在地，山谷中一小溪缓缓流过，地理环境较为优越。从出土的陶片和石制品初步推测，遗址年代为旧石器时代晚期至新石器时代，是一处重要的史前洞穴遗址。

（张合荣）

【安龙县观音洞旧石器晚期至新石器时代遗址】

调查时间：2014 年 12 月

工作单位：贵州省文物考古研究所、安龙县文物管理所

遗址位于安龙县戈塘镇鲁沟塘村老鹰岩组，老鹰岩寨子以北约 300 米处，地理坐标：北纬 25°06′20″，东经 105°27′14″，海拔 1210.9 米。

遗址洞口向西，呈不规则形，宽约 6.7 米、高 6.8 米。洞内分两层，上下层有原生岩石相隔，上层进深约 10 米，较宽阔，皆石灰石，无文化层堆积。下层进深约 3 米，在靠里侧有钙化层，质地极硬，在其内杂有动物骨头化石残段及少量烧骨，钙化层面积约 4 平方米，厚约 0.3 米。

洞口高出地面约 20 米，其间有陡坡相连，坡上长有较多小树和杂草。洞口至山脚的坡地上土质较松散，黑褐色土，土内杂小石块、少量炭屑和烧土颗粒，厚约 0.2 米～0.8 米，在其内采集到 2 件砾石类石制品，洞口处采集到 1 件燧石类石制品，坡地所见有文化层堆积面积约 200 平方米。

石制品，皆打制石器。其中 2 件是以石片为素材加工而成，1 件用砾石打制而成。其基本类型有石片和砍砸器。砍砸器 2 件，其一为在砾石的两端采取两边对向加工，有使用痕。另一件则是用石片加工而成，在石片远端由背面向劈裂面加工。石片 1 件，石质为燧石，石片特征明显，其打击点、劈裂面、波浪纹等打击特征明显。

遗址内所采集石制品与安龙观音洞遗址出土石制品比对，发现其石制品类型和打制技术皆有相似之处，推测其年代应大体相当，即旧石器时代晚期至新石器时代早中期。

（杨 洪 胡昌国）

【平坝县牛坡洞新石器时代遗址】

发掘时间：2014 年 9 ~ 11 月

工作单位：中国社会科学院考古研究所、
　　　　　贵州省文物考古研究所

　　牛坡洞遗址位于贵安新区马场镇（原属平坝县）平寨村龟（kun）山组（又名魁山、坤山）东约 200 米的一座名叫牛坡洞的山丘上。遗址由三个洞穴组成，编号为 A、B、C 洞。本年度联合对遗址进行第三次正式发掘。

　　经过前两个季度的发掘，对遗址的文化堆积状况获得深入的认识。本年度在继续发掘 A、B 两洞的同时，开始发掘 C 洞。发掘目的，一是继续了解 A 洞内部地层堆积状况以及功能分区；二是进一步发掘 B 洞口外墓葬区；三是明确 C 洞与 A、B 两洞的关系。

　　通过发掘，在 B 洞口外墓葬区，新发现墓葬两座。其中一座开口第 4 层下，另一座开口第 7 层下。C 洞的文化堆积较浅，但从出土遗物看，该洞可能与 A、B 两洞同时使用，但应非主要活动场所。

　　文化遗物仍以各种细小打制石制品为大宗，主要是与加工细小打制石器有关的石料、断块、石核、石片、碎屑等，以及少量成形细小打制石器，如刮削器、砍砸器、尖状器等，另外，还有大量典型细石核、细石叶等。砾石工具数量亦较多，大部分两面都带有凹窝。砺石数量很少。磨制石器数量很少，主要为石斧。陶器数量较少、器类简单，破碎严重，仅见直口和敞口鼓腹的平底罐，亦有少量圜底器。此外，也出土了大量水、陆生动物遗骸。

　　牛坡洞遗址出土的细石核、细石叶等为研究我国细石叶工艺的扩散与分布提供了非常重要的材料。牛坡洞遗址的发掘与研究，将对认识贵州地区史前文化特征和内涵，构建该地区史前文化，特别是洞穴遗址考古学文化的基本框架和序列，确立贵州在中国史前文化中的地位，探讨整个黔中地区的洞穴遗址、贵州史前史、云贵高原地区的旧、新石器时代过渡、史前人类行为模式、人类体质、古代环境及其变迁和人与环境间的互动关系，都有十分重要的意义。

　　　　　　　　　　　　（付永旭　张改课）

【望谟县敢赖新石器时代遗址】

调查时间：2014 年 4 月

工作单位：贵州省文物考古研究所

　　遗址位于望谟县复兴镇敢赖布依族村寨前方约 200 米，地理坐标北纬 25°08′52.14″，东经 106°05′53.9″，海拔 512 米 ~ 520 米。北盘江支流望谟河在此迂回，形成较为宽阔的梯形阶地，面积约 3 万平方米，地埂断面出露文化层厚 50 厘米 ~ 120厘米，可大致分为 3 层：

　　第①层：灰黄色田土，土质较纯，厚 30 厘米 ~ 50 厘米，包括石制品和少量近现代晚期遗物。

　　第②层：黑灰色土，厚 20 厘米 ~ 60厘米，包括较多的烧土颗粒和炭屑，出土遗物主要是石制品。

　　第③层：黄褐色黏土，厚 30 厘米 ~ 40厘米，包括少量烧土粒，出土少量石制品。

　　出土遗物主要是打制石制品，包括石锤、石核、石片、砍砸器等，多以河滩砾石为原料，石片疤少。遗址中未出土陶片，但出土的石制品与北盘江孔明坟遗址石制品异常接近，石器加工技术、文化特征和时代也应基本相同，均在新石器时代中晚期。

　　　　　　　　　　　　　　　（张合荣）

【纳雍县营洞商周遗址】

调查时间：2014 年 5 月

工作单位：贵州省文物考古研究所、纳雍
　　　　　县文物管理所

　　遗址位于纳雍县沙包乡秀才坝村沙坝田五组，地理坐标北纬 26°53′43.59″，东经 105°23′01.49″，海拔 1334 米。

营洞在沙坝田村寨东侧约 200 米处，口朝西，洞口宽阔，宽约 8 米，高约 3 米，洞内呈狭长形，进深约 30 米；洞口高出洞厅约 2.5 米。

堆积主要位于洞口至东外侧的斜坡上，堆积厚约 0.5 米 ~ 1.2 米，面积近百平方米，为灰黑色土，土质较松散，内杂较多的小石块、少量的红烧土颗粒和炭屑，在堆积中采集到陶片、打制石片和兽骨（牙齿）等遗物。

陶片 1 件，夹砂酱褐色陶，胎土中掺和有细砂石颗粒，陶片的火候较高，素面，为釜罐类器物的口沿部位，直口、方唇。打制石片 1 件，为剥离石片所产生的碎片，打击点、劈裂面上的放射线、同心波等打制石器特征明显。兽骨 1 件，为动物牙齿，种属为牛。

陶片的特征与毕节青场遗址内所出土陶片相似，推测其年代应与青场遗址大体相当，即商周时期。

（胡昌国　杨　洪）

【习水县黄金湾汉代遗址】

发掘时间：2014 年 12 月 ~ 2015 年 1 月
工作单位：贵州省文物考古研究所、遵义
　　　　　市文物局、习水县文体广电新
　　　　　闻出版局

黄金湾遗址位于习水县土城镇黄金湾村新阳组，处在黄金湾小河与赤水河交汇处的赤水河东岸一级阶地之上，总面积约 4 万平方米。分为 A、B 两个发掘区，A 区位于遗址北部黄金湾小河与赤水河交汇处，发掘面积 400 余平方米；B 区位于遗址中部，发掘面积 180 余平方米，总计发掘面积 580 余平方米。两区地层堆积不尽一致，A 区地层共分五层，其中第④、⑤两层为汉代文化堆积层；B 区地层亦分五层，其中第③、④、⑤层为汉代文化堆积层。

发掘中共发现两汉时期遗迹四十余处，包括墓葬 7 座（含竖穴土坑木椁墓 1 座、瓮棺葬 4 座，瓦棺葬 2 座），房址 1 座，灶坑 2 个，灰沟 5 条，灰坑 31 个，坑 1 个，人类活动面 2 处，另有较多房屋柱洞。此外，遗址边缘地带 20 世纪 90 年代以来曾先后发现有汉晋时期崖墓 3 座，此次发掘期间我们在遗址区东部山坡上 2 个地点亦采集到汉墓墓砖，推测存在相应的东汉墓葬。本次发掘最重要的收获当属首次在贵州赤水河流域发现两汉时期瓮（瓦）棺葬群，其中的瓦棺葬更是在贵州省境内的首次发现。所清理的 4 座瓮棺葬（编号为 W1、W4、W5、W6）和 2 座瓦棺葬（编号为 W2、W3）集中分布于 A 区中部，均叠压于第⑤层下，皆系于平地掘一圆形或椭圆形土坑，于土坑内放置陶质葬具，再于葬具内放置儿童遗骸；葬具类型亦较多样，有单瓮（W4、W5），罐—盆（W1），罐—碗（W6），筒瓦对扣以陶甄残片封口（W2），板瓦对扣以板瓦残片封口（W3）等多种。

发掘出土遗物亦十分丰富，有陶器、铜器、铁器、石器、骨器、漆器等数千件（片），其中包括完整和可修复器物 300 余件（组）。陶器方面，陶质以泥质陶为大宗，夹砂陶较少，烧制火候多较高；陶色以灰陶为主，少量为红褐陶；多数陶器为素面，带纹饰者较少且以绳纹居多；可辨器形包括瓮、罐、盆、釜、甄、钵、碗、杯、豆、盒、壶、器盖、板瓦、筒瓦、墓葬用砖、网坠、绕线轮、纺轮等。铜器主要为钱币和带钩，依钱文特征可辨有西汉半两钱，五铢钱，东汉五铢钱等。铁器见有铁剑、铁锄等。石器可分打制石器和磨制石器两大类，打制石器中石坠颇具特色，往往以较大型的扁平砾石为素材（一般长、宽均超过 10 厘米），在其两侧打制出基本对称的缺口，或为系绳之用；磨制石器数量较少，主要有斧、锛、凿等类型，以通体磨光为主，一般呈长方形或梯形，无段、无肩；骨器有骨簪、牙饰等。此外，还发现有大量烧土和用于烧制网坠的支座，表明了制陶业的存在。遗址中还出土有较多动物碎骨，据初步鉴定，主要有鱼、蚌、猪、牛、羊、狗、鹿等，反映了家畜饲养和渔猎经济的发达，同时我们也采集可大量浮选土样，以期通过植物考古的研究工作，揭示当时种植农业的发展情况。

黄金湾遗址所发现的遗迹与遗物，具有典型的汉文化特征，同时也融合有部分地域文化特色，基本涵盖了当时居民衣、食、住、行等方方面面的生产生活信息，具备了构成聚落遗址的基本要素，是赤水河流域中非常重要的一处大型汉代聚落遗址。黄金湾遗址发现的遗迹与遗物，不仅为研究两汉时期赤水河流域居民的生产、生活、社会组织等信息提供了实物材料，同时作为汉人进入西南夷地区的直接证据，反映出了汉人与本地原住民之间和谐共存的历史景象，是两汉时期中央王朝开发西南夷地区的实物佐证。

（张改课 李 飞 陈 聪）

【贵安新区沙坡与杨家桥魏晋南朝时期墓葬】

发掘时间：2014 年 2~5 月

工作单位：贵州省文物考古研究所、贵安新区社会事务管理局

2013 年，为配合贵安新区磊庄至马场公路建设，对公路施工范围及周边地区进行了调查勘探工作，新发现了沙坡和杨家桥 2 处魏晋南朝至明清时期古遗址，古墓葬。本年度对沙坡遗址进行了系统发掘，并在杨家桥遗址进行了大规模的系统钻探，新发现了魏晋南朝至宋明时期古墓葬 70 余座，并对其中的 3 座进行了清理。

经过清理的 3 座墓葬，分别位于沙坡遗址和杨家桥遗址范围内，其中沙坡遗址 2 座，杨家桥遗址 1 座，均为石室墓。沙坡遗址 M2，发现时已暴露于断壁上，仅存

墓室前部。系一长方形券顶石室墓，墓向 32°，残存封土、券顶、墓室前部、墓门、排水沟等。墓室依丘陵地势而建，墓门位于低矮处，用大小不等、一面加工平整的石块砌成。券顶起券弧度较大，墓底平整，未铺石块，于中部设排水沟。填土内出有散乱棺钉两枚。墓底残长 1 米，宽 1.44 米，墓底到墓顶高 1.55 米。墓内的人骨架已全部腐朽，不见棺木痕迹，葬式不明。

杨家桥遗址 M1 和 M2 形制相近，M1 保存最好，出土遗物也最为丰富。该墓系长方形石室墓，由封土、墓门、墓室、排水沟等部分组成。墓室基本位于封土正中，依丘陵地势而建，墓门位于低矮处，墓向 192°。墓门及墓室用大小不等、一面加工平整的石块砌成，内壁平整，外壁参差不齐。墓顶则用大小不一的石块竖砌成券顶状，墓底夯打坚实，未铺石块。该墓墓顶券顶弧度较低，所用石块大小形状不一，难以起券承重，且墓室内填土致密，无大面积水浸迹象，因而应系先放置棺木进入墓室，封堵墓门后，覆土，再于墓顶摆放石块，形成具有象征意义的券顶。因受地形和挤压作用影响，墓室有所变形，形成发掘所见的墓口长、宽，大于墓底长、宽的形态。墓口长 4.72 米，宽 1.6 米；墓底长 4.16 米，宽 1.2 米~1.32 米，墓底至墓顶高 1.22 米。排水沟设于墓门外右侧，墓内人骨已全部腐朽，葬式不明；棺木痕迹亦无存，仅存铁棺钉多枚。出土遗物有四系陶罐、陶釜、漆器（仅存漆皮）、铁三脚架、铜手镯、铜戒指、料珠、圆形金片、铜饰等。

从墓葬形制及出土遗物分析，沙坡遗址 M2 为长方形券顶石室墓，与黔中地区的魏晋时期墓葬形制较为接近，时代应相当。杨家桥遗址 M1、沙坡遗址 M2 为长方形石室墓，与马场地区 20 世纪 60 年代发掘的南朝时期墓葬形制接近，券顶已退化为象征性意义，且杨家桥遗址 M1 出土器

物也具备南朝时期特征，因而其当属南朝时期无疑。魏晋南朝时期考古是贵州历史时期考古的薄弱环节之一，此次系统钻探与发掘取得了一些新的收获，初步揭示出这一地区古文化的独特性和重要性，对于深入研究贵州魏晋南朝时期居民的生活方式、丧葬习俗、文化特征都将起到积极的促进作用。

（张改课　张合荣　董　欣）

【遵义市汇川区养马城南宋至清遗址】

发掘时间：2011 年 5 ~ 10 月

工作单位：贵州省文物考古研究所、重庆市文化遗产研究院

　　城址位于遵义市汇川区高坪镇大桥村养马组，三面环沟，两端衔山，与海龙囤同傍白沙水畔，直线距离约 2.5 千米。根据国家文物局批准的《海龙囤与播州杨氏土司遗存考古工作规划（2013—2015）》，联合对养马城开展调查试掘。

　　工作分为三个阶段：首先，对遗址山形水系、城圈闭合情况及城内遗存的调查及 RTK 测绘；其次，对调查发现的四处城垣断面及六座城门清理揭露、留取资料；最后，选择城内遗迹分布较为密集区域开设探沟重点试掘。共布置探方 16 个，探沟 20 条，实际发掘面积 2737.35 平方米。清理揭露城墙 4 段、城门 6 座、寨门 1 座、房址 18 座、道路 15 条，灰坑 4 个、灰沟 3 条、石墙 9 段及采石场 1 处。遗物大部分出土于废弃堆积中，以板瓦、筒瓦为主，另有少量青花、青白及青釉、黑釉瓷器及礌石、铜钱、建筑石构件。

　　城址平面略呈不规整椭圆状，面积约 35 万平方米。城圈通过绕经团山堡、平安寨、扁桶山、猫脑壳、豪高坡及中林岗的石砌城墙闭合，长度近 3500 米。六座城门多设于山间垭口处，五座为平面呈"亚"字形的叠涩门，一座为附外瓮城的拱券门。城内现存三处遗迹分布较为密集区域，其中小地名为"衙门"及"观音殿"的两片区现存遗迹较为丰富，地表可见墩台、地栿石等。南部衙门遗址坐北朝南，背山面水，遥对海龙囤。经勘探试掘，该遗址四周由围墙围合成院落，大门开于中部偏东，院落中部为存在叠压、扩建关系的房址群，北部为一大型夯土包石台基。另在衙门遗址西北陂坡一带，发现面积约 1500 平方米的采石场一处。

　　通过与海龙囤、杨粲墓及新发现的杨价墓等土司遗存的比较，城址始建年代不晚于南宋，可能与海龙囤早期城垣同在宋末抵抗蒙古斡腹云南的背景下修筑。清理结果显示，城址大致经历了宋末建城、元初废弃、明代局部发展、明晚期短暂重兴及清代以降续用之沿革过程。养马城山间盆地的选址理念及叠涩门与拱券门并存、局部城墙先筑夯土雉墙再砌包边石及踏道竖嵌路沿及挡阶石板等营造方式较具特色，城门中月儿门的闸板拱券形制亦较为少见，丰富了这一时期山城遗存的实物资料。鉴于杨氏土司在宋蒙战争中的突出表现与播州冉氏对合川钓鱼城及川渝山城防御体系的重要影响，养马城不仅对于研究西南土司历史文化及明平播之役具有学术意义，对宋蒙战史及城防理念、技术的区域传播与交流亦有其比较研究价值。

（蔡亚林　袁东山）

【遵义市新蒲播州杨氏土司墓地】

发掘时间：2013 年 4 ~ 11 月

发掘单位：贵州省文物考古研究所、中国社会科学院考古研究所、遵义市文物局

　　新蒲杨氏土司墓地位于遵义市东北侧约 20 千米的新蒲新区新蒲村官堰组，地处乌江支流湘江上游的仁江（亦称洪江）西岸，其中杨烈墓（第 29 世）发现较早，1982 年即被公布为贵州省文物保护单位。由于正在建设中的中桥水库蓄水将部分淹没该墓地，2012 年 8 月，贵州省文物考古

研究所会同遵义市文物管理部门，对水库淹没区进行了文物调查、勘探工作，在杨烈墓东南侧约 200 米处新发现一大型石室墓（当时称挨河古墓，后清理证实系明代第一代土司杨铿夫妇墓）和其他相关遗迹。为了保护这些重要的文化遗产，经国家文物局批准，2013 年 4 月～2014 年 11 月，贵州省文物考古研究所在中国社会科学院考古研究所的指导下，对遵义新蒲杨氏土司墓地进行了近两年的大规模发掘，清理播州杨氏土司墓葬 3 座，除 M1（杨烈墓）外，M2（杨铿墓）和 M3（杨价墓）均系新发现，尤其 M3 系未遭盗掘的双室并列之土坑木椁墓，是形制特殊且保存完整的大型高等级大墓，墓内出土有大量造型精美的金银器及相关随葬品，是贵州土司考古继海龙屯遗址之后最重要的考古新发现。

墓地选址在仁江河西岸的坡地上，背山面水，颇有气势。三座墓葬分别营建于营盘山两道伸向河边低矮的土梁上。M1 和 M3 位于西北一侧的土梁上，相距仅约 10 米，两墓外围均建有墓园，平面呈前方后圆，周长约 400 米。园门及墙垣多处相互叠压，出土有较多瓦当、滴水等建筑构件。M2 位于东南一侧的土梁前端地势较低处，墓葬周围未发现墓园，但在墓葬西北的土梁边缘发现一窑址，用于烧制杨铿墓室前方的封土墙砖。

新蒲杨氏墓地是目前唯一已全面发掘的播州杨氏土司家族墓地，墓地布局清楚，墓主关系明确，包括播州杨氏第 14 世杨价墓（南宋末）、第 21 世杨铿墓（明初）和第 29 世杨烈墓（明末）三代。这些墓葬的年代、墓主、等级身份都很清楚，年代跨越宋末至明末，为宋元明考古提供了重要的新资料。

这次发掘的三座杨氏土司墓葬，使经过考古发掘确认的杨氏"土司"墓葬增至 9 座，丰富和完善了播州杨氏土司的谱系，

且墓主跨越了杨氏统领播州、受封播州土司和即将覆灭的主要时期，一定程度上反映了杨氏从宋代封建领主到元明土司的演变过程，对贵州乃至整个西南地区土司的研究有着重要意义。

（周必素　彭　万）

【遵义市汇川区播州土司相关遗存考古调查】

调查时间：2014 年 10～12 月

工作单位：贵州省文物考古研究所、四川大学、汇川区文管所

此次调查范围位于遵义市汇川区境内，调查发现并落实文物地点共计 39 处，其中墓葬 19 处，山城遗址 6 处，衙院、庄园遗址 5 处，寺庙遗址 6 处，桥梁、水利遗址 3 处。具体如下：

墓葬共 19 处，年代以明代为主，其中最重要的是狮子湾明墓和航宇社区明墓两座大墓，其形制和规格与已发现的明代土司墓相当，极有可能为土司墓。

山城遗址共 6 处，即青蛇囤、水牛城、养牛庄、望（万）军囤、养鸡池和养鹅池。其中保存较好的为青蛇囤与望军囤。青蛇囤遗址由白蛇营、金狮营、彭家营组成。其中金狮营呈 S 形，城墙周长约为 721 米，占地面积约为 19.94 亩，发现三处城门，其中一处保存较好，营内有一座炮台遗址。

衙院、庄园遗址 5 处，即茅衙、云台衙院、永安庄、鸣庄及养花庄。茅衙遗址大致呈方形，周长约为 550 米，面积约为 1.4 万平方米，遗址内发现大量明代砖瓦和青花瓷片。据《遵义府志·卷八》记载："茅衙寺，在城北十五里茅坪，原名仙岩庄，初为杨应龙妻田惜玉所居，称曰茅衙……"永安庄遗址南、北、西侧城墙保存较好，遗址周长约 400 米，面积约 1.5 万平方米。据《遵义府志·卷十》记载："永安庄在府城北八十五里，杨氏别

庄也。今其宅基尚存，石工甚精致。"可知，永安庄为杨氏土司的庄园之一。

寺庙遗址共6处，即先天观、水源寺、云峰山寺、上寺、中寺和下寺。其中先天观占地面积约2260平方米，周长约202米，从基石垒砌形状看当时建筑为四合天井，平面呈回字形，分为上下殿，各有三间房屋，两边各有三间厢房，四周有院墙。据《明史》、《遵义府志·卷八》记载，明正德十四年（1519）播州杨氏二十六世土司杨斌因政治失意，出家修道，自号颠仙，在紫霞山建"先天观"，并于观中立《紫霞石室碑记》一通。

桥梁、水利遗址3处，即官堰、普济桥和万顺桥。官堰遗址建在明代老坝子石基上，堰坝呈梯形，东侧呈斜坡状，西侧有两闸门，用于封堵上游水流，使其转向流入南北两侧农田，总长27.8米，宽5.88米，高2.6米，主要用于灌溉杨氏鸣庄附近的农田。

（陈　卿　葛林杰　周梦蒂）

【遵义县播州土司相关遗存考古调查】

调查时间：2014年10～12月

工作单位：贵州省文物考古研究所、遵义县文体广播电视局、四川大学

此次调查范围位于遵义市遵义县境内，共调查到文物点35处，其中墓葬21处，共32座，寺庙祠堂遗址6处，摩崖石窟1处，营盘遗址3处，堰塘遗址3处，窑址1处。具体如下：

21处墓葬点共发现32座规模较大的石室墓葬，其年代以宋明时期为主，其中高石坎石室墓、刘大将军墓、穆家田墓群（4座）、土崖明墓、张继宾墓、扬州湾墓群（7座）、鱼塘湾石室墓、张王坝石室墓等18座为新发现，这批墓葬中最具意义的当属播州宣慰使同知罗氏的两处家族墓地，扬州湾墓群及穆家田墓群。

寺庙祠堂遗址共6处，即瓦厂寺、金山寺、玉塘庙、回龙寺、雷音寺及朱家祠堂。这些寺庙祠堂遗址修建似可分为两类，一是原先多修作当时土司的家庙，年代久远慢慢变成当地寺庙所用。二是在修建时即可能作为寺庙存在。

摩崖石窟1处，即鹤鸣洞，其洞内共有石刻29幅，4幅较大，阴刻诗文，24幅较小，阴刻与诗文写法一致的草书，另有1幅石刻方框内无字。这些诗文后均有"颠仙"二字，据清人郑珍考证颠仙即明播州土司杨斌，为杨氏入播始祖第二十六代孙。

营盘遗址3处，即罗闽城、龙爪和海云囤，据《遵义府志》（道光）及前人研究此3座城均可能与杨氏土司有关。

堰塘遗址3处，即白泥堰、雷水堰及八幅堰，这3座堰塘内，白泥堰可能与罗氏有关，余两座可能与杨氏相关，调查发现这些堰塘除了做灌溉用外，很可能有其他作用，如在《罗氏家谱》明确提到修建白泥堰以改变风水，而雷水堰后侧即为杨辉墓。

窑址区1处，位于遵义县三合镇，为当地土窑，窑址区内发现有窑址、作坊、取土点。该窑址区内现仍存多座窑址，多为龙窑。窑址依山而建，用泥砖修砌而成，由火塘、窑室、烟囱等部分组成，总长可达20米、宽约3米左右，内分多个相独立的窑室，每个窑室底部呈阶梯状，各阶均以黄泥做砖后铺平，每窑室均可独立烧制器物。

（韦松恒　赵　川）

云 南 省

丘遗址提供了宝贵经验。

（蒋志龙）

【晋宁县西王庙新石器时代遗址】
发掘时间：2014 年 8～9 月
工作单位：云南省文物考古研究所、美国
    芝加哥大学、美国密歇根大学

  晋宁西王庙遗址位于滇池盆地东南部的晋宁县上蒜镇河泊所村。本次发掘共布 4×4 米探方 4 个，实际发掘面积 32 平方米，自上至下划分出 9 个文化层，现代耕土层之下即为文化堆积，堆积最厚处近 3 米。发现的遗迹有灰坑、沟和柱洞三类，坑、沟中的填充物多为烧黑的螺壳，间杂少量泥土，出土遗物主要有陶片、石器、玉器、骨器、铜渣、绿松石原料、玛瑙原料等。

  多学科合作是此次发掘的一个特点。山东大学、吉林大学的研究人员全程参与发掘，对出土的动植物遗存现场进行鉴定。同时，与美国匹兹堡大学专业人员合作，对滇池东南岸的特定区域内的湖相沉积进行了钻探取样，以便研究滇池盆地古环境和古气候的变迁以及古代湖岸线的变化对人类生活的影响。但由于发掘所选区域的地下水位很高，影响了我们对一些遗迹现象的判断。发掘的遗物已进行了初步的整理，现各项分析检测正在进行中。

  西王庙遗址是滇池盆地继西山龙门天子庙、晋宁小平山两个遗址以后，对石寨山文化遗址进行正式科学发掘的第三个遗址，多学科综合研究的介入为滇池东南部冲积平原区石寨山文化聚落形态的深入研究提供了重要资料，同时也为发掘湖岸贝

【宾川县白羊村新石器时代遗址】
发掘时间：2013 年 10 月～2014 年 6 月
工作单位：云南省文物考古研究所、大理
    州文物管理所、宾川县文物管
    理所

  白羊村遗址位于大理州宾川县金牛镇白羊村西桑园河东岸，是长江上游云南境内新石器时代保存较为丰富，为数不多的重要遗址之一。2006 年 5 月 25 日被公布为第六批全国重点文物保护单位，遗址面积约 3000 平方米。1973～1974 年云南省文物工作队曾进行发掘，发掘面积 290 平方米，文化层最厚 4.35 米。本次主动性发掘面积 100 平方米，清理堆积厚度约 5 米。

  发掘收获颇丰。发现地层共分为 25 层，其中第①层、第②a 层为现代地层，②b 层为明、清时期地层，第③层至第㉕层为早期文化层。早期文化堆积大致可分为早、中、晚三期。共清理遗迹 1200 余个，其中灰坑 242 个、房址 18 座、土坑墓 17 座、瓮棺葬 5 座、火堆 11 处、火塘 4 处、灶 1 处及活动面、大量柱洞等遗迹。

  发掘出土小件、陶片标本 1200 余件。大量的石器出于中、晚期地层和遗迹中，多磨制，以斧、锛、凿、镞、刀、镰为主。晚期陶器以釜、罐类为主，有圈足器、带流器；中期陶器器型丰富，以侈口罐、折沿罐、敛口钵为主。有少量大口径、厚器壁的陶片，出现大量磨光陶片，纹饰陶片

数量增多，以磨光线条纹为特色，另有大量由篦点纹、梯格纹组成的几何纹饰、刻画交叉线纹、戳印点线纹等，有少量细绳纹、圆圈纹、乳丁纹等；早期陶器以侈口罐、小口罐、折腹钵为主，有较多敛口器、卷沿器等。陶片多内外磨光，纹饰精细、复杂，纹饰中磨光线条纹少见，以压印篦点纹、梯格纹（点线纹）组成的几何图案为多，另有较多刻划纹、少量附加堆纹、细绳纹等，部分器物口沿唇部饰锯齿纹，刻划纹多施于器物颈、肩部，点线纹多施于上腹部，或至口沿。

此次发掘，达到了预期的学术目的：细分了遗址的文化层堆积，搞清了遗址层位和伴出物及层位和遗迹间的关系；通过多学科介入，提取了大量有效的原始资料信息。

（闵　锐）

【泸水市石岭岗新石器时代遗址】

发掘时间：2013 年 11 月 ~ 2014 年 1 月
工作单位：云南省文物考古研究所、怒江
　　　　　州文物管理所、泸水县文物管
　　　　　理所

石岭岗遗址位于怒江州泸水县上江乡七棵树村二组西面，为怒江州文物保护单位。遗址范围分布于大部分山体，面积约10 万平方米，其地处怒江干流区域，与缅甸相毗邻，属云南边境地区为数不多的堆积状况较好的史前遗址，已纳入"云南边境考古"课题，根据课题计划对该遗址进行发掘，发掘面积500 平方米。

发掘按照探方及探沟两种形式进行，共布探方 8 个、探沟 7 条。暴露的遗迹以墓葬为主，共清理墓葬 42 座，灰坑 4 个，活动面 2 处，房址 2 座，文化层堆积最厚处 140 厘米，文化层划分 7 层，出土大量陶器、石器、铜器等。墓葬均为竖穴土坑墓，葬式较为丰富，多数为单人葬，少量合葬墓，且有一定比例的未成年人墓葬。

随葬品极少，仅有少量墓葬随葬一到两件青铜器，多数墓葬无随葬品或仅随葬陶拍和石网坠等；灰坑较小，从形制及包含物看均为垃圾坑；房址 2 座，F1 为地面起建，四周有立柱，柱洞打破地层；F2 为干栏式房址，柱洞均为石块围砌而成。

出土遗物数量较多，小件器物编号共计两千余个，器类主要有陶器、石器、骨（牙）器、铜器等。陶器数量极多，共计996 件，以陶拍、纺轮为大宗，还有数量不等的网坠、弹丸、器耳等。器形可分为罐、釜、盆形器、豆、杯、钵、器盖、器底、器足、器耳等。根据陶质可分为夹砂陶和泥质陶。纹饰方面，施纹方法以拍印为主，其次为压印，戳印及刻画；石器共计800 余件，器形以亚腰形石网坠为主，另有数量不等的石斧、石锛、石凿、石刀、箭镞、石范等；铜器共计 100 多件，多为墓葬的随葬品，器形有剑、矛、箭镞、凿等生产工具，尚有镯、铃、耳环、戒指、饰品等生活用品；骨器共计 80 多件，器形有骨锥、骨斧、骨抿、骨簪、穿孔骨器等。出土的青铜花形饰品及蝶形饰品与保山昌宁坟岭岗墓地及大甸山墓地所出的青铜饰品极为相似，但墓葬形制却有一定的差别，它们之间的关系还有待进一步研究。

石岭岗遗址系怒江流域的首次考古发掘，发掘基本掌握了石岭岗遗址的文化内涵及分布堆积情况。房址及灰坑数量较少，没有形成较大的聚落，且与墓葬交叉分布，墓葬填土内的陶片与地层中出土的陶片基本一致，推测石岭岗遗址并没有明显的生产、生活及墓葬的分区。这一分布特征可能与大峡谷地形无法形成群居的模式有关。

石岭岗遗址所代表的文化为一个具有地域特色的青铜时代文化，年代约为距今2600 年左右，约当春秋战国时期，可分为早晚两期联系发展的考古学文化。怒江流域之前曾发掘过龙陵大花石遗址，距今约3000 年，此次发掘将为构建云南特别是怒江流域史前考古学文化谱系提供重要资料。

（康利宏）

【祥云市大波那战国至西汉墓地】

发掘时间：2014 年 7～11 月

工作单位：云南省文物考古研究所、大理
　　　　　州文物管理所、祥云县文物管
　　　　　理所

　　大波那墓地位于大理州祥云县刘厂镇
大波那村东。大波那墓地于 1961 年发现，
并于 1964、1977、2008 年进行过三次抢救
性清理，出土了铜棺、铜鼓、编钟等极为
重要的青铜器，墓葬规格在云南战国至西
汉时期属大型墓葬，应为洱海区域内一个
等级较高的墓地。

　　根据云南省文物考古研究所"洱海
区域早期考古学文化序列研究"课题计
划，本年度对其进行了主动性考古发掘。
大波那墓地分为相距 1.2 千米的东西两
区。西区在 1964 年清理时曾出土铜棺。
本次发掘面积约 150 平方米。发掘区的文
化堆积可分为 5 层，第 1、2 层为近现代
层，第 3 层为明、清层，第 4、5 层为早
期文化层，大部分遗迹在 5 层下开口。西
区普遍分布有早期文化堆积，并且发现有
房屋、柱洞、灰坑、灰沟等遗迹。部分柱
洞排列整齐，推测原房屋应为干栏式建
筑，这与干栏式房屋造型的铜棺及出土的
房屋模型相吻合。西区出土遗物除较多陶
片外，另有砺石、石斧、石垫、铜镞、红
砂石范残片等。

　　东区分为南北两个墓地。本次发掘区
为北部墓地，发掘面积 800 余平方米，清
理墓葬 25 座。长度大于 6 米、宽度大于
2.5 米的大型墓葬 6 座，其余为中小型墓
葬，墓葬开口层位基本相同。

　　墓葬构建较为考究，墓底多经铺垫，
边壁涂抹多层膏泥，二层台经过夯筑，土
质坚硬。墓葬棺椁部分填土均为黏性极强
的胶泥；中间填土大多为花土；上层填土
多呈灰黑色。葬式多为多人二次合葬（人
骨较多，但保存状况不太好），年龄都在
20～25 岁左右。随葬品中的陶器类多放置
于墓西上部，少量放置于棺内；铜器多放
置于棺内底部的两侧。

　　大型墓葬均有木棺木椁。椁室构造为：
采用木板竖向排列于坑壁，内侧顶部以圆
木横向撑抵木板构成椁室，椁室顶部没有
发现盖板，可能已塌沉。椁室内木棺以厚
重板材构建。棺底两端多有两根方木作为
支垫，支垫的方木上采用 3 块厚重的木板
拼合为棺底，棺底两侧各垒叠 3 块（部分
为 4 块）木板作为木棺侧板，木棺两端采
用较薄木板卡于两侧板之间作为两端挡板。
木棺顶部采用不太规整的圆木或略微加工
的厚木板封盖，封盖的木材多已塌沉，有
少量仍搭于棺上。

　　中型墓葬部分仅发现有木棺，未发现
木椁，木棺构建形式与大型墓相似，仅木
板较薄。部分墓葬将独木剖半或剖去三分
之一后修整凿挖成木棺，上部以剖半圆木
封盖。小型墓葬均较小，大多数无棺木发
现，仅有少量发现残存木棺。

　　发掘出土器物共计 280 余件（套），
分为铜、铁、锡、陶、石、木、藤或竹编
器。铜器可分为兵器、生产工具、生活用
具、装饰品。其中生活用具数量最多，主
要为锄类；兵器包括剑、矛、斧、钺、镦、
箭镞等；生产工具有削和卷经杠、梭口刀；
装饰品有镯、环、杖头饰等。锡器一套 2
件，略残，外饰精细纹饰。铁器数量较少，
仅见几件残件。木器中有一件弓及一件木
质柄的斧子保存较好。

　　陶器是本次发掘出土最多的器物，根
据陶质陶色可分为夹砂灰褐、红褐、灰黑、
黑灰陶；纹饰较少，有少量的细密线纹和
划纹，少数罐底饰有叶脉纹；陶器火候低，
大部分陶器陶质疏松，无法修复。根据器
型可分为双耳、单耳、无耳罐，双耳和单
耳罐较少，无耳的侈口内折沿深腹罐较多，

器型还有杯、匜、盘和纺轮。陶器均为手制。

发掘发现的六个多人二次高规格合葬墓在云南是第一次。西区居住遗址的发现也是本次发掘的一个重要收获，该区干栏式建筑房址的遗迹证明遗址上居住的人和 20 世纪 60 年代发掘的铜棺的主人应为同一族人。出土的两件铜钺上有和铜棺上的鹰纹相似的纹饰，证明两类墓间联系紧密。根据出土器物初步分析，遗址与墓葬年代大致在战国至西汉。

大波那墓地是目前滇西地区为数不多的高规格墓地，其中出土的很多器物与周边石棺墓出土的器物相似，葬式也多为多人二次合葬，只是存在葬具的差异。本次发掘为研究云南洱海区域青铜时代文化提供了重要的实物资料。

（闵　锐）

【宁蒗县干坝子战国至西汉墓地】
发掘时间：2013 年 10 月 ~ 2014 年 1 月
工作单位：云南省文物考古研究所、丽江市博物院、宁蒗县文物管理所

墓地位于丽江市宁蒗县大兴镇红旗社区干坝子居民小组，墓地面积十余万平方米。该墓地从 2008 年以来多次被盗，为初步了解墓地的分布范围和文化性质，对其进行主动性发掘，发掘面积 1000 平方米。

发掘区域位于墓地北部边缘，共清理墓葬 128 座，多为中小型长方形竖穴土坑墓，另有 4 座瓮棺葬。墓葬大都为西南—东北向，多为单人直肢葬，人骨保存较差，大都发现有木质葬具残留，其中 M109 葬具保存完好，为双层井干式卯榫结构木质葬具。瓮棺葬的墓坑均为不规则椭圆形。

出土随葬器物丰富，共计千余件（套），根据质地可分为铜器、铜铁合制器物、铁器、金器、陶器、玉石器和藤编器。铜器分为兵器、生产工具、生活用具、护

具、装饰品；铁器仅见一柄铁矛；金器为珠饰、钏和镯，总重量近 500 克；陶器可分为夹砂褐陶、夹砂黑陶和夹砂红陶，器型为双耳罐、单耳罐、杯和纺轮，均为手制；玉石器有玉镦，玛瑙、绿松、烧料以及白色石灰岩制作的串珠和砺石坠；藤编器仅见藤类植物制作的臂甲和腿甲。

从出土的器物初步分析，墓葬时代可能在战国中晚期至西汉中前期。根据墓葬的密集程度推算，墓地内的墓葬估计在一万座以上，其数量之多密度之高在全国的青铜墓地中实属罕见。

宁蒗干坝子墓地是目前发掘的为数不多的大型土坑墓墓地，其中出土的很多器物与滇西北石棺墓出土的器物相似，但无论是器物本身还是葬式葬俗都存在一定的差异。此地为司马迁所述西南夷中的徙、筰都的区域，本次发掘为探讨、研究中国西南地区又一个新的青铜时代文化提供了不可多得的资料。

（何金龙）

【巍山县龙于图山城遗址】
发掘时间：2013 年 12 月 ~ 2014 年 3 月
工作单位：云南省文物考古研究所、巍山县文物管理所

龙于图山城遗址位于大理州巍山县庙街镇龙于村，为从整体上掌握该城址的概况，我所主持对其进行了全面的调查和勘探。龙于图山城遗址是南诏政权的主要城址之一，它对研究南诏城池及佛教文化等有极高的价值，2006 年被公布为第六批全国重点文物保护单位。

"龙于山"一名最早出现于南诏末期的《南诏图传》，元代李京的《云南志略》加"图"字称为"龙于图"，并言细奴罗"城蒙舍之龙于图而都之"，城当因山而名，故今人一般称为"龙于图山城"。龙于图山城应有城墙，《明景泰云南图经志》言该城"周围四百余丈"，清《读史方舆

纪要》更言"筑城高三丈",但城墙到20世纪时地表已毫无踪迹。

勘探采用探沟法进行,共布设探沟65条,探沟总长度达1340米,探沟总面积约2000平方米。调勘取得重大收获,找到了城墙、发现火把山区域也有建筑遗迹、在城址内发现了大量各种遗迹。

一、城址:位于大平地山梁南半部区域,发现东、北、西等三面城墙而未发现南城墙。城墙因沿山顶平地边缘夯筑,平面形状约呈倒U字形。三面城墙总长约925米,城址面积约48500平方米。西城墙用风化的碎砂岩石及生土混杂夯筑,东北两面城墙主要用碎白砂石粒夯筑。

二、遗迹:主要有建筑遗迹及碎白砂石粒铺地遗迹两类。

建筑遗迹比比皆是,火把山东端区域建筑遗址的柱洞直径达1米,这一区域是整个龙于图山城址地势最高之处,又位于城外,推测应为观景或瞭望之类的建筑遗迹;整座城址内的地面全用均匀的碎白砂石粒铺夯,再于其上构筑建筑物。

三、遗物:主要是大量的南诏有字瓦及少量的石柱础、砖、夹砂陶片等。

城墙的发现终结了龙于图山城究竟有无城墙存留这一众说纷纭的公案,其夯筑方式与太和城等南诏城址的夯筑方式相同,城址内出土了大量的南诏有字瓦等,这些都表明该城址的时代为南诏,城址内建筑遗迹众多表明当时城址内有较多人居住。城址内用碎白砂石粒漫铺地面的现象在其他南诏城址尚未见过,墙基基槽不在墙基中部而是偏外侧,是该城址的一大特色。

根据历次考古调勘工作的收获来看,龙于图山城遗址分为几个功能性质不同的区域,火把山区域为观景区或瞭望区,大平地为城址区,石场岭岗为寺庙区。由于地势原因没有南城墙。

龙于图山城址调查和勘探为其制定保护规划及南诏城址的研究等提供了最新的考古实物资料。

(何金龙)

【瑞丽市芒约明清遗址】

发掘时间:2013年11月~2014年1月
工作单位:云南省文物考古研究所、德宏
　　　　　州文物管理所、瑞丽市文物管
　　　　　理所

芒约遗址位于德宏州瑞丽市姐相乡顺哈村民委员会芒约村,为瑞丽市文物保护单位。为配合龙瑞高速公路建设对其进行考古发掘。

发掘面积2500平方米,揭露出的文化遗迹有房基5座、窑址8座、排水沟17条、灰坑32个。房屋基址有木或竹柱、梁结构的房屋,类似早年当地傣族群众就地取材建造的适宜当地自然环境的杆栏式建筑,此类房屋的规模较大;灰坑大小不等,多为袋状,底大口小,底面平整,加工较规整。沟根据所处位置及开口层位的不同,可以区分出用途不一和时期不同的多种沟。开口于二层以下的是古居民居住时期的,有自然冲沟和刻意开挖的排水沟。排水沟又可分为居住区排水沟和房屋的排水沟;壕沟内填土,初步推测为防护沟,用于抵御外侵,阻止野兽骚扰。

出土文物数量不多,以陶器为主,大多为破碎的陶片,还有少许瓷片,铁器、铁器残件及个别铜器、铜器残件。另外还在5号灰坑中出土数量较多的炭化稻谷和几颗残破的牛牙。陶器器形有罐、瓶、壶、盆、碗、钵、杯、珠、网坠、纺轮、烟斗等。瓷片有青釉瓷片和极少的青花瓷片,青釉小瓷碗残件1件;铁器有铁锸4件,类似铁刀的残段1件,几件无法辨认器型的铁器残段;铜器有完整铜镊子1件及铜镊子残件2件,铜锥1件及1枚清代"道光通宝"铜钱,另有不能辨别器形的残件 3 件；石饰品 1 件，通体打磨，有圆孔。

芒约遗址时代为明清时期。发掘未涉及遗址的核心区域，可能是傣族较早期的聚落区。发掘揭开了德宏地区众多古城址神秘面纱的一角，为进一步了解遗址的面貌提供了可靠的实物依据。

（刘　旭）

西 藏 自 治 区

【噶尔县故如甲木墓地】

发掘时间： 2014 年 8～9 月

工作单位： 中国社会科学院考古研究所、
西藏自治区文物保护研究所

西藏自治区文物保护研究所与中国社会科学院考古研究所近年在西藏阿里象泉河上游地区联合开展考古发掘工作。在故如甲木墓地共发现并清理了 11 座土坑墓。对于古代西藏西部文明的复原研究提供了十分重要的资料。

故如甲木墓地位于西藏阿里地区噶尔县门士乡故如甲木寺旁，东距乡政府所在地约 15 千米。海拔 4300 米。象泉河自东向西流经此地，与南、北两条小河——曲那河和曲嘎河交汇于一点。卡尔东遗址位于交汇点处一座小山的山顶。

噶尔县故如甲木墓地在 2012 年发现 4 座墓葬、2013 年发现 6 座墓葬、2014 年又发现 1 座墓葬。11 座墓葬皆为竖穴土坑石室墓，多为二次葬，发现有完整的侧身屈肢葬式，墓葬内出土有铁剑、鎏金铜器、银器残片、大量铁器残片、金器、陶器、料珠及大量人类和动物骨骼等。金属器物的随葬、珍贵木料的使用、大量动物殉葬和人殉，可能证实该墓地具有较高的社会级别。

根据碳十四测年数据，故如甲木墓地墓葬年代为距今 1715～1855 年，即公元 2 世纪至 3 世纪前半叶。根据卡尔东城址的调查和测年数据，墓地与城址基本同时，因此可以推测墓葬主人应是卡尔东城址的修建者或使用者，两者之间关系是密不可分的。遗址的发掘对于我们重建西藏西部文明的社会生活面貌提供了极有价值的根据，对了解和研究西藏西部文明与和我国新疆、中亚和北印度地区文化之间相互吸纳和融合的关系等都提供了重要资料。

（仝　涛　赤列次仁）

【札达县曲踏墓地】

发掘时间： 2014 年 7～8 月

工作单位： 中国社会科学院考古研究所、
西藏自治区文物保护研究所

曲踏墓地位于西藏阿里地区札达县，2010 年在曲踏 I 区因修建公路发现两座墓穴，2012 年在曲踏 II 区因修建自来水管道又发现了一座，相继出土了箱式木棺、黄金面具以及青铜器、铁器、木器等。但由于都是基建中的偶然发现，墓葬的形制遭到严重损坏，周边区域是否还存在更多墓葬不得而知。2013 年考古队首次进入曲踏墓地，展开了一些小规模试掘，但因为地表堆积砂石较厚，虽经过艰苦努力，仍无法寻找到任何有价值的线索。本年度考古队借助科技手段，并通过微地貌观察分析，用探沟发掘方法最终找到了 5 座洞式墓葬，获取了前所未有的丰硕成果。

这五座墓葬一字排开，埋藏于深约 2 米的次生砂石堆积之下，都属于带有竖井墓道的洞式墓。墓道为长方形，长 2.5 米、宽 0.50 米左右，深达 5 米。墓道狭窄，仅能容一个人上下，在两侧壁的积沙上掏出成排的脚窝以供攀爬。墓道下挖约 2.5 米左右出现二层台，上面横置了一排青石板封顶，将墓道分为上下两段，下段墓道因为青石板的阻隔，形成没有填土的空间，也使位于墓道底部的墓室近两千年来未经侵扰，保存相当完好。在墓道底部向山体方向开挖圆拱形墓门，墓室有单室墓和双室墓两种类型。单室墓如同一个小房间大小，长 3 米、宽 2.5 米、高 1.6 米左右，平面略呈方形，顶部略平，空间较宽敞，可以容纳四五人。双室墓有左右并列两个墓室，形制较大，面积宽敞，为多人合葬墓。各墓室都保存有较好的长方形箱式木棺、成组的大小陶器以及大量马、羊等动物骨头。木棺内有墓主人尸骨及大量随葬用品。墓主人都采用侧身屈肢葬式，身上覆盖厚厚的服饰残片，上面残留有成组的青铜饰片。墓主人周边摆放大量随葬品，包括精美的彩绘木案、方形木梳、带柄铜镜、刻纹木条、纺织工具以及大量玻璃珠、长方形木盘、草编器物和彩绘陶器等。其中一座墓葬中出土有精美的天珠（蚀花玛瑙珠），这是青藏高原首次考古出土的天珠。铜镜带有短柄，应该与欧亚草原的带柄铜镜同属一个系统，在阿里地区属首次发现。两件四足木案上分别有彩绘对鸟纹和对羊纹及其他丰富的几何纹样，是早期西藏西部少见的带彩绘器物。各类随葬品都有特定的位置：靠近墓壁都随葬一组陶罐用于储藏，其中都有一件大型陶罐；炊煮用的陶器用三块石头支起，里面一般都有铁质棒形搅拌器，用火痕迹明显；棺下有石头堆砌成棺床和大量羊骨，随葬马匹一般都放置于靠近墓室门口的位置；墓室四周壁面上开有方形或者长条形的小龛，龛内放置成排的草编器物，内装盛食物。有的墓壁上刻画有折尺形几何符号，似乎与墓葬的丧葬习俗和宗教信仰有一定的联系。

这 5 座墓葬是迄今为止西藏阿里地区首次在主动性发掘中发现的洞式墓群，其层位清楚，形制完整，未经盗扰，内容丰富，使我们对以往在西藏西部发现的零散文物的出土背景有了清晰明确的认识。同时由于随葬品种类特别丰富，涵盖了当时社会物质生活的诸多方面，其呈现的文化具有多样性。根据曲踏墓地Ⅱ区最新得到的 C14 数据，这批墓葬的年代在距今 2200 年左右，即公元前 2 世纪前后，这对于我们重建西藏西部文明的社会生活面貌提供了极有价值的根据，对了解和研究西藏西部文明与和我国新疆，中亚和北印度地区文化之间相互吸纳和融合的关系等都提供了重要资料。

（仝　涛　赤列次仁）

【达孜县普雄墓地】
调查时间：2014 年 3 月
工作单位：西藏自治区文物保护研究所、
　　　　　拉萨市文物局、达孜县文物局

达孜普雄矿业尾矿区位于拉萨市达孜县德庆镇桑珠林行政村各勒自然村，位于拉萨河南面一处洪积形成的山麓缓坡，背山面水。矿区工作人员在其尾矿区矿粉沉淀池边开挖便道时发现出土陶器等文物，包括完整与基本完整陶器 30 件（部分残），3 件铜器残件，1 件玉斧等。

文物出土点为一处被开挖的斜坡断面处，现场发现了数量较少的陶片和灰烬、炭屑等。对断面进行的简单清理中发现有石砌小墙痕迹。出土文物处的土质不同于周边土质土色，对施工人员询问，在该处还发现有骨骸。由于现场已经被挖土机开挖，遗存所处现状遭到了严重的破坏，出土陶器、石器、铜器等的埋藏状况无法辨识。但是，根据一个较为集中地点能出土如此数量可观的完整陶器等情况看，此处当为一处墓地。又根据断面上仍残存的石砌墙体遗迹分析为石室墓。根据出土物的形制、特征、质地判断，该遗址年代至少在距今 2000 年以前。

出土的陶器均以圜底为主，有少量圈足，多数器表面磨光，器身饰三角折线纹和戳印纹等，部分素面。青铜残件三件中，两件可能为发簪，一件可能为铜扣。发现的一件玉斧玉色泛绿，做工精细。上述文物的特征与我区拉萨曲贡遗址发现的文物具有一定的相似性，它们的发现具有重要的历史价值与学术价值，丰富了拉萨河谷乃至西藏地区史前考古的实物资料。

（赤列次仁 夏格旺堆）

【堆龙德庆县吐蕃时期噶琼寺西塔遗址】

发掘时间：2014 从 6 月 9 日 ~ 7 月 10 日

工作单位：西藏自治区文物保护研究所、
　　　　　拉萨市文物局

噶琼寺隶属拉萨市堆龙德庆县柳梧乡然玛岗村，地处拉萨河中游南岸。噶琼寺即"噶琼多吉英寺"。据《西藏王统记》《红史》《贤者喜宴》《巴协》等藏文史料记载，噶琼寺建于吐蕃赤德松赞在位时期（804—815 年），并在其四方修有四座佛塔，此寺建成后不久，就毁于吐蕃最后一代赞普朗达玛时期。约在元朝中期，藏传佛教噶举派主巴噶举的一位高僧在原噶琼寺旧址上修建桑结寺，规模较噶琼寺略有扩大。"文化大革命"期间被毁。20 世纪80 年代在原寺址略偏东处重建噶琼寺。

1993 年，西藏自治区文管会曾对噶琼寺早期遗存进行了调查与试掘，确认了吐蕃时期建筑残墙、四座塔基，并发现数十块琉璃瓦及"噶迥寺赤德松赞碑"残段等遗迹与遗物。

本年度对噶琼寺西佛塔遗址进行了为期 1 个月的抢救性考古发掘，发掘面积约520 平方米。该佛塔仅存基址部分，石砌台基上构筑仿曼荼罗形状平面呈"亞"字形夯土塔基，宽 18.1 米，残高约 1.6 米 ~2.3 米，其外侧砌筑石块包裹。塔基以上部分无存。佛塔的遗址发掘过程中发现的遗物均为 7 层和之上被扰动的遗物。其中包括石柱础、砖、瓦、陶等。

根据现场发掘，发现该佛塔砌筑方法为在洪积形成的黄色粉砂土层上铺设一层厚约 0.2 米的含大量碎小卵石、并经加工紧密的黄灰土；其次，在其上铺设一层厚0.4 米 ~0.5 米的纯净黄色粉砂土，亦经加工紧密，但未见夯打痕迹；然后，铺设平面近正方形的石砌台基，在台基上构筑平面呈"亞"字形的塔基。

噶琼寺是由吐蕃赞普赤德松赞亲自倡修的寺院，在西藏佛教史上具有特殊的重要地位。噶琼寺西佛塔遗址的发掘，对于研究西藏早期佛教史具有重要价值。

（赤列次仁 陈祖军）

陕 西 省

【南郑县龙岗寺遗址旧石器遗存】
发掘时间：2014 年 1 ~ 12 月
工作单位：陕西省考古研究院

本年度，结合以往工作基础，对龙岗寺旧石器遗存再次进行了考古发掘，第四级阶地的发掘区域位于龙岗西侧汉江第四级阶地两处台地，共 112 平方米，自 2013 年发掘以来，发掘地层深度达 11 米以上，出土各类石制品 30000 余件。第五级阶地发掘 4 个探方 76 平方米，发掘地层堆积物深度 9.6 米。出土石制品数量较少，不足 100 件。下一阶段发掘工作的重心将转移到以前采集石制品最多的遗址第三级阶地部位。

从本次考古调查和发掘所获得的信息看，汉中盆地梁山东麓地区汉江干流和支流濂水河左岸的第二级至第五级阶地上的旧石器遗存连片分布，这也是秦岭山区山间盆地旧石器文化遗存分布的一个普遍现象。由于地表土壤侵蚀强烈、人类活动改造明显，分布于第三级阶地以上的遗址有大量旧石器制品暴露于地表。而第二级以上阶地遗址部位，一般动土的地方都会发现数量不等的旧石器制品。结合最新的考古地层学和年代学研究成果可以看出，最晚自早更新世晚期阶段开始，在汉中盆地梁山东麓一带便已经开始有古人类活动。梁山东麓以龙岗寺为代表的旧石器遗存主体分布于汉江干流和支流濂水河左岸不同高程的阶地上，第三级阶地从下部砾石层堆积至顶部埋藏旧石器文化的地层堆积总厚度约 25 米，其他阶地的旧石器地层堆积均在 10 米左右，其中的黄土状堆积地层记录了人类体质进化伴随着石器工具技术发展的漫长岁月。以前在梁山东麓的旧石器遗址群采集到石制品数千件，其中的手镐、手斧与石球独具特色，它们是梁山旧石器遗址中最具代表性的器物。

梁山旧石器遗存的发现填补了陕南汉水上游地区旧石器时代文化发现的空白，是我国最早认识到的华南砾石工业类型旧石器遗址群，为研究我国南北方旧石器时代文化的分布、石器工业类型及相互关系提供了极为重要的资料。遗址中发现的手斧、手镐等重型工具为研究旧石器时代东西方旧石器文化的交流提供了重要的线索。

（王社江）

【洋县金水河口旧石器遗址】
发掘时间：2014 年 5 ~ 11 月
工作单位：陕西省考古研究院、中国科学院古脊椎动物与古人类研究所、南京大学

在"引汉济渭"工程实施中，陕西省考古研究院、中国科学院组成联合考古队对汉中洋县金水镇金水河口旧石器遗址进行了发掘。发掘工作围绕汉江及左岸支流金水河交汇地带的第四级阶地顶部遗址部位和阶地南部面临汉江的第四级阶地边缘地带展开。

本年度，在该遗址两个区域分别发掘 236 平方米和 134 平方米。金水河口地点第四级阶地顶部遗址发掘部位的地层深度

达 7 米左右，该地点目前可见的地层堆积物由含大量钙质结核的古土壤条带和相间的黄土沉积物以及河流相粉砂—细砂堆积构成，石制品出自于地层堆积上部厚度 5.0 米左右的黄棕色—黄褐色含钙质结核的黄土—古土壤堆积层中，其中中部 4.3 米~4.8 米深左右的地层堆积物中出土石制品最为丰富，共出土各类石制品 1000 余件。石制品为硅质灰岩、石英和石英岩制品，种类包含石核、石片、修理工具和废片屑（块）等，工具包含刮削器等。在遗址地层下部的河流相粉砂—细砂层中，局部地区出土有马、犀牛、鹿等哺乳动物化石。遗址阶地边缘部位的发掘地层堆积深度 3 米左右。该部位目前可见的地层堆积为含钙质结核的河流相粉砂—细砂层和上部的黄土状堆积物构成，在下部河流相粉砂—细砂堆积地层大块的钙质结核胶结物中发现了丰富的哺乳动物化石，种属包括犀牛、象、马、鹿、牛、熊猫、狼、熊等十余种。

在金水河口遗址发掘的同时，同步采集了土壤粒度、花粉、古地磁、光释光以及同位素等相应的地层分析样品及年代序列样品 100 余份，后期将对该遗址地层堆积进行古地磁和光释光年代学、同位素及植物花粉分析，重建遗址古人类生存的古环境背景。

目前，金水镇附近旧石器遗址的考古发掘工作仍在紧张进行之中，发掘工作已转移至该镇东侧金水河左岸移民点的高家那村段坪和金陵寺地点，两个地点的发掘面积分别为 171 平方米和 126 平方米。

（王社江）

【高陵县杨官寨新石器时代遗址】

发掘时间：2014 年 1 ~ 12 月

工作单位：陕西省考古研究院

本年度继续对环壕聚落中部发掘区 T2715、T2716、T2815、T2816 等探方内发现的大型池塘遗迹 H796 进行发掘，发现其平面近方形，面积约 290 平方米，鉴于其超大面积，采用了小模块法进行发掘。H796 所代表的大型池塘以及与之相应的引水壕沟的出现，表明仰韶时代庙底沟文化大型聚落中的公共设施区域逐渐成熟，更趋向于聚落生产和生活的实用功能，这也是聚落规模逐步扩张的现实要求。大型池塘是史前聚落功能区的重要组成部分，也是遗址新迹象，是研究聚落布局不可忽视的新资料。

另外，由我院与美国加州大学洛杉矶分校合办的中美田野考古学校第五期学员对环壕东北角的 T4737、T4837 两个探方进行了发掘。与此同时，杨官寨遗址 2004—2006 年遗址南区资料整理工作进展顺利，共整理 260 多个遗迹单位和地层堆积的考古发掘资料，统计陶片 115850 片，修复庙底沟文化、半坡四期文化、泉护二期文化陶器 180 余件，挑选标本 1050 件，绘制器物、遗迹线图 2400 多张，《陕西高陵杨官寨——以南区制陶作坊为中心》考古报告正在编写当中。

（王炜林）

【神木县石峁龙山时期至夏代遗址】

发掘时间：2014 年

工作单位：陕西省考古研究院

本年度石峁遗址考古工作的重点是发掘韩家圪旦地点。该地点位于石峁城址内城东墙中段西侧，东侧连通内城东墙上的一处城门遗址，西侧与皇城台隔沟相望，南北两侧均临沟壑。发掘清理的主要遗迹单位包括墓葬 41 座、房址 42 座、灰坑 28 个，出土陶、石、骨、玉等文物标本约 300 件。

墓葬形制有竖穴土坑墓和石棺葬两类。土坑墓多为近东西向，墓葬规模差异明显，小者长约 1.8 米、宽约 0.8 米，最大者为 M1，长约 4 米、宽约 3 米、深约

6米。大中型墓葬结构相似，墓主位于墓室中央，仰身直肢，棺外有殉人1~2人不等，墓室北壁均设壁龛，用于放置陶器等随葬品。

以M1举例：近东西向竖穴土坑墓，墓主南侧有一成年女性殉人，头东脚西，侧身屈肢，右手抚于头顶。墓主西侧有一堆骨骼，初步鉴定为一5岁左右孩童，下压一动物，孩童头南脚北，面西朝向墓壁，上肢屈抚至面部，臀部朝向墓主后伸，下压动物似为狗，亦头向南部，面朝墓壁。壁龛位于墓室北壁高于墓底约1米处，上圆下方，人工掏挖迹象明显。石棺葬为以石板搭建葬具的墓葬形式，形制均较小，一般长约2米、宽约0.6米，仅可容身，未见任何随葬品，墓主多为青少年或孩童。

房址常见二或三间组合的连套结构，主（后）室均为全窑洞式建筑，与另行覆顶的半窑洞式前室相连。保存较好者如F7-F11组合房址，主室F11，窑洞式，圆角方形，顶部内收趋势明显，门道西向，与前室F7相连。灰坑多为与房址相关的储藏设施，常见口小底大的袋状窖穴。多组打破关系表明，韩家圪旦地点发掘的墓葬晚于房址，出土器物标本显示，墓葬的绝对年代似不早于公元前2000年，而房址抑或早至公元前2200~2300年。

截至目前，石峁城址内部已经确认的重要地点除韩家圪旦外，还有后阳湾、呼家洼、对面梁、夜蝙蝠塌、圆圪堵等。这些地点均有居址或墓葬发现，尤以后阳湾地点遗迹丰富，同韩家圪旦地点的发现一致，后阳湾地点揭示了多处墓葬打破居址的地层关系，清晰地表明了石峁城址内部各地点在不同时期其功能区划发生过变化，是细化研究石峁城址形成和发展过程的重要素材。

（孙周勇　邵　晶）

【榆林市寨峁梁龙山时期至夏代遗址】
发掘时间：2014年7~11月
工作单位：陕西省考古研究院

寨峁梁遗址位于榆林市榆阳区安崖镇房崖村，在石峁遗址正南方向约20千米处，与石峁遗址同属秃尾河流域，位于秃尾河一级支流开光川（又名开荒川）南岸的椭圆形山峁上。遗址所在山峁底部出露基岩，上部黄土堆积较厚，除南侧与其他山梁相接外，余三面均临深崖，现存的石砌城墙即位于遗址南侧，意在隔断相通之路。清理的遗迹现象有房址66座、圆坑10个、方坑3个，出土遗物较多，包括陶、石、骨等标本200余件。

与石峁遗址韩家圪旦地点房址相似，寨峁梁遗址房址多为前后连接的相套结构，主（后）室亦为圆角方形的全窑洞式房址，前室一般为方形半窑洞式结构。不同的是，寨峁梁房址主室均铺设有白灰地面并涂抹白灰墙裙，保存最好者如F11~F12组合，主室墙裙均保存较好，穹隆式窑顶亦有一定保留，值得注意的是，与前室F12相连的门道部分非常完整，为用草拌泥涂筑的窄小门洞，宽约0.5米、高约0.7米。圆坑、方坑一般都位于房址内部或附近，当为所属房址之储藏坑。

从目前情况分析，寨峁梁遗址房址分布规律明显，除未发现门道向南者外，其余门道开向者均有发现，以向西、向东者为大宗，向北者仅发现一例。个别房址间存在打破关系，结合其出土陶器形态分析，这些房址应可分期：第一期相当于陕北地区龙山时代后期早段，典型器物有宽弧裆单把鬲和双鬲、方直口圈底瓮、刻划纹敛口瓮、小喇叭口圆肩罐、高领罐等；第二期相当于陕北地区龙山时代后期晚段，典型器物主要为瘤裆双鬲或无鬲、敛口等；第三期或已进入夏纪年，典型器物主要是大喇叭口折肩罐等。与目前掌握的石峁遗址年代分期基本重合。

各种证据显示，寨峁梁遗址应系石峁遗址下属的一般聚落，或为村落级别。若以石峁城址作为黄土高原北部早期国家出现的重要标志，则寨峁梁遗址和石峁遗址的对比研究将在很大程度上加深对该区域社会复杂化进程的理解。

（孙周勇　邵晶）

【神木县神圪垯梁龙山文化遗址】

发掘时间：2014年5~11月

工作单位：陕西省考古研究院

神圪垯梁遗址位于神木县大保当镇西约4.8千米的野鸡河村神圪垯梁南部缓坡上。2013年8~11月，我院联合榆林市文物考古勘探队、神木文管所对该遗址进行了发掘。为了解遗址南部夯土和墓地布局与内涵，本年度对该遗址继续进行发掘。此次发掘总面积1550平方米，发现夯土遗迹1处、墓葬15座、灰坑42个、房址6座、陶窑1座以及沟1条。

夯土遗迹平面形状不规则，似由3条长条形夯土组成，最长的一条长73.6米、宽7.2米~15米，面积约1283平方米。从探沟剖面可知，夯土所在的基槽打破生土，深度超过1米，夯土厚度在1米左右，夯土堆积分为3层，夯土堆积之上以及基槽堆积内均未发现陶片等遗物。本次共发掘墓葬15座，多为竖穴土坑墓，另有极少数利用灰坑作为墓穴的灰坑墓，均为单人葬，多仰身直肢，少量侧身屈肢，无葬具。较大的一座墓葬编号M24，为长方形土坑竖穴墓，直壁，平底；单人仰身直肢葬，头向东，面朝南，墓向225°；无葬具，无随葬品。口部长2.2米、宽0.55米、深1.2米。

本次发掘的6座房址均为半地穴式，其中5座为圆形、单间，1座为近方形、套间。F18为圆形房址，平面为圆形，直壁，平底。底部东、西各有1圆形柱洞，中部有灶的痕迹，东南部有一圆形袋状储藏坑，门道位于西南部。坑内出土较多陶片和动物骨。

已发掘的墓葬广泛分布在遗址内，较大型墓葬（M7、M1、M20）均分布在遗址北部，小型墓在整个遗址均有分布，特别是遗址南部夯土周边发现较多。这些墓葬与2013年该遗址发掘的墓葬为同组遗存，参照以前发掘墓葬出土物、葬式等看，与新华、陶寺晚期等龙山晚期墓葬有较大的相似性。夯土遗迹形状不规则，未发现与其关系密切的相关遗迹，相对年代与居址年代相当或稍早。

神圪垯梁遗址发现了龙山文化晚期的灰坑、房址、墓葬、夯土遗迹等，为研究这一时期的聚落结构、聚落性质、埋葬制度等提供了资料。

（王炜林）

【清涧县辛庄商代遗址】

发掘时间：2014年4~12月

工作单位：陕西省考古研究院、榆林市文物保护研究所、清涧县文管会

辛庄遗址位于清涧县辛庄村东山峁（老爷盖）上，西南距清涧县城约20千米，东距南流黄河约30千米。该遗址为第三次文物普查时发现，总面积约10万平方米，内涵以商代晚期遗存为主，文化面貌与清涧李家崖、绥德薛家渠、山西柳林高红等遗址相同。因在遗址发现盗掘现象，经申报国家文物局批准，我院与市县相关单位联合组成考古队，于2012年9月开始对遗址行调查、勘探与抢救性发掘，发现了大规模的夯土建筑群基址，及其他的房屋、灰坑和墓葬等遗迹，出土了陶器、石器、骨器、铜器等商代晚期重要文物。

本年度为进一步搞清辛庄遗址夯土建筑的布局结构与性质，探索晋陕高原商代晚期建筑的特点，厘清和探讨辛庄遗址附近区域同时期的聚落层级分布与社会复杂化，我们于4~12月对遗址内的老爷盖和

枣湾畔两处遗址点进行了大面积揭露和发掘，发现了目前为止晋陕高原商代晚期规模最大的夯土建筑群，种类包括大型礼仪性建筑、中型礼仪性建筑和小型居住建筑。

老爷盖遗址点由南北两座相连的山峁组成，呈马鞍形，南为前老爷盖、北为后老爷盖。遗址东、西、南临沟，北面有一条环壕，连接东西两沟，从而将遗址围成一个相对独立险要的活动区域。大型礼仪性建筑和小型居住建筑就建筑于后老爷盖山顶，墓葬则发现于前老爷盖峁顶上。枣湾畔遗址点西距老爷盖约100米，呈长梁形，顶部较平，东西长300米，南部宽约100米。其南、北、东临沟，西靠高耸的山峁，东隔沟与老爷盖相望，呈掎角之势。中型礼仪性建筑就位于山梁顶上，山梁前嘴处发现有被盗墓葬。

大型礼仪性建筑位于后老爷盖峁顶中南部，是一组由主体建筑（F1）和两级回廊组成的大型夯土建筑遗迹。小型居住建筑位于F1以北约50米的低处平地，两者约有5米落差，是由南北两排排房组成的夯土建筑遗迹。

大型礼仪性建筑的主体部分（F1）位于遗址中部最高处，为长方形下沉式院落，东西残长35米，南北宽22米，最深约2.7米。回廊见于主体建筑的南、东、北三面，西面被破坏，情况不明。南部回廊由下及上分为两级；东部为一级，保存较好，与南部第二级回廊呈直角相连；北部解剖发掘有一级；西部由于破坏严重，已经无存。需要强调的是，南北两面廊均与主体建筑F1南北两壁、门道基本平行；东面之廊与主建筑东壁平行，门道垂直，地面大致处于同一水平。东面廊F3与南面廊F4垂直分布，地面近同水平，几近相连，只因破坏，难以确证相通。凡此，或可说明这些建筑实乃同组建筑。这组建筑外观呈三重环围式楼宇，中间为夯土台基围成的长方形庭院，院落中间的西部保存有一

处主体夯土建筑和门房等设施，外形壮观，形制独特，非常罕见，一定程度上具有西藏拉萨布达拉宫的外貌特征。

小型居住建筑也为下沉式房址，整体南北宽14米，东西长30米，呈"日"字形，南壁为下切生土而成的生土边，北壁为夯土和石墙组成的包边墙。中间为一处南北宽12米、东西残存30米的夯土台基，将小型居住建筑区分为南北两个院落，每个院落各有一排小型居住排房。

南部居住排房紧贴台基的南、东边分布，呈"L"形，台基西边破坏无存。南排房共10间，背靠夯土台基，坐北朝南。东排房共5间，背靠夯土台基，坐西朝东。房址均由宽约40厘米～50厘米的夯土墙组成，单间面积约4平方米～12平方米。房址可分为单间、一堂一室、一堂三室和开放式等类型。排房南距生土边约8米，之间为较为宽阔的院落。

北部居住排房现存4间，亦为夯土围成，单间面积及建筑技术同南排房一致，房间内亦多见火烧痕迹。该组排房东西不在一条直线上，稍呈弧形。排房南距夯土台基约14米，两者围成一个宽阔的院落，院落地面较平，部分地方活动面较清晰。排房与南部院落之间有一条宽约2米的通道，走势与排房一致，亦呈半弧形。该通道低于院落地面约20厘米，为夯土地面，夯打结实，地面上多发现有一层灰白色水浸面。

中型礼仪性建筑位于枣湾畔长梁顶部，亦为下沉式建筑（枣F1），筑于夯土基础之上。基础东西长，南北残宽14米，南北两边被梯田打破，从剖面可见其夯打结实，夯层明显，厚约8厘米～10厘米。建筑室内长8米，宽6米，墙体高出地面1米～1.5米，其西、东、南、北距生土边分别约2米、3米、2米、2.5米，从而形成一周回廊，我们称之为枣F1的东、北、西、南廊。东墙偏南有一门道。东廊中部以东

为一条宽 5 米，残长约 20 米的通道，其与门道相对，与东廊基本垂直，两侧皆为生土，与 F1 组成一个"甲"字形布局。

出土物有陶、铜、骨、石器、卜骨以及兽骨等。陶器可见器形有鬲、甗、簋、三足瓮、小口折肩罐、豆、钵、四足方杯等；铜器主要为铜镞和铜渣；骨器有卜骨、骨笄、骨锥、骨镞、骨匕等；石器有石刀、石斧、石锥、权杖头等；兽骨包括猪、羊、狗、鹿等动物骨骸。

辛庄遗址的发掘与发现，学术意义极其重要，可初步概括如下：

首先，本次发现的建筑，种类多样，大、中、小兼具，且性质复杂，在商代晚期各遗址中实属罕见。可以说除殷墟之外，在其他晚商遗址中独一无二。大型礼仪性建筑 F1 规模恢宏，主体建筑加回廊总面积约 4200 平方米，也是晚商时期，殷墟之外发现的规模最大的建筑。而且本建筑形制结构奇特，在先秦建筑中亦为首次所见。中型建筑与小型建筑保存较好，在建筑工艺方面提供了很多难得的信息。如下沉式院落、发达的夯土墙、门道及回廊铺设木地板并附木质"地脚线"，小型建筑排房有单间、套间、一堂一室、一堂多室、开放式等布局结构，种类如此齐全和多样的房址集于一处，在同时期遗址中极为罕见。

其次，辛庄遗址的发现是进一步认识陕晋高原地区商代考古学文化面貌特征、生活习俗、经济形态的重要资料。不同形式建筑设施的揭露，和以石刀、石斧等与农业相关的生产工具的较多发现，清楚地反映了以辛庄遗址为代表的李家崖文化先民应该是以山地农业经济为主，并经营少量畜牧活动的生业形态，可能将明显改变过去普遍认为我国北方早期青铜文化属于所谓草原牧业文明的观念。特别是发现的重楼环屋式建筑群，以复杂的结构、独特的设计、宏大的规模、考究的营造乃至修饰，显示了该文化在中国古代建筑方面所取得的显著成就，建筑物室内铺设木质地板的形式，极大地超越了中国历史建筑的内装传统，可谓独树一帜，应在古代建筑史上具有重要的地位。

最后，辛庄遗址经过几年的发掘与探索，辛庄遗址的各方面发现，其规律性特征及有关信息为今后在晋陕高原探寻晚商遗址提供了新的启示和参照，为几代人苦苦求索的问题找到了解决的方案。如重要遗址多位于不高不矮、顶部较平缓的峁顶上；聚落的整体规模不太大；无论大小建筑，夯筑技术发达；大、中型建筑附近，尤其是前方，往往分布有墓葬，等等。相信继辛庄发掘之后，在晋陕高原会很快发现更多的晚商遗址，也无疑对进一步研究晋陕高原商代晚期的青铜文化和地理方国，乃至商代的政治地理架构具有重要意义。

（种建荣）

【周原遗址】
发掘时间：2014 年 3～12 月
工作单位：陕西考古研究院、北京大学考古文博学院、中国社会科学院考古研究所

为进一步深化周原遗址聚落结构认识，今年三家单位组成联合考古队，继去年对其全面系统调查之后，选择凤雏建筑基址周邻区域约 100 万平方米范围进行了大规模勘探，发现了一系列重要遗迹，基本廓清了区域地下遗存的分布情况。在此基础上，对位于凤雏基址南侧钻探发现的夯土建筑、车马坑、墓葬遗存进行了发掘，取得了丰富的收获。

其一，首次发现西周社祭建筑遗存。本次发掘的夯土基址与凤雏基址相距仅数十米，为两座独立的夯土建筑基址。其中，一座平面呈"回"字形，东西宽约 56 米、南北长约 47 米，总面积约 2600 平方米，是目前所见规模最大的西周时期单体建筑；

中部有一长方形院落，东西宽27.6米、南北长25.7米，也是迄今所见规模最大的西周单体院落。尤为重要的是，在院落中部发现了社祭遗存，其主体部分是一巨型社主石，上部已残，仅存基座，埋入地下部分达1.68米；社主石的正南方是一方形石坛，东西宽4.2米、南北长4.6米，系用自然石块垒砌而成。在社主石和坛的东侧则发现多座祭祀坑。另一座呈长方形，位于前者的东南侧，东西宽10.4米、南北长17米。初步判断，两建筑从西周早期一直使用到西周中期。

其二，发现一座埋有以往罕见的青铜轮牙马车的车马坑。该坑位于上述建筑基址南侧约50米处，坑长4.3米，宽3.2米，内埋一车，推测驾四马。局部清理发现车轮外一周之牙为青铜浇铸而成，分为四节，测算轮径约1.6米。车軎、车辖、衡饰均镶嵌有绿松石，以往所罕见，可谓迄今为止发现的西周时期最为豪华的车，为西周车制研究提供了全新的资料。

其三，墓葬区发掘成果丰硕。共清理西周时期中小型竖穴土坑墓25座，出土各类文物百余件组，根据墓葬特征及随葬品组合判断，为一处殷遗民墓地。其中以M11规模最大，保存最为完整，出土文物最多。

该墓口长3.7米、宽2米，墓口距离地表1.3米，墓室填土中包含有大量自然石块，是一座非常罕见的西周积石墓。葬具为一椁两棺，外棺髹黑漆，而内棺髹红漆。墓室西侧发现头箱一个，随葬品即集中堆放在头箱中，其中包括铜容器17件和陶器、原始瓷器20余件，器物特征表明该墓时代约在西周早中期之际。铜容器中包括圆鼎6、方鼎1、簋2、爵2、尊1、牛形尊1、觯1、卣1和斗1件，多件铜器上发现铭文。根据铭文判断墓主人名昔鸡。这是新中国成立以来周原遗址出土青铜容器最多的墓葬之一，也是周原地区近数十年

来墓主可考的少量墓葬之一。

总之，通过本年度的工作，初步揭示了周原遗址单个居邑的基本形态，对深入研究周原遗址的聚落形态具有重要的示范意义。社祭遗存的发现，更为社祭这种国家祀典提供了确凿的考古学证据，为深入阐释周文化作为中国传统文化重要源头提供了关键依据。

（王占奎　雷兴山　宋江宁）

【西安市长安区西周时期丰京遗址】

发掘时间：2014年1～11月

工作单位：中国社会科学院考古研究所陕西第三工作队

本年度对丰京遗址开展了大面积考古勘探和曹寨西河道的发掘工作。丰京遗址此次勘探面积约16.7万平方米，共发现灰坑115个，其中有108个为西周灰坑；晚期坑155个；墓葬214座，其中有15座西周墓；西周水井3眼；晚期陶窑2座。并对曹寨西河道进行了发掘。共布探沟4个，发掘面积213平方米。出土了陶器、骨器和石器等。

通过钻探和发掘，确定曹寨西河道方向为东南—西北走向，东引自沣河，西连大原村西的灵沼河。东西河底海拔高差约1.2米；沙层厚度东薄西厚。河道的宽度为11.75米～15.84米；最深为1.4米～2.95米。根据地层关系和出土物，该河道形成年代当在西周晚期以前，西周晚期开始出现断流现象，以致逐渐废弃。汉代时，局部地区存在低洼地或封闭的水面。汉代以后被填平。根据河道结构、地形地貌以及河道周边遗迹分布状况，河道为人工建造的可能性较大。该河道横贯丰京遗址中部，其东北约100米还有一个西周时期人工水面——曹寨水面。根据丰京遗址先周文化遗存分布情况看，文王所建的丰京很可能就在郿鄂岭以南、此河道以北、灵沼河以东和沣河以西这一四面环水的区域。

随着武王都镐和人口增加等原因，河道逐渐被废弃，丰京遗址的范围也逐渐扩大。以上资料为重新认识和研究丰京遗址聚落布局演变过程提供了重要线索。

（付仲杨 徐良高）

【泾阳县太平堡西周至明清遗址】

发掘时间：2014 年 4～12 月

工作单位：陕西省考古研究院

太平堡遗址位于泾阳县太平镇北约 100 米，东邻泾河沟。遗址东西长 2000 余米，南北宽 50 米～80 米。本年度共发掘灰坑 52 个、沟 2 条、西周至明清墓葬 369 座，并出土大量文物。根据发掘遗迹的性质，将遗址分为四区：东部遗址区、墓葬一区、墓葬二区、墓葬三区。

遗址区东邻泾河，遗迹有灰坑、沟等，出土物多为陶鬲、盆等残片，应为西周时期。

墓葬一区、二区的墓葬多属西周时期，墓葬分布密集，方向为东西向，部分有熟土二层台、腰坑等；葬式有仰身直肢葬、屈肢葬等，部分有断足现象；随葬品有陶器、玉器等，陶器多为鬲、罐、豆等组合。两区发现有 3 个殉马坑，其中 K1 东西长 3.1 米、西宽 2.7 米、东宽 2.6 米、深 3.2 米。坑内葬有 2 匹马、1 只狗，出土 2 个青铜车軎；马头向东。

墓葬三区为汉代至明清时期墓葬，以唐墓居多，随葬有瓷器、陶器、玉器、陶俑等。M68 由墓道、5 个过洞、5 个天井、甬道、墓室组成，全长约 35 米、深 10.05 米。上有封土，直径约 30 米。墓葬四周有围沟。在墓道两侧保存有较为完整的壁画，绘制有凤鸟、侍者、牵马人、列戟等。

太平堡遗址的发掘，为研究泾河流域商、周时期的聚落分布、文化属性提供了重要实物资料，同时对研究该地区汉、唐时期墓葬形制、器物特征、埋葬制度等具有重要意义。

（刘呆运）

【华县东阳周代墓地】

发掘时间：2014 年 3～9 月

工作单位：陕西省考古研究院

东阳墓地位于渭南市华县高塘镇东阳村，本年度发掘面积 1500 平方米，发现有墓葬、灰坑、房址等共 115 处。

墓葬共 45 座，其中 M30 为西周中期竖穴土圹墓，出土有铜鼎、铜铃、铜泡等。M3 为竖穴土圹式，葬具一棺一椁，墓主头向西，仰身屈肢，出土有铜铃、石圭、铜鼎、铜饰件、骨串饰、石球、陶球等，从形制和出土物判断，应为春秋早中期秦墓。灰坑可明确年代的共 36 个，其中 26 个为西周早期。另外，发现的 RG1 与西周墓群西南界关系较大，填埋有完整动物骨骼。房址 2 座，均为半地穴式，形状不规则。

地面经料姜石处理，从出土物判断，应为西周偏早期。

此次发掘为研究关中东部地区西周方国或封邑居民族属、秦文化东渐起始时间等问题提供了材料支撑。

（许卫红）

【宜川县虫坪塬周代墓地】

发掘时间：2014 年 5～10 月

工作单位：陕西省考古研究院

虫坪塬墓地位于宜川县城西南 10 千米处的丹州镇虫坪塬村。墓地面积约 14 万平方米，根据墓葬分布及地势情况，可将墓地划分为北、中、南三区。本年度的发掘工作主要在北区进行。共清理墓葬 23 座、车马坑 1 个以及与墓葬年代相近的灰坑（沟）遗迹 5 处。出土遗物有铜器、玉器、陶器、泥质明器（略经烘烤未烧结）、贝、石器、玛瑙等 100 余件（组）。

墓葬均为长方形竖穴土圹墓，多数东

西向，极少数南北向。墓室一般口小底大，棺椁外有熟土二层台，其中一座有生土二层台且有殉葬动物的腰坑。葬具有一椁一棺和一棺两种。墓主头朝东或朝北，多数仰身直肢，少数为屈肢葬。

墓葬内的随葬品数量差别较大。规模最大的M17，棺椁内的随葬品虽被盗掘一空，但二层台上仍有大量的铜鱼、石坠、铜铃等装饰物。小型墓随葬品较少，仅个别墓葬出土铜戈、削刀或陶器，多数只随葬诸如玉玦之类的小饰件和泥质明器。此外，多数墓内还发现有幼年羊或猪的前肢骨骼。

小型墓中少见陶器，和梁带村小型墓一致，中型墓M17的椁上置木质框架，上覆织物，下悬铜鱼、石坠及铜铃等饰件的做法，与梁带村大、中型墓的情况类似。同时，鬲、罐、豆、盆的陶器组合也是西周晚期至春秋早期墓葬中最为常见的组合方式。初步认为虫坪塬墓地的年代大致处于两周之际，晚至春秋早期。

另一重要发现是葬于M17的车马坑（K1）。K1为长方形竖穴土坑，东西长7.1米，南北宽3.0米，深2.7米，方向110°，坑内放置两辆车，各驾两匹马。两车前后排列，均东向，舆在西。东边为一号车，通身漆髹赭色，部分构件表面有漆绘夔纹。车衡缚轭上装有銮铃，车轴两端装有铜质辖軎，车舆前侧外缘镶有方形玉片。辕两侧驾马除腹部配有装饰铜片的革或布质带外，还发现套于马头上的两幅青铜马胄。马胄是薄铜片缀合而成，铜片下衬一层麻布，其下再衬一竹编笼状物，用以保护马面。西边二号车的车舆和驾马均无装饰，两匹驾马被盗扰破坏严重。

虫坪塬墓地位于陕北高原东南端，地处关中平原向陕北高原的过渡地带，南距韩城梁带村芮国墓地仅百余公里，东与晋文化核心分布区隔黄河而望，处于三个区域的交汇地点。

车马坑的存在，表明该坑所葬墓主的身份地位高，以该墓为核心的墓地等级也高。陕北高原车马坑的首次发现，也为两周马车的时空分布研究提供了新的考古材料。而一号车的结构完整、装饰繁复，保存较好的两副青铜马胄，更是研究古代驾马防护装具的重要实物资料。

本次考古发掘工作，填补了黄河西岸延安东部区域商周时期遗址的考古发掘空白，为研究两周时期的周文化、北方少数民族文化及晋文化等因素在该区域的交流，以及探讨陕北高原南缘区域两周时期的考古学文化面貌等提供了新资料。

（丁　岩）

【洛南县西寺东周墓群】

发掘时间：2014年10～12月

工作单位：陕西省考古研究院

西寺墓群位于洛南县城关镇西寺村西北的冀塬上，面积约8万平方米。1982年首次发现，2003年公布为第四批陕西省文物保护单位。1982年、2000年和2011年曾进行过三次抢救性发掘。由于西寺墓群西部一砖厂长期取土形成了断崖，我院会同当地文物机构对该村砖厂断面暴露和坍塌的墓葬及周边可能坍塌区域进行了抢救性发掘。

已发掘墓葬5座。2座破坏严重，仅剩部分墓穴，另外2座保存较差，仅剩部分棺木、器物。形制最大，保存最好的1座墓葬编号为LXM1（简称M1）。

M1为单棺单椁竖穴土坑墓，东西长4.1米，南北宽3米。由于当地特殊的地理环境，M1棺椁保存甚好，墓室用青膏泥封闭。椁木四角、中间存在榫卯结构。M1虽经盗扰，但出土器物丰富，除了陶器以外，还有铜鼎、铜剑、铜戈、铜矛、铜镞及玉璋、玉环、玉璧、木梳等。其中，铜剑的木质剑鞘漆皮保存较为完整，极为罕见。此外，在墓室底部发现有彩绘痕迹。

从出土器物形制看，M1 时代当为春秋战国，其他信息尚待进一步研究。

洛南西寺墓群的发掘对研究春秋战国时期秦晋版图分界、军事布局有重要意义。

（杨武站）

【丹凤县商邑东周遗址】

发掘时间：2014 年 4 ~ 9 月

工作单位：陕西省考古研究院

商邑遗址位于丹凤县城西 2.5 千米处的古城村附近，是战国时期秦国著名的政治家、改革家商鞅的封邑，1979 年考古调查首次发现，1992 年公布为陕西省第三批重点文物保护单位。该项目发掘面积约 10000 平方米，清理城墙、环壕、灰坑等遗迹 3 处，春秋战国墓葬 16 座，近代墓葬 3 座，遗迹均开口于近现代堆积之下。

在此次发掘区的中心位置，发现有城墙与环壕遗迹，环壕位于城墙以东 3 米 ~ 4 米处，与城墙平行，呈南北走向。由于多次平整土地影响，城墙遭到严重破坏，仅残存底部。城墙宽约 10 米，夯层厚度约 10 厘米，夯窝比较明显，城墙内夹杂有为数不少的瓦片和少量的铜镞等遗物。环壕宽约 17 米，横剖面呈 U 字形，底部发现有 40 厘米 ~ 50 厘米厚的青膏泥，同样夹杂有瓦片和少量铜镞等遗物。

本次发现的 16 座早期墓葬均为小型楚墓，集中分布在护城河以东区域。此次发现的墓葬均为竖穴土坑墓，近似东西向的墓葬有 11 座，近似南北向的 5 座，皆为仰身直肢葬，有棺，墓葬底部有青膏泥，随葬品有铁剑，陶豆、敦、壶、鼎、、罐、甂等。人骨、棺木、随葬陶器皆保存极差，大部分墓葬仅存人骨、棺木痕迹，陶器陶质极差，破碎度较高。城墙、环壕中出土有大量板瓦、筒瓦残片，这些瓦片符合春秋战国时代瓦片的典型特征，年代相对较为明确。这些楚墓的人骨虽然保存极差，但仍可看出其不同于秦人屈肢葬的仰身直

肢葬，随葬品为典型楚式风格，其时代为春秋到战国之间。

商邑遗址的再次发掘有助于进一步了解商邑遗址的布局、文化内涵。

（闫毓民）

【宝鸡市太公庙秦公陵区与秦平阳城址】

发掘时间：2014 年 1 ~ 12 月

工作单位：陕西省考古研究院

继上年度太公庙取得重要发现之后，今年除对重点区域进行考古勘探之外，还进行了大规模考古调查。太公庙以东至双碌碡村之间为秦遗址区，疑与城址或平民聚落有关。在此区域勘探出东周时期小型墓葬群，已探明墓葬 84 座，分布密集，当为秦国人墓地。前期考古调查工作是考古勘探的基础，本年度以太公庙与宁王村之间为调查范围，发现多处相关墓葬和聚落遗存，之后将通过勘探工作进一步验证与确认。围绕太公庙已发现的秦公陵园线索向周边扩大勘探范围，未发现新的大墓、车马坑与兆沟线索。按文献记载，秦平阳城陵园共葬四位秦公，即武公、德公、宣公和成公。秦当初选择平阳为"都"，但来自北原的大水往往冲毁其宫室，这是秦人始料未及的。因此，秦人才决定放弃"居下临高"的平阳而迁往北原。根据新发现的线索，下一步将扩大调查范围至陈仓北原以进一步寻找平阳城及其所属秦公陵园所在。

（田亚岐）

【凤翔县秦雍城遗址】

发掘时间：2014 年 1 ~ 12 月

工作单位：陕西省考古研究院

按照秦雍城年度工作计划，本年度完成了对整个城址区最西端，即凤虢公路以西约 3.4 平方千米的调查与 126 万平方米的考古勘探任务，勘探出各类遗迹包括西城墙、古河道、建筑基址、道路、古沟道、

墓葬、灰坑、古井等 252 处，其中发现有多处重大遗迹，如发现于西城墙外建造于雍水河上的堰塘遗址，是当时在确保正常泄洪的前提下，为达到提升雍水河水位高度，使其注入城中河道而建造的；在早年发现的朝寝遗址西侧又发现一处同期大型建筑；发现了西城墙的完整走向、墙体夯筑结构及门址线索。随着今年田野工作的收尾，为期三年的整个城址区全面考古调查任务也全部完成。并取得了以下重要收获。

1. 雍城城市布局顺应了自然地理环境，其主要文化遗存分布区与河流的依存关系明确，从而形成"顺河而建，沿河而居"的格局。河堤沿岸往往是沿河道路，同时城内各条陆路之间又有纵横交错的相互连接。调查发现当时临河而建的聚落形成多个相对集中的片区，"沿河而居"则方便地利用了城市聚落区自然抗洪及其向河中方便排水的功能，同时通过地下引水管网将河水引向城中各个区间，用于诸如作坊生产、聚落生活以及苑囿池沼用水等。

2. 从考古调查与勘探结果看，整个雍城城址区体现了由小到大、由东向西、由结构单一到复杂的发展过程。根据各区间遗存的早晚关系可以划分为三个时期。第一期位于整个城址区的东南部，即今瓦窑头村一带，面积不足 1 平方千米。这一期大型宫室建筑的附近还有中型建筑，应是王公与秦国贵族居所，与其邻近的则是相对集中的半地穴式居址，所包含的遗迹有大量生活灰坑和用于作坊生产的窑、井等设施，此当为平民聚落区。尽管使用各类不同等级的建筑者有贵贱与卑微之分，但之间没有相互隔离设施，所有人作为城内和谐共处的成员生活在同一个大聚落区域之内。第二期系秦雍城聚落发生结构变化最为明显时段，位于整个城址区的中部即今马家庄村一带，中心区面积约 3 平方千米，该区域所发现的主要文化遗存包括早年发掘出的马家庄秦宗庙遗址和另外几处

大型建筑遗址，新发现了高台建筑以及按照"后市前朝"而设的"市场"等，这些遗存均被一条由自然河流与人工沟壕环绕，而在其外围又形成另外一重环壕，且多系在自然河流基础上的人工开凿，其涵盖范围约 7 平方千米。第三期即环围整个城址范围的城墙形成时期。从地层与类型学判断，有关文献关于"悼公二年，城雍"记载的可靠性，即秦国在置都雍城近 200 年之后才正式构筑城墙。历经上述三个时期，雍城已发展成为一座功能齐备，规模达 11 平方千米的大都市。

3. 在雍城城外西北侧发现了雍水河上的堰塘遗址，这是在确保正常泄洪的前提下，提升雍水河水位高度，使其注入城中河道。

4. 从雍城城市发展动态角度分析，雍城历经 300 年由南向北改扩建过程，城市再建区域不断被拓宽，多功能化逐步完善，以大型宫室群、贵族建筑群与平民聚居区三个层次结构所构成的城市聚落，以及手工业、市场、城内其他经济形态，以及雍城晚期近郊大型建筑区等，按照早晚关系可确定城市逐步扩大的区间即瓦窑头遗址区—马家庄遗址区—城墙出现之后的整个城址区。

（田亚岐）

【秦咸阳遗址】

发掘时间：2014 年 3~12 月

工作单位：陕西省考古研究院

遗址位于今咸阳市以东 15 千米，战国后期秦国都城遗址。本年度工作按照点、线、面三层次分级推进的工作计划，主要开展了调查、资料梳理和勘探等工作。调查以寻找咸阳城北区界域为目标，涉及地点约 182 处，发现陶窑 7 座、古桥 1 座、井 2 眼、古道路 4 条、灰坑 20 个、夯土建筑 15 处、墓葬 18 座、骨料堆积坑 2 个、沟渠 1 条。

沟渠遗迹位于现高干渠南约 200 米、略呈东西走向，明确长度约 2902 米。其北 70 米处有夯土台基 2 组，其南 86.5 米处有夯墙 1 条。墙与咸阳宫城东西道路平行，残长 197 米、宽 3.2 米～3.3 米。明确刘家沟有独立分布的大型夯土基址逾 17 处，最大者南北长 137 米、东西宽 25 米～28 米。清理宫殿核心区断崖边骨料坑 1 个，出土了大量半成品骨器及铁钱范、半两等遗物。此外，还对三义村"回民城"、灰渡村渭河北岸等地区进行了调查和普探。

资料梳理包括对以往资料的搜集、GIS 信息录入以及 RTK 测图、遗迹点标注等内容。

勘探工作以寻找咸阳城西界和城内宫殿区布局、各功能区的性质为目标，主要在冶家台村和胡家沟区域进行，共计完成面积约 168 万平方米。

冶家台村在海拔 420 米线以北、高干渠以南发现墓葬 1774 座，另有古道路等遗迹。墓葬结构包括竖穴土圹墓等多种形式。单墓道居多，仅见个别双墓道。墓向多为东、西、南向。根据墓葬特点推断，集中分布于道路北侧约 1100 余座的墓葬属于战国秦墓。

胡家沟发现遗迹现象 252 处，包括建筑基址 5 处，夯土基址 3 处，墙址 5 段。最大的一组建筑基址长约 217 米，宽约 63 米。墙体均呈东西向分布，最长达 467 米，宽约 2 米～3 米，目前难以闭合，推测系建筑基址的外围墙。据《水经注》渭水载：成国渠"又东迳渭城北，又东迳长陵南"，本次调查所见沟渠遗迹与成国渠地望相符，为咸阳城北界所在提供了参照。冶家台村墓区应是目前咸阳周边已知最大一处秦平民墓地。刘家沟、胡家沟大型建筑基址与"秦咸阳宫"的关系仍需要做进一步的探讨。

（许卫红）

【西安市临潼区秦东陵遗址】
发掘时间：2014 年 9～12 月
工作单位：陕西省考古研究院

本年度，发掘了位于秦东陵四号陵园东南部的建筑遗址与附葬坑，发掘总面积 1000 平方米。

建筑遗址位于一座新发现的"中"字形墓葬南侧，残存平面呈"凹"字形，北侧因平整土地破坏不存。"凹"字型建筑遗址东西长 55 米、南北宽 40.5 米，总面积达 2230 平方米。夯土墙开口于地表下 1 米，墙体宽 4.8 米，基础宽 5.7 米，残存部分墙体高 0.16 米。墙体两侧发现有瓦片与瓦当堆积，瓦片有外绳纹、内麻点纹的板瓦、筒瓦，外绳纹、内布纹的筒瓦，瓦当有四面分割的鹿纹、四叶纹、云纹等。墙体围就区域内发现多处直径达 1.6 米的柱洞。长方形附葬坑位于"中"字形墓东墓道南侧，长 15.9 米、宽 5.4 米、深 4.42 米，口大底小。坑体被 3 座唐墓打破，在坑内发现盗洞 5 个，填土内发现少量马骨，坑底有车迹与马骨遗存。

建筑遗址的发掘是本年度秦东陵考古的一项重要收获，其原始结构应为四面夯土墙围就的长方形，墙体两侧有廊房类建筑。这一建筑时代与墓葬同为战国晚期，当为"中"字形墓葬的享堂类礼制建筑，是战国秦贵族墓葬礼制建筑遗存的重要发现，为研究秦公帝王陵园礼制建筑的发展演变提供了重要资料。

（孙伟刚）

【西安市临潼区秦始皇帝陵一号兵马俑坑陪葬坑】
发掘时间：2014 年 3～11 月
工作单位：秦始皇帝陵博物院

本年度的发掘工作主要集中在一号坑 T23 方 G8、G11 两个过洞，面积 200 平方米，两个过洞新清理陶俑 22 件，提取陶俑 80 件，共清理提取小件 210 件，计有箭镞

190 件（组）、青铜剑 1、矛 2、铜镞 2、车马器 10 件。共清理重要遗迹 40 处，其中清理弓弩 12、韬 10、箭箙 14、木柲 6 处。文物保护修复，除常规保护外，移交文保部彩绘陶俑残片 10 批，共 220 片及脆弱遗迹模块多块，并接收保护彩绘陶片 160 余件。拼对完整陶俑 41 件，移交文保部修复 30 件，接收文保部修复完成陶俑 31 件。分析检测，继续与陕西天锐科技股份公司合作利用三维扫描技术对发掘现场和修复好的陶俑进行了资料提取。继续与西北大学合作进行重要标本的检测分析。今年共提供标本 4 批 52 例，标本选取范围包括：弓弦、兵器柄、焊泥等各类文物标本。资料整理，发掘记录 60 份，绘制图纸 30 余张，并对遗迹总分布和俑坑总平面图多次进行补充修改。照相 3000 份，录像 4 份，完成了 51 件陶俑，96 处重要遗迹的整理工作，全部录入存档，为下一步报告的编写提供了有利的条件。

主要收获有：1. 秦俑装备，青铜剑是每个陶俑的必备武器，右臂前曲，右手半握拳，为持长兵器俑；右臂自然下垂，右手半握拳，拇指跷起，为持弓弩俑。两者只取其一，即持长兵器者不持弓弩，持弓弩者不持长兵器。2. 陶俑排列，在 T23 方的西端，G11 过洞出土 6 个军吏俑，其造型、装备、面向均与其他陶俑不同，应是军阵中一群组合的结束，和另外一群组合的开始点。3. 陶俑制造，发现许多陶俑有修补痕迹，说明在埋藏之前他们就有一些缺陷，对秦代的标准化和物勒工名制度有了新的理解。

（申茂盛　刘春华　李卓　扈晓梅　肖卫国）

【咸阳市东大寨村秦代及明清遗址】
发掘时间：2014 年 6~8 月
工作单位：陕西省考古研究院

东大寨村遗址位于咸阳市渭城区窑店镇东大寨村南，本年度发掘面积共 600 平方米，发现有道路、陶窑、灰坑等。

道路 5 条，其中 L5 南北残长 272 米、东西宽约 2.75 米、踩踏面厚 0.3 米，L4 路面有车辙痕迹。出土有顺治通宝、黑釉瓷瓶、青花瓷片等，初步判断为明清时期遗迹。

陶窑 2 座，窑室相对，均为半地穴式，其中 Y1 坐北朝南，总长 9.4 米，由通道、窑门、火膛、窑室、烟道等部分组成，窑室平面呈正方形，西北角残留纵向立砖砌成的火道，火膛处残留砖坯砌成的窑算。根据陶窑形制并结合层位判断为明清时期遗存。

灰坑 12 个，有圆形、椭圆形、不规则形等，其中 5 个出土有陶罐、盆、釜、缶、云纹瓦当、葵纹瓦当、龙纹空心砖等，其年代应为秦。其他 7 座，出有白釉瓷碗、青花瓷片等，应为明清时期。

秦代灰坑的发现，对研究秦咸阳城周边聚落有重要参考意义，明清道路、陶窑的发现，对研究同时期这一区域的道路系统、手工业生产提供了材料。

（王志友）

【咸阳市张闫村汉代遗址】
发掘时间：2014 年 1~4 月
工作单位：陕西省考古研究院

张闫村遗址位于咸阳市渭城区正阳镇张闫村东北 10 米处，本年度对建设项目内的 2 座房址进行了发掘。

房址为南北 2 座，中部有一宽约 3.5 米的路面相隔。北侧房址大部分在现代建筑下，现存平面呈东西向分布，墙体夯筑，东西残宽 22.1 米、南北进深 6.0 米，墙宽 1.45 米，墙基深度 0.3 米~0.5 米。南侧房址略呈西北—东南向，在房址西侧发现了部分西墙、北墙以及房间隔墙的基础。根据柱洞排列情况初步推断房子应坐北朝南，房址大门应辟于正南，根据北侧残存的夯墙基础、夯窝等分析可能存在门塾。

从出土的板瓦、筒瓦特征等，推断 2 座房址的建筑年代应为西汉早期，与汉惠帝安陵时代相当。

以往研究汉代院落更多的是依赖画像砖石、汉代院落建筑明器以及壁画中的院落形象，而此次张旵村汉代遗址的发掘，为学界提供了一批重要的汉代民居实物资料。

（王 东）

【西安市北郊渭桥遗址】

发掘时间：2014 年 2～12 月

工作单位：陕西省考古研究院

渭桥遗址地处西安北郊汉长安城北侧，2012 年 4 月发现以来，渭桥考古队先后对位于厨城门之外的厨城门桥群（一号桥、三号桥、四号桥、五号桥）、洛城门之外的洛城门桥进行了抢救性发掘，获得了丰富的考古学资料，相关发现获得入选"2013 年度全国考古十大发现"，在社会上、学术界引起了持续关注。2014 年继续对渭桥遗址进行考古工作，计划通过考古勘探、发掘、调查，了解咸阳至西安地区不同时期渭桥的分布，研究不同时期长安城周边的交通路网，恢复秦汉以来这一区域渭河的走向，通过对西安地区渭河变迁史研究，对关中环境变迁的研究提供资料。

本年度发掘集中在厨城门桥群区域，包括 2012～2013 年度厨城门一号桥第一发掘点的南部及其以北 200 米处高铁征地范围、厨城门四号桥、五号桥发掘区等多个地点；对北三环以南厨城门桥群、草滩王家堡桥进行了考古勘探；调查了咸阳古渡公园、马家寨二处渭桥。主要收获如下：

1. 对绕城高速公路以南，西席村至唐家村以北南北向进村道路之间面积约 25 万平方米范围内的可探处，对汉长安城厨城门北的桥群进行考古钻探，了解了绕城高速公路以南厨城门一至五号桥的分布情况，在此范围内，存在厨城门一、四、五号桥，同时在一号桥与三号桥之间发现新的桥梁迹象。

2. 通过对 2012～2013 年厨城门一号桥发掘区南部的局部解剖清理，在一号桥废弃后的第七、八层清理沙层过程中，出土有铜、陶、铁、银、瓷各种质地的器物，以铜钱为主，900 多枚，以"半两""五铢""开元通宝""货泉""大泉五十"居多，另有宋、明、清不同时期钱币，其中多枚"乾隆通宝"及 1 枚"景兴通宝"铜钱的出土，再次确定该层的时代上限不超过清代。解剖处 2 块大型长方形的汉代石刻上分别发现朱雀与青龙、朱雀与白虎浅浮雕纹饰，该类图案为长安地区汉代石刻上的首次发现。

3. 对厨城门一号桥北端高铁动车运用所基建区域进行考古发掘，发掘面积 2000 平方米左右，初步清理出桥桩 9 排 97 根，桥桩顶部保存完整，直径 0.12 米～0.48 米。此处发掘确定了厨城门一号桥的北端，并在其南侧发现用竹片编织成筐并内填瓦、石、沙等组成的水工设施"埽"，借此得以确定当时的渭河北岸应位于此。在桥的东部卵石堆积中暴露出一条疑似古船构件的局部，填补了渭河考古发掘的空白。

4. 对厨城门五号桥 2013 年发掘清理的卵石桥墩以南的另一处卵石桥墩进行发掘，发掘面积 681 平方米，清理出以木板、圆木、卵石构筑的桥墩一处，东西长 29 米，南北最宽处 12 米，北半部被挖沙破坏。此处遗迹的性质有待进一步发掘确定，它的出土丰富了渭桥的形式或相关设施的内容。

经发掘确定，以厨城门一号桥为中心，在东西 600 米的范围内，已经发现存在 5 座大型渭河桥梁，如此高密度古代大型桥梁是考古学上第一次集中发现。

本年度的考古发掘，对于这一区域渭桥的认识进一步加深。根据碳十四的测年资料与出土现状，厨城门外古桥群很可能是文献所载的"中渭桥"，对古代桥梁史及汉、唐长安城的交通系统研究有重要价值；随着渭河北岸的确定以及在厨城门一号桥清理中发现的"康熙通宝"、"乾隆通宝"等清代遗物，与渭河变迁相关的一系列问题，就有了准确的地理坐标，对西安地区渭河变迁史及关中环境史的研究有重要价值。

（刘　瑞　焦南峰）

【淳化县西汉甘泉宫遗址】

发掘时间：2014 年 9～12 月
工作单位：陕西省考古研究院

甘泉宫遗址地处咸阳市淳化县北部，是秦直道起点，西汉时期的国家祭祀中心。2006 年被公布为第四批国家级文物保护单位。该遗址内涵丰富，保存状况较好。现存遗迹有外墙、门阙、大型建筑夯土台基、西门门址等。

外墙夯土，夯层清楚，残高 5 米，周长约 5668 米。外墙内及附近地表现存 8 处夯土台基及西汉石熊、石质柱础、宋代石鼓，西墙西南还发现石砌排水管道。历年来遗址内外采集多件石柱础、铺地砖、空心砖、筒瓦、板瓦、瓦当以及圆形、五角形陶质排水管道、五铢铜钱等遗物。据最新考古调查，遗址总面积超过 1000 万平方米。

20 世纪 80 年代郑洪春、姚生民等曾对其进行过考古调查，了解到甘泉宫外墙的范围及城内外遗址的大体分布。近几年中国国家博物馆、西北大学、陕西省考古研究院在调查关中地区秦汉时期离宫别馆时，曾对甘泉宫遗址做过短期调查。也有学者从大遗址保护、规划、展示方面做了积极有益的尝试。但是缺乏对整个遗址区的系统调查，亦缺乏现代化视野下甘泉宫遗址的全方位统筹考虑。此次考古工作以甘泉宫外墙内遗址为重点对象，通过扎实的田野考古工作，全面掌握外墙内遗址空间布局、范围结构、道路走向、排水管网以及 8 处夯土台基的功能；结合城外发现

的遗迹、遗物探讨遗址区的分布范围、功能区分、山前建筑的防洪设施、秦直道起点；联合地质学、历史地理学等学科对甘泉宫遗址周围黄土冲刷沟的形成及大交通概念下甘泉宫遗址的作用深入研究，了解其文化内涵和演变规律，对甘泉宫遗址的文化价值和保存情况作出科学全面的评估，为科学保护和合理利用提供基础资料和科学依据。

2014 年 9 月以来的考古调查，分为室内与室外两部分。室内工作任务是收集相关资料，为每个相关遗址建立一份资料档案。室外工作集中于甘泉宫外墙以外，主要目的为界定甘泉宫遗址的最远四至，为遗址的航拍、航测做准备，同时了解外墙外遗址的分布与内涵。截至目前考古调查已经覆盖面积 10 平方千米，发现 12 处同时代遗址，包含陶窑遗迹两处、夯土墙遗迹一处、墓葬封土或建筑台基 42 座。

此次调查，不仅初步明确了甘泉宫遗址的最远四至，掌握了墙外遗址的分布特点，也为探讨秦直道与甘泉宫的关系、山前宫殿建筑防洪设施及明年工作的开展等提供了有益的线索，对甘泉宫遗址本身内涵的判断也有帮助。

（肖健一）

【汉长安城安门及其北侧安门大街遗址】

发掘时间：2014 年 8 月 23 日～10 月 5 日
工作单位：中国社会科学院考古研究所汉
　　　　　长安城工作队

安门是汉长安城南城墙中间的一座城门。钻探和试掘表明，安门遗址已经被晚期遗存破坏殆尽，城门的准确位置和形制均难以判明。但安门东西两侧的城墙尚存，另在安门大街西缘向南的延长线以西约 75 米处发现了城墙内侧加宽部分的拐角，为确定安门的大致位置提供了线索。

城门北侧的安门大街保存较好，东西

宽约 85.2 米，大街的东、西两侧均有路沟。现存路土厚 5 厘米 ~ 10 厘米。路土下为路基，土质坚硬，内含少量瓦片，厚约 10 厘米。路基下为生土。路沟断面为倒梯形，东侧路沟宽约 8.36 米，西侧路沟宽约 6 米，沟内堆积为淤土，西侧路沟淤土内含少量瓦片，东侧路沟淤土中含有较多几何形花纹方砖残块，出土砖瓦的时代为西汉时期。

安门大街的东西边缘向南延伸，与城墙相交处的中间部分应是安门的位置。

（刘振东 徐龙国 张建锋）

【汉长安城西安门外城壕遗址】

试掘时间：2014 年 5 月 29 日 ~ 7 月 10 日
工作单位：中国社会科学院考古研究所汉长安城工作队

据钻探，汉长安城的南城壕基本与南城墙平行，呈东西走向，在西安门外，城壕的北岸向南弯曲，城壕明显变窄。为了解南城壕的结构，选择在西安门外进行了试掘，试掘面积 135 平方米。

试掘揭示出这段城壕的北岸和深度等信息。城壕北岸北距西安门东门道南缘约 76 米，呈斜坡状，局部有二层台。二层台之下的城壕壁基本斜直，坡度约为 70°。城壕口部至底部深约 6.80 米。城壕内的堆积分为早晚两期。二层台以下部分为早期，淤土中包含汉代砖、瓦残片，应属西汉时期；二层台以上部分属于汉代以后的堆积。早期堆积中发现了两根木柱，南北排列，相距仅 5 厘米。其中南部一根较粗，残存长约 4.85 米，断面圆形，直径 30 厘米 ~50 厘米；北部一根较细，仅存柱洞，高约 1.40 米，柱洞断面亦呈圆形，直径约 30 厘米。试掘出土了宋代瓷片和汉代砖瓦、五铢钱、小铜泡以及一些水生动物遗壳。

这次试掘虽然没有找到城壕的南岸，但据整体钻探资料知道附近深度相似的城

壕宽 35 米 ~60 米。

推测试掘所见较深城壕属于西汉时期，城壕或者同时兼作漕渠使用。至于隋唐时期的漕渠是否也利用了汉代的城壕，还需进行更多的工作来解决。

（徐龙国 张建锋 刘振东）

【汉长安城章城门遗址】

试掘时间：2014 年 9 月 24 日 ~10 月 23 日
工作单位：中国社会科学院考古研究所汉长安城工作队

章城门是汉长安城西城墙南部的一座城门。根据钻探，城门南北两侧城墙宽度为 23 米 ~ 25 米，比西城墙的一般宽度（约 16 米）多出 8 米左右。试掘表明，城墙夯筑而成，现存厚约 1 米，夯层厚 7.5 厘米 ~10 厘米，夯窝呈圆形，直径约 7 厘米，深 0.1 厘米 ~ 0.2 厘米。夯土底部平铺一层汉代砖、瓦碎块，厚约 5 厘米。

试掘发现了一个门道，仅存南部约 5 米宽，北部已被破坏。门道地面系在夯土上长期踩踏形成，有多次铺垫的痕迹，显得凹凸不平，并被火烧成了一个硬面。出土遗物有汉代夯土块、砖瓦残块、草泥块等。

和其他城门一样，章城门原来应有三个门道，但由于破坏严重，现仅存一个门道的残部。钻探确认了城门南北城墙内侧加宽部分长约 167.7 米，南端距发现的门道南缘 67 米多。根据门道位于城墙加宽部分中部的一般认识，这次发现的门道应为南门道，三个门道总宽应有 32 米。据此推断，章城门总宽约 32 米，每个门道宽约 8 米，门道之间的隔墙宽约 4 米。

通过这次考古工作，加深了对汉长安城城墙结构的认识，确认了章城门的位置，搞清了章城门与未央宫的西宫门并不直对，而是南北错开了一段距离。

（张建锋 刘振东 徐龙国）

【高陵县朝李村西汉墓群】

发掘时间：2014 年 7 ~ 12 月

工作单位：陕西省考古研究院

朝李村墓群位于高陵县崇黄镇朝李村东，本年度共清理墓葬 63 座，多为西汉早中期，个别为秦或唐宋墓葬。

汉墓以竖穴墓道土洞墓为主，另有少量长方形竖穴土坑墓。出土各类文物共 64 件，以陶器为主，器型有罐、壶、钫、盒、灶、釜、鼎等，还有铜镜、金质饰品、铜钱等，此外还有一定数量的彩绘陶器。

此次发掘对了解该地区西汉早中期墓葬的分布范围、形制特点、性质内涵等方面提供了考古资料。

（曹　龙）

【西安市灞桥区贺韶村汉代墓群】

发掘时间：2014 年 5 ~ 8 月

工作单位：陕西省考古研究院

贺韶村汉代墓群位于西安市灞桥区贺韶西村东侧、新筑街道办东南，共发掘墓葬 11 座，陶窑 1 座。

墓葬均为长斜坡墓道，砖封门。4 座为东西向，7 座为南北向。砖墓室结构有 3 种类型：第一种为土洞墓，2 座；第二种为砖券顶墓，6 座；第三种为穹隆顶与砖券顶相结合的墓，3 座。其中 5 座墓有前后室，5 座墓有耳室或侧室。墓葬出土器物主要有陶器、铜器、钱币等。陶器类型有罐、盘、杯、灶、壶、仓、甑、盆、勺等，陶塑动物有鸡、牛、羊、猪等，另有少量小陶俑。铜器主要有铜镜、小刀、环等。综合考察，这批墓葬的年代主要为两汉时期。

陶窑类型比较常见，主要由两部分组成，北边为操作间，南边为窑室，两者之间以窑门连通。窑室由火膛、窑床及位于后壁的 3 个烟道组成。青灰色的窑壁较厚，其残块上可看到麦草的痕迹。出土遗物主要为残瓦片及个别砖块，瓦片纹饰为外绳

纹内布纹。

（田有前）

【兴平县留位汉代墓地】

发掘时间：2014 年 4 ~ 12 月

工作单位：陕西省考古研究院

留位墓地位于兴平市南位镇留位村西南 1 千米处，地处汉武帝茂陵陵区西部，本年度发掘墓葬 21 座、陶窑 2 座、道路 1 条，出土各类文物 200 余件（组）。

墓葬时代从西汉晚期延续到唐代，其中汉墓 14 座、南北朝墓 5 座、唐墓 2 座。汉墓往往成组分布，一般由墓道、甬道、墓室、侧室等部分组成，部分墓室为前后室。墓道口部留有 2 ~ 3 级内收台阶，底部为斜坡状；甬道口部有砖封门；墓室多为砖室，由于盗扰及自然坍塌，顶部多已被破坏。出土器物有陶罐、壶、盘、案、井、灶及动物俑等。南北朝墓葬分布在发掘区中部，分布密集，排列有序，墓道均朝南。一般由墓道、墓室两部分组成，有些规模较大的带有过洞、天井，墓室均为单室，有些使用西汉中晚期的空心砖封门，墓室葬有多人，陪葬品极少。唐墓由墓道、墓室两部分组成，形制较小，随葬品较少。

陶窑由斜坡通道、操作间、火膛、窑室、烟囱等部分组成，时代为宋元时期，烧制的产品为砖、瓦等。

道路为茂陵西司马门道，发掘部分东距茂陵陵园陶灶 1.8 千米，道路宽 63 米，发掘长度 8.5 米。

留位墓地的发掘，为了解这批古墓葬的形制结构、内涵、时代提供了实物资料，同时对研究茂陵陵区的时代变迁具有重要意义。

（马永赢）

【咸阳市北贺村汉代墓群】

发掘时间：2014 年 6 ~ 10 月

工作单位：陕西省考古研究院

北贺村汉墓群位于咸阳市底张镇北贺

村西，为普洛斯空港国际航空枢纽基地建设项目。

此次发掘，共清理墓葬 15 座，均为西汉晚期至东汉时期。其中，13 座砖室墓、2 座土洞室墓，均为斜坡墓道、多墓室。出土物总计 211 件，多出自土洞墓中。器物以陶器为主，有仿铜陶礼器、模型明器、实用器及俑类等，其中仿铜陶礼器有陶鼎、壶等，模型明器有陶井、灶、案、仓等，实用器有陶罐、勺、碟、碗、钵等，俑类有陶猪、狗、鸡。此外，还有少量铜镜、铜钱、铜指环、石、手握、孔塞等。

此处汉墓集中分布于 4 个区域，每个区域墓葬方向基本一致，形制也较为接近。结合出土器物，初步判断为西汉晚期至东汉时期的家族墓葬群。本次考古发掘为研究汉代丧葬习俗、墓葬制度等提供了翔实的实物资料。

（肖健一）

【咸阳市陶家村南北朝时期墓群】

发掘时间：2014 年 4 ~ 7 月

工作单位：陕西省考古研究院、渭城区文物旅游局

在西安国际美术城建设工程前期，我院与渭城区文物旅游局联合组队，对咸阳市渭城区底张镇陶家村南建设用地范围内的相关遗迹进行了清理。

通过发掘，发现墓葬 16 座，窑址 5 座，出土文物 30 余件。这些墓葬中，12 座墓葬均为南北方向，墓道在南，墓室在北，形制都为长斜坡墓道，墓室近方形，布局规律，应该为家族墓地。多数墓葬发现多副人骨，人骨有的较为完整，有的凌乱、残缺不全。墓葬多数无随葬品，仅出土 2 件陶罐、2 枚铜钱。从墓葬形制、出土陶器看，墓地时代应为南北朝。

南北朝时期墓葬的发现，为研究当时的丧葬习俗、墓葬制度等提供了较翔实的实物资料。明清窑址的发掘，对研究同时期的手工业生产等提供了一定的实物资料。

（肖健一）

【统万城遗址】

发掘时间：2014 年 5 ~ 11 月

工作单位：陕西省考古研究院

今年统万城的考古工作主要有发掘和钻探两项。

一是发掘西城西门遗址。面积约 600 平方米。西门，进深 20.60 米，单门洞结构，门道宽 6.5 米，长 19.5 米，门道西部底部宽 3.9 米，门道底部夯土厚 0.8 米 ~ 1.2 米，内含砂石。门道南北两侧各有一排 15 个柱洞，有圆形与六边形，六边形柱洞 6 个，直径 26 厘米 ~ 45 厘米，圆形 9 个，直径约 20 厘米，两边柱洞自下而上侧向门道中央。柱洞一半在夯土内。柱洞底部有东西向横木，长 14.75 米，宽 0.25 米，高 0.20 米。门道伸向城内及瓮城部分两侧均有凸出的夯土台，用以加固城门，南侧宽 6.8 米，北侧宽 7.3 米。基础凸出夯土台 0.50 米 ~ 1.30 米。门道中部南北各有一个似为门墩被移走后留下的方坑，两坑之间亦有一似顶门石被移走后留下的方坑。门道内有唐代东西向排水渠，并有四个柱础石。从唐至蒙元，西门门道内均有人为利用南北两侧夯土及废弃建筑材料搭建住屋的迹象。西门内发现唐代灰坑、井，并多有打破夯土的情况，其中一个灰坑内出土石 460 枚，石刻残件多件。

从地层堆积看，唐代西门瓮城废弃后，西门内侧人为修筑夯土，隔断城内与瓮城的联系。西门的发掘，使我们对统万城整体防御体系有了更深的了解，同时为西城城市布局及历代沿用状况的研究提供了新的资料。

二是对西城中东部、南部，东城西南部进行了全面钻探，并对西城城垣宽度、深度进行卡钻，钻探面积 15 万平方米。共发现遗迹 120 处，其中夯土建筑基址 39 处、

井 74 眼、活土坑一个、路土 6 处。值得注意的是发现了疑似西城东门遗址迹象。通过钻探使对统万城西城布局有了更深的了解。

（邢福来）

【唐代帝陵】

发掘时间：2014 年 4 ~ 10 月

工作单位：陕西省考古研究院

根据"唐代帝陵大遗址保护项目"总体规划和 2014 年度工作计划，本着"以深入调查、全面勘探、精确测绘为主，小面积发掘为辅，全面获取遗址信息"的工作思路，唐陵考古队分别对唐敬宗庄陵、唐太祖永康陵、唐代宗元陵、唐懿宗简陵进行了考古工作。目的在于通过本次工作全面了解这几座陵园的基本布局以及陪葬墓、陵园石刻和相关遗迹的分布及保存现状，为保护范围的划定和保护规划的制定提供翔实的资料，进一步推进了唐代帝陵陵寝制度的研究。

本年度的考古工作分为遗址考古发掘、陵园石刻清理、陵园全面勘探等三个部分。遗址发掘方面主要对庄陵西侧蕃酋殿遗址进行了全面的发掘揭露，该建筑地上部分已经完全损毁，只保留基础部分，基础为夯土结构，平面呈曲尺形，面积约 200 平方米。遗址内共出土了 6 件蕃酋像，其中 4 件保存身躯部分。出土遗物以各种建筑材料为主，包括条砖、筒瓦、板瓦、瓦当以及鸱尾残块等。

庄陵石刻因人为原因破坏严重，神道地面的 5 件石人头部均被损坏，本次考古工作在神道两侧共清理出 11 件石人，其中有 7 件头部完整。永康陵地面现存 2 件石刻，为西侧的天禄和华表，本次工作在地下清理出 8 件（组）石刻，包含华表、天禄、仗马等。

在对唐简陵、唐元陵陵园勘探工作中，采用大面积普探和重点区域详探相结合、详细记录、绘制探孔的柱状剖面图和遗迹的纵横钻探剖面图、全站仪跟踪测绘等方法，有效地提高了钻探的精确度。勘探发现唐元陵陵园平面略呈方形，其垣墙依山势夯筑而成，垣墙四面开辟门址，四角修建有角阙。详探发现乳阙、鹊台基础均为梯形，与盛唐时期的三出阙基址形制存在明显区别。唐简陵的勘探工作则探明了陵园城墙的走势和范围、四门门址的位置和形制，搞清楚了蕃酋殿的形制、神道石刻的分布位置、下宫遗址及鹊台的位置等重要信息。

经过一年的工作，唐代帝陵各个工地的田野考古工作基本结束，取得了一些重要收获：（1）对庄陵西侧蕃酋殿的发掘，使我们对于唐陵此类建筑的特征、形制有了进一步的了解和认识，并且为研究中晚唐时期帝王陵墓制度的变化提供了新的资料。（2）永康陵是唐高祖李渊祖父李虎的陵墓，通过本次发掘摸清了永康陵石刻配置的完整信息，对于研究唐代帝陵营建思路的产生和演变有着重要的考古学意义。（3）开展勘探工作的唐元陵和简陵，已经摸清了陵园范围和建筑布局，并且制作了陵园整体地图，为下一步考古发掘和保护规划的制定提供了翔实的依据。

（张建林）

【高陵县桑家村唐墓】

发掘时间：2014 年 7 ~ 9 月

工作单位：陕西省考古研究院

西部物流项目位于西安市高陵县崇黄乡桑家村东、桑军路旁，本年度我院对建设用地范围内的 1 座唐墓（M1）进行了清理。

M1 平面呈"甲"字形，总长 22.8 米，由墓道、天井、过洞、甬道、墓室等组成。墓道两侧壁面上均有用白灰涂抹的白灰面，表面局部残存有少量的壁画遗迹，保存情况极差，大部分已经脱落，无法辨识内容。

天井 4 个，平面呈长方形。在第二及第三天井内墓道壁两侧，各有一对壁龛。第二天井下东、西侧壁龛均出有骑马彩绘俑，分别为 9 件和 4 件。在 3 号过洞下两侧亦各有一壁龛，均被盗扰，封门无存，内无遗物。在甬道内清理出墓志及墓志盖各一方，并有一件青瓷碗残片。

墓室平面呈长方形，盗扰严重，葬具、人骨等均已不存。墓室周壁残留有极少壁画痕迹。

从出土墓志可知，墓主姓武，名太，字良，为唐武则天时期定州高唐县令，被授予从二品柱国的勋级。该墓主身份较低但墓葬形制规格较高这一现象，对于研究高陵地区唐代葬制等有着重要的意义。

（曹　龙）

【西安市长安区茅坡唐墓】

发掘时间：2014 年 8 ~ 12 月

工作单位：陕西省考古研究院

茅坡汉唐墓群位于西安市长安区茅坡村西北、陕西师范大学长安校区北侧。本年度，发掘墓葬 27 座，出土器物 200 余件（组）。墓葬以唐墓为主，多为带斜坡墓道的刀把形墓葬，也有个别甲字形墓和竖穴墓道的洞室墓。

其中，M247 为带 2 个天井的长斜坡墓道洞室墓，刀把形。两道封门，外侧为砖封门，内侧为木封门，木门已朽，残留铁门锁一副。墓室西侧为砖砌棺床，棺木、人骨均未发现。东侧保存有 5 个陶罐，10 个陶俑。在墓室口，有石墓志 1 合，其年代为开元十九年。墓室四壁的下部，残留有白色和红色的涂绘痕迹。M249 为带 1 个天井的斜坡墓道的甲字形墓，南北向。墓室呈东西长方形，北部为土棺床。棺床上残存淤土约 30 厘米，其上为棺木痕迹。出土铁铺首 2 件，瓷器 5 件，包括 1 件莲花罐、2 件瓷壶、2 件小瓷碗，青瓷莲花罐具有北朝时期的风格。

通过这次发掘，进一步丰富了茅坡村墓葬群的内涵，为研究唐长安城南郊中小型唐墓的分布范围、区域特征等提供了重要资料。

（王小蒙）

【西安市长安区郭庄唐韩休墓】

发掘时间：2014 年 3 月

工作单位：陕西省考古研究院、陕西历史博物馆、长安区文物局

唐韩休墓位于西安市长安区大兆街道办事处郭庄村村南 100 米处。该地在杜陵东南 2 千米的少陵原上。是唐代重要的墓葬区之一。

在该墓西侧有著名的韦氏家族墓、郭子仪家族墓、长孙无忌家族墓，该墓南侧为武惠妃敬陵，东侧为唐代宰相杜如晦家族墓葬。

2014 年 3 月，我院与陕西历史博物馆、长安区文物局联合组成郭庄唐墓考古队，对其进行抢救性发掘。

通过发掘可知，韩休墓为长斜坡墓道单室砖室墓，平面形制呈"刀把"形，坐北朝南，方向 175°。其南北水平总长 40 米 ~ 60 米，墓室底距现存地表深 10.15 米，墓葬开口距现存地表深 0.40 米 ~ 0.45 米。其结构由墓道、5 过洞、5 天井、6 壁龛、封门、甬道、墓室、棺床几部分组成。

墓道开口水平长 13.75 米，5 个天井南北长 1.80 米、东西宽 0.6 米左右。

其中在第二过洞至第四过洞下各有一对壁龛。第三过洞西龛出土骑马俑、侍女俑及动物俑 149 件，骑马俑及侍女俑做工精细，色彩鲜艳。

第五过洞下为甬道，甬道口为砖封门，内有石门，墓室口放置有两合墓志，为韩休和夫人柳氏各一合。

墓室壁画是主要的发现。墓室南壁绘侧面朱雀，画幅宽 217 厘米、高 200 厘米。

北壁西侧为玄武图。东侧为山水图，

用深红彩影作方形宽带画框，画框宽 217 厘米、高 194 厘米。画框内中上部用黄彩绘一轮红日，透出淡青色云层。东、西两边用黑彩描绘出巨石突兀、怪石嶙嶙的山峰，在两峰之下各绘一座高圆台四面敞开的茅庵亭阁，山崖上石缝中黑彩描绘出浓郁的树木、翠竹、黄色花树等。两茅亭间山沟有一汪潺潺流淌的溪水，溪水由下及上，东折回流。

西壁为六扇屏风的树下高士图，每幅画面上方为一对展翅飞翔的凤鸟。下方绘一树木，树下站立一位高士，有的抱手，有的执如意，穿宽带袍服。

东壁为乐舞图。画幅宽 392 厘米、高 227 厘米。整幅画面分为三组，共绘制人物 14 人，分别为北侧女部，中部舞者，南侧男部。女部为典型的唐人形象，男部为胡人形象。两个乐队之间有一男一女合乐起舞。

墓顶为日月星象图。

根据墓志及文献记载，可知墓主人韩休为京兆长安人，开元二十八年五月卒，年 68 岁，谥号文忠。韩休为官清廉正直，文采颇优，工于文辞。代表作有《奉和御制平胡》等，还著有乐曲《南羽吕》。其子韩滉，为唐德宗时宰相，其绘画作品《五牛图》名闻天下。韩休夫人柳氏，出身河东郡世家大族，天宝七年卒，与韩休合葬于少陵原。

此次发掘的主要收获有：对墓葬的建造及使用程序有了明确的了解。根据对墓室外部的填土发掘可知，唐代建筑砖室墓的方法是：在选定的区域内，先下挖一个方坑，在方坑内建墓室。其后，进行回填，简单粗夯，与唐代地面持平后，再强夯起封土。

出土墓志，可补史书记载的不足。史书记载韩休葬于开元二十七年，墓志记载葬于开元二十八年，当以墓志为准。史书记载韩休有五子，墓志记载韩休有九子，韩滉为其第七子。可补史书记载的不足。

出土的独障山水图及乐舞图意义重大。墓室北壁的山水图，画面完整，尺寸较大，这是迄今为止西安地区唐代壁画墓中独立山水图的首次发现，其性质已有所改变，由纯粹的墓葬装饰壁画变为绘画作品，填补了中国山水画发展的缺环，在中国美术史上具有重要的意义。墓室东壁的乐舞图，在李宪墓、苏思勖墓、富平朱家道村唐墓、陕棉十厂唐墓等均有发现，场景似为宴饮一类，乐队对面有观赏者。李宪墓发现有一人舞、一人说唱的场面，其绘制年代比韩休墓晚两年。就目前的考古发现来讲，韩休墓男女乐队、双人合舞形式的乐舞图还是首次发现，反映了中西文化交流的盛况。

（刘呆运）

【富平县桑园唐代窑址】
发掘时间：2014 年 1 ~ 12 月
工作单位：陕西省考古研究院

桑园窑址位于富平县宫里镇，本年度共发掘了 900 平方米，主要目标一是探索各组窑群在产品种类上的异同；二是寻找陶窑作坊的线索，故选取不同组窑群进行发掘。

发掘点涉及第一组、第三组、第四组、第六组、第七组窑等，揭露窑炉遗迹 11 座、操作通道三道四段、斜坡通道 2 道、灰坑 1 个。窑炉全部是半倒焰式馒头窑。根据烧造器物分为两类：第一类为砖窑，包括 Y199、Y496、Y251 三座，其中 Y496 是一座没有修建完毕的生窑，但窑床上已经装好砖坯；Y199 经过多次使用，窑床上现存已装好的砖坯，但尚未烧造。第二类是瓦窑，包括 Y362、Y363、Y338、Y27、Y28、Y242、Y243、Y265，其中 Y363 窑床上留有已经烧成码放整齐的板瓦，Y262 后壁开 3 个吸烟孔，连接 3 股烟道，没有烟室，侧壁底部多没有引火槽。这两类窑窑室内堆积均包含有大量的窑顶坍塌的带有烧结泥皮的条砖，说明其窑顶均为后砌砖坯顶。

在第四组主通道的南侧还发现了经初筛的黄土。推测在修窑时，从北向南穿掘通道、陶窑，挖出的黄土随即筛制，作为制砖瓦的原料。

出土遗物包括条砖（包括生坯）、筒瓦（包括青辊瓦）、板瓦、瓦当，均为青灰色。条砖表面有绳纹，少量有手印纹，各单位均有发现，多带有烧结泥皮。部分砖坯表面粘有一层草木灰。筒瓦有大中小三种，瓦当饰宝装莲瓣纹。

通过本年度的发掘，进一步了解了桑园砖瓦窑群不同组群的生产分工和原料的粗加工流程，为唐代砖瓦窑营建、烧制和生产管理模式的研究提供了翔实资料。

（王小蒙）

【城固县唐墓与洋县清墓】
发掘时间：2014 年 3～5 月
工作单位：陕西省考古研究院

本项目涉及三个发掘地点，即汉中市洋县戚氏镇后村、宁强县同车河村和城固县五郎庙乡黄村。共发掘墓葬及各类遗迹 37 处，出土器物 36 件（组），铜钱 98 枚。

洋县后村和宁强县同车河遗址共发掘清代墓葬 22 座，形制均为竖穴式，其中砖室墓 14 座，土坑墓 8 座，墓葬一般长 2.5 米、宽 1 米左右，大部分墓葬头向略偏西北，以木棺为葬具，出土较多的清代铜钱，另外还有铜镜、铜扣、铜烟袋锅以及瓷碗等。

城固县黄村遗址发掘唐代墓葬 1 座，宋代水利设施遗存 1 处。唐代墓葬为甲字形斜坡墓道砖室墓，方向 201°，总长 5.80 米，墓室平面呈方形，出土有唐代塔式罐残件。

这批唐代墓葬的发掘弥补了汉中地区唐墓少有发现的缺环，清代墓葬的发掘丰富了汉中地区清代考古的实物资料。

（段 毅）

【横山县罗圪台元代壁画墓】
发掘时间：2014 年 9～10 月
工作单位：陕西省考古研究院

罗圪台壁画墓位于榆林市横山县高镇罗圪台村西。该墓为石砌单室壁画墓，由墓道、封门石、甬道、墓门和墓室组成，全长 6.1 米，方向 120°。

甬道为直壁平顶，内原全部用白灰抹面，顶部素面，两壁则绘有壁画。墓门由门额、立柱、门槛以及两扇石门组成。

墓室底部平面呈八边形，东西长 2.3米、南北宽 2.24 米、高 2.8 米，墓室下部直壁高 1 米，除墓门外，其余七边均由两块条石叠砌而成，其上以内弧的石块收成穹隆顶，共 9 层，最后以一直径为 0.8 米的圆形石板封顶。

墓室内通绘壁画，墓顶单绘一圈花卉，黑叶红花，其下以一黑色带圈与下层壁画分隔。墓室后部所绘的夫妇并坐宴饮图是该墓壁画的主体图案，墓主夫妇 6 人并坐于长榻上，身后为四出方格纹屏风，上有帷幔轻挂。男主人坐于中间，正面向前，5位夫人分别坐在男主人两侧，微微侧身袖手望向男主人，夫人均内着左衽短襦衫，外罩开襟半袖衫，下穿长裙。正前方绘一长方形供桌，上置荷叶盖罐、玉壶春瓶、碗、盘以及方盒等。供桌西北和西南分别绘三名捧物侍女，捧物侍女均头稍稍抬起，望向墓主，北壁和南壁分别绘三名乐手，北壁保存较差，南壁乐手分持长笛、笙、琵琶演奏。另外东南壁尚有一击鼓乐手，

东北壁壁画已完全剥落，东南壁在鼓手的东侧又绘一名持弓武士。围绕着墓主夫妇，周遭绘有 7 幅孝子图，分别为"舜耕历山""孟宗哭竹""郭巨埋儿""元觉劝父""王祥卧冰""伯俞泣杖"及"鹿乳奉亲"，孝子图间绘有卷云纹和树木。

墓室内部情况因被扰乱多已不明。墓室后部有石板铺砌的棺床,前方以条石压边,棺床上用白灰抹面。另外还发现有以榫卯相连的木构件,部分雕花。墓葬内发现4具人骨和较多的烧骨。随葬品有黑瓷碗、黑瓷罐、铜钱、铜钉等。从墓葬形制及壁画特征判断,这是一座元代墓葬。

该壁画墓是目前陕北地区首次经过科学考古发掘的元代壁画墓葬,墓葬形制完整,壁画精美,为陕北地区元代考古的研究提供了珍贵的资料。值得关注的是该墓在建造材料、形制特征、壁画内容以及随葬品等方面均与关中地区元代墓葬区别较大,而同山西北部、内蒙古中部地区元代墓葬有着更多的相似性。

(邢福来)

【高陵县姬家村明墓】

发掘时间:2014年7~8月

工作单位:陕西省考古研究院

泾渭新城姬家村集中安置区二期、三期项目位于西安市高陵县姬家乡姬家村西、泾渭新城泾渭路西侧。本年度,我院对建设区域内发现的2座明墓进行了发掘。

2座墓葬分布编号M1、M2,其中M1为砖室穹隆顶合葬墓,M2为石室拱顶合葬墓。

M1由墓道、前厅、砖砌仿木构门楼和三个砖券顶墓室等组成。主墓室葬具为木质一棺一椁,木椁腐朽严重,木棺上部腐朽,下部保存较好。墓主为仰身直肢,左右手各握铜钱一枚,胸口放置铜钱一枚,其中一枚可识别为万历通宝。依出土铜钱判断,此墓下葬年代应不早于明万历年间。东西两侧墓室内葬具及人骨基本腐朽未见。

M2由墓道、前厅、石刻仿木构门楼和四个石质拱顶墓室等组成。墓道为斜坡墓道,墓室前厅左右有和M1相同的砖砌翼墙。墓室正面为石刻仿木结构门楼。左侧墓室提额空白,向右依次为孺人马氏之墓、义轩张翁之墓、孺人楚氏之墓。据此可知M2为张义轩以及三位妻妾合葬墓。墓室均用整块青石雕刻成弧形,然后互相拼接而成,接缝中用灰浆涂抹。墓主墓室内葬具应为木质一棺一椁,棺椁木材均已腐朽,仅存黑底描金漆皮。

在墓主墓室后部出土买地券一块,其上置铜镜一面。经对买地券的初步释读,可知该块墓地购于明万历三十八年正月,即公元1610年,墓主张义轩可能为高陵当地一位乡绅。此次发掘的墓葬,与院张村发掘的明代张氏家族墓地距离较近,且墓主均姓张,有可能为同一家族或者有一定的宗族关系。发掘所获对研究该地区明代社会生活风貌以及社会经济文化等方面提供了实物资料。

(曹 龙)

甘 肃 省

【张家川县石峡口旧石器遗址】

发掘时间：2014 年 8~9 月

工作单位：甘肃省文物考古研究所、中国
　　　　　科学院古脊椎动物与古人类研
　　　　　究所、张家川县文物局

石峡口遗址行政隶属于甘肃省张家川
回族自治县川王乡石峡口村，地理坐标北
纬 35°08′01.5″，东经 106°10′34.7″，海拔
约 1790 米。遗址 2009 年发现，分为两个
地点，位于峡口村进村道路的两侧。本年
度发掘地点为第 2 地点，其埋藏于清水河
二级阶地上覆马兰黄土台地的前缘，台地
顶面距现今河面约 10 米。本次发掘面积约
50 平方米，共出土野外编号标本 5000 余
件，其中石制品 4500 余件，动物化石 500
余件，以及较多的碎骨和石质碎屑等。发
掘中还发现疑似用火迹象 4 处，较为连续
的分布在发掘区的西南部，其周围分布有
大量的烧骨及石制品。

经初步观察，石制品类型主要有石锤、
石核、石片、石器、断块、碎屑以及较多
经人工搬运的砾石。石制品原料多选自河
滩砾石，以脉石英、石英岩为主，也有花
岗岩、硅质灰岩等；剥片主要采用硬锤锤
击法，多用砾石的砾面和打击面为台面进
行剥片，也有少量修理台面者；加工石器
主要采用硬锤锤击修理，石器类型以边刮
器、端刮器为主。经初步鉴定，遗址动物
种类主要以鹿科为主，还发现少量犀牛
化石。

遗址主文化层内大、小型石制品与动

物化石相间分布、无明显的定向、分选迹
象；发现较为集中的用火迹象；出土较多
小于 1 厘米的石质碎屑、碎骨等，这些线
索表明遗址埋藏后未经受明显的自然营力
改造。

该遗址是新世纪以来继庄浪县徐家城
遗址（距今约 4 万年，AMS14C）、张家川
县杨上遗址（年代测定进行中，推测为晚
更新世早期或更早）发掘以来甘肃省陇西
盆地清水河、水洛河流域又一处经过系统
发掘的旧石器遗址。其碳十四（AMS）校
正后年代约距今 3.3 万年，联系已发掘的
两处旧石器遗址，进一步的研究有望完善
甘肃省陇西盆地晚更新世旧石器考古序列，
为探讨石器技术的演变、人类行为的发展
历程提供基础材料。遗址用火迹象的发现
及文化遗物的平面分布分析将有助于研究
古代先民的空间组织形式，探讨远古时代
人类的生活方式及与当地环境的互动关系。

（李　锋）

【秦安县大地湾旧石器至新石器时代遗
址】

发掘时间：2014 年 8 月~2015 年 1 月

工作单位：中国科学院古脊椎动物与古人
　　　　　类研究所、甘肃省文物考古研
　　　　　究所、兰州大学、大地湾文物
　　　　　保护研究所

大地湾遗址位于甘肃省秦安县五营乡
邵店村，地理坐标为北纬 35°0′54″，东经
105°54′14″，坐落于清水河南岸二级阶地
上，是中国北方著名的新石器时代早期遗

址，也是目前中国北方位置最靠西的早期旱作农业栽培与驯化中心。

2014 年发掘面积 42 平方米，文化层厚 7 米左右，发掘最深处距地表以下 10.1 米。发现遗迹 15 处，其中房址 4 座，独立火塘 1 处，灰坑 9 个，灰沟 1 条。另外发掘区东部发现早年发掘的老探方 1 处。

4 座房址在发掘区均部分出露，其中 3 个房址可判断为半地穴式房址，均仅保留地面以下部分，墙体均经黑黄两层草拌泥涂抹，地面由 2～5 层草拌泥夯筑而成。两座房址可判断为方形，完整面积估计大约为 30 平方米～40 平方米，房址内及周边发现多个柱洞。其中，一座房址保存较完整，有完整的门道与灶，朝向北偏东，灶为直壁平底，有火种洞，直径 80 厘米，高 50 厘米，灶壁与底均有三层草拌泥涂抹，内壁与底经多次烧烤至红色甚至青灰色。另一座房址被晚期房址打破，保存部分门道与灶，朝向东北，灶形制相同，被其他房址打破，残高 60 厘米，直径 70 厘米，内壁与底被烧成红色和青灰色。房址填土内出土一些陶片，但房址地面上及灶内、门道内等出土物非常少，之间少量陶片与 2 件骨锥。

发现的 1 处独立火塘由十几块自然石块堆积而成，其中夹杂两件石制品和两件骨骼碎片。部分石块有火烧痕迹，石堆内部夹杂大量炭屑，石堆下为炭屑含量很高的黑色土。由于火塘出土层位为地表以下 1.8 米的黄土层中，推测其年龄已早于距今 1 万年，为早于大地湾一期的旧石器时代火塘。

本次发掘出土遗物主要为陶片与石制品，未见完整陶器，石制品约 500 件，主要为石英质打制石片、碎片和玉髓质细石叶及碎屑。发现骨锥 3 件，均为动物肢骨加工而成，表面磨制光滑，前段尖锐，有明显使用痕迹。

本次发掘完整揭示了大地湾遗址旧石器时代向新石器时代过渡的地层，发现旧石器时代遗迹（火塘）一处，发现细石器打制工作区一处，发掘过程中采集大量测年与浮选样品，将为大地湾遗址的新旧石器文化过渡、细石器技术的出现、农业的出现等重大学术问题提供重要信息。

（张东菊）

【临洮县马家窑新石器时代遗址】

发掘时间：2014 年 9～12 月
工作单位：甘肃省文物考古研究所、中国社会科学院考古研究所、临洮县博物馆

马家窑遗址位于甘肃省临洮县城西南约 10 千米的洮河西岸支流巴马峪沟北侧窄长的二级台地上，地势北高南低，遗址面积约 40 万平方米。为配合马家窑遗址的大遗址保护规划工作顺利开展，对该遗址进行了大规模发掘。

发掘区位于遗址台地东部，分上、下两级台阶布置探方，发掘面积约 200 平方米。清理遗迹单位 14 个，房址 5 座、灰坑 7 个、晚期冲沟 2 条。遗存主要为马家窑类型，包含少量庙底沟类型、齐家及寺洼文化遗物。初步统计，出土陶片 10 万余，器形包括瓶、盆、钵、罐、瓮、碗及器座等，出土陶、石、骨、角、贝等各类小件 500 余件（组）。

发掘所获 5 座房址均被严重破坏，导致形制结构无法确认，除 F1 开口于东④层下外，其他房址均开口于第⑥层下。F1 为平地起建的白灰面房址，墙体及大部分白灰面不存，仅中部保留约 2 平方米。白灰面范围中部有一圆形平地起建的灶，灶壁顶部高于白灰面约 10 厘米，内填满红烧土，出土少量陶片、石块等。F3 仅确认 3 个柱础，呈一字排列，基本只保留柱础下半部或最底部，柱础直径 50 厘米～60 厘米，残高 25 厘米～50 厘米。保存相对较好的一个柱础，平面呈圆形，剖面呈柱状，

下部直径略小。柱础底部及上部外围均为夯打硬实的灰褐色花土,上侧中部空心,剖面呈锅底状,内填充砂质白色粉末,填充物内有一泥质灰陶残片,再上部铺垫厚约5厘米的纯黄土,最上部因破坏而无法观察。

清理灰坑7个,基本上开口于第⑥层以下,形状包括圆形筒状、锅底状及不规则形状等。H1开口于第⑥a层下。圆形筒状,略口大底小,坑壁较规整,底面平整。填土为灰褐色花土,局部夹杂大片红烧土。堆积5层,遗物基本为马家窑类型,近底部发现少量庙底沟类型彩陶片。

该遗址是马家窑文化的发现和命名地,在马家窑文化的研究中具有特殊意义。房址、灰坑等遗迹的发现和确认,提供了马家窑类型遗存聚落形态的资料,对马家窑文化内涵特征、聚落布局及社会结构等方面的研究具有重要意义。

(周 静)

【张掖市西城驿新石器时代至青铜时代遗址】

发掘时间:2014年7~11月

工作单位:甘肃省文物考古研究所、北京科技大学冶金与材料史研究所、西北大学文化遗产学院、中国社会科学院考古研究所

西城驿遗址位于河西走廊中部的张掖市郊区,是一处马厂晚期至四坝时期的聚落址,当时以大规模旱作农业种植为主,兼有饲养,并进行着冶金等手工业生产。2010年以来,甘肃省文物考古研究所、西北大学文化遗产学院、中国社会科学院考古研究所和北京科技大学冶金与材料史研究所联合对其开展了5个年度的发掘工作,取得了重大收获。目前发掘面积2350平方米,发现遗迹单位556处,获取各类遗物两千余件(份)。各类遗迹以房址最为典型,发现房屋96座,其中半地穴式建筑

10座,地面立柱式建筑41座,地面土坯建筑45座。发现墓葬20座,以小孩墓为主。除陶器、石器、骨器外,出土有铜器和矿石、炉渣、炉壁、鼓风管、石范等冶金遗物,并出有大量炭化大麦、小麦、粟、黍等作物。西城驿遗址的发掘,为我们进一步认识河西走廊地区的史前文化内涵、完善史前文化序列、了解史前时期聚落形态的演变等具有重要意义。发掘表明,在距今4100年前后,河西走廊地区就已开始了铜冶金活动,西城驿遗址很可能是当时的一个冶金中心。这为中国早期冶金技术起源和相关问题的探讨以及河西走廊地区早期冶金技术发展历程研究、区域冶金格局的比较研究等提供了重要资料。同时,大麦、小麦及权杖头、土坯建筑等的发现表明,在距今4000年前后,东西文化在河西走廊地区便已进行着频繁的交流。

(陈国科)

【甘谷县毛家坪西周至战国时期遗址】

发掘时间:2012~2014年

工作单位:早期秦文化联合考古队

毛家坪遗址位于甘谷县盘安镇毛家坪村,东距县城25千米,面积约60万平方米。遗址分沟东和沟西两部分,沟西的北部及西部为居址区,大部分被村庄叠压,沟西的南部为墓葬区;沟东部分主要为墓葬区。遗址现为省级文物保护单位。

1982、1983年甘肃省文物工作队、北京大学考古学系两次发掘了毛家坪遗址,首次发掘到西周时期的秦文化遗存和东周时期的西戎文化遗存。

自2012年起,早期秦文化联合考古队全面勘探、发掘毛家坪遗址。迄今为止勘探出墓葬千余座,其中沟东731座,沟西300余座。在遗址区内有针对性地选择了10处发掘点,即A—J发掘点,其中A、C点在沟西的居住区,D、F、H、I点在沟西墓葬区,其余发掘点在沟东墓葬区。前

后工作时间近三年。

2012 年在沟西居址区发掘面积 250 平方米。发掘灰坑 210 多个，年代从西周延续至战国，得到大量绳纹灰陶片，从器型看有鬲、盆、豆、罐等，属于秦文化遗物；还有部分夹砂红褐陶的铲足分裆鬲、双耳罐，属于东周西戎文化因素。以及春、战之交的小型广场遗迹。在沟东墓地发掘墓葬 22 座，车马坑 2 座，发掘面积约 200 平方米。主要为东周时期竖穴墓，还有少量洞室墓，死者均采用屈肢葬式，头向西，为典型的秦人葬式。发掘的车马坑 K1002 为一车二马，马东车西，马位于车辕两侧系驾位置，采取跪伏姿势，为杀死后处置的。双轮独辀车，车横、车轭、车辕、车轮、车毂、车轴结构清晰。车衡上放置一柄长矛，可能为战车。

2013 年在沟西和沟东墓葬区发掘的总面积约 3000 平方米，总计发掘墓葬 153 座、灰坑 516 个、灰沟 8 条、瓮棺葬 9 座、房址 11 座、陶窑 4 座、围墓沟 1 段、车马坑 1 个。墓葬的年代从西周晚期延续至战国，其中铜器墓 4 座，包括 2 座铜一鼎墓和 2 座铜三鼎墓。解剖了沟西墓地北部的大型围沟。在 D 点发掘了一个大型车马坑 K201，内置三辆车，均辀东舆西。1 号车在东，驾 4 马，为俯卧状，马头有络饰、衔镳，车的衡、轭、辀、舆、轮、毂、轴结构清晰。2 号车在中，驾 2 马，马身上蒙裹皮质甲胄，上髹红漆，绘黑彩，为勾连蟠虺纹；甲胄上缝缀铜泡、勾云形铜饰；车的各部分结构清晰，舆板外蒙牛皮，上髹棕黑色漆，再用红彩勾画出豹、虎、兔、马等动物形象，并缝缀勾云形铜饰；车载矛、戈、弓、镞等兵器及铜铲形器。3 号车在西，驾 4 马，车的各部分结构清晰，舆前有弓、镞、环、扣饰，舆底板上铺席及布匹。坑的西北角有一藤条筐，内放牛头和羊头，为祭祀之物。

2014 年在遗址沟东 B 点发掘墓葬 2

座，在沟东 J 点发掘墓葬 4 座；继续去年的工作，在沟西 D 点共发掘墓葬 12 座，灰坑 26 个，车马坑 2 个。发掘总面积约 500 平方米。其中 M2059 为 K201 的主墓，在其西北 15 米处。墓坑长 5.2 米，宽 2.8 米，墓底距地表深 12.5 米，开壁龛殉 6 人，椁室内随葬铜容器 15 件：5 鼎、4 簋、2 方壶、1 盘、1 匜、1 盂、1 方甗，陶器 13 件：大喇叭口罐 6 件、小罐 7 件。有内外双棺，墓主人骨为头向西的仰身屈肢葬式，紧贴人骨右臂出 1 铜戈，中胡三穿，胡部有铭文，共两列 14 字，右列前六字为"秦公作子车用"，余字锈蚀不清。墓主为成年男性。年代为春秋中期。

三年来在毛家坪遗址累积发掘面积约 4000 平方米，共发掘墓葬 199 座，灰坑 752 个，车马坑 5 个。共出土铜容器 51 件，陶器约 500 件，小件千余件（组）。丰富了周代秦文化的内涵。各类遗迹遗物从西周晚期延续至战国，完善了甘肃东部秦文化的编年，为探讨秦人西迁年代提供了重要佐证。该遗址位于天水—礼县古代交通要道上，为秦人北上东进的战略要地，自始至终没有放弃。遗址面积不少于 60 万平方米，墓葬总数逾千座，应可以与古文献记载的某处历史名城或县邑对应，可能是古冀县的县治，对研究中国郡县制起源有重要意义。铜器铭文"秦公作子车用"，印证了《诗经》《左传》《史记》等文献中关于秦穆公卒、三良从死，子车为穆公近臣，子车氏为春秋时秦国重要宗族的记载。毛家坪沟西墓地可能为子车氏家族墓地。发掘的车马坑全面展现了春秋时期秦人车制，对研究秦独特的车马文化有重要意义。

（梁　云）

【漳县墩坪遗址东周墓地】
发掘时间：2014 年 9～12 月
工作单位：甘肃省文物考古研究所

墩坪遗址，位于定西市漳县三岔镇三

岔村北 200 米的墩坪上，面积约 20 万平方米。该遗址于第一次文物普查时被发现，主要文化内涵为齐家文化、寺洼文化堆积，为县级文物保护单位。2010～2012 年，在该遗址的中、北部发生了严重的盗掘现象，一大批墓葬被盗掘。本年度，我所对该墓地进行抢救性勘探与发掘。勘探面积约 13 万平方米，发现东周、汉代及宋代不同时期墓葬 150 余座。发掘东周时期墓葬 27 座，出土一批车马器、工具和兵器、陶器及饰件等珍贵文物。

该墓地的墓葬结构及形制相对较复杂，有平面长方形土坑竖穴墓与土坑竖穴偏室墓两类。

土坑竖穴墓分无二层台和有二层台之两类：无二层台的竖穴土坑墓一般墓室较小且浅；有二层台的土坑竖穴墓二层台的数量、宽窄相异，个别四面或三面都带有宽窄不等的二层台，但多数只一侧有二层台。竖穴墓中相对较大且规格较高的墓葬在其南侧有较宽的二层台，墓室内都发现有木棺、椁的痕迹，在填土内随葬有不同数量殉牲及青铜车饰，且等级、规格高低与随葬的殉牲数量、种类有关，个别墓葬随葬殉牲数量多达数百头，有两座墓葬随葬木车构件。

土坑竖穴偏室墓亦分无二层台和有二层台竖穴偏室墓两类：无二层台的竖穴偏室墓根据竖穴长、宽、深不同，有明显的等级差别。一般等级较高的墓葬，竖穴较长且宽、小深，偏室相对也较大，填土内随葬有数量较多的殉牲，偏室内有木匣葬具。低级别墓葬竖穴相对较小，偏室较小不见葬具，填土内基本无殉牲随葬；有二层台的竖穴偏室墓有平面长方形和近似方形两种形制，多数东、南、西三面都有宽窄不等的二层台，但以南侧较宽的二层台为主，竖穴较深，在竖穴填土内根据墓葬级别随葬有青铜车饰及数量不等的殉牲，殉牲主要是马、牛、羊的头骨及肢、蹄骨，

此类墓葬一般都偏室较大而且有木质葬具。

已发掘墓葬葬式为仰身直肢，头向朝东。随葬品一般放置于被葬者头端及躯体两侧。墓葬填土夯筑，绝大部分填土中发现有青铜车饰及殉牲现象，用于殉牲的动物有马、牛、羊，以头骨与蹄骨为主。殉牲的动物种类和数量与墓葬等级有密切关系。

将墩坪墓地出土随葬器物、墓葬形制与同类遗址出土器物进行对比研究，该墓地的年代应为春秋晚期至战国早、中期。

本次发掘的 27 座墓葬由于被盗严重，发掘出土的随葬器物相对较少，但墓葬形制种类复杂，这批实物资料为西北羌、戎文化研究和甘肃东南部与中原、西南地区、北方草原及欧亚草原的文化交往提供了重要资料。

（毛瑞林 杨月光）

【肃北县马鬃山玉矿遗址】
发掘时间：2014 年 4～7 月
工作单位：甘肃省文物考古研究所

马鬃山玉矿遗址位于肃北县马鬃山镇西北约 20 千米的河盐湖径保尔草场。2011～2014 年，我所连续四年对该遗址开展了考古调查、发掘工作。遗址南北长约 5400 米，东西宽 1400 米～1850 米，周长约 13500 米，面积 600 万平方米。整体呈西北至东南向，遗存沿矿脉走向分布。初步确定该遗址的年代为战国至汉代，可能存在少量四坝时期遗存。

地面发现遗存 383 处，其中矿坑 290 处，房屋 33 处，岗哨 31 处，石料堆积 29 处。矿坑的形制主要有浅坑、深井、沟槽几类。其中老矿坑 266 处，均为露天开采，浅坑 240 处，沟槽 26 处；现代开采新坑 24 处，其中浅坑 14 处，深井 10 处，深井多是在老坑基础之上进行开采形成。岗哨所处地势较高，多在小山包之上，平面呈长方形，石块堆砌形成矮墙，墙体宽 80 厘

米～100 厘米，高度多在 30 厘米左右，面积小者不及 5 平方米，大者逾 20 平方米。岗哨内及周边亦发现石器及玉料碎片、陶片等。

至 2014 年，共发掘 2000 余平方米，清理房址、灰坑等遗迹单位 100 余处。其中以房址最具特色。目前已发掘房址 31 座，可分为地面式和半地穴式两大类，以半地穴式建筑居多。经判定，半地穴式房址多为拣选玉料的作坊。这类作坊多成组分布，平面呈方形，有单间和套间两种。主要由柱洞、门道、储藏坑、土台、操作台（坑）、灶台等几部分组成，地面存留有各类砺石、玉料、废石料等，部分地面火烧痕迹明显，残留灰土。通过发掘，获取了一批层位明确的作坊址，获得了多组房屋叠压打破关系，并发现多间房屋有改造结构延续使用的现象，尤其是灶台位置的变化，可能与季节性风向变化有关。

出土遗物主要有陶器、铜器、金片、铁器、石器、玉料、水晶、朽木、骨器、兽骨、动物粪便等。陶片有两类共存，A 类为汉代陶片，B 类为骟马文化陶片。玉料以透闪石为主，多青玉、糖色玉，少量为白色，部分玉料局部磨光，有火烧痕迹。石器主要有石锤、石斧、石砍砸器、砺石等。砺石材质以砂岩为主，个别为板岩，形体大小各异，磨光面粗细不同。铜器以箭镞为主。铁器有铁镞、铁矛头及铁剑、铁工具残块等，并发现铜铁复合器残块。

本年度在马鬃山镇东北约 37 千米处的寒窑子草场调查新发现玉矿址一处，初步确定遗址面积为 50 万平方米，东西约 1000 米，南北约 500 米。主要遗存有矿坑、矿井、石料堆积、岗哨等，未发现文化层。矿脉呈东西走向，遗存依矿脉走向分布于山麓两侧。目前确定矿坑 6 处，斜井 1 处，石料堆积 2 处，岗哨 1 处。在矿坑周边及山麓两侧采集到大量的碎玉料、石锤、砺石、陶片、瓷片等。该玉矿遗址规模较小，所出玉料以青玉为主，最早开采为骟马时期，明清时期可能也进行过开采，以露天开采为主。

（陈国科）

【张家川县马家塬战国墓地】
发掘时间：2014 年 8～12 月
工作单位：甘肃省文物考古研究所、陕西省考古研究院、中国国家博物馆、北京大学考古文博学院、西北大学文化遗产学院

墓地位于张家川回族自治县木河乡桃园村东北的马家塬上，面积 3 万多平方米。自 2006 年考古发掘取得重要发现后，对该墓地进行了第九年度的考古发掘工作。本年度发掘区位于墓地北部，发掘面积 610 平方米，发掘战国晚期墓葬 5 座，编号 M63～M65，出土器物 40 余件。

本年度发掘的墓葬皆属小型墓，墓葬形制有竖穴阶梯墓道偏洞室墓、竖穴墓道偏洞室墓和竖穴土坑墓三类。墓葬皆东西向，前两类在历年发掘中较为常见，其中一座为未挖成而遭遗弃的空墓，在墓道近开口处填殉狗及马、羊头骨等。其余墓葬在墓道底随葬数量较多的马、牛、羊头骨及蹄骨以及殉狗等。墓室在墓道北壁偏东侧，南北向，洞室内均葬一人，皆仰身直肢，葬具为木棺。两座墓于墓道内各随葬车一辆。出土陶器主要为陶罐，银器有银箔帽饰、腰带饰及银箔片，铜器有镜、镞，铁器有鎏金银带扣、戈、刀及马具等，另出土有少量骨器、漆器及数量较多的珠饰。其中 M65 随葬的细凸弦纹铜镜，仅残存少半，但制作精致，镜面仍光可鉴人，应是人为毁坏后随葬的。竖穴土坑墓仅一座（M64），东西长 3 米、南北宽 1.2 米～1.3 米、深 2.1 米。四壁均设二层台。墓坑底东西向置一木棺，棺内葬一人，仰身屈肢葬。随葬少量羊头骨及陶罐、铜带钩各 1 件。

通过本年度发掘结合 2012 年发掘情况，可观察到该墓地北部和东部墓葬大致呈西南—东北向成排分布，局部墓葬成组分布密集、排列整齐，经过了统一规划。发掘的竖穴土坑墓的葬制、葬俗及墓葬中毁镜习俗等均与秦人有密切的关系。该批墓葬的发掘，为全面研究该墓地的文化面貌以及秦与戎的关系等提供了新材料。

（刘兵兵）

【庄浪县寺角洼汉代墓地】

发掘时间：2014 年 8 ~ 11 月

工作单位：甘肃省文物考古研究所

寺角洼遗址位于平凉市庄浪县良邑乡良邑村东北 500 米寺角洼坪上，东西长 100 米、南北宽 100 米，面积 1 万平方米，为一处集汉代墓地，宋、元居址为一体的古文化遗址。遗址原地貌为缓坡形塬地，20 世纪七八十年代因修整梯田，使原塬貌发生改变，现为二级水平梯田。

2008 年以来，寺角洼遗址屡次遭到盗掘破坏，尤其是 2011 ~ 2012 年位于寺角洼遗址第四台地的被盗墓葬，其墓葬内的流散文物制作精美，反映了墓主人具有一定社会地位，等级较高。此次出土的错金银车马器有错金铭文"里陵"二字，我们推断这可能与西汉时期的列侯有关，对研究西汉时期的墓葬制度、丧葬习俗以及金属工艺具有重要意义。经实地调查，在其勘探范围共有被盗墓葬 12 座。为了保护这批墓葬不再遭盗掘破坏，本年度我所对其进行了抢救性发掘，共清理墓葬 8 座，基本都被盗劫一空。其中，砖券墓 3 座、积炭墓 2 座、土坑墓 3 座，共出土遗物 38 件（组），加上县博物馆收集到的 M1 被盗出物 9 件，合计 47 件（组）。

寺角洼墓地从墓葬形制与出土物来看，时代当在西汉中期到东汉中期阶段。依照出土器物特征分析并参照墓葬形制及其构成，初步可以推定的是积炭墓和土坑墓年代较早，一般均在西汉时期。而砖券室墓葬比较晚，当属东汉时期。虽然本次发掘清理出的遗物不多，但使我们对庄浪县良邑乡寺角洼遗址的汉墓群有了一个初步的认识。特别是对这一带的汉墓年代分期等方面有很大的帮助。

（赵建龙）

【通渭县董家庄汉代墓地】

发掘时间：2014 年 10 ~ 12 月

工作单位：甘肃省文物考古研究所

董家庄汉代墓地位于定西市通渭县平襄镇宋堡村董家庄社南约 100 米处，墓地东北距县城约 4000 米，北依牛谷河南岸，靠近董家庄，处于南部群山北麓台地上。由于宝鸡—兰州铁路客运专线的建设，我所对铁路工程涉及该墓地的三座墓葬进行抢救性发掘。

三座墓葬均为带有长斜坡墓道的竖穴砖室墓，其中两座墓道位于墓室以南，一座墓道位于墓室以北。M1 墓室由前、中、后三室构成，并有东、西两耳室；M2 墓室由前后两室构成；M3 为单室墓。墓室平面均呈长方形，顶为拱顶。由于墓葬遭盗扰情况较为严重，人骨散乱不堪，葬式葬具不明。出土的随葬品有口琀玉蝉、耳鼻塞、眼罩、琉璃耳珰、铜盘、铁灯、铁剑、铁釜、灰陶罐等共 40 余件。

此次发掘的三座墓葬中，M1 和 M2 形制较为特殊，为陇东地区已发掘的其他汉代墓地中所少见，应该是具有当地特色的葬俗。M1 和 M2 仅相距约 50 米，不排除有家族墓地的可能性。通渭县地处甘肃中部，在汉代曾是天水郡、汉阳郡的重要属地，汉代遗存分布广泛。董家庄汉代墓地的发掘，对于了解该地区汉代墓葬的形制、葬俗等方面均提供了第一手资料。

（王　山　岳晓东　俄钦淇）

【敦煌市佛爷庙湾西晋至后凉时期墓群】

发掘时间：2014 年 4 ~ 9 月

工作单位：甘肃省文物考古研究所

佛爷庙湾墓群位于敦煌古城以东，三危山以北戈壁之上。东西绵延 20 千米，南北约 5 千米。本年度，为配合"瓜敦快速公路"的建设，我所在该区域共发掘墓葬 91 座，大部分被盗扰。墓葬分布排列上呈现出强烈的家族式特点。多以 4 个、3 个、2 个为主，亦有 1 个单独起堆，但发现遗物较少。

墓葬形制上皆为带长斜坡墓道的单室土洞墓。封土部分保存较好者为覆斗型，残存的多呈现丘形，大小不一。墓道为斜坡状，部分留有 1 ~ 2 级台阶。墓葬方向朝西居多，其次为朝东、朝南者，尚未发现朝北的墓葬。封门基本上以土坯封之，少量发现石块、泥板、砖块混合封堵。墓门形状可分两种，为拱形与梯形。墓室皆为单室土洞，平面形状上可分长方形、近方形、刀把形三类。其中墓葬平面为近方形或长方形者，数量共 85 座。按带龛及耳室的数量多寡，可分如下几类：A. 单室带三龛墓（2 座，占总数 2%）；B. 单室带双龛墓（17 座，占总数 20%）；C. 单室带一耳室一龛墓（5 座，占总数 6%）；D. 单室带一耳室墓（1 座，占总数 1%）；E. 单室带一龛墓（15 座，占总数 18%）；F. 单室无龛墓（45 座，占总数 53%）。墓葬平面为刀把形者，数量共计 6 座。皆为无耳室、无龛之墓。

葬式上可分单人葬、双人葬、三人葬三类，这其中以单人葬、双人葬为主。尸体摆放上大都为仰身直肢葬。

随葬品出土比较丰富。按质地分陶器、木器、铜器等，以陶器出土为大宗。陶器组合上以罐、甑（盆形）、釜、灯、樽、盘为主。摆放上有一定规律，甑、釜组合多置于墓室前壁一角或一龛内；盘及盘上耳杯、钵、碗等器物与灯、樽等祭祀之物多置于墓室中央；斗瓶多置于人骨头端与脚部位置。铜、木器发现较少，主要有铜镜、铜钱、铜钗、木勺、木楄等。

此次发掘清理的 91 座墓葬，获得纪年斗瓶的墓葬有 11 座，占总数的 12%。年号有：咸宁、建兴、永兴、永嘉、麟加。这其中以建兴年号墓出土数量最多。年号所显示的起止日期：咸宁四年（278）——麟加六年（394）。也即西晋前期至后凉时期。佛爷庙湾墓葬从葬制特征、陶器组合及器型特点分析，未超出这一纪年范围。

（王永安）

【泾川县城关镇佛教遗存】

发掘时间：2014 年 6 ~ 12 月

工作单位：甘肃省文物考古研究所

本年度继续对泾川佛教遗址进行勘探及清理发掘。其中勘探面积 54703 平方米，发掘 10 × 10 米探方 10 个，共计发掘面积 1000 平方米，取得了一定的进展。

发掘区位于 2013 年发掘的 I 区东侧及东南侧。扰土层下便出现了房屋遗迹，目前主要发现有墙基数条、排水沟 2 条、部分柱础石、大量的瓦砾堆积（疑似屋顶的倒塌堆积）等。

此区整个地势北高南低，西高东低，自西北向东南倾斜。

墙基数条，主要由废砖及瓦组成。1 号墙基东西向，由残破的长砖及瓦砾等组成。残长 8.4 米、宽 0.4 米 ~ 0.45 米、高 0.06 米。从目前清理情况看，墙基共有 6 条，但相互间关系并非很明确，现怀疑是几间房屋，需要进一步清理才能搞清其结构。

瓦砾堆积数个，为大量的瓦砾坍塌后形成，多呈不规则形或圆形。

柱础石 3 个，较为简陋，均为圆形，直径约 30 厘米。

排水沟 2 条。1 号位于 T0101 内，南北走向，由方形石块组成。两侧及底部铺石块，压于房基或墙基下部分，在顶部搭一石块。目前还没清理，长度不明，宽28厘米。2号位于T0201内，东西走向，由砖块构成。其余同1号。宽20~40厘米。

遗物主要为扰乱层中出土的部分遗物，有瓦当、琉璃屋脊构件、灰陶片、瓷片、钱币等。瓦当有莲花纹、兽面纹等。

本年度发掘主要目的是搞清铭文砖中提及的佛教寺院——龙兴寺的结构布局，但因发掘时间及面积的限制，目前仅发现部分墙基、倒塌的瓦砾堆积、柱础石、排水沟等设施，寺院的结构布局还不是十分清楚，有待下一年度继续发掘。

（吴　莹）

【宕昌县董家庄村宋墓】

发掘时间：2014年11月

工作单位：甘肃省文物考古研究所

董家庄村宋墓位于宕昌县沙湾镇董家庄村。2014年11月13日，中交一局施工队在稻溪坝高速公路东入口施工过程时，在距地表约2.2米深处，发现该墓。墓室顶部遭破坏，部分券砖被挖掘机刨开，西侧墓道也因施工而被破坏，具体长度不详，但墓葬主体及墓室内部结构基本保存完整。

该墓葬为一座仿木结构的砖室单室墓，由墓道、甬道、墓室三部分组成。墓道位于墓室西侧，连接墓门与甬道，因被破坏，具体长度不详，但从残存于墓门附近的墓道痕迹看，推测该墓道为长方形斜坡式墓道。墓葬整体用青砖砌筑。墓门为砖券拱形，由三层封门砖封堵。甬道平面长方形，拱形顶，长1.06米、宽0.86米、高1.23米。墓室平面近正方形，墓室长2.5米、宽2.5米、高2.7米，面积近7平方米。四壁用磨砖砌筑，四角各有一个仿木立柱。墓室东壁（正对墓门）用磨砖构筑一仿木双开门，门的两侧各有一对称格棂窗。北壁装饰与东壁同，南壁近东端有一砖砌灯台，中间为一仿木床榻。仿木立柱及四壁之上为青砖构筑的仿木一斗三升斗拱，斗拱之上饰仿木椽檐、瓦檐。墓顶为攒尖顶。墓室底部用青砖平铺，正中用青砖砌筑棺床，棺床平面长方形长1.99米、宽1.5米、高0.55米。

墓葬出土物极少。只发现人头骨碎片三块、肢骨两段、四十余枚铜钱和墓室顶部正中的楔形方砖一块。经过辨识，铜钱有景德元宝（1004~1007年）、治平元宝（1064~1067年）等北宋时期钱币。据此，结合墓葬的形制结构，判断该墓为一座宋墓。

该墓的发现为宕昌地区宋代的葬制葬俗研究提供了基础资料。

（蒋超年　毛瑞林）

【景泰县寺滩乡明清永泰城址】

发掘时间：2014年4~5月

工作单位：甘肃省文物考古研究所

永泰城址地处景泰县西南寿鹿山—老虎山口北2.5千米的倾斜冲积扇平原上部，主要由城墙、南城门及四月城、护城河、水涝池、五眼水井以及三圣庙、钟鼓楼、城隍庙、关帝庙等古建筑组成。周边有烽火台、教场、岳家祖坟、老虎城（汉代）等遗存。该城始建于明万历三十五年（1607），兵备副使邢云路监修。因城的平面呈乌龟形，故又名"龟城"，现为全国重点文物保护单位。

为了解永泰城护城河（防洪沟）残存现状，全面获取护城河（防洪沟）的宽度、深度、断面形式、边坡坡度等信息，给下一步开展"护城河"的修复工作提供依据，需要在防洪沟河道清理前对各段进行针对性勘探发掘。本年度我所对永泰城周围的"护城河"进行了科学的勘探与发掘，于护城河（防洪沟）的东、西、南、北四个方位进行了选择性的探沟式解剖发掘，共开设1.5×10~20米的探沟6条，发掘面积 120 平方米。探沟的分布为东、西、北各 1 条，南面为 3 条。

依照本次勘探发掘的情况表明，永泰城本没有全环绕的封闭性护城河，南北两端均没有护城河的建设。人工开凿的护城河主要在永泰城的东西两侧，其南北两端均较浅，东西两侧较深。说明当时所谓的"护城河"实质上就是人工开凿的"防洪沟"。总计周长约 2215 米的护城河沟，其东侧防洪沟一般口宽 8 米～10 米、底宽 4 米左右、深 1.5 米～3 米。加上人工沟帮总深可达 2.5 米～4.5 米。西侧防洪沟一般口宽 8 米～10 米、底宽 3.5 米～4 米、深 1.5 米～3 米。加上人工沟帮总深也可达 2.5 米～4.5 米。永泰城南城门外至用汲海（水涝池）之间是一片开阔地带。其东侧二郎庙、南部用汲海、西部老君阁、西南照墙间均无壕沟穿过或连接，只有几条雨水冲刷形成的宽浅沟槽。故南山坡形成的洪水或雨水由南部的龙王庙及用汲海"人"字形分开。东侧由南门东约 30 米处入于城东侧护城壕沟，绕城至北门西约 120 处折向北排出。西侧由照墙以西，或由用汲海南分流，西北向于南门西约 100 米处入于城西侧防洪沟内，绕城至北角处东北向排出，与东侧壕沟排出的洪水道合于北墙外 60 米～100 米处转北泻下入于大沙沟。故没有常规意义上的环绕"护城河"。

同时，老虎山口（水磨沟）山洪由城西之大沙沟排出。寿鹿山之水由城东的"教场沟（沙河）"排出。古城防洪，主要是由山坡地形成的汇集雨水。而古城所在地地形南高北低，相互落差达 30 米左右。由上述情况推测，其城周防洪沟（护城河）内并不能蓄水，而是一种干壕沟。当时开挖壕沟的主要目的是为了防止南山坡下来的洪水或雨水的一种排洪沟（护城河）。当然，同时也能起到防止马匹跌入的功能。城内的雨水均汇集于城北部的甘露池，由甘露池自北城墙下排入防洪沟中。所以，清雍正二年（1724），名将岳钟琪在永泰城东街一线增修"五眼井"，并于北城脚（中部）设一"甘露池"，并引南山泉水灌注，不仅解决了永泰城内的吃水问题，同时也解决了城内积水的排泄问题。

（赵建龙）

青 海 省

【玉树地区澜沧江和通天河流域考古调查】

调查时间：2014 年 7 ~ 8 月

工作单位：青海省文物考古研究所、四川
　　　　大学历史文化学院考古系、成
　　　　都考古研究院、玉树藏族自治
　　　　州文物管理局

　　调查组首次对玉树地区囊谦县境内澜沧江流域进行调查。发现细石器时代地点 4 处，其中 3 处位于澜沧江干流河岸一级阶地，另外 1 处位于高山草原地带，为石灰岩发育区，代表了不同的地理环境特征，属于洞穴遗址，可能为青南地区探寻旧石器时代人类活动轨迹提供重要线索。采集到的遗物有细石核、细石叶，还有各种类型的石片、废料等。与以往工作中采集和发掘遗物的特征相似，代表了这一区域的文化共性。历史时期的遗址此次也纳入了调查范围，尤其是对吐蕃分裂时期重要的 4 处遗址做了调查。其中也普寺根据出土遗物的初步判断，属于 13 ~ 14 世纪的遗物，地方特点明显，其独特的噶当塔建筑与瓦当造型，为整个青藏高原区域难以见到，具有重要的研究价值。另外玉树地区的盐田遗址是未向外界披露过的新发现，是一个新开辟的调查领域，为今后开展盐业考古提供了新的研究资料。石棺葬和石堆墓是澜沧江流域主要的墓葬形式。长年的农耕活动对石堆墓破坏严重，难于把握墓葬实际的分布范围与规模大小。根据现有调查资料显示，墓葬最南已经到达吉曲流域。

通天河流域的岩画数量急剧增长，现对已知的 14 处岩画全部做了数据采集工作，获取了丰富的信息。岩画内容展示出其发展变化过程，同时也展示出其强大的文化交流能力和吸收能力，是青海岩画研究工作的一个重要地区。

（蔡林海）

【共和县 151 旧石器时代遗址】

发掘时间：2014 年 9 ~ 11 月

工作单位：青海省文物考古研究所、兰州
　　　　大学西部环境气候变化研究院

　　151 遗址位于青藏高原东北部的青海湖南岸，本次发掘面积 25 平方米，发掘深度 3.4 米，发现了丰富的石制品、动物骨骼和炭屑，采集了大量的测年、浮选和环境样品。

　　151 遗址经发掘发现了两个古人类集中活动时段，根据已有研究和此次发掘地层推测，古人类在距今 1.5 万年前后和距今 8500 年前后在青海湖地区活动，生存方式以狩猎和采集野生动植物为主。

　　此次发掘，发现石制品较少，主要为中国北方传统的小石片石器传统和细石器，以初级产品和废片为主，发现少量工具，如刮削器等。但发现大量动物骨骼，研究人员初步判断推测，当时古人类以捕猎羊、鹿类等中型动物和鼠、兔类等小型动物为主，大型动物骨骼非常少。根据现代青藏高原环境特征和古环境研究结果推测，青藏高原上可以食用的野生植物资源应该较少，古人类更多地依赖肉食资源生存。为了评估植物资源在史前人类生活中的重要性，本次发掘过程中采集了大量的浮选样品，旨在获得一些种子、果实、茎叶等植物大化石遗存。浮选结果确实获得了大量的植物遗存，但具体研究结果还需后续鉴定统计工作，无疑，此项工作将为青藏高原上的古人类对植物资源的利用提供更多重要信息。此外，发掘与浮选过程中都发现了大量的大块炭屑，初步推测遗址附近有乔木生长，但具体位置以及分布范围还要等样品的分析研究结果确定。

本次考古发掘将使我们更清楚地了解青藏高原古人类活动历史，为研究史前人类何时登上青藏高原，以及如何适应高海拔缺氧、严酷寒冷环境等问题提供丰富的研究材料，并将为高原上狩猎和采集经济向农牧经济过渡的研究提供重要信息。

（王倩倩　张东菊）

【民和县喇家新石器时代遗址】

发掘时间：2014 年 7～11 月

工作单位：青海省文物考古研究所、中国社会科学院考古研究所、四川大学考古系、成都文物考古研究所、民和县博物馆

喇家遗址位于民和县官亭镇喇家村黄河北岸的二级阶地上，是我国首次发掘的大型史前灾难遗址。为配合喇家国家考古遗址公园一期工程即 2、3、4 号保护棚及遗址展示馆的建设，由青海省文物考古研究所、中国社会科学院考古研究所、四川大学考古系、成都文物考古研究所、民和县博物馆组成喇家遗址联合考古队，于本年度进行了为期 4 个多月的田野工作，发掘面积近 3600 平方米。本年度的发掘区域主要位于喇家国家考古遗址公园 2、3、4 号保护棚及遗址展示馆规划建设范围内。2、3、4 号保护棚内的文化遗存较为集中，遗址展示馆区域所见遗存甚少。揭露遗迹共计 139 处，包括房址 23 座，灰坑 104

个，墓葬 4 座，灰沟 7 条，陶窑 1 座。出土青铜器、铁器、陶器、石器、玉器、骨器、角器、牙器、蚌器等诸类标本达千余件。

据初步整理分析，本年度发现有马家窑文化、齐家文化和汉唐至明清时期遗存，以齐家文化遗存最为丰富。马家窑文化遗存主要分布于 3 号保护棚，据遗物可明确判断为马家窑文化的遗迹仅有 3 个灰坑。出土的马家窑文化遗物有陶器、石器、骨器等。

齐家文化遗迹现象较为丰富，包括房址 23 座，灰坑近百个，墓葬 2 座，灰沟 6 条，陶窑 1 座。另外，还发现了古地震留下的多处裂缝及漏斗状喷砂遗迹。齐家文化时期的陶窑也是本年度极为重要的收获，为竖穴式窑址，由窑室、窑床、火眼、火膛、操作区组成。窑室顶部已被破坏，残存平面为多边形，两边相交处见有火眼，火眼残存 4 个，窑床多坍塌于火膛内。操作区自火膛向东呈开放式，底面向外略高，呈斜坡状，东侧被一齐家文化灰坑打破。齐家文化遗物种类繁多，出土陶器、石器、玉器、青铜器、骨器、角器、牙器等诸类标本近千件。

汉唐至明清时期遗存较少，主要见于 4 号保护棚内。包括灰坑 4 个，灰沟 1 条，墓葬 2 座。这一时期的遗物发现极少，器类有青铜器、铁器、陶器、石器等。

本次考古发掘，大大丰富了学界对喇家遗址文化内涵的认识，为喇家遗址及其相关问题的深入研究提供了一批弥足珍贵的实物资料，同时也为喇家国家考古遗址公园的整体规划与开发利用提供了强有力的支撑。

（王倩倩　杜　玮）

【都兰县官却和吐蕃时期遗址】

发掘时间：2014 月 4～9 月

工作单位：青海省文物考古研究所、陕西省考古研究院

都兰县哇沿水库坝址位于都兰县热水

乡扎麻日村东南约 2000 米，察汗乌苏河中下游的河段上。经前期的调查与勘探，在坝址上游的察汗乌苏河两岸发现大量的古代遗迹。为配合都兰县热水乡哇沿水库工程建设，共同对水库建设涉及区域内的官却和遗址与古代墓群等进行了抢救性考古发掘，共清理房址 10 座、灶坑 31 个、灰坑 14 个、墓葬 25 座，揭露面积达 7695 平方米。

是青海境内首次发现的吐蕃时期聚落遗址。遗址位于察汗乌苏河北岸，遗址内可分为东、西两区。东部是呈南北向弧形分布的灶坑，排列整齐紧密，为集体烹食之所。这些灶可依据其平面形制分为葫芦形与圆形。遗址中西部为居住区，发现有7 处房址。依房址的内部结构可分为单体单间、单体多间两类，这些房址均只残存墙体下部的部分土坯或石块垒砌的墙基。

清理的墓葬与官却和遗址隔河相望。多为中小型墓葬，依墓室结构可分为石室、砖室、木椁墓三类，同类型墓葬分布相对集中。这些墓葬虽形制各异，但营建方式大体相同：均是在方形或圆形的土坑中营建墓室，墓室上棚以圆柏或以柏木树枝为墓顶，而后做封土。多数墓葬的封土下都建有梯形或圆形的石砌边框。在部分规格相对较高的墓葬附近，还见有殉马坑等祭祀遗迹。

虽然此次发掘遗址与墓葬均被严重盗扰，但依然出土了一批较为重要的文物，主要有陶器、铜器、随身饰品、卜骨、木简、丝绸、皮革残片等。陶器以夹砂灰陶为主，多为素面，见有少量戳印纹、水波纹。器类主要有罐、灯和杯。铜器均为素面，器类有釜、盆、盘、勺、带饰等。钱币仅出土有一枚"开元通宝"。随葬饰品见有镶绿松石金耳坠、蜻蜓眼琉璃珠、玛瑙石饰、琥珀坠饰、绿松石珠饰与少量贝饰。卜骨均为羊的肩胛骨，多见有灼痕，在两块卜骨上分别见有墨书的古藏文与墨

绘人像。木简均书有藏文。丝绸残片则均来自墓主服饰，部分残片上见有花草纹样。皮革残片可辨识的有皮鞋、马覆面等。

经对部分墓葬棚木的树木年轮测年及遗物初步推断，这批遗存属唐吐蕃时期。吐蕃时期遗址的首次发掘，具有重要的学术研究价值。对墓葬群的发掘也为研究该地区当时古民族生活状况、聚落形态，手工业技术、丧葬习俗等问题提供了新的实物材料，出土的墨书古藏文卜骨与木简等文字材料更是为研究这些墓葬的年代性质提供了重要依据。

（胡晓军 李冀源）

【都兰县扎麻日村吐蕃时期遗址】
发掘时间：2014 年 4 ～ 9 月
工作单位：陕西省考古研究院

扎麻日村遗址位于海西州都兰县热水乡，发掘区以察汗乌苏河为界，分为北岸区和南岸区。北岸区发现房址 9 座、灰坑 14 个、灶 31 个、墓葬 3 座、石堆 3 个、寺院遗址 1 处，南岸区包括房址 1 座、灶 1 个、墓葬 22 座、殉牲坑及殉人坑 6 个。

房址可分为单体多间和单体单间两类，石砌墙基，活动面为踩踏面，较坚硬，有石块支灶和烧火迹象。墓葬依墓室的构造可分为石室、砖室、木椁、土坑墓四种类型，部分墓葬带有殉牲坑或殉人坑。出土大量动物骨骼，马骨最多、羊骨次之，狗骨再次。人骨数量相对较少，包括干尸 1 具。遗物包含陶、石、木、骨、金、银、铁、铜、玻璃、琥珀、玛瑙、皮革、纺织品等各种材质，种类主要有古藏文卜骨和木简、皮革和各类纺织品、陶罐、陶甑、陶纺轮、陶灯、金耳饰、骨指环、铜镜、铜勺、铜盘、"开元通宝"等。

北岸区发现的以房址、灰坑和灶为代表的遗址是察汗乌苏河流域发现的首处古文化遗址，完善了以热水古墓群为代表的察汗乌苏河流域古文化结构。墓葬尽管遭

到严重盗扰，但结构类型完整，营建方式多样，出土的墨书古藏文卜骨、带古藏文编号的椁板及棺板、"开元通宝"等表明这批古文化遗存的主人应该是唐代吐蕃统治时期活动在该地区的吐蕃人或吐谷浑人。镶嵌玻璃珠则是汉晋以来通过丝绸之路自西向东传播的重要物品。

（胡晓军）

新 疆 维 吾 尔 自 治 区

【哈巴河县阿依托汗一号墓群】

发掘时间：2014 年 7 ~ 8 月

工作单位：新疆文物考古研究所

　　阿依托汗一号墓群位于哈巴河县库勒拜乡喀拉布拉克村东南 4000 米处。墓葬地处山前褶皱地带，分布相对分散。地表封堆主要为石堆，由山石夹黄土堆积而成。共发掘墓葬 27 座，依据墓坑形制，将墓葬分为竖穴土坑、竖穴石棺、半地面石棺和无墓室墓四种。

　　竖穴土坑墓，墓葬数量相对较多，年代跨度较大。葬式有侧身屈肢、仰身屈肢、仰身直肢三种，头向北、东北或西南。部分墓葬内殉葬有马，少数墓葬内出土有陶罐、铜箭镞、铜带饰等遗物。

　　竖穴石棺墓，石棺位于竖穴底部，由大块石板围砌而成。人骨散乱，葬式、墓向等不明，不见随葬品。

　　半地面石棺，共两座。石棺开口于封堆中部下，在石棺周缘用板状石板侧立围砌有石围。其中一座封堆下分布有三个半地面石棺，另一座封堆下分布有一个半地面石棺。石棺内人骨呈仰身屈肢葬，头向西，人骨上撒有红色赭石粉末。墓室内出土有饰戳刺纹的尖底蛋形陶罐、刻划纹橄榄形陶罐、陶豆及砺石等遗物。根据墓葬形制、葬式、葬俗、出土遗物等推测这两座墓葬为青铜时代早期阿凡纳谢沃文化遗存。

　　无墓室墓，共四座，其中一座为方形石围，石围内外为乱石堆积。清除乱石时出土有人骨两根，在石围内侧的东西两端各有一处圆形石堆，东端石堆下见有椭圆形灰烬层，灰层较薄，掺杂少量木炭粒，不见烧结面。

　　此次发掘的墓葬分布相对分散，墓葬形制多样，绝大多数墓葬遭到不同程度的扰乱，随葬品甚少。初步推测阿依托汗一号墓群年代跨度较大，时代上至青铜时代早期，下线延续至隋唐时期甚至更晚，考古学文化性质相对复杂。

（胡兴军）

【莎车县兰干青铜时代遗址】

发掘时间：2014 年 4 ~ 6 月

工作单位：新疆文物考古研究所

　　兰干遗址位于莎车县喀群乡恰木萨勒村兰干自然村东北约 2400 米的叶尔羌河北岸，为配合恰木萨水电站工程建设，我所在喀什地区文物局的配合下，对兰干遗址进行了抢救性发掘，共挖掘 10×10 米探方 20 多个，探沟 19 条，墓葬 12 座，民国时期碉堡遗址一座，加上清理的城墙，总发掘面积约 4000 平方米以上（其中部分遗迹现象未能清理完）。此次发掘是在南疆地区恐怖主义事件频发，反恐形势日趋严重这样一个特殊情况下进行的，稳定工作压倒一切，是开展一切工作的出发点。发掘工作所在的恰木萨勒村也是一个反恐工作的重点村，考古队员承受了很大的压力。时间紧，面积大，现象复杂，许多工作都是在非常仓促的情况下完成的。

　　兰干遗址是在第三次全国文物普查中

被登记的"兰干墓群",此次发掘证实其主体是一处面积较大的遗址,沿台地边缘的重点区域跨度约 500 米,面积大于 2 万平方米,其中包括一座保存较为完整的古城,以古城为中心,整个遗址可分城内、城外、沟北、沟南四个部分。古城最长处约 200 米,城内面积约 10000 平方米,外包卵石的城墙全长约 140 米,虽坍塌严重,但主体结构基本完整。城内地表多石块,地面凹凸不平,表层土与表层乱石下为生土层,有大量灰坑与柱洞,深度普遍较浅(仅城内南部的一处大坑直径 4 米,深 5.4 米)。

古城城墙采用卵石包墙的建筑形制,结构较为复杂,各段墙体的建筑方法也有不同,可能有后期的增补现象。除墓葬外,在古城外的地下还发现有些用石块人为摆出的条状石带遗迹现象,这些条状石带相互有叠压现象,有的下面还见堆积层,其性质和用途都有待于进一步研究。此外在城墙下和城内外还发现有水渠和其他遗迹。古城外以及沟北、沟南的台地上均分布有墓葬,从目前发掘的情况来看,墓葬分布面积大,稀疏不一,从发掘情况来看,这些墓葬普遍保存较好,均为竖穴土坑墓,有的有保存完好的棚木,人骨架多保存较好,仰身直肢,头多向东南,均无随葬品。

地表采集和探方发掘中发现有较多的石器,主要有马鞍形石磨盘、打制石器和穿孔石器,其中马鞍形石磨盘最多,多为残块。打制石器以盘状砍砸器最为典型,普遍器形较大。还有较多的穿孔石器,从大小形态来看,以重石为主,也有个别的石锄和饰品,多未完成穿孔或为残块。陶片以手制为主,以靠近口沿的一排由外向内穿的圆形小孔陶片最具特点,是"阿克塔拉文化"的典型器物。仅在灰坑和城墙的清理中发现有零星的小铜器,其中最大的是一把环首铜刀,未见铁器。遗址年代可暂定为青铜时代。

(艾 涛)

【和静县哈布其罕萨拉 4 号墓地】

发掘时间:2014 年 8 月

工作单位:新疆文物考古研究所

墓地位于和静县西北、天山山脉中段、哈布其罕萨拉河中上游南岸,墓地隔沟谷与西外里古城相望,距古城约 900 米。墓地墓葬分布于沟谷南岸的二三级山前台地和台地之间的坡地上。台地、坡地较为贫瘠,遍布砾石,生长少量的刺草、芨芨草和低矮牧草。墓地墓葬分布范围广、数量多,共有 260 余座。地面见马镫形石围,少量墓葬石围不甚明显或被破坏。另有祭祀遗址十余处。此次发掘墓葬 11 座,祭祀遗迹 9 处。

发掘区位于墓地西部,地处沟谷南侧二三级台地或台地之间的斜坡上。共计墓葬 11 座,其中石室墓 9 座,竖穴墓 2 座。石室墓中仅 M3 未见石围,余者地表均有马镫形石围,较大,镫柄朝向高处,墓室位于石围内中部位置,呈圆角长方形或椭圆形。墓室内有石室 1 座,用山石和片石垒砌,平铺。顶部残缺。墓室多在朝底边的一侧营建短斜坡墓道和墓门。石室内多人多次葬。完整骨骼较少。葬式以仰身直肢葬为主。随葬品有铜、陶、木、骨、玛瑙、石和铁器等。竖穴墓地表封堆为石堆,墓室平面呈圆角长方形,墓室内单人仰身直肢一次葬,随葬小件铜饰。

9 座祭祀遗迹中 J1 构筑规整,系用 0.5 米以上大石块围成的石圈,平面呈椭圆形。无遗物。J5～J9 呈链状东西向分布。均由内外双重长方形石围构成,大石块垒砌,构筑较规整。出土少量羊骨。

哈布其罕萨拉 4 号墓地发掘的石室墓地表标志、墓葬形制、葬俗葬式和随葬品特征等方面均与察吾呼文化基本相同,应属于察吾呼文化范畴。察吾呼文化中也有相类似的祭祀遗迹。通过比较分析,我们初步推断这批墓葬的时代相当于察吾呼文化中晚期,属于青铜时代晚期至早期铁器时代。

（吴　勇　王永强）

【尼勒克县乌吐兰墓地】

发掘时间：2013年8月，2014年8～9月
工作单位：新疆文物考古研究所

为配合尼勒克县环境综治项目及保护濒临破坏的墓葬，我所两度对尼勒克县乌吐兰墓群的部分墓葬及遗址进行了抢救性发掘。

乌吐兰墓群地处喀什河南岸、胡吉尔台萨依沟口北侧的河谷阶地上，东邻胡吉尔台沟沟口，南依阿布热勒山，四周为连绵起伏的丘陵，地势东高西低，气候温和，植被以草甸为主。据第三次全国文物普查资料，墓群约含墓葬154座，分布较为密集。两次合计发掘墓葬25座，祭祀遗址3处。

发掘墓葬地表均有略呈圆形的土石封堆，以数个或十数个墓葬为一组呈南北向链状排列。直径介乎7米～30米之间。据墓室结构可分为竖穴木椁墓、竖穴土坑墓、竖穴偏室墓、竖穴石棺墓。两次发掘出土陶器、铁器、铜器、金器、骨器、石器等遗物近百件，以陶器为大宗。墓葬年代跨度较大，早自青铜时代晚期和早期铁器时代，晚至汉初。

青铜时代的墓葬包括竖穴木椁墓、竖穴土坑墓和竖穴石棺墓，以前两者规模较大，反映墓主身份应较高。部分竖穴土坑墓的封堆边缘栽立一圈片石形成石环，主墓室位于其中部，周围有小型竖穴石棺墓呈半圆形排列。青铜时代竖穴石棺墓的发现在伊犁河谷尚属首次。石棺由4块与竖穴等深的片石沿竖穴土坑四壁立砌而成（个别墓葬由卵石垒砌），绝大多数用片石封盖。这些小型竖穴石棺墓墓主多为婴幼儿，往往随葬1件陶器，个别为2件。墓葬中随葬品以缸形或罐形圈足陶器为主，少数为铜、石器，陶器特征显现出与安德罗诺沃文化综合体的密切联系。

3处呈"品"字形分布的祭祀遗址经测年显示也属于青铜时代的范畴，形制基本一致，平面均为方形，方向正南北，由外围方形回廊、终始于回廊中段及四角的四道凹槽以及凹槽相交处的中心圆坑组成，凹槽及中心圆坑内可见木桩。出土物不多，仅有少量"饼"形石器、蘑菇状石杵及小铜饰件等，在编号为J3的遗址中心圆坑口则有用牛头祭祀现象。这类祭祀遗址，同样为之前所未见，其文化内涵有待深入探索和研究。

早期铁器时代的墓葬以竖穴偏室墓为主，竖穴土坑墓偶见，平面呈东西向长方形，竖穴中填充大量石块，偏室均开在墓坑北壁，以条石封堵，墓主位于偏室内，均为单人仰身直肢葬。随葬品以彩陶、羊肩胛骨、铁刀为组合，多并排位于墓主头骨前端，陶器多为平底或近似平底的圜底，以罐、壶为主，并以片石盖口。从墓葬分布看，2013年发掘的竖穴偏室墓位于墓地西南部，彩陶数量较多，而2014年发掘的竖穴偏室墓位于墓地中部偏北，出土彩陶的数量明显减少，反映出该类墓葬的分布态势和年代差异。

汉代前后的墓葬则明显以竖穴石棺墓为主，墓室在圆形土石封堆下，既有单墓室，也可见同一封堆下并排2～4个东西向墓室，墓室平面呈圆角方形，全为单人一次葬，可辨的墓主性别显示，这批墓葬不仅有异性或同性成年人合葬，还往往有成年人与婴幼儿合葬，显示这时有比较强固的血亲观念。婴幼儿石棺多位于封堆北端边缘，无随葬品，部分仅见数节羊肩胛骨或羊股骨。成人墓主的石棺内则多有陶器随葬，器类以钵为主，从部分陶器器底烟炱痕迹可以推断这些陶器全为实用器，基本不见彩陶。此外，尚有铜镜、铜牌饰、铁刀、金耳环、骨珠等随葬品。用牲方面，除常见的羊骶骨外，还可见牛骶骨。出土

遗物或位于墓主头端，或置于墓室一侧，具有清晰的布局。

尽管这两次发掘总体规模小，出土物不多，但是墓葬类型多样、时代文化特征鲜明，兼之有新类型遗存的出现，不仅丰富了这一区域的文化内涵，对进一步研究、构建伊犁河谷史前考古学文化序列及与周边地区文化交流、对比提供了新的宝贵材料。

（阮秋荣　侯知军）

【沙湾县大鹿角湾春秋至汉代墓群】

发掘时间：2014 年 9～10 月

工作单位：新疆文物考古研究所、沙湾县文体局

墓群位于沙湾县博尔通古牧场托普阿尕什、阔斯托别、喀拉阔勒等村的公共草场——大鹿角湾。墓葬数量众多，分布范围较广，西南至东北向分布在 101 国防公路东侧和大鹿角湾景区内，海拔 1900 米。

共发掘古墓葬 36 座，出土文物 51 件（套）。依据墓室结构的不同，可分为竖穴土坑墓、竖穴二层台墓、竖穴偏室墓。三类墓葬排列较为规律，不同形制的墓葬有交叉分布的现象。墓葬均开口于原地表的腐殖质层下，墓口普遍有积石，墓向均为西北—东南向。随葬品方面，生活用品一般置于墓主人头端附近（竖穴二层台墓的生活用品一般放于墓底西侧的小龛内，而小龛本身也在头端附近）。从墓室人骨的保存情况看，这批墓主人普遍流行单人仰身直肢葬，头西北，足东南，在所发掘的墓葬中仅见一座侧身屈肢葬。由于大多数墓葬被盗扰，部分墓底凌乱的人骨，也不排除二次葬的可能性。合葬墓数量较少，有同茔同穴与同茔异穴之分。36 座墓葬中，近 30 座墓葬遭受不同程度的扰动，出土器物相对较少。按质地可分为陶、铜、铁、木、石器。按器类分有陶器有罐、壶、管流等；铜器有镜、针、刀、镞、扣、饰件等；骨器有镞、角觽、扣等；石器有砺石、料珠等。

这批墓葬形制多样，文化内涵丰富，地域特征鲜明。以石圈土堆为墓葬地表标识、竖穴偏室墓以及出土的单耳陶器、三角网状纹彩陶、带柄铜镜、折檐铜镜等文化因素在沙湾以东、以西的天山山间盆地或河谷、山前地带均有大量发现，其时代多集中在春秋时期至汉代。此次较大规模的考古发掘将为这一地区考古学文化谱系、体质人类学、环境考古、动物考古等方面的研究提供难得的实物资料。

（张　杰）

【阿勒泰市乌拉斯特早期铁器时代至汉代墓地】

发掘时间：2014 年 7 月

工作单位：新疆文物考古研究所　阿勒泰市文物局

墓地位于阿勒泰市拉斯特乡拉斯特村北侧，西南距市区 5000 米。墓葬分布于乌拉斯特沟西岸，集中分为两处。地表封堆由黄土夹石块堆积而成，均不高。从发掘情况看，墓葬分为竖穴土坑墓、竖穴石棺墓、地表置入埋葬三种类型。

竖穴土坑墓 3 座，其中一座保存完整，墓室开口于封堆中部下，平面形状呈圆角长方形。墓主位于墓室南侧，单人仰身直肢，头西脚东。墓主置于由原木搭建的木棺内，木棺上平铺有一层石板。在墓室北侧殉葬有一匹马，呈俯卧状，头向西，马嘴内置有铁马衔。墓主身旁随葬品有陶壶、金箔、铁刀、羊骨等。

竖穴石棺墓 3 座，地表封堆为土石堆筑，墓室开口于封堆中部下，在竖穴底部用青色石板围砌石棺，其中一座保存完整，石棺上部有盖板。墓主为少年，头向东，仰身直肢葬，在头部附近出土有羊骨，身体右侧随葬有陶壶。

地表置入埋葬墓 2 座，将人骨置于原

始地表，骨骼散乱多不全。在人骨上用土石堆筑圆形封堆。

本次发掘墓葬数量较少，墓葬类型、出土器物与周边地区同类型相比基本一致。通过墓葬类型、葬式葬俗、出土器物等对比，初步推测墓葬年代为早期铁器时代至汉代。

（胡兴军 王永强）

【富蕴县海子口早期铁器时代至宋元墓地】

发掘时间：2014 年 9 ~ 10 月

工作单位：新疆文物考古研究所 富蕴县文物局

墓地位于富蕴县吐尔洪乡渔场北部，托留拜村西北 2000 米，富蕴至可可托海镇公路 36 号标桩的东侧。墓地地处山间谷地，两侧为高山，墓葬分布于山前坡地上。坡地上植被稀疏，由于山体风化致使地表布满砂砾。共计发掘墓葬 19 座，出土文物 20 余件（套）。

墓地墓葬分布分散。墓室形制多样，有竖穴偏室墓、地面石棺墓、半地面石棺墓、竖穴土坑墓、竖穴木棺墓和无墓室墓等。

竖穴偏室墓：4 座。封堆有石圈石堆和土堆两种，各 2 座。前者有 M1 和 M17。石圈位于最外围，用直径大石块摆放，圆形。石堆位于石圈内，近圆形。M1 偏室开于东墓壁，是 1 成年人和 1 婴儿的合葬墓，人骨仅存成年人个体脚部未被扰动。M17 偏室开于竖穴西墓壁，竖穴内殉马和羊各 1，偏室内单人葬，头骨被扰动，出土有铁镞以及铁质和骨质马具。后者为 M3 和 M9，封堆为小丘状土堆，质地疏松，土堆外围放置一圈石块。均为西偏室。M3 偏室口部用石板封闭。偏室内单人仰身直肢一次葬。无遗物。

地面石棺墓：4 座。墓葬整体构筑于原地面之上。最外围为大块山石构筑的石圈，圆形，规整。石圈中部为石堆。在石堆中心处用片状山石构筑石棺，口部用大石板封闭。石棺大致呈长方形，东西向。石棺内仅见小块碎骨，无其他遗物。

半地面石棺墓：1 座。封堆为石堆，小丘状。封堆下有石棺两座，石棺用 4 块石板侧立围成，有小部分位于原地面之上。无底板和盖板。石棺内各葬 1 人，均已被扰。

竖穴土坑墓：4 座。封堆有石堆和土堆两种，各 2 座。墓室平面呈圆角长方形。墓室内单人葬。均未见遗物。

竖穴木棺墓：1 座。小丘状封堆，西半部被公路破坏。墓室呈圆角长方形。墓底北部葬马两匹，马骨完整，马头东向、脊背向上、四肢弯曲。马口各有 1 铁质马衔。墓室南部置木棺一具，木棺由四块长条木板组成，呈梯形。有盖板，无底板。木棺内单人葬，俯身直肢。出土陶壶、铁刀、铜镜、铜牌饰、金箔片等。

无墓室墓：5 座。地表封堆明显，系用石块堆砌。封堆下不见墓室和人骨。其中 M13 封堆内出土砺石、石杵、石研磨棒和石球各 1 件；M14 封堆内出土残穿孔石器 1 件。

海子口墓地墓葬形制多样，对比周边材料，推测地面石棺墓和半地面石棺墓为青铜年代墓葬，竖穴木棺墓的年代在早期铁器时代，竖穴土坑墓和偏室墓的年代当在宋元或稍晚时期。

（王永强 艾 涛）

【伊吾县沙梁子战国至西汉时期墓地】

发掘时间：2014 年 10 月

工作单位：新疆文物考古研究所

墓地位于伊吾县吐葫芦乡沙梁子村西南的西北—东南向沙梁上。南邻东西向绵延的草场。共发掘墓葬 6 座，祭祀遗址 3 处。

遗存地表有圆形积石堆作为标志，积

石间夹杂碎砂石，多数略高于现地表。墓葬形制可分为竖穴石棺墓与竖穴偏室墓两类。前者仅有两例，墓口以片石或棚木为盖，棚木上并覆盖一层莪茇草。墓主全为幼儿，单人仰身直肢，头向东北，头骨与石棺北壁有一定间隔。随葬木碗、铁刀、铜耳环等物，并可见羊肩胛骨、羊腿骨等用牲现象；后者墓室多呈西北—东南向，偏室开口于竖穴南壁下，偏室正对一侧往往有二层台。多数墓室西侧外可见殉马坑，以整马殉葬，存有铜环、铜节约、铁马衔等物。以可观察部分而言，多数偏室墓头骨不存，并可见上下两层人骨，即除墓底偏室随葬一人外，竖穴上层亦有人骨入葬，除一例墓葬上层人骨为右侧屈肢外，其余全为仰身直肢。头向西北。随葬品有陶器、铁器、金器以及石珠类装饰品，多位于墓主头端或生前所在位置。用牲现象少见。祭祀遗址则多为地面起建，出有羊骨、陶罐、人肋骨等物。

竖穴石棺墓在欧亚草原是一种比较普遍的葬式，在沙梁子墓地周边的拜其尔墓地、东黑沟墓地等都有发现。竖穴偏室墓发现较少，特别是竖穴偏室墓外有单独殉马坑的现象在哈密地区则为首次发现。结合墓葬形制与随葬品，初步推断沙梁子墓地年代为战国至西汉前期。

（王永强　侯知军）

【昭苏县别斯喀拉盖战国至汉代墓地】

发掘时间：2014 年 4 月

工作单位：新疆文物考古研究所、昭苏县
　　　　　文物局

墓地位于昭苏县城南约 1000 米处，地处特克斯—昭苏盆地西部、乌孙山南麓的冲积平原上。西 300 米为 S212，北 200 米处为昭苏县工矿街。

此次发掘的 3 座墓葬分布于四周环山的盆地农田中，间距约 40 米左右。墓葬所在位置较周围农田地势偏高，呈南北向脊状的梁地，地势北高南低，均为石圈土堆墓，地表封堆已遭受不同程度的破坏，其营建方法为：在墓口的原地表上堆砌圆形土堆，后又沿土堆边缘依次向内放置卵石，形成平面近圆形、剖面呈"八"字形的石圈（M1 为双石圈）。从目前保存的状况看，石圈用石均为河卵石。因墓葬的封堆高大，其剖面结构清晰显示出土堆是多次堆积而成。又因墓葬所在位置的地势北高南低，封堆南侧土层堆积的层位明显偏多，以使土堆及石圈整体保持水平状态。墓室开口于封堆正中的原地表层下。从墓口残存的木板（M1 的迹象更为清晰）及墓室填土出土的木屑迹象来看，墓口应为南北纵向的木板棚盖，木板由松木原木纵向分半劈制成，板面朝下，棚盖于墓口上方。墓室已被严重盗扰，其平面呈东西向长方形，竖穴、直壁、平底。室内填五花土，出土陶钵残片、陶手柄、人骨、兽骨、石块及塑料纸、饮料瓶等。墓底不见或仅见数块人骨。

3 座墓葬应属同一时代、同一族群的文化遗存。相关的研究成果及碳十四数据表明，该类遗存的时代为战国至汉代。

（张　杰）

【哈巴河县喀拉苏墓地】

发掘时间：2014 年 5～7 月

工作单位：新疆文物考古研究所

墓地位于阿勒泰地区哈巴河县加依勒玛乡阔克塔斯村西北 2500 米的戈壁草场上。墓葬分布不集中，地表形态清楚。封堆多为岩石堆积、直径 6 米～38 米的低矮石堆，有的封堆下有石圈。墓葬开口多在封堆下中央位置，为近长方形。墓室结构不一，清理墓葬 53 座，其中偏室墓 3 座，石棺墓 4 座，石椁木棺墓 2 座，木棺墓 1 座，竖穴土坑墓 43 座；殉马的墓葬有 16 座；多数墓葬曾被扰动。42 座墓葬东北——西南向，5 座东西向，6 座近南北向。

出土文物约 600 件，按照质地可以分为石器、骨器、陶器、铜器、铁器、金器等。

M13、M15 是这次考古发掘的重要发现之一。二座墓葬均为石椁木棺墓，这两座墓葬是当时埋葬习俗的集中表现。M15 是该墓地中规模最大、规格最高、出土文物最为丰富的墓葬，殉葬有 13 匹马，出土遗物约 400 件，是新疆目前考古发掘中发现殉葬马匹数量最多的一座墓葬，是该墓地此次发掘工作取得突破的重点。通过对古人使用马、装饰马风格特点等方面的研究，无疑将会有助于准确理解亚欧草原早期牧业文明的葬俗葬制。除此之外，M18、M19、M23、M24 还出土了公元 7 世纪前后的铁马镫、箭箙、剑鞘、兜鍪等珍贵文物。

喀拉苏墓地的发掘将进一步完善阿勒泰地区史前考古学文化序列，对于阿尔泰山早期文明发展的研究有着重要的意义。虽然这批墓葬数量不多，但年代跨度大，依据墓葬形制及出土器物组合、特征的不同，可初步分为三个不同的时代，从较早的早期铁器时代到公元 7 世纪左右，有 4 座墓葬上限可能是早期铁器时代，12 座墓葬属于汉代前后，23 座墓葬可能在公元 7 世纪前后。早期铁器时代的墓葬，与阿尔泰山北部以及西部同时期古代遗存出土的遗物有一定的相似，但墓葬结构有一些差异。

发掘中，进行了对遗迹文物整体提取的尝试，局部整体提取的文物进入室内后，将有针对性地进行试验，制定工作方案，逐步进行室内发掘，以最大限度地提取文物信息。这是在新疆北部地区考古发掘现场首次针对金器、漆器、皮革制品、纺织品等不同材质的文物，进行现场保护提取，为今后田野考古发掘中现场文物保护工作提供了经验。

（于建军）

【和静县依开布鲁斯台沟口墓地】

发掘时间：2014 年 7 月
工作单位：新疆文物考古研究所

墓地地处天山东段的巴音布鲁克山间盆地东端的山前坡地上，南距开都河约 1500 米。台地地势开阔，由北向南稍有倾斜，地表牧草茂盛。墓葬分布于沟口两侧，中心坐标为北纬 42°53′11.66″，东经 85°33′2.50″。74 座墓葬中，根据墓室情况分为竖穴土坑墓、竖穴偏室墓、竖穴石室墓、竖穴石棺墓和地面石棺墓等五类。

竖穴土坑墓：该类墓葬地面有圆形石堆，部分石堆外有圆形石围。墓室位于石围石堆中下部，平面呈圆角长方形。竖穴，一般较浅。墓口多用石板封闭。墓室内为单人仰身直肢一次葬。少量墓葬中随葬铜、金、石器等。

竖穴偏室墓：封堆用卵石堆筑，平面呈圆形。墓道呈圆角长方形，其中含大量石块。偏室开于墓道东北，口部以石板封闭。偏室内人骨为单人仰身直肢一次葬，头朝西。随葬陶、铜、铁、木和石器等。

竖穴石室墓：墓室呈圆角长方形，剖面呈口小底大的袋状。墓底有石室 1 座，用片石和山石构筑，口部用石板或条石封闭。石室内人骨为单人仰身直肢一次葬。随葬器物较丰富，有铜、铁、金、木、石等。

竖穴石棺墓：地表有石堆，平面呈圆形。墓室位于封堆下中部。墓室有石棺 1 具，片石侧立围砌，多不见盖板。石棺内葬 1 人，单人仰身直肢一次葬为主。该类墓葬在石棺西南部侧板外开有壁龛，壁龛内见陶罐、铁刀和羊肉（骶骨）的组合。

地面石棺墓：发掘 2 座，二者同处于一个大石圈内，地处山前坡地上。其中 M56 位于石圈内东部。封堆为石围石堆。石围呈圆形，大块石板构筑，石堆位于石围内。在石堆中部地面上有石棺 1 具，西、东向长方形，东壁不明显，其余 3 壁用大块片石侧砌，未见盖板。石棺内葬1幼儿，仰身直肢一次葬。头西脚东。填土中出土陶片2片。石堆下部、石棺的东南地面上殉羊1只、殉马4匹。出土有铜马衔、马镳、带扣和骨马镳等。

小裕勒都斯盆地内分布着大量的史前和历史时期遗迹。就这两次的发掘情况看，该区域内墓葬均有地面标志，为圆形石堆，部分石堆外有石围或石圈。墓室形制不一，有竖穴土坑墓、竖穴石室墓、竖穴石棺墓、竖穴偏室墓和地面石棺墓几种。根据墓葬形制、随葬品特点，我们认为这应是一批早到相当于战国、晚至唐宋的墓葬群。竖穴偏室墓、竖穴石棺墓和地面石棺墓等更多的是同伊犁河谷的相关文化联系密切，竖穴石室墓与天山南麓焉耆盆地的察吾呼文化有一定联系。

（王永强　吴　勇）

【且末县来利勒克遗址群考古调查】
调查时间：2013年11～12月，2014年4～5月
工作单位：新疆文物考古研究所

来利勒克遗址群位于且末县城西南的沙化与风蚀地貌中，包括来利勒克遗址、来利勒克细石器遗址。两次调查面积近80平方千米，地表采集陶器、石器、铜器、铁器、玻璃器、木器、瓷器等各类遗物共计200余件。同时清理了渠道三条，窑址两处，墓葬、灶址各一处。

遗址中有保存较完好、规模较大的古代水利灌溉系统，与现存的建筑遗迹及北部的墓群，构成了一个完整的聚落体系。从考古调查及采集遗物判断，来利勒克遗址区内在细石器时代（约距今4000年前）就有人类在此活动，早期铁器时代人类连续在此生活，并一直沿用至宋元时期，所以遗址内遗留下众多不同时代的文化遗存，但汉唐至宋元时期文化遗物最为丰富集中，显示出来利勒克遗址的主体年代当在汉唐

至宋元时期，是汉唐时期丝绸之路南道重要的绿洲城邦"且末"国故地。

经两次对来利勒克遗址群调查发掘，为研究古代且末国文化提供了一批新的重要材料。

（胡兴军）

【奇台县石城子汉代古城遗址】
发掘时间：2014年9～10月
工作单位：新疆文物考古研究所

遗址位于奇台县半截沟镇麻沟梁村东北、河坝沿村南的麻沟梁上。平面为不甚规则的长方形。东西长约260米、南北长约380米，总面积约80000平方米。城内已被辟为耕地，破坏严重，仅西、北墙尚存一段墙体。此次发掘共布5×5米探方3个，并解剖了西墙南段一条长约50米的遗存，发掘面积约300平方米。遗存的主要年代为汉代，另有少量清代遗存。在汉代遗存中清理出城墙、壕沟、房址、灰坑、柱洞、车辙、夯窝等遗迹。房址1座，表面有一层板瓦和筒瓦残片，边缘有炭粒、红烧土、灰烬等火烧痕迹；灰坑3个，类型有椭圆形和不规则形等，内含板瓦、筒瓦及少量动物骨骼；柱洞4个，部分柱洞内残留朽木；车辙10条，从分布情况及朽痕推测很有可能是木质独轮车；夯窝痕迹明显。出土一批陶、铁、铜、石器等。陶器有板瓦、筒瓦、夹砂灰陶片和釉陶片，板瓦和筒瓦的火候高，相当坚硬。均为模制，且筒瓦的瓦舌经陶轮旋转，器表多有绳纹，内壁有布纹，具有典型的汉式风格。夹砂灰陶片的器型有罐、盆、瓮、钵等，多素面。釉陶片包括黄釉陶、绿釉陶和褐釉陶等。铜、铁、瓷和石器数量较少，分别为钱币、刀、瓷器残片和石磨盘，另外还有马、羊等动物骨骼。

与此同时，对石城子遗址进行航拍和RTK测量，全方位多角度的对古城全貌做了进一步了解，纵观该古城遗址的地形地

貌，可以看出其作为军事要塞所具有的战略优势。通过进一步科学的考古发掘后，对城址的形制布局、建筑构造及使用、废弃年代有了初步的认识，结合出土遗物进一步佐证了该遗址就是《后汉书·耿弇列传》中所记载的疏勒城。古城最后可能毁于战火。

（田小红　胡望林　巴依尔　吴　勇）

【青河县喀英德布拉克水库墓地】

发掘时间：2014 年 7～9 月

工作单位：新疆文物考古研究所

　　墓地位于青河县大青格里河上游喀英德布拉克村至喀让格托海村一线，距离青河县城 30 多千米，为配合青河县喀英德布拉克水库工程的建设，我所在青河县文物局的配合下，对受工程影响的沿线墓葬进行了抢救性考古发掘。

　　此次共发掘墓葬 15 座，除喀让格托海墓群墓葬相对集中外，其余墓葬零散分布于附近的大青河沿岸，从墓葬地面遗迹现象来看，包括石堆墓、石堆石棺墓、石堆石圈墓、石板墓等多种类型，封堆大小不一，由于靠近农田村舍与公路，许多墓葬封堆上的石块已被搬走用于修建围墙、水渠等，但墓葬的地下部分仍然保存完好，其中 M11 封堆前还保存有鹿石。从发掘结果来看，包括一些较大且外形规整的封堆在内，许多封堆下不见墓室及人骨，有的发现有小坑，坑中有少量石块，除可能是涉及"衣冠葬"、"隔季葬"这样一些较特殊的葬俗外，这些封堆也有可能是古代的祭祀遗迹而非墓葬。发现的墓室均为长方形竖穴土坑，单人葬，头向西，个别有殉马，缺乏随葬品，仅 M2 和 M7 出土有少量陶、铁、骨器和金箔。

　　这里是我国草原石人、鹿石分布最为集中的区域之一，在此次发掘所涉及的喀让格托海就发现过著名的喀让格托海石人（现存阿勒泰地区博物馆），青河县博物馆收集的一些鹿石也出于此地，发掘工作中在附近的近现代墓葬垒石中也发现有鹿石。根据 M7 中发现的殉马及出土的长颈平底壶等遗物，初步推测其时代应为汉代。其他墓葬由于缺乏随葬品，为分析墓葬年代及其他性质带来了困难，但这些墓葬地面遗迹现象的差异，一定程度上反映了不同的文化属性，也表明其年代可能不同。

（艾　涛　胡望林）

【哈密市白杨沟唐代佛寺遗址】

发掘时间：2014 年 5～6 月

工作单位：新疆文物考古研究所、哈密地
　　　　　区文物局、哈密市文物局

　　遗址位于哈密市西约 60 千米的白杨河上中游。遗址主体建筑遗存自南向北可分为四个区域，分别编号为 Ⅰ、Ⅱ、Ⅲ、Ⅳ。其中 Ⅱ 区是考古清理工作的主要区域。

　　Ⅱ 区遗址由地面建筑和崖体建筑两大部分组成。地面建筑位于高台上，以中央长方形庭院为中心，包括庭院和其四周房址和小佛塔等组成。本次发掘中，在庭院周围共清理出房址十余组 30 余间，其中新确认房址四组。发掘灰坑 40 余个，窑址一座，通道一条，壁画残留地点三处。崖体建筑处于高台东侧断崖处，遗迹由南向北分布，依次有门道、大佛殿、踏步、房址和 1 号窟等。发掘中以大佛殿为重点，兼顾大佛殿东侧遗址。大佛殿内佛像裆襟、足部基本清楚，前院与佛殿衔接处发现有柱础、柱洞等。在大佛殿南侧发现灰坑 2 个、水井 1 眼。

　　出土器物有陶器、砖、木、石和壁画等。以陶器为大宗，均为残片，夹砂陶和灰褐陶均有。器形有瓮、缸、罐、杯、钵和盏等。砖分为青砖和红砖，形状有方形和长方形两种。部分青方砖上有忍冬纹图案。壁画主要为大佛殿佛像处出土的碎块，颜色清晰。

　　白杨沟佛寺遗址群始建于高昌回鹘时

期，是研究唐代西域佛教寺院规划布局和建设发展的宝贵实证。佛寺屹立千余年，此间曾有国内外的探险、考古人员对佛寺遗址进行不同程度的调查、发掘。通过本次的清理发掘，在原本资料的基础上进一步清晰了白杨沟佛寺Ⅱ区的布局、建筑结构和单体建筑形制，特别是建筑的功能、形制、体量、外观、砌筑材料和建造工艺等，这些工作为佛寺后期的保护工程提供了科学依据。

（王永强）

第三篇

学 术 会 议

【"中国考古学会公共考古专业指导委员会成立大会暨公共考古论坛"在成都召开】

2014年4月1日,由中国考古学会公共考古专业指导委员会主办,四川省文物考古研究院、成都文物考古研究所承办的"中国考古学会公共考古专业指导委员会成立大会暨公共考古论坛"在成都召开,来自国家文物局、中国社会科学院考古研究所等30余家单位的专家学者和媒体代表参加了此次会议。会议主要包括三方面内容:一、中国考古学会公共考古专业指导委员会成立大会;二、公共考古论坛,聚焦四川考古;三、公共考古座谈会。

【"中国考古学会人类骨骼考古专业委员会成立大会"在吉林大学举行】

2014年8月14日,经中国考古学会批准,"中国考古学会人类骨骼考古专业委员会"在吉林大学成立。吉林大学为该专业委员会的依托单位。

来自中国社会科学院考古研究所等国内多家单位的40余位专家学者共同在吉林大学参加并见证了中国考古学会人类骨骼考古专业委员会的成立。

会议由吉林大学边疆考古研究中心主任朱泓教授主持。主任委员由中国考古学会常务理事朱泓担任,副主任委员分别为中国社会科学院王明辉、中国科学院刘武和吉林大学周慧,秘书长为张全超,并提请中国考古学会批准和备案。与会学者就本专业委员会成立的起因缘由、成立过程、成立意义,以及今后的人才培养、科学研究、会议举办、成果展示、信息交流等共同关心的话题展开了深入和广泛的讨论。

(刘 艳)

【"中国考古学会旧石器考古专业委员会成立大会暨泥河湾科考与研究工作合作研究签约仪式"在石家庄举行】

2014年12月19~22日,"中国考古学会旧石器考古专业委员会成立大会暨泥河湾科考与研究工作合作研究签约仪式"在河北师范大学成功举行。该会议由中国考古学会旧石器考古专业委员会主办,河北师范大学历史文化学院、河北师范大学泥河湾考古研究院、河北省文物研究所以及中国科学院古脊椎动物与古人类研究所共同承办。来自33所科研院所、高校的50余位考古学者参加了此次会议。会议包括三方面内容:其一,中国考古学会旧石器考古专业委员会成立大会;其二,学者讨论旧石器研究的新进展;其三,中国社会科学院考古研究所与河北省文物研究所举行了"泥河湾科考与研究工作合作研究签约仪式"。

【"中国考古学会新兴技术考古专业委员会成立大会暨学术报告会"在中国科学技术大学召开】

2014年12月23日,"中国考古学会新兴技术考古专业委员会成立大会暨学术报告会"在中国科学技术大学隆重召开,来自中国社会科学院考古研究所、中国科学技术大学等30余位专家学者参加了此次会议。

会议包括两方面的内容:一、中国考古学会新兴技术考古专业委员会成立大会;二、科技考古学术报告。

【"夏商周方国文明国际学术研讨会"在四川广汉召开】

2014年3月28~29日,由中国殷商文化学会、四川省文物考古研究院和四川广汉三星堆博物馆共同举办的夏商周方国文明国际学术研讨会在广汉市隆重召开。来自中国社会科学院考古研究所、历史研究所，陕西省考古研究院，吉林大学等数十家学术机构以及日本和中国台湾、香港等国家和地区的近五十名学者与广汉当地学者参加了本次会议。会议共提交论文近30篇，收入《夏商周方国文明国际学术研讨会论文集》，议题涉及夏商周时期中原文明的特征、方国的考古与历史、中原与方国之间的联系以及夏商周时期四川地区的文化特征、格局及演变等。

（冉宏林）

【"盐业考古与古代社会国际学术研讨会"在济南召开】

2014 年 4 月 25～27 日，由山东大学文化遗产研究院和历史文化学院联合主办的"盐业考古与古代社会国际学术研讨会"在济南召开。本次会议汇集了来自北京、四川、重庆、浙江、江苏、山西、山东、香港等地，以及日本、韩国的 60 多位专家学者，共提交论文 30 余篇。本次研讨会的主题包括以下四个方面：有关盐业考古的新发现及国外盐业考古的新进展，古代盐业的生产、流通、消费及管理环节的探讨，古代盐业文献史料的整理与研究，盐业遗址的保护和盐业传统文化的传承等。此次研讨会集中展示了近年来我国盐业考古所取得的成就，尤其是古代盐业生产环节的成果，是对我国盐业考古的一次整体检验。与此同时，也指出未来一段时间有待加强的学术问题，代表了在多学科研究手段和学者不断参与到盐业考古的形势下我国盐业考古工作未来发展新趋势。

（唐仲明）

【"丝绸之路考古与文物保护国际学术讨论会"在陕西西安召开】

2014 年 5 月 23～25 日，"丝绸之路考古与文物保护"国际学术讨论会在西北大学召开。会议由西北大学、奥地利欧亚—太平洋大学联盟、维也纳应用艺术大学联合主办，西北大学文化遗产学院、边疆考古与中国文化认同协同创新中心承办，来自中、德、英、法、俄、意、奥地利、捷克、印度、乌兹别克斯坦和蒙古等国家的 41 位专家学者参加了此次盛会。研讨会围绕"关于丝绸之路""纺织品—技术、保护与考古""饮食与文化互动""艺术交流""文物保护与考古""建筑""科技考古""中国物质文化研究新视角"八个方面，相继组织了 8 场主题发言和讨论，共同交流有关丝绸之路考古和文物保护研究方面的新思想、新成果和新发现，极大地拓展了丝绸之路考古与文保研究的视野。

（温　睿）

【"第二届海洋文化遗产调查研究新进展学术研讨会"在厦门大学举行】

2014 年 5 月 24～26 日，由厦门大学海洋考古学研究中心主办的"第二届海洋文化遗产调查研究新进展学术研讨会"在厦门大学举行。来自北京、天津、山东、江苏、福建、广东、香港、台湾及法国、马来西亚等地高校及文博机构 50 余位学者与会。会议共收录论文 40 篇，包括"聚落、港市与海洋经济""多元文化交流史迹""海防与海疆历史""舟船与航技""海洋族群与海洋民俗"等方面的内容，既有国内多时空的海洋文化遗产调查研究最新成果，还有马来西亚砂拉越发现的中国外销瓷、法国早期民族志中的中国帆船资料等海外中华海洋文化遗产的收集与研究，体现了国家社科基金重大项目"环中国海海洋文化遗产调查研究"的最近进展。

（王新天）

【"河南省科学技术史学会第五次会员代表大会"在河南郑州召开】

2014 年 5 月 29～30 日，由河南省科学技术史学会主办，河南省文物考古研究院承办，"河南省科学技术史学会第五次会员代表大会"在郑州市召开。参加本次会议的学会代表共计60人，分别来自郑州大学、河南大学、河南师范大学等河南省内24个不同的单位。

大会选出新一届理事会和17名常务理事，贾连敏任新一届理事会理事长，并作了就职发言，重点对新一届理事会的工作提出了设想和计划。最后学会副理事长、郑州大学历史学院王星光教授做了题为"中国古代生物质能源"的学术报告。

（梁法伟）

【"文物保护与实验室考古研讨会"在山东大学召开】

2014年6月7~8日，由山东大学文化遗产研究院、历史文化学院和中国社会科学院考古研究所联合召开的文物保护与实验室考古研讨会在山东大学举行，中国社会科学院考古研究所所长王巍、文化遗产保护研究中心主任杜金鹏、部分省市考古研究所所长、博物馆馆长、文保机构负责人，山东大学有关部门和院系负责人等共50余人参加了研讨会。与会学者们深入讨论了"实验室考古"的学科发展前景、推广应用及人才培养问题。并认为"实验室考古"是考古研究从粗犷型向精细型发展的必然趋势。在大学开展实验室考古对于考古学新理念的推广和新型人才培养均有非常积极的意义，多家省级考古机构负责人表示，要尽快在本省推广和实施实验室考古，把中国考古学研究推向一个崭新高度。

（朱　磊）

【"'城市与文明'学术研讨会"上海博物馆举办】

2014年6~8月，在上海博物馆举办了"申城寻踪——上海考古大展"。为配合本次展览主题，上海博物馆于2014年8月22~23日召开了"城市与文明"学术研讨会。分别来自中国社会科学院考古研究所、故宫博物院、北京大学等高校、各省市考古所及日本和歌山大学等30多家研究单位的60余位专家学者应邀参加。

本次会议共收到论文50余篇，近50名学者在会议上作了演讲。会议主要围绕"中国早期文明、国家起源与都邑结构社会的形成"和"中国历史时期的城市发展与城市文明"两个主题，对不同时空范围的城市发展和城市文明进行跨区域的讨论。会议按主题分为两组交流讨论。第一组讨论主要聚焦于早期文明、国家起源探索的理论、最新考古成果交流和各地区个案研究等方面。第二组讨论主要聚焦于历史时期不同地区城市考古成果及相关专题的研究。会议提交的论文即将结集出版。

（王建文）

【"'东亚古代都城暨邺城考古·历史'国际研讨会"在河北临漳召开】

2014年8月6日上午，为期三天的"东亚古代都城暨邺城考古·历史"国际研讨会在临漳县锦江迎宾馆盛大开幕，会议由中国社会科学院考古研究所、河北省文物局、邯郸市人民政府主办，临漳县人民政府、邺城考古队、邯郸市文物局承办。省、市、县相关领导，来自美国、日本、韩国、德国和全国各地文博机构、高等院校的专家学者，邯郸市及周边地区文物保护、研究机构代表，各级新闻媒体记者共计130余人出席会议。

此次研讨会以邺城考古研究为主，涵盖魏晋南北朝时期中国及东亚地区都城、陵墓考古学、历史学等研究内容，是邺城考古和邺城文化研究领域的一次重要会议。

【"张忠培先生学术思想研讨会"在辽宁召开】

2014年8月6~8日，由故宫博物院、

吉林大学边疆考古研究中心及辽宁省文物考古研究所联合主办的"张忠培先生学术思想研讨会"在姜女石考古工作站召开。文化部党组成员、故宫博物院院长单霁翔,辽宁省文化厅副厅长、省文物局局长丁辉以及来自故宫博物院、中国文化遗产研究院、复旦大学、武汉大学、吉林大学、辽宁大学、山西省文物考古研究所、吉林省文物考古研究所、辽宁省文物考古研究所、内蒙古文物保护中心、辽宁省文物保护中心等单位的22位专家、学者参加了此次研讨会。故宫博物院原院长张忠培应邀出席会议。与会代表围绕着张忠培先生的考古教育、田野考古、考古与大遗址保护、考古学理论和方法等学术思想展开了研讨。张忠培先生应邀谈了自己考古学研究的体会。

(熊增珑)

【"东亚地区生物考古学国际研讨会"在吉林大学召开】

2014年8月11~13日,由吉林大学边疆考古研究中心和中国社会科学院考古研究所科技考古中心合作主办的"东亚地区生物考古学"国际研讨会(International symposium on bioarchaeology in East Asia)在吉林大学举行。来自西班牙国家人类进化研究中心等国内外20余家科研机构和高校的40余位生物考古学学者参加了此次会议。

会议围绕生物人类学、古DNA研究、古代人类食谱分析、古代人类迁徙分析、骨骼病理学、高科技设备应用、三维数据分析、功能压力分析、高校学科合作以及人才培养等议题展开。会议上,各国专家和与会学者对生物考古学领域最前沿的研究方法和研究成果进行了深入的讨论,无论在个案分析还是人群研究上都取得了长足的进展。此次国际研讨会的召开,对于促进我国生物考古学学科的发展、推动学科、学术机构间的交叉合作,都具有重要的意义。

【"中国秦汉史研究会第十四届年会暨国际学术研讨会"在成都举行】

2014年8月15~19日,由中国秦汉史研究会主办,四川省文物考古研究院承办,宜宾市博物院、渠县文体广新局协办的"中国秦汉史研究会第十四届年会暨国际学术研讨会"在成都举行。

这次年会是继1984年成都年会后时隔30年又在成都举行的一次盛会。来自中国大陆、香港、台湾地区以及美国、英国、日本、韩国等高校、科研院所的180多位专家学者莅临会议,共提交会议论文180余篇。各位代表就秦汉时期巴蜀区域文化研究,向家坝库区秦汉遗存的发现与研究,秦汉政治、经济、社会、文化与思想研究,秦汉酒文化研究,秦汉文物、考古及出土文献研究等会议主题进行了广泛而深入的研究,取得了较大的学术成果,有力地推进了相关研究的深入。

(赵宠亮)

【"陵墓考古学国际学术研究集会"在陕西省考古研究院召开】

2014年8月21日,"陵墓考古学国际学术研究集会"在陕西省考古研究院举行,来自日本东亚大学、京都橘大学、大手前大学、东海大学,陕西省考古研究院及秦陵博物院学者共约40人参加了本次学术研究活动。本次研究集会由陕西省考古研究院多年从事秦汉唐帝陵考古的学者与日本学者分别进行了相关学术报告。

通过陕西省考古研究院多位具体从事秦汉唐帝陵考古学者的讲解,展示了近年来陕西省考古研究院在汉唐帝陵大遗址考古工作的最新收获与研究成果,这些阶段性考古工作是汉唐帝陵考古学研究的新进展,得到了与会专家的高度关注;日本学者的研究思路与方法对与会者了解日本有关古代陵墓研究有了直观的了解。

会后，与会学者对秦汉唐帝陵考古的工作情况进行了深入的交流。

【"火烧沟与玉门历史文化国际学术研讨会"在甘肃玉门召开】

2014 年 8 月 26～28 日，由玉门市政府、酒泉市文物管理局、甘肃省文物考古研究所等多家单位联合承办的"火烧沟与玉门历史文化国际学术研讨会"在甘肃玉门市召开。来自英国牛津大学、美国北卡罗来纳大学、中国社会科学院、北京大学、兰州大学、西北师范大学、陕西考古研究院、甘肃省文物考古研究所、宁夏回族自治区文物考古研究所、新疆文物考古研究所等国内外高等学府、考古文博单位的 40 名专家学者和酒泉市的 60 多名文博机构负责人、地方历史文化专家参加了会议。与会专家围绕重点围绕火烧沟（四坝）文化、玉门历史文化、玉门历史文化遗存的保护与利用、丝绸之路历史文化、玉门工业遗产保护利用等内容展开了学术研讨和交流。会议共收到学术论文 60 余篇。

（段剑蓉）

【"稻作农业起源与传播学术研讨会暨中国考古学会植物考古专业委员会成立大会"在浙江余姚召开】

2014 年 9 月 20～21 日，由中国考古学会植物考古专业委员会、浙江省文物考古研究所、余姚市文化广电新闻出版局主办，余姚市河姆渡遗址博物馆承办的"稻作农业起源与传播学术研讨会暨中国考古学会植物考古专业委员会成立大会"在余姚河姆渡宾馆召开。会议举行了河姆渡文化研究中心成立仪式和"孙国平河姆渡文化工作室"签约授牌仪式。中国考古学会秘书长、中国社会科学院考古研究所副所长陈星灿、浙江省文物局副局长吴志强、

余姚市人民政府副市长陈为能、浙江省文物考古研究所所长李小宁出席会议。来自全国高校和研究院所共 34 个文博单位的 80 多位学者参加了学术研讨活动。本次学术研讨会围绕稻作农业起源与传播、植物大遗存新资料和新成果、植物微化石等三个专题展开讨论，共有 27 位学者在会上进行了学术交流并进行热烈讨论。中国考古学会秘书长陈星灿宣布中国考古学会植物考古专业委员会成立，知名植物考古学家、中国社会科学院考古研究所赵志军研究员当选首任主任委员。

（郑云飞）

【"崧泽文化学术研讨会"在浙江杭州召开】

2014 年 10 月 10～11 日，由浙江省文物考古研究所、良渚博物院联合举办的"崧泽文化学术研讨会"在杭州召开，来自大陆及台湾地区的专家学者近百人参加了会议。浙江省文物局副局长吴志强、良渚遗址管理区委员会副主任吴立炜先后在开幕式上致辞。会上大家就崧泽文化的形成、分期、聚落、社会发展、与周邻文化的关系及陶器、石器、玉器等各方面展开了热烈的讨论，也有学者分享了崧泽文化新近的考古发现及对仰韶文化、大溪文化、大汶口文化等相关文化的新认识。

本次会议是自 20 世纪 80 年代初崧泽文化命名以来，首次以崧泽文化为专题的大型学术会议。

【"汉代陵墓考古与汉文化国际学术研讨会"在徐州召开】

2014 年 10 月 11～13 日，由中国社会科学院考古研究所、江苏省徐州市人民政府、南京博物院、中国考古学会秦汉考古专业委员会主办，徐州市文广新局、徐州博物馆承办的"汉代陵墓考古与汉文化国际学术研讨会"在江苏省徐州市召开。

参会学者共有来自德国、韩国、日本等国家，以及我国香港和各省市自治区考古文博机构、相关高等院校的专家学者130余人。会议共收到学术论文近百篇，内容包括各地区汉墓发现及研究、汉代城市聚落考古研究、汉代物质精神文化及文化交流研究等诸多方面。

研讨会以"汉代陵墓考古与汉文化"为主题，以一场全体讨论会和九场分组讨论会相结合的形式展开。全体研讨会上介绍了全国近两年来汉代考古方面的主要发现，以及国内外专家学者最新的学术研究成果。九场分组讨论会上，与会学者围绕汉代陵墓考古发现与研究、徐州地区汉代考古、秦汉陵墓的形制演变、秦汉城市聚落的发现与研究、汉代物质文化专题研究及相关精神文化研究、周边地区汉文化及文化交流等议题进行了发言和讨论。

(原　丰)

【"首届'水下考古·宁波论坛'"在国家水下文化遗产保护中心宁波基地成功举办】

2014年10月16～18日，宁波市文物考古研究所、国家文物局水下文化遗产保护中心、宁波中国港口博物馆在刚刚落成开放的国家水下文化遗产保护宁波基地联合召开了首届"水下考古·宁波论坛"。

国家文物局副局长顾玉才出席论坛并做重要讲话。论坛主题为"新技术·新方法·新思路"。与会代表共提交学术论文30余篇。14位来自不同国家和地区的专家学者在会上作专题报告。会议论文集将于2015年正式出版。

【"景德镇（乐平）南窑学术研讨会"在江西乐平召开】

2014年10月17～19日，由景德镇国际陶瓷博览会组委会、景德镇市人民政府、江西省文物局主办，乐平市人民政府、江西省文物考古研究所、景德镇市文广新局承办的"景德镇（乐平）南窑学术研讨会"在乐平举行。来自北京大学等34个单位的50多位专家学者参加了研讨会。

研讨会围绕"景德镇南窑及其相关的陶瓷文化"为主题进行交流，20余位专家学者本着百花齐放、百家争鸣的精神进行研讨，并做了精彩的演讲。内容涉及南窑遗址考古发掘的主要收获、南窑与江西地区的早期窑业、南窑与其他地区的窑业技术交流。本次研讨会提交论文18篇，拟集辑出版《景德镇南窑考古发掘与研究》一书。

(张文江)

【"首届青年考古学者论坛"在首都师范大学召开】

2014年10月18～19日，由首都师范大学历史学院主办的"首届青年考古学者论坛"在北京紫玉饭店隆重开幕。此次论坛共有44个单位的62位青年考古学者参会并发言，不仅有来自高校的老师，也有考古一线省市考古单位人员。发言内容涉及面广泛，基本反映了目前学术研究前沿。共分六大主题：考古学：理论与实践；先秦考古：手工业与社会文化；历史考古：墓葬文化与宗教艺术；文化遗产：科技保护与传承；文化：经略与交流；生业考古：动植物遗存与生业形态。从时代上看，既有关于旧石器时代考古学学术定位的思考，也有关于宋代墓葬的相关问题的研究；从地域上看，既有云南地区关于植物考古现状的汇报，也有关于中原、新疆、内蒙古地区的考古研究，不仅有国内的考古研究，也有国外的考古现状汇报；从方法上看，传统研究与新方法并存，理论与实践相结合，既有关于考古区域相关问题的讨论，也有关于稻作驯化的科技考古，既有考古学文化滞后现象浅议，也有地理环境考古的实践汇报。论坛主办方欢迎和希望越来越多的青年考古学者关注"青年考古学者论坛",让论坛真正成为青年考古学者间交流学术、沟通友谊的平台。

(钱益汇)

【"纪念二里头遗址发现 55 周年学术研讨会"在北京举行】

2014 年 10 月 25~26 日,来自日本、美国和中国香港、台湾等国家和地区及中国大陆各地的百余位专家学者,齐聚北京,参加了由中国社会科学院考古研究所主办的"纪念二里头遗址发现 55 周年学术研讨会",以夏商都邑考古为中心议题展开研讨。会上还举行了大型考古报告《二里头(1999—2006)》的首发式。

与会专家学者共提交论文 60 余篇,议题涉及中国早期国家形成过程与机制、夏商都邑布局与内涵、早期铜玉礼器等制品的生产和消费、早期都邑的多学科整合研究、青铜文化间的交流互动以及夏商考古研究史等多个方面。若干新材料与新观点引人注目,相信会大大推进相关领域研究的深入。

【"濮阳与华夏文明学术研讨会"在河南濮阳举行】

2014 年 10 月 28~29 日在河南濮阳举行了"濮阳与华夏文明"学术研讨会。本次研讨会由中国社会科学院古代文明研究中心、河南省文物局、濮阳市人民政府主办,河南省文物考古研究院、首都师范大学考古系、濮阳市文广新局承办,来自国内二十多个文博单位的近百人参加了此次会议。

会上探讨了河济地区与文明起源和形成有关的遗存及相关问题,对濮阳和邻近地区文化面貌、濮阳地区在华夏文明起源中地位和作用、早期夏文化、先商文化等议题进行了充分地交流。

【"早期城址:聚落与社会——区域政体的形成学术研讨会"在山东济南举行】

2014 年 10 月 30 日~11 月 1 日,由中华文明探源工程(四)项目组、山东省文物局主办,山东省文物考古研究所承办的"早期城址:聚落与社会——区域政体的形成"学术研讨会在济南成功举办。来自探源项目执行专家组、监理组及全国十余所考古文博单位、高校及相关科研机构的 60 多位学者应邀参会。会议以早期城址的发现与研究、以城址为中心的区域聚落与社会的考古学研究、跨区域的早期城址比较研究为主题对不同地区早期城址所反映的区域政体的形成过程和特点展开了热烈而广泛的讨论。本次会议收到论文 32 篇,涉及文明起源、早期社会整合、国家定义、阶级社会下的统一信仰、聚落考古与城市起源研究、早期国家的兴起等多项议题。

(吴志刚)

【"考古与文化遗产保护专题研讨会"在南京召开】

2013 年 11 月 7 日,南京博物院建院 80 周年纪念大会暨扩建工程展览开放活动的重要内容之一,江苏省考古研究所承办的"考古与文化遗产保护专题研讨会"在南博召开。来自中国社会科学院考古研究所、北京大学、国家博物馆及重庆、四川、甘肃、山东、河南洛阳、安徽、浙江、江苏南京及无锡等省、市文博、考古机构的十多位主持考古与文化遗产保护工作的代表出席。会议由北京大学震旦文明研究中心主任李伯谦和国家文物局专家组成员徐光冀共同主持。与会学者积极探讨考古及文化遗产保护与社会经济发展间的关系,交流各地考古与文化遗产保护工作的经验,展示所在地区公众考古的成果及考古发掘新收获,阐释了田野考古与考古学研究在中国文化遗产保护事业中的地位和作用。

(顾 筼)

【"第五届全国动物考古学研讨会暨中国考古学会动物考古专业委员会成立大会"在首都师范大学召开】

2014 年 11 月 14～16 日，"第五届全国动物考古学研讨会暨中国考古学会动物考古专业委员会成立大会"在首都师范大学国际文化大厦举行，来自中国社会科学院考古研究所、国家博物馆、北京大学考古文博学院等 22 个单位的科研人员、教师和研究生近 60 人参加这次学术会议。

吉林大学边疆考古研究中心陈全家教授主持会议开幕式，首都师范大学历史学院副院长刘屹教授致欢迎辞，中国考古学会理事长、中国社会科学院考古研究所所长王巍研究员宣布中国考古学会动物考古专业委员会成立，宣读动物考古专业委员会名单。中国社会科学院考古研究所研究员、动物考古专业委员会袁靖主任对历届动物考古学会议所取得成绩简要回顾、展望未来。

研讨会共 17 位研究人员发言，发言内容涉及动物考古学的理论和方法、动物考古学专题研究、具体考古遗址出土动物遗存的研究和多学科研究。参会代表还对中国考古学会动物考古专业委员会的建设献计献策。湖南省文物考古研究所袁家荣研究员做大会总结，袁靖研究员致闭幕词。

（尤　悦）

【"环太湖地区新石器时代晚期文化暨钱山漾遗址学术研讨会"在浙江湖州召开】

2014 年 11 月 14～16 日，由浙江省文物考古研究所和浙江湖州市文广新局（文物局）主办、浙江湖州市文物保护管理所承办、上海博物馆考古研究部合作的"环太湖地区新石器时代晚期文化暨钱山漾遗址学术研讨会"在浙江湖州召开。来自北京故宫博物院等国内考古文博机构的 60 余位代表参加了会议，会议将"钱山漾一期文化遗存"正式命名为"钱山漾文化"。浙江省文物考古研究所丁品研究员、上海博物馆考古研究部陈杰研究员和安徽省考古研究所宫希成研究员分别结合浙江湖州钱山漾遗址、上海松江广富林遗址和安徽歙县新洲遗址等作了主旨演讲。研讨会重点围绕"钱山漾文化"的命名和太湖地区新石器时代晚期考古学文化发展序列等学术问题展开。

（丁　品　陈明辉）

【"江苏省考古学会第六届会员代表大会暨 2014 年年会"在南京召开】

2014 年 11 月 20～22 日，"江苏省考古学会第六届会员代表大会暨 2014 年年会"在南京召开，来自省内多家考古文博机构、高校等各团体会员的 70 余位代表出席。会员代表大会听取并审议通过了第五届理事会工作报告。进行了理事会换届选举，表决通过第六届理事会理事 49 人候选名单，并由理事选举产生 25 名理事会常务理事。推选林留根为第六届江苏省考古学会理事长，李民昌、李银德、周润垦、华国荣、张照根、王书敏、刘宝山任副理事长，周润垦兼任秘书长。理事长林留根代表第六届理事会，就学会的组织工作、人才培养、学术定位、交流活动发表工作规划。江苏省考古学会挂靠单位，南京博物院副院长王奇志致辞。学会副理事长李民昌致闭幕词，林留根理事长作总结发言。

本次年会围绕"考古学研究与地域文明探索"主题，分四个段落进行了共 24 项考古新发现及研究成果的交流与研讨。议题涵盖文明起源、史前考古学文化、聚落考古、汉代陵墓考古、城市考古、墓葬、古代体质人类学、文物研究多方面内容，推进了"江苏史前文化谱系和文化序列"，"湖熟文化年代、文化来源、内涵特征及聚落形态"，"苏北商周考古、徐海地区徐淮夷文化、东夷文化"等课题研究的进一步开展。本次大会由南京市博物馆总馆、南京市考古研究所负责承办。

（顾　筼）

【"全国第十二届科技考古研讨会"在广州中山大学举办】

2014年11月24～27日，由中山大学社会学与人类学学院、中国科学院大学科技史与科技考古系、中国社会科学院考古研究所科技考古中心、中国科技考古学会等单位共同举办的"全国第十二届科技考古研讨会"，在中山大学南校区（广州）召开。共有来自中国、美国、法国、斯里兰卡等国内外50多家科研单位、高校的150多位专家学者参加了本次会议。会议围绕陶瓷考古、冶金考古、玻璃考古、玉器考古、生物考古、环境考古、农业考古、残留物考古以及考古技术、文物保护等多个议题进行了探讨和交流。

【"第四届北京高校研究生考古论坛"在首都师范大学召开】

2014年11月29～30日，由首都师范大学历史学院及中国人民大学历史学院共同主办的"第四届北京高校研究生考古论坛"在北京紫玉饭店举办。参加此次论坛的单位主要有北京大学考古文博学院、北京师范大学历史学院、北京科技大学冶金与材料史研究所、北京联合大学应用文理学院、中国艺术研究院研究生院艺术学系、中央民族大学民族学与社会学学院、中央民族大学历史文化学院、中国科学院大学人文学院科技史与科技考古系、中国社会科学院研究生院、中央美术学院人文学院等十个在京单位，以及郑州大学历史学院、复旦大学文物与博物馆学系、武汉大学历史学院及浙江大学人文学院等四所特邀高校。

此次论坛共有43位研究生参会并发言，20位高校教师作为点评嘉宾进行了评议发言。论坛共分五大专题：史前技术与社会、历史考古与文化、科技考古与文物保护、墓葬与美术、博物馆与文化遗产。从时代上看，既有关于新石器时代考古学研究的探讨，也有关于明代军事防御体系的考古学观察；从地域上看，既有藏区舟曲博峪藏族女性服饰初探，也有关于中原、新疆、东北等地区的考古研究；不仅有考古研究，也有民族学、博物馆学、美术史的研究交流；从方法上看，传统研究与新方法并存，理论与实践相结合。最后，中国人民大学魏坚教授做学术总结并宣读了本届优秀论文获奖名单及下届论坛举办单位。

（吴宝林　白彦伟　房　鑫）

【"第四届黄淮七省考古论坛"在江苏南京召开】

2014年12月5～7日，由江苏省文物局、南京博物院主办的第四届"黄淮七省考古论坛"在江苏南京举行。来自陕、晋、豫、冀、鲁、皖、苏七省文物局、考古研究所（院），以及国家文物局、中国社会科学院考古研究所、中国国家博物馆、中国文物报社、科学出版社文物考古分社、山东大学、中国科技大学、南京大学、南京师范大学受邀代表共90余人出席。论坛开幕式由江苏省文物局文物保护处处长李民昌主持，江苏省文化厅副厅长、南京博物院院长龚良出席，江苏省文物局局长刘谨胜致欢迎词，国家文物局文物保护与考古司王铮，中国社会科学院考古研究所副所长陈星灿先后致辞。

各省及江苏省南京市的考古研究所（院）代表，就机构管理、田野考古、资料整理、报告出版、大遗址保护、科技手段及文物安全等工作内容广泛交流。随后分六个段落，进行了35项考古新发现及研究成果的主题发言，内容涵盖顺山集文化研究、黄淮流域史前聚落考古、生计模式与环境分析、城市考古等多方面内容。除传统考古学外，还涉及科技考古、水下考古、考古学与文化遗产保护、公众考古各分支学科研究。新的理念、方法及技术的展示与推介为本届论坛的一个亮点。

"黄淮七省考古论坛"已成为连续性的区域学术论坛。提供了一个展示黄淮地区考古工作新成果，促进学术交流与合作的重要平台。推动了"黄淮区域考古学文化演进与交融、地区文明化历程及早期国家形成与发展"等考古学命题的研究进程。

经商定"第五届黄淮七省考古论坛"在河北举行，由河北省文物研究所承办。

（顾　篱）

【"早期越窑及上虞禁山窑址学术研讨会"在浙江上虞召开】

2014 年 12 月 19～21 日，由浙江省文物考古研究所和绍兴市上虞区人民政府主办的"早期越窑及上虞禁山窑址学术研讨会"在浙江上虞举行。来自北京大学、中国社会科学院考古研究所、故宫博物院、复旦大学、湖南省文物考古研究所、陕西省考古研究院、安徽省文物考古研究所、南京市文物遗产研究所等多家单位的近 20

位专家学者以及包括新华社、中央电视台、光明日报社、钱江晚报等省内外众多新闻媒体出席。

专家们在分析评价考古调查发掘成果的基础上，重点围绕禁山窑址发掘的学术意义、成熟青瓷的起源过程、聚落考古在瓷窑址考古中的践行、汉代南北文化的交融、三国两晋时期上虞地区与南京的互动、禁山窑址及整个窑址群的保护与利用等问题进行了深入而热烈的研究讨论。

（郑建明）

【"曾国考古发现与研究学术研讨会"在北京召开】

2014 年 12 月 21 日，湖北省博物馆、湖北省文物考古研究所联合清华大学出土文献保护与研究中心、北京大学震旦古代文明研究中心在北京的湖北大厦共同主办"曾国考古发现与研究"学术研讨会，进一步深入讨论了曾国历史的有关问题。

在此次研讨会上，我所专家介绍了近年来在随州的文峰塔、叶家山以及枣阳郭家庙等地出土的曾国文物，与会的专家们充分肯定了这些发现对于周代历史文化研究的重大价值，并就这些新发现展开了热烈的讨论。

（唐　宁）

第四篇

对外学术交流

【中国社会科学院考古研究所】

出访

2014 年 1 月 11 ~ 19 日，应印度太平洋史前史学会的邀请，中国社会科学院考古研究所副所长陈星灿、科技考古中心主任赵志军、史前考古研究室副主任李新伟和科研处翟少冬博士赴柬埔寨参加"印度太平洋史前史学会第 20 次年会"，在会上分别做了学术演讲。

2014 年 1 月 21 ~ 24 日，应韩国文物研究院的邀请，中国社会科学院考古研究所副所长陈星灿赴韩国进行学术访问，并做题为《中国史前的埋葬制度——出土龟甲响器墓葬的分析》的学术演讲。

2014 年 3 月 13 ~ 16 日，应日本明治大学日本古代学研究所的邀请，中国社会科学院考古研究所所长王巍赴日本参加由日本明治大学和奈良县明日香村政府共同主办的"飞鸟、藤原与世界文化遗产"学术研讨会，在会上做了题为《飞鸟、藤原与日本古代国家的形成》的学术演讲。

2014 年 3 月 17 ~ 21 日，应日本明治大学大学院文学研究科的邀请，中国社会科学院考古研究所汉唐考古研究室主任朱岩石赴日本参加"明治大学收藏好太王碑拓本与新出土集安高句丽碑的碑文历史研究"国际学术研讨会，在会上做了题为《高句丽国内城与北朝都城比较研究》的学术演讲。

2014 年 3 月 20 ~ 31 日，应意大利文化遗产与活动部的邀请，中国社会科学院考古研究所史前考古研究室副主任梁中合赴意大利执行"早期中国——中华文明系列展 I"文物展览的文物点交、撤展工作。

2014 年 3 月 21 ~ 26 日，应澳大利亚昆士兰大学社会学学院的邀请，中国社会科学院考古研究所科技考古中心主任赵志军赴澳大利亚参加由昆士兰大学和美国哈佛大学联合举办的题为"采集狩猎者是否接受农业？农耕在东亚、Sunda/Sahul 的扩展"的国际学术研讨会，在会上作题为《采集狩猎向农耕生产的过渡——以东胡林遗址为例》的学术演讲。

2014 年 3 月 26 日~4 月 1 日，应美国亚洲研究协会的邀请，中国社会科学院考古研究所史前考古研究室副主任李新伟赴美国参加"亚洲研究协会"2014 年年会，在会上做了题为《彩陶中国的重新思考》的学术演讲。

2014 年 4 月 28 日~5 月 2 日，应韩国 HANBIT 文化财研究院的邀请，中国社会科学院考古研究所夏商周考古研究室主任许宏赴韩国进行学术访问，做了题为《青铜的政治性消费与中原王朝的初兴》、《大都无城——中国早期古都的动态解读》的学术演讲。

2014 年 5 月 13 ~ 20 日，应乌兹别克斯坦第一副总理、会议组委会主席 Rustam Azimov 先生的邀请，中国社会科学院考古研究所副所长陈星灿赴乌兹别克斯坦参加在撒马尔罕召开的以"为现代文明、现代科学和哲学作出巨大贡献的伟大历史学者"为主题的国际学术会议，在会上做了《中国文物考古和文化遗产保护研究方面的进展》的学术演讲。

2014 年 5 月 24 ~ 30 日，应韩国学术院的邀请，中国社会科学院考古研究所科研处处长丛德新和边疆民族考古研究室郭物副研究员赴韩国就丝绸之路考古学研究开展学术交流活动。

2014 年 6 月 5 日~6 月 16 日，应蒙古国立大学的邀请，中国社会科学院考古研究所副所长陈星灿和史前考古研究室贾笑冰副研究员赴蒙古国参加"第六届世界东亚考古学会大会"，在会上分别做了《新石器时代的水稻田是犁耕的吗？中国长江下游地区昆山遗址出土石犁的功能分析》、《岛屿考古的理论方法探讨——辽宁大连广鹿岛小珠山遗址发掘》的学术演讲。

2014 年 6 月 7 ~ 14 日，应韩国人与动物文化研究团体的邀请，中国社会科学院考古研究所科技考古中心的袁靖研究员赴韩国做了题为《中国古代家养动物研究》的学术演讲。

2014 年 7 月 1 ~ 11 日，应墨西哥国立人类学与历史学研究所、洪都拉斯人类学与历史学研究所的邀请，中国社会科学院考古研究所所长王巍和史前考古研究室副主任李新伟赴墨西哥、洪都拉斯考察中美洲文明遗址。在访洪期间，在洪都拉斯胡安·埃尔南德斯总统的见证下，王巍所长与洪都拉斯人类学与历史学研究所所长帕瑞德斯签署了双方合作协议。

2014 年 7 月 1 日 ~ 9 月 25 日，应日本金泽大学文学部的邀请，中国社会科学院考古研究所夏商周考古研究室主任许宏赴日本就东亚早期文明相关学术问题开展学术交流活动。

2014 年 9 月 1 日 ~ 10 月 21 日，应乌兹别克斯坦科学院考古研究所的邀请，以中国社会科学院考古研究所汉唐考古研究室主任朱岩石为队长的 10 人考古队赴乌兹别克斯坦参加中乌双方合作开展的明切佩古城遗址发掘与研究工作。

2014 年 9 月 1 ~ 14 日，应日本北海道大学综合博物馆的邀请，中国社会科学院考古研究所科技考古中心的袁靖研究员赴日本就中国古代家鸡研究和东亚地区动物考古研究相关的问题开展学术交流活动。

2014 年 9 月 18 ~ 25 日，应（韩国）中国古中世史学会的邀请，中国社会科学院考古研究所洛阳工作站站长钱国祥、西安研究室副主任刘振东和汉唐考古研究室韩建华副研究员赴韩国参加"中国古中世的历史空间与都城"国际学术研讨会，分别在会上做题为《魏晋南北朝的都城形制及演变》《汉长安城的空间结构与形制》《考古学视野下的中国中世纪都城系统——

以长安城为中心》的学术演讲。

2014 年 9 月 23 ~ 30 日，应乌兹别克斯坦科学院考古研究所的邀请，中国社会科学院考古研究所所长王巍和副所长陈星灿等 7 人赴乌兹别克斯坦对中乌合作开展的考古发掘与研究工作工地进行实地考察并现场指导工作。

2014 年 11 月 19 日 ~ 2015 年 2 月 14 日，应日本早稻田大学的邀请，中国社会科学院考古研究所汉唐考古研究室副主任董新林赴日本继续完成日本学术振兴会论文博士项目"东北亚视角的辽代陵寝制度考古学研究——以辽祖陵和庆陵为中心"。

2014 年 11 月 25 ~ 28 日，应韩国庆州市政府的邀请，中国社会科学院考古研究所安阳工作站站长唐际根赴韩国参加题为"新罗古代宫殿重建问题"的国际学术研讨会，在会上做《关于殷墟文化遗产保护实践》的学术演讲。

2014 年 12 月 3 ~ 14 日，应澳大利亚悉尼大学、新西兰奥塔哥大学的邀请，中国社会科学院考古研究所所长王巍赴澳大利亚和新西兰就世界考古学发展趋势、世界文明起源、加强学术交流与合作等开展学术交流活动。

2014 年 12 月 4 ~ 9 日，应日本中国考古学会的邀请，中国社会科学院考古研究所副所长白云翔赴日本参加"日本中国考古学会 2014 年度大会"并进行参观访问。在日本期间，先后在九州大学东亚文化财研究中心、日本中国考古学会 2014 年度大会上作了题为《中国铁器工业考古的若干问题及其再认识》的学术讲演，同日本学者就东亚铁器工业考古以及中国考古学的有关问题进行了广泛的学术交流。

2014 年 12 月 7 ~ 14 日，应德国考古研究院的邀请，中国社会科学院考古研究所科研处处长丛德新赴德国就中国新疆阿顿乔鲁遗址的新收获开展学术交流活动。

来访

2014 年 1 月 7 日，应中国社会科学院考古研究所的邀请，东京大学考古学研究室主任、原（日）中国考古学会会长大贯静夫教授在考古研究所学术报告厅举行了一场主题为"夏商周与 C^{14} 测年"的学术讲演。本次讲演由陈星灿副所长主持，"夏商周断代工程"首席专家、专家组副组长、碳十四测年研究课题组负责人仇士华研究员、考古研究所碳十四测年实验室负责人张雪莲研究员、丰镐队队长徐良高研究员、考古研究所其他研究人员以及各高校老师、学生也参加了这次讲演会。

2014 年 4 月 1～10 日，根据中国社会科学考古研究所与乌兹别克斯科学院考古研究所签订的合作研究协议，应中国社会科学院考古研究所的邀请，乌兹别克斯坦科学院考古研究所的马特巴巴耶夫教授（Matbabaev Bokijon）一行三人来华进行学术访问，到北京、西安、新疆等地的有关考古遗址和博物馆参观考察。

2014 年 4 月 1 日～9 月 25 日，应中国社会科学院考古研究所的邀请，日本立命馆大学文学部的准教授西林孝浩来华进行学术访问。此次访问主要是就公元前 3 世纪末至公元后 13 世纪末的中国美术研究进行深入研究。访华期间，根据研究需要，他到陕西省、河北省、山西省等地有关博物馆参观考察。

2014 年 4 月 15 日～5 月 17 日，应中国社会科学院考古研究所的邀请，美国加州大学洛杉矶分校的博士研究生博凯龄（Katherine Brunson）来华进行学术访问。此次访问主要是与考古所有关学者就动物考古学研究和古 DNA 研究进行学术交流。

2014 年 5 月 21 日，应中国社会科学院考古研究所的邀请，英国艺术与人文研究理事会首席执行官、英国研究理事会执行主席 Rich Rylance 一行四人到考古研究所访问，就考古研究与文化遗产保护等进行深入交流。考古研究所副所长陈星灿、科研处处长丛德新参加会见。

2014 年 6 月 1～8 日，应中国社会科学院考古研究所的邀请，俄罗斯科学院考古研究所的德夫莱特·叶卡捷琳娜（Devlet Ekaterina）和库洛·加林娜（Korol Galina）来华进行学术访问。此次访问主要是与有关学者就中俄考古学研究进行深入交流，并到有关博物馆进行参观访问。

2014 年 6 月 17 日，应中国社会科学院考古研究所的邀请，韩国国立中央博物馆的李娅恩博士一行两人到考古研究所访问，王巍所长、白云翔副所长会见。

2014 年 9 月 4 日，应中国社会科学院考古研究所的邀请，日本国立历史民俗博物馆的准教授上野祥史一行三人到考古研究所访问，王巍所长会见。

2014 年 10 月 9～16 日，应中国社会科学院考古研究所的邀请，韩国东亚细亚文化财研究院院长辛勇旻等 15 人来华参加由中国社会科学院考古研究所、江苏省徐州市人民政府、中国考古学会秦汉考古专业学术委员会在徐州联合举办，江苏省徐州市文广新局、徐州博物馆承办"汉代陵墓考古与汉文化国际学术研讨会"。

2014 年 10 月 24～27 日，应中国社会科学院考古研究所的邀请，日本东洋文库的饭岛武次教授等 11 人来华参加在北京举办的"纪念二里头遗址发现 55 周年国际学术研讨会"。

2014 年 12 月 3～12 日，应中国社会科学院考古研究所的邀请，日本奈良文化财研究所的今井晃树和栗山雅夫两位先生来华进行学术访问。除了到考古所进行访问外，主要是到考古所河北邺城考古队和洛阳工作站就有关遗址出土砖瓦类遗物进行考察研究。

2014 年 12 月 7 日～2016 年 12 月 7 日，应中国社会科学院考古研究所的邀请，韩国学者申浚到考古研究所进行博士后研究，研究领域为陶瓷器考古研究，其指导教授为王巍所长和朱岩石研究员。

【辽宁省文物考古研究所】

出访

2014 年 4 月 18 ~ 22 日，应韩国蔚山文化财研究院邀请，辽宁省文物考古研究所书记李新全、万雄飞、熊增珑一行三人赴韩国进行学术演讲和业务交流。在韩国蔚山文化财研究院，李新全作了《貊人遗存的考古学观察》、万雄飞作了《辽代契丹贵族墓葬的葬俗》、熊增珑作了《辽西地区新石器时代聚落研究》三个学术演讲，并与韩国方面有关学者就演讲内容进行了充分交流。

2014 年 12 月 16 ~ 19 日，应日本奈良文化财研究所的邀请，辽宁省文物考古研究所所长吴炎亮、李霞、肖俊涛、高振海一行四人赴日本进行例行访问及业务交流。

（李　霞）

来访

2014 年 3 月 21 ~ 25 日，日本奈良文化财研究所小池伸彦一行 5 人来辽宁省文物考古研究所，继续开展"辽西地区东晋十六国时期都城研究"的合作项目。

2014 年 7 月 7 日，韩国蔚山文化财研究院杨尚弦院长一行 14 人来辽宁省文物考古研究所进行学术交流和考察。

2014 年 10 月 8 ~ 12 日，韩国蔚山文化财研究院调查研究课课长金贤植一行 6 名学者来辽宁省文物考古研究所进行了学术交流和考察。韩方学者金贤植、崔守亨分别作了《南韩先史时代房屋的变迁》和《有关庆州地区新罗积石木椁墓情况》的学术演讲。

【吉林省文物考古研究所】

出访

2014 年 10 月 27 日 ~ 10 月 31 日，宋玉彬等 4 人访问了俄罗斯科学院远东分院远东民族历史、考古与民族研究所，宋玉彬与该所所长拉林就两所间的科研合作交换了意见，双方科研人员进行了学术座谈，并互赠了学术成果。

（解　峰）

【南京博物院考古研究所】

出访

2013 年 11 月 6 日，考古研究所所长林留根受邀出席韩国百济文化学会主办的"百济与马韩时期的社会性格"学术讨论会，报告"江苏土墩墓考古新进展"。同日于韩国湖南文化财研究院，作"江南土墩墓建筑遗存的发现与研究"主题演讲。

【杭州市文物考古研究所】

来访

2014 年 6 月 19 ~ 20 日，日本京都大学名誉教授、国际木材科学院院士、国际木材解剖学会成员伊东隆夫在南京大学考古学教授黄建秋陪同下，到杭州市文物考古研究所进行业务考察交流。

【安徽省文物考古研究所】

出访

2014 年 11 月 23 ~ 12 月 13 日，安徽省文物考古研究所姚政权、张辉参加了由安徽省文化厅组织，德中高级人才交流与经贸合作促进会承办的"文化遗产保护和利用"赴德培训班。本次培训共计 21 天，访问了多塞尔多夫、柏林和慕尼黑三个地方。

来访

2014 年 6 月 12 ~ 14 日，美国科学院院士、匹兹堡大学教授周南先生专程来我所，洽谈凌家滩及裕溪河流域的区域系统调查资料的整理研究事项。

【河南省文物考古研究院】

出访

2014 年 4 月，河南省文物考古研究院副研究员郭木森应邀赴韩国蔚州民俗博物馆进行与古代陶瓷研究有关的学术交流活动，做《中国宝丰清凉寺汝窑、汝州张公巷窑》专题演讲。

2014 年 4 月 8～12 日，河南文物考古研究院孙蕾博士应北美体质人类学会邀请，前往加拿大艾伯塔省卡尔加里市参加第 83 届北美体质人类学年会。

2014 年 7～9 月，河南省文物考古研究院馆员侯彦峰、王娟博士应法国国家科学研究中心邀请，前往法国巴黎进行 3 个月的学术访问，学习交流骨器微痕分析。

2014 年 9 月，根据 2012 年河南省文物考古研究院与韩国国立中原文化财研究所签订的学术合作研究协议，河南省文物考古研究院副院长刘海旺等 3 位人员赴韩国忠清北道忠州市进行东亚冶铁文化合作研究交流。

2014 年 9 月，根据 2012 年河南省文物考古研究院与韩国先史文化研究院签订的学术合作研究协议，河南省文物考古研究院研究员李占扬等两位人员赴韩国忠清北道清州市进行东亚史前文化合作研究交流。

2014 年 9 月，根据 2012 年河南省文物考古研究院与美国圣路易斯华盛顿大学人类学系签订的学术合作研究协议，河南省文物考古研究院副院长魏兴涛等两位人员赴美国圣路易斯市进行三杨庄遗址古环境合作研究交流。

2014 年 9 月，河南省文物考古研究院副院长陈家昌应邀前往澳大利亚墨尔本大学文物保护研究中心进行学术交流。

2014 年 10 月 23～28 日，河南省文物考古研究院刘海旺、朱汝生、蓝万里参加韩国国立中原文化财研究所的"中韩中原地区冶铁文化和城市考古国际学术研讨会"。

2014 年 10 月，河南省文物考古研究院院长贾连敏等 5 位人员赴日本奈良等地进行学术交流、合作研究。

来访

2014 年 7 月 10～22 日，加拿大阿尔伯塔大学（University of Alberta）人类学系副教授 Sandra Garvie-Lok 博士到河南省文物考古研究院进行访问和学术交流。2014 年 7 月 14 日上午，Garvie-Lok 副教授在我院做了题为"生物考古探究古人类之生活：以希腊为例"的学术报告。

（梁法伟）

2014 年 8 月 26 日，日本奈良文化财研究所巽淳一郎一行五人到河南省文物考古研究院进行双方交流合作研究洽谈。

（曹艳朋）

2014 年 8 月 29 日～9 月 1 日，法国萨瓦大学（Université de Savoie）克里斯朵夫（Christophe Griggo）教授到河南省文物考古研究院进行学术交流活动，并实地考察灵井许昌人遗址考古发掘现场。

（李占扬）

【洛阳市文物考古研究院】

出访

2014 年 6 月 24～27 日，"复原定林寺国际论坛"在韩国忠清南道的扶余郡举行。洛阳市文物考古研究院史前研究室主任司马国红参加了论坛并做了题为《隋唐洛阳城明堂、天堂遗址的发掘及保护》的学术报告。

2014 年 7 月，洛阳市文物考古研究院院长史家珍参加由河南省文物局组织的代表团，赴埃塞俄比亚、肯尼亚开展文物保护交流活动，代表团由河南文物局副局长孙英民带队。本次代表团受到埃塞俄比亚国家博物馆、肯尼亚内罗毕市政府的邀请。在非洲期间，代表团与肯尼亚内罗毕市政府，埃塞俄比亚国家博物馆等单位洽谈关于合作开展考古发掘、举办文物展览等方面的合作，与相关专家研讨非洲古文明、古人类研究情况及利用现代科技在文物保护与修复运用中的经验和做法。并与两国文博单位签订了战略合作框架协议。

来访

2014 年 11 月 6 日，中韩友好文化交流签约仪式暨学术报告会在洛阳市文物考古研究院一楼学术报告大厅举行，韩国百济古都文化财团院长朴钟晚先生、经营部部长李秉雄先生、古都遗产部部长李东周、李梅花女士参加了仪式并由李东周博士做了题为《扶余百济主要遗址地概况》的学术报告。

【重庆市文化遗产研究院】

　　出访

2014 年 1 月 13～19 日，重庆市文化遗产研究院副院长白九江研究馆员、代玉彪馆员一行前往柬埔寨暹粒市，参加由柬埔寨王国皇家社会科学院与印度—太平洋史前学会联合举办的"印度—太平洋史前学会第 20 届国际学术研讨会"，并分别做《重庆（四川盆地）与北方地区新石器晚末期的文化交流》和《重庆丰都玉溪遗址考古发现与多学科研究》的学术报告。

2014 年 5 月 19～23 日，重庆市文化遗产研究院院长助理杨小刚研究馆员应邀赴美国加州，参加由美国盖蒂保护研究所、柯岑考古研究所、加州大学洛杉矶分校联合举办的"第 40 届世界科技考古论坛"。

2014 年 9 月 10～26 日，重庆市文化遗产研究院院长邹后曦研究馆员、李大地副研究馆员应俄罗斯图瓦共和国图瓦大学邀请，参加"蒙古、贝加尔湖、西伯利亚地区古代文化国际学术会议"。

　　来访

2014 年 7 月 11 日，应重庆市文化遗产研究院的邀请，英国艾克赛特大学冶金考古学家朱莉芙女士访问我院，双方就重庆地区的冶锌考古、青铜器的铸造工艺等进行了学术交流。

【四川省文物考古研究院】

　　出访

2014 年 1 月 12～18 日，印度太平洋史前史协会（简称 IPPA，即 the Indo-Pacific Prehistory Association）第 20 届会议在柬埔寨暹粒举行。我院辛中华、陈苇、万娇、李万涛 4 人参加了此次会议。演讲题目如下：辛中华《大渡河中游新石器文化研究》、陈苇《"金川刘家寨：中国西南的马家窑文化遗址"》、万娇《成都平原的文化进程》、李万涛《金沙江下游新石器遗存研究》。

（万　娇）

【云南省文物考古研究所】

　　出访

2014 年 1 月 15～20 日，应环太平洋史前学会（IPPA）的邀请，云南省文物考古所吉学平研究员赴柬埔寨暹粒参加第 20 届环太平洋史前会议。期间在"东南亚岩画的保护与管理专题"会上作了《云南沧源岩画的发现与管理》学术报告。

（吉学平）

2014 年 10 月 28～11 月 11 日，应意大利 SOB 大学的邀请，由云南省文物考古研究所为主，迪庆、临沧、西双版纳、剑川等四个地州县参加的"云南省赴意大利古代壁画保护学习交流团"一行九人正式出访意大利。该代表团前往意大利学习有关壁画修复等方面的理念和修复经验。

（马　波）

2014 年 11 月 24 日～12 月 23 日，云南省文物考古研究所派出以蒋志龙研究员为领队的考古调查团一行 5 人赴老挝，和老挝历史研究所组成联合考古调查队，先后对老挝沙湾拿吉省的 Vilabouly 盆地、川圹省的石缸群、琅勃拉邦省的洞穴遗址和一些湄公河台地进行了野外实地调查。

（蒋志龙）

来访

2014年5月16～19日，哈佛大学 Larry Flynn 教授到昭通水塘坝培训筛洗哺乳动物化石技工。

（吉学平）

2014年7月28～29日，澳大利亚格里菲斯大学 Paul Tacon 教授来我所参观并对岩画研究进行学术交流。

（吉学平）

2014年11月4～7日，南非金山大学旧石器考古专家 KathleenKuman 到我所进行学术交流并参观元谋人遗址。

（吉学平）

【陕西省考古研究院】

出访

2014年1月12～17日，受印度—太平洋地区史前学会秘书长利利·伊恩教授邀请，陕西省考古研究院王炜林研究员、邵晶助理研究员赴柬埔寨暹粒市参加该学会第二十次年会。会议期间，王炜林发表了题为《庙底沟文化与中国文明——以陕西高陵杨官寨遗址为例》的学术讲演。

2014年3月11日，王炜林院长接见了来访的日本奈良县立橿原考古学研究所所长菅谷文则、副所长石川幸司、主任研究员铃木裕明一行。

2014年3月27～30日，陕西省考古研究院王炜林、孙周勇、张鹏程、张伟受邀参加在美国宾西法尼亚州费城召开的亚洲学会2014年会。王炜林以"庙底沟文化和中华文明起源问题"为题、孙周勇以"从石峁遗址看公元前2000年的中国北方"为题、张鹏程以"庙底沟向仰韶晚期的转变——以建筑和彩陶为视角"为题、张伟以"渭河流域庙底沟阶段的聚落形态和社会结构"（叶娃代为宣读）为题作了演讲。

2014年9月11～19日，我院张建林、邵安定受邀参加在澳大利亚墨尔本召开的中澳文物保护研讨会以及国际博物馆协会文物保护专业委员会（ICOM-CC）第十七届年会。张建林以"唐陵陵园石刻中的蕃酋像"为题，邵安定以"秦始皇帝陵园出土彩绘青铜水禽表面补缀工艺及相关问题"为题作了讲演。

2014年12月24～28日，应韩国国立庆州文化财研究所的邀请，孙周勇副院长带团赴韩国参加了"韩中古代文化遗产研究及保护修复进展和成果"学术会议。

来访

2014年6月26日下午，第九届"驻华使节走进中国文化遗产"考察团一行5人在中方工作人员的陪同下访问了陕西省考古研究院，共有来自塞浦路斯、加蓬、和坦桑尼亚3个国家的驻华大使、文化参赞及使馆代表参加此活动。

2014年6月27日上午，借第四届中美田野考古学校开学之际，来自美国加州大学的罗泰教授、加州大学的叶娃教授、哥伦比亚大学的李峰教授、亚利桑那大学的博士生 Mathew Fox 等研究中国考古和古代史的学者应邀来陕西省考古研究院举行学术讲座。演讲题目分别是：《从国际视角看中国考古学的近况及其相关问题》、《民俗考古与仰韶文化陶器制作的研究》、《西周青铜器铭文制作方法解疑》、《庙底沟弃物堆积的土壤微结构分析——仰韶弃物堆积的地质考古与新石器时代的环壕》。

2014年7月28日～8月2日，王小蒙赴新西兰参加"中国黑石号沉船出土瓷器鉴定"等相关学术活动。

2014年9月2日下午，我院邀请德国海德堡大学的恩斯特·佩尼卡（Ernst Pernicka）教授进行了题为"特洛伊神话与考古学"的学术报告。

2014年11月底，英国伦敦大学亚非学院艺术与人文学院副院长、中国考古与艺术史系教授卢卡斯·倪克鲁（Lukas Nickel）到访我院，并以"秦汉贵族墓葬中的外来物品"为题做学术讲座。

2014年11月21日，美国著名艺术史学家、美国普林斯顿大学考古与艺术史系教授贝格利（Robert W. Bagley）一行访问了陕西省考古研究院。

【甘肃省文物考古研究所】

出访

2014年1月12~16日，受亚洲太平洋考古学会的邀请，甘肃省文物考古研究所王辉所长参加了在柬埔寨暹粒召开的亚洲太平洋考古学会主办的国际学术研讨会。王辉讲演题目：《青藏高原东缘地区新石器时代至汉代文化交流模式的演变》。

2014年1月31日~3月4日，在日本举办了《丝绸之路的记忆——甘肃省和秋田县结好30周年纪念文化交流展》。甘肃省文物考古研究所所长王辉、赵雪野研究员、张俊民研究员应邀赴日本参加了开幕仪式及闭幕仪式，并参与了展览的布展及撤展工作。

2014年12月2~6日，受法国集美博物馆邀请，甘肃省文物考古所研究所所长王辉于赴法国参加"汉风—中国汉代文物展"学术访问。在学术研讨会上作了《早期丝绸之路西北地区与欧亚草原地区和西方的文化交流》的演讲。

【北京大学考古文博学院】

出访

2014年1月，李水城赴柬埔寨暹粒市参加印度—太平洋史前学年会（IPPA），提交论文 *Xinjiang's Prehistoric Cultures and RelatedIssues*（新疆的史前文化研究）。

2014年1月9~12日，应德国波恩大学汉学系主任廉亚明（Ralph Kauz）邀请，林梅村赴波恩出席中亚古地图与中外文化交流学术讨论会，作《明帝国宫廷制图师考》大会发言。

2014年3月，秦大树教授前往日本大阪市立东洋陶瓷美术馆，配合定窑发掘特别展览举办讲座："定窑烧制历史的新认识"。

2014年3月26~31日，应澳洲新南威尔士美术馆（Art Gallery of New South Wales）馆长麦克·勃朗德（Michael Brand）博士邀请，林梅村赴悉尼出席澳洲新南威尔士美术馆举办的丝绸之路展览开幕式，在新南威尔士美术馆作《丝绸之路的开辟》学术演讲。

2014年5月2~3日，董珊参加美国纽约大学古代世界研究所（Institute for the Study of the Ancient World, New York University）"花园庄东地甲骨卜辞释读研讨会"，期间作《中国古代占卜的理论与实践》讲座。

2014年5月5日，董珊受邀于美国费城宾夕法尼亚大学东亚系作《重论周原凤雏H11出土的殷末甲骨文》讲座。

2014年5月8日，董珊受邀于美国芝加哥大学顾立雅中国古文字学中心作《陕西周公庙出土的甲骨文字》讲座。

2014年6月，陈凌进行伊朗古代遗迹考察。

2014年6月，陈凌赴卡塔尔多哈参加ICOMOS"第38届世界遗产大会"。

2014年6月，徐怡涛参加于哈佛大学费正清中心举办的"CONFERENCE ON MIDDLE PERIOD CHINA, 800—1400 九至十五世纪的中国"，提交论文《佛国与人间——公元5至13世纪中国砖石塔塔壁装饰考古分期研究》。

2014年6月6~11日，崔剑锋、倪润安赴蒙古国乌兰巴托参加"国际东亚考古学会第六届年会"SEAA 6, Sixth Worldwide Conference of the Society for East Asian Archaeology），崔剑锋提交论文 *Chemical analysis of ancient glass found in the MogushanXianbei tombs, Zhalainuoer District*。

2014 年 6 月 8 ~ 14 日，应法兰西学院汉学研究所所长魏丕信（Pierre-Etienne Will）教授邀请，林梅村赴巴黎出席纪念法兰西学院雷慕沙汉满语讲座设立二百周年学术研讨会。6 月 9 日，在大会作《他山之石，可以攻玉——20 世纪初法国汉学对丝绸之路考古之贡献》报告。

2014 年 7 月 21 ~ 31 日，应俄罗斯科学院院士、俄罗斯科学院冶金研究所所长切尔内赫（E. N. Chernykh）邀请，林梅村与本院陈建立教授、北大中文系李零教授等赴莫斯科和圣彼得堡考察博物馆。

2014 年 8 月，曲彤丽参加由联合国教科文组织组织的国际学术会议"settlment-dynamics：the forager-farmer transition，origins of food production and world heritage convention"，作题为"The foraging-farming transition in the Central Plain of China：The case of Lijiagou"的报告。并参与关于文化遗产准则的讨论。

2014 年 9 月 23 ~ 29 日，应美国布莱恩特大学（Bryant University）杨洪副校长邀请，林梅村赴美国东部考察，9 月 26 日在布莱恩特大学作《汉代皇家艺术中的汗血马》学术演讲。会后，考察波士顿美术馆、哈佛大学塞克勒博物馆等美国东部地区博物馆。

2014 年 9 月，秦大树教授前往悉尼大学中国文化中心，举办讲座："Sri Vijaya as the Entrep for Circum-Indian Ocean Trade：Evidence from Documentary Records and Materials from Shipwrecks of the 9th – 10th Centuries"。

2014 年 10 月，陈凌调查马来西亚马六甲古代港口遗址，印尼古代佛教、印度教遗址。

2014 年 10 月，陈凌于新加坡管理大学"廉凤讲座"作《近年新疆吐峪沟遗址考古新发现》发言。

2014 年 10 月，秦大树教授前往伦敦参加大英博物馆举办的"Ming：Courts and Contacts 1400 – 1450（明：盛世皇朝五十年）国际学术研讨会"，做邀请发言："On Ming Ceramics Discovered in Kenya and the Related Issues（肯尼亚发现的明代瓷器及相关问题讨论）"。

2014 年 10 月 2 ~ 9 日，应新加坡管理大学和新加坡《联合早报》联合邀请，林梅村赴新加坡出席廉凤讲座"排山倒海"专场，12 月 16 日作《郑芝龙航海图——牛津大学博德利图书馆藏〈雪尔登中国地图〉》大会发言。

2014 年 11 月，曲彤丽赴韩国参加第 7 届亚洲旧石器考古年会，作题为"Large-game hunting in the upper Pleistocene in the central Plain of China-the case study of Laonainaimiao site"的报告。

2014 年 12 月，秦大树教授前往柬埔寨暹粒参加由吴哥文物局，悉尼大学和法国远东学院主办的"the Conference on Special Topics in Khmer Studies，Siem Reap（高棉研究专题年会）"，作大会发言"An Overview of Early Ming Dynasty Ceramics in the Indian Ocean Trade Network：Implication for the Study of Ming Gap-On the Chinese ceramics unearthed in Kenya（明初环印度洋贸易圈发现的中国瓷器概说：以肯尼亚出土的中国瓷器为中心）"

（王书林）

来访

2014 年 10 ~ 12 月，意大利威尼斯大学荣思彬（Rastelli Sabrina）副教授受魏正中教授邀请到北京大学考古文博学院为研究生讲授《早期考古学：二十世纪初来中国的西方考古学家——他们的文化环境与思想态度》课程。

【山东大学文化遗产研究院】

出访

2013 年 8 月 ~ 2014 年 6 月，靳桂云教授作为哈佛燕京学社访问学者，在哈佛大学进行为期 10 个月的学术交流。期间，分别在哈佛大学和波士顿大学做了"稻资源利用研究新进展（New progress in rice exploitation research：evidence from East China）"和"中国东部的新石器时代转变——山东地区最新研究进展（The Neolithic transition in East China：new research from the Shandong Highlands）"的学术报告。

（靳桂云）

来访

2014 年 3 月 26 日，德国法兰克福大学考古系 K. Krause 教授、阿梅龙教授以及中国科学院自然科学史研究所研究员苏荣誉一行，访问山东大学。期间，K. Krause 教授以"王朝的座椅——欧洲中部的早期凯尔特要塞：形态、层级和多样性"（"Fürstensitze"—Princely seats：Early Celtic hillforts in Central Europe：Status，Hierarchy and Diversity）为题做了一场讲座。

（朱晓芳）

2014 年 10 月 15～17 日，美国科学院院士、密歇根大学人类学系教授、山东大学环境与社会考古创新引智（111 基地）学术大师及立青讲座教授 Henry Wright 来访山东大学，为考古学系师生带来了关于美索不达米亚文明、中美洲文明以及印度洋流域的古代贸易与交换等系列学术讲座。

（杨薇）

2014 年 12 月 15～23 日，加拿大皇家安大略博物馆副馆长、山东大学环境与社会考古创新引智（111 基地）学术骨干沈辰博士应邀来访山东大学，并于 12 月 17 日和 19 日分别作了题为《你真的知道什么是博物馆吗？——在变化中重新定位的博物馆》《你能从博物馆得到什么吗？——体验博物馆》的学术报告。

（龙佳滟）

2014 年 12 月 15～20 日，美国芝加哥大学东亚语言与文明学系、台湾"中央研究院历史语言研究所"李永迪教授应邀来访山东大学，并于 12 月 16 日作了题为"史语所 20 世纪 30 年代发掘所见的殷墟手工业生产"的讲座。

（龙啸）

2014 年 12 月 20 日～2015 年 1 月 13 日美国伊利诺伊大学香槟分校的人类学家 Stanley Ambrose 教授应邀访问山东大学，并就开展学术合作达成初步意向。随后 Stanley Ambrose 教授给学生们带来了八场人类学的系列学术报告，主题是从人类学角度探讨早期人类的起源和进化。

（董豫）

应山东大学考古学系靳桂云教授邀请，英国雷丁大学（Reading University）考古学系教师 3 人于 2014 年 3 次来山东开展学术交流。Steven Mithen 教授、Karen Wicks 博士 1 月、4 月两次在山东大学做了地质考古报告，并指导研究生学习地质考古采样、实验室分析等基本方法。

（刘江涛）

【西北大学文化遗产学院考古学系】

出访

2013 年 7 月 1 日～2014 年 6 月 30 日，张博赴英国伦敦大学学院（UCL）进行学术访问。

2014 年 2 月 21 日～3 月 9 日，冉万里赴日本大正大学、东京国立博物馆进行学术访问。

2014 年 4 月 11 日～5 月 21 日，王建新、马健、任萌赴乌兹别克斯坦进行考古调查。

2014 年 5 月 13～23 日，温睿、赵丛苍赴美国洛杉矶参加第 40 届国际科技考古学术讨论会，进行大会报告，题目分别为 The Composition and Manufacture Analysis of the Glass Beads from Balikun Site Xinjiang China 和 The metallographic and lead isotopic research on several bronze weapons corresponding to origination of Qin Dynasty.

2014 年 8 月 19 日 ~ 10 月 1 日，王建新、马健、任萌赴乌兹别克斯坦进行考古调查。

2014 年 8 月 31 日 ~ 2015 年 8 月 30 日，杨璐赴意大利比萨大学进行学术访问，主要对古代彩绘胶料的分析进行深入研究，包括蛋白质、多糖、脂肪等有无机物质的 GC – MS 分析工作。

2014 年 9 月 15 ~ 18 日，冉万里、梁云、王建新赴乌兹别克斯坦特尔梅兹大学参加巴克特里亚考古国际学术研讨会。

2014 年 10 月 3 ~ 14 日，温睿参加中国敦煌吐鲁番学会丝绸之路专业委员会组织的丝绸之路考察团赴伊朗、乌兹别克斯坦进行考察。

2014 年 10 月 23 ~ 29 日，冉万里赴日本早稻田大学参加"东亚佛教文化"国际学术讨论会，做了题为"舍利函的出现及其在东亚的传播"的大会发言。

2014 年 11 月 9 ~ 16 日，王建新、周剑虹赴意大利佛罗伦萨参加国际古迹理事会文化景观与社区科学研讨会。

（温　睿）

来访

2014 年 5 月 19 日，哈佛大学医学院遗传学系博士后付巧妹于应邀在西北大学文化遗产学院做了题为"古 DNA 探究新石器时代农业对欧洲人群的影响"的学术报告。

2014 年 10 月 16 日，日本东京文化财政研究所冈田健研究员，应邀在西北大学文化遗产学院做了题为"壁画研究的方法和意义"的学术报告。主要介绍了东京文化财政研究所在亚洲大陆进行的壁画文化遗产保护合作项目，并向在座的师生展现了中日合作保护敦煌莫高窟壁画研究项目的最新成果。

2014 年 10 月 21 日，英国诺丁汉大学考古系朱利安·亨德森（Julian Henderson）教授，应邀在西北大学文化遗产学院做了题为"丝绸之路沿线玻璃生产和贸易新发现"的学术报告。

2014 年 10 月 25 ~ 28 日，法国蒙彼利埃第三大学代表团访问西北大学文化遗产学院，与院领导举行会谈并参观我院实验室，了解双方学术研究领域和发展情况，双方下一步将签署合作协议，推动文化遗产学院的国际合作与交流。

2014 年 10 月 28 日下午，波兰考古学者玛尔塔·茹诃夫斯卡（Marta Zuchowska）博士，应邀在西北大学文化遗产学院做了题为"丝与瓷：公元一千纪丝绸之路上的帕尔米拉"的学术报告。

2014 年 10 月 29 日，英国遗产学教授彼得·斯通（Peter Stone），应邀访问西北大学文化遗产学院，并做了题为"英国文化遗产规划与保护体系"的学术讲座，介绍了英国文化遗产规划和保护的相关案例。

2014 年 11 月 6 日，法国塞齐尔—蓬多瓦兹大学 Anne-Julie ETTER 博士和法国博物馆修复与研究中心 Anne-Solenn LEHÔ 博士，应邀在西北大学文化遗产学院做了题为"考古学与文化遗产保护：走向国际化与多学科合作之路"的学术报告。

2014 年 11 月 20 日，应西北大学文化遗产学院与国际古迹遗址理事会西安国际保护中心（IICC – X）邀请，联合国教科文组织驻塔什干办事处文化专员桑伽贝克·阿拉亚若夫（SanjarbekAllayarov）先生来校做了题为"跨国系列申遗与乌兹别克斯坦的文化遗产"的学术报告。

2014 年 11 月 24 日，伦敦大学考古艺术史系卢卡斯·倪克鲁（Lukas Nickel）教授，应邀在西北大学文化遗产学院做了题为"雕塑与丝绸之路的开始"的学术报告。

2014 年 12 月 2 日，肯尼亚考古学家赫曼·欧歌提·齐里亚马（Herman Ogo-tiKiriama）博士，应邀在西北大学文化遗产学院做了题为"中国与非洲早期文化交流"的学术报告。

（温　睿）

【四川大学历史文化学院考古学系】

出访

2014 年 1 月 12 ~ 18 日，李永宪教授应邀赴柬埔寨吴哥参加"印度—太平洋史前学会（IPPA）"学术会议，在分组会场作题为"论黄河上游新石器文化对西藏卡若遗址的影响"（Influences from Neolithic Cultures of the Upper Yellow River Valley as Reflected in the Assemblage of Karuo，Tibet）的发言。

（李永宪）

2014 年 5 月 18 ~ 21 日，李永宪教授、周静副教授应邀赴美国西雅图参加美国博物馆联合会（AAM）2014 年年会。会后，李永宪教授和周静副教授应邀访问了西雅图华盛顿大学（UW）和西雅图亚洲艺术博物馆（SAA），并以"消失的藏族'赭面'妆"、"西藏西部跨越喜马拉雅的考古学文化关联"、"从馆藏旧档看华西协合大学博物馆"和"四川古代园林"为题分别做学术报告。

（李永宪）

2014 年 9 月 ~ 2015 年 12 月，四川大学考古系原海兵老师赴加拿大英属哥伦比亚大学人类学系学术交流。

（原海兵）

【郑州大学历史学院考古学系】

出访

2014 年 8 月 10 ~ 15 日，应瑞典斯德哥尔摩大学考古学与古典研究系主任、考古科学实验室主任 Kerstin Liden 教授邀请，郑州大学历史学院院长韩国河教授、许俊平副研究员、陈博博士赴斯德哥尔摩大学进行学术访问。双方就研究人员互访，学术交流与合作进行了初步协商。

2014 年 9 月 11 ~ 19 日，应澳大利亚墨尔本大学文化材料保护中心的邀请，郑州大学历史学院院长韩国河教授、赵海洲副教授、陈博博士赴墨尔本参加中国——澳大利亚文化材料保护论坛（China-Australia Cultural Materials Conservation Symposium）"及"第十七届世界博物馆学大会（ICOMM-cc 17th Triennial Conference）"。期间，郑州大学历史学院与墨尔本大学文化材料保护中心签署了交流合作协议，就双方未来的合作取得了共识。

来访

2014 年 11 月 10 ~ 15 日，应郑州大学历史学院邀请，澳大利亚墨尔本大学文化材料保护中心 Tonia Eckfeld 教授与 Susanna Collis 博士赴历史学院访问，分别作了《中外合作研究的开展与展望——以唐代帝陵研究为例》和《墨尔本大学文化材料保护研究中心考古遗存保护研究案例分析》的学术报告。期间，双方就共建文物保护项目平台，共同开展有关青铜器、土遗址保护与文保专业人员技术培训等工作进行了磋商，并达成一致意见。

（陈　博）

【南京大学历史系考古学与博物馆学专业】

出访

2014 年 7 月 24 日 ~ 8 月 3 日，应明治大学邀请，南京大学贺云翱教授前往日本明治大学和京都讲学，并作了题目为《考古学视野下的六朝文化》和《中国出土 3—6 世纪文字资料概说》的讲演。

2014 年 11 月 19 ~ 22 日，应韩国顺天大学和韩国瓦学会邀请，贺云翱教授参加韩国瓦学会学术讨论会。并作了题目为《南京出土六朝瓦当与都城建筑功能区关系的研究》的讲演，同时在顺天大学为师生做有关中国六朝考古的学术演讲。

2014 年 9 月 9 日，应南京大学张良仁教授的邀请，德国冶金考古学家 Ernst Perniska 在南京大学历史系做了题为"中亚的锡矿和青铜时代的开采"的学术报告。

（张良仁）

2014 年 12 月 22 ~ 29 日，张良仁教授访问俄罗斯戈尔诺—阿尔泰斯克市。参观了阿尔泰国立大学考古博物馆和阿尔泰共和国博物馆，并分别做了学术报告。

（张良仁）

2014 年 8 月 22 ~ 31 日，南京大学黄建秋教授应邀赴澳大利亚墨尔本大学参加 Comparative Studies of Ancient and Medieval Eurasian Empires：Political，Social，cultural，Institutional and Economic aspects，在会上作了"Reading Liangzhu Culture"大会发言。会后参观了墨尔本博物馆，悉尼博物馆。

【中山大学社会学与人类学学院人类学系】

出访

2014 年 10 月 28 日 ~ 11 月 3 日，应美国印第安纳波大学孔子学院及埃塞俄比亚阿克苏姆大学的邀请，我院刘文锁教授与朱铁权副教授赴埃塞俄比亚首都亚的斯亚贝巴，参加"中非古代联系探源"（Exploring China's Ancient Links of Africa）学术研讨会，并分别做了主题为"明代前中国史书有关非洲的记载与问题"与"非洲肯尼亚 Takwa 考古遗址（800 – 1750AD）出土中国陶瓷产地研究"的学术报告。

【南开大学考古学与博物馆学系】

出访

2014 年 8 月 27 ~ 31 日，南开大学考古学与博物馆学系张国文博士赴瑞士巴塞尔参加了第六届国际生物分子考古学会议，并以"浙江塔山遗址出土人和动物骨骼稳定同位素分析"（Carbon and Nitrogen isotopic analysis on human and animal bones of

Tashan site，Zhejiang Province）为题做了大会报告。

（张国文）

来访

2014 年 12 月 11 日，加拿大英属哥伦比亚大学人类学系 Michael P. Richard 教授在范孙楼以"水生食物与早期现代人类在欧亚大陆的传播"为题开展了一场精彩的学术报告。

【复旦大学文物与博物馆学系】

出访

2014 年 12 月，文博系教授陆建松、吕静、陈刚及学生一行 6 人参加"中日大学关于文化遗产的学习与研究"交流项目，赴日本爱媛大学及附近博物馆、古迹遗址开展为期 8 天的学术交流与考察。

（刘守柔）

来访

2014 年 4 月，韩国首尔大学人文学院东洋历史系教授金秉骏举办讲座《朝鲜半岛出土木简研究》。

2014 年 9 月，日本国立和歌山大学经济·观光学部教授王妙发受邀"复旦大学人文基金交流项目"，举办《中日考古地理学研究新进展》等三场讲座。日本爱媛大学法文学部学部长加藤好文、事务课长井上俊彦、教授藤田胜久等师生一行 9 人来访，与复旦大学文博系签订协议书，促进双方教育、研究合作与交流。日本爱媛大学博物馆教授吉田广进行题为《日本青铜器的收藏与研究现状》的讲座。

2014 年 10 月，美国弗利尔和赛克勒美术馆文物保护与科技研究部主任珍妮·道格拉斯（Janet G. Douglas）受邀"复旦大学海外优秀学者讲座项目"，举办 Conservation，Conservation Science & Technical Studies at the Smithsonian's Museum Conservation Institute 等五场系列讲座。

【北京联合大学应用文理学院历史文博系文物博物馆学专业】

出访

2014年6月19日，冯小波参加由法国巴黎人类古生物研究所在巴黎主办的"地质学家、古脊椎动物学家、古人类学家、史前考古学家——德日进在中国（1923—1940）"研讨会，作了题为《德日进——中国旧石器时代考古学的先驱》的报告。

2014年6月22日，冯小波参加在法国Tautavel举行的"更新世早、中期的古人类化石——距今45万年的Tautavel（海德堡人）化石的地位"国际学术研讨会，作了题为《郧县人遗址的地质背景、地质年代、古环境和文化》的报告。

2014年7月1日～9月24日，韩建业作为德国考古研究院访问学者，搜集欧亚和北非早期考古资料，并与该院学者进行学术交流，开展国家社科基金重大项目"史前时期中西文化交流"研究。

【中央民族大学民族学与社会学学院考古学系】

出访

2013年9月～2014年8月，马赛前往美国斯坦福大学做为期一年的学术访问。

2014年2月1日，篠原典生参加日本早稻田大学东洋美术史讲座，并进行内容为"中国佛教考古学的形成和发展——纪念已故马世长教授"的发言。

2014年7月27～28日，肖小勇参加曲曼遗址与帕米尔古代文明会议，发言题目为"新疆古代火葬墓与墓葬用火现象"。

2014年9月12～19日，肖小勇在乌孜别克斯坦铁尔梅兹大学参加世界文化体系中的阿姆河文明会议，发言题目为"东部中亚的早期文明"。

【中国国家博物馆】

出访

2014年6月30日～7月9日，应瑞士考古学会及英国VR科技控股有限公司（水下设备系统）邀请，由中国国家博物馆张威副馆长率水下考古研究中心赵嘉斌、孟原召、邓启江、王霁4人，赴瑞士、丹麦、英国进行了一系列水下考古学术交流活动。

（邓启江）

第五篇

考 古 教 学

2014 年毕业本科生人数

北京大学考古文博学院考古学专业	15 人
北京大学考古文博学院博物馆学专业	3 人
北京大学考古文博学院文物建筑专业	10 人
吉林大学文学院考古学专业	19 人
吉林大学文学院博物馆学专业	19 人
山东大学历史文化学院考古学系	13 人
西北大学文化遗产学院考古学系考古学专业	56 人
西北大学文化遗产学院文物保护学系文物保护专业	27 人
四川大学历史文化学院考古学系考古专业	18 人
四川大学历史文化学院考古学系文物博物馆专业	17 人
郑州大学历史学院考古系考古学及博物学专业	20 人
南京大学历史系考古学与博物馆学专业	12 人
南京大学历史系文物鉴定与修复专业	12 人
南京师范大学社会发展学院文物与博物馆学系	21 人
厦门大学人文学院历史系考古专业	7 人
中山大学社会学与人类学学院人类学系考古专业	18 人
武汉大学历史学院考古学系考古学专业	19 人
南开大学历史学院考古与博物馆学系考古学及博物馆学专业	25 人
复旦大学文物与博物馆学系博物馆学专业	23 人
中央民族大学民族学与社会学学院考古学系	28 人
北京联合大学应用文理学院历史文博系（文物博物馆专业）	21 人
首都师范大学历史学院考古系	21 人

2014 年毕业的硕士研究生

北京大学考古文博学院
专业方向：旧石器时代考古
　郑喆轩：《老奶奶庙遗址的发现与初步研究》
指导教师：王幼平

专业方向：新石器及夏商周考古
　和　奇：《晚商时期清江盆地的陶器制作技术——以牛城遗址为中心》
指导教师：张　弛
　刘亦方：《郑州地区晚商文化及聚落研究》
　张　林：《西南地区岩洞葬研究》
指导教师：孙　华
　曹芳芳：《龙山时代玉器与用玉传统的嬗变——以黄河流域为中心》
指导教师：孙庆伟

专业方向：汉唐考古
　齐中和：《明代宝石研究》
　陈斯雅：《三国至五代出土漆器研究》
　童　歆：《9 至 14 世纪南海及周边海域沉船出水中国产金属器研究》
指导教师：齐东方
　吕　梦：《邺城地区东魏北齐时期城市与墓葬的空间布局初探》
　王　倩：《拓跋魏文化变迁历程的考古学观察——以大同北魏墓为视点》
指导教师：韦　正

专业方向：宋元考古
　张辉兰：《宋代砚台的考古出土和初步研究》
指导教师：杭　侃

专业方向：陶瓷考古
　贾　宁：《河南中西部地区宋元时期制瓷业研究》
　苏　舒：《早期越窑研究》
　徐文鹏：《景德镇落马桥红光瓷厂窑址出土元代瓷器分期研究》
　谢绮媚：《广东省明清青花瓷分期研究》

朱光霁：《明代窑业分布与窑冶税收初步研究》
指导教师：秦大树

专业方向：佛教考古
　任　婧：《安岳卧佛院佛教遗迹的初步整理》
指导教师：李崇峰
　朴基宪：《河北和山东地区北朝金铜佛像研究》
指导教师：杭　侃
专业方向：博物馆学
　王斯宇：《图像与诠释——博物馆艺术品形象再创造的思考》
指导教师：宋向光

专业方向：冶金考古
　张周瑜：《山东章丘东平陵故城铁器作坊冶金考古研究》
指导教师：陈建立

专业方向：中国古代建筑
　吕经武：《明代至民国蔚州城市格局变迁研究》
指导教师：徐怡涛

专业方向：文物保护
　张　琼：《饱水木质文物的风冷干燥脱水研究》
指导教师：胡东波
　李广华：《石质文物裂隙灌浆材料试验研究——以承德地区凝灰岩为例》
指导教师：周双林
　滕　飞：《带锈铸铁文物气相缓蚀剂的保护作用研究》
指导教师：胡　钢

吉林大学文学院
专业方向：旧石器考古
　赵清坡：《本溪地区石器剥片技术模拟实验》
指导教师：陈全家

专业方向：史前考古
　刘郭韬：《白音长汗遗址形成过程研究》
指导教师：陈胜前

专业方向：新石器考古
　赵李博：《试论造律台文化向南的传播》
　图旭刚：《辽北地区青铜时代遗存研究》

指导教师：李伊萍

    胡　品：《偏堡子文化与北沟文化研究》

    金象晕：《东北新石器时代陶壶研究》

指导教师：赵宾福

    邰鑫成：《石家河文化墓地研究》

指导教师：段天璟

    张大鹏：《试论辽西地区新石器时代蚌器》

指导教师：陈国庆

专业方向：商周考古

    胡平平：《东龙山文化研究》

    于　超：《益阳地区东周墓葬研究》

指导教师：王立新

    刘良荣：《中国北方地区出土有孔锤斧研究》

指导教师：井中伟

专业方向：先秦两汉考古

    郑淑敏：《后太平类型研究》

    蒋　琳：《东北地区早期铁器发现与研究》

指导教师：朱永刚

专业方向：战国秦汉考古

    曹　军：《三晋两周地区东周车马器研究》

    柯萍萍：《战国时期魏国墓葬研究》

    宋　松：《汉代画像砖的分区与分期研究》

    聂卓慧：《三晋两周地区东周时期墓葬出土兵器研究》

    王　震：《东周郑韩墓葬》

指导教师：滕铭予

    杨　旭：《西安地区东汉墓葬形制研究》

指导教师：潘　玲

专业方向：魏晋隋唐考古

    李茂龙：《辽宁高句丽山城研究》

    姚文娟：《鲁南苏皖地区汉代木椁墓研究》

指导教师：王培新

专业方向：宋元考古

    宋　佳：《金代玉器的考古学观察》

    吕　馨：《呼伦湖畔青铜镞群遗存的探讨》

指导教师：冯恩学

专业方向：陶瓷考古

　李锦绥：《吉林省前郭塔虎城出土瓷器研究》

指导教师：彭善国

专业方向：西亚考古

　马欢欢：《新石器时代遗址内空间分析——以 Tell Sabi Abyad I Level 6 和白音长汗二期乙类遗存为例》

专业方向：中国北方青铜器

　张　博：《齐家文化经济形态及相关问题研究——以石质生产工具分析为切入点》

指导教师：杨建华

　侯知军：《商周时期新疆动物纹装饰研究》

指导教师：邵会秋

专业方向：动物考古

　陈　君：《内蒙古哈民忙哈遗址出土动物骨骼遗存及相关问题研究》

　李文艳：《安徽淮北柳孜运河遗址（2012－13）出土动物遗存的动物考古学研究》

指导教师：陈全家

专业方向：体质人类学

　聂　颖：《伊犁恰甫其海水库墓地出土颅骨人类学研究》

　王　昉：《陕西神木大保当汉代墓葬人骨再分析》

指导教师：朱　泓

　王路思：《侯马公路货运枢纽中心虒祁墓地人骨研究》

指导教师：张全超

专业方向：考古 DNA

　陈　曦：《陕西凤翔秦公一号大墓车马坑马骨遗骸古 DNA 研究》

　高雅云：《长宁遗址古代黄牛分子考古学研究》

指导教师：蔡大伟

专业方向：环境考古

　陈明焕：《GIS 支持下的中国东北地区中西部夏至战国时代人地关系初步研究》

　安　硕：《内蒙古科左中旗哈民忙哈遗址孢粉分析与古环境研究》

指导教师：汤卓炜

山东大学历史文化学院考古学系

专业方向：史前考古

　孙启锐：《后李文化研究》

指导老师：栾丰实

陆青玉：《广富林文化陶器制作工艺及相关问题研究——以广富林遗址为例》
指导老师：王芬、栾丰实
　冉炜煜：《日照两城镇周边龙山文化聚落分布的数学模型分析》
指导老师：王　青

专业方向：先秦考古
　张　冲：《先秦时期陶铃和铜铃研究》
　王悦婧：《商至西周时期青铜艺术中的人物形象研究》
　杨小博：《东周楚地玉器的分类、分期、分区和用玉制度研究》
指导老师：王　青

专业方向：商周考古
　郝导华：《齐墓演化过程及墓葬制度初步研究》
　王　焕：《鲁东南苏北沿海地区汉代聚落形态研究》
　王庆铸：《海岱地区商代政治景观和文化认可》
指导老师：方　辉

专业方向：汉唐考古
　詹森杨：《山东地区汉代建筑模型的考古学研究》
指导老师：崔大庸

专业方向：文物与博物馆
　饶小艳：《邹平丁公遗址龙山文化时期动物遗存研究》
指导老师：栾丰实　宋艳波
　张　圆：《山东地区宋金墓葬出土瓷器研究》
指导老师：栾丰实　王之厚
　朱良赛：《元代枢府瓷的考古学观察》
指导老师：任相宏
　张丽萍：《烟台奇山所城历史文化街区的真实性保护与发展》
指导老师：陈淑卿　王建波
　于雪梅：《文化遗产旅游视角下中国甲午战争博物馆研究》
指导老师：李慧竹　方　辉
　张易婷：《博物馆展陈设计与观众注意力研究——以常州博物馆少儿自然陈列为例》
指导老师：陈淑卿
　陈　静：《我国博物馆商店联盟运营模式研究》
指导老师：李慧竹　方　辉

专业方向：文化遗产保护研究
　康敬亭：《京杭大运河（无锡城区段）文化遗产价值研究》
指导老师：方　辉

专业方向：植物考古

 郑晓渠：《胶东地区史前水田研究》

 郭晓蓉：《上海广富林遗址出土植物遗存分析》

 安延霞：《广富林遗址先秦时期植物利用与早期湿地开发》

指导老师：靳桂云

 王　祁：《云南澄江学山遗址植物大遗存分析》

指导老师：陈雪香

专业方向：科技考古

 陈松涛：《国内人骨稳定同位素考古学研究综述》

指导老师：李　森　董　豫

西北大学文化遗产学院

专业方向：新石器时代考古

 刘耐冬：《关中地区新石器时代石灰的生产和使用遗存研究》

 崔俊俊：《陕西岐山周公庙遗址客省庄文化遗存分期及相关问题研究》

指导教师：张宏彦

 殷宇鹏：《磨沟遗址寺洼文化墓葬埋葬过程及相关问题的初步研究》

 杨　菁：《渭水流域史前房屋建筑形式与技术发展研究》

指导教师：钱耀鹏

 郭　昕：《宗日墓葬陶明器研究》

 蔡　晋：《泾渭流域史前时期灰坑埋人现象研究》

指导教师：陈洪海

 刘晓媛：《案板遗址 2012 年发掘植物遗存研究》

指导教师：赵志军、陈洪海

 洪秀媛：《甘谷毛家坪沟东墓葬区出土人骨的研究》

指导教师：陈　靓

专业方向：商周考古

 向　导：《春秋战国时期都城防御体系初步研究》

张杨力铮：《从出土青铜兵器组合看商、西周时期军队配备与作战方式及其演进》

指导教师：赵丛苍

专业方向：秦汉考古

 刘　爽：《凤翔孙家南头秦墓相关问题研究》

指导教师：段清波

 王欣亚：《泾渭镇秦墓陶俑研究》

指导教师：焦南峰、段清波

 高　凤：《战国晚期至秦代秦文化扩张的初步探究——以考古学为视角》

汪飞英：《汉代化妆用具试析》
指导教师：徐卫民
丽娜·巴合提别克：《新疆布尔津也拉曼墓地考古学研究》
　程晓伟：《新疆巴里坤西沟遗址1号墓及出土金饰品研究》
　冯　丹：《新疆巴里坤石人子沟遗址岩画的分期研究》
指导教师：王建新

专业方向：隋唐考古
　杨国才：《邺城地区和关中地区北朝晚期至隋墓葬形制若干问题研究》
指导教师：王维坤
　王　颖：《唐代花鸟纹铜镜的考古学研究》
　崔　建：《唐至五代时期黄堡窑青瓷烧造及装饰工艺研究》
指导教师：冉万里

专业方向：文化遗产管理
　马利利：《汉长安城遗址保护立法的初步研究》
指导教师：王建新
　郇　滢：《论西汉帝陵的当代价值》
指导教师：刘军民
　田原曦：《"反规划"理论在文化遗产保护规划中的应用》
指导教师：赵　荣、刘军民
　马双双：《中国博物馆建设发展研究——以洛阳博物馆为例》
指导教师：李颖科　赵丛苍

专业方向：文物保护学
　郭　瑞：《山西民间古建筑油饰彩画制作材料及工艺分析》
　韩炜师：《纳米SiO_2改性丙烯酸酯类文物保护材料B72研究》
指导教师：王丽琴
　贾　甲：《陕西明长城环境特征研究》
　尚铭荃：《榆阳区明长城稳定性分析评估》
指导教师：孙满利
　刘睿良：《商代晚期铜料探源与流通方向研究方法的新思考》
　毛维佳：《鸦片战争博物馆馆藏铁器封护材料的适用性研究》
指导教师：刘　成
　徐　诺：《山西晋城青莲寺彩绘泥塑制作工艺分析及虚拟修复初探》
指导教师：白崇斌　刘　成

专业方向：文物与博物馆
　雷庆庆：《铜川瓦窑沟遗址仰韶文化遗存分期研究》
指导教师：王炜林　张宏彦

唐博豪：《石峁流散文物调查报告》

指导教师：孙周勇　钱耀鹏

曹　阳：《凤翔孙家南头周墓浅析》

指导教师：田亚岐　段清波

刘泽阳：《长安与洛阳地区出土唐砖的初步研究》

指导教师：张建林　冉万里

郑建栋：《村落型宗教建筑遗产保护的社会学研究——以韩城地区为例》

杨　雯：《社区发展视野下的遗产地社区保护研究——以秦始皇帝陵下和村为例》

陈婷婷：《遗产保护对区域非均衡发展问题的破解研究》

指导教师：周　萍　刘军民

沙　白：《西安市文物行政执法工作中面临的文物安全问题和保护方法研究》

廖林灵：《山西晋城古青莲寺释迦殿双面编壁保护修复方案》

指导教师：白崇斌　刘　成

秦奕诗：《汉代至唐初砚的鉴定与研究》

呼　啸：《陕西唐三彩艺术博物馆馆藏唐代铜镜研究》

指导教师：尹夏清　赵丛苍

王晓青：《陕西省县级博物馆陈列展览现状研究——以关中地区县级博物馆为例》

指导教师：陈洪海

杨　橙：《博物馆的社会教育职能——以陕西历史博物馆为例》

指导教师：成建正、徐卫民

穆　顿：《智慧博物馆概念下博物馆与观众的互动研究》

黄　瑾：《西安市建立儿童博物馆的可行性分析》

指导教师：王　梅　陈洪海

方　丹：《博物馆临时展览内容设计及有关问题讨论——以陕西历史博物馆〈骁腾万里——中国古代马文化展〉为例》

姜　森：《博物馆免费开放现状研究——以陕西历史博物馆为例》

指导教师：马振智　徐卫民

司雅霖：《陕西金代敕赐寺观额牒碑刻整理与研究》

指导教师：王其祎　段清波

毋静帆：《陕西地区碑林现状及发展对策探讨》

指导教师：赵力光　段清波

郭月云：《隋唐长安地区植物类墓志纹饰研究》

指导教师：陈根远　段清波

四川大学历史文化学院考古学系

专业方向：商周考古

周　军：《云阳丝栗包夏商时期遗存的分期与文化性质》

李　琦：《从楚墓出土玉器功能看东周时期楚人用玉礼俗》

指导教师：罗二虎

专业方向：汉唐考古

　　黄文博：《汉晋墓葬出土圈厕模型的考古学研究》

指导教师：罗二虎

　　谭登峰：《丹棱龙鹄山摩崖造像的初步研究》

　　张　亮：《丹棱郑山摩崖龛像的初步研究》

　　张　宁：《敦煌祁家湾西晋十六国墓葬研究》

指导教师：白　彬

专业方向：西南考古

　　李儒欣：《论西南地区东周至西汉时期铜戈的举手人纹》

指导教师：罗二虎

专业方向：宗教考古、美术考古

　　侯存龙：《汉代石椁画像研究》

指导教师：罗二虎

专业方向：博物馆学

　　张　博：《非物质文化遗产的博物馆保护——以成都漆艺为例》

　　肖　磊：《博物馆商店功能研究——以四川博物院为例》

指导教师：李永宪

　　刘雄伟：《考古出土青铜錞于的初步研究》

　　刘　婷：《金沙遗址博物馆出版物研究》

指导教师：李永宪

专业方向：文物与博物馆（专业硕士）

　　段德强：《广安"三线"工业遗产的考察与价值评估》

　　李　乐：《隋唐两京地区镇墓兽研究》

　　张晓瑜：《唐宋时期月宫镜研究》

　　周虎伟：《通江得汉城不可移动文物的历史价值考察》

指导教师：李永宪

　　卢素文：《藏东地区吐蕃时期大日如来及相关图像研究》

　　龙析贝：《桑达1号石窟的题记与佛传故事画研究》

　　李若愚：《青海玉树勒巴沟摩崖石刻佛传故事初探》

　　张中亚：《西藏西部药师佛图像研究——兼论汉藏药师像异同》

指导教师：李永宪、张长虹

　　罗　晶：《"孤岛"上的汉人——大凉山彝族聚居区汉族的生存历史及民族认同》

　　李雪燕：《近现代鄂西南长阳土家族自治县丧俗的变迁——以枝柘坪村调查为例》

指导教师：赵德云

　　刘益超：《新津大云山汉墓的发掘与研究》

　　罗　成：《郫县星火村先秦考古遗存的发掘与研究》

指导教师：白　彬

郑州大学历史文化学院考古系
专业方向：新石器时代考古
　杜　伟：《淅川沟湾遗址仰韶时期石器微痕分析》
　张　建：《GIS技术支持下汉水中游地区史前聚落研究》
指导教师：靳松安

专业方向：夏商周考古
　周　剑：《郑国与韩国墓葬制度比较研究》
　张书惠：《中原地区早期城市起源与形成研究》
　王　豪：《夏商城市规划和布局研究》
指导教师：张国硕

专业方向：秦汉考古
　徐　旸：《洛阳东周墓葬出土玉器初步研究》
　曹永歌：《中原地区战国晚期至西汉中期中小型墓葬研究》
　栗夏蒙：《南阳汉画像石墓门初步研究》
指导教师：韩国河
　张英丽：《两京地区汉墓壁画车马图像研究》
　李昆仑：《中原地区汉代夫妻合葬墓初论》
指导教师：赵海洲

专业方向：唐宋考古
　包伟柯：《魏晋时期南北地区墓葬比较研究——以建康、洛阳为例》
　王振寰：《偃师杏园唐代家族墓地研究》
指导教师：李　锋

专业方向：历史文化遗产保护与研究（含文物鉴定）
　杨浩森：《河南地区唐宋金时期黑釉瓷器的类型与分布》
指导教师：许俊平
　李　腾：《非物质文化遗产传播效果的研究——以河南豫剧为例》
指导教师：姚智辉
　陈东东：《西藏地区石棺葬研究》
指导教师：孙　危

专业方向：文物与博物馆学
　于沛华：《新郑市华信新校区战国墓葬发掘简报》
指导教师：靳松安　樊温泉
　郭春媛：《郑州地区先秦城址保护利用研究》

指导教师：张国硕　任　伟

尹　飞：《2011 年淅川东沟长岭战国、汉代墓葬群发掘简报》

纪田明：《2011 年河南省淅川县凤凰头墓地发掘简报》

指导教师：郜向平　杨文胜

赵艺博：《河南荥阳市官庄遗址 2012—2013 年度发掘简报》

指导教师：韩国河　史家珍

王晓晖：《文化遗产保护视域下文博类电视节目研究——以河南〈文物宝库〉频道
为例》

指导教师：韩国河　田　凯

朱　昊：《宝丰廖旗营墓地画像石与空心砖墓发掘简报》

指导教师：赵海洲　张志清

樊钢亮：《摄影术在考古学中的应用》

指导教师：赵海洲　杜启明

刘伟伟：《官庄遗址保护利用模式初探》

赵向莉：《现代测绘技术在文物保护中的应用》

指导教师：赵海洲　顾万发

刘昭佚：《试论唐代两京地区出土的骆驼俑》

指导教师：李　锋　张志清

梁　郁：《试论北宋皇陵石刻的保护和旅游开发》

指导教师：陈朝云　孙新民

卜建龙：《免费开放条件下完善城市博物馆机构职能研究》

指导教师：任　伟　张　霆

贾　锐：《浅析我国博物馆标志设计与视觉形象系统的构建》

指导教师：姚智辉　李　宏

邬婷婷：《汉代及其以前出土玉蝉研究》

指导教师：王　琳　武　玮

邢成朋：《论博物馆在国民教育建设中的作用》

指导教师：徐　玲　任　伟

杨盼明：《河南地区博物馆文化产品开发现状调查研究》

指导教师：徐　玲　王良田

刘　芳：《博物馆展览英译文本问题的思考——以河南地区博物馆为例》

指导教师：徐　玲　张　霆

杜开屏：《中国海外流失文物回归现状的思考》

施　榕：《河南省博物馆十年来展览交流现状调查研究》

指导教师：徐　玲　武　玮

南京大学历史系考古学与博物馆学专业

专业方向：新石器时代考古

时　萧：《马桥文化和良渚文化制陶工艺研究——以马桥遗址出土陶片为例》

奚　喆：《磨制石器的模拟制作及伐木实验——以宜兴骆驼墩出土石器为例》

指导教师：黄建秋

专业方向：夏商周考古
　　许冠群：《皖北地区战国至西汉时期的考古学文化及相关问题研究——以谷阳城遗
　　　　　　址为中心》
　　张卉颜：《新疆下坂地墓地青铜时代墓葬研究》
　　张志清：《广富林遗址南京大学发掘区出土石器研究》
　　余　飞：《合肥市金晓墓地西汉土坑墓的初步研究》
指导教师：水　涛
　　彭　瑾：《周代媵器试论》
指导教师：周　言

专业方向：战国秦汉考古
　　陈　曦：《汉画像中常见器物的考古学观察——壶、鼎、豆为例》
　　陈　婧：《战国秦汉闽越文化流变初探》
　　雷　智：《湘西地区战国秦汉墓初步研究》
指导教师：刘兴林

专业方向：汉唐考古
　　周　文：《金珰冠饰研究》
指导教师：张学锋

专业方向：六朝考古
　　梁　爽：《早期道教考古遗存分析》
　　刘　翀：《夫余文化的渊源与夫余文化分期研究》
指导教师：吴桂兵

专业方向：隋唐考古
　　赵　壮：《墓志所见玄武门之变》
　　王　静：《尔朱氏墓志所见隋唐帝国形成中尔朱家族沉浮》
指导教师：张学锋

专业方向：宋元考古
　　包桂红：《试析元上都城市建设中的游牧文化因素》
　　张　潇：《西夏时期藏传佛教在宁夏地区的发展和影响——以考古实物资料为中心》
指导教师：贺云翔
　　朱轩林：《马桥遗址出土宋代瓷器研究》
指导教师：黄建秋

专业方向：文化遗产学

吴璟昌：《澳门明清城墙调查与研究》

熊　玮：《6—9世纪中日都城造瓦体系的比较研究——以隋唐洛阳城和日本平城京为例》

廖汝雪：《白鹤梁题刻科学价值研究》

汤莹莹：《论血缘因素对村落结构的影响——以徽州古村落西递、宏村为例》

王　腾：《三清山道教建筑遗产研究》

指导教师：贺云翱

专业方向：非物质文化遗产学

孙　浯：《黎族织锦图案调查研究报告》

许　佳：《黎族传统染色技艺研究》

陈　琛：《黎锦织造工艺技术的初步研究》

花苗苗：《黎族传统纺线技艺研究》

邹荣建：《20世纪30年代中国传统手工艺初步印象——从全国手工艺品展览会谈起》

指导教师：徐艺乙

专业方向：文物鉴定与修复

夏秋函：《试论北朝青瓷》

许如清：《东周燕国陶印文字辨》

指导教师：周晓陆

车旭东：《唐寅文人风格的山水画考》

指导教师：杨　休

李思洋：《〈唐僧取经图册〉时代属性再探及典型建筑复原》

指导教师：周学鹰

南京师范大学社会发展学院文物与博物馆学系

专业方向：考古学及博物馆学

杨　波：《汉代熏炉研究》

指导教师：周裕兴

焦梦然：《内蒙古中南部先秦时期青铜遗存分析》

指导教师：汤惠生

刘佳媛：《凌家滩遗址的玉璜研究》

胡　乔：《吴文化的渊源浅析——基于土墩墓及陶器的探讨》

指导教师：王根富

蒋闻蕾：《夏商西周遗址中所见良渚风格玉器研究》

指导教师：陈声波

专业方向：文物与博物馆学

戴　玲：《浅谈博物馆的教育功能和社会服务发展——以南京地区部分博物馆为例》

指导教师：周裕兴

白　莹：《我国高校博物馆发展现状研究》

季　晨：《博物馆陈列用光研究——以南京市博物馆展陈为例》

指导教师：周裕兴

秦　雯：《湖南澧县八十垱遗址 T1—T9 彭头山文化遗迹发掘报告》

指导教师：裴安平

李忻悦：《博物馆藏品信息化的探索——以南京博物院为例》

陈西铭：《南京六朝陵墓石刻现状调查与分析》

指导教师：汤惠生

史晨宁：《近代工业遗产博物馆的保护与研究——以无锡中国民族工商业博物馆为例》

徐旭倩：《苏州地区民办博物馆的调查研究》

张　羽：《"曹操墓"现象的研究》

指导教师：王根富

王苏君：《博物馆地方史陈列内容设计的调查研究——以南京博物院〈江苏古代文明〉陈列为例》

姜亚婕：《淮安市专题博物馆的调查与研究》

指导教师：陈声波

厦门大学人文学院历史系考古专业

专业方向：海洋考古

蓝　秀：《福建沿海距今 6500—3000 年海洋性聚落的演变》

指导教师：吴春明

专业方向：植物考古

杜　娟：《田螺山遗址人类食物构成研究》

指导教师：葛　威

专业方向：海洋考古

刘学奎：《泉州海洋性聚落变迁及港市形成》

指导教师：王新天

专业方向：陶瓷考古

平　力：《考古发现的瓷器与 14—16 世纪初的南海贸易》

指导教师：刘　淼

中山大学社会学与人类学学院人类学系考古专业

专业方向：民族考古学

许　婷：《大汶口文化陶鼎的研究》

指导教师：许永杰

龚甜甜：《东山文化发展阶段性研究》

指导教师：郑君雷

刘丽霞：《澧县城头山遗址聚落考古研究》
指导教师：郭立新

专业方向：断代考古
许　磊：《江淮之间汉代墓葬研究》
指导教师：郑君雷
张庆琴：《北朝隋唐的"胡旋舞"与"胡腾舞"》
指导教师：姚崇新

专业方向：专门考古
吴　敏：《饶平凤山楼村聚落形态研究》
曹耀文：《鄂东沿江平原地带新石器时代考古学文化的谱系》
陈美惠：《北阴阳营新石器时代墓葬的分期及其他相关问题讨论》
指导教师：许永杰
王　娇：《敦煌石窟中的佛教史迹画研究——兼论其与瑞像图的关系》
指导教师：姚崇新
张　桢：《新疆天山地带竖穴偏室墓研究》
指导教师：刘文锁

专业方向：文化遗产与博物馆学
陈浩天：《桂东北战国秦汉遗存研究》
指导教师：郑君雷

专业硕士不分专业方向
许晓静：《文化遗产视野下的饶平大埕所城》
张　耀：《粤东道韵楼空间视角研究》
李淑蕊：《基于公众与政府视角的广州市工业遗产保护与再利用研究》
指导教师：郭立新
周诗卉：《黑石号沉船部分出水陶瓷器与金银器的外来因素及相关问题研究》
魏玲玲：《考古所见北朝至隋唐入华粟特人葬俗研究》
指导教师：姚崇新
王　琳：《大昌盆地两周时期文化变迁研究》
张　璐：《大遗址保护规划研究——以奉节白帝城大遗址为例》
指导教师：王　宏
张语晨：《景德镇元青花蓝彩呈色机理及其钴料来源探讨》
王艳蓉：《"南海Ⅰ号"沉船出水陶瓷器凝结物分离方法探究》
郑　颖：《南汉王宫陶瓷建筑材料相关科技研究》
习阿磊：《"南澳Ⅰ号"出水陶瓷器脱盐技术应用对比研究》
指导教师：朱铁权
赵永林：《陕西西安洪庆教育办家族墓人骨研究》

黄巧好：《华南地区新石器时代屈肢葬研究》
指导教师：李法军
　花　飞：《岭南地区青铜时代墓葬初步研究》
指导教师：李宁利
　沈昕璐：《广东省博藏乾隆广州外销壁纸初探》
指导教师：刘文锁

武汉大学历史学院考古学系
本年度因学术型硕士改回三年学制，无毕业生

专业硕士
专业方向：旧石器时代考古
　陈怡玮：《房县孙家坪遗址炭化植物遗存分析》
指导教师：李英华

专业方向：新石器时代考古
　孔　玥：《安徽省亳州付庄新石器时代遗址发掘报告》
指导教师：陈冰白

专业方向：战国秦汉考古
　秦让平：《安徽六安巨鹰战国至汉代墓地研究》
　曹沛函：《安徽六安双龙墓地出土铜镜研究》
指导教师：徐承泰

专业方向：博物馆学
　柳　彪：《试论当今中国的城市博物馆——以武汉地区为例》
指导教师：李少军
　李　贝：《高校博物馆管理研究——兼谈武汉大学万林博物馆管理》
指导教师：王　然

专业方向：文化遗产
　罗晶晶：《长江中下游地区古铜矿遗址的保护与研究》
指导教师：余西云

专业方向：科技考古
　郝甜甜：《周代陶窑相关问题研究》
　余　艺：《两周到六朝半倒焰陶瓷窑炉研究》
指导教师：李清临

专业方向：文物学
　　魏　赜：《湖北地区铜镜发展和演变》
指导教师：徐少华

专业方向：中国古代陶瓷研究
　　马　原：《云南地区元明清墓葬出土瓷器研究》
指导教师：贺世伟

山西大学历史文化学院考古系
专业方向：史前考古
　　李　锐：《山西兴县牛家川石板壁画的考古学观察》
指导教师：石金鸣
　　高慧巧：《中国北方旧石器时代中期文化初探——以泥河湾盆地为中心》
　　徐铮晨：《辽东半岛南部地区新石器文化整合研究》
指导教师：李　君

专业方向：夏商周考古
　　宋　阳：《蒙辽交界地区夏商时期随葬陶器覆扣现象研究》
　　段双龙：《中原地区西周时期随葬青铜酒器研究》
指导教师：谢尧亭

专业方向：汉唐考古
　　郭　凤：《北朝隋唐时期胡俑的考古学研究——以黄河中游为中心》
　　白曙璋：《北魏乐舞百戏形象研究》
指导教师：张庆捷
　　吴　娇：《山西地区战国秦汉及魏晋南北朝土洞墓探析》
　　史雅婷：《唐代长沙窑出土瓷器的初探》
指导教师：郎保利

专业方向：博物馆学
　　田若微：《中国书画的展览设计与展品信息传达》
指导教师：渠传福

专业硕士不分专业方向
　　王　芳：《窦大夫祠碑刻文物考察与古祠保护开发研究》
　　张妙玮：《元代玄中寺碑刻考》
　　张志浩：《从元代寺观碑刻中谈蒙元政府的宗教政策得失》
指导教师：张庆捷
　　张　慧：《晋南金墓乐舞砖雕图案分析》
指导教师：石金鸣

李　娜：《超以象外得其环中——董寿平书画艺术研究》
指导教师：渠传福

杨　柳：《长治地区金代墓葬中仿木构建筑装饰特点分析》
梁　啸：《历史街区"原真性"理论讨论与保护策略分析》
丁文秀：《太原府城民国时期建筑装饰特征研究》
柴兆杰：《太原府城永兴路民国住宅区建筑特征分析》
赵玲玲：《太原钟楼街靴巷保存现状与保护更新策略探析》
指导教师：吴　锐

余　龙：《从自然地理环境看汉代并州河东地区农业发展》
郭　梅：《十六国河西壁画墓中的坞壁及其相关问题研究》
赵　瑜：《虞弘墓石椁雕绘中的动物形象及文化内涵研究》
指导教师：李书吉

安放琪：《山西平陆前庄遗址研究》
李蓉蓉：《上沙河墓葬以及相关问题的研究》
周　翔：《关中唐墓所见胡服研究》
侯艳霞：《山西金代墓葬中的格子门研究》
指导教师：赵瑞民

于　佳：《山西及其周边地区汉代土洞木椁墓初论》
王　宝：《北朝墓葬牛车形象探究》
王文娟：《山西南部金代墓葬研究》
岳　娜：《中国出土瓷器鱼纹研究》
指导教师：郎保利

任爱玲：《隰县瓦窑坡墓地出土青铜器保护修复及相关问题探讨》
樊宁娇：《蒲州故城明代城墙工程量测算》
陈旭伟：《明清太原县城现存民居大门调查研究》
指导教师：王晓毅

范利红：《晋阳古城大殿台遗址初步研究》
王　艺：《晋阳古城出土板瓦和筒瓦的初步研究》
朱识斌：《长治襄垣清代墓葬研究——以郭庄 E 区墓葬为例》
指导教师：宋艳花　韩炳华

胡学捷：《晋阳古城西南城墙一号寺庙遗址博物馆要素设计》
程　刚：《襄垣郭庄清代米氏家族墓研究》
李丹成：《太原博物馆旅游现状及开发研究》
指导教师：韩炳华

南开大学历史学院考古学与博物馆学系
专业方向：商周青铜考古
于宏淼：《西周春秋时期晋国铜器墓墓葬制度研究》
指导教师：贾洪波

专业方向：秦汉考古与物质文化研究

    刘舒睿：《汉代贵族官吏头部与面部装饰研究》

指导教师：刘尊志

专业方向：陶瓷考古

    宋美娟：《吉州窑瓷器特色装饰研究》

指导教师：刘　毅

    宋永平：《明"空白期"窑业研究》

    刘　昕：《长江中下游地区宋元时期制瓷工艺研究》

指导教师：袁胜文

专业方向：文化遗产保护

    路　畅：《中国传统建筑装修形式分析及其审美观和文化意象》

指导教师：贾洪波

专业硕士

专业方向：商周青铜考古

    孟　岩：《商至西周时期青铜壶研究》

指导教师：贾洪波　杨文胜（校外导师）

    邵小娜：《商周青铜器的蝉纹研究》

指导教师：贾洪波　任　伟（校外导师）

    任维强：《晋中地区夏商时期考古学文化发展格局研究》

指导教师：贾洪波　任　伟（校外导师）

专业方向：秦汉考古与物质文化研究

    王　钰：《集安地区高句丽壁画墓研究》

指导教师：刘尊志　李　凯（校外导师）

    郎咸东：《山东沂南画像石墓及相关问题研究》

指导教师：刘尊志　张卫星（校外导师）

    李　涛：《山东东平后屯汉代壁画墓及相关问题研究》

指导教师：刘尊志　张翔宇（校外导师）

专业方向：古代陵墓

    李彦伟：《山西明代藩王墓葬初探》

指导教师：刘　毅　杨文胜（校外导师）

    白瑶瑶：《湖北明代藩王墓研究》

    张　洁：《江西明代藩王墓研究》

指导教师：刘　毅　万全文（校外导师）

专业方向：陶瓷考古

　王文红：《出土元代龙泉青瓷研究》
指导教师：袁胜文　沈岳明（校外导师）
　张　明：《釉下彩装饰研究》
指导教师：袁胜文　唐俊杰（校外导师）

专业方向：中国古代玉器
　陈艳芳：《商周时期动物型玉器研究》
指导教师：袁胜文　白文源（校外导师）

专业方向：博物馆理论与实务
　赵小姣：《免费开放时代河北省市级博物馆发展相关问题研究》
指导教师：黄春雨　康金凤（校外导师）
　李文鹏：《免费开放时代河北省县级博物馆的建设与发展状况研究》
指导教师：黄春雨　陈　卓（校外导师）

复旦大学文物与博物馆学系
专业方向：考古学及博物馆学
　付　蓉：《世界文化遗产框架下大明宫国家遗址公园的保护与运营现状的研究》
指导教师：陈　淳
　蒋雨君：《人物类纪念馆藏品数字化工作方式研究》
指导教师：陈红京
　林　翘：《地方博物馆藏品科学收藏体系构建研究》
指导教师：陆建松
　高　洋：《宋元时期江西地区墓葬等级研究》
指导教师：朱顺龙
　孙景宇：《清代徽墨装饰艺术演变及其原因研究》
指导老师：吕　静
　阳　昕：《汶川地震遗产研究》
指导教师：杨志刚
　赵嫣一：《铜离子对古代绘画纸张腐蚀机理研究及其抑制》
指导教师：陈　刚
　甘　菲：《军持在中国的接受和演变》
　郑汉卿：《宋元仿古陶瓷器的初步研究》
指导教师：刘朝晖

专业方向：文物与博物馆
　蔡董研：《苏步青励志教育馆内容设计方案》
　胡晓明：《中华赏石园展览文本》
　李明倩：《贵州省博物馆"纷彩民俗"展览内容文本方案》
　李　雨：《绍兴市柯桥区（原绍兴县）档案馆基本陈列展览文本》

指导教师：陆建松

　陈晓琳：《手工书画纸的理化性能研究》

　谷　宇：《浙江地区传统造纸工艺的保护研究》

　阎　琳：《古籍修复中加固连接用纸的性能研究及应用》

指导教师：陈　刚

　冯泽洲：《龙泉纪年瓷研究》

　霍小骞：《宋代香炉形制研究》

指导教师：刘朝晖

　黄　逸：《赵孟頫绘画与道家思想》

　钱　坤：《晚晴民国浅绛彩瓷画艺术研究》

　邵维娜：《明中晚期德化观音瓷雕研究》

　周　天：《明末清初转变期瓷器装饰的元素分析》

指导教师：朱顺龙

　索素苏：《复旦大学博物馆新馆藏品管理方案》

　王若谷：《博物馆与学校合作开展教育活动研究》

指导教师：陈红京

中央民族大学民族学与社会学系

专业方向：考古学及博物馆学

　许　翔：《1760 年至 1897 年新疆铜钱研究》

　蔡梦雨：《由阆中古城文化内涵看历史文化名城阐释》

指导教师：戴成萍

　鄂思琪：《五代李姓墓志研究》

　刘学旋：《北朝墓道壁画仪仗图初探》

　杜若铭：《由南通博物苑论中国中小型博物馆功能发展》

指导教师：刘连香

　李　聪：《商及西周墓葬出土青铜斧、锛、凿研究》

指导教师：肖小勇　马赛

　陈海波：《天马—曲村遗址出土青铜器纹饰研究》

指导教师：张铭心　朱　萍

　贾凯丽：《新疆出土梳篦研究》

　张　满：《新疆魏晋前弓马器研究》

指导教师：肖小勇

　石泽明：《岩画的田野调查标准初探》

指导教师：张亚莎

　张若衡：《试论豫西庙底沟二期文化陶器分期及其相关问题》

指导教师：杨　楠

　高子凤：《试论关中地区西周时期陶簋分期》

指导教师：杨　楠

专业方向：文物与博物馆

葛　军：《羌绣"高端化"探析——以茂县羌城地区为例》

何　媛：《背孩带文化内涵浅析——以贵州苗族为例》

指导教师：祁春英　们发延

胡玉君：《周原遗址西周时期制骨遗存的调查与初步研究》

郭建波：《周原遗址商周时期建筑遗存的调查与初步研究》

指导教师：马　赛　孙周勇

王　蒙：《论畲族的凤凰装》

指导教师：卡丽娜　们发延

国庆宏：《龙江皮影戏的传承与发展——以哈尔滨儿童艺术剧院龙江皮影戏为例》

指导教师：卡丽娜　们发延

杜　睿：《左江岩画"蹲踞式人形"图像同壮族铜鼓蛙饰的比较研究》

陶俊竹：《广西花山与澳大利亚南威尔士蹲踞式人形岩画的对比研究》

指导教师：张亚莎　朱岩石

陈　岑：《遗址博物馆研究——以北京市大葆台西汉墓博物馆为例》

指导教师：潘守永　祁庆国

顾敏超：《首都博物馆家庭观念研究——以〈南海遗珍——西沙华光礁沉船宝藏展〉为例》

刘　欣：《展览中的鲁迅——北京鲁迅博物馆的历史政治与展览体系研究》

指导教师：潘守永　祁庆国

李晓頔：《通过清进士题名碑看台湾籍文进士的时空分布》

指导教师：戴成萍　庾　华　篠原典生

姚欣桐：《贵州安顺地区地系面具研究》

指导教师：戴成萍　们发延　篠原典生

周雨城：《国子监辟雍探源及其文化价值浅析》

指导教师：戴成萍　庾　华　李海军

辛翠翠：《隋唐洛阳城佛寺分布研究》

李　征：《首都博物馆白领观众调查研究》

指导教师：刘连香　祁庆国

赵国香：《中国国家博物馆公共教育项目调查研究》

指导教师：朱　萍　黄　琛

庞　震：《皖南地区土墩墓研究的学术史考察》

指导教师：杨　楠　孙国平

陈美龄：《伊犁河谷地区史前彩陶文化研究》

指导教师：肖小勇、孙国平

宋立资：《邺城遗址核桃园西南地建筑遗迹的发掘与整理实习报告——以 T252、T241、T243 为中心》

指导教师：肖小勇　朱岩石

徐富洋子：《新疆柏孜克里克千佛洞壁画病害及起甲修复实习报告》

指导教师：张铭心　梁　涛

张海霞：《故宫博物院文物编号整理及应用》
指导教师：张铭心　胡国强

北京联合大学应用文理学院历史文博系考古学专业
专业方向：北方物质文化史
　褚　旭：《镇江营遗址西周陶器制作工艺研究》
指导教师：韩建业
　任　博：《湖北郧县黄家窝旧石器时代遗址石制品初步研究》
指导教师：冯小波

首都师范大学历史学院考古学系
专业方向：旧石器考古学
　李昱龙：《淅川杜沟旧石器遗址石器工业及人类栖居形态研究》
指导教师：钱益汇

专业方向：新石器时代考古
　韩化蕊：《豫西南地区新石器文化的调查发掘及研究》
　齐　晋：《河南南阳淅川姚河遗址发现与研究》
　刘　玉：《洹北商城的年代与性质研究》
指导教师：袁广阔

专业方向：新石器考古与文明起源
　夏然蔚：《叶县文集遗址出土瓷器研究》
　李　昂：《南阳夏饷铺遗址汉文化遗存整理与研究》
指导教师：袁广阔

专业方向：夏商周考古与青铜器研究
　吕慧媛：《史前玉礼器的发展演变与社会变迁》
指导教师：钱益汇

中国社会科学院研究生院考古系
专业方向：汉唐考古
　梁　斌：《两汉时期铭文钢铁刀剑的发现与研究》
指导教师：白云翔

专业方向：植物考古
　陈　航：《上海广富林遗址出土植物遗存研究》
指导教师：赵志军

专业方向：动物考古

刘一婷：《河南巩义花地嘴遗址出土动物遗存研究》

指导教师：袁　靖

专业方向：夏商周考古

　高振龙：《洛阳西周时期殷遗民墓葬的考古学观察》

指导教师：王　巍

专业方向：汉唐考古

　马小飞：《辽上京周边地区辽地城址聚落初探》

指导教师：董新林

专业方向：中国新石器时代考古

　孙瀚龙：《三角形的实验考古研究与微痕分析》

指导教师：陈星灿

专业方向：佛教考古

　夏立栋：《新疆吐峪沟石窟洞窟形制与组合研究——兼论高昌佛教的变迁》

指导教师：李裕群

2014 年毕业的博士研究生

北京大学考古文博学院

专业方向：新石器及夏商周考古

 王小娟：《晋南地区新石器末期陶器工业》

指导教师：赵　辉

 陈　玼：《齐家文化的分期与源流——以齐家坪遗址为中心》

指导教师：李水城

 张　敏：《夏商周考古学术史（1928—1949）》

指导教师：刘　绪

 侯卫东：《郑州商代都邑地位的形成与发展》

 王　炜：《周代前期姬姓封国墓葬研究》

 崔镐玹：《郑州商代前期铜器研究》

指导教师：孙　华

 路国权：《东周青铜容器谱系研究》

 罗汝鹏：《公元前 20 至前 9 世纪中国东南地区考古学文化研究——以闽浙赣交界地区为中心》

指导教师：徐天进

专业方向：秦汉考古

 张　寅：《两周时期陇山东西两侧考古学文化研究》

指导教师：赵化成

专业方向：汉唐考古

 耿　朔：《晋丧葬等级研究——以都城地区为中心》

指导教师：齐东方

专业方向：城市考古

 陈　筱：《中国古代的理想城市》

指导教师：孙　华

 王子奇：《宋代北方地区新建建制城市的考古学研究》

指导教师：杭　侃

专业方向：陶瓷考古

徐华烽：《河南禹州闵庄钧窑址的考古学研究》

指导教师：严文明

申　浚：《元明时期龙泉窑研究》

指导教师：秦大树

宋东林：《景德镇窑五代宋元时期青白釉瓷器研究》

指导教师：杭　侃

专业方向：科技考古

刘　爽：《中国东北地区旧石器时代晚期遗址黑曜岩制品原料来源探索》

金和天：《云南剑川海门口遗址炭化植物遗存综合研究》

指导教师：吴小红

吉林大学文学院

专业方向：新石器考古

杜战伟：《东北地区新石器文化研究》

指导教师：赵宾福

周晓晶：《红山文化玉器研究》

指导教师：李伊萍

专业方向：夏商周考古

付　琳：《江南地区两周时期墓葬研究》

SEBILLAUDPAULINE：《中原地区公元前三千纪下半叶和公元前两千纪的聚落分布
研究》

指导教师：王立新

专业方向：战国秦汉考古

张　亮：《东周时期社会结构演变的考古学观察》

指导教师：滕铭予

专业方向：魏晋隋唐考古

刘晓东：《靺鞨文化的考古学研究》

指导教师：魏存成

专业方向：中国北方青铜时代

洪　猛：《玉皇庙文化初步研究》

包曙光：《中国北方地区夏至战国时期的殉牲研究》

指导教师：杨建华

专业方向：体质人类学

曾　雯：《甘肃临潭磨沟墓地古代居民分子考古学研究》
周亚威：《北京延庆西屯墓地人骨研究》
肖晓鸣：《吉林大安后套木嘎遗址人骨研究》
指导教师：朱　泓

山东大学历史文化学院考古学系
专业方向：新石器时代考古
　吴文婉：《中国北方地区裴李岗时代生业经济研究》
指导老师：栾丰实　赵志军

专业方向：先秦考古
　李慧冬：《海岱地区先秦遗址出土贝类的采捞季节初步研究》
指导导师：于海广　王　青

专业方向：商周考古
　王　迪：《中国北方地区商周时期制陶作坊研究》
指导导师：方　辉
　唐彩霞：《内蒙古辽代物质文化遗产资源研究与利用》
指导老师：任相宏

西北大学文化遗产学院考古学系及文化遗产管理系
专业方向：新石器时代考古
　邸　楠：《蓝田新街遗址仰韶文化晚期遗存研究》
指导教师：张宏彦
　李　成：《黄河流域史前至两汉小麦种植与推广研究》
指导教师：钱耀鹏

专业方向：秦汉考古
　习通源：《青铜时代至早期铁器时代东天山地区聚落遗址研究》
指导教师：王建新
　魏　佳：《新疆阿尔泰山和天山地区岩画调查与研究》
指导教师：赵丛苍

专业方向：文化遗产管理
　惠　毅：《论电视传媒在西安文化遗产保护中的作用》
指导教师：刘云辉、赵丛苍

郑州大学历史学院考古系
专业方向：夏商周考古
　赵俊杰：《论豫鲁苏皖相邻地区史前夏商时期考古学文化与生业方式的演进》

指导教师：张国硕

郑州大学历史学院考古系出站博士后
　　崔天兴：《华北地区旧石器时代晚期石器工业和人类行为》
合作导师：韩国河

南京大学历史系考古学与博物馆学专业
专业方向：夏商周考古
　　刘　铮：《早期夏文化探索》
指导教师：水　涛

南开大学历史学院考古学与博物馆学系
专业方向：陶瓷考古
　　李　钰：《宋辽金元瓷器窖藏研究》
　　刘　庆：《清代官窑瓷器的装饰特色及文化传承研究》
指导教师：刘　毅

专业方向：中国古代陵墓
　　韩　伟：《清代皇族女性墓葬研究》
　　石文嘉：《隋代墓葬的考古学研究》
指导教师：刘　毅

复旦大学文物与博物馆学系
专业方向：考古学及博物馆学
　　姚一青：《博物馆信息化研究》
　　黄　洋：《中国考古遗址博物馆的信息诠释与展示研究》
　　朱煜宇：《博物馆陈列语言之情境构建研究》
　　王　龙：《民族博物馆藏品信息指标体系研究》
指导教师：陈红京

专业方向：文物学
　　刘守柔：《清末民国文化遗产保护的兴起与演变》
　　王　薇：《文化线路视野中梅关古道演变、价值与保护的研究》
指导教师：杨志刚
　　刘晓婧：《崧泽文化研究》
　　郑　好：《长江流域史前城址研究》
　　赵　荦：《中国沿海先秦贝丘遗址研究》
　　孔　超：《陶瓷枕具研究》
指导老师：高蒙河

中国社会科学院研究生院考古系

专业方向：汉唐考古

　黄　娟：《秦汉钱币及钱币铸造业的考古学研究》

指导教师：白云翔

专业方向：汉唐考古

　唐丽雅：《汉江地区新石器时代晚期至青铜时代农业生产动态的植物考古学观察》

指导教师：赵志军

专业方向：动物考古

　武　庄：《先秦时期家犬研究》

指导教师：袁　靖

专业方向：汉唐考古

　尹　达：《汉长安城地区城市水利设施和水利系统的考古学研究》

指导教师：白云翔

部分新设考古文博专业院系简表

东北师范大学考古文博专业简介

考古或文博专业具体名称	创建时间	现教职工人数	毕业本科生人数	毕业硕士生人数		毕业博士生人数	负责人	地址邮箱
历史文化学院考古系	2013 年	10	无	2013	2014	无	孙力楠	联系方式详见后面
				9	4			

辽宁大学考古专业简介

具体名称	创建时间	现教职工人数	毕业本科生人数	毕业硕士生人数		毕业博士生人数	负责人	地址邮编
历史学院考古系考古专业	1985 年教研室 2014 年考古系	6（专业教师）		2013	2014		张星德	110036
				5	3			

辽宁师范大学历史文化旅游学院考古文博系

考古或文博专业具体名称	创建时间	现教职工人数	毕业本科生人数		毕业硕士生人数		毕业博士生人数		负责人	地址邮编
历史文化旅游学院文物与博物馆学专业	2005 年	7	2013	2014	2013	2014	2013	2014	田广林 徐昭峰	大连市甘井子区柳树南街 1 号辽宁师范大学历史文化旅游学院
			19	20	9	20	无	无		

广西师范大学考古学硕士点信息

考古或文博专业具体名称（含隶属院系）	创建时间	现教职工人数	毕业本科生人数		毕业硕士生人数		毕业博士生人数		负责人	地址邮编
广西师范大学历史文化与旅游学院考古学及博物馆学硕士点	2007	8	2013	2014	2013	2014	2013	2014	廖国一	广西桂林市王城 1 号，541001
			0	0	8	6	0	0		

陕西师范大学文物与博物馆学专业简介

考古或文博专业具体名称	创建时间	现教职工人数	毕业本科生人数		毕业硕士生人数		毕业博士生人数		负责人	地址邮编
历史文化学院文博系文物与博物馆学专业	2002 年	12 （专职）	2013	2014	2013	2014	2013	2014	郭妍利	西安市长安区西长安街 620 号陕西师范大学历史文化学院　邮编：710119
			0	29	20	22	1	2		

西南民族大学文物与博物馆学专业简介

考古或文博专业具体名称	创建时间	现教职工人数	毕业本科生人数		毕业硕士研究生人数		负责人	地址邮编
旅游与历史文化学院文物与博物馆学	2006 年	7	2013	2014	2013	2014	王建华	成都市一环路南四段 16 号　西南民族大学旅游与历史文化学院　邮编：610041
			34	29	6	8		

重庆师范大学考古文博专业简介

考古或文博专业具体名称	院系	创建时间	现任教职工人数	毕业本科生人数		毕业硕士研究生人数		毕业博士研究生人数		负责人	地址邮编
				2013	2014	2013	2014	2013	2014		
文物与博物馆学（本科）	历史与社会学院	2004	10	17	30					蒋刚	重庆市沙坪坝区大学城中路 37 号重庆师范大学历史与社会学院　邮编：401331
考古学（学术型研究生）		2001				11	7				
文物与博物馆学（专业硕士）		2011				7	11				

第六篇

逝世考古学家

汪宁生

戴宗品　吴　华

中国著名民族考古学家、云南民族大学汪宁生教授于 2014 年 2 月 1 日在云南昆明病逝，享年 85 岁。

汪宁生祖籍江苏省灌县板浦镇，汉族，1930 年生于南京，少年进入私塾，学习《论语》、《孟子》等古典文献并兼修英文。1949 年考入苏南新闻专科学校，旋即赴无锡参加土改工作。1952 年至 1953 年任职华东水利学院（今河海大学）。1954 年被选调考入北京大学历史系考古专业，1959 年毕业后留校任教，次年因故又重新分配到中央民族学院（今中央民族大学）工作。从 1961 年 5 月起参加由全国人大民族委员会组织的全国民族调查，赴四川茂汶县（今茂县）、大凉山、黔西北、滇东北开展调查，自此与民族学田野调查与研究结下了不解之缘。1961 年 9 月至 1962 年，先后在云南大理、丽江、永胜、中甸（今香格里拉）、德宏州做民族调查。1963 年受顾颉刚《浪口村随笔》一书启发，开始运用民族志资料与中国古代文献以及当时考古发现的资料进行类比研究。1964 年底，调云南省历史研究所工作。1965 年 1 月在滇西南民族调查时，首次发现云南沧源崖画并实地考察了景洪县（今景洪市）基诺族"长房"。1960 年至 1964 年间，发表《试释晋宁石寨山出土铜片上的图画文字》（《文物》1964 年第 5 期）、《云南永胜县彝族（他鲁人）羊骨卜的调查和研究》（《考古》1964 年第 2 期）等成果。

1967 年"文革"期间，他冒着被"戴帽子"、"挨棒子"的危险开始埋头撰写《云南考古》。1968 年即使在泸西县"插队落户"期间，仍利用"自由"时间开始翻译德国人类学家 Julius E. 利普斯的《事物的起源》。1972 年 5 月调云南省博物馆工作，1973 年 3 月赴德宏地区征集民族文物。1979 年 10 月调云南民族学院（今云南民族大学）云南省民族研究所，先后任研究员、副所长。1981 年前往永德县调查彝族俐侎人，次年赴西双版纳调查傣族制陶。1987 年至 1990 年任云南民族学院历史系主任、教授期间，在历史系建立了云南省第一个民族学专业和民族学硕士点，亲授民族学课程并任硕士生导师，为云南民族教育事业做出了重要贡献。2006 年 5 月，被云南民族大学聘为民族研究首席科学家，并任云南民族大学民族研究中心顾问、大型学术集刊《民族学报》主编。2010 年 11 月至 2013 年间，仍不顾高龄组织指导民族研究中心年轻人开展口述民族史调查和研究。

汪宁生教授先后担任中国考古学会第三届理事会理事、中国人类学会理事、中国国家民族事务委员会学术委员会委员、联合国教科文组织崖壁艺术国际委员会成员和美国费城人类社会问题研究所荣誉研究员、云南文史馆馆员等职，获云南省有突出贡献优秀专业技术人才称号，享受国务院颁发的政府特殊津贴。自 20 世纪 80 年代应邀出国访问起，先后到过二三十个国家和地区游览、访问及讲学，曾被美国宾夕法尼亚大学、德国海德堡大学等10余所世界著名大学聘为客座教授或研究员。

汪宁生教授在长达半个多世纪的学术生涯中，著述逾300万字，成果丰硕，成就卓越。其学术贡献主要表现在以下五个方面。

一是善于利用民族学田野调查资料研究中国古代史和考古学问题，如制陶、葬俗、文字的起源、八卦、阴阳等（详见《民族考古学论集》，1989年），研究成果得到国内外学界的广泛认同。其中，《从原始纪事到文字发明》（《考古学报》1981年第1期）、《从原始计量到度量衡制度的形成》（《考古学报》1987年第3期）等论文，一直为国内外学术界重视并不断引用。如，《仰韶文化葬俗和社会组织研究——对仰韶母系社会说及其方法论的商榷》（《文物》1984年第4期）、《中国考古发现中的"大房子"》（《考古学报》1983年第3期）两篇论文，对传统的仰韶文化母系论提出质疑，是我国学术界最早质疑社会组织单线进化论的研究认识。

二是探索崖画研究的方法。1985年出版的《云南沧源崖画的发现和研究》（文物出版社），总结出了一套科学记录崖画的田野工作方法，建立起我国崖壁艺术研究的一些基本规范，是中国崖壁艺术研究的第一本专著，为中国崖壁艺术研究赢得了较高的国际声誉。

三是对中国西南地区新中国成立以来考古发现的新材料和古代流传下来的重要文物资料进行系统的整理和研究。如《云南考古》（云南人民出版社，1980年，1992年再版）、《古俗新研》（台北兰台出版社，2001年）等论著，填补了云南考古学研究的多项空白。

四是结合长期从事田野调查的经历，借鉴吸收西方人类学调查的基本理论和方法，总结出一套适合我国国情的人类学、民族学的调查方法，为在中国提倡和普及科学的社会调查方法做出了贡献。如《文化人类学调查——正确认识社会的方法》（文物出版社，1996年），就是中国第一本人类学调查方法的专著。

五是初步建立起了中国民族考古学学科理论体系构架，为该学科体系的最终形成做出了重要贡献。如《谈民族考古学》（《社会科学战线》1987年2期），第一次对中国民族考古学的定义、研究范围、研究方法，以及中国古人以往的认识和目前中国民族考古学的不足之处，进行了系统全面的讨论。该论文被认为是中国民族考古学形成的标志。

第七篇

考古学文献资料目录

考古学书目

壹　总类

一　考古学通论　附：金石学

考古学（中国大百科全书·名家文库）　夏鼐、王仲殊著　中国大百科全书出版社　2014年1月　134
页　插图18幅　32开

考古学通论　侯静波、于建华编著　哈尔滨地图出版社　2014年8月　329页　插图94幅　16开

中国历史与考古学科前沿研究报告（2010—2012）　中国社会科学院科研局组织撰写　中国社会科学出
版社　2014年3月　254页　16开

理解早期文明：比较研究（世界史图书馆）［加拿大］布鲁斯·G. 崔格尔（Bruce G. Trigger）著　徐坚
译　北京大学出版社　2014年1月　561页　插图24幅　16开　译自Understanding Early Civiliza-
tions：A Comparative Study

思考考古学（吉林大学边疆考古研究中心系列学术著作）　陈胜前著　科学出版社　2014年3月　312
页　插图31幅　16开

感悟考古（震旦博雅书系）　李伯谦著　北京大学震旦古代文明研究中心编　上海古籍出版社　2014
年7月　316页　16开

考古学的理论与研究（上海市学术著作出版基金25周年精选丛书）　陈淳著　上海人民出版社　2014
年8月　582页　16开

考古学人访谈录（一）　王巍主编　上海古籍出版社　2014年5月　255页　插图66幅　32开

陕西考古会史　罗宏才著　陕西师范大学出版社　2014年4月　468页　插图409幅　16开

辉煌历程：内蒙古自治区文物考古研究所60年　内蒙古自治区文物考古研究所编　塔拉、陈永志、曹
建恩主编　文物出版社　2014年8月　293页　彩版、照片197幅　16开

马承源传（大家丛书）　张瑶著　江苏人民出版社　2014年5月　182页　插图26幅　32开

叩开楚王陵：我的考古之路　王恺著　文物出版社　2014年4月　208页　32开

铭刻撷萃：国家图书馆馆藏精品大展金石拓片图录　国家图书馆编　韩永进、陈红彦主编　国家图书馆
出版社　2014年9月　182页　图版113幅　16开

国家图书馆拓片元数据规范与著录规则（国家数字图书馆工程标准规范成果）　肖珑、苏品红、胡海帆
主编　国家图书馆出版社　2014年2月　157页　16开

缪荃孙全集：金石　（清）缪荃孙著　张廷银、朱玉麒主编　凤凰出版社　2014年10月　全五册　704
页　964页　1176页　32开　子目：艺风堂金石文字目、艺风堂金石文字续目、金石分地编目、再
补寰宇访碑录、寰宇访碑续录、云自在龛金石目初编续编、云自在龛金石目杂稿、直隶金石文钞、
江西金石目、江苏金石志、湖北金石志、金石录今存碑目、辽金石录存目

访古与传古：吴大澂的金石生活考论（书法学术小丛书）　李军著　山东画报出版社　2014年7月
125页　32开

叶昌炽与清末民初金石学（敦煌学研究文库）　马洪菊著　民族出版社　2014年4月　369页　32开

补　遗

澳门考古学史略（澳门史志书系）　郑炜明、陈德好著　澳门理工学院　2013 年 6 月　105 页　32 开

二　考古学方法

GIS 与考古学空间分析　张海著　北京大学出版社　2014 年 8 月　文 302 页　插图 182 幅　插表 28 幅
　　彩版 8 页　16 开

补　遗

中华人民共和国文物保护行业标准（WW/T0035—2012）：田野考古制图　国家文物局　2012 年 12 月
　　16 开

三　论文集

复旦大学文物与博物馆学系论文选集（一）　复旦大学文物与博物馆学系编　朱顺龙主编　复旦大学出
　　版社　2014 年 6 月　文 304 页　插图 58 幅　彩版 112 幅　16 开

边疆考古研究（第十五辑）　吉林大学边疆考古研究中心编　科学出版社　2014 年 8 月　文 313 页　插
　　图 101 幅　插表 19 幅　彩版 2 页　16 开

边疆考古研究（第十六辑）　吉林大学边疆考古研究中心编　科学出版社　2014 年 12 月　文 401 页
　　插图 136 幅　插表 55 幅　彩版 3 页　16 开

Asian Archaeology, v.2　吉林大学边疆考古研究中心编　科学出版社　2014 年 10 月　文 143 页　插图
　　63 幅　插表 12 幅　彩版 8 页　16 开

南开文博考古论丛　刘毅主编　中国社会科学出版社　2014 年 9 月　文 332 页　插图 92 幅　插表 12 幅
　　16 开

西部考古（第七辑）　西北大学丝绸之路文化遗产保护与考古学研究中心、西北大学唐仲英文遗产研究
　　与保护技术实验室编　三秦出版社　2014 年 9 月　文 403 页　插图 191 幅　插表 21 幅　16 开

浙江大学艺术与考古研究（第一辑）　浙江大学艺术与考古研究中心编　缪哲主编　浙江大学出版社
　　2014 年 10 月　文 326 页　图版 151 幅　彩版 12 页（19 幅）　16 开

东方考古（第十一集）　山东大学文化遗产研究院编　科学出版社　2014 年 12 月　文 548 页　插图
　　292 幅　插表 48 幅　彩版 10 页　16 开

湖南考古辑刊（第十辑）　湖南省文物考古研究所编　郭伟民主编　岳麓书社　2014 年 1 月　文 317 页
　　插图 341 幅　16 开

西藏文物考古研究（第一辑）　西藏自治区文物保护研究所编著　科学出版社　2014 年 5 月　文 383 页
　　插图 209 幅　彩版 27 页　16 开

河南文物考古论集（五）　河南省文物考古学会编　大象出版社　2014 年 9 月　文 310 页　插图 52 幅
　　插表 7 幅　16 开

南方民族考古（第十辑）　四川大学博物馆、四川大学考古学系、成都文物考古研究所编　科学出版社
　　2014 年 12 月　文 391 页　插图 249 幅　插表 9 幅　彩版 15 页　16 开

湖南省博物馆馆刊（第十辑）　湖南省博物馆编　陈建明主编　岳麓书社　2014 年 7 月　文 623 页　插
　　图 593 幅　彩版 34 页　16 开

广西博物馆文集（第十辑）　广西壮族自治区博物馆编　广西人民出版社　2014 年 5 月　文 386 页　插
　　图 278 幅　彩版 4 页　16 开

桂林文博研究文集　桂林市文物局编　林京海主编　广西师范大学出版社　2014 年 10 月　文 516 页
　　插图 137 幅　插表 12 幅　16 开

辽宁省博物馆馆刊（2013）辽宁省博物馆编　马宝杰主编　辽海出版社　2014 年 12 月　文 349 页　插
　　图 135 幅　16 开

丝绸之路沿线博物馆专业委员会论文集（第二辑）　俄军主编　甘肃人民美术出版社　2014 年 7 月　文

366 页　插图 262 幅　16 开

无限悠悠远古情：佟柱臣先生纪念文集　佟柱臣纪念文集编委会编　科学出版社　2014 年 12 月　文 720 页　插图 217 幅　插表 11 幅　照片 24 页　16 开

庆祝张忠培先生八十岁论文集　吉林大学边疆考古研究中心编　科学出版社　2014 年 7 月　文 613 页　插图 300 幅　插表 21 幅　照片 16 页　16 开

王仲殊文集（考古学专刊，甲种第三十八号）　王仲殊著　社会科学文献出版社　2014 年 6 月　全四册卷一：考古学通论及中国考古学的若干课题　文 369 页　插图 150 幅　卷二：中日两国古代铜镜及都城形制的比较研究　文 416 页　插图 107 幅　卷三：古代中国与日本等东亚诸国的关系　文 372 页　插图 69 幅　卷四：中国古代遗址、墓葬的调查发掘　文 263 页　插图 140 幅　图版 106 页　16 开

杜在忠学术文存　杜在忠著　文物出版社　2014 年 8 月　文 396 页　插图 113 幅　图版 41 页　16 开

汪宁生集　汪宁生著　学苑出版社　2014 年 1 月　全四册　卷一：民族考古学论集、古俗新研　546 页卷二：云南沧源崖画的发现与研究、云南考古、中国西南民族历史与文化　677 页　卷三：文化人类学调查、文化人类学论集、铜鼓与南方民族、事物的起源（译作）　文 728 页　卷四：西南访古卅年、始信昆仑别有山、序跋·年谱、关于汪宁生先生及其作品的评介　610 页　16 开

黄宣佩考古学文集　黄宣佩著　上海古籍出版社　2014 年 12 月　文 486 页　插图 396 幅　插表 20 幅照片 6 页　16 开

孙维昌文物考古论集　孙维昌著　上海古籍出版社　2014 年 12 月　369 页　插图 427 幅　插表 12 幅16 开

稽古探源：杨式挺研究员从事考古文博事业五十周年暨八十寿辰文集　广东省博物馆编　广东人民出版社　2014 年 5 月　352 页　16 开

史地考古论文选（西安市文史研究馆馆员丛书）　吴镇烽著　陕西科学技术出版社　2014 年 10 月　219 页　插图 78 幅　16 开

古都西安考古文物文集（西安市文史研究馆馆员丛书）　韩保全著　陕西科学技术出版社　2014 年 10 月　312 页　插图 52 幅　16 开

东北考古研究（一）（吉林大学边疆考古研究中心系列学术文集）　赵宾福著　科学出版社　2014 年 3 月　398 页　插图 131 幅　16 开

补　遗

伊犁河谷考古文集　王林山主编　新疆大学出版社　2012 年 10 月　文 560 页　插图 611 幅　彩版 4 页　16 开

文物考古论文集（西安市文史研究馆馆员丛书）　王翰章著　陕西科学技术出版社　2013 年 12 月　545 页　插图 174 幅　16 开

四　历史图谱、博物馆陈列说明和藏品图录

海淀文物精选集　海淀博物馆编　李昂主编　文物出版社　2014 年 10 月　311 页　彩版 269 幅　16 开

传承与谋变：三晋历史文化展　秦始皇帝陵博物院编　曹玮主编　三秦出版社　2014 年 3 月　181 页彩版 132 组　16 开

建国 60 周年安徽重要考古成果展专辑图录　安徽省文物局、安徽省文物考古研究所编著　李虹主编文物出版社　2014 年 12 月　全二册　511 页　彩版 757 幅　16 开

赣水流韵，辉耀千载：江西古代文物精品　江西省博物馆、首都博物馆编　文物出版社　2014 年 5 月261 页　插图 61 幅　彩版 162 幅　16 开

岭南印记：粤港澳考古成果展（广东省博物馆展览系列丛书）　广东省博物馆编　魏峻主编　岭南美术出版社　2014 年 1 月　326 页　彩版 617 幅　16 开

东莞市博物馆藏出土文物（东莞市博物馆丛书）　杨晓东主编　文物出版社　2014 年 3 月　190 页　彩版 162 幅　16 开

丝绸之路　国家文物局编　文物出版社　2014 年 11 月　500 页　插图 83 幅　彩版 391 幅　16 开

骁腾万里：中国古代马文化展　陕西历史博物馆编　成建正主编　三秦出版社　2014 年 3 月　插图 63
　　幅　彩版 105 幅　16 开

骏程万里：丝绸之路马文化展　新疆维吾尔自治区博物馆编　侯世新主编　三秦出版社　2014 年 4 月
　　161 页　插图 10 幅　彩版 154 幅　16 开

嘉峪关文物图录　嘉峪关市文物局编　武军斌、曹健主编　三秦出版社　2014 年 11 月　全二册　159 页
　　102 页　彩版 349 幅　8 开

天山往事：古代新疆丝路文明展（江西省博物馆文物展览图录，十三）　江西省博物馆编著　彭印䃂、
　　侯世新主编　上海锦绣文章出版社　2014 年 1 月　127 页　彩版 116 幅　16 开

丝绸之路天山廊道：新疆昌吉古代遗址与馆藏文物精品　新疆昌吉回族自治州文物局编　陈金宝主编
　　文物出版社　2014 年 10 月　全二册　696 页　插图 45 幅　彩版 793 幅　16 开

丝路遗珠：交河故城、高昌故城申报世界文化遗产文物精品展　吐鲁番博物馆、吐鲁番研究院编著　曹
　　洪勇主编　上海古籍出版社　2014 年 6 月　152 页　彩版 142 幅　16 开

西陲古韵：伊犁草原文物精品集　沈阳故宫博物院、伊犁哈萨克自治州博物馆编　白文煜、高春惠主编
　　沈阳出版社　2014 年 6 月　134 页　插图 8 幅　彩版 141 幅　16 开

博尔塔拉蒙古自治州博物馆（带你走进博物馆）　新疆维吾尔自治区文物局编著　文物出版社　2014
　　年 7 月　101 页　插图 143 幅　24 开

正仓院考古记（艺术与鉴藏）　傅芸子著　上海书画出版社　2014 年 4 月　166 页　彩版 106 幅　16 开

海外藏中国古代文物精粹：英国国立维多利亚与艾伯特博物馆卷（中国国家博物馆国际交流系列丛书）
　　吕章申、陈履生主编　安徽美术出版社　2014 年 12 月　373 页　彩版 195 幅　8 开

　　补　遗

地下的中国：凤翥龙翔展　香港中文大学中国考古艺术研究中心编印　2013 年　57 页　16 开

中国西域·丝路传奇　中国文物交流中心编　文物出版社　2013 年 1 月　179 页　插图 8 幅　彩版 78 幅
　　16 开

五　科技考古

动物考古（第二辑）：2013 年中国郑州国际动物考古协会第九届骨器研究学术研讨会论文集　河南省文
　　物考古研究院编　文物出版社　2014 年 12 月　文 114 页　插图 16 幅　插表 9 幅　彩版 24 页
　　16 开

中国古代居民体质人类学研究（吉林大学边疆考古研究中心系列学术文集）　朱泓著　科学出版社
　　2014 年 8 月　509 页　插图 33 幅　插表 154 幅　16 开

中国古代金属冶铸文明新探　陈建立著　科学出版社　2014 年 3 月　481 页　插图 480 幅　16 开

秦时期冶金考古国际学术研讨会论文集　曹玮、（德）任天洛（Thilo Rehren）主编　科学出版社　2014
　　年 4 月　212 页　插图 212 幅　插表 28 幅　16 开

环境考古与盐业考古探索（山东大学东方考古研究书系）　王青著　科学出版社　2014 年 4 月　343 页
　　插图 108 幅　16 开

　　补　遗

中华人民共和国文物保护行业标准（WW/T0036—2012）：田野考古出土人类遗骸 DNA 获取技术规范
　　国家文物局　2012 年 12 月　16 开

中华人民共和国文物保护行业标准（WW/T0042—2012）：碳十四年代测定考古样品采集规范　国家文
　　物局　2012 年 12 月　16 开

中华人民共和国文物保护行业标准（WW/T0043—2012）：碳十四年代测定骨质样品的处理方法　国家
　　文物局　2012 年 12 月　16 开

中华人民共和国文物保护行业标准（WW/T0044—2012）：田野考古植物遗存浮选采集及实验室操作规

范　国家文物局　2012 年 12 月　16 开

中华人民共和国文物保护行业标准（WW/T0045—2012）：碳氢同位素食骨质样品采集及实验室操作规
　　范　国家文物局　2012 年 12 月　16 开

六　工具书

中国考古学大辞典　《中国考古学大辞典》编辑委员会编　王巍总主编　上海辞书出版社　2014 年 3 月
　　目录、正文、附录、索引 900 页　彩版 40 页　16 开

大辞海：文物考古卷　王仲殊、朱凤瀚主编　上海辞书出版社　2014 年 12 月　词目表 35 页　文 567 页
　　32 开

中国考古学年鉴（2013）　中国考古学会编　文物出版社　2014 年 12 月　目录 18 页　文 809 页　32 开

中国文物年鉴（2013）　国家文物局编　文物出版社　2014 年 10 月　文 515 页　彩版 16 页　16 开

陕西文物年鉴（2013）　陕西省文物局编　陕西人民出版社　2014 年 12 月　文 406 页　照片、彩版 32
　　页　16 开

浙江文物年鉴（2012）　浙江文物年鉴编委会编　浙江古籍出版社　2014 年 3 月　文 653 页　彩版 8 页
　　16 开

中国古代精神文化考古研究文献概览（1950—2011）　罗明编著　科学出版社　2014 年 3 月　206 页
　　16 开

贰　田野考古资料

一　调查发掘报告

京沪高铁北京段与北京新少年宫考古发掘报告集（北京文物与考古系列丛书）　北京市文物研究所编著
　　上海古籍出版社　2014 年 11 月　目录 8 页　文 118 页　插图 134 幅　彩版 54 页　图版 2 页
　　16 开

河北省考古文集（五）　河北省文物研究所编　韩立森、李耀光主编　科学出版社　2014 年 12 月　343
　　页　插图 259 幅　插表 15 幅　16 开

北城村：冀中平原的新石器时代文化　中央民族大学民族学与社会学学院、涿州市文物保管所编著　肖
　　小勇主编　科学出版社　2014 年 1 月　目录 9 页　文 119 页　插图 148 幅　彩版 20 页　16 开

徐水东黑山遗址发掘报告（南水北调中线一期工程文物保护项目，河北省考古发掘报告，第五号）河北
　　省文物研究所编著　石磊等主编　科学出版社　2014 年 6 月　目录 10 页　文 291 页　插图 233 幅
　　彩版 12 页　图版 88 页　16 开

石家庄元氏、鹿泉墓葬发掘报告（南水北调中线一期工程文物保护项目，河北省考古发掘报告，第六
　　号）　山西大学历史文化学院、宁夏文物考古研究所、大连市文物考古研究所编著　李珺等主编
　　科学出版社　2014 年 6 月　目录 16 页　文 199 页　插图 83 幅　彩版 56 页　16 开

常山郡元氏故城南程墓地（南水北调中线一期工程文物保护项目，河北省考古发掘报告，第七号）河北
　　省文物研究所编著　张春长、魏曙光主编　科学出版社　2014 年 12 月　目录 17 页　文 261 页　插
　　图 227 幅　彩版 12 页　图版 124 页　16 开

丁村旧石器时代遗址群：丁村遗址群 1976—1980 年发掘报告　山西省考古研究所编著　王益人主编
　　科学出版社　2014 年 6 月　目录 14 页　文 667 页　插图 137 幅　彩版 28 页　图版 64 页　16 开

垣曲商城（二）：1988—2003 年度考古发掘报告（黄河小浪底水库山西库区考古报告之四）　中国国家
　　博物馆田野考古研究中心、山西省考古研究所、垣曲县博物馆编著　佟伟华主编　科学出版社
　　2014 年 12 月　全二册　目录 36 页　文 783 页　插图 259 幅　彩版 259 页　16 开

内蒙古额济纳河流域考古报告　［瑞典］弗克·贝格曼（Folke Bergman）考察　［瑞典］博·索马斯

达勒姆（Bo Sommarstrom）整理　黄晓宏等译　学苑出版社　2014年3月　487页　插图187幅　图版26幅、40幅　地图3幅　8开　译自 Archaeological researches in the Edsen – Gol Region，Inner Mongolia，1956～1958

沈阳考古文集（第4集）　沈阳市文物考古研究所编　姜万里主编　科学出版社　2014年1月　文264页　插图209幅　彩版26页　16开

八连城：2004—2009年度渤海国东京故址田野考古报告　吉林省文物考古研究所、吉林大学边疆考古研究中心、珲春市文物管理所编著　王培新、梁会丽主编　文物出版社　2014年5月　目录18页　文325页　插图245幅　彩版84页　16开

上海唐宋元墓　上海博物馆编著　何继英主编　科学出版社　2014年7月　目录24页　文241页　彩版112页（222幅）　16开

广富林：考古发掘与学术研究论集　上海博物馆编　宋建主编　上海古籍出版社　2014年11月　373页　插图258幅　插表29幅　16开

南京文物考古新发现（第三辑）　南京市博物馆编著　文物出版社　2014年8月　文340页　插图226幅　彩版16页　16开

藤花落：连云港市新石器时代遗址考古发掘报告　南京博物院、连云港市博物馆编著　科学出版社　2014年12月　全二册　序、目录32页　文723页　插图542幅　彩版222页　16开

淹城：1958—2000年考古发掘报告　南京博物院、常州博物馆、淹城旅游区管理委员会、淹城博物馆编著　科学出版社　2014年12月　目录14页　文217页　插图174幅　插表4幅　彩版28页　图版111页　16开

扬州蜀岗古代城址考古勘探报告　中国社会科学院考古研究所、南京博物院、扬州市文物考古研究所、洛阳市文物钻探管理办公室编著　科学出版社　2014年12月　目录15页　文221页　插图330幅　16开

浙北崧泽文化考古报告集（1996—2014）　浙江省文物考古研究编著　文物出版社　2014年9月　文391页　插图439幅　彩版115页　16开

象山塔山　浙江省文物考古研究所、象山县文物管理委员会编著　文物出版社　2014年9月　目录15页　文312页　插图251幅　彩版38页　图版32页　16开

卞家山（良渚遗址群考古报告之六）　浙江省文物考古研究所编著　文物出版社　2014年4月　全二册　目录28页　文479页　插图309幅　彩版310页　16开

钱山漾：第三、四次发掘报告　浙江省文物考古研究所、湖州市博物馆编著　文物出版社　2014年10月　全二册　目录17页　文627页　插图444幅　插表21幅　彩版111页　16开

浙南石棚墓调查发掘报告　浙江省文物考古研究所、温州市文物保护考古所、瑞安市文物馆编著　文物出版社　2014年11月　目录8页　文125页　插图64幅　彩版111页　16开

武义陈大塘坑婺州窑址　浙江省文物考古研究所编著　文物出版社　2014年1月　目录14页　文187页　插图151幅　彩版174页　16开

五代吴越国康陵　杭州市文物考古研究所、临安市文物馆编著　文物出版社　2014年1月　目录9页　文104页　插图90幅　彩版124页　16开

句章故城考古调查与勘探报告（宁波文物考古研究丛书，乙种第四号）宁波市文物考古研究所编著　科学出版社　2014年5月　前言、目录21页　文197页　插图75幅　彩版92页　16开

福建平潭大练岛元代沉船遗址（中国水下考古报告系列，四）中国国家博物馆水下考古研究中心、福建博物院文物考古研究所、福州市文物考古工作队编著　赵嘉斌、羊泽林主编　科学出版社　2014年6月　247页　彩版301幅　16开

仙人洞与吊桶环　北京大学考古文博学院、江西省文物考古研究所编著　文物出版社　2014年8月　目录11页　文268页　插图201幅　插表82幅　彩版24页　图版35页　16开

海岱考古（第七辑）　山东省文物考古研究所编　郑同修、何德亮主编　科学出版社　2014年12月

文 448 页　插图 392 幅　彩版 8 页　图版 60 页　16 开

新泰周家庄东周墓地　山东省文物考古研究所、新泰市博物馆编著　文物出版社　2014 年 12 月　全二
　　册　目录 25 页　文 611 页　插图 390 幅　彩版 159 页　16 开

鲁荒王墓　山东博物馆、山东省文物考古研究所编著　郭思克主编　文物出版社　2014 年 11 月　全二
　　册　目录 21 页　文 409 页　插图 334 幅　图版、彩版 346 页　16 开

二里头（1999—2006）（中国田野考古报告集，考古学专刊，丁种第八十七号）　中国社会科学院考古
　　研究所编著　文物出版社　2014 年 10 月　全五册　目录 58 页　文 1687 页　插图 1485 幅　插表
　　113 幅　附表 68 幅　彩版 403 页　登记统计表 441 页　16 开

登封南洼：2004—2006 年田野考古报告（“考古学与中原文化”研究丛书之四）　郑州大学历史文化遗
　　产保护研究中心编著　韩国河、张继华主编　科学出版社　2014 年 10 月　全二册　目录 34 页　文
　　981 页　插图 747 幅　彩版 52 页　图版 60 页　16 开

安阳大司空：2004 年发掘报告（中国田野考古报告集，考古学专刊，丁种第八十六号）　中国社会科
　　学院考古研究所编著　文物出版社　2014 年 5 月　全二册　目录 43 页　文 649 页　插图 437 幅
　　彩版 136 页　图版 51 页　16 开

平顶山黑庙墓地（南水北调中线工程文物保护项目，河南省考古发掘报告，第十三号）　秦始皇帝陵博
　　物院编著　科学出版社　2014 年 9 月　目录 19 页　文 187 页　插图 149 幅　彩版 12 页　图版 18 页
　　16 开

辉县汉墓（一）（南水北调中线工程文物保护项目，河南省考古发掘报告，第十四号）　河南省文物考
　　古研究院、河南省辉县市博物馆编著　张有新、张斌、勾鲜瑞主编　科学出版社　2014 年 4 月　目
　　录 18 页　文 234 页　插图 205 幅　彩版 12 页　图版 48 页　16 开

洛阳朱仓东汉陵园遗址（邙山陵墓群系列考古报告之二）　洛阳市文物考古研究所编著　中州古籍出版
　　社　2014 年 3 月　目录 18 页　文 210 页　插图 140 幅　彩版 124 页　16 开

隋唐洛阳城：1959—2001 年考古发掘报告（中国田野考古报告集，考古学专刊，丁种第八十八号）中国
　　社会科学院考古研究所编著　文物出版社　2014 年 11 月　全四册　目录 55 页　文 997 页　插图
　　727 幅　彩版 70 页　图版 277 页　16 开

洛阳红山唐墓　洛阳市文物考古研究院编著　中州古籍出版社　2014 年 7 月　288 页　插图 338 幅
　　16 开

明代周藩王陵调查与研究　孙凯编著　中州古籍出版社　2014 年 1 月　文 241 页　插图 169 幅　彩版 2
　　页　16 开

湖北南水北调工程考古报告集（第三卷）（南水北调中线一期工程文物保护项目，湖北省考古发掘报告
　　集，第三号）　湖北省文物局等编　沈海宁主编　科学出版社　2014 年 2 月　文 378 页　插图 338
　　幅　插表 24 幅　彩版 24 页　16 开

湖北南水北调工程考古报告集（第四卷）（南水北调中线一期工程文物保护项目，湖北省考古发掘报告
　　集，第四号）　湖北省文物局等编　黎朝斌主编　科学出版社　2014 年 9 月　文 375 页　插图 386
　　幅　彩版 28 页　16 开

湖北南水北调工程考古报告集（第五卷）（南水北调中线一期工程文物保护项目，湖北省考古发掘报告
　　集，第五号）　湖北省文物局等编　黎朝斌主编　科学出版社　2014 年 8 月　文 346 页　插图 292
　　幅　插表 19 幅　彩版 48 页　16 开

巴东谭家岭与宋家榜（长江三峡工程文物保护项目报告，乙种第二十四号）　湖北省荆州博物馆编著
　　王从礼主编　科学出版社　2014 年 1 月　文 381 页　插图 292 幅　图版 20 页　16 开

永顺老司城　湖南省文物考古研究所、湘西自治州文物局、永顺县文物局编著　科学出版社　2014 年 3
　　月　全三册　目录 44 页　文 917 页　插图 576 幅　彩版 164 页　图版 416 页　16 开

石峡遗址：1973—1978 年考古发掘报告　广东省文物考古研究所、广东省博物馆、广东省韶关市曲江区
　　博物馆编著　文物出版社　2014 年 9 月　全二册　目录 28 页　文 686 页　插图 502 幅　彩版 40 页

图版 216 页　16 开

广西百色盆地枫树岛旧石器遗址　广西壮族自治区自然博物馆编著　王頠主编　科学出版社　2014 年 1 月　文 147 页　插图 90 幅　彩版 44 页　16 开

桂林靖江昭和王陵考古发掘清理报告　广西文物保护与考古研究所、桂林市靖江王陵文物管理处、桂林市文物工作队编著　科学出版社　2014 年 6 月　文 133 页　彩版 64 页　插图 70 幅　16 开

环海南岛明清时期海防设施考古调查报告　海南省文物考古研究所、中山大学南中国海考古研究中心编　王育龙主编　南方出版社　2014 年 8 月　328 页　16 开

万州大丘坪墓群（长江三峡工程文物保护项目报告，乙种第二十五号）　重庆市文物考古研究所编著　邹后曦、岳宗英主编　科学出版社　2014 年 12 月　目录 8 页　文 179 页　插图 81 幅　彩版 44 页　附录（插图 89 幅　插表 24 幅）　16 开

广汉二龙岗　四川省文物考古研究院、广汉市文物保护管理所编著　文物出版社　2014 年 12 月　目录 15 页　文 192 页　插图 98 幅　彩版 82 页（326 幅）　16 开

成都考古发现（2012）　成都文物考古研究所编著　科学出版社　2014 年 12 月　文 591 页　插图 549 幅　插表 71 幅　彩版 24 页　16 开

金沙遗址考古发掘数据集（二）　成都文物考古研究所、成都金沙遗址博物馆编　王毅主编　科学出版社　2014 年 5 月　文 310 页　插图 254 幅　彩版 14 页　16 开

安岳卧佛院考古调查与研究（大足学研究文库，甲种第一号）　大足石刻研究院、成都文物考古研究所、四川美术学院大足学研究中心、安岳县文物局（秦臻、张雪芬、雷玉华）著　科学出版社　2014 年 12 月　文 482 页　插图 18 幅　彩版 56 页（101 幅）　16 开

贵州田野考古报告集（1993—2013）　贵州省文物考古研究所编著　科学出版社　2014 年 12 月　435 页　插图 320 幅　插表 12 幅　16 开

会泽水城古墓群发掘报告（云南省文物考古研究所田野考古报告，第十七号）　云南省文物考古研究所编著　科学出版社　2014 年 12 月　目录 8 页　文 147 页　插图 90 幅　彩版 64 页　16 开

华宁小直坡墓地（云南省文物考古研究所田野考古报告，第十五号）　云南省文物考古研究所、玉溪市文物管理所、华宁县文物管理所编著　云南人民出版社　2014 年 4 月　目录 10 页　文 237 页　插图 233 幅　彩版 48 页　16 开

景东傣族陶氏土司墓地（云南省文物考古研究所田野考古报告，第十六号）　云南省文物考古研究所、普洱市文物管理所、景东县文物管理所编著　云南美术出版社　2014 年 6 月　文 88 页　图版 129 页　16 开

华县泉护村：1997 年考古发掘报告（陕西省考古研究院田野考古报告，第五十三号）　陕西省考古研究院、渭南市文物旅游局、华县文物旅游局编著　文物出版社　2014 年 11 月　全二册　目录 33 页　文 733 页　插图 423 幅　彩版 72 页　图版 72 页　16 开

周原汉唐墓（陕西省考古研究院田野考古报告，第六十九号）　陕西省考古研究院、宝鸡市周原博物馆编著　科学出版社　2014 年 12 月　目录 13 页　文 228 页　插图 159 幅　插表 20 幅　彩版 36 页　图版 24 页　16 开

北周史君墓　西安市文物保护考古研究院编著　杨军凯著　文物出版社　2014 年 1 月　372 页　插图 231 幅　附图 18 幅　彩版 48 幅　16 开

醴泉坊遗址：2001 年考古发掘报告（陕西省考古研究院田野考古报告，第七十一号）　陕西省考古研究院编著　陕西省科学技术出版社　2014 年 11 月　目录 20 页　文 338 页　插图 331 幅　彩版 24 页　图版 80 页　16 开

清水刘坪（早期秦文化系列考古报告之二）　甘肃省文物考古研究所、清水县博物馆编著　王辉主编　文物出版社　2014 年 11 月　223 页　彩版 162 幅　16 开

民乐八卦营：汉代墓群考古发掘报告　甘肃省文物考古研究所编著　赵建龙主编　科学出版社　2014 年 7 月　目录 11 页　文 227 页　插图 182 幅　彩版 84 页　图版 28 页　16 开

宁夏固原北周宇文猛墓发掘报告与研究 （宁夏文物考古研究所）耿志强编著 阳光出版社 2014 年 9
月 文 219 页 彩版 20 页 16 开

唐史道洛墓（宁夏文物考古研究所丛刊之二十五，原州联合考古队发掘调查报告之一） 原州联合考古
队编著 文物出版社 2014 年 7 月 目录 12 页 文 221 页 插图 89 幅 彩版 48 页 16 开

古墓沟（《新疆通史》研究丛书） 王炳华编著 新疆人民出版社 2014 年 1 月 258 页 插图 239 幅
图版 138 幅 16 开

拜城多岗墓地（中国田野考古报告集，考古学专刊，丁种第八十九号） 中国社会科学院考古研究所、
新疆维吾尔自治区阿克苏地区文物局、拜城县文物局编著 文物出版社 2014 年 11 月 目录 16 页
文 345 页 插图 255 幅 彩版 96 页 16 开

铜绿山古铜矿遗址考古发现与研究（二）（中国矿冶考古） 大冶市铜绿山古铜矿遗址保护管理委员会
编 冯海潮主编 科学出版社 2014 年 8 月 文 363 页 插图 146 幅 插表 71 幅 照片 12 页
16 开

补 遗

禹州新峰墓地（南水北调中线工程文物保护项目，河南省考古发掘报告，第十五号） 河南省文物考古
研究院、许昌市文物工作队、武汉大学历史学院考古系编著 姚军英、徐承泰主编 科学出版社
2013 年 9 月 目录 23 页 文 552 页 插图 276 幅 彩版 14 页 图版 70 页 16 开

二 出土文物图录

2013 中国重要考古发现 国家文物局主编 文物出版社 2014 年 4 月 181 页 彩版 359 幅 16 开

申城寻踪：上海考古大展（文明之光、城镇之路、古塔遗珍） 上海博物馆编 陈燮君、陈克伦主编
宋建、陈杰、翟杨、何继英撰文 上海书画出版社 2014 年 5 月 全三册 523 页 彩版 550 幅
8 开

辽海遗珍：辽宁考古六十年展（1954—2014 年）辽宁省博物馆、辽宁省文物考古研究所编著 马宝杰、
吴炎亮主编 文物出版社 2014 年 8 月 323 页 彩版 446 幅 16 开

辽海记忆：辽宁考古六十年重要发现（1954—2014 年）辽宁省文物考古研究所编著 吴炎亮主编 辽宁
人民出版社 2014 年 9 月 391 页 彩版 720 幅 16 开

考古揽胜：内蒙古自治区文物考古研究所 60 年重大考古发现 内蒙古自治区文物考古研究所编 塔拉、
陈永志、曹建恩主编 文物出版社 2014 年 8 月 327 页 彩版 524 幅 16 开

文物华章：内蒙古自治区文物考古研究所 60 年重要出土文物 内蒙古自治区文物考古研究所编 塔拉、
陈永志、曹建恩主编 文物出版社 2014 年 8 月 250 页 彩版 187 幅 16 开

平湖庄桥坟遗址刻画符号图集 浙江省文物考古研究所、平湖市博物馆编著 文物出版社 2014 年 1 月
文 11 页 插图 18 幅 彩版 207 页 索引 10 页 16 开

城坝遗址出土文物 四川省文物考古研究院、渠县博物馆编 上海古籍出版社 2014 年 7 月 目录 9 页
文 108 页 插图 114 幅 彩版 76 页 16 开

麒麟区青铜时代墓地出土文物精粹 曲靖市麒麟区委宣传部、区文化产业办公室、区文化体育局编 云
南人民出版社 2014 年 5 月 288 页 彩版 743 幅 8 开

胶州板桥镇遗址考古文物图集（海上丝绸之路与青岛系列丛书之一） 青岛市文物保护考古研究所编著
郑安新主编 科学出版社 2014 年 8 月 215 页 插图 28 幅 彩版 365 幅 16 开

渤海上京城存真 赵虹光编著 科学出版社 2014 年 11 月 119 页 彩版 217 幅 16 开

孤帆遗珍：南澳 I 号出水精品文物图录（"南澳 I 号"水下考古系列丛书之一） 广东省文物考古研究
所、广东省博物馆、国家文物局水下文化遗产保护中心编著 崔勇、周春水主编 科学出版社
2014 年 12 月 376 页 彩版 214 幅 16 开

叁 考古学分论

一 人类起源与旧石器时代

中国古人类化石 刘武、吴秀杰、邢松、张银运编著 科学出版社 2014 年 10 月 379 页 彩版 193 幅 地图 26 幅 插表 33 幅 16 开

初耕集：天津蓟县旧石器考古发现与研究 盛立双编著 天津古籍出版社 2014 年 4 月 文 315 页 插图 103 幅 彩版 12 页 16 开

远古回眸：广西史前考古探秘（广西文物精粹丛书） 谢光茂编著 广西科学技术出版社 2014 年 4 月 157 页 插图 220 幅 16 开

二 新石器时代

地球人：世界史前史导论 ［美］布赖恩·费根（Brian M. Fagan）著 方辉等译 山东画报出版社 2014 年 1 月 572 页 插图 325 幅 16 开 译自 People of the Earth：an Introduction to World Prehistory，13th edition，2010

中国史前聚落群聚形态研究（国家哲学社会科学成果文库） 裴安平著 中华书局 2014 年 3 月 435 页 插图 134 幅 16 开

史前考古学方法与实践（南京大学史学丛书） 黄建秋著 生活·读书·新知三联书店 2014 年 12 月 343 页 插图 187 幅 16 开

中国 DNA：早期中国，古礼天下 卜工著 科学出版社 2014 年 1 月 158 页 插图 136 幅 16 开

中华文明本源初探（中华之源与嵩山文明研究系列丛书） 索全星著 科学出版社 2014 年 12 月 文 197 页 插图 100 幅 彩版 12 页 16 开

中国陶鬲谱系研究 故宫博物院编 杨晶主编 故宫出版社 2014 年 7 月 783 页 插图 321 幅 16 开

仰韶和她的时代：纪念仰韶文化发现 90 周年国际学术研讨会论文集 中国社会科学院考古研究所、仰韶文化博物馆编 文物出版社 2014 年 1 月 280 页 插图 123 幅 16 开

青海柳湾彩陶选粹 中国青海柳湾彩陶博物馆、中国社会科学院考古研究所编著 王进先、赵春青主编 上海古籍出版社 2014 年 12 月 目录、前言 15 页 彩版 248 页（292 幅） 16 开

寻觅与探索：中国东北原始文化考古论文集 李恭笃、高美璇著 文物出版社 2014 年 6 月 文 460 页 插图 290 幅 插表 14 幅 照片、彩版 16 页 16 开

第八届红山文化高峰论坛论文集 赤峰学院红山文化研究院编 辽宁大学出版社 2014 年 5 月 356 页 插图 156 幅 16 开

纪念沈阳新乐遗址发现四十一周年暨沈阳新乐遗址博物馆建馆三十周年学术研讨会论文集 陆海英主编 东北大学出版社 2014 年 12 月 307 页 16 开

黑龙江史前考古文化 李延铁著 黑龙江人民出版社 2014 年 4 月 298 页 32 开

长江中游地区文明进程研究 刘俊男著 科学出版社 2014 年 3 月 508 页 插图 76 幅 16 开

城濠内的故事：湖北省博物馆藏长江中游史前考古文物展图录 新北市立十三行博物馆、湖北省博物馆、鸿禧艺术文教基金会编 新北市立十三行博物馆 2014 年 6 月 158 页 彩版 122 幅 16 开

禹会村遗址研究：禹会村遗址与淮河流域文明研讨会论文集 中国社会科学院古代文明研究中心、安徽省文化厅、蚌埠市人民政府编著 朱乃诚、王吉怀、辛礼学主编 科学出版社 2014 年 8 月 文 318 页 插图 106 幅 书迹、照片 8 页 16 开

跨湖桥文化国际学术研讨会论文集 杭州市萧山跨湖桥遗址博物馆编 文物出版社 2014 年 9 月 348 页 插图 185 幅 16 开

跨湖桥文化研究 蒋乐平著 科学出版社 2014 年 9 月 文 253 页 插图 100 幅 彩版 12 页 16 开

崧泽之美：浙江崧泽文化考古特展　浙江省文物考古研究所、良渚博物院编　李小宁主编　浙江摄影出版社　2014年9月　251页　插图16幅　地图3幅　彩版316幅（组）　16开

东方曙光：宁波史前文明（宁波文化丛书）　黄渭金著　宁波出版社　2014年11月　228页　插图296幅　16开

良渚文化的古环境（良渚丛书）　陈杰著　杭州出版社　2014年6月　151页　插图79幅　32开

从考古发现看中原与西南地区早期文化的关系（西南边疆历史与现状综合研究项目·研究系列）　袁广阔、罗伊著　社会科学文献出版社　2014年12月　224页　插图113幅　16开

金沙江中游石构墓葬研究（贵州民族大学学术文库）　叶成勇著　中央民族大学出版社　2014年1月　134页　插图36幅　16开

昙石山遗址图说　福建省昙石山遗址博物馆编　海峡书局　2014年6月　163页　16开

澳门黑沙史前轮轴机械国际会议论文集　邓聪主编　澳门民政总署文化康体部　2014年12月　479页　插图433幅　16开

三　夏商周时代

中原先秦城市防御文化研究（国家社科基金后期资助项目）　张国硕著　社会科学文献出版社　2014年7月　277页　插图63幅　16开

夏商周考古探研（北京大学震旦古代文明研究中心学术丛书之三一）　刘绪著　科学出版社　2014年8月　406页　插图26幅　插表25幅　16开

夏商都邑研究（一）："夏商都邑考古暨纪念偃师商城发现三十周年国际学术研讨会"论文集　中国社会科学院考古研究所编　许宏主编　中国社会科学出版社　2014年10月　文618页　插图120幅　插表34幅　照片8页　16开

夏商都邑研究（二）："纪念二里头遗址发现五十五周年学术研讨会"论文集　中国社会科学院考古研究所编　许宏主编　中国社会科学出版社　2014年10月　文597页　插图336幅　插表23幅　彩版8页　16开

何以中国：公元前2000年的中原图景　许宏著　生活·读书·新知三联书店　2014年3月　150页　插图84幅　16开

二里头文化时期的中国（国家社科基金后期资助项目）　段天璟著　社会科学文献出版社　2014年12月　437页　插图114幅　16开

郑州商城与早商文明（中华之源与嵩山文明研究系列丛书）　郑杰祥著　科学出版社　2014年9月　文291页　插图64幅　彩版4页　16开

前世·今生：偃师商城遗址考古与保护　杜金鹏、于龙成、李志鹏著　科学出版社　2014年11月　102页　彩版、线图200幅　16开

商代社会的文化与观念（"中国思想与社会"文丛，第一辑）　朱彦民著　南开大学出版社　2014年2月　363页　插图131幅　32开

商周之邢综合研究（国家社科基金后期资助项目）　庞小霞著　社会科学文献出版社　2014年6月　256页　插图53幅　16开

江汉汤汤：湖北出土商周文物（中国国家博物馆国内交流系列丛书）　中国国家博物馆、湖北省博物馆编著　时代华文书局　2014年6月　236页　彩版166幅　16开

商代盘龙城学术研讨会论文集　武汉大学中国传统文化研究中心、武汉市国家历史文化名城保护委员会办公室编　冯天瑜、刘英姿主编　科学出版社　2014年8月　190页　插图49幅　插表9幅　16开

三峡夏商时期考古文化　杨华著　科学出版社　2014年8月　518页　插图134幅　16开

甲骨学暨高青陈庄西周城址重大发现国际学术研讨会论文集（夏商周文明研究，十）　张光明、徐义华主编　齐鲁书社　2014年7月　文545页　插图137幅　照片、图版8页　16开

叩问三代文明：中国出土文献与上古史国际学术研讨会论文集　杜勇主编　中国社会科学出版社　2014年12月　667页　插图65幅　16开

两周封国论衡：陕西韩城出土芮国文物暨周代封国考古学研究国际学术研讨会论文集　陕西省考古研究院、上海博物馆编　上海古籍出版社　2014年10月　574页　插图339幅　插表54幅　16开

呦呦鹿鸣：燕国公主眼里的霸国（首都博物馆书库，丁种第贰拾玖部）　山西省考古研究所、山西博物院、首都博物馆编著　科学出版社　2014年7月　194页　彩版194幅　16开

呦呦鹿鸣：燕国公主眼里的霸国［珍藏手本］（首都博物馆书库，丁种第叁拾部）　山西省考古研究所、山西博物院、首都博物馆编著　科学出版社　2014年7月　71页　彩版117幅　16开

西戎遗珍：马家塬战国墓地出土文物　甘肃省文物考古研究所编著　王辉主编　文物出版社　2014年11月　247页　插图22幅　彩版172幅　16开

战国雄风：古中山国（河北博物院基本陈列）　河北博物院、河北省文物研究所、河北省文物保护中心编　文物出版社　2014年12月　270页　彩版170幅　16开

补　遗

青铜文化研究（第八辑）　铜陵市博物馆《青铜文化研究》编辑部编　黄山书社　2013年12月　182页　16开

四　秦汉及汉以后各代

战国秦汉考古（北大未刊讲稿）　苏秉琦著　上海古籍出版社　2014年9月　55页　260页　书影41幅　插图205幅　16开

战国至秦汉时期河套地区古代城址研究　王晓琨著　社会科学文献出版社　2014年6月　218页　插图75幅　16开

早期丝绸之路暨早期秦文化国际学术研讨会论文集　甘肃省文物考古研究所、北京大学考古文博学院、中国国家博物馆综合考古部、陕西省考古研究院、西北大学文化遗产学院编　赵化成、王辉主编　文物出版社　2014年11月　216页　插图99幅　插表10幅　16开

中国古代物质文化史：秦汉　韩国河、赵海洲、刘尊志、朱津著　开明出版社　2014年12月　334页　插图253幅　16开

秦汉器物文化拾英　曾维华主编　上海人民出版社　2014年6月　文225页　插图324幅　彩版4页　32开

秦兵马俑的考古发现与研究　袁仲一著　文物出版社　2014年9月　文477页　插图178幅　插表18幅　彩版54页　16开

秦始皇帝陵博物院（总肆辑）　秦始皇帝陵博物院编　曹玮主编　陕西人民出版社　2014年9月　425页　插图195幅　插表25幅　16开

真彩秦俑　秦始皇帝陵博物院编　曹玮主编　文物出版社　2014年9月　259页　彩版326幅　8开

秦俑梦：讲述发生在这里的故事　秦始皇帝陵博物院编　曹玮主编　陕西人民出版社　2014年9月　233页　照片、图版552幅　16开

秦始皇帝陵与中国古代文明　刘九生著　科学出版社　2014年12月　文352页　插图88幅　彩版14页　16开

秦始皇陵兵马俑（发现陕西）　王其祎编著　未来出版社　2014年11月　175页　插图142幅　32开

阿房宫考古发现与研究　中国社会科学院考古研究所、西安市文物保护考古研究院、西安市秦阿房宫遗址保管所编　刘瑞、李毓芳主编　文物出版社　2014年8月　文484页　插图169幅　彩版18页　16开

汉代考古学概说，Han Civilization［汉英对照］（"博雅双语名家名作"系列）　王仲殊著　张光直等译　外语教学与研究出版社　2014年12月　388页　插图320幅　32开

汉风：中国汉代文物展　中国文物交流中心编著　科学出版社　2014年9月　242页　插图38幅　彩版

182 幅 12 开

汉代西域考古与汉文化 中国社会科学院考古研究所、新疆文物考古研究所编 白云翔、于志勇主编
科学出版社 2013 年 9 月 511 页 插图 242 幅 插表 9 幅 16 开

金塔居延遗址与丝绸之路历史文化研究 中共金塔县委、金塔县人民政府、酒泉市文物管理局、甘肃简
牍博物馆、甘肃敦煌学学会编 张德芳、杨永生主编 甘肃教育出版社 2014 年 12 月 824 页 插
图 147 幅 16 开

大汉绝唱：满城汉墓（河北博物院基本陈列） 河北博物院、河北省文物研究所、河北省文物保护中心
编 文物出版社 2014 年 12 月 267 页 照片 29 幅 彩版 136 幅 16 开

汉阙与秦汉文明学术研讨会论文集 高大伦、王本川、何本禄主编 中国文史出版社 2014 年 5 月
315 页 16 开

马王堆汉墓传奇（中华文明系列展，二） 湖南省博物馆编 中华书局 2014 年 6 月 175 页 彩版、
照片 151 幅 16 开

马王堆汉墓：长沙国贵族生活特展 良渚博物院、湖南省博物馆编 马东峰、陈建明主编 浙江摄影出
版社 2014 年 12 月 173 页 彩版 151 幅（组） 16 开

马王堆汉墓发掘与文物整理保护亲历者访谈录 湖南省博物馆编 湖南人民出版社 2014 年 12 月 576
页 插图 149 幅 16 开

汉风越韵：广西汉代文物精品（广西文物精粹丛书） 熊昭明编著 广西科学技术出版社 2014 年 4 月
295 页 彩版 139 幅 16 开

器物图像与汉代信仰（汉学大系丛书） 练春海著 生活·读书·新知三联书店 2014 年 12 月 303
页 插图 246 幅 16 开

裸俑背后的帝国 孙杰、史杰鹏编著 陕西师范大学出版社 2014 年 6 月 110 页 插图 124 幅 16 开

长江下游地区西汉至新莽中小型墓葬研究（考古学博士文库） 张玲著 河南大学出版社 2014 年 3 月
122 页 插图 18 幅 16 开

中国古代物质文化史：魏晋南北朝 李梅田著 开明出版社 2014 年 3 月 306 页 插图 203 幅 16 开

邺城考古发现与研究 中国社会科学院考古研究所、河北省文物研究所、河北省临漳县文物旅游局编
文物出版社 2014 年 8 月 前言、目录 8 页 文 551 页 插图 376 幅 彩版 16 页 图版 24 幅
16 开

邺城文物菁华 中国社会科学院考古研究所、河北省文物研究所、河北省临漳县文物旅游局编著 文物
出版社 2014 年 8 月 248 页 彩版 197 幅 16 开

大唐秦王陵出土文物撷珍 （宝鸡市大唐秦王陵文物管理所）胥孝平编著 三秦出版社 2014 年 12 月
256 页 插图 87 幅 彩版 118 幅 图版 73 幅 16 开

西夏文物：甘肃编 俄军主编 中华书局、天津古籍出版社 2014 年 12 月 全六册 1733 页 彩版、
图版 2069 幅 地图、示意图 134 幅 线描 58 幅 钱拓 43 幅 印拓 8 幅 16 开

西夏文物：内蒙古编 塔拉、李丽雅主编 中华书局、天津古籍出版社 2014 年 12 月 全四册 1391
页 彩版、图版 1334 幅 地图、示意图 261 幅 线描 20 幅 钱拓 8 幅 印拓 11 幅 16 开

辽金历史与考古（第五辑） 辽宁省博物馆、辽宁省辽金契丹女真史研究会编 刘宁主编 辽宁教育出
版社 2014 年 5 月 文 406 页 插图 143 幅 彩版 8 页 16 开

辽代贵族丧葬制度研究 郑承燕著 内蒙古博物院编 文物出版社 2014 年 8 月 文 252 页 插图 30
幅 彩版 31 页 16 开

玉叶金枝：明代江西藩王墓出土文物精品展 成都金沙遗址博物馆、江西省博物馆编著 王毅、曾
敏主编 四川人民出版社 2014 年 5 月 234 页 插图 63 幅 彩版 137 幅 16 开

补 遗

异世同调：陕西省蓝田吕氏家族墓地出土文物 陕西省考古研究院、陕西历史博物馆、北京大学考古文
博学院、北京大学中国考古学研究中心编著 中华书局 2013 年 6 月 240 页 插图 10 幅 彩版

108 幅　16 开

肆　考古学专论

一　甲骨卜辞　附：古文字研究

新甲骨文编［增订本］　刘钊主编　福建人民出版社　2014 年 12 月　1086 页　16 开

国家图书馆甲骨元数据规范与著录规则（国家数字图书馆工程标准规范成果）　卢芳玉、苏品红主编　国家图书馆出版社　2014 年 2 月　76 页　16 开

甲骨文与殷商史（新四辑）：庆祝中国社会科学院历史研究所建所六十周年（中国社会科学院甲骨学殷商史研究中心集刊）　宋镇豪主编　上海古籍出版社　2014 年 10 月　402 页　插图 116 幅　16 开

旅顺博物馆所藏甲骨（中国社会科学院文库：历史考古研究系列）　中国社会科学院甲骨学殷商史研究中心、旅顺博物馆编　宋镇豪、郭富纯主编　上海古籍出版社　2014 年 10 月　全三册　378 页　404 页　290 页　彩版、拓本、摹本 2211 号　8 开

殷墟花园庄东地甲骨文例研究（国家哲学社会科学成果文库）　孙亚冰著　上海古籍出版社　2014 年 3 月　437 页　附图 98 幅　16 开

殷墟村南系列甲骨卜辞整理与研究（出土文献与中国古代文明研究丛书）　刘风华著　上海古籍出版社　2014 年 5 月　525 页　插图 137 幅　16 开

黄天树甲骨金文论集　黄天树著　学苑出版社　2014 年 8 月　496 页　16 开

无名组卜辞的整理与研究　刘义峰著　金盾出版社　2014 年 11 月　418 页　插图 81 幅　16 开

中国文字（新四十期）　中国文字编辑委员会编　艺文印书馆　2014 年 7 月　296 页　16 开

古文字研究（第三十辑）　中国古文字研究会、中山大学古文字研究所编　中华书局　2014 年 9 月　600 页　插图 49 幅　16 开

商周古文字源流疏证　张亚初著　中华书局　2014 年 9 月　影印本　全四册　目录 11 页　文 2528 页　16 开

齐鲁文字编（国别文字编）　张振谦编著　学苑出版社　2014 年 7 月　全六册　序、凡例 11 页　目录 55 页　正文 2895 页　检字表 52 页　16 开

古陶字录（北京大学震旦古代文明研究中心学术丛书特刊）　高明、涂白奎编著　上海古籍出版社　2014 年 9 月　465 页　16 开

新泰出土田齐陶文　山东大学历史文化学院考古学系、山东博物馆、新泰市博物馆编著　任相宏主编　文物出版社　2014 年 12 月　目录 13 页　文 355 页　插图 156 幅　彩版 56 页　16 开

侯马盟书文字研究（中国语言文字研究辑刊，六编）　张道升著　花木兰文化出版社　2014 年 3 月　全二册　352 页　16 开

补　遗

殷墟花东 H3 甲骨刻辞所见人物研究（中国语言文字研究辑刊，五编）　古育安著　花木兰文化出版社　2013 年 9 月　全三册　625 页　16 开

二　商周铜器及铭文

上海博物馆藏苏埠屯铜器图录　张履贤著　唐友波整理　上海书店出版社　2014 年 5 月　185 页　插图 8 幅　16 开

礼乐中国：湖北省博物馆馆藏商周青铜器　湖北省博物馆编　方勤主编　湖北人民出版社　2014 年 3 月　212 页　插图 11 幅　彩版 137 幅　16 开

宁乡青铜器　炭河里遗址管理处、宁乡县文物管理局、湖南大学岳麓书院编　向桃初主编　岳麓书社　2014 年 11 月　121 页　彩版 77 组　16 开

安徽江淮地区商周青铜器　安徽大学、安徽省社会科学院、安徽省文物考古研究所编著　陆勤毅、宫希
　　成主编　文物出版社　2014 年 12 月　218 页　彩版 190 幅　16 开

大宗维翰：周原青铜器特展　湖北省博物馆编　方勤、任周方主编　文物出版社　2014 年 8 月　175 页
　　插图 5 幅　彩版 109 幅　地图 4 幅　16 开

周野鹿鸣：宝鸡石鼓山西周贵族墓出土青铜器　陕西考古研究院、宝鸡市文物旅游局编　王炜林、任周
　　方、陈燮君主编　上海书画出版社　2014 年 10 月　285 页　彩版 130 幅　8 开

丰邑行（中国社会科学院学部委员专题文集）　张长寿著　中国社会科学出版社　2014 年 10 月　298
　　页　插图 138 幅　插表 13 幅　16 开

商周青铜器纹样的图式与功能：以饕餮纹为中心（中国社会科学博士后文库）　黄厚明著　方志出版社
　　2014 年 12 月　203 页　插图 69 幅　16 开

古文字与青铜器论集（第四辑）　张懋镕著　科学出版社　2014 年 4 月　221 页　插图 102 幅　16 开

商周金文辞类纂　张桂光主编　中华书局　2014 年 7 月　全八册　字形表 67 页　正文 3311 页　笔画索
　　引 22 页　8 开

商代青铜器铭文分期断代研究（中国社会科学院文库：历史考古研究系列）　严志斌著　社会科学文献
　　出版社　2014 年 1 月　全二册　1822 页　器形图 5422 幅　铭文拓图 5454 幅　16 开

西周金文构形研究（中国语言文字研究辑刊，六编）　陶曲勇著　花木兰文化出版社　2014 年 3 月
　　136 页　16 开

春秋金文字形全表及构形研究（中国语言文字研究辑刊，六编）　杨秀恩著　花木兰文化出版社　2014
　　年 3 月　全四册　841 页　16 开

吴越题铭研究（北京大学震旦古代文明研究中心学术丛书之三十）　董珊著　科学出版社　2014 年 1 月
　　文 107 页　摹本、图版 197 页　16 开

鸟虫书通考［增订版］　曹锦炎著　上海辞书出版社　2014 年 6 月　536 页　16 开

鸟虫书字汇　曹锦炎、吴毅强编著　上海辞书出版社　2014 年 7 月　766 页　图 391 幅　16 开

金文学术史　刘正著　上海书店出版社　2014 年 12 月　文 800 页　插图 176 幅　插表 19 幅　彩版 6 页
　　16 开

补　遗

成都华通博物馆文物精粹：青铜器卷　成都华通博物馆编　李炎主编　文物出版社　2013 年 12 月　函
　　套装　13 册　213 页　彩版、摹拓、线图 66 幅　插图 167 幅　16 开

商周镈研究（古代历史文化研究辑刊，十编）　冯卓慧著　花木兰文化出版社　2013 年 9 月　215 页
　　16 开

三　简牍、帛书、文书写卷

出土文献（第五辑）　清华大学出土文献研究与保护中心编　李学勤主编　中西书局　2014 年 10 月
　　284 页　插图 21 幅　16 开

出土文献研究（第十三辑）："简帛文字与书法国际研讨会"特辑　中国文化遗产研究院编　刘绍刚主
　　编　中西书局　2014 年 12 月　414 页　16 开

出土文献研究视野与方法（第五辑）　政治大学中国文学系编印　2014 年 6 月 337 页　16 开

出土文献综合研究集刊（第一辑）　西南大学出土文献综合研究中心、西南大学汉语言文献研究所主办
　　李发主编　巴蜀书社　2014 年 10 月　652 页　16 开

秦出土文献编年订补（秦始皇帝陵博物院学术丛书）　王辉、王伟编著　三秦出版社　2014 年 8 月
　　641 页　16 开

简帛研究（2013）　中国社会科学院简帛研究中心、中国社会科学院历史所秦汉魏晋南北朝室主办　卜
　　宪群、杨振红主编　广西师范大学出版社　2014 年 7 月　321 页　16 开

简帛研究（2014）　中国社会科学院简帛研究中心、中国社会科学院历史所战国秦汉室主办　杨振红、

邬文玲主编　广西师范大学出版社　2014 年 12 月　364 页　16 开

简帛（第九辑）武汉大学简帛研究中心主办　陈伟主编　上海古籍出版社　2014 年 10 月　532 页　插图 99 幅　插表 22 幅　16 开

简牍学研究（第五辑）　甘肃简牍博物馆、西北师范大学历史文化学院编　田澍、张德芳主编　甘肃人民出版社　2014 年 8 月　299 页　插图 17 幅　插表 12 幅　16 开

战国竹书研究方法探析（古典文献研究辑刊，第十八编）　牛新房著　花木兰文化出版社　2014 年 3 月　202 页　16 开

清华大学藏战国竹简单［壹—叁］文字编　李学勤主编　沈建华、贾连翔编　中西书局　2014 年 5 月　文字编 393 页　释文 51 页　16 开

天、人、性：读郭店楚简与上博竹简（早期中国研究丛书）　陈慧、廖名春、李锐著　上海古籍出版社　2014 年 4 月　284 页　32 开

新出楚简中的楚国语料与史料（出土思想文物与文献研究丛书）　魏慈德著　五南图书出版公司　2014 年 1 月　384 页　16 开

楚地战国简帛与传世文献对读之研究　单育辰著　中华书局　2014 年 5 月　348 页　16 开

战国竹简东周人名用字现象研究：以郭店简、上博简、清华简为范围　陈美兰著　艺文印书馆　2014 年 10 月　325 页　16 开

秦简牍合集（壹）：睡虎地秦墓简牍　武汉大学简帛研究中心、湖北省博物馆、湖北省文物考古研究所编　陈伟主编　彭浩、刘乐贤、万全文、晏昌贵、陈伟、伊强著　武汉大学出版社　2014 年 12 月　全三册　文、图版 1347 页　8 开

秦简牍合集（贰）：龙岗秦墓简牍、郝家坪秦墓木牍　武汉大学简帛研究中心、湖北省文物考古研究所、四川省文物考古研究院编　陈伟主编　李天虹、曹方向、蔡丹、陈伟、高大伦著　武汉大学出版社　2014 年 12 月　文、图版 353 页　8 开

秦简牍合集（叁）：周家台秦墓简牍、岳山秦墓木牍　武汉大学简帛研究中心、荆州博物馆编　陈伟主编　武汉大学出版社　2014 年 12 月　文、图版 303 页　8 开

秦简牍合集（肆）：放马滩秦墓简牍　武汉大学简帛研究中心、甘肃简牍博物馆编　陈伟主编　武汉大学出版社　2014 年 12 月　文、图版 513 页　8 开

岳麓书院藏秦简的整理与研究（岳麓书院国学文库）　陈松长等著　中西书局　2014 年 11 月　文 279 页　插图 16 幅　彩版 4 页　16 开

秦简逐字索引（附原文及校释）［增订本］（简帛逐字索引大系，出土文献综合研究专刊之二）　张显成主编　四川大学出版社　2014 年 12 月　全二册　1489 页　16 开

长沙马王堆汉墓简帛集成　湖南省博物馆、复旦大学出土文献与古文字研究中心编纂　裘锡圭主编　中华书局　2014 年 6 月　全七册　2053 页　8 开

简牍学论稿：聚沙篇（敦煌与丝绸之路学术文丛）　张俊民著　甘肃教育出版社　2014 年 4 月　496 页　16 开

汉晋简牍论丛（简帛研究文库）　谢桂华著　广西师范大学出版社　2014 年 10 月　496 页　16 开

居延汉简（壹）（"中研院"历史语言研究所专刊之一〇九）　简牍整理小组编著　"中研院"历史语言研究所　2014 年 12 月　306 页　8 开

张家山汉简《算数书》校证及相关研究（随园史学丛书）　吴朝阳著　江苏人民出版社　2014 年 5 月　317 页　32 开

银雀山孙子兵法读本　临沂市银雀山汉墓简牍博物馆　山东画报出版社　2014 年 9 月　81 页　16 开

简帛医药文献校释　周祖亮、方懿林著　学苑出版社　2014 年 5 月　567 页　16 开

出土简帛宗教神话文献研究　刘信芳著　安徽大学出版社　2014 年 6 月　288 页　32 开

简帛文献复原与解读（中国传统文化现代转型创新书系）　陈伟著　中国社会科学出版社　2014 年 6 月　455 页　32 开

英国收藏新疆出土古藏文文书选译（新疆通史研究丛书）　杨铭、贡保扎西、索南才让著　新疆人民出
　　版社　2014年1月　562页　16开

考古发现西夏汉文非佛教文献整理与研究（西夏文献文物研究丛书）　孙继民、宋坤、陈瑞青、杜立晖
　　等著　社会科学文献出版社　2014年10月　目录、前言28页　文542页　插图47幅　16开

吐鲁番发现回鹘文佛教新文献研究（中国少数民族语言研究丛书）　迪拉娜·伊斯拉非尔著　民族出版
　　社　2014年12月　185页　32开

补　遗

出土文献研究（第十二辑）　中国文化遗产研究院编　刘绍刚主编　中西书局　2013年12月　文366
　　页　图版9页　16开

清华二《系年》集解（出土文献评注研析丛刊）　苏建洲、吴雯雯、赖怡璇著　万卷楼图书公司　2013
　　年12月　969页　70页　16开

马王堆汉墓帛书（湖湘文库）　湖南省博物馆编　岳麓书社　2013年8月　全二册　602页　32开

四　古代碑刻、墓志

广西石刻总集辑校（西南边疆历史与现状综合研究项目，档案文献系列）　杜海军编著　社会科学文献
　　出版社　2014年12月　全三册　1583页　16开

石语墨影：广西古代石刻选粹（广西文物精粹丛书）　林京海、韦卫能、曾燕娟、邓志强编著　广西科
　　学技术出版社　2014年4月　257页　插图120幅　16开

秦岭碑刻经眼录　吴敏霞、党斌、高叶青、袁宪著　三秦出版社　2014年12月　508页　16开

长安碑刻　陕西省古籍整理办公室编　宋英、吴敏霞、穆晓军、赵晓宁编著　陕西人民出版社　2014年
　　9月　全二册　641页　图版324幅　8开

走进西安碑林（发现陕西）　路远编著　未来出版社　2014年11月　207页　插图235幅　32开

集安麻线高句丽碑　张福有编著　文物出版社　2014年5月　403页　插图169幅　彩版238幅　照片8
　　幅　16开

通化师范学院藏好太王碑拓本：纪念好太王碑建立1600年　耿铁华、李乐营著　吉林大学出版社　2014
　　年5月　文、拓本274页　照片4页　16开

河东碑刻精选　运城市河东博物馆编　文物出版社　2014年5月　119页　图版67幅　照片11幅
　　16开

南海神庙碑刻集（广东省民族宗教研究院民族宗教研究丛刊之四）　黄兆辉、张菽晖编撰　广东人民出
　　版社　2014年5月　目录11页　文506页　图版56幅　94页　16开

新中国出土墓志：江苏（贰）南京故宫博物院、南京市博物馆编　魏正瑾、白宁主编　文物出版社
　　2014年12月　全二册　前言18页　目录28页　图版323页　释文276页　人名索引53页　8开

西安碑林博物馆新藏墓志续编　西安碑林博物馆编　赵力光主编　陕西师范大学出版社　2014年7月
　　全二册　721页　拓片231组　8开

洛阳新出唐志研究　柳金福著　中州古籍出版社　2014年10月　665页　32开

偃师碑志选粹　郭宏涛、周剑曙编著　中州古籍出版社　2014年12月　285页　图版67组　8开

片石千秋：隋代墓志铭与隋代历史文化　周晓薇、王其祎著　科学出版社　2014年6月　309页　16开

施蛰存北窗唐志选萃　潘思源编　上海古籍出版社　2014年4月　336页　拓片259幅　8开

中国佛教石经：四川省（第一卷）　成都市文物考古研究所、北京大学考古文博学院、德国海德堡科学
　　院编　雷德侯（Lothar Ledderose）、孙华主编　中国美术学院出版社　2014年8月　441页　插图
　　279幅　8开

中国佛教石经：四川省（第二卷）　成都市文物考古研究所、四川省文物考古研究院、德国海德堡科学
　　院编　蔡穗玲、孙华主编　中国美术学院出版社　2014年12月　448页　插图274幅　8开

中国佛教石经：山东省（第一卷）　山东省石刻艺术博物馆、德国海德堡科学院编　王永波、雷德侯

（Lothar Ledderose）主编　中国美术学院出版社　2014 年 8 月　目录 26 页　文、图版 508 页　插图 13 幅　彩版、拓片 206 幅　8 开

汉石经集存　马衡著　上海书店出版社　2014 年 12 月　文 60 页　拓本图版 93 页　8 开

与佛有约：佛教造像题记中的祈愿与实践（历史文物陈列馆丛书，五）　颜娟英编著　"中研院"历史语言研究所　2014 年 5 月　103 页　图版 36 组　16 开

北朝纪年造像记汇编　邵正坤著　吉林人民出版社　2014 年 4 月　41 页　436 页　16 开

补　遗

陇南古代碑铭（陇南历史文化丛书）　罗卫东编著　中国文史出版社　2013 年 10 月　366 页　16 开

河南省南水北调工程考古发掘出土文物集萃（二）：墓志精选　河南省文物局编　陈爱兰主编　河南大学出版社　2013 年 11 月　全四册　413 页　8 开

五　古代玉器

中国玉器通史　陆建芳主编海天出版社　2014 年 9 月　全十二册　3901 页　16 开　子目：卷一　新石器时代北方卷　方向明、周晓晶著　303 页　插图 304 幅　卷二　新石器时代南方卷　方向明著　367 页　插图 376 幅　卷三　夏商卷　喻燕姣、方刚著　336 页　插图 225 幅　卷四　周代卷　吉琨璋著　269 页　插图 240 幅　卷五　战国卷　欧阳摩壹著　358 页　插图 283 幅　卷六　秦汉卷　李银德著　391 页　插图 385 幅　卷七　三国两晋南北朝卷　左骏、王志高著　456 页　插图 306 幅　卷八　隋唐五代卷　刘云辉、韩建武著　185 页　插图 293 幅　卷九　宋辽金元卷　张宏明、吴沫、开宝东、张彤著　564 页　插图 479 幅　卷十　明代卷　张尉著　210 页　插图 200 幅　卷十一　清代卷，附卷：中国古代玉器材料研究　周晓晶、曾卫胜著　全二册　222 页　239 页　插图 402 幅

玉魂国魄：中国古代玉器与传统文化学术讨论会文集（六）　杨晶、蒋卫东主编　浙江古籍出版社　2014 年 11 月　344 页　插图 437 幅　16 开

中国史前玉文化　杨伯达著　浙江文艺出版社　2014 年 7 月　文 252 页　插图 463 幅　彩版 16 页　16 开

玉润东方：大汶口—龙山·良渚玉器文化展　山东博物馆、良渚博物院编　郭思克、马东峰主编　文物出版社　2014 年 7 月　215 页　插图 74 幅　彩版 246 幅　16 开

红山文化玉器鉴赏［增订本］　郭大顺、洪殿旭编著　文物出版社　2014 年 1 月　250 页　彩版 167 幅　16 开

灵动飞扬：汉代玉器掠影　北京艺术博物馆、安徽博物院、陕西历史博物馆编　韩战明、董松主编　北京美术摄影出版社　2014 年 4 月　285 页　插图 162 幅　彩版 157 幅　16 开

气度与风范：明代江西藩王墓出土玉器（中华文明之旅系列）　北京艺术博物馆、江西省博物馆编北京美术摄影出版社　2014 年 9 月　233 页　彩版　16 开

传统与创新：先秦两汉动物玉雕　吴棠海编　震旦文教基金会　2014 年　231 页　16 开

补　遗

玉文化论丛（五）　杨建芳师生古玉研究会编著　台北：众志美术出版社　2013 年 12 月　304 页　插图 627 幅　16 开

六　古代货币

中国历代货币大系（第四卷）：宋辽西夏金货币　王裕巽、阎福善、屠燕治、张文芳主编　上海人民出版社　2014 年 9 月　全三册　文、图版 1659 页　彩版 16 页　8 开

中国古代范铸钱币工艺　王俪阎著　学林出版社　2014 年 7 月　281 页　插图 390 幅　16 开

先秦货币通览　蔡启祥著　兰台出版社　2014 年 12 月　217 页　图版 400 幅　16 开

齐地贝币　孙永行编著　齐鲁书社　2014 年 9 月　361 页　彩版 331 幅　16 开

黄金货币时代的新发现：三孔布新考　大块文化出版公司　杨中美著　2014 年 9 月　356 页　32 开

古钱文字（中国古文字导读）　戴志强、戴越著　文物出版社　2014 年 4 月　246 页　32 开

七　铜镜

汉镜文化研究　清华大学汉镜文化研究课题组著　北京大学出版社　2014 年 4 月　全二册　553 页　430 页　拓本、彩版 204 组　16 开

故宫铜镜图典（故宫经典）　故宫博物院编　丁孟主编　故宫出版社　2014 年 8 月　347 页　彩版 308 幅　12 开

蚌埠市博物馆铜镜集萃　蚌埠市博物馆编著　辛礼学主编　文物出版社　2014 年 10 月　221 页　彩版 123 组　16 开

镜鉴千秋：扶风县博物馆馆藏铜镜集萃　扶风博物馆编　汪玉堂主编　三秦出版社　2014 年 4 月　150 页　彩版 180 幅　16 开

对镜贴花黄：宝鸡青铜器博物院典藏铜镜精粹　宝鸡青铜博物院编　陈亮主编　三秦出版社　2014 年 6 月　211 页　彩版 225 幅　16 开

龙城宝笈：朝阳博物馆馆藏古代铜镜　朝阳博物馆编　尚晓波主编　辽宁人民出版社　2014 年 3 月　198 页　彩版 170 幅　16 开

补　遗

净月澄华：辽宁省博物馆藏古代铜镜　辽宁省博物馆编　刘宁主编　辽宁大学出版社　2013 年 11 月　495 页　彩版 226 幅　12 开

八　古代兵器

商代青铜兵器研究（国家社科基金后期资助项目）　郭妍利著　社会科学文献出版社　2014 年 2 月　496 页　插图 76 幅　16 开

时惟礼崇：东周之前青铜兵器的物质文化研究　徐坚著　上海古籍出版社　2014 年 10 月　250 页　插图 276 幅　16 开

吴钩重辉：苏州博物馆新入藏青铜兵器　苏州博物馆编著　陈瑞近、程义主编　文物出版社　2014 年 11 月　123 页　彩版 58 幅　16 开

青铜兵器文字（中国古文字导读）　刘正著　文物出版社　2014 年 11 月　150 页　插图 94 幅　32 开

九　玺印

印学研究（2014）：古玺印研究专辑　山东省博物馆编　吕金成主编　文物出版社　2014 年 3 月　357 页　32 开

秦玺印封泥职官地理研究　王伟著　中国社会科学出版社　2014 年 12 月　648 页　插图 19 幅　插表 116 幅　16 开

隋唐官印研究　孙慰祖、孔品屏著　上海书画出版社　2014 年 12 月　320 页　插图 350 幅　彩版 161 组　16 开

破解古印密码（发现陕西）　陈根远编著　未来出版社　2014 年 11 月　183 页　插图 61 幅　印拓 141 幅　32 开

十　瓦当

燕下都瓦当　吴盘军撰　故宫出版社　2014 年 5 月　260 页　彩版 184 幅　12 开

高句丽瓦当　耿铁华著　吉林大学出版社　2014 年 10 月　252 页　插图 354 幅　彩版 130 幅　16 开

谈瓦说陶（人间瓷话丛书）　贺云翱著　南京出版社　2014 年 3 月　217 页　16 开

伍　美术考古

一　通论

艺术史研究（第十六辑）　中山大学艺术史研究中心编　李清泉主编　中山大学出版社　2014年12月　文345页　插图208幅　彩版5页　16开

艺术史中的汉晋与唐宋之变　石守谦、颜娟英主编　石头出版社　2014年4月　文463页　插图276幅　彩版8页　16开

中国艺术史（苏立文作品集）　〔英〕迈克尔·苏立文（Michael Sullivan）著　徐坚译　上海人民出版社　2014年4月　350页　插图401幅　16开　译自 The Arts of China, 5ᵗʰ ed. , 2008

十院校美术考古研究文集　罗宏才主编　上海大学出版社　2014年9月　352页　插图194幅　插表25幅　16开

轨迹：中国美术考古研究　汤池著　陕西人民美术出版社　2014年7月　文375页　插图319幅　彩版5页　16开

史前时期海岱地区的艺术与文化　刘允东著　山东大学出版社　2014年6月　文344页　插图121幅　彩版8页　16开

五代墓葬美术研究（古代历史文化研究辑刊，十一辑）　郑以墨著　花木兰文化出版社　2014年3月　全二册　400页　16开

高昌艺术研究（中国古代民族艺术研究系列）　上海艺术研究所、新疆艺术研究所、新疆维吾尔自治区博物馆、吐鲁番地区文物局编著　胡洪庆、李季莲主编　上海古籍出版社　2014年4月　249页　插图262幅　16开

龟兹艺术研究（中国古代民族艺术研究系列）　上海艺术研究所、新疆艺术研究所、新疆维吾尔自治区博物馆、新疆龟兹研究院编著　胡洪庆、李季莲主编　上海古籍出版社　2014年4月　279页　插图284幅　16开

北朝壁画，曲阳石雕（河北博物院基本陈列）　河北博物院、河北省文物研究所、河北省文物保护中心编　文物出版社　2014年8月　298页　彩版162幅　16开

中国佛教美术论著引得　邹清泉编著　上海三联书店　2014年10月　402页　32开

汉藏佛教美术研究：第四届西藏考古与艺术国际学术讨论会论文集　谢继胜、罗文华、石岩刚主编　上海古籍出版社　2014年12月　684页　插图557幅　16开

二　古代雕塑、石刻画像

中国雕塑史［手稿珍藏本］　梁思成著　中华书局　2014年10月　影印本　187页　图版4页　16开

楚地出土人俑研究：早期中国墓葬造像艺术的礼制考察　凌宇著　武汉大学出版社　2014年11月　325页　插图69幅　表14幅　16开

西安文物精华：陶俑　西安市文物保护考古研究院编　孙福喜主编　世界图书出版西安公司　2014年6月　305页　彩版313幅（组）　16开

5—8世纪汉地佛像着衣法式（国家社科基金后期资助项目）　陈悦新著　社会科学文献出版社　2014年6月　目录17页　文351页　插图220幅　插表18幅　16开

青州龙兴寺佛教造像　青州市博物馆编　刘允泉主编　人民美术出版社　2014年4月　180页　插图15幅　彩版146幅　16开

青州龙兴寺佛教造像艺术　青州市博物馆编　刘允泉主编　山东美术出版社　2014年5月　233页　彩版235幅　8开

江南藏传佛教艺术：杭州飞来峰石刻造像研究　谢继胜、熊文彬、廖旸、赖天兵、R. Linrothe、叶少勇

著　中国藏学出版社　2014 年 12 月　523 页　插图 192 幅　彩版 168 幅　16 开

中国（洛阳）古墓砖图考：公元前三世纪西汉墓砖考古学研究　　（加拿大）怀履光（William Charles White）著　徐婵菲译　中州古籍出版社　2014 年 11 月　249 页　插图 30 幅　图版 127 幅　16 开

　　译自 *Tomb Tile Pictures of Ancient China*，*an archaeological study of pottery tiles from tombs of western Honan*，*dating about the third century B. C*，1939

汉代武氏墓群石刻研究［修订本］（人民美术名家学术文丛）　蒋英炬、吴文祺著　人民美术出版社　2014 年 1 月　215 页　插图 37 幅　图版 106 幅　16 开

石头上的中国画：武氏祠汉画像石的故事诠释　胡广跃著　三秦出版社　2014 年 1 月　261 页　插图 66 幅（组）　16 开

许昌汉画像石艺术（许昌博物馆学术文库）　赫连玉芳著　中州古籍出版社　2014 年 9 月　216 页　插图 116 幅　16 开

南阳汉画装饰艺术（汉文化研究丛书）　徐永斌、王斐主编　河南大学出版社　2014 年 12 月　236 页　插图 252 幅　16 开

石头上的历史：陕北汉画像石考察　李贵龙著　陕西师范大学出版社　2014 年 6 月　320 页　插图 537 幅　16 开

延安宋金画像砖（延安文物丛书）　王沛、王蕾编著　陕西人民美术出版社　2014 年 2 月　244 页　插图 373 幅　16 开

徐州画像石（符号江苏·口袋本）　张道一、徐飙著　江苏人民出版社　2014 年 8 月　175 页　插图 111 幅　32 开

鲁迅藏拓本全集：汉画像卷　西泠印社出版社　2014 年 10 月　全二册　342 页　352 页　8 开

山东青州傅家庄北齐线刻画像石　青州市博物馆编　刘允泉、王瑞霞主编　齐鲁书社　2014 年 8 月　129 页　插图 102 幅　拓片、线图 10 组　16 开

盛唐风采：唐薛徽墓石椁线刻艺术　运城市河东博物馆编著　杨明珠主编　文物出版社　2014 年 6 月　137 页　图版、线描图 68 组　彩版、照片 11 幅　16 开

宋代石刻艺术（中国国家博物馆古代艺术系列丛书）　吕章申主编　时代华文书局　2014 年 5 月　109 页　插图 42 幅　彩版 40 幅　16 开

北京石刻艺术博物馆藏石刻拓片编目提要（北京石刻艺术博物馆石刻文化系列丛书之十五）　北京石刻艺术博物馆编　学苑出版社　2014 年 5 月　604 页　16 开

　补　遗

咸阳杨家湾西汉彩绘兵马俑　咸阳博物馆编　三秦出版社　2013 年 12 月　193 页　彩版 121 幅　16 开

绥德汉画像石　李贵龙、蒲鹏编著　陕西人民出版社　2013 年 6 月　263 页　拓图 449 幅　插图 103 幅　16 开

三　石窟寺

中国石窟艺术（《中国大百科全书》普及版·美术卷）　《中国大百科全书》普及版编委会编　中国大百科全书出版社　2014 年 2 月　120 页　插图 102 幅　16 开

石窟寺研究（第五辑）　中国古迹遗址保护协会石窟专业委员会、龙门石窟研究院编　孙英民主编　文物出版社　2014 年 12 月　文 445 页　插图 452 幅　插表 23 幅　彩版 4 页　16 开

中国佛教石窟考古文集　马世长著　商务印书馆　2014 年 9 月　666 页　插图 332 幅　彩版 50 幅　16 开

北朝装饰纹样：五、六世纪石窟装饰纹样的考古学研究（紫禁书系，第六辑）　（韩）李姃恩著　故宫出版社　2014 年 8 月　274 页　插图 102 幅　插表 29 幅　16 开

佛光无尽：弗利尔一九一〇年龙门纪行　［美］查尔斯·兰·弗利尔（Charles L. Freer）著　［美］霍大为（David Hogge）、王伊悠编辑整理　李雯、王伊悠译　上海书画出版社　2014 年 8 月　236 页

图版 105 幅　32 开　译自 A Thousand Graces：Charles L. Freer's 1910 Pilgrimage to Longmen Buddhist Cave Temples

佛国墨影：巩县石窟寺拓片萃编　孙英民、朱军主编　大象出版社　2014 年 10 月　240 页　8 开

云冈石窟［日］水野清一、长广敏雄著　中国社会科学院考古研究所编译　科学出版社　2014 年 3 月　全七卷十五册　8 开　译自：云冈石窟：西歴五世纪における中国北部仏教窟院の考古学の调查报告，东方文化研究所调查（昭和 13 年—20 年），1951—1955

佛教石窟与丝绸之路（敦煌与丝绸之路学术文丛）　张乃翥著　甘肃教育出版社　2014 年 4 月　340 页　插图 99 幅　32 开

专家讲敦煌（丝绸之路与敦煌文化丛书）　敦煌研究院编　樊锦诗主编　江苏美术出版社　2014 年 7 月　145 页　插图 141 幅　16 开

敦煌文化探微（丝绸之路与敦煌文化丛书）　敦煌研究院编　赵声良、戴春阳、张元林著　江苏美术出版社　2014 年 10 月　178 页　插图 119 幅　16 开

敦煌石窟美术史：十六国北朝　敦煌研究院编　赵声良等著　高等教育出版社　2014 年 3 月　全二册　上卷 455 页　彩版 269 幅　下卷 435 页　彩版 277 幅　16 开

中国敦煌历代装饰图案续编　常沙娜编著　清华大学出版社　2014 年 1 月　350 页　彩版 308 幅　12 开

敦煌莫高窟题记汇编　徐自强、张永强、陈晶编著　文物出版社　2014 年 11 月　文 595 页　插图 57 幅　彩版 23 幅　16 开

千年凿击而成的顶尖神话：莫高窟（华夏文明之源：敦煌文化）　王惠民著　甘肃教育出版社　2014 年 12 月　284 页　插图 49 幅　16 开

榆林窟（中国石窟艺术）　敦煌研究院编　赵声良主编　江苏美术出版社　2014 年 7 月　179 页　插图 16 幅　彩版 164 幅　16 开

榆林窟艺术（丝绸之路与敦煌文化丛书）　敦煌研究院编　樊锦诗主编　江苏美术出版社　2014 年 7 月　125 页　插图 108 幅　16 开

陇上学人文存：樊锦诗卷　樊锦诗著　赵声良选编　甘肃人民出版社　2014 年 6 月　418 页　插图 195 幅　插表 25 幅　32 开

陇东河西石窟研究文集（丝绸之路石窟研究文集）　郑炳林、魏迎春、赵青山主编　甘肃文化出版社　2014 年 3 月　全二册　1483 页　16 开

武山水帘洞石窟艺术研究（陇右文化研究丛书）　张玉璧等著　中国社会科学出版社　2014 年 5 月　307 页　插图 139 幅　16 开

合水石窟与石刻造像　胡庆红编著　三秦出版社　2014 年 11 月　117 页　16 开

须弥山石窟艺术　韩有成著　阳光出版社　2014 年 12 月　347 页　16 开

悬壁梵音：西宁北山石窟寺艺术考究　宋卫哲著　兰州大学出版社　2014 年 11 月　155 页　插图 119 幅　16 开

响堂山石窟（中国佛教美术全集·雕塑卷）　陈传席主编　天津人民美术出版社　2014 年 11 月　全二册　484 页　插图 37 幅　彩版 371 幅　16 开

广元石窟内容总录：千佛崖卷　四川省文物管理局、成都文物考古研究所、北京大学中国考古学研究中心、广元千佛崖石刻艺术博物馆编著　巴蜀书社　2014 年 5 月　全二册　上卷 26 页　393 页　插图 457 幅　下卷　420 页　插图 446 幅　16 开

四川大邑县药师岩石窟寺和摩崖造像考古报告（成都文博论丛）　成都市文化局、成都市文物管理办公室、成都文物考古研究所、成都市大邑县文物管理所编　四川科学技术出版社　2014 年 6 月　文 206 页　彩版 94 页　16 开

美术考古与大足学研究：理论、方法与实践（大足学研究文丛·大足学讲堂）　秦臻主编　重庆大学出版社　2014 年 10 月　243 页　插图 358 幅　16 开

补　遗

天龙山石窟艺术　太原市天龙山石窟研究所编　连颖俊编著　外文出版社　2012 年　469 页　插图 252
　　幅　彩版 250 幅　拓片 26 幅　16 开

瓜州东千佛洞西夏石窟艺术　宁夏大学西夏学研究院、甘肃省古籍文献整理编译中心编　张宝玺著　北
　　京：学苑出版社　2012 年 12 月　311 页　彩版 90 幅　16 开

四　古代建筑

中国建筑史论汇刊（第拾辑）　清华大学建筑学院主办　王贵祥主编　清华大学出版社　2014 年 10 月
　　470 页　插图 350 幅　插表 23 幅　16 开

文物建筑（第七辑）　河南省文物建筑保护研究院编　科学出版社　2014 年 6 月　220 页　插图 212 幅
　　插表 18 幅　16 开

七宝恒沙塔，清净一菩提：中国古代佛教建筑研究论集　王贵祥编著　清华大学出版社　2014 年 12 月
　　667 页　插图 405 幅　插表 28 幅　16 开

王其亨中国建筑史论文集（当代中国建筑史家十书）　王其亨著　辽宁美术出版社　2014 年 9 月　695
　　页　16 开

南宋建筑史（南宋及南宋都城临安研究系列丛书）　郭黛姮著　上海古籍出版社　2014 年 11 月　目录
　　13 页　文 437 页　插图 214 幅　彩版 9 页（12 幅）　16 开

甘肃古塔研究　甘肃省文物局编著　杨惠福主编　科学出版社　2014 年 3 月　268 页　彩版 367 幅
　　16 开

补　遗

元代木构延福寺　浙江省古建筑设计研究院编　黄滋主编　文物出版社　2013 年 12 月　338 页　插图
　　227 幅　历史照片 36 幅　附图 34 幅　彩版 79 幅　16 开

五　陶瓷与窑址

中国国家博物馆馆藏文物研究丛书：瓷器卷（商—五代）　中国国家博物馆编　于文荣主编　上海古籍
　　出版社　2014 年 11 月　306 页　插图 84 幅　彩版 226 幅　16 开

名窑名瓷（河北博物院基本陈列）　河北博物院、河北省文物研究所、河北省文物保护中心编　文物出
　　版社　2014 年 5 月　301 页　彩版 149 幅　16 开

贵州省博物馆藏瓷器精品集　王红光主编　广西师范大学出版社　2014 年 12 月　96 页　彩版 109 幅
　　8 开

原始瓷器研究（中国古陶瓷研究辑丛）　秦伟主编　故宫出版社　2014 年 12 月　文 583 页　插图 255
　　幅　插表 43 幅　彩版 11 页　16 开

釉上彩瓷器研究（中国古陶瓷研究辑丛）　中国古陶瓷学会编　王亚民、王莉英主编　故宫出版社
　　2014 年 12 月　文 455 页　插图 557 幅　插表 16 幅　彩版 7 页　16 开

说陶论瓷：权奎山瓷器考古论文集　权奎山著　北京大学中国考古学研究中心、景德镇市陶瓷考古研究
　　所编　文物出版社　2014 年 5 月　370 页　插图 352 幅　16 开

中国古代铅釉陶的世界：从战国到唐代　谢明良著　石头出版社　2014 年 10 月　318 页　插图 541 幅
　　16 开

中国耀州窑（中国古瓷窑大系）　北京艺术博物馆编　禚振西主编　中国华侨出版社　2014 年 10 月
　　479 页　彩版 227 组　12 开

故宫博物院八十七华诞定窑学术研讨会论文集　故宫博物院古陶瓷研究中心编　故宫出版社　2014 年
　　12 月　全二册　527 页　插图 355 幅　插表 22 幅　16 开

哥窑与弟窑　徐渊若著　江兴祐整理　西泠印社出版社　2014 年 7 月　307 页　图 410 幅　16 开

寿州窑　淮南市博物馆编著　沈汗青主编　文物出版社　2014 年 1 月　354 页　插图 41 幅　彩版 410

16 开

澳门出土明代青花瓷器研究（澳门研究丛书）　马锦强著　社会科学文献出版社　2014 年 11 月　目录 28 页　文 376 页　插图 672 幅　16 开

中国古代瓷器生产技术对外传播研究论文集　沈琼华主编　浙江人民美术出版社　2014 年 9 月　325 页　插图 600 幅　插表 16 幅　16 开

瓷话中国：走向世界的中国外销瓷（丝瓷之路博览）　曾玲玲著　商务印书馆　2014 年 5 月　158 页　插图 54 幅　32 开

中国外销瓷（艺术与鉴藏书系）［英］柯玫瑰（Rose Kerr）、［英］孟露夏（Luisa E. Mengon）著　张淳淳译　上海书画出版社　2014 年 4 月　210 页　彩版 186 幅　16 开　译自 Chinese Export Ceramics，2011

大英博物馆藏中国明代陶瓷　　［英］霍吉淑（Jessica Harrison‑Hall）著　赵伟、陈谊、文微译　故宫出版社　2014 年 6 月　全二册　762 页　插图 78 幅　彩版 884 幅　16 开　译自 Ming Ceramics in the British Museum，2001

中国陶瓷史学史（历史学研究丛书）　赵宏著　中国文史出版社　2014 年 1 月　243 页　16 开

宋瓷笔记　刘涛著　生活·读书·新知三联书店　2014 年 9 月　343 页　插图 342 幅　16 开

　　补　遗

海上瓷路国际学术研讨会论文集　广东省博物馆编　岭南美术出版社　2013 年 12 月　288 页　插图 272 幅　16 开

六　古代绘画

中国古代物质文化史：绘画·墓室壁画（宋元明清）　易晴编著　开明出版社　2014 年 1 月　329 页　插图 302 幅　16 开

中国古代物质文化史：绘画，石窟寺壁画（高昌）　刘颖编著　开明出版社　2014 年 10 月　275 页　插图 213 幅　16 开

西域美术（一）：大英博物馆斯坦因汇集品（敦煌绘画，一）　［英］罗德瑞克·韦陀（Roderick Whit-field）著　林保尧编译　艺术家出版社　2014 年 9 月　319 页　彩版 66 组　照片 25 幅　16 开　编译自 Art of Central Asia，the Stein Collection in the British Museum，1982

丝路梵相：新疆和田达玛沟佛教遗址出土壁画艺术　上海博物馆编　陈燮君、陈克伦主编　上海书画出版社　2014 年 11 月　153 页　插图 41 幅　彩版 36 组　8 开

于阗六篇：丝绸之路上的考古学案例　上海博物馆编　北京大学出版社　2014 年 12 月　193 页　插图 79 幅　彩版 21 幅　32 开

敦煌壁画与中国家具的千年之变（香港敦煌吐鲁番研究中心丛书，新一辑，第一种）　邵晓峰著　香港大学饶宗颐学术馆　2014 年 12 月 166 页　16 开

从于阗到敦煌：以唐宋时期图像的东传为中心（中国社会科学博士后文库）　陈粟裕著　方志出版社　2014 年 12 月　297 页　插图 168 幅　16 开

色·物象·变与辩：首届曲江壁画论坛论文集　周天游主编　文物出版社　2014 年 7 月　320 页　插图 354 幅　插表 21 幅　16 开

河南古代壁画馆壁画品鉴　河南古代壁画馆、洛阳古代艺术博物馆编　朱世伟、徐婵菲主编　中州古籍出版社　2014 年 7 月　157 页　插图 103 幅　32 开

盂县古代壁画录（三晋文化研究）　赵培青、李晶明编著　三晋出版社　2014 年 3 月　121 页　12 开

梵相遗珍：四川明代佛寺壁画　刘显成、杨小晋著　人民美术出版社　2014 年 9 月　242 页　插图 184 幅　彩版 46 幅　16 开

岩画学论丛（第一辑）　张亚莎主编　中央民族大学出版社　2014 年 6 月　266 页　插图 141 幅　16 开

原始思维化石：呼图壁生殖崇拜岩刻（丝绸之路博览）　王炳华著　商务印书馆　2014 年 2 月　167 页

插图 52 幅　32 开

西域岩画图案全集　文焱主编　新疆美术摄影出版社　2014 年 10 月　图 626 页　16 开

岩石上的呼麦：达茂草原岩画巡礼　萧立广、谭士俊编著　文物出版社　2014 年 5 月　235 页　插图 553 幅　16 开

大漠遗珍：巴丹吉林岩画精粹　范荣南、范永龙主编　文物出版社　2014 年 9 月　284 页　彩版 311 幅　16 开

岩画研究（2014）　宁夏岩画研究中心编　李彤主编　宁夏人民出版社　2014 年 12 月　316 页　16 开

贺兰山岩画拓片集　宁夏岩画研究中心编　宁夏人民出版社　2014 年 5 月　200 页　8 开

走进岩画　李祥石著　宁夏人民出版社　2014 年 11 月　273 页　插图 266 幅　16 开

灵武东山岩画　王固生、柳辉著　宁夏人民出版社　2014 年 3 月　218 页　插图 64 幅　线描图 168 幅　拓片 86 幅　16 开

贵州岩画　游前声、曹波编著　贵州科技出版社　2014 年 7 月　274 页　彩版 412 幅　16 开

补　遗

中国柴达木岩画　多杰才旦主编　青海民族出版社　2013 年 7 月　415 页　16 开

七　古代书法

中国国家博物馆藏中国古代书法　吕章申主编　安徽美术出版社　2014 年 11 月　883 页　16 开

殷商甲骨文（先秦书法艺术丛刊）　濮茅左主编　中西书局　2014 年 10 月　文 8 页　图版、拓本 275 页　8 开

上海博物馆藏楚竹书：周易（先秦书法艺术丛刊）　濮茅左主编　中西书局　2014 年 8 月　125 页　16 开

上海博物馆藏楚竹书：中弓·弟子问（先秦书法艺术丛刊）　濮茅左主编　中西书局　2014 年 8 月　123 页　16 开

上海博物馆藏楚竹书：孔子诗论·子羔·鲁邦大旱（先秦书法艺术丛刊）　濮茅左主编　中西书局　2014 年 8 月　117 页　16 开

北京大学藏秦代简牍书迹选粹（人民美术出土简帛书法艺术丛书）　北京大学出土文献研究所编　人民美术出版社　2014 年 2 月　57 页　8 开

新出土墓志精粹（中国书法精粹）　郭茂育、谷国伟、张新峰编著　上海书店出版社　2014 年 2 月　全六册　609 页　8 开

赖非美术考古文集　赖非著　齐鲁书社　2014 年 5 月　308 页　插图 35 幅　16 开

碑帖鉴定概论　仲威著　上海古籍出版社　2014 年 8 月　315 页　插图 507 幅　16 开

全国第三届碑帖学术研讨会论文集　青岛崇汉轩汉画像砖博物馆、文物出版社编　文物出版社　2014 年 9 月　310 页　插图 168 幅　16 开

欧斋墨缘：故宫藏萧山朱氏碑帖特集　故宫博物院编　秦明主编　故宫出版社　2014 年 9 月　543 页　图版 121 组　16 开

墨香佛音：敦煌写经书法研究（培文·艺术史丛书）　毛秋瑾著　北京大学出版社　2014 年 6 月　291 页　插图 178 幅　16 开

八　古代工艺美术

极简中国工艺美术史　尚刚著　人民美术出版社　2014 年 6 月　155 页　彩版 221 幅　32 开

古人的文化［插图典藏本］　沈从文著　中华书局　2014 年 8 月　文 286 页　插图 9 幅　彩版 54 页（79 幅）　32 开

中国西部秦汉漆器艺术　胡玉康、潘天波编著　人民美术出版社　2014 年 10 月　文 266 页　插图 36 幅　彩版 6 页（36 幅）·16 开

汉代前的中国玻璃工艺（华大博雅学术文库，美术文化研究丛书）　李会著　华中师范大学出版社
　　2014 年 11 月　385 页　插图 15 幅　图版 64 幅　16 开

中国古代物质文化史：纺织　赵丰、尚刚、龙博编著　开明出版社　2014 年 1 月　全二册　631 页　插
　　图 568 幅　16 开

古裱褙织物之重现：源自张大千先生收藏之古书画　章以庆著　中国纺织出版社　2014 年 11 月　327 页
　　插图 335 幅　彩版 95 幅　16 开

中国古代金银首饰　扬之水著　故宫出版社　2014 年 9 月　全三册　1116 页　插图 829 幅　附图 56 幅
　　16 开

陆　古代科学技术

鉴古证今：传统工艺与科技考古文萃　中国科学院自然科学史研究所、中国科学院传统工艺与文物科技
　　研究中心编　安徽科学技术出版社　2014 年 1 月　801 页　插图 514 幅　16 开

磨砺集：韩汝玢冶金史论文选　韩汝玢著　科学出版社　2014 年 12 月　序、目录 14 页　文 501 页　插
　　图 402 幅　插表 121 幅　16 开

中国化工通史：古代卷　中国化工博物馆编著　化学工业出版社　2014 年 8 月　459 页　插图 221 幅
　　16 开

中国古代制瓷工程技术史（中国古代工程技术史大系）　熊寥著　山西教育出版社　2014 年 7 月　目录
　　24 页　文 699 页　插图 153 幅　彩版 6 页　16 开

周易·天文·考古　陆思贤著　文物出版社　2014 年 2 月　500 页　插图 267 幅　16 开

　　补　遗

中国古代物质文化史：天文历法　冯时著　开明出版社　2013 年 10 月　360 页　插图 213 幅　插表 5 幅
　　16 开

柒　古代文化生活

中国古代物质文化　孙机著　中华书局　2014 年 7 月　423 页　插图 248 幅　16 开

古代器物溯源　宋兆麟著　商务印书馆　2014 年 11 月　456 页　插图 127 幅　16 开

东亚音乐考古研究：东亚音乐文化交流研讨会暨第 11 届音乐学国际学术会议论文集　河南博物院、韩
　　国国乐院编　霍锟、文做硕主编　中州古籍出版社　2014 年 9 月　254 页　插图 229 幅　插表 29 幅
　　16 开

唐代长安乐舞研究：以西安地区出土文物乐舞图像为中心　贾嫚著　中国社会科学出版社　2014 年 5 月
　　297 页　插图 213 幅　16 开

黔山遗韵：贵州音乐考古（符号与记忆研究丛书）　蒋英著　中国社会科学出版社　2014 年 12 月　218
　　页　插图 155 幅　16 开

李渡烧酒作坊遗址与中国白酒起源：兼论中国白酒古酿造遗址的文化遗产价值评估　万伟成主编　世界
　　图书出版广东公司　2014 年 7 月　391 页　插图 142 幅　16 开

捌　民族考古及边疆地区考古

沙埋和阗废墟记（欧亚历史文化文库）　　［英］马克·奥里尔·斯坦因（Aurel Stein）著　　殷晴、张欣
　　恰译　兰州大学出版社　2014 年 11 月　317 页　32 开　译自 Sand‑buried ruins of Khotan

楼兰考古（欧亚历史文化文库）　陈晓露著　兰州大学出版社　2014 年 12 月　文 439 页　插图 301 幅
　　插表 8 幅　彩版 8 页　32 开

北方民族考古（第一辑）：中国人民大学考古学科建立十周年纪念文集 中国人民大学北方民族考古研究所、中国人民大学历史学院考古文博系编 魏紧主编 科学出版社 2014年10月 423页 插图120幅 插表58幅 16开

中国·乌珠穆沁边疆考古国际学术研讨会论文集（北方民族考古研究丛书之一） 中国人民大学北方民族考古研究所、吉林大学边疆考古研究中心、东乌珠穆沁旗委/政府编 魏坚、朱泓主编 科学出版社 2014年12月 文270页 插图108幅 插表18幅 彩版12页 16开

东北亚古代聚落与城市考古国际学术研讨会论文集（北方民族考古研究丛书之二） 中国人民大学历史学院、中国人民大学北方民族考古研究所编 魏坚、吕学明主编 科学出版社 2014年10月 文531页 插图262幅 插表25幅 彩版11页 16开

呼伦贝尔民族文物考古大系：陈巴尔虎旗卷 中国社会科学院考古研究所、中国社会科学院蒙古族源研究中心、内蒙古自治区文物局、内蒙古蒙古族源博物馆、北京大学考古文博学院、呼伦贝尔民族博物院编 王巍、孟松林主编 文物出版社 2014年1月 259页 彩版306组 16开

呼伦贝尔民族文物考古大系：鄂伦春自治旗卷 中国社会科学院考古研究所、中国社会科学院蒙古族源研究中心、内蒙古自治区文物局、内蒙古蒙古族源博物馆、北京大学考古文博学院、呼伦贝尔民族博物院编 王巍、孟松林主编 文物出版社 2014年1月 255页 彩版241组 16开

松漠遗珍：边际效应中的文物坐标（赤峰博物馆丛书） 张松柏著 内蒙古文化出版社 2014年4月 446页 32开

中国南方古代民族 杨帆著 云南人民出版社 2014年10月 220页 插图115幅 16开

古代巴蜀文化探秘（文化艺术研究系列丛书） 阮荣春、罗二虎主编 辽宁美术出版社 2014年5月 351页 插图181幅 32开

滇东黔西青铜时代的居民（成都考古研究丛书）周志清著 科学出版社 2014年3月 281页 插图74幅 16开

夜郎文明的考古学观察：滇东黔西先秦至两汉时期遗存研究（贵州省文物考古研究所学术丛书） 张合荣著 科学出版社 2014年7月 序、目录19页 文356页 插图97幅 16开

土司，考古与公众：海龙囤公众考古的实践与思考（贵州省文物考古研究所公众考古系列丛书） 贵州省文物考古研究所编著 科学出版社 2014年3月 254页 16开

复活的土司城堡：海龙囤考古手记 李飞著 贵州教育出版社 2014年6月 255页 16开

先秦秦汉时期岭南社会与文化考索：以考古学为视角 赵善德著 暨南大学出版社 2014年6月 278页 插图73幅 插表22幅 16开

中国抚仙湖文明的影响和传播：纪念抚仙湖水下考古12周年学术论文集 李昆声、黄懿陆主编 云南人民出版社 2014年12月 463页 插图173幅 16开

泛北部湾地区秦汉时代的古族社会文明 谢崇安著 科学出版社 2014年12月 392页 插图106幅 16开

广西铜鼓文献汇编及铜鼓闻见记 蒋廷瑜编著 广西师范大学出版社 2014年6月 345页 16开

老挝克木鼓与相邻地区同类型铜鼓研究（相思湖学术论丛） 韦丹芳著 中国科学技术出版社 2014年6月 252页 插图124幅 16开

中国古代铜鼓实测、记录数据汇编 中国古代铜鼓研究会、广西民族博物馆编 文物出版社 2014年11月 390页 16开

中国藏地考古 四川大学中国藏学研究所、四川大学历史文化学院编 霍巍主编 天地出版社 2014年6月 全十册 3558页 插图、图版2618幅 16开

秘境探古：西藏文物考古发现之旅 霍巍著 江苏人民出版社 2014年11月 215页 插图165幅 32开

补 遗

文明碎片：中国东北地区辽金契丹女真历史遗迹与遗物考（东北三江流域文化丛书） 王禹浪、都永浩

编著 黑龙江教育出版社 2012 年 7 月 全二册 目录 53 页 文 645 页 彩版 40 页 32 开

玖 宗教遗迹与遗物

佛教考古：从印度到中国 李崇峰著 上海古籍出版社 2014 年 1 月 全二册 934 页 插图 669 幅 16 开

远尘离垢：唐宋时期的《宝箧印经》 浙江省博物馆编 黎毓馨主编 中国书店 2014 年 3 月 163 页 插图 56 幅 图版 68 幅 横 16 开

净光塔出土文物图录 温州博物馆编 王新宇主编 中国民族摄影艺术出版社 2014 年 8 月 308 页 插图 16 幅 彩版、拓本 132 组 8 开

犍陀罗石刻术语分类汇编：以意大利亚非研究院巴基斯坦斯瓦特考古项目所出资料为基础（亚欧丛书）
　　〔意〕多米尼克·法切那（Domenico Faccenna）、安娜·菲利真齐（Anna Filigenzi）著 魏正中、王姝婧、王倩译 上海古籍出版社 2014 年 12 月 目录、前言 23 页 文 288 页 附图 28 幅 16 开 译自 Repertorio Terminologico per la Schedatura delle Sculture dell' arte Gandharica, sulla base dei materiali provenienti dagli scavi della Missione Archeologica Italiana dell' IsAO nello Swat, Pakistan. ，2007

补　遗

常熟博物馆藏佛教文物集萃 常熟博物馆、常熟兴福寺编 上海文艺出版社 2013 年 8 月 123 页 16 开

拾 历史地理与名胜古迹

中国文物地图集：安徽分册 国家文物局主编 李修松主编 文物出版社 2014 年 12 月 全二册 353 页 594 页 16 开

朝阳文物志 北京市朝阳区文化委员会编 文物出版社 2014 年 3 月 251 页 插图 163 幅 16 开

盘锦市文物志 杨洪琦、杨春风著 辽宁人民出版社 2014 年 12 月 483 页 插图 551 幅 16 开

连州文物志 《连州文物志》编纂委员会编 刘泽和主编 中国文史出版社 2014 年 2 月 目录 14 页 文 508 页 插图 739 幅 16 开

莒南文物志 莒南县文物管理所编 张文存主编 青岛出版社 2014 年 1 月 667 页 16 开

常德市文物志（1988—2010） 常德市方志编纂委员会、常德市文物局编 方志出版社 2014 年 6 月 471 页 16 开

弥勒文物志 弥勒市文化体育和广播电视局、弥勒市文物管理所编 葛永才主编 云南人民出版社 2014 年 9 月 文 456 页 插图 360 幅 彩版 18 页 16 开

吴起县文物志 吴起县文物管理办公室编 马燕主编 三秦出版社 2014 年 3 月 文 282 页 照片、地图 27 页 16 开

喀什地区文物志 喀什地区文物局、喀什地区博物馆编 新疆人民出版社 2014 年 7 月 357 页 16 开

内蒙古考古大发现（内蒙古旅游文化丛书） 陈永志、张红星编著 内蒙古人民出版社 2014 年 1 月 238 页 插图 382 幅 32 开

呼和浩特文化遗产（内蒙古文化遗产丛书） 内蒙古自治区文物考古研究所编 陈永志、吉平、张文平主编 文物出版社 2014 年 8 月 345 页 插图 459 幅 16 开

包头文化遗产（内蒙古文化遗产丛书） 内蒙古自治区文物考古研究所编 陈永志、吉平、张文平主编 文物出版社 2014 年 8 月 357 页 插图 571 幅 16 开

乌海文化遗产（内蒙古文化遗产丛书） 内蒙古自治区文物考古研究所编 陈永志、吉平、张文平主编 文物出版社 2014 年 8 月 161 页 插图 208 幅 16 开

赤峰文化遗产（内蒙古文化遗产丛书） 内蒙古自治区文物考古研究所编 陈永志、吉平、张文平主编
文物出版社 2014 年 8 月 389 页 插图 613 幅 16 开

通辽文化遗产（内蒙古文化遗产丛书） 内蒙古自治区文物考古研究所编 陈永志、吉平、张文平主编
文物出版社 2014 年 8 月 305 页 插图 386 幅 16 开

鄂尔多斯文化遗产（内蒙古文化遗产丛书） 内蒙古自治区文物考古研究所编 陈永志、吉平、张文平
主编 文物出版社 2014 年 8 月 337 页 插图 360 幅 16 开

呼伦贝尔文化遗产（内蒙古文化遗产丛书） 内蒙古自治区文物考古研究所编 陈永志、吉平、张文平
主编 文物出版社 2014 年 8 月 325 页 插图 319 幅 16 开

巴彦淖尔文化遗产（内蒙古文化遗产丛书） 内蒙古自治区文物考古研究所编 陈永志、吉平、张文平
主编 文物出版社 2014 年 8 月 329 页 插图 379 幅 16 开

乌兰察布文化遗产（内蒙古文化遗产丛书） 内蒙古自治区文物考古研究所编 陈永志、吉平、张文平
主编 文物出版社 2014 年 8 月 289 页 插图 278 幅 16 开

兴安文化遗产（内蒙古文化遗产丛书） 内蒙古自治区文物考古研究所编 陈永志、吉平、张文平主编
文物出版社 2014 年 8 月 317 页 插图 340 幅 16 开

锡林郭勒文化遗产（内蒙古文化遗产丛书） 内蒙古自治区文物考古研究所编 陈永志、吉平、张文平
主编 文物出版社 2014 年 8 月 269 页 插图 405 幅 16 开

阿拉善文化遗产（内蒙古文化遗产丛书） 内蒙古自治区文物考古研究所编 陈永志、吉平、张文平主
编 文物出版社 2014 年 8 月 353 页 插图 419 幅 16 开

赤峰古代墓葬（赤峰博物馆丛书） 赵国栋编著 内蒙古文化出版社 2014 年 5 月 212 页 插图 304
幅 32 开

走进千年辽上京 刘喜民、刘浩然著 内蒙古人民出版社 2014 年 6 月 全三册 443 页 插图 588 幅
16 开

辽上京契丹记忆：巴林左旗档案馆馆藏辽上京契丹遗迹和辽代出土文物照片集锦 刘喜民著 远方出版
社 2014 年 12 月 261 页 16 开

考古·鞍山 鞍山市博物馆 齐新宇、韩松乔编著 沈阳出版社 2014 年 7 月 164 页 16 开

吉林省重点文物遗迹（长白山文化书库） 吉林省文物局编选 时代文艺出版社 2014 年 9 月 298 页
16 开

上海市民考古手册 上海博物馆编 陈燮君主编 北京大学出版社 2014 年 6 月 406 页 插图 365 幅
16 开

南宋六陵考 祝炜平、葛国庆、王帮兵、余建新著 浙江大学出版社 2014 年 12 月 290 页 插图 164
幅 插表 15 幅 16 开

元代杭州历史遗存（元代杭州研究丛书） 宋涛主编 杭州出版社 2014 年 11 月 275 页 彩版 252
幅 16 开

处州金石（上卷） 丽水市文物保护管理所、丽水市非物质文化遗产保护中心编 吴志华、吴志标主编
浙江古籍出版社 2014 年 8 月 436 页 16 开

临海市文物保护单位简介（临海历史文化名城研究系列丛书） 临海市博物馆编 中国文史出版社
2014 年 5 月 176 页 16 开

考古东至 盛锦朝著 黄山书社 2014 年 9 月 296 页 16 开

亳州文物古迹概览（亳州历史文化丛书） 纪恒庆主编 黄山书社 2014 年 11 月 299 页 16 开

新余文物与考古 江西省新余市政协文史委员会编 刘超杰、钟谙文主编 江西人民出版社 2014 年
11 月 目录 16 页 文 527 页 插图 326 幅 16 开

滨州文物通览 滨州市文物局编 王伟主编 齐鲁书社 2014 年 3 月 文 373 页 插图 700 幅 彩版 14
页 16 开

济宁考古与发现（济宁历史文化丛书） 朱承山主编 中国社会出版社 2014 年 8 月 401 页 插图 52

幅　插表 8 幅　16 开

厚重河南：南水北调河南考古发现　姚伟著　河南大学出版社　2014 年 12 月　236 页　插图 248 幅　16 开

十堰文物瑰宝：国家级、省级文物保护单位专辑　十堰市文物局编　长江出版社　2014 年 11 月　289 页　插图 638 幅　16 开

大河上下：赤水河考古记（贵州文化遗产丛书之考古系列）　张改课著　贵州人民出版社　2014 年 7 月　122 页　插图 73 幅　16 开

仰望沅水：清水江考古记（贵州文化遗产丛书之考古系列）　胡昌国著　贵州人民出版社　2014 年 7 月　139 页　插图 91 幅　16 开

古都遗珍：西安市第三次全国文物普查重要发现　西安市文物局编　向德主编　三秦出版社　2014 年 3 月　303 页　16 开

陕北史城研究　吕静著　文物出版社　2014 年 6 月　153 页　图版 181 幅　16 开

雄伟壮观帝王陵（发现陕西）　徐卫民编著　未来出版社　2014 年 11 月　199 页　插图 136 幅　32 开

会宁文物（会宁历史文化丛书）　马可房主编　兰州大学出版社　2014 年 12 月　223 页　插图 314 幅　16 开

文物古迹中的香港史（一）　香港史学会编著　中华书局（香港）有限公司　2014 年 7 月　241 页　插图 116 幅　16 开

中国历代长城发现与研究　段清波、徐卫民编著　科学出版社　2014 年 8 月　目录 20 页　文 469 页　插图 94 幅　彩版 12 页　16 开

内蒙古自治区长城资源调查报告：东南部战国秦汉长城卷　内蒙古自治区文化厅（文物局）、内蒙古自治区文物考古研究所编著　安泳锝主编　文物出版社　2014 年 9 月　203 页　插图 72 幅　地图 9 幅　彩版 131 幅　16 开

内蒙古自治区长城资源调查报告：北魏长城卷　内蒙古自治区文化厅（文物局）、内蒙古自治区文物考古研究所编著　安泳锝主编　文物出版社　2014 年 9 月　240 页　插图 67 幅　地图 8 幅　彩版 192 幅　16 开

宁夏古长城　许成、马建军著　江苏科学技术出版社　2014 年 10 月　276 页　16 开

　　补　遗

大漠边关访古：兼谈宁夏古史溯源　周兴华著　宁夏人民出版社　2013 年 12 月　412 页　32 开

拾壹　中外关系与中外文化交流

立体的历史：从图像看古代中国与域外文化（复旦大学光华人文杰出学者讲座丛书）　邢义田著　生活·读书·新知三联书店　2014 年 10 月　307 页　插图 208 幅　32 开

入华粟特人墓葬图像的丧葬与宗教文化　孙武军著　中国社会科学出版社　2014 年 2 月　257 页　插图 122 幅　16 开

草原霸主：欧亚草原早期游牧民族的兴衰史（丝绸之路博览）　马健著　商务印书馆　2014 年 1 月　191 页　插图 99 幅　32 开

莲花上的狮子：内陆欧亚的物种、图像与传说（丝绸之路博览）　尚永琪著　商务印书馆　2014 年 5 月　220 页　插图 233 幅　32 开

骑马生活的历史图景（丝瓷之路博览）　刘文锁著　商务印书馆　2014 年 11 月　182 页　插图 90 幅　32 开

海上丝绸之路　国家文物局编　文物出版社　2014 年 6 月　315 页　彩版 303 幅　16 开

启航："海上丝绸之路"特展　山东博物馆编　中国文史出版社　2014 年 11 月　167 页　彩版 189 幅　16 开

拾贰　文物保护和文化遗产保护

一　文物工作

文物工作调研报告汇编（2013）　国家文物局编　文物出版社　2014 年 11 月　157 页　16 开

第一次全国可移动文物普查工作手册（修订本）　国家文物局第一次全国可移动文物普查工作办公室编　文物出版社　2014 年 1 月　439 页　16 开

普查藏品登录操作手册　国家文物局第一次全国可移动文物普查工作办公室编　文物出版社　2014 年 9月　156 页　插图 41 幅　36 开

　　补　遗

中华人民共和国国家标准（GB/T30234 - 2013）：文物展品标牌　中国标准出版社　2014 年 5 月　20 页16 开

二　文物保护与修复

中华人民共和国国家标准（GB/T30235—2013）：古代壁画保护修复档案规范　中国标准出版社　2014年 5 月　13 页　16 开

中华人民共和国国家标准（GB/T30236—2013）：古代壁画保护修复方案编制规范　中国标准出版社2014 年 5 月　13 页　16 开

中华人民共和国国家标准（GB/T30237—2013）：古代壁画病害与图示　中国标准出版社　2014 年 5 月13 页　16 开

中华人民共和国国家标准（GB/T30238—2013）：可移动文物保护修复室规范化建设与仪器装备基本要求　中国标准出版社　2014 年 5 月　16 页　16 开

中华人民共和国国家标准（GB/T30239—2013）：陶质文物彩绘保护修复技术　中国标准出版社　2014年 5 月　8 页　16 开

中华人民共和国文物保护行业标准（WW/T0053—2014）：古代陶瓷科技信息提取规范：方法与原则文物出版社　2014 年 6 月　8 页　16 开

中华人民共和国文物保护行业标准（WW/T0054—2014）：古代陶瓷科技信息提取规范：化学组成分析方法　文物出版社　2014 年 6 月　32 页　16 开

中华人民共和国文物保护行业标准（WW/T0055—2014）：古代陶瓷科技信息提取规范：形貌结构分析方法　文物出版社　2014 年 6 月　15 页　16 开

中华人民共和国文物保护行业标准（WW/T0056—2014）：可移动文物病害评估技术规程：陶质文物文物出版社　2014 年 6 月　14 页　16 开

中华人民共和国文物保护行业标准（WW/T0057—2014）：可移动文物病害评估技术规程：瓷器类文物文物出版社　2014 年 6 月　15 页　16 开

中华人民共和国文物保护行业标准（WW/T0058—2014）：可移动文物病害评估技术规程：金属类文物文物出版社　2014 年 6 月　18 页　16 开

中华人民共和国文物保护行业标准（WW/T0059—2014）：可移动文物病害评估技术规程：丝织品类文物　文物出版社　2014 年 6 月　16 页　16 开

中华人民共和国文物保护行业标准（WW/T0060—2014）：可移动文物病害评估技术规程：竹木漆器类文物　文物出版社　2014 年 6 月　15 页　16 开

中华人民共和国文物保护行业标准（WW/T0061—2014）：可移动文物病害评估技术规程：馆藏壁画类文物　文物出版社　2014 年 6 月　15 页　16 开

中华人民共和国文物保护行业标准（WW/T0062—2014）：可移动文物病害评估技术规程：石质文物

文物出版社　2014年6月　14页　16开

文物修复研究（2013—2014）　国家文物局博物馆与社会文物司、中国文物学会文物修复专业委员会编
　　贾文忠主编　中国文联出版社　2014年7月　756页　插图620幅　插表41幅　16开

文物保护修复理论与实践：金石匠学之路　中国社会科学院考古研究所文化遗产保护研究中心编　王浩
　　天主编　科学出版社　2014年11月　246页　插图344幅　插表29幅　16开

台湾文化资产中的出土文物研究与修护　卢泰康主编　台南艺术大学艺术史学系　2014年5月　160页
　　插图90幅　图版74幅　16开

激光清洗技术在文物保护领域的应用（"十一五"文化遗产保护领域国家科技支撑计划重点项目丛书）
　　齐扬、叶亚云、袁晓东、周伟强编著　文物出版社　2014年10月　文160页　插图87幅　插表
　　15幅　彩版16页　16开

博物馆青铜文物保护技术手册（博物馆藏品保护丛书）　国家文物局博物馆与社会文物司主编　文物出
　　版社　2014年4月　文207页　插图78幅　彩版16页　16开

古代青铜器修复与保护技术　河南省文物考古研究所编著　马新民、郭移洪主编　大象出版社　2014年
　　6月　目录9页　文113页　插图34幅　插表9幅　彩版112页　16开

河北滦平博物馆金属文物修复报告　何海平、沈军山、张艳萍主编　文物出版社　2014年3月　265页
　　插图37幅　16开

古代鎏金银器、玻璃器、香料保护技术：南京阿育王塔及出土文物保护技术研究院（中国文化遗产研究
　　院文物保护科学研究丛书）　张治国、宋燕、沈大娲、马清林主编　科学出版社　2014年1月　文
　　166页　插图136幅　彩版12页　16开

南京报恩寺遗址地宫文物保护研究　南京市博物馆、中国文化遗产研究院、敦煌研究院、上海博物馆、
　　中国丝绸博物馆编　文物出版社　2014年2月　文280页　插图364幅　彩版8页　16开

淮安运河村战国墓木雕鼓车保护与修复报告　淮安市博物馆编著　孙玉军主编　文物出版社　2014年
　　12月　107页　插图127幅　16开

出土饱水竹木漆器脱水保护技术　陈中行、程丽臻、李澜著　湖北人民出版社　2014年8月　189页
　　16开

出土陶质彩绘文物保护关键技术研究　秦始皇帝陵博物院、中国科学院上海有机化学研究所、中国科学
　　院上海硅酸盐研究所、西安交通大学、西北大学著　科学出版社　2014年12月　文301页　插图
　　243幅　插表96幅　彩版10页　16开

石质文物岩石材料劣化特征及评价方法（中国文化遗产研究院文物保护科技系列）　李宏松著　文物出
　　版社　2014年5月　163页　插图125幅　16开

岩土质文物保护名词术语　王旭东主编　科学出版社　2014年6月　108页　32开

馆藏西汉四神云气图壁画修复报告（馆藏文物保护修复报告丛书）　铁付德著　文物出版社　2014年
　　11月　文115页　插图108幅　插表9幅　彩版12页　16开

文物保护科技专辑（三）：高句丽墓葬壁画原址保护前期调查与研究（中国文化遗产研究院中央级公益
　　性科研所基本科研业务费专项成果丛书，2013年）　中国文化遗产研究院、吉林省文物局、集安
　　市文物局编　郭宏、金旭东主编　文物出版社　2014年12月　文536页　插图399幅　插表134幅
　　彩版16页　16开

山西朔州水泉梁北齐墓葬壁画修复报告　山西博物院编著　钟家让主编　科学出版社　2014年5月
　　187页　彩版、图表105幅　16开

　　补　遗

中华人民共和国文物保护行业标准（WW/T0037—2012）：古建筑彩画保护修复技术要求　国家文物局
　　2012年12月　16开

中华人民共和国文物保护行业标准（WW/T0038—2012）：干燥类土遗址保护加固工程设计规范　国家
　　文物局　2012年12月　16开

中华人民共和国文物保护行业标准（WW/T0039—2012）：土遗址保护试验技术规范　国家文物局　2012
　　年12月　16开

中华人民共和国文物保护行业标准（WW/T0040—2012）：土遗址保护工程勘察规范　国家文物局　2012
　　年12月　16开

中华人民共和国文物保护行业标准（WW/T0041—2012）：室外铁质文物封护工艺规范　国家文物局
　　2012年12月　16开

中华人民共和国文物保护行业标准（WW/T0046—2012）：馆藏文物保存环境检测气体扩散采样测定方
　　法（甲酸和乙酸的测定）　国家文物局　2012年12月　16开

中华人民共和国文物保护行业标准（WW/T0047—2012）：馆藏文物保存环境检测气体扩散采样测定方
　　法（氨的测定）　国家文物局　2012年12月　16开

传统书画装裱与修复（南京博物院文物保护科技丛书）　南京博物院编　何伟俊、张金萍主编　译林出
　　版社　2013年10月　248页　16开

三　遗址保护

唤醒遗迹：城市化背景下的大遗址保护与利用问题　郑育林著　文物出版社　2014年6月　307页　插
　　图93幅　16开

大遗址遥感动态监测研究　中国文化遗产研究院编　王臣立编著　文物出版社　2014年11月　126页
　　插图46幅　插表8幅　附图27幅　16开

隋唐长安城遗址保护规划历史文本研究　肖爱玲等著　科学出版社　2014年8月　293页　插图62幅
　　插表32幅　16开

四川崖墓石刻病害调查与风化机理研究　陈显丹、谢振斌编著　文物出版社　2014年11月　253页　插
　　图392幅　插表47幅　16开

水下文化遗产保护：白鹤梁题刻原址水下保护工程　谢向荣、吴建军、章荣发著　东南大学出版社
　　2014年10月　341页　插图377幅　插表10幅　16开

涪陵白鹤梁（长江三峡工程文物保护项目报告，丙种第六号）　重庆市文物局、重庆市移民局编著　文
　　物出版社　2014年11月　608页　设计施工图90幅　图版127幅　彩版53幅　16开

跨湖桥独木舟遗址原址保护　杭州市萧山跨湖桥遗址博物馆编著　文物出版社　2014年10月　文305
　　页　插图193幅　彩版16页　32开

四　文化遗产保护

实施世界遗产公约的操作指南　杨爱英、王毅、刘霖雨译　文物出版社　2014年11月　133页　16开

传承与展望：《威尼斯宪章》发布五十周年学术研讨会论文集　中国文化遗产研究院编　文物出版社
　　2014年12月　文245页　插图43幅　照片8页　16开

文物保护法研究专辑（二）《文物保护法研究专辑》编辑组编　文物出版社　2014年12月　193页
　　16开

文物保护法研究专辑（三）《文物保护法研究专辑》编辑组编　文物出版社　2014年12月　218页
　　16开

意大利共和国关于文化与环境遗产的法律法规汇编　刘曙光译　詹长法、杨爱英校　文物出版社　2014
　　年11月　86页　16开

二十年：三峡工程重庆库区文物保护总结性研究（1992~2011年）（长江三峡工程文物保护项目报告，
　　戊种第十号）　郝国胜著　科学出版社　2014年2月　368页　插图352幅　16开

迈向世遗：西汉帝都未央宫遗址申遗之路　西安市文物局、西安市汉长安城遗址保管所、西安市古代建
　　筑工程公司编著　文物出版社　2014年6月　318页　插图191幅　彩版47幅　16开

拾叁 世界古代文明与考古

人类文明史（第二卷）：公元前 3 千纪至公元前 7 世纪 ［巴斯斯坦］A. H. 达尼（A. H. Dani），［法］ J. ‒ P. 莫昂（J. ‒ P. Mohen）著 王文章等译 译林出版社 2014 年 10 月 前言、目录 21 页 文 553 页 插图 103 幅 地图 28 幅 图版 40 页（169 幅） 16 开 译自 History of Humanity, v. 2, from the Third Millennium to the Seventh Century BC, UNESCO and Routledge, 1996

尼罗河的赠礼（丝瓷之路博览） 温静著 商务印书馆 2014 年 5 月 182 页 插图 76 幅 32 开

图说古埃及象形文字 马里林纳·贝特罗（Marilina Betro）著 于宥均译 枫书坊文化出版社 2013 年 10 月 242 页 32 开 译自 An Illustrated Encyclopedia of Hieroglyphics：The Writings of Ancient Egypt

那不勒斯国家考古博物馆（伟大的博物馆） ［意］迪雷塔·哥伦布（Diletta Colombo）编著 崔娥译 译林出版社 2014 年 9 月 162 页 彩版 77 幅（组）16 开 译自 Museo Archeologico Napoli

庞贝的生活与艺术（城市史译丛） ［德］奥古斯特·毛乌（August Mau）著 杨军译 上海三联书店 2014 年 12 月 431 页 插图 263 幅 平面图 6 幅 16 开 译自 Pompeii：its life and art

伊朗公元前第一个千年的艺术与考古学 ［伊朗］哈桑·塔拉伊（Hassan Talai）著 王振容、伊利哈 姆·萨达特·米泽尼娅（Elham Sadat Mirzania）译 朝华出版社 2014 年 7 月 125 页 16 开 译 自 Iranian Art and Archaeology in the First Millennium B. C., 1996

早期阿拉伯陶瓷 ［英］阿瑟·莱恩（Arthur Lane）著 程庸、王安娜译 学林出版社 2014 年 8 月 86 页 插图 56 幅 16 开 译自 Early Islamic Pottery, Mesopotamia, Egypt and Persia, 1947

金桃的故乡：撒马尔罕（丝瓷之路博览） 蓝琪著 商务印书馆 2014 年 4 月 164 页 插图 40 幅 32 开

东北亚考古数据译文集（八） 于建华主编 哈尔滨地图出版社 2014 年 8 月 文 202 页 彩版 42 页 16 开

北美土墩遗存考古 杨楠著 学苑出版社 2014 年 6 月 文 276 页 插图 50 幅 彩版 12 页 16 开

（编辑者：张文辉）

考古学论文资料索引

（刊后第一个数字是期号，第二个是页码；2014 年）

壹　总论

一　综述

考古学文化及其相关问题探讨　王巍　考古 12：64－76

考古学研究的"透物见人"问题　陈胜前　考古 10：61－67

文物考古研究中的分类、类型和形制　于海广　海岱考古（第七辑）394－404

文化因素分析方法与历史时期考古学　索德浩　华夏考古 1：134－141

"实验方法"在考古学中的运用——考古学者的"利器"之六　贺云翱　大众考古 1：26－27

"比较方法"在考古学中的运用——考古学者的"利器"之七　贺云翱　大众考古 2：25－27

"田野方法"在考古学中的运用——考古学者的"利器"之八　贺云翱　大众考古 3：26－28

谈考古学的一般性和特殊性研究——《考古学：理论、方法与实践》中文第二版译后记　陈淳　南方文
　　物 2：5－9

宾福德的学术遗产——当代中国考古学的视角　陈胜前、战世佳　东南文化 4：6－14

回顾与展望：数学模型方法在考古学中的应用　秦臻　华夏考古 1：142－149

论考古学与文物保护科学之间的关系　李斌　文物世界 1：69－72

环境考古简介和思考　许海清　环境史研究（第二辑）247－268

考古学中的环境问题　景爱　无限悠悠远古情：佟柱臣先生纪念文集 449－466

"介壳文化"的动物考古学思考　罗怡情　柳州白莲洞博物馆文集 362－364

公众的地下文物保护意识研究——以北京地区的抽样调查为例　黄可佳、韩建业　北京文博文丛 1：1
　　－6

公众考古与博物馆社教工作结合的思考　张敏　江淮文化论丛（第三辑）139－145

公共考古、公众考古不矛盾——公众考古十八讲之一　高蒙河　中国文物报 8 月 15 日 7 版

中国公众考古的源流——公众考古十八讲之二　高蒙河　中国文物报 9 月 12 日 7 版

中国公众考古的典型案例　高蒙河　中国文物报 10 月 24 日 7 版

海龙囤考古：公众考古的典范　吴霞　中国文物报 8 月 29 日 7 版

土司，考古与公众：基于海龙囤的公众考古实践与思考　李飞　贵州文史丛刊 1：103－107

让公众走进考古——近年来广州开展公众考古活动的实践与思考　易西兵　广州文博（七）38－44

我们为什么而考古——从叶家山西周墓地看考古的"小学"与"大学"　郭伟民　中国文物报 10 月 24
　　日 6 版

让考古走入普通人的生活　莎拉·马特比著　张令鸥译　湖南考古辑刊（第 10 集）311－316

域外公众考古　吉林大学边疆考古研究中心　中国文物报 6 月 20 日 7 版

从"曹操墓"之辩反思中国考古　卫奇　第十四届中国古脊椎动物学学术年会论文集 329－336

走向海洋——水下考古让水下文化遗产活起来　孙健　中国文物报 6 月 13 日 8 版

《水下文化遗产行动手册》笔谈　姜波、吴春明　中国文物报 1 月 24 日 8 版

文化遗产时代的考古学——兼谈公共考古学或应用考古学相关问题　曹兵武　南方文物 2：10 – 14

重识文化遗产本体与价值——兼谈文化人类学视角与文化遗产学建构　傅斌　中国文物报 12 月 12 日
　　3 版

略论"灰坑"的定名　付永旭　华夏考古 2：126 – 132

情境与情境方法　余西云　庆祝张忠培先生八十岁论文集 609 – 612

大遗址阐释系统构建初步研究　黄琼、周剑虹　江汉考古 2：118 – 123

生业与社会：《南方文物》"生业与社会"专栏开栏语　袁靖　南方文物 1：54 – 57

文化考古刍议　陈胜前　南方文物 2：15 – 21

考古学中的伦理道德——我们该如何面对沉默的祖先　张小虎　西部考古（第六辑）46 – 51

现代城市建设中有关城市考古的思考——以西安地铁三号线为例　姚迪　西部考古（第六辑）354 – 364

以《读书》为视角——知识分子对"考古"的认知　唐锦琼　大众考古 1：46 – 47

田野考古二则　孙波　无限悠悠远古情：佟柱臣先生纪念文集 664 – 671

补遗

论中国公众考古学发展面临的问题及发展建议　夏一博　黑龙江史志 2013 年 13：146 – 147

关于中国考古学现状的深度思考及学术期待　王先胜　社会科学论坛 2013 年 12：164 – 180

二　考古学史和考古学家传记

考古学发展的历程及其代表人物　陈淳　大众考古 1：19 – 21

考古研究所动物考古研究回顾　袁靖　中国哲学社会科学发展历程回忆·史学卷 38 – 48

中国植物考古学的学科发展历程　赵志军　中国哲学社会科学发展历程回忆·史学卷 49 – 55

从《清仪阁所藏古器物文》看清中期江南民间金石收藏生活　姚旸　首都师范大学学报（社科版）2：
　　79 – 88

西方传教士与华南沿海地区考古发现初探　吴巍巍　中原文物 1：57 – 61

伯希和西域探险日记（三）至（十）　　［法］伯希和著　耿昇译　丝绸之路 1：59 – 68、3：45 – 53、
　　5：40 – 48、7：32 – 41、9：64 – 71、16：48 – 55、21：45 – 52、23：55 – 62

1909 ~ 1910 年俄国探险家对吐鲁番库鲁特卡诸山谷遗址的考察　　［俄］奥登堡著　古丽努尔·汉木都译
　　陈爱峰校　新疆文物 1：123 – 128

民国时期的瑞典与中国西北考古　王新春　西域文史（第八辑）337 – 361

"中华考古学会"在广州——中国早期的考古团体　丁蕾　大众考古 4：59 – 62

器物学还是考古学：考古学社的学术诉求　刘焱鸿　华南师范大学学报（社科版）3：141 – 145

王献唐与滕县安上遗址考古发掘　陈雪香、方辉　山东大学学报（哲社版）5：103 – 108

翁文灏与中国早期文物考古工作　刘斌、张婷　华夏考古 3：136 – 152

发现甲骨：考古学史的视角和写法　徐坚　华夏考古 4：143 – 150

若言"张骞墓"不忘徐旭生——"张骞墓"发掘四事略谈　刘瑞　汉代西域考古与汉文化 214 – 220

定陵发掘亲历记　赵信　中国哲学社会科学发展历程回忆·史学卷 254 – 261

回忆满城汉墓的发现与发掘　卢兆荫　中国哲学社会科学发展历程回忆·史学卷 309 – 313

如切如磋　如琢如磨——纪念丁村遗址发现 60 周年——1984 – 1987 年丁村遗址考古工作回顾　李占扬
　　中国文物报 10 月 17 日 7 版

今生难忘的考古经历——我与上海福泉山　孙维昌　大众考古 11：21 – 23

记忆殷墟妇好墓　郑振香　大众考古 4：19 – 23

郧县人遗址发现纪实——美丽的邂逅　刘越、冯小波　大众考古 11：24 – 27

长沙浏城桥战国时代 1 号楚墓考古忆旧　高至喜　大众考古 7：19 – 24

世纪惊奇："走马楼简牍"发现亲历记　宋少华　大众考古 9：32 – 37

一次具有里程碑式意义的考古论证会——关于国家文物局专家组南越国宫署遗址广州论证会的回忆　程

饶宗颐与香港敦煌吐鲁番研究中心　罗慧　华南师范大学学报（社科版）3：14 – 21

李学勤先生在青铜器研究领域的地位与贡献　张懋镕　民族艺术5：14 – 21

樊锦诗对敦煌学术和事业的贡献　赵声良　甘肃社会科学5：252 – 255

霜叶红于二月花——麦英豪先生访谈录　麦英豪等　南方文物2：26 – 43

守护羊城文化遗产——甲子践行的回顾　麦英豪　广州文博（七）1 – 9

探索中国东北"三古研究"四十年——简记东北史专家和考古学家王绵厚　都惜青　社会科学战线7：231 – 235

高至喜：孜孜不倦又乐在其中的考古人生　夏慧敏　中国文物报10月24日3版

初识田野考古　蒋廷瑜　古代文明研究通讯61：70 – 72

考古四十年　郝本性　大众考古2：19 – 21

我从事考古发掘与研究的历程　郑振香　中国哲学社会科学发展历程回忆·史学卷236 – 253

我是怎样走上青铜器研究之路的　张懋镕　大众考古10：21 – 24

安特生后期的学术工作、活动及其影响　刘斌、张小虎　仰韶和她的时代——纪念仰韶文化发现90周年国际学术研讨会论文集7 – 23

罗泰（Lothar von Falkenhausen）教授访谈录　［美］罗泰（Lothar von Falkenhausen）、张莉　南方文物2：44 – 60

奥利维（OLIVIER, Laurent, Claude, Marie）教授访谈录　［法］奥利维（OLIVIER, Laurent, Claude, Marie）、彭鹏著　于璞译　刘楠祺、李水城校　南方文物4：15 – 19

作为考古学家的图齐　［意］皮埃尔法兰西斯科·卡列宁著　程嘉芬译　吕红亮校　藏学学刊（第8辑）123 – 134

　　补遗

清末民国时期关于"金石学"概念的三种阐释立场　徐清　美术观察2013年11：103 – 107

刘鹗与叶玉森的甲骨情结　吴晓峰　语文学刊2013年12A：6 – 8

从《殷卜辞中所见先王先公考》看王国维的治学方法　文爽　海南师范大学学报（社科版）2013年11：89 – 93

传统中的变革：黄文弼的考古学之路　王新春　敦煌学辑刊2013年4：158 – 168

考古学更是了解过去普通人生活的窗口　任思蕴　文汇报2013年8月26日9版

三　考古学方法与现代考古学技术

遗址的探查与发掘

田野考古的"系统图"与记录系统　赵辉等　江汉考古2：41 – 49

便携式仪器设备在考古发掘现场的应用需求分析及前景展望　袁鸿、赵西晨　中国文物报1月17日7版

考古发掘现场信息发布的分析与研究　刘颂华　湖南考古辑刊（第10集）306 – 310

基本建设中文物调查勘探范围划定的思考　张晓云　中国文物报7月11日3版

浙江大学考古地球物理研究进展　石战结等　庆贺陈桥驿先生九十华诞学术论文集333 – 342

浅谈全站仪在旧石器考古工作中的应用——以鄂尔多斯乌兰木伦遗址发掘为例　李双等　第十四届中国古脊椎动物学学术年会论文集337 – 344

良渚遗址古地理环境的地球物理调查研究　林金鑫等　庆贺陈桥驿先生九十华诞学术论文集161 – 168

望京楼遗址——田野考古工作的理念与方法　吴倩、张贺君　大众考古8：72 – 76

新技术在石鼓山考古发掘现场的探索和实践　袁鸿、赵西晨　中国文物报1月24日7版

宝鸡石鼓山西周墓地出土文物现场快速分析　梁嘉放　中国文物报3月7日7版

西夏陵陪葬墓的地球物理考古勘探研究　林金鑫等　工程勘察7：87 – 93

冶金及手工业生产的空间统计学分析　［英］Andrew Bevan等著　李秀珍译　秦时期冶金考古国际学术研讨会论文集65 – 76

从野外走向室内——近年实验室考古实践成果及未来展望　朱磊等　中国文物报 8 月 1 日 5 版
　　年代测定
考古所碳十四测年工作的回顾　仇士华　中国哲学社会科学发展历程回忆·史学卷 214－219
放射性碳素测定年代报告（四〇）　中国社会科学院考古研究所等　考古 7：83－85
浙江余姚田螺山遗址土壤植硅体 AMS^{14}C 测年初步研究　金和天等　第四纪研究 1：1－7
碳十四测年与石家河文化起讫年代问题　刘俊男、易桂花　华夏考古 1：51－61
民和喇家遗址碳十四测年及初步分析　张雪莲等　考古 11：91－104
论碳十四测年技术测定中国古代建筑建造年代的基本方法——以山西万荣稷王庙大殿年代研究为例　徐
　　怡涛　文物 9：91－96
成都平原的乌木与古遗址和古文化的关系——从青白江出土乌木说起　叶茂林　成都文物 4：10－15
中国海南省中和镇古城墙砖的热释光测年研究　吴婧玮等　文物保护与考古科学 4：8－13
基于 HSI 彩色模型灰度分量的宁夏岩画断代研究初探　纳春宁　文物保护与考古科学 4：93－97
　　成分分析
三星堆遗址祭祀坑中出土部分青铜器的金属学和铅同位素比值再分析——对三星堆青铜文化的一些新认
　　识　崔剑锋、吴小红　南方民族考古（第九辑）237－250
随州叶家山西周墓地 M65 出土铜器的金相实验研究　郁永彬等　江汉考古 5：100－109
随州文峰塔 M1、M2 出土金属器的科学分析　李洋等　江汉考古 4：91－108
大英博物馆所藏齐国钱币的成分分析　王全玉、汪海岚著　孔利宁译　秦时期冶金考古国际学术研讨会
　　论文集 109－120
吴国青铜容器的合金成分和金相研究　田建花等　江汉考古 2：98－106
楚国申县彭氏家族墓地出土青铜器矿料来源的初步研究　牛沛　东方博物（第四十九辑）80－83
安徽枞阳地区出土先秦青铜器的初步科学分析　郁永彬等　中原文物 3：108－115
西安北郊出土一件战国铜带钩的无损分析　陈斌等　文博 3：74－78
为秦始皇打造兵器：秦俑坑兵器的冶金考古学分析　　［英］Marcos Martinon－Torres 等著　李秀珍译
　　秦时期冶金考古国际学术研讨会论文集 38－46
秦俑坑出土铜镞铤的金相及电镜能谱初步分析　夏寅等　秦时期冶金考古国际学术研讨会论文集 58－64
同步辐射微束 X 射线荧光技术在早期黄铜研究中的应用　凡小盼等　电子显微学报 4：349－356
“宣铜”考　李米佳　故宫学刊（第 12 辑）291－300
吴三桂政权时期铸钱工艺初探　刘舜强等　故宫博物院院刊 1：116－123
临淄齐故城秦汉铸镜作坊遗址砂样的检测与分析　赵春燕　考古 6：36－38
云南德钦永芝古墓葬出土铜铁器的初步分析　李晓岑等　中国国家博物馆馆刊 5：148－154
陕西黄陵寨头河战国墓地出土铁器的初步科学分析研究　郭美玲等　考古与文物 2：114－120
新疆山普拉墓地出土金线结构形貌与材质特征研究　党小娟等　文物保护与考古科学 3：13－18
青海都兰吐蕃唐墓包金银饰的科学分析　吴海涛、周双林　文物保护与考古科学 2：69－75
唐代“金珠”工艺制品：出土文物、显微观察与材质特征　杨军昌等　文博 4：79－84
中国古代墓葬壁画制作工艺初步研究　王伟锋等　文博 5：88－93
陕西省几座唐墓壁画白灰层的特性研究　马珍珍等　文物保护与考古科学 1：22－28
吐鲁番大桃儿沟、小桃儿沟及雅尔湖石窟壁画成分分析　徐佑成等　湖南考古辑刊（第 10 集）239
　　－249
应用酶联免疫吸附法（ELISA）初探古代墓葬壁画胶结材料中的狗胶原蛋白　颜菲等　文物保护与考古
　　科学 1：71－75
山西南部新石器时代末期彩绘陶器颜料的科学分析　王晓毅等　考古与文物 4：108－113
成都十二桥遗址新一村一期出土漆彩绘陶的分析研究　杨颖东等　文物保护与考古科学 2：9－15
秦始皇帝陵园出土彩绘青铜水禽表面彩绘工艺研究　邵安定等　文物保护与考古科学 3：19－28

山东香山汉墓出土陶质彩绘文物材质及制作工艺的初步研究　张尚欣等　文物保护与考古科学1：46－53

山东青州香山汉墓陪葬坑出土彩绘文物颜料分析　王伟锋等　秦始皇帝陵博物院（2013）458－466

山东青州和沂源地区出土彩绘陶器的测试分析　鲁晓珂等　文物保护与考古科学2：1－8

巴中南龛石窟彩绘工艺初探　成都文物考古研究所、巴中市南龛研究所（杨颖东等）　成都文物4：1－9

四川广元千佛崖石窟绿色颜料分析研究　李蔓等　文物保护与考古科学2：22－27

山西大同关帝庙窖藏贴金彩绘铜造像表面装饰层的调查研究　梁嘉放等　文物保护与考古科学2：28－36

岩山寺文殊殿彩塑制作材料及工艺研究　黄斐等　文物世界2：3－8

高光谱成像技术在中国画颜料分类和识别上的应用初探——以光谱角填图（SAM）为例　巩梦婷、冯萍莉　文物保护与考古科学4：76－83

纸质文物的无损和微损观察分析方法　谭敏、王玉　文物保护与考古科学2：115－123

利用丝素蛋白抗体鉴定古代丝织品　郑秦等　蚕业科学3：520－526

四川永兴汉墓出土染色绢分析　朱冰等　鉴古证今——传统工艺与科技考古文萃551－558

成都市金沙遗址"阳光地带二期"地点墓葬出土玉石器分析　成都文物考古研究所（杨颖东、周志清）　成都考古发现（2012）253－272

成都市新都区新繁镇同盟村遗址M7出土玉石器分析研究　杨颖东、陈云洪　南方民族考古（第九辑）251－261

陶寺遗址出土泥质陶器的中子活化分析与研究　王增林、何驽　南方文物3：72－78

安徽蚌埠禹会遗址薄胎磨光黑陶产地研究　杨玉璋等　中原文物4：113－118

杭州萧山牛面山窑址印纹硬陶的科技研究　贾翠等　东方博物（第五十一辑）87－92

PIXE分析浙江德清火烧山窑址出土原始瓷　张斌等　核技术5：05020－1－050201－8

中国古代不同时期陶瓷绿釉化学组成的研究　熊樱菲　中国陶瓷8：87－92

长沙窑铜红釉上彩的显微分析　粟媛秋等　南方文物4：148－150

河南省白河窑、黄冶窑、清凉寺窑出土标本的化学特征　［日］降幡顺子、玉田芳英著　陈枫译　华夏考古3：128－135

钧台窑出土钧官瓷和古汝瓷的化学组成分析　李融武等　北京师范大学学报（自然科学版）1：33－36

河南宝丰和新郑出土硅酸盐制品的无损分析研究　付强等　光谱学与光谱分析1：257－262

EDXRF对故宫博物院藏宋代官窑及明清仿官窑瓷器的再研究——从胎体元素组成论述瓷器的类群关系和产地特征　李合等　故宫博物院院刊2：129－140

利用激光拉曼对宋代官窑青瓷样品釉烧温度的研究　赵兰等　南方文物4：121－124

学者在宋代建盏中发现罕见的epsilon－Fe$_2$O$_3$　吴永铮　中国文物报10月31日7版

南宋官窑瓷片胎体元素组成的科技研究　李合等　东方博物（第五十一辑）93－99

"南海Ⅰ号"出水古陶瓷器科技分析研究　王艳蓉等　岩矿测试3：332－339

江西湖田窑古代瓷器中稀土元素的分析及产地的研究　叶松芳等　中国稀土学报4：507－512

汝州东沟窑金元时期青瓷与钧瓷原料和工艺特征的比较研究　丁银忠等　文物保护与考古科学3：65－73

景德镇明代洪武瓷的化学组成研究　熊樱菲等　文物保护与考古科学3：59－64

婺州"玉青"瓷的呈色特征及形成机理　尹根有等　中国陶瓷1：89－92

中国古代透明青瓷釉的可控仿制及呈色规律研究　王静等　中国陶瓷2：81－84

清代官式建筑琉璃瓦件颜色与光泽量化表征研究　赵兰等　故宫学刊（第12辑）230－239

宝丰出土汉代饰品类器物的分析　姚智辉、李锋　中原文物1：118－122

秦兵马俑一号坑笼箙木炭分析的收获　王树芝等　中国文物报2月28日6版

山东日照海曲墓地出土漆膜的分析测试 吴双成等 文物保护与考古科学 1：67－70

乾隆花园符望阁漆纱的材质及工艺解析 王允丽等 故宫学刊（第 12 辑）301－315

良渚北城墙考古土遗址表面藻类的分析研究 武发思等 敦煌研究 4：114－120

古代文物表面常见天然有机物的显微共聚焦拉曼光谱研究 黄建华等 文物保护与考古科学 3：1－6

新津县邓双镇老虎山崖墓 M31 墓道黏合土分析 成都文物考古研究所、北京科技大学冶金与生态工程学院（杨颖东等） 成都考古发现（2012）304－309

胡林翼故居宫保第遗址围墙夯土成分分析及制作工艺研究 肖亚等 湖南考古辑刊（第 10 集）230－238

中国古建筑中几种石灰类材料的物理力学特征研究 李黎等 文物保护与考古科学 3：74－84

古骨中可溶性、不可溶性胶原蛋白的氨基酸组成和 C、N 稳定同位素比较分析 王宁等 第四纪研究 1：204－211

河南偃师二里头遗址动物骨胶原的 H、O 稳定同位素分析 司艺等 第四纪研究 1：196－203

陕西淳化枣树沟脑遗址马坑内马骨的 C 和 N 稳定同位素分析 陈相龙等 南方文物 1：82－85

石家庄地区早全新世冷湿气候的牙齿微磨痕和同位素证据 董明星等 第四纪研究 1：8－15

陶寺遗址中晚期出土部分人类牙釉质的锶同位素比值分析 赵春燕、何驽 第四纪研究 1：66－72

禹州瓦店遗址出土部分人类牙釉质的锶同位素比值分析 赵春燕、方燕明 华夏考古 3：123－127

新疆多岗墓地出土人骨的碳氮稳定同位素分析 张雪莲等 南方文物 3：79－91

江西靖安李洲坳东周墓葬埋葬环境及棺内人骨结晶物研究 赵瑞廷等 北京文博文丛 2：107－112

古蛋白质研究在考古学中的应用 王宁 大众考古 7：75－77

8000 年前的兴隆洼人吃什么？ 张雪莲、刘国祥 大众考古 10：66－69

补遗

安徽六安地区东周楚国青铜器铅同位素特征的初步研究 文娟等 西北大学学报（自然科学版）2013 年 6：1016－1020

气相色谱－质谱分析在文物有机物鉴定中的应用 吴晨等 分析化学 2013 年 11：1773－1779

利用红外光谱分析丝绸文物的老化程度 吴子婴等 蚕业科学 2013 年 5：956－960

基于色彩恒常性的敦煌典型色彩光谱样本集构建方法 刘强等 光谱学与光谱分析 2013 年 11：3071－3074

北阡遗址人和动物骨的 C、N 稳定同位素分析 王芬等 中国科学：地球科学 2013 年 12：2029－2036

古代动物分析

垩质年轮法在旧石器时代动物考古学中的应用 栗静舒、张双权 人类学学报 2：177－186

多重对应分析在动物考古学中的应用——以秦安大地湾出土的骨器为例 余翀 动物考古（第 2 辑）95－105

再论中国家养黄牛的起源——商榷《中国东北地区全新世早期管理黄牛的形态学和基因学证据》一文 吕鹏等 南方文物 3：48－59

中国北方地区黄牛起源的分子考古学研究 蔡大伟等 第四纪研究 1：166－172

中国古代家马研究的回顾与展望 刘羽阳 南方文物 1：74－77

马的起源驯化与马种资源 韩国才 文物天地 2：22－25

中原地区新石器时代到青铜时代早期羊毛开发的动物考古学研究 李志鹏等 第四纪研究 1：149－157

峡江地区先秦时期鱼类资源的开发 李英华、罗运兵 第四纪研究 1：158－165

先秦时期家犬研究的现状与展望 武庄 南方文物 1：65－73

古代植物分析

黄土高原南部下河遗址全新世中期的植被与气候：基于木炭化石记录 孙楠等 第四纪研究 1：27－34

古代棉花和苎麻纤维的分析 顾海滨等 湖南考古辑刊（第 10 集）224－229

安徽濉溪石山子遗址古人类植物性食物资源利用情况的淀粉粒分析 董珍等 第四纪研究 1：114－125

TPI6.0 软件使用评价——基于"汉画像石特色数据库"建设实践　曹志梅、刘伟辉　情报探索 3：95 －98

秦始皇帝陵考古信息系统　张立莹、张卫星　秦始皇帝陵博物院（2013）215－219

浅谈陕西省文物信息化管理　姚玲玲　黑龙江史志 11：386

湖南考古档案的定量分析　刘澜、张承贵　湖南考古辑刊（第 10 集）250－256

大足石刻六道轮回图的数字化保护　李绍彬、田俊　华夏考古 1：121－124

敦煌艺术的数字传播　陈燮君　中国文物报 8 月 8 日 7 版

莫高窟第 254 窟舍身饲虎图的数字阐释及影片创作　陈海涛、陈琦　敦煌研究 6：55－60

清代古彩与粉彩作品的数字化分析　张瑛　中国陶瓷 2：41－43

信息技术在锁阳城遗址保护中的应用　韩婧娟　陇右文博 1：84－86

数字技术应用之探索　成都市文物信息咨询中心（任舸等）　成都文物 1：44－49

物联网在智慧博物馆中的应用　王如梅　北京文博文丛 1：105－110

浅析物联网与古建筑的预保护——以保国寺文物保护中的应用为例　符映红　东方建筑遗产（2013 年卷）13－22

兵马俑阵列关注度曲线运动建模与虚拟展示　李娜等　计算机应用研究 7：2216－2219

石窟岩体稳定性监测系统应用与研究　姜云辉等　文物保护与考古科学 4：70－75

补遗

应用三维激光扫描测量进行文物逆向工程恢复　张序等　测绘科学 2013 年 6：169－171

基于指数模型的郑州—洛阳地区史前聚落遗址空间分布　毕硕本等　地理科学进展 2013 年 10：1454－1462

敦煌遗书与数字化　韩春平　敦煌学辑刊 2013 年 4：179－184

郑洛地区龙山文化遗址预测模型　乔文文等　测绘科学 2013 年 6：172－174

其他

扫描电镜下的秦青铜兵器铭文及加工痕迹　李秀珍等　秦时期冶金考古国际学术研讨会论文集 47－57

陶寺遗址出土石器的微痕研究　蔡明　华夏考古 1：38－50

山西武乡县牛鼻子湾石磨盘、磨棒的微痕与残留物分析　刘莉等　考古与文物 3：109－118

论文物摄影的概念　李凡　中国文物报 4 月 18 日 7 版

现代文物摄影的技术与方法　孟承光　中国文物报 7 月 25 日 7 版

环物摄影的原理与应用　王钜元　故宫文物月刊 7：106－119

数字近景摄影测量在秦始皇陵百戏坑考古中的应用研究　张春森等　文物保护与考古科学 2：90－96

近景摄影测量技术在田野考古中的应用和思考　张强禄、何文子　中国文物报 12 月 5 日 7 版

低空摄影测量技术在河南考古工作中的新应用　任潇等　中国文物报 12 月 5 日 7 版

更炫，更美，更真实——文物摄影与光影魔法　王元兰　南方文物 3：186

文物摄影的灯光运用　郑旭明　东方博物（第四十七辑）112－117

文物的微观世界——浅谈文物微距摄影　郑旭明　东方博物（第四十九辑）123－127

文物摄影图像的保护与存储　孟承光　中国文物报 5 月 2 日 7 版

考古绘图的必要与困境　贾昌明　中国文物报 10 月 10 日 5 版

考古手工测绘的学与用　杭侃　中国文物报 10 月 24 日 5 版

国外考古绘图教什么　秦岭　中国文物报 10 月 24 日 5 版

考古绘图的艺术性　方向明、贾昌明　中国文物报 10 月 24 日 5 版

浅议中国画线描在考古绘图中的运用　朱华　齐鲁文物（第 3 辑）302－308

信息技术下的考古测绘比传统方法好在哪里　赵令杰　中国文物报 10 月 10 日 5 版

响拓、颖拓、全形拓与金石传拓之异同　郭玉海　故宫博物院院刊 1：145－153

射频识别在文物进出境系统中的应用　苑文会　中国文物报 5 月 2 日 7 版

四　文物保护与修复

综述

新中国文物保护的历史考察（1949-1965）　姚远　江苏社会科学 5：179-187

关于文物保护"四原"原则的思考　沈阳　中国文化遗产 3：94-101

关于文物保护工程的若干思考　常亚平、吴一凡　中国文物报 2 月 7 日 6 版

陕西帝陵保护立法调研初探　郭宪曾　中国文物报 3 月 7 日 6 版

对地方文物行政执法的思考　戴佩佩　浙江文物 2：41-42

遗产保护中地方法规的作用和意义——以市级历史文化名城保护条例为例　戴群　东南文化 6：6-11

不可移动文物的价值评估与立法保护　何鹏、陈昊　江汉考古 6：113-117

"文物影响评估"初探　宋文佳等　中原文物 5：122-125

文物修复中的身份识别　赵冠群　中国文物报 4 月 4 日 7 版

遗址历史空间的深度绘图及其经义接续　钦白兰等　东南文化 4：15-24

聚焦：文物的生物退化与防护　武发思　中国文物报 9 月 5 日 5 版

从一些文物保护工程的缺憾谈起　黄克忠　中国文物报 8 月 8 日 6 版

辩证唯物主义视角下的文物"原状"——从天安门城楼上的"向日葵瓦当"说起　李宏松　中国文物报 2 月 21 日 5 版

我国文物微生物病害防治工作的八大误区　中国文化遗产研究院文物微生物实验室　中国文物报 7 月 11 日 5 版

补遗

新中国成立初期国家对文物的保护——以浙江为个案的考察　钱文艳　江西社会科学 2013 年 10：110-115

金属器的保护

青铜器的科学保护与修复　刘根亮　天津博物馆论丛（2013）239-244

古代青铜器整形中应慎用锯解法　雷磊、王赴朝　中国文物报 10 月 31 日 7 版

青铜器焊接技术的理论实践　王浩天、霍海峻　文物保护修复理论与实践——金石匠学之路 219-231

青铜器锈蚀调查分析及其保护研究　崔丽娟　齐鲁文物（第 3 辑）331-339

青铜文物的科学分析与腐蚀机理及保护方法略述　袁晓红　秦时期冶金考古国际学术研讨会论文集 148-155

过量 CO_2 气氛环境下青铜表面生成孔雀石锈蚀产物的模拟研究　吴涛涛等　中国腐蚀与防护学报 1：82-88

青铜器粉状锈处理液中氯离子的离子色谱法测定　荆海燕　陕西历史博物馆馆刊（第 21 辑）381-384

关于青铜文物深层有害锈形成与转化的分析研究　陈淑英等　文物保护与考古科学 3：47-58

中国社会科学院考古研究所部分劣化青铜器现状调研及其应急保护　王浩天等　文物保护修复理论与实践——金石匠学之路 25-103

绘画技法在青铜器修复做旧随色中的应用　杨巍　文物保护修复理论与实践——金石匠学之路 233-236

"司母戊"大方鼎的保护修复　王浩天、霍海峻　文物保护修复理论与实践——金石匠学之路 133-147

西周鸟形钮三足盉的修复　李瑞亮、靳鹏　中国文物报 9 月 5 日 7 版

淅川徐家岭楚墓 HXXM3：39 青铜鼎保护修复与陈展　韩凯英　河南文物考古论集（五）273-278

宋公栾簠的再次保护修复　岳超红　文物保护修复理论与实践——金石匠学之路 113-132

春秋青铜缶的保护修复　秦雯雯、杨苗蒲　河南文物考古论集（五）279-281

河南南阳夏饷铺墓地鄂国青铜器腐蚀状况分析　牟笛等　江汉考古 1：102-112

江苏省东海县博物馆青铜甬钟的修复——兼论现代修复理念与中国青铜器传统修复的契合　刘彦琪　鉴古证今——传统工艺与科技考古文萃 281-292

一件汉代日光连弧纹铜镜过火后的保护修复 秦丽荣 东方博物（第四十六辑）115–118

一面铜镜"青铜病"防治中倍半碳酸钠法的改进运用 朱伟 文物保护修复理论与实践——金石匠学之路 105–112

湖南省博物馆藏青铜器锈蚀物成分研究 刘亮 北方文物4：103–107

广东省"南澳1号"沉船出水两件铜盘的分析检测与凝结物的去除 杨恒 天津博物馆论丛（2013）222–230

固原博物馆馆藏北周钱币"永通万国"的保护与修复 武瑛 丝绸之路6：65–66

谈谈铁质文物的保护 杨苗蒲 河南文物考古论集（五）282–285

瑞典教授讲金属文物保护方法——以铁器保护为例 冯广丽 中国文物报8月22日7版

济南魏家庄遗址出土铁器腐蚀初步分析研究 张红燕 文物保护修复理论与实践——金石匠学之路1–24

山东青州香山西汉墓出土凝结铁器锈蚀特征分析及科学保护 张月玲、张然 文物保护与考古科学1：54–60

湖州铁佛寺铁观音病害调查与分析 范陶峰等 文物保护与考古科学3：38–46

河间铜鎏金佛造像的保护修复 王景勇 文物春秋4：32–35

浅谈桂林博物馆银器的清洗和保护 郑文成、罗晓春 桂林博物馆文集（第一辑）184–189

补遗

AMT对青铜文物缓蚀作用理论研究 李晓东、安梅梅 原子与分子物理学报2013年6：893–900

石质文物的保护

砖石文物病害及分类概述 周伟强等 文博6：73–75

砂岩质文物防风化材料保护效果评估方法研究 周伟强 四川文物2：88–92

大理石表面微生物诱导碳酸钙覆膜 牟涛等 非金属矿1：11–13

浅谈馆藏石质文物预防性保护 赵国兴、彭国庆 第十四届中国古脊椎动物学学术年会论文集367–374

古碑刻保护的现状、问题及其对策 谈福兴 无锡文博1：54–63

唐昭陵六骏之"拳毛騧"的修复及思考 刘林西 文博1：80–84

乾陵陵园石刻的风化因素及其保护措施 陈晔 乾陵文化研究（八）8–11

外界因素对崖墓石刻风化影响的实验研究 谢振斌等 四川文物1：54–62

大足石刻千手观音造像抢救性保护工程新进展 詹长法等 中国文物报7月25日7版

从千手观音造像修复看传统工艺与现代科技的结合与运用 詹长法等 东南文化2：17–24

四川广元千佛崖造像表面微元模型与空气环境因素探讨 安程等 江汉考古6：90–102

成都彭州龙兴寺藏石刻保护修复中的补全问题 吴鹏 文博3：81–84

谈谈融水古代石刻及保护问题 刘敏 广西博物馆文集（第9辑）338–343

曲阜孔庙碑刻的科技保护 刘海霞 中国文物报10月31日7版

北京孔庙砂岩类进士题名碑风化研究 何海平 北京文博文丛1：101–104

哈密地区岩画石为什么会变黑 武严 中国文物报1月24日7版

古建筑的保护

文物保护规划编制中的常见问题——以建筑类文物保护单位为例 张源清 中国文物报8月22日6版

谈谈故宫的修缮保护工作 单霁翔 中国文物报3月21日5版

故宫古建筑内温湿度问题初探 王方 文物保护与考古科学3：85–93

以故宫为例谈木结构古建筑的白蚁防治技术与策略 谷岸等 故宫博物院院刊1：124–135

白蚁对古代建筑的危害及防治方法研究现状 韩彤彤等 文物保护与考古科学3：110–116

用于紫禁城清代建筑琉璃瓦保护的桥式硅氧烷的制备及性能研究 韩向娜等 无机材料学报6：657–660

南京"大报恩寺"遗址出土琉璃构件的病变产物分析 赵静等 南京大学学报（自然科学版）1：95

出土竹笥饱水保存期间微生物病害的初步研究　肖嶙等　文物世界 3：77 – 80

超临界干燥技术原理及其在饱水木质文物中的应用　江旭东　江汉考古 2：107 – 111

山梨醇对严重降解饱水古木材的定形保护研究　刘东坡　东方博物（第四十九辑）111 – 115

跨湖桥独木舟与中国古船木质文物保护技术　袁晓春、张爱敏　跨湖桥文化国际学术研讨会论文集 12 – 20

成都商业街船棺葬出土棺木的研究与保护　肖嶙　博物馆学刊（第四辑）178 – 186

古代漆器文物修复"整旧如旧"及相关问题的讨论——兼论国家社科基金资助项目"马王堆汉墓漆器整理与研究"基本观点　聂菲　跨湖桥文化国际学术研讨会论文集 295 – 304

盱眙大云山汉墓出土夹纻胎漆器保护前期研究　陈潇俐　文物保护与考古科学 3：7 – 12

扬州西湖高男汉墓出土竹木漆器腐蚀病害与机理分析　王子尧　江淮文化论丛（第三辑）264 – 270

山西襄垣出土元代彩绘木质床屋棺椁的保护修复——兼论出土文物保护修复过程中再研究的重要性　梁宏刚等　文物保护修复理论与实践——金石匠学之路 169 – 218

馆藏明代加彩木雕坐像保护前期研究　卢燕玲　文物保护与考古科学 2：57 – 68

宁波"小白礁 1 号"清代木质沉船中硫铁化合物脱除技术研究　张治国等　文物保护与考古科学 4：30 – 38

续活计——记集琼藻展件嵌玉木匣之修护　林永钦　故宫文物月刊 9：60 – 69

纸质品的保护

中原地区纸质文物保护研究　邵风云　华夏考古 2：137 – 141

古书画修复与收藏中水的作用和影响　杜少飞、文金梁　博物馆学刊（第四辑）174 – 177

纸本书画碳化的成因与修复　冯雪琦　辽宁省博物馆馆刊（2013）202 – 205

古书画修复揭裱中应重视的几个环节　王立伟　辽宁省博物馆馆刊（2013）189 – 192

小麦淀粉糨糊中添加碱性物质托裱纸张脱酸效果的研究　刘宁　文博 3：79 – 80

书画装裱黏接剂糊化及剥离强度研究　武望婷等　文物保护与考古科学 1：81 – 87

传统书画装裱"变形"分析与研究　周玉世　中国文物报 8 月 8 日 7 版

传统书画装裱修复工艺的科学化探讨——以南京博物院为例　何伟俊等　东南文化 2：25 – 30

酸化纸质文物水溶液真空脱酸和冷冻干燥试验研究　詹艳平等　真空 1：73 – 76

等离子技术在近现代纸质文物脱酸保护中的应用研究　李青莲等　文物保护与考古科学 1：76 – 80

文物无酸纸质囊盒制作　李文怡等　文物保护与考古科学 2：104 – 108

纸质文物用纳米抑菌剂抑菌　张蕊　中国国家博物馆馆刊 3：145 – 152

传统氧化去污材料对纸张纤维纤维素聚合度的影响　张慧等　中国造纸 2：30 – 33

吐鲁番新区征集的察合台文文书清洗修复报告　吐鲁番学院技术保护研究所　陈玉珍等　吐鲁番学研究 1：138 – 142

徽州文书与清水江文书保护模式比较研究　李斌、曾羽　贵州大学学报（社科版）5：71 – 75

武威市博物馆馆藏《藏文大藏经》的检测分析与保护研究　龚钰轩等　中国藏学 3：176 – 179

垦利县博物馆馆藏书画修复及相关问题探讨　张兴　齐鲁文物（第 3 辑）325 – 330

纸下玄机——从文徵明山水看书画修补方式的影响　许兆宏　故宫文物月刊 11：84 – 91

南京博物院藏文徵明款手卷的保护修复　薛宏涛、于书大　江淮文化论丛（第三辑）256 – 263

几件明清时期书画装裱用纸的检测和相关问题分析　刘舜强等　文物保护与考古科学 2：52 – 56

西安碑林博物馆馆藏字画背托纸的科学检测　牟炜、邢惠萍　文物世界 4：75 – 77

傅山书画纸张研究　孙文艳　文物世界 6：92 – 94

赵秉忠状元卷修复的启示　邸刚　中国文物报 3 月 7 日 7 版

《三清》字碑拓片修复　郭乐乐等　中国文物报 3 月 7 日 7 版

数字复制技术在《乾隆御笔符望阁口号》贴落修复中的应用　王赫、王岩菁　故宫博物院院刊 3：91 – 101

探究保留碑帖文字之历程——以修护景苏园帖为例 高宜君 故宫文物月刊7：46－54
补遗
南京博物院藏扇面画的修复及保护研究 朱庆贵、李福琴 黑龙江史志2013年23：188－189
纺织品的保护
浅议出土立体纺织品文物的解体修复与复原 杨丽蔚 吐鲁番学研究2：99－106
中日纺织品文物清洗方法与保护理念简析 高燕 文博6：76－79
小河墓地出土毛织物的纤维劣化分析 周旸等 纺织学报9：67－72
新疆吐鲁番阿斯塔那唐代墓出土织成履——彩色编织鞋保护修复 王云 西部考古（第六辑）328－340
新疆吐鲁番阿斯塔纳出土唐代米色绢袜的现状评估 郑海玲等 文物保护与考古科学2：76－80
唐代白色绢袜修复报告 李媛 吐鲁番学研究1：143－153
浅谈织绣文物在展览中的保护——以"大羽华裳——明清服饰特展"为例 于芹 中国文物报2月21日7版
缂丝文物展前保护处理之探索 陈杨 故宫学刊（第12辑）316－326
补遗
关中地区土壤含水率对丝织品老化的影响 郭建波等 纺织学报2013年11：66－70
陶瓷器的保护
陶器文物保护的影响因素及规范化修复流程研究 韩英 丝绸之路12：68－69
浅谈陶器考古修复中的模补方法 鹿习健 中国陶瓷9：46－47
试述高分子材料在脆弱陶胎加固中的适用性 靳海斌等 东方博物（第四十六辑）109－114
古代陶质文物黏接剂筛选初步研究 兰德省等 秦始皇帝陵博物院（2013）445－457
出土陶瓷的整理与修复 袁学瑞 文物世界1：79－80
气囊修复法在陶瓷器修复中的应用 强明中 华夏考古2：133－136
高垅汉墓酥粉灰陶文物的病变机理 赵静等 硅酸盐学报9：1152－1160
陕西陇县东南镇汉墓酥粉釉陶文物的研究 赵静等 中国科学：技术科学4：398－406
曹村窑青黄釉陶表面腐蚀物成分及形成原因初步分析 何秋菊等 文物保护与考古科学2：16－21
一件黑釉铁锈花双耳罐的研究与修复 崔丽娟 文物世界2：73－74
安徽凤阳汤和墓出土一件元青花瓷的修复 卜卫民 文物保护与考古科学3：99－103
清宫陶瓷旧补痕的历史性及其启示 王竹平 故宫文物月刊2：102－112
陶器脱盐研究进展 杨莹等 西部考古（第六辑）298－306
"南海1号"出水瓷器的保护修复 靳祎庆 江淮文化论丛（第三辑）279－283
华光礁出水瓷器表面黄白色沉积物的分析及清除 包春磊 化工进展5：1108－1112
陶寺彩绘陶器的保护修复 韩宝宁 文物保护修复理论与实践——金石匠学之路149－168
秦俑陶质彩绘原始工艺和剥落过程的探索性研究 何诗敏等 文物保护与考古科学4：14－24
山西晋城玉皇庙彩绘泥塑部分彩绘（妆像）工艺复原初探 刘林西 文博5：94－96
唐叔虞祠泥质彩塑日常保养后的思考 张海萍 文物世界2：46－47
山西繁峙彩塑现状考察及保护建议 杨宝 文物世界1：56－59
补遗
论古代陶器修补材料 孙凤军 黑龙江史志2013年9：166
遗址的保护
从过去走向未来——在纪念铜绿山古铜矿遗址发掘40周年学术讨论会上的讲话 张忠培 江汉考古1：3－5
张忠培先生和他的大遗址保护思想 单霁翔 中国文物报9月12日3版
近年来国内大遗址保护与管理运营问题研究述评 马建昌、张颖 江汉考古5：118－124
一种大遗址保护工程建设管理模式 刘德胜 华夏考古4：136－142

关于城市中心区大遗址保护历程的思考——以郑州商城遗址保护为例　张玉功　丝绸之路 6：62－64

浅析考古勘探工作与大遗址保护——以青海省喇家遗址考古工作为例　何克洲　青海师范大学学报（哲社版）3：58－60

新城镇化背景下实现大遗址保护的对策　闫俊等　郑州航空工业管理学院学报 3：60－65

浅析大遗址保护问题——以大地湾遗址为例　陈冬梅、刘强强　丝绸之路 22：26－29

黔西观音洞遗址考古公园建设的几点思考　陈文蓉、雷松　第十四届中国古脊椎动物学学术年会论文集 1－12

试论白莲洞遗址的保护与利用　李刚　柳州白莲洞博物馆文集 451－453

戚城遗址的保护与考古研究　马晓斌、张相梅　河南文物考古论集（五）55－59

关于新乐遗址整体保护可行性研究　郭春修、陆海英　跨湖桥文化国际学术研讨会论文集 32－39

甘肃庆阳南佐遗址保护规划探索　田磊等　敦煌研究 5：131－140

托林寺遗址保护问题的探讨　范蓉　汉藏佛教美术研究：第四届西藏考古与艺术国际学术讨论会论文集 629－634

千松园青铜时代环壕聚落址的保护与展示　张少文　沈阳考古文集（第 4 集）252－257

大运河遗产小道系统的实践——以杭州段为例　陈伟　东南文化 4：25－30

大运河江苏段的保护与管理　刘谨胜　中国文物报 8 月 8 日 3 版

大沽口炮台遗址本体保护工作探索　马文艳　天津博物馆论丛（2013）245－252

硅酸钾对遗址土的渗透加固机制及改进特性研究　王彦兵等　岩土力学 3：696－704

潮湿环境下的土遗址加固保护材料筛选试验研究——以福建县石山遗址为例　王有为、李国庆　文物保护与考古科学 1：8－21

西北干旱区土遗址泥敷脱盐试验研究　林波等　敦煌研究 4：127－134

跨湖桥独木舟遗址微生物种类及区域分布状况研究　楼卫等　文物 7：88－93

跨湖桥遗址半水下展厅环境温湿度调控初探　楼卫　东方博物（第四十九辑）102－110

跨湖桥遗址保护厅潮湿环境温湿度控制综合改造工程实施原因及步骤　吴健　跨湖桥文化国际学术研讨会论文集 3－11

土质古城墙的主要病害——以河南濮阳戚城遗址为例　马学泽、关永坤　中国文物报 1 月 24 日 7 版

河南宝丰清凉寺汝官窑遗址本体加固保护试验研究　张金风、游红旗　文物保护与考古科学 2：81－89

新疆安迪尔古城病害特征及加固措施建议　张光伟等　敦煌研究 5：125－130

浅析干旱环境中土遗址的监测——以嘉峪关明长城为例　许德臣　丝绸之路 24：64－66

降雨对陕西省榆林市榆阳区明长城破坏的初步分析　赵凡等　文物保护与考古科学 1：1－7

金陵大报恩寺地宫遗址保护技术研究　淳庆、潘建伍　文物保护与考古科学 4：1－7

论临淄古墓群的保护与开发　蔺静、王雁　管子学刊 1：93－96

洛阳周王城天子驾六博物馆车马坑坑壁病害分析与加固　张建文、田玉娥　洛阳考古（总第 6 期）80－88

被动采样技术在环境监测中的应用——秦俑遗址有害气体监测研究　李华　秦始皇帝陵博物院（2013）467－474

南越王墓的环境监测　崔亚平　南方文物 3：178－180

汉阳陵帝陵外藏坑遗址温度变化规律及预报模型　姚雪等　敦煌研究 6：69－74

山东临沂王羲之故居洗砚池晋墓病害研究　张炜等　文博 2：86－91

关于宋陵的保护与开发　牛金梁　中原文物 3：116－120

补遗

真实性视野下考古遗址公园文化展示的思考　吴铮争、张萌　西北大学学报（自然科学版）2013 年 6：992－996

新疆丝路中道汉唐历史遗存现状及保护研究　张安福、田海峰　新疆师范大学学报（哲社版）2013 年

6：63－67

其他

真空技术在有机质文物保护领域的应用　唐龙　文博4：72－73

基于分布式光纤传感的文物保护全过程应变监测方法　毛江鸿等　文物保护与考古科学4：103－108

文物复制中的硅橡胶制模技术刍议　李其良　文物保护修复理论与实践——金石匠学之路237－245

温湿度记录资料的运用与管理　沈建东　故宫文物月刊5：86－93

浅谈馆藏文物的环境影响因素与保护对策　杨博　丝绸之路2：69－70

被动采样——离子色谱法对秦俑遗址环境腐蚀性气体的检测研究　李华等　文物保护与考古科学4：54－61

秦始皇兵马俑博物馆陶器库室内空气质量评价与影响分析　李华等　文物保护与考古科学1：34－41

对文物库房"大环境"的认识　杨志伟　中国文物报4月4日7版

文物库房柜架设施建设创新工作小结——以西安碑林博物馆为例　张安兴、汪定钧　中国文物报5月30日7版

略论库房藏品排架的合理性对文物保护和研究的作用及其应用　丁步平　上海文博论丛1：66－70

ATP生物发光法在文物抑菌剂效力检测中的应用　葛琴雅等　文物保护与考古科学4：39－46

几种常用馆藏文物防霉剂的抑菌效果比较研究　郑冬青等　文物保护与考古科学1：42－45

无机纳米抗菌复合材料在多孔材料加固保护中的展望　冯楠、任浩　边疆考古研究（第14辑）213－218

长沙铜官窑谭家坡遗迹馆内优势病害真菌的分子鉴定　武发思等　文物保护与考古科学4：47－53

馆藏文物包装用无酸纸的性能研究　徐文娟等　文物保护与考古科学4：25－29

太原晋卿赵鞅墓车马坑马骨的研究　李敏　文物世界1：76－78

大云山汉墓金缕玉衣修复报告　王玮、王金潮　江汉考古1：113－118

故宫博物院藏墨的病害原因初探　王方等　故宫博物院院刊1：136－144

皮革制品的干、湿性清洗方法及效果比较　安红　陕西历史博物馆馆刊（第21辑）385－388

"华光礁1号"南宋沉船的发现与保护　包春磊　大众考古1：35－41

世界遗产监测常见问题刍议　郑军　中国文物报7月11日6版

中国的世界文化遗产监测预警总平台　乔云飞、赵云　中国文物报10月31日5版

论水文化遗产的保护与利用　孟宪民　大众考古9：26－30

古蜀道基于线性文化遗产的"三位一体"保护模式再探：以剑门蜀道为中心　陈韵羽　中华文化论坛2：73－79

贰　考古学分论

一　综述

当前文物研究工作中的一些问题　孙机　陕西历史博物馆馆刊（第21辑）1－8

浅析中国古代都城布局　王三营　河南文物考古论集（五）301－309

都城——中国的都城制的变迁和日本的都城　前園実知雄著　蔡淋、陈亚东译　陕西历史博物馆馆刊（第21辑）318－323

关于先秦时期城市的发展过程——从商周至战国时期　[日]江村治树　甲骨学暨高青陈庄西周城址重大发现国际学术研讨会论文集520－527

豫东考古与先秦史研究的回顾与分析　张国硕　孙作云百年诞辰纪念文集115－124

浅析成都平原先秦时期城址特征的变迁　冉宏林、雷雨　四川文物3：39－46

陕北长城沿线先秦时期生业与环境的关系　王辉等　第四纪研究1：234－243

以大传统与小传统理论重新思考三代考古学文化　徐良高　中国文物报4月25日6版

中国三代时期的文化大传统与小传统——以神人像类文物所反映的长江流域早期宗教信仰传统为例　徐良高　考古9：50－62

三代文明与青铜时代考古——以概念和时空流变为中心："三代文明"专栏开栏语　许宏　南方文物1：86－90

也谈"昔三代之居，皆在河洛之间"的根由　王立新　庆祝张忠培先生八十岁论文集248－254

从考古发现看周秦汉唐对辽宁地区的影响　李新全　庆祝张忠培先生八十岁论文集322－342

长白山文化的重要组成部分——吉林市的古代文化遗存　董学增　无限悠悠远古情：佟柱臣先生纪念文集647－661

先秦两汉时期广西地区铁器化进程之考古学初步研究　杨清平、谢广维　广西博物馆文集（第十辑）76－83

湘粤文化的碰撞和交融——以湖南郴州考古材料为例　罗胜强　桂林博物馆文集（第一辑）213－221

中国古代的围沟墓　刘振东　汉代西域考古与汉文化279－290

棺椁制度的产生和演变述论　袁胜文　南开学报（哲社版）3：94－101

中国古代墓葬出土的镇墓神像——以命名、分类及其体系问题为中心　张成　考古与文物1：35－44

论关中地区洞室墓的起源年代　张志祥、李祖敏　西安文理学院学报（社科版）2：66－69

江西墓葬考古概说　向菲　江西省博物馆集刊（五）236－244

论广西古代崖洞葬整木棺的形制　彭书琳　广西博物馆文集（第9辑）122－132

广西地区古代火葬习俗探讨　黄强等　桂林博物馆文集（第一辑）222－229

二　人类起源及旧石器时代

综述

理论视野下的中国旧石器时代文化　高星、仪明洁　中国·乌珠穆沁边疆考古国际学术研讨会论文集111－125

旧石器时代亚欧大陆高纬度地区人群的扩散及其对中国旧石器文化格局的影响　赵潮　南方文物2：83－96

穴居——旧石器时代人类栖居地的选择之一　任海云　第十四届中国古脊椎动物学学术年会论文集299－308

鄂尔多斯高原旧石器考古发现与研究回顾　刘扬、平小娟　第十四届中国古脊椎动物学学术年会论文集213－222

秦岭南麓汉水上游旧石器考古研究现状与契机　王社江、鹿化煜　人类学学报3：319－328

中国磨制石器起源的南北差异　向金辉　南方文物2：101－109

浅析我国史前时期的石器制作艺术　史建兴　柳州白莲洞博物馆文集343－346

奥杜威工业石制品分类综述　裴树文　人类学学报3：329－342

细石叶技术的生态适应性——以中国北方的旧石器材料为视角　仪明洁　北方民族考古（第1辑）1－13

旧石器时代石制品室内观测项目探讨　裴树文　第十四届中国古脊椎动物学学术年会论文集181－195

中国旧石器时代石器技术影响因素探讨　贾真秀　第十四届中国古脊椎动物学学术年会论文集195－204

中国科学院古脊椎动物与古人类研究所地下库房石制品统计概述　马宁等　第十四届中国古脊椎动物学学术年会论文集345－350

石斧溯源探析　贺存定　农业考古6：143－147

手斧和手斧文化　李天元　无限悠悠远古情：佟柱臣先生纪念文集264－279

细石器研究中几个关键概念的厘定　仪明洁　考古与文物5：37－41

骨质修理器——石器修理的新视角　曲彤丽、陈宥成　南方文物2：97－100

旧石器遗址动物骨骼表面非人工痕迹研究及其考古学意义　张双权　第四纪研究1：131－140

人类起源

更新世东亚人群连续演化的考古证据及相关问题论述　高星　人类学学报3：237－253

大荔颅骨在人类进化中的位置　吴新智　人类学学报4：405－426

现代中国人群形成与分化的形态证据——亚洲与非洲现代人群上颌第一臼齿齿尖相对面积的对比分析　邢松等　人类学学报4：471－482

华北地区

河北阳原石宝庄发现旧石器遗存　卫奇等　第十四届中国古脊椎动物学学术年会论文集171－180

泥河湾盆地东谷坨遗址地层粒度、磁化率特征及其环境意义　李潇丽等　第十四届中国古脊椎动物学学术年会论文集309－318

东谷坨遗址石制品再研究　卫奇　人类学学报3：254－269

东谷坨遗址石制品研究　李君等　文物春秋6：3－10

泥河湾动物群考究　迟振卿、卫奇　第十四届中国古脊椎动物学学术年会论文集71－88

周口店第1地点用火的磁化率和色度证据　张岩等　科学通报8：679－686

如切如磋　如琢如磨——纪念丁村遗址发现60周年——丁村考古60年：回顾与展望　王益人　中国文物报10月17日6版

如切如磋　如琢如磨——纪念丁村遗址发现60周年——丁村遗址发现的意义及其在中国旧石器考古发展中的地位和影响　高星　中国文物报10月17日6、7版

如切如磋　如琢如磨——纪念丁村遗址发现60周年——丁村人类化石的意义　吴新智　中国文物报10月17日6、7版

如切如磋　如琢如磨——纪念丁村遗址发现60周年——继往开来的鸿篇巨制　陈淳　中国文物报10月17日7版

内蒙古大窑遗址27号洞石制品研究　汪英华等　人类学学报1：51－59

内蒙古鄂尔多斯乌兰木伦遗址MIS3阶段的植被与环境　李小强等　人类学学报1：60－69

旧石器时代遗址石制品拼合研究的意义——以鄂尔多斯乌兰木伦遗址石制品拼合研究为例　刘扬　中国文物报6月20日6版

灵井许昌人遗址第5层细石核工艺　李占扬、李亚楠　人类学学报3：285－303

MIS3阶段嵩山东麓旧石器发现与问题　王幼平、汪松枝　人类学学报3：304－318

华北南部旧、新石器时代的过渡　王幼平　中国·乌珠穆沁边疆考古国际学术研讨会论文集145－153

陕西宜川龙王辿遗址第一地点细石器的观察与研究　王小庆　考古与文物6：59－64

东北地区

长白山地黑曜岩旧石器的技术模式研究　李有骞、陈全家　东北史地5：3－6

中国北方小石器技术的源流与演变初探　刘扬　文物春秋2：3－13

沈阳市康平王立岗窝堡东山旧石器地点发现的石器研究　陈全家等　草原文物2：45－52

黑龙江省旧石器遗存的分布、年代及工艺类型　李有骞　华夏考古3：33－43

石人沟旧石器遗址2007年发现的石器研究　陈全家等　华夏考古4：50－57

法库威虎山旧石器地点发现的石器研究　付永平等　文博6：14－17

三家子北山旧石器地点石器研究　陈全家等　中国·乌珠穆沁边疆考古国际学术研讨会论文集127－143

辽宁沈阳地区旧石器考古的发现及相关问题研究　陈全家等　庆祝张忠培先生八十岁论文集1－25

金斯太洞穴遗址晚更新世动物群及其古生态环境研究　罗鹏等　中国·乌珠穆沁边疆考古国际学术研讨会论文集21－59

金斯太洞穴遗址旧石器时代古人类生存对策研究　王晓琨等　中国·乌珠穆沁边疆考古国际学术研讨会论文集61－95

金斯太洞穴遗址晚更新世生态环境及人类的适应　汤卓炜等　中国·乌珠穆沁边疆考古国际学术研讨会论文集97－109

内蒙古金斯太遗址的石器工业   王春雪等   中国·乌珠穆沁边疆考古国际学术研讨会论文集 1 – 20

华南地区

广西洞穴遗址群中钙华板发育及其对古文化演化的影响   蒋远金、刘兴诗   柳州白莲洞博物馆文集 421 – 426

广西布兵盆地河流阶地新发现的史前时期遗址   王頠   人类学学报 3：270 – 284

广西崇左公鸡山与智人伴生的偶蹄类   董为等   人类学学报 3：355 – 368

百色盆地高岭坡遗址的石制品   高立等   人类学学报 2：137 – 148

百色盆地和汉中盆地旧石器的比较研究   马明   桂林博物馆文集（第一辑）270 – 279

广西百色那怀遗址发现的石制品   郭耀崝等   第十四届中国古脊椎动物学学术年会论文集 205 – 212

谈桂林谷有的史前洞穴遗址   韦军、文虹   广西博物馆文集（第十辑）71 – 75

柳州史前遗址空间分布初步研究   冃少朋   跨湖桥文化国际学术研讨会论文集 85 – 94

柳州石器时代遗址探讨   罗安鹄   柳州白莲洞博物馆文集 107 – 111

史前白莲洞居民谋生手段的复原研究   梁戈   跨湖桥文化国际学术研讨会论文集 74 – 84

试论白莲洞居民的生存环境与生业模式   蒋远金、梁戈   柳州白莲洞博物馆文集 311 – 314

白莲洞石器时代洞穴遗址的发现和重要意义   周国兴、易光远   柳州白莲洞博物馆文集 29 – 51

白莲洞遗址与桂中史前考古序列   蒋远金   柳州白莲洞博物馆文集 130 – 137

浅析白莲洞遗址的石器工业   蒋远金等   柳州白莲洞博物馆文集 220 – 225

柳州白莲洞遗址出土动物群的研究   李刚   柳州白莲洞博物馆文集 347 – 350

柳州白莲洞遗址动物群及其反映的古生态环境探讨   叶亮   柳州白莲洞博物馆文集 365 – 369

白莲洞遗址母系氏族考——兼谈古人类文化遗址的持续发展   罗怡倩   柳州白莲洞博物馆文集 216 – 219

浅析白莲洞古生态环境及其对史前文化的影响   罗怡倩   柳州白莲洞博物馆文集 377 – 379

浅析白莲洞遗址沉积物发育及其对古文化演化的影响   蒋远金   柳州白莲洞博物馆文集 415 – 420

白莲洞遗址、鲤鱼嘴遗址、庙岩遗址与仙人洞遗址的研究——华南地区旧石器时代向新石器时代过渡的典型案例透析   蒋远金   柳州白莲洞博物馆文集 163 – 181

鲤鱼嘴遗址旧石器文化向新石器文化过渡的探讨   蒋远金、刘文   柳州白莲洞博物馆文集 192 – 199

柳州鲤鱼嘴遗址经济形态研究   冃少鹏   柳州白莲洞博物馆文集 370 – 375

仙城史前文明之光   李赞鲁   柳州白莲洞博物馆文集 563 – 566

关于柳州中石器时代的思考   罗安鹄   柳州白莲洞博物馆文集 265 – 268

解析白莲洞遗址中石器时代文化的信息   罗怡倩   柳州白莲洞博物馆文集 298 – 301

其他

旧石器时代古人类敲骨取髓行为的确认——以马鞍山遗址为例   张乐   第四纪研究 1：141 – 148

长兴县新发现的一个旧石器地点   胡秋凉、徐新民   东方博物（第五十二辑）37 – 40

汉江上游郧县人遗址地层沉积学研究   郭永强等   海洋地质与第四纪地质 2：149 – 158

丹江口库区贾湾 1 号地点发现的石制品   牛东伟等   人类学学报 2：149 – 161

丹江口库区的薄刃斧   李浩等   人类学学报 2：162 – 176

贵州石笋的古气候记录与古人类活动关系初探   周儒凤、张兴龙   第十四届中国古脊椎动物学学术年会论文集 319 – 328

水洞沟遗址第 2 地点古人类"行为现代性"及演化意义   李锋等   人类学学报 4：510 – 521

21 世纪水洞沟遗址的发掘与研究   高星、关莹   第十四届中国古脊椎动物学学术年会论文集 163 – 170

三   新石器时代

综述

史前考古与古史传说整合研究的两个瓶颈   许永杰、李伊萍   庆祝张忠培先生八十岁论文集 592 – 608

略论新石器时代的文化特征与起始标志   钱耀鹏   西部考古（第六辑）52 – 62

中国相互作用圈和"最初的中国"　李新伟　光明日报 2 月 19 日第 14 版

新石器时代中期聚落环壕功能辨析　陈晓华　湖南考古辑刊（第 10 集）182 - 190

中国史前城墙聚落研究的若干问题　王妙发　庆祝张忠培先生八十岁论文集 209 - 224

中国北方"石城"简议　李德方　洛阳考古（总第 6 期）58 - 61

史前时期腰坑葬俗试析　郭志委　考古 6：56 - 63

中国彩陶文化中的时空意识　林少雄　中国美术研究（第 5 辑）9 - 17

浅析新石器时代彩陶图形中的设计意识　王丽红　四川文物 2：45 - 47

从新石器时代刻纹白陶和八角星图看平原与山地文化的关系　郭静云、郭立新　东南文化 4：76 - 85

几例史前蟾蜍与蛙的艺术形象　李井岩　中国文物报 5 月 9 日 6 版

史前陶器资料中的原始家畜　王育玲　甘肃省博物馆学术论文集 87 - 91

中日两国新石器时代炊器之比较研究　陈国庆　庆祝张忠培先生八十岁论文集 225 - 234

文明起源研究

再论"酋邦"的应用问题　范永禄　中原文物 4：33 - 35

文明探源——中国文明与中美洲文明天文考古录　吕宇斐　古代文明研究通讯 61：1 - 41

中国文明起源研究与理想社会构想　郭物　无限悠悠远古情：佟柱臣先生纪念文集 209 - 224

古史传说与中国文明起源的探索　戴向明　无限悠悠远古情：佟柱臣先生纪念文集 225 - 237

国家起源研究中历史性事实对考古学证据意义形成的影响　谢维扬　东南文化 5：24 - 29

略谈中国文明起源　高兴超　江西省博物馆集刊（五）173 - 181

聚落群聚形态视野下的三种文明起源模式研究　裴安平　无限悠悠远古情：佟柱臣先生纪念文集 186 - 202

嵩山东南颍河中上游地区文明化进程　方燕明　孙作云百年诞辰纪念文集 125 - 137

炎黄族系与中原逐鹿　王永波、徐霞　海岱考古（第七辑）363 - 376

"新中原中心论"的学术史解析　许宏　无限悠悠远古情：佟柱臣先生纪念文集 203 - 208

论查海文化在辽河流域文明起源中的地位和作用　李井岩　辽宁省博物馆馆刊（2013）57 - 73

黄河中游地区

渭河流域在中国文明形成与发展中的地位　张忠培　中国国家博物馆馆刊 11：6 - 12

新石器时代环境与社会多元互动下的骨器生产研究——以关中地区为例　吴晓桐等　动物考古（第 2 辑）84 - 94

新石器时代黄土高原气候变迁及其对刀耕火种到锄耕农业过渡的影响　姚江波　河南文物考古论集（五）1 - 5

灵宝新石器时代遗址的"三普"收获及其重要意义　魏兴涛等　河南文物考古论集（五）6 - 15

基于对象时空模型的郑洛地区史前聚落遗址群时空演变分析　毕硕本等　地理与地理信息科学 2：31 - 34

中原地区和黄河文明在华夏历史文明中的地位与作用　王震中　孙作云百年诞辰纪念文集 100 - 104

山西南部史前白陶研究　李嵘　江汉考古 5：35 - 40

河南淅川坑南遗址石制品表面残留淀粉粒的初步分析　李文成等　人类学学报 1：70 - 81

新密李家沟遗址研究进展及相关问题　王幼平　中原文物 1：20 - 24

中原地区古代居民的健康状况——以贾湖遗址和西坡墓地为例　王明辉　第四纪研究 1：51 - 59

李家村新石器时代遗址的发现与研究——记李家村遗址发现 55 周年　魏京武　考古与文物 6：104 - 106

新郑唐户遗址——裴李岗文化最早的村落　信应君　大众考古 1：29 - 34

仰韶文化的文化成就以及在中国文明起源中的地位与作用　朱乃诚　仰韶和她的时代——纪念仰韶文化发现 90 周年国际学术研讨会论文集 24 - 44

再论仰韶时代文化　张居中等　仰韶和她的时代——纪念仰韶文化发现 90 周年国际学术研讨会论文集 45 - 73

仰韶、半坡与庙底沟——纪念仰韶文化发现九十周年　曾骐　仰韶和她的时代——纪念仰韶文化发现 90 周年国际学术研讨会论文集 1 - 6

陕晋豫地区仰韶早期文化的有关问题　戴向明　仰韶和她的时代——纪念仰韶文化发现 90 周年国际学术研讨会论文集 74 - 82

渭河流域仰韶早期文化的观察　张天恩　仰韶和她的时代——纪念仰韶文化发现 90 周年国际学术研讨会论文集 83 - 95

豫西晋南和关中地区仰韶文化初期遗存研究　魏兴涛　考古学报 4：443 - 480

关中地区仰韶文化发展的区域差异及经济状况的统计分析　张小虎、刘斌　仰韶和她的时代——纪念仰韶文化发现 90 周年国际学术研讨会论文集 111 - 126

山西柳行仰韶文化遗存　中国国家博物馆、山西省考古研究所（李嵘）　中国国家博物馆馆刊 8：6 - 18

后冈一期文化陶鼓初论　陈国庆、张鑫　北方文物 1：23 - 25

试论浦城马坡 H1 遗存　张鹏程　考古与文物 1：16 - 26

陕西蓝田新街遗址仰韶文化晚期遗存的分期及相关问题研究　邸楠等　考古与文物 4：44 - 50

仰韶时代人类狩猎梅花鹿的策略：以铜川瓦窑沟遗址为案例　王华等　人类学学报 1：90 - 100

河南灵宝铸鼎塬仰韶文化聚落群的结构分析　范洁　洛阳考古（总第 6 期）42 - 48

宝鸡北首岭聚落形态初步考察　郭志委　仰韶和她的时代——纪念仰韶文化发现 90 周年国际学术研讨会论文集 96 - 110

渭水流域仰韶文化晚期聚落形态初探　罗晓艳　文博 1：28 - 32

元君庙仰韶墓地再探讨　张杨力铮　黑龙江史志 11：338

西坡墓地再讨论　张雪莲、李新伟　中原文物 4：18 - 32

西坡墓地出土陶器年代的类型学观察　邵晶　仰韶和她的时代——纪念仰韶文化发现 90 周年国际学术研讨会论文集 139 - 145

灵宝西坡墓地复原研究　马萧林　仰韶和她的时代——纪念仰韶文化发现 90 周年国际学术研讨会论文集 146 - 152

西坡墓葬与"中原模式"　韩建业　仰韶和她的时代——纪念仰韶文化发现 90 周年国际学术研讨会论文集 153 - 164

关于西水坡遗址的几个问题　南海森、崔宗亮　河南文物考古论集（五）16 - 23

河南渑池笃忠遗址仰韶晚期人骨的肢骨研究　孙蕾　江汉考古 5：93 - 99

论大地湾、原子头等遗址出土一类特殊彩绘构图规则及相关问题——《彩陶新诠》之一　顾万发　古代文明研究通讯 62：3 - 39

庙底沟彩陶上的指印纹饰——庙底沟彩陶艺术的新发现　杨拴朝　仰韶和她的时代——纪念仰韶文化发现 90 周年国际学术研讨会论文集 172 - 190

仰韶时代彩陶的量化研究　张鹏程　考古与文物 5：42 - 48

半坡"人面鱼纹"的内涵再探讨　付维鸽　十院校美术考古研究文集 94 - 105

实用理性视角下的人面鱼纹与瓮棺葬研究　乌琼　艺术探索 1：99 - 102

试论仰韶文化彩陶鱼纹和鸟纹从具象到抽象演变的内涵　王平平、王连连　丝绸之路 22：24 - 25

论渭水流域仰韶文化中的"人饰"陶器　张伟　文博 4：31 - 34

仰韶彩陶图形的表象与内在　王丽红　文物世界 1：19 - 23

设计即经验——仰韶彩陶图形的行为习惯因素分析　王丽红　文物世界 3：10 - 14

"盘状器"功能再探　李永强　南方文物 4：48 - 52

仰韶文化坠饰述论　巩文　中原文物 5：24 - 32

试论洛阳孟津妯娌遗址出土铙形器的功能与性质　刘富良　河南文物考古论集（五）49 - 54

仰韶文化舟楫考　何周德　跨湖桥文化国际学术研讨会论文集 113 - 123

再论"庙二"　卜工　庆祝张忠培先生八十岁论文集 149 - 157

95 – 97

青海民和喇家遗址史前灾难成因辨析 郭昕 黑龙江史志 1：291 – 292

喇家遗址 3 号、4 号房址出土齐家文化人骨的血缘关系及测年 叶茂林 无限悠悠远古情：佟柱臣先生纪念文集 324 – 332

青海喇家遗址新发现的白陶和初步研究 叶茂林等 中国文物报 8 月 29 日 6 版

青海民和喇家遗址石刀功能分析：来自石刀表层残留物的植物微体遗存证据 马志坤等 科学通报 13：1242 – 1248

沈那齐家文化聚落及其社会形态 曾永丰 青海民族大学学报（社科版）3：35 – 37

陇东地区齐家文化时期木炭化石记录及其指示意义 李虎等 第四纪研究 1：35 – 42

略论甘肃天水地区齐家文化的经济形态 张志理、裴应东 丝绸之路 6：17 – 18

从武山傅家门遗址史前文化遗存看中华祈福文化之源 宋建勋、裴应东 丝绸之路 18：20 – 21

补遗

新石器时期马家窑文化彩陶的科技分析 严小琴等 电子显微学报 2013 年 5：403 – 409

青海化隆伊沙尔河口史前遗址的学术价值 肖永明 青海师范大学学报（哲社版）2013 年 46：49 – 52

东北及内蒙古地区

中国图们江流域发现的三种新石器文化 赵宾福 庆祝张忠培先生八十岁论文集 78 – 89

西辽河流域史前聚落空间分布及历时性变化探析 滕海键 北方文物 3：11 – 17

辽西地区新石器文化的阶段性与文化谱系 张星德 庆祝张忠培先生八十岁论文集 26 – 39

燕山南北地区新石器时代考古学文化序列和格局 索秀芬、李少兵 考古学报 3：293 – 326

大青山以南地区新石器时代陶窑研究 高兴超 草原文物 1：78 – 88

中国东北地区新石器时代陶器纹饰研究 王月前 无限悠悠远古情：佟柱臣先生纪念文集 407 – 440

上宅新石器遗存的考古学文化定位 韩嘉谷 北京文博文丛 3：1 – 15

辽西地区新石器时代陶器几何纹饰研究 马海玉 北方文物 3：18 – 23

兴隆洼文化房屋内遗存所反映的性别问题 乔玉 北方文物 4：23 – 27

论蓟县青池新石器时代遗存的混合型文化 韩嘉谷、纪烈敏 考古 4：63 – 72

小河西文化检析 赵宾福等 中国国家博物馆馆刊 1：17 – 25

大安后套木嘎新石器时代中期墓葬出土人骨研究 肖晓鸣、朱泓 北方文物 2：16 – 21

哈民忙哈遗址房址内人骨的古人口学研究——史前灾难成因的法医人类学证据 朱泓 吉林大学社会科学学报 1：26 – 33

从考古发现看辽西地区龙的起源 王苹、刘国祥 四川文物 6：29 – 31

5000 年前红山文化庙、坛、冢新解 车广锦 大众考古 10：45 – 47

西辽河流域红山诸文化与生态环境的互动关系 乌兰 北方文物 1：20 – 22

试论红山文化的原始宗教系统 徐昭峰、尤彦婷 东北史地 6：68 – 73

红山文化人物造像分析 于建设 北方文物 3：24 – 27

敖汉旗兴隆沟红山文化陶塑人像的初步研究 冯时 孙作云百年诞辰纪念文集 105 – 114

牛河梁红山文化人群的生物考古学探索 原海兵等 边疆考古研究（第 14 辑）307 – 313

白音长汗遗址二期乙类聚落形态研究 夏立栋 仰韶和她的时代——纪念仰韶文化发现 90 周年国际学术研讨会论文集 191 – 203

庙子沟遗址聚落形态与废弃原因再探讨 魏坚 无限悠悠远古情：佟柱臣先生纪念文集 399 – 406

白泥窑遗址文化遗存述论 崔树华 内蒙古社会科学 1：59 – 62

后洼上层文化的渊源与流向——论辽东地区以刻划纹为标识的水洞下层文化系统 杜战伟等 北方文物 1：13 – 19

小河沿文化火烧墓坑及烧骨葬俗初探 陈国庆、梅术文 北方文物 4：28 – 30

不同文化在这里交汇——内蒙古南宝力皋土墓地 闫洪森、吉平 大众考古 6：26 – 30

关于新乐上层文化墓葬相关问题的探讨　李树义　草原文物1：98－105

王墓山坡下聚落失火废弃过程分析　袁波文　草原文物2：57－62

内蒙古赤峰魏家窝铺新石器时代遗址的发现与认识　成璟瑭等　文物11：47－52

内蒙古准格尔旗寨子塔遗址出土人骨研究　张全超等　边疆考古研究（第14辑）315－322

小珠山下层文化的分期与类型　毕德广、乌云花　北方民族考古（第1辑）15－31

大凌河上游流域红山文化考古调查　侯申光、戴靓　辽宁省博物馆馆刊（2013）142－146

莺歌岭下层—金谷文化的内涵、命名及相关问题　胡秀杰、刘晓东　庆祝张忠培先生八十岁论文集171－183

老虎山遗址陶器分期　李伊萍、赵李博　边疆考古研究（第14辑）79－87

四　夏文化探索

有心还是无意：李济汾河流域调查与夏文化探索　孙庆伟　古代文明研究通讯60：1－15

考古学的春天：1977年“河南登封告成遗址发掘现场会”的学术史解读　孙庆伟　南方文物1：130－150

“夏王朝”考古：学术史·新动向·新思考　许宏　中国社会科学院古代文明研究中心通讯26：32－37

早期夏文化新探　袁广阔　中国社会科学院古代文明研究中心通讯26：45－54

中原龙山到二里头时期文化与社会发展阶段的两个问题　戴向明　庆祝张忠培先生八十岁论文集184－197

气候突变、人口增长、地理限制与夏朝的建立　吴文祥、葛全胜　中原文物5：33－39

“新砦期”遗存的性质及相关问题　段天璟　庆祝张忠培先生八十岁论文集235－247

夏都“老丘”考——从开封地区已经发现的二里头文化遗存中求证　刘春迎　中原文物3：18－23

夏都老丘考略　张国硕　中国古都研究（总第26辑）12－18

论二里头遗址作为都城的延续年代　张国硕　中国社会科学院古代文明研究中心通讯26：55－59

关于二里头文化城址的几点认识　袁广阔、朱光华　江汉考古6：53－57

试论娘娘寨遗址发现的二里头文化遗存　鲍颖建　中原文物1：32－37

简述河南新郑望京楼遗址发现的夏商古城址　杜平安、郝洋彬　中国古都研究（总第25辑）161－167

陨落的夏代城市：大师姑城址发掘记　郝红星、季惠萍　大众考古10：25－31

陕西东部二里头时期遗存分区研究　李永强　文博3：16－19

从墓葬形制看夏代葬文化中的早期国家阶级对立问题　黄也平　吉林大学古籍研究所建所三十周年纪念论文集174－178

中国早期国家阶段石料来源与资源选择策略——基于二里头遗址的石料分析　钱益汇等　考古7：86－95

二里头遗址出土黄牛线粒体DNA研究　孙洋等　北方文物3：28－31

洛阳盆地二里头文化聚落的控制网络与模式——基于遗址资源域和泰森多边形的分析　王子孟　华夏考古3：56－64

河南登封南洼遗址二里头时期出土骨器简析　侯彦峰等　动物考古（第2辑）106－113

新砦遗址出土羊的死亡年龄及畜产品开发策略　戴玲玲等　考古1：94－103

从“象鼻盉”到原始瓷大口折肩尊——论夏商时期东南地区对中原王朝的一种贡赋模式　罗汝鹏　南方文物1：38－45

　　补遗

郑州大师姑城址性质与夏商鼎革的再认识　姜建设、陈隆文　史学月刊2013年11：18－29

五　商殷

夏商分界及汤亳问题研究现状、困境与曙光　李锋　中国社会科学院古代文明研究中心通讯26：38－44

夏商探索30年"回归原点"与郑亳说"崩盘"说辨　李维明　南方文物4：37－47

在反思中前行——为"夏商都邑暨偃师商城发现30年学术研讨会"而作　殷玮璋、曹淑琴　南方文物 1：24－30

偃师商城西亳说的两点瑕疵　孙庆伟　古代文明研究通讯63：1－19

偃师商城遗址再考察——答刘绪先生疑惑八问　谷飞　华夏考古3：65－71

长江中游商时期考古学文化演进及与中原地区的联系　豆海锋　考古2：79－94

长江中游地区对中原早商文化的认同和接受　李彦峰　江淮文化论丛（第三辑）146－151

论盘龙城商文化的特征及其影响　徐少华　江汉考古3：61－66

试论赣北地区石灰山文化　豆海锋　考古与文物6：65－76

关于殷墟文化考古分期的几个问题　范毓周　孙作云百年诞辰纪念文集138－152

商文化对中国北方以及欧亚草原东部地区的影响　杨建华、邵会秋　考古与文物3：45－57

商代孤竹国及相关燕山地区古代文化遗存的考古学分析　李健民　无限悠悠远古情：佟柱臣先生纪念文 集543－550

古息国变迁考　赵燕姣　中原文物3：29－35

台州路桥区梅屿山商周文化遗存初探　张峋　东方博物（第四十五辑）50－54

关于郑州小双桥遗址的几个问题　袁广阔　考古11：72－80

殷墟都城规划布局及对中国古代城市建设的影响　孔德铭　甲骨学暨高青陈庄西周城址重大发现国际学 术研讨会论文集408－412

殷墟巨型土坑的发掘与都邑布局　岳洪斌、岳占伟　甲骨学暨高青陈庄西周城址重大发现国际学术研讨 会论文集380－385

殷墟都城遗址中国家掌控下的手工业作坊　孟宪武等　殷都学刊4：13－20

殷墟刘家庄北地青铜窖藏坑性质探析　何毓灵　南方文物1：96－100

商丘古城：地平天成的龟城　陈道山　河南文物考古论集（五）289－300

试论高坡遗存　江章华　南方民族考古（第九辑）1－8

河南柘城孟庄遗址性质分析　赵俊杰　中原文物2：18－23

刘家庄遗址的跌宕发掘　郭俊峰　大众考古2：28－32

论新郑望京楼商城东一城门　顾万发　中国古都研究（总第25辑）147－160

王权与族权的博弈——以商周时期宫殿宗庙建筑为中心　李栋　齐鲁文物（第3辑）10－23

商周时期大型院落式建筑比较研究　郭明　考古与文物5：49－59

商代西北方国的文明遗珍——山西吕梁高红商代夯土基址　王京燕、马昇　大众考古7：29－32

殷墟王陵早期被盗年代研究　何毓灵　考古6：92－100

殷墟西北岗王陵区商代大墓分析　李维明　四川文物5：36－46

对安阳出土骨簪钻孔的实验重构　Katherine Brunson等　动物考古（第2辑）24－36

安阳殷墟M5、M54与江西新干大洋洲商墓　李雪山、郭胜强　甲骨学暨高青陈庄西周城址重大发现国 际学术研讨会论文集386－393

山西保德林遮峪铜器墓年代及相关问题　常怀颖　考古9：63－74

凤翔南指挥西村商周墓地再析　罗汝鹏　考古与文物2：31－39

洛阳五女冢IM1505和IM1519两座墓葬年代辨正　代文林　河南文物考古论集（五）80－86

虎林山墓地与次生文明的出现　陈文　庆祝张忠培先生八十岁论文集309－321

商周之际女性从军现象蠡测——以滕州前掌大墓地为例　王文轩　殷都学刊4：9－12

殷周北斗信仰初探　朱磊、李楠　中原文物2：24－28

试论郑州地区的筒腹鬲　徐昭峰　中国国家博物馆馆刊3：29－34

殷墟出土灰陶器的制作与烧制实验研究　岳占伟等　南方文物3：100－109

安阳市博物馆所藏石簋的年代与性质考略　李宏飞　玉器考古通讯1：53－56

殷墟石门臼形制探究　杨善清　中国文物报11月4日7版

安阳出土商文化建筑材料的初步研究　史宝琳　华夏考古1：62 - 71

商代中晚期的树木利用——洹北商城和殷墟出土树木遗存分析　王树芝等　南方文物3：117 - 129

殷墟刘家庄北地出土的锯齿状树轮和正常树轮的解剖结构比较及形成原因分析　王树芝等　第四纪研究
　　1：126 - 130

内蒙古喀喇沁大山前遗址出土石锄的功能研究　陈胜前等　人类学学报4：522 - 533

商晚期陶纺砖与甲骨文"叀"、"专"、"嚳"之渊源　邓泓　甲骨学暨高青陈庄西周城址重大发现国际
　　学术研讨会论文集413 - 422

商周祭祀动物遗存研究综述　刘一婷　南方文物1：58 - 64

　　补遗

殷墟时期颜料的制备与使用　胡洪琼　郑州大学学报（哲社版）2013年6：132 - 136

六　西周

检阅成果　擘划未来（代前言）——在"陕西韩城出土芮国文物暨周代封国考古学研究国际学术研讨
　　会"闭幕式上的发言　李伯谦　两周封国论衡：陕西韩城出土芮国文物暨周代封国考古学研究国际
　　学术研讨会论文集1 - 6

安阳地区西周时期考古学文化分期研究　李宏飞　南方文物3：130 - 138

鲁东南西周至春秋早期的文化谱系研究　曹斌　北方民族考古（第1辑）75 - 97

姬周文化与鬼方文化关系浅议　吕智荣　两周封国论衡：陕西韩城出土芮国文物暨周代封国考古学研究
　　国际学术研讨会论文集337 - 340

基于考古资料的周、秦与戎狄关系异同考察　杨瑾　江汉学术2：105 - 111

大路铺文化土著因素的形成与传播　罗运兵等　江汉考古6：58 - 65

试说周初封国与商时方国异姓同名现象　李伯谦　两周封国论衡：陕西韩城出土芮国文物暨周代封国考
　　古学研究国际学术研讨会论文集268 - 271

西周早期诸侯国的大规模南迁　孙清远、王正　两周封国论衡：陕西韩城出土芮国文物暨周代封国考古
　　学研究国际学术研讨会论文集295 - 302

山东地区周代古国文化遗存研究　刘延常、徐倩倩　两周封国论衡：陕西韩城出土芮国文物暨周代封国
　　考古学研究国际学术研讨会论文集355 - 371

曾国历史的考古学观察　方勤　江汉考古4：109 - 115

霸国考　冯时　两周封国论衡：陕西韩城出土芮国文物暨周代封国考古学研究国际学术研讨会论文集
　　379 - 387

芮国的初始地及其改封的推测　尹盛平、田小娟　两周封国论衡：陕西韩城出土芮国文物暨周代封国考
　　古学研究国际学术研讨会论文集64 - 75

考古发现所见西周政治中的亲疏盛衰现象　徐良高　两周封国论衡：陕西韩城出土芮国文物暨周代封国
　　考古学研究国际学术研讨会论文集286 - 294

试论西周时期的周楚关系——兼论楚族居地变迁　高崇文　文物3：49 - 56

周人不用族徽、日名说的考古学意义——从随州叶家山西周曾国墓地谈起　张懋镕、王静　四川文物4：
　　47 - 51

裸礼与实物资料中的"瓒"——试以《周礼》资料分析　沈薇、李修松　中原文物5：75 - 81

有心栽花与无心插柳：先周文化探索的早期阶段　孙庆伟　古代文明研究通讯61：52 - 69

先周文化研究　韩翀飞　甘肃省博物馆学术论文集102 - 109

《考工记·匠人营国》与周代的城市规划　牛世山　中原文物6：26 - 34

论西周成周的变迁　刘余力　江汉考古4：116 - 121

周原凤雏甲组建筑H11"龟室说"质疑——兼论商周时期甲骨埋藏问题　郭明　四川文物6：32 - 38

七　东周

隰县瓦窑坡墓地发现四座陶器墓　王进、陈小三　中国国家博物馆馆刊 10：6－16

新郑郑韩故城出土春秋时期象牙车軎　马俊才　文物 11：81－83

淮北战国至东汉时期墓葬群及出土文物介绍　王玲玲　中国文物报 12 月 16 日 5 版

宜城跑马堤墓地战国仿铜陶礼器制作工艺研究　田剑波　江汉考古 3：76－84

论西辛战国墓裂瓣纹银豆——兼谈我国出土的类似器物　李零　文物 9：58－70

铲足鬲的分布、年代及其相关问题研究　张寅　文博 2：16－21

新郑郑韩故城出土战国牛肋骨墨书账簿考　蔡全法　华夏考古 4：72－84

烁身以成物——中山灵寿故城"人俑拜山"陶器组合的文化意义　郎剑锋　民俗研究 4：102－106

甘肃金昌市馆藏沙井文物研究　李勇杰　草原文物 1：113－118

　　补遗

襄阳邓城遗址的考古发现及意义　刘士茹　黑龙江史志 2013 年 19：83－84

秦文化

五方合作　十年探索　成果丰硕——早期秦文化与西戎文化考古工作十年　早期秦文化课题组　中国文物报 11 月 25 日 6、7 版

伯益封嬴与赵氏族源　郝良真　嬴秦始源——首届中国（莱芜）嬴历史文化学术研讨会论文集 155－159

嬴姓秦人的西迁　尹盛平　嬴秦始源——首届中国（莱芜）嬴历史文化学术研讨会论文集 101－107

莱芜为"嬴秦"根文化考略　徐日辉、徐锦博　嬴秦始源——首届中国（莱芜）嬴历史文化学术研讨会论文集 35－51

莱芜古文明源远流长　曹定云　嬴秦始源——首届中国（莱芜）嬴历史文化学术研讨会论文集 128－132

"秦邑"与"汧渭之会"考　杨曙明　中国文物报 3 月 28 日 6 版

秦雍城沿革与历史地位研究　田亚岐　秦始皇帝陵博物院（2013）153－165

秦都雍城聚落结构与沿革的考古学观察　田亚岐、王炜林　庆祝张忠培先生八十岁论文集 369－380

甘肃清水李崖遗址考古发掘及相关问题探析　刘家兴　丝绸之路 24：17－18

春秋时期嬴姓墓葬比较研究　何艳杰　嬴秦始源——首届中国（莱芜）嬴历史文化学术研讨会论文集 243－255

再谈秦墓屈肢葬渊源及其相关问题　陈洪等　文博 1：33－37

秦人的十个陵区　焦南峰等　文物 6：64－76

神禾塬战国秦陵园营建流程的观察　张天恩　秦始皇帝陵博物院（2013）166－175

甘肃省礼县大堡子山遗址流散文物调查研究　王辉、赵化成　秦时期冶金考古国际学术研讨会论文集 9－26

　　补遗

早期秦文化与域外文化、北方草原文化的交流　王志友　西安电子科技大学学报（社科版）2013 年 6：164－170

楚文化

早期楚文化探索的几个问题　王宏　华夏考古 3：72－82

论楚地文化融合对秦统一的影响　陆青松　江西省博物馆集刊（五）67－76

从出土工艺品看楚文化艺术的域外色彩　李会　湖南考古辑刊（第 10 集）201－208

楚地出土的漆棺装饰纹样试析　员增荣等　文博 3：25－33

古代楚人如何防暑消夏　王从礼　大众考古 6：59－62

　　补遗

楚族坟墓制度衍变述略　邓宏亚　郑州航空工业管理学院学报（社科版）2013 年 5：48－50

徐吴越文化

西瓯、苍梧与南越　郑君雷　庆祝张忠培先生八十岁论文集 397407

秦始皇帝陵园方向新探　申茂盛　四川文物 5：51－56

秦始皇帝陵封土筑造工艺考略　付建、张宁　文博 4：35－38

秦始皇陵封土内的夯土墙功用试解　丁岩　西部考古（第六辑）63－66

试论秦始皇陵的堋地　张卫星　考古与文物 4：58－62

试论秦始皇陵原名"丽山"的原因　郭罗、刘娟　文博 6：33－38

秦俑坑军事属性的评议　王学理　秦始皇帝陵博物院（2013）220－242

秦兵马俑坑建筑与内涵　刘占成等　秦始皇帝陵博物院（2013）243－252

秦始皇帝陵园 K0006 陪葬坑性质试探　陈治国、赵毅民　文博 5：34－39

秦始皇帝陵 K0007 陪葬坑与秦之水德　张宁　文博 6：28－32

秦始皇陵园 K0007 号陪葬坑设计意图探析　刘晓达　装饰 8：105－107

秦始皇帝陵一号兵马俑陪葬坑出土弓弭初考　许卫红、申茂盛　新疆文物 1：108－116

祭器还是明器——对秦始皇陵铜车马属性的一点认识　陈钢　文博 5：29－33

周原秦汉墓葬葬俗与特征研究　郑红莉、孙周勇　文博 4：19－25

关中、陇山两地区洞室墓之比较研究　陈洪　秦始皇帝陵博物院（2013）253－264

关中秦墓出土陶器编年研究　陈洪　考古与文物 6：77－83

水火融融之"泥土"的创生——秦代制陶手工业的历史演进　宗椿理　南京艺术学院学报（美术与设计版）2：82－86

一〇　汉代

秦汉时期砖瓦窑研究　李清临　考古与文物 2：59－81

东北燕秦汉长城与早期铁器时代考古学文化研究的若干问题　朱永刚　社会科学战线 4：122－130

燕地铁器文化的起源与演进及其扩展　白云翔　无限悠悠远古情：佟柱臣先生纪念文集 597－618

"广州秦汉造船工场遗址"说质疑　戴开元　鉴古证今——传统工艺与科技考古文萃 409－420

庆华遗存试析　乔梁　北方文物 1：26－31

黑龙江省汉代考古学文化及相关问题研究　张伟、刘伟　北方文物 4：31－39

黑龙江省汉代考古与相关问题思考　张伟　汉代西域考古与汉文化 221－233

从考古资料看西汉扬州地区手工业发展状况　刘文思、张逸枫　黑龙江史志 11：345－347

汉武帝"西夷西"道路与向家坝汉文化遗存　王子今　四川文物 5：57－64

汉代闽越国与汉族及其周边文化的交流　梅华全　汉代西域考古与汉文化 383－393

从滇池区域的汉代遗存看其与土著的融合　蒋志龙、万曼　汉代西域考古与汉文化 394－401

滇西横断山区汉代考古发现及研究　杨勇　汉代西域考古与汉文化 402－418

文明碰撞与族群整合——汉晋时期南夷族群汉化和汉人夷化考古观察　张合荣　汉代西域考古与汉文化 419－432

徐闻汉代遗存与海上丝绸之路关系的解读　邱立诚　南海丝路第一港——徐闻 220－236

夫余国和北方草原青铜文化　刘佳、傅惟光　理论观察 10：66－68

从考古资料看汉朝统辖西域的历史进程与"安辑"举措　殷晴　汉代西域考古与汉文化 21－34

沈抚交界处"青桩子"古城的新发现及考古学意义——兼论秦汉辽东郡"中部都尉"与"侯城县"的关系　王绵厚　东北史地 1：17－19

汉长安城排水管道的考古学论述　张建锋　中原文物 5：51－59

汉代集灵宫与华阴故城考证　游富祥、梁云　中国国家博物馆馆刊 8：19－28

郑州地区汉代城址　韩炜炜　华夏考古 4：100－106

河南中牟宋庄汉、宋制陶作坊遗址布局初探　鲍颖建　中国国家博物馆馆刊 8：29－43

汉函谷关述略　王金锁、李妙云　河南文物考古论集（五）286－288

汉函谷关遗址考古　千年谷关露真容　王咸秋、刘锋　大众考古 7：34－39

河南内黄三杨庄二号汉代庭院建筑遗址研究与复原探讨　林源、崔兆瑞　建筑史（第34辑）1－11

试论新安遗址第一期遗存　梁会丽　考古与文物4：73－76

武威雷台与前凉灵钧台考辨　王丽霞　丝绸之路2：33－34

"孝"与汉代丧葬祭祀　许亚飞　文物世界2：17－20

汉唐环塔里木墓葬文化与国家认同　张安福　光明日报9月17日第16版

汉代"尊左"和"尚右"——基于夫妻合葬墓的视角　黄秋红、韦海燕　桂林博物馆文集（第一辑）
　　237－244

中国北方地区汉代仿木构墓葬建筑形制研究　赵明星　北方民族考古（第1辑）135－156

从石椁到石室　杨爱国　齐鲁文物（第2辑）12－25

汉代石椁画像与民间宗教信仰研究——从汉代墓葬建筑的"象生环境"和"死而不亡"的理想境界谈
　　起　郝利荣、杨孝军　齐鲁文物（第2辑）26－43

试论汉代石椁墓　罗二虎　齐鲁文物（第2辑）44－58

古墓门上的"拥篲捧盾图"初探　殷红　大众考古6：68－70

浅谈西汉墓葬的空间装饰　刘仕毅　成都文物2：65－68

"快乐家园"的向往与建构——论"室墓制度"对汉代墓葬画像性质与意义的匡衡　李立　齐鲁文物
　　（第2辑）59－70

西汉帝陵选址与血统传承因素　丁岩　汉代西域考古与汉文化261－269

论西汉帝陵是否存在昭穆制度　王宁　中国古都研究（总第25辑）176－183

西汉帝陵"夫人"葬制初探　焦南峰　考古1：77－83

浅析汉阳陵南区从葬坑　石宁　陕西历史博物馆馆刊（第21辑）35－42

汉元帝渭陵陪葬墓墓主身份推测　马永赢　考古5：71－75

汉平帝康陵布局试析　马永赢　文物6：77－82

汉代帝王陵墓中玉圭的考古发现与研究　陈静　汉代西域考古与汉文化270－278

西汉陵邑营建相关问题研究　杨武站、王东　文博6：39－43

西汉诸侯王崖洞墓初探　刘晓东　成都文物3：64－71

从馆藏洛庄汉墓青铜器看西汉初年山东诸侯王国与地方经济　布明虎　齐鲁文物（第3辑）24－31

恢宏的汉代地下乐团——洛庄汉墓乐器坑　房道国　大众考古3：29－34

西汉诸侯王墓所见柱洞的初步研究　许鑫城　四川文物4：56－62

从"汉无礼乐"看西汉诸侯王墓葬　沈宏格　东南文化4：86－92

满城汉墓　汉中山王陵的发现与探索　郑绍宗　中国文化遗产2：80－86

徐州狮子山西汉楚王陵墓主研究述评　杨效雷、郭汉丽　吉林大学古籍研究所建所三十周年纪念论文集
　　362－367

徐州西汉墓中的陪葬与女尊男卑现象分析　孙爱芹　中国国家博物馆馆刊4：17－24

连云港海州双龙汉墓M1的几个问题　赵川　江汉考古2：72－77

浙江汉墓综述　胡继根　汉代西域考古与汉文化315－326

辽南汉代花纹砖室墓探析　刘俊勇、杨婷婷　辽宁师范大学学报（社科版）2：290－294

从马王堆汉墓发掘看考古正史误的重要作用　傅举有　中国文物报11月18日5版

西安地区西汉墓考古学文化因素分析　张翔宇　汉代西域考古与汉文化291－302

邰城汉墓M132随葬品位置分析——兼论墓葬文化因素区位分析方法　赵艺莲、陈钢　文博1：38－42

从东夷族传统宗教民俗看山东汉画像"射鸟图像"构图意义　朴修振　齐鲁文物（第2辑）140－150

鲁中南地区汉代石椁墓形制及演变　吕凯　齐鲁文物（第2辑）273－290

试论胶东地区汉代墓葬形制　闫勇等　齐鲁文物（第3辑）232－249

胶东地区汉墓形制初探　闫勇等　汉代西域考古与汉文化303－314

从两处墓地简述宁夏之汉代匈奴　陈永耘　东方博物（第四十七辑）94－97

补遗

辽东与中原的文化交流与民族迁徙——以辽东汉魏壁画墓材料为中心　李林　美苑 2013 年 5：60－65

包头张龙圪旦一号墓的族属及部分南匈奴墓葬辨析　马利清　郑州大学学报（哲社版）2013 年 6：137 －143

巴彦淖尔汉墓陶仓区域特征初步研究　李雪欣、魏坚　河北师范大学学报（哲社版）2013 年 6：81－87

渭北西汉帝陵的营建与自然环境关系研究　颜永杰、徐卫民　西北大学学报（自然科学版）2013 年 5：821－825

骡驴驮馲，衔尾入塞——汉代动物考古和丝路史研究的一个课题　王子今　国学学刊 2013 年 4：37－43

一一　三国两晋南北朝

昭觉蜀汉军屯遗址应为诸葛亮"军卑水"的指挥部考论　梅铮铮　中华文化论坛 6：32－35

民乐八卦营魏晋壁画墓　施爱民　甘肃省博物馆学术论文集 30－37

西晋墓葬的美术文化考古思索——以偃师杏园墓出土的陶空柱盘为例　王辉　中华文化论坛 10：72－77

西宁陶家寨墓地出土的羽人连枝灯考　肖永明　丝绸之路 10：33－35

青海魏晋十六国墓葬的鲜卑文化因素　肖永明　青海师范大学学报（哲社版）3：44－49

统万城建城及相关问题研究　周阳阳、刘蓉　重庆交通大学学报（社科版）3：87－90

酒泉小土山墓葬考古发掘及墓主人身份初探　范晓东　丝绸之路 24：23－24

金岭寺建筑址为"庑庙"说　田立坤　庆祝张忠培先生八十岁论文集 461－477

从墓葬材料看六朝时期桂东地区的文化面貌　黄强等　广西博物馆文集（第十辑）98－106

丝绸之路与北魏平城　王银田　暨南学报（哲社版）1：139－150

从山陵为贵到不封不树——北朝墓葬封土的转变　罗丰　唐研究（第二十卷）33－62

论北朝时期无棺葬　刘振东　考古与文物 5：84－94

洛阳地区北魏鲜卑、汉人墓葬的比较研究　杨玥　北方民族考古（第 1 辑）223－234

北魏平城时代平城墓葬的文化转型　倪润安　考古学报 1：33－66

北魏尉迟定州墓墓主身份再考　郝军军　文物 12：89

内蒙伊和卓北魏下颌托的前世今生　王春燕、佰嘎力　中国文物报 8 月 15 日 6 版

下颌托与袄教无关　王银田　中国文物报 10 月 24 日 6 版

关于高句丽早期历史考古研究的十年回顾——高句丽早期历史考古若干问题研究"十论"小结　王绵厚　无限悠悠远古情：佟柱臣先生纪念文集 639－646

视角、资料与方法——对深化高句丽研究的几点认识　李大龙　东北史地 4：19－22

高句丽、渤海文化发展的考古学观察　魏存成　边疆考古研究（第 14 辑）219－228

丸都山城宫殿址研究　王飞峰　考古 4：93－104

望江楼类型研究　金旭东　庆祝张忠培先生八十岁论文集 438－452

石台子山城防御体系探究　赵晓刚、王海　东北史地 3：26－29

新宾满族自治县近年来发现的高句丽积石墓　肖景全等　东北史地 5：11－16

集安禹山 41 号高句丽壁画墓的时代　赵俊杰、马健　考古与文物 1：70－75

新发现的平壤东山洞高句丽壁画墓　徐曼　北方文物 1：32－34

高句丽"折风"考　郑春颖　考古与文物 4：89－94

集安地区遗址出土高句丽陶器研究　孙颢　边疆考古研究（第 14 辑）229－245

从考古资料看汉晋时期的龟兹　闫雪梅　汉代西域考古与汉文化 35－47

楼兰地区汉晋墓葬的初步分析　韦正　汉代西域考古与汉文化 97－103

罗布泊雅丹壁画墓考察　李青　艺术探索 2：6－10

吐鲁番阿斯塔那 170 号墓出土彩绘木鸭流源　张弛　新疆文物 2：105－112

新疆且末扎滚鲁克 49 号墓出土玻璃杯的年代问题　赵永　考古与文物 4：77－80

"冢上作屋"的考古学诠释——渤海墓上建筑研究　王志刚　考古 6：78－91

谈渤海葬俗中的"毁器"——读《宁安虹鳟鱼场：1992—1995 年度渤海墓地发掘报告》札记　彭善国
　　　　北方文物 1：35－37

渤海墓葬演变与渤海初期人口的民族构成　魏存成　吉林大学社会科学学报 2：122－128

蒙古早期遗存的考古学观察　魏坚　北方民族考古（第 1 辑）329－336

西昌大理国时期火葬墓与阿吒力教　刘弘　博物馆学刊（第四辑）71－80

关于楼兰古城消亡源于孔雀河上游滑坡之质疑　覃大海　汉代西域考古与汉文化 64－71

关于楼兰遗址群中的 LE 古城　〔日〕伊藤敏雄、相马秀广　汉代西域考古与汉文化 58－63

伊犁河谷洞室墓和偏室墓研究　王博　汉代西域考古与汉文化 104－120

新疆温宿县博孜墩墓地初探　鲁礼鹏　汉代西域考古与汉文化 121－135

新疆库车县提克买克冶炼遗址和墓地初步研究　阮秋荣　汉代西域考古与汉文化 136－149

吐鲁番出土随葬衣物疏名物时代初探　凌妙丹　吐鲁番学研究 1：72－83

吐鲁番出土"草编粽子"名实辨考　高启安　吐鲁番学研究 1：84－90

吐鲁番阿斯塔那墓地出土木案类型学研究　鲁礼鹏　吐鲁番学研究 1：91－102

吐鲁番三大墓地随葬彩绘木鸭习俗研究——兼与张弛先生商榷　卫斯　吐鲁番学研究 2：64－83

吐鲁番古墓葬纸明器考论　孙丽萍　吐鲁番学研究 2：84－90

公元 5～8 世纪吐鲁番地区家族家族茔院初探　高伟　北方民族考古（第 1 辑）235－257

环渤海地区汉晋墓葬出土的白陶器及相关问题　杨哲峰　海岱考古（第七辑）415－441

图们江流域渤海陶器的类型与分期　王乐乐　边疆考古研究（第 14 辑）283－297

再论吐蕃的"赭面"习俗　李永宪　汉藏佛教美术研究：第四届西藏考古与艺术国际学术讨论会论文集
　　　　31－41

　　补遗

近年学者对渤海墓葬的研究及探讨　李相楠　黑龙江史志 2013 年 19：290

青海都兰暨柴达木盆地东南沿墓葬主民族系属研究　周伟洲　史学集刊 2013 年 6：3－24

一三　宋至明清

宋代考古初探　〔美〕理查德·C. 鲁道夫著　李玉牛译　南方民族考古（第九辑）185－194

北宋都城新郑门遗址与开封"城摞城"　葛奇峰　大众考古 10：36－40

北宋清远军故城初探　沈浩注　西夏研究 1：21－24

论南方宋墓的共性特征及其成因　吴敬　考古与文物 1：95－100

仙居两座宋墓出土的文物　华涛琛、张峋　东方博物（第四十九辑）50－54

浅析江西宋墓的独特性及其原因　胡琰梅　江西省博物馆集刊（五）229－235

北宋叉手生肖陶俑折射出的文化意义　赖金明　江西省博物馆集刊（五）247－253

泸县宋墓石刻中的多彩生活　何沁冰　大众考古 4：52－55

四川泸县宋墓研究两题　霍巍　江汉考古 5：85－92

关于宋宁宗永茂陵位置问题的再思考　刘毅　江汉考古 2：90－97

金华项牌村南宋墓　赵威、蒋金治　东方博物（第五十一辑）31－34

从南宋徐谓礼墓到吕祖谦家族墓地——读徐谓礼墓札记　郑嘉励　东方博物（第四十六辑）30－33

陕西旬阳出土的南宋窖藏器物刍议　刘国强　文博 4：26－30

南宋"罗双双"银鞋考　毛慧　东方博物（第四十七辑）108－111

宋金之际茨菰纹的流行及其原因　常樱　装饰 10：74－75

辽代辽西走廊的考古遗址与社会发展　肖忠纯　农业考古 4：89－93

内蒙古东南部辽代城址的分类及研究初识　王晓琨　北方民族考古（第 1 辑）287－313

朝阳县大青山城址略考　杜晓红、宋艳伟　辽金历史与考古（第 5 辑）119－125

广东汕头市"南澳 1 号"明代沉船木材的分析研究　田兴玲等　文物保护与考古科学 4：109－115

山东梁山明代木船出土韩瓶功用之探析　汤铭　齐鲁文物（第 3 辑）39－46

盛京城考古初论　姜万里　沈阳考古文集（第 4 集）258－264

略论清朝礼亲王家族茔地的分布　张利芳　故宫博物院院刊 1：92－98

北京城区清代小型墓的考古研究　陈光　庆祝张忠培先生八十岁论文集 567－591

齐齐哈尔富拉尔基老龙头清代达斡尔族墓葬　霍晓东、傅惟光　北方文物 1：53－54

文成县苦马塘岩葬墓群初步研究　吴海红、金豪杰　东方博物（第四十九辑）55－61

文成周冕墓的构造特色　吴海红、章鹏华　东方博物（第五十二辑）57－63

济南高新区埠东村清代壁画墓初探　杨爱国、房道国　中国美术研究（第 11 辑）75－82

武威市凉州区谢河镇张氏家族墓葬调查研究　朱安、黎大祥　甘肃省博物馆学术论文集 62－74

　　补遗

从金代女真贵族墓葬看女真民族汉化进程　李玉君等　辽宁师范大学学报（社科版）2013 年 6：918
　　－923

元上都研究综述　叶新民　内蒙古大学学报（哲社版）2013 年 4：74－80

明太原县城与晋阳古城之渊源探析　张德一　山西社会主义学院学报 2013 年 3：76－80

北京市木樨地"五统碑"墓主人探索　张利芳　满族研究 2013 年 3：25－28

　　一四　其他

是不是纺轮——人类学视角下纺轮状器物的多种用途　王迪　民俗研究 1：89－92

我国考古中发现最早的稻草人形象　杨洋　北方民族考古（第 1 辑）197－199

浅析广西古代滑石猪　梁优　广西博物馆文集（第十辑）84－92

广西出土的滑石器初探　潘晓军　柳州白莲洞博物馆文集 590－596

江西地区皈依瓶研究——兼谈《大汉原陵秘葬经》中的"五谷仓"　隋璐　天津博物馆论丛（2013）
　　114－128

十全武功的纪念——回部、金川战役敌人首级所作噶布拉碗　赖依缦　故宫文物月刊 12：90－97

叁　考古学专论

一　甲骨文

甲骨文与商代文字　王双庆、杨鑫　大众考古 4：73－78

甲骨文的过去与未来　孟世凯　叩问三代文明：中国出土文献与上古史国际学术研讨会论文集 65－72

甲骨刻辞涂朱与商代朱砂　［美］陈光宇　甲骨学暨高青陈庄西周城址重大发现国际学术研讨会论文集
　　335－344

三千年前殷商帝王甲骨灼卜方法述要　张光远　甲骨学暨高青陈庄西周城址重大发现国际学术研讨会论
　　文集 295－298

再论甲骨卜辞命辞的性质——兼与巫称喜教授商榷　孔许友　中华文化论坛 4：163－169

三论甲骨卜辞的命辞　巫称喜　汉字文化 2：47－49

商周青铜器复合族徽与甲骨文多字族名比较研究　雒有仓　殷都学刊 3：1－8

商代的师　连劭名　考古 1：72－76

商代的多老与多工　连劭名　殷都学刊 1：6－8

甲骨卜辞与殷商戏礼　李振峰　北方论丛 2：7－11

再论殷墟人祭坑与甲骨文中羌祭卜辞的相关性　唐际根、汤毓赟　中原文物 3：24－28

甲骨文所见殷商农业文明　邹渊　重庆师范大学学报（哲社版）5：67－71

文集 451－456

《北京大学珍藏甲骨文字》新缀六则　何会　考古与文物 2：101－104

《甲骨文字形表》异体字初步研究　陈婷珠、李新城　考古与文物 1：101－111

《尚书·益稷》"华虫"新考　刘新民　考古与文物 4：101－103

"分类考察法"在甲骨文考释活动中的运用——以"主"、"不"为例　王子扬　甲骨学暨高青陈庄西周
　　城址重大发现国际学术研讨会论文集 161－166

说"盾"　赵平安　吉林大学社会科学学报 1：8－10

甲骨文"巫""無"释意及二字关系　陈晓丹　语文学刊 5A：38－57

甲骨文彡、方、彡及相关诸字考辨——兼论古汉字字际关系的确定准则　夏大兆　安徽大学学报（哲社
　　版）4：86－91

试释甲骨文字"痹"　何景成　文史 1：275－278

说"今""畲"——从商代甲骨文与西周金文中的"阴"说起　田炜　文史 2：241－250

释甲骨文中的"焦"　周忠兵　文史 3：255－262

释甲骨文"采"　王子扬　文史 3：263－265

从甲骨文"舞"字看"葛天氏之乐"　朱彦民　殷都学刊 1：1－5

说"丙"　李刚　殷都学刊 1：91－94

甲骨卜辞"气"字考述　黄鸿春　殷都学刊 2：6＝8

甲骨"黄"字字释与殷商时期黄国史探研　牛长立　殷都学刊 2：9－13

释"屯"　徐山　殷都学刊 4：1－2

再谈甲骨文中的"囚"　单育辰　出土文献（第五辑）1－4

古文字"豊"字构成试释　蔡哲茂　甲骨学暨高青陈庄西周城址重大发现国际学术研讨会论文集 187
　　－194

甲骨文"各""徦"源流考辨　郑春兰　语言研究 1：33－36

甲骨文"秉棘"补说　侯乃峰　甲骨学暨高青陈庄西周城址重大发现国际学术研讨会论文集 203－209

说甲骨文所谓"孙"字　蒋玉斌　甲骨学暨高青陈庄西周城址重大发现国际学术研讨会论文集 243－245

殷周古文字中的"同"　寇占民　甲骨学暨高青陈庄西周城址重大发现国际学术研讨会论文集 253－257

"商"辨　李维明　叩问三代文明：中国出土文献与上古史国际学术研讨会论文集 10－17

"妃""妣"辨　杨明明　语文学刊 2B：21－22

甲骨文方位词"外"的源流探析——兼论"毓""后"　卢婉玲　语文学刊 5A：19－22

殷商甲骨卜辞"今来"补论　邓飞　考古与文物 1：112－115

商代甲骨卜辞中的"今来"再论　邓飞、文旭　中国语文 2：185－187

甲骨文"长"字字形的重新整理　崎川隆　吉林大学古籍研究所建所三十周年纪念论文集 5－11

甲骨卜辞"王占曰"考——以《甲骨文合集》为例　孙超　黑龙江史志 11：82

甲骨文中的时间介词"于"　张玉金　甲骨学暨高青陈庄西周城址重大发现国际学术研讨会论文集 174
　　－186

再论卜辞中的"二示"和"元示"　苏文英、喻遂生　甲骨学暨高青陈庄西周城址重大发现国际学术
　　研讨会论文集 289－294

无名组田猎卜辞固定语辞十种　刘风华　甲骨学暨高青陈庄西周城址重大发现国际学术研讨会论文集
　　275－284

补遗

三峡地区商周时期巴人遗址中的甲骨研究　杨华等　三峡大学学报（人文社科版）2013 年 6：1－4

小臣墙刻辞与商末献俘礼——兼论商代典册问题　张怀通　河北师范大学学报（哲社版）2013 年 6：75
　　－80

甲骨文器物与殷商礼制民俗考论　邹渊　求索 2013 年 9：84－86

二 青铜器与铭文研究

综述

夏、商殷

三 简牍、帛书、文书、写本

释"弁"与"变"——简帛《五行》多层次的身心书写　范丽梅　汉学研究 1：1－38

战国秦汉时期的祠行信仰——以出土简牍《日书》为中心的考察　吕亚虎　陕西师范大学学报（哲社版）3：93－101

望山楚简"述瘥"考释　苏建洲　华学（第十一辑）53－57

古文字中用作"伊"之字考释　魏宜辉　中山大学学报（社科版）6：55－59

我与清华简的初步整理研究　李学勤　民族艺术 5：5－7

清华简注释之商榷　房德邻　中国高校社会科学 2：55－70

清华简关于秦人始源的重要发现——在首届中国（莱芜）嬴历史文化学术研讨会上的主题演讲　李学勤　嬴秦始源——首届中国（莱芜）嬴历史文化学术研讨会论文集 1－4

清华简札记二则　陈絜　叩问三代文明：中国出土文献与上古史国际学术研讨会论文集 298－303

论清华简"琴舞九絉"及"启、乱"　方建军　音乐研究 4：5－9

清华简《周公之琴舞》组诗的身份确认及其诗学史意义　徐正英、马芳　复旦学报（社科版）1：76－87

先秦文献中的琴瑟与《周公之琴舞》的成文时代　李守奎　吉林大学社会科学学报 1：11－19

清华简《周公之琴舞》与孔子删《诗》相关问题　徐正英　文学遗产 5：37－43

清华简《周公之琴舞》的文本与乐章　蔡先金　西北师大学报（社科版）4：33－41

试论清华简《周公之琴舞》的文本性质　姚小鸥、孟祥笑　文艺研究 6：43－54

清华简《尹诰》献疑　姜广辉、付赞　湖南大学学报（社科版）3：109－114

《清华简〈尹诰〉献疑》之疑　王宁　古代文明研究通讯 62：73－81

关于清华简《尹至》、《尹诰》的形成和性质——从伊尹传说在先秦传世和出土文献中的流变考察　夏大兆、黄德宽　文史 3：213－239

从《尹至》篇"播"字的讨论谈文义对文字考释的重要性　袁金平　出土文献（第五辑）121－126

清华简《祭公》与西周三公之制　杜勇　历史研究 4：4－20

清华简《祭公》毛班与西周毛氏　陈颖飞　叩问三代文明：中国出土文献与上古史国际学术研讨会论文集 277－297

试论清华简《系年》的人文史观　许兆昌　吉林师范大学学报（人文社科版）6：28－34

清华简《系年（三）》与秦初史事略析　张天恩　考古与文物 2：107－109

从清华简《系年》看周宣王"不籍千亩"的真相　雷晓鹏　农业考古 4：198－202

清华简《系年》与郑子阳之难新探　马卫东　古代文明 2：31－36

清华简《系年》三晋伐齐考　马卫东　晋阳学刊 1：16－22

由《系年》第二章论郑国初年史事　李学勤　湖南大学学报（社科版）4：5－6

读《清华简·系年》札记　陈勤香　语文学刊 7A：24

试说清华《系年》楚简与《春秋左传》成书　沈建华　简帛·经典·古史 165－171

试说清华《系年》楚简与《春秋左传》成书　沈建华　叩问三代文明：中国出土文献与上古史国际学术研讨会论文集 397－405

从清华简《系年》看周平王东迁的相关史实　刘国忠　简帛·经典·古史 173－179

清华简《系年》"武阳"考　吴良宝　吉林大学古籍研究所建所三十周年纪念论文集 69－72

论清华简《系年》与战国楚、宋年代问题　熊贤品　简帛研究（2013）9－21

清华简《系年》"析"地辨正　袁金平、张慧颖　简帛研究（2013）22－26

从清华简《系年》看纪事本末体的早期发展　许兆昌　叩问三代文明：中国出土文献与上古史国际学术研讨会论文集 406－418

清华简《祝辞》弓名和射姿考论　胡宁　古代文明 8：47－59

清华简《祝辞》与先秦巫术咒语诗　江林昌　深圳大学学报（人文社科版）2：54－58

清华简（叁）《良臣》篇管见　杨蒙生　深圳大学学报（人文社科版）2：59－61

补遗

额济纳汉简所见居延边塞交易与币值初探　魏坚　庆祝张忠培先生八十岁论文集 408 – 413

《肩水金关汉简（壹）》纪年简校考　黄艳萍　敦煌研究 2：116 – 121

《肩水金关汉简（二）》纪年简校考　黄艳萍　简帛研究（2013）188 – 200

《肩水金关汉简（贰）》历简年代考释　罗见今、关守义　敦煌研究 2：109 – 115

《肩水金关汉简（二）》所见"河东定阳"简试释　黄浩波　历史地理（第二十九辑）276 – 282

谈肩水金关汉简中的几个地名（二）　马孟龙　中国历史地理论丛 2：88 – 92

试探肩水金关汉简中"传"的制度　张英梅　敦煌研究 2：122 – 126

肩水金关汉简所见"从者"探析　侯宗辉　敦煌研究 2：132 – 140

金关汉简中的翟义同党陈伯阳及相关问题　刘乐贤　中国史研究 1：199 – 204

金关汉简"孔子知道之易"为《齐论·知道》佚文蠡测　萧从礼、赵兰香　简帛研究（2013）182 – 187

肩水金关汉简"元始六年（居摄元年）历日"复原　程少轩　出土文献（第五辑）274 – 284

对十三年衣物疏木牍的再释读和相关问题的探讨　卢朝　华夏考古 4：107 – 109

武威简本《仪礼》再辨　何双全　甘肃省博物馆学术论文集 154 – 157

汉代古籍《仪礼》考略　王裕昌　甘肃省博物馆学术论文集 158 – 163

《王杖十简》"本二年"、"山东复"考　白于蓝　吉林大学古籍研究所建所三十周年纪念论文集 159 – 164

汉酒泉郡十一置考　李并成　敦煌研究 1：115 – 120

对敦煌汉简一条简文两个问题的理解　谢璞、张俊民　考古与文物 2：82 – 85

敦煌汉简所见乌孙归义侯质子新莽朝及"车师之战"考辨　侯宗辉　简帛研究（2013）168 – 181

说马王堆三号墓遣策简 408 的勾划符和"䛵到此"　蒋文　文史 1：279 – 280

秦汉出土数书散札二则　谭竞男　江汉考古 5：113 – 115

张家山三三六号汉墓《秩律》残简相关问题阐释　马孟龙　江汉考古 6：108 – 111

张家山汉墓竹简用字习惯考察　周朋升　语言科学 3：317 – 325

张家山汉简《二年律令·贼律》整理刍议　初世宾　甘肃省博物馆学术论文集 132 – 148

张家山汉简《二年律令》所见爵制——以对"庶人"的理解为中心　［日］椎名一雄著　孙闻博译　简帛研究（2013）236 – 252

简牍所见获爵者的经济权益　杨眉　甘肃省博物馆学术论文集 164 – 166

江陵凤凰山十号汉墓六号牍校释　陈淑珍、田河　丝绸之路 12：48 – 49

古人堤简牍与东汉武陵蛮　魏斌　中央研究院历史语言研究所集刊（第八十五本）第一分 61 – 103

云梦睡虎地 77 号西汉墓"伍子胥故事残简"简序问题刍议　曹方向　江汉考古 3：122 – 125

阜阳汉简《春秋事语》校读二记　白于蓝　华夏考古 2：81 – 82

胥浦汉墓《先令券书》释读问题补议　郑金刚　文献 4：6 – 11

北京大学藏西汉竹书的文字学启示　张世超　古代文明 4：104 – 109

审美视域下的甘谷汉简　林天山　丝绸之路 18：63 – 64

定州八角廊汉简《文子》新证　连劭名　文物春秋 1：10 – 13

定州八角廊简《文子》复原　张固也　吉林大学古籍研究所建所三十周年纪念论文集 165 – 173

《银雀山汉墓竹简（二）》校订　牛新房　中国国家博物馆馆刊 9：40 – 44

读《银雀山汉墓竹简（二）》"论政论兵类"札记　林志鹏　简帛研究（2013）151 – 156

银雀山汉墓竹简《田法》考略——以与《管子》比较为中心　郭丽　简帛研究（2013）157 – 167

东牌楼汉简"府卿"试释　刘乐贤　简帛研究（2013）221 – 227

竹简中的古兵书　田旭东　叩问三代文明：中国出土文献与上古史国际学术研讨会论文集 429 – 437

补遗

马王堆汉墓遣册词语考释札记　刘玥　汉字文化 2013 年 5：25 – 26

敦煌藏文文书《牛角山授记》残片的初步研究 朱丽双 西域文史（第八辑）23－38

唐咸通乾符年间的西州回鹘政权——国图藏 BD11287 号敦煌文书研究 付马 敦煌研究 2：76－81

回鹘时代的北庭城——德藏 Mainz354 号文书所见北庭城重建年代考 付马 西域研究 2：9－22

唐代吐鲁番与敦煌地区受田差异初探——以敦煌吐鲁番文为中心 张新国 中国历史地理论丛 1：115－125

从敦煌吐鲁番文书看唐朝对来华九姓胡人的管理 许序雅 西域研究 2：1－8

从吐鲁番文书看唐代世俗政权对西州寺院经济的管制 王祥伟 吐鲁番学研究 1：54－62

西域出土古藏语田籍初探 ［日］岩尾一史著 杨富学、杨春燕译 西夏研究 2：66－71

有关和田出土的几件粮帐文书 丁俊 西域研究 1：9－15

于阗镇守军及使府主要职官——以中国人民大学博物馆藏品为中心 孟宪实 西域研究 1：1－8

于阗镇守军与当地社会 刘子凡 西域研究 1：16－28

钱与帛——中国人民大学博物馆藏三件于阗语—汉语双语文书解析 段晴、李建强 西域研究 1：29－38

德藏文书《唐西州高昌县典周达帖》札记 孙丽萍 西域研究 4：101－104

敦博 58 号文书与两唐书《地理志》等相关问题考 李宗俊 中国历史地理论丛 2：46－60

5－7 世纪高昌地区的马匹与丝绸贸易——以吐鲁番出土文书为中心 张爽 北方论丛 3：83－86

文书所见高昌国平民土地占有状况研究 裴成国 西域文史（第八辑）105－127

西州与北庭——以北庭的西州兵士和胥吏为中心 刘子凡 西域文史（第八辑）129－143

西州回鹘王国建立初期的对外扩张——中国文化遗产研究院藏 xj222－0661.09 号回鹘文书的历史学研究 付马 西域文史（第八辑）145－162

黑水城西夏汉文南边榷场使文书补考 杜立晖 宁夏社会科学 1：100－107

黑水城所出《西夏榷场使文书》所见川绢、河北绢问题补释 宋坤 宁夏社会科学 2：100－105

黑水城出土西夏文《法则》卷九新译及其史料价值述论 梁松涛、张玉海 西夏研究 1：36－59

"他山之作"：11－12 世纪远东国家使节交往的文献资料——西夏《天盛改旧新定律令》 ［俄］克恰诺夫著 王颖译 西夏研究 4：34－41

黑水城出土西夏文卖人口契研究 史金波 中国社会科学院研究生院学报 4：121－129

黑水城所出识认状问题浅探 宋坤 西夏研究 3：16－22

黑水城文书所见元代基层孔子祭祀 张红英 图书馆理论与实践 7：98－100

《金国汗黄台吉与海岛刘兴治等告天盟书》考 王志强 中国国家博物馆馆刊 2：59－69

补遗

敦煌归义军节度使曹延恭造窟功德记考释 郑怡楠 敦煌学辑刊 2013 年 3：104－112

敦煌写卷中的人名与断代 张秀清 黑龙江史志 2013 年 19：68－69

园菜果瓜助米粮：敦煌蔬菜博物志 余欣 兰州学刊 2013 年 11：12－24

从出土文献看蕃占时期敦煌的奴婢 陈继宏 敦煌学辑刊 2013 年 4：70－77

中央民族大学收藏吐鲁番出土文书初探 张铭心、凌妙丹 中央民族大学学报（哲社版）2013 年 6：115－121

徐谓礼告身的类型与文书形式——浙江武义新出土南宋文书研究 王杨梅 浙江社会科学 2013 年 11：121－126

黑水城所出元代录事司文书考 杜立晖 文献 2013 年 6：52－58

写本

回鹘医学与回鹘文本《医理精华》考释 ［德］茨默著 杨富学、侯明明译 吐鲁番学研究 2：125－136

羽田亨与敦煌写本 ［日］高田时雄著 牛源译 敦煌研究 3：184－189

20 世纪以来《弥勒会见记》研究综述 李梅 西域研究 2：127－137

隋唐宋初写经社邑考略——以敦煌写经题记为中心 赵青山 敦煌研究 1：87－93

四　碑刻

综述

秦岭碑刻特点概说　吴敏霞　考古与文物 5：66－74

白鹤梁题刻数及题刻收录考察　曾超　三峡大学学报（人文社科版）1：16－24

白鹤梁题刻的历史和价值　孙华、陈元棪　四川文物 1：44－53

甘桑石刻文与甲骨文之对比研究　班玄　语文学刊 9A：38－40

庆阳发现石刻题铭学术史料价值举隅　卢冬　甘肃省博物馆学术论文集 236－241

补《金文最》缺字 15 例——以石刻文献资料为据　王新英　吉林大学古籍研究所建所三十周年纪念论文集 632－633

补遗

秦岭碑刻的类别及内容略述　吴敏霞　人文杂志 2013 年 11：84－90

汉、魏、晋、南北朝

1949 年以来巴蜀地区汉代石刻文字的发现与研究　黄静、赵宠亮　四川文物 6：52－59

《汉魏六朝碑刻校注》汉碑释文补正　吕蒙、袁苹　中华文化论坛 2：88－99

《乐经》——佚失的儒家经籍——河南博物院藏熹平石经残石内容管窥　王锦生　中原文物 1：83－86

马衡跋"汉魏石经"残石拓本研究　谭淑琴　中原文物 1：87－91

《敦煌太守裴岑纪功碑》出土时地及版本源流考辨　吴浩军　汉代西域考古与汉文化 199－207

嘉祥安国祠堂题记识读　张广存　齐鲁文物（第 3 辑）221－231

东汉小黄门张残石疏证　涂白奎、赵君平　孙作云百年诞辰纪念文集 203－206

曹操墓刻铭石碑名物小考　李梅田　北方民族考古（第 1 辑）181－196

西晋石经《尚书》皋陶谟、益稷残石拓本　宫万琳　中原文物 1：92－95

南明山摩崖题刻　崔丽萍　浙江文物 3：27

吉林集安新发现的高句丽碑　李东　文物 10：66－67

六朝石刻疑难俗字例释　梁春胜　文史 4：275－284

阆中石室观《隗先生石室记》　孙华　文物 8：53－62

南北朝至隋唐碑铭反映的羌人女性地位　吴明冉　北方文物 2：78－82

山西襄汾北魏、隋、唐造像碑　李学文　文物 11：74－80

《邸府君之碑》释文商补　尚磊明　江汉考古 1：122－124

邢台郭村大齐天统常乐寺碑记考　李轩鹏、张欣　文物春秋 3：50－54

咸阳出土北周《魏故南秦刺史成君碑》疏证　王其祎、王菁　中国国家博物馆馆刊 2：71－76

甘肃秦安出土北周《宇文建崇造像碑》　李举纲、樊波　甘肃省博物馆学术论文集 214－218

补遗

释读馆藏拓本《任城太守孙夫人碑》　郝志敏　黑龙江史志 2013 年 23：172－173

隋、唐、五代

幢　经幢　坟幢——从固原南郊隋唐墓地出土的两具石幢说起　王效军　甘肃省博物馆学术论文集 110－122

隋"龙华碑"建毁年代考　汪海波　世界宗教研究 4：41－44

越南新出隋朝《舍利塔铭》及相关问题考释　王承文　学术研究 6：95－102

南宫隋碑录文商榷　苏禄煊　文物春秋 4：41－42

唐碑形制与碑碣制度不符之原因探析　张宇　艺术探索 1：28－29

唐"石台孝经碑"相关问题的观察与讨论　罗宏才　十院校美术考古研究文集 3－31

河北易县唐代道德经幢　唯喜　中国道教 2：60－61

五方唐代《皇帝诏命》册书刻石考释　王建荣　文博 6：61－64

处州孔庙碑刻考　魏晓明　东方博物（第五十二辑）99－103

从少林寺《大唐天后御制碑》谈武则天的孝亲与尊佛　汪鹏　中原文物 1：96－99

龙门东山擂鼓台佛足迹图像碑及相关问题　焦建辉、谷宏耀　中原文物 5：92－94

云居寺四座唐代石塔铭文的试析　孙勐　北京联合大学学报（人文社科版）4：15－19

《泾州大云寺舍利石函铭并序》所见武周职官人物　茹实、刘志华　陇右文博1：43－47

亭林宝云寺碑刻考略　黄兆欢　上海文博论丛1：85－89

《唐智该法师碑》关联问题新考　介永强　中原文物3：94－97

唐窦希瓘神道碑研究　李明、刘呆运　考古与文物5：95－101

唐杨执一神道碑考释　李小勇　文博4：59－65

《唐张仁宪神道碑考》再补　张洪英　文物春秋5：51－53

读江苏徐州新出土"太原王公德政碑"　孙爱芹等　东南文化1：84－92

安阳灵泉寺"陇西敦煌人"碑文初探——丝绸之路文化研究中不容忽视的"细节"　孙晓岗　河南教
　　育学院学报（哲社版）1：8－12

读《契苾明碑》札记　王苗　中古墓志胡汉问题研究194－206

《唐蕃会盟碑》碑底纪年方式研究综述及吐蕃时期藏族纪年方式考证　卓嘎　西藏研究5：115－120

唐代北庭龙兴寺营建相关问题新探——以旅顺博物馆藏北庭古城出土残碑为中心　彭杰　西域研究4：
　　63－72

《大唐天竺使之铭》研究四题　张金梁　吉林大学古籍研究所建所三十周年纪念论文集508－515

唐后期的定窑是藩镇义武军官窑——也谈《唐恒岳故禅师影堂纪德之碑》有关题刻　孟繁峰、黄信　故
　　宫博物院院刊2：39－51

《大理国彦贲赵兴明为亡母造尊胜墓幢》浅析　杨玉莲　四川文物3：70－73

昆明大理国时期地藏寺经幢　高静铮、李晓帆　文物4：80－84

云南地区冠形圆首碑源流考　李榆　中古墓志胡汉问题研究364－374

补遗

成都杜甫草堂古代碑刻初考　李霞锋　杜甫研究学刊2013年4：87－101

道格尔古碑之三探　马建新　西北民族大学学报（哲社版）2013年6：118－121

宋、辽、金、元

宋六陵金石碑拓述略　葛国庆　东方博物（第四十七辑）98－107

宁波宋元碑刻刻工整理　章国庆　东方博物（第四十六辑）72－77

宋金保安军小胡等族碑碣资料综合考察与研究　段双印、白保荣　宁夏社会科学5：91－99

大足宋代碑记校补举隅　邬宗玲　江汉考古3：92－97

从石刻文物谈焦作的煤炭开采及相关问题　宋艳阳　中原文物2：105－109

府城玉皇庙碑所记宋代求雨仪式"信马"初探　燕飞　文物世界4：39－40

驾鹤山摩崖石刻调查与研究　潘晓军　广西博物馆文集（第9辑）182－186

柳州陆道岩摩崖石刻调查与研究　潘晓军　广西博物馆文集（第十辑）292－295

西狭金石之《碑牧题记》探微　窦永锋　陇右文博2：57－58

浅析县南重兴寺石刻记　李赞鲁　柳州白莲洞博物馆文集573－574

麦积山《秦州雄武军陇城县第六保瑞应寺再葬佛舍利》碑相关问题略考　张萍、马千　陇右文博2：
　　59－65

威县出土《新宗城县三清殿记》刻石新探　张冲　文物春秋3：65－70

"红字碑"相关地名考证　黄义军　湖南考古辑刊（第10集）293－304

金王庭筠《黄华山居诗》刻石　李娟　文物世界3：42－43

《紫霄观重建记》石碑考释　应军　东方博物（第四十八辑）93－96

阜新地区辽代碑志及相关问题　梁姝丹　辽金历史与考古（第5辑）323－333

《辽代石刻文续编》订正与补注　葛华廷、王玉亭　辽金历史与考古（第5辑）297－311

辽代人丧葬观念刍论——以石刻文字资料为中心　张国庆　辽宁省博物馆馆刊（2013）51－56

金代汉文石刻所见金夏关系研究　陈玮　北方文物4：81－85

忻州新发现金代七通"佛顶尊胜陀罗尼幢"考论　侯慧明　博物馆研究 2：74－84

洛阳藏金代全真道石碑考　刘连香　四川文物 5：71－76

谭处端丘处机书金代石碑初论　刘连香　中国国家博物馆馆刊 11：95－102

沁阳金代秦顺授官碑考　罗火金等　中原文物 2：100－104

金代丧葬礼俗举要——以金代石刻资料为中心　王新英　辽宁省博物馆馆刊（2013）255－268

论凉州西夏碑碑座图像的构图意境　谭黛丽、于光建　西夏研究 2：19－25

元代全宁路硬译文体残碑考释　李俊义等　北方文物 1：51－52

《刑部题名第三记碑》考　刘卫东　北京文博文丛 3：32－38

元代《宣授善和大师塔铭》碑补缺　庞雪平、魏敏　文物春秋 5：60－61

河北宣化发现赵孟頫书神道碑　陈晓东、王继红　中国文物报 10 月 28 日 2 版

从元代碑刻看元代南阳武侯祠　李红　中原文物 4：101－104

从"海内汗"到转轮王——回鹘文《大元肃州路也可达鲁花赤世袭之碑》中的元朝皇帝称衔考释　钟
　　焓　中古墓志胡汉问题研究 351－363

　　明、清

从两方高阳碑志拓片看明清两代的学规禁例　刘美然　文物春秋 2：57－61

明《重修惜薪司碑》考　张云燕　北京文博文丛 3：39－46

郑和碑见证中斯海上丝路缘　杨梅菊等　中国文物报 10 月 7 日 1 版

三关石刻考证　李晋贺　草原文物 2：92－95

破译《琉球国书》碑　钱文辉、吴建芳　大众考古 7：73－74

明北京三殿营建采石的重要史料——记河南浚县天启六年皇极殿采石摩崖题刻　王毓蔺　故宫博物院院
　　刊 1：83－91

明朝天顺年间碑刻弥陀禅寺记与西方极乐世界图述论　李静杰　故宫博物院院刊 4：6－26

徐渭撰马水口"新建义勇武安王庙碑记"考　王浩　故宫博物院院刊 6：86－99

明代平凉《演玄观记》碑考略　张钦仲　陇右文博 2：66－68

河南省沁阳万善汤帝庙戏楼及碑刻考述　王建设　中国戏剧 6：67－69

贵州沿河县万历时期《军门禁约》碑文考论——兼论贵州明代中晚期"夷"汉关系　叶成勇　民族研
　　究 5：92－99

隆兴寺攀松古藤与"松风萝月"大字刻石　刘友恒、杨双秋　文物春秋 2：55－56

明《建文昌神祠记》残碑考　程雅玲、房树辉　文物春秋 4：50－58

明董其昌撰书《重修云龙山放鹤亭碑记》　于康唯　文物世界 2：35－38

明"重修白马庙记"碑考　张宏元　东方博物（第五十辑）112－117

《南京司礼监等衙门太监等官义会碑》考释　龚巨平　南京文物考古新发现（第 3 辑）323－328

贵州红岩摩崖题刻试译　巩连杰　成都文物 1：61－68

石刻中反映的羌族释比文化　吴明冉、曾晓梅　西北民族大学学报（哲社版）5：33－38

甘南岗岔摩崖题记"总兵官征西大将军"指沐英　王科社、余恩　西部考古（第六辑）235－246

从一方碑刻看清代中原的田宅交易　刘晨、吕广超　大众考古 10：70－73

西藏定日县绒辖界碑藏、汉文碑刻简释　田小兰等　考古与文物 6：49－52

略述嘉峪关"天下雄关"碑的位置变迁　雒惊璠　丝绸之路 10：31－32

山东昌邑所见康熙帝御书刻石　王伟波　中原文物 2：110－113

文安县乾隆御诗碑　付艳华　文物春秋 4：59－65

《御制平定金川勒铭美诺之碑》考析　黄清华　西藏研究 6：61－73

漫谈清代番禺民间信仰石刻　康薇　广州文博（七）99－103

　　补遗

白塔山摩岩石刻初探　荣泽　内蒙古社会科学 2013 年 6：55－58

水利碑刻所反映出的内容特点及社会功能——以清代河西地区为中心的考察　魏静　甘肃联合大学学报
　　（社科版）2013 年 6：98 - 104

墓志与地券

汉、魏、晋、南北朝

带往阴间的通关文书——论告地书在丧葬文书发展历程中的地位　马媛媛　贵州文史丛刊 3：72 - 77

江苏苏州石湖景区谢家坟朱氏墓地出土墓志的初步考证　丁一　东南文化 4：93 - 99

河南巩义市北窑湾汉墓出土东汉买地券研究　张雷　华夏考古 1：100 - 102

东汉墓志词语考释　刘志生　华南理工大学学报（社科版）3：92 - 93

河西镇墓文丛考（一）——敦煌墓葬文献研究系列之五　吴浩军　敦煌学辑刊 1：53 - 70

魏晋南北朝隋唐斛斯氏族家族研究　谢琛　中古墓志胡汉问题研究 3 - 22

新发现武兴国主杨文弘与姜太妃夫妇墓志考　蔡副全　考古与文物 2：86 - 93

长安新出墓志所见南人北迁之迹考释——以南北朝隋初为例　汤勤福　首都师范大学学报（社科版）2：
　　8 - 13

《明昙憘墓志》所见南朝境内的"青齐土民"　陆帅、胡阿祥　东岳论丛 3：46 - 53

论北朝墓志题名与尊体意识　马立军　文艺评论 4：68 - 71

西魏张悖墓志考　冯莉　文博 6：54 - 56

北魏高树生及妻韩期姬墓志考　王连龙　文物 2：80 - 86

从叱罗招男墓志看北魏道武帝早年入蜀事迹　倪润安　四川文物 2：68 - 72

北魏赵郡李氏的人和事——读《李宪墓志》　叶其峰　中古墓志胡汉问题研究 67 - 81

《魏故城阳宣王（拓跋忠）墓志》考　殷宪　中国国家博物馆刊 3：76 - 83

《魏故襄威将军积射将军郭君志铭》考　安建峰　文物世界 2：21 - 22

《封和突墓志》渊源考　郭月琼　中古墓志胡汉问题研究 23 - 33

《元飏妻王夫人墓志》若干问题探析　安磊　四川文物 2：73 - 75

新见北齐《尔朱世邕墓志》及相关问题研究　王连龙　华夏考古 4：116 - 123

新见北齐《贾进墓志》考释　崔冠华　燕山大学学报（哲社版）3：59 - 62

北齐《道明墓志》与陆真山延昌寺　郭颖、郭建设　河南文物考古论集（五）255 - 260

隋、唐、五代

由武入文——从墓志看长孙氏家族在隋唐时代的发展历程　马静　中古墓志胡汉问题研究 105 - 129

《考释青州出土的两通隋代墓志》补议　陈英杰　华夏考古 2：102 - 105

流寓周隋的南朝士人交往图卷——新出隋开皇八年《朱干墓志》笺证　周晓薇、王其祎　陕西师范大学
　　学报（哲社版）4：83 - 92

内丘出土隋代墓志　贾城会、巨建强　文物春秋 4：39 - 40

隋代蒋庆墓志考释　黄林纳　中原文物 3：89 - 93

咸阳新出隋开皇十五年《尉永墓志》释证　周晓薇、王其祎　乾陵文化研究（八）388 - 393

隋左武卫将军周法尚墓志研究　赵振华、徐有钦　唐史论丛（第 13 辑）351 - 371

近二十年来唐代墓志与历史地理研究述评　陈呈　陕西历史博物馆馆刊（第 21 辑）207 - 215

从出土胡人墓志看唐高宗、武则天时期的政治侧影　马强、魏春莉　社会科学战线 5：94 - 101

《唐刺史考全编》订补——以《大唐西市博物馆藏墓志》为中心　黄楼　吐鲁番学研究 1：20 - 53

《唐刺史考全编》拾补　客洪刚　中国国家博物馆刊 1：75 - 83

唐代直官补考（上）——以墓志为中心　李锦绣　隋唐辽宋金元史论丛（第 4 辑）125 - 138

《新出唐墓志百种》文字校理　周阿根、王凤琴　阅江学刊 4：94 - 99

洛阳唐宋墓志纹饰中的十二生肖图案　赵菲菲、霍小峰　洛阳考古（总第 6 期）67 - 79

唐代女性的初婚年龄　万军杰　华夏考古 2：106 - 113

《唐成公崇墓志》考释　刘子凡　文献3：102－112

唐夏州张宁墓志考释　杜维民　西夏研究3：62－66

新见《唐高惠墓志》考释　刘向阳、李小勇　文博1：57－63

新出唐《颜淙墓志》考略　段志凌　文博2：47－50

新见唐代宦官《杜英琦墓志》疏证　景亚鹏　文博3：50－53

郑乾意墓志考释　杨军凯　文博4：51－54

唐《李楷墓志》略考　贺华　文博5：55－58

唐《王知信墓志》考略　杨玮燕　文博6：57－60

唐代郝公墓志铭考　宋志刚等　文物春秋2：53－54

唐《蔡雄墓志》考　赵生泉、史瑞英　文物春秋3：55－64

唐郑易墓志考略　牛红广　中国国家博物馆馆刊4：59－65

唐代王卿儿墓志考　邢富华等　中国国家博物馆馆刊4：66－72

西安新出刘伯刍墓志及相关问题考释　高慎涛　中国国家博物馆馆刊11：71－77

唐故云骑尉吕公夫人周氏墓志铭考　王鑫君、朱刚　东方博物（第四十五辑）74－78

新出土唐邵炅墓志考释　高慎涛　河南文物考古论集（五）188－190

《大唐故韦府君墓纪石》跋　赵生泉　吉林大学古籍研究所建所三十周年纪念论文集516－520

河南洛阳出土唐赵宗墓志铭考释　张琛　暨南史学（第九辑）112－118

新发现唐史弘泉墓志铭试释　张重艳等　唐史论丛（第13辑）339－350

唐贺拔亮张氏联姻反映的文化认同与士族相貌——以《唐贺拔君夫人张氏墓志》为中心　李鸿宾　中古
　　墓志胡汉问题研究130－145

唐代《裴沙墓志》所反映的西域胡人的汉化及认同　裴恒涛　中古墓志胡汉问题研究158－193

唐《窦思仁墓志》研究——以"先天政变"为中心　张明　中古墓志胡汉问题研究207－228

唐《裴导墓志铭》初考　付珺　中古墓志胡汉问题研究229－239

唐《陈守礼墓志》考释及相关问题研究　蓝贤明　中古墓志胡汉问题研究279－297

唐《石默啜墓志》考释　尤李　中古墓志胡汉问题研究298－308

《石神福墓志》考释　高文文　中古墓志胡汉问题研究309－320

大唐西市博物馆藏曹怀直（元秀）墓志铭考释　蒋爱花　中古墓志胡汉问题研究337－348

蒙古国新出土仆固墓志研究　杨富学　文物5：77－82

蒙古国出土金微州都督仆固墓志考研　冯恩学　文物5：83－88

唐阿史那伽那墓志研究　朱振宏　唐研究（第二十卷）193－208

新见两方突厥族史氏家族墓志研究　朱振宏　西域文史（第八辑）179－213

《唐故突骑施王子志铭》补考　周伟洲　中国历史地理论丛1：110－114

新见唐代突厥王族史善应墓志　王庆卫　中国国家博物馆馆刊4：49－58

李元琮墓志及相关问题考论　王连龙　吉林师范大学学报（人文社科版）6：35－38

高昌墓砖对女性的记述　米婷婷　吐鲁番学研究1：63－71

中国学界对入唐百济移民祢氏家族墓志的研究　拜根兴　国际汉学研究通讯（第8期）299－307

百济人祢军墓志中的"日本"　东野治之著　葛继勇译　国际汉学研究通讯（第8期）313－316

祢军墓志中的"日本"和"风谷"　西本昌弘著　张书祥、齐会君译　国际汉学研究通讯（第8期）
　　317－323

《祢军墓志》所载的东方地名称谓　葛继勇　国际汉学研究通讯（第8期）324－329

入唐百济移民陈法子墓志关联问题考释　拜根兴　史学集刊3：65－71

羁旅唐朝的新罗王族——《金日晟墓志》初探　杨思奇　中古墓志胡汉问题研究240－278

唐代吐谷浑质子考——以唐代吐谷浑王室慕容氏墓志为中心　濮仲远　河西学院学报4：30－34

丽江格子吐蕃墓碑补考　巴桑旺堆　西藏研究1：57－64

武威西郊西夏墓墓葬题记述论　常岚、于光建　宁夏社会科学 2：106 – 110

河北邯郸大名出土小李钤部公墓志刍议　史金波　河北学刊 4：56 – 58

元《处士胡堂墓志》考述　任江　东南文化 4：100 – 105

北京普寿寺阿拉伯语波斯语墓碑考略　马保全　中国穆斯林 4：62 – 65

南京"王景弘地券"的发现与初步认识　祁海宁、龚巨平　东南文化 1：98 – 106

补遗

范仲淹撰贾昌龄墓志研究——兼及出土文本与传世文本的比较　陈朝云、许世娣　中州学刊 2013 年 11：120 – 125

元代《故漕运同知黏合公妻逸的氏墓志铭》考释　翟丽萍　北方民族大学学报 2013 年 5：29 – 33

明、清

以碑志为中心，谈明代辽阳佟氏家族　王成科　辽宁省博物馆馆刊（2013）289 – 299

南京出土明代罗氏家族墓志考　周保华　南京文物考古新发现（第 3 辑）298 – 307

明代开国功臣吴良、吴祯家族史事摭补——以出土墓志为核心　邵磊　南京文物考古新发现（第 3 辑）282 – 291

明代首任南宁伯毛胜暨夫人白氏合葬墓志略识　邵磊　苏州文博论丛（总第 5 辑）42 – 47

浅析《柏兴路同知英叔李公墓志铭》：古碑刻与传统道德　萧用桁　南方文物 3：189 – 191

浅论明藩伊王朱典楧与户部郎中陈大壮　黄吉博、黄吉军　河南文物考古论集（五）206 – 210

明代河南道监察御史董贞复墓志铭考释　陆菊仙　东方博物（第四十八辑）97 – 103

明《宣平王夫人张氏墓志》考释——兼论吴宽楷书书法特点　寇振宏　文物春秋 5：65 – 70

明代谢恩、王氏墓志考　张红军　四川文物 2：81 – 87

《故明封清河郡太淑人宋氏墓志铭》录文订补　袁永明　文物春秋 5：62 – 64

明代李孜、宋氏墓志考　张红军　中国国家博物馆馆刊 6：43 – 52

《明故龙孺人杨氏墓志铭》考　贺晏然　东南文化 3：89 – 94

明代许庄及妻周氏墓志考略　滦县文物保护管理所　赵立国、周国立　文物春秋 5：71 – 75

《明周藩内乡王府镇国将军夫人侯氏合葬墓志铭》考释　王三营、曹金萍　中原文物 5：100 – 103

明代郝公宽墓志考释　崔晓东、贾志斌　文物世界 1：30 – 32

明代姬涝墓志考　郭继宾　中原文物 5：104 – 106

明郑卿墓志考释　周赟　甘肃省博物馆学术论文集 123 – 131

枣庄明代贾三近墓志铭考释　尹秀娇　海岱考古（第七辑）442 – 448

明代左军都督府左都督刘聚夫人梁氏墓志浅释　贾维勇、张九文　南京文物考古新发现（第 3 辑）315 – 322

《明故徐季昭妻赵氏墓志铭》考释　陈大海　南京文物考古新发现（第 3 辑）329 – 331

明庞景华、徐妙宁夫妇墓志考　骆鹏　南京文物考古新发现（第 3 辑）332 – 339

山东昌邑明代邢妻孙氏墓志铭考　刘洪波　齐鲁文物（第 3 辑）47 – 51

榆林出土明陈凤墓志考释　代锋　西部考古（第六辑）247 – 253

碑刻中的社会——从陵川碑刻中看民间社会活动　常红川　文物世界 1：39 – 41

永顺老司城一品夫人墓碑铭文信息解读　罗维庆、罗中　中央民族大学学报（哲社版）5：89 – 94

《张俊暨元配王夫人合葬墓志铭》考释　张弛　陇右文博 2：69 – 75

清奉政大夫原公墓志考　宋艳阳、张保民　河南文物考古论集（五）261 – 264

新津郭之新墓碑记成都平原清代民间水利纠纷与处理机制　李映福、颜斌　博物馆学刊（第四辑）8 – 22

补遗

《清封一品夫人沈母吴太夫人墓志铭》考释　涂林林　黑龙江史志 2013 年 21：22 – 23

杨廷和撰《大明故亚中大夫韩公墓志铭》考释　韩小荆　文献 2013 年 6：64 – 69

重庆中国三峡博物馆藏刘安人余氏墓志考议　刘兴亮　重庆师范大学学报（哲社版）2013 年 6：56 - 60

五　玉器
综述
礼玉"六器"的阴阳性别及与四神的关联　宋亦箫　民族艺术 3：151 - 157

浅论古代改制玉器　高原　文物春秋 6：11 - 16

历代玉璧时代特征举例　崔云　收藏家 11：43 - 49

出土玉圭的形制研究　陈建平　江西省博物馆集刊（五）190 - 202

兔形玉饰概说　柴晨鸣　中国文物报 7 月 1 日 7 版

历代凤鸟纹　徐强　中国文物报 5 月 7 日 7 版

钟灵奇秀独山玉　胡焕英　收藏家 4：57 - 61

儒家玉德观的形成与和田玉　徐琳　孙作云百年诞辰纪念文集 233 - 239

佛教玉鉴考　徐春苓　天津博物馆论丛（2013）66 - 72

考古学操作链与玉器研究　温雅棣、邓聪　玉器考古通讯 1：74 - 80

吉林省出土玉器概述　曲艳丽、刘景文　北方文物 2：46 - 48

补遗
玉器时代"研究述评　杨洋、蒋小雨　陕西理工学院学报（社科版）2013 年 4：32 - 36

"玉石之路"研究回顾与展望　唐启翠　上海交通大学学报（哲社版）2013 年 6：27 - 36

新石器时代
中国出土新石器时代绿松石器研究　庞小霞　考古学报 2：139 - 168

玉文化与史前文明化进程——江淮地区的历史证据　沈薇、李修松　重庆大学学报（社科版）1：146
　- 151

长江中上游史前玉器的起源与初步发展　田广林、蔡憬萱　辽宁师范大学学报（社科版）1：129 - 134

黄河中上游地区玉器的起源与早期发展　田广林、翟超　辽宁师范大学学报（社科版）4：576 - 581

玉石之路黄河道再探——山西兴县碧村小玉梁史前玉器调查　叶舒宪　民族艺术 5：44 - 49

仰韶文化玉器初识　田名利、张长东　仰韶和她的时代——纪念仰韶文化发现 90 周年国际学术研讨会
　论文集 165 - 171

斜口筒形玉器非龟壳说　蒋卫东　文物 8：34 - 39

凌家滩遗址出土玉璜刍议　徐凤芹　中国文物报 4 月 25 日 6 版

试论凌家滩 07M23 出土的玉石器及相关问题　杨晶　庆祝张忠培先生八十岁论文集 123 - 137

红山玉龙艺术造型的文化内涵　张丽红　艺术评论 4：112 - 117

红山文化玉器造型探微　刘燕萍　收藏家 11：59 - 64

红山文化玉器与原始宇宙观——史前艺术与宗教权力关系的个案分析　李新伟　中国美术研究（第 5
　辑）1 - 8

变形的艺术符号与永恒的神话意志——红山文化玉器造型形式的文化解读　张丽红　文化遗产 1：88 - 92

辽西凌源红山文化玉料产地的考察与思考　王绵厚　中国文物报 12 月 19 日 6 版

关于牛河梁第二地点一号冢墓葬出土玉器的解读——东北古夷玉巫教探析　杨伯达　孙作云百年诞辰纪
　念文集 207 - 227

饶河小南山墓葬出土玉器的年代和性质　赵宾福等　边疆考古研究（第 14 辑）69 - 78

从哈民玉器谈玉器穿孔南北的体系　邓聪、吉平　玉器考古通讯 1：11 - 16

良渚文化重要玉器造型与纹饰的创作原型及演化　黄华强等　艺术史研究（第 15 辑）1 - 27

圭璋的时代——龙山与夏代玉器　刘斌　文物天地 6：14 - 17

龙山时代早期黄河下游地区玉器与用玉传统研究　曹芳芳　玉器考古通讯 1：17 - 41

甘肃省博物馆藏玉琮的初步鉴定与研究　刘志华　甘肃省博物馆学术论文集 277 - 285

补遗

玉石之路与华夏文明的资源依赖——石峁玉器新发现的历史重建意义　叶舒宪　上海交通大学学报（哲社版）2013 年 6：18－26

　　夏、商、周

玉柄形器功能新识　魏继印　孙作云百年诞辰纪念文集 186－194

牙璋的流传与分布所反映的夏史史迹　朱乃诚　故宫文物月刊 4：86－99

二里头遗址出土玉器的工艺技术分析　叶晓红　中国社会科学院古代文明研究中心通讯 26：60－78

二里头遗址出土绿松石器物的来源初探　叶晓红等　第四纪研究 1：212－223

夏商遗址中所见玉琮初识　蒋闰蕾　苏州文博论丛（总第 5 辑）1－10

走进新时代——夏时期玉器与玉文化　蒋卫东　文物天地 6：17－23

精益求精——夏时期玉文化的工艺　方向明　文物天地 6：23－27

金沙绿玉琮文化渊源初探　杨小语　中国文物报 12 月 16 日 5 版

故宫博物院藏大型玉雕人兽像考略　朱乃诚　文物 7：68－75

夏家店下层文化的环类玉坠饰研究　朱乃诚　无限悠悠远古情：佟柱臣先生纪念文集 501－513

夏家店下层文化的环类玉坠饰研究　朱乃诚　玉器考古通讯 1：42－52

两周葬玉研究　邵雯　天津博物馆论丛（2013）73－91

两周佩璜方式的转变与玉龙佩之出现　林巧羚　两周封国论衡：陕西韩城出土芮国文物暨周代封国考古学研究国际学术研讨会论文集 181－188

玉龙钩形制的演变与欣赏　朱洁　文物天地 10：71－73

《周礼·考工记·玉人》所载"命圭"的考古学试析　石荣传　湖南大学学报（社科版）2：15－19

西周时期用玉观念的转变——从梁带村出土玉琮谈起　高西省　两周封国论衡：陕西韩城出土芮国文物暨周代封国考古学研究国际学术研讨会论文集 168－180

芮国贵族的用玉观　褚馨　两周封国论衡：陕西韩城出土芮国文物暨周代封国考古学研究国际学术研讨会论文集 161－167

由物见人：芮国玉器折射出的芮国史事　孙庆伟　两周封国论衡：陕西韩城出土芮国文物暨周代封国考古学研究国际学术研讨会论文集 143－160

论半环形钺及其文化背景　张昌平　两周封国论衡：陕西韩城出土芮国文物暨周代封国考古学研究国际学术研讨会论文集 196－206

从虢君墓葬出土玉器看中国玉文化的起源与发展　何冰　河南文物考古论集（五）99－104

虢国墓地出土的龙形玉佩饰　杨海青、常军　收藏 11：80－83

浚县辛村卫国墓出土玉器研究　刘万军　文博 5：18－23

周原姚家墓地出土的西周玉器　赵艺蓬　收藏 12：98－102

西周玉蚕　刘明科　收藏 10：88－90

贵族灵物组玉佩　崔云　收藏家 2：53－58

瑰丽高雅的七璜联珠组玉佩　张菁华　中原文物 2：121－123

东周玉器装饰中塑性卷纹的出现与衰退　[美]罗樾著　张乔译　新美术 7：29－35

春秋战国组玉研究　杨东明　南开文博考古论丛 149－178

春秋中晚期《异形珩》　郭祐麟　历史文物 6：1

陕西历史博物馆藏秦氏玉器　韩建武　收藏家 7：47－52

宝鸡地区秦墓出土玉器初探　朱歌敏　文博 3：34－41

漫谈江西湖北出土的玉鸟人——中国上古南方鸟神崇拜的反映　杨建芳　孙作云百年诞辰纪念文集 228－232

　　汉及以后

巢湖玉卮意蕴长　张星野　大众考古 7：70－72

精雕细琢显华章——徐州博物馆藏汉代玉剑饰　李维翰　收藏 2：84－85

从南越王墓出土的修补玉器谈起　陈馨　收藏 12：103－107

河南永城僖山二号汉墓人面纹玉衣片浅析　鹏宇　华夏考古 4：85－87

南阳出土的东汉三螭龙纹蝶形佩　李伟男　收藏 11：84－85

偃师商城博物馆藏绿松石瑞兽的年代及相关问题研究　乔梁　华夏考古 4：88－99

六朝时期的玉容器　褚馨　华夏考古 2：95－101

浙江省博物馆藏北宋帝王金龙玉简考释——兼谈北宋时期帝王投龙简　王宣艳　收藏家 7：27－33

成都市出土南宋螭纹玉璧初探　苏欣、刘振宇　收藏家 12：12－14

"元统三年"铭碑形玉祭牌　李毅君　文物世界 3：63－66

明代玉佛像　周意杰　收藏 2：82－83

明代宫廷用玉略说——明代江西藩王墓出土的玉器及嵌宝石金饰　高塽　收藏 11：91－99

平七与镟玉技术在宫廷的传播　郭福祥　故宫博物院院刊 3：6－21

独特而非唯一——翠玉白菜与其他　张丽端　故宫文物月刊 10：100－105

碧色青青　冰心玉壶——沈阳故宫院藏宫廷青玉雕刻赏析　刘建　收藏家 1：38－44

天津博物馆藏清代宫廷玉器　刘煜　收藏家 8：53－56

辽宁丹巴多尔济墓出土玉器　周晓晶　收藏家 8：70－72

六　货币

综述

2013 年中国钱币学研究综述　秦慧颖等　中国钱币 4：67－74

"看得见的华夏历史文化"系列之十七——从馆藏元宝谈银锭历史　苏启明　历史文物 8：72－77

中国古代银锭科学鉴定刍议　杨君、周卫荣　中国钱币 6：27－32

东周

从钱镈到空首布——读先秦布币（一）　戴志强、戴越　中国钱币 1：3－8

桥足布和锐角布——读先秦布币（二）　戴志强、戴越　中国钱币 2：3－9

尖足布及类圆足布、类方足布——读先秦布币（三）　戴志强、戴越　中国钱币 3：3－7

圆足布和三孔布——读先秦布币（四）　戴志强、戴越　中国钱币 4：3－7

三晋两周的方足布——读先秦布币（五）　戴志强、戴越　中国钱币 5：3－7

燕布和楚布——读先秦布币（六）　戴志强、戴越　中国钱币 6：3－6

新见"北行易"三孔布简析　黄锡全　叩问三代文明：中国出土文献与上古史国际学术研讨会论文集 454－458

燕尾布币新解　王强　中国钱币 2：10－13

新见实首布及有关问题　黄锡金　中国钱币 4：8－13

记山西原平发现的刀币　朱安祥、孙辉　中国钱币 4：38－42

齐刀币新考　吕茂东　管子学刊 1：42－47

临淄齐国故城发现大布黄千铜钱范　王晓莲　中国文物报 8 月 1 日 6 版

战国时期楚铸"见金"系列铜钱牌　戎畋松　收藏 2：86－88

燕国圜钱考辨　冯括　中国钱币 4：18－24

秦、汉、南北朝

近三十年来秦汉钱币研究的进展　黄娟　中国钱币 6：19－26

秦汉半两以尺寸指代重量论　徐承泰　江汉考古 5：63－68

汉唐时期的西域铸币　吴文强　新疆钱币 1：46－50

合浦汉墓考古出土钱币初探　李世佳　桂林博物馆文集（第一辑）261－269

关于汉代三铢钱的铸行年代问题　黄娟　考古与文物 3：78－84

七　铜镜

八　度量衡

十六国时期高昌郡的度量衡——以吐鲁番出土文书为中心　杨荣春　求索 9：143－148

九　玺印与封泥

殷墟青铜印章简论　何毓灵　历史文物 11：52－59

楚官玺札记二则　萧毅、王一名　武汉大学学报（人文科学版）2：93－97

安徽固镇谷阳城遗址出土铜玺印　赵东升　文物 6：83－84

秦汉印章铭刻丛考　陈晓捷　秦始皇帝陵博物院（2013）347－353

秦文字札记（五则）　王伟　秦始皇帝陵博物院（2013）354－358

汉印精华——周叔弢先生捐献玺印选释（下）　尤仁德　天津博物馆论丛（2013）53－58

汉代官印《谒者之印》　杨式昭　历史文物 12：1

从吉语印论汉代人们追求财富的形态　陈光田　中国社会经济史研究 1：14－20

"人羊肖形玉印"小识　蒋鸣镝　广西博物馆文集（第十辑）216－218

汉阳陵博物馆馆藏印章考释　张琳　文博 6：48－53

秦皇岛古代官印考释　石守仁　文物春秋 4：36－38

"李齿夫印"小考　王伟　陕西历史博物馆馆刊（第 21 辑）255－259

说镇江焦湾出土的道教六面印　张鹏飞　中国道教 3：58－59

青海都兰出土"广纳戍印"及相关问题考证　李磊　丝绸之路 24：27－31

试论"右策宁州留后朱记"铜印的断代问题　贾志刚　中国国家博物馆馆刊 1：84－88

辽圣宗时代契丹大字官印考证　陶金　辽金历史与考古（第 5 辑）348－361

金代钞库类官印浅析　柳彤　北京文博文丛 2：46－55

释"太师国王都行省之印"　马顺平　故宫博物院院刊 1：111－115

诸城博物馆藏元帅右监军印再考　王德朋　中国国家博物馆馆刊 2：26－29

朝阳博物馆馆藏金代官印考　董杰　辽宁省博物馆馆刊（2013）156－160

白玉天成　阳平印记：元代张天师白玉法印解析　熊贤礼　南方文物 2：190－191

两方蒙元官印——蒙古文字的演进及元代官印制度浅析　马颖　文物世界 6：13－16

蒙元"大朝国师印"之商兑　陈晓伟　考古与文物 3：103－104

安徽出土"龙凤"款官印的初步研究　闫启鑫　黑龙江史志 15：314

试谈察台合文契约文书中的印章　古力阿伊木·亚克甫、吾布力力喀斯木·买买提　黑龙江史志 5：161－162

拉藏汗封号小考　宝音特古斯　西藏研究 2：24－26

江苏江阴出土清代窖藏印　武宝民　文物 6：85－90

释文雅堂藏几枚与府有关的秦封泥　王辉、王巧英　陕西历史博物馆馆刊（第 21 辑）16－22

秦封泥所见郡县空间分布研究　张宁　华夏考古 3：83－92

东汉"原陵监丞"封泥考略——兼谈汉代陵园职官　张鸿亮　中国国家博物馆馆刊 1：59－64

补遗

东汉魏晋官印中的"率善"号研究　李文学　民族研究 2013 年 6：81－90

从狮钮象牙僧印看明代的民族与宗教关系　彭晓静、戴子佳　青海民族大学学报（社科版）2013 年 4：63－67

一〇　铜鼓

试论北流型铜鼓与铜石岭冶铜遗址的关系　杨李　黑龙江史志 14：31－32

船纹与古代南方水祭习俗考　罗坤馨　广西博物馆文集（第 9 辑）299－315

中国西南地区与越南红河流域铜鼓文化关系探讨　韦佳媚　广西博物馆文集（第十辑）258－268

补遗

跨越边界：铜鼓民族考古学的三个范式　徐坚　学术月刊 2013 年 12：133－140

一三　其他

肆　田野考古

一　北京市

北京房山唐幽州卢龙节度使刘济墓发掘成果学术意义重大——北京地区现存规模最大等级最高的唐墓　程利、刘乃涛　中国文物报2月14日5版

北京房山长沟唐幽州卢龙节度使刘济墓　程利、刘乃涛　2013中国重要考古发现104－107

北京密云发现唐代及明清墓葬群　于璞等　中国文物报10月10日8版

北京石景山区刘娘府元墓发掘简报　北京市文物研究所（尚珩、郭力展）　考古9：42－49

海淀区行知实验小学明代明堂发掘简报　北京市文物研究所（周宇、王策）　北京文博文丛4：54－58

北京市丰台区亚林西三期明清墓葬发掘简报　北京市文物研究所（申红宝）　北京文博文丛4：59－67

北京市大兴区康庄村清代窑址发掘简报　北京市文物研究所（于璞、韩鸿业）　北京文博文丛1：51－59

北京市海淀区中坞村清代窑址发掘简报　北京市文物研究所（于璞、朱志刚）　北京文博文丛2：39－45

二　天津市

天津蓟县野沟旧石器地点调查简报　盛立双、王春雪　边疆考古研究（第14辑）13－20

天津蓟县青池遗址发掘报告　天津博物馆、天津市文化遗产保护中心（纪烈敏等）　考古学报2：195－236

天津蓟县吴庄明代墓葬考古发掘简报　天津市文化遗产保护中心、蓟县文物保护管理所（戴滨、盛立双）　北方文物2：43－45

三　河北省

泥河湾盆地扬水站化石地点2013年发掘简报　王希桐等　第十四届中国古脊椎动物学学术年会论文集63－70

泥河湾盆地二道梁遗址工作简报　河北省文物研究所（任雪岩等）　河北省考古文集（五）29－50

河北阳原板井子旧石器时代遗址1988年发掘报告　山西博物院、河北省文物研究所（石金鸣、谢飞）　河北省考古文集（五）1－28

赤城县第三次全国文物普查旧石器专题调查报告　河北省文物研究所、赤城县博物馆（王法岗、李沐心）　河北省考古文集（五）51－64

容城县北城村一条古河道遗址发掘简报　河北师范大学历史文化学院等（王法岗等）　河北省考古文集（五）65－69

文安县太子务新石器时代遗址试掘简报　廊坊市文物管理处（杨光、张刚）　文物春秋2：38－45

武安念头遗址发掘简报　河北省文物研究所、邯郸市文物研究所（任涛）　文物春秋4：22－26

河北邯郸薛庄遗址发掘报告　吉林大学边疆考古研究中心、河北省文物局（井中伟等）　考古学报3：351－390

藁城台西商、汉及宋代墓葬发掘简报　河北省文物研究所等（雷建红、齐瑞普）　河北省考古文集（五）110－135

河北满城荆山汉墓发掘简报　河北省文物研究所、满城县文物保管所（崔英杰等）　文物春秋3：25－33

鹿泉市北新城汉墓M1发掘简报　河北省文物研究所、鹿泉市文物保管所（韩立森）　河北省考古文集（五）70－80

河北宣化东升路东汉墓发掘简报　张家口市宣化区文物保管所（寇振宏等）　文物3：23－35

河北安平后大寨汉墓发掘简报　衡水市文物管理处（王晓岩等）　河北省考古文集（五）81－86

河北临漳县曹村窑址考察报告　王建保等　华夏考古1：24－29

邢台临西县佛教建筑基址发掘简报　河北省文物研究所等（郭济桥等）　河北省考古文集（五）96－101

隋唐大运河邢台段调查报告　邢台市文物管理处（张国勇等）　河北省考古文集（五）102－109

河北曲阳田庄大墓取得重要新收获　魏曙光　中国文物报3月14日8版

河北蠡县发现一批唐代墓葬　徐海峰等　中国文物报9月26日8版

临城山下宋墓清理简报　临城县文物保管所（索丽霞、赵庆国）　文物春秋6：26－31

定州出土宋代瓷器　巴亚军　文物世界4：18－19

邢台广宗县李庄宋代砖室墓的发掘　邢台市文物管理处、广宗县文物保管所（李轩鹏、李军）　河北省
　　考古文集（五）136－145

威县鲧堤遗址发掘简报　河北省文物研究所（佟宇喆、张兆峰）　河北省考古文集（五）146－150

石家庄市建华北大街北延工程古墓葬清理简报　石家庄市文物保护研究所（夏素颖等）　河北省考古文
　　集（五）151－161

河北宣化辽金壁画墓发掘简报　张家口市宣化区文物保管所（寇振宏等）　文物3：36－48

尚义北朝碾辽墓发掘简报　张家口市文物考古研究所（常文鹏、刘文清）　河北省考古文集（五）162
　　－166

河北唐山丰润区李庄子遗址发掘简报　河北省文物研究所等（崔英杰等）　河北省考古文集（五）167
　　－191

裴家堡遗址发掘报告　河北省文物研究所、昌黎县文物保管所（赵战护、毛保中）　河北省考古文集
　　（五）192－212

河北省康保县西土城城址考古调查简报　河北师范大学历史文化学院考古学系、康保县文物保护管理所
　　（陈灿平等）　草原文物1：63－77

邯黄铁路东光县赵庄遗址发掘简报　河北省文物研究所等（胡强等）　河北省考古文集（五）213－231

南皮鲍官屯遗址发掘简报　河北省文物研究所等（赵战护、赵彦龙）　河北省考古文集（五）232－239

河北赤城独石口西门月城发掘报告　张家口市文物考古研究所等（常文鹏）　河北省考古文集（五）
　　240－251

井陉县天长古城东门城楼、东南角楼基址考古发掘报告　河北省文物研究所、井陉县文物保护管理所
　　（张晓峥、毛保中）　河北省考古文集（五）272－281

内丘西关清代石椁墓　内丘县文物保管所（贾城会）　文物春秋4：27－31

石家庄市新华集贸市场出土窖藏钱币整理报告　石家庄市文物保护研究所（夏素颖、兰保东）　河北省
　　考古文集（五）252－271

四　山西省

山西襄汾石沟砂场发现人类枕骨化石　杜抱朴等　人类学学报4：437－447

控带山河　肩背天下——山西晋阳古城遗址的核心价值与考古工作　韩炳华、常一民　中国文物报11
　　月28日6、7版

晋阳古城遗址2002－2010年考古工作简报　太原市文物考古研究所（常一民、裴静蓉）　文物世界5：
　　3－19

晋阳古城遗址2009年考古调查新发现　裴静蓉　文物世界5：76－80

晋阳古城遗址考古新发现（2011~2014）　晋阳古城考古队（韩炳华）　文物世界5：20－26

晋阳古城遗址2012年试掘简报　晋阳古城考古队（韩炳华、张喜斌）　文物世界5：27－35

晋阳古城"十"字探区东段考古勘探报告　晋阳古城考古队（石力等）　文物世界5：57－70

晋阳古城新发现城墙解剖　晋阳古城考古队（韩炳华等）　文物世界5：36－43

晋阳古城西南城墙水渠发掘简报　晋阳古城考古队（韩炳华、赵辉）　文物世界5：44－47

晋阳古城大殿台遗址试掘简报　晋阳古城考古队（韩炳华等）　文物世界5：48－52

岚县荆峪堡遗址发掘简报　郭智勇　中国国家博物馆馆刊5：22－43

山西泽州和村遗址发掘简报　刘岩等　中国国家博物馆馆刊5：44－58

山西屯留水泉史前文化遗存　中国国家博物馆、山西省考古研究所（李嵘）　中原文物4：4－8

山西绛县周家庄新石器时代遗址2012－2013年发掘收获　戴向明、田伟　2013中国重要考古发现2－5

山西原平市辛章遗址 2012 年发掘简报　山西大学历史文化学院考古系（赵杰、王炜）　考古 5：3 – 16

山西襄汾县大崮堆山石器制造场遗址 1988～1989 年的发掘　山西省考古研究所（朱晓东、翟少冬）　考古 8：7 – 19

山西河曲县坪头遗址新石器时代房址发掘简报　山西大学历史文化学院考古系等（赵杰、王继平）　考古 10：3 – 15

涑水上游周代遗址调查简报　中国国家博物馆等（苏静、田伟）　中国国家博物馆馆刊 11：13 – 24

山西柳林发现的汉彩绘画像石　高继平、孔令忠　文物世界 1：10 – 12

山西大同县湖东北魏墓（M11）发掘简报　山西省考古研究所、大同市考古研究所（陈悦新等）　文物 1：28 – 36

山西大同沙岭新村北魏墓地发掘简报　大同市考古研究所（李白军）　文物 4：4 – 15

晋源苗圃内 1 号夯土解剖　晋阳古城考古队（赵辉、穆文军）　文物世界 5：53 – 56

我国北朝考古一项重大发现——山西忻州九原岗北朝壁画墓发掘取得重要成果　九原岗墓群考古队　中国文物报 1 月 10 日 1 版

太原龙山童子寺佛阁遗址考古发掘　李裕群、阎跃进　2013 中国重要考古发现 87 – 91

山西汾阳唐曹怡墓发掘简报　山西省考古研究所、汾阳市博物馆（王俊、王仲璋）　文物 11：28 – 32

蒲州故城遗址 2013 年度 TG126204 发掘报告　山西省考古研究所、山西省永济市蒲州故城文物保护管理处（王晓毅等）　文物世界 2：9 – 14

蒲州故城遗址 TG148202 发掘简报　王晓毅等　中国国家博物馆馆刊 10：17 – 43

晋中市榆次区庄子乡发现陶棺葬　胡慧鑫　文物世界 4：11 – 14

山西临汾西赵遗址首次发现唐代纪年墓　王金平等　中国文物报 7 月 4 日 8 版

山西夏县宋金墓的发掘　运城市河东博物馆、夏县文物旅游局（邹冬珍）　考古 11：54 – 71

和顺县和顺一中金元壁画墓清理简报　崔晓东　文物世界 4：15 – 17

五　内蒙古自治区

2013 年内蒙古自治区文物考古研究所考古发现综述　内蒙古自治区文物考古研究所　草原文物 1：7 – 13

内蒙古化德土城子化石地点 2013 年试掘简报　董为等　第十四届中国古脊椎动物学学术年会论文集 29 – 36

鄂尔多斯乌兰木伦遗址第 1 地点 2010 – 2011 年发掘出土石制品的初步观察　包蕾等　第十四届中国古脊椎动物学学术年会论文集 223 – 234

鄂尔多斯乌兰木伦遗址第 2 地点 2011 年试掘简报　乌兰木伦工作队（刘扬、包蕾）　草原文物 1：24 – 27

鄂尔多斯乌兰木伦河上游 2011 年考古调查发现的石制品　杨俊刚、刘扬　第十四届中国古脊椎动物学学术年会论文集 235 – 246

呼和浩特大窑遗址第 11 号、25 号洞清理发掘简报　内蒙古博物院（汪英华等）　草原文物 2：5 – 8

巴林左旗友好村新石器时代墓地发掘　内蒙古自治区文物考古研究所（连吉林）　草原文物 1：28 – 31

内蒙古克什克腾旗喜鹊沟遗址发掘简报　吉林大学边疆考古研究中心、内蒙古自治区文物考古研究所（王立新等）　考古 9：3 – 15

内蒙古阿拉善右旗史前文化调查简报　内蒙古自治区文物考古研究所等（温成浩、李水城）　草原文物 2：9 – 15

赤峰北部地区青铜时代晚期古矿冶遗址专项考察报告　李延祥等　中国·乌珠穆沁边疆考古国际学术研讨会论文集 171 – 200

内蒙杭锦旗霍洛柴登古城发现秦汉铸钱作坊遗址　连吉林　中国文物报 5 月 23 日

鄂尔多斯市杭锦旗顶盖敖包墓葬　内蒙古自治区文物考古研究所、鄂尔多斯青铜器博物馆（徐磊等）

六　辽宁省

七　吉林省

一一　浙江省

一二　安徽省

安徽东至华龙洞出土的人类化石　宫希成等　人类学学报 4：427 - 436

安徽凤阳乔涧子明代琉璃窑遗址和战国、汉代墓葬群的发掘　罗虎、唐更生　中国文物报 1 月 31 日 8 版

安徽省当涂县姑溪河流域区域系统调查简报　中国国家博物馆、安徽省文物考古研究所（庄丽娜等）

　　东南文化 5：30 - 49

安徽怀宁孙家城新石器时代遗址发掘简报　安徽省文物考古研究所、怀宁县文物管理所（朔知）　文物

　　5：4 - 19

凌家滩文化内涵的新收获——含山韦岗遗址发掘　陈小春等　中国文物报 1 月 17 日 8 版

皖江中下游北岸地区发掘首个先秦遗址——安徽芜湖计村大城子遗址的发掘收获　张小雷等　中国文物

　　报 5 月 23 日 8 版

安徽淮北发现战国至东汉时期墓葬群　王玲玲　中国文物报 8 月 15 日 8 版

安徽广德县南塘汉代土墩墓发掘简报　安徽省文物考古研究所（陈超、王峰）　考古 1：3 - 13

安徽泗县刘圩汴河故道遗址的第二次发掘　安徽省文物考古研究所、泗县文物局（张小雷、朔知）　中

　　国国家博物馆刊 12：40 - 63

安徽淮北市政府工地发现汉墓　胡均　中国文物报 9 月 12 日 8 版

安徽涡阳大葛楼发现东汉家族墓群　张义中　中国文物报 7 月 18 日 8 版

安徽含山县道士观西晋墓地发掘简报　含山县文物局（石建城、丁新）　江汉考古 6：17 - 25

安徽凤阳乔涧子明代琉璃窑址　罗虎等　2013 中国重要考古发现 162 - 165

安徽柳孜运河遗址 2012—2013 年发掘收获　陈超、丁新　2013 中国重要考古发现 108 - 111

安徽省固镇县发掘蔡庄古墓　张义中　中国文物报 6 月 6 日 8 版

一三　福建省

福建漳平奇和洞发现的新石器时代早期人类头骨　吴秀杰等　人类学学报 4：448 - 459

福建东山发现新石器时代蛙人岩画　黄辉全　中国文物报 10 月 10 日 8 版

福建闽清南木墩新石器时代遗址　温松全　2013 中国重要考古发现 10 - 13

福建晋江庵山青铜时代沙丘遗址 2009 年发掘简报　福建博物院、晋江市博物馆（黄运明等）　文物 2：

　　4 - 16

福建南安市皇冠山六朝墓群的发掘　福建博物院等（温松全）　考古 5：37 - 63

福建政和石屯六朝墓发掘简报　福建博物院（陈明忠）　文物 2：17 - 28

福建沿海水下考古调查　福建沿海水下考古调查队（羊泽林）　文物 2：29 - 40

一四　江西省

探寻赣鄱文化的遗珠——2013 江西考古发掘取得重大成果　江西省文物考古研究所　中国文物报 1 月 31

　　日 6、7 版

江西南昌市湾里区凯旋湾小区东汉墓发掘简报　江西省文物考古研究所、江西南昌市博物馆（胡振等）

　　南方文物 4：20 - 24

江西乐安县石田村墓葬清理简报　江西省乐安县联合考古队（何江）　东方博物（第四十五辑）55 - 62

江西吉水房后山隋代墓葬发掘简报　江西省文物考古研究所、吉水县博物馆（崔涛等）　文物 2：41

　　- 61

江西德兴海口杜村发现宋代石供台　叶淦林　中国文物报 10 月 10 日 8 版

江西吉安南宋纪年墓　江西省文物考古研究所、江西吉安市博物馆（李育远等）　南方文物 4：25 - 27

一五　山东省

海岱考古（第七辑）325－362

济南发现清代壁画墓　房道国、刘秀玲　中国文物报4月25日8版

一六　河南省

2013年度河南省五大考古新发现　华夏考古2：149－152

2006年以来商丘市文物考古工作概述　李明、郑清森　河南文物考古论集（五）229－231

新乡市五年来的考古发现与研究　刘习祥、傅山泉　河南文物考古论集（五）232－242

温县近年的考古发掘与收获　赵慧钦、张保民　河南文物考古论集（五）243－249

灵井许昌人遗址再现距今10万年"许昌人2号头骨"　河南省文物考古研究院灵井考古队　中国文物报5月7日1版

河南舞阳贾湖遗址2013年发掘新收获　蓝万里等　2013中国重要考古发现18－21

舞阳贾湖遗址第八次发掘取得重要成果——出土精美象牙雕板　蓝万里等　中国文物报1月17日8版

郑州市西史赵村仰韶文化遗址发掘简报　郑州市文物考古研究院（信应君、刘青彬）　考古4：3－18

河南淅川下寨遗址仰韶晚期至石家河文化时期墓地　曹艳鹏等　2013中国重要考古发现22－25

河南内乡新石器时代遗址调查　徐新华、王晓杰　中原文物4：9－12

洛阳五女冢遗址仰韶文化遗存发掘简报　洛阳市文物考古研究院（吴业恒等）　洛阳考古（总第4期）3－48

河南尉氏新庄二里头遗址的发掘收获　张小虎　中国文物报12月19日8版

荥阳娘娘寨遗址二里头文化遗存发掘简报　郑州市文物考古研究院、河南省文物管理局南水北调文物保护办公室（张家强、鲍颖建）　中原文物1：4－12

河南焦作聂村发现商代晚期墓地　韩长松等　中国文物报8月29日8版

辉县市张雷遗址发掘简报　新乡市文物考古研究所等（李慧萍等）　中原文物5：4－15

河南荥阳市官庄遗址西周遗存发掘简报　郑州大学历史学院考古系、河南省文物局南水北调文物保护办公室（陈朝云、刘亚玲）　考古8：20－37

河南洛阳市汉魏故城M175西周墓发掘简报　中国社会科学院考古研究所洛阳汉魏城队（宋江宁等）　考古3：13－23

河南安阳市孝民屯遗址西周墓　殷墟孝民屯考古队（何毓灵等）　考古5：17－28

河南三门峡李家窑西周墓发掘简报　河南省文物考古研究所、三门峡市文物考古研究所（杨海青等）　文物3：4－17

郑州市中原区白庄东周墓发掘简报　郑州市文物考古研究院（魏青利等）　洛阳考古（总第6期）3－17

郑州高新区电厂路战国、东汉墓发掘简报　郑州市文物考古研究院（张永清、鲍颖建）　洛阳考古（总第6期）18－23

新郑铁岭墓地M308发掘简报　郑州市文物考古研究院、河南省文物管理局南水北调办公室（郝红星）　中原文物2：4－17

新郑铁岭墓地M1414发掘简报　郑州市文物考古研究院、河南省文物管理局南水北调办公室（郝红星等）　东方博物（第四十九辑）5－20

河南信阳市城阳城址2009－2011年考古工作主要收获　河南省文物考古研究院（武志江、张玲）　华夏考古2：3－9

河南洛阳市汉魏故城三座东周墓的发掘　中国社会科学院考古研究所洛阳汉魏城队（陈国梁等）　考古9：16－27

洛阳西工战国墓C1M1112发掘简报　程永建　中国国家博物馆馆刊11：30－38

住宅小区地下的佛教遗存——河南新乡小区建设项目遗址的发掘与收获　梁法伟等　中国文物报8月15日8版

河南淅川县闫杆岭楚墓发掘简报　河南省文物考古研究院、河南省文物局南水北调文物保护办公室（胡永庆、齐延广）　华夏考古4：17－30

河南淅川仓房新四队战国、秦墓发掘简报　河南省文物管理局南水北调文物保护办公室、南开大学考古学与博物馆学系（袁胜文、贾洪波）　中原文物1：13－19

汉魏故都　丝路起点——汉魏洛阳故城遗址的考古勘察收获　钱国祥等　洛阳考古（总第5期）20－29

河南新安县汉函谷关遗址2012－2013年考古调查与发掘　洛阳市文物考古研究院、新安县文物管理局（王咸秋等）　考古11：3－28

河南新安汉函谷关遗址考古调查与发掘　王咸秋等　2013中国重要考古发现68－71

河南焦作店后村汉墓发掘简报　河南省文物考古研究院、焦作市文物考古研究所（张丽芳等）　华夏考古2：24－31

河南南阳发现西汉早期四神图彩绘漆棺　刘新等　中国文物报12月19日8版

河南淅川马川墓地汉代积石积炭墓的发掘　河南省文物局南水北调文物保护办公室等（齐雪义等）　考古学报2：237－270

河南淅川泉眼沟汉代墓葬发掘报告　四川大学历史文化学院考古系等（罗二虎等）　考古学报3：391－442

河南淅川县赵杰娃山头汉墓发掘简报　河南省文物局南水北调文物保护办公室、南阳市文物考古研究所（杨俊峰、翟京襄）　华夏考古2：10－23

河南淅川仓房新四队两座汉墓　河南省文物管理局南水北调文物保护办公室、南开大学考古学与博物馆学系（贾洪波、袁胜文）　中国国家博物馆馆刊12：64－75

河南郑州中原区新莽M26发掘简报　郑州市文物考古研究院（刘彦锋等）　文物3：18－22

洛阳瀍河拦沟村三座新莽墓发掘简报　洛阳市文物考古研究院、中山大学社会学与人类学学院（朱铁权等）　洛阳考古（总第4期）49－59

河南焦作山后墓地汉墓发掘简报　河南科技大学人文学院等（贺辉）　华夏考古1：16－23

南阳市永泰小区画像石墓M35发掘简报　河南南阳市文物考古研究所（付建刚）　中原文物6：4－8

洛阳市洛南新区西晋墓（C7M3742）发掘简报　洛阳市文物考古研究院（王玲珍）　华夏考古3：11－17

洛阳道北二路西晋墓发掘简报　洛阳市文物考古研究院（褚卫红、王遵义）　文物8：4－11

河南孟津县刘家井村西晋墓的发掘　王炬等　考古10：100－104

河南荥阳苜蓿洼墓地西晋墓M18发掘简报　杨洪峰等　中原文物3：4－11

河南洛阳市汉魏故城发现北魏宫城四号建筑遗址　中国社会科学院考古研究所洛阳汉魏故城队（刘涛等）　考古8：3－6

洛阳北邙山北魏大墓考古记　刘斌　大众考古5：32－38

洛阳衡山路北魏大墓　刘斌、严辉　2013中国重要考古发现92－95

洛阳孟津南陈北魏墓发掘简报　洛阳市文物考古研究院（王文浩等）　洛阳考古（总第4期）60－67

洛阳孟津后沟玉冢调查勘探报告　洛阳市文物考古研究院（李继鹏等）　洛阳考古（总第6期）14－32

隋唐洛阳城郭城南墙发掘简报　洛阳市文物考古研究院（赵晓军、张如意）　洛阳考古（总第5期）50－60

隋唐洛阳城宁人坊遗址发掘简报　洛阳市文物考古研究院、中国社会科学院考古研究所洛阳唐城队（屈昆杰等）　洛阳考古（总第5期）61－75

洛阳隋代回洛仓遗址2012～2013年考古勘探发掘简报　洛阳市文物考古研究院（王炬、吕劲松）　洛阳考古（总第5期）30－49

洛阳隋代回洛仓遗址　王炬等　2013中国重要考古发现100－103

河南浚县黎阳仓遗址清理出一处完整仓窖　马晓建、蓝万里　中国文物报6月6日8版

河南商丘汴河济阳镇段考古调查发掘简报　河南省文物考古研究院、夏邑县博物馆（张帆）　华夏考古

1：30 – 37

河南尉氏出土窖藏史思明钱币　许敬华　华夏考古 3：18 – 21

河南巩义唐墓发掘简报　郑州市文物考古研究院、巩义市文物管理局（汪旭等）　文物 8：12 – 22

新郑唐代张昭训墓发掘简报　新郑市旅游和文物局　中原文物 4：13 – 17

洛阳五代壁画墓　潘付生等　2013 中国重要考古发现 130 – 133

河南社旗陈郎店宋元遗址　赵宏等　2013 中国重要考古发现 138 – 141

河南荥阳市晏曲宋代遗址发掘简报　西安市文物保护考古研究院等（翟霖林等）　四川文物 5：14 – 25

河南郑州南阳路宋墓发掘简报　郑州市文物考古研究院（魏青利、丁兰坡）　文物 8：23 – 33

郑州卷烟厂两座宋代砖雕墓简报　郑州市文物考古研究院（姜楠等）　中原文物 3：12 – 17

河南淅川杨岗码头宋墓发掘简报　郭智勇　文物世界 2：15 – 16

河南济源首次发现金代纪年墓　陈良军　中国文物报 6 月 20 日 8 版

河南三门峡发现元代早期墓葬　史智民等　中国文物报 6 月 6 日 8 版

河南新郑黄帝故里扩建工地发现明代石坊　杜平安、王聪　中国文物报 2 月 28 日 2 版

洛阳瀍河区云溪观建筑基址的发掘　洛阳市文物考古研究院（薛方）　洛阳考古（总第 6 期）33 – 41

一七　湖北省

2013 年湖北省文物考古研究所考古工作主要收获　湖北省文物考古研究所　江汉考古 1：7 – 20

湖北省重大考古成果回顾　湖北省博物馆、湖北省文物考古研究所　中国文物报 5 月 23 日 5 版

丹江口库区红石坎 I 旧石器地点发掘简报　李超荣等　人类学学报 1：17 – 26

丹江口库区水牛洼旧石器遗址发掘简报　陈全家等　人类学学报 1：27 – 38

湖北郧县余嘴 2 号旧石器地点发掘简报　陈胜前等　人类学学报 1：39 – 50

湖北郧县滴水岩发现距今 5 ~ 10 万年的手斧　刘越、冯小波　中国文物报 1 月 3 日 8 版

湖北省郧县黄家窝旧石器时代遗址石制品初步研究　北京联合大学应用文理学院等（任博等）　中原文物 5：16 – 23

湖北省建始县岩风洞遗址发掘简报　北京联合大学应用文理学院、中国科学院古脊椎动物与古人类研究所（刘越等）　江汉考古 5：3 – 9

宜城下姜家边子遗址发掘简报　湖北省文物考古研究所、宜城市博物馆（周蜜等）　江汉考古 2：3 – 10

湖北郧县李营遗址二里头文化遗存发掘简报　武汉大学考古系、郧阳博物馆（周宁）　江汉考古 6：3 – 16

荆州纪南城烽火台遗址及其西侧城垣试掘简报　湖北省文物考古研究所（笪浩波、郭长江）　江汉考古 2：11 – 21

荆州纪南城遗址松柏区 30 号台基 2011 ~ 2012 年发掘简报　湖北省文物考古研究所（高旭旌等）　江汉考古 5：10 – 27

湖北随州市文峰塔东周墓地　湖北省文物考古研究所、随州市博物馆（黄凤春等）　考古 7：18 – 33

随州文峰塔 M1（曾侯舆墓）、M2 发掘简报　湖北省文物考古研究所、随州市博物馆（院文清等）　江汉考古 4：3 – 51

湖北荆州高台墓地 M46 发掘简报　荆州博物馆（李亮）　江汉考古 5：28 – 34

十堰地区首次发现"大布黄千"莽钱　丁振东等　中国钱币 4：43

湖北十堰市焦家院宋墓发掘简报　中山大学人类学系（郭立新、胡琰梅）　四川文物 1：3 – 11

湖北荆州纪南城烽火台遗址北宋铜钱窖藏　湖北省文物考古研究所（笪浩波）　中国国家博物馆馆刊 6：6 – 12

湖北咸丰唐崖土司城址调查与发掘的重要发现　刘辉　中国文物报 3 月 14 日 8 版

湖北咸丰唐崖土司城址调查简报　湖北省文物考古研究所等（刘辉等）　江汉考古 1：21 – 53

咸丰唐崖土司城衙署区发掘简报　湖北省文物考古研究所、咸丰县文物局（刘辉等）　江汉考古 3：

二〇 广西壮族自治区

广西百色盆地发现旧石器至新石器时代文化遗存——高岭坡遗址的发掘与收获 谢光茂等 中国文物报
　　7月18日8版

百色考古 揭开广西最早的辉煌 彭书琳 大众考古5：19-26

广西兴安县界首东汉墓 李珍等 考古8：38-49

广西洞穴调查日记摘抄 何乃汉 广西博物馆文集（第9辑）407-418

广西贵港马鞍岭梁君峒汉至南朝墓发掘报告 广西文物保护与考古研究所、贵港市博物馆（富霞等）
　　考古学报1：67-108

二一 海南省

海南史前考古取得突破性进展——陵水桥山遗址是海南地区迄今发现最大的史前遗址 刘业沣 中国文
　　物报3月28日1版

二二 重庆市

大溪文化的又一重要发现——重庆三峡水库消落区大水田遗址的发掘收获 白九江、邹后曦 中国文物
　　报12月5日8版

重庆忠县两汉墓葬 重庆师范大学历史与社会学院等（杨华等） 考古6：39-55

重庆市潼南县下庙儿遗址汉墓发掘简报 重庆市文化遗产研究院、潼南县文物管理所（牛英彬、邹后
　　曦） 四川文物3：20-27

重庆市大渡口区大树林汉墓发掘简报 重庆市文化遗产研究院、大渡口区文物管理所（孙治刚等） 四
　　川文物6：3-9

重庆涪陵点易墓地汉墓发掘简报 山东大学历史文化学院（王迪等） 文物10：12-24

重庆市江津区烟墩岗汉代砖室墓发掘简报 重庆市文化遗产研究院（范鹏等） 四川文物4：20-28

重庆市合川区观山墓群宋代石室墓发掘简报 重庆市文化遗产研究院、重庆文化遗产保护中心（代玉
　　彪、白九江） 四川文物2：29-36

三峡水库消落区忠县临江二队炼锌遗址是迄今我国所见早期炼锌的唯一实例 李大地、肖碧瑞 中国文
　　物报1月3日8版

重庆忠县临江二队明代炼锌遗址 肖碧瑞等 2013中国重要考古发现172-177

堪称中国井盐晚期制盐技术的代表——重庆彭水中井坝盐业遗址考古发掘获重要突破 白九江、牛英彬
　　中国文物报1月31日1版

重庆彭水县中井坝盐业遗址发掘简报 重庆市文化遗产研究院、重庆彭水县文物管理所（牛英彬、白九
　　江） 南方文物1：116-126

二三 四川省

新津县宝墩遗址鼓墩子2010年发掘报告 成都文物考古研究所、新津县文物管理所（何锟宇等） 成
　　都考古发现（2012）1-63

2010年新津县宝墩遗址外城罗林盘地点发掘简报 成都文物考古研究所、新津县文物管理所（左志强
　　等） 成都考古发现（2012）64-77

西昌市大兴乡横栏山遗址2011年试掘简报 成都文物考古研究所等（孙策等） 成都考古发现（2012）
　　78-91

成都市新都区高桥村遗址试掘简报 成都文物考古研究所、新都区文物管理所（陈云洪、王天佑） 成
　　都考古发现（2012）121-132

4000 年前的水利设施——成都市发现一处目前已知最早的史前护岸堤　贾昌明　中国文物报 5 月 2 日 1 版

新津县柳河村先秦遗址发掘简报　成都文物考古研究所、新津县文物管理所（左志强、陈云洪）　成都考古发现（2012）92 - 120

成都市郫县波罗村遗址Ⅱ区发掘简报　成都文物考古研究所、四川大学历史文化学院（李映福等）　江汉考古 3：3 - 29

四川屏山县斑竹林遗址商周时期窑址发掘简报　四川省文物考古研究院等（辛中华等）　四川文物 3：3 - 12

四川鸭子河流域商周时期遗址 2011 - 2013 年调查简报　四川省文物考古研究院（冉宏林、雷雨）　四川文物 5：3 - 9

三星堆考古再获重大突破——发现大型建筑址群并确定两道新的堆（夯）土城墙　雷雨　中国文物报 3 月 14 日 8 版

四川广汉三星堆遗址 2012 - 2013 年考古新收获　雷雨　2013 中国重要考古发现 46 - 51

成都市新都区团结村商周遗址发掘简报　成都文物考古研究所（杨洋、王天佑）　成都考古发现（2012）133 - 152

成都市温江区天王村商周遗址试掘简报　成都文物考古研究所、温江区文物保护管理所（杨占风等）　成都考古发现（2012）153 - 176

四川广元昭化区土基坝和摆宴坝考古调查勘探取得重要成果　陈卫东　中国文物报 9 月 19 日 1 版

成都金沙遗址"黄河"地点墓葬发掘简报　成都文物考古研究所（刘祥宇、唐飞）　成都考古发现（2012）177 - 217

四川炉霍县斯木乡瓦尔壁 M1 发掘简报　四川省文物考古研究院、炉霍县文物管理所（陈卫东、徐俊）　四川文物 5：10 - 13

四川青川县郝家坪战国墓群 M50 发掘简报　四川省文物考古研究院、青川县文物管理所（李昭和等）　四川文物 3：13 - 19

成都新都秦墓发掘简报　成都市新都区文物管理所（王波）　文物 10：4 - 11

1984 年度茂县撮箕山石棺葬发掘报告　四川省文物考古研究院等（徐学书等）　南方民族考古（第九辑）295 - 364

成都市天回镇老官山汉墓　成都文物考古研究所、荆州文物保护中心（谢涛等）　考古 7：59 - 70

成都天回老官山汉墓　谢涛、索德浩　2013 中国重要考古发现 82 - 86

四川郫县波罗村遗址Ⅱ区汉、唐遗存发掘简报　成都文物考古研究所、四川大学历史文化学院（李映福等）　四川文物 2：18 - 28

重庆璧山县棺山坡东汉崖墓群　重庆市文化遗产研究院、璧山县文物管理所（范鹏等）　考古 9：28 - 41

绵遂高速公路（三台段）东汉至六朝崖墓发掘简报　四川省文物考古研究院、三台县文物管理所（黄家祥、黄家全）　四川文物 2：3 - 17

四川乐山市柿子湾崖墓 A 区 M6 调查简报　四川省文物考古研究院、乐山大佛风景名胜区管理委员会（李飞等）　四川文物 4：3 - 11

四川渠县汉阙考古调查勘探简报　四川省文物考古研究院、渠县文物管理所（刘睿）　四川文物 4：12 - 19

都江堰市潘家祠堂汉墓发掘简报　成都文物考古研究所、都江堰市文物局（索德浩等）　成都考古发现（2012）310 - 387

彭山县汉晋武阳城遗址调查简报　成都文物考古研究所等（易立等）　成都考古发现（2012）388 - 402

绵遂高速公路（三台段）果园山崖墓发掘简报　四川省文物考古研究院、三台县文物管理所（黄家祥等）　四川文物 4：29 - 37

成都金沙遗址雍锦湾地点出土唐宋瓷器　成都文物考古研究所、四川大学考古学系（杜康等）　四川文物6：10－15

成都市杜甫草堂唐宋遗址2012年发掘简报　成都文物考古研究所（易立等）　成都考古发现（2012）449－491

成都市下同仁路城墙遗址发掘简报　成都文物考古研究所（杨洋）　成都考古发现（2012）492－506

四川什邡市星星村遗址唐宋、明清墓葬发掘简报　四川省文物考古研究院等（李飞等）　四川文物6：22－28

都江堰市沿江村唐五代灰沟及宋代墓葬发掘简报　成都文物考古研究所、都江堰市文物局（刘文强等）　成都考古发现（2012）507－530

彭州市下梁山唐宋墓发掘简报　成都文物考古研究所、彭州文物保护管理所（索德浩等）　成都考古发现（2012）531－557

四川彭州市北宋徐氏墓发掘简报　成都文物考古研究所、彭州市文物保护管理所（龚扬民、杨素荣）　考古4：54－62

四川华蓥市安丙家族墓地九层坎遗址试掘简报　四川省文物考古研究院等（任江等）　四川文物2：37－44

广元市元坝区樟树村明墓发掘简报　四川省文物考古研究院等（郑万泉等）　四川文物1：12－22

四川屏山县新江村明代石室墓发掘简报　四川省文物考古研究院等（李万涛、金国林）　四川文物3：28－34

二四　贵州省

贵州基本建设考古初探　董欣　贵州文史丛刊3：113－117

贵州天柱县坡脚遗址汉代、宋元遗存发掘简报　贵州省文物考古研究所、四川大学考古学系（张宁等）　四川文物6：16－21

2013年海龙囤遗址"新王宫"与整体格局的新认识　李飞、陈卿　中国文物报4月25日8版

贵州遵义新蒲杨氏土司墓群考古取得新收获——发现南宋播州"土司"杨价夫妇墓　周必素、彭万　中国文物报8月22日1版

贵州遵义明代播州土司杨铿墓　周必素、彭万　2013中国重要考古发现178－181

贵州万山汞矿遗址调查报告　李映福等　江汉考古2：22－40

二五　云南省

云南元谋磨盘山新石器时代遗址　康利宏、周然朝　2013中国重要考古发现30－33

云南怒江发掘史前至青铜时代遗址——泸水石岭岗遗址的发掘收获　康利宏、李小瑞　中国文物报8月1日8版

洱海地区史前文化的最新发现——云南宾川白羊村遗址第二次发掘的收获　闵锐、何林珊　中国文物报9月12日8版

云南滇池盆地2010年聚落考古调查简报　云南省文物考古研究所等（蒋志龙等）　考古5：29－36

云南宁蒗干坝子发现大型青铜时代墓地——为研究中国西南地区又一新的青铜时代文化提供宝贵资料　万杨　中国文物报8月19日1版

云南昌宁大甸山青铜时代墓地　杨帆等　2013中国重要考古发现56－59

云南祥云县清华洞遗址2010年试掘报告　云南省文物考古研究所等（闵锐等）　南方民族考古（第九辑）263－294

云南东川玉碑地遗址考古发掘的重要收获　蒋志龙、朱忠华　中国文物报1月3日8版

云南保山昌宁大甸山墓地考古发掘收获　杨帆、胡长城　中国文物报2月14日8版

滇西北发现汉时期城堡遗址——云南维西宗咱遗址考古发掘及收获　朱忠华　中国文物报11月25日

8 版

云南盐津夷都山及周边区域文物考古调查报告　云南省文物考古研究所等（万杨等）　南方文物 4：53
－57

二六　西藏自治区

陕西省支援西藏文物考古工作三十年回顾　张建林　考古与文物 6：53－58

西藏阿里地区噶尔县故如甲木墓地 2012 年发掘报告　中国社会科学院考古研究所、西藏自治区文物保
护研究所（仝涛等）　考古学报 4：563－585

西藏象泉河上游发现象雄文化高等级墓葬　仝涛　中国文物报 10 月 24 日 8 版

西藏工布江达县色沃岩画调查简报　西藏自治区文物报化研究所（何伟、夏格旺堆）　考古与文物 6：
3－6

西藏洛扎县吉堆墓地与吐蕃摩崖刻石考古调查简报　陕西省考古研究院等（席琳等）　考古与文物 6：
15－25

西藏加查县达拉岗布寺曲康萨玛大殿遗址发掘简报　西藏自治区文物保护研究所、山南地区文物局（杨
曦等）　考古 8：50－67

二七　陕西省

2013 年陕西省考古研究院考古发掘调查新收获　孙周勇　考古与文物 2：3－23

汉水上游汉中盆地新发现的旧石器及其年代　王社江等　人类学学报 2：125－136

陕西高陵麦张村遗址调查简报　西安市文物保护考古所、西北大学文化遗产学院（冉万里、邰紫琳）
西部考古（第六辑）3－10

陕西省蒲城县马坡遗址 H1 发掘简报　王炜林等　考古与文物 1：1－15

陕西蓝田新街遗址发掘简报　陕西省考古研究院（杨亚长等）　考古与文物 4：3－23

晋陕高原发现商代晚期规模最大的建筑遗迹　种建荣、孙占伟　中国文物报 2 月 14 日 1 版

陕北发现商代大规模重楼环屋式建筑群　种建荣、孙战伟　中国文物报 12 月 19 日 8 版

陕西清涧辛庄商代遗址　种建荣等　2013 中国重要考古发现 52－55

西安市长安区冯村北西周时期制骨作坊　中国社会科学院考古研究所丰镐队（付仲杨等）　考古 11：29
－43

我国商周考古的又一重大发现——宝鸡石鼓山西周墓地考古发掘出土数量众多青铜器　陕西石鼓山考古
队　中国文物报 1 月 3 日 1 版

凤翔西关新区西周墓葬考古发掘简报　陕西省考古研究院等（田亚岐等）　文博 2：3－9

周原遗址贺家村发现西周时期车马坑　陕文　中国文物报 9 月 2 日 1 版

西安市长安区西甘河村古墓葬发掘简报　西安市文物保护考古研究院（朱连华等）　东方博物（第四十
九辑）21－40

西安市汉长安城北渭桥遗址　陕西省考古研究院等（刘瑞等）　考古 7：34－47

西安渭桥遗址考古发掘　刘瑞等　2013 中国重要考古发现 76－81

陕西渭桥遗址新发现——已发现三组七座渭桥，多座渭桥时代已基本确定　渭桥考古队　中国文物报 1
月 17 日 8 版

陕西宝鸡南湾秦汉遗址调查简报　秦始皇帝陵博物院、陈仓区博物馆（李卓、许卫红）　文博 5：3－11

西安市秦始皇帝陵　秦始皇帝陵博物院（曹玮、张卫星）　考古 7：48－58

秦俑一号坑第三次发掘清理出较完整的弓弩　秦俑馆　中国文物报 2 月 28 日 1 版

秦始皇帝陵陵区北部Ⅱ区 2010－2011 年度勘探简报　秦始皇帝陵博物院（蒋文孝等）　秦始皇帝陵博
物院（2013）9－53

2011—2012 年度秦始皇陵 K9901 考古简报　秦始皇帝陵博物院（张卫星等）　秦始皇帝陵博物院

二八　甘肃省

日 8 版

甘肃岷县山那树扎遗址　赵雪野等　2013 中国重要考古发现 34 - 36

甘肃秦安考古调查记略　甘肃省文物考古研究所、秦安县博物馆（赵建龙）　文物 6：44 - 49

甘肃张掖市西城驿遗址　甘肃省文物考古研究所等（陈国科等）　考古 7：3 - 17

甘肃张掖黑水国遗址　陈国科、王辉　2013 中国重要考古发现 42 - 45

甘肃临潭磨沟墓地齐家文化墓葬 2009 年发掘简报　甘肃省文物考古研究所、西北大学丝绸之路文化遗
　　产保护与考古学研究中心（钱耀鹏等）　文物 6：4 - 23

甘肃临潭磨沟墓地寺洼文化墓葬 2009 年发掘简报　甘肃省文物考古研究所、西北大学丝绸之路文化遗
　　产保护与考古学研究中心（毛瑞林等）　文物 6：24 - 38

甘肃甘谷毛家坪遗址 2013 年考古收获　梁云、侯宏伟　2013 中国重要考古发现 60 - 63

早期秦文化研究的又一突破——2014 年甘谷毛家坪遗址发掘丰富了周代秦文化内涵　梁云、侯红伟　中
　　国文物报 11 月 14 日 1 版

甘肃张家川马家塬出土车厢侧板的实验室考古清理　韩飞等　文物 6：39 - 43

甘肃环县刘家湾汉墓清理报告　环县博物馆　陇右文博 1：3 - 10

古今文明在这里碰撞——西气东输（甘肃段）考古发掘纪实　岳晓东　甘肃省博物馆学术论文集 512
　　- 515

甘肃嘉峪关市文殊镇汉魏墓的发掘　俞春荣、王春梅　考古 9：93 - 98

临夏祁家庄宋代砖雕墓清理简报　临夏市博州馆（张有财）　陇右文博 1：11 - 15

兰州榆中金代墓葬清理简报　兰州市博物馆、榆中县博物馆（郭永利、曹小兵）　甘肃省博物馆学术论
　　文集 45 - 54

二九　青海省

青藏高原科技考古新成果　李墨岑等　中国文物报 7 月 4 日 7 版

青海治多叁雄尕朔遗址调查与发掘　何元洪　中国文物报 2 月 14 日 8 版

青南高原早期先民的足迹——通天河流域细石器遗存调查记　何元洪等　中国文物报 4 月 4 日 8 版

石棺葬文化的新发现——玉树石棺墓的发现及初步认识　何元洪等　中国文物报 6 月 20 日 6 版

见纳沟摩崖石刻佛教考古的新发现　乔虹、张长虹　中国文物报 4 月 4 日 8 版

玉树地区吐蕃墓葬考古的新进展　蔡林海、马春燕　中国文物报 4 月 4 日 8 版

三〇　宁夏回族自治区

宁夏水洞沟遗址第 7 地点发掘报告　裴树文等　人类学学报 1：1 - 16

宁夏隆德沙塘新石器时代遗址二〇一三年发掘成果　杨剑、王晓阳　中国文物报 3 月 28 日 8 版

三一　新疆维吾尔自治区

尼勒克县恰勒格尔遗址考古发掘简报　新疆文物考古研究所（阮秋荣等）　新疆文物 1：32 - 35

新疆尼勒克乌吐兰墓地发掘简报　新疆文物考古研究所（阮秋荣等）　文物 12：50 - 63

尼勒克县乌吐兰墓地考古发掘报告　新疆文物考古研究所（张杰等）　新疆文物 1：36 - 57

尼勒克县多尔布津墓地考古发掘报告　新疆文物考古研究所（谈宁、王永强）　新疆文物 1：58 - 64

塔什库尔干县吉尔赞喀勒墓地考古发掘简报　中国社科院考古研究所新疆工作队等（巫新华等）　新疆
　　文物 1：4 - 31

2013 年新疆塔什库尔干吉尔赞喀勒墓地的考古发掘　巫新华　西域研究 1：124 - 127

2008 年哈密市射月沟墓地考古发掘简报　新疆文物考古研究所等（习通源等）　新疆文物 2：4 - 8

哈密市花园乡萨伊吐尔墓地考古发掘报告　新疆文物考古研究所（胡望林、王永强）　新疆文物 1：65 - 75

2013 年哈密花园乡萨伊吐尔墓地发掘简报　新疆文物考古研究所（胡望林等）　中国国家博物馆馆刊 9：24－39

布尔津县喀纳斯下湖口图瓦新村古墓地考古发掘简报　新疆文物考古研究所（于建军、胡兴军）　新疆 文物 2：60－74

新疆布尔津喀纳斯下湖口图瓦新村墓地发掘简报　新疆文物考古研究所（于建军、胡兴军）　文物 7：4－16

新疆巴里坤红山口遗址 2008 年调查简报　西北大学丝绸之路文化遗产保护与考古学研究中心等（马健等）　文物 7：17－30

2008 年巴里坤县红山口遗址考古调查　西北大学文化遗产保护与考古学研究中心等（马健等）　新疆 文物 2：18－30

2009 年新疆巴里坤石人子沟遗址 F2 发掘报告　西北大学丝绸之路文化遗产保护与考古学研究中心等（马健等）　考古与文物 5：25－36

2009 年巴里坤县石人子沟遗址考古发掘简报　西北大学文化遗产保护与考古学研究中心等（马健等）　新疆文物 2：31－44

2008 年伊吾县峡沟墓地考古发掘简报　新疆文物考古研究所等（习通源等）　新疆文物 2：9－17

2009 年新疆伊吾县托背梁墓地发掘简报　西北大学文化遗产保护与考古学研究中心等（习通源等）　考古与文物 4：24－36

2009 年伊吾县托背梁墓地考古发掘简报　西北大学文化遗产保护与考古学研究中心等（习通源等）　新疆文物 2：45－59

新疆和静县莫呼查汗墓地发掘简报　新疆文物考古研究所（阿里甫江等）　考古与文物 5：3－24

新疆和静布其罕萨拉墓群 2013 年发掘简报　新疆文物考古研究所（吴勇等）　文物 12：29－49

吐鲁番加依墓地发掘简报　吐鲁番学研究院、新疆文物考古研究所（王龙等）　吐鲁番学研究 1：1－19

新疆青河三海子墓葬及鹿石遗址群考古新收获　三海子考古队　西域研究 1：128－131

新疆哈巴河托干拜 2 号墓地发掘简报　新疆文物考古研究所（于建军、胡兴军）　文物 12：18－28

乌鲁木齐市鱼儿沟遗址与阿拉沟墓地　新疆文物考古研究所（田小红）　考古 4：19－35

新疆呼图壁石门子墓地发掘简报　新疆文物考古研究所（张玉忠等）　文物 12：4－17

新疆发现殉葬大量马匹的高规格墓葬——哈巴河县喀拉苏墓地发掘取得重要收获（于建军、胡望林）　中国文物报 9 月 12 日 8 版

博尔塔拉州赛里木湖景区遗址考古发掘报告　新疆文物考古研究所（谈宁、张铁男）　新疆文物 2：80－82

昭苏县巴斯喀拉苏西墓葬考古发掘报告　新疆文物考古研究所（谈宁、张铁男）　新疆文物 2：75－79

1988－1997 年度民丰县尼雅遗址考古调查简报　中日尼雅遗址学术考察队（吴勇等）　新疆文物 3－4：3－183

尼雅遗址 97A1 居址和 97A7 窑址发掘简报　新疆文物考古研究所（吴勇、于志勇）　新疆文物 3－4：184－188

寻找消失的文明　小河考古大发现　伊弟利斯·阿不都热苏勒、李文瑛　大众考古 4：24－32

新疆吐鲁番阿斯塔那墓地西区 2004 年发掘简报　吐鲁番学研究院（张永兵）　文物 7：31－53

吐鲁番阿斯塔那古墓群 Ⅱ 区 M411 的抢救性发掘简报　吐鲁番学研究院考古研究所（肖国强等）　吐鲁番学研究 2：1－5

伍　美术考古

一　通论

美术考古"静态"与"动态"研究的辩证探索　王海燕　中国美术研究（第 6 辑）29－35

关于艺术考古理论的再思考　何努　无限悠悠远古情：佟柱臣先生纪念文集 252－263

二　雕塑

总论

画像石·画像砖

隋以前中国造像及其文化发展初探　尹枫　历史教学（下半月刊）8：40－46

唐宋罗汉造像世俗相原因探析　胡秋莉　齐鲁文物（第3辑）286－294

西域佛教造像的源流与发展　阮荣春、李雯雯　民族艺术5：152－158

补遗

药师佛造像的历史演变　王忠林　理论观察2013年12：52－53

金铜造像

从馆藏造像看唐代天水地区密教十一面观音信仰　刘复兴　丝绸之路10：43－45

明铸铁佛坐像　林仲如　历史文物11：1

榆中县博物馆藏明代观音菩萨铜像浅析　许家瑞　陇右文博1：30－32

新疆藏传佛教造像艺术　何芳　西部考古（第六辑）264－273

旅顺博物馆藏藏传佛教造像　杨雪飞　文物天地11：74－79

山海关区文物管理所藏铜造像选介　罗军　文物春秋3：73－74

藏传佛教金铜佛造像概述　林尚斌　甘肃省博物馆学术论文集195－202

藏传佛教珍品——铜鎏金白度母造像　吴红梅　中国文物报1月22日4版

石刻造像

安岳石窟菩萨造像中的冠饰　袁恩培、扶紫祎　西南民族大学学报（人文社科版）9：64－68

从高善穆石造像看北凉时期河西佛教文化的繁荣　时兰兰　丝绸之路10：46－47

成都万佛寺石刻佛教造像的源流　何先红、董华锋　收藏家12：63－68

成都万佛寺南朝佛教造像出土及流传状况述论　董华锋、何先红　四川文物2：76－80

成都地区南朝石刻造像佛衣的类型　陈悦新　文物3：72－86

梁大同三年佛立像衣带纹样的初步研究——兼谈蜀锦中的西域因素　师若予　考古11：81－90

河北威县发现北朝佛造像　邱忠鸣等　文物3：68－71

廊坊地区的佛教石刻艺术　付艳华　文物天地8：82－85

山东博兴博物馆藏北朝弥勒造像　张淑敏、贾庆霞　法音8：52－56

关于北朝佛座双层彩的猜想　应金飞、曹元琪　新美术7：102－104

甘肃省博物馆收藏的一件未刊北朝残塔　俄玉楠、杨富学　敦煌研究4：17－22

从北吴庄佛像埋藏坑论邺城造像的发展阶段与"邺城模式"　何利群　考古5：76－87

东营地区南北朝至隋唐佛教寺院遗留造像与石碑　荣子录　中国文物报8月1日6版

北魏景明年间长安佛教石刻造像研究　宋莉　十院校美术考古研究文集182－199

云冈石窟研究院收藏的一件北魏菩萨石造像　刘建军、解华　文物3：65－67

山东北部北魏晚期至东魏的石刻佛像造型分析　黄文智　敦煌研究4：30－43

一件东魏武定二年格龙受造半跏思维像　金申　中国文物报11月18日5版

东魏武定二年格龙受造半跏思维像　金申　收藏11：111－113

秦安西魏石塔诠索　俄玉楠、杨富学　新疆师范大学学报（哲社版）1：87－96

长安与麦积山石窟北周佛教造像比较研究——以西安北草滩出土的北周白石龛像为中心　孙晓峰、曹小玲　敦煌研究1：53－61

北周长安石刻菩萨造像组玉佩纹样研究　刘明虎　十院校美术考古研究文集218－240

关于西安地区发现的两件北周造像座上的神王像　冉万里　文博1：89－93

西安地区单体石立佛的佛衣类型及其时代　陈悦新　考古与文物2：94－100

北周僧渊造像碑研究　崔松林、王景荃　中原文物5：87－91

山东青州龙兴寺佛教造像之管窥　田卫丽　收藏家6：59－64

论"青州模式"佛教造像的阿玛拉瓦蒂渊源　赵玲　南京艺术学院学报（美术与设计版）2：63－68

青州背屏三尊像"倒龙"源于舍卫城大神变考论　张同标　中国美术研究（第5辑）36－43

山东临朐白龙寺遗址佛教造像探析　倪克鲁、李振光　文物1：82－87

温婉之美　馥郁之风——洛阳北魏机场墓女立俑赏析　冯健、李莎　中原文物 1：123 – 125

晋阳开化陶俑　来自地下的北齐人装束　张光辉、马昇　大众考古 4：79 – 81

阿斯塔纳张雄夫妇墓出土彩塑俑的造型风格辨析　牛金梁　装饰 5：98 – 99

由朝阳唐王君墓出土的乐舞俑浅谈唐代的"坐部伎"　周颖　文物天地 11：66 – 69

唐代胡商形象俑研究　葛承雍　唐研究（第二十卷）169 – 192

"看得见的华夏历史文化"系列之十五——从馆藏唐代骑马俑看唐人与马　苏启明　历史文物 5：80 – 86

唐代童子填鸭陶俑　高辉　中国文物报 6 月 18 日 5 版

蒙元时代胡人形象俑研究　葛承雍　文物 10：57 – 65

陵墓雕刻

意蕴之于图像：羊子山汉墓石刻造像的审美解读　邹璐　装饰 7：141 – 142

乾陵王宾像三种带饰考　陈丽萍　文博 5：59 – 65

王子云论唐陵石刻——纪念西北艺术文物考察团唐陵考察 70 周年　田有前　乾陵文化研究（八）50 – 59

唐代帝陵门狮及翼马雕刻风格考　周莎　乾陵文化研究（八）60 – 65

巩义宋陵石雕纹饰的图像学意义阐释　张婷　中华文化论坛 9：87 – 91

明凤阳皇陵神道石刻研究　刘毅　文物 5：63 – 70

浅析明靖江王陵神道碑之八卦纹赑屃　邹颖　广西博物馆文集（第十辑）209 – 215

补遗

明皇陵动物石刻造型及动态考究　郑艺鸿　湖北民族学院学报（哲社版）2013 年 5：36 – 39

其他

原始社会的护身符——安庆墩头遗址发现的石雕人面像　吴悦　中国文物报 10 月 7 日 7 版

论铜钱纹饰与灵渠古石刻图像的语义空间　毛雄飞、韩勇　装饰 8：98 – 99

陕西汉唐石刻博物馆馆藏精品一瞥　张强、秦航　收藏 8：118 – 123

论芦山东汉三国姜城遗址城门石兽　王煜　中国国家博物馆馆刊 4：25 – 36

大夏真兴六年石马散记　李明、张彦　文博 2：64 – 66

南朝石兽与东汉石兽比较研究（日）菊地雅彦　四川文物 1：23 – 33

"看得见的华夏历史文化"系列之十四——北魏曹天度造石塔的由来及其价值　苏启明　历史文物 4：50 – 55

山东泰山岱庙出土宋代石刻画　倪雁　文物 11：84 – 90

洛阳明代福王府汉白玉彩绘石狮　王承瑞　中原文物 3：121 – 123

浅谈青州泥塑　李宝垒　收藏家 4：47 – 49

河南出土唐代陶塑拾珍　李晓莉　收藏 7：98 – 107

金代段氏墓葬中的人物砖雕艺术　胡冰　文物世界 1：24 – 29

高家崖建筑装饰砖石雕植物纹构成分析　赵海燕　装饰 8：116 – 118

周口关帝庙柱础雕刻艺术阐释　陈磊　中国文化遗产 4：100 – 106

南京牛首山弘觉寺塔地宫石盖及相关问题　刘文庆、符永利　东南文化 6：86 – 93

开封镇河铁犀　李卫华、刘东亚　中原文物 2：127 – 128

三　石窟寺艺术

总论

石窟艺术中的伎乐人研究——以中国三大石窟为例　林雅琇　天津音乐学院学报 1：34 – 47

佛教石窟造像功用思想研究——以凉州、敦煌、麦积山、云冈等石窟造像为例　宏正、界平　敦煌学辑刊 1：116 – 128

黄河流域以东早期石窟形制自然因素研究　毛惠民、夏朗云　丝绸之路 18：30 – 37

十六国北朝佛教与石窟寺设计艺术　张晶　南京艺术学院学报（美术与设计版）4：58－63

　　调查与研究

响堂山石窟北朝晚期中心柱窟的"西方"因素　唐仲明　故宫博物院院刊2：88－96

响堂山石窟寺发微　陈传席　美苑1：84－92

响堂山石窟的佛衣类型　陈悦新　华夏考古1：114－120

盛世华章——云冈第12窟顶赏析　张旭云　中国文物报12月30日7版

山西沁县南泉北魏佛教摩崖石刻考　李裕群　文物1：61－68

"张得其肉"的北齐造像——天龙山北齐石窟艺术略考　崔晓东　文物世界3：39－41

北魏洛阳城与龙门石窟　扈晓霞　文物世界4：28－30

大住圣窟的"白佛"与"佛影"现象研究　郑文宏、侯小春　中国美术研究（第9辑）49－58

济南五峰山莲花洞龛窟造像　刘善沂等　齐鲁文物（第2辑）300－318

唐代巴蜀广元地区石窟造像中的密教形象分析　程狄　中国美术研究（第9辑）59－62

四川乐山大佛及其周边区域2013年考古调查　陈卫东等　2013中国重要考古发现120－125

成都周边地区唐代石窟造像样式形成的相关问题　卢丁　四川文物3：59－64

四川夹江千佛岩摩崖造像初步研究　于春　考古与文物3：85－96

四川安岳县圆觉洞摩崖石刻造像调查报告　成都文物考古研究所等（雷玉华等）　南方民族考古（第九辑）365－449

四川安岳县玄妙观道教摩崖造像　曾德仁　四川文物4：83－90

丹凤眼与美须髯——大足道教石刻艺术札记　李小强、杨光宇　中国道教4：31－33

蒲江飞仙阁9号窟相关问题考释　胡文和　成都文物1：6－18

西藏察雅县丹玛札摩崖造像考古调查简报　陕西省考古研究院、西藏自治区文物保护研究所（席琳等）　考古与文物6：7－14

西藏工布江达县洛哇傍卡摩崖造像考古调查简报　西藏自治区文物保护研究所（罗布扎西、李林辉）　考古与文物6：26－31

西藏日土县丁穹拉康石窟群考古调查简报　陕西省考古研究院等（席琳、张建林）　考古与文物6：32－40

西藏西部东嘎·皮央与西夏佛教艺术的影响　［奥地利］德波拉·金伯格－萨特　藏学学刊（第8辑）177－193

佩古措湖边沉寂数百年的两座寺院——恰芒波拉康与喇普德庆寺的最新考古调查　夏格旺堆　汉藏佛教美术研究：第四届西藏考古与艺术国际学术讨论会论文集379－401

药王山摩崖造像13号龛时代考　陈晓捷　敦煌研究1：46－52

祁连山北麓马蹄寺石窟群浮雕舍利塔考古调查简报　张掖市文物保护研究所（王卫东）　华夏考古4：39－49

马蹄寺石窟群浮雕舍利考古调查简报　张掖市文物保护研究所（王卫东）　陇右文博2：3－15

炳灵寺一六九窟第3龛造像内容新证　张聪　南京艺术学院学报（美术与设计版）2：90－92

陵墓与佛窟——麦积山第43窟洞窟形制若干问题研究　董广强、魏文斌　十院校美术考古研究文集135－156

陵墓与佛窟——麦积山第43窟洞窟形制若干问题研究　董广强、魏文斌　敦煌学辑刊2：60－75

麦积山127窟净土图像研究　孙晓峰、曹小玲　十院校美术考古研究文集167－181

麦积山石窟高层洞窟石刻造像入藏方法研究　董广强等　丝绸之路10：24－27

麦积山石窟第4窟上方桩孔用途探疑　董广强　陇右文博2：16－21

莫高窟艺术中的菩萨头冠研究——以隋代为例　郭芳　中国美术研究（第6辑）54－58

莫高窟第454窟窟主及其甬道重修问题　郭俊叶　敦煌研究1：30－36

莫高窟第361窟与第14窟之关系——莫高窟第361窟研究之十　赵晓星　十院校美术考古研究文集

157 – 166

莫高窟第 61 窟佛坛造像蠡测　邹清泉　美术 2：118 – 121

形制与图像：莫高窟第 100 窟设计思想探源　米德昉　中国美术研究（第 5 辑）61 – 64

翟法荣与莫高窟第 85 窟营建的历史背景　郑怡楠　敦煌学辑刊 2：76 – 101

莫高窟 464 窟的断代及其与回鹘之关系　杨富学　汉藏佛教美术研究：第四届西藏考古与艺术国际学术讨论会论文集 105 – 128

敦煌石窟归义军曹氏供养人画像与其族属之判别　沙武田　西部考古（第六辑）204 – 234

敦煌莫高窟第 297 窟甬道南壁西夏文题记译释——兼论西夏统治敦煌的时间问题　陈光文　敦煌学辑刊 2：22 – 33

敦煌西夏石窟研究综述　张世奇、沙武田　西夏研究 4：90 – 107

榆林窟第 25 窟八大菩萨曼荼罗图像补遗　沙武田　汉藏佛教美术研究：第四届西藏考古与艺术国际学术讨论会论文集 87 – 103

榆林窟第 20 窟是一水陆道场　陈菊霞　唐研究（第二十卷）491 – 503

甘肃镇原玉山寺石窟调查研究　王博文　丝绸之路 10：28 – 30

甘肃武山水帘洞石窟佛教建筑的艺术特征及成因探究　张玉璧　敦煌学辑刊 1：129 – 134

甘肃泾川佛教遗存调查发掘获重要成果　吴荭　中国文物报 1 月 31 日 8 版

甘肃泾川佛教遗址　吴荭等　2013 中国重要考古发现 142 – 147

简论须弥山石窟的重要价值　马志明　丝绸之路 2：35 – 36

佛教乐舞与须弥山石窟中的乐伎雕刻探述　周佩妮　宁夏社会科学 2：115 – 117

新疆佛教石窟中的古代民族服饰考略　乌云　甘肃社会科学 4：245 – 248

安西都护府时期龟兹政权更迭与石窟艺术变迁　满盈盈　南京艺术学院学报（美术与设计版）4：46 – 49

苏巴什石窟现存龟兹语及其他婆罗迷文字题记内容简报　新疆龟兹研究院等　唐研究（第二十卷）411 – 438

"定光佛授记"与定光佛——犍陀罗与克孜尔定光佛造像的比较研究　耿剑　中国美术研究（第 6 辑）1 – 10

库木吐喇第 45 窟造像内容考证　苗利辉　敦煌研究 2：34 – 39

补遗

论云冈石窟图像符号对社会规则的约定和表达　徐婷、车莉　西南民族大学学报（人文社科版）2013 年 11：206 – 210

北魏的汉化和胡化潮流与昙曜五窟"如帝身"造像的思路　叶原　美术观察 2013 年 12：97 – 102

四　古代建筑

综述

陕甘地区古代建筑考察　张驭寰　鉴古证今——传统工艺与科技考古文萃 457 – 464

作为历史的与美学的统一的中国建筑史学　崔勇　东方建筑遗产（2013 年卷）107 – 111

北方地区佛教建筑考古分期研究　沈山　中国美术研究（第 7 辑）50 – 63

关于隋朝舍利塔的复原研究　张驭寰　鉴古证今——传统工艺与科技考古文萃 477 – 484

独具特色的唐代建筑与家具结构关联性初探　孟彤　美术研究 3：82 – 85

高句丽建筑造型艺术　朴玉顺、姚琦　东方建筑遗产（2013 年卷）181 – 190

专题研究

秦始皇及战国秦长城研究综述　杨婷　中国史研究动态 2：12 – 20

汉唐环塔里木烽燧布局的演变　张安福、胡志磊　史林 2：25 – 33

冀南地区北朝单层覆钵式塔之研究　武晶　中国文化遗产 2：76 – 79

南方殿阁草架特征初探　龙萧合　东方建筑遗产（2013 年卷）45 – 60

唐宋歇山建筑转角做法探析　姜铮　东方建筑遗产（2013 年卷）161 – 180

"圆庐"初探——从《千里江山图》中的特殊建筑谈起　顾凯　东方建筑遗产（2013 年卷）113 – 128

晋城玉皇庙成汤殿木质神龛形制简介　尹振兴　文物世界 2：31 – 34

古建筑斗拱的发展及演变（二）—（六）　雷子军　中国文物报 1 月 24 日 6 版、2 月 7 日 6 版、3 月 7 日 6 版、4 月 4 日 6 版、4 月 18 日 6 版

从斗栱形制探析 13 至 15 世纪中国北方官式建筑与江浙营造的渊源关系　徐怡涛　故宫博物院院刊 6：25 – 31

保国寺大殿厅堂构架与梁额榫卯——《营造法式》梁额榫卯的比较分析　张十庆　东方建筑遗产（2013 年卷）81 – 93

江南宋元扶壁栱形制的分析比较——以保国寺大殿为坐标和线索　张十庆　建筑史（第 34 辑）12 – 22

故宫长春宫建筑外檐斗栱时代特征分析　卓媛媛　故宫学刊（第 12 辑）257 – 267

正定开元寺唐三门楼石柱初步整理与探析（上）　樊瑞平、刘友恒　文物春秋 6：58 – 68

中国传统礼制性建筑上的门——门的方向与使用制度研究　邢鹏　北京文博文丛 4：29 – 42

九锡之纳陛考　徐龙国　汉代西域考古与汉文化 246 – 260

中国境内小青瓦的使用历史　徐美莉　中华文化论坛 4：86 – 91

北魏平城时期的板瓦和筒瓦　徐国栋、林海慧　华夏考古 4：110 – 115

瓦在东方的传播——乐浪瓦再探讨　［日］中村亚希子　汉代西域考古与汉文化 476 – 492

故宫西南角楼明、清瓦件对比　高甜　故宫学刊（第 12 辑）240 – 256

燕瓦拾珍　于军、吴磬军　收藏 11：114 – 119

秦神树纹瓦当考　李新全　考古 8：97 – 104

四川出土六朝瓦当初步研究　易立　考古 3：68 – 81

渤海瓦当"倒心形"花瓣母题纹饰探源　宋玉彬　庆祝张忠培先生八十岁论文集 510 – 520

北魏洛阳城的瓦当及其他瓦件研究　钱国祥、郭晓涛　华夏考古 3：99 – 112

三峡地区出土的唐宋陶质兽面建筑材料　李映福　四川文物 6：64 – 72

浅析沈阳故宫建筑琉璃的风格　傅博　收藏家 11：73 – 77

陕西发现 5000 多年前的砖　杨亚长、邵晶　中国文物报 10 月 24 日 6 版

汉代空心砖的制作工艺与画像构成探究——以洛阳烧沟 61 号汉墓为例　马行奎　装饰 6：78 – 79

汉代空心砖的制作工艺研究　董睿　华夏考古 2：68 – 74

中国最早的带釉砖瓦——南越国宫署遗址出土的带釉砖瓦研究　袁春霞　中国文物报 1 月 3 日 6 版

扬州出土汉至初唐砖　汪勃　江淮文化论丛（第三辑）85 – 138

北宋佛教世俗化对开宝寺塔壁砖装饰风格的影响　鲁叶滔　中原文物 3：101 – 104

浅论御窑金砖之传承与发展　吴昊　苏州文博论丛（总第 5 辑）61 – 64

门罩盛宴之徽州砖雕——安徽博物院藏游春图砖雕门罩赏析　李艳红　收藏家 4：24 – 26

源远流长内涵深邃的王家大院匾额　张寿桐　文物世界 2：54 – 56

智化寺藏梨园牌匾概说　杨薇　北京文博文丛 4：43 – 53

清代王爷园寝"后寝"之建筑漫谈　周莎　文物春秋 3：41 – 45

补遗

都兰香日德坼墚始建年代浅议　崔永红　青海民族研究 2013 年 4：136 – 138

三峡地区西周东周时期瓦材的考古发现与研究　粟慧　三峡大学学报（人文社科版）2013 年 6：5 – 11

树木纹齐瓦当的生态美学意蕴初探　张红梅　管子学刊 2013 年 3：40 – 45

调查与研究

北京·天津·河北·山西

大正觉寺大殿台基遗址考古调查简报　魏然、曾祥江　黑龙江史志 6：46 – 48

太和殿行什相关问题讨论　黄希明　故宫博物院院刊 2：141 - 146

明代奉先殿建筑沿革与形制布局初探　杨新成　故宫博物院院刊 3：61 - 77

明十三陵裕陵修缮工程中的木构件无损检测　廖春晖等　北京林业大学学报 1：132 - 137

北京故宫文渊阁建筑艺术风格　鲁颖　博物馆研究 1：84 - 95

慈宁宫大佛堂考　王子林　故宫博物院院刊 4：70 - 90

独乐寺山门主梁构造节点的新发现　文物建筑测绘研究国家文物局重点科研基地（天津大学）、蓟县文
　　物保管所　费之腾等　中国文物报 4 月 18 日 8 版

张家口地区古城旧堡踏勘报告　孙靖国　中国国家博物馆馆刊 2：6 - 24

明蓟镇长城 1981—1987 年考古调查的主要收获　郑绍宗　文物春秋 4：10 - 16

明蓟镇长城敌台 1981—1987 年保存状况　郑立新　文物春秋 5：32 - 35

明代北京营建烧造转折期的重要史迹——记河北武强县明三圣庙遗址　王毓蔺　故宫博物院院刊 4：123 -
　　133

正定南关广济桥考　樊志勇　文物春秋 5：36 - 38

响堂山天宫殿建筑年代考　朱建路、刘佳　文物 11：66 - 73

平山万寿禅寺塔林建筑形制及建筑年代考略　董旭　文物春秋 6：32 - 39

石家庄振头崇宁真君牌楼　马超　文物春秋 3：34 - 36

保定风云雷雨山川坛遗址调查　于素敏　文物春秋 3：37 - 40

蔚县真武庙调查报告　程长进等　文物春秋 5：39 - 46

王灏庄园考述　张玲　文物世界 2：59 - 61

佛光寺祖师塔年代考　李嵘　文博 3：47 - 49

山西芮城广仁王庙唐代木构大殿　贺大龙　文物 8：69 - 80

长子法兴寺的唐、宋、元代建筑　张驭寰　鉴古证今——传统工艺与科技考古文萃 465 - 469

考古发掘确定山西绛州衙署遗址年代和布局　杨及耘、王金平　中国文物报 5 月 23 日 8 版

浅析左权县新店石佛寺正殿创建年代　王晨霞　文物世界 6：17 - 19

左权文庙大成殿　张晓强　文物世界 6：20 - 22

河东盐池神庙　马云霞　文物世界 6：23 - 25

明大同镇长城、边堡兴筑考——兼论"大边""二边"长城的概念和走向分布　张永江　中国·乌珠穆
　　沁边疆考古国际学术研讨会论文集 257 - 268

浅析平遥城门的文化魅力　任春平　文物世界 1：33 - 35

平遥古城的民居建筑特色　梁家桦　文物世界 1：42 - 43

晋祠舍利生生塔　姚远　文物世界 4：47 - 49

浅析清代山西乔家大院古民居建筑门的艺术形制　张素英　文物世界 2：39 - 42

内蒙古·辽宁·黑龙江

武安州塔形制及建筑年代考　林林等　草原文物 1：132 - 137

辽宁地区塔建筑分布研究　刘海年、王兴也　辽宁省博物馆馆刊（2013）135 - 141

辽宁北票辽代塔基调查　姜洪军、杜志刚　辽宁省博物馆馆刊（2013）1 - 17

义县嘉福寺舍利塔建造年代及其他相关问题　孙立学、陈术石　北方文物 1：39 - 43

千山正观堂遗址考　李刚　辽金历史与考古（第 5 辑）22 - 31

齐齐哈尔市碾子山区金长城调查　孙文政、许继生　理论观察 3：89 - 92

江苏·浙江·福建

前后北岸明清官邸厅堂构架的保护和传承　张新荣　装饰 5：127 - 128

浙南砖石多宝塔的调查研究　黄培量　东方博物（第四十八辑）50 - 61

平阳栖真寺宋代五佛塔　苏义惠　东方博物（第四十八辑）62 - 70

杭州闸口白塔　章珠裕　浙江文物 4：33

宁波保国寺大殿构造特点与地理环境研究　余如龙　东方建筑遗产（2013 年卷）95 – 100

天目山脉古军事设施遗存调查　程永军　东方博物（第四十六辑）34 – 39

普陀山明代护国永寿普陀禅寺（今普济禅寺）——寺院空间与建筑原状初探　王贵祥　东方建筑遗产（2013 年卷）3 – 12

家族源流的立体史册——宁波传统祠堂的文化特色与建筑特征　郑雨　东方建筑遗产（2013 年卷）35 – 44

徐定超故居建筑探析　陈晓燕　东方博物（第五十一辑）118 – 121

福建汀州城址勘查　王子奇　中原文物 2：29 – 34

福州闽侯陶江石塔建造年代之探究　孙群　装饰 1：83 – 85

福建浦城云峰寺大殿　楼建龙、陈建云　文物 2：87 – 96

　　补遗

宋代福建孔庙建筑布局初探　于亚娟　福建史志 2013 年 5：29 – 33

　　山东·河南·湖北·湖南·广东·广西

山东章丘常道观元代大殿　王晶、刘丽丽　洛阳考古（总第 4 期）87 – 91

商丘古城墙　孔曼　中原文物 1：126 – 128

河南楚长城及其军事防御体系浅探　衡云花　中原文物 4：36 – 39

河南楚长城研究　李一丕　文博 5：50 – 54

河南楚长城分布及防御体系研究　李一丕　中原文物 5：44 – 50

对北魏洛阳城永宁寺塔的复原研究　张驭寰　鉴古证今——传统工艺与科技考古文萃 470 – 476

从地宫形制看嵩岳寺塔的建造年代　李嵘　中国文物报 8 月 15 日 6 版

河南临颍小商桥建年补正　贾洲杰　华夏考古 4：131 – 135

兴云泽物：清代淮河上中游地区龙王庙考察　徐士友　江汉论坛 8：109 – 114

鄂南地区现存古桥梁建筑的现状调查与分析　夏晋　湖北社会科学 7：73 – 78

湖南官式建筑刍议——以湖南文庙为例　符炫等　湖南考古辑刊（第 10 集）266 – 273

广东万历年间所建古塔初探　石浩斌　广州文博（七）76 – 86

广州大仙庙历史浅析及修缮保护研究　郭谦、谢少亮　建筑史（第 34 辑）143 – 152

略谈广西连城要塞炮台设施之认识　陈显灵　广西博物馆文集（第 9 辑）227 – 231

　　四川·西藏·陕西

四川蓬溪县金仙寺藏殿元代题记及相关问题　赵元祥、蔡宇琨　四川文物 5：88 – 96

邛崃的桷杆建筑　汪雄　成都文物 2：56 – 60

四川宜宾市叙州府武庙勘察与布局复原研究　罗培红　四川文物 6：73 – 80

平武报恩寺碑亭大木结构设计浅析　刘畅、郑凯竞　建筑史（第 34 辑）23 – 34

安州塔形制及建筑年代考　林林等　草原文物 1：132 – 137

西藏山南达布拉吉故居调查报告　卓玛　西藏民族学院学报（哲社版）1：38 – 41

唐翠微宫考　雷小虎　西安建筑科技大学学报（社科版）2：53 – 57

西安钟楼建筑刍议　段小群等　文博 3：89 – 91

　　宁夏·甘肃·新疆·青海

宁夏吴忠董府的建筑布局和结构特点　哈彦成　文物世界 1：66 – 68

甘肃秦、汉、明三代长城走向及其地理位置　岳邦湖　甘肃省博物馆学术论文集 167 – 170

甘肃徽县郇庄白塔建造年代小考　杨凌云　丝绸之路 12：46 – 47

甘肃永昌县花大门藏传佛教石刻塔群遗址考论　于光建等　西藏研究 1：65 – 68

罗川赵氏石坊的题款及其艺术价值　梁彦斌　陇右文博 1：33 – 37

浅谈武威下双大庙古建筑风格　胡鼎生　丝绸之路 6：14 – 16

孔雀河烽燧群调查与研究　胡兴军　汉代西域考古与汉文化 72 – 89

拉卜楞寺建筑艺术研究　侯秋凤、唐晓军　丝绸之路 22：32 – 39

五　陶瓷与窑址
综述
论《中国古代制陶工程技术史》的研究方法　李文杰　无限悠悠远古情：佟柱臣先生纪念文集 484 – 500

"瓷之源"课题与瓷器起源研究的重大进展　瓷之源课题组（沈岳明等）　中国文物报 8 月 1 日 7 版

由陶到瓷　李刚　东方博物（第五十一辑）51 – 62

"原始瓷器"概念与青瓷起源再探讨　王昌燧等　考古 9：86 – 92

论越窑的装饰技法——越窑制瓷工艺研究之一、二　杜伟　东方博物（第四十五辑）5 – 15、（第四十七辑）28 – 39

近年来定窑研究的进展和新走向　[韩]高美京　文物天地 9：46 – 51

北方白瓷杰出代表——定窑　韩立森　文物天地 9：22 – 31

柴窑"出北地"问题论辩　顾万发　中原文物 4：86 – 94

河南出土的钧釉瓷器略述　孙锦　文物天地 4：14 – 20

再论"官钧"瓷器的年代　郭学雷　文物天地 4：22 – 31

窑变及其瓷业文化意义　刘毅　南方文物 2：110 – 115

略谈龙泉青瓷的文化内涵和艺术特色　胡兆雄　中国陶瓷 9：100 – 102

龙泉窑瓷器　李慧　河南文物考古论集（五）203 – 205

长沙窑与邛窑关系考　杨宁波　湖南考古辑刊（第 10 集）209 – 217

景德镇——世界瓷都成长史　江建新　中国文化遗产 3：10 – 21

论钴料在青花瓷艺术中的作用　黄晓红　中国陶瓷 9：87 – 89

"村村窑火，户户陶埏"——昌江边的窑址　赖金明、张文江　中国文化遗产 3：22 – 30

论广西青白瓷的产生、传播与发展　陈方　艺术探索 2：75 – 84

香港西北区出土陶瓷的文化意义　郑培凯等　东方博物（第四十五辑）23 – 34

中国古代陶瓷枕具研究综述　孔超　文物天地 10：82 – 84

汉及以前
黄河流域商时期印纹硬陶和原始瓷器研究　黎海超　考古与文物 3：58 – 65

商周原始瓷产地研究　余文质　中国陶瓷 5：90 – 92

试论江淮群舒故地出土周代原始瓷　安静平　东南文化 3：72 – 79

浙江地区战国原始瓷生产高度发展的原因探析　陈元甫　东南文化 6：53 – 59

浙江德清出土东周时期原始青瓷的工艺特征浅析　余文质　中国陶瓷 3：90 – 92

古陶瓷色彩之旅——绿釉　龙霄飞　收藏家 11：29 – 35

岐山出土的汉代复色釉陶　王丽　收藏 12：53 – 54

胶东地区的汉代白陶　步利云　文物世界 6：51 – 52

论汉六朝青瓷工艺演变的动因之一——以狮形器为例　李博扬　东方博物（第五十辑）46 – 55

论汉晋时期一类方形扁壶　贾宁　东方博物（第五十辑）56 – 63

中国古代陶瓷香炉造型设计探究　陈钧锴　中国陶瓷 1：80 – 83

汉代文明之花——射阳出土的汉代陶器　季寿山　江淮文化论丛（第三辑）304 – 307

"看得见的华夏历史文化"系列之十一——馆藏东汉加彩陶灯与西王母　苏启明　历史文物 1：76 – 81

朱雀陶灯上的昆仑仙境　高次若　收藏 11：62 – 64

婺州古瓷中的龙　周凯　收藏家 4：81 – 87

古代陶瓷中的马　龙霄飞　文物天地 2：58 – 71

三国、两晋、南北朝
东吴瓷器初论　董健丽　东方博物（第四十六辑）40 – 49

简略广西北流岭垌窑出土的印模　杨李　文物世界 4：64－66

河南漯河出土宋金陶模玩具——古人掌心上的童趣　刘晨、李丽莉　大众考古 8：54－58

小议觚形瓷器之造型　于陆洋　收藏家 8：63－69

宋元瓷枕　李增辉　北方民族考古（第 1 辑）273－285

五省区陶瓷枕调查工作小结　麦英豪　广州文博（七）10－15

一件荷塘鸳鸯戏水纹三彩枕的年代问题　王安坤　收藏 9：70－73

关于山西红绿彩瓷的初步探讨　曾昭冬　文物世界 4：6－10

辽代早期纪年瓷器研究　李艳阳　辽金历史与考古（第 5 辑）372－398

内蒙古代钦塔拉三号辽墓出土的陶瓷器　尹建光　收藏 11：46－51

辽宁出土辽代输入青白瓷器的类型与分期简析　张树范　辽金历史与考古（第 5 辑）53－67

试析考古出土西夏瓷器的制作工艺　杜静薇　丝绸之路 10：20－21

略说后刻工的仿西夏瓷器　李进兴　中国文物报 9 月 23 日 5 版

　　　补遗

宋辽夏金时期摩羯纹装饰与造型考　谷莉　文艺研究 2013 年 12：170－171

宋代素髹花口盏托形制演化分析　谢玮　装饰 2013 年 11：80－81

　　　元、明、清

元明清瓷器上莲池鸳鸯纹特征探究　肖凤春　中国陶瓷 1：86－88

元青花新证　张名、张兆祥　中国文物报 9 月 9 日 5 版

景德镇元青花起源之本地因素考察　施静菲　浙江大学艺术与考古研究（第一辑）183－217

从考古发现看元青花在海内外的传播　黄珊　大众考古 11：76－80

江苏镇江京口闸遗址出土元青花鼎式香炉考略　蓝旻虹、霍强　东南文化 1：93－97

苍狼白鹿·元代青花香炉的造物和文化特色　于清华　中国陶瓷 4：67－69

元青花瓷龙纹浅识　杨得鸿　收藏家 3：47－51

安吉芝山寺出土的元代龙泉青瓷器　张秋华　东方博物（第四十七辑）59－65

钧台窑出土陈设类钧瓷年代再探讨　陈钦龙　河南文物考古论集（五）191－202

元代磁州窑画枕上的道教故事　王兴、王时磊　收藏 2：65－75

元磁州窑画枕上马的形象与故事　王兴、王时磊　收藏 12：55－61

磁州窑菊花纹大罐赏析兼谈剔花器物特征　江志君　中国文物报 12 月 16 日 5 版

甘肃漳县汪氏家族墓出土元代釉里红高足杯考析　刘光煜　丝绸之路 24：19－20

古陶瓷色彩之旅　红釉　收藏家 6：28－34

元代钴蓝釉——从扬州博物馆镇馆之宝霁蓝釉白龙纹梅瓶说起　王睿　江淮文化论丛（第三辑）317－321

渭北高原上的黑珍珠——澄城窑黑釉瓷　杜文　收藏 6：94－101

元代瓷匜研究　李钰　南方文物 2：116－120

元代扁壶设计研究　韩荣等　中国陶瓷 2：60－65

分型图谱量化法与元代陶瓷类高足杯形制研究　韩荣、李文璨　装饰 9：74－76

元代"枢府"款枢府釉瓷使用对象及其用途　余金保　考古与文物 6：84－90

北京地区元代瓷器发现与研究述评　宋蓉　文物春秋 4：3－9

内蒙古西白音元代窖藏出土珍瓷　尹建光　收藏 10：72－77

辽宁省康平海洲窝堡乡元代窖藏瓮底残断原因考　王德才　辽宁省博物馆馆刊（2013）18－21

明清彩绘瓷茶具装饰特征研究　商亚敏　农业考古 2：75－79

民俗之花瓷上开大同明清剪纸贴花瓷　张小亮、吕铜　收藏 9：82－85

缘何颜色釉瓷在明清景德镇得以大发展　吴军明等　中国陶瓷 11：115－120

探析吉祥观与景德镇明清彩瓷表现的图饰特点　袁乐辉、齐霞　艺术评论 7：123－127

四川广汉市南兴镇仁寿村明代瓷器窖藏　广汉市文物管理所（刘军、徐伟）　四川文物 5：34 - 35

探寻柴窑之旅——五代耀州窑天青釉瓷考察散记　钱冶　中国文物报 6 月 4 日 6 版

　　藏品介绍

大维德爵士收藏的中国陶瓷（上）、（下）　康蕊君　文物天地 8：100 - 102、9：115 - 119

韩国国立中央博物馆藏中国陶瓷珍品　李智瑛　收藏家 1：10 - 14

南通博物苑百年藏瓷录　沈倩　文物天地 5：72 - 74

南宋官窑博物馆藏早期青瓷赏读　沈洁如、施嵘　收藏 2：54 - 60

扬州馆藏高古陶瓷精品　徐仁雨　收藏 3：52 - 61

青州博物馆藏鸡首壶　钟惠咏　收藏 5：92 - 93

中国国家博物馆所藏隋唐时期的青瓷和白瓷器　耿东升　收藏 3：42 - 51

英美博物馆藏唐宋浙江青瓷　沈芯屿　文物天地 1：66 - 72

古朴典雅　董声中外——吉林省博物院藏龙泉窑瓷器赏析　王冬媚　收藏家 9：25 - 28

黑与白的艺术——迷人的磁州窑文人瓷绘　庞洪奇　收藏 8：34 - 41

记清宫传世的一件北宋早期定窑白瓷印花碗　谢明良　故宫文物月刊 10：106 - 116

国博藏钧窑及仿钧瓷器　耿东升　文物天地 4：52 - 57

故宫博物院藏登封窑瓷器　黄卫文　收藏 12：46 - 52

长武县馆藏的宋代耀州窑青瓷　刘晓东　收藏 10：62 - 65

大英博物馆藏陶瓷枕　陈馨　收藏 10：66 - 71

新安县博物馆藏宋代珍珠地瓷枕和三彩瓷枕　高耀伟等　洛阳考古（总第 4 期）93 - 95

蜀地遗珍——四川遂宁金鱼村南宋窖藏瓷器精品　张必萱　收藏 1：20 - 29

佳瓷配佳茗——宋代饮茶瓷器赏析　沈洁如、王敏　收藏 4：52 - 61

新疆博物馆馆藏元代龙泉窑瓷器探析　方淑香　丝绸之路 14：36 - 37

龙泉青瓷　牛宝君　寻根 3：78 - 81

明代龙泉窑青瓷人物故事碗　王宣波　中国文物报 9 月 23 日 5 版

澳门博物馆藏明清外销瓷　黄静　收藏 12：62 - 71

浙江省博物馆藏明清堂名款瓷器　王轶凌　东方博物（第四十五辑）43 - 49

镇江博物馆藏明清陶瓷茶具　刘丽文　收藏 4：66 - 73

瓷中明珠　如脂似玉——武汉博物馆藏明清德化窑白瓷鉴赏　张卫红、孙黎生　收藏家 12：55 - 59

永远的中国白——广东馆藏德化白瓷集赏　黄静　收藏 5：67 - 79

黄岩馆藏出土明代瓷器　杨松涛　东方博物（第五十辑）32 - 37

明永乐青花花卉纹龙耳花浇　黄兰茵　故宫文物月刊 8：94 - 104

明永乐青花阿拉伯文无档尊　侯馨　中国文物报 7 月 29 日 8 版

明弘治青花山水人物文具盒　方晖　收藏 10：59 - 61

平和县博物馆藏平和窑青花瓷　叶朝阳　东方博物（第四十七辑）66 - 70

"看得见的华夏历史文化"系列之十八——从明代万历青花寿字罐谈万历帝　苏启明　历史文物 9：54 - 59

歙县博物馆藏青花瓷精粹　王卫东　收藏 9：64 - 69

桂林博物馆藏明代晚期青花龙纹梅瓶　周华　文物天地 1：74 - 79

清宫旧藏"宜兴挂釉"与广钧器（下篇）　黄卫文　收藏 1：30 - 38

雅具秘玩讵所尚——清宫旧藏的官钧瓷器　孙悦　文物天地 4：32 - 37

天工巧作　皇家气派——淮安市博物馆藏清官窑瓷　刘振永、王伟　收藏 2：76 - 81

扒龙舟盛景——佛山市博物馆藏广彩瓷盘释读　程宜　收藏家 12：83 - 87

清代德化窑加彩人物瓷雕清赏　欧阳桂兰　文物天地 8：86 - 87

六　绘画

纺织题材图像与妇功——汉代列女图像考之一　陈长虹　考古与文物 1：53 – 69

绘画里的丝绸——也说科技与艺术的关联　王敏庆　敦煌学辑刊 1：98 – 101

汉代太一信仰的图像考古　王煜　中国社会科学 3：181 – 203

从刘宋元嘉二年石刻画像与敦煌本《瑞应图》看南朝绘画　王菡薇　文艺研究 3：132 – 139

岩画

岩画学科的研究范式及相关问题　汤惠生　南方文物 4：4 – 14

古代游牧民族符号岩画考　崔星、崔凤祥　黑龙江民族丛刊 2：83 – 87

牦牛岩画与民族文化的融合　黄亚琪　内蒙古社会科学 1：144 – 149

史前岩画中的狐崇拜　李正学　寻根 5：9 – 13

中国北方人面岩画研究综述　王晓琨、张文静　无限悠悠远古情：佟柱臣先生纪念文集 477 – 483

中国人面像岩画传播路线探析——以将军崖和赤峰人面像岩画为例　王晓琨、张文静　东南文化 4：70 – 75

西辽河流域人面岩画考古年代分析研究　孙晓勇　南京艺术学院学报（美术与设计版）2：57 – 62

桌子山人面岩画的若干问题　赵泰、陶继波　宁夏大学学报（人文社科版）5：180 – 185

蹲踞式人形岩画与南岛语族的扩散研究　黄亚琪　西南民族大学学报（人文社科版）9：38 – 43

从岩画内在形式结构探寻中国文字之根——从贺兰山岩画研究谈起　王毓红　西夏研究 2：72 – 74

贺兰山白芨沟彩色岩画的时代及民族归属　朱存世　草原文物 1：119 – 124

阴山岩画与草原文化　刘金祥　寻根 5：4 – 8

新疆呼图壁康家石门子岩画辨析　张莉、马登杰　青海民族研究 2：179 – 182

亚欧大草原的艺术结晶——新疆岩画　任萌　大众考古 1：80 – 88

阿尔泰史前时期的萨满岩画　张志尧　暨南史学（第 8 辑）1 – 26

具茨山岩画：中华文明可考的源头　汤惠生、刘五一　光明日报 1 月 22 日 4 版

武威莲花山甘泉沟岩画　梁继红　甘肃省博物馆学术论文集 26 – 29

甘泉方家河岩画与直道皇帝传说——上古信仰史与生态史的考察　王子今　陕西历史博物馆馆刊（第 21 辑）9 – 15

青南通天河流域发现古代岩画　李永宪、马春燕　中国文物报 10 月 24 日 8 版

左江花山壁画民族文化意蕴解读　李萍　广西博物馆文集（第 9 辑）176 – 181

补遗

论中国岩画的取象规则　朱媛　北京理工大学学报（社科版）2013 年 6：152 – 156

川南僰人岩画中的舞蹈图像探析　徐艳　北京舞蹈学院学报 2013 年 5：19 – 25

壁画

中国墓室壁画图像体系探究　汪小洋　民族艺术 2：38 – 44

中国墓室壁画的重生信仰讨论　汪小洋　民族艺术 1：38 – 44

中国墓室壁画兴盛期图像探究　汪小洋　民族艺术 3：46 – 52

中国墓室壁画繁荣期讨论　汪小洋　民族艺术 4：42 – 47

中国墓室壁画衰退期研究　汪小洋　民族艺术 5：50 – 54

汉墓壁画色彩区域性研究　龚晨　十院校美术考古研究文集 243 – 260

东汉墓"仙人半开门"图像解析　罗二虎　考古 9：75 – 85

汉墓壁画艺术的生态美学思考　崔晓　中华文化论坛 9：79 – 86

从汉墓壁画看山水画的起源与功能　庄蕙芷　故宫文物月刊 7：120 – 128

南阳麒麟岗汉画像石墓天象图及相关问题　王煜　考古 10：68 – 80

郝滩东汉壁画墓升天图考释　吕智荣　中原文物 2：86 – 90

榜题与画像：魏晋十六国河西墓葬壁画中的社会史　贾小军　敦煌学辑刊 2：121 - 129

新发现北朝壁画墓的考古标本意义——探墓手记：山西忻州九原岗北朝壁画墓　葛承雍　中国文物报 3 月 28 日 5 版

北魏墓葬绘画与佛教信仰——以此岸彼岸观为中心　徐光辉　庆祝张忠培先生八十岁论文集 478 - 490

北齐徐显秀墓壁画艺术考析　杨连锁　文物世界 4：59 - 60

高句丽壁画古坟中所描绘的手执麈尾的墓主像——魏南北朝时期的士大夫画像　[日] 门田诚一著　姚义田译　辽宁省博物馆馆刊（2013）22 - 31

高句丽壁画四神图像审美浅析　杨峰　东北史地 3：34 - 36

冬寿墓莲花纹研究　王飞峰　边疆考古研究（第 14 辑）135 - 151

试论隋代的壁画墓与画像砖墓　赵超　考古 1：84 - 93

长安地区新发现的唐墓壁画　程旭　文物 12：64 - 80

唐嗣虢王李邕墓壁画中的打马毬图与一次唐蕃马毬比赛　冉万里　大众考古 10：51 - 54

唐房陵大长公主墓壁画"托果盘仕女图"正名　张维慎等　文博 4：39 - 43

唐长乐公主墓壁画《云中车马图》考　于静芳　南京艺术学院学报（美术与设计版）5：30 - 33

唐章怀太子墓壁画"东客使图"　王维坤　大众考古 12：64 - 67

章怀太子墓东西《客使图》场景分析——论接待朝官非鸿胪寺官员　张红娟　文博 2：51 - 54

唐代墓室壁画《礼宾图》图像学研究　雷中民　民族艺术 3：158 - 159

唐李思摩墓甬道壁画考释　沈睿文、艾佳　乾陵文化研究（八）31 - 37

从唐墓壁画看唐代水墨画的形成　魏秋萍　陕西历史博物馆馆刊（第 21 辑）184 - 189

"备茶图"考——以墓室壁画为观察中心　黄剑波　十院校美术考古研究文集 268 - 302

宋墓"茶道图"探析　隋璐　农业考古 2：106 - 111

宋金时期的屏风——以北方宋金墓资料为中心　赵凡奇　文物世界 3：27 - 30

浅析宋金墓葬中砖雕壁画的内容　崔松林　丝绸之路 18：28 - 29

中原地区宋金元墓葬墓主图像的再思考　任林平　中国文物报 2 月 28 日 6 版

山西屯留宋村金代壁画墓墨书题记研究　王义印　中原文物 6：113 - 118

元代山西地区壁画墓中的"山水人物"画像的解读　穆宝凤　中国美术研究（第 6 辑）51 - 53

唐宋时期蜀中道教壁画小考　邢飞　宗教学研究 1：59 - 62

论山西佛寺壁画佛背光的艺术特点——以唐、宋、金时期的壁画为例　武晓梅　山西大学学报（哲社版）1：141 - 144

图像的借鉴与转化：关于宋元时期佛道壁画中三幅婴儿图像的思考　赵伟　美术观察 1：111 - 114

丹丹乌里克新发现佛寺壁画初探　古丽比亚　中国美术研究（第 7 辑）16 - 29

永乐宫三清殿壁画北极四圣考　赵伟　美术研究 1：45 - 48

永乐宫《八仙过海图》及与全真教渊源考　陈杉　四川戏剧 5：155 - 158

永乐宫《朝元图》神仙人物冠弁及其系统考略　耿纪鹏　无限悠悠远古情：佟柱臣先生纪念文集 699 - 711

"刺点"：重阳殿壁画中的地狱场景　吴端涛　美术 8：117 - 121

韩城周原大禹庙正殿东壁壁画分析　高明　世界宗教研究 3：105 - 108

夏鲁寺东无量宫殿曼荼罗配置及图像探析　王瑞雪　汉藏佛教美术研究：第四届西藏考古与艺术国际学术讨论会论文集 267 - 288

四川甘孜州丹巴县中路乡藏传佛教经堂碉壁画的时代与风格　罗文华　汉藏佛教美术研究：第四届西藏考古与艺术国际学术讨论会论文集 521 - 538

龙王庙行雨诸神的原型与演变——以延庆龙王庙壁画研究为中心　宋子昕　北京文博文丛 1：81 - 85

山西明代寺观壁画犁耕工具图像的科技内核——基于六郎庙、稷益庙壁画的主题研究　史宏蕾等　科学技术哲学研究 4：75 - 81

山西汾阳圣母庙圣母殿壁画之赛社仪式分析　廖奇琦　美术研究 1：49－55

太谷县净信寺毗卢殿的水陆壁画　王晋平、史宏蕾　美术 7：122－123

巴蜀地区明代壁画中贴金技法探析　李雅梅　美术观察 5：86－87

蓬溪宝梵寺壁画艺术特征探析　李雅梅、佘艳君　重庆大学学报（社科版）4：171－174

明初瞿昙寺藏传佛教壁画及其历史地位　张宝玺　甘肃省博物馆学术论文集 179－194

西藏甘丹彭措林寺大经堂壁画题记识读与研究　闫雪　中国藏学 3：160－169

哲蚌寺措钦大殿内转经道壁画制作材料及工艺研究　祁娜等　中国藏学 3：170－175

大佛寺西游记壁画内容与绘制时间推证　于硕　汉藏佛教美术研究：第四届西藏考古与艺术国际学术讨
　论会论文集 661－674

安远庙普度殿壁画内容辨识　李建宏　汉藏佛教美术研究：第四届西藏考古与艺术国际学术讨论会论文
　集 601－613

官村寿峰寺中殿壁画研究　李强　美术观察 3：121－122

怀安张家屯龙王庙清代壁画　徐建中　文物春秋 1：38－40

清代阜新地区藏传佛教圣经寺壁画艺术研究　梁姝丹　辽宁省博物馆馆刊（2013）74－83

河南新安县洞真观壁画艺术　高耀伟、杨利娟　洛阳考古（总第 5 期）90－95

北魏帝后礼佛仪仗规制及场景复原推想——以巩县第 1 窟为中心的考察　陈开颖　敦煌研究 5：1－9

龟兹飞天的起源及发展　台来提·乌布力　新疆地方志 1：38－41

新疆龟兹石窟汉风格壁画的艺术研究　褚晓莉　新疆师范大学学报（哲社版）3：70－74

论克孜尔石窟须摩提女故事画的图像意涵　赖文英　新疆师范大学学报（哲社版）5：58－65

大桃儿沟第 9 窟八十四大成就者图像考释　陈玉珍、陈爱峰　敦煌研究 6：36－47

柏孜克里克第 20 窟《佛本行经变图》中的璎珞纹样小考　热娜·买买提　装饰 7：82－83

从西魏第 249 窟龙凤驾车图像论敦煌艺术的模仿性　胡同庆　敦煌研究 4：23－29

敦煌隋代壁画技法探析　关晋文　敦煌研究 6：17－24

从祭祀到纪功——唐五代敦煌"邈真"图像的空间与礼仪　郑式　美术 7：110－114

敦煌净土变与汉画传统　张建宇　民族艺术 1：131－137

敦煌、西藏西部早期恶趣清净曼荼罗图像探析　王瑞雷　故宫博物院院刊 5：81－98

敦煌莫高窟第 146 窟贤愚经变屏风画考　顾淑彦　敦煌研究 2：16－24

敦煌莫高窟第 285 窟南壁故事画所依经典之再研究——以宗教思想为中心　李银广等　文博 3：92－96

敦煌壁画《五台山图》新考——以莫高窟第 61 窟为中心　邹清泉　中国国家博物馆馆刊 2：77－93

角色转换与历史记忆——莫高窟第 323 窟张骞出使西域图的艺术史意义　沙武田　敦煌研究 1：21－29

弥勒三会思想在敦煌壁画中的表达——浅析第 285 窟南壁故事画的"特色"之处　李银广等　华夏考古
　4：124－130

莫高窟第 465 窟八十四大成就者图像考释　赵晓星　汉藏佛教美术研究：第四届西藏考古与艺术国际学
　术讨论会论文集 129－154

莫高窟第 85 窟善财童子五十三参初探　殷博　敦煌研究 2：25－33

莫高窟舍身饲虎与睒子本生组合初探　高海燕　十院校美术考古研究文集 200－217

莫高窟唐代女性观音画像与仕女画之关系　史忠平　丝绸之路 12：60－61

敦煌莫高窟供养人画像的时代变迁　李艳华　艺术探索 3：16－17

敦煌莫高窟壁画中女供养人的妆饰探究——以 61 窟于阗天公主为例　袁梦雅　装饰 6：82－83

五代宋初时期于阗王族的汉化研究——以敦煌石窟中的于阗王族供养像为中心　陈粟裕　美术研究 3：
　21－28

敦煌莫高窟飞天形象的世俗化　张改焕　艺术探索 4：16－18

敦煌藻井图案教学的传承与创新　张斌　装饰 1：108－109

榆林窟第 25 窟"藏汉婚礼图"的再研究　陈于柱、张福慧　民族研究 2：86－92

瓜州榆林窟第 3 窟释迦八相图图像解说　刘永增　敦煌研究 4：1 – 16

麦积山石窟第 127 号窟经变壁画中 6 世纪中国北方城市图像解读　孙永刚、屈涛　丝绸之路 6：9 – 13

麦积山 127 窟《西方净土变》中的"建鼓"考释　孙晓锋　考古与文物 3：97 – 102

麦积山石窟第 5 窟西方净土变　李梅　敦煌研究 6：25 – 35

内蒙古阿尔寨石窟第 28、31 窟壁画观察　李雨濛　北方民族考古（第 1 辑）345 – 359

青海化隆旦斗岩窟壁画初步调查　伯果　考古与文物 2：24 – 30

西藏阿里札达县帕尔嘎尔布石窟壁画图像辨识与分析　张长虹　汉藏佛教美术研究：第四届西藏考古与
　　艺术国际学术讨论会论文集 207 – 216

壁画丝踪——兼及观瞻斯里兰卡石窟得到的启示　柴剑虹　敦煌研究 1：1 – 6

补遗

丁家闸五号墓大树壁画考释　刘文科、周蜜　黑龙江史志 2013 年 17：3

崔芬墓甬道壁画探析　宋丙玲　齐鲁艺苑 2013 年 5：56 – 60

西藏山南贡嘎曲德寺大殿道果传承祖师壁画及其艺术史之意义　钟子寅　法音 2013 年 10：35 – 39

敦煌石窟壁画中的古代儿童生活研究（三）　杨秀清　敦煌学辑刊 2013 年 3：86 – 103

敦煌石窟中的儿童图像考察简报　杨秀清　敦煌学辑刊 2013 年 4：98 – 107

敦煌莫高窟第 220 窟北壁壁画"乐舞图"之艺术探析　李徽、罗明　装饰 2013 年 11：76 – 77

其他

汉墓帛画新释　毛娜　华夏考古 2：75 – 80

试析湖南省博物馆藏《人物御龙帛画》　郭丹　文物天地 1：50 – 51

《人物御龙帛画》略考　王建勇　中原文物 6：81 – 87

马王堆汉墓《神祇图》帛画发现独角兽——麒麟残片　周世荣　中国文物报 8 月 1 日 6 版

马王堆《太一祝图》考　来国龙　浙江大学艺术与考古研究（第一辑）1 – 27

《丧服图》题铭与图像内涵试析　陈锽　新美术 7：36 – 44

马王堆帛画与汉初"道者"的信仰　姜生　中国社会科学 12：176 – 199

纳西《神路图》与长沙马王堆汉墓帛画比较　郭建平、张露霜　美术观察 9：126 – 127

四川博物院藏两件敦煌绢画　董华锋、林玉　文物 1：93 – 96

美国佛利尔美术馆藏两幅敦煌绢画补考　马小鹤　国际汉学研究通讯（第 8 期）77 – 105

试释新疆达玛沟遗址出土千眼坐佛木板画　严耀中　文物 2：71 – 76

武威西郊西夏 2 号墓出土木板画内涵新解　于光建　西夏研究 3：67 – 72

甘肃武威出土西夏木版画研究述评　于光建、张东　中国美术研究（第 6 辑）26 – 28

《诸佛菩萨妙相名号经咒》木刻版画——明代内地汉藏与藏汉艺术交流的重要遗珍　熊文斌、郑堆　汉
　　藏佛教美术研究：第四届西藏考古与艺术国际学术讨论会论文集 347 – 378

西藏纳塘寺版画遗珍考　王家鹏　汉藏佛教美术研究：第四届西藏考古与艺术国际学术讨论会论文集
　　505 – 519

馆藏泉州木板漆画　陈锦山　收藏 5：118 – 121

大高玄殿彩画的总体配置及其演变　王仲杰等　故宫博物院院刊 3：78 – 90

故宫藏唐画《挥扇仕女图》是否为周昉作品问题的辨析　倪志云　无限悠悠远古情：佟柱臣先生纪念文
　　集 685 – 698

Reassessing Printed Buddhist Frontispieces from Xi Xia　Shih – shan Susan Huang　浙江大学艺术与考古研究
　　（第一辑）129 – 182

西夏绘画《炽盛光佛图》考述——兼谈十一曜及黄道十二宫的由来问题　李海东　甘肃省博物馆学术论
　　文集 203 – 207

七　书法

西周青铜铭文书体风格探析　董文强　名作欣赏 8：168 – 170

八　工艺美术

漆器

补遗

金银器

辽代金银器的特征及演变 田野 丝绸之路 2：29－30

读物小札：吕师孟夫妇墓出土金银器细读 扬之水 南方文物 2：143－145

金黄璀璨的夕唱——蕲春明代荆王府墓出土的金银器撷珍 段涛涛等 收藏家 6：3－9

家具

汉代灯具实用功能考 麻赛萍 东南文化 6：60－68

汉代熏炉与灯浅议 李根枝 中原文物 4：82－85

平城地区出土北魏灯具研究 王秀玲 文物世界 3：23－26

元代家具的三向度之美——兼议三件元代交椅 王书万等 装饰 6：80－81

明代苏作家具原型体系研究 李亦文 南京艺术学院学报（美术与设计版）5：118－124

明清扬州家具探微 王湛 收藏家 8：57－62

中国财税博物馆收藏的清早期款彩祝寿屏风 陈阳 东方博物（第四十六辑）78－86

文房四宝

福建古砚略谈 宾娟 福建史志 1：48－50

三国两晋南北朝出土砚研究 臧天杰 东方博物（第五十一辑）70－77

青羊宫窑辟雍砚识析 史占扬 成都文物 2：1－4

以方为贵：宋代抄手砚造型与装饰特征探析 梁善 装饰 10：76－77

古砚遗芳——记蓝田北宋吕氏墓出土文物 张蕴 收藏家 9：29＝31

辽金"西京仁和坊"澄泥砚及相关问题考 曹臣明 文物世界 2：28－30

紫石艺术 精雅之美——浅析清代端砚纹饰 赵敏 南方文物 2：195－198

"文府墨"的定名和制作年代 姚昱波 大众考古 12：60－63

乾隆时期宫廷御墨包装初探 林欢 故宫博物院院刊 3：113－121

坚润黝光 精致悦心——苏州博物馆藏汪节庵古泉墨 金怡 收藏 5：54－57

刻铜墨盒考评 古元忠 成都文物 1：19－27

古香雅趣——几案上的文房用具 陈慧霞 故宫文物月刊 9：48－59

从馆藏文物看新疆古代文房用具 牟新慧 文物天地 1：84－87

明朱守城夫妇墓出土的文房和香具 翟杨 收藏家 10：46－51

闲情逸趣 文房雅品——北京艺博馆藏清代玉质文房用品 穆朝娜 收藏家 7：73－76

苏州博物馆藏文房清供考识——读《文房雅玩》札记 蔡鑫泉 苏州文博论丛（总第5辑）48－60

竹木工艺

从考古发现看吐鲁番苏贝希文化的木器制作技艺 祖力皮亚·买买提 吐鲁番学研究 1：103－107

河西走廊出土汉晋彩绘木雕 梁雄德 收藏家 3：29－32

案头风景 掌上雅玩——苏州博物馆藏竹刻品赏 程义 收藏 5：58－65

介绍广西壮族自治区博物馆馆藏的"之璠"款竹雕佛手 林峰 江汉考古 2：124－126

试探一件伪款吴之璠竹雕笔筒 王照烽 收藏 6：123－127

虚心竹有低头叶 傲骨梅无仰面花——沈阳故宫藏竹雕作品赏析 栾晔 收藏家 12：40－46

染织工艺

最悠久的多彩丝织品——经锦 黄璧珍 历史文物 12：54－58

华纹锦织 巧夺天工——马王堆汉墓出土丝织品的织纹、染绣与印画 余斌霞 收藏家 2：15－22

"百瑞争春——馆藏织绣文物展"专题之四：织绣丹青——上海博物馆藏织绣画赏析 包燕丽 历史文物 1：56－61

元代织物中鹿纹研究 刘珂艳 装饰 3：133－134

玻璃工艺

试论中国早期出土的蜻蜓眼式玻璃珠之功用 刘光煜 丝绸之路 18：38－40

长沙市博物馆藏战国琉璃珠赏析 张雪 文物天地 1：60－62

陆　古代科学技术

一　天文与历法

二　造纸与印刷

三　冶铸

京杭运河南旺分水枢纽水工技术研究 佟佩华 无限悠悠远古情：佟柱臣先生纪念文集 672－684

从《朱仙镇新河记碑》看贾鲁河水运的历史价值——水利碑刻与中原水环境变迁研究之一 陈隆文 中原文物 1：101－108

说鞣缨——兼论鞅、靮、靳及其他 罗小华 考古与文物 1：27－30

先秦车马研究综述 罗小华 中国史研究动态 2：5－11

鄂毕高原出土的斯基泰时期马鞍上的角质装饰物 ［俄］А.П.波罗多夫斯基、А.Н.杰列金著 李冰译 潘玲校 边疆考古研究（第14辑）331－348

新疆出土的青铜至早期铁器时代马镳的研究 艾克拜尔·尼牙孜 吐鲁番学研究 1：108－124

略论辽代契丹族的车舆骑射和交通文化 王绵厚、都惜青 辽金历史与考古（第5辑）152－156

谈对辽代车辖和车的几点认识 顾玉顺、李刚 辽金历史与考古（第5辑）362－371

浅谈清代交通工具——马拉轿车 段艺专 文物世界 4：35－38

中国古船桨系考略 周世德 鉴古证今——传统工艺与科技考古文萃 426－440

中国古船复原工艺 袁晓春 国家航海（第8辑）126－135

挂锔连接工艺及其起源考 徐英范 鉴古证今——传统工艺与科技考古文萃 421－425

漆在中国古船的运用与贡献 袁晓春、张粤俊 跨湖桥文化国际学术研讨会论文集 305－314

汉晋时期珠江流域的造船业 蒋廷瑜 广西博物馆文集（第9辑）150－158

中国沙船考略 周世德 鉴古证今——传统工艺与科技考古文萃 387－408

韩江水路交通与内河木质民船研究 林瀚 国家航海（第7辑）42－71

婆罗洲的独木舟造船术及其启示 陈洪波、王然 国家航海（第9辑）1－11

郑和下西洋之前的中国造船与航海技术 曲金良 国家航海（第6辑）113－131

蓬莱古船考古记 杨丁、毛洪东 大众考古 7：82－87

九 地理及地图

中国古航海图的基本类型 朱鉴秋 国家航海（第9辑）166－180

宋代图经与九域图志：从资料到系统知识 潘晟 历史研究 1：79－96

一〇 制盐

2013年中国的盐业考古 李水城 南方文物 1：115

煮盐器具厚壁缸 田建文 庆祝张忠培先生八十岁论文集 90－122

莱州湾沿岸地区发现的龙山及元明时期盐业遗存 燕生东 无限悠悠远古情：佟柱臣先生纪念文集 379－398

试论商代黄河三角洲地区盐业生产的控制 王爱民 华夏考古 2：38－43

山东北部晚商西周煮盐作坊的选址与生产组织 付永敢 考古 4：73－81

自贡井盐遗址及盐运古道考古调查取得重要成果 王征 中国文物报9月12日1版

补遗

三峡盐业与巴文化的关系 朱世学 湖北民族学院学报（哲社版）2013年5：17－20

一一 其他

结核病的古DNA研究综述 刘铭等 第十四届中国古脊椎动物学学术年会论文集 281－290

西汉太一九宫式盘占法及相关问题 孙基然 考古 4：82－92

从考古发现看河南汉代煤炭业的发展 柴国生 中原文物 6：54－60

考古发现中的古代地震 杨亚长、邵晶 中国文物报7月4日6版

山西古代"测风仪"考略 闫英兰 文物世界 1：47－49

中国深井钻探技术的起源、发展和西传　潘吉星　鉴古证今——传统工艺与科技考古文萃 626 – 655

柒　古代文化生活

一　音乐

考古学视野下的古代音乐　周莎　成都文物 2：69 – 71
音乐考古学：方法和理论的思考　阿恩德·阿德杰·鲍斯著　方雪扬译　黄钟 2：192 – 200
音乐考古拾意　王子初　大众考古 2：42 – 46
广西考古所见音乐文物概述　蒋廷瑜、彭书琳　广西博物馆文集（第十辑）131 – 150
从河南音乐文物看先秦乐器的演进与发展　王丽芬　四川文物 3：47 – 51
说有容易说无难——对舞阳出土骨笛的再认识　王子初　音乐研究 2：22 – 32
考古出土商代青铜乐器考略　王秀萍　殷都学刊 2：119 – 122
从编钟铭文看西周时期随葬乐器的功用　贾志斌　文物世界 4：20 – 21
叶家山 M111 号墓编钟初步研究　方勤　黄钟 1：92 – 97
鹿邑"长子口"墓出土音乐文物初探　霍锟　中原文物 6：75 – 80
梁带村出土芮国钟、磬的音乐学分析　任宏　两周封国论衡：陕西韩城出土芮国文物暨周代封国考古学
　　研究国际学术研讨会论文集 249 – 260
陕西韩城梁带村 M27 出土编钟研究　王子初　两周封国论衡：陕西韩城出土芮国文物暨周代封国考古学
　　研究国际学术研讨会论文集 236 – 248
蚌埠双墩一号春秋墓出土乐器的音乐学研究　李清　音乐探索 3：14 – 20
钟离国卞庄一号墓编钟与编磬音乐学研究　杨和平　星海音乐学院学报 3：99 – 105
郑国编钟与郑声研究　蔡全法　河南文物考古论集（五）125 – 134
"句鑃"考　马国伟　中国音乐学 4：46 – 51
湖北襄阳沈岗出土"句鑃"辨疑——兼谈古代南方青铜乐器的定名　张小帆　东南文化 3：80 – 88
河北燕下都乐器明器的出土意义　胡小满　中国音乐学 2：97 – 83
《鸿山乐器五说》驳议——兼论南方音乐文物的定名　张敏　南方文物 4：28 – 36
卧箜篌音乐特性探析　李娜　齐鲁艺苑 5：13 – 18
从汉唐时期的敦煌壁画看乐队排列的变迁规律及历史特征　吴洁　星海音乐学院学报 3：113 – 120
广西合浦汉墓出土铜钹略考　熊昭明　汉代西域考古与汉文化 327 – 331
龙门石窟宾阳中洞音乐图像研究　吴璇　中原文物 3：79 – 84
从敦煌壁画看南北朝歌舞娱乐节目的构成　李芸等　交响 1：24 – 35
丝路多元音乐文化在敦煌壁画中的呈现　刘蓉　交响 1：36 – 41
敦煌壁画中的横卧类弹弦乐器　李村　交响 1：42 – 46
敦煌壁画乐器、乐队、乐伎的历史形态构成分析　程天健　交响 1：18 – 23
敦煌壁画经变图礼佛乐队与唐代坐部伎乐的比较研究　李宝杰　交响 1：5 – 17
壁画塑俑共现的唐代家乐中胡人　葛承雍　美术研究 1：17 – 24
唐琴与两张"飞泉"琴铭刻之辨识　刘岐荣　故宫学刊（第 12 辑）45 – 53
榆林窟和东千佛洞壁画上的拉弦乐器研究　郑炳林、朱晓峰　敦煌学辑刊 2：48 – 59
高句丽古墓壁画中的乐器　王放歌　社会科学战线 6：269 – 270
唐代拍板、箜篌、方响在五代的流变——以冯晖墓彩绘砖雕为例　贾嫚　陕西师范大学学报（哲社版）
　　3：106 – 112

补遗

殷墟出土乐器的分类及相关问题探讨　王秀萍　交响（西安音乐学院学报）2013 年 3：13 – 18
论镈入中原的原因　张霞　艺术探索 2013 年 5：83 – 85

长沙马王堆古笛的复制研究　王青　湖北师范学院学报（哲社版）2013 年 6：56－58
达玛沟出土琵琶的柱制结构研究　张寅　天津音乐学院学报 2013 年 4：35－43
十年永陵墓棺座石雕伎乐剖析——兼谈筝演奏技艺的发展　刘媌　四川戏剧 2013 年 9：135－136

二　舞蹈

椎髻文身舞翩跹——铜鼓羽人舞蹈纹探析（一）　罗坤馨　广西博物馆文集（第十辑）269－278
《大武》舞“三成而南”探析　孙莹　中原文物 2：71－77
论敦煌舞对敦煌壁画乐舞艺术的继承和发展　马丽娜　丝绸之路 2：65－66

三　戏剧

戏曲文物学研究简述及热点问题探讨　王潞伟　文化艺术研究 7：98－103
陕西韩城北宋杂剧壁画与戏曲的形成　辛雪峰　戏曲艺术 2：23－30

四　体育与杂技

基于史前岩画对我国传统体育项目的考源　王金朝　武汉体育学院学报 9：80－84
先秦绘画雕刻中的体育及其意义　王俊奇　体育文化导刊 1：161－164
敦煌壁画步打球考察　谢智学、耿彬　体育文化导刊 5：169－172
出土文物中的唐代舞马与马球运动　刘芃　文物天地 2：44－48
从大足石刻造像看我国古代举重活动文化成因　李旻、陈冬　成都体育学院学报 1：60－62
辽宁彰武出土的辽代双陆棋　梁姝丹　东北史地 1：20－22
金代体育活动——马球的兴衰原因探析　魏遵军、李大威　北方文物 2：83－84

五　饮食文化

西周时期的国酒——秦酓　辛怡华　秦始皇帝陵博物院（2013）359－366
汉代酒器造型式样研究　姚君、刘志斌　美苑 3：100－102
从考古发现看新疆古代居民面食文化　安尼瓦尔·哈斯木　汉代西域考古与汉文化 178－189
茶与茶文化　许泽梅、王建荣　文物天地 7：6－13
源远流长的茶文化　李曼丽　收藏 4：29－35
茶托与酒台考　牟宝蕾　东方博物（第四十八辑）82－89
四川茶文化研究　李与何、吴国先　成都文物 1：28－35
中国古代茶叶储藏方式及器具的演变　李竹雨　农业考古 2：57－64
唐代茶饮风尚与陶瓷茶具审美研究　饶舜　农业考古 2：65－68
巧剜明月染春水——唐婺州窑茶具　雷国强　收藏 6：82－87
从唐宋四川茶具透视古蜀茶文化　张天琚　收藏 4：45－51
茶文化变迁对吉州窑茶具器形与装饰的影响　刘菊芳　农业考古 5：93－97
宋代茶文化与点茶用具　陈云飞　收藏 4：36－44
宋金茶人茶事　王俊　大众考古 4：46－50
古茶遗韵——中国茶叶博物馆藏古代茶样　郭丹英　文物天地 7：20－23

补遗

上古时代中原饮食器具探究　李保定　前沿 2012 年 24：146－147

捌　少数民族考古及民族志

一　西北地区

匈奴起源新探　杨建华　庆祝张忠培先生八十岁论文集 381 - 391

南匈奴概念的界定及其文化遗存的辨析　马利清　北方民族考古（第 1 辑）157 - 171

新疆巴里坤县东黑沟遗址所见匈奴人信仰初探　田旭东、彭建英　汉代西域考古与汉文化 90 - 96

从考古资料来看匈奴铁器　文载范　汉代西域考古与汉文化 466 - 475

从河西地区出土陶细颈壶谈汉晋时期拓跋鲜卑的迁徙　刘雨茂、龚扬民　汉代西域考古与汉文化 339 - 350

吐谷浑遗存的初步探索　李国华　北方民族考古（第 1 辑）201 - 221

二　西南地区

考古视野的岭南古越族　赵善德　暨南史学（第九辑）1 - 9

试论西藏发现的早期金属器和早期金属时代　霍巍　考古学报 3：327 - 350

考古学上的氏族公社文化与广西残存氏族习俗　谢利民　柳州白莲洞博物馆文集 210 - 212

浅谈云南少数民族耳饰　李红宇　收藏家 2：30 - 34

三　东北地区

嘎仙洞遗址的发现及相关问题探讨　刘国祥、倪润安　文物 11：53 - 59

内蒙古中部早期鲜卑墓葬属性再探讨　吴松岩　边疆考古研究（第 14 辑）165 - 180

东部鲜卑"名实"与鲜卑考古学的族属研究　郑君雷　中国·乌珠穆沁边疆考古国际学术研讨会论文集 213 - 221

关于鲜卑族源流问题的生物考古学研究　朱泓　庆祝张忠培先生八十岁论文集 453 - 460

靺鞨的火焚葬之谜　冯恩学、王春燕　边疆考古研究（第 14 辑）263 - 269

辽五国部族属探微　杨海鹏　北方文物 2：30 - 31

玖　宗教遗迹与遗物

一　佛教

二十世纪藏传佛教考古研究述评　常青　汉藏佛教美术研究：第四届西藏考古与艺术国际学术讨论会论文集 1 - 12

贵县汉代陶灯陶院与岭南早期佛教　陈小波　广西博物馆文集（第十辑）200 - 208

论汉晋佛像三个阶段及对南北朝初期佛像图像志的影响　何志国　民族艺术 2：145 - 153

江浙地区汉晋魂瓶上的佛像研究　Stanley K. Abe 著　蒋志芬译　中国美术研究（第 9 辑）63 - 76

略论早期佛教图像的传播　黄剑华　中原文物 1：48 - 56

吐蕃禅定印毗卢遮那与八大菩萨组合图像研究　席琳　考古与文物 6：41 - 48

哈里哈里哈里观音图像初探　张雅静　故宫博物院院刊 1：25 - 36

金刚杵纹考　吴明娣、石瑞雪　汉藏佛教美术研究：第四届西藏考古与艺术国际学术讨论会论文集 635 - 643

早期金刚手图像考　李翎　新疆师范大学学报（哲社版）5：52 - 57

"引路菩萨"与"莲华手"——汉藏持莲华观音像比较　李翎　甘肃省博物馆学术论文集 208 - 213

中国瓶花的早期形式　任志录　故宫文物月刊 12：98 - 111

二　道教

三　其他宗教

拾　历史地理与名胜古迹

一　历史地理

从夏都老丘看开封的古都地位　郭书学　中国古都研究（总第 25 辑）47 – 53

周初"三监"新证——兼谈叔鲜封管的时机　汤威　两周封国论衡：陕西韩城出土芮国文物暨周代封国
　　考古学研究国际学术研讨会论文集 341 – 354

先秦蔡国史考　赵燕姣　江西省博物馆集刊（五）61 – 66

论春秋楚县的起源、发展及其性质和作用　刘翔　江西省博物馆集刊（五）55 – 60

春秋时期秦晋"韩原之战"地望考　王学理　陕西历史博物馆馆刊（第 21 辑）95 – 100

郲国与鄐田考　张保民、周瑞花　河南文物考古论集（五）76 – 79

"平台"地望考辨　王自兴、张润泽　叩问三代文明：中国出土文献与上古史国际学术研讨会论文集
　　646 – 658

"霸上"与"鸿门宴"地理位置考实　王学理　文博 2：29 – 32

西汉确有"太常郡"　汪浅　历史地理（第三十辑）388 – 389

丝路上的国家邮驿——悬泉置　郭桂香　中国文物报 7 月 15 日 1 版

"南豳州"小考　黄楼　历史地理（第三十辑）390 – 394

南朝时期东扬州沿革考　李国平、吴榕青　历史地理（第三十辑）87 – 95

唐万年县"长乐乡"相关历史地理问题补正　杨维娟　文博 1：52 – 56

《辽东行部志》所涉部分女真营寨地望研究　周向永　辽金历史与考古（第 5 辑）103 – 112

沈括、陈襄使辽所达"单于庭"今地考——兼论沈括、陈襄二使者在巴林的行程、顿舍等问题　王玉
　　亭、田高　辽金历史与考古（第 5 辑）142 – 151

元代纳石失局在荨麻林考　佟健华　无限悠悠远古情：佟柱臣先生纪念文集 712 – 718

建州女真努尔哈赤起兵地新考　萧景全、张红　辽金历史与考古（第 5 辑）208 – 212

明代威虏卫及威远、白城子"一卫二所"地望考辨　梁姗姗、王元林　暨南史学（第九辑）201 – 208

　　补遗

西汉河西四郡的始置年代及疆域变迁　李炳泉　东岳论丛 2013 年 12：76 – 83

二　名胜古迹

河南社旗赊店镇　唐新　文物 3：87 – 92

甘肃秦安陇城镇　杨富巍等　文物 3：93 – 96

丛林中的禅宗文化瑰宝——江西省宜春市禅宗文化遗址巡礼　涂师平　江西省博物馆集刊（五）221
　　– 228

兰溪会馆建筑　毕旭明　东方博物（第五十一辑）113 – 117

　　补遗

大房山与大金古刹灵峰寺　马垒　北京档案史料 2013 年 3：527 – 540

沈阳实胜寺创建年代考　李凤民　满族研究 2013 年 3：47 – 56

拾壹　中外关系与文化交流

珠宝艺术与中外文化交流　林梅村　考古与文物 1：76 – 88

公元前 2 世纪至公元 2 世纪之间的格里芬和龙　林俊雄　汉代西域考古与汉文化 493 – 504

从汉代艺术品中的胡人形象看当时的文化交流　杨爱国　汉代西域考古与汉文化 456 – 465

拾贰　学术消息与文博工作

一　学术会议

文化与交融——崧泽文化学术研讨会纪要　仲召兵等　中国文物报 12 月 5 日 6 版

让古老的农耕文明熠熠生辉——纪念屈家岭文化发现 60 周年学术研讨会在荆门举行　郭晓蓉　中国文物报 12 月 19 日 2 版

文化交流与社会变迁——东北亚新石器时代至青铜时代考古学术研讨会纪要　王涛、付琳　边疆考古研究（第 14 辑）349－356

国内外学者研讨纪念马家窑遗址发现九十周年　李政　中国文物报 10 月 7 日 1 版

史前遗址的研究保护与展示——新乐文化学术研讨会述要　常乐　中国文物报 8 月 29 日 6 版

跨界对话：青藏高原史前研究新进展　杨锋　藏学学刊（第 8 辑）1－8

中国·乌珠穆沁边疆考古国际学术研讨会纪要　王晓琨　中国·乌珠穆沁边疆考古国际学术研讨会论文集 269－270

早期城址：聚落与社会区域政体的形成学术研讨会在济南召开　贾昌明　中国文物报 12 月 19 日 6 版

揭示古城沧桑　破译历史谜团——盘龙城遗址发现六十年暨盘龙城与长江文明国际学术研讨会在武汉召开　刘森淼　中国文物报 12 月 19 日 5 版

纪念二里头遗址发现 55 周年学术研讨会在京举行　许宏　中国文物报 10 月 28 日 1 版

“盘龙城与长江文明国际学术研讨会”综述　廖航　江汉考古 6：120－123

夏商都邑考古暨纪念偃师商城发现 30 周年国际学术研讨会综述　赵海涛　中国史研究动态 4：69－72

夏商周方国文明国际学术研讨会在四川广汉召开　钱冶　中国文物报 4 月 2 日 1 版

鼎文化研究的首次盛会——“鼎与中华文明”学术研讨会综述　曹汉刚等　中国文物报 1 月 1 日 4 版

“礼乐中国——湖北商周青铜器特展”暨“随州叶家山西周墓地考古国际学术研讨会”开幕　王晶晶　中国文物报 1 月 1 日 1 版

叶家山西周墓地国际学术研讨会综述　段姝杉　江汉考古 1：125－128

山东高青陈庄西周城址专家北京访谈会纪要　甲骨学暨高青陈庄西周城址重大发现国际学术研讨会论文集 14－22

追寻八十年前巨人的足迹——“纪念宝鸡斗鸡台考古 80 周年座谈会”纪要　陕西省考古研究院　中国文物报 5 月 23 日 6、7 版

“随州文峰塔曾侯舆墓”专家座谈会纪要　江汉考古 4：52－60

汉函谷关考古发现及保护展示专家座谈会会议纪要　洛阳市文物考古研究院（王咸秋等）　洛阳考古（总第 5 期）76－78

探寻大汉雄风的全貌——汉代陵墓考古与汉文化国际学术研讨会在徐州召开　贾昌明　中国文物报 10 月 24 日 6 版

“马王堆学”研究成果斐然——“纪念马王堆汉墓发掘四十周年国际学术研讨会”学术纪要　湖南省博物馆　中国文物报 12 月 26 日 4 版

居延遗址与丝绸之路历史文化国际学术研讨会综述　杨延霞等　中国史研究动态 1：63－66

挖掘馆藏资源　深入研究中国晚期铜器——“湖南晚期铜器展”暨学术研讨会概述　湖南省博物馆　中国文物报 1 月 29 日 4 版

探寻逝去的古代军镇——北魏六镇学术研讨会综述　吴松岩、刘昊征　中国文物报 8 月 29 日 6 版

江苏扬州曹庄隋炀帝墓考古成果专家论证会纪要　束家平等　东南文化 1：122－126

江苏扬州曹庄隋炀帝墓考古成果专家论证会纪要　扬州市考古研究所（薛炳宏等）　江淮文化论丛（第三辑）152－165

“隋炀帝与扬州”国际研讨会在扬州举行　文啸　中国文物报 10 月 31 日 2 版

“唐韩休墓出土壁画学术研讨会”纪要　考古与文物 6：107－117

“《唐昭容上官氏墓志》及其相关问题”学术研讨会纪要　考古与文物 1：116－120

吐鲁番与丝绸之路经济带高峰论坛暨第五届吐鲁番学国际学术研讨会综述　汤士华　吐鲁番学研究 2：152－155

二　文博展览

融古铸新——复兴的铜器艺术·湖南晚期铜器展掠美　郑曙斌　收藏家 3：14－20

扬州博物馆举办隋炀帝墓出土文物特展　杨晶晶　中国文物报 4 月 18 日 1 版

辽金古韵——旅顺博物馆藏辽金文物展　刘立丽　收藏家 5：3－10

成窑遗珍——景德镇出土成化官窑瓷器展　喻珊　收藏家 8：21－27

华彩争辉——旅顺博物馆藏明清官窑瓷器展　王梅　收藏家 11：3－11

岭南印记——粤港澳考古成果展在广东省博物馆举办　鸥艳　中国文物报 1 月 8 日 2 版

"从南越王赵佗到孙中山大总统——广州文物瑰宝展"在首都博物馆展出　广州博物馆教育推广部　广
　　州文博（七）325－326

"广州考古六十年展"在西汉南越王博物馆成功举行　黄明乐　广州文博（七）327－328

文物视角下的江西古代文明　熊贤礼　历史文物 7：76－83

铜与瓷的交辉——江西文物精品展　国立历史博物馆、江西省博物馆　历史文物 7：68－75

计利当计天下利——海上丝绸之路文物特展综述　丁清华　中国文物报 5 月 28 日 7 版

文化的痕迹——神品至宝展器物类展品的综介　蔡玫芬　故宫文物月刊 6：24－35

会心·共赏——神品至宝展书画类展品选介　陈韵如　故宫文物月刊 6：36－49

册府琳琅——神品至宝展图书文献类展品选介　卢雪燕　故宫文物月刊 6：50－44

三　文博机构介绍

敦煌艺术的文化力量——纪念敦煌研究院成立 70 周年　陈燮君　中国文物报 7 月 8 日 3 版

四川省文物考古研究院考古 60 年　四川省文物考古研究院考古研究所　四川文物 1：80－96

奋进勃发内蒙古文物考古事业——内蒙古自治区文物考古研究所六十年纪实　内蒙古自治区文物考古研
　　究所　中国文物报 9 月 26 日 6、7 版

皇室珍藏　文物精粹——国立故宫博物院的历史与典藏渊源　何传馨　故宫文物月刊 6：14－23

草原考古辉煌 60 年——内蒙古文物考古研究所迎来 60 周年华诞　李政　中国文物报 10 月 14 日 1 版

花开一甲子　文博硕果出——纪内蒙古自治区文物考古研究所成立 60 周年　《草原文物》编辑部　草
　　原文物 1：1－6

四　学术信息

2013 年度全国十大考古新发现揭晓　全国十大考古新发现评选办公室　中国文物报 4 月 11 日 1 版

改革浪潮中的文物保护工程管理——第六次全国文物保护工程会综述　郭桂香、文冰　中国文物报 11
　　月 28 日 5 版

首届（2013 年度）全国十佳文物保护工程　中国文物报 11 月 14 日 6、7 版

树立行业内的标杆和样板——首届（2013 年度）全国十佳文物保护工程终评会综述　文冰　中国文物
　　报 11 月 14 日 5 版

"发现杭州 2013——杭州考古工作年度盘点新闻见面会"小记　李蜀蕾、孙媛　浙江文物 1：47－48

慈溪潮塘江元代沉船成功实施整体搬迁　金涛、黄松松　中国文物报 11 月 21 日 1 版

黄山太平湖水下考古确定 3 处明清遗址　姚文孙　中国文物报 3 月 26 日 2 版

郑州东赵遗址发现新砦期、二里头时期、东周时期三座城址　李政　中国文物报 12 月 19 日 1 版

西方的亚洲考古研究动态——以 76 届美国考古学会议为例　安可著　张正为译　南方民族考古（第九
　　辑）451－464

触摸考古　留住乡愁——记湖南益阳"十大考古发现进校园"活动　贾昌明　中国文物报 6 月 20 日
　　5 版

世界屋脊上的公众考古——四川石渠唐蕃古道考古科普报告会侧记　王彦玉　中国文物报 6 月 20 日 5 版

公共考古可以走多远——第二届"中国公共考古——仰韶论坛"的思考　乔玉　中国文物报 12 月 5 日 5
　　版

架起公众与考古的桥梁——河北公众考古实践与探索　韩立森　中国文物报6月20日7版

水洞沟旧石器遗址公众考古实践记　赵宇超　中国文物报10月24日7版

陕西公众考古的新尝试——针对基建单位与政府机构的一次公众考古活动　王小蒙、孙伟刚　中国文物报12月5日7版

拾叁　书刊评介

一　总述

王仲殊的学术生涯与治学思想——《王仲殊文集》读后　姜波　中国文物报10月10日4版

谈考古学阐释——《考古学：理论、方法与实践》中文第二版译后感　陈淳　中国文物报9月12日6版

文化遗产学寻绎——《文物与文化》书后絮语　曹兵武　中国文物报7月18日4版

我国大遗址保护高水平理论成果的展示——《中国大遗址保护博士论丛》专家谈　单霁翔等　中国文物报5月9日4版

我国大遗址保护高水平理论成果的展示——《中国大遗址保护博士论丛》专家谈　郭旃等　中国文物报5月16日4版

从独乐乐到众乐乐——《贵州文化遗产丛书之考古系列》序　王红光　中国文物报3月14日4版

传承与创新大运河文化的力作——单霁翔《大运河遗产保护》读后　金磊　中国文物报1月31日4版

成果·启迪·奉献——《二十年——三峡工程重庆库区文物保护总结性研究（1992–2011年）》序　徐光冀、黄克忠　中国文物报8月8日4版

走近文物　探寻胜迹——读《周口文物大观》　张俊梅　中国文物报2月28日4版

八十年的历程——《陕西考古会史》序　石兴邦　中国文物报8月1日4版

用责任与毅力诠释历史——罗宏才与他的《陕西考古会史》　孙西禄　中国文物报8月22日4版

独木成林——《科技考古进展》读后　王晓毅　中国文物报11月21日4版

走进动物考古学研究——读《动物考古学（第二版）》　尤悦　南方文物1：195–197

他山之石——《动物考古学》（第二版）读后感　安家瑗　中国文物报2月7日4版

《文物志》纂修笔谈三则　吴晓丛　中国文物报9月26日4版

给中国陶鬲修"家谱"　李季　中国文物报8月15日4版

二　史前考古

东亚南部中更新世冰期中的古人类与动物群——评《盘县大洞——贵州旧石器初期遗址综合研究》一书　袁宝印　第四纪研究1：267

《山西旧石器时代考古》读后　王晓毅　中国文物报10月24日4版

江汉地区新石器时代考古研究的奠基之作——读《京山屈家岭》　朱乃诚　南方文物3：18–22

读《傅家山新石器时代遗址发掘报告》　张童心　上海文博论丛1：82–84

淮河中游地区文明探源的新进展——读《蚌埠禹会村》　栾丰实　考古10：95–99

《蚌埠禹会村》——一部证旧史、探新知的考古报告　吴卫红　中国文物报1月3日4版

史前考古谱新篇——读许顺湛著《豫晋陕史前聚落研究》　马世之　中原文物3：127–128

鲜明的学术观点　大胆的学术探索——《长江中游地区文明进程研究》序　刘庆柱　中国文物报8月29日4版

读《长江中游地区文明进程研究》有感　李禹阶　中国史研究动态6：84–85

《长江中游文明化进程中的人地关系——以新石器时代为例》评介　尹阳硕　江汉考古2：127–128

一部充满探索和创新精神的力作——评《中国古代国家的起源与王权的形成》　王宇信　中国史研究

《西夏考古论稿》读后感及补论　孙继民、宋坤　宁夏社会科学 5：100 – 106

《西夏文物·内蒙古编》综述　塔拉　文献研究（第四辑）109 – 118

《大朝春秋——蒙元考古与艺术》读后感　罗炤　中国文物报 5 月 2 日 4 版

囡上闲思——写在《复活的土司城堡：海龙囡考古手记》前面的话　李飞　中国文物报 8 月 29 日 4 版

重现 30 年前的长城——《明蓟镇长城——1981—1987 年考古报告》序言　单霁翔　中国文物报 5 月 2 日 4 版

《明蓟镇长城 1981——1987 年考古报告》序一　单霁翔　文物春秋 2：75 – 76

《明蓟镇长城 1981——1987 年考古报告》序二　罗哲文　文物春秋 2：77 – 80

五　古文字及文书

展示全面　总结规律——读王宇信著《汉字树》：一树盛开的汉字繁花　林颐　中国文物报 3 月 21 日 4 版

甲骨学史的另一种写法——《殷墟考古发掘与甲骨文研究》读后　王丁　殷都学刊 1：115 – 117

读王宇信《中国甲骨学》　黄天树　华夏考古 1：150 – 152

《新中国甲骨学六十年》　杨升南　中国文物报 4 月 25 日 4 版

《三代吉金文存》校释札记　刘正　甲骨学暨高青陈庄西周城址重大发现国际学术研讨会论文集 377 – 379

张懋镕教授《古文字与青铜器论集（第四辑）》评介　张翀　中国史研究动态 4：91 – 92

《楚地出土战国简册合集（二）》读后记　程燕、刘刚　江汉考古 5：127 – 128

简牍学新裁——评张德芳著《敦煌马圈湾汉简集释》　王子今　光明日报 4 月 15 日第 16 版

《敦煌马圈湾汉简集释》评介　秦凤鹤　中国史研究动态 6：88 – 89

渥洼天马北来　汉简研究新飞跃——读《敦煌马圈湾汉简集释》　胡平生　中国文物报 7 月 11 日 4 版

居延汉简及其相关的人和事——《内蒙古额济纳河流域考古报告》（译者序）　张德芬　文献研究（第四辑）119 – 126

《夕惕藏陶》：一部有特色的古陶文研究著作　李家浩　中国文物报 8 月 1 日 4 版

《古代西藏碑文研究》及其作者情况评述　彭博　西北民族大学学报（哲社版）5：51 – 55

从碑学到帖学——评河南南水北调工程考古发掘出土墓志精选　董睿　中国文物报 5 月 2 日 4 版

蒙元史研究的重要新成果——《草原金石录》　刘蒙林、翟禹　中国文物报 7 月 11 日 4 版

《草原金石录》——蒙元史研究的重要新成果　梦禹、伊赫　草原文物 1：145 – 146

《草原金石录》——蒙元史研究的重要新成果　梦禹、伊赫　中国文物报 3 月 14 日 4 版

六　美术考古

《红山文化玉器鉴赏》感言　郭大顺　中国文物报 6 月 20 日 4 版

巫鸿《黄泉下的美术》　郭彦龙　艺术史研究（第 15 辑）425 – 430

魏晋南北朝美术研究的新视野——评姚义斌《六朝画像砖研究》　王春　中国美术研究（第 7 辑）134、 – 135

佛像起源与传播的新探讨——简评何志国新著《早期佛像研究》　黄剑华　中国美术研究（第 10 辑）138 – 141

佛像起源与传播的新探讨——评何志国新著《早期佛像研究》　黄剑华　中国文物报 7 月 4 日 4 版

北周佛教美术研究之拓荒——读王敏庆《北周佛教美术研究》　赵纪彬　西夏研究 3：117 – 120

《吐蕃统治时期敦煌石窟研究》介评——兼论石窟艺术研究方法　张善庆　敦煌研究 1：131 – 139

沙武田所著《吐蕃统治时期敦煌石窟研究》评介　刘振刚　中国藏学 3：206 – 208

创新：提升铜镜著作学术性的关键——《洛镜铜华：洛阳铜镜发现与研究》序　孔祥星　中国文物报 1

月 24 日 4 版

《洛镜铜华》读后　云翔　中国文物报 5 月 23 日 4 版

漆艺骈罗　名扬天下——宋元时期温州漆器研究专著出版　伍显军　中国文物报 3 月 21 日 4 版

视野、方法与新的研究范式——方李莉《中国陶瓷史》评述　李修建　民俗研究 5：156 – 160

《2012'海上丝绸之路》读后　尚刚　中国文物报 1 月 24 日 4 版

七　其他

探微知著　厚积薄发——《清代前期钱币制度形态研究》评介　春明　中国钱币 3：78 – 80

一部考古与文献相结合的史地著作——评《东北历史地理》　董学增　中国文物报 9 月 26 日 4 版

串起茶马古道的历史遗珠　施爱东　中国文物报 12 月 12 日 4 版

走出书斋　面向现实——读《文本解读与田野实践：新疆历史与民族研究》　灵均　西域研究 3：128 –
　　131

一代文物摄影家的记忆——梁子明先生所著《屈指行程》读后　田建文　中国文物报 4 月 25 日 4 版

击鼓狂舞三千年——评李智信的《社火起源研究》　水涛　中国文物报 7 月 18 日 4 版

论文集补充说明：

本年鉴所收入论文集含非本年度出版论文集详细信息：

1. 广西博物馆文集（第 9 辑）　广西壮族自治区博物馆编　南宁：广西人民出版社　2012 年 12 月
　　470 页　26cm

2. 柳州白莲洞博物馆文集　广西柳州白莲洞洞穴科学博物馆编　南宁：广西科学技术出版社　2012 年
　　10 月　765 页　29cm

3. 藏学学刊（第 8 辑）　四川大学中国藏学研究所编　成都：四川大学出版社　2013 年 12 月　200 页
　　26cm

4. 东方博物（第 45 辑）　浙江省博物馆编　杭州：浙江大学出版社　2012 年 12 月　127 页　29cm

5. 东方博物（第 46 辑）　浙江省博物馆编　杭州：浙江大学出版社　2013 年 5 月　127 页　29cm

6. 东方博物（第 47 辑）　浙江省博物馆编　杭州：浙江大学出版社　2013 年 7 月　127 页　29cm

7. 东方博物（第 48 辑）　浙江省博物馆编　杭州：浙江大学出版社　2013 年 9 月　127 页　29cm

8. 东方博物（第 49 辑）　浙江省博物馆编　杭州：浙江大学出版社　2013 年 12 月　127 页　29cm

9. 西域文史（第 8 辑）　朱玉麒主编　北京：科学出版社　2013 年 12 月　361 页　26cm

10. 中国美术研究（第 5 辑）　吴为山、阮荣春主编　南京：东南大学出版社　2013 年 3 月　148 页
　　26cm

11. 中国美术研究（第 6 辑）　吴为山、阮荣春主编　南京：东南大学出版社　2013 年 6 月　148 页
　　26cm

12. 中国美术研究（第 7 辑）　吴为山、阮荣春主编　南京：东南大学出版社　2013 年 9 月　148 页
　　26cm

13. 东方建筑遗产（2013 卷）　保国寺古建筑博物馆编　北京：文物出版社　2013 年 11 月　190 页
　　26cm

14. 环境史研究（第二辑）　戴建兵主编　天津：古籍出版社　2013 年 12 月　268 页　21cm

15. 西部考古（第 6 辑）　西北大学文化遗产与考古学研究中心、西北大学唐仲英文化遗产研究与保护
　　技术实验室编　西安：三秦出版社　2012 年 10 月　367 页　28cm

16. 秦始皇帝陵博物院（2013 年）　秦始皇帝陵博物院编　西安：三秦出版社　2013 年 8 月　476 页
　　26cm

17. 中国古都研究（总第 25 辑）　中国古都学会编　西安：三秦出版社　2013 年 12 月　188 页　26cm

18. 唐史论丛（第 13 辑）　杜玉文主编　西安：陕西师范大学出版社　2011 年 2 月　381 页　24cm

19. 礼乐中国——首届礼学国际学术研讨会论文集　彭林等主编　上海：上海书店出版社　2013 年 8 月　546 页　24cm

20. 简帛、经典、古史　陈致主编　上海：上海古籍出版社　2013 年 8 月　467 页　26cm

21. 嬴秦始源：首届中国（莱芜）嬴历史文化学术研讨会论文集　宋镇豪主编　北京：中国社会科学出版社　2013 年 3 月　464 页　24cm

22. 暨南史学（第 8 辑）　马明达、纪宗安主编　桂林：广西师范大学出版社　2013 年 6 月　510 页　26cm

23. 齐鲁文物（第 2 辑）　山东博物馆编　北京：科学出版社　2013 年 12 月　354 页　26cm

24. 南海丝路第一港——徐闻（研究专集）　李堪珍主编　北京：海洋出版社　2013 年 5 月　2995 页　25cm

25. 中古墓志胡汉问题研究　李鸿宾主编　银川：宁夏人民出版社　2013 年 9 月　376 页　24cm

（编辑者：汤　超　王景霞　刘思延）

新发表古代铭刻资料简目

（原形字用"□"号代替。期刊名称后的数码依次为期和页，中国文物报后的数码依次为期和版）

一　金文

商

爵

鋬下铭 2 字："守乙"。

爵

鋬下铭 3 字："子□单"。

爵

鋬下铭 2 字："父己"。

觯

圈足内壁铭 2 字："父辛"。

西周

鬲

器口沿铭 1 行 17 字（重文二）："善（膳）夫吉父乍京姬隣鬲其子₌孙₌永宝用"。

（以上 20 世纪 50 年代以来四川博物院入藏　文物 2：77 – 79）

鼎

器腹内壁铭 3 行 14 字（重文二）："大父作宝鼎　其万年　子₌孙₌永用"。

簋

器内底铭 3 行 15 字："旟白（伯）作宝簋　其用于乎倗（朋）　友万年宝用"。

爵

鋬内铭 2 字："祖己"。

（以上近年陕西周原博物馆征集　考古与文物 3：119 – 120）

春秋

鼎

器内壁铭文残蚀严重，可辨识者为："许子□□　乎□作□　孙₌永□□"。

鼎

器内壁铭 5 行 22 字（重文二）："唯八月初吉　许成□择　亓（其）吉金作鼎　子₌孙₌永宝　用之"。

（以上 2007 年 6 月湖北谷城县城关镇邱家楼墓葬发现　文物 8：47）

戈

援身至胡上铭 1 行 10 字："赵氏孙焦犺乍造戈三百"。

（传河南三门峡市卢氏县出土　2011 年河南洛阳文物收藏学会征集　　中原文物 2：69－70）

鬲

口沿部残留 2 字："行鬲"。

鬲

沿面铭 6 字："曾侯與之行鬲"。

编钟一

正面钲部铭 4 行 20 字："隹王正月吉　日甲午曾侯　臹曰白（伯）遵（适）上　嘗（庸）霊（左）霊（右）文武"。

正面左鼓部铭 6 行 30 字："達（撻）壁（殷）之命羈（撫）　敷（奠）天下王遣（遣）　命南公鷥（营）宅汭（汭）土君此淮　尸（夷）顄（临）有江瀕（夏）周室之既庫（卑）"。

背面右鼓部 7 行 36 字："敝（吾）用燮謫楚　吴恃有衆庶　行亂西政（征）南　伐乃加于楚 髫（荆）邦既龑（燮？刷？）而　天命牆（将）误有　儼（厳）曾侯燮（業業）闕"。

背面钲部铭 4 行 21 字（合文一）："譚（聖）親博（搏）武攻（功）　楚命是軠（静？）逯（復）敷（奠）楚王曾侯　之辟（靈脾）穆曾侯"。

背面左鼓部铭 7 行 35 字："憾（莊）武悷（畏）記（忌）共（恭）　寏（寅）齋櫽（盟）伐武之表懷燮四　旁（方）余矗（申）圙（固？）楚　成改逯（復）曾疆　擇悴（選？）吉金自　酢（作）宗彝穌鍾"。

正面右鼓铭 6 行 27 字："鳴號（皇）用考（孝）台（以）　亯（享）于悴（辟？）皇昜（祖）以旒（祈）矕（眉）耆（壽）大　命之长期（其）朋（纯）　譓（德）降舍（余）萬磔（世）是惝（尚）"。

编钟二

全钟铭文内容与编钟一基本一致，只是行款有所差别。

编钟三

正面钲部铭 2 行 10 字："隹王十月吉（?）　日庚（?）午曾侯"。

正面左鼓部铭 4 行 12 字："臹曰余　稷之玄　孙穆善（?）　馘（敦）敏（?）悷（畏）"。

背面右鼓部铭 3 行 8 字："天之命　敷（奠）均（?）曾　土懸（恭？）"。

背面钲部残存铭文 2 行 8 字："寏（寅）齋櫽（盟）敝（吾）台（以）　旒（祈）矕（眉）壽"。

编钟四

钲部铭 2 行 9 字（合文一）："及大夫匽（宴）樂　爰鄉（饗）伻（肆）士"。

正面左鼓部残存 2 行 2 字："備□□　金□□"。

编钟五

正面钲部铭 2 行 6 字："臨觀元　洋（?）嘉楂（鼓）"。

正面左鼓部铭 2 行 7 字（合文一）："芋（竽）甫（镈）敝（吾）　以及大夫"。

背面右鼓部铭 2 行 6 字："匽（宴）樂爰　鄉（饗）伻（肆）士"。

背面钲部铭 2 行 6 字："備御稱　金余永"。

背面左鼓铭 2 行 6 字："用晥（允）长　難老黄"。

正面右鼓部铭 2 行 5 字："枸（耇）珥（弭）冬（终）　無疆"。

编钟六

正面钲部、左鼓部及右鼓部分别铭："嘉楂（鼓）芋（竽）"、"甫（镈）敝（吾）　以"、"及大夫"。

编钟七

正面钲部铭："難老黄枸（耇）"。

　　正面左鼓部铭："珥（弭）冬（终）"。

　　正面右鼓部铭："無疆"。

编钟八

　　正面钲部铭："難老黃"。

　　正面左鼓部铭："枸（耇）珥（弭）"。

　　正面右鼓部铭："冬（终）無　疆"。

残钟片

　　存铭文有："佳王□月　吉日□□"、"萬□　有□　保□"。

残钟片

　　残存铭文4行12字："萬民其　有□（祀?）是　□余自　作（?）穌鍾（?）"。

　　　　　　（以上湖北随州市曾都区溂水东岸义地岗文峰塔墓地发现　　　江汉考古4：9-10、13-33）

鼎

　　器盖及器腹内壁同铭5行28字（重文二）："有殷天乙唐（汤）　孙宋公圝（固）乍（作）　淺叔子餘鼎　其眉寿万年　子₌孙₌永保用之"。

簠（2件）

　　器盖及盘底部同铭6行28字（重文二）："有殷天乙唐（汤）　孙宋公圝（固）乍（作）淺叔子餘箙（簠）　其眉寿万年　子₌孙₌永保用　之"。

镈

　　钲部残存3字："用乐□"；铣部残存4字："淺夫人永"。

鼎

　　器内壁铭8行35字（重文二）："唯王正月　之初吉丁　亥此余□　□君作铸　其小鼎□□　永宝子孙　无疆子₌孙₌永宝是尚"。

鼎

　　器内壁铭3行22字："唯正月初吉日丁亥　淺公宜咎余其臧　金用铸其燎（爨）宜鼎"。

戈

　　胡部铭5字："鄝子妆之用"。

　　　　　　（以上2009年5月山东枣庄市峄城区徐楼村墓葬发现　　　文物1：7、9、10、13-14、16、21、24-25）

鼎

　　器身铭1行4字："奇之阶贞（鼎）"。

鼎

　　器身铭2行7字："曾晶公臣　之顲（厨）贞"。

鼎

　　器身铭2行6字："曾叔㫃　之行贞（鼎）"。

鼎

　　器铭1行8字："曾大司马国之行贞（鼎）"。

簠

　　器铭"媄之行匿"。

簠

　　器铭2行6字："曾孙邵　之行匿"。

簠

　　器身铭3行7字："曾工差（佐）　臣之行　匿"。

簠

　　器身铭2行9字："曾大司马白（伯）　国之行匿"。

簋

　　器身铭 1 行 6 字："曾孙怀之飤匜"。

簋

　　器身铭 2 行 5 字："甬巨之　行匜"。

簋

　　器身铭 2 行 6 字："孟嫺玄　之行匜"。

簋

　　器身铭 6 字："曾叔旇之飤簋"。

簋

　　器身铭 4 字："媄之飤簋"。

壶

　　簋上铭 3 行 7 字："曾工差（佐）　臣之行　壶"。

壶

　　簋上铭 4 行 8 字："曾孙　邵之　大行　之壶"。

壶

　　簋上铭 2 行 4 字："奇之　壿壶"。

壶

　　簋上铭 1 行 6 字："曾叔旇之壿壶"。

壶

　　簋上铭 1 行 5 字："疽（?）多之行壶"。

壶

　　簋上铭 2 行 6 字："曾孙乔　之行壶"。

缶

　　器身铭 1 行 7 字："曾旨（?）尹乔之辻缶"。

缶

　　两龙耳上皆铭："曾侯辻缶硖以为"；器盖内铭 2 行 11 字："曾侯丙之辻（沐）缶　硖以为长事"。

瓶

　　器铭 2 行 7 字："曾孙白（伯）　国之行瓶"。

盘

　　口沿铭 1 行 32 字："隹曾八月吉日隹亥余邡君之元婡周侸捕（?）撲（?）媄择其吉金自乍滕（浣）盘永堡用之"。

盘

　　器铭 5 字："疽多之行盘"。

匜

　　器铭："媄之行匜"。

戈

　　器铭："曾子虞之用戈"。

戈

　　器铭："随大司马嘉有之行戈"。

戈

　　器铭："曾子旇之用戟"。

　　（以上 2012 年 8 月至 2013 年 1 月湖北随州市东城区义地岗墓地东南部文峰塔墓葬发现　考古 7：24－31）

战国

鼎

器腹近左耳右侧横铭："仓端王义"；左耳左侧铭："敬一斗工宜"；器盖内侧近口沿处铭："仓端王义"；器底外侧有铭文，字迹漫漶不清。

（2012 年河南洛阳文物收藏学会征集　　文物 8：49－51）

秦

鼎

器盖铭 2 行 5 字："信右佞宫鼎"；钮下铭 1 字："示"；器腹下部铭 3 行 4 字："卜　中　禾平"。

（河南洛阳文物收藏学会藏　　中原文物 2：78－79）

汉

鼎

肩部铭 1 行 3 字："山都鼎"。

鼎

盖铭："家鼎盖重五斤八两"；器口铭："今重二十八斤□□……"、"……廿□年第五十四重廿二斤十二两"、"今廿□斤"、"□□十四两"。

鼎

器口沿铭 1 行 20 字："平都绥和元年十月造铜鼎一合容三斗重廿六斤"。

鼎

盖铭 1 行 5 字："清河第三鼎"；器身口沿铭 1 行 14 字："清河第三鼎容三斗并重卅斤五两"。

鼎

器身铭 6 行 19 字："安定郡　库鼎一　容五斗　重卅七斤　二年冶工　偷铸"。

鼎盖

盖铭："鄂五柞廿四"。

壶

器肩铭："陵啬四斗"。

锺

颈部铭 3 行 11 字："元成家锺容　十斗重卅五斤"。

鎏金鎏银缶

盖铭："太后家重六斤十三两第巳"、"元成家沐缶盖重七斤"、"太后"等；器身铭："元成家沐缶容六斗六升重卅二斤"、"容六斗六升"、"第二"、"尚浴"、"卅二斤第□"等。

（以上陕西历史博物馆藏　　考古与文物 4：63－67）

钫

肩部刻有铭文，字体不明。

盘

口沿正面铭："……廿一斤三两……"。

盆

腹上一处铭 8 字："容五斗重九斤四两"；另处有铭，字体不识。

盆

上腹部一处铭 3 字："淳于氏"；另处铭 10 字："淳于氏容石重七斤五两"。

（以上 2009 年至 2012 年江苏盱眙县马坝镇云山村大云山山顶墓葬发现　考古 3：27、31）

鎏金鎏银舟

舟外底部圈足内侧铭 1 行 50 字："元和二年蜀郡西工造乘舆黄白涂舟中铜五升粉铫铸工陵涂工歆文工顺洀工来造工世护工掾敦长廷丞盱掾嗣令史况主"。

（2010 年 4 月安徽寿县寿春镇计生服务站墓葬发现　同年 9 月寿县博物馆收藏　东南文化 3∶48；又见文物 1∶90 – 91）

宋

鼎

器内壁铭 4 行 28 字："庚午王命寝震　省北田四品十二月作　册友史锡（赐）　囊贝用　作父乙障羊册册"。

鼎

器底三足内侧各铭 1 字："天乍鼎"。

卣

器盖内铭 2 字："父束"；器底铭 1 字："束"。

（以上 1992 年 7 月 8 日浙江湖州市莫蓉乡儒林村（今南浔区双林镇儒林村）窖藏发现　东方博物第 50 辑∶7、9、11）

附：金银器刻铭

战国银豆

圈足旁腹壁上铭 1 行 5 字："鄄一又卅分"。

战国银盒

器上有铭文，模糊不清。

战国银盘（2 件）

器底铭 6 字："鄄平一又卅分"。

战国银匜

器底残片铭 6 字："鄄平二又卅分"。

（以上 2004 年 11 月至 12 月山东淄博市临淄区和青州市交界处的青州市东高镇西辛村墓葬发现　文物 9∶24 – 26）

汉银带钩

带钩两侧合铸铭文："长毋相忘"。

（2009 年至 2012 年江苏盱眙县马坝镇云山村大云山山顶墓葬发现　考古 3∶41）

元银牌

一面铭 2 字："贵"、"全"。

（2008 年 7 月至 12 月陕西西安市南郊长安区韦曲镇皇子坡村墓葬发现　考古与文物 3∶30）

明金饰件（薄片状）

正面中心部刻划 1 字："日"。

（2012 年底至 2013 年初江苏南京市太平门外岗子村辖城内的白马村墓葬发现　文物 9∶50、封底）

明银鬏髻

上部后窗内结"福"字。

明银戒指

环上两侧分别刻 2 字："心"、"存"。

明银饰件

圆片中心刻：“日”。

　　（以上 2013 年 9 月 15 日江苏常州市天宁区花园底村墓葬发现　　东南文化 6：45、46）

二　玺印
（凡未注明质料者均为铜质）

战国
谷易之钵

汉
朱诩私印

　　（以上 2011 年至 2013 年安徽蚌埠市固镇县谷阳城遗址发现　　文物 6：83－84）

明音私印

　　（2006 年 4 月下旬江苏徐州市鼓楼区刘楼村南的后山顶部墓葬发现　　文物 9：36－37）

廖福私印

长沙郎中令印（双面印）（滑石）

　　（以上 2010 年 3 月至 2011 年 6 月湖南常德市南坪乡土墩墓发现　　考古 1：48、51）

淳于婴儿　妾勝適印（双面印）

信仰

印文字体不清

　　（以上 2009 年至 2012 年江苏盱眙县马坝镇云山村大云山山顶墓葬发现　　考古 3：34）

咸骤丞印

　　（2010 年 8 月至 10 月广西贵港市港北区贵城镇三合村梁君垌墓葬发现　　考古学报 1：100）

军司马印

　　印身一侧刻：“范”。

　　（1990 年 9 月河北秦皇岛市抚宁县骊城遗址采集　　文物春秋 4：37）

三国
威烈将军印

　　（1986 年河北秦皇岛市青龙满族自治县西双山乔丈子村发现　　文物春秋 4：37）

宋
为善最乐

　　（1986 年 8 月 20 日陕西旬阳县城关镇烂滩沟窖藏发现　　文博 4：26）

金
行军副统所印

　　（1986 年河北秦皇岛市青龙满族自治县龙王庙乡南干树庙台沟村私人捐赠）

提空所弹压印

　　款识：“贞祐五年三月□日造”。

　　（1985 年 9 月河北秦皇岛市抚宁县城关废品收购站拣选）

傅察印章

　　（2003 年 11 月河北秦皇岛市卢龙县李柳河村西墓葬发现）

（以上近年河北秦皇岛市下辖各县境内发现　　文物春秋 4：38）

元

监国公主行宣差河北都总管之印

　　钮上铭："上"。

　　印正中有畏兀儿蒙古文 2 行，字迹漫漶。

　　　　（1994 年内蒙古武川县东土城乡出土）

印文为八思巴文，汉译："管女左侍卫亲军万户府印"。

　　款记："中书礼部"、"至元十九年四月□日造"。

　　　　（以上内蒙古博物院藏　　文物世界 6：13）

清

用拙存吾道（石）

存君子心行丈夫事（石）

百花丛里裼裘来（石）

春草闲情（石）

生与研为邻（石）

黄山樵客（石）

酒酣耳热唯长啸（石）

上沙涧上人家（石）

吴趋（瓷）

王氏金石（石）

吴江郭麐祥伯（石）

癖印书生（石）

百花盒（石）

身依堂上衰年母，日补人间未读书（石）

味雪吟钤（石）

清溪半枕（石）

许福兴印（石）

　　（以上 1982 年 12 月江苏江阴市顾山镇北漍村发现　　文物 6：85 – 89）

附：封泥

汉封泥

　　有："原陵监盉"。

　　　　（2010 年河南洛阳市邙山东汉陵区内征集　　中国国家博物馆馆刊 1：60）

三　墓志

南北朝

南北朝武兴国主杨文弘墓志（残）

　　首题未详。

　　建元四年（428 年）九月卒。

北魏杨文弘夫人姜太妃墓志（残）

首题："□□□□□□□□秦州诸军事征西将军平羌□□□□□□□□□王夫人姜太妃之墓志颂"。

卒年未详。

正始元年（504年）十一月十八日葬。

　　（以上2010年8月6日陕西略阳县横现河镇毛坝村藩家（309国道北侧）建筑工地发现　略阳县文化馆藏　考古与文物2：87-88）

北魏拓跋忠墓志

额称："魏故城阳宣王墓志"。

太和四年（480年）七月十日卒。

　　（近年山西大同市城东发现　中国国家博物馆馆刊3：77）

北魏高树生墓志

首题："魏故使持节侍中太师假黄钺录尚书事都督冀相沧瀛殷定六州中外诸军事大将军冀州刺史渤海高王墓志铭"。

永熙二年（533年）四月廿七日窆。

北魏高树生妻韩期姬墓志

首题："魏故使持节侍中太师假黄钺录尚书事都督冀相沧瀛殷定六州中外诸军事冀州刺史渤海高王妻韩太妃铭"。

永熙二年（533年）四月廿七日窆。

　　（以上2005年河南洛阳市偃师府店镇出土　洛阳师范学院河洛古代石刻艺术馆收藏　文物2：81-83）

西魏张惇墓志

首题："魏故征东将军浙州长史行长利郡事清河县开国男张君墓志"。

卒年未详。

　　（1997年陕西咸阳市机场附近发现　陕西省考古研究院征集　文博6：54-55）

北周成氏墓碑

额称："魏故南秦刺史成君碑"。

保定四年（564年）三月十五日葬。

　　（1992年陕西咸阳市渭水北原渭城镇冶家台村发现　咸阳市渭城区文物管理委员会藏　中国国家博物馆馆刊2：73）

隋

隋睦希远墓志（有盖）

无盖称。

首题："隋故乡望大都督睦希远之墓志铭"。

仁寿二年（602年）正月七日卒。

仁寿四年（604年）十一月十日葬。

　　（2012年11月河北内丘县墓葬发现　文物春秋4：39-30）

隋蒋庆墓志

首题："蒋君墓志"。

大业十一年（615年）十一月一日卒。

其年十一月十八日葬。

　　（河南洛阳市孟津县出土　1966年河南石刻艺术馆征集　1998年移交河南博物院收藏　中原文物3：90）

唐

唐郑乾意暨妻柳氏合葬墓志（有盖）

　　无盖称。

　　首题："隋輾辕府鹰扬郎将郑府君墓志铭并序"。

　　隋大业八年（612年）四月十七日卒。

　　夫人柳氏唐武德六年（623年）十月七日卒。

　　贞观十四年（640年）正月廿三日合葬。

　　　　（2012年5月陕西西安市长安区郭杜产业园雅居乐房地产开发项目基建工地墓葬发现　　文博4：8－10）

唐史善应墓志

　　首题："大唐故左卫将军弓高侯史公墓志铭"。

　　贞观十六年（642年）十一月廿二日卒。

　　　　（近年陕西西安市出土　　中国国家博物馆馆刊4：50）

唐李楷墓志（盖佚）

　　首题："大唐上柱国李府君墓志铭并序"。

　　永徽六年（655年）七月十七日卒。

　　其年七月廿八日葬。

　　　　（2007年陕西西安市西安碑林博物馆藏　　文博5：55－56）

唐曹怡墓志（有盖）

　　盖称："曹君墓志"。

　　无首题。

　　永徽六年（655年）六月卒。

　　同年十月一日葬。

　　　　（2007年4月山西汾阳市胜利西街墓葬发现　　文物11：29、31）

唐孙则墓志（有盖）

　　盖称："唐故明威将军左骁卫怀远府折冲都尉上柱国沔阳县开国公孙君墓志铭"。

　　首题同。

　　永徽六年（655年）五月一日卒。

唐孙道墓志（有盖）

　　盖称："孙道墓志"。

　　首题："大唐故燕郡河城县主簿孙君墓志铭并序"。

　　大业十三年（617年）卒。

　　龙朔元年（661年）十一月十一日葬。

唐孙忠墓志（有盖）

　　盖称："孙忠墓志"。

　　首题："大唐故松漠都督府司马孙君墓志铭并序"。

　　显庆六年（661年）正月十八日卒。

　　龙朔元年（661年）十一月十一日与夫人韩氏合葬。

　　　　（以上2003年辽宁朝阳市纤维厂原址基建工地墓葬发现　　中国国家博物馆馆刊12：88－93）

唐故高阳郡君许氏夫人墓志

　　无首题。

　　龙朔元年（661年）十月廿三日卒。

　　　　（2013年7月陕西西安市南郊航天学校工地墓葬发现　　文博6：12－13）

唐长孙无傲墓志（有盖）

　　无盖称。

　　首题不详。

　　咸亨二年（671 年）十一月廿六日卒。

唐长孙无傲妻窦胡娘墓志（有盖）

　　盖称："唐右勋卫郎将长孙莊故妻窦夫人墓志"。

　　首题未详。

　　贞观十一年（637 年）卒。

　　　　（以上 2014 年 2 月至 3 月陕西西安市长安区高望堆村墓葬发现　　中国文物报 2263：8）

唐仆固乙突墓志（有盖）

　　盖称："大唐金微都督仆固府君墓志"。

　　首题："大唐故右骁卫大将军金微州都督上柱国林中县开国公仆固府君墓志铭并序"

　　仪凤三年（678 年）二月廿九日卒。

　　　　（2009 年 7 月蒙古国中央省扎穆日苏木（Zaamar Sun）墓葬发现　　文物 5：77 - 78、封三）

唐武思元墓志（有盖）

　　盖称："大唐故使持节汝州诸军事汝州刺史武府君墓志铭并序"。

　　首题同。

　　上元元年（674 年）卒。

　　垂拱三年（687 年）十一月廿四日与夫人韦氏合葬。

　　　　（陕西西安市西安碑林博物馆新近征集　　文博 5：66 - 68）

唐阎识微墓志（有盖）

　　盖称："唐故太州司马阎公志"。

　　首题："唐故朝议大夫行太州司马阎君墓志文"。

　　圣历二年（699 年）十二月二十一日卒。

　　神龙二年（706 年）十一月九日与夫人裴氏合葬。

唐阎识微妻裴氏墓志（有盖）

　　盖称："大周故河东县君裴夫人志铭"。

　　首题："大周朝请大夫行宜州美原县令阎君夫人裴氏墓志铭并序"。

　　天授二年（691 年）五月二十日卒。

　　长寿二年（693 年）五月八日权葬。

　　　　（以上 2002 年 4 月至 5 月陕西西安市绕城高速公路马家沟段墓葬发现　　文物 10：44 - 47）

唐高惠墓志（有盖）

　　盖称："大唐故平原郡太夫人高氏墓志铭并序"。

　　首题："大唐潞州刺史湖城府君杨公夫人平原郡太夫人高氏墓志铭并序"。

　　景云二年（711 年）二月二日卒。

　　其年十月八日葬。

　　　　（2008 年 11 月陕西咸阳市渭城区底张街道办西蒋村东南侧墓葬发现　　文博 1：57 - 59）

唐张泰墓志（有盖）

　　无盖称。

　　首题："大唐故朝议郎行殿中省直长张府君墓志"。

　　载初元年（689 年）四月十六日卒。

　　开元九年（721 年）十一月六日与夫人合葬。

　　　　（2010 年 4 月陕西西安市长安区韦曲街办韩家湾村以西墓志发现　　文博 4：16 - 17）

唐热瓙墓志（有盖）

　　盖称："大唐故奚质子右威卫将军热瓌墓志铭"。

　　首题："大唐故奚质子右威卫将军员外置宿卫□羽□军上下热瓌□"。

　　开元十八年（730年）七月五日卒。

　　　　（2005年8月28日陕西西安市昆明路立交桥南侧墓葬发现　　考古10：39－40）

唐王希乔墓志（有盖）

　　无盖称。

　　首题："大唐京兆故王府君墓志铭"。

　　天宝九年（750年）三月十九日卒。

　　　　（2012年9月至11月陕西西安市南郊韦曲原上上塔坡村墓葬发现　　文博3：7－8）

唐张昭训砖墓志

　　首题："□士张君墓志"。

　　顺天二年（760年）八月廿九日卒。

　　其年十月十六日葬。

　　　　（2013年4月25日河南新郑市郑韩故城后端湾墓区墓葬发现　　中原文物4：15）

唐田沼妻班氏墓志（有盖）

　　盖称："大唐班氏墓志铭"。

　　首题："唐故京兆府华原县主簿田府君夫人扶风班氏墓志铭并序"。

　　元和三年（808年）六月十九日卒。

　　同年十一月十八日葬。

　　班赞撰　班遇书

　　　　（出土时间、地点未详　2013年4月陕西西安碑林博物馆藏　　文博4：55－56）

唐刘济墓志（有盖）

　　盖称："唐故幽州卢龙节度观察使中书令赠太师刘公墓志之铭"。

　　首题未详。

　　元和五年（810年）卒。

唐刘济夫人张氏墓志（有盖）

　　盖称："唐故蓟国太夫人赠燕国太夫人热河张夫人祔志铭"。

　　首题："唐故幽州卢龙节度观察□使司徒兼中书令彭城郡王赠太师庄武公刘府君夫人蓟国夫人蓟国太夫人赠燕国太夫人清河张夫人祔志铭并叙"。

　　元和八年（814年）五月二十一日卒。

　　元和九年（815年）正月十三日迁葬。

　　　　（以上2011年北京房山区长沟镇北京文化硅谷建筑工地墓葬发现　　中国文物报2211：5）

唐郑易墓志

　　首题："唐故朝散大夫尚书工部郎中荥阳郑公墓志铭并序"。

　　元和十一年（816年）五月廿一日卒。

　　　　（河南洛阳市北邙山新近出土　　中国国家博物馆馆刊4：60）

唐刘伯刍墓志

　　首题："通议大夫尚书刑部侍郎赐紫金鱼袋赠工部尚书广平刘公自撰文并序"。

　　元和十二年（817年）四月十七日卒。

　　　　（陕西西安市长安区郭杜镇出土　2009年入藏西安大唐西市博物馆　　中国国家博物馆馆刊11：72）

唐郭錡墓志（有盖）

　　盖称："唐故太原郭府君墓志铭"。

　　首题："唐故太府少卿上护军赐绯鱼袋太原郭公墓志铭并序"。

　　元和十四年（819 年）三月廿九日卒。

　　同年五月二十五日葬。

唐郭镝妻卢氏墓志（有盖）

　　盖称："大唐故卢夫人墓志铭"。

　　首题："唐京兆府仓曹太原郭公故夫人范阳卢氏墓志铭并序"。

　　元和七年（812 年）十月廿九日卒。

　　元和九年（814 年）五月十四日葬。

　　　　（以上 2012 年 3 月陕西西安市南郊长安区韦曲街道办枣园村西南墓葬发现　　文博 2：12 - 15）

唐温邈墓志（有盖）

　　盖称："唐故征君左补阙温先生墓志铭并序"。

　　首题同。

　　开成（景辰）元年（827 年）卒。

　　次年二月十五日葬。

　　　　（1997 年河南济源出土　　河南博物院藏　　江汉考古 5：79 - 80、84）

唐郭睇墓志（有盖）

　　盖称："大唐郭府君墓志铭"。

　　首题："唐故凤翔府郿县令太原郭府君墓志铭并序"。

　　大和二年（828 年）八月五日卒。

　　大和三年（829 年）正月廿二日葬。

　　　　（陕西师范大学博物馆新近入藏　　考古与文物 4：81 - 83）

唐宋若昭墓志

　　首题："大唐内学士广平宋氏墓志铭并序"。

　　大和二年（828 年）七月廿七日卒。

　　同年十一月八日葬。

　　宋申锡撰　　徐幼文书

　　　　（近年陕西西安市长安区墓葬发现　　考古与文物 5：102 - 104）

唐杜英琦墓志

　　首题："大唐故鄜坊丹延等州节度监军太中大夫行内侍省内给事员外置同正员上柱国赠紫金鱼袋京兆杜府君墓志铭并序"。

　　卒年未详。

　　大和四年（830 年）十月廿日葬。

　　张冰撰　　史宗衡书

　　　　（陕西西安市雁塔区马腾空村出土　　西安碑林博物馆藏　　文博 3：50 - 51）

唐罗何含墓志（有盖）

　　盖称："大唐故罗府君墓志铭"。

　　首题："唐故左神策延州防御安塞军都虞侯兼教练使银青光禄大夫检校太子宾客兼监察御史上柱国罗君墓志铭并序"。

　　会昌元年（841 年）三月廿日卒。

　　会昌二年（842 年）十月卅日葬。

　　王俦撰

　　　　（2010 年 3 月陕西延安市城南虎头峁发现　　延安市文物研究所藏　　文物 8：63 - 65）

唐郝进华暨妻张氏合葬墓志（有盖）

　　盖称："郝公墓志"。

　　首题："唐故太原郡郝公南阳张氏府墓志铭并序"。

大中四年（850年）五月十五日卒。

其妻张氏开成元年（836年）十月十日卒。

大中十年（856年）十月十六日合葬。

（河北张家口市私人收藏　　文物春秋2：53-54）

唐王卿儿墓志（盖佚）

首题："太原王女郎墓铭"。

大中九年（855年）葬。

（近年河南洛阳市文物考古研究院收　　中国国家博物馆馆刊4：67）

唐王知信墓志（盖佚）

无首题。

咸通十一年（870年）□月四日卒。

（陕西西安碑林博物馆新近入藏　　文博6：57-58）

唐郭缪墓志（有盖）

盖称："唐太原郭府君墓志铭"。

首题："唐故兴州刺史太原郭府君墓志铭并序"。

乾符三年（876年）十月廿三日卒。

唐郭缪妻韦珏墓志

首题："唐故兴州刺史太原郭公夫人京兆韦氏扶风县君墓志铭并序"。

乾符四年（877年）二月七日卒。

其年四月二日葬。

（以上陕西西安市西安碑林博物馆新近入藏　　文博4：66-69）

唐颜浣墓志

首题："唐故同州韩城县令颜府君墓志铭并序"。

卒年未详。

于汝锡撰

（2012年陕西西安市西安碑林博物馆藏　　文博2：47）

五代十国

吴国钱匡道墓志（有盖）

盖称："大吴故钱府君墓志铭"。

首题："大吴故右军散□□□□□随从步军第三指挥副指挥使银青光禄大卿检校工部尚书右千牛卫中郎将兼御□大宪上柱国吴兴郡钱公墓志铭并序"。

天祚二年（936年）十二月廿八日卒。

天祚三年（937年）二月十二日葬。

（2012年4月江苏扬州市城北乡三星村夏庄建筑工地墓葬发现　　东南文化6：78-79）

后晋郭在岩墓志

首题："晋故承务郎守耀州富平县令太原郭公墓志"。

天福八年（943年）十一月十六日卒。

次年（944年）十一月十五日葬。

（2012年5月陕西西安市长安区韦曲街道办东兆余村村北墓葬发现　　文博6：65-66）

宋

宋裴济墓志

首题："宋故内客省使顺州团练使赠镇江军节度使河东裴公墓志铭并序"。

咸平元年（1003 年）二月十三日卒。

　　（2010 年河南登封市南水北调中线工程沿线发现　登封市博物馆藏　华夏考古 2：114 – 116）

宋萧揔墓志（盖佚）

　　首题："宋故朝奉郎守秘书丞知端州军州事武骑尉借绯萧府君墓志铭并序"。

　　大中祥符二年（1009 年）七月十六日卒。

　　熙宁四年（1071 年）十一月二十七日与夫人张氏合葬。

　　刘顗撰　　李颖书

　　（近年河南洛阳市发现　　中原文物 4：124）

宋贾昌龄墓志（有盖）

　　盖称："大宋故太常少卿贾公墓志铭"。

　　首题："宋故朝奉郎守太常少卿直昭文馆知广州军州事兼管内劝农市舶使上轻车都尉赐绯鱼袋借紫贾公墓志铭并序"。

　　康定元年（1040 年）八月二十三日卒。

　　庆历五年（1045 年）十月九日葬。

　　范仲淹撰文　　李蒙篆盖　　彭余庆刻石

　　（2012 年 6 月河南新郑市快速通道新村镇二十里铺段修路时发现　新郑市博物馆藏　文物春秋 4：43 – 46）

宋吴执中墓志（有盖）

　　盖称："宋中散大夫致仕吴公墓志铭"。

　　首题："宋故中散大夫致仕轻车都尉濮阳县开国子食邑五百户赐紫金鱼袋吴公墓志铭"。

　　元祐三年（1088 年）正月十八日卒。

　　同年三月十四日葬。

　　杨畏撰　　寇諲书　　楚建中篆盖

　　（河南郑州市华夏文化艺术博物馆藏　　中原文物 4：99 – 100）

宋范纯礼之妻马氏墓志

　　首题："宋扶风马氏墓志铭"。

　　元符二年（1099 年）十二月丙辰日卒。

　　建中靖国元年（1101 年）四月葬。

　　王寿卿书丹

　　（近年出土　　中原文物 3：98）

宋杜之翰墓志

　　首题："宋故杜府君墓志铭"。

　　绍兴二十年（1150 年）九月廿八日卒。

　　绍兴二十六年（1156 年）四月廿六日葬。

　　黄仪撰　　宋兴祖书

　　（2011 年 4 月 20 日至 5 月 15 日重庆市合川区合阳街道办事处盘龙村六社观山墓葬发现　　四川文物 2：34 – 35）

宋王炳墓志

　　无首题。

　　淳熙十年（1183 年）二月十三日卒。

　　（2013 年 7 月 7 日浙江金华市金东区陶朱路社区项牌村墓葬发现　　东方博物第 51 辑：32、34）

宋何宗朴圹志

　　无首题。

宝祐三年（1255 年）十一月初七日卒。

宝祐五年（1257 年）十二月葬。

（2013 年 7 月浙江丽水市通济堰后圩村后村后山墓葬发现　　东方博物第 52 辑：53）

宋徐季升墓志（残）

首题未详。

卒年未详。

（2008 年年初浙江龙游县东华街道仙塘（古称高扇塘）村墓葬发现　　东方博物第 51 辑：29）

辽

辽高玄圭墓志（有盖）（照片）

盖称："大辽广陵高府君墓志铭并序"。

无首题。

大康十年（1084 年）六月二十九日卒。

同年十月一日与妻石氏合葬。

（近年内蒙古赤峰市巴林右旗索博日嘎镇附近发现　　北方文物 3：80）

元

元李英叔墓志

首题："柏兴路同知英叔李公墓志铭"。

至元十二年（1275 年）八月三日卒。

志文后有 8 篇题跋。

（江西泰和县螺溪镇普田村李氏宗祠仙李堂发现　　南方文物 3：189 - 190）

元何宗朴妻刘氏圹志（有盖）

盖称："庐江安人刘氏之墓"。

无首题。

至元二十二年（1285 年）卒。

（2013 年 7 月浙江丽水市通济堰后圩村后村后山墓葬发现　　东方博物第 52 辑：54）

元武敬墓志（有盖）

盖称："皇元敕延安路医学教授故武君志盖"。

首题："元故延安路医学教授武墓墓志铭"。

皇庆元年（1312 年）六月廿六日卒。

杨雍撰书并题盖

（2008 年 7 月至 12 月陕西西安市南郊长安区韦曲镇皇子坡村北墓葬发现　　考古与文物 3：30 - 31）

元施守真墓志

无首题。

至元二十一年（1284 年）五月卒。

元朱氏圹志

额称："故常州路阴阳教授朱君圹志"。

至正三年（1343 年）正月九日卒。

是年三月六日葬。

（以上 2010 年江苏苏州市石湖景区东入口谢家坟墓葬发现　　东南文化 4：94 - 95）

明

明朱立道妻吴氏墓志（有盖）

　　盖称："朱立道妻吴氏之墓"。

　　无首题。

　　洪武二十一年（1388 年）二月廿八日卒。

明陈氏圹志（有盖）

　　盖称："先室陈氏矿（圹）志"。

　　首题同。

　　正统二年（1437 年）十一月卒。

明朱氏墓志

　　额称："苏州府阴阳学正术致仕朱公墓志铭"。

　　志文漫漶。

　　卒年未详。

　　　　（以上 2010 年江苏苏州市石湖景区东入口谢家坟墓葬发现　　东南文化 4：95 - 98）

明仇成圹志（有盖）

　　盖称："开国辅运推诚宣力武臣荣禄大夫柱国安庆侯追封皖国公谥庄襄仇成墓"。

　　首题："大明开国辅运推诚宣力武臣荣禄大夫柱国安庆侯追封皖国公谥庄襄仇公圹志"

　　洪武二十一年（1388 年）七月初八日卒。

　　是年八月二十九日葬。

　　　　（2012 年底至 2013 年初江苏南京市太平门外岗子村辖城内的白马村墓葬发现　　文物 9：51 -
54）

明杜麟圹志

　　首题："故武德将军仪卫正杜公圹志"。

　　永乐十三年（1415 年）三月二十一日卒。

　　　　（湖南长沙市文物考古研究所文物库房藏　　湖南省博物馆馆刊第十辑：391 - 392）

明沐斌夫人梅妙灯墓志（有盖）

　　盖称："制封黔国太夫人梅氏墓志铭"。

　　首题同。

　　成化十年（1474 年）八月七日卒。

　　　　（2008 年江苏南京市西南郊基建工地墓葬发现　　文物 5：53 - 54）

明龙瑄妻杨妙福墓志（有盖）

　　盖称："明故龙孺人杨氏之墓"。

　　首题同。

　　成化二十一年（1485 年）十月十九日卒。

　　陈音撰　吴道弘（宏）书

　　　　（出土地点未详　江苏南京市白马石刻博物馆征集　　东南文化 3：89 - 91）

明李孜墓志（有盖）

　　盖称："大明封兵部员外郎李公之墓"。

　　首题："明故封奉直大夫兵部武库员外郎李公墓志铭"。

　　弘治元年（1488 年）闰正月十七日卒。

明李孜妻宋氏墓志（有盖）

　　盖称："大明封宜人李母宋氏之墓"。

　　首题："李宜人宋氏墓志铭"。

　　成化二十一年（1485 年）九月二十四日卒。

　　成化二十二年（1486 年）三月廿五日葬。

　　　　（以上 1983 年河南沁阳市王召乡李大人庄发现　沁阳市博物馆藏　　中国国家博物馆馆刊 6：

44－45）

明华阳悼隐王朱悦耀圹志

　　首题："大明华阳悼隐王圹志"。

　　宣德八年（1433 年）闰八月二十五日卒。

明悼隐王妃徐氏圹志

　　首题："华阳悼隐王妃徐氏圹志"。

　　卒年未详。

明镇国将军友壁妃夏氏圹志（残）

　　首题未详。

　　弘治三年（1490 年）卒。

明华阳王夫人邵妙清墓志（残）

　　首题残存："明薨国母夫人……大明华阳王夫人邵氏墓志"。

　　卒年未详。

明辅国将军明心圹志

　　额称："大明辅国将军圹志"。

　　卒年未详。

明朱宾澳圹志

　　首题："大明辅国将军圹志"。

　　正德六年（1511 年）六月二十三日卒。

　　正德八年（1513 年）正月十三日安厝。

明华藩乡君墓志

　　首题："明华藩乡君墓志铭"。

　　万历三十一年（1603 年）十二月二十一日葬。

明温懿王及妃梅氏、王氏、熊氏合葬圹志（残）

　　首题未详。

　　卒年未详。

明镇国将军宣封与夫人冉氏合葬圹志

　　首题："明诰封镇国将军昭明公之墓志铭"。

　　万历四十年（1612 年）正月十四日卒。

　　天启元年（1621 年）十月十六日与夫人合葬。

　　　　（以上湖南津市文物部门历年征集　　湖南省博物馆馆刊第十辑：398－406）

明许庄妻周氏墓志（有盖）

　　盖称："钦差总督粮储山西等处承宣布政使司右参议朝议大夫许庄妻周氏之墓"。

　　无首题。

　　正德十五年（1520 年）二月十五日卒。

　　同年四月十六日葬。

明许庄墓志（有盖）

　　盖称："明朝请大夫山西右参议许庄墓志铭"。

　　首题："明朝请大夫山西右参议许公墓志铭"。

　　嘉靖二十一年（1542 年）仲冬六日卒。

　　次年（1543 年）三月二十九日葬。

　　　　（以上 1992 年河北滦县响嘡镇征集　　滦县滦州文博馆藏　　文物春秋 5：71－75）

明郝公宽墓志（有盖）

　　盖称："明故郝公配赵氏合葬墓志铭"。

首题同。

嘉靖三十年（1551年）九月初五日卒。

嘉靖三十四年（1555年）正月初十日与夫人赵氏合葬。

（2013年5月山西晋中市榆次区大东关村发现　晋中市考古研究所藏　　文物世界1：30）

明吴麟暨夫人方氏合葬墓志

首题："明故中宪大夫山东提刑按察司副使苕源吴君并配封安人方氏合葬墓志铭"。

嘉靖三十二年（1553年）九月初十日卒。

（1966年10月浙江安吉县郸吴镇景坞村竹园自然村墓葬发现　　东方博物第51辑：45－49）

明谢恩墓志（有盖）

盖称："明故光禄寺大官署丞丹泉谢公墓志铭"。

首题："明故光禄寺大官署丞河内丹泉谢公墓志铭"。

嘉靖四十二年（1563年）十一月二十五日卒。

嘉靖四十三年（1564年）三月十九日葬。

朱睦㮮撰　党以平书

明谢恩妻王氏墓志（有盖）

盖称："大明故封太孺人谢母王氏合葬墓志铭"。

首题同。

万历十四年（1586年）三月二十六日卒。

万历十五年（1587年）二月廿五日与夫君谢恩合葬。

赵用贤撰　王国光书

（以上1986年河南博爱县城西北角谢家坟出土　博爱县博物馆藏　　四川文物2：81－85）

明朱安㴓暨夫人侯氏合葬墓志（有盖）

盖称："明周藩内乡王府镇国将军夫人侯氏合葬墓志铭"。

首题："明周藩内乡王府五镇国将军益斋夫人侯氏合葬墓志铭"。

朱安㴓卒年未详。

侯氏嘉靖四十四年（1565年）十一月十六日卒。

嘉靖四十五年（1566年）十一月初四日合葬。

李濂撰　睦检书并篆

（2014年4月河南开封市西郊野场村附近发现　　中原文物5：100－101）

明通城王朱英㷿继室邵氏墓志

额称："墓志"。

首题："明通城王继室邵氏墓志铭"。

隆庆五年（1571年）秋卒。

明通城王朱英㷿妃徐氏圹志

额称："徐妃圹志"。

无首题。

嘉靖元年（1522年）七月十五日卒。

嘉靖八年（1529年）十二月二十二日葬。

（以上2010年7月湖北武汉市东湖高新经济技术开发区朱鲁湾村墓葬发现　　江汉考古6：32－33、封二、封三）

明姬溚墓志

首题："郑府繁昌王柘城县主宾□公墓志铭"。

隆庆六年（1572年）八月二十五日卒。

其年十月十七日葬。

魏諴撰　朱裳书

　　（河南焦作市博物馆征集　　　中原文物 5：104 – 105）

清

清韩梦愈墓志

　　首题："北城掌印兵马指挥文毅韩公墓志铭"。

　　康熙八年（1669 年）六月初二日卒。

　　　　（2005 年 6 月初河北内丘县西关村墓葬发现　　　文物春秋 4：30）

清张俊暨夫人王氏合葬墓志（6 块）

　　首题："皇清诰授建威将军诰封光禄大夫予谥壮勒头品顶戴赏穿黄马褂紫禁城骑马北洋各军翼长喀什葛尔提督倭欣巴图鲁杰三张公暨元配王夫人合葬墓志铭"。

　　墓主光绪二十六年（1900 年）三月十一日卒。

　　夫人王氏光绪二十六年（1900 年）三月卒。

　　　　（甘肃环县博物馆藏　　　陇右文博 2：69 – 71）

补遗

　　北魏淮南王元遵墓志

　　首题："魏故使持节散骑常侍都督雍州诸军事雍州刺史淮南王墓志"。

　　孝昌元年（525 年）八月十四日卒。

　　是年十一月葬。

　　　　（2012 年 3 月河南洛阳市城北邙山区后李村墓葬发现　　　《洛阳考古》2013 年第 2 期）

附：神道碑

唐杨执一神道碑

　　额称："大唐故河东忠公杨府君之碑"。

　　开元十四年（726 年）正月二日卒。

　　开元十五年（727 年）九月二日与夫人独孤氏合葬。

　　张说撰文　梁昇卿书丹

　　　　（2010 年夏初陕西咸阳市咸阳国际机场附近发现　　　咸阳市渭城区顺陵文管所藏　　　文博 4：59 – 61）

唐窦希瓘神道碑

　　额称："大唐赠司徒毕国公扶风窦府君神道碑"。

　　首题："唐故开……"（残）。

　　天宝十三年（755 年）十二月卒。

　　天宝十四年（756 年）五月葬。

　　大历七年（772 年）正月一日立碑。

　　　　（2009 年 8 月陕西西安市咸阳国际机场二期扩建工程新征地墓葬发现　　　考古与文物 5：96 – 97）

附：买地券

东汉李氏买地券（铅）

　　券文朱书，凡 4 行 144 字。

　　光和元年（178 年）十一月十一日立券。

　　　　（2008 年河南巩义市站街镇北窑湾村墓葬发现　　　华夏考古 1：100 – 101）

宋徐氏买地券

    券文 11 行，字迹多漫漶。

    元祐二年（1087 年）下葬。

    （2012 年 4 月四川彭州市紫光兴城建筑工地墓葬发现   考古 4：61）

宋张宁买地券

    券文每行 4 字，共 12 行。

    乾道三年（1167 年）六月十四日卒。

    乾道四年（1168 年）三月十日立券。

    （2013 年 8 月 16 日江西吉安市西坑村委会里塘山自然村将军山墓葬发现   南方文物 4：27）

金买地券

    券文朱书 14 行，满行 18 字，共 160 字。

    贞祐四年（1216 年）立券。

    （2013 年 11 月陕西西安市南郊黄渠头村墓葬发现   文物春秋 4：31）

元尹氏买地券

    券文朱书 17 行 350 字。

    宪宗蒙哥八年（1258 年）六月二十五日立券。

    （2013 年 8 月至 9 月河南三门峡市建筑工地墓葬发现   中国文物报 2143：8）

明王景弘买地券

    券文 18 行，凡 350 字。

    券额："高上后土皇地祇卖地券文"。

    正统元年（1436 年）四月二十五日立券。

    （2012 年 10 月江苏南京市雨花台区赛虹桥街道凤凰村三组发现   东南文化 1：100）

明仙梦松买地券

    券文 21 行，凡 329 字。

    万历二十七年（1599 年）十二月二十八日立券。

    （山西永济市博物馆藏   中国文物报 2230：8）

明买地券（1 合）

    券文朱书。

    右券文 3 行 18 字，左券文字迹漫漶。

    （2008 年江苏南京市西南郊基建工地墓葬发现   文物 5：48 – 50）

明买地券

    券文朱书，字迹漫漶。

    券额："大明阴券"。

    （2013 年 3 月天津市蓟县渔阳镇吴庄村北墓葬发现   北方文物 2：45）

四　碑刻

北魏刻经碑

    碑正面铭《佛说未曾有因缘红》经文。

    碑背额称："邑子像"，下面铭发愿文及出资者姓名。

    太和十七年（493 年）□月廿一日刻石。

    （2014 年山东曲阜市私人收藏   中国文物报 2281：6）

北齐碑

    内容为佛教造经活动。

额称："常乐寺"。

天统元年（565年）九月六日立石。

（河北邢台市郭村常乐寺旧址发现　　文物春秋3：51－52）

五代后周"太原王公德政碑"（残）

碑文记载了后周王晏因立军功被授予武宁军节度使之事。

显德元年岁次甲寅九月壬申朔二十三日甲午建。

（2012年11月江苏徐州市苏宁广场建设工地发现　　东南文化1：85）

宋《处州重刊孔子庙碑》

嘉定十七年（1224年）立石。

（20世纪五六十年代藏于浙江丽水市博物馆　　东方博物第52辑：101）

金碑

额称："唐杜天师忽惊之图"。

碑身阳面左侧题款："大定二十四年七月日全真门弟子谭处瑞书"。

碑身阴面左侧题款："长春子丘处机书，门人狄遇真、阴德章摸丹"；右侧刊刻："正大八年九月日清虚大师栖霞观主王道明立石"。

（河南洛阳市关林管理处收藏　　中国国家博物馆馆刊11：96－97）

元《曲阜祖庙真影》碑

延祐元年（1314年）五月日立石。

（20世纪五六十年代藏于浙江丽水市博物馆　　东方博物第52辑：102）

元"全宁路圣旨碑"（残）

碑身残存有："至元二年鼠儿年"字样。

（2012年2月内蒙古赤峰市翁牛特旗乌丹镇发现　　北方文物1：51－52）

元碑（残）

碑额残存2字："魏王"。

据称为元武宗为褒奖其兄魏王阿木哥拥立其即皇位立功而建于上都的碑。

（2014年初元上都遗址发现　内蒙古锡林郭勒盟正蓝旗元上都博物馆藏　　中国文物报2215：2）

明《礼部钦依出榜晓示生员卧碑》（拓片）

内容为学规禁例。

洪武十五年（1382年）立石。

（河北省社会科学院信息中心藏　　文物春秋2：59）

明碑

额称："演玄观记"。

弘治四年（1491年）七月初九日立石。

朱范址撰并书

（甘肃平凉市柳湖公园发现　　陇右文博2：66－67）

明碑

额称："大参戎南塘戚公表功碑"。

嘉靖四十三年（1564年）九月立石。

内容为抗倭及戚继光生平事迹。

秦鸣雷撰文　王宗沐篆额　陈锡书丹

（浙江临海市小沄洲存　　无锡文博3：39－40）

明碑

额称："重修白马庙记"。

　　（2008 年 7 月浙江海宁市发现　海宁市文物保护管理所收藏　　东方博物第 50 辑：112 - 113）

明碑（残）

　　额称："建文昌神祠记"。

　　残存碑文 92 行，凡 585 字。

　　（2013 年 3 月河北正定县城四合街东南福门里生活区民宅建房工地发现　　文物春秋 4：50 -
52）

明碑

　　额称字迹漫漶难辨。

　　碑身存可辨字迹有："天承运"、"制"、"古制"、"任锦□卫副千户"、"任□衣卫正千户"等。

　　（2013 年 9 月 15 日江苏常州市天宁区花园底村墓葬发现　　东南文化 6：51）

明碑

　　碑身中部铭："神烈山"；右上部铭："嘉靖十年岁次辛卯秋九月吉日"；左下部铭："南京工部尚书
臣何诏侍郎张羽立石"。

明"禁约碑"

　　内容为保护孝陵的九条禁约。

　　崇祯十四年（1641 年）立石。

　　（2007 年 6 月至 7 月江苏南京市东郊钟山南麓独龙阜玩珠峰下明孝陵下马坊区发现　　南方文
物 2：77）

明碑（残）

　　碑身残存："……百世"、"……本城大寺堂……"等字。

　　（2013 年 3 月至 6 月湖北咸丰县尖山乡唐崖司村唐崖河西岸唐崖土司城址发现　　江汉考古 1：
42）

清《礼部题奉钦依晓示生员卧碑》（拓片）

　　内容为学规禁例。

　　康熙四十一年（1702 年）五月二十九日立石。

　　（河北省社会科学院信息中心藏　　文物春秋 2：59）

清西藏定日县绒辖界碑

　　碑文藏文汉文合璧。其中汉文 5 行 91 字。

　　道光六年（1826 年）正月二十四日立石。

　　（2005 年西藏定日县绒辖乡左木德村发现　边防总队陈列室藏　　考古与文物 6：49 - 50）

清碑

　　额称："重建金门闸记"。

　　碑文记述了金门闸建造工程及引河尺寸。

　　宣统元年（1909 年）立石。

　　（河北涿州市金门闸存　　文物春秋 6：75 - 76）

清碑

　　额称："灶君庙碑"。

　　首题："创修灶君庙碑记"。

　　光绪六年（1880 年）十二月立石。

　　（2011 年山东金乡县城老东门外工地发现　　中国文物报 2214：8）

清碑

　　内容为对乌州岗一处沙田诉讼案处理的公告。

　　光绪三十一年（1905 年）六月十一日立石。

　　（2014 年下半年广东广州市南沙区黄阁镇发现　　中国文物报 2281：8）

清碑

　　残存："东台厅承办第三分工尾"。

　　（2009年12月4日江苏泰州市城南水关遗址发现　　东南文化1：50）

附一：石刻题记

汉石构件铭

　　石铭："孙府达官治"。

　　（2012年4月陕西西安市北郊汉长安城遗址北侧渭河故道厨城门1号桥址发现　　考古7：40）

十六国大夏石马铭

　　马前腿间下部铭："大夏真兴六　年岁在甲子　夏五月辛酉　朔□三日□　□□□将军　□□□造兹　□□□石□　□□彰副吕　阿树"。

　　（1954年初夏陕西西安市北郊未央区汉城乡查家寨村发现　西北历史博物馆（即西安碑林博物馆前身）藏　文博2：64－65）

北魏摩崖题记

　　佛龛左侧供养人头部铭："（梁）世安"。

　　佛龛左侧第2供养人头部右上方铭："郭安"。

　　佛龛左侧第3供养身体右前方铭："任二春（？）……"。

　　佛龛右侧第1身供养人头部铭："武周奴"。

　　佛龛右侧第2身供养人头左侧铭："刘平（？）"。

　　佛龛下层北起第1供养人头左上方铭："刘伏□（来？）"。

　　佛龛下层北起第2供养人头右上方铭："刘庚"。

　　造像头右侧铭："太原郡沾县人武文之"。

　　造像头部残存："王"字偏旁。

　　造像头右侧铭："马平□"。

　　造像座铭："合番火（？）廿五人"发愿文25字。

　　造像头右侧铭："召（？）清"。

　　造像头右侧铭："□崇"。

　　造像头部右侧铭："连（？）树（？）"。

　　造像头部右侧铭："王兴（？）"。

　　造像头部左侧铭："刘胡"。

　　（以上2009年9月山西沁县南泉乡南泉村大寺沟摩崖发现　　文物1：61－65）

唐摩崖题记

　　133龛外龛右壁铭："□昌贰年拾壹月"题记1则。

　　152龛外左下侧铭："开元廿七年"题记1则。

　　154龛右下侧铭："开元廿七年"题记1则。

　　153龛外下部铭："□天元年"题记1则。

　　（以上2009年11月四川乐山市夹江县大观山南麓千佛岩摩崖发现　　考古与文物3：93）

唐石窟题记

　　第一窟供养人下有数行墨书题记，除每行首字较清晰外，其余字迹皆漫漶："世……　皇……　安……　父……　下……　俱……"。

　　造像头顶有墨书藏文榜题，汉语为佛名及弟子名。

　　供养人旁存："□亨四年……五月……"题记104字。

　　（以上2010年4月28日至30日青海化隆县金源乡旦斗寺峡谷岩窟发现　　考古与文物2：25－26）

唐石窟题记

K1 后壁右下角墨书藏文题记 8 行。

（2013 年 8 月西藏阿里地区日土县多玛乡乌江村丁穹拉康石窟发现　　考古与文物 6：36）

唐摩崖题记

崖面右侧最底部铭藏文 4 行 8 词。

（2009 年 7 月西藏林芝地区工布达县江达镇江达村洛哇傍卡崖壁发现　　考古与文物 6：29）

唐摩崖题记

第 4 号龛左内侧壁上铭："□□观世音菩萨一身佑弟□　　庆□法界众□同□供养　　六日癸□□□悟敬造□　　年太岁□□正月戊寅□十　　释迦摩尼一龛□□元和四年"。

第 2 号龛内龛原有元和十一年题记 1 则，现已漫漶。

第 30 号龛铭："敬造世佛　三身佑弟子　唐辅愿平安　永为供养　大中七年十二月　十三日记"。

第 64 号龛铭："敬造药师琉璃光佛一身　　□□□兄弟□□蒙□□　　大中十年四月……"。

第 65 号龛铭："遂州遂宁县归义乡百姓鲁殷并妻……佑平安于当县南龛敬造救者阿弥陀佛一耳观音世至二身……一对二身弟子……大中七年正月……斋表庆毕永为供养……"题记 1 则。

第 66 号龛左上方铭："大中七年"题记 1 则。

第 70 号龛外右壁铭："敬造救苦观世音菩萨一身　　大中六年二月八日弟子□林永世供养"。

（以上 2006 年重庆市潼南县崇龛镇薛家村摩崖、大佛寺西岩发现　　考古学报 1：129、131、133 - 134）

吐蕃时期摩崖题记

造像区域下方铭藏文题记 4 行。

造像区域下方铭藏文题记 10 行。

造像右侧上方铭藏文题记 18 行。

造像下方偏右部残存汉文题记 15 行，可辨识者有："大藩国"、"皇帝"、"都料僧马"、"同料僧□"、"匠浑天"、"甲申岁"等字。

（以上 2009 年 6 月至 7 月西藏昌都地区察雅县香堆镇仁加村仁达拉康内的丹玛札崖壁发现　考古与文物 6：14）

宋墓室题记

墓门西侧壁墨书题记 3 则："牛八、牛六、牛月□"；"辛未大出，癸□贰□福"；"后代铎□"。

墓门东侧上方墨书题记 1 则："嘉祐元年七月廿八日二代□"。

（1998 年 4 月 14 日山西夏县水头镇上牛村墓葬发现　　考古 11：56 - 57）

宋墓室题记

甬道西壁墨书 5 行，可辨认字为："宣和二年八月八日葬……边……西边……母于氏"。

（2008 年 5 山东莱州市永安路街道办事处西山张家村东墓葬发现　　中国文物报 2251：8）

宋墓室题记

墓室条石底部铭："金玉以满华堂"。

（2011 年 4 月 20 日至 5 月 15 日重庆市合川区合阳街道办事处盘龙村六社观山墓葬发现　　四川文物 2：32）

金墓室题记

M1 墓室东壁人物周围墨书有："朱俊"、"男朱孜"、"少氏"、"高氏"等；画面左侧墨书："明昌四年十一月初一日工毕"。

M1 墓室西壁人物墨书有："朱孜"、"男喜郎"、"妻刘氏"、"妻高氏"、"郭氏"等；画面左侧墨书："明昌四年十一月初一日工毕"。

M1 墓室南壁西侧画面右侧靠近墓门处墨书："明昌元年二年三年三百钱一斗粟　明昌四年初熟"；东侧画面左侧靠近墓门处墨书："明昌四年十一月初一日砖匠工毕　砖匠张侁　妆画王信出工钱人

朱孜"。

　　M2 墓室东壁朱书："大定廿九年十一月初七日记"；东壁瓦檐下墨书："□伦是不好人"。

　　M3 墓室西壁人物旁书："大金大定贰拾玖年拾壹月拾□□□　□□记"；人物左侧书："父亲张忠五十八岁化　□张伦殡三合"。

　　（以上 2008 年陕西甘泉县城关镇袁庄村墓葬发现　　考古与文物 3：4 – 11）

明刻石

　　石刻："松月萝月"，落款："明天启三年三月琅琊吕一奏书"。

　　（河北正定县隆兴寺养性斋内发现　　文物春秋 2：56）

明石牌坊铭

　　牌坊正面铭："荆南雄镇"；背铭："楚蜀屏翰"；两侧题款分别为："钦差总督兼湖广荆岳郧襄陕西汉中等府军务策授总帅饷巡抚四川等处四方兵部左侍郎兼都察院乃金郡御史朱燮元为"；"湖广唐崖司征西蜀升都司金事兼宣府司宣抚使覃鼎立天启四年正月吉旦"。

　　（2013 年 3 月至 6 月湖北咸丰县尖山乡唐崖司村唐崖河西岸唐崖土司城址发现　　江汉考古 1：40 – 41）

明摩崖题记

　　043 龛左侧题记中有："大明国"字样。

　　（2009 年 11 月四川乐山市夹江县大观山南麓千佛岩摩崖发现　　考古与文物 3：93）

明棺床铭

　　中室棺床床面外围雕："福海"。

　　东室棺床床面雕："寿山"。

　　（2012 年 10 月至 12 月四川广元市元坝区虎跳镇樟树村 1 社墓葬发现　　四川文物 1：14）

明石牌坊铭

　　牌坊正反两面铭："诸司官员下马"。

　　（2007 年 6 月至 7 月江苏南京市东郊钟山南麓独龙阜玩珠峰下明孝陵下马坊区发现　　南方文物 2：76）

清墓室题记

　　墓门门框两侧铭对联，上联为："华盖殿阁万层山"，下联："花架楼台三朝岸"；门楣铭："安乐府"。

　　前室南壁中堂铭题记及对联："丁未年初夏……巨东道人"；上联："地杰人灵超象外"，下联："山环水抱得寰中"，落款："七十二泉主人"。

　　前室北壁铭题记及对联："时维丁未年，芳草道人墨，草书于东巨河之东"；上联："千里来龙随水住"，下联："中心出脉向山行"。

　　前室东壁门框铭对联，横批："万笏朝天"；上联："圭笏仓箱砂外著"，下联："麟凤龟龙穴地藏"。

　　后室墓门铭："谚有云人为万物之灵……，巨东道人"。

　　后室门框上方横幅："福地"；门框两侧上联："虽非蓬莱阁"，下联："却是神仙阁"；房檐上端墨书："公记杨公年花甲以光绪卅三年四月所修寿墓于阳宅之阴……"题记一则。

　　后室西壁门框铭对联，上联："□□仙以遨游"，下联："□明月□□终"，横幅："蓬莱遗迹"。

　　后室南壁东西向排列六屏图，分别题："一尘不染"、"回头望月"、"同声相应"、"大雅不群"、"江鸡欲睡"、"时在丁未年清和同书，东山道人"等；两侧对联，上联："非为避奉开洞府"，"下联"："原因□隐创佳城"，"平陵隐士"。

　　后室北壁两侧对联，上联："左龙右虎藏风聚气"，下联："天造地设水秀山明"。

　　（以上 2013 年 5 月 4 日山东济南市高新区埠东村建设工地墓葬发现　　中国文物报 2231：8）

清壁画题记

　　第一幅画面右上角墨书："或在须弥峰，为人所推堕，念彼观音力，如日虚空住"。

第二幅画面右上角墨书："云雷鼓挚电，降雹澍大雨，念彼观音力，应时得消散"。

第三幅画面右上角墨书："玩蛇及蝮蝎，气毒烟火燃，念彼观音力，寻声自回去"。

第四幅画面右上角墨书："咒诅诸毒药，所欲害身者，念彼观音力，还著于本人"；左上角墨书榜题："同治癸亥年浦月彩画"。

(以上河北怀安县淮安城镇张家屯村龙王庙内发现　　文物春秋 1：39)

附二：造像铭

北魏造像铭

造像碑第二层铭题记，多漫漶，可辨识者有："起像主杨奥娥"、"息王侍洛孙僧念"、"开明主梁道"、"郡化主□□□□□容"。

造像碑下部第三层正面铭："……大魏正光二年岁次辛丑八月"发愿文 9 行 135 字。

碑背下部铭二百邑子供养人姓名。可辨识者有："邑子王双儿"、"邑子王苟仁"、"邑子梁道兴"、"邑子罗小胡"等。

(山西襄汾县善惠寺、连果寺等寺院发现　　襄汾县博物馆藏　　文物 11：75)

北魏造像铭

造像背光残存 3 行 10 字："（普）泰二年　……赵鸴女　……敬造供养"。

(2003 年至 2004 年山东临朐县石家河乡小时家庄村西北的山前台地上白龙寺遗址发现　　文物 1：78)

东魏造像铭

造像基座背面铭："武定三年六月十　五日王宗庆寺　僧比丘法会敬　造玉石观世音像　一区上为皇帝　陛下有为一切众　生皆蒙此益一时　成佛"。

(2006 年 3 月河北邢台市威县常屯乡横河村发现　河北邢台市文物中心藏　　文物 3：70)

北齐造像铭

造像底座正面和左侧铭："大齐天统　四年三月　丙申朔八　日癸卯清　信士佛弟　子张机张　昌兄弟二　人知富可　崇恐身无　常葛舍家　珍上为忘　父母敬造　观世　音像　一躯愿　生生世世　常与佛会"。

(2003 年至 2004 年山东临朐县石家河乡小时家庄村西北的山前台地上白龙寺遗址发现　　文物 1：79)

北齐造像铭

像基座背面铭："大齐河　清二年　九月十　六日佛　弟子　阎众敬　造释迦　像一区……"发愿文 66 字。

像基座三面铭："皇建元　年十一月六日　大像主比丘　惠元敬　造白玉像　一区……"发愿文 46 字。

造像基座三面铭："大像主比丘　惠□（條）供养　比丘惠奉　供养　皇建元年□□□日比丘惠條敬造白玉像……"发愿文 1 则。

(以上 2006 年 3 月河北邢台市威县常屯乡横河村发现　河北邢台市文物中心藏　　文物 3：70－71)

隋造像铭

造像碑正面下方铭发愿文，字迹漫漶不清，仅见："赵民妻□佛□大业六□"。

唐造像铭

造像碑正面中部铭："惟大唐龙朔三年岁次癸亥三月甲　寅朔十八　日辛未佛　弟子郭石　朱妻张　为　亡母敬造　石像一区　上为皇帝　陛下及现　存父母各　□佛时"。

造像台基两侧及下方铭供养人姓名及发愿文，字迹漫漶，可辨识者有："骑都尉连义成"、"一心供养"、"大周延载元年岁次甲午十四日敬造阿弥陀像一区"等。

（以上山西襄汾县善惠寺、连果寺等寺院发现　　襄汾县博物馆藏　　文物11：76－80）

明造像铭

座前中部铭："施主□明□捨造"。

座右上侧铭："信士□□才合家眷等捨造"。

座前中部铭："信士文福成□氏□福合家眷等捨造"。

座前下部铭："信士王文银刘氏合家眷等捨造"。

座后铭："信士五□□氏合家眷等捨造"。

座上铭："金州□□□信士□□刘氏捨造"。

座底铭："旬阳县旬河里信士□□□□氏捨造"。

座前铭："信士杨氏捨造"。

座前铭："金州□□里信士□□□□氏捨造"。

座前铭："信士□□□氏□□文捨造"。

（以上2001年陕西安康市汉滨区坝河乡斑竹园石佛寺发现　　安康博物馆藏　　文博6：18－21）

清造像铭

造像右边衣袖下缘铭4字："王尔禅刊"。

造像座底左侧铭："清柒奉　神□□信士王在京发心□□　城隍一尊　乾隆四十九年七月十七安位吉"。

（以上1999年四川叙永县大石乡互助村龙龟山寺遗址发现　　分别藏于春秋祠及龙龟山寺遗址重建的庙中　　四川文物4：91、93）

五　有铭砖

汉有铭砖

砖铭："五"。

砖铭："五万"。

砖铭："关"、"年"、"永兴汉□"。

砖铭："关"。

砖面残存："永"、"汉"。

砖面残存："永"、"兴"。

砖面残存："汉"。

砖面残存："年"、"关"。

（以上2012年6月至2013年8月河南洛阳市新安县函谷关遗址发现　　考古11：21）

汉有铭砖

砖铭："尹文"。

（2002年山西太原市西南晋源区晋源镇晋阳古城遗址发现　　文物世界5：10）

西晋有铭砖

砖铭："太康三年二月孙子俞绷丞（？）造"。

砖铭："太康三年三月孙子俞绷丞"。

（2013年8月至2014年3月浙江奉化市锦屏街道下路头村乌鸦山西麓缓坡处墓葬发现　　南方文物3：32）

西晋有铭砖

砖铭："元康八年七月一日学□"（2块）。

（2010年8月至10月广西贵港市港北区贵城镇三合村梁君垌墓葬发现　　考古学报1：72）

西晋有铭砖

砖铭："元康五年七月廿日杨谏□"。

砖铭："杨"。

砖铭："晋元康九年广陵□……"。

砖铭："晋元康九年吴兴杨凤造墓"。

　　（以上 2014 年 4 月安徽含山县陶厂镇祁首行政村道士观自然村西南侧墓葬发现　　江汉考古 6：18 - 20）

东晋有铭砖

砖铭："六下"。

砖铭："十"。

砖铭："元登作"。

砖铭朱书文字符号（6 块）。

　　（以上 2012 年 5 月至 11 月江苏南京市雨花台区丹宁路墓葬发现　　东南文化 6：31、36、38）

东晋有铭砖

砖铭："咸安二年七月廿二日立之保万年"。

砖铭："太元三年七月戊申作"。

砖铭："元兴三年七月丙戌朔六日"。

砖铭："陈文□五九□八年"。

砖铭："□□"。

　　（以上 2006 年 8 月至 12 月及 2007 年 12 月福建南安市丰州镇桃源村皇冠山墓葬发现　　考古 5：59）

六朝有铭砖

砖铭："永康元年九月立"。

砖铭："咸年和七月"。

砖铭："建元二年九月十三日"。

砖铭："永明四年七月廿五日"。

　　（以上 2009 年 10 月、2010 年 7 月至 11 月福建政和县石屯镇墓葬发现　　文物 2：22）

北朝有铭砖

砖正面右侧铭："大魏兴和二年造"、"富贵"、"吉利"。

砖铭："大齐天保元年造"、"富贵"、"吉利"。

　　（2012 年 2 月中旬至 5 月下旬山西太原市晋源区晋阳古城遗址发现　　文物世界 5：29 - 30）

北魏有铭砖

砖铭："苟黑"。

砖铭："尉孃"。

砖铭："赵胡"。

　　（以上 2006 年 10 月山西大同市沙岭新村墓葬发现　　文物 4：10、14）

南朝有铭砖（2 块）

砖铭："天监十一年"。

　　（2006 年 8 月至 12 月及 2007 年 12 月福建南安市丰州镇桃源村皇冠山墓葬发现　　考古 5：59）

南朝有铭砖

砖铭："大□"。

砖铭："中□□"。

砖铭："陈左三"。

　　（以上 2010 年 8 月至 10 月广西贵港市港北区贵城镇三合村马鞍岭墓葬发现　　考古学报 1：73）

南朝有铭砖

　　砖铭："中"。

　　砖铭："下"。

　　砖铭："小"。

　　砖铭："大"。

　　砖铭："中方"。

　　砖铭："大方"。

　　砖铭："大宽"。

　　砖铭："道"。

　　砖铭："十急"。

　　砖铭："宽"。

　　砖铭："巢鸭舌"。

　　砖铭："鸭舌"。

　　砖铭："贰面圬"。

　　砖铭："大马"。

　　砖铭："中□"。

　　砖铭："大圬"。

　　砖铭："大驶"。

　　砖铭："中鸭舌"。

　　砖铭："急"。

　　砖铭："虎"。

　　砖铭："大虎"。

　　砖铭："龙"。

　　砖铭："左师"。

　　砖铭："右师"。

　　砖铭："嵇"。

　　砖铭："向"。

　　砖铭："左天人"。

　　砖铭："右天人"。

　　砖铭："上行"。

　　砖铭："中行"。

　　砖铭："下行"。

　　砖铭："龙上行第十六"。

　　砖铭："嵇上行十五"。

　　砖铭："嵇上行廿四"。

　　砖铭："嵇上行廿五"。

　　砖铭："嵇上行卅四"。

　　砖铭："嵇上行卅五"。

　　砖铭："嵇上行卅八"。

　　砖铭："向下行廿二尽"。

　　砖铭："龙上行第卅一尽"。

　　砖铭："向下行廿一"。

　　砖铭："龙下行第十虞"。

　　砖铭："虎下行第卅叁拾"。

砖铭："龙下行第十二住"。

砖铭："第一起"。

（以上 2010 年 7 月江苏南京市雨花台区石子岗墓葬发现　　文物 5：24 - 29）

南朝有铭砖

砖铭："一"、"二"、"三"、"四"、"五"、"六"等数字。

砖铭："大后斧"、"中斧"、"建斧"、"后斧"、"大宽"、"中宽"、"薄方"、"建"、"急"、"副"等文字。

砖铭："七十"、"八十"、"二百"、"五百足"、"二人十"、"走"等。

砖铭："龙下三第六"、"龙下中第六后一帖空"、"龙下第二前脚"、"虎建上第一"、"虎下三第三"、"虎下三第一"、"虎下中第八无"、"虎下中第一"、"虎下中第五前来后一帖空"、"虎下第六后脚无"、"化生上第一"、"化生上第二无"、"化生下第二"、"化生中第一无"等。

砖铭："虎建上"（残）、"玄武建上中第二"、"玄武下三第四无"、"龙下建第廿八"、"龙下建第四"、"虎上建第卅八"、"虎上建第卅三前空十帖"、"虎下建第卅四"、"龙上建第廿一"、"虎上建第六"等。

（以上 2011 年 6 月至 2012 年 1 月浙江余杭市余杭区小林镇陈家木桥村小横山墓葬发现　　东方博物第 51 辑：12 - 14）

隋有铭砖

砖铭："开皇廿年"。

（2011 年 8 月至 10 月江西吉水县文峰镇井头村房后山墓葬发现　　文物 2：42 - 43）

唐有铭砖

砖铭："定廿一"。

（2009 年 4 月至 7 月陕西西安市自强东路北兴安门遗址发现　　考古 11：49）

唐有铭砖

砖铭："赵同"。

（2012 年 6 月陕西西安市北郊汉长安城遗址北侧渭河故道厨城门 3 号桥址发现　　考古 7：44）

唐有铭砖

砖铭："常州□"。

砖铭："西窑□□"。

（2013 年 4 月至 7 月江苏扬州市市区北部蜀岗南缘古代城址北城墙东段发现　　中国国家博物馆馆刊 12：34）。

五代吴越国有铭砖

砖内戳印反书 2 字："兄弟"。

（2013 年 4 月至 8 月浙江宁波市北仑区大碶街道璎珞村旁四眼坑山下窑址发现　　南方文物 3：29 - 30）

宋有铭砖

砖铭："大使府造"（5 块）。

砖铭："武锋军"（4 块）。

砖铭："宁淮军"（3 块）。

砖铭："扬州"（5 块）。

砖铭："镇江都统司前军"（4 块）。

砖铭："涟水军"（3 块）。

砖铭："华小五砖"。

砖铭："□□□□"。

砖铭："□□"。

　　砖铭："□□□□"。

　　砖铭："□□□□"。

　　砖铭："□□□□"。

　　砖铭："大使府烧造"。

　　　　（以上 2013 年 11 月至 2014 年 3 月江苏扬州市区北郊蜀岗南缘古代城址西城门外挡水坝遗迹发现　　考古 10：46、48、52 - 53）

宋有铭砖

　　砖铭："木"。

　　砖铭："上"（2 块）。

　　砖铭："风"（3 块）。

　　砖铭："甲"（2 块）。

　　砖铭："天"（7 块）。

　　砖铭："王"（2 块）。

　　砖铭："男"。

　　砖铭："永"。

　　砖铭："十"（2 块）。

　　砖铭："己"。

　　　　（以上 2011 年 4 月底至 7 月中旬四川华蓥市双河街道办事处昭勋村三组安丙家族墓地九层坎遗址发现　　四川文物 2：41）

宋有铭砖

　　砖铭："海陵陆四五"。

　　砖铭："甲戌城砖"（2 块）。

　　　　（2009 年 12 月 4 日江苏泰州市城南水关遗址发现　　东南文化 1：48 - 49）

元有铭砖

　　砖铭："清"。

　　　　（2009 年内蒙古锡林郭勒盟正蓝旗上都河镇东北金莲川草原上元上都城址发现　　文物 4：53、55）

六　陶器文字

春秋陶文

　　鬲外腹壁刻划 1 字："曾"。

　　　　（2009 年湖北随州市㵐水东岸义地岗文峰塔墓葬发现　　江汉考古 4：5）

战国陶文

　　釜肩刻 2 字："赵志"。

　　　　（1979 年 9 月至 1980 年 8 月四川青川县乔庄镇南郝家坪双坟梁山腰第三台坡地上墓葬发现　　四川文物 3：14）

秦汉陶文

　　镜范残存 5 字："富"、"见日之光"。

　　　　（2012 年秋和 2013 年春山东淄博市临淄区齐故城阚家寨铸镜作坊遗址发现　　考古 6：33）

秦汉陶文（13 件）

　　筒瓦、板瓦外壁戳印有："大水"（2 件）、"□昌"、"臧"（2 件）、"宫昌"（4 件）、"宫臧"（3 件）、"大丁"。

　　　　（以上 2004 年 10 月陕西宝鸡市区东北桥镇镇南湾村四组村北汧河南岸南湾遗址发现　　文博

5：9）

汉陶文

罍肩部刻划："五石"。

罍肩部刻划："千五百"。

（2008年浙江安吉县良朋镇上马山第49号土墩墓葬发现　　考古1：25）

汉陶文

罐肩部刻划："李"（7件）。

罐身刻划有符号。

（2010年3月至2011年6月湖南常德市南坪乡土墩墓发现　　考古1：44）

唐瓷铭

瓷铭："咸通十年"。

瓷铭："广明□年十月五日"。

磁铭："淳熙十四年季冬"。

（2007年5月至7月四川都江堰市玉棠窑址发现　　成都文物3：9）

宋陶文

匣钵盖底刻划："郭"（4件）。

匣钵盖底刻划："丘"（4件）。

匣钵盖底刻划："未"。

匣钵盖底面刻划："任"。

（以上2010年7月至11月福建闽侯县南屿镇窑址发现　　考古2：72、77）

宋瓷铭

碗心模印1字："周"。

（2009年9月至12月贵州天柱县远口镇坡脚村遗址发现　　四川文物6：19）

宋瓷铭

碗内底印："太"。

碗内底印："尧"。

碗内壁中部铭："子正"。

碗内底印："太"。

碟内底印："立"。

盘内底印："太"。

灯盏内底印："太"（2件）。

灯盏内底印："皇宋通宝"。

碗内底反印："太"（2件）。

碗内壁印："福海寿山"（2件）。

灯盏内底反印："太"。

轴顶帽相连的五个侧面题写："崇宁四年十二月周四互（或五）饰作使用"；西侧面书写："周九"。

（以上2010年1月至11月广西永福县永福镇南雄村方家寨至广福乡龙溪村大屯之间窑田岭Ⅲ区窑址发现　　考古2：35－50）

宋陶文

陶俑笏板刻1字："千"。

（2012年4月四川彭州市紫光兴城建筑工地墓葬发现　　考古4：61）

宋陶文

印模背褐彩书："绍兴二年壬戌岁梁二朗号记"。

印模背铭："绍兴十年六月□□□"等字。

印模背铭："乾道三年七月初"、"□不得人乱把也讨知讨知了了"等字。

印模背铭："淳熙二年"。

印模背铭："开禧丁卯腊月陵水何绍先拙工"、"德望"。

印模背铭："庚戌年"。

印模背铭："嘉定元年"、"李五都科造"。

印模背铭："梁九个"、"□开"。

印模背铭："……平同立"等字。

（以上1986年至1998年广西北流市平政镇岭峒村窑址发现　北流市博物馆藏　文物世界4：64－66）

宋瓷铭

香炉盘口铭："成都府路永康军青城县广济（乡）（磁）窑居住男弟子苟字少察（乾）（道）（庚）（寅）岁三月二十八日生发心造焚（乾）（坤）（炉）"。

（2007年5月至7月四川都江堰市玉棠窑址发现　成都文物3：9）

宋瓷铭

碗内底墨釉行书："强"。

（2010年3月河南郑州市金水区南阳路以西住宅楼建筑工地墓葬发现　文物8：29、31）

宋瓷铭

盏托铭："……□佛丁卯咸淳三年八日日十一万诸佛……"。

（2013年8月至2014年6月湖南益阳市赫山区龙光桥镇早禾村、石笋村和沧水铺镇交界处羊舞岭古窑址发现　中国文物报2267：8）

宋瓷铭

碗外底墨书："库司"。

（2012年6月至2013年元月江苏镇江市京口闸遗址发现　东南文化1：31－32）

辽瓷铭

碗外底铭："官"。

盘外底铭1朱书标记。

（2013年5月至6月辽宁朝阳市龙城区七道泉子镇杜杖子村墓葬发现　文物11：22－23）

元瓷铭

盘外足心墨书1字："姿"。

盘外足心墨书1字："伞"。

盘外足心墨书1字："姿"（3件）。

碟外足心墨书1字："姿"（2件）。

碟足心墨书，字迹难辨。

（以上1998年1月21日四川中江县凯江镇桥亭街原中江城北中学操场北缘窖藏发现　四川文物5：26－28）

元瓷铭

轴顶板盏铭："大德八年五月"。

（2013年8月至2014年6月湖南益阳市赫山区龙光桥镇早禾村、石笋村和沧水铺镇交界处羊舞岭古窑址发现　中国文物报2267：8）

元瓷铭

碗内范顶部两侧铭："木土家"、"是记"（花押）；肩部铭："至元四年九月廿三日木土李造记（花押）如有借将去吉不将来土命"等字；底心刻花押。

盘（残）外底刻划："至正拾□"。

陶范（残）底边书："延祐六□"。

　　　　（以上 2002 年陕西铜川市黄堡镇立地坡、上店、陈炉窑址发现　　文物世界 1：5－6）

明瓷铭

　　盘外壁饰梵文。

　　杯外底款："大明成化年制"。

　　杯外底款："成化年制"。

　　　　（2012 年 6 月至 2013 年元月江苏镇江市京口闸遗址发现　　东南文化 1：37）

明瓷铭

　　碗内、外壁均饰："寿"。

　　碗底款："大明成化年造"。

　　碗内壁铭："这样子是□则求之，如今真难得，若□下□□，柔声必呕心又流血"。

　　盏内壁铭："佳器"。

　　盘内部铭："寿"。

　　杯内款："大明成化年制"。

　　碗内壁铭："筵"、"赤眉"。

　　　　（以上 2005 年 3 月 31 日至 4 月 20 日江苏徐州市中心古彭广场南侧时尚大道明代遗址发现
华夏考古 3：24、26－27）

明瓷铭

　　瓷片铭："成化年制"。

　　瓷片铭："大明成化年制"。

　　　　（2013 年 6 月至 8 月重庆市忠县洋渡镇沿江四社、长江右岸二级台地上炼锌遗址发现　　中国
文物报 2200：8）

明瓷铭

　　碗外底款："大明成化年制"。

　　　　（2012 年 3 月至 6 月江苏淮安市淮阴区码头镇御坝村清口水利枢纽遗址顺黄坝遗址发现　　　东
南文化 4：65）

明瓷铭

　　部分器底书有："忍"、"张"、"清"、"用"、"酒"、"福"、"风花雪月"等字样。

　　　　（2013 年 3 月河南禹州市神垕镇中心区域瓷窑遗址发现　　中国文物报 2215：8）

明瓷铭

　　碗外底铭："万福攸同"。

　　碗外底铭："大明年造"。

　　碗外底铭："长春佳器"。

　　碗外底铭："长命富贵"。

　　碗内底书："福"。

　　碗内底楷书："喜"。

　　碗（残）外底铭："大明"、"化年造"。

　　碗内底楷书："善"。

　　碗内底款："大明成化年制"。

　　盘内底楷书："寿"、"正"。

　　碟外底行书："隆庆年制"。

　　　　（以上 2013 年 8 月至 12 月湖北咸丰县尖山乡唐崖司村河西岸唐崖土司城址发现　　江汉考古
3：44－55）

明瓷铭

　　碗外底款识："大明嘉靖年制"。

碗外底款识："富贵佳器"。

碗外底款识："长命富贵"。

碗外底款识："福寿康宁"。

盘外底铭："盉"、"仲"。

盘外底刻划："旦"、"仲"。

杯外底款识："大明嘉靖年制"。

（以上 2014 年 5 月中旬四川广汉市南兴镇仁寿村窖藏发现　　四川文物 5：34－35）

明瓷铭

罐底铭："隆庆三年四月初六立□"。

罐底铭："隆庆己巳"。

（1984 年 2 月浙江黄岩县城关镇方山下村征集　　东方博物第 50 辑：37）

明瓷铭

碗底草书 1 字："福"。

碗心书 1 字："福"。

（1985 年浙江安吉县章村桃李山墓葬发现　　东方博物第 50 辑：28－29）

明瓷铭

罐盖内墨书："何仁□何才□何信□何正□"。

（2000 年 7 月 26 日湖南郴州市北湖区郴江镇李家坝私人建房工地墓葬发现　　湖南省博物馆馆刊第十辑：109－110）

明瓷铭

碗内底草书："元"。

碗内底草书："义"。

碗内底草书："寿"。

碗内底楷书："善"，外壁草书："万古长春"。

碗内底草书："去"。

（以上 2013 年 7 月至 9 月浙江德清县武康经济开发区郭肇村成年坞阜溪沿岸山坡上墓葬发现南方文物 1：35－36）

明琉璃瓦铭

瓦铭："淮府"。

瓦铭："窑户"等。

（以上 2012 年 7 月至 2014 年元月江西鄱阳县鄱阳镇饶州府文庙大成殿东侧明代淮王府遗址发现中国文物报 2208：7）

明清瓷铭

碗内底墨书："王"，外底："六"。

碗内底墨书："元"。

碗内底墨书："上"。

（以上 2009 年 9 月至 12 月广东深圳市南山区西丽街道长源村西南麦地巷遗址发现　　南方文物 2：72－73）

明清瓷铭

盘铭："八福捧福"。

瓷器残底铭："朱府"。

瓷器残底铭："典膳所"。

瓷器残底铭："淮府上用"。

瓷器残底铭："双龙殿"。

瓷器残底铭："克敬宫"。

瓷器残底铭："毛衙"。

瓷器残底铭："周衙"。

瓷器残底铭："帅府公用"。

瓷器残底铭："乾明府"。

瓷器残底铭："癸轩堂"。

瓷器残底铭："碧峰馆"。

瓷器款识："大清康熙年制"（2 件）。

瓷器款识："大清顺治年制"。

（以上 2012 年 7 月至 2014 年元月江西鄱阳县鄱阳镇饶州府文庙大成殿东侧明代淮王府遗址发现　中国文物报 2208：7）

清瓷铭

盘足内篆书："大清乾隆年制"。

杯外壁篆书："寿"及"同治年制"款。

笔洗外壁书："读书声口"。

（以上 2012 年 6 月至 2013 年元月江苏镇江市京口闸遗址发现　东南文化 1：40）

清瓷铭

碗底残片："梧桐一落　天下尽秋"。

器盖捉手内款："大清乾隆年制"。

器盖盖面四处印章及刻线文字，可辨："甲戌"、"环"等字。

碗内底行书："永保长春"。

碗外底楷书："大清雍正年制"。

碗残片内底铭："状元及第"。

（以上 2013 年 8 月至 12 月湖北咸丰县尖山乡唐崖司村河西岸唐崖土司城址发现　江汉考古 3：55 - 56）

清瓷铭

碗外底红款："大清同治年制"。

碗外底款："乾隆年制"。

（2009 年 12 月 4 日江苏泰州市城南水关遗址发现　东南文化 1：49）

清瓷铭

碗内底书："德福百斗"。

碗内底草书："福"。

（2011 年 11 月浙江庆元县黄田镇下济村窑址发现　东方博物第 50 辑：39）

附一：瓦当铭

汉瓦当

有："大富昌"、"侯"（残）。

（2010 年 8 月至 2011 年 1 月四川成都市郫县郫筒镇波罗村 2 组遗址发现　四川文物 2：21）

汉瓦当

有："安世"（16 件）、"安世万岁"（14 件）、"关"（65 件）。

（以上 2012 年 6 月至 2013 年 8 月河南洛阳市新安县函谷关遗址发现　考古 11：17 - 19）

汉瓦当

有："长生无极"（3 件）、"长乐未央"（10 件）、"长"（残，3 件）、"疆"（残，3 件）、"意"（残）。

（2008 年 3 月至 11 月陕西咸阳市渭城区铜陵镇大寨村东汉平帝康陵发现　　文物 6：59、62）

汉瓦当

有："亿年无疆"。

（2012 年 4 月陕西西安市北郊汉长安城遗址北侧渭河故道厨城门 1 号桥址发现　　考古 7：40）

附二：杂器铭

战国骰子（牙质）

呈 14 面体，上面刻有两组"一"、"二"、"三"、"四"、"五"、"六"字样的篆字。

战国博具（骨质）

21 件。表面髹漆，一面用黑漆书写篆体数字。

（以上 2004 年 11 月至 12 月山东淄博市临淄区和青州市交界处的青州市东高镇西辛村墓葬发现　　文物 9：27）

战国牛肋骨账簿（39 根）

牛肋骨正背两面竖排墨书，内容为人名、物品名、数量和借贷记录，领取数量或用项等。

（1998 年 7 月河南新郑市郑韩故城东城中部郑国祭祀遗址发现　　华夏考古 4：73 – 76）

战国木牍（2 枚）

一枚文字残损不清。

另枚正、背两面皆墨书，正面 3 行 12 字："二年十一月己酉朔日，王命丞相……"；背面字迹漫漶，存 4 行 33 字："四年市二院　不除道书……"。

（1979 年 9 月至 1980 年 8 月四川青川县乔庄镇南郝家坪双坟梁山腰第三台坡地上墓葬发现　　四川文物 3：17）

汉漆器

奁底针刻："粉符菁文一十年中郎屯伏阳工青造"。

耳杯外腹针刻 2 字："淳于"。

耳杯内底中心朱书 2 字："长羊"；外腹部针刻铭文，字迹漫漶。

耳杯外底烙印 2 字："食官"。

卮外底近中部针刻 1 字："子"。

盘内腹中部墨书 3 字："食官□"。

（以上 2009 年至 2012 年江苏盱眙县马坝镇云山村大云山山顶墓葬发现　　考古 3：30、36 – 37、46 – 47）

汉漆器

耳杯外侧腹书 1 字："弓"。

案背面一曲尺形足内红漆："景氏"。

几桌盘侧面红漆："弓"。

（以上 2012 年 7 月至 2013 年 8 月四川成都市金牛区天回镇土门社区卫生站东侧老官山墓葬发现　　考古 7：65 – 66）

汉木牍与竹简

出土木牍约 50 枚。内容主要为官府文书和巫术两大类。

（2012 年 7 月至 2013 年 8 月四川成都市金牛区天回镇土门社区卫生站东侧老官山墓葬发现　　考古 7：62 – 65）

汉木牍（9 块）

木牍墨书，每块行款 1 – 3 行不等，内容为收费账簿。

（2009 年 1 月湖北荆州市荆州区纪南镇高台村五组墓葬发现　　江汉考古 5：32 – 34）

汉简（3 支）

木简墨书汉字，内容与仓颉篇有关。

汉简（2 支）

木简一面或两面墨书佉卢文字。

汉简牍（7 件，残）

其上墨书佉卢文字。

汉纸文书（残）

一面墨书数行佉卢文字。

汉简牍（16 件）

分长方形、楔形和矩形 3 种。残留少量墨书汉字或佉卢文字，字体多漫漶不清。

汉织锦（残）

锦面织有 4 字："延年益寿"。

　　　　（以上 1988 年至 1997 年新疆和田地区民丰县卡巴克阿斯坎村北尼雅遗址发现　　新疆文物 3 -
4：14 - 15、32、121、139 - 141）

汉权（石）

权身铭："六十八斤"。

权身铭："卌二斤"。

　　　　（2012 年 4 月陕西西安市北郊汉长安城遗址北侧渭河故道厨城门 1 号桥址发现　　考古 7：41 -
42）

唐麻布铭

土黄色麻布一端口竖写汉字："开元八年十二月□日"。

　　　　（2004 年 3 月新疆吐鲁番市东火焰山南缘阿斯塔纳墓地发现　　文物 7：52）

唐文书

握木文书 2 件（M395），内容为唐某年二月西州高昌县更簿。

文书 5 组（件）（M395），内容分别为唐西州高昌县李操领钱抄，唐某年二月西州高昌县更簿，唐
垂拱二年（686 年）西州高昌县征钱名籍，唐西州高昌县李操领钱抄等。

纸制品 4 件（M396），内容为唐某军镇第四队名籍，唐开元七年（719 年）洪奕家书等。

文书 6 件（M398），内容与 M395 所出文书类似。

　　　　（以上 2004 年 3 月新疆吐鲁番市东火焰山南缘阿斯塔纳墓地发现　　文物 7：37 - 51）

宋漆器

三棱柱两面红漆铭："判府□□□□丘司□内造"、"戊寅正盼"。

　　　　（2013 年 11 月至 2014 年 3 月江苏扬州市区北郊蜀岗南缘古代城址西城门外挡水坝遗址发现
考古 10：57）

元碑形玉祭牌

玉牌正面刻 3 行，正中铭："湩酪肉糜圣神天纵"；右上方铭："元统三年皇尊姑大长公主普纳祈
造"；左下方铭："全宁路三皇庙恭祭"。

　　　　（近期内蒙古赤峰市翁牛特旗境内征集　　内蒙古博物院藏　　文物世界 3：63）

明石砚铭

石砚背铭："严康玺"。

　　　　（2014 年 4 月下旬北京海淀区半壁店村行知实验小学墓葬发现　　北京文博 4：55 - 56）

明石马铭

马身铭："万历辛亥岁季夏月四日良旦印官田夫人立"。

马身铭："万历辛亥岁季夏月二十四日良旦峒主覃杰同覃文仲修立"。

　　　　（2013 年 3 月至 6 月湖北咸丰县尖山乡唐崖司村唐崖河西岸唐崖土司城址发现　　江汉考古 1：
43 - 44）

清桅杆（石）

左侧桅杆铭："清逝显考李公讳明王氏祀男洪茂……"；右侧桅杆铭："大清嘉庆四年仲冬月吉旦"。

桅杆铭："道光三年十月十八日建"。

桅杆铭："道光十七年三月十一日立"。

右侧桅杆杆身铭："光绪元年九月十三日建立"。

右侧桅杆杆身铭："□□道光十一年□□辛卯春三□□二日……"69字。

（以上四川成都市邛崃市夹关镇发现　成都文物2：57－60）

（编辑：金文馨）

第八篇

大 事 记

2014 年中国考古学大事记

1 月　中国社会科学院考古研究所、福建博物院自 2012 年 10 月以来两次发掘明溪县上坊村狮子山南山新石器时代遗址，在山顶及 4 号洞发现 8 座墓葬、2 座蓄水池、十余座灰坑和近百个柱洞等遗迹，获得新石器时代晚期及商周时期的一批遗物。

云南省文物考古研究所自 2013 年 11 月以来发掘泸水石岭岗新石器时代遗址。遗址面积约 10 万平方米，发掘面积 500 平方米。清理墓葬 42 座，灰坑 4 个，活动面 2 个，房址 2 个，出土大量陶器、石器、铜器等。铜器 100 多件，有剑、矛、箭镞、凿、镯、铃、耳环、戒指、饰品等。年代约为春秋战国时期。

云南省文物考古研究所自 2013 年 10 月以来发掘宁蒗县干坝子战国至西汉墓地。墓地内的墓葬估计在一万座以上。发掘面积 1000 平方米，清理墓葬 128 座，多为中小型长方形竖穴土坑墓，另有 4 座瓮棺葬。其中 M109 葬具保存完好，为双层井干式卯榫结构木质葬具。出土铜、铜铁合制品、铁、金、陶、玉石器和藤编器千余件（套），铁器仅见一柄铁矛；金器为珠饰、钏和镯，总重量近 500 克；藤编器有臂甲和腿甲。时代可能在战国中晚期至西汉中前期。

四川省文物考古研究院自 2013 年 12 月以来发掘广元市水柜村南宋王光祖墓，为一座夫妻合葬的双室石室墓，全长约 4.8 米，由墓圹、墓道、墓门、左右墓室四部分构成。两墓室均为前室后龛，前室为券顶，后龛为平顶。侧壁及后龛雕刻了大量精美的石刻，包括孝子故事、花卉、武士、侍者等内容。出土墓志显示墓主为南宋抗金武将王光祖。

西安市文物保护考古研究院编著的《北周史君墓》由文物出版社出版。

杭州市文物考古研究所、临安市文物馆编著的《五代吴越国康陵》由文物出版社出版。

浙江省文物考古研究所编著的《武义陈大塘坑婺州窑址》由文物出版社出版。

1~2 月　山东省文物考古研究所勘探枣庄市台儿庄区侯塘村周代小诸侯国妘姓偪阳君封地偪阳故城遗址，城址呈东西窄，南北长的长方形，城墙周长约 3386.419 米，发现城门 6 座，南、北城墙各有一座，东、西城墙各有 2 座。

1~11 月　中国社会科学院考古研究所发掘西安市长安区丰京遗址的曹寨西河道，发掘面积 213 平方米。确定曹寨西河道方向为东南——西北走向，东引自沣河，西连大原村西的灵沼河。东西河底海拔高差约 1.2 米；沙层厚度东薄西厚。河道的宽度为 11.75 至 15.84 米；最深为 1.4~2.95 米。河道形成年代当在西周晚期以前，西周晚期开始出现断流现象，以致逐渐废弃。汉代时，局部地区存在低洼地或封闭的水面。汉代以后被填平。该河道横贯丰京遗址中部，其东北约 100 米还有一个西周时期人工水面——曹寨水面。发掘者根据丰京遗址先周文化遗存分布情况推测，文王所建的丰京很可能就在郿鄂岭以南、此河道以北、灵沼河以东和沣河以西这一四面环水的区域。

广西文物保护与考古研究所、北海市文物局开展对"海上丝绸之路"文化遗产点——北海白龙城遗址进行了考古调查、勘探、试掘、三维复原等工作。

1~12 月　陕西省考古研究院自 2013 年以来发掘南郑县龙岗寺遗址旧石器遗存。在第四级阶地发掘 112 平方米，地层深度达 11 米以上，出土各类石制品 30000 余件。在第五级阶地发掘 76 平方米，地层深度 9.6 米，出土石制品不足 100 件。

陕西省考古研究院发掘高陵杨官寨新石器时代遗址，发现大型池塘遗迹 H796 平面近方形，面积约 290 平方米，表明庙底沟文化大型聚落中的公共设施区域逐渐成熟。

陕西省考古研究院自 2012 年以来发掘凤翔县秦雍城遗址，发现于西城墙外建造于雍水河上的堰塘遗址，在早年发现的朝寝遗址西侧又发现一处同期大型建筑，发现了西城墙的完整走向、墙体夯筑结构及门址线索。为期三年的整个城区区全面考古调查任务告一段落。

陕西省考古研究院发掘富平县桑园唐代窑址，发掘 900 平方米，涉及第一组、第三组、第四组、第六组、第七组窑等，揭露窑炉遗迹 11 座、操作通道三道四段、斜坡通道 2 条、灰坑 1 个。窑炉全部是半倒焰式馒头窑。有砖窑，包括 Y199、Y496、Y251 三座，其中 Y496 是一座没有修建完毕的生窑，但窑床上已经装好砖坯；Y199 经过多次使用，窑床上现存已装好的砖坯，但尚未烧造。还有瓦窑，包括 Y362、Y363、Y338、Y27、Y28、Y242、Y243、Y265，其中 Y363 窑床上留有已经烧成码放整齐的板瓦。

广西文物保护与考古研究所、桂林市靖江王陵文物管理处发掘桂林明代靖江王陵遗址，清理 50000 平方米、5 处王陵陵园遗址，分别为第二任悼僖王陵内陵及奉祠、第四任怀顺王陵、第七任安肃王陵、第十一任宪定王陵、第十二任荣穆王陵。

2 月　中国国家博物馆、桂林甑皮岩遗址博物馆、广西文物保护与考古研究所开展对桂林甑皮岩洞穴遗址的水洞洞体与水下洞穴进行水下考古调查，发现甑皮岩遗址的堆积由其主体洞穴延伸至旁边的洞穴水下。

江西省文物考古研究所、中国人民大学历史学院考古系、南开大学历史学院考古与博物馆学系联合发掘吉安县吉州窑茅庵岭、东昌路窑址，揭露面积 1350 平方米，清理 10 座明清时期墓葬、9 个明代灰坑、14 条明代挡土墙基、5 处元明时期房屋基址、2 条路面、1 个储泥池以及 2 条龙窑等 43 个不同时期的遗迹，出土一批宋元明时期的青白釉、白釉、黑釉、绿釉、彩绘瓷、枢府瓷器以及青花瓷器标本。发现的元代龙窑窑炉长达 60 多米，窑床宽达 1.8～5.15 米，窑前工作室深达 3.8 米；一条用砖和匣钵砌成的漂亮道路与窑炉、建筑地面连成一体。发掘工作至 2015 年 1 月。

2～5 月　贵州省文物考古研究所发掘贵安新区沙坡与杨家桥魏晋南朝时期墓地，发现 70 余座墓葬，清理 3 座。

2～10 月　河南省文物考古研究院发掘焦作府城遗址，在府城遗址西北部揭露 162 平方米，揭露出二里头、二里岗、西周、汉代等时期遗存。

2～12 月　陕西省考古研究院发掘西安北郊渭桥遗址。自 2012 年 4 月以来先后抢救性发掘了位于厨城门之外的厨城门桥群（一号桥、三号桥、四号桥、五号桥）、洛城门之外的洛城门桥。以厨城门一号桥为中心，在东西 600 米的范围内，已经发现存在有 5 座大型渭河桥梁。厨城门外古桥群很可能是文献所载的"中渭桥"。

2、10～12 月　重庆市文化遗产研究院发掘永川区汉东城遗址。发现唐宋时期的城墙、高规格石板道路、窑口众多的瓷器、设计合理的给排水系统。确定汉东城遗址为唐、五代及北宋早期万寿县（武德三年为万春县）县治所在地，北宋乾德五年后汉东镇、汉东水驿所在地。发现城堤一体的城墙体系，将防洪堤与防御性城防设施巧妙地结合在一起。初步探明遗址唐宋时期的布局与结构，整体形状呈不甚规整的梯形，高等级建筑位于遗址北侧，市场位于遗址南端，与前朝后市的格局相符。街道布局为一横四纵，表明其交通网络更依赖长江水路交通，与北方城址规划严整的路网格局存在差异。城墙构筑采用了在临江缓坡和两翼陡坎用条石叠砌，形成外看城墙巍峨挺拔，内看无墙一马平川城堤一体的建筑特点。

3 月　成都文物考古研究所自 2013 年 4 月以来发掘大邑县盐店宝墩文化古城遗址。古城沿古河道边的高台地修筑，比周围平地高出 2~3 米，城址南北最长 480 米，东西最宽 330 米，面积约 17.4 万平方米。西城墙有内外两重城墙，其他三面则仅存有单城墙。壕沟也仅存在于西城墙内外两重城墙间。古城时代应为宝墩文化一期晚段时期。

中国社会科学院考古研究所、南京博物院自 2013 年 3 月以来发掘扬州蜀岗古城址战国至南宋木构等遗存，有不晚于汉代的木构水涵洞、不早于汉代至晚唐杨吴时期的陆城门东边壁和水窦、南宋时期的水关和陆城门迹象以及相关的夯土遗存。发掘工作至 2015 年 1 月。

陕西省考古研究院、陕西历史博物馆发掘西安市长安区郭庄唐韩休墓，在该墓西侧有著名的韦氏家族墓、郭子仪家族墓、长孙无忌家族墓，该墓南侧为武惠妃敬陵，东侧为唐代宰相杜如晦家族墓葬。该墓平面呈"刀把"形，南北总长 40.60 米，墓室底距现存地表深 10.15 米，由墓道、5 过洞、5 天井、6 壁龛、封门、甬道、墓室、棺床几部分组成。在第三过洞西龛出土骑马俑、侍女俑及动物俑 149 件。墓室南壁绘侧面朱雀。北壁西侧为玄武图；东侧为山水图，画框宽 217、高 194 厘米，画面完整，尺寸较大，这是迄今为止西安地区唐代壁画墓中独立山水图的首次发现。西壁为六扇屏风的树下高仕图。东壁为乐舞图，画幅宽 392、高 227 厘米，男女乐队、双人合舞形式的乐舞图为首次发现。墓顶为日月星象图。墓志记载墓主人韩休于开元二十八年五月卒，年 68 岁，有九子，第七子韩滉为唐德宗宰相，补史书记载的不足。

云南省文物考古研究所自 2013 年 12 月以来发掘巍山龙于图山城遗址，发现城墙及城内的建筑遗迹。城墙因沿山顶平地边缘夯筑，平面形状约呈倒 U 字形，三面城墙总长约 925 米，城址面积约 48500 平方米。在山城址地势最高之处火把山发现建筑遗迹。出土大量南诏有字瓦及少量的石柱础、砖、夹砂陶片等。龙于图山城是南诏政权的主要城址之一。

上海辞书出版社出版《中国考古学大辞典》。

洛阳市文物考古研究所编著的《洛阳朱仓东汉陵园遗址》由中州古籍出版社出版。

湖南省文物考古研究所、湘西自治州文物局、永顺县文物局编著的《永顺老司城》由科学出版社。

3~4 月 河北省文物研究所自 2013 年 8~10 月以来继续发掘隆尧县唐祖陵遗址的陵前双阙及石像生。

浙江省文物考古研究所发掘庆元县南宋胡紘墓，出土一批龙泉窑青瓷和影青瓷器精品等文物。

3~5 月 中国社会科学院考古研究所、河北省文物研究所发掘临漳县邺城遗址核桃园西南地五号建筑基址。

3~7 月 山东大学历史文化学院、山东省文物考古研究所、济南市考古研究所第 4 次发掘济南历城区大辛庄商代遗址，发现商代遗物以陶片为主，石镰、磨石、骨簪、锥、镞、卜用骨甲、牛头骨的数量也较多，另有少量原始瓷和印纹硬陶残片、蚌刀、铜镞、刀、玉环和陶范残块。

江西省文物考古研究所发掘赣州市七里镇晚唐至明代窑址。在周屋坞清理一座特大型龙窑，保存后半段，长约 20 米，窑尾最宽处达到了 4.27 米，窑壁最高处达到 3.60 米，年代为北宋中晚期至南宋中期。在赖屋岭清理两条龙窑，一条为五代时期烧造青瓷的龙窑。出土瓷器主要有五代时期的青瓷、北宋早期的乳白瓷、北宋至南宋时期的青白瓷与酱釉瓷、南宋至元代的黑釉瓷等五个品种。

3~8 月 上海博物馆考古研究部发掘松江区广富林新石器时代遗址，揭露面积为 12600 平方米。发现一处崧泽—良渚文化墓地，在面积约 200 平方米的范围内有 103 座墓葬，有两座多人二次合葬墓，为广富林遗址首次发现。良渚文化 M425 残长 1.05 米，宽 0.8 米，为 4 人以上的二次合葬墓，以股骨、胫骨为主，股骨摆放较为整齐，随葬鼎、罐、豆等 8 件陶器。发现广富林文化的一座墓葬，自 2008 年以来累计已发现 9 座。还发现钱山漾文化遗存和大量周代遗存。

山西省考古研究所第三次发掘永济市蒲州故城遗址。出土的北周"布泉"是蒲州故城遗址迄今发现的最早的有明确纪年的遗物。发掘了明代西城鼓楼与西城东北角楼。

3~9月　重庆市文化遗产研究院发掘巫山县大水田大溪文化遗址，揭露 1300 平方米，发现大溪文化一期至四期文化遗存，有墓葬 212 座、房址 1 座、灰坑 208 个、沟 3 条。墓葬均为竖穴土圹墓，有单人葬和多人合葬，合葬墓以双人合葬居多，另有三人合葬、五人合葬和七人合葬墓各 1 座；葬式有仰身直肢葬、仰身屈肢葬、侧身屈肢葬和俯身屈肢葬等，以仰身屈肢葬居多，屈肢葬有跪屈葬和蹲屈葬两类，以跪屈葬为多。在合葬墓中，发现人骨叠葬现象，既有成人叠葬，也有小孩叠葬于成人胸腹部。另发现 3 座瓮棺葬，3 座陶钵覆面墓葬和 2 座人骨下方铺垫成层鱼骨墓葬。发现少量可能与祭祀或者原始宗教仪式密切相关的遗存，如鱼骨坑、狗坑、毁器坑、器物坑（坑底摆放完整器物）等。出土一批陶、石、玉、骨器，其中陶带流鼎、陶单耳杯、陶小型支座、陶铃、陶器座、石枕、穿孔石铲、石矛、石环形饰、石动物形饰、石车轮形饰、石人形饰、石人面形饰、骨矛和带规律刻划痕的骨镞为以往大溪文化遗存中不见或少见。另发现大量黍。

广西文物保护与考古研究所第三次发掘隆安县大龙潭新石器时代遗址。发掘面积 5000 平方米，发现新石器时代晚期的石铲祭祀坑 15 个，坑内安放完整的石铲 1 至 30 余件不等。石铲祭祀遗存共发现 1 处，分布范围约 80 平方米左右，发现石铲 113 件，除少量为侧竖放置外，绝大部分采用刃部朝天直立放置，铲面大多朝向东北。共出土石铲为 300 余件，以页岩为主，大者长 43 厘米，重 6.5 公斤，小者长仅 3.6 厘米，重 24 克，均未开刃。

天津市文物管理中心第五次发掘蓟县小毛庄墓地。清理明清墓葬 15 座、东汉墓葬 7 座、西汉墓葬 5 座、战国时期墓葬 1 座。其中 7 座（M1、M2、M3、M4、M5、M6、M21）东汉墓葬规模较大，M2、M6 为砖石结构墓葬，墓门雕刻有画像石，其余墓葬为砖砌多室墓。M2 东西宽 12.2 米，南北总长（含墓道）28.8 米，，由主室、前室、侧室、回廊、甬道及墓道组成，为竖穴土坑砖石结构，回廊包围主室、前室、侧室三室，出土鎏金铜缕玉衣片。M6 为不规则形砖石多室墓，南北长 22 米，东西宽 14.52 米，由墓道、封门、门庭、西耳室、东侧一室、墓门、前室、东侧二室、西侧室、后室组成，并经过了多次改建。在其墓门中立石上刻有"仪稚文"、"刘淑度"、"上尚"、"田仲"、"李□□"等文字。七座东汉墓葬排列有序，延续年代由东汉早期至东汉中期，为一处规模较大的列侯级别家族墓地。

辽宁省文物考古研究所发掘丹东市江沿台堡明代城址。城址平面呈长方形，东西长约 300 米，南北宽约 135 米，面积 4 万余平方米。全城开有一门，位于南墙中部，由东西墩台、门道及东西两侧城墙组成。门道面阔 4.2 米、进深 9.4 米。城门外设有瓮城。城内发现有衙署 1 处、关帝庙 1 处、小型房址 28 座、灰坑 8 个、窖穴 1 处、道路 1 条、水井 1 眼。为研究辽东镇长城沿线其他堡城的布局、城防体系，丰富了资料。

3~10月　河南省文物考古研究院、首都师范大学历史学院发掘濮阳戚城龙山时代城址，对 2008 年发掘的东城墙南段探沟即 TG1 四壁进行了外扩。发现戚城龙山时代城墙在修筑方法上普遍采用夯筑，局部采用堆筑，关键部位采用版筑。

江西省文物考古研究所继 2013 年发掘九江县荞麦岭夏商时期遗址，揭露面积 800 平方米。遗址北区主要为手工业作坊区，分布有大量水井、灰坑，以及炼炉残块、坩埚、铜矿石、铜锭等冶炼遗物。遗址中部为祭祀区，发现 3 座祭祀圆台，夯土而成，四周有一圈烧土分布，烧土外侧为深沟，祭祀台上分布了数量不等的大型柱洞，祭祀台边均有祭祀用深坑。遗址南部主要为生活区，主要为灰坑及半地穴式房址。在遗址南部的商代地层下叠压着具有二里头因素器物的遗存。

河南省文物考古研究院、三门峡市文物考古研究所发掘三门峡大唐火电厂战国秦汉墓地，清理秦人墓 751 座，出土大批遗物。

山西省考古研究所、太原市文物考古研究所发掘晋阳古城遗址，继续开展一号建筑基址、晋源苗圃探沟、小殿台及"故唐城"（北城墙）的考古发掘。其中一号建筑基址毁于宋初。

广州市文物考古研究院发掘广州市北京路明清建筑台基及清代古船。

3～11月　秦始皇帝陵博物院发掘临潼区秦始皇帝陵一号兵马俑坑陪葬坑，在一号坑T23方G8、G11两个过洞清理面积200平方米，新清理陶俑22件，提取陶俑80件，提取出小件210件。对秦俑装备产生新认识：青铜剑是每个陶俑的必备武器；右臂前曲，右手半握拳，为持长兵器俑；右臂自然下垂，右手半握拳，拇指翘起，为持弓弩俑。

3～5、9～12月　中国国家博物馆、山西省考古研究所发掘绛县周家庄遗址。钻探总面积近80万平方米。探明的文化堆积主要包括房子、陶窑、灰坑等生活遗迹，大部分地段属于居住、生活和手工业生产区。发现了环绕遗址的北壕沟与西壕沟，为人工壕沟与自然冲沟相连，形成聚落的一个封闭环境。清理数座龙山期的房址和一些灰坑。

3～12月　陕西考古研究院、北京大学考古文博学院、中国社会科学考古研究所发掘周原遗址，选择凤雏建筑基址周邻区域约100万平方米范围进行了大规模勘探，发现了一系列重要遗迹，发掘凤雏基址南侧的夯土建筑、车马坑、墓葬遗存。首次发现西周社祭建筑遗存，与凤雏基址相距仅数十米，为两座独立的夯土建筑基址。一座建筑基址平面呈"回"字形院落建筑，东西宽约56米、南北长约47米，总面积约2600平方米，是目前所见规模最大的西周时期单体建筑。在院落中部发现了社祭遗存，其主体部分是一巨型社主石，上部已残仅存基座，埋入地下部分达1.68米；社主石的正南方是一方形石坛，东西宽4.2、南北长4.6米；在社主石和坛的东侧则发现多座祭祀坑。另一座建筑基址呈长方形，位于前者的东南侧，东西宽10.4、南北长17米。两建筑从西周早期一直使用到西周中期。清理的车马坑发现罕见的青铜轮牙马车，轮径约一米六，车軎、车辖、衡饰均镶嵌有绿松石，为发现的西周时期最为豪华的车。清理西周时期中小型竖穴土坑墓25座，其中M11墓口长3.7、宽2米，墓口距离地表1.3米，是一座罕见的西周积石墓。葬具为一椁两棺，外棺髹黑漆，而内棺髹红漆。墓室西侧头箱随葬铜圆鼎6、方鼎1、簋2、爵2、尊1、牛形尊1、觯1、卣1和斗1件和陶器、原始瓷器20余件，多件铜器上发现铭文，墓主人名昔鸡。时代约在西周早中期之际。

洛阳市文物考古研究院勘探发掘洛阳市孟津县朱仓M722东汉顺帝宪陵陵园遗址，陵园平面略呈方形，边长420米。在帝陵封土的东侧发掘面积近3500平方米，发现"寝殿"东门、"园省"夯土台基、"园寺吏舍"局部等遗迹。

中国社会科学院考古研究所发掘洛阳汉魏故城宫城八号建筑遗址，系北魏太极殿宫院南侧的廊庑、西南角的院落等建筑遗迹。

4月　河南省文物考古研究院发掘许昌灵井旧石器时代遗址，在2007、2008年先后发现属同一个体的"许昌人"16块与12块头骨化石的9号探方附近的同一地层，又出土了属另一个体的27块古人类头骨化石断块，有完整的枕骨、部分顶骨、眉脊、面骨和颅底骨等，面骨和颅底骨属首次发现。地层年代经测定距今10万年左右。

广西文物保护与考古研究所自2013年8月以来发掘田东县檀河村高岭坡石器时代遗址，揭露面积200平方米，发现新石器时代文化层和旧石器时代早、中、晚期文化层。旧石器时代早期遗存中有3件玻璃陨石，晚期遗存中有一处小型石器制造场、600多件石制品和一处用火遗迹。

烟台市博物馆发掘莱州市西山张家村宋代壁画墓，壁画中有"捶丸杆"。

浙江省文物考古研究所编著的《卞家山（良渚遗址群考古报告之六）》由文物出版社出版。

云南省文物考古研究所、玉溪市文物管理所、华宁县文物管理所编著的《华宁小直坡墓地》由云南人民出版社出版。

25～27日，由山东大学文化遗产研究院和历史文化学院联合主办的"盐业考古与古代社会国际学术研讨会"在济南召开。来自北京、四川、重庆、浙江、江苏、山西、山东、香港等地，以及日本、韩国的60多位学者出席了会议，围绕盐业考古的新发现及国外盐业考古的新进展，古代盐业的生产、流通、消费及管理环节，古代盐业文献史料的整理与研究，盐业遗址的保护和盐业传统文化的传承等议题展开讨论，展示了近年来我国盐业考古所取得的成果。

4～5月　中国国家博物馆、南京博物院发掘泗洪县韩井顺山集文化遗址。

中国国家博物馆、海南省文物局在2009、2010年西沙群岛水下文物普查工作的基础上，继2011、2012、2013年以来连续开展西沙群岛水下文化遗产保护巡查，巡查了银屿3处、石屿4处、金银岛3处水下文化遗存进行现状，大多被翻动扰乱。还重点调查了珊瑚岛一号沉船遗址。9月调查了对南海水上丝绸之路内外沟航路（海南岛东海岸段）的琼海市青葛海域和文昌市铜鼓岭南部海域，发现并确认了沉船遗址两处，遗物一处。

山西省考古研究所发掘襄垣县西故县村金代仿木构砖雕多室砖墓。

4～6月　山西大学历史文化学院考古系发掘原平市辛章新石器时代遗址，发现3座龙山晚期石灰窑址，发现的陶器组合为正装鬶手鬲、斝、盉、甗、盆等，与忻州游邀遗址的早、中遗存文化面貌相同。

杭州市文物考古研究所发掘临安市南宋洪起畏夫妇合葬墓。墓体纵长60米，横宽约52米，占地面积约3000平方米，由抱手、封土、墓前建筑、墓室、排水道等五个部分组成。墓室由砾石垣墙、耳室和主室三部分组成。砖砌主室为双室并列的拱券顶，在两墓室券顶之上再覆一个大券顶，纵长4.4、横宽4.56、通高2.38米。主室扰土中发现太平通宝、皇宋通宝、熙宁元宝等北宋时期铸造的铜钱16枚。出土墓志记述了洪起畏夫妇的生平，还涉及南宋时期一些重要人物和事件，可佐证、弥补史料记载之不足。

4～7月　山西省考古研究所继2013年10～11月发掘襄汾县石沟旧石器时代遗址。在石沟第一地点，2013年曾在采砂场丢弃的化石碎片中发现两块人类枕骨化石碎片，发掘出土的近200件石制品和动物化石。在石沟第2地点发掘获得石制品及动物化石碎片1600余件，发现分布不均的炭屑密集分布区、疑似地震或其他外力引起的滑坡"裂缝"。

河北省文物研究所发掘东牛东庄遗址新石器时代文化遗址，发现与昌平雪山一期、房山镇江营三期、容城上坡二期、易县北福地三期等类型文化面貌基本一致的文化遗存。

甘肃省文物考古研究所连续四年发掘肃北县马鬃山玉矿遗址。遗存沿矿脉走向呈西北至东南向分布，面积600万平方米。共发现地面遗存383处，有矿坑290处，房屋33处，岗哨31处，石料堆积29处。累计发掘2000余平方米，清理房址、灰坑等遗迹单位100余处。其中房址31座，可分为地面式和半地穴式两大类，半地穴式房址多为拣选玉料的作坊。初步确定该遗址的年代为战国至汉代，可能存在少量四坝、骟马时期遗存。另在马鬃山镇东北约37公里处的寒窑子草场调查新发现玉矿址一处，面积约50万平方米，所出玉料以青玉为主。

4～8月　广东省文物考古研究所、北京大学考古文博学院抢救发掘郁南县和都村磨刀山旧石器时代遗址，发掘面积200平方米，在原生网纹红土堆积中发现上、下两个包含石制品的旧石器时代早期文化层，出土近400件石制品，有砍砸器、手镐、手斧与刮削器等，揭露出较大面积的古人类活动区域。年代可至中更新世偏早阶段，属于旧石器时代早期，是广东已发现的年代最早的文化遗存。被评为2014年度全国十大考古新发现。自2012年底以来在粤西南江流域开展旧石器考古专项调查，已发现66处旧石器地点（遗址），采集到数以百计的打制石器，年代从中更新世偏早阶段至晚更新世较晚阶段。

4～8月　重庆市文化遗产研究院、中山大学社会学与人类学学院发掘奉节县白帝城宋至明清时期遗址，在头溪沟和马道子两个地点发掘2050平方米。进一步了解了南宋白帝城的整体结构，由连环城、城中城、城外城、一字城、烽燧等组成，建造与使用年代为1242～1278年。

4～9月　广西文物保护与考古研究所抢救性发掘扶绥县敢造新石器时代遗址，发掘面积约1025平方米，发现距今 7000 年至 3000 年间先后为贝丘遗存、石器加工场遗存、大石铲遗存之间的相互叠压关系。

陕西省考古研究院发掘丹凤县商邑东周遗址，发掘面积约 10000 平方米，清理城墙、环壕、灰坑等遗迹 3 处，墓葬 16 座。城墙宽约 10 米，环壕宽约 17 米。16 座墓葬均为小型楚墓，集中分布在护城河以东区域。仰身直肢葬，随葬品为典型楚式风格，其时代为春秋到战国之间。

甘肃省文物考古研究所再次发掘敦煌佛爷庙湾西晋至后凉时期墓群，清理墓葬 91 座，获得纪年斗瓶的墓葬有 11 座，年号有咸宁、建兴、永兴、永嘉、麟加。

青海省文物考古研究所、陕西省考古研究院发掘都兰县热水官却和吐蕃时期遗址，揭露面积 7695 平方米，清理房址 10 座、灶坑 31 个、灰坑 14 个、墓葬 25 座。出土一批陶器、铜器、随身饰品、卜骨、木简、丝绸、皮革残片等。有"开元通宝"、镶绿松石金耳坠、蜻蜓眼琉璃珠、贝饰、皮鞋、马覆面。卜骨均为羊的肩胛骨，在两支卜骨上分别见有墨书的古藏文与墨绘人像。木简均书有藏文。是青海境内首次发现的吐蕃时期聚落遗址。

陕西省考古研究院发掘都兰县扎麻日村吐蕃时期遗址，发现房址 10 座、灰坑 14 个、灶 32 个、墓葬 25 座、殉牲坑及殉人坑 6 个、石堆 3 处、寺院遗址 1 处，出土古藏文卜骨和木简、皮革和各类纺织品、陶罐、陶甑、陶纺轮、陶灯、金耳饰、骨指环、铜镜、铜勺、铜盘、"开元通宝"，以及带古藏文编号的椁板及棺板等。

4~10 月 河南省文物考古研究院发掘宝丰清凉寺汝窑遗址，发现宋末或金代早中期汝窑废弃后的 1 座素烧窑炉和"类汝瓷"器物，以及 3 座元明时期烧造民用瓷器的窑炉。素烧窑炉是河南地区首次发现。

4~11 月 北京市文物研究所、北京科技大学冶金与材料史研究所、北京大学考古文博学院联合发掘北京市延庆县大庄科乡辽代矿冶遗址群。矿冶遗址群主要由矿山、冶炼、居住及作坊遗址等构成，分布于水泉沟、铁炉村、汉家川、慈母川等地。发现了保存完好的冶铁竖炉和一系列采矿、铸造和炒钢遗存，以及冶铁工匠的生活设施和遗物。被评为 2014 年度全国考古十大新发现。

辽宁省文物考古研究所发掘辽阳市文圣区江官屯窑址，清理辽代晚期至金末元初的瓷窑址 1 座、灰坑 70 余个、房址 2 座、作坊址 3 座，出土百万计的瓷片，遴选出 3000 余件窑具、日常生活用具、生产工具、玩具、建筑构件等标本。系东北地区大型手工工场的首次发掘，目前的发现仅是江官"十里窑场"的一角。

4~12 月 陕西省考古研究院发掘清涧县辛庄村商代遗址，遗址总面积约 10 万平方米，文化内涵以商代晚期遗存为主，文化面貌与清涧李家崖、绥德薛家渠、山西柳林高红等遗址相同。在遗址的老爷盖地点两个山顶上发现商代晚期大型建筑、小型居住建筑和墓葬。在枣湾畔地点山梁顶上发现中型建筑，山梁前嘴处发现有被盗墓葬。大型建筑由主体建筑（F1）和两级回廊组成，为长方形下沉式院落，东西残长 35 米，南北宽 22 米，最深约 2.7 米。外观呈三重围式楼宇，中间为夯土台基围成的长方形庭院，院落中间的西部保存有一处主体夯土建筑和门房等设施。小型居住建筑位于 F1 以北约 50 米的低处平地，两者约有 5 米落差，是由南北两排排房组成的夯土建筑遗迹。发现的建筑种类多样，大、中、小兼具，且性质复杂。

湖北省文物考古研究所发掘随州市周家寨小区西汉墓地，清理 25 座墓葬，1 个灰坑，1 座窑址。其中 M8 出土了 360 枚完整简牍（共登记 565 枚，包括残简），另有三枚签牌，主要内容为《日书》，同时出土一方木牍，内容为《告地书》，其中关于"桃侯国"的记载进一步确认汉初随州境内曾置有桃侯国的事实，提取发现了诸如板栗、枣等保存较好的植物种子与果实，墓葬下葬年代不晚于汉武帝元光元年（公元前 134 年）。

5月　中国社会科学院考古研究所、海南省文物考古研究所自2012年12月以来连续两个季度发掘陵水县桐海村桥山新石器时代遗址，累计发掘600平方米，发现两种不同年代、不同性质的文化遗存。

山东大学文化遗产研究院、聊城市文物局自2013年7月以来发掘聊城周家店船闸，发现周家店闸分布在南北长约100米，东西宽约80米的范围内，包括北闸、南闸、月河涵洞、南北闸之间的运河河道、月河河道等结构，是京杭大运河山东段一处保存最为完整的复式船闸。整体形制历元明清三朝大致未变，至民国二十五年大修时，加高南闸并增建北闸及月河涵洞，增加铁质绞盘等启闭设施，建成为复闸。

南京博物院自2013年12月以来发掘泰州市泰兴黄桥明代墓地，整体提取M2、M7两座保存较好的墓葬进行室内清理。M7出土盖被1件，枕头1件，完整的老年男性蜡质尸体1具。尸体穿戴包括帽子、衣服、云头鞋、布袜、裙子等多件衣物，腰部出土木梳2把、牙齿1包。尸体下出土草席1张、垫褥1件，在席和垫褥之间出土有摆放整体的铜钱。

江西省文物考古研究所自2013年7月以来发掘星子县塔园明代高僧壁画墓葬。清理并排的3座，坐北朝南，麻石堆砌而成，穹隆顶，圆形墓室，长方形阶梯墓道。周壁绘有壁画，有完整的瓶花图，莲花图案，穹隆顶残存少量莲花图案。

中国社会科学院考古研究所编著的《安阳大司空：2004年发掘报告》由文物出版社出版。

吉林省文物考古研究所、吉林大学边疆考古研究中心、珲春市文物管理所编著的《八连城：2004～2009年度渤海国东京故址田野考古报告》由文物出版社出版。

5～6月　湖北省文物考古研究所发掘襄阳市卸甲山春秋至汉代墓地，清理墓葬12座。一座战国中期墓保存较好，为一棺一椁，随葬品24件。椁室内随葬陶礼器与漆盾，棺内葬以青铜兵器、车马器和玉石器。兵器有戈三、镞三。车马器有马衔二、带辖车軎二套，玉器有玉璧、琮和环。M3出土的一件有铭文的八字形连环，可释读为"簪□（企）"，这种套在马口中的八字形连环马衔，在战国时期可能叫作"簪□（企）"。

新疆文物考古研究所发掘哈密市白杨沟唐代高昌回鹘时期佛寺遗址。大佛殿内佛像裆襟、足部基本清楚，前院与佛殿衔接处发现有柱础、柱洞等，在大佛殿南侧发现灰坑2座、水井1处。出土器物有陶器、砖、木、石和壁画等。

5～7月　山东省文物考古研究所继2012、2013年发掘泰安市大汶口新石器时代遗址，在汶河北岸保护碑以东以北大汶口文化居住区发现保存较好的房址1处，不完整房址1处，清理大汶口文化及龙山文化灰坑6个。

新疆文物考古研究所发掘哈巴河县喀拉苏墓地，清理岩石封堆墓53座，低矮石堆直径6～38米的，有的封堆下有石圈，其中偏室3座，石棺墓4座，石椁木棺2座，木棺墓1座，竖穴土坑墓43座；殉马的墓葬有16座；多数墓葬曾被扰动。出土石、骨、陶、铜、铁、金器等文物约600件。4座墓葬上限可能达早期铁器时代，12座墓葬属于汉代前后，23座墓葬可能在公元7世纪前后。最大的M15为石椁木棺墓，殉葬有13匹马，出土遗物约400件，是新疆目前考古发掘中发现殉葬马匹数量最多的一座墓葬。M18、M19、M23、M24还出土了公元7世纪前后的铁马镫、箭箙、剑鞘、兜鍪等文物。

宁波市文物考古研究所、国家文物局水下文化遗产保护中心发掘宁波象山"小白礁Ⅰ号"清代沉船遗址，是一艘下沉于清代道光年间（1821—1850）的木质商船。2008年发现，2009年调查、试掘，2012年发掘船载文物，今年完成船体发掘和现场保护工作。出水船体构件共244件，包括龙骨、肋骨、隔舱板、舱底垫板、桅座、船壳板等，用材主要产自东南亚一带。船体残长约20.35米，残宽约7.85米。船体结构既具有典型的中国古代造船工艺特征，也兼具一些国外的造船传统技艺。新出水船载文物145件，有青花瓷、五彩瓷、青白瓷、酱釉陶罐、木砚台、毛笔、铜质砝码、铜钉、乾隆通宝、道光通宝、金属垫片、测深铅锤、锡盒等，另出水有宁波鄞州特产石板材306块。包括往年出水的青花瓷、五彩瓷、紫砂壶、玉石印章、西班牙银币以及日本、越南年号钱币等，"小白礁Ⅰ号"出水文物（含石板材）共计 1050 余件。

5~8 月 沈阳市文物考古研究所、吉林大学边疆考古研究中心继 2013 年发掘沈阳农业大学后山旧石器时代遗址。发现了 6 个连续分布的旧石器文化层，并通过光释光测年、沉积学检测分析，其年代距今约 2 万至 11 万年；清理出 8 处坑状遗迹（编号 YJ1~YJ8），其年代经光释光测年测定距今 7 万至 7.3 万年；出土了刮削器、尖刃器、石核、石片、断块等打制石器 230 余件，石器原料包括石英岩、脉石英、硅质泥岩、板岩、角岩等。

山西省考古研究所发掘忻州九原岗墓地明代王府辅国将军墓。

5~9 月 辽宁省文物考古研究所发掘建昌县东大杖子村杜梨树汉代遗址，发现废弃于两汉之际的大型粮仓遗迹。

辽宁省文物考古研究所发掘辽阳苗圃汉晋时期墓地，清理墓葬 92 座，其中 3 座为魏晋壁画墓。

5~10 月 陕西省考古研究院发掘宜川虫坪塬周代墓地，清理墓葬 23 座、车马坑 1 座，出土铜器、玉器、陶器、泥质明器（略经烘烤未烧结）、贝、石器、玛瑙等 100 余件（组）。其中中型墓 M17 的椁上置木质框架，上覆织物，下悬铜鱼、石坠及铜铃等饰件，与梁带村大、中型墓的情况类似。M17 的车马坑（K1），东西长 7.1，南北宽 3.0 米，深 2.7 米，放置两辆车，各驾两匹马。一号车，通身漆髹赭色，部分构件表面有漆绘夔纹。车衡缚轭上装有銮铃，车轴两端装有铜质辖軎，车舆前侧外缘镶有方形玉片。辕两侧驾马除腹部配有装饰铜片的革或布质带外，还发现套于马头上的两幅青铜马胄。马胄是薄铜片缀合而成，铜片下衬一层麻布，其下再衬一竹编篓状物，用以保护马面。

浙江省文物考古研究所发掘绍兴市上虞区禁山东汉至西晋窑址，调查新发现窑址 60 多处，累计调查确认窑址近 200 处，其中东汉时期窑址近 90 处、三国西晋时期窑址 60 余处。禁山窑址位于一处南北向狭窄山谷中，窑场入口处开阔而平坦，是遗迹最丰富的区域，为作坊区；烧成区域位于两侧山坡上，共修建龙窑炉 3 条；窑炉群之间山谷的最深处，是废品与窑业废渣的倾倒处。3 条龙窑保存较为完整，由火膛、窑床、排烟室三部分组成，在长度、坡度、装烧工具、产品等方面存在着一定的区别，代表了东汉至三国西晋不同时期的装烧工艺完整发展过程。其中禁山 Y2 窑炉是主体大部分构建于地下的半地穴式三段式龙窑。出土的重要遗物有单体间隔具和一批高质量青瓷产品。被评为 2014 年度全国十大考古新发现。

福建博物院文物考古研究所发掘南平市延平区邹坊后门山宋代陶窑址，揭露 5 条斜坡式龙窑和 4 个废品坑。

贵州省文物考古研究所、重庆市文化遗产研究院联合调查试掘遵义市汇川区养马城南宋至清遗址，城址大致经历了宋末建城、元初废弃、明代局部发展、明晚期短暂重兴及清代以降续用之沿革过程。

北京市文物研究所发掘北京市大兴区南苑德寿寺清代皇家寺宇遗址，地表还存有两通石碑，碑正面镌刻的是乾隆皇帝御笔的《重修德寿寺碑记》，碑背面和两侧镌刻的是乾隆皇帝的 6 首诗篇。南苑是清人关后所建的第一座大型皇家苑囿，也是紫禁城外的第一个政治中心。发掘清理出山门、钟鼓楼、佛殿、大佛殿、御座房等寺庙建筑基址。

5~11 月 陕西省考古研究院、中国科学院古脊椎动物与古人类研究所、南京大学发掘洋县金水河口旧石器遗址，在两个区域分别发掘 236 平方米和 134 平方米。出土各类石制品 1000 余件。

陕西省考古研究院发掘神木县神圪梁龙山文化遗址，发掘总面积 1550 平方米，发现夯土遗迹 1 处、墓葬 15 座、灰坑 42 个、房址 6 座、陶窑 1 座以及沟 1 条。夯土遗迹面积约 1283 平方米，基槽打破生土，深度超过 1 米，夯土厚度在 1 米左右。6 座房址均为半地穴式。墓葬出土物、葬式等与新华、陶寺晚期等龙山晚期墓葬有较大的相似性。

陕西省考古研究院发掘统万城遗址。清理的西城西门遗址，单门洞结构，门道宽 6.5 米，长 19.5

米，门道伸向城内及瓮城部分两侧均有凸出的夯土台，用以加固城门。

黑龙江省文物考古研究所发掘侵华日军第七三一部队细菌实验室及特设监狱遗址。

5~12月　浙江省文物考古研究所发掘长兴县云峰南宋中期韩林（di）和其妻东平郡主（永王之女）合葬墓遗迹墓园，占地面积约有2000余平方米，墓葬为方形石板椁砖室双穴合葬墓。韩林为韩世忠之孙，官至中奉大夫、赐三品服。还清理了北宋周子美墓和一座明代晚期墓葬。

6月　浙江省文物考古研究所自2013年11月以来发掘长兴紫金山旧石器时代遗址，发掘面积650米，出土石制品约500件，包括石核、石片、刮削器、砍砸器、手镐、尖状器、断块等。经北京大学城市与环境学院光释光测定，紫金山遗址的年代距今约16万年。

云南省文物考古研究所自2013年10月以来发掘宾川县白羊村新石器时代遗址，发掘面积100平方米，清理灰坑242个、房址18座、土坑墓17座、瓮棺葬5座、火堆11处、火塘4处、灶1处及活动面，以及大量柱洞等遗迹。出土小件、陶片标本1200余件。早期文化堆积大致可分为早、中、晚三期23层。

江西省文物考古研究所发掘瑞昌市铜岭铜矿遗址。在合连山北坡商代遗址发现了时代介于吴城一期二段与二期之间的炉壁残片、炼渣等遗物，表明铜岭遗址从采矿伊始就是一处采冶相结合的铜矿遗址，而商代中期冶炼遗物的发现也为我们寻找商代中期的冶炼遗迹提供了线索。在余家山冶炼区出土了春秋晚期至战国早期的大量炼渣、炉壁残块以及石英等筑炉材料，有助于分析了解当时的冶炼技术。发掘工作至2015年2月。

洛阳市文物考古研究院自2013年9月以来发掘伊川徐阳春秋墓地、调查宜阳县南留古城遗址，发现以牛、羊头蹄陪葬的车马坑，与春秋时期西方戎族陪葬牛羊头蹄习俗相似，为研究陆浑戎的迁徙、立国和灭亡的历史提供了线索。

南阳市文物考古研究所发掘南阳市百里奚路中段西汉墓，清理12座墓葬，其中两座为夫妻异穴合葬的甲字形墓，墓主为封秩千石或以上的地方官吏，出土彩绘木棺及一批陶、铜、铁、铅、玉、骨、木、漆器。

郑州市文物考古研究院自2013年12月以来发掘郑州航空港区台湾科技园宋代仿木结构砖雕壁画墓，砖雕图案有桌椅，炭炉、执壶、剪刀、熨斗等日常家具，以及彩绘弓箭1副。并实施整体搬迁保护。

安徽省文物考古研究所抢救性发掘南陵县奚滩村铁拐两座宋墓，其中一座保存完好，整取至室内清理。出土金银、锡、铁、铜、陶瓷、竹木等各种生活器物以及彩绘、纸质文物200余件。其中木质房屋模型、床榻及床架、各种家具、木尺、彩绘木俑，以及丝、棉织物等为安徽省首次发现。

山西省考古研究所发掘左权县粟城村金代仿木构砖雕壁画双室砖墓。

《王仲殊文集》全四册由社会科学文献出版社出版。

山西省考古研究所编著的《丁村旧石器时代遗址群：丁村遗址群1976~1980年发掘报告》由科学出版社出版。

中国国家博物馆水下考古研究中心、福建博物院文物考古研究所、福州市文物考古工作队编著的《福建平潭大练岛元代沉船遗址（中国水下考古报告系列，四）》由科学出版社出版。

广西文物保护与考古研究所、桂林市靖江王陵文物管理处、桂林市文物工作队编著的《桂林靖江昭和王陵考古发掘清理报告》由科学出版社出版。

6~7月　西藏自治区文物保护研究所、拉萨市文物局发掘堆龙德庆县吐蕃时期噶琼寺西塔遗址。1993年曾对此进行调查与试掘，确认了吐蕃时期建筑残墙、四座塔基，并发现数十块琉璃瓦及"噶迥寺赤德松赞碑"残段等遗存。今年发掘面积520平方米。该佛塔仅存基址部分，石砌台基上构筑仿曼荼罗形状平面呈"亚"字形夯土塔基，宽18.1米，残高约1.6~2.3米，其外侧砌筑石块包裹。

6~7月　宁波市文物考古研究所发掘宁波市慈溪潮塘江元代晚期沉船，船体残长 19.5 米，宽 5 米，型深约 2 米，整船全长初步推测介于 23~28 米。出土了龙泉窑青瓷碗、高足杯，酱釉瓷瓶、罐和陶缸残件，一枚北宋"崇宁重宝"铜钱。

6~8月　湖北省文物考古研究所发掘南漳县川庙山东周至汉代墓地，清理东周墓 23 座，其中带墓道的"甲"字形墓 2 座、二层台墓 3 座。有 1 座墓随葬铜鼎 2、铜缶 2、铜盏 2、铜盘 1、铜匜 1、陶簋 2、陶罐 2、陶豆 1，在南漳地区属首次发现。

6~9月　河南省文物考古研究院发掘舞钢市大杜庄王湾三期文化煤山类型遗址，在遗址南部发现一个龙山时期基本围合的壕沟聚落，面积约 1 万平方米。

6~10月　山西省考古研究所、北京师范大学历史学院发掘沁水县下川旧石器时代遗址。在富益河圪梁地点发现 6 处火塘和大量用火遗迹，以及石磨盘和赤铁矿共存的现象。其中一个火塘保存相当完整，顶部由砾石封住，火塘中心有大量木炭，木炭下有一小浅坑，坑底的土壤已被烧红。其他火塘周围也由拳头大的砾石围成石圈，石圈外围还有几块扁平砾石——石磨盘。发现最大的一块赤铁矿直径大于一厘米。采集测定了 13 个碳十四数据，年代最早可以达到 4 万年。

北京市文物研究所调查北京市大兴区团河行宫。团河行宫为清王朝在南海子修建的四座行宫（新衙门行宫、旧衙门行宫、南红门行宫、团河行宫）中规模最宏伟的一座，也是乾隆皇帝兴建的最后一座行宫，集中了行宫建筑的特点。发现团泊进水暗渠、团泊部分原堤岸、小船坞、团泊出水口、钓鱼台、群玉山房、行宫西侧部分围墙等 7 处遗迹。

黑龙江省文物考古研究所发掘阿城金上京南城南墙西门址。该门址和上京城皇城午门址在一条中轴线上，由城门和瓮城组成。城门址由单门道、路面和东西两侧的夯土城墙（墩台）组成。门道宽约 6.5 米左右，南北进深约 20 米。瓮城平面大致呈"马蹄形"，东西内径长约 50 米，南北内径宽约 20 米，瓮城门在东南侧。这是上京城外城 6 座城门中唯一保存尚好且有完整瓮城的一座城门。

6~11月　河北省文物研究所继续实施河北省重要科技项目"泥河湾人类起源、地质及环境背景研究"，在泥河湾盆地开展旧石器专题调查。在大田洼台地北缘的马梁——后沟一带发现 8 个地点、包含 6 个文化层位的旧石器时代遗存。其中马梁层位有三个地点。马梁层（79 万年）与后沟层（约 40 万年）之间有三个文化层位，马梁层之下有两个文化层位。

杭州市文物考古研究所发掘杭州五代吴越捍海塘遗址，揭露面积约 450 平方米。吴越捍海塘遗址南北走向，距离始建于五代的南宋临安城东城墙约 70 米。海塘遗址横截面呈梯形，自东向西分布着迎水面、顶面和背水面三部分，发掘部分总宽度约 34 米。塘面最高处距离现代地表 2 米，已知塘体高度约 5 米。捍海塘背水面和顶面因地制宜采用纯净的粉砂土分层堆筑而成。整个迎水面呈斜坡状。迎水面东部塘体用人工分层堆筑，土层间铺以竹编、芦苇，并用直径 4 厘米的木橛固定。塘体中还树立有两排直径 20 厘米左右的木桩，木桩用长麻绳缠绕相连。迎水面西部是以经过粗加工的木料为框架，土、石为填充材料，以竹篙、竹编、竹索、麻绳等辅助材料加固组合而成。在木框架结构上部用竹笼装载小石块作为海塘表面护塘石，最后在塘面分层铺垫稻草、芦苇和泥土，钉以木橛竹梢进行加固，使之不发生位移。五代吴越国捍海塘遗址是我国迄今为止发现并保存的最早海塘实物，首次发现了海塘铺垫柴草加固等海塘埽工做法。

广州市文物考古研究院发掘宋代广州城西城的北部城墙。

吉林省文物考古研究所发掘图们市磨盘村渤海时期修筑的水南关遗址，系对延边边墙附属设施的首次发掘。

吉林省文物考古研究所自 2013 年以来继续发掘桦甸市辽代苏密城城址，苏密城城址由内外双重城垣组成，平面呈"回"字形。外城周长 2600 米，西墙和南墙中部可见瓮城。发掘确认一处现存有磉堆和夯土台基的渤海时期寺庙建筑基址。

吉林省文物考古研究所首次发掘金代末期"东夏国"的"南京"治所的图们市磨盘村金代山城，清理了北门址、2号宫殿址、1号角楼，并对东、西门址南侧的墙体进行了解剖。2号宫殿建筑长28.6米，宽10米，现存础石47块，坐南向北，共五排。

故宫博物院发掘故宫明清建筑基址，在南三所、南大库、慈宁花园揭露一批遗迹与遗物，了解了故宫城墙基础、墙基、墙体、墙内散水及排水系统的完整结构，发现早期宫殿建筑遗址遗迹历代建筑原址重建、改建或迁址新建的遗迹叠压关系，在库房区发现一处御窑瓷器集中埋藏坑。

6~12月　洛阳市文物考古研究院、中国社会科学院考古研究所发掘隋唐洛阳城瑶光殿遗址，有东、中、西三座大殿基址。东殿东西长19米，南北宽14米。中殿东西长28米，南北宽18米。西殿东西长21米，南北宽16米。三座大殿中间有水道相隔，水道宽6米。

江西省文物考古研究所发掘鹰潭龙虎山大上清宫遗址。遗址的玉皇殿区域占地面积约10000平方米，揭露面积2500平方米。发现的建筑基址有龙虎门、玉皇殿、三官殿、周廊、厢房等，出土了大量宋、元、明、清时期的陶瓷器碎片及各类建筑构件，其中不少是十分精致的琉璃瓦。龙虎山大上清宫初为天师张道陵的草堂，徽宗以前的旧址不可考。宋徽宗崇宁四年迁于上清镇东锤重建（即今址），之后南宋及元明清均有多次重建和修复。通过发掘可以完整还原不同历史时期对大上清宫的修建和扩建情况。

7月　安徽省文物考古研究所、武汉大学历史学院考古系发掘阜南县台家寺遗址，发现一处东西长40米、南北宽10米的大型垫土商代建筑基址，有南北两排带石柱础的方形柱坑，柱坑边长约100厘米。发掘工作至2015年1月。

新疆文物考古研究所发掘和静县依开布鲁斯台沟口墓地，清理墓葬74座，分为竖穴土坑墓、竖穴偏室墓、竖穴石室墓、竖穴石棺墓和地面石棺墓等五类。年代早到战国、晚至唐宋。其中竖穴偏室墓、竖穴石棺墓和地面石棺墓等更多的是同伊犁河谷的相关文化联系密切，竖穴石室墓与天山南麓焉耆盆地的察吾呼文化有一定联系。

四川省文物考古研究院自2013年12月以来发掘广元市大坪子战国至东汉墓地，清理战国至东汉墓葬76座，明清墓葬3座，出土随葬器物1300余件（组）。战国中晚期及西汉早期墓葬随葬品以秦文化典型器物为主，墓主应为北方入川移民。

成都文物考古研究所自2013年10月以来发掘成都东华门汉至明代遗址。发现大量汉六朝遗存、隋代摩诃池线索、隋唐五代以庭院基址、排水沟和小型道路组成的建筑群，以及明代蜀王府宫城内规模宏大的人工河道。

湖南省文物考古研究所自2013年8月以来发掘益阳市羊舞岭宋元窑址，清理出五座南宋晚期至元代龙窑及其作坊遗迹，出土"咸淳三年……"铭青釉瓷托、"大德八年五月"铭轴顶板盏等纪年器物，在作坊址元代地层出土"饶州"刻铭垫钵。烧制青白瓷的龙窑均以支圈覆烧法为主，在产品形态以及窑业技术方面都与江西景德镇青白瓷窑业技术一致。

甘肃省文物考古研究所编著的《民乐八卦营：汉代墓群考古发掘报告》由科学出版社出版。

原州联合考古队编著的《唐史道洛墓》由文物出版社出版。

上海博物馆编著的《上海唐宋元墓》由科学出版社出版。

7~8月　青海省文物考古研究所、四川大学历史文化学院考古系、成都考古研究院等单位开展玉树地区澜沧江和通天河流域考古调查，发现细石器地点4处、石棺葬和石堆墓、盐田遗址、14处岩画，以及也普寺噶当塔建筑遗存等。

山西省考古研究所发掘曲村北东西并列分布的两座西周中期墓葬，在M1的东面还陪葬有车马坑。M1属于中型墓，墓主人为男性，随葬大量兵器工具、车马器，有青铜戈4件、矛1件、斧、锛、凿等，又随葬 2 鼎及车马坑，马器中还有马甲等。墓主人生前可能是级别不低的军官。

中国社会科学院考古研究所、西藏自治区文物保护研究所发掘札达县曲踏墓地，依据 2010、2012 年相继发现 3 座墓葬、出土箱式木棺、黄金面具以及青铜器、铁器、木器等线索，今年发现清理 5 座洞式墓葬。有单室墓和双室墓两种。各墓室都保存有较好的长方形箱式木棺、成组的大小陶器以及大量马、羊等动物骨头。木棺内有墓主人尸骨及大量随葬用品。葬式为侧身屈肢葬，身上覆盖厚厚的服饰残片，上面残留有成组的青铜饰片。周边摆放大量随葬品，包括精美的彩绘木案、方形木梳、带柄铜镜、刻纹木条、纺织工具以及大量玻璃珠、长方形木盘、草编器物和彩绘陶器等，还有一枚蚀花玛瑙珠，为青藏高原首次考古出土。与噶尔县故如甲木墓地的发现一起被评为 2014 年度全国考古十大新发现。

四川省文物考古研究院、宜宾市博物院发掘长宁县缪家林东汉崖墓，清理东汉晚期崖墓 5 座，出土 9 具画像石棺。画像题材布置较有规律，前档为双阙，后档为伏羲女娲，一侧档多为西王母、拜谒等内容，另一侧挡多为百戏杂耍、仙人六博、升鼎等题材。棺盖流行变形柿蒂纹。M2 的 5 具石棺有 3 具在前档双阙图上刻有"姜"字，为姜氏家族的合葬墓。

北京大学考古文博学院、景德镇市陶瓷考古研究所开展对湘湖地区 9～10 世纪窑业进行专题区域考古调查，调查记录了 52 处窑址，为揭示景德镇在这时期的窑业生产状况，丰富了资料。

7～9月 吉林大学边疆考古研究中心、河北省文物研究所发掘涿鹿县涿鹿故城遗址，发现一批战国即汉代遗存。

陕西省考古研究院发掘高陵县桑家村唐墓。墓葬平面呈"甲"字形，总长 22.8 米，由墓道、天井 4 个、过洞、甬道、墓室等组成。墓道两侧壁表面局部残存有少量的壁画遗迹。第二天井下东、西侧壁龛均出有骑马彩绘俑，分别为 9 件和 4 件。在甬道内清理出墓志及墓志盖各一方，墓主姓武，名太，字良，为唐武则天时期定州高唐县令，被授予从二品柱国的勋级。该墓主身份较低但墓葬形制规格较高。

7～10月 沈阳市文物考古研究所在新乐遗址考古发掘预留区内发掘 200 平方米，发现新乐下层文化的 3 座房址、1 个灰坑和新乐上层文化时期的 1 座房址、4 个灰坑和 1 条灰沟。

黑龙江省文物考古研究所发掘齐齐哈尔市洪河遗址，揭露面积为 850 平方米，发现一批与昂昂溪文化有关的文化遗存。

内蒙古自治区文物考古研究所再次发掘通辽市哈民新石器时代遗址，在北区揭露面积 1000 平方米，南区揭露面积 400 平方米，共清理房址 13 座，墓葬 1 座、灰坑 4 个，出土遗物有陶、石、玉、骨、角、蚌器等共计 150 余件。其中陶器纹饰以"麻点纹"和素面为主，玉器仅出土 1 件三联璧。

烟台市博物馆继 2012 年 4～5 月发掘烟台市大仲家大汶口文化贝丘遗址，发掘面积 1000 平方米。

郑州市文物考古研究院发掘郑州西史村遗址，揭露面积约 1610 平方米，发现有二里头和商代时期的环壕、夯土城墙与灰坑等遗迹。

江西省文物考古研究所、南昌市博物馆发掘南昌市生米镇龙岗西周遗址，揭露面积 2350 平方米，发现西周陶窑一座、灰沟 9 个以及一批陶器、石器、原始瓷和制陶工具。陶窑平面近椭圆形，长约 3.4 米，最宽处约 1.7 米，窑室西部有一直径约 20 厘米的烟道从底部与窑室相连，投柴孔位于窑室北侧中部，窑内包含物主要有倒塌的窑壁、陶片、炭粒和原始瓷等。大口尊与小口尊口沿内侧常有刻画符号，形态各异，部分大口尊表面还有原始瓷釉的痕迹。

安徽省文物考古研究所发掘淮南市胡台孜"甲"字形战国墓，墓道长 5.9 米，宽 2.6～2.86 米。墓道两侧各放置有三根矛和两面盾牌。墓室东西长 9.95 米，南北宽 9.1 米，墓底距地表深度为 5.65 米。一椁重棺。木椁长 3.7 米，宽 2.4 米，椁上覆盖有竹席。椁内设一主棺室，内置重棺。随葬品已被盗掘一空。该墓可能为楚国晚期的大夫级贵族墓。

中国社会科学院考古研究所、内蒙古自治区文物考古研究所、北京大学考古文博学院等单位合组的呼伦贝尔联合考古队发掘陈巴虎旗岗嘎墓地，清理 16 座墓葬，其中 9 座为独木棺墓、6 座为木板棺墓。最大的一座独木棺（M22），长 2.23 米，出土铜带饰、桦树皮箭囊、铁镞、木弓、马鞍、、铁马镫、马衔等随葬品 36 件。2012 年在岗嘎墓地曾清理 6 座墓葬，测定年代为 8 ~ 10 世纪。

中国社会科学院考古研究所发掘辽上京宫城遗址。宫城位于皇城中部偏东，平面呈长方形，东西宽约 740 米，南北长约 770 米。宫城墙建于辽代，局部有夯土增补修筑，毁弃于金代，宫城西门为单门道，宽约 6.4 米。

黑龙江省文物考古研究所调查黑河市瑷珲新城清代遗址。

7 ~ 11 月　青海省文物考古研究所、中国社会科学院考古研究所、四川大学考古系、成都文物考古研究所联合发掘民和县喇家遗址，揭露面积近 3600 平方米，发现马家窑文化灰坑 3 个、齐家文化房址 23 座、灰坑近百个、墓葬 2 座、灰沟 6 条、竖穴式陶窑 1 座，还发现了古地震留下的多处裂缝及漏斗状喷砂遗迹。出土陶器、石器、玉器、青铜器、骨器、角器、牙器等诸类标本近千件。

甘肃省文物考古研究所、北京科技大学冶金与材料史研究所、西北大学文化遗产学院、中国社会科学院考古研究所再次发掘张掖市西城驿新石器时代至青铜时代遗址。自 2010 年以来累计发掘发掘面积 2350 平方米，发现遗迹单位 556 处，获取各类遗物两千余件（份）。房屋 96 座，其中半地穴式建筑 10 座，地面立柱式建筑 41 座，地面土坯建筑 45 座。墓葬 20 座，以小孩墓为主。出土遗物除陶器、石器、骨器外，有铜器和矿石、炉渣、炉壁、鼓风管、石范等冶金遗物，并出有大量炭化大麦、小麦、粟、黍等炭化作物。表明在距今 4100 年前后河西走廊地区已开始了铜冶金活动，西城驿遗址很可能是当时的一个冶炼中心。而大麦、小麦及权杖头、土坯建筑等发现，表明在距今 4000 年前后东西文化在河西走廊地区便已进行着频繁的交流。

陕西省考古研究院发掘榆林市寨峁梁龙山文化至夏代遗址，清理房址 66 座、圆坑 10 座、方坑 3 个。房址多为前后连接的相套结构，主（后）室亦为圆角方形的全窑洞式房址，前室一般为方形半窑洞式结构。主室均铺设有白灰地面并涂抹白灰墙裙。圆坑、方坑一般都位于房址内部或附近，当为所属房址之储藏坑。

云南省文物考古研究所发掘祥云县大波那战国西汉时期墓地。1961 ~ 2008 年期间在此曾清理 4 座包括木椁铜棺墓之内的大型墓葬。今年清理墓葬 25 座。其中长 6 米、宽 2 米以上的大型棺椁墓 6 座。出土铜、铁、锡、陶、石、木和藤或竹器 240 多件。有鞋形铜钺、铜锄、铜剑、铜矛、铜杖首、卷经杆、木弓等，4 件一套锡器为云南出土的保存最好的早期锡器。被评为 2014 年度全国十大考古新发现。

7 ~ 12 月　河北省文物研究所发掘阳原县马圈沟旧石器时代遗址，揭露面积 64 平方米，新确认 MJG Ⅰa、MJG Ⅰb、MJG Ⅶ三个文化层，出土石制品、骨制品、化石、石块 200 余件。该遗址在 1992 ~ 2005 年曾多次发掘，已发现 9 个文化层，最早的有可能接近或达到距今 200 万年。

山东省文物考古研究所发掘定陶十里铺北先秦时期堌堆遗址，揭露面积近 1900 平方米，发现大汶口文化、龙山文化、岳石文化、商代晚期及东周时期遗存。其中商代遗迹以大量规整的圆形窖穴为主，共 200 多座，部分坑底放置完整的牛、猪或人骨架。

山西省考古研究所发掘翼城县大河口西周墓地。墓地面积约 4 万平方米，分布着 1500 余座墓葬和数以百计的灰坑。2007 ~ 2011 年第一期发掘面积 15000 余平方米，发掘西周墓葬近 600 座，出土器物 15000 余件组，青铜器铭文表明墓地为不见史籍记载的霸国墓地。本年度进行第二期考古发掘，发掘面积 5000 平方米，发现小型墓葬 238 座，灰坑 45 个，房址 1 座。个别墓葬出土青铜容器和漆器。

8 月　中国科学院古脊椎动物与古人类研究所、甘肃省文物考古研究所、兰州大学大地湾文物保护研究所联合发掘秦安县大地湾遗址，至 2015 年 1 月发掘面积 42 平方米，发现遗迹 15 处，其中房址 4 座，独立火塘 1 处，灰坑 9 个，灰沟 1 条。出土石制品约 500 件，主要为石英质打制石片、碎片和玉髓质细石叶及碎屑。另有不能复原的陶片与 3 件骨锥。火塘由十几块自然石块堆积而成，其中夹杂两件石制品和两件骨骼碎片，为早于大地湾一期的旧石器时代末期的火塘。

荆州博物馆发掘荆州夏家台战国墓葬 355 座，葬具为一椁重棺、一椁单棺、单棺，出土文物 2538

件/套。其中 M106 出土了 100 余枚竹简，M258 出土了保存完整的皮铠甲、腌鱼。这是秦汉江陵县郢城遗址近郊大量战国墓的首次大规模发掘。发掘工作至 2015 年 2 月。

新疆文物考古研究所发掘和静县哈布其罕萨拉 4 号墓地，清理石室墓 9 座，竖穴墓 2 座，祭祀遗迹 9 处。8 座石室墓地面有马镫形石围，石室内多人多次葬，完整骨骼较少。葬式以仰身直肢葬为主。随葬品有铜、陶、木、骨、玛瑙、石和铁器等。竖穴墓地表封堆为石堆，墓室内单人仰身直肢一次葬，随葬小件饰铜。9 座祭祀遗迹中 J1 构筑规整，系用 0.5 米以上大石块围成的石圈，平面呈椭圆形。J5 ~ J9 呈链状东西向分布，均由内外双重长方形石围构成，大石块垒砌，构筑较规整。出土少量羊骨。属于察吾呼文化范畴。

山西大学历史文化学院考古系发掘黄骅市郛堤汉代城址。

北京大学考古文博学院、江西省文物考古研究所著著的《仙人洞与吊桶环》由文物出版社出版。

大冶市铜绿山古铜矿遗址保护管理委员会编的《铜绿山古铜矿遗址考古发现与研究（二）》由科学出版社出版。

6 ~ 8 日，由中国社会科学院考古研究所、河北省文物局、邯郸市人民政府主办，临漳县人民政府、邺城考古队、邯郸市文物局承办的"东亚古都都城暨邺城考古·历史"国际研讨会在临漳县召开。来自全国各地文博机构、高等院校以及美国、日本、韩国、德国的 80 余位学者出席了会议。这是我国首次召开的邺城考古和邺城文化研究的大型国际学术会议。

22、23 日，上海博物馆配合 6 ~ 8 月间举办的"申城寻踪——上海考古大展"召开了"城市与文明"学术研讨会。来自中国社会科学院考古所、故宫博物院、北京大学等高校、各省市考古研究所及日本和歌山大学等 30 多家研究单位的 60 余位学者出席了会议，围绕"中国早期文明、国家起源与都邑结构社会的形成"和"中国历史时期的城市发展与城市文明"两个主题展开讨论。

8 ~ 9 月 甘肃省文物考古研究所、中国科学院古脊椎动物与古人类研究所发掘张家川县石峡口村旧石器时代晚期遗址，发掘面积约 50 平方米，出土石制品 4500 余件、动物化石 500 余件，以及较多的碎骨和石质碎屑等。还发现疑似用火迹象 4 处。

山东省文物考古研究所发掘淄博市隽山战国甲字形中型墓，墓道长 13 米，墓口南北长 9.1 米，东西宽 7.75 米，口至二层台深 3.86 ~ 4.15 米；椁室南北长 3.55 米，东西宽 2.8 米，深 1.93 米。椁室四周分布六个殉坑。随葬品数量较多，有陶礼器、陶俑、漆木器、铜器、水晶玛瑙饰品、滑石、骨器等。多位于二层台及殉葬坑内，椁室内随葬品几乎被盗掘一空。墓室顶部随葬 3 辆马车。

西藏自治区文物保护研究所、中国社会科学院考古研究所发掘噶尔县故如甲木墓地，自 2012 年以来共清理土坑墓 11 座。多为二次葬，有完整的侧身屈肢葬式，出土铁剑、鎏金铜器、银器残片、大量铁器残片、金器、陶器、料珠及大量人类和动物骨骼等。根据碳十四测年数据，故如甲木墓地墓葬年代为距今 1715—1855 年，与卡尔东城址的测年数据基本同时，推测墓葬主人应是卡尔东城址的修建者或使用者。与札达县曲踏墓地的发现一起被评为 2014 年度全国考古十大新发现。

吉林大学边疆考古研究中心发掘安图县宝马城金代祭祀遗址，为一处大型夯土台基式砖墙木结构建筑，东西宽 22 米、南北长 14.4 米、高约 0.8 米，东、西、北三面有回廊环绕，是一座面阔、进深各 3 间，内部大开间减柱造，外墙涂朱，梁枋施青色彩画的厅堂式建筑。

天津市文物管理中心、国家文物局水下文化遗产保护中心开展天津大沽口 Ⅱ 号沉船调查，沉船可能为干散货商船，年代为民国早期。

8 ~ 11 月 黑龙江省文物考古研究所发掘大兴安岭呼中北山洞旧石器至鲜卑文化时期遗存。在洞口角砾岩层下清理出旧石器时代晚期的玉刮削器，大型打制石斧、石铲、石矛等。在洞内新石器时期形成的黄黏土垫层底部，出土有玉刃、石叶等，经北京大学科技考古实验室 C^{14} 测定，距今为 7045 年。在黄黏土垫层之下，出土有玉刃。在洞口上侧岩壁上新发现一抹古人类岩画红褐色彩绘遗痕。2012 年 10 月以来在大兴安岭 16.7 万余平方公里范围内（东起呼玛沿江乡狐仙洞，西至漠河洛古河仙人洞岩画地点，北起黑龙江边的绥安站小黑石砬子"凤凰"纹样岩画，南至八十八岭岩画），先后发现33处岩画地点，计约1600余彩绘画幅。

蒙古文物考古研究所、中山大学人类学系发掘托克托县海生不浪遗址，揭露520平方米，清理新石器时代晚期海生不浪文化和青铜时代朱开沟文化的灰坑47个，房址13座，灰沟2条，出土各类小件标本1000余件。

河南省文物考古研究院发掘温县林村二里头文化遗址，遗址面积约6万平方米，发现二里头二期及三期的文化遗存。

山东省文物考古研究所等单位发掘嘉祥县旷山东汉带斜坡墓道的大型画像石石室墓，画像内容有门吏、铺首衔环、伏羲女娲、鱼纹、奔马、人物拜谒、车骑出行及由斜线纹、菱形纹、垂帐纹组成的装饰纹样等。在西耳室北侧壁板石上发现"君更衣"题记，该墓主人可能与东汉任城国有关。

福建博物院、福州市文物考古工作队第二次联合发掘福州三坊七巷文儒坊遗址，解剖晚唐五代的罗城城墙，发现唐代城墙基槽结构和木板、木桩等护岸遗迹。

8～12月 中国社会科学院考古研究所、福建博物院发掘将乐县岩仔洞新石器时代遗址，在岩仔山山顶发现2座倚靠岩体而建的房址，以及一批岩隙中的人骨遗骸。

甘肃省文物考古研究所、陕西省考古研究院、中国国家博物馆、北京大学考古文博学院、西北大学文化遗产学院自2006年以来第九年度发掘张家川县桃园村马家塬战国墓地，发掘面积610平方米，清理战国晚期小型墓5座（编号M63～M65），出土器物40余件。在墓道底随葬数量较多的马、牛、羊头骨与蹄骨以及殉狗等。两座墓于墓道内各随葬车一辆。M65出土的细凸弦纹铜镜较为精致，镜面仍光可鉴人。

河北省文物研究所继2008年第二次发掘任丘市后赵各庄战国至西汉时期的城址。

内蒙古文物考古研究所发掘正镶白旗伊和淖尔墓群，清理3座墓（编号M4～6）。其中M4为辽代墓葬。M5、M6为北魏平城时期的墓葬，都被盗。M5出土有金指环、鎏金指环、铜泡钉、水波纹陶片、有缝合痕迹的皮制品、破碎的漆器、铁帐钩、彩绘棺木印痕等。M6出土木棺、漆碗和筒形漆器、金耳环、、金项圈、金腰带、金指环、木箭杆，双足间置一件骨弓弭，足端上放一件陶壶，陶壶下又置一条穿在皮制品上的挂链。墓主胸部左侧放置了一具动物骨骼的腰椎骨。伊和淖尔墓群位于北魏六镇和北魏长城之北。被评为2014年度全国十大考古新发现。

南京博物院发掘太仓市万丰村半泾河元代古船。船体残长17.4米、宽4.8米。平面略呈柳叶形，前端横剖面V形，后端横剖面U形，共11个隔舱、双桅，属江浙近海货船。

9月 河北省文物研究所发掘泥河湾盆地内新发现的马梁南约50米的旧石器地点，与马梁遗址处于同一剖面，试掘面积12平方米，发现石制品44件。

湖北省文物考古研究所 大冶市铜绿山古铜矿遗址管委会发掘铜绿山四方塘东周矿冶遗址，继2013年又发现一大片炼渣堆积，发现春秋中期的竖穴岩坑墓39座、汉代灰坑1个、明清至民国墓葬6座。春秋中期墓位于采矿区附近，这与铜绿山Ⅶ号矿体1、2、5号古采矿点的部分井巷年代相当。出土的陶鬲、陶盂（盆）、陶豆等遗物既有楚文化因素，又有浓厚的扬越风格。发掘工作至2015年1月。

湖南省文物考古研究所发掘湘乡市三眼井遗址，发现5口战国晚期井，7口南宋井。在战国晚期井J1中出土竹简约700枚，单支长度23厘米，文字为战国楚文字。已清洗可识辨的三五支残简上有"兀（其）六月"、"·九十二"等，简牍应为政府公文遗留。发现表明湘乡地域设县始自楚国晚期，约公元前250年，而不是《汉书·王子侯表》中记载的汉哀帝建平四年（公元前3年）封长沙王之子刘昌为湘乡侯。在南宋井出土有临安官窑产品影青瓷。部分器具上留有文字，如"熊"、"夏 置"、"□熙八年"等。

中国社会科学院考古研究所自2013年11月以来发掘解剖洛阳汉魏故城宫城太极殿遗址，印证了太极殿始建于曹魏时期、北魏时期重修沿用、北周时期改建未成等历史记载。

洛阳市文物考古研究院发掘洛阳金元明清故城遗址，揭露面积 4000 平方米，清理出金元明清洛阳城南城墙及城墙东南城角的马面、宋金至明清时期的四眼井、唐代新潭等相关遗迹。发掘工作至 2015 年 2 月。

苏秉琦著《战国秦汉考古（北大未刊讲稿）》由上海古籍出版社出版。

浙江省文物考古研究编著的《浙北崧泽文化考古报告集（1996~2014）》由文物出版社出版。

浙江省文物考古研究所、象山县文物管理委员会编著的《象山塔山》由文物出版社出版。

广东省文物考古研究所、广东省博物馆、广东省韶关市曲江区博物馆编著的《石峡遗址：1973~1978 年考古发掘报告》由文物出版社出版。

9~10 月　新疆文物考古研究所发掘沙湾县大鹿角湾春秋至汉代墓群，清理石圈土堆墓 36 座，出土文物 51 件（套），有单耳陶器、三角网状纹彩陶、带柄铜镜、折沿铜镜等。

中国社会科学院考古研究所试掘汉长安城章城门遗址，发现了一个门道，仅存南部约 5 米宽，为南门道。三个门道总宽应有 32 米。据此推断，章城门总宽约 32 米，每个门道宽约 8 米，门道之间的隔墙宽约 4 米。确认章城门与未央宫的西宫门并不直对。

新疆文物考古研究所发掘奇台县石城子汉代古城遗址。遗址总面积约 80000 平方米。发掘 300 平方米，清理出汉代城墙、壕沟、房址、灰坑、柱洞、车辙、夯窝等遗迹。该遗址可能是《后汉书·耿弇列传》中所记载的疏勒城。

陕西省考古研究院发掘横山县罗圪台村元代石砌单室壁画墓，由墓道、封门石、甬道、墓门和墓室组成，全长 6.1 米。墓室底部平面呈八边形，甬道两壁和墓室内通绘壁画。墓顶单绘一圈花卉。墓室后部绘夫妇并坐宴饮图，墓主夫妇 6 人并坐于长榻上，身后为四出方格纹屏风，上有帷幔轻挂。正前方绘一长方形供桌，上置荷叶盖罐、玉壶春瓶、碗、盘以及方盒等。供桌西北和西南分别绘三名捧物侍女。北壁和南壁分别绘三名乐手，北壁保存较差，南壁乐手分持长笛、笙、琵琶演奏。另外东南壁尚有一击鼓乐手。东北壁壁画已完全剥落，东南壁在鼓手的东侧又绘一名持弓武士。围绕墓主夫妇一周绘有 7 幅孝子图，分别为"舜耕历山"、"孟宗哭竹"、"郭巨埋儿"、"元觉劝父"、"王祥卧冰"、"伯俞泣杖"及"鹿乳奉亲"，孝子图间绘有卷云纹和树木。

福建博物院文物考古研究所、国家文物局水下文化遗产保护中心开展漳州海域水下文化遗产重点调查，确认龙海半洋礁二号元代沉船与漳浦圣杯屿元代沉船，采集一批龙泉窑青瓷标本。

9~11 月　青海省文物考古研究所、兰州大学西部环境气候变化研究院发掘共和 151 旧石器时代遗址，发现距今 1.5 万年前后和距今 8500 年前后人类在青海湖地区活动的遗存，有小石片石器和细石器，刮削器等，发现大量动物骨骼，有羊、鹿类和鼠、兔等。

中国社会科学院考古研究所、贵州省文物考古研究所第三次发掘平坝县牛坡洞新石器时代遗址，出土一批砾石工具、细小打制石制品，以及典型细石核、细石叶等，还有少量磨制石斧、陶器残片。

辽宁省文物考古研究所抢救性发掘朝阳市半拉山红山文化积石冢墓地，初步确认了积石冢的平面形状和结构特征。积石冢平面略呈长方形，南北长约 33 米，东西宽约 22 米，面积约 726 平方米，冢最高约 1.5 米，方向 176°。冢内墓葬为石板砌筑的石棺墓，有待清理。采集一批陶器、石器及玉器。玉器 2 件，玉璧和玉环。

山东大学考古学与博物馆系第 7 次发掘邹平县丁公遗址，揭露了龙山文化、岳石文化、商代灰坑 113 个，龙山时期墓葬 2 座，房址 11 座，商代灶址 1 个。出陶、石、骨、蚌各类器物 140 余件。发现龙山早期城址（内城）东城墙外侧壕沟宽约 8 米。

成都文物考古研究所发掘成都下同仁路古遗址，发现两座南朝至唐代佛教造像坑。其中一座坑（H3）出土石刻佛像约有百余件，有单体佛、菩萨、天王像，也有背屏式组合造像，其中一件背屏式造像有南朝"梁天监十五年"发愿文题记，另有一件单体倚坐式托塔天王像极为少见。均为红砂石质地，个别造像外有贴金，雕刻精美，弥足珍贵。造像时代集中在南北朝至唐之间，以南朝时期为多，埋藏时代在五代至北宋初。另一座坑（H6）出土30余件石刻残件，其中罗汉头像较多，时代多属唐代。

9～12月 中国社会科学院考古研究所、甘肃省文物考古研究所发掘临洮县马家窑遗址，发掘面积约200平方米。清理房址5座、灰坑7个、晚期冲沟2条。遗存主要为马家窑类型，包含少量庙底沟类型、齐家及寺洼文化遗物。出土陶片10万余片，器形包括瓶、盆、钵、罐、瓮、碗及器座等，出土陶、石、骨、角、贝等各类小件500余件（组）。这是新中国成立以来马家窑遗址的首次较大面积的发掘。

山西省考古研究所发掘陶寺北两周墓葬。初步探明墓地总面积在24万平方米左右，墓葬1200余座，从西周晚期延续到战国时期。发掘墓葬7座。其中M7随葬青铜器有鼎3、簋4、壶2、盘1、匜1；玉器有缀玉覆面一套，项饰一副，玉握1、玉鱼戈1、玉璧1等；陶鬲1。棺椁之间的东西两侧散布大量铜鱼饰、蚌币、陶珠、薄铜皮饰品，应是荒帷上的饰件。在M7墓口北部距墓口0.2米处有长12米，宽6米的玉石器祭祀掩埋层，多为碎石圭，也有少量玉圭、玉璧、玉环、玉玦等。

山西省考古研究所发掘侯马市虒祁东周至汉代遗址。自1996年8月至2012年8月先后进行了八次大规模的考古发掘，清理古墓葬2000余座，祭祀坑3000余个，陶窑数座及夯土墙基，出土铜、铁、陶、玉石、骨器万余件。时代从春秋晚期至汉代。本年度第九次大规模发掘，揭露面积8400平方米，发现祭祀坑406个，墓葬12座，清理完成Ⅱ区祭祀坑377个，汉代墓葬4座，宋代墓葬4座。祭祀坑祭牲有羊（131例），牛（22例），祭牲葬式有仰卧、侧卧、蹲卧，一般作四蹄捆绑状，疑为活祭。祭祀坑中多发现玉石器，个别有陶器。玉器140件，其中玉龙9件，玉环6件，玉璧3件，玉琥1件。

中国社会科学院考古研究所、河北省文物研究所发掘临漳县邺城遗址邺北城北城墙中段遗存。

10月 四川省文物考古研究院、三星堆博物馆发掘广汉三星堆遗址，在青关山城墙、李家院子城墙、马屁股城墙拐角等清理面积1400平方米，深化了对三星堆城址青关山台地、仓包包台地、外廓城北城墙和东城墙北段的认识。发掘工作至2015年1月。

广西文物保护与考古研究所发掘龙州县汉代庭城遗址，至2015年2月发掘面积近400平方米。发现一批汉代瓦片堆积、柱洞等建筑遗存。

重庆市文化遗产研究院发掘渝中区太平门宋至明清时期遗址。该遗址可能保留有部分宋代城墙旧址，城门及城墙主体部分为明初重庆卫指挥使戴鼎"因旧址砌石城"所建，清代沿用并有多次修葺。重庆城在明清时期共有17座城门，保存至今的仅余通远门、东水门和人和门3座。太平门遗址是新发现。发掘工作至2015年1月。

景德镇市陶瓷考古研究所、江西省文物考古研究所、北京大学考古文博学院、故宫博物院联合发掘景德镇市珠山区明清御窑遗址，揭露的遗迹主要有房基11座，墙基10道，灰坑30个，水沟2条，天井和路面各一，辘轳坑3个，澄泥池2个，缸2个。其中一座明中晚期作坊遗迹，很可能是明正德—嘉万时期的釉上彩作坊遗址，为御窑厂历次发掘首次发现，目前已揭露出遗址面积为200多平方米。出土的陶瓷产品有元代民窑、明清官窑、民国与近现代的标本，种类丰富多样，年代序列较为完整。颜料主要有铜绿、矾红，还有制瓷的瓷土、瓷泥、工具，以及少量的永乐瓷砖、草叶纹雕花青砖、刻龙纹砖（半成品）等。发掘工作至2015年1月。

成都文物考古研究所、凉山州博物馆发掘会理县三元村明清铜矿冶炼遗址。

浙江省文物考古研究所、湖州市博物馆编著的《钱山漾：第三、四次发掘报告》由文物出版社出版。

中国社会科学院考古研究所编著的《二里头（1999～2006）》由文物出版社出版。

郑州大学历史文化遗产保护研究中心编著的《登封南洼：2004～2006年田野考古报告》由科学出版社出版。

10～11日，由浙江省文物考古研究所、良渚博物院联合举办的"崧泽文化学术研讨会"在杭州召开，来自大陆及台湾地区的近百位学者出席了会议，围绕崧泽文化的形成、分期、聚落、社会发展、与周邻文化的关系及陶器、石器、玉器等各方面展开了讨论，是首次召开的以崧泽文化为专题的大型学术会议。

11～13 日，由中国社会科学院考古研究所、江苏省徐州市人民政府、南京博物院、中国考古学会秦汉考古专业委员会主办，徐州市文广新局、徐州博物馆承办的"汉代陵墓考古与汉文化国际学术研讨会"在徐州市召开。来自全国各省区考古文博机构、高等院校以及德国、韩国、日本的 130 余位学者出席了会议。

25～26 日，由中国社会科学院考古研究所主办的"纪念二里头遗址发现 55 周年学术研讨会"在北京举行，来自全国各省区以及日本、美国的百余位学者出席了会议，围绕中国早期国家形成过程与机制、夏商都邑布局与内涵、早期铜玉礼器等制品的生产和消费、早期都邑的多学科整合研究、青铜文化间的交流互动以及夏商考古研究史等多个议题展开研讨。会上还举行了大型考古报告五册本《二里头（1999—2006）》的首发式。

10～11 月　安徽省文物考古研究所、中国科学院古脊椎动物与古人类研究所第二次发掘东至县华龙洞旧石器遗址，发现 2 枚古人类牙齿和疑似古人类头骨碎片若干，石制品 3 件，以及大量残碎的哺乳动物化石。

黑龙江省文物考古研究所发掘海林市秦家东山遗址，揭露面积约 200 平方米。获得旧石器时代末期或向新石器时代过渡阶段的一批遗存。其中石制品以黑曜岩和玄武岩为主要原料，有石片石核、石叶石核、细石核和相应的石片、石叶和细石叶。遗迹有一座半地穴式房址，内出土大量石制品和素面夹砂陶片。

山西省考古研究所调查兴县碧村遗址，初步确认碧村遗址面积约 50 万平方米，主要包括城墙圪垛、小玉梁、寨梁等三个台地，地表遗物包含仰韶、龙山、汉代等多个时期。遗址地表发现多处石构山墙，最长约 180 米；还有一些破坏严重的土坑墓，曾出土璧、环等玉器。在距离碧村遗址 30 公里的范围内，发现三处存在石城的龙山时代遗址，分别为黄河岸边的田家塔遗址、蔚汾河北岸的古城岭遗址和四方城遗址。

山东大学考古系联合美国菲尔德自然历史博物馆继 2013 年开展青岛市胶南地区区域系统调查，调查区域涉及黄岛区王台镇、六汪镇、宝山镇、胶河经济开发区等。共发现并系统记录了龙山、周、汉时期遗址 90 余处，以龙山早中期、汉代遗址为主，也发现了一些岳石、西周、东周时期遗址。新发现几处较大龙山早中期遗址，有柏乡、向阳和大张八等，其中柏乡遗址面积超过 100 万平方米。在王家庄遗址发现珍珠门文化遗存。

福建博物院文物考古研究所、泉州市博物馆发掘德化县辽田尖山周代原始青瓷窑址，全面揭露了一座龙窑，出土一批原始青瓷标本。

湖南省文物考古研究所发掘娄底市娄星区群益村明代壁画墓，系石灰浇浆的三合土砌筑券顶墓，分前、后室，前室较短，砖、石封门。墓通长 4.6 米，通宽 2.4 米，通高 2.3 米。后室的两侧壁、后挡壁及圈顶共四个面绘有壁画。两侧壁绘葬仪图，券顶绘"十日图"，后壁绘墓主图像。

10～12 月　山西省考古研究所发掘丁村遗址群老虎坡遗址，是丁村遗址群发现 60 年来第一次在土状堆积中发掘，在黄土顶部第一条古土壤（S1）条带中上部发现石制品 200 余件。

上海博物馆考古研究部　河南大学考古系发掘青浦区崧泽新石器时代遗址，揭露面积 860 平方米，发现了崧泽、良渚、东周、唐宋、明清等各个时期的遗迹，出土了玉器、石器、陶器、铜器、瓷器等各个时期的可复原器物 200 余件。系崧泽遗址第 7 次发掘。

山东省文物考古研究所再次发掘章丘城子崖遗址，揭露一处岳石文化夯土台状遗迹。

河南省文物考古研究院、北京大学考古文博学院再次勘探、发掘郑州小双桥商代遗址，确认小双桥遗址面积约 300 万平方米。在双冢东南地出土 1 件内刻有"天"字族徽的陶豆豆盘，为白家庄期典型形制。陶文"天"的字形和写法与甲骨文相同，表明商代白家庄期已出现成熟的汉字，并再次印证商代大族"天"族的历史至少可追溯至商代白家庄期。

辽宁省文物考古研究所首次发掘阜蒙县高林台汉代城址。

四川省文物考古研究院发掘广元市马家坝4座宋代砖室墓，其中两座（M2、M4）墓壁皆嵌有雕砖，内容有武士（墓门处）、马、鹿（甬道）、孝行故事、侍女（两壁上部、后龛两侧）、装饰花纹、童子戏莲纹（两壁下部、后壁下层）等内容，数量近100件，制作精美。该类雕砖流行于北方中原地区，在四川地区大量、完整地出土尚属首次。

11月　湖北省文物考古研究所、荆州文保中心发掘枣阳市郭家庙东周曾国墓地，2002年曾清理曾伯陭墓等墓葬20余座。今年在曹门湾墓区清理西周晚期至春秋早期墓葬29座、车坑1个、马坑2个、车马坑1个。该墓区为一处曾国公墓地，以位于岗地最高处的国君墓M1和陪葬的大型车坑、马坑为中心。1982年在M1南面的耕土层曾经采集一铜戈，铭文为"曾侯羊白秉戈"。M1为带斜坡单墓道岩坑墓，一椁二棺。墓室长11米、宽8.5米、深8米。墓道与墓室同宽，长10米。出土文物700余件（套）。以音乐文物最具特色，有钟、磬、鼓、瑟及钟架、磬架、建鼓架。瑟、建鼓以及钟、磬架是迄今发现最早的实物。弓、矰矢、绕线轴的组合是迄今所见最早的成套弋射用具。大量金属饰件如金银合金虎形饰（含金量约87%）、铜虎形饰等，采用了锤锻、模锻、冲孔、鎏金等工艺，为目前我国考古发现的最早采用这些工艺的实物，银鱼是中原及其周边地区发现的最早银制品。还出土了墨的早期形态。M1陪葬的大型车坑葬车28辆，呈东西纵列式摆放。发掘工作至2015年1月。被评为2014年度全国十大考古新发现。

河北省文物研究所开展尚义县早期长城资源调查，首次在河北境内发现赵北长城以及与汉代长城的关系。

安徽省文物考古研究所等单位自2013年11月以来配合繁昌窑遗址文化公园建设发掘了繁昌县柯家冲及骆冲宋元窑址。在柯家冲清理龙窑一座、作坊基址一处，发现刻"淳化"年号的匣钵。在骆冲清理龙窑一座，房址1处，龙窑内设4道隔墙，分割窑室为5段。发现一批繁昌窑青白瓷烧造标本。

贵州省文物考古研究所自2013年4月以来发掘遵义新蒲村杨氏土司墓地，清理播州杨氏土司墓葬3座，即播州杨氏第29世杨烈夫妇墓M1，明初第一代播州杨氏21世杨铿夫妇墓M2、南宋播州杨氏第14世杨价夫妇墓M3。其中M3系未遭盗掘的夫妇双室并列土坑木椁墓，保存完整，墓内出土大量造型精美的金银器及相关随葬品。被评为2014年度全国考古十大新发现。

陕西省考古研究院、渭南市文物旅游局、华县文物旅游局编著的《华县泉护村：1997年考古发掘报告》由文物出版社出版。

浙江省文物考古研究所、温州市文物保护考古所、瑞安市文物馆编著的《浙南石棚墓调查发掘报告》由文物出版社出版。

中国社会科学院考古研究所、新疆维吾尔自治区阿克苏地区文物局、拜城县文物局编著的《拜城多岗墓地》由文物出版社出版。

甘肃省文物考古研究所、清水县博物馆编著的《清水刘坪（早期秦文化系列考古报告之二）》由文物出版社出版。

山东博物馆、山东省文物考古研究所编著的《鲁荒王墓》由文物出版社出版。

中国社会科学院考古研究所编著的《隋唐洛阳城：1959~2001年考古发掘报告》由文物出版社出版。

陕西省考古研究院编著的《醴泉坊遗址：2001年考古发掘报告》由陕西省科学技术出版社出版。

24~27日，由中山大学社会学与人类学学院、中国科学院大学科技史与科技考古系、中国社科院考古所科技考古中心、中国科技考古学会等单位共同举办的"全国第十二届科技考古研讨会"在广州召开。来自全国各省区以及美国、法国、斯里兰卡的50多家科研单位、高校的150多位学者出席了会议，围绕陶瓷考古、冶金考古、玻璃考古、玉器考古、生物考古、环境考古、农业考古、残留物考古以及考古技术、文物保护等多个议题展开讨论。

　　11~12月　河南省文物考古研究院勘探发掘淮阳平粮台龙山文化遗址，在城内西南部发现有夯土台基和生土台高地，另探明城址南门进出的道路长度100余米。

　　湖南省文物考古研究所发掘宁乡县桐子山商代遗址，发现的文化遗存与石门皂市、桃江麦子园、桃江许家州、安化城埠坪遗址的二里岗上层至殷墟时期的遗存有诸多共同之处。

　　福建博物院文物考古研究所、武夷山市博物馆继2011年以来第二次发掘武夷山市竹林坑西周原始青瓷窑址，揭露一处作坊遗迹以及一处窑炉遗迹的局部，出土一批原始青瓷和少量陶器标本。在附近发现四处与竹林坑一号窑址内涵相近的原始青瓷窑址以及三处西周时期的遗址，其中一处为面积2000平方米以上的西周时期墓地。

　　广西文物保护与考古研究所、中山大学、北京科技大学发掘平南六浊岭汉至六朝冶铁遗址，试掘面积110平方米，清理炼炉群两处13座、灰坑10个及柱洞等遗迹，出土铁矿石、铁渣、炉壁、模范、鼓风管、炭粒、陶瓷片等遗物，另发现两处明显的炉群，露出地表的炼炉有7座，周围散布铁渣、炉渣等废弃物。

　　12月　广西文物保护与考古研究所自2013年12月以来发掘南宁市青秀区五合村凌屋坡新石器时代贝丘遗址，揭露面积2000平方米，清理顶蛳山文化的墓葬303座，葬式可分屈肢葬和肢解葬两种。屈肢葬有仰身屈肢葬、侧身屈肢葬、俯身屈肢葬、蹲踞葬等形式。肢解葬约占全部墓葬比例的三分之一，有多种形式。有的自颈部、腰部及膝部被斩为4段，头颅置于墓坑左侧，上躯干倒扣在墓坑中间，双上肢分别割下置于躯干下侧；左右胫骨、腓骨及脚掌部分置于墓坑右侧。有的将头颅割下，置于胸腔内，肋骨未经移动，完整地包裹着头颅；双上肢自肩胛骨处割下，分别置于墓坑两端；还从腰部把盆骨割下，倒扣在身体右侧，双下肢自股骨头处肢解，屈置于墓坑东侧。

　　浙江省文物考古研究所自2013年11月以来第三次发掘安吉县安乐新石器时代遗址，揭露面积2000平方米，清理崧泽文化墓葬90座、房址1座、红烧土遗迹28处、灰坑13个、灰沟1条。出土一批陶器、玉器、石器等。其中1件玉璜长12.9、高5.7厘米，1件石管高8、外径4.2厘米、双向管钻直径2.5厘米，1件木桨长40、宽9厘米。初步确认安乐遗址是一处由多个独立的遗址点围绕山冈而形成的聚落址。

　　成都文物考古研究所勘探与试掘崇州市紫竹宝墩文化古城遗址。

　　北京大学考古文博学院、郑州市文物考古研究院自2012年10月以来发掘郑州高新区东赵遗址，发现大、中、小三座城址。东赵小城位于遗址东北部，平面为方形，面积2.2万平方米，始建年代为新砦期。东赵中城位于遗址中部，平面为梯形，面积7.2万平方米，始建于二里头二期，兴盛于二里头二期晚三期早，废弃于二里头四期，城墙内有孩童奠基遗存，城内发现二里头二期的近20块卜骨的祭祀坑，以及有完整的猪骨架、石铲、未成年人骨架、龟壳等的灰坑。在中城东南角发现面积约3000平方米的商代回廊式建筑基址。东赵大城面积60万平方米，为东周时期。被评为2014年度全国十大考古新发现。

　　中国社会科学院考古研究所自2013年11月以来发掘洛阳汉魏故城宫城太极东堂遗址，揭露了"太极东堂"遗址的全貌，东西宽约48米，南北进深约21米。明确太极殿宫殿建筑群主要由居中的主殿和两侧的太极东、西堂组成，三座主体建筑占地面积达8000平方米，外围则辅以回廊、院墙、宫门等附属建筑。

　　山西省考古研究所自2013年3月以来发掘新绛绛州州署遗址。发掘面积4800平方米，清理宋、元、明、清院落等建筑遗存。

　　洛阳文物考古研究院自2013年9月以来发掘洛阳运河一号、二号清代沉船。一号沉船长20.14米，船体中部宽3.48米，船身最大高度1.08米。并开展洛阳盆地内市区以东的古洛水、汉魏时期的谷水、阳渠部分地段、隋唐时期的漕渠的调查与勘探。

　　南京博物院、连云港市博物馆编著的《藤花落：连云港市新石器时代遗址考古发掘报告》由科学出版社出版。

　　中国国家博物馆田野考古研究中心、山西省考古研究所、垣曲县博物馆编著的《垣曲商城（二）：1988~2003年度考古发掘报告（黄河小浪底水库山西库区考古报告之四）》由科学出版社出版。

　　南京博物院、常州博物馆、淹城旅游区管理委员会、淹城博物馆编著的《淹城：1958~2000年考古发掘报告》由科学出版社出版。

山东省文物考古研究所、新泰市博物馆编著的《新泰周家庄东周墓地》由文物出版社出版。

云南省文物考古研究所编著的《会泽水城古墓群发掘报告》由科学出版社出版。

陕西省考古研究院、宝鸡市周原博物馆编著的《周原汉唐墓》由科学出版社出版。

本年 浙江省文物考古研究所自 2013 年以来发掘杭州市余杭区良渚文化古城遗址，在莫角山上确认了两处沙土夯筑面，其中一处面积约 7 万平方米，质地坚硬，由黏土和沙土相间夯筑而成，夯筑厚度一般约 30～60 厘米，最厚处可达 130 厘米。确认环绕大莫角山的石头围墙，同时还发现多处石头墙基、石头路面、石磉等遗迹。其中环绕大莫角山的石头围墙遗迹东西至少长 238 米，南北宽约 114 米，墙基宽 35～65 厘米，保存最高处为 40 厘米左右。在大莫角山顶上揭露出一座面积约 281.4 平方米的土台式房屋建筑基址。对良渚古城西北部调查发现 6 条水坝遗址并采样测年，年代为距今 5000～4800 年。

成都文物考古研究所发掘大邑县高山宝墩文化古城遗址。在遗址中部偏南地带清理宝墩文化时期的 11 座墓葬及人祭坑，在城墙西南的转角处外墙附近发现一座使用儿童进行奠基活动的人牲坑。

陕西省考古研究院发掘神木县石峁龙山时期至夏代遗址，清理墓葬 41 座、房址 42 座、灰坑 28 个，出土陶、石、骨、玉等文物标本约 300 件。墓葬形制有竖穴土坑墓和石棺葬两类。土坑墓多为近东西向，墓葬规模差异明显，小者长约 1.8 米、宽约 0.8 米，最大者为 M1，长约 4 米、宽约 3 米、深约 6 米。大中型墓葬结构相似，墓主位于墓室中央，仰身直肢，棺外有殉人 1 至 2 人不等，墓室北壁均设壁龛，用于放置陶器等随葬品。房址常见两或三间组合的连套结构，主（后）室均为全窑洞式建筑，与另行覆顶的半窑洞式前室相连。韩家圪旦地点发掘的墓葬晚于房址，墓葬的绝对年代似不早于公元前 2000 年，而房址抑或早至公元前 2200 至 2300 年。

中国社会科学院考古研究所、苏州市考古研究所、南京大学历史系联合在苏州木渎春秋古城内合丰地点展开大规模发掘，再次确认合丰小城城墙的具体走向与年代。城墙呈长条状，宽约 17～20 米、城墙外侧有宽约 7 米的城壕与城墙平行分布，城壕的最终填平时代不晚于战国时期。始建年代不晚于春秋时期，与木渎古城的时代大体同时，城墙的废弃亦在春秋时期，沦为墓地。

由甘肃省文物考古研究所、北京大学考古文博学院等单位合组的早期秦文化联合考古队继续发掘甘谷毛家坪西周至战国时期遗址。自 2012 年以来三年的发掘，揭露面积约 4000 平方米，清理墓葬 199 座，灰坑 752 个，车马坑 5 个。出土铜容器 51 件，陶器约 500 件，小件千余件（组）。丰富了周代秦文化的内涵，完善了甘肃东部秦文化的编年。其中铜戈铭文"秦公作子车用"，印证了《诗经》、《左传》、《史记》等文献中关于秦穆公卒、三良从死、子车为穆公近臣、子车氏为春秋时秦国重要宗族的记载。

成都文物考古研究所、凉山彝族自治州博物馆调查西昌市东坪汉代铜矿冶炼遗址，发现"货泉"铜范、8 个冶炼生铁的圆形炉基，遗址的时代下限可能延续到蜀汉时期。工作至 2015 年 3 月。

山西省考古研究所自 2013 年以来发掘忻州九原岗北朝壁画墓。该墓总长 40 余米，坐北朝南，由封土、斜坡墓道、甬道和墓室四部分组成。外围有墓园围墙。墓道长 31 米，封土直径 16～26 米、高约 4 米。墓道、甬道和墓室都有壁画。清理留存壁画约 240 平方米，并对壁画做了现场加固保护。墓道壁画自上而下分为四层，第一层壁画是活动于流云中的奇禽神兽、驭龙飞行、骑鹤仙人、雷公风伯等；第二层壁画是至今我国发现最大的马匹交易图和围猎图；第三、第四层壁画是出行图，兵士身材高大、穿着虎豹皮服，佩刀挎弓，民族不一，夹杂着几个胡人武士，是北朝民族汇聚、部队勇猛善战的缩影。墓室北壁建筑图首次再现了一座北朝华丽门楼，新出现许多建筑构件图。

洛阳文物考古研究院、河南省文物考古研究院自 2011 年以来对隋代黎阳仓遗址和回洛仓遗址进行了较为全面的考古调查、勘探与发掘，清理出仓城城墙、护城壕沟、夯土基址、仓窖遗迹、道路、漕渠和大型建筑基址等，了解了两处仓城遗址的范围、道路、仓窖、管理区等总体布局以及漕运相关的情况。被评为 2014 年度全国十大考古新发现。

（朱乃诚）